U0922377

广 东 经 济 年 鉴

—— 2015 ——

主编：郭耀　徐明福

广 东 旅 游 出 版 社
中 国 · 广 州

图书在版编目（CIP）数据

广东经济年鉴. 2015 / 郭耀，徐明福主编. —
广州:广东旅游出版社，2015.12
ISBN 978-7-5570-0277-0

Ⅰ. ①广… Ⅱ. ①郭… ②徐… Ⅲ. ①区域经济—广东省—
2015—年鉴 Ⅳ. ①F127.65-54

中国版本图书馆CIP数据核字(2015)第290100号

出 版 人：刘志松
主　　编：郭　耀　徐明福
责任编辑：蔡子凤
责任技编：刘振华
责任校对：刘光焰

策划制作	广州市高天广告有限公司（发行电话：020-87659637）
出版发行	广东旅游出版社
	（广州市天河区华南农业大学公共管理学院14号楼三楼 邮编:510642）
网址	http://www.tourpress.cn
印刷	广州市人民印刷厂股份有限公司(广州市白云区新市镇黄石路江夏村塘边岭大院内自编13号自编8号)
规格	889毫米x1194毫米
开本	16
印张	36.5
字数	1100千字
版次	2015年12月第1版 第1次印刷
定价	490.00 元

《广东经济年鉴》编纂委员会

主任：庞康养　李　坤

委员：（排名不分先后）

刘　昆	李妙娟	蓝佛安	房庆方	陈宗文	李延辉
孙庆奇	周高雄	陈元胜	杨浩明	傅　朗	王南健
伍　亮	庞康养	韩庆云	李　坤	郭　耀	徐明福
郭志能	冼海燕	戴庆元	廖百威	蒋主浮	李　钦
李炎璋	李梓旭	李红安	郑晓东	李创华	谢伟强
韦成保	邵爱华	吴远辉	朱光明	严健强	杨　英
赵　威	胡美英	年　海	郑炳旭	李积回	戴　和
于　新	吴振强	彭　青	郑英隆	马国华	陈进辉
马仁洪	黄观辉	郑奋明	周天生	刘　磊	关崇佳
王理宗	曾赤鸣	程宗政	李兰芳	许晓民	杨建义
廖鸣卫	陈　环	兰　芳			

《广东经济年鉴》编辑部

主　　编：郭　耀　徐明福

编辑部主任：徐明福

编辑部副主任：邓传兵

责任编辑：蔡子凤

文字编辑：罗　媛　刘　伟　江龙杰　李亚楠　徐明学　黄　涛　周宇春　陈毅文

美术编辑：蔡侨虹　吴绮菲

封面设计：吴绮菲

主纂：广东省经济技术协作促进会、广东省经济科技发展研究会

协办：广东大隆企业集团有限公司

出 版 说 明

一、《广东经济年鉴》（以下简称《年鉴》）是一本具有政府公报性、权威性、资料性的大型经济年刊文献，全面、系统、翔实地记载广东省国民经济发展概况和全省经济建设成绩，目的是为各级政府、行政机构、各行业提供有效决策咨询支持和信息指导。

二、《年鉴》以反映广东年度经济运行、行业发展概况为主，内容涉及工业、农业、交通、信息、金融、基本建设、商贸流通、对外经贸、科技等国民经济各方面。

三、2015年刊《年鉴》主要反映2014年的经济发展情况和统计数据，领导讲话、重要文献截至2015年3月。

四、2015年刊《年鉴》主要篇目有：特载、综合经济管理、经济运行、行业发展、发展规划、政策文件、统计公报、各市经济、企业与产品、统计数据10个篇目，以及今日广东图片专辑等。

五、《年鉴》所刊载的宣传文稿及图片均由相关单位提供，由于篇幅原因，编者对部分内容略作删改。

六、由于统计口径不一致，《年鉴》部分数据与国家、省统计局公布的数据不一致，以国家、省统计局最终公布数据为准。

七、《年鉴》的编辑出版得到广东省人民政府有关部门和各地级市人民政府的大力支持及各有关单位的通力合作，编委领导在百忙之中不吝赐稿并给予关心和指导，谨此致谢。

八、由于资料浩繁，编纂时间仓促，《年鉴》在编印中出现粗疏、错漏之处，敬请批评、指正。

广东经济年鉴编委会

2015年9月

目 录

◆今日广东

◆特 载

◆综合经济管理

◆经济运行

◆行业发展

◆发展规划

◆政策文件

◆统计公报

◆各市经济

◆企业与产品

◆统计数据

省情概况

一、自然地理

广东省地处中国大陆最南部。东邻福建，北接江西、湖南，西连广西，南临南海，珠江口东西两侧分别与香港、澳门特别行政区接壤，西南部雷州半岛隔琼州海峡与海南省相望。全境位于北纬20°09′~25°31′和东经109°45′~117°20′之间。全省陆地面积17.98万平方公里，约占全国陆地面积的1.85%；其中岛屿面积1592.7平方公里，约占全省陆地面积的0.89%。全省沿海共有面积500平方米以上的岛屿759个，数量仅次于浙江、福建两省，居全国第三位。另有明礁和干出礁1631个。全省大陆岸线长3368.1公里，居全国第一位。按照《联合国海洋公约》关于领海、大陆架及专属经济区归沿岸国家管辖的规定，全省海域总面积41.9万平方公里。

受地壳运动、岩性、褶皱和断裂构造以及外力作用的综合影响，广东省地貌类型复杂多样，有山地、丘陵、台地和平原，其面积分别占全省土地总面积的33.7%、24.9%、14.2%和21.7%，河流和湖泊等只占全省土地总面积的5.5%。地势总体北高南低，北部多为山地和高丘陵，最高峰石坑崆海拔1902米，位于阳山、乳源与湖南省的交界处；南部则为平原和台地。全省山脉大多与地质构造的走向一致，以北东—南西走向居多，如斜贯粤西、粤中和粤东北的罗平山脉和粤东的莲花山脉；粤北的山脉则多为向南拱出的弧形山脉，此外粤东和粤西有少量北西—南东走向的山脉；山脉之间有大小谷地和盆地分布。平原以珠江三角洲平原最大，潮汕平原次之，此外还有高要、清远、杨村和惠阳等冲积平原。台地以雷州半岛—电白—阳江一带和海丰—潮阳一带分布较多。构成各类地貌的基岩岩石以花岗岩最为普遍，砂岩和变质岩也较多，粤西北还有较大片的石灰岩分布，此外局部还有景色奇特的红色岩系地貌，如著名的丹霞山和金鸡岭等；丹霞山和粤西的湖光岩先后被评为世界地质公园；沿海数量众多的优质沙滩以及雷州半岛西南岸的珊瑚礁，也是十分重要的地貌旅游资源。沿海沿河地区多为第四纪沉积层，是构成耕地资源的物质基础。

广东省属于东亚季风区，从北向南分别为中亚热带、南亚热带和热带气候，是全国光、热和水资源最丰富的地区之一。从北向南，年平均日照时数由不足1500小时增加到2300小时以上，年太阳总辐射量在4200~5400兆焦耳/平方米之间，年平均气温约为19℃~24℃。全省平均日照时数为1745.8小时、年平均气温22.3℃。1月平均气温为16℃~19℃，7月平均气温为28℃~29℃。

二、资源物产

广东自然地理环境优越，土地复种指数高；地势北高南低、海陆兼备，适合多元化经营；地缘人缘优势明显，有利于土地发展外向型经济。截至2012年，广东省土地面积17969269.10公顷。其中，农用地15049503.00公顷，建设用地1903519.71公顷，未利用地1016246.39公顷。

广东省河流众多，以珠江流域（东江、西江、北江和珠江三角洲）及独流入海的韩江流域和粤东沿海、粤西沿海诸河为主，集水面积占全省面积的99.8%，其余属于长江流域的鄱阳湖和洞庭湖水系。全省集水面积在100平方公里以上的各级干支流共542条（其中，集水面积在1000平方公里以上的有62条）。独流入海河流52条，较大的有韩江、榕江、漠阳江、鉴江、九洲江等。全省多年平均降水量1771毫米，折合年均降水总量3145亿立方米。降水时程和地区上分布不均，年内

降水主要集中在汛期4~10月，约占全年降水量的75%~95%。全省多年平均水资源总量1830亿立方米，其中地表水资源量1820亿立方米，地下水资源量450亿立方米，地表水与地下水重复计算量440亿立方米。除省内产水量外，还有来自珠江、韩江等上游从邻省入境水量2361亿立方米。全省水能资源理论蕴藏量1137.2万千瓦，技术可开发量859.45万千瓦。此外，广东还有温泉300多处，日总流量9万吨；饮用天然矿泉水145处，探明可采用储量全国第一。

至2013年底，全省发现矿产148种，已查明资源储量的矿产有101种。其中能源矿产7种，黑色金属矿产4种，有色金属矿产11种，贵金属矿产2种，稀有稀土及分散元素矿产15种，冶金辅助原料矿产8种，化工原料矿产9 种，建材及其他非金属矿产41种，水气矿产4种。广东省保有资源储量居全国前10位的矿产61种，居全国前3位的矿产26种，居全国第一位的矿产7种，分别为铌钽矿、碲矿、高岭土、建筑用花岗岩、水泥用粗面岩、建筑用大理岩和泥炭。全省已开发利用的矿种主要有地下热水、矿泉水、铁、铜、铅、锌、锡、锑、稀土、金、银、硫铁矿、高岭土、陶瓷土、水泥用灰岩、大理岩等。

广东省光、热、水资源丰富，四季常青，动植物种类繁多。在植被类型中，有属于地带性植被的北热带季雨林、南亚热带季风常绿阔叶林、中亚热带典型常绿阔叶林和沿海的热带红树林，还有非纬度地带性的常绿—落叶阔叶混交林、常绿针—阔叶混交林、常绿针叶林、竹林、灌丛和草坡，以及水稻、甘蔗和茶园等栽培植被。香蕉、荔枝、龙眼和菠萝是岭南四大名果，经济价值可观。动物种类中，被列入国家一级保护的有华南虎、云豹、熊猴和中华白海豚等22种，被列入国家二级保护的有金猫、水鹿、穿山甲、猕猴和白鹇（省鸟）等95种。广东开展对动植物资源的开发利用，重视对自然资源和环境的保护。至2013年底，全省建立林业类自然保护区270个、森林公园459处。广东重视绿化荒山，提高森林覆盖率，改善生态环境。

广东省海岸线长，海域辽阔，海洋资源丰富。海洋生物包括海洋动物和植物，共有浮游植物406种、浮游动物416种、底栖生物828种、游泳生物1297种。远洋和近海捕捞，以及海洋网箱养鱼和沿海养殖的牡蛎、虾类等海洋水产品年产量约400万吨；可供海水养殖面积77.57万公顷，实际海水养殖面积20.82万公顷，是全国著名的海洋水产大省。雷州半岛的养殖海水珍珠产量居全国首位。沿海还拥有众多的优良港口资源。广州港、深圳港、汕头港和湛江港成为国内对外交通和贸易的重要通道；大亚湾、大鹏湾、碣石湾、博贺湾及南澳岛等地还有可建大型深水良港的港址。珠江口外海域和北部湾的油气田已打出多口出油井。沿海的风能、潮汐能和波浪能都有一定的开发潜力。广东省沿海沙滩众多，气候温暖，红树林分布广、面积大，在大陆最南端的灯楼角有全国唯一的大陆缘型珊瑚礁，旅游资源开发潜力大。

三、行政区划和人口

全省共有21个地级行政区划单位，设广州、深圳2个副省级市，19个地级市，121个县级行政区划单位

（其中：54个市辖区、23个县级市、41个县、3个自治县）。省会广州市，省政府驻东风中路305号。

广东是中国第一人口大省，至2013年末，广东省常住人口10644万人。常住人口比上年增长0.47%，全省人口增长速度与往年相比虽有减缓之势，但受庞大人口基数影响，人口总量在一段时间内将继续保持增长态势。人口年龄结构继续表现出“两头低、中间高”的特征，即少年儿童人口（0 ~ 14 岁）和老年人口（65 岁及以上）所占比重相对较低，而成年人口（15 ~ 64 岁）的比重较高。究其原因是广东省社会经济发展吸纳大量省外劳动力，从而提高了劳动适龄人口所占的比重，致使总抚养系数持续下降，在全国属于劳动力人口资源丰富，抚养负担较低的省份。2013年末，在广东省常住人口中，居住在城镇的有7212.37万人、居住在乡村的有3431.63万人，分别占常住人口总量的67.76%和32.24%；其中，粤东西北地区的城镇化率分别为59.22%、40.34%和45.85%，分别比上年提升0.17、0.62和0.55个百分点。截至2013年底，全省居住在城镇的人口比上年净增72.01万人，增长1.01%；与同期常住人口增长0.47%相比较，高0.54个百分点。

四、历史文化

广东省历史悠久。《吕氏春秋》中称“百越”，《史记》中称“南越”，《汉书》称“南粤”，“越”与“粤”通，也简称“粤”，泛指岭南一带地方。广东的先民很早就在这片土地上生息、劳动、繁衍。广东省会广州是一座具有2200多年历史的文化名城。在历史长河中，广州、广东等地名次第出现，逐渐演化成广东省及其辖境。广东是岭南文化发源地，以开放、包容、创新的文化特质闻名五大洲。广东是中国最早和最重要的对外通商口岸之一，历史著名的“海上丝绸之路”的起点。唐代，广东广州已成为著名对外贸易港口。

广东也是中国现代工业和民族工业的发源地之一。清代，广东佛山已成为全国手工业中心和四大名镇之一。

广东还是中国著名的侨乡，祖籍广东的港澳同胞、华侨、华人3000多万人，遍布世界100多个国家和地区。

五、交通旅游

广东是华南地区的交通枢纽，海、陆、空交通网络四通八达。已与世界 130多个国家和地区的 1100多个港口通航；与周边省份均连通高速公路、铁路；拥有中国三大航空枢纽之一的广州新白云国际机场，以及深圳、珠海、佛山、湛江、梅州、揭阳、潮汕等七个民用航空机场，是中国大陆机场分布密度最大的省份。拥有两个世界十大集装箱港——广州港和深圳港，以及湛江港、汕头港、珠海港等深水良港。

经济发展

一、稳增长政策显成效，人均GDP突破万美元

（一）稳增长政策显成效，宏观调控各项指标表现平稳

——2014年，广东经济总体保持稳定发展态势，同时稳中有升。初步核算并经国家统计局核定，2014年广东实现地区生产总值6.78万亿，同比增长7.8%。四个季度GDP的累计增速分别为7.2%、7.5%、7.6%和7.8%。其中，第一产业增长3.3%，第二产业增长7.7%，第三产业增长8.2%。与全国相比，全年GDP增速比全国平均水平高0.4个百分点。分行业看，与2013年相比，回落较大的行业主要是金融业和房地产业。2014年金融业增加值增长12.5%，增幅比上年回落5.5个百分点，房地产业增长4.6%，增幅比上年回落6.6个百分点。客观上，对房地产投资占固定资产投资30%以上的广东来说，商品房销售回落拉低广东经济增长。

表1　2007-2014年广东GDP和人均GDP增长情况

年 份	GDP		人均GDP		
	绝对数（亿元）	比上年增长（%）	绝对数（元）	绝对数（美元）	比上年增长（%）
2007	31777.01	14.9	33272	4376	12.1
2008	36796.71	10.4	37638	5419	7.9
2009	39482.56	9.7	39436	5773	7.1
2010	46013.06	12.4	44736	6608	9.5
2011	53210.28	10.0	50807	7866	8.0
2012	57067.92	8.2	54095	8570	7.4
2013	62163.97	8.5	58540	9453	7.8
2014	67792.24	7.8	63452	10330	7.1

2014年广东经济增速是1990年以来首次低于8%，是经济发展进入新常态的重要特征，但2014年广东经济仍然保持了稳定增长，这离不开广东省委省政府的正确应对。一方面全力抓好中央各项预调微调政策的贯彻落实，另一方面结合广东实际及时出台实施了以重大项目拉动投资等10个方面稳增长政策、22项财政支持稳定经济增长政策和25项支持外贸稳定增长政策，力促经济运行保持在合理区间。与此同时，广东还深化改革和扩大开放，向改革开放要增长动力。深化行政审批制度改革，加快简政放权和职能转变；全面推开工商登记制度改革；积极参与21世纪海上丝绸之路建设，加快率先基本实现粤港澳服务贸易自由化。

——全省物价逐步回落。广东居民消费价格指数从年初的增长3.3%逐步回落到12月的累计增长2.3%，其中1~3月增长3.0%，1~6月增长2.8%，1~9月增长2.6%。食品和居住类价格是物价上涨的主要领涨因素，而烟酒及用品、交通和通信价格持续走低是促成整体物价逐步回落的主要因素。工业生产者出厂价格指数和购进价格指数全年维持下降1个百分点左右的态势，1~12月降幅继续扩大，工业生产者出厂价格指数下降1.1%，购进价格指数下降1.2%。

——全省就业形势保持稳定。2014年全省城镇登记失业率2.44%，比上年末提高0.01个百分点；城镇新增就业人口159.6万人，超额完成年度任务，促进创业18万人。

（二）经济综合实力继续提升，人均GDP突破万美元大关。

广东地区生产总值自1989年起连续26年位居全国第一。2014年，广东人均GDP达到63452元，增长7.1%，按平均汇率折算为10330美元，首次超过1万美元大关。按照世界银行制定的国家与地区收入水平划分标准，广东已迈进中上等收入国家或地区的新门槛。这是广东作为全国人口最大省份，经济长期持续发展的突出成果，标志着全省经济社会发展进入了一个新的重要阶段。

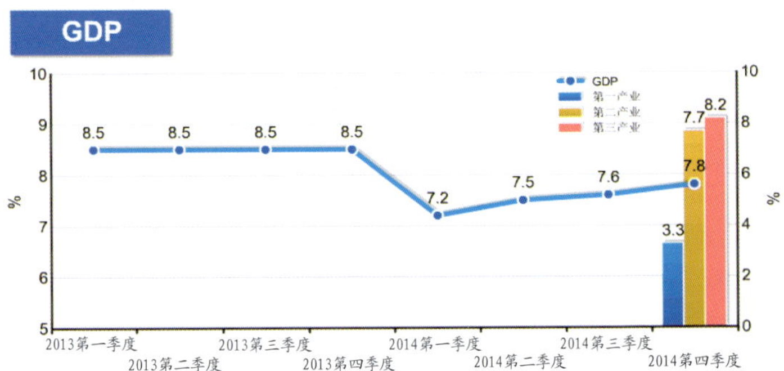

这意味着广东的经济实力进一步增强，发展水平进一步提升。从全国范围看，2014年，广东成为继天津、北京、上海、江苏、浙江、内蒙古等省市之后，又一个人均GDP超过1万美元的省份。从发展历程看，1997年广东人均GDP首次超过1万元，2004年超过2万元，2007年超过3万元，2010年超过4万元，2011年跨上5万元台阶，2014年则迈上了6万元新台阶，充分体现出经济持续稳定发展的特点。从世界范围看，2013年人均GDP在1万美元以上的国家有65个，预计2014年有66个，如果把广东作为一个经济体参与排位，则目前广东人均GDP约排在世界各国或地区第65位，达到世界平

均水平，这标志着广东经济社会的整体发展已达到中等发达国家或地区水平。这同时意味着广东经济发展进入一个新的阶段，转型升级的任务更加艰巨。目前，广东第三产业比重超过第二产业、人均GDP超过1万美元、城镇化率达到68%、人均预期寿命接近77岁，综合这些因素，按照相关工业化阶段标准判断，广东正处于“工业化中期”向“工业化后期”转变阶段，并开始进入以信息化带动工业化，以国际化促进市场化，以城市化为载体，加快经济转型、社会转型，着力向建成全面小康社会、实现基本现代化的新阶段迈进。按照国际经验，人均GDP迈入1万美元是一个重要的门槛，跨过这个门槛，既意味着经济社会发展进入一个新的台阶，也意味着转型升级的压力更加大，比如产业转型升级、结构调整的难度更大了，大城市病更加突出了，百姓对民生服务和环保的诉求更高了。这对政府的执政管理提出了更高的要求，问题处理不好将会影响经济社会可持续发展。

二、结构调整再显成果，三大指标提前一年达到“十二五”规划预期目标

2014年，《珠三角规划纲要》、粤东西北振兴发展战略的深入实施，以及珠江西岸先进装备制造业产业带战略的确立，推动广东经济结构继续调整，促进转型升级步伐加快。从统计数据看，经济结构调整最突出的表现是三大结构性指标提前一年达到“十二五”规划预期目标。2014年，按经济普查以后的核算口径计算，广东服务业增加值占GDP的比重为49.1%，比2013年提高0.3个百分点，提前一年实现“十二五”规划48%的预期目标。广东城镇化率略超68%，提前一年达到“十二五”规划68%的预期目标。广东R&D经费支出占GDP的比例初步预计达到2.36%，提前一年实现“十二五”规划2.3%的预期目标。

（一）投资结构变化契合产业结构调整方向

全年全省服务业完成投资17135.89亿元，同比增长15.9%，三次产业投资结构调整为1.3：32.6：66.1，服务业投资比重同比提高0.2个百分点。金融业在平安国际金融中心、香江金融大厦、宝能环球金融中心等多个项目的拉动下，投资累计增长27.5%。民生领域投资继续保持较快，水利、环境和公共设施管理业增长20.0%，卫生和社会工作投资增长29.3%，其中以养老院、福利院为主体的社会工作投资大幅增长121.5%。在湛江钢铁基地、中委合资广东石化、中海石油炼化改扩建及乙烯工程等重大项目的拉动下，全年工业完成投资8400.04亿元，增长17.3%，其中先进制造业投资增长23.9%，高于制造业投资4.2个百分点。启动珠江西岸先进装备制造产业带建设，首批总投资330多亿元的13个项目开工。高耗能工业投资增长放缓，增长14.4%。与此同时，对工业企业的技术升级改造力度加强，全省完成技术改造投资2668.24亿元，增长12.5%，其中工业技改投资1867.59亿元，增长23.3%，占工业投资的比重为22.2%。工业技改投资主要集中在工艺装备改进、信息化应用与融合、质量品牌提升、节能减排等重点领域，先进制造业及优势传统工业技改投资增速均超过30%。

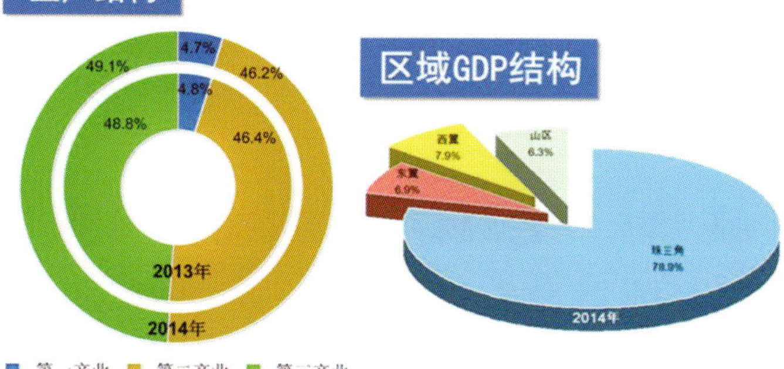

（二）现代产业占比提升，产业结构更趋高级化

三次产业结构继续调整，2014年三次产业结构调整为4.7：46.2：49.1，第三产业占比同比提高0.3个百分点（2013年三次产业比重经第三次经济普查后重新调整为4.8：46.4：48.8）。现代产业比重不断提升。预计现代服务业增长8.3%，占服务业增加值比重达58.1%，占比同比提高0.2个百分点。高技术制造业完成增加值7546.10亿元，同比增长11.4%，占规模以上工业的比重达25.7%，占比同比提高0.6个百分点。先进制造业完成增加值14103.95亿元，同比增长9.2%，占规模以上工业的比重达48.1%，同比提高0.2个百分点。推动战略性新兴产业发展，新一代显示技术、新型动力电池、北斗卫星导航应用等投入生产。清洁能源的生产比重越来越大，全年广东核电产量542.84亿千瓦时，同比增长16.9%，占比达14.0%；风电产量38.43亿千瓦时，占比达1.0%。

（三）内销占比提升，贸易结构优化

2014年，广东工业品实现出口交货值33358.92亿元，增长5.7%，实现内销产值83039.89亿元，增长11.0%，内销占工业销售产值的比重达71.3%，同比增加0.5个百分点。进出口结构优化，反映对外贸易自主发展能力的一般贸易自年初持续保持良好增长增势，完成进出口4157.6亿美元，增长12.7%，一般贸易进出口额占比提升至38.6%。加工贸易进出口降幅继续收窄，完成进出口5202.9亿美元，同比下降1.2%，其中“委托设计+自主品牌”方式出口占出口总额比重提高到66%，跨境电子商务交易量占全国近七成。

投资、消费、进出口

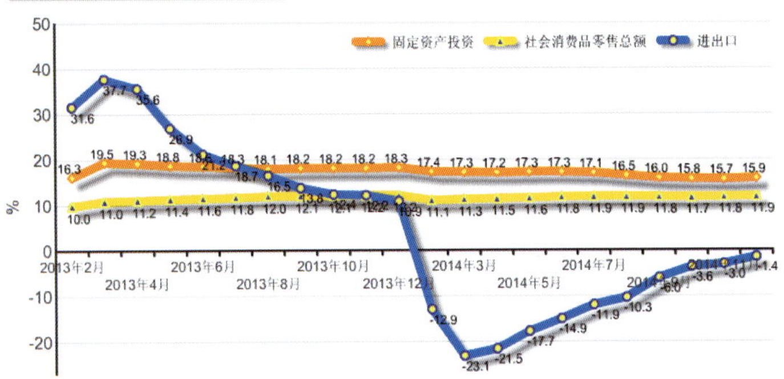

（四）粤东西北占比提升，区域协调发展战略初显成效

珠三角对粤东西北的对口帮扶力度进一步加强，省政府推动设立121亿元粤东西北振兴发展股权基金，积极争取国家政策支持13个原中央苏区经济发展，粤东西北以交通基础设施建设、产业园区扩能增效、中心城区扩容提质和新区建设为抓手，推进钢铁、石化等大项目的投资建设，促进经济加快发展，缩小与珠三角差距。2014年，粤东西北地区多数经济指标增速高于珠三角地区。规模以上工业增加值增长14.2%，比珠三角高5.9个百分点；固定资产投资增长29.6%，比珠三角高15.0个百分点；社会消费品零售总额增长11.8%，略低于珠三角；进出口增长6.9%，比珠三角高8.6个百分点。全年粤东西北地区GDP增速比珠三角地区高1.5个百分点以上。

表2　2014年广东分区域主要经济指标增长情况

区域	规模以上工业增长（%）	固定资产投资增长（%）	社会消费品零售总额增长（%）	进出口增长（%）	地方公共财政预算收入（%）
全省	8.4	15.9	11.9	-1.4	13.9
珠三角	8.3	14.6	11.9	-1.7	15.1
粤东西北	14.2	29.6	11.8	6.9	12.7
东翼	13.2	32.3	12.0	1.7	9.1
西翼	15.2	30.0	11.7	13.9	11.1
山区	14.4	26.7	11.4	10.8	16.7

三、经济增长质量效益表现优异，在全国居于前列

2014年，广东经济增长质量效益继续保持较好水平，财政税收收入增速在全国居于前列，主要体现在四个方面：

一是财政税收增势较好。2014年，来源于广东的财政总收入19080.13亿元，增长12.5%。完成地方公共财政预算收入8060.06亿元，增长13.9%。全年税收收入增长平稳，国税收入突破万亿大关，达到10152.21亿元，增长12.5%，收入总量连续20年位居全国首位，其中先进制造业、金融业和“营改增”现代服务业等体现经济结构调整成效的税收增速均在20%以上。地税收入突破8000亿元，增长11.1%，税收规模连续21年居全国地税系统首位。

地方公共财政预算收入

二是企业利润保持较快增长。1~11月，广东规模以上工业企业实现利润总额5559.62亿元，增长16.5%，比全国利润增速高11.2个百分点，亏损面下降至16.3%，主营业务收入利润率5.5%，同比提高0.4个百分点。工业企业利润总额在2013年增长超过20%的基础上继续保持较高增速，表明企业在应对市场风险、降低生产经营管理成本、推进产品升级换代方面取得良好的效果。

三是居民收入稳定增加。全省实施2014年城乡低保最低标准，各类地区低保最低标准提高45元至102元不等；企业退休人员月平均养老金增长10.4%；城乡居民基础养老金标准提高至每月每人80元。根据城乡一体化住户调查，全年广东居民人均可支配收入25685元，同比增长9.7%，扣除价格因素，实际增长7.2%。其中，农村常住居民人均可支配收入12246元，同比增长10.6%，扣除价格因素，实际增长8.3%；城镇常住居民人均可支配收入32148元，同比增长8.8%，扣除价格因素，实际增长6.4%。

居民收入

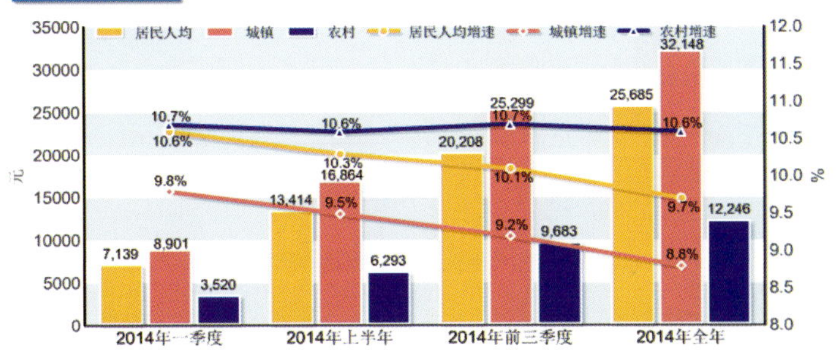

四是能耗水平持续降低。2014年，广东规模以上工业综合能源消费量14496.91万吨标准煤，同比下降1.6%，比工业生产增速低10.0个百分点。全省节能降耗年度预期目标有望完成。

四、新业态蓬勃发展，拉动力逐步增强

工业能耗与工业增加值增速

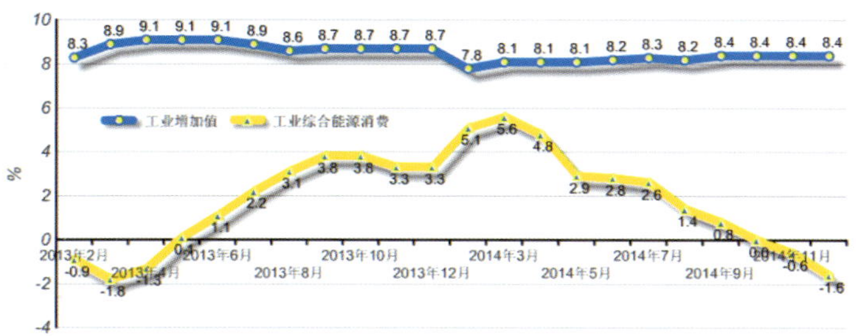

广东经济发展活力充沛，信息消费、网购、高铁出行等新业态发展迅速，成为拉动经济增长的重要力量。预计2014年现代服务业实现增加值增长8.3%，比整体服务业高出0.1个百分点。受厦深线班次增多、南广贵广高铁开通影响，高铁客运强劲增长，完成客运量8517万人，增长62.0%，占整个铁路运输的37.0%，占比同比提高11.3个百分点。2014年,通信业务总量增长13.5%，3G移动电话期末户数达4981.24万户，同比增长11.5%，4G移动电话上半年开始起步，三季度末用户达646万户，年末飙升到1470万户。2014年，互联网和相关服务业实现营业收入增长36.3%，营业利润增长21.4%；软件和信息技术服务业实现营业收入增长11.9%，营业利润增长9.8%；信息传输计算机服务业和软件业实现增加值增长7.8%，同比提高4.8个百分点。同时，与信息消费相关的通讯器材类消费增长加快，2014年限额以上批发零售业通讯器材类商品零售额增长22.0%，增幅同比提高12.2个百分点。网购保持火爆，增长迅猛，受广货网上行活动及年底“双十一”等电商活动推动，传统实体商业积极发展网上销售，2014年全省限额以上批发零售企业实现网上零售额高速增长70.7%，占社会消费品零售总额的2.3%，拉动社会消费品零售总额增长约1.1个百分点。网购等电子商务带动邮政、快递服务市场持续快速发展，2014年规模以上快递服务业企业实现营业收入增长71.1%。

手机用户

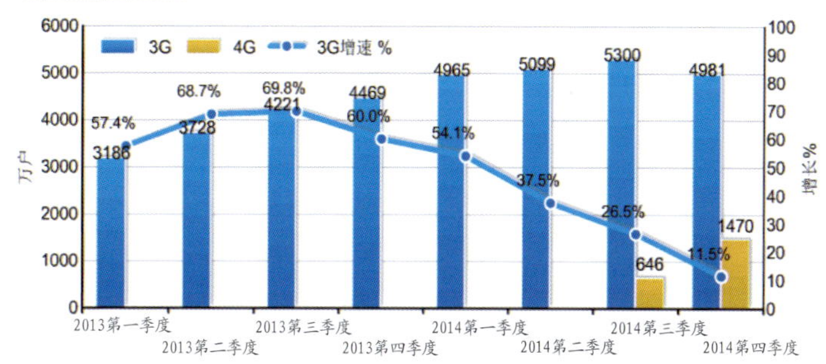

投资环境

一、生产要素充分集聚

广东金融产业、金融市场、金融资源规模、金融机构盈利水平居全国首位。目前正不断深化粤港澳金融合作，建设与香港国际金融中心紧密合作、以珠三角城市金融为支撑、具有国际竞争力的金融中心区域。广东拥有结构合理、配套完善的教育体系，为经济社会发展提供源源不断的高素质人才。全省拥有130多所高等院校，382多个县级及以上国有研究与开发机构、科技情报和文献机构，规模以上工业企业拥有技术开发机构2511个。拥有国家工程实验室8家，国家级工程研究中心23家；已建立省级工程研究中心1088家。

二、基础设施日趋完善

截至2013年底，全省公路通车里程达20.3万公里，高速公路里程5703公里。2013年完成港口货物吞吐量14.9亿吨，港口集装箱吞吐量2695万标准箱。全省电源装机容量约8000万千瓦，核电装机容量居全国首位。信息化发展水平较高，固定电话用户达3100万户，移动电话用户达14706万户，国际互联网总用户达2154.3万户。

三、各类园区功能多样

广东具有多层次、多元化、现代化的投资承接平台。全省拥有广州经济技术开发区、湛江经济技术开发区、南沙经济技术开发区、大亚湾经济技术开发区、增城经济技术开发区、珠海经济技术开发区等6个国家级经济技术开发区，拥有9个国家级高新技术产业开发区、17个保税物流监管区域或场所、36个省级产业转移工业园和一批省级开发区。

四、口岸通关高效便捷

广东海陆空口岸俱全，基础设施配套完善，对外开放一类口岸54个。全省口岸推行“属地报关、口岸验放”通关模式，采用GPS系统实施来往港澳小型船舶快速通关，推行海关、检验检疫“一机两屏”查验模式，对诚信企业开辟“绿色通道”，采取预约报关、上门验放和担保放行等便利措施，通关流程不断优化。加大查验监管手段科技创新，推广车辆“一站式”电子验放系统和旅客自助查验系统，通关效率和服务水平不断提高。

五、市场容量不断扩大

广东城乡居民人均收入持续多年稳健增长，消费

能力不断增强，市场空间十分广阔。2013年全省城镇居民人均可支配收入33090元，农村居民人均纯收入11669元。全省消费品零售总额25453.9亿元，总量连续31年列居全国首位。

六、投资服务体系健全

广东率先与国际经济接轨，按市场经济规则和国际惯例运作，保护知识产权，维护投资者合法权益。广东建立了多层次的投资促进中介机构和办事机构，拥有健全的行政管理体系，推进“一站式”“一条龙”“一个窗口”办事模式，在企业设立、经营许可、人才招聘、产权登记和跨境交易等方面提供便利、高效的服务。减少政府干预微观经济，简化外商投资审批程序，简化外商投资企业设立店铺、分支机构、连锁分支机构审批程序。将深化企业投资管理体制改革，落实完善民间投资鼓励政策，健全重大项目民间投资招标机制。

七、大型会展盛名天下

广东大力发展以国际化、专业化、贸易型为主的会展业。中国进出口商品交易会是中国目前历史最长、层次最高、规模最大、商品种类最全、到会客商最多、成交效果最好的综合性国际贸易盛会。中国国际高新技术成果交易会、中国国际中小企业博览会、中国国际航空航天博览会、中国国际文化产业博览交易会以及中国加工贸易产品博览会等大型展会盛名天下。

八、人居环境舒适便利

广东青山绿水，气候宜人，森林覆盖率达到60%。广东文化设施齐全，设有一批现代化、高品位的重点文化设施。拥有群众艺术馆、文化馆146个，县级以上公共图书馆137个，博物馆、纪念馆169个，上规模的文化广场5000多个。广东居住环境优越，珠三角地区有着高标准的生活水平，可以满足世界各国投资者不同的生活需求。广东现设立有16所外籍人员子女学校，并为台商子女设立了台商子弟学校，切实解决投资者的后顾之忧。

今日广东

创新发展

深化改革

广东省经济技术协作促进会

协会简介

广东省经济技术协作促进会是由广东省经济技术协作部门、跨行业、跨所有制企事业单位及个人自愿组成的非营利性社会团体，具有独立的法人代表资格，接受业务主管单位广东省经济贸易委员会、社团登记机关广东省民政厅的业务指导和监督管理。

协会宗旨

认真贯彻邓小平理论和“三个代表”重要思想，遵守国家的法律、法规、政策，充分发挥跨地区、跨部门、跨行业跨所有制经济技术联合与协作优势，全方位服务政府和中小企业，努力推动广东商品经济和市场经济发展。

协会业务

经贸洽谈　商品展销　招商引资　经济考察　交流合作　编辑出版

大隆集团创立于1993年，集团总部位于广东惠州市，主要经营房地产开发、天然气投资、石油终端服务、能源产品销售和物业管理等产业。

大隆集团创立以来，坚持“追求卓越、崇尚完美”的企业理念，秉承“专业、创新、价值、责任”的核心价值观，连续多年被评为惠州市”民营企业50强”。

大隆集团致力于房地产领域。坚持选择优质地段，多业态发展，商业地产和住宅地产并举，深耕城市中心区高价值地段。

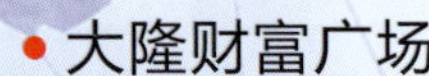

• 大隆财富广场

• 大隆大厦

大隆财富广场位于惠州江北CBD核心，接东江之滨，旁临鹅潭湖畔，集商业广场、商务公寓、甲级写字楼为一体，是惠州江北CBD的标志性建筑之一。

大隆湾东接四会市政广场，西临绥江，成为四会新城中心，是集高端商业购物、休闲娱乐、旅游、办公、酒店、居住于一体的高尚滨江综合体。

WUHAN DALONG NATURAL GAS INVESTMENT LIMITED
武汉大隆天然气投资有限公司
DA LONG
武汉大隆
天然气CNG
24小时服务
全球清洁新能源

广州威臣饮料有限公司

广州威臣饮料有限公司成立于2014年，公司位于广州市商业区东华西路丽华大厦，主创人为美国威臣投资有限公司董事长及中国知名国企、前健力宝集团副总经理等。

威臣企业属下还有广州威晨节能科技有限公司和广州德捷科技有限公司，分别成立于2010年和2001年。两公司多年来致力于中、美之间的科技交流，引进高科技含量的产品。

2013年美国FIZZA牛奶汽水成功在美上市，威臣企业负责人自2010年起投资该项目，参与产品的研发和市场推广工作。在获得了该产品在大中华区的专营权后，于2014年底成立了广州威臣饮料有限公司，成为美国FIZZA牛奶汽水引进国内唯一的独立生产、销售运营商。

FIZZA牛奶汽水在国内以“加加乐”为注册商标，并按照美国的原配方，采取从原产地进口原料，委托国内大型饮料生产企业加工的方式推向市场。

“加加乐”横空出世的时代背景

碳酸饮料清爽可口，但含有过高的糖分和添加剂等，不利于健康，肥胖问题更为突出。近年来，美、英等国都相继明令禁止碳酸饮料进入学校，人们对食品的营养价值及健康元素提出了更高的要求。因此果汁、乳品等营养饮料随之逐步扩大，但因口感和适应性等因素，未能达致尽善尽美。

紧跟时代的节拍，美国 FIZZA 公司采用国际领先技术，率先将牛奶、水果丰富的营养素与碳酸有机地结合在一起，成功研制出具有自主专利权的创新型饮料——果汁牛奶汽水。

- FIZZA牛奶汽水荣获弗吉尼亚州农业部颁发的“最佳新型饮料”奖

- FIZZA牛奶汽水入选美国最权威的绿色健康食品总经销商KEHE公司的产品目录杂志*ONTREND*

绿色使命　不断创新

FIZZA牛奶汽水进入美国市场，立即引起了业内业外的瞩目。FIZZA牛奶汽水在荣获弗吉尼亚州农业部颁发的“最佳新型饮料”奖之后，美国最大的权威绿色健康食品总经销商KEHE公司，把FIZZA牛奶汽水纳入了其产品目录杂志*ONTREND*。作为对美国在校学生健康食品采购具有指导影响力的权威机构JSI也将FIZZA牛奶汽水列入其产品目录列表中。FIZZA牛奶汽水还通过了美国食品监测最权威、安全要求最苛刻、健康标准最严格和审核过程最繁浩的政府机构——美国农业部的审核，并获得了在学校售卖的许可证，成为全美目前唯一可以进入学校售卖的碳酸饮料。

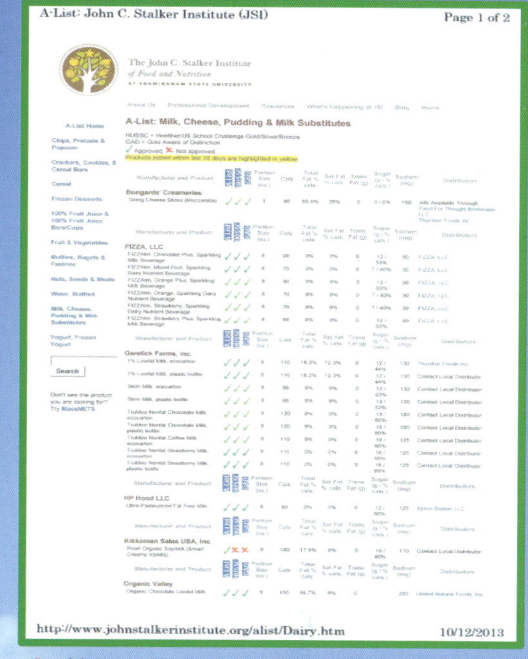

A-List: John C. Stalker Institute (JSI)　　Page 1 of 2

The John C. Stalker Institute of Food and Nutrition

A-List: Milk, Cheese, Pudding & Milk Substitutes

Bongards' Creameries

FIZZA, LLC

Garelick Farms, Inc.

HP Hood LLC

Kikkoman Sales USA, Inc.

Organic Valley

http://www.johnstalkerinstitute.org/alist/Dairy.htm　　10/12/2013

美国在校学生健康食品采购权威指导机构JSI，也将FIZZA牛奶汽水列入其产品目录列表

“加加乐”独一无二的多方优势

广州威臣饮料有限公司是FIZZA公司在中国的唯一战略合作伙伴。“加加乐”牛奶汽水保持了FIZZA牛奶汽水高蛋白、低热量，且脂肪、咖啡因、添加剂和防腐剂全部为“0”的优良指标。

“加加乐”牛奶汽水既有碳酸饮料的清爽口感，又有乳品饮料和果汁饮料的营养价值，它是碳酸饮料中唯一一个富含蛋白质的饮料，同时也是乳品饮料中唯一一个含碳酸的饮料。

“加加乐”牛奶汽水属于首创产品，目前尚没有同类产品可进行比较。但按照牛奶汽水上述双重的特性，将它与目前国内这两类饮料中最具代表性的两个产品作一简单比较，仍然可以看出高下。

加加乐牛奶汽水与类似饮料成分比较（按100ml含量计算）

	加加乐	营养快X	可口可X
蛋白质（克）	1	1	0
热量（千焦）	145	190	180
糖（克）	5	6	10.6
脂肪（克）	0	1.2	0
钙、维生素	有	有	无
咖啡因	无	无	有
添加剂、防腐剂	无	>10种	有

“加加乐”牛奶汽水既无咖啡因之弊，也克服了主流碳酸饮料中高热量、高糖、无营养的不足，并抽离了乳品饮料中致人肥胖或不适的因子，加上它丰富的营养，不含任何防腐剂和添加剂，是一款名副其实的安全、营养、健康的绿色饮料。

“加加乐”牛奶汽水满足了消费者对饮料食品安全、营养、时尚、高品位的诉求，既迎合青少年对汽水的特别嗜好，又满足家长强化孩子饮食营养的目的，一举两得，相得益彰，必将成为时代潮流的宠儿。

广州市协

2014年，广州市围绕“打造国家中心城市，促进产业升级转型”的中心任务，全力以赴实施大开放、大协作、大帮扶战略，扎实推进区域经济合作工作，扩大国内友城交流合作，加强广州与珠三角地区、泛珠三角各省会城市以及国内各地的经贸合作与交流；致力民生帮扶，稳步推进对口帮扶和对口支援工作，取得良好成效。

2014年，广州市共安排对口支援对口帮扶地区财政专项帮扶资金1.46亿元，主要用于整村推进示范村项目、道路水利及公益项目建设等。建设完成了一批与黔南州、广西百色、重庆巫山等地区协商确定的农田灌溉、学校、医院、整村搬迁等工程。2014年9月，市委书记任学锋同志到西藏波密检查我市帮扶工作，指出要进一步加强以教育、医疗卫生为重点的帮扶方向。此外，我市各区各部门计划外累计投入帮扶资金2723.2万元，用于支持当地民生、教育、交通、水利等项目建设。经过我市与对口支援对口帮扶地区的共同努力，珠三角企业、商会与贵州黔南州签约项目114个，总投资额405亿元；与广西百色市签约项目11个，总投资额112.93亿元，累计到位资金39.49亿元。

“双到”帮扶梅州、湛江、清远（连州）三市265个贫困村和4个重点贫困县（市）工作取得了阶段性成效，我市帮扶的265个贫困村在2013年度省扶贫开发“双到”工作考核中全部获得优秀等次，截至2014年12月底，广州市累计筹集帮扶资金共15.6亿元，平均每村589万元，资金使用率达到92.79%。有劳动能力的贫困户脱贫率达到99.20%，贫困户年人均纯收入达到8105.84元，与2012年底相比增加5349.64元；贫困村集体经济收入平均每村达到11.44万元，与2012年底相比平均每村增加了10.80万元。当年完成农村低收入住房困难户住房改建6273户，完成率达142.28%，超额完成年度任务。广汽集团将企业管理模式引入扶贫工作实施精准扶贫的经验做法目前已在全国扶贫工作中进行推广，湛江驻村人创新推广的“电商扶贫”模式被《人民日报》报道并引起广泛关注。

大力推进高铁经济带城市间合作，先后推动成立了长沙、武汉、贵阳广州商会，并签订了合作框架协议，配合我市开展高铁经济带城市间合作工作。配合省完成了“广东省第八届区域发展经济技术合作洽谈会”会务工作和第十届泛珠三角区域合作与发展论坛暨经贸洽谈会公共事务组的工作；圆满完成了第十届市长论坛开幕式和高层论坛大会会务工作。全力参与“新广州新商机”推介活动，组织广州企业参加“冰洽会”“津洽会”“中博会”等近20项大型经贸活动，促进广州企业开拓国内市场。

2014年8月，成功举办了第22届广州博览会，包括2个综合展及7个专业展。展览面积约8.5万平方米，展位约4000个，展览面积、参展企业数量、专业展规模均创历史最高水平。据统计，展会期间中外来宾19万多人次。中央、省、市30多家主流媒体进行相关报道100余条，进一步塑造了我市著名会展品牌的良好形象。

各地驻穗机构积极发挥职能作用，服务两地，牵线搭桥，招商引资，化解社会矛盾，为促进两地的经济社会发展做出了突出贡献。

▲任学锋书记出席第十届泛珠市长论坛

▲广州市对口帮扶梅州清远暨扶贫开发“双到”工作视频会议

广州市协作办公室工作职能

对口支援对口帮扶职能

根据市委、市政府的工作部署，我办承担着对口支援三峡库区(重庆巫山县)、西藏波密县、四川甘孜州；对口帮扶广西百色市、贵州黔南州；以及省内梅州、湛江和清远三市和五华县、大埔县、丰顺县，连州市4个重点贫困县（市）的扶贫开发“双到”任务。

区域合作职能

履行市政府赋予我办的统筹全市区域合作职能，包括推进我市区域合作规划，和政府间合作协议，我市政府、企业与国内各地开展政务、经济、文化交流合作等。负责我市参与西部大开发的组织、规划、指导和协调工作，为我市加强与国内各地的交流与合作，融入泛珠三角区域发挥了重要作用。

管理国内各省区市驻穗办事机构职能

我办代表市政府负责联系管理全国各地驻穗机构，负责联络指导广州中介产业协会、全国各地驻穗机构联谊会的工作。目前，我办管理的全国各地驻穗机构近1000家。由我办党委管理的驻穗机构党组织174个（其中党委7个，总支16个，支部151个，党员1720名）。驻穗机构为促进我市的经济社会发展和社会稳定发挥了不可替代的作用。

承办广州博览会职能

广州博览会是广州市政府精心打造的展示城市形象和开展区域合作的大型综合性展会。我办承担组委会办公室的日常工作。广州博览会自1993年创办至今已成功举办了22届。第22届广州博览会，包括2个综合展及7个专业展，展览面积约8.5万平方米，展位约4000个，展览面积、参展企业数量、专业展规模均创历史最高水平。

▲陈建华市长参加第22届广州博览会

▲广州市协作办刘磊书记考察示范村建设

▲广州市协作办谈志向主任赴湛江部署台风灾害扶贫村复产工作

广东省总工会

广东省总工会于1953年4月23日在广州正式成立。历任主要负责人有林锵云、冯焱、梁广、梁锦棠、骆胜安、陈冰、汤维英、邓维龙、黄业斌。内设17个部、室、和4个产业工会（省海员工会、省教科文卫工会、省工业工会、省财贸工会），下属7个正处级事业单位：省总工会干部学校（南华工商学院）、南方工报社、省工人医院、黄埔卫生职业技术学校、省职工国际旅行社、工会大厦和职工保障互助会。

2014年，在省委和全国总工会的领导下，广东省总工会认真学习贯彻党的十八大和十八届三中、四中全会精神，认真学习贯彻习近平总书记系列重要讲话精神特别是关于工人阶级和工会工作的重要讲话精神，围绕中心，服务大局，切实履行工会各项职能，突出维权主业，不断加强自身建设，为维护广东改革发展稳定大局发挥重要作用。工会的凝聚力和活力进一步增强，工会组建、劳动竞赛、维权帮扶、防范抵御等主要工作走在全国前列，多次得到广东省委、省政府和全国总工会的充分肯定。截至2014年9月底，全省基层工会组织24.8万个，涵盖单位68.3万家，工会会员2695万人，其中农民工会员1617万人，各项指标连续多年排在全国前列。全省各级工会共筹集慰问款物9487.3万元，为4968家困难企业和11.7万户困难职工、困难劳模、离退休职工家庭及2万多名农民工送去了党政和工会的关怀，为912名全国劳模、7760名省劳模发放春节慰问金。全省共有20.54万家企事业单位、1623万人次职工开展形式多样的劳动竞赛活动，实现经济价值400多亿元。全国总工会授予广东省全国五一劳动奖状13个、奖章70名、工人先锋号50个，省总工会授予省五一劳动奖状100个、奖章180名、工人先锋号120个。

2014年1月18日，由广东省总工会、广铁集团联合组织的“外来务工人员平安返乡专列”由广州火车站发车

2014年2月20日，中华全国总工会兼职副主席到第一次全国劳动代表大会旧址，参观了广州工人运动陈列馆、广州劳工大学堂

2014年2月21日，由省总工会和南方日报社联合举办的广东职工大讲堂首场活动在南方传媒大厦举行

2014年2月27日，粤港澳台工会新春茶话会在广州举行，由省总工会主席黄业斌主持会议

2014年4月30日，广东省庆祝五一国际劳动节暨劳模表彰大会在广州举行。省总工会主席黄业斌宣读《广东省总工会关于表彰广东省五一劳动奖状、奖章和广东省工人先锋号的决定》

2014年3月20日，广东省人大常委会副主任、省总工会主席黄业斌到广东粤东三市调研工会工作

2014年“五一”期间，广州市总工会在员村工人文化宫举办法律咨询服务活动，为附近的职工群众免费提供劳动法律、劳动政策等相关咨询服务

阳江滨海新区

▲胡春华同志调研考察阳江滨海新区

▲阳江滨海新区挂牌成立图

阳江滨海新区于2013年12月经省人民政府批准成立，是我市抢抓省委、省政府振兴粤东西北地区发展机遇和贯彻落实“三大抓手”战略的重要平台。新区规划总面积505.9平方公里，其中核心区面积55.22平方公里，起步区面积约10.12平方公里。根据新区总体规划，按照主体功能和产业发展定位，分为三大板块整体规划、统筹推进、协调发展：

第一大板块是以阳江港为依托，以珠海（阳江）产业转移工业园为平台的产业发展区，是阳江发展工业的主阵地。该板块对接珠江西岸先进装备制造业发展规划，重点发展海洋装备制造、能源装备制造、金属制品制造等临港工业，着力打造沿海临港工业重要基地、中国高端不锈钢产业基地。2014年园区规模以上工业总产值完成365.1亿元，增长25%。

第二大板块是以海陵岛为核心的旅游集聚区，主要发展滨海旅游、海洋产业等。按照建设国际生态旅游岛的目标定位，以创建国家5A级风景区为抓手，加快完善基础设施和公共配套设施建设，不断丰富旅游元素。据统计，海陵岛去年进岛旅游人数达624万人次，今年五一小长假共接待游客21.9万人次。

第三大板块是以城南新城为中心的核心区，面积约55平方公里，是城市扩容提质的主战场。近年来，新城区累计投入开发建设资金178亿元，已开发面积13.6平方公里。规划方面，在珠海对口帮扶指挥部帮助下，引入了国际一流专家团队对核心区进行了规划提升工作，制定了《城南新区控制性详细规划》、产业发展、低碳生态发展和基础设施建设等专项规划，目前正在编制高铁站场片区及沿河绿道的详细控制性规划。基础设施建设方面，重点推进城南东路、城南西路、新江南路、江朗大道、富康路等“七纵五横”共十二条主干道路建设，迅速拉开城市发展框架，目前正加快推进市区连通大海的金平路项目建设，推动城区南拓向海发展；公共配套设施建设方面，随着阳江一中等学校、医院、幼儿园、银行、污水处理厂、青少年活动中心等一批公共配套项目陆续建成并投入使用，新区人居环境、投资营商环境越来越完善；招商引资方面，以规划建设高铁站场商务集聚区为契机，进一步加大招商引资力度，目前已建成和在建的项目有新都汇时代广场、阳江国际金融中心、保利、恒大等十三个商业项目；正在开展前期工作的项目有漠阳江口现代海洋产业园、滨海文化中心、高铁站场物流中心、五星级酒店等。随着新区环境不断优化改善，商气人气加快向新区集聚，区内楼市整体销量较好，已经成为阳江市民和外来投资者购房置业的首选地区。

2015年，新区将利用股权基金滚动发展，在新城区总投资达170多亿元的基础设施、公共配套设施、商业地产30多个项目全面开工建设，迅速掀起新一轮建设热潮，推动新区进入加快发展的快车道，为阳江在粤东西北地区率先全面建成小康社会作出新的贡献！

▲阳江滨海新区区位及重大交通布局图

▲阳江国际金融中心效果图

中共广东省委 广东省人民政府关于全面深化科技体制改革 加快创新驱动发展的决定

粤发〔2014〕12号

（2014年6月21日）

为贯彻落实党的十八届三中全会和《中共广东省委贯彻落实〈中共中央关于全面深化改革若干重大问题的决定〉的意见》（粤发〔2014〕1号）精神，全面深化科技体制改革，加快实施创新驱动发展战略，现作出如下决定。

一、总体要求

（一）指导思想。高举中国特色社会主义伟大旗帜，以邓小平理论、“三个代表”重要思想、科学发展观为指导，以深化科技体制改革为动力，大力实施创新驱动发展战略，充分发挥市场对各类创新要素配置的决定性作用，更好发挥政府的引导与服务作用，强化企业创新主体地位，加强创新链与产业链、资金链融合，加快推进知识创新、技术创新、协同创新、转化应用和环境建设，全面提升我省科技创新能力与产业竞争力，为实现“三个定位、两个率先”的目标提供坚强有力的科技支撑。

（二）主要目标。到2020年，技术创新市场导向机制与产学研协同创新机制比较完善，科技资源和创新要素优化配置取得明显成效，科技创新活力大大增强，企业在技术创新中的主体地位进一步强化，开放型区域创新体系和创新型经济形态基本建成，努力实现从要素驱动向创新驱动全面转变，全省主要创新指标达到或超过中等创新型国家和地区水平。

到2020年，全社会研究与开发（R&D）投入占地区生产总值（GDP）的比重达2.8%，技术自给率达78%，每百名R&D人员发明专利申请量达10.7件以上，每万人发明专利拥有量达19件以上。高技术制造业增加值占工业增加值比重达28%，战略性新兴产业增加值占GDP比重达16%左右。互联网普及率超过78%，公民具备基本科学素质比例超过7%，高等教育毛入学率达到50%，单位GDP能耗降低到0.42吨标煤／万元以下。

二、完善技术创新市场导向机制，强化企业技术创新主体地位

（三）发挥市场在创新资源配置中的决定性作用。进一步理顺政府、企业、市场的关系，健全市场竞争、知识产权保护、政府采购和环境监管等政策法规体系。改革技术创新项目的形成机制和支持方式，面向企业技术需求编制项目指南，吸纳来自企业和行业协会的专家参与项目评审，遴选有条件的企业牵头组织实施产业导向类科研项目。营造鼓励企业创新的市场基础环境，充分发挥市场对技术研发方向、路线选择、要素价格和各类创新要素配置的导向作用。

（四）强化大型企业创新骨干作用。实施大中型企业研发机构全覆盖行动，到2020年，大型骨干企业普遍建有企业研究开发院，高新技术企业普遍建有省级以上工程（技术）研究中心、工程实验室、企业技术中心、企业重点实验室等研发机构。申报承担省级产业导向类科研项目的企业，原则上应建有省级以上研发机构。引导大型企业完善创新投入制度，牵头申报市级以上产业导向类科研项目的大型企业，原则上应为近3年享受过研发费用税前扣除、高新技术企业税收减免等税收优惠政策的企业。全面落实国有企业研发投入视同利润的考核措施，各级国有资本经营预算应当安排适当比例的资金用于国有企业自主创新并逐年增加。

（五）激发中小微企业创新活力。加快建立健全技术创新、工业设计、质量检测、知识产权、信息网络、

电子商务、创业孵化、企业融资、人才培训等公共服务平台，为中小微企业提供全方位与全过程的创新服务。重点支持建设一批面向中小微企业的综合性前孵化器、大型孵化器，形成网络化的创新服务体系。积极引进外资和民间资本参与国有孵化器建设，探索发展一批混合所有制孵化器。充分发挥科技型中小企业创新基金引导作用，通过贷款贴息、研发资助等方式重点支持种子期、初创期中小微企业技术创新活动。探索实施创新券制度。支持科技型企业研究制定上市路线图，引导企业通过主板、中小板、创业板、新三板等资本市场上市融资，推动企业做大做强。

三、发挥科技创新支撑引领作用，促进经济社会转型升级

（六）组织实施重大科技专项突破关键核心技术。制定全省重大科技专项实施方案，重点聚焦并力争突破计算与通信集成芯片、移动互联关键技术与器件、云计算与大数据管理技术、新型印制显示材料、可见光通信技术及标准光组件、智能工业机器人、新能源汽车动力电池系统、干细胞与组织工程等重点领域关键核心技术，抢占高新技术产业与战略性新兴产业技术制高点。深入开展主导产业专利态势分析、预警及涉外应对研究。加快制定支柱产业重要技术标准，建立完善标准信息查询服务平台、技术性贸易措施预警应对平台。

（七）以先进技术和新兴业态改造提升传统产业。推进信息化与工业化深度融合，实施智能制造工程，提升发展轨道交通、汽车、石化、航空、轻工设备等先进制造业。鼓励通过技术改造、商业模式创新和兼并重组等多种方式，改造提升陶瓷、家电、服装纺织、建材、家具、食品等传统优势产业。推动高新技术、网络信息技术、文化创意等向传统产业延伸渗透，发展以知识密集、技术密集、人才密集为特征的新兴业态产业。实施一校一镇，一院（所）一镇行动，推动专业镇产业转型升级。

（八）推动科技服务业创新发展。放宽科技服务业对外资和民间资本准入条件，深化和港澳及国际科技服务业的合作。大力发展研发设计、文化创意、技术交易、科技金融、科技服务外包、科技咨询等科技服务业，推动科技服务业集聚区建设。加快发展电子商务产业，支持广州、深圳、汕头、东莞和揭阳等地创建国家电子商务示范城市。实施大数据发展战略，支持区域性中心城市建设云计算电子政务数据平台。

（九）推进农业领域科技创新。坚持科技兴农，加快推进农业、林业、水利、海洋渔业、气象、防震、减灾等领域的科技创新、科技交易和科研平台建设，构建全省农业领域

科技创新体系，组织实施一批重大科技项目，满足现代农业发展的科技需求。深化种业体制改革，加强种质资源收集、保存、利用及多样性保护。发挥现代农业领域各类示范园区和龙头企业的引领作用，加大农业先进适用技术推广应用和农民技术培训力度，推行技术入股等方式，调动农业科技人员的积极性，加速农业科技成果转化与产业化进程。充分利用我省海洋资源优势，培育发展海洋新兴产业，加快建设海洋经济强省。

（十）以科技创新推动生态文明建设。大力发展环保科技，实施节能减排创新行动，推进钢铁、水泥、石化、化工、有色金属冶炼、火电、造纸、印染、制革、电镀、建筑等重点领域及锅炉等高耗能特种设备的节能减排。加快实施环境污染联防联控，着力推进全省生态环境保护重大技术装备的研发。新建一批省级可持续发展实验区，推动有条件的地区创建国家可持续发展实验区和生态文明建设先行示范区。大力发展风电、太阳能光伏等可再生能源，促进能源结构优化调整。

四、健全协同创新机制，提升集成创新能力

（十一）建立多主体协同创新机制。完善我省与科技部工作会商制度，共同推进创新型省份建设。建立部门协同、省市联动的创新协调机制，统筹整合优化全省各类创新资源。充分发挥广州、深圳市在全省实施创新驱动发展战略中的龙头带动作用。支持广州、深圳市加快创建国家自主创新示范区，佛山市顺德区建设省自主创新示范区。鼓励广州、深圳市率先建成国家创新型城市，支持有条件的珠三角城市创建国家创新型城市，启动省级创新型城市试点建设工作，在粤东西北地区培育若干个省级创新型城市。推进深圳高新区下一代互联网创新型产业集群、惠州云计算智能终端创新型产业集群等国家级和省级创新型产业集群试点建设。建立重大建设项目工程采购制度，通过政府采购或订购、商业合同等方式向战略性新兴产业产品倾斜。

（十二）加强协同创新平台建设。加快广州南沙、深圳前海、珠海横琴和中新（广州）知识城、中德（揭阳）金属生态城、中德（佛山）工业服务区、中以（东莞）国际科技合作产业园、东莞两岸生物技术产业合作基地、珠海航空产业园、湛江南方海谷等重大平台

建设。实施产学研协同创新平台覆盖计划，培育一批市场化导向的高等学校协同创新中心、产业研究开发院、行业技术中心等新型研发组织。支持大型骨干企业牵头组建产业技术创新联盟和产业共性技术研发基地，加强产业共性技术研发和成果推广运用。制定新型科研机构管理办法，出台扶持新型科研机构发展的政策措施，运用市场化机制新建一批新型科研机构，在项目、人才、资金等方面给予重点扶持。

（十三）创新省部院产学研合作模式。完善我省与教育部、科技部、工信部、中国科学院、中国工程院产学研合作工作机制，促进创新主体和创新资源深度融合。支持设立由企业、高等学校、金融机构等组成的产学研协同创新风险基金。深化与驻粤中央企业和中央企业所属科研院所的创新合作，加快引入国防科工系统创新资源。实施国际科技合作提升行动计划，重点加强与美国、欧盟、以色列等创新型国家或地区的合作，建立国际产学研创新联盟。深化粤港澳科技合作，深入推进粤港科技创新走廊、深港创新圈建设，设立 面向香港的国家级科技成果孵化基地。

（十四）提升科技园区建设水平。借鉴北京中关村等国家自主创新示范区经验，推动省级以上高新区加快开展管理体制机制改革。鼓励高新区按国家和省的相关规定申请适当扩区。支持条件成熟的省级高新区升级为国家级高新区。推动珠三角地区与粤东西北地区高新区对口帮扶，实现联动发展。推广民营科技园土地资本、金融资本和产业资本相融合的建设模式，建设科技型中小企业创新创业平台。

（十五）促进科技创新与金融、产业融合发展。支持在国家级高新区设立科技金融服务机构，推动以国家级高新区为主体的产业园区和专业镇开展科技、金融、产业融合创新发展试验。支持东莞、揭阳市和佛山市南海区建设科技金融产业融合创新综合试验区。支持设立科技银行、科技支行、科技小额贷款公司等金融机构或组织，实行专门的客户准入标准、信贷审批和风险控制。支持各地级以上市设立创业投资引导基金，建立创业者与投资者对接平台与机制。建立天使投资风险补偿制度，支持创新投资发展，加快推动设立省级种子基金。探索知识产权质押融资贷款贴息扶持政策，支持金融机构扩大质押物范围。

五、加强基础与应用基础研究，提高原始创新与核心技术突破能力

（十六）完善高等学校和科研机构创新保障机制。完善政府对基础性、战略性、前沿性科学研究和共性技术研究的稳定性与竞争性相结合的支持机制。实施原始创新能力培育计划，建设一批基础研究和应用研究平台。扩大省自然科学基金规模，探索国家自然科学基金—广东联合基金“项目群”支持模式。深入实施高等学校创新能力提升计划，加强高等学校重点实验室、工程研究中心、国际合作平台、专业性研究院等创新平台建设，争取创建高等教育协同创新示范省。深化省属科研机构体制改革，加快建立和完善法人治理结构，健全现代科研院所制度。推进应用型科研机构转制改企，加快建立现代企业制度。加快推进工业、农业、社会发展和科技服务业等四大主体科研机构建设。

（十七）构建重大科技基础设施建设与共享机制。加快中国（东莞）散裂中子源、国家超级计算广州中心、国家超级计算深圳中心、江门中微子实验室、深圳国家基因库等大科学工程建设，加快推动“天河二号”超级计算机系统应用，推动国家重大基础设施落户，围绕大科学工程引进相关的应用型科研机构，建立全面支撑产业技术创新的大平台。加快制定大型科学仪器设备开放共享管理办法，逐步实现全省大型仪器设备开放共享。

（十八）加快形成高层次创新人才集聚机制。深入实施全省重大人才工程，推进实施珠江人才计划、扬帆计划等重大人才计划。启动实施培养高层次人才特殊支持计划。充分发挥广州留交会、深圳国际人才交流会等平台的桥梁纽带作用，大力引进创新创业团队和领军人才，培养一批素质高、复合型的科技创新人才队伍。依托广州大学城等载体建设大学生创新创业服务基地，支持大学生自主创新创业。建立粤港澳人才合作机制，打造粤港澳人才合作示范区，创建全国人才管理改革试验区。

六、完善技术创新服务体系，提升科技成果转化能力

（十九）强化知识产权运用和保护。优化专利申请资助政策，重点资助发明专利的授权、专利合作条约（PCT）国际专利申请及有效发明专利的维持。加强知识产权贯标工作，引导企业建立健全知识产权管理制度。创建知识产权服务业发展示范省，完善知识产权服务业链条，促进国内外知识产权资源向广东集聚。加快推进专利信息平台和专利数据库建设。建立重大经济和科技活动知识产权审查评议制度。加大知识产权行政保护力度，探索建立知识产权法院，健全行政执法与刑事司法衔接机制，提升知识产权保护意

识和水平。

（二十）大力发展技术市场。支持民营资本建设新型技术交易服务平台，发展和规范网上技术交易市场，定期发布企业技术需求目录、高等学校和科研机构科技成果转化目录。支持科技中介服务机构兼并重组、优化整合，健全技术经纪服务体系。积极创建国家技术转移集聚区，支持深圳市建设国家技术转移南方中心，培育国家技术转移示范机构，完善技术转移和交易服务体系。支持广州、深圳、佛山等市规范发展区域场外交易市场，建立健全技术产权交易市场。

（二十一）健全科技成果转化机制。加快制定广东省科技成果转化促进条例。推进科技成果处置权管理制度改革，探索试行高等学校和科研机构科技成果公开交易备案管理制度。提高高等学校和科研机构科技成果转化收益用于奖励科技人员及团队的比例。建立省级科技成果转化项目库，省级财政性资金资助形成的科技成果信息原则上向社会公开。制定促进新技术新产品应用的需求引导政策。建立健全首台（套）重大技术装备保险机制。引导民间资本通过贷款风险补偿、绩效奖励等方式参与成果转化。建立健全科技、标准、专利协同机制，加快推进科研攻关与技术标准研究同步，科技成果转化与技术标准制定同步，科技成果产业化与技术标准实施同步。

七、深化科技管理体制改革，优化创新创业环境

（二十二）发挥政府对科技体制改革的统筹引导作用。充分发挥省科技教育领导小组作用，建立跨部门、跨领域的会商沟通机制，形成工作合力，综合研究推动科技创新的政　策体系，探索采取综合性普惠政策，统筹推进科技体制改革。制定科技创新权责清单、负面清单，大力推进科研项目审批制度改革。省科技部门要切实发挥推进创新驱动发展的组织协调作用，加强对科技发展优先领域、重点任务、重大项目等的统筹协调。各级党委、政府要高度重视科技创新工作，切实把科技创新工作摆在重要位置，突出重点领域和核心环节，从项目、资金、税收、人才等方面加大对科技创新的扶持力度，扎实做好深化科技体制改革、实施创新驱动发展战略的各项任务。

（二十三）深化财政科研资金管理改革。实施省级科技业务管理阳光再造行动，构建分权制衡、功能优化、权责统一、公开透明的科技业务管理阳光政务平台。建立健全科研项目审批、执行、评价相对分开、互相监督的运行机制，完善权力分置、相互监督的行政审批流程，实施科研项目全流程痕迹管理和签字背书制度。加强项目、资金等关键环节监管，实行科研项目资金信息公开制度，省级科研项目资金均应在专项资金管理平台公开资金管理办法、申报指南、审批程序、分配方式、分配结果、项目绩效评价、监督检查和审计结果等。规范项目预算编制，及时拨付项目资金。建立财务审计验收、绩效评价和责任追究制度。建立科技报告制度，财政性资金支持的科研项目应按规定提交科技报告并作为对项目承担者后续支持的重要依据。建立和完善科技创新调查和统计制度。完善党政领导班子和领导干部政绩考核机制，加大创新驱动发展指标的权重。

（二十四）优化创新社会环境。加大对国家和省重大科技政策的宣传力度。制定运用财政后补助措施全面落实企业研究开发费用税前扣除普惠性政策实施办法，引导企业广泛开展研究开发活动。深化科技评价制度改革，完善分类评价标准，注重科技创新质量和实际贡献，应用研究和产业化开发主要由市场评价。制定科研信用管理办法，建立全省科研诚信档案和黑名单制度。加强对重大科技成果、杰出科技人物以及创新型企业的宣传。深入实施全民科学素质行动计划，全面提高公民科学素质和创新意识。大力普及科学思想、创新精神，营造热爱科学、勇于创新、宽容失败的创新文化，全面优化创新环境。

广东省人民政府关于加快科技创新的若干政策意见

粤府〔2015〕1号

各地级以上市人民政府，各县（市、区）人民政府，省政府各部门、各直属机构：

科技创新是创新驱动的核心。为全面贯彻落实《中共广东省委广东省人民政府关于全面深化科技体制改革加快创新驱动发展的决定》（粤发〔2014〕12号），优化全省创新创业环境，经研究，特制定以下若干政策意见：

一、建立企业研发准备金制度

运用财政补助机制激励引导企业普遍建立研发准备金制度。对已建立研发准备金制度的企业，省市县财政通过预算安排，根据经核实的企业研发投入情况对企业实行普惠性财政补助，引导企业有计划、持续地增加研发投入。具体实施办法由省财政厅会同省科技厅另行制定。

二、开展创新券补助政策试点

鼓励各地根据实际情况开展创新券补助政策试点，引导中小微企业加强与高等学校、科研机构、科技中介服务机构及大型科学仪器设施共享服务平台的对接。以各地级以上市科技、财政部门为政策制定和执行主体，面向中小微企业发放创新券和落实后补助。省科技、财政部门根据上一年度各地市的补助额度，给予各地市一定比例的补助额度，并将财政补助资金划拨至各地市财政部门，由各地市统筹用于创新券补助。具体实施办法由省科技厅会同省财政厅另行制定。

三、试行创新产品与服务远期约定政府购买制度

围绕全省经济社会发展重大战略需求和政府购买实际需求，探索试行创新产品与服务远期约定政府购买制度。省财政、科技部门委托第三方机构向社会发布远期购买需求，通过政府购买方式确定创新产品与服务提供商，并在创新产品与服务达到合同约定的要求时，购买单位按合同约定的规模和价格实施购买。具体实施办法由省财政厅会同省科技厅等部门另行制定。

四、完善科技企业孵化器建设用地政策

各地级以上市根据自身发展实际需求，在符合土地利用总体规划、城乡规划和产业发展规划的前提下，每年可安排一定比例的全市计划用地作为科技企业孵化器建设用地。利用新增工业用地开发建设科技企业孵化器，可按一类工业用地性质供地。工业用地建设的科技企业孵化器，在不改变科技企业孵化服务用途的前提下，其载体房屋可按幢、层等有固定界限的部分为基本单元进行产权登记并出租或转让。具体实施办法由各地级以上市结合本地情况另行制定。

五、建立科技企业孵化器财政资金补助制度

对新建或改扩建新增孵化面积的科技企业孵化器，其运营机构获得所在地级以上市财政补助资金的，省财政再按不高于各市补助一半比例给予后补助。运营成效优良并获得所在地级以上市财政补助的科技企业孵化器，省财政按一定比例给予后补助。具体实施办法由省科技厅会同省财政厅等部门另行制定。

六、建立科技企业孵化器风险补偿制度

省市共建面向科技企业孵化器的风险补偿金，对天使投资失败项目，由省市财政按损失额的一定比例给予补偿。对在孵企业首贷出现的坏账项目，省市财政按一定比例分担本金损失。省财政对单个项目的

本金风险补偿金额不超过 200 万元。建立省科技企业孵化器天使投资引导基金，参股引导科技企业孵化器、民间投资机构等共同组建天使投资基金。支持投资企业或创业投资管理企业向国家有关部门申请设立“科技成果转化引导基金创业投资子基金”，募集资金总额不低于 1 亿元人民币，基金经营范围为创业投资业务，组织形式为公司制或有限合伙制。具体实施办法由省科技厅会同省财政厅等部门另行制定。

七、赋予高等学校、科研机构科技成果自主处置权

除涉及国家安全、国家利益和重大社会公共利益外，赋予高等学校、科研机构科技成果自主处置权，可自主决定科技成果的实施、转让、对外投资和实施许可等科技成果转化事项。

八、完善高等学校、科研机构科技成果转化所获收益激励机制

高等学校、科研机构科技成果转化所获收益全部留归单位自主分配，纳入单位预算，实行统一管理，处置收入不上缴国库。科技成果转化所获收益用于人员激励的支出部分，按国家和省有关规定执行，暂不纳入绩效工资管理。高等学校、科研机构转化职务科技成果以股份或出资比例等股权形式给予个人奖励时，获奖人可暂不缴纳个人所得税。

九、完善高等学校、科研机构科技成果转换个人奖励约定政策

高等学校、科研机构转化科技成果以股份或出资比例等股权形式给予个人奖励约定，可以进行股权确认。财政、国有资产管理、知识产权、工商、监察等部门对上述约定的股权奖励和确认应当予以承认，并全面落实国有资产确权、国有资产变更、知识产权、注册登记等相关事项。

十、完善科技人员职称评审政策

将专利创造、标准制定及成果转化作为职称评审的重要依据之一。科技人员参与职称评审与岗位考核时，发明专利转化应用情况与论文指标要求同等对待，技术转让成交额与纵向课题指标要求同等对待。具体实施办法由省人力资源社会保障厅会同有关部门另行制定。

十一、扶持新型研发机构发展政策

新型研发机构在政府项目承担、职称评审、人才引进、建设用地、投融资等方面可享受国有科研机构待遇。非营利性科研机构自用的房产、土地，按国家规定免征房产税、城镇土地使用税。按照房产税、城镇土地使用税条例、细则及相关规定，属于省政府重点扶持且纳税确有困难的新型研发机构，可向主管税务机关申请，经批准可酌情给予减税或免税照顾。省政府重点扶持的新型研发机构名单由省科技厅报省政府审定后，在每年 9 月底前提供给省地税局按照规定办理。对符合条件的新型研发机构进口科研用品免征进口关税和进口环节增值税、消费税，国家另有规定的从其规定。

十二、完善高层次人才居住保障政策

高层次人才安居可以采取货币补贴或实物出租等方式解决。支持各级政府在引进人才相对集中的地区统一建设人才周转公寓或购买商品房出租给在当地无房的高层次人才居住。支持高等学校、科研机构参照所在地政府有关规定，利用自有存量国有建设用地建设租赁型人才周转公寓。支持高等学校、科研机构、大型骨干企业利用自有资金购买或租用商品房出租给高层次人才居住。高层次人才周转公寓建设、使用和管理办法由各级政府另行制定。

本政策意见自公布之日起实施，由广东省科学技术厅会同有关部门负责解释。省有关部门和各地级以上市要制定相应实施细则，并加强对相关政策的绩效评估。

广东省人民政府

2015 年 2 月 15 日

政府工作报告

——2015年2月9日在广东省第十二届人民代表大会第三次会议上

广东省省长 朱小丹

各位代表：

我代表省人民政府向大会作政府工作报告，请予审议，并请政协各位委员和其他列席人员提出意见。

一、2014年工作回顾

2014年，面对复杂多变的国内外经济形势和艰巨繁重的改革发展稳定任务，省政府在党中央、国务院和省委的正确领导下，在省人大及其常委会和省政协的监督支持下，全面贯彻落实党的十八大、十八届三中、四中全会和习近平总书记系列重要讲话精神，紧紧围绕主题主线和“三个定位、两个率先”总目标，坚持稳中求进工作总基调，主动适应经济发展新常态，积极有效应对困难挑战，扎实推进稳增长、促改革、调结构、惠民生、防风险各项工作，经济社会发展取得新的成绩。初步核算，全省实现生产总值6.78万亿元，比上年增长7.8%；人均生产总值首次突破1万美元。城镇登记失业率2.44%。居民消费价格上涨2.3%。

一年来，我们所做的主要工作及其成效如下：

（一）以质量效益为中心，全力以赴稳增长

经济运行保持在合理区间。面对贯穿全年的经济下行压力，我们一方面认真落实国家各项预调微调政策措施，另一方面抓住关键领域和薄弱环节，及时出台以重大项目拉动投资等10个方面稳增长措施，实施22项支持稳定经济增长财政政策和25项支持外贸稳定增长具体举措，推动经济运行逐季企稳、稳中有进。发展质量效益提升，来源于广东的财政总收入达1.9万亿元，增长12.5%，其中地方一般公共预算收入达8060亿元，增长13.9%；规模以上工业企业利润总额6612亿元，增长12.4%；城镇、农村常住居民人均可支配收入分别达32148元、12246元，增长8.8%、10.6%。

投资实现较快增长。全年完成固定资产投资2.59万亿元，增长15.9%。省重点项目完成投资5392亿元。全省高速公路通车总里程达6280公里，跃居全国首位，实现全省联网收费“一张网”。韶赣、贵广、南广等铁路建成运营，新增铁路运营里程545公里、总里程超过4000公里。乐广高速、阳江核电1号机组等72个项目建成投产。深茂铁路江门至茂名段等138个项目开工建设。启动西江、北江航道扩能升级工程。投资结构优化，服务业投资增长15.9%，占比达66.1%；工业技术改造投资1868亿元，增长23.3%；民间投资增长20.3%，占比达58.1%。

消费持续平稳增长。积极开展各类促进消费活动，大力推进广货全国行、广货网上行，实现社会消费品零售总额2.85万亿元、增长11.9%。新兴业态、新商业模式、新消费增长点不断催生，信息消费规模约8600亿元，增长超过20%；电子商务交易额达2.63万亿元，增长30.5%；快递业务量增长59%。健康、养老、体育等新型消费快速发展。旅游总收入达9227亿元，增长12%。

进出口总体平稳。克服国际市场低迷和高基数异常因素影响，实现进出口总额1.08万亿美元、降幅由一季度的-23.1%收窄到-1.4%，其中出口增长1.5%。贸易结构优化，一般贸易占进出口总额比重提高到38.6%，服务进出口增长5%，加工贸易“委托设计+自主品牌”方式出口占出口总额比重提高到66.2%。修订鼓励进口技术和产品目录，认定10家省重点培育进口商品交易中心。大力培育外贸综合服务企业，跨境电子商务快速发展、交易量占全国近七成。新批设立外商直接投资项目6016个，实际利用外资268.7亿美元、增长7.7%。推动企业“走出去”，对外协议投资增长138.2%。

实体经济健康发展。减免国家和省涉企行政事业性收费中省级收入部分，全年为企业减负超过15亿元。金融支持实体经济力度加大，全年新增贷款8935亿元，融资规模达1.5万亿元。积极培育大型骨干企业，年主营业务收入超百亿元企业达 201 家、增加 20 家。强化中小微企业公共服务，扶持民营经济发展，民营企业工业增加值增长 13.2%，民营经济对经济增长贡献率约 54%。

农业农村经济稳定发展。农林牧渔业增加值增长 3.3%，粮食产量稳定增长，粮食安全保障能力进一步增强，家禽业克服 H7N9 疫情影响快速恢复。农业科技贡献率超过 60%。现代农业经营体系建设成效明显，省级农业龙头企业达 570 家、农民合作社 3.1 万多家、家庭农场 3.75 万多家。完成 537.65 万亩高标准基本农田建设和 50 条中小河流治理、429 座小型病险水库除险加固任务。农村金融八项措施全面启动，率先探索"政银保"金融支农，涉农政策性保险扎实推进。"三防"和防灾减灾工作加强，成功应对"威马逊"等超强台风，实现人员零死亡。

（二）全面深化改革扎实起步，对内对外开放进一步扩大

行政体制改革步伐加快。基本完成省市县政府机构改革、事业单位分类改革，积极推进工商、质监行政管理体制调整。新取消和下放省级行政审批事项 69 项，抓好国家下放事项的接、管、放。制定并公布省市县三级行政审批事项通用目录，公开 46 个省直单位 694 项行政审批事项清单，公布首批 11 个省直政府部门权责清单，开展省市县纵向权责清单试点，行政审批标准化试点任务顺利完成。加快推进省网上办事大厅建设，省直部门 80% 以上行政审批事项和 70% 以上社会服务事项实现网上办理，珠三角所有镇街开通网上办事站。全面铺开商事制度改革，新登记企业及其注册资本分别增长 41.4% 和 121.2%。深化社会组织管理体制改革，基层社会管理体制改革试点稳步推进。政府购买服务制度以及向社会转移职能的标准体系进一步完善。

经济领域改革全面推进。探索率先基本建立现代财政制度，深入开展预算管理、转移支付制度、专项资金管理、政府公共资源公平配置等改革。珠三角金融改革创新综合试验区建设进展顺利，农信社改革重组、村镇银行培育发展等取得新成绩。深化投资体制改革，探索建立企业投资项目清单管理制度。价格改革扎实推进。省级公共资源交易平台建设加快。加强对全省国资国企改革的顶层设计，有序发展混合所有制经济，开展国资与民资对接活动。启动省属国企负责人薪酬制度改革。珠三角和山区县农村综合改革扎实有效，农村土地确权登记颁证试点稳步开展，农村集体产权制度改革有序推进。

开放合作不断深化。贯彻落实国家"一带一路"战略，对广东省争当 21 世纪海上丝绸之路建设排头兵作出规划部署，成功举办首届广东 21 世纪海上丝绸之路国际博览会。设立中国（广东）自由贸易试验区获国家批准。与欧洲、北美、东盟、非洲等加强经贸、科技、旅游等交流合作，新设立 6 个驻境外经贸代表处和 17 个驻海外旅游合作推广中心，新增国际友好城市 17 对。粤港澳合作深入推进，对港澳开放 153 个服务业门类，率先基本实现粤港澳服务贸易自由化。跨境人民币贷款业务备案金额达 698 亿元。侨务引智引资、华商合作等取得新成效，汕头华侨经济文化合作试验区获批设立。区域通关一体化改革正式启动，"三个一"通关模式全面推开。粤台合作不断深入。联合港澳成功承办第十届泛珠大会，泛珠合作进一步推进。

（三）深入实施创新驱动发展战略，产业转型升级步伐加快

自主创新取得新进展。研究与试验发展经费支出占生产总值比重预计达 2.4%，技术自给率提高到 71%。启动实施新一批重大科技专项。区域创新能力稳居全国第二位。有效发明专利量和 PCT 国际专利申请量保持全国第一，知识产权综合发展指数、保护指数和环境指数均居全国首位。发展新型研发机构 120 多家，建成各类产学研创新平台 1600 多家、技术创新联盟 100 多家、标准创新联盟 167 家。新增 9 项 973 首席科学家项目，新增 2 项国家重大科技基础设施落户广东。

产业结构持续优化。三次产业比重调整为 4.7 ∶ 46.2 ∶ 49.1。工业增加值增长 7.8%，先进制造业增加值、高技术制造业增加值占规模以上工业比重分别提高到 48.1%、25.7%。推动珠江西岸先进装备制造产业带建设，首批总投资 331 亿元的 13 个项目开工建设。汽车、轨道交通、航空等装备制造业发展壮大。北斗卫星导航应用示范工程等战略性新兴产业重大项目顺利推进。工业机器人、3D 打印等制造和应用取得新进展。传统优势产业技术改造步伐加快。服务业增加值增长 8.2%，现代服务业增加值占比达 58.4%。金融业增加值 4724 亿元，增长 12.5%。海洋生产总值达 1.35 万亿元，增长 13.8%。

信息化水平继续提升。加大信息基础设施建设力度，实施"光网城市"工程，新增光纤入户 357 万户，无线局域网热点覆盖进一步扩大。通信基础设施产业联盟成立。中国移动南方基地、中国电信亚太信息引擎、中国联通国家数据中心和一批云计算数据中心相继建成。电子信息制造业增加值增长 10.7%，软件业务收入增长 18.5%。

金融科技产业三融合深入推进。实施金融科技产业融合创新发展重点行动，依托高新区、专业镇建成一批金融科技综合服务中心、中小科技企业征信中心。新增境内上市公司 30 家、“新三板”挂牌企业 149 家，前海、广州、广东金融高新区 3 大区域股权交易平台累计挂牌企业超过 6000 家，实现直接融资 99 亿元。广州、佛山、东莞民间金融街有效运作。各类备案私募基金规模近 3000 亿元，互联网金融有序发展。引入保险资金新增规模全国领先，科技保险试点稳步推进。

（四）加大统筹发展力度，城乡区域发展协调性不断增强

珠三角地区优化发展取得新进展。珠三角现代服务业增加值占服务业比重、先进制造业增加值和高技术制造业增加值占规模以上工业比重分别达 61.8%、53.1% 和 30.3%。“九年大跨越”63 个重点项目建设进展顺利。南沙新区新签项目投资总额超 4500 亿元，前海新区入驻企业超 2 万家，横琴新区分线管理正式封关运作，入驻企业达 7363 家，一批金融、产业创新政策在三大平台落地。珠三角地区工业技改投资超过 1000 亿元、增长 34.2%，主营业务收入超千亿元企业达 19 家、增加 4 家。开展珠三角全域规划编制，科技创新、生态安全等一体化加快推进。珠江—西江经济带发展规划获国家批准，粤桂合作特别试验区、广佛肇（怀集）经济合作区建设加快。

粤东西北地区振兴发展成效明显。粤东西北地区主要经济指标增速继续高于全省和珠三角地区。交通基础设施建设取得重要进展，新增 3 条高速公路出省通道和连山、南澳两县通高速。产业园区加快扩能增效，40 个省产业园新建成项目 275 个、在建项目 979 个、新签约项目 590 个，规模以上工业增加值占当地工业比重提高到 16%。实施一批地级市中心城区扩容提质项目，新区规划建设有序推进。设立 121 亿元粤东西北振兴发展股权基金，13 个市签订股权投资协议。全面对口帮扶工作扎实推进，帮扶资金达 43 亿元，引进产业项目 990 个。13 个县（市、区）纳入国家原中央苏区振兴发展政策扶持范围。

新型城镇化和城乡一体化有序推进。编制全省新型城镇化规划。有序调整城市户口迁移政策，推动农业转移人口市民化。新增 3 万名异地务工人员积分入户。城乡规划管理体制改革稳步推进，建制镇总体规划、村庄规划覆盖率预计分别达 87%、60%。完成新农村公路路面硬化 6100 公里。基本公共服务均等化综合改革试点扩大，农村社会事业加快发展。大力推进农村人居环境综合整治，新农村示范村镇创建活动深入开展。

扶贫开发“双到”工作扎实推进。全省投入扶贫资金 75.4 亿元，实施贫困村扶贫项目 2.6 万个、贫困户扶持项目 58.8 万个，有劳动能力的 18.8 万贫困户人均纯收入达到或超过 5220 元。完成 10 万户农村低收入家庭危房改造，扶持“两不具备”村庄 1.28 万户搬迁安置。援藏援疆等对口支援工作扎实推进。

（五）促进绿色低碳发展，生态文明建设取得新成效

节能减排和节约集约用地用海不断强化。实施“十二五”后半期节能和主要污染物减排计划，预计可完成节能年度目标，超额完成年度减排任务，其中化学需氧量提前一年完成“十二五”减排目标。完成电机能效提升 370 万千瓦，新增 649.5 万千瓦现役燃煤火电机组完成降氮脱硝改造、496 万千瓦取消脱硫烟气旁路，淘汰燃煤小锅炉 1962 台，超额完成国家下达的淘汰“黄标车”和老旧车任务，新能源汽车加快推广，新增污水日处理能力 89 万吨，新增绿色建筑 1635 万平方米。超额完成国家下达的年度淘汰落后产能目标任务。节约集约用地示范省建设深入推进，“三旧”改造取得新成效，累计实施改造面积 24 万多亩。严格执行海洋功能区划，用海行为更加科学规范。

污染治理力度加大。深入实施南粤水更清行动计划、大气污染防治行动方案、重金属污染综合防治行动计划、农村环境保护行动计划等，重点流域污染治理、汕头贵屿环境整治等扎实推进。农业面源污染治理取得初步成效，农村生活垃圾无害化处理率达 53.6%。全省环境质量总体稳定，城市集中式饮用水源水质保持 100% 达标，珠三角地区 PM2.5 下降 10.6%、PM10 下降 11.4%，全省平均灰霾天数下降 2.8 天，总天数为 2003 年以来最少。

生态建设有效推进。编制全省生态文明建设规划纲要。深入开展新一轮绿化广东大行动，建设生态景观林带 2750 公里，完成森林碳汇工程造林 355 万亩。扩大省级生态公益林 750 万亩，增加森林公园、湿地公园 210 个，森林覆盖率达 58.69%。率先开展生态控制线和林业生态红线划定工作。新增社区体育公园 207 个、新建绿道约 2000 公里。开展美丽海湾建设试点，海洋生态修复和海洋保护区建设取得新成效。

（六）切实保障和改善民生，社会事业全面进步

十件民生实事顺利完成。坚持建机制、补短板、兜底线，全省各级财政投入 1941 亿元，其中省财政

投入 784 亿元、增长 15.6%，在教育、文化、医疗、就业、社会保障、扶贫开发、住房等领域解决了一批事关群众利益的热点难点问题。

教育、文化、卫生等事业加快发展。扎实推进教育创强争先，教育强市、强县、强镇覆盖率分别提高到 57.1%、63.4%、80%。规范化幼儿园比例达 60%，公办义务教育标准化学校覆盖率达 91.2%。山区和农村边远地区义务教育学校教师岗位津贴标准提高到人均 700 元 / 月。高等教育“创新强校工程”取得新进展。实施特殊教育提升计划。公共文化服务体系加快完善，文化惠民水平提升，文艺精品创作涌现一批新成果，文化遗产保护工作得到加强。县级公立医院改革试点实现 100% 覆盖。药品第三方电子交易平台顺利运行。切实加强登革热、H7N9 禽流感、埃博拉出血热等防控工作。中医药健康服务业发展加快。启动实施单独两孩政策。妇儿发展环境进一步改善。体育产业发展提速，群众体育蓬勃开展，广东省运动员在仁川亚运会取得优异成绩。民族团结、宗教和睦的局面进一步巩固。完成广东省第三次全国经济普查任务。人防、地质、气象、地震、统计、档案、新闻出版、社科、地方志、参事、文史等事业取得新成绩。

就业和社会保障工作进一步加强。新增城镇就业 159.6 万人，促进创业 19.2 万人，培训农村劳动力 67.3 万人次。企业退休人员月平均养老金增长 10.4%，城乡居民基础养老金标准提高到每月 80 元。职工、居民医保政策规定的住院支付比例平均达 87% 和 76%，在全省铺开大病医疗保险，初步实现医保省内异地就医即时结算。城市和农村社区养老服务覆盖率分别达 80.5%、58.8%。城乡低保补差、农村五保供养标准进入全国前列，医疗救助标准达到全国平均水平，残疾人生活津贴等标准大幅提高。超额完成国家下达的保障性住房建设任务，新开工建设保障性住房 6.6 万套、棚户区改造 4.1 万户，基本建成保障性安居工程 10.9 万套。

社会保持和谐稳定。全面开展社会矛盾化解，信访形势保持平稳。深入推进“平安广东”建设，强力开展打击涉黄赌毒、电信诈骗犯罪等六大专项行动，社会治安综合治理成效明显。戒毒、社区矫正等工作深入开展。海防打私工作得到加强。积极推进和谐劳动关系示范区工程，劳动关系总体稳定和谐。食品药品安全监管进一步加强，建成婴幼儿配方乳粉电子追溯体系。安全生产形势持续稳定好转，事故起数、死亡人数进一步下降。应急管理体系不断完善。国防建设和民兵预备役工作得到加强，军民共建、双拥、优抚安置工作深入推进，军政军民更加团结。

过去的一年，我们进一步加强政府自身建设。坚持向人大及其常委会报告工作，向人民政协通报情况，自觉接受监督。共办理省人大代表建议 783 件、省政协提案 775 件，提请省人大常委会审议地方性法规 11 项，制定修改政府规章 8 项。加快推进法治政府建设，完善政府立法制度和程序，不断加强行政复议和行政执法监督。加强重大决策民主协商，密切与各民主党派、无党派人士、各人民团体的联系。进一步深化政务公开、网络问政，充分听取社会各界的意见和建议。监察工作加强，审计覆盖面扩大，廉政建设和反腐败工作取得新成效。认真落实中央八项规定精神和国务院“约法三章”，深入开展党的群众路线教育实践活动，有力纠正“四风”。撤销省政府系统议事协调机构 151 个，精简率 68.9%。省直党政机关及参公单位“三公”经费压缩 20.2%。

各位代表！过去一年广东省取得的成绩来之不易，饱含着党中央、国务院的深切关怀，离不开海内外各界人士的关心支持，是全省广大干部群众攻坚克难、团结奋斗的结果。在此，我代表省人民政府，向全省广大工人、农民、知识分子、干部职工，向驻粤人民解放军、武警官兵、人民警察和各民主党派、人民团体、社会各界人士致以崇高敬意！向长期关心支持广东省改革发展的港澳同胞、台湾同胞、海外侨胞及国际友人表示衷心感谢！

我们也清醒地看到，新形势下，广东省经济社会发展长期积累的经济结构不合理、体制机制不健全、自主创新能力不强、城乡区域发展不协调、资源环境约束趋紧等深层次问题和矛盾更加凸显，全面深化改革和转方式调结构任重道远；投资增长接续能力不强，消费需求增长偏弱，进出口形势依然严峻，企业生产经营困难增多，房地产市场调整影响不断扩大，经济下行压力仍然较大，由于多方面因素影响，去年生产总值、进出口等指标增速未能实现年度预期目标社会矛盾、安全生产、食品安全等问题仍然突出，转变政府职能、加强政风建设、优化发展环境、保障和改善民生任务依然繁重。对此，我们将高度重视，采取更有针对性的举措认真加以解决。

二、2015 年工作安排

2015 年是全面深化改革的关键之年，是全面落实依法治国方略的开局之年，也是广东省全面完成“十二五”规划的收官之年，做好今年政府工作意义重大。习近平总书记关于我国经济发展新常态的一系列重要论述，为我们指明了前进的方向。我国经济发展进入新常态后，在增长速度、发展方式、经济结构、发展动力等方面呈现一系列新的趋势性变化，正在向形态更高级、分工更复杂、结构更合理的阶段演化。广东省作为全国改革开放先行省份，较早进入经济发展新常态，经济发展总体向好的基本面没有改变，仍处于可以大有作为的战略机遇期，转方式调结构大势已成，珠三角地区有条件进入以质量效益为中心的持续平稳增长期，粤东西北地区具备发挥后发优势、实现又好又快发展的条件，广东省有能力既为国家生产总值提供支撑，又为国家结构调整提供支撑。同时，必须清醒地看到，当前世界经济总体复苏疲弱态势难有明显改变，国内“三期叠加”仍然存在不少不稳定不确定因素，经济下行压力和潜在风险并存。我们既要牢牢把握机遇，增强战略自信，又要增强忧患意识，保持战略定力，认识新常态、适应新常态、引领新常态，坚持发展、主动作为，振奋精神、乘势而上，努力在新的历史起点上开创广东改革发展稳定新局面。

做好 2015 年的政府工作，必须全面贯彻落实党的十八大、十八届三中、四中全会、中央经济工作会议和习近平总书记系列重要讲话、李克强总理视察广东重要讲话精神，按照省委十一届三次、四次全会的部署要求，紧紧围绕主题主线和“三个定位、两个率先”总目标，坚持稳中求进工作总基调，坚持以提高经济发展质量和效益为中心，主动适应经济发展新常态，保持经济运行在合理区间，把转方式调结构放到更加重要位置，狠抓改革攻坚，突出创新驱动，提升开放水平，促进绿色发展，强化风险防控，推进依法行政，加强民生保障，完成“十二五”发展目标，规划“十三五”发展任务，努力实现经济平稳健康发展和社会和谐稳定。

经济社会发展主要预期目标是：生产总值增长 7.5% 左右，固定资产投资增长 15.5%，进出口总额增长 3%，社会消费品零售总额增长 12%，地方一般公共预算收入增长 10%，居民消费价格涨幅控制在 3% 左右，居民收入增长与经济增长基本同步，城镇登记失业率控制在 3.5% 以内，节能减排约束性指标完成国家下达年度计划。重点抓好以下工作：

（一）推进全面深化改革，激发市场活力和内生动力。坚持问题导向，突出先行先试，推出既具有年度特点、又有利于长远制度安排的改革举措，抓好改革措施落地，把改革新红利不断转化为发展新动能。

深化行政审批制度改革。进一步加大简政放权力度，继续取消和调整一批行政审批事项，全面清理非行政许可审批事项，省级 3 月底前完成，市县级 6 月底前完成。全面推进行政审批标准化建设，优化行政审批事项办理流程，推进全流程网上办理。加快行政审批改革后续监管制度建设，在特种设备、环境保护等领域探索开展市场监管体制改革。全面推进清理行政职权和编制权责清单工作，公布第二批 40 个省直政府部门和各市县政府部门权责清单。做好公务员和司法人员分类管理工作。探索开展行政许可绩效评估。深化事业单位法人治理结构和法定机构改革试点，推进检验检测认证机构整合改革、政府投资非经营性项目代建体制改革。完善省网上办事大厅建设，所有镇街开通网上办事站，建成全省统一的电子证照系统，珠三角各市逐步推行企业专属网页和市民个人网页。年内完成全省党政机关公务用车制度改革。

深化财政金融体制改革。认真贯彻新预算法，落实省财税体制改革总体方案，探索建立跨年度预算平衡机制，研究编制中期财政规划，启动零基预算改革和项目库管理试点。深化转移支付制度改革，开展省与市县之间事权和支出责任置换改革试点。继续整合清理专项资金，省级一般公共预算专项资金压减至 230 项以内，省级一般性转移支付占财政转移支付的比重提高到 60% 以上。强化财政专项资金绩效评估。深化公共资源交易体制改革，扩大交易范围。推动公共资源向各类投资主体公平配置，探索开展政府和社会资本合作建设重点基础设施项目试点。推进地方金融监管体制改革，做大做强地方法人金融机构。完善直接融资体系，加快发展区域股权交易中心、金融资产交易中心，支持设立和发展民营银行、金融租赁公司、融资担保机构、消费金融公司等新型金融机构。规范发展互联网金融。拓展跨境人民币业务。稳步推进农村信用社改制和新型农村金融机构设立，推广建设社区金融服务站。

深化商事制度和投资管理等改革。完善宽进严管配套措施，探索实行工商营业执照、组织机构代码证和税务登记证“三证合一”登记制度，进一步降低准入门槛，培育壮大市场主体。深化投资体制改革，加快推行企业投资项目清单管理。全面推进社会信用体系和市场监管体系建设，构建统一规范的市场主体信息公示体系，建立健全经营异常名录。

推进国有企业改革。加快国有资产优化重组，推动国有资产资本化、证券化。探索以改制上市、引入战略投资者、经营者和员工持股等多种方式，发展混合所有制经济。改进公司法人治理机制，有序推进市场化选聘省属企业职业经理人。深化国企负责人薪酬制度改革，落实职务待遇与业务支出管理规定。创新和完善国有资本授权经营体制，以管资本为主加强国有资产监管，实行出资人管理事项清单制度，改组或组建国有资本运营和国有资本投资公司。加强企业内部管理，防范投资和经营风险。

加强社会治理创新。健全社会组织综合管理制度，加强社会组织登记管理、信息公开，推动社会组织承接政府职能转移、购买服务和授权委托事项。统筹推进全省基层社会管理体制改革，创新村居基层治理模式，稳妥推进“村改居”。落实市县镇各级抓基层治理责任，完善镇街领导干部驻点普遍直接联系群众制度。推动基层服务优化提升、规范管理，健全基层综合服务管理平台。加快培育社工人才，支持发展志愿者队伍。

（二）强化内需拉动经济主引擎作用，力促经济平稳健康发展。发挥投资的关键作用和消费的基础作用，培育新的需求增长点，增强内需对经济增长的拉动力，夯实持续稳增长基础。

合理扩大有效投资。全年安排省重点项目投资4500亿元，重点投向交通能源、水利、生态环保、民生保障等领域。新开工梅州至平远等15项950公里高速公路项目，抓好济广、包茂、大广等高速公路广东段和虎门二桥等项目续建，年内新增通车里程600公里，实现县县通高速。加快推进深中通道前期工作。抓好干线公路“迎国检”项目建设。推进深茂铁路江门至茂名段、广梅汕客专梅州至潮汕段、广梅汕铁路龙湖南至汕头段增建二线、广州东北货车外绕线等铁路项目和广佛肇、莞惠、穗莞深、广佛江珠等城际轨道项目建设，抓好白云机场扩建、湛江机场迁建前期工作等民航项目建设，加快建设西江、北江航道扩能升级工程和高陂水利枢纽等重点水利工程。加大产业投资力度，推进一汽—大众佛山工厂二期、广汽乘用车扩能、深圳华星光电8.5代面板二期、湛江钢铁、中委炼油、中科炼化、中海油炼化扩建等重大产业项目建设。加强产业链招商，引进和储备一批重大项目。拓宽民间投资领域和范围，推动面向民间投资招标重大项目落地。扩大债券融资规模，开展资产证券化试点，筹建铁路发展基金。

积极培育消费新增长点。深化收入分配制度改革，多渠道促进城乡居民增收，提升居民消费能力。加快建立与经济社会发展相适应的最低工资标准调整机制，今年全省各类地区最低工资标准达到当地城镇从业人员平均工资的40%以上。实施养老健康家政、信息、旅游、住房、绿色、教育文化体育等6大领域消费工程。创新推进广货全国行、广货网上行。加快4G推广应用，促进新一轮信息消费。鼓励支持电子商务新业态发展，培育一批综合性电商平台和网上商城，推动传统市场、展会和企业加快应用电子商务，发展线上线下相融合的服务模式。扶持发展快递综合服务企业，实施“快递下乡”工程。抓好现代流通综合改革试点，深入推进“农超对接”、“万村千乡”市场工程和“新网工程”。落实带薪休假制度，大力发展旅游休闲消费。

促进各类企业健康发展。完善和落实支持大型骨干企业发展的政策措施，新增一批主营业务收入超百亿、过千亿的企业。落实国家“营改增”等结构性减税政策，清理规范涉企经营性收费，继续推动各地减轻企业负担。鼓励引导企业开展兼并重组。遴选确定首批省重点培育民营骨干企业。完善中小微企业公共服务体系，加强中小微企业创新创业、融资、专利信息、检验检测等公共服务，扩大中小企业直接融资和股权交易规模。

强化经济运行监测调节。加强经济形势分析研判，强化监测预警。加强市场价格监管，深化价格改革，有效稳定物价。抓好重要商品储备管理，提高煤电油气运调节和供应保障能力。引导和促进房地产业平稳健康发展。建立风险应急处置机制，有效防范地方政府债务风险和金融风险。着眼长远、科学谋划，做好“十三五”规划编制工作。

（三）大力实施创新驱动发展战略，不断增强核心竞争力。以深化科技体制改革为动力，加快构建区域创新体系，增创自主创新新优势，努力当好全国创新驱动发展的排头兵。

加快完善区域创新体系。健全技术创新市场导向机制，完善以企业为主体的技术创新体系，支持大中型骨干企业建立研发机构，支持种子期、初创期中小企业技术创新活动。培育发展各类新型研发机构。发展科技中介，建设技术交易服务平台，加快创建国家技术转移集聚区。深化省部院产学研合作和国际科技合作，建设一批重大研发基地和协同创新中心。完善科技成果转化机制，加强商业模式创新、管理创新，推进科技成果与产业对接。

强化重点领域关键环节科技攻关。实施省重大科技专项，力争在计算与通信集成芯片、移动互联关键技术与器件、新能源汽车电池与动力系统、干细胞与组织工程等九大领域突破核心技术和共性技术，研发推广一批重大战略产品，培育壮大一批创新型产业集群。加强与国家科技重大专项的对接与配套，积极承担国家重大科技项目。推进在粤国家大科学装置建设和开放应用，依托“天河二号”超级计算机建设国家大数据研究中心。

深入推进金融科技产业融合发展。完善金融科技产业融合创新服务体系，支持在高新区、产业园、专业镇设立科技小额贷款、科技支行、科技保险等科技金融机构，支持前孵化器、孵化器、加速器等载体发展。加快建设金融科技产业融合创新试验区。完善创业风险投资机制，鼓励各地设立种子基金、天使基金、创业投资引导基金和产业基金。探索建立创业投资机构集聚区，吸引境内外创业投资机构入驻。做好企业改制上市、“新三板”挂牌和利用区域股权交易市场融资工作。

着力优化创新创业生态。出台实施激励企业创新投入的普惠性政策、完善孵化育成体系和新型研发机构发展的引导性政策、支持科技人员创新创业的激励性政策，推动大众创业、万众创新。加快财政科研项目和科研资金管理改革。加强知识产权保护，建设知识产权服务业发展示范省，加快知识产权交易与运营服务平台、知识产权维权援助体系等建设。实施质量强省战略，开展质量提升活动。引进第五批创新创业团队和领军人才，加强本土人才培养使用。

（四）加快推进结构调整，进一步提升产业竞争力。落实“两个支撑”要求，扎实推进重大平台、重点项目、重点企业建设发展，实施信息化先导战略，加快产业转型升级，提升发展质量效益。

加快现代产业体系建设。大力发展智能制造装备、海洋工程装备、轨道交通、航空制造、卫星及应用等先进制造业，重点抓好珠江西岸先进装备制造产业带建设，办好首届珠江西岸投资贸易洽谈会。加快发展战略性新兴产业，在高端新型电子信息、新能源汽车、LED、生物等领域引进培育一批重大产业集聚项目。推进工业机器人、3D打印等技术及其应用产业化发展。积极实施国家和省新兴产业创投计划。开展战略性新兴产业专利导航及经济科技项目知识产权评议。推进广东海洋经济综合试验区建设，大力发展临港经济，加强海洋资源开发，发展海洋航运。

大力发展现代服务业。加快省级现代服务业集聚区建设，抓好广州、深圳国家服务业综合改革试点，统筹规划建设一批总部经济基地。推动粤东、粤西、粤北服务业集聚发展。大力发展金融服务、现代物流、科技服务、工业设计、文化创意、专业服务等生产性服务业。建设一批新兴服务业培育示范工程，实施健康服务业发展行动计划，加快发展养老服务业，发展体育产业，促进体育消费。推动传统服务业改造升级，发展个性化、差异化服务，带动大众消费。

推动新一轮技术改造。发挥财政资金杠杆作用，吸引社会资本参与，重点支持工业企业围绕扩产增效、智能化改造、设备更新和绿色发展等开展技术改造。建立健全技术改造信息平台和项目库。推进工业化与信息化深度融合，加强传统产业信息技术改造。落实加速折旧等措施，鼓励首台（套）装备使用，推动企业设备更新，加快珠三角地区“机器换人”步伐。

大力推进信息化建设和应用。加快新一代信息基础设施共建共享，推进宽带提速普及，珠三角光纤入户率超过30%，网络接入能力达到100兆，加快无线局域网热点覆盖。推广“三网融合”应用，实施信息惠民工程。制定实施“互联网＋”行动计划，推动信息化与各行业融合发展。加快建设物联网产业示范基地，重点扶持云操作系统、云中间件、云终端等关键领域产业发展。建设大数据管理和服务平台，实施大数据应用示范项目。

（五）积极稳妥推进新型城镇化，统筹城乡区域协调发展。实施全省新型城镇化规划，推动珠三角优化发展和粤东西北振兴发展，大力促进县域经济发展，优化经济发展空间布局，推动城乡区域互促共进。务实推进泛珠合作，加快粤桂合作特别试验区建设，筹建闽粤经济合作区。做好援藏援疆等对口支援工作。

推动城镇化健康发展。优化省域城镇体系，以城市群为主体形态，推进“广佛肇+清远、云浮”、“深莞惠+汕尾、河源”、“珠中江+阳江”三个新型都市区建设，开展“2511”新型城镇化试点。改革户籍制度，有序推进农业转移人口市民化，健全流动人口居住证制度，推动城镇基本公共服务常住人口全覆盖。完善城市交通、地下管网等基础设施，推动发行省级城市基础设施建设债券。以“三规合一”标准为基础探索推进“多规合一”，强化规划实施监管和执法监督。提升建筑创作水平，建立历史建筑保护名录。

加快珠三角地区优化发展。以项目建设、技术改造、重大平台、骨干企业和科技创新为抓手，加快构建珠三角现代产业体系。推动珠三角各市创建创新型城市，争取设立珠三角国家自主创新示范区。出台实施珠三角全域规划，开展珠三角城市升级行动，建设珠三角智慧城市群、森林城市群。统筹推进基础设施、生态安全、金融、物流、旅游、信息化等一体化重点工作，推进广佛同城化，加快三大经济圈融合发展。推动前海、南沙、横琴新区以及其他重大平台建设发展，强化招商引资和项目落地。加快推进珠三角水资源配置工程前期工作。

支持粤东西北地区加快发展。继续推进交通基础设施建设、产业园区扩能增效、中心城区扩容提质及新区建设。优化增量、调整存量，完善省级产业园区配套设施，引进一批重大产业项目，培育壮大一批骨干企业，加快传统优势产业转型升级。严把新建项目环保准入关，杜绝污染转移。坚持产城融合，有序推进新区起步区建设。发挥粤东西北振兴发展股权基金引导作用，带动更多社会资金投入。扎实推进全面对口帮扶，拓宽帮扶工作领域，强化县（市、区）结对帮扶。推进汕潮揭同城化、广清一体化、湛茂经济圈等区域融合发展。用足用好中央政策，加大省市扶持力度，促进原中央苏区县和革命老区发展。

推进城乡一体化。加快建立城镇化与新农村建设协同发展的体制机制，编制实施县（市）全域城乡建设规划，加强村镇规划建设。大力推动垃圾、污水处理和水电路气网等基础设施城乡联网、共建共享。扩大基本公共服务均等化综合改革试点范围，建立健全优质教育、医疗、养老、文化资源城乡共享机制，推进公共就业服务网络向县以下延伸。开展小城市和特色小城镇培育工作，依托小城镇和中心村打造功能完善的农民生活服务圈。

（六）加快转变农业发展方式，全面推进"三农"各项事业。坚持狠抓"三农"不动摇，深入落实强农惠农富农政策，促进农业增效、农民增收、农村发展。

稳定农业生产。开展粮食稳定增产行动，加快建设高标准基本农田，创建"亩产吨粮县"和现代粮食产业示范区。落实地方储备粮规模和粮食仓储设施建设任务，强化粮食质量安全监管，打造"南粤粮安"工程。推进农田水利万宗工程。扶持建设省重点"菜篮子"基地和重点养殖场。发展岭南瓜果、花卉苗木、林下作物等特色效益农业。加快现代渔港建设，推进渔船更新改造，发展远洋捕捞和深水网箱养殖等设施渔业。推进农业标准化生产和品牌建设，加强农产品质量安全监管和重大动植物疫病防控。建设气象现代化试点省，推进千里海堤加固工程，提高防灾减灾能力。

加快农业现代化步伐。编制实施省现代农业发展规划。实施一批国家和省级现代农业示范区项目。加快农机装备设施建设，推进山地丘陵地区农机化和特色农机研发推广，推广农业社会化服务。发展农业龙头企业和农民合作社，创建示范性家庭农场，实施新型职业农民培育工程。推行农业标准化清洁生产，发展生态循环农业。加大农业科技投入，完善基层农技推广服务体系。加快发展现代种业，抓好种业孵化器和种业基地建设。扶持发展农产品加工业。发展乡村休闲、体验观光农业。推动区域性农产品产地市场建设和重点农批市场改造升级。

深化农业农村改革。有序推进农村土地承包经营权确权登记颁证工作。稳妥推进农村土地征收、集体经营性建设用地入市、宅基地制度等改革试点。深化山区县和珠三角农村综合改革。探索开展农村集体资产股权股份制度改革试点，推动农村政务服务平台、土地流转平台和集体"三资"管理服务平台全覆盖。探索开展粮食直补改革试点。推进林权流转规范化管理和社会化服务。推进政策性涉农保险，探索建立农业大灾准备金制度。建设农业综合执法队伍和监督体系。推进农垦、供销社体制改革。

大力发展农村公共事业。加快推进村村通自来水工程，开展中小河流综合治理和地质灾害防治。统筹推进幸福村居、美丽乡村等创建活动，加快省级新农村示范片建设。深入开展农村人居环境综合治理，重点抓好垃圾集中收集转运和处理设施建设。实施世界银行贷款农业污染治理项目，做好病死畜禽无害化处理工作，推进土壤重金属污染普查和修复治理。提升村卫生室服务水平，建设数字农家书屋，健全农村"三留守"人员关爱服务体系。

（七）以自由贸易试验区建设为引领，全面提升开放型经济水平。认真落实自贸区战略，积极参与"一带一路"建设，深化粤港澳台侨更紧密合作，加快推动外经贸战略转型，推动实施新一轮高水平对外开放。

推进中国（广东）自由贸易试验区建设。落实国务院批复的自贸试验区总体方案，推动完善配套实施细则，制定自贸试验区管理办法，完善管理架构，推进体制机制创新和粤港澳经济深度融合。对外商投资实行准入前国民待遇加负面清单管理模式，建设市场准入统一平台，强化事中事后监管，率先形成与国际投资贸易通行规则相衔接的基本制度框架。深入推进粤港澳服务贸易自由化，深化粤港澳金融合作，强化粤港澳国际贸易航运功能集成，促进高端服务业集聚发展。

力促外贸稳定增长。落实各项稳定出口政策，组织海外市场开拓系列活动，积极打造跨境电子商务、专业市场、境内外展示中心等新贸易平台。加快推行出口退税网上预申报和限时办结制，扩大出口信保覆盖面。加快建设进口商品交易中心，扩大鼓励进口贴息范围，支持融资租赁进口，扩大先进技术、关键装备进口，合理增加优质消费品进口，稳定重要资源性产品进口和储备。提升"三个一"通关模式运行效率，加快国际贸易"单一窗口"试点和电子口岸建设。加快商务大数据平台建设，强化国际商事法律和知识产权服务，加强贸易摩擦应对指导和服务。

加快外经贸转型发展。推动外贸转型升级示范基地和科技兴贸创新基地建设，促进传统优势出口产品升级换代，提升机电和高新技术出口产品质量。深入实施加工贸易转型升级三年行动计划，鼓励支持加工贸易企业加快技术改造、延伸产业链条。加强出口自主品牌培育，推进区域品牌境外注册，支持收购国际知名品牌。大力发展服务贸易和服务外包，推广旅游购物贸易试点，积极争取开展服务贸易创新发展试点。扩大跨境电子商务试点范围，统筹推进跨境电子商务平台建设和业务拓展，完善跨境供应链物流服务。大力扶持发展外贸综合服务企业和供应链龙头企业，创新新业态监管方式。

加强引进外资与对外投资合作。深化涉外投资管理体制改革。依托重大平台和重点产业园区，加强对世界500强、高端制造业和现代服务业的精准招商，推动引资引技引智有机结合。加快外商投资意向项目库和境内引资需求项目库的建设与对接。加快“走出去”步伐，深化对外投资备案制改革，完善境外投资公共服务体系，支持有条件的企业开展跨国并购、海外股权投资，建设境外营销网络和生产基地，培育更多本土跨国公司。积极参与境外基础设施互联互通工程承包，稳妥推进境外能源资源合作开发。

深化对外合作交流。制定落实广东省参与建设21世纪海上丝绸之路的实施方案，办好第二届广东21世纪海上丝绸之路国际博览会和做好下一届中国海洋经济博览会筹办工作，深化与沿线国家经贸文化合作，探索建立沿线港口城市联盟，推进互联互通。推动驻境外经贸代表处布局建设和发挥作用，重点推进与欧美等发达国家和新兴市场国家的经贸合作。提升中新（广州）知识城、中德（佛山）工业服务区、中以（东莞）产业园、中德（揭阳）金属生态城、广东奋勇东盟产业园等开发建设水平。落实粤港、粤澳合作框架协议，深化金融、物流、教育、专业服务等重点领域合作，加快港珠澳大桥、粤澳新通道等项目建设。加强粤台交流合作。加快汕头华侨经济文化合作试验区建设，带动利用侨资侨力。发挥国际友城等外事资源优势，拓展国际交流合作。

（八）狠抓节能减排，推动绿色低碳发展。以最坚决态度和超常规手段推进节能减排，确保完成“十二五”节能减排目标任务，加强生态文明建设，建设绿色广东、美丽广东。

强力推进节能减排。落实节能减排责任制，严格考核问责。加强工业、交通、公共机构等重点领域节能，大力发展绿色建筑，逐步实施公共建筑能耗定额管理制度。推进电机能效提升及注塑机节能改造。持续开展万家企业节能低碳行动，推行合同能源管理，推进园区循环化改造和清洁生产。推进大中型燃煤工业锅炉脱硫脱硝和现役燃煤电厂降氮脱硝改造，开展“趋零排放”试点。加强机动车减排，完成国家新下达的“黄标车”和老旧车淘汰任务。推进农业源减排。加快淘汰落后产能、化解过剩产能。

深入推进污染治理。实施南粤水更清行动计划，强化跨行政区河流污染联合治理，推行“河长制”，加快广佛跨界河流、石马河、茅洲河、练江、小东江等重点流域污染整治。深入推进跨省水环境保护合作。加快污水处理设施及配套管网建设，加强地下水污染防治。落实大气污染防治行动方案，强化大气污染联防联控，抓好工业锅炉、建筑扬尘、挥发性有机物等污染治理，严控PM10、PM2.5和臭氧等二次污染物，坚决遏制粤东西北地区空气污染上升势头。推进汕头贵屿等区域重金属污染全面整治。加强环保执法，强化环保执法与司法衔接，依法查处环境违法行为。

加强生态建设和环境保护。划定生态控制线、林业生态红线。深入开展新一轮绿化广东大行动，推进林业四大重点生态工程建设。推动生态公益林扩面提质，加强森林抚育和野生动植物保护。促进绿道网升级，构建省域森林公园体系。开展海岸带综合整治修复，推进美丽海湾建设。加强围填海管理，探索划定禁填区、限填区。加快推进“三旧”改造，建立健全新增建设用地指标分配与建设用地存量挂钩制度，严守耕地红线，加大查处违法用地力度，推进土地节约集约利用。加快建立省不动产统一登记制度。

培育发展节能环保产业。推广工业节能技术和装备、高效节能电器，推动LED绿色照明产业化，推广应用新能源汽车。实施重大节能环保技术装备产业化工程。修订完善重点行业单位产品能耗限额，实施能效“领跑者”制度。推动碳捕集、利用和封存技术研究与试验示范。完善碳排放管理和交易制度，建立低碳发展基金。加快建立节能量、排污权和水权交易制度。扩大环境监测社会化、环境污染第三方治理试点。

（九）大力发展各项社会事业，促进社会和谐稳定。以更大投入和更有力举措，加快发展教育、文化、卫生、体育等社会事业，强化社会治理，有效提升社会发展水平。

推进教育创强争先。实施第二期学前教育三年行动计划，加快义务教育均衡优质标准化发展，巩固提升高中阶段教育普及水平，抓好普通高中课程改革和评价制度改革。加强校园安全工作。落实和扩大高校办学自主权，扎实推进“创新强校工程”、“四重”建设、“2011计划”，建设高水平大学。创建现代职业教育综合改革试点省。推进特殊教育、民办教育、社区教育、成人教育与农村职业教育健康发展。稳步推进考试招生制度改革，统筹推进“强师工程”。积极推进与港澳及国际教育机构合作办学，引进境外优质教育资源，支持广东以色列理工学院、深圳北理莫斯科大学等合作院校申报建设。

深化医药卫生体制改革。推动公立医院改革纵深发展，开展医师多点执业试点，鼓励社会办医，加快构建多元办医格局。加强基层医疗卫生机构标准化建设，建立基层首诊、双向转诊制度，提升县域医疗卫生服务能力。完善药品集中交易制度，推动医保目录和非医保目录药物、医用耗材进入平台交易。推进卫生计生信息化建设，拓展完善全员人口信息系统。加强计划生育服务管理，提升妇幼健康服务能力。深入开展爱国卫生运动，强化公共卫生服务，提高重大传染性疫病防控能力。推进中医药强省建设，健全中医预防保健服务网络。

加快发展文化事业和文化产业。推进基本公共文化服务标准化均等化，建立健全公共文化事业单位法人治理结构。鼓励社会力量参与公共文化服务体系建设。健全现代文化市场体系，鼓励非公有制文化企业发展，支持转企改制文化企业发展壮大。加快新闻出版、广播影视资源整合和体制改革，推进传统媒体和新兴媒体融合发展。弘扬社会主义核心价值观，繁荣哲学社会科学，推动高水平新型智库建设；繁荣文艺创作，打造一批岭南特色文艺精品。加强文化市场信用监管和版权保护。加强对文物、非物质文化遗产、记忆遗产的保护和利用，推进海上丝绸之路申遗工作。

做好体育、民族、宗教、国防等工作。加快市县两级公共体育设施建设，推动乡镇农民健身工程全覆盖，完善城市社区体育公园、小区体育场地设施，广泛开展全民健身活动。全面深化学校体育改革，提升青少年体质健康水平，发展校园足球。壮大职业体育，提升竞技体育，办好第 14 届省运会。出台扶持政策促进民族地区加快发展，做好城市民族工作。依法管理宗教事务，维护宗教和谐。推进军民融合深度发展，做好国防教育、民兵预备役、双拥优抚安置工作，加强海防建设，巩固军政军民团结。继续做好人防、地震、地质、气象、统计、档案、方志、参事、文史等工作。

推进平安广东建设。深入推进“社会矛盾化解年”工作，加大重点领域矛盾排查化解力度。深化信访制度改革，依法推动诉访分离。坚持打防并举，完善立体化社会治安防控体系和反恐防范体系，强化治安重点地区和突出犯罪的集中打击整治，严密防范打击境内外敌对势力渗透破坏活动。加强反走私综合治理，提高管边控海能力。加大依法管理互联网力度，维护网络安全。加强应急管理，健全突发事件预防预警和应急处置机制。坚守安全生产“红线”，落实“党政同责、一岗双责、齐抓共管”责任制和企业主体责任，开展重点领域专项整治，坚决预防和遏制重特大事故发生。加强职业卫生工作。完善食品药品监管机制，推进网格化监管试点，加快婴幼儿配方食品、粮食、食用油、酒类等安全追溯体系建设。加强劳资纠纷源头综合治理，开展欠薪等专项整治。抓好监狱管理、戒毒、社区矫正、法律援助等工作。

（十）扎实办好民生实事，切实增进民生福祉。坚持以人为本、民生优先，发挥社会政策托底作用，全力办好民生实事，努力让人民群众过上更好生活。

推动实现更高质量就业。完善和落实促进就业创业政策，突出抓好对高校毕业生、异地务工人员、就业困难人员等重点群体的就业服务，新增城镇就业 120 万人，失业人员再就业 50 万人。实施新一轮促进创业带动就业，开展大学生创业引领计划，支持发展“众创空间”等创业服务平台，促进创业 10 万人。健全城乡劳动者终身职业培训体系，加快实施劳动力职业技能提升计划。加强异地务工人员服务管理。健全各级公共就业创业服务机构以及公共就业人才服务网络平台，实现 90% 以上的社区就业服务平台信息联网。落实好失业保险稳岗补贴政策，降低企业失业保险费率。

建立更加公平可持续的社会保障制度。强化社会保险扩面征缴。落实职工全员足额参保。推进企业职工养老保险基础养老金省级统筹，统一费基费率。稳步推进机关事业单位养老保险制度改革。探索建立城乡居保风险准备金制度。完善医保支付制度，稳步提高医保待遇水平，推行重特大疾病特殊医保补助制度和疾病应急救助机制，开展门诊检查纳入住院结算试点。全面实现省内异地就医即时结算。完善工伤保险待遇调整机制。加快实现社保卡“一卡通”。加强养老服务，鼓励民间资本进入养老服务领域，提高社区和居家养老服务水平。建立健全以服务经济困难高龄、失能老年人为重点的老年福利制度。全面实施临时救助制度，做好恤孤、助残工作，推动社会福利和慈善事业发展。

办好十件民生实事。今年全省将投入 1900 亿元，其中省级投入 792 亿元，集中力量办好十件民生实事。一是提高底线民生保障水平。城乡居民基本养老保险基础养老金标准提高到每人每月 100 元；城镇、农村低保补助补差水平分别从每月 333 元、147 元提高到 374 元、172 元；五保对象供养标准提高到所在县（市、区）上年度农村居民人均纯收入的 60% 以上；

孤儿集中供养水平从每月 1150 元提高到 1240 元，分散供养水平从每月 700 元提高到 760 元；城乡医疗救助人均补助标准从每年 934 元提高到 1556 元；残疾人生活津贴从每年 600 元提高到 1200 元，重残护理补贴从每年 1200 元提高到 1800 元。二是确保完成新一轮扶贫开发“双到”目标。完成 2571 个重点帮扶村、20.9 万贫困户 90.6 万贫困人口脱贫任务。在 100 条重点帮扶村开展贫困村互助资金试点。培训贫困农民 8.9 万人。三是促进创业就业和加强困难群体等救助帮扶。按 3000 元到 30000 元的标准补贴创业带动就业，按每人 1 万元的标准资助符合条件的初创业经营者提升素质，提高创业就业项目补贴标准。组织开展劳动力技能（技术）晋升补贴培训 50 万人次。独生子女死亡、伤残家庭的特别扶助标准分别从每人每月 150 元、120 元提高到 800 元、500 元。实施城乡居民殡葬基本服务由政府免费提供政策，减免 7 项基本服务收费。四是促进教育资源公平均衡配置。城乡免费义务教育生均公用经费补助标准小学从 950 元提高到 1150 元，初中从 1550 元提高到 1950 元，残疾学生提高到不低于每年 6000 元。实施高中阶段残疾学生免学杂费、课本费政策。新建 15 所标准化特殊教育学校。中等职业学校和普通高中国家助学金标准从每生每年 1500 元提高到 2000 元，市县属中等职业学校免学费补助标准从每生每年 2500 元提高到 3000 元。农村义务教育学生营养改善计划省级试点补助从每人每学年 600 元提高到 800 元。省属普通本科院校、高水平大学生均定额拨款标准分别提高到每生每年 10000 元、12000 元。五是改进医疗卫生服务。人均基本公共卫生服务经费补助标准从每人每年 35 元提高到 40 元。城乡居民基本医疗保险补助标准从年人均 320 元提高到 380 元。全面实施城乡居民大病保险，对参保人大病医疗费用予以“二次报销”。对 5.4 万农村接生员和赤脚医生按每月 700、800、900 元分档安排生活困难补助。经济欠发达地区 1052 个乡镇卫生院全部配置“五个一”设备。实施出生缺陷综合防控项目，对孕产妇、新生儿疾病筛查予以补助。六是优化公共文化体育服务。支持每个县（市、区）至少建设 1 座多厅数字电影院，实现一村一月放映一场公益电影。推进基层基本公共文化服务全覆盖。建立 100 个“全民助残健身工程”示范点。实施公共体育场馆免费或低收费开放。七是改善农村生产生活条件。推进政策性农业保险，保险品种从 12 个增加到 18 个。在汕头、韶关、梅州、湛江、清远等 5 市试行巨灾保险改革试点。在 20 个县推进普惠金融“村村通”试点，推进 2784 条信用村、3982 条自然村金融（保险）服务站和助农取款点建设。完成 6000 公里新农村公路路面硬化，省补助标准从每公里 15 万元提高到 18 万元。提升农村饮水安全水平，推进 6 个村村通自来水工程示范县建设。八是加大保障性住房建设力度。完成 56939 户城市棚户区改造。完成 20572 户国有工矿棚户区改造，每户补助 2 万元。完成 5945 户华侨农场危旧房改造，补助标准从每户 1.5 万元提高到 2 万元。新开工建设 46754 户公共租赁住房。完成不少于 10.15 万户农村危房改造，每户补助不低于 2 万元，其中省级财政补助 1.5 万元，对困难残疾人家庭每户增加补助 6000 元。完成 400 条不具备生产生活条件贫困村庄、7000 户搬迁安置。九是加强污染治理。珠三角地区淘汰营运“黄标车”每辆补贴 6000 元到 30000 元。省级生态公益林补偿标准从每亩 22 元提高到 24 元，对粤东西北护林员每月补助 300 元。支持 69 个县（市、区）“一县一场”（垃圾焚烧厂或垃圾填埋场）建设，并以奖代补引导农村生活垃圾收集、转运、处理设施及保洁员队伍配备建设。支持欠发达地区建设 5 个农村环境连片综合整治示范县。对规模化养殖场环保达标给予奖励。十是保障公共法律服务和公共安全。全面开展一村（社区）一法律顾问工作，对全省 2.6 万个村（社区）按每个不低于 1 万元的标准予以补助，以政府购买服务方式适当对村（社区）法律顾问公益性服务进行补贴。加强食品、药品安全监管，使广东省生产的国家基本药物目录品种抽检覆盖率达到 100%。

各位代表！做好 2015 年经济社会发展各项工作，必须深入推进依法治省，加快建设法治政府。省政府将认真贯彻落实党的十八届四中全会和省委十一届四次全会精神，坚持在党的领导下、在法治轨道上开展工作。一是加强民主法治建设。维护宪法尊严和权威，自觉尊法学法守法用法，运用法治思维、法治方式谋划和推进政府工作，努力营造办事依法、遇事找法、解决问题用法、化解矛盾靠法的法治化政务环境。自觉接受人大及其常委会的监督，定期向人大及其常委会报告工作，积极支持人民政协履行政治协商、民主监督、参政议政职能，切实做好人大代表建议和政协提案办理工作。认真听取各民主党派、工商联、无党派人士和各人民团体的意见建议。健全依法决策机制，落实公众参与、专家论证、风险评估、合法性审查、集体讨论决定等重大行政决策法定程序，探索建立重大行政决策终身责任追究和责任倒查制度，推进责任政府建设。二是提高依法行政水平。加快建立权责统一、权威高效的依法行政体制，依法全面履行政府职能。加强和改进政府立法，推动立法和改革决策相衔接，健全政府法律顾问制度。深化行政执法体制改革，推进综合执法，坚持严格规范公正文明执法，健全行政执法和刑事司法衔接机制。落实行政执法责任制和责任追究制。加强公务员教育管理，提升公务员队伍依法办事能力。落实“谁执法谁普法”责任制，完成“六五”普法任务，强化法治文化建设。完善法治政府建设指标体系，强化依法行政考评。三是加强对行政权力的制约和监督。坚持依法设定权力、规范权力、制约权力、监督权力，把权力关进制度的笼子里，健全行政决策权、执行权、监督权既相互协调又相互制约的权力运行机制，确保权力运行厉行法治。完善政府内部监督机制，深化政务公开，实施“阳光政务”，自觉把行政权力置于人民群众监督之下。健全监察、司法、审计等联动的行政权力监督机制，加大对违法行政、懒政怠政的监察、整治力度，强化重点部门和岗位廉政风险防控，坚定不移反腐倡廉、推进廉洁政府建设。四是狠抓政风建设。深入贯彻落实中央八项规定精神、“三严三实”、国务院“约法三章”等要求，巩固拓展党的群众路线教育实践活动成果，坚持问题导向，深入整治“四风”，持续加强政风行风专项治理，切实解决损害群众利益的突出问题，绝不允许以权压法、粗暴执法、干预司法、徇私枉法，以加快建设法治政府、服务型政府的实际行动取信于民。

各位代表！完成2015年经济社会发展目标任务，必须继续保持求真务实、干事创业的精神状态，坚持积极有为、攻坚克难，勇于担当、狠抓落实。让我们紧密团结在以习近平同志为总书记的党中央周围，在省委的坚强领导下，高举中国特色社会主义伟大旗帜，以邓小平理论、“三个代表”重要思想、科学发展观为指导，锐意进取、改革创新、团结奋斗，努力促进经济社会持续健康发展，为实现“三个定位、两个率先”总目标和中华民族伟大复兴的中国梦作出新贡献！

2014年广东省发展改革工作情况

2014年，面对复杂严峻的形势，我省紧紧围绕“三个定位、两个率先”总目标，坚持稳中求进工作总基调，落实稳增长、促改革、调结构、惠民生、防风险各项措施，经济发展“稳中有进、稳中提质”的良好格局继续保持。2014年全省GDP增长7.8%，人均GDP首次突破1万美元大关；结构调整呈现积极变化，服务业增加值占比提前一年实现“十二五”规划目标；民生保障持续改善，城镇新增就业159.6万人，为年度预期目标的133%；质量效益进一步提高，规模以上企业利润增长16.5%，比全国平均水平高11.2个百分点。一年来，省发展改革委认真贯彻落实省委、省政府的各项工作部署，求实创新、主动作为，为全省经济社会发展作出了积极贡献。

一、强化经济运行监测预测，当好政策研究参谋

围绕党委、政府的中心工作开展分析研究，做好政策储备及规划编制工作，增强发展改革工作的前瞻性和针对性。一是做好经济形势分析。落实经济监测分析联席会议制度，加强形势分析研判，及时向省委、省政府提出政策建议。二是组织开展重大问题研究。完成广东应对经济新常态对策研究等专题研究报告，开展2015年经济工作思路研究。三是科学制定发展规划。积极推进省生态文明建设规划纲要、新型城镇化规划、广东省铁路网规划等规划编制工作。全面启动“十三五”规划编制工作，组织开展前期研究。

二、抓好经济体制改革任务落实，促进市场活力释放

认真落实省委、省政府交办的14项年度重点改革任务，投资管理体制改革等11 项改革已经取得阶段性成果。一是率先开展企业投资管理体制改革。研究制定广东省企业投资项目实行清单管理的意见及三个配套“清单”。二是稳步推进价格改革。放开、取消和下放一批商品和服务价格，推进广东省定价目录修订工作；在全国率先开展深圳市电网输配电价改革试点。三是推动改革试点先行。成功争取成为国家生态文明先行示范区建设、中小城市综合改革等试点。法治化营商环境建设等改革试点工作加快推进，积极申请创建21世纪海上丝绸之路建设主力省、项目节能量交易等试点。四是推进社会信用体系建设。在全国率先出台社会信用体系建设省级规划，加快建设公共信用信息管理系统。五是积极推进收入分配体制改革。牵头完成我省深化收入分配制度改革实施意见。

三、推进重点项目建设，发挥合理投资的关键作用

把重点项目作为稳定投资、推动经济结构调整和保障改善民生的重要抓手，全面推进重大基础设施、重大产业项目、重大民生工程建设。一是省重点项目建设进展顺利。省重点项目完成投资5392亿元，新开工建设深茂铁路江门至茂名段等138个项目，建成广乐高速公路等72个项目。新增电源装机容量500万千瓦，新增高速公路里程581公里，通车总里程达6280公里，跃居全国第一；新增铁路运营里程545公里，全省铁路通车里程达4025公里，其中高速铁路通车里程达1350公里，跃居全国第一。二是激发民间投资活力。推出面向民间投资招标项目97项、总投资2120亿元。三是创新融资机制吸引社会投资。推动设立粤东西北振兴发展股权基金（首期规模121亿元），获国家批准和发行企业债券19只，总规模达367.8亿元。四是做好投资管理相关工作。全委共争取2014年中央预算内投资61批、总计35.45亿元。深入开展招标投标领域改革，牵头开展全省整治违规修建楼堂馆所、清理“形象工程”和“政绩工程”、奢华浪费建设等一系列专项行动。

四、加快产业结构优化升级，推动绿色低碳发展

围绕提升核心竞争力和促进产业高端化发展，

着力优化产业结构，扎实推动绿色低碳发展。一是推进创新能力建设。积极争取获批国家级创新平台超过10家，共争取认定增材制造技术及装备等12家省级工程实验室。二是加快先进制造业和现代服务业发展。制定实施主体功能区产业发展指导目录，编制实施珠江西岸先进装备制造产业带布局和项目规划，出台促进服务业投资发展的若干意见，70个省级现代服务业集聚区及一批产业公共服务平台加快建设。三是大力发展高技术产业和战略性新兴产业。推进新一代显示技术等6个领域战略性新兴产业集聚发展试点，认定第二批19家省战略性新兴产业基地，实施国家和省新兴产业创投计划，争取国家批复9只创业投资基金，数量为历年之最。推动广州、深圳、佛山、东莞四市成为我国首批信息惠民试点城市，深圳、东莞成为第二批国家电子商务示范城市。四是稳步推进绿色低碳发展。出台实施主体功能区规划配套环保政策和应对气候变化政策，成功争取将清远市和南岭生态地区纳入国家主体功能区规划试点。制订出台化解产能严重过剩矛盾实施方案、2014-2015年节能减排低碳发展行动方案。加强国家低碳试点省建设，加快推进碳排放权交易试点工作，截至2014年底广东碳市场总成交量1521万吨，占全国的46.1%，交易总额8.14亿元，占全国的58.5%，推动80%以上控排企业主要产品碳强度实现下降。

五、促进区域协调发展，拓展对内对外开放新格局

统筹推进珠三角地区优化发展和粤东西北地区振兴发展，进一步扩大国际国内交流合作，打造开放型经济新优势。一是积极稳妥推进新型城镇化工作。起草完成我省促进新型城镇化发展的意见，成功争取将广州市、东莞市、惠州市和深圳市光明新区等4个地区纳入国家新型城镇化试点。二是推动粤东西北地区加快发展。牵头起草科学推进重大区域发展平台规划建设指导意见，编制深汕特别合作区发展总体规划，积极争取国家批复汕头华侨经济文化合作试验区规划。三是深化泛珠三角区域合作。联合港澳成功筹办第十届泛珠论坛暨经贸洽谈会、泛珠合作行政首长联席会议，推动珠江—西江经济带发展上升为国家战略，编制实施粤桂合作特别试验区发展总体规划。四是做好对口支援相关工作。2014年安排援藏资金4.56亿元，实施援建项目99个；安排援疆资金22.55亿元（含深圳），实施援建项目98个。五是推动对外开放合作。组织编制广东省参与建设21世纪海上丝绸之路规划。推进实施一批境外投资项目，2014年中方投资额达74.68亿美元。

六、认真开展价格调控监管，优化资源配置和市场环境

充分发挥价格杠杆作用，利用价费政策引导促进转方式调结构惠民生。一是完善资源环境价格形成机制。实现全省除深圳市外工商业用电同网同价，全省销售电价年降低18.73亿元。制定系列扶持性电价政策，研究起草车用天然气管理办法，核定排污权有偿使用价格和交易底价。二是清费减负并规范收费行为。免征39项涉企行政事业性收费省级收入部分，减负金额超过15亿元。三是扎实做好稳价惠民。运用省级价格调节基金扩大政策性蔬菜种植保险试点范围至10个市，及时发放低收入群众临时价格补贴5.46亿元。四是加大价格监督检查与反垄断工作力度。加强市场价格监管，持续开展汽车、通信、证券等竞争领域反价格垄断调查，整治商业银行收费。全年全省共查处价格违法案件2399宗，查处举报案件18583宗。

七、加强社会领域建设，努力改善民生福祉

围绕发展改革职能切实做好民生工作，努力促进社会和谐稳定。一是加强农业农村基础设施建设。积极争取中央投资补助，支持基层公共服务体系、规模化养殖等项目建设。谋划重点水源工程建设，推进村村通自来水工程，支持小流域综合治理及中小型灌区改造等工程。二是规范医药价格管理。指导全省医疗机构合理确定药品销售价格。督导全省各试点县（市）完成取消县级公立医院销售药品加成以及医疗服务价格调整工作。三是着力推动社会事业发展。制定加快发展社会办医的实施意见，推动公立医院改革不断深化。编制下达2014年全省普通高校招生计划和省直及中央驻穗单位广州机械人口增长计划。四是做好经济动员工作。靠前组织“中建南”项目海上维权动员保障任务，开展南海方向国民经济动员支援保障研究和保障能力补差。

八、启动实施“南粤粮安”工程，推进粮食工作创新发展

贯彻国家粮食安全战略和广东粮食安全方针，确保全国最大主销区粮食安全。一是守好责。修订粮食安全责任考核办法并通报届中考核结果，成功举

办 2014 年广东粮食安全系列现场宣传活动。二是绘好图。编制完成省“粮安工程”建设规划，印发实施全面推进全省依法治粮工作的意见。三是装好碗。抓好地方储备粮规模落实工作，组织企业采购东北粮食 600 多万吨。全省建成粮食应急供应网点 2300 多个。四是建好仓。省储备粮东莞直属库 5 万吨海港码头和 2000 吨内河码头开港试运营，汕头直属库一期 5 万吨项目竣工。五是管好粮。开展粮油库存专项检查、粮食收购检查、“转圈粮”专项整治、粮库清查、粮食质量安全监管、粮食行业安全生产检查等多项工作。六是育好链。投资 12 亿元、仓容 21 万吨的广州市粮食储备加工中心已投入使用，深粮东莞粮食物流节点项目开工建设，粮食流通产业不断发展。

（供稿单位：广东省发展和改革委员会）

2014年广东省经济和信息化工作情况

2014年，在省委省政府的正确领导下，全省经信系统紧紧围绕主题主线和“三个定位、两个率先”总目标，坚持稳中求进总基调，以提高经济发展质量效益为中心，着力促改革、稳增长、调结构、抓融合、强动力，为全省经济发展稳中有进、稳中提质做出了贡献。全省完成规模以上工业增加值29327.6亿元，增长8.4%；工业投资8400.04亿元，增长17.3%；软件业务收入5843.5亿元，增长19.4%；单位GDP能耗下降3.56%，超过国家下达的3.4%年度目标。全省规模以上工业企业实现利润总额6611.86亿元，增长12.4%%，增速比全国高9.1个百分点。

一、全面深化改革取得新进展

开展权责清单改革试点，率先向社会公布我委261项权责事项。开展行政审批标准化改革试点，精简优化办理流程，向社会公开行政审批办事目录。拓展完善省网上办事大厅，目前省直45个应进驻部门和珠三角地市80%以上的行政审批事项、70%以上的社会事务服务事项实现网上办理，珠三角9市、顺德区及粤东西北8个地市已全部开通镇街网上办事站。扎实推进电力大用户与发电企业直接交易试点、国家“三网融合”试点城市建设、项目节能量交易试点、民营企业建立现代企业制度试点等重点领域改革。

二、新一轮工业技术改造全面启动

出台《关于推动新一轮技术改造促进产业转型升级的意见》，发布工业企业技改指导目录，制定实施以奖代补财政扶持政策。开展政策宣讲，全省共组织宣讲会238场，培训规模以上企业2.6万多家，培训人数3.2万人次。摸查工业企业技改需求，共摸查主营业务收入5000万以上工业企业18428家，其中有技改意愿的企业占52%。全省完成工业技改投资1867.6亿元，增长23.3%，分别高于全省固定资产投资、工业投资增速7.4个、6.0个百分点。工业和信息化部对我省做法给予充分肯定：“这是30多年来地方支持技改力度最大、措施最强、政策最到位的一次，体现了广东省的战略眼光。”

三、珠江西岸先进装备制造产业带建设初见成效

出台《关于加快先进装备制造业发展的意见》，推动省政府与工信部签订共同推进珠江西岸先进装备制造产业带发展合作协议，建立部省合作协调落实机制。狠抓项目招商和项目落地，8月14日珠海会议签约仪式上签约的39个项目，投资总额1051亿元，其中16个已开工建设，投资额450亿元；会后又新增签约亿元以上项目32个，其中11个项目已开工建设，投资额70亿元。2014年珠江西岸“六市一区”规模以上装备制造业增加值2338亿元，增长14.4%，占全省规上装备制造业21.5%。

四、企业创新能力进一步提升

推进科技成果产业化，成功举办省第二届科技成果与产业对接会，促进300余项具有产业化前景的技术成果与170多家企业的200余项技术需求对接。完善以企业为主体的创新体系建设，新增国家级企业技术中心5家。推动工业设计产业化，成功举办第七届“省长杯”工业设计大赛和工业设计活动周。开展工业企业品牌、区域品牌和知识产权培育三大试点，我省4个产业集群被列入工业和信息化部首批区域品牌建设试点名单，数量居全国首位。

五、产业园扩能增效取得扎实成效

优化考核指标，加强督查督办，将考核指标从原来的22项缩减为5项（工业项目固定资产投资、规上工业增加值、全口径税收、节约集约用地、环境保护）。狠抓项目落地建设，新落地项目579个，新建成项目333个。贯彻落实省“双转移”工作领导小组会议精神，明确认定省产业转移园和引导工业项目

集聚发展的具体措施，推动粤东西北地级市所辖32个县（市、区）规划建设产业园或产业集聚地。2014年省产业转移园累计完成固定资产投资1087.57亿元（不含技改投资），较年初下达的850亿元目标超额完成28%；实现规上工业增加值1449.96亿元，增长31.8%；实现全口径税收223.05亿元，增长26.4%。

六、大型骨干企业培育完成预期目标

完善政策体系，出台《2014年支持大型骨干企业发展若干政策措施》和《培育重点骨干民营企业工作方案》，督促23个省有关单位、21个地级以上市、顺德区出台相关实施细则和配套措施。提升企业服务水平，开通“广东省大型骨干企业服务信息交流平台”，实现大型骨干企业数据、诉求网上直报。收集整理128家大型骨干企业的诉求473项，协调部门逐项全部回复办理。夯实后备力量，目前全省有93个县（市、区）、46个镇落实了培育50亿～100亿元、10亿～50亿元企业的目标任务。2014年全省主营业务收入超百亿元企业达201家，比2013年增加20家，完成预期200家以上的目标。

七、信息化建设取得突破性进展

推动信息化基础设施建设，全省光纤入户和基站新增数均超过历年累计建成数总和。新增光纤接入用户357万户，累计达667.6万户，增长115%；全省新增3G/4G基站22.6万座，累计35.5万座，增长175%；新建WiFi热点6800个，累计达9.3万个。推进“两化”深度融合，遴选100家试点企业、12家服务机构参加“两化”融合贯标试点，我省成为全国唯一与国家共同开展贯标试点的省份，推动东莞成为国家唯一的“两化”融合暨智能制造试验区。加快发展信息技术产业，推动“星光中国芯物联网工程”落户我省，支持中国电信建设华南最大云计算数据中心——亚太信息引擎、汕尾腾讯云计算数据中心等建设。加快培育信息消费，推动深圳、汕头、珠海、惠州4个国家信息消费试点城市建设。2014年全省信息消费规模增长超过20%。

八、民营经济和中小微企业发展再上新台阶

认真落实国家和省扶持中小微企业发展政策措施，出台《关于进一步支持小微企业发展的若干政策措施》。牵头制定我省加强涉企收费管理减轻企业负担实施方案，建立并实施涉企收费目录清单制度，组织开展减轻企业负担第三方评估。搭建各类公共服务平台，省中小企业公共服务平台网络建设基本完成，目前入库服务机构3136家、服务项目4413项，分别居全国的第2位和第5位。成功举办第十一届中博会。小型企业、民营企业工业增加值分别增长12.4%、13.2%，比全省工业增速分别高4个、4.8个百分点；全省民营经济增加值达3.5万亿，增长8.3%。

九、节能降耗和绿色发展成效明显

加快推进电机节能和注塑机改造，全省电机能效提升完成370万千瓦，注塑机节能改造完成6066台（21.5万千瓦），实现年节电约14.8亿千瓦时。推进循环经济和清洁生产，广州经济技术开发区成为2014年国家园区循环化改造示范试点园区，认定162家广东省清洁生产企业，102家粤港清洁生产伙伴企业。加快淘汰落后产能和化解过剩产能，提前一年完成国家下达的“十二五”期间各工业行业淘汰落后产能目标任务。全省工业增加值能耗下降9.3%，超过全年下降4%的年度目标。我省2013年度节能和能源消费总量控制工作通过国家考核，是全国9个受通报表扬地区之一。

（资料来源：广东省经济和信息化委员会）

2014年广东省国资国企工作情况

2014年，全省国资监管企业实现净利润928.47亿元，省属企业实现净利润141.49亿元，增幅分别为12%和18.51%；全省共有16家国有企业进入中国企业500强，营业收入超千亿的企业2家，资产超千亿的企业15家。国有企业在全省经济社会发展大局中的功能作用不断提升，到2014年底，广东国有企业资产总额4.9万亿元，营业收入1.3万亿元，利润总额1240亿元，分别比2004年底增长了3.17倍、1.55倍、2.98倍。

一、强化国企改革系统设计

按照省委省政府要求，广东省国有资产监督管理委员会起草了《关于全面深化国有企业改革的意见》和《关于深化省属企业改革的实施方案》。这两个改革方案的设计既突出着力点又注重系统性，体现全面深化改革要求，着重体制机制创新。前者是我省当前和今后一个时期国企改革的纲领性文件，明确了全省国资国企改革的目标、措施、路线图和时间表；后者则围绕调整优化国有资本布局结构、加快建设现代企业制度、积极推进混合所有制经济改革、创新完善国有资产监管体制等四个方面为全省深化国企改革提供进一步的政策指引。目前，两份改革方案均已颁布执行。

二、认真梳理省属企业主业

为贯彻落实党的十八届三中全会精神和省深化国有企业改革的部署，优化国有资本布局，加强战略规划管理，针对2013年启动的重新审核确认省属企业主业工作，广东省国有资产监督管理委员会于2014年2月向省属企业下发补充通知，要求省属企业补充财务数据，按照业务板块作资产、收入、利润等财务结构分析，并说明发展主业所依托的重点骨干企业情况。现已完成组织申报、走访沟通、研究梳理、征求意见等前期工作。在初审意见的基础上，提出二次拟核定主业，推动国有资本更多地投向基础性、公共性、平台性、资源性、引领性等重要行业和关键领域，以及未来可能形成主导产业的行业。

三、加快发展混合所有制经济

一是开展国资与民资对接。广东省国有资产监督管理委员会与省有关部门及商会，先后于2014年2月和9月举办两场国有企业与社会资本的对接会，共签约53个项目，引入民间资本876.60亿元；推出234个项目，拟引入民间资本超1770.80亿元，涉及交通物流、金融服务、基础设施、节能环保、生物医疗等17个行业。二是规范产权流转。出台了《关于规范省属企业发展混合所有制经济的意见》及操作流程指引，推动混合所有制经济健康、有序、有效发展。

四、加快体制机制创新

为深入贯彻落实党的十八届三中全会和省委十一届三次会议精神，加快省属企业改革创新步伐，广东省国有资产监督管理委员会在省属二级及以下企业中评选确定50户企业，开展体制机制改革创新试点。现已完成以下工作：一是制定开展体制机制创新试点的工作方案，对整个试点工作进行统筹安排。二是进行广泛动员，先后召开省属企业总经理座谈会、分管副总经理座谈会等5场座谈会，对工作进行宣讲，有效统一省属企业的思想和行动。三是组织推荐试点企业。从省属企业、委机关及监事会等多个层面组织推荐试点企业，形成了104户候选名单。四是选准选好试点企业。通过试点企业陈述和综合评审两个环节，从盈利能力、创新能力、发展潜力等多个角度，评选出50户企业作为试点，其余54户企业作为集团重点培育企业。五是制定广东国资新兴产业发展基金方案。按照《改革意见》关于“构建产融结合的基金平台”的要求，委托恒健控股公司发起设立广东国资新兴产业发展基金，专项支持50户试点企业的改革发展。

五、推进省属企业科技创新工作

一是制定《关于支持省属企业科技创新的工作方案》，对省属企业科技创新工作的开展进行认真布置。二是与省有关部门筛选一批科技创新项目(企业)，并已于 2014 年 11 月 14 日与相关省直部门对入围和备选项目（企业）完成联合考察。考察结果目前正在公示。三是加强与省发展改革委、经济和信息化委、教育厅、科技厅、财政厅、知识产权局等相关省直部门的沟通，达成召开产学研用对接会、联合出台意见等合作意向，目前相关工作正在积极准备中。四是制订拟与省发展改革委、经济和信息化委、教育厅、科技厅、财政厅、知识产权局等联合印发的《关于深入推进省属企业科技创新的合作意见》，从落实财税支持政策、加强科技与金融结合、强化考核激励导向等方面提出创新性和实操性强的政策措施。

六、加快先进装备制造业发展和技术改造

认真贯彻落实省委省政府召开的全省加快先进装备制造业发展暨工业技术改造工作会议的精神。一是积极与省经济和信息化委做好沟通，协助修改《推动全省工业企业新一轮技术改造促进产业转型升级工作方案》和《广东省企业技术改造指导目录（征求意见稿）》。二是对省属企业的技术改造情况和技术改造项目进行摸查，共有15个省属企业报来项目116个，计划总投资约为82.16亿元。三是及时转发有关文件，传达会议精神，引导省属企业利用好相关技改政策。四是联合省经济和信息化委，召开省属企业加快先进装备制造业发展暨工业技术改造投资工作会议。由省经济和信息化委的主要领导解读相关政策，广东省国有资产监督管理委员会领导作出工作部署。五是会同省经济和信息化委、恒健控股公司制定方案，组织省属企业申报技术改造专项资金。

七、促进培育发展大型骨干企业

继续贯彻落实省委省政府关于鼓励和扶持我省大型骨干企业壮大规模增强实力的决策部署，培育发展省属大型骨干企业。2014 年广东省国有资产监督管理委员会负责跟踪的国有大型骨干企业共计 107 家，其中省属企业 17 家，并有 10 家省属企业入选 2014-2015 年度广东省重点支持大型骨干企业目录。落实大型骨干企业联系帮扶制度，及时掌握国有大型骨干企业情况，加强对国有大型骨干企业的经济运行分析和监测。积极、快速、妥善地回复中国农业银行广东省分行、宝钢集团广东韶关钢铁有限公司、丝纺集团等六家大型骨干企业提出的 10 项诉求，切实帮助企业解决重点难点问题。

（资料来源：广东省国有资产监督管理委员会）

2014 年广东省商务工作情况

2014 年，面对复杂多变的经济环境和艰巨繁重的改革发展任务，全省商务和口岸系统认真贯彻落实省委、省政府的决策部署，围绕稳增长、调结构、优布局、促改革、惠民生、防风险，扎实推进各项工作，全省商务发展总体平稳。全省实现社会消费品零售总额 28471.1 亿元，增长 11.9%。货物进出口总值 10767.3 亿美元，下降 1.4%。服务进出口 1005.4 亿美元（按商务部新口径统计，下同），增长 4.2%。合同外资金额 430.6 亿美元，增长 18.6%；实际使用外资 268.7 亿美元，增长 7.7%。新增对外协议投资 124.9 亿美元，增长 138.2%；对外实际投资 96 亿美元，增长 90.9%。全省口岸进出口货物总量 43051.5 万吨，增长 9.4%。

全省商务发展转型升级加快，结构调整取得积极进展。

外贸实体经济稳定向好。剔除不可比因素，全年货物进出口增长 7.3%，其中出口增长 10.1%，进口增长 3.3%。规模以上外资工业企业实现利润总额 2995.9 亿元，增长 8.3%；来源于广东的关税和进口增值税 3311.1 亿元，增长 7.4%，实体贸易活动平稳向好。

贸易结构明显优化。一般贸易进出口快速增长，全年增长 12.7%，占全省比重由 2013 年的 33.8% 提高至 38.6%，其中一般贸易项下机电和高新技术产品进出口分别增长 18.6% 和 20.9%，自主发展能力增强。加工贸易转型升级步伐加快，加工贸易“委托设计 + 自主品牌”方式出口比重达 66.2%，比 2013 年提高 3.2 个百分点。截至 2014 年底，加工贸易企业累计拥有品牌达 20531 个，比 2013 年底增长 9.1%，共设立研发中心 3613 个，比 2013 年底增长 21.9%。服务贸易比重提升，全年服务贸易占对外贸易（货物贸易 + 服务贸易）总额的比重由 2013 年的 7.7% 提高至 8.5%。外贸市场结构优化，对香港传统外贸渠道依赖逐渐减弱，香港市场进出口占比由 2013 年的 24.6% 回落至 21.8%；东盟、中东、印度等新兴市场进出口增势良好，分别增长 9.9%、24.5%、24.5%；欧盟市场进出口快速增长，增长 9.4%，占比由 2013 年的 8.8% 提高至 9.8%。外贸新业态快速发展，涌现出一批供应链龙头企业、外贸综合服务企业与跨境电子商务企业，正发展成为稳定外贸增长的新生力量。全省 23 家外贸综合服务试点企业合计出口 159.4 亿美元，同比增长 9.1%；全省旅游购物出口 110.5 亿美元，同比增长 6.2 倍；租赁贸易进口 20.9 亿美元，同比增长 50.8%。

新兴消费热点不断涌现。2014 年占限额以上批发零售业 30.5% 的汽车类商品零售额增长 19.2%，拉动社会消费品零售总额增长 2.3 个百分点；网上商品零售额大幅增长 70.7%，拉动社会消费品零售总额增长 1 个百分点；通讯器材类商品零售额增长 22%，拉动社会消费品零售总额增长 0.2 个百分点。占全省社会消费品零售总额 10% 的餐饮收入增长 8.3%，拉动社会消费品零售总额增长 0.9 个百分点，增速自去年初以来逐步恢复。五金制品、日用品、家具、文化办公用品、家用电器、建材、服装鞋帽等商品销售良好。

电子商务蓬勃发展。2014 年全省电子商务交易额 2.63 万亿元，其中网络零售额 5497.1 亿元，相当于全省社会消费品零售总额的 19.3%。阿里巴巴“双 11”活动中，广东网络零售用户交易额 61 亿元，占交易总额的 10.7%，连续多年位居全国第一。全省网民数 7286 万人，占全国的 11.2%，其中网络购物用户规模为 4601 万人，渗透率为 63.1%，比全国水平高 7.4 个百分点。在钢铁、石化、塑料、粮食、汽车和电子等产业领域，涌现出一批有重大影响力的行业电子商务平台。唯品会、环球市场、一达通、兰亭集势等本土电商骨干龙头企业不断发展壮大。

双向投资结构优化。全年服务业实际使用外资 128 亿美元，增长 13.7%，占比达 47.6%。大项目数量和质量稳步提升，新设或增资投资总额千万美元以上的大项目 1209 个，增长 15.3%，合同外资金额 298.6 亿美元，增长 19.8%；核准对外投资超千万美元项目 114 个，增长 90%，合计新增对外协议投资 85 亿美元，增长 142.2%。

对外开放领域不断拓宽。与欧美发达国家合作深化，全年对美国实际投资增长 11.6 倍，共引进欧美发达国家技术 430 项，合同金额 31.7 亿美元，占全省技术进口额的51.5%。与海上丝绸之路沿线国家合作加强，全年对海上丝绸之路沿线重点14国进出口增长11.6%，占比由2013年的10.8%提高至12.2%。与新兴市场合作扩大，新兴市场进出口占比由2013年的48.2%提高至49.5%，对拉美和非洲实际投资增长分别增长176.7%和102.9%。

过去的一年，主要开展了以下工作：

一、着力稳定外贸增长

一是加大政策落实和督查力度。及早研判全省外贸稳增长严峻形势，及早谋划和部署外贸稳增长政策措施，在全国率先制定落实国家支持外贸稳定增长的实施方案，出台25条具体措施。各市、各有关单位也出台了支持外贸稳定增长的细化配套措施。省政府专门派出9个工作督导组，对各市、各单位贯彻落实国家和省稳定外贸增长情况督促检查到县区一级，同时组织省直及中央驻粤有关单位集中现场办公。广州、佛山、东莞等外贸大市充分挖掘外贸增长潜力，进出口分别增长了9.8%、7.6%和6.2%，分别拉动全省进出口增长1.1个、0.4个和0.9个百分点；深圳市剔除不可比因素后增长9.7%；梅州、河源、揭阳市进出口增速排在全省前三位，分别增长23.8%、22.4%和16.4%。二是强化重点企业服务。全省遴选了2060家外贸企业作为重点帮扶企业，其中206家为省重点帮扶企业，实行省市联动、一企一策，切实协助解决企业实际困难和问题。召开央企支持广东外贸发展座谈会，争取央企在广东设立地区总部、子公司和进出口贸易公司，扩大在粤进出口及投资发展。实施跨国公司总部行活动，拜访了境内外60多家跨国公司，争取更多订单和投资投放广东。三是积极扩大进口。修订完善省进口技术和产品目录，扩大进口贴息范围和覆盖面，加大先进技术、关键装备和紧缺资源性产品进口，滚动受理进口贴息申报，加快办理进度，累计资助近5亿元。组织认定10家省重点培育进口商品交易中心。落实国家进一步减少自动进口许可货物种类政策，将铁矿石、氧化铝自动进口许可证的签发、打印权限，以及肉鸡自动进口许可证打印、发放权限下放到各地级以上市和顺德区商务主管部门。四是全力稳定出口。加大重点市场开拓力度，着力拓展发达国家和新兴市场，全年组织企业参加了195场境外展会，组团参加了第115届和116届广交会、第16届高交会、第11届中博会等境内展会，支持企业开拓市场抢订单。加大信保支持力度，对珠三角和粤东西北地区企业的资助比例从原来的实缴保费的15%和30%分别提高至35%和70%，新增对中型企业投保新兴国际市场政治风险及附加订单风险给予保费80%的资助。五是加强贸易摩擦应对工作。建立健全全省公平贸易工作网络，加强贸易摩擦案件应诉指导和协调，协助应对贸易摩擦案件43起，协调250多家企业积极应诉，成功应对欧盟对人造石反倾销调查、澳大利亚对不锈钢水槽反倾销反补贴调查等案件，维护了产业安全和出口企业的合法权益。

二、着力扩内需促消费

一是大力开展消费促进月活动。制定全年扩内需促消费工作方案，举办春夏、暑期、秋季、岁末年初四轮消费促进月活动，组织各大商家举办展销会、购物节、文化节、汽车嘉年华等促销活动，全年共举办各类促销活动800多场，实现销售额超过400亿元，推动形成了汽车、信息、网络等一批消费热点。揭阳、肇庆、湛江市社会消费品零售总额增速排在全省前三位，分别增长15.4%、13.5%和13.3%；广州市通过举办英伦购物节、国际美食节等主题促销活动，推动全市社会消费品零售总额增长12.5%，拉动全省社会消费品零售总额增长3.4个百分点；佛山市通过举办祖庙商圈欢乐嘉年华、金秋国庆欢乐季等主题促销活动，推动全市社会消费品零售总额增长13.1%，拉动全省社会消费品零售总额增长1.2个百分点。二是创新开展广货网上行活动。创新网购促销模式，支持电商企业通过广货网上行平台向网民免费“派红包”，以“红包”刺激拉动网民消费，推动消费新业态发展。京东、唯品会、苏宁、国美、环球市场等电商龙头企业踊跃参加活动，体现出广货网上行强大的市场号召力。截至2014年底，共开展发红包促销活动27次，发放促销红包917.5万张，价值3.17亿元，直接带动销售总额近百亿元，广货网上行微信公众号关注人数高达34万人，微博粉丝数51.7万个。清远市大力推动农村电商发展，通过“村淘项目”建立覆盖各县区的农村电子商务综合平台，着力解决农村“买卖难”问题。

三、着力推进结构调整

一是大力发展一般贸易。推进外贸转型升级示范基地、科技兴贸创新基地、机电和高新技术产品出口基地建设。召开全省外贸转型升级示范基地现场会，推广转型升级经验，带动技术、品牌、质量和服务的提升，全省建成基地60个，其中国家级16个。落实科技兴贸、支持成套设备及单机出口扶持政策，扩大先进技术产品出口。积极推动品牌国际化经营，鼓励企业收购国际知名品牌，扶持“狮岭皮具”、“阳江刀剪”等区域品牌建设国际营销网络。二是推动加工贸易转型升级。深入实施加工贸易转型升级三年行动计划，鼓励引导加工贸易企业延伸价值链。成功举办2014加博会，达成意向成交额896亿元，比上届增长16.5%，创新加博会电商平台，开创依托移动网络终端拓展内销市场新模式。三是大力发展外贸新业态。制定促进外贸综合服务企业发展的实施办法，培育认定23家外贸综合服务试点企业、18家外贸综合服务企业培育对象。扎实推进跨境贸易电子商务试点，积极扶持发展旅游购物、保税物流、租赁贸易、供应链龙头企业等新业态，着力培育外贸新增长点。海关总署版首个跨境电子商务监管平台在东莞市上线运行，地方版首个邮件进出口业务监管系统在广州市上线运行。四是加快发展服务贸易。推动技术、文化、中医药等重点领域服务进出口，全年技术出口大幅增长125.7%，获认定的国家级文化出口重点企业48家，广东被纳入国家首批中医药服务贸易先行先试重点区域。大力发展服务外包，研究出台省级服务外包示范城市和示范园区培育管理办法，共认定服务外包示范企业15家，重点培育企业58家，全年承接离岸服务外包执行金额增长23%。

四、着力建设现代流通体系

一是促进商贸物流发展。出台《广东省城市共同配送试点项目管理办法》，指导广州和东莞市做好试点工作；研究推进广东物流标准化建设方案，积极开展物流标准化试点。加强对家政、餐饮、拍卖、典当、租赁、汽车流通、再生资源回收等行业的监督管理。加快推进城市商业网点规划，全省共有21个地级以上市、16个县级市完成了商业网点规划编制并颁布实施，地级市完成率达100%，县级市完成率达69.6%。二是加强市场体系建设。研究制定广东大宗商品交易场所管理办法、进一步加强农产品市场体系建设实施方案，推进活禽交易市场建设，出台活禽交易市场建设指南地方标准，开展大宗商品交易场所专项清理整顿，推进农产品批发市场项目建设和升级改造，推进肉菜、中药材流通追溯体系建设，广东被确定为全国中药材流通追溯体系建设试点省份。深入实施万村千乡市场工程，支持农家店信息化改造和乡镇商贸中心建设，提升农村市场现代化水平。积极利用中央财政专项资金，对大型农产品批发市场、农产品公共物流配送设施等重点项目进行引导和扶持，壮大农产品流通主渠道，成功举办2014全省农超、农餐对接会。三是整顿和规范市场秩序。牵头清理地方出台的含有地区封锁内容的各种规定和做法39项，推动出台市场公平长效建设规章文件11项。开展零供关系、电视购物、单用途预付卡等各类专项检查135次。推动市级商务综合执法队伍建设和12312商务举报投诉平台建设，初步形成覆盖全省的商务执法网络。积极开展经营者集中反垄断工作，分片区开展反垄断法及经营者集中配套政策法规宣传活动，帮助企业降低违规风险。

五、着力优化经贸布局

一是拓宽与“一带一路”沿线国家和新兴市场合作。制定实施进一步加强与东盟交流合作、与非洲、中亚经贸合作的实施方案，编制21世纪海上丝绸之路建设经贸合作专项规划。配合省委主要领导出访，去年4月分别在越南、马来西亚、新加坡成功举办经贸合作交流会，签订合作项目168个，金额124亿美元。湛江市以奋勇高新区为依托，与印尼签订合作框架协议，共同建设“中国－印尼湛江产业园”，推动“广东奋勇东盟产业园”和“印尼－中国太平洋橡胶科技工业园”联动发展。二是加强与欧美发达国家的直接交流合作。制定实施进一步加强与欧洲、北美交流合作的实施方案。利用广州南沙、深圳前海、珠海横琴等重大平台和各类开发区等载体，粤港联合、粤澳联合、省市联动举办各类投资促进活动共40场，其中赴欧美地区开展招商和项目推介18场。推进广东境外经贸代表处建设，研究制定了《关于加强广东省驻境外商务代表机构工作的指导意见》。三是深入推进粤港澳合作。在CEPA框架下率先基本实现粤港澳服务贸易自由化，广东对港澳服务业开放部门达到153个，涉及世贸组织服务贸易160个部门总数的95.6%，其中58个部门完全实现国民待遇。四是推动对内经济协作。成功举办第八届区洽会、第十届泛珠三角区域合作与发展论坛暨经贸洽谈会，举办省内外市场开拓及促销活动146场，组织企业参加兄弟省市来粤开展对接洽谈和推介会20多场。推进省外广东商会和广东商贸城建设，建成省外广东商会27个、省外广东商贸城10个。

六、着力促进双向投资

一是加大引进来力度。落实创新招商引资工作行动纲要及三年行动计划，组织开展产业专题招商，赴瑞士、德国、意大利开展机械制造、医药、精密仪器等行业主题招商，赴荷兰、芬兰、丹麦开展节能环保产业招商，赴台湾省开展食品饮料产业招商，赴新加坡、马来西亚开展现代服务业招商。开展粤东西北地区定点招商，组织欧美、日韩等发达国家驻粤商务机构、500强跨国公司和大企业代表赴湛江、云浮考察；联合日本贸易振兴机构组织省内园区参加日资汽车零配件展览会，举办韶关、河源、云浮市投资环境推介会，组织参展日企赴清远、肇庆考察。茂名和汕头市实际利用外资增速超过20%，分别增长35.8%和20.2%。东莞市深入开展“企业总部大走访”和“企业困难大排解”活动，推动全市实际利用外资增长15%，拉动全省实际利用外资增长2.4个百分点。珠海市突出抓好装备制造业和航空产业招商，推动全市实际利用外资增长14.4%，拉动全省实际利用外资增长1个百分点。二是推动企业加快“走出去”。贯彻落实《境外投资管理办法》，起草实施细则。联合香港投资推广署、贸易发展局共同举办粤企利用香港服务业平台投资海外研讨会，联合澳门贸促局赴南非、阿联酋、莫桑比克开展大珠三角推介活动，为企业对外投资合作搭建渠道。遴选30家“走出去”重点企业，加大对外投资、对外承包重大项目的跟踪服务力度，推动重大项目加快实施。清远、肇庆、佛山市对外实际投资增速排在全省前三位，分别增长396倍、30倍和13倍。

七、着力推进口岸建设

一是加快口岸通关改革。“三个一”通关模式试点推广取得积极进展，关检部门签署全面推进“三个一”工作方案，启动对进口固体废物查验放行环节关检合作，加快将“三个一”推广到全省所有符合条件的口岸。积极开展国际贸易“单一窗口”建设试点，工作方案已获得国家口岸办评审通过。推进完善广东电子口岸建设，一期工程已获批复立项。二是扎实推进粤港粤澳口岸合作。完成港珠澳大桥珠海口岸设置方案及口岸开放申报的初审工作并上报省政府，研究制定口岸限定区划分、管辖和功能定位初步方案；全面落实国务院关于澳门回归15周年前完成珠澳口岸通关便利化措施，于12月18日正式实施拱北口岸前后延关各1小时、横琴口岸旅检24小时通关及珠澳跨境工业区专用口岸在0时至7时向社会开放。三是全面推进重点口岸、专业化口岸开放建设。中山港、湛江港口岸扩大开放获得国务院批复，广州港口岸南沙港区汽车整车进口口岸、揭阳潮汕机场口岸、汕尾港口岸红海湾港区顺利通过国家验收对外开放；广州港口岸南沙港区沙仔岛作业区多用途码头、粮食及通用码头、珠海LNG项目一期工程码头等一批涉及汽车、粮食、造修船、煤炭、石化等大型专业化码头项目通过验收获批对外开放。

八、着力推进商务领域改革

一是深化内贸流通体制改革。推动广州市成功申请成为国家内贸流通体制改革和发展综合试点城市，选取揭阳市、狮岭（国际）皮具城作为省级试点城市、试点企业开展流通综合改革试点。二是加快发展跨境电子商务。起草制定广东促进跨境电子商务发展的意见，在全国率先探索扶持跨境电商发展的政策措施。推进广州市跨境贸易电子商务服务试点，培育发展跨境电商产业链。三是深入推进外商投资体制改革。研究广东实施准入前国民待遇加负面清单管理模式的途径、配套措施，协调有关省直单位推动和指导东莞市开展外商投资管理服务试点改革，实现外商投资企业“十证联办”及工程建设“直接落地”。四是深化行政审批制度改革。全年取消职责19项，停止或暂时停止7项，下放职责6项，承接国家商务部门下放职责22项。清理行政职权，编制权责清单，调整职能事项40项，纳入权责清单事项166项。五是深入开展系列改革课题研究。承担了省委改革办交办的广东对外开放新格局研究、商业模式创新研究等4项重大改革课题的研究，形成了一批质量较高的调研报告。同时，开展了构建开放型经济新体制大调研活动，围绕放宽外商投资市场准入、创新利用外资管理体制等改革问题，形成相关研究报告文章20篇。

九、着力推进重大专项工作落实

一是扎实推进申报自贸试验区工作。牵头开展申报工作，在两轮征求国家28个部委意见的基础上，进一步完善了总体方案，更加突出粤港澳深度合作和制度创新，并同步开展了自贸试验区制度创新、负面清单、企业准入单一窗口、事中事后监管体系建设等研究。2014年12月12日，国务院常务会议决定在广东、天津、福建特定区域再设三个自贸试验区。二是成功举办海博会。成功举办首届广东21世纪海上丝绸之路国际博览会暨国际论坛，来自42个国家和地区的1015家企业、173家商协会、15个友好组织、7个友城代表团参展，6000多家境内外采购企业、

1.5 万专业买手到场采购，入场观展、采购的人员达 9.65 万人次，共达成签约项目 451 个，涉及签约金额 1747 亿元（超亿元项目 179 个）。开通了海上丝绸之路跨境电商平台（海丝网），为沿线国家跨境电商提供全流程服务。三是推进商务大数据建设。成立大数据建设领导小组，制定商务大数据平台建设工作方案，完成共享分析平台可行性研究报告，编制对外贸易等基础业务主题库需求报告书。联合商务部共同打造全国商务系统首个大数据平台。

十、着力加强党建和系统自身建设

一是加强党的建设。全面落实从严治党要求，教育引导广大党员干部认真学习贯彻党的十八届三中、四中全会和习近平总书记系列重要讲话精神，始终在思想上政治上行动上同以习近平同志为总书记的党中央保持高度一致。坚决落实中央八项规定和广东实施办法有关精神，坚持用责任制推动教育实践活动整改任务的落实，厅党组教育实践活动整改方案明确的 101 项整改任务，49 项近期整改任务已全部完成，52 项长期整改任务正全面推进。狠抓制度建设，党员干部队伍作风明显改进。认真落实党风廉政建设“两个责任”，严格落实“一岗双责”，加大反腐倡廉制度建设和宣传力度，加强党风党纪和廉洁从政教育，强化廉政风险防控，党风廉政建设和反腐败工作得到进一步加强。二是推进机构改革。按照省政府机构改革部署要求，科学整合内外贸职能，制定和落实“三定”方案，顺利完成省商务厅机构改革。除个别地市尚未挂牌外，各市也顺利完成商务部门机构改革，理顺了商务系统职能，确保了人员和工作双到位。

（资料来源：广东省商务厅）

2014 年广东省财政工作情况

概况

2014 年，来源于广东的财政收入 19087.11 亿元，同比增长 12.5%。全省地方公共财政预算收入完成 8065.08 亿元，比上年增收 983.61 亿元，增长 13.9%，连续 24 年位居全国各省市首位，其中，税收收入完成 6510.47 亿元，比上年增长 12.9%；全省地方公共财政预算支出完成 9152.64 亿元，比上年增支 741.64 亿元，增长 8.9%。省级公共财政预算收入完成 1740.52 亿元，比上年增收 170.78 亿元，增长 10.9%，其中，税收收入完成 1638.81 亿元，比上年增长 12.0%；省级公共财政预算支出完成 855.98 亿元，比上年减支 330.48 亿元，下降 27.9%。

增收节支

2014 年全省各级财政部门狠抓收支管理，推动财政运行态势良好，实现收入增幅平稳、增长均衡，支出结构优化、重点突出。

收入方面　加强收入形势分析研判，强化收入组织工作，促进应收尽收，月度间收入增幅平稳，全省一般公共预算收入总量突破 8000 亿元，完成 8065 亿元，同比增长 13.9%，增幅在东部沿海五省市排第一，总量连续 24 年居全国各省（区、市）首位。省、市、县三级一般公共预算收入同比分别增长 11.02%、15.77% 和 13.63%，各级次增幅差距较小，市县一般公共预算收入增幅连续两年高于省级，基层财政自我保障能力进一步提高。

支出方面　改进预算管理，严格遵循“先有预算、后有支出”原则，硬化预算约束；全面建立层级责任体系、台账管理机制和通报制度，抓好预算执行；从严控制一般行政经费和“三公”经费增长。全省一般公共预算支出完成 9134 亿元，同比增长 10.51%。支出结构不断优化，全省民生类支出完成 6177 亿元，同比增长 11.25%，高于支出平均增幅（10.51%）0.74 个百分点，占全省一般公共预算支出的比重达 67.63%，同比提高 0.45 个百分点。全省主要用于维持政权运转的一般公共服务支出同比下降 1.46%，其中省级下降 30.97%。同时，省财政不断加大对欠发达地区的转移支付力度，有效改善全省财政支出的区域均衡性，2014 年粤东西北支出占全省市县支出的 27.92%，同比提高 0.78 个百分点。

发挥财政调控作用

2014 年各级财政部门充分发挥财政调控作用，统筹一般公共预算、政府性基金预算等方面的资金，全力保障中央和省委、省政府稳增长、调结构、惠民生、防风险各项决策部署落实。

稳增长方面　增强财政政策措施的针对性和有效性，支持经济稳定增长，涵养财源税源。制定《关于财政支持稳定经济增长的政策措施》，综合运用 22 项财政措施，通过支持基础设施建设、稳定外贸进出口、支持扩大消费、促进产业转型和落实税费减免政策等，力促经济运行保持在合理区间。包括：投入 332 亿元，加大对交通、水利、环保等基础设施建设的投入，以财政资金投入带动社会固定资产投资平稳增长；减免部分涉企行政事业性收费省级收入，全年为企业减负 15 亿元以上；完成 148 亿元地方政府债券发行工作，用于省级或转贷地方用于重点项目、保障性安居工程及普通公路建设。

调结构方面　发挥财政杠杆作用和财政政策的精准调控优势，推动经济转型升级。一是投入 22 亿元，支持一批重大项目建设和落户，推动重大产业技术研发和产业化进程。二是整合设立战略性新兴产业扶持基金，采用股权投资、偿债基金、投资基金等方式，滚动支持八大战略性新兴产业发展。三是投入资金 8.6 亿元，支持现代服务业新兴领域发展，拓展服务新业态。四是实施省级产业园扩能增效专项扶持措施，实行分类扶持和资金安排机制，重点支持基础设施建设，加快产业集聚发展。五是投入 9.1 亿元，支持大型骨干企业创新提质发展，推动中小微企业服务体系和担保体系建设。六是支持生态文明建设。修订生态保护补偿办法，支持开展国家生态文明先行示范区建设、水生态文明建设、排污权有偿使用和交易试点，支持淘汰落后产能、资源综合利用、清洁生产及循环经济项目等。

惠民生方面 突出民生领域财政政策措施的普惠性，区分不同层次的民生需求，进一步完善保障改善民生的体制机制和政策体系。一是完善民生领域体制机制。修编《广东省基本公共服务均等化规划纲要（2009-2020年）》，将江门、清远、阳江三个市新增纳入基本公共服务均等化综合改革试点。二是完善民生投入机制。省级财政投入784亿元、全省各级财政投入1941亿元，全力保障办好十件民生实事。三是加大对重点民生和底线民生保障力度。提高低保、五保对象、孤儿、残疾人和城乡医疗补助水平。做好山区和农村边远地区义务教育学校教师岗位津贴、城乡义务教育生均公用经费、城乡居民社会养老保险基础养老金等提标工作。四是支持农村社会事业发展。投入超过120亿元支持高标准基本农田建设和民生水利工程建设，建立健全政策性农业保险制度体系，探索实施巨灾保险政策。五是加强救灾救助保障。及时拨付救灾应急资金10.81亿元，支持对“海鸥”、“威尔逊”等台风的救灾复产重建工作；落实对困难群体的救助制度，投入4.25亿元在元旦期间向低收入群体和困难群众发放一次性临时价格补贴补助资金。

防风险方面 规范地方政府性债务管理，防范和化解财政风险。拟定加强我省地方政府性债务管理的意见，构建举借有度、偿还有方、管理有序、监管有力的政府债务监管体制。建立债务风险预警机制，敦促风险地区制定化解债务风险工作方案，严格控制新增债务，加大偿债力度，逐步降低债务风险。在全国率先规范实施信用评级，加大政府性债务信息公开力度，公布全省政府性债务审计结果。组织全省开展逾期债务清理工作，逐步化解历史债务，防范结构性债务风险。实施存量政府债务甄别，做好政府债务分类纳入全口径预算管理基础工作。

深化财政改革

2014年全省各级财政围绕健全公共财政体系，着力深化改革创新，将深化财税体制改革作为头等大事来抓。

积极推进重点改革 制订并以省政府名义印发实施《广东省深化财税体制改革率先基本建立现代财政制度总体方案》，明确我省新一轮财税体制改革的路线图、时间表以及总体目标。同时草拟《广东省关于深化预算管理制度改革的意见》、《广东省建立省以下事权和支出责任相适应制度改革试点方案》、《政府公共资源向各类投资主体公平配置实施办法》和《关于加强广东省政府性债务管理的意见》等重点改革文稿。

探索预算编制改革 结合2015年预算编制工作，加大基金预算、国资预算与公共预算的统筹力度，建立健全定位清晰、分工明确的政府预算体系；推进细化全口径预算编制，省级总预算和部门预算全部细化到支出功能分类的项级科目；改变“基数+增长”的传统编制模式，选择6个省直部门开展零基预算试点；开展财政资金项目库管理试点，共3477个项目申请纳入项目库管理；提高预算编制精准度，严格预算科目、级次编报，细致划分支出功能分类科目，增加编列支出经济分类科目；完善预算决策征询机制，围绕预算编制累计征询1030人次，收集意见455条。

完善一般性转移支付政策 制订《广东省财政一般性转移支付资金管理办法》，从一般性转移支付的设立、管理、使用、监督、绩效、公开、奖惩等方面全面规范省财政一般性转移支付资金管理。

推进营改增试点扩围 根据中央统一部署，将邮政业、铁路运输业和电信业纳入营改增试点。截至2014年12月，我省营改增试点户数超过67万户，试点纳税人整体减轻税负191.73亿元，试点减税面超过98%。

稳步推进财政信息公开 建立专项资金和基本建设项目预算信息公开制度，及时公开财政总预决算，督促省直各部门按要求公开省直部门预决算和“三公”经费，加强对地方预决算信息公开的指导。截至2014年底，113个省级部门中，102个公开了2014年部门预算、103个公开了“三公”经费预算，21个地级以上市全部公开了2014年总预算及市本级部门预算、“三公”经费预算。

继续推进政府向社会力量购买服务改革 完善政府向社会转移职能和购买服务的标准体系，制订并以省政府名义印发《政府向社会力量购买服务管理暂行办法》。

加强财政管理

全面规范财政管理，加强财政源头管控，提高资金使用效益和财政管理效能。

规范和完善专项资金管理 启用省级专项资金管理平台，将282项专项资金纳入省网上办事大厅专项资金管理平台实行统一管理。制订目录管理办法、联席审批办法等8个配套管理办法，重新修订各项资金的具体管理办法；探索推进专项资金管理全过程的实时在线联网监督。

加强结余结转资金清理　积极清理结余结转资金，加大财政性结余结转资金的统筹力度，明确结余结转资金的使用时限，对于到期未使用的结余结转资金进行回收统筹使用。

加强财政国库管理　加强省级财政资金保值增值竞争存放管理，完善预算执行动态监控机制，规范预算单位财政资金垫支归垫管理，优化省级财政资金拨付流程，建立资金拨付审核业务办理时效通报机制，开展国库集中支付电子管理改革试点。

加强政府采购监管　积极开展省直部分通用类办公设备批量集中采购，提高政府采购市场的竞争度，首批试点资金节约达到17.9%；拓展电子政府采购管理交易平台功能应用，提升平台的运行效率和服务能力。

推进财政绩效管理　探索开展一般性转移支付综合绩效评价，继续开展基本公共服务均等化绩效考评和厉行节约情况评价，完善评价结果与财政资金安排挂钩机制、评价整改措施备案核查机制、依规将评价结果向社会公开机制等，增强结果应用的公信力和约束力。省财政组织对2013年度730亿元省财政一般性转移支付资金进行绩效评价，对将于2015年到期的23项、约30亿元省级财政支出项目实施重点评价。

坚持厉行节约

结合深入开展群众路线教育实践活动，积极建章立制，狠抓贯彻执行，厉行节约成效明显。2014年全省行政和参公事业单位“三公”经费支出73.68亿元，其中财政拨款支出68.50亿元，比上年同期减少23.21%。

完善党政机关公务活动支出范围和支出标准　出台省直机关和事业单位差旅费、会议费、因公临时出国经费、因公短期出国培训费、外宾接待经费、培训费等管理办法。

完善行政事业单位经费节约考核机制　修订省直行政事业单位行政经费节约考核办法，完善行政经费节约考核内容、考核方式和奖惩措施，严格控制“三公”经费在机关运行经费总预算中的规模和比例。

实施省直各部门“三公”经费支出统计制度　对照“八项规定”的要求，实施省直部门会议费、公务用车维护运行费和公务接待费支出统计制度，实时监督省直各单位落实规定情况。

开展党政机关和领导干部办公用房全面清理工作　针对清理中发现的问题，印发实施《关于规范党政机关办公用房使用管理的指导意见》。全省21个市和98个省直单位纳入清理整改范围的办公用房建筑超标应整改面积合计41.55万平方米，已整改面积合计34.39万平方米。

开展整治超标配备公车和严格公车经费支出专项行动　全省共整改公务用车违规问题318个，违规资金567.37万元，并针对存在问题，印发实施《关于加强党政机关一般公务用车管理的通知》和《关于严格规范公务用车统一采购配备行为的通知》，切实加强和规范公务用车支出管理。

开展厉行节约执行情况绩效评价工作　组织对部分省直部门及相关单位会议费及“三公”经费管理和使用情况进行重点检查。

强化财政监督

落实省级专项资金管理办法，严把资金分配拨付关，强化财政监督检查，着力构建涵盖资金流向和政策实施全过程、全方位的监督系统。

完善监督机制　制订实施《广东省省级财政专项资金常规性监督工作方案》《广东省财政一般性转移支付资金监督检查办法》《省级预算计划与资金支付稽核系统考核办法》等，加强制度建设，推动财政监督检查规范化、常态化。

突出监督重点　开展贯彻执行中央八项规定严肃财经纪律和“小金库”专项治理行动，组织对全省4.2万个党政机关、事业单位和社会团体开展了专项检查，查处违规资金2.8亿元，小金库404个；对省级财政专项资金、一般性转移支付资金、十件民生实事资金及救灾资金开展重点检查，其中检查专项资金8项共25.7亿元，抽查8个县市一般性转移支付资金，检查救灾资金27亿元，督促重要财政政策和改革举措落实到位。

改进监督方式　实行上下联动，组织和指导各地结合本地区实际，对投入重点领域及与群众关心的热点、难点问题密切相关的财政资金管理使用情况开展监督检查；落实“三查”制度，对部分省直单位和市县开展财政监督督导巡查工作，跟踪了解以往违规问题整改，及时发现和纠正其他问题。

（供稿单位：广东省财政厅）

2014 年广东省审计工作情况

2014 年是深入贯彻落实党的十八大精神、全面深化改革的关键一年。广东省审计厅认真学习贯彻党的十八大、十八届三中、四中全会精神，紧密围绕审计署、省委省政府的工作部署，以实现审计监督全覆盖为目标，明确审计工作思路，突出审计工作重点，创新审计方式，提升审计能力，充分发挥审计监督作用，努力为保障经济社会健康运行、推进国家治理体系和治理能力现代化做出新的贡献。截至 2014 年 11 月，广东省各级审计机关共完成审计和审计调查项目 3000 多个，向纪检监察、司法机关移交移送案件线索 122 件。其中，广东省审计厅共完成审计和审计调查项目 121 个，向纪检监察、司法机关移交移送案件线索 28 件。

一、理清思路，消除盲区，强力推进审计监督全覆盖

广东省审计厅认真贯彻落实审计署、省委省政府对审计监督全覆盖的部署要求，抓住审计项目计划管理、审计组织实施方式、审计资源优化整合、审计技术方法创新等关键点，加大改革、探索、创新力度，力求在扩大审计范围和深化审计内容方面取得“双突破”，逐步实现对公共资金、国有资产、国有资源和党政领导干部经济责任的全方位审计监督。一是部门预算执行审计覆盖面显著提升。对 2013 年度 30 个省直部门的预算执行情况进行了审计，审计数量是以前年度的 2—3 倍，向五年内完成对 117 个省直部门的预算执行审计迈出坚实一步，并确定和落实了对 20 个重点部门每 2 年轮审一次的目标任务。二是完成了全省 20 个地级市（不含深圳）财政决算审计的第一遍轮审。2014 年开展了对汕头、潮州、汕尾、揭阳 4 个地级市的财政决算审计，至此完成了对全省 20 个地级市财政决算全部轮审一遍的目标。从 2015 年起，开展对 20 个地级市新一轮的财政决算审计。三是首次实现了对财政资金全口径审计监督。2014 年对公共财政预算、政府性基金预算、国有资本经营预算和社会保险基金预算进行了全面审计，把所有政府性收支纳入审计监督范围，重点关注专项资金、存量资金、政府性投资等方面存在的薄弱环节，为省政府强化财政专项资金科学分配、严格管理提供了参考依据。四是完成了对 23 个省属大中型国有企业的第一遍轮审。2014 年，对 9 家省属国有企业进行审计，对 23 家省属国有企业 2013 年度利润分配和资本性支出情况开展了专项审计调查，至此实现了对国资委监管的全部省属大中型国有企业五年轮审一遍的目标。

二、抓住重点，创新方式，念好权力监督“紧箍咒”

经济责任审计是加强对权力制约和监督的重要途径和手段，但由于其审计范围广、内容多、要求高等特点，也成为实现审计监督全覆盖的难点。广东省审计厅一方面继续大力推进以权力集中部门和资金、资产、资源密集领域领导干部为重点的党政领导干部经济责任轮审制度，一方面在审计的组织方式方法上加强探索和实践，力争在审计范围扩大、审计质量提升、审计效果显著等方面实现“多赢”。一是继续采取结合审计方式，扩大经济责任审计覆盖面。对地方党政主要领导干部、省直部门单位“一把手”、国有企业负责人、高校校长的经济责任审计，继续采取将经济责任审计与预算执行审计、财政决算审计、财政财务收支审计、专项资金审计等有机结合的方式，以五年为一个周期，基本实现重点部门、重点单位、重点岗位经济责任审计的全覆盖。二是采取同步审计与异地交叉审计相结合的方式，提高审计监督有效性。为念好对权力监督的“紧箍咒”，进一步创新县委书记、县长经济责任同步审计的组织方式，采取省厅牵头统一组织、授权地级市审计局跨辖区的异地交叉审计方式开展审计工作。2014 年，采取由省厅统一计划、统一委托、统一组织、统一方案、统一管理、统一报告的“六统一”方式，在 3 个县级市试行了县委书记、县长经济责任异地同步审计。在试点基础上，研究制定了《广东省县级地方党委政府主要领导干部经济责任异地同步审计试行办法》，为全面铺开县委书记、县长经济责任异地同步审计创造了有利条件。

2015 年拟开展 22 个县委书记、县长经济责任异地同步审计，实现 5 年内对所有县委书记、县长轮审一遍的目标。三是加强自然资源资产审计探索研究，不断丰富经济责任审计内容。深入国土资源、林业、水利、海洋渔业、农业、环保、规划等部门开展调查研究，了解基本情况，把握关注重点，研究评价指标，为开展自然资源资产经济责任审计奠定坚实基础，并拟从 2015 年开始，将自然资源资产审计作为经济责任审计的重要内容。

三、主动融入大局，强化监督保障，为完善国家治理服务

2014 年，广东省审计厅进一步增强大局意识，强化服务科学发展理念，在揭露重大违法违纪问题、及时反映经济社会运行中的突出矛盾和风险隐患的同时，注重从体制机制制度层面认识问题、分析问题、提出建议，促进深化改革和体制机制创新。一是向党委、政府上报了一批有深度的审计信息要目和专题报告。2014 年，广东省审计厅共出具 158 份审计和专项审计调查报告，提交综合性报告、专题报告、信息简报等 114 篇，其中重要审计信息 39 篇，被党政领导和有关部门批示、采用 28 篇次，向被审计单位或有关单位提出 512 条审计建议，有效促进了有关部门单位、行业领域加强管理、健全制度、堵塞漏洞，发挥了审计在完善国家治理中的建设性作用。二是继续强化以政府为主导的审计发现问题整改落实机制。2014 年 9 月，省政府组织召开了审计查出问题整改工作会议，通报了审计查出的相关问题，部署审计整改工作。省领导再次要求各地、各部门主要负责同志切实担负起审计整改“第一责任人”的责任，逐一明确整改事项、整改时间、整改责任人，逐个问题建立整改台账，并进行列表编号，实行倒逼推进、对账销号，解决一个“销号”一个，使整改工作取得实实在在的成效，打一场审计整改攻坚战。三是审计结果公开力度进一步加大。2014 年 7 月，在代省政府向省人大报告审计工作的同时，将省级预算执行审计和其他财政收支审计报告的全文同步在厅门户网站上公开，这是广东省审计厅公开“向人大报告”全文的第 8 年，有效回应了社会各界对审计监督工作的关切。通过厅门户网站等平台，还及时发布了全省地方政府性债务审计结果公告、“广东扶贫济困日”募捐款物使用和管理情况审计结果公告，以及对口援疆发展资金和项目、世界银行贷款项目、亚洲开发银行赠款项目等审计结果公告，提高了审计工作透明度，树立了审计监督的权威。

四、推动技术方法创新，大力推进数字化审计，积极探索联网实时审计

2014 年，广东省审计厅全面启动了以“总体分析、发现疑点、分散核实、精确定位、系统研究”为主要特征的数字化审计，以数字化手段加强对重大审计项目的统一管理和实时监控，推进信息化与审计核心业务的深度融合，使审计在“量”和“质”上收到事半功倍的效果。一是数字化审计在预算执行审计中发挥威力。省直部门预算执行审计从以往的 10 个左右迅速扩大到 2014 年的 30 个，审计内容增加了中央八项规定贯彻执行情况、“三公”经费和会议费等公用经费管理使用情况、公务卡制度执行情况、楼堂馆所建设清理检查情况等内容，数字化审计方式的应用拓展了审计的广度和深度，提高了审计质量和效率，使预算执行审计工作取得了显著成效。二是开通广东实时在线审计监督平台，实现了对省级财政资金“大数据”的远程动态监控、深度分析和综合利用。运用数字化审计手段构建了实时监控、动态监控的在线审计系统，逐步加强对重点部门、重大资金的日常监督及实时监督，为今后全面开展联网审计、实现审计监督全覆盖奠定了坚实基础。

五、创新培训模式，构建培训体系，切实加强审计能力建设

2014 年，广东模拟审计实验室建成并正式启用，这是全国首个地方审计机关获审计署同意建设的模拟审计实验室，标志着广东审计干部培训体系全面构建完成。模拟审计实验室依托广东审计数据中心建立，是一个充分利用计算机技术，集审计培训、审计学习、审计案例收集、模拟审计应用及审计研究仿真等功能于一体的综合实验平台。经过多年筹划，逐步建立完善起“主审培训班、优秀青年干部赴国外中长期培训班、计算机审计强化班和模拟审计实验室”的“三班一室”培训体系，为审计专业技术人员丰富知识、开阔视野、积累经验、提高技能创造了机会、搭建了平台，必将有力推动广东省审计干部队伍的正规化、专业化、职业化建设，大大提升广东审计机关能力建设水平。

（资料来源：广东省审计厅）

2014 年广东省农业农村工作情况

一、农林牧渔业保持平稳增长

全省农林牧渔业总产值 5234.1 亿元，农业增加值 3242.4 亿元，同比分别增长 3.0% 和 3.3%。农村居民人均可支配收入 12246 元，实际增长 8.3%，增幅高出城镇居民 1.9 个百分点，城乡居民收入差距由 2013 年 2.669:1 缩小到 2.625:1。农产品贸易持续增长，全省农产品进出口贸易总额为 252.5 亿美元，增长 10.8%，其中农产品出口 84.3 亿美元，增长 3.7%。主要农产品稳定增产，粮食总产量 1357.3 万吨，增长 3.1%；蔬菜产量 3274.8 万吨，增长 4.1%；油料作物产量 105.5 万吨，增长 4.3%；肉类总产量 429.4 万吨、禽蛋 33 万吨、奶类 13.8 万吨，与上年基本持平；饲料总产量 2423 万吨、产值 881 亿元，均增长 8.8%，继续稳居全国首位。

二、推进农村改革

推动出台了《关于全面深化农村改革加快推进农业现代化的意见》，着眼增强农业农村发展活力，保护和发展农民权益，不断深化农村改革。一是农村土地确权工作开局有序。省建立了省农村土地承包经营权确权登记颁证联席会议制度，出台了确权登记颁证实施方案。省农业厅编写了技术操作规范和工作流程图，组织开展了“大宣传、大培训、大调研”行动，协调落实专项资金，推进各地试点工作。目前全省 24 个试点单位有 113 个镇 12171 个经济合作社启动了确权工作，完成实测面积 79 万亩，颁发农村土地承包经营权证书 5.5 万份，取得阶段性成果。二是农村集体产权制度改革不断深化。积极探索开展农村集体股权股份制度改革，有 27 个县 10040 个村组进行了改革，量化资产总额 2923 亿元。加强农村集体“三资”管理，建立镇级农村集体产权管理交易平台 954 个，促进了资金管理交易阳光运作，促进了农村社会稳定。三是金融支农力度持续加大。实行财政资金与金融支农政策双轮驱动，安排农业龙头企业贷款贴息资金，撬动金融资金投向“三农”；实施农民合作社“政银保”项目，首批申请贷款金额 5.56 亿元；支持现代农业示范区加强融资平台建设，以“政银保”、“投贷补”等形式引导更多的金融资本投向园区建设；扩大政策性农业保险险种，提高覆盖面，全省水稻承保面积 2469.89 万亩、覆盖率 86.97%，花生、玉米、马铃薯、甘蔗、奶牛保险有序开展。

三、建设经营载体

一是现代农业示范区建设初见成效。制订出台了《广东省省级现代农业示范区项目和资金管理办法》，建立了省、市、县三级示范区管理组织架构，明确了管理责任和实施主体；继续整合省级农业专项资金 3 亿元，整县推进 11 个国家级、省级现代农业示范区建设，其中，3 个国家现代农业示范区已整体进入现代农业发展中期阶段；河源灯塔盆地国家现代农业示范区经农业部、财政部试点绩效评价，综合得分排名全国第 3 位，获得财政部 1000 万元“以奖代补”资金。巩固和提升 8 个粤台农业合作园区，涵盖了珠三角和粤东西北地区，形成了各具特色、优势互补的粤台农业合作区域分布新格局。二是粮食产业示范区启动建设。推进粮食稳定增产行动，建成高标准基本农田 560.9 万亩，开展 1 县 9 乡整建制高产创建试点，创建 220 个国家级粮油糖万亩示范片，启动建设湛江雷州东西洋和汕尾海丰 2 个现代粮食产业示范区，提升了 40 个产粮大县的粮食综合生产能力。三是“菜篮子”基地不断巩固提升。实施“三三二”重点生产基地建设工程，认定创建和完善了 300 个省级“菜篮子”基地和 300 家省重点生猪养殖场、200 家省重点家禽养殖场，建立了 44 个菜果茶标准园、13 个热带作物标准园和 13 个奶牛、肉牛、肉羊农业部标准化示范场，启动建设 26 个“一镇一品”特色农产品基地，成为保障农产品有效供给的中坚力量。四是现代农业装备水平逐步提高。坚持农机与农艺相融合，主攻水稻生产全程机械化，引进示范蔬菜、水果、花卉、马铃薯、甘蔗、畜禽养殖等特色农机化，全年农机总动力2599万千瓦，主要农作物耕种收综合机械化水平44.3%，水稻生产机械化水平66%。

四、培育经营主体

推动出台《广东省人民政府关于支持农业产业化龙头企业发展的实施意见》、《广东省农业厅关于促进我省家庭农场发展的意见》等扶持政策，新型农业经营主体培育力度之大、发展之快前所未有，实力有所增强，农业规模化生产、产业化经营、社会化服务的格局正在加快形成。2014年全省新增省级农业龙头企业117家、农民合作社5400家、家庭农场4500家，累计分别达570家、3.19万家和3.75万家。农民合作社发展取得新进步，创建了341个国家级农民合作示范社；拓宽了合作社成员出资方式，推动了合作社联合发展。积极推进农民合作社产销对接，制定了《广东省“农社对接”示范直销店（点）标准（试行）》，培育了一批直销示范样板。新型农民培育力度加大，实施了新型农民科技培训工程，创建了阳春、梅县、高要等8个国家级新型职业农民培育工程示范县。

五、创建农业品牌

实施名牌带动战略，积极培育发展广东特色优质名牌农产品，全省有效期内名牌农产品、无公害农产品、绿色食品和有机农产品分别达811个、1710个、770个、55个。联合省科技厅、林业厅、海洋渔业局、质监局、食药局、农科院、南方报业传媒集团、广东广播电视台等8个单位，首次开展广东省十大名牌系列农产品评选推介活动，经过严格的评选环节，评出了十大名牌系列农产品50强，并在中国国际农产品交易博览会上集中亮相，进行广泛宣传推介。成功举办了第5届广东现代农业博览会、第13届种业博览会、第38 届种猪产业博览会，提供了名优农产品展示平台，擦亮了“广东农业”精美名片。全省培育品牌、争创名牌的氛围更加浓厚，一大批农业知名品牌逐步建立打响，示范带动作用凸显。

六、提升信息化水平

加强农业信息化硬件设施和软件系统建设，跨入全国农业信息化先进省份行列，获农业部认定为全国农业信息化建设的优秀典范。一是构建了农业信息监测体系。全省布局21个地级市、40个基点县、300个生产基地、40个批发市场监测点，对粮食、蔬菜、生猪等主要农产品的生产流通进行动态监测。二是建成了农业经营管理系统。建立了农业龙头企业、农民合作示范社、家庭农场、种养大户等经营主体诚信数据库，对农业经营态势进行调查和测评分析，监控农业经济运行情况。三是建立了农产品溯源管理系统。涉农企业和主要生产基地生产过程和生产环境监控系统开通应用，动物标识及动物产品追溯体系基本建成，实现了农产品从生产到销售的全程供应链溯源监控管理。四是完善了农业政务管理信息化体系。建立开通了网上办事大厅、办公自动化OA系统和涉农补贴资金科技监管信息平台，高标准建成了农业生产调度与应急指挥立体可视化总控平台，实现国家、省、地市的视频会议和应急系统移动视频接入。

（供稿单位：广东省农业厅）

2014 年广东省环境保护工作情况

概况

2014 年，在经济持续快速增长的同时，全省环境质量基本稳定，局部有所好转。主要江河水质总体稳定，124 个省控断面中，77.4% 的断面水质优良（Ⅰ～Ⅲ类）；省控水库水质优良；入海河口、近岸海域水质稳定；21 个地级以上市及顺德区在用集中式饮用水源地水质 100% 达标。全省空气质量指数（AQI）达标率平均为 85%，灰霾天数同比减少 2.8 天，是 2003 年以来最少的一年；珠三角城市 AQI 平均达标天数为 298 天，分别比京津冀和长三角地区多出 142 天和 44 天。生态环境状况指数为 81.5，属“优”。辐射环境状况正常，并保持稳定，全年没有发生辐射环境事故。超额完成国家下达的年度减排任务，化学需氧量、氨氮、二氧化硫、氮氧化物同比分别下降 3.65%、3.79%、4.17%、6.82%，其中化学需氧量提前一年完成“十二五”减排任务，其余 3 项也超过了时间进度要求。优化调控服务，促进转方式调结构，对重点建设项目提前介入，主动服务，加快审批，全年全省环保部门共审批环评文件 5 万多个，9 个计划 2014 年开工的高速公路项目和 13 个列入计划的铁路、城际轨道项目获得环评批复，推动大唐雷州电厂等 12 个省重点项目顺利通过环保部审批。坚持规划引导，省环保厅依法审查各类规划 60 多项、各类规划环评 20 项，组织完成汕湛、武深高速等 10 个交通设施重点项目穿越生态严控区和饮用水源保护区的论证工作；全省 185 个项目通过环评避让了自然保护区、水源保护区、风景名胜区等环境敏感区域，从源头预防环境污染和生态破坏。严格环保准入，制定实施省主体功能区配套政策和差别化环保准入政策，促进珠三角地区的产业结构调整和东西北地区的生态功能提升；在全国率先实施火电行业大气主要污染物“倍量替代”，其中珠三角地区新上项目实行 2 倍以上削减量替代，其他地区实行 1.5 倍以上削减量替代；三水大塘工业园、珠海富山工业园、江门崖门电镀基地成功创建绿色升级示范工业园。大气污染防治全面升级，全省完成 4030 项大气治理项目，新增 99.5 万千瓦燃煤火电机组建成脱硫设施，496 万千瓦机组取消脱硫烟气旁路，649.5 万千瓦机组完成降氮脱硝改造，淘汰燃煤锅炉 1962 台，完成 VOCs（挥发性有机化合物）治理工程 599 项；全省提前 15 个月全面供应国Ⅴ车用汽油；超额完成国家下达的“黄标车”和老旧车年度淘汰任务。推进水环境综合整治，全省新增城镇生活污水日处理能力 89 万吨，新建污水管网 600 多公里；深化淡水河、石马河污染综合整治，推进广佛跨界区域、茅洲河、练江和小东江等重点流域水环境综合整治，淡水河西湖村、石马河河口断面总磷浓度同比分别下降 12.7%、9.9%；广佛跨界区域主要河流重度污染断面比例同比下降 4.5 个百分点；与广西签订实施《粤桂九洲江跨界水环境保护合作协议》，组织编制九洲江流域污染防治规划。加大重金属和土壤污染防治力度，实施重金属污染综合防治行动计划，大宝山多金属矿矿山地质环境治理工程通过验收，贵屿生活污水厂、垃圾处理场和危废转运站等 5 个环保基础设施相继建成；印发实施《广东省土壤环境保护和综合治理方案》。建立省农村环保部门联席会议制度，争取 1.26 亿元环保专项资金支持韶关兴丰县等 5 个农村连片整治示范县试点项目建设，全面完成全省畜禽禁养区划定工作，关闭畜禽养殖场 2300 多家，2797 家规模化畜禽养殖场建成治污设施；珠海市创建生态市、金湾和斗门区创建生态区通过国家考核验收；全省新增国家级生态乡镇 13 个、省级生态乡镇（村）55 个。持续开展环保专项行动，先后开展广佛交界、练江、茅洲河流域、工业园区、高尔夫球场等专项执法检查，累计出动环境执法人员 73.6 万人次，检查企业 30.5 万家，限期整治 1.5 万家，关停 1861 家；全年向公安机关移送涉嫌环境犯罪案件 146 宗；公安机关立案 55 宗，破案 31 宗，刑事拘留 82 人，逮捕 33 人。完成北江流域饮用水源水质预警监控体系建设。

2014 年全省环境保护工作形势依然严峻。持续改善环境质量的任务艰巨，全省空气质量 AQI 达标率仅为 85%，非珠三角地区 SO_2、NO_2、PM10 平均浓度不降反升；全省仍有8.1%的省控江河断面水质劣于V类，淡水河、石马河水质出现反弹，部分城市内河涌污染严重；农村和农业面源污染较重，土壤污染问题日益突出。一些历史遗留的环境问题仍未根本解决，行业企业的结构性、布局性环境风险仍然突出，重金属、危险废物和PM2.5等新的污染问题集中显现。群众环境信访持续高位运行，2014年全省受理环境信访案件同比上升10.7%。环境与发展综合决策机制不够健全，相关激励政策和约束机制创新不足；部分地区环境应急能力达不到标准化建设要求，环境监管能力不足与环保工作任务繁重的矛盾日益突出。

水环境整治

2014年，广东省全面启动新一轮治水行动。7月，省十二届人大常委会第十次会议表决通过关于加强广佛跨界河流、深莞茅洲河、汕揭练江、茂湛小东江污染整治的决议。全面实施南粤水更清行动计划，省政府召开全省水污染防治工作会议，部署新一轮水污染防治工作；依托全省970多个常规监测点位、28个自动监测水站，全年共处理数据20多万个、编制各类水质报告280多份，为实施"南粤水更清"行动计划及各地开展水环境重点整治等提供数据支持。实施珠三角地区每个城镇整治一条河涌，全年珠三角地区共投入约107亿元，完成261条河涌综合整治。引入第三方机构对实施情况进行评估；每季度公开全省重点河流水质状况和近岸海域环境监测信息；制订"河长制"和供排水通道划定等工作指引；全省大部分市逐步建立起"河长制"、激励考核机制、河涌水质信息公开等多项机制，制订消除劣V类水体时间表、供排水通道优化设置等相关配套方案，珠三角地区建立上下游联防联治机制。完成编制练江、小东江污染整治方案；省政府先后4次召开淡水河、石马河整治现场会；制定《2014年淡水河石马河污染整治考核评估指标体系和实施细则》并组织实施；召开全省跨界河流污染整治工作会议，全面部署跨界河流整治工作；重点流域相关城市分别建立健全"河长"责任制、跨界河流联席会议制度，成立相关领导小组，建立定期会商、信息共享及联合执法等联动机制；2014年，广佛跨界区域12条主要河流受重度污染断面比例同比下降4.5百分点，茅洲河共和断面、小东江综合污染指数分别下降17.2%和2.7%，练江下村大桥断面氨氮浓度下降25.3%，淡水河西湖村、上洋断面总磷浓度分别下降12.2%、14.8%；石马河企坪、河口断面总磷浓度分别下降15.0%、9.2%。加大饮用水源保护力度，全面完成全省乡镇饮用水源保护区划定工作。国家将东江流域纳入首批国土江河综合整治试点，将流域内新丰江水库列为国家重点支持江河湖泊，计划用4年时间通过加强部门合作、整合财政政策，探索建立适合我国国情的江河流域综合治理、保护新模式和新机制，积累经验后向全国推广；2014年共获得中央财政约8.6亿元的江河湖泊生态环境保护专项资金支持。继续推进珠江河口水质管理工作，已完成基础资料收集、珠三角污染负荷估算及珠江八大排海口门、珠江河口水域和珠江三角洲河网区的现场调查。

污染减排

2014年，广东省污染减排工作取得明显成效。经环境保护部核定，2014年广东省化学需氧量、氨氮、二氧化硫和氮氧化物排放量分别比2013年下降3.65%（目标3.0%）、3.79%（目标3.5%）、4.17%（目标4.0%）和6.82%（目标5.0%），四项指标均超额完成国家下达的年度目标任务。截至2014年底，四项主要污染物分别完成国家下达的"十二五"减排目标的113.1%、86.3%、87.8%和89.7%，化学需氧量提前一年超额完成"十二五"减排任务，氨氮、二氧化硫和氮氧化物均超过"十二五"时间进度。主要措施：一是控制污染物新增排放。实行煤炭消费总量中长期控制目标责任管理，增加天然气供应，推广使用其他清洁能源，因地制宜推行集中供热。二是推进减排重点工程建设。推进城镇生活污水处理设施及配套管网建设，确保污水处理设施建设与城镇化同步。重点推进工业锅炉治理。逐步扩大"高污染燃料禁燃区"的划定范围，加快推进小锅炉替代或改燃清洁能源工作，积极推进20蒸吨/小时以上燃煤工业锅炉脱硫脱硝工程建设。三是落实农业源和机动车减排。继续推进规模化畜禽养殖场治理工程。加大"黄标车"淘汰力度，严格执行到期强制报废，指导各地配套出台鼓励"黄标车"提前淘汰的经济补贴政策。四是推动减排体制机制创新。推进全省排污权有偿使用和交易试点工作。合理调整排污费以及污水处理费、污泥处置费、垃圾处理费等收费标准。完善有利于节能减排的发电调度办法，优先安排已安装脱硫脱硝设施或使用清洁能源的机组上网。落实火电厂脱硫脱硝除尘电价政策。创新污水处理项目投融资机制，采用多种模式对污水处理厂及配套管网进行投资、建设和运营。

雾霾治理

2014年，雾霾治理取得成效。2月，省政府印发《广东省大气污染防治行动方案（2014-2017年）》；经省政府同意，省环境保护厅配套印发《广东省大气污染防治行动方案（2014-2017年）重点任务分解和重点项目清单的通知》。3月，经省政府同意，省环境保护厅印发《广东省大气污染防治行动方案（2014-2017年）2014年度实施方案》。全年全省空气质量指数（AQI）达标率平均为85%，灰霾天数同比减少2.8天，是2003年以来最少的一年；珠三角地区平均达标天数为298天，分别比京津冀和长三角地区多出142天和44天。产业结构调整优化，全省实际淘汰落后炼钢能力250万吨、淘汰铜冶炼1.5万吨、水泥443万吨、造纸21万吨、制革60万标张、印染17504万米、铅蓄电池59万千伏安时，超额完成国家下达的年度淘汰任务，提前一年完成国家下达的"十二五"期间各工业行业淘汰落后产能目标任务。编制完成钢铁、水泥、化工、石化、有色金属冶炼等重点行业清洁生产推行方案，重点行业30%以上的企业完成清洁生产审核。5月，省政府印发实施《广东省人民政府关于全面推广使用国Ⅴ车用燃油的通知》，从7月1日起，广州、深圳、珠海、佛山、惠州、东莞、中山、江门、阳江、湛江、茂名、肇庆、清远、云浮等14个市全面推广使用国Ⅴ车用汽油；10月1日起，汕头、韶关、河源、梅州、汕尾、潮州、揭阳等7个市全面推广使用国Ⅴ车用汽油；21个地级以上市和顺德区均设立"黄标车"限行区；全年全省共淘汰"黄标车"及老旧车68.4万辆，超额完成国家下达的淘汰任务。印发实施《广东省重点行业挥发性有机物综合整治的实施方案》和家具、制鞋、汽车制造、印刷四个行业VOCs污染治理技术指南，编制集装箱行业VOCs污染物排放标准；完成广石化、中海油惠州炼化、中海壳牌三家企业泄漏检测与修复（LDAR）试点工作，全面启动其他地区石化与炼油行业LDAR工作。10月1日起，广州、深圳、佛山开始发布城市空气质量预报；12月29日起，珠三角区域空气质量预报正式对公众发布。

珠三角区域污染联防联治

2014年，以区域大气污染联防联治和跨界河流联合治理为重点，持续推进珠三角区域污染联防联治。省政府出台《广东省大气污染防治行动计划》；印发实施《广东省大气污染防治目标责任考核办法》及其实施细则，与各地签订《大气污染防治目标责任书》，把空气质量改善目标和各项工作任务分解到各市。出台《珠江三角洲区域大气重污染应急预案》，成立珠三角区域空气质量预报预警中心，完成珠三角空气质量预报业务平台研发，并于2014年12月成功发布珠三角区域空气质量预报预警信息。推进大气污染综合治理任务，珠三角地区共淘汰1464台燃煤锅炉，完成挥发性有机物治理项目585项，淘汰"黄标车"53.3万辆。2014年珠三角空气质量明显改善，PM2.5、PM10年均浓度分别比2013年下降10.6%、11.4%，区域空气达标天数比例为81%，比2013年上升5.9个百分点，实现了区域环境空气质量改善年度目标。珠三角地区空气质量达标天数比例明显高于京津冀和长三角地区，珠海、深圳、惠州、中山4市多次进入全国重点城市空气质量相对较好前10位。以广佛跨界流域、淡水河、石马河、茅洲河为重点，深入推进区域跨界河流联合治理，珠三角地区基本建立起上下游联防联治机制。印发实施"两河"（淡水河、石马河）污染整治2014年目标和任务，2014年"两河"流域新增污水管网459公里，关停重污染企业144家，清理反弹非法养殖场675家。广州、佛山两市联合召开跨界河涌综合整治联席会，实施重点河涌"一河一策"整治任务，推进流域污水处理设施建设和产业结构优化调整，流域内关停搬迁重点污染企业1178家，清理畜禽养殖场共547家。2014年广佛跨界区域12条主要河流受重度污染断面比例同比下降4.5个百分点，茅洲河共和断面综合污染指数下降17.2%，淡水河西湖村、上洋断面总磷浓度分别下降12.2%、14.8%；石马河企坪、河口断面总磷浓度分别下降15.0%、9.2%。广佛肇、深莞惠、珠中江三大经济圈在环保一体化规划框架下，共同推进经济圈水资源保护、跨界水污染防治、区域大气污染防治、区域生态保护等工作。广佛肇成立专责小组，推动西江流域水质自动监测站实现数据共享，强化跨界污染整治；深莞惠三市签署《深莞惠环境信息共享系统数据安全及运营管理协议》、《深莞惠黄标车淘汰协议》和《落实〈深莞惠大气污染防治区域合作协议〉工作备忘》三个协议文件，推进经济圈内跨界河流污染整治、大气污染联防联治、"黄标车"淘汰、区域环境监管与信息共享等工作；珠中江三市建立了跨界环境违法案件信息通报机制，联合开展货船重油泄漏环境事故应急演练，互相通报环境执法情况。

辐射安全监管

2014年，扎实推进和落实辐射安全监管。加强核与辐射项目审批和信息化建设，做好辐射环境建设项目的行政审批工作，对各项行政审批进一步制度化、规范化，优化流程，提高监管效率，全年共审批核与辐射建设项目环评101份、竣工环保验收81项、核发辐射安全许可22个、放射性同位素转让396份。开展放射源安全专项检查行动，全省共出动执法人员4000多人次，检查涉源单位1001家，全面核查辖区内放射源，重点是对所有在广东省作业的γ射线探伤企业（包括37家广东省γ射线探伤企业以及6家外省转移至广东省作业的γ射线探伤企业，共有γ射线探伤源253枚）进行检查。专项检查还督促梅州、汕头等市淘汰落后产能关停企业闲置的200余枚废旧放射源安全妥善送贮，及时消除放射源丢失、失控等各类辐射安全隐患。加强对伴生放射性废物的监督性监测，加大历史遗留的伴生矿产资源开发利用中放射性污染的厂址治理和土地生态恢复工作，对已关闭的电白县海宇稀土有限公司遗积的大量含放射性废渣存在的辐射安全隐患问题进行多次督办，对在运行的肇庆多罗山蓝宝石稀有金属有限公司存在的环境问题进行重点整治。组织对全省稀土及伴生放射性企业废渣进行调研；对伴生矿开发利用企业加强监管。编制完成广东省环境监测规划辐射部分（2014—2020年）以及全省饮用水源地放射性水平监测方案。

自然生态保护

2014年，推进自然生态保护。开展生态环境基础调查与规划编制，组织完成《广东省生态环境十年变化（2000—2010）遥感调查与评估》项目，并通过验收。完成编制《广东省生物多样性保护战略与行动计划（2013—2020年）》。加强自然保护区综合管理，召开湛江红树林国家级和阳春鹅凰嶂、惠东莲花山白盆珠、龙川枫树坝等省级自然保护区范围和功能区调整论证会。协调省重点建设项目东海岛输变电工程、广佛肇高速公路拟穿越湛江红树林和鼎湖山国家级自然保护区相关工作，并获环境保护部批准。组织珠江口中华白海豚、雷州珍稀海洋生物、石门台等3个国家级自然保护区申报国家2014年生物多样性保护专项资金。

（供稿单位：广东省环境保护厅）

2014 年广东省质量技术监督工作情况

2014 年，广东省质监系统认真贯彻中国质量（北京）大会精神，紧紧围绕质监定位，全面履行质监使命，为建设质量强省，实现“三个定位、两个率先”目标提供了坚强保障。

深化实施质量强省战略

落实省政府关于建设质量强省的决定，省政府出台建设质量强省 2014-2015 年行动计划，朱小丹省长、刘志庚副省长分别主持召开质量工作会议，对质量强省建设作出全面部署。省政府常务会议专题研究质量强省工作，明确提出起草实施质量强省战略的决定，将质量强省工作上升为广东经济社会发展的基本战略，纳入国民经济社会发展“十三五”规划，促进我省率先把经济社会推向质量时代。全省各地纷纷召开质量强市工作会议，出台政策文件，坚定走质量效益型发展道路。深圳市积极打造“深圳质量”“深圳标准”，推动经济社会各领域质量型发展，并在中国质量（北京）大会上作经验交流；广州、珠海、东莞市深入开展质量强市示范创建活动。建立地级以上市政府质量工作考核制度，国务院质量工作考核组充分肯定我省质量工作。落实省、市、县三级宏观质量分析工作，推进产品质量合格率统计调查，为政府制定质量发展政策提供依据和指南。

实施标准化战略

实施标准化战略“十三五”规划被列入省“十三五”重点专项规划。编制新能源、新材料、节能、高端装备制造产业等标准体系规划与路线图，服务珠江西岸先进装备制造产业带发展，推动战略性新兴产业升级。指导从化建设国家综合农业标准化示范区，发布省农业地方标准 57 项。拓展服务业标准化领域，累计发布服务业地方标准 112 项，建设服务业标准化试点 85 个，促进新兴服务业发展提速、比重提高、水平提升。推动建设各类标准联盟组织 185 个，制定联盟标准 624 项，提升优势传统产业先进产能比重。完善节能减排标准体系，累计批准发布节能环保领域地方标准 118 项。推动 2252 个企业产品采用国际标准和国外先进标准；发布 TBT 预警信息 3600 余条，为 658 家企业提供点对点信息服务，大幅降低出口企业因国外技术性贸易措施造成的直接损失。国内标准话语权进一步强化，全省企事业单位累计主导或参与制修订国际标准 804 项、国家标准 3685 项、行业标准 2977 项。省级专业标准化技术委员会总数达 118 个。国际标准化组织水再利用技术委员会（ISO/TC 282）正式成立，实现我省承担国际 TC 零的突破；落户我省的国际标准化技术委员会及技术对口单位 8 个，居全国前列。

实施品牌战略

推动品牌集聚发展，塑料制品、时尚服饰、陶瓷产业等 3 个全国知名品牌创建示范区新获批筹建，总数达 16 个，居全国首位。培育骨干企业，开展 2014 年度省名牌产品评选，突出高新技术产业、战略性新兴产业和自主创新企业产品，675 个技术水平高、质量信誉好的“广货品牌”上榜，总数达 1762 个。加强地理标志产品培育，全省共有 103 个产品获国家地理标志产品保护，居全国第三。

公共检测服务平台支撑技术创新

根据胡春华书记重要指示精神，在产业园、专业镇和产业集群所在地再建一批国家、省级产品质量监督检测机构，全年新增国家质检中心 3 个、省质检站 5 个，总数分别达 54 个和 165 个，国家质检中心总数继续处于全国领先地位。建设国家检验检测高技术服务业集聚区（广州）、广东省北斗卫星导航产品质量检测公共服务平台、广东省计量技术公共服务平台等技术创新服务平台，服务创新型省份建设。获批筹建国家技术标准创新基地（华南中心、广州），推进标准与科技创新、产业升级协同发展。2014 年我省企业获中国标准创新贡献奖 12 项，总获奖数达 82

项，获奖等次和数量均居全国前列。

推进现代质量监管体系建设

一是全面推进电梯安全监管体制改革。省政府印发方案，在全省全面铺开电梯安全监管体制改革。全省电梯使用管理权者确权率达94%，在用电梯由制造单位直接维保或其委托、授权的单位维保比例达47%，新增电梯由制造单位直接维保或其委托、授权的单位维保比例达80%以上。引入代表投保人权益的专业保险顾问，向社会推出电梯责任保险统保示范项目。统保项目运作以来，全省电梯投保率达68%。二是大力推广现代质量监管经验。以气瓶监管为重点，在特种设备、重要消费品等领域，推广电梯安全监管体制改革经验，积极探索以企业主体责任落实为核心，消费者权益维护为监督基础，保险救济和社会救助为保障，市场技术基础建设为支撑，政府依法监管的现代市场主体治理体系。全省18条在用客运索道以及云浮、肇庆两市的大型游乐设施均100%推行安全责任险和确权。三是完善质监法规体系。《广东省特种设备安全条例》经省人大常委会全体会议第一次审议，“首负责任”等焦点问题引起社会强烈反响。推动新设《广东省电梯安全条例》立法，着力融入我省电梯安全监管体制改革举措，确保改革于法有据。

建设质量诚信体系

以组织机构代码实名制为基础搭建质量信用信息平台，完成近2万家企业的9万余条质量信用信息的建档录入工作，组织50家企业编制发布年度质量信用报告；加强与省信用办、人民银行广州分行等部门的合作，实现质量信息共享查询。针对卫生陶瓷、珠宝贵金属等产品开展质量提升活动，通过组织监督抽查、质量整治、质量诊断等综合施治，召开16场1200多家企业参加的产品质量整治提升会，提升市场消费质量信誉。统筹整合技术标准和组织机构代码、商品条码优势资源，为“广货网上行”提供技术支撑。

加强计量工作

对4000余家集贸市场和5000余家医疗卫生单位常用强检计量器具实施免费检定，共检定计量器具48万台，免收检定费用4000多万元。继续推进“计量惠民生、诚信促和谐”双十工程，引导并培育诚信计量自我承诺示范单位5072家。贯彻落实国务院计量发展规划和省政府实施意见，建立部门间联席会议制度，计量事业发展活力进一步增强。省计量院成为国内第一家通过军用实验室认可的法定计量技术机构。新发布地方计量检定规程9项，新建社会公用计量标准246项，总数达3481项，居全国前列。依托国家城市能源计量中心（广东、深圳），加强能源计量监管，开展家用电器产品能效标识监督检查。加强计量校准机构备案管理，通过备案机构88家，进一步规范了计量校准行为。

加强认证认可监管

加强对检验检测认证机构、获证企业和产品的监管，强化能力验证和比对，规范检验检测认证行为。推进合格评定与认证认可体系建设，全省共有1.3万家企业取得9.4万张CCC证书，共有6.8万家企业通过管理体系认证，检测实验室2200余家，共有强制性认证产品检测指定机构22家；共有100多家企业通过测量管理体系认证，4000余家企业获得计量保证体系确认。

实施隐患排查与风险防控

一是进一步完善风险管理机制。推进风险监测项目管理，构建风险监测项目立项评审标准和项目验收评分标准体系。风险交流更加紧密，先后与上海、重庆、内蒙古、贵州、湖南等省（市、自治区）建立风险交流合作机制。充分发挥监测成果作用，推动风险监测与监督抽查良性互动。二是提升隐患排查水平。行政监察与技术检查进一步有机结合，省特检院等技术机构开展检验质量分析与风险评估，全省系统共排查隐患3.9万个。参与总局15项重点工业产品风险监测，选取学生用品、吸油烟机锐边割伤等重点工业产品项目以及婴幼儿配方乳粉包装材料、餐具洗涤剂等群众常用的食品相关产品进行危害因素调查分析，排查风险隐患。三是提升事故防控水平。突出重大节日和重大活动等时间段，对客运索道、大型游乐设施、重点场所电梯、气瓶“两站”、人员密集场所小型锅炉等开展重点检查或专项整治，对快开门压力容器使用、移动式压力容器装卸等发出隐患警示通报，加强对液化石油气、电梯安全部件等的重点监督抽查，及时消除事故隐患。

保障重要消费品安全

加强监管工作研究，开展社会信用体系和市场监管体系建设，得到省“两建”办的好评；探索建立完善食品相关产品监管制度和工作机制，向省政府报告食品相关产品生产监管有关问题，得到林少春副省长批示。进一步明确了企业“拒检”行为认定标准，着力解决了电子商务产品质量在线监督抽查等难题。2014 年国家监督抽查我省不合格产品发现率 14.5%；省级抽查工业产品 9590 批次，不合格产品发现率 15.5%，通过后处理阻止了总货值约 5.76 亿元的不合格产品流向社会。坚持后处理刚性，将监督抽查结果 100% 向社会公开，共曝光 675 家监督抽查不合格企业，针对不合格产品发现率超过 30% 的区域和行业，及时向当地政府发出 14 次产品质量警示和安全预警通报。

查处质量安全问题

开展“双打”和“质检利剑”行动，共查处案件 7000 余宗，涉案货值 2.7 亿元，打击惩处威慑力进一步增强。执法协作深入推进，质监部门会同公安、工商等部门开展液氨使用企业安全生产治理、汽车产品打假、打击整治非法生产销售和使用“伪基站”、电视购物专项整治等联合执法行动。针对媒体报道我省手机、粘胶剂、插线板存在假冒伪劣问题，及时开展专项整治和执法，有效控制风险。发挥省打假办牵头作用，组织各地、各部门深入开展食品药品等 9 类重点产品打假整治，确定省打假重点区域 3 个、重点市场 2 个、警示区域 1 个、警示市场 2 个，开展明查暗访，督促打假重点区域及市场所在地政府开展整治工作。畅通民众质量诉求渠道，共受理举报投诉案件 7000 余宗、咨询业务 3 万余件，受理产品质量鉴定申请 200 余宗。

（供稿单位：广东省质量技术监督局）

2014 年广东省食品药品监督管理工作情况

2014 年，在省委、省政府和国家总局的正确领导下，全省系统坚持以习近平总书记系列重要讲话精神为指导，以保障人民群众饮食用药安全为中心，紧紧围绕“完善统一权威的食品药品安全监管机构，建立最严格的覆盖全过程的监管制度，建立食品原产地可追溯制度和质量标识制度，保障食品药品安全”的总体思路，全面深化改革，积极主动作为，扎实推进食品药品监管领域各项建设，经受住了体制改革过渡期和机构运行磨合期困难多、矛盾大的考验，坚守住了不发生系统性、区域性食品药品安全事件的底线，取得了重点工作有成效、难点工作有突破、全面建设有进步的可喜成绩，工作成效具体有以下七点：

一、监管体制改革稳步推进

截至目前，全省 21 个地级以上市均已出台“三定”规定并履行了新的职能，114 个县（市、区）出台了“三定”规定并挂牌运作。120 个县（市、区）已基本完成组建方案备案工作，其中单设食药监管机构的 96 个、在市场监管机构挂牌的 18 个、与市场监管机构合署办公的 6 个。此外，对省级、14 个地市和个别县级食品药品检验检测资源进行了整合。印发了《全省食品药品监管系统事权划分指导意见》，省局大幅简化了行政许可事项，提高了行政审批效率。

二、监管制度体系更加严格规范

以“建立最严格的覆盖全过程的监管制度”为目标，用法治理念引领“制度建设年”各项工作，从落实企业主体责任、规范监管部门行为、推进社会共治等多个维度，研究制定了包括食品药品安全信息公布、应急预案、专家委员会工作、投诉举报、“黑名单”、“曝光台”、婴幼儿配方乳粉销售监督管理、“四品一械”生产经营者主体责任、诚信监管等 29 项监管工作制度。积极推进药品标准体系建设，颁布《广东省医疗机构制剂规范》，提高我省医疗机构制剂水平。积极推动《广东省食品生产加工小作坊和食品摊贩管理条例》地方立法工作。省食安办牵头制定了《广东省家禽经营管理办法》并以省政府令公布，正式启动实施家禽“集中屠宰、冷链配送、生鲜上市”工作。

三、监管工作机制日趋完善

以保障人民群众饮食用药安全为出发点和落脚点，建立完善依法行政、严查重处工作机制。一是实施重点监管。对存在安全隐患的食品药品重点生产经营企业进行飞行检查，并及时通报或曝光。组织实施全省重点食品药品监管和综合治理，如期完成 1000 家食品安全示范学校食堂建设工作。大力加强婴幼儿配方乳粉全程监管，完成了婴幼儿配方乳粉换证审查和再审核工作，广东省婴幼儿配方乳粉电子追溯系统正式上线运行；以米粉生产行业重点监管为抓手，督促食品生产行业实施食品安全国家标准。突出抓好药品生产、流通环节的监管，重点对血液制品、疫苗、生物制品、中药饮品、含特殊药品复方制剂等品种、企业以及城乡结合部和农村药店、诊所加强监管。二是落实安全责任。协助完成《广东省食品安全目标责任书》签订事项，推进食品质量安全授权人制度和小型企业食品质量安全责任人制度，针对食品药品安全隐患约谈相关企业及监管部门，推动落实属地政府、监管部门和生产经营企业的各方安全责任。三是创新工作模式。受国家总局委托，在中山市启动全国唯一基层医疗器械安全监管体系建设试点工作，初步建立起市、镇、村三级监管网络；在集体饭堂推广“五常法”、HACCP 等食品安全管理办法，实施“明厨亮灶”监管模式；全面启动食品药品网格化监管试点工作，在全省探索药品网格化监管试点，在湛江市探索实施“四品一械”网格化监管试点，在佛山、东莞、梅州和中山市分别实施食品、保健食品、化妆品和医疗器械网格化监管试点，同时探索建立全省统一的网格化监管信息化平台。通过创新升级统配执法车辆编制及资金，为新成立的基层所解决执法用车难的问题。四是强化协同联动。发挥省食安办牵头抓总职能，印发施行《广东省食品安全委员会工作规则》和《广东省年度食品安全工作考核评价办法（试行）》，研究建立食品风险隐患排查机制和食品安全风险研判分析制度，组织全省处置重大食品安全事故应急演练。承办第十届泛珠大会食品药品监管合作专题磋商会，签署了《泛珠三角区域进一步深化食品药品监管合作的备忘录》及配套协议，构建了食品药品安全跨区域监管合作机制。

四、专项整治行动成效显著

以全省系统民主评论政风行风活动为契机，以省委、省政府部署的“纠正食品药品安全方面损害群众利益行为专项行动”为统领，针对食品药品安全的重点领域、重点环节、重点问题，组织开展了医疗器械“五整治”、农村食品市场“四打击四规范”、儿童食品和校园及其周边食品安全、中药制剂和互联网非法销售药品整治、化妆品“违法添加和违规标签标识”，以及打击非法销售加工病死猪肉及其制品、打击制售假酒、保健食品“打四非”和婴幼儿配方乳粉质量安全专项整治、农产品质量安全专项整治的“三打两整治”等一系列专项整治行动。组织查办了博大公司三聚氰胺食品案、广东亿超鳕鱼肝油案、假“红牛”保健食品地下窝点、亨氏米粉铅污染案、深圳沃尔玛生虫大米案等一批重大案件，其中博大公司食品案被国家总局、公安部列为第一批督办案件。

五、科学监管综合能力明显提升

集中表现为“三个突出”：一是突出专业意识。组建广东省食品检验所，增强食品检验检测能力；争取国家药用辅料专项标准研究基地落户广东，基地申请的前期准备工作已经完成；全国药检系统首个健康产品中非法添加化学成分快速检测重点实验室落户省药品检验所，审评认证中心药品检查质量体系顺利通过了世界卫生组织全球基金项目评估。二是突出首创精神。在全国首先建设完成了覆盖生产、流通、销售等环节的婴幼儿配方乳粉追溯系统；在全国率先探索建立中药饮片生产快速检查方法；率先探索开创不良反应主动监测模式，逐步开展并不断完善监测平台与医院 HIS 系统的对接；率先实现执业药师网上注册，大大缩短办理时限；全国唯一的国家级白兰地、威士忌、伏特加及葡萄酒产品质量监督检验中心获得论证通过，并牵头起草了我国第一部威士忌鉴定标准；在内地同类机构中率先在香港和台湾设立了医疗器械检验机构业务受理处；在全国系统率先通过向社会购买服务的方式，招标食品检验检测机构，有效整合利用社会检测资源，解决目前本省系统技术监管能力不足的问题。三是突出科技服务。在国家总局支持下积极参与国家科技支撑计划“食品安全电子溯源技术研究及示范”项目的研究，推进我省食品重点监管品种的溯源建设；本着依托信息化建设助推从严监管的思路，开展了《广东省食品药品信息化发展规划》编制工作，并将我省食品药品监管信息化系统建设纳入了全省“两建”项目；提升食品药品行政执法信息系统性能，实现省、市、县食品药品稽查执法信息采集与集中管理，处理投诉、稽查、案审、涉案财物等各方面的监管业务；与省府网上办事大厅对接，省局行政许可与非行政许可审批业务均可实现通过网络完成申请、受理、审批及结果公布、查询。

六、推进社会共治取得积极进展

一是加快建设“12331”投诉举报热线，全面开通了全省系统“12331”专线电话，开发应用了“12331”投诉举报业务系统，在全国率先实现与国家总局投诉举报业务系统的无缝对接，省局与市局之间的投诉举报案件已开始通过系统进行业务流转，初步建立起统一规范、社会充分参与的综合性投诉举报平台。二是加大了政务公开和信息发布力度，在省局网站开设“黑名单”专栏，首批公布违法违规企业或个人信息 8 例，研究制定了“曝光台”运行机制，首次聘任了 61 位食品药品安全社会监督员，有力促进了全系统食品药品安全和行风政风建设。三是召开食品药品行业社团组织主要负责人座谈会，施行食品药品专家委员会工作制度，选聘专家学者和专业人士，分别组织成立具有较广泛代表性和较高权威性的“四品一械”和信息化等 6 个专家委员会，借助智库进行决策参谋、日常监督、舆论引导，提高公众对社会共治的关注度和责任感。四是大力加强新闻媒体宣传教育，按照“着力媒体、借力社群、属地担责、上下联动”的新闻工作思路，加强与驻穗主流媒体开展战略合作、紧密合作，实施了每月一次新闻通气会、每季度一次新闻发布会制度，及时稳妥组织重大食品药品安全事件应急传播。在宣传方面，与广东电视台合作拍摄《舌尖上的安全》系列公益科普宣传片，创建了首批 5 家广东省食品药品科普宣传基地，向社会征集了广东省食品药品安全卫士卡通形象大使，组织专题宣传 26 场（次）。上线参加广东电台“民声热线”节目，倾听群众呼声，接受群众监督，安排处级干部接听热线跟踪，通过与媒体加强合作提升了食品药品监管系统的公信力和影响力。

七、党风政风行风建设有了新进步

坚持党建工作和中心工作一起谋划、一起部署、一起考核，把党风政风行风建设放在更加突出的位置，不断提高队伍执行力、战斗力。以机构改革为契机，全面调整配强省局机关基层党组织建设。采取分期分批办班轮训的办法，加大干部培训力度，全省系统处级干部和科级干部培训率分别达 95% 和 90% 以上，有效提高了监管队伍素质。严格落实党风廉政建设主体责任，认真履行“一岗双责”和“一把手”第一责任人的职责，加强党风廉政教育，强化对权力运行的监督制约，不断推进廉政风险防控体系建设。巩固群众路线教育实践活动成果，落实反“四风”、转作风各项整改措施，逐渐形成作风建设新常态。把民主评议政风行风活动作为“一把手”工程，强化组织领导、深入宣传发动，形成省市县食品药品监管部门上下联动的良好局面，全省系统将整治侵害群众利益的突出问题作为重点，扎实开展纠正食品药品安全方面损害群众利益行为专项行动，做到了尽心尽力解民生之需，扎扎实实筑监管之基，实现了行评活动与业务建设相互促进、共同发展。

（资料来源：广东省食品药品监督管理局）

2014 年广东省工商行政管理工作情况

2014 年，全省工商系统按照省委省政府的决策部署，以商事制度改革为重点，建立统一的市场准入规则、实行科学的市场监管机制、建设高效的消费维权体系，各项工作取得了新的成绩。

一、推进商事制度改革，服务广东经济社会发展取得了新成效

率先推开商事制度改革，实行注册资本认缴登记制，改“先证后照”为“先照后证”，改革住所和经营范围登记，推进商事登记标准化建设，探索全程电子化登记和“三证合一”，落实工商注册制度便利化各项措施取得实质性突破。全省新登记市场主体130.6 万户，稳居全国第一；其中新登记企业 49.9 万户，同比增长 41.4%。省委书记胡春华同志听取了商事登记制度改革情况汇报，作出了“要继续推进和在严管上下足功夫”的重要指示。2014 年 12 月 31 日，省政府召开全省推进商事制度改革电视电话会议，朱小丹省长、徐少华常务副省长、许瑞生副省长出席会议并充分肯定我省商事制度改革取得的成效，全面部署推进商事制度改革向纵深发展。一年来，省政府先后 4 次召开推进工商登记改革的全省性会议。商事制度改革按计划全面推进，社会各界反应很好。深入实施商标品牌战略和广告战略，积极争取工商总局在广东设立商标注册派出机构，加强商标保护，扶持广告业发展，积极推动广告产业园区建设。组织落实 CEPA 各项政策，协助做好中国（广东）自由贸易试验区申报有关工作。成功承办了第十届泛珠三角工商行政管理部门高层联席会议，促进区域交流和合作。

二、创新市场监管方式，监管执法效能取得了新突破

认真履行全省“两建”工作统筹协调职责，推进全省市场监管体系建设，组织落实《国务院关于促进市场公平竞争维护市场正常秩序的若干意见》，全面落实国务院《企业信息公示暂行条例》，积极构建以信息公示、信用约束为核心的新型监管模式。坚持以“整合、融合、一体化”为核心，强化信息化建设，完成了广东省市场主体信用信息公示系统的开发，推进了电子营业执照系统建设。截至目前，全省已有188.2 万户市场主体报送了年度报告，年报量及企业年报率均居全国前列。强化了商事制度改革后续协同监管，转变职能、清理行政职权和编制权责清单，梳理行政职权 564 项，编制了“行政审批流程图”，提出了未来5年的职权调整任务。联合省编办编制了《广东省市场主体许可经营项目监管清单》和《广东省市场主体住所或经营场所许可监管清单》，报经省政府批准实施。在全省推广网商“红盾电子标识”申领服务，优化升级网监系统。制定了合同示范文本，完善合同监管长效机制。加强涉民重点领域合同监管，全省查处利用合同格式条款侵权案件 1138 宗，同比增长 20.3 %。加大反不正当竞争和商标、广告、网络、农资市场执法力度，开展打击走私贩私、“扫黄打非”“禁毒”、整治“伪基站”“红盾网剑”等专项行动，打击传销，规范直销，执法办案取得新成绩。

三、切实维护消费者权益，消费维权工作取得了新进展

制定了《广东省流通领域商品质量抽查检验工作规范》，确立 “全省统筹、结论共享”的抽检新体制，率先实施同型号商品“抽检不合格、全省禁销售”监管措施，建立了以“退市不合格商品”为核心的流通领域商品质量监管新体系。创新维权工作模式，切实维护消费者权益。在全国工商系统率先组织依法认定缺陷商品并向社会公告。开展商品比较试验，引导理性消费。规范合同格式条款，倡导商家诚信经营。推动消费维权诉调对接机制落实。开展挑战消费潜规则行动。探索重点商品质量安全评价办法，推进以“一个平台、一个网络、一套机制”为主要内容的消费维权和社会监督体系建设。截至 2014 年底，全省 21 个

地级以上市的“12345”投诉举报平台全部开通，实现并线运行。

四、加强队伍建设，推动工商行政管理转型升级取得了新进步

深入开展“七项”整治，进一步巩固群众路线教育实践活动成果。各市县局紧紧扭住“四风”突出问题，重点抓好“六整治、六规范”，从严从实抓好教育实践活动。扎实抓好全系统流通领域食品安全监管职责的划转和人员移交，积极稳妥实施工商体制调整和职能转变，认真贯彻新修订的《党政领导干部选拔任用工作条例》，深化干部人事制度改革。更加重视领导班子理论学习和思想政治建设，注重提升科学决策、开拓创新、驾驭全局和带好队伍的能力。认真贯彻中央八项规定，创新开展廉政文化建设，强化行政效能督察，抓好廉政风险防控。整治庸懒散奢不良风气，遵守厉行节约、反对浪费各项规定。大力推进基层规范化建设，顺利完成了基层规范化建设任务和工商所考核验收。举办各类培训班、研究班、研修班66期，培训干部1.36万人。全系统各级加强机关党建，高度重视信访维稳，认真办理人大建议和政协提案，抓好政务信息和新闻宣传，严格规范财务和资产管理，落实对口扶贫，扎实做好老干部服务工作。素质教育中心、学会、协会等单位，紧紧围绕中心任务，在开展理论研究，推动非公党建等方面，做了大量工作。

（资料来源：广东省工商行政管理局）

2014年广东省国税工作情况

一、概况

广东省国税管辖的纳税人共有273万户，主要负责增值税、消费税、车辆购置税、企业所得税等税种的征收管理和出口货物退（免）税管理。2014年，广东省国家税务局在税务总局和广东省委省政府的正确领导下，认真学习贯彻党的十八大、十八届三中、四中全会和习近平总书记系列重要讲话精神，牢记"为国聚财、为民收税"的神圣使命，砥励奋进，攻坚克难，改革创新，圆满完成了各项税收工作任务，推动了广东国税事业新发展。

二、组织收入

2014年，广东省国税系统税收收入完成10152.23亿元，比上年增长12.5%，增收1125.46亿元。其中：海关代征税收收入2790.42亿元，比上年增长7.7%，增收199.63亿元。税务部门组织税收收入完成7361.81亿元，增长14.4%，增收925.83亿元。在税务部门组织税收收入中：直接税收收入完成6348.84亿元，增长14.3%；免抵调库收入完成1012.97亿元，增长14.7%；办理出口退（免）税3123.97亿元，比上年增长9.5%，增退（免）270.99亿元。从各市情况来看，地级以上市中国税税收收入总量超千亿元的有2个市，分别是广州市、深圳市，国税税收收入总量分别为2994.12亿元和2839.66亿元。国税税收收入总量超百亿元的有9个市，分别是东莞市、佛山市、惠州市、中山市、珠海市、湛江市、茂名市、江门市、汕头市，国税税收收入总量分别为810.92亿元、685.93亿元、542.64亿元、338.38亿元、330.82亿元、327.55亿元、267.39亿元、230.10亿元、129.32亿元。

国税税收收入增长的主要因素有：一是经济增长带动。2014年，广东经济实现了企稳回升，广东GDP增长7.8%，规模以上工业企业利润、规模以上工业增加值、固定资产投资总额、社会消费品零售总额等快速增长，为税收收入快速增长奠定经济基础。二是两大因素拉动。一方面，免抵调库大幅增长，拉动增值税收入快速增长。2014年，全省共办理免抵调库1012.97亿元，同比增长14.7%，增收129.98亿元，拉动国内增值税和国内税收分别增长3.5个和2个百分点。另一方面，"营改增"不断扩围，拉动改征增值税收入快速增长。全年全省改征增值税收入266.5亿元，同比增长28.8%，增收59.59亿元。两项合计增收189.97亿元，拉动国内税收增长2.9个百分点。三是管理因素推动。广东省国税系统加强组织领导，深化经济和税收分析，建立起多部门参与、上下联动的税收分析新机制。积极开展挖潜增收工作，提升征管质效，强化纳税评估、税务稽查和清欠力度。严格绩效考核。充分发挥绩效考核作为组织收入工作"推进器"和"指挥棒"的强有力作用。

三、税收政策落实

2014年，广东省国税系统不折不扣落实各项税收优惠政策，全年共办理各类减免税570亿元。其中，全面落实小微企业税收优惠政策，加强政策宣传，及时调整税收管理方式和征管系统，小微企业税收优惠政策宣传覆盖面和受惠面实现两个百分之百，全省共有207.9万户小微企业受益，减免税款50.5亿元。深入推进"营改增"试点，修订下发了14个"营改增"试点业务指引，成功将铁路运输、邮政和电信行业纳入试点范围，"营改增"试点纳税人共67.37万户，为试点纳税人减轻税收负担207.58亿元。出台促进外贸稳定增长的意见和措施，加快出口退税进度，办理出口退税同比增长9.5%，有力促进了广东外贸经济振兴发展。

四、党的群众路线教育实践活动

以高标准、严要求、细规划深入推进党的群众路线教育实践活动。广东省国家税务局党组成员分别确定联系点，深入一线全程指导，示范引领抓推动，形成了上行下效、同抓共进的良好局面。严密组织专题民主生活会和组织生活会，充分开展批评与自我批评。坚持问题导向，从具体问题改起，有效解决了纳税人和干部群众反映强烈的突出问题。广东省国税系统第一批群众路线整改工作序时进度均达到100%，第二批教育实践活动单位领导班子整改任务完成 85.28%。圆满完成“三清三察三审”“三项治理”和“六项集中整治”工作。

五、依法治税

广东省国税系统深入推进依法治税，大力开展法治税务示范基地建设，全省共有 7 个单位被广东省政府确定为“广东省法治文化建设示范点”。加快税务行政审批制度改革，及时公布税务行政审批事项清单，定期进行动态调整和加强后续监管。运用信息化手段规范税务行政处罚裁量权，将税务行政处罚裁量权纳入税收内控风险防御系统（RED 系统）进行即时监控。创新推进说理式执法，规范开展行政复议、应诉和重大案件审理工作，建立完善了第三方参与税务案件审理的相关机制，首次邀请社会专家参与行政复议案件审理，提升了行政复议公信力。在部分地市国税局探索推行纳税人法律援助工作，创新建立法律援助中心等。加强纳税信用体系建设，一方面，联合广东省地方税务局共同发布年度纳税百强排行榜，开展纳税信用等级评定，营造依法诚信纳税的良好氛围。另一方面，加大税收违法打击力度，开展“6.17 海豹行动”等打击虚开、骗税系列专项行动。2014 年，稽查共查处税款超千万元的大案要案 34 宗，查补收入 87.85 亿元，同比增长 19.3%。加大涉税违法案件曝光力度，公布 11 户税收“黑名单”企业，曝光 31 宗涉税违法案件。

六、纳税服务

2014 年，广东省国税系统创新开发应用纳税服务综合管理系统，对纳税服务全过程和四个服务渠道进行“全程化、数字化、影像化、实时化”监控，有效提升了纳税服务集成管控能力，纳税人窗口评价满意率由 90.7% 提高至 96%。该系统在全国绩效管理创新项目评选中荣获一等奖。推出了微信纳税申报、手机 APP 办税、网上代开增值税专用发票、委托邮政代开普通发票和代征税款、试点应用网络发票和电子发票等一系列举措，有效破解了纳税人办税“最后一公里”难题。扎实开展“便民办税春风行动”，推出 11 类 39 项改进服务措施，简化审批事项 389 项，简化办税流程 797 项，实现即时办结事项 693 项，简并报表资料 480 份。大力推进“同城通办”和“免填单”服务。加强“12366”热线管理，服务接通率由 74.34% 提高至 92.17%。设立纳税人学校，全年培训纳税人 11.5 万人（次）。全面落实税务总局纳税服务规范，实现业务流程梳理、文件制度清理、系统软件衔接“三个到位”，基本规范实现率达 98.5%，升级规范实现率达 85.5%。

七、税收征管

2014 年，广东省国税系统进一步加强税收征管。继续深入推进大企业集约化管理，组建省、市两级大企业税收管理机构，共确定了 20 户列名大企业和 341 户市级列名大企业，全流程开展风险管理和个性化、差异化纳税服务。2014 年，共对 14 户集团企业开展风险管理专项工作，对 21 户地市大企业开展全流程风险管理工作，有效加强了大企业税收服务与管理。成功开发应用全国首创的“海关进口增值税专用缴款书监控系统”，系统运行以来海关进出口增值税专用缴款书风险监控精准度达 100%，骗抵税款降幅达 98%。成功推进车辆购置税自主办税和委托办税试点。制定了 56 个行业所得税纳税评估模板和 419 个细分行业的所得税指标预警值，构建企业所得税纳税评估模板应用跟踪问效机制，试行涵盖 7 大类、22 个指标的企业所得税管理指标评价体系，提高企业所得税管理质效。创新推进跨区域出口退税管理协同，牵头签订广东、浙江、福建、江西、广西、厦门等六省区市防范和打击骗取出口退税工作协作机制。开发应用复函预警管理系统，加大出口退税预警评估工作力度，防范出口退税风险能力进一步提升。

八、反避税工作

进一步加强反避税防控体系建设，规范反避税案件办理流程，不断创新反避税工作方法，积极开展反避税政策宣讲、风险防范教育、税务约谈、预约定价等形式的反避税宣传和纳税辅导，及时发现并纠正企业存在的转让定价问题。全年反避税对税收增收贡献 65.71 亿元，同比增长 77.8%。其中，广东省国家税务局成功查结了高利润企业避税案，在应对税基侵蚀和利润转移上取得重大突破，获得税务总局王军局长的专门批示肯定。

九、电子税务管理

成功上线运行金税三期工程优化版应用系统。2014年，广东省国家税务局作为金税三期工程优化版应用系统试点单位之一，勇担系统开发和首批试运行单位的开拓重任，坚持边开发边测试边完善，众志成城，确保了系统平稳、顺利、成功上线，为优化版应用系统在全国全面推广应用成功开辟了道路。2014年，广东省国家税务局累计测试金税三期工程优化版应用系统运行业务256万笔，通过试运行不断调整和优化系统，为试点上线打下坚实基础。加强国家税务总局广东数据中心运维和管理，建设覆盖软硬件的安全防护体系，全面强化信息安全，保障数据中心安全稳定。

十、绩效管理

广东省国税系统在国家税务总局的统一部署下，全面实施绩效管理，在全系统搭建了横向到边、纵向到底，覆盖全系统、全过程、全人员的绩效管理指标体系，实现了国家税务总局绩效考核指标、年度重点工作指标等全部落地。科学组织实施绩效管理，在全国率先推出创新项目管理办法，创新建立主协办机制，创造性地对机关部门通过综合评价实施标杆管理。2014年，广东省国家税务局在全国税务系统绩效考核得分排名中位居全国国税第二名。

十一、税务文化

深入践行社会主义核心价值观，推广“忠诚、法治、创新、和谐”的广东国税精神。大力开展税务文化建设，全面完成各市、县（区）国税局文化展厅建设，组织“一局一品”“一部门一主题”等文化建设活动，营造了以文化人、以文育人的浓厚氛围。积极开展精神文明创建活动，完善先进典型培养机制，创新构建与地方文明办联合开展精神文明共建工作机制，取得了丰富的成果。2014年，广东省国家税务局获得厅（局）级以上表彰的先进集体137个，先进个人121人，共有5个单位荣获“广东省文明单位”称号，数量在广东省中直和省直系统各单位中排名第一。

（供稿单位：广东省国家税务局）

2014 年广东省地税工作情况

2014 年，全省地税系统在省委、省政府和税务总局的正确领导下，坚持以改革创新为主线贯穿各项工作，上下一心，锐意进取，攻坚克难，以党的群众路线教育实践活动的新成果，推动税费征管、依法行政、风险防控、纳税服务、作风建设、绩效管理、队伍建设和廉政建设等工作取得新成效。2014 年，全省地税累计完成税费收入 8360 亿元，同比增收 836 亿元，增长 11.1%，剔除营改增因素增长 11.7%，其中：税收收入 5700 亿元，同比增收 616 亿元，增长 12.1%，剔除营改增因素增长 13.0%；省级收入 1199 亿元，同比增长 10.2%，剔除营改增因素增长 11.6%；组织社保费 2134 亿元，同比增收 187 亿元，增长 9.6%。

一、税费收入增长预期目标全面实现

——面对经济增速放缓、地方税源随营改增而缩减、政策减收效应明显、收入不确定性加大等严峻形势，坚持组织收入中心工作不动摇，科学谋划，及早部署。加强税收分析，《税制改革对广东地方税收收入影响》《我省总部企业部分税源向外转移情况及原因分析》等分析报告得到中央政治局委员、广东省委书记胡春华批示肯定。加强重点税种管理，出台土地增值税清算规程及配套制度，规范企业所得税核定征收管理和房地产开发企业代办契税行为。修订《个体工商户定期定额征收管理实施办法》，利用协税护税网络推进零散税源社会化管理。强化省级固定收入管理，调整优化省局大企业税收管理模式。出台加强欠税管理的意见，加大清欠力度。加强反避税和非居民税收管理，签订我省首例双边预约定价安排执行协议。全省各级地税部门累计组织税费收入 8360 亿元，增长 11.1%；其中，税收收入 5700 亿元，同比增收 616 亿元，增长 12.1%（剔除营改增因素增长 13.0%），比全国地税平均增速快 3.6 个百分点，高于主要发达省市；中央级收入 1194 亿元，增长 15.3%；省级收入 1199 亿元，增长 10.2%（剔除营改增因素增长 11.6%），比省政府预期目标高 1.2 个百分点；市县级收入 3307 亿元，增长 11.7%（剔除营改增因素增长 12.7%）。全省管理性增长效应明显，来源于以前年度的非当期税源收入增长 18.2%，拉动总税收增长 4.4 个百分点；其中，企业所得税汇算清缴收入增长 21.6%，土地增值税清算收入增长 69.4%，非居民税收增长 72.2%。东莞市局入库我省地税最大单笔非居民股权转让所得税款 3.1 亿元。珠海、中山、顺德等市（区）局在加强税收分析预测、保持收入可持续增长方面做得较好，横琴、珠海、梅州、河源、茂名、深圳、韶关、潮州等 8 个地级以上市以及省局直属分局税收增幅高于全省平均增幅。

——加大社保费征缴管理力度，出台了社保费征缴规程和欠费管理办法，珠海市局推行税收和社保费“内分离”管理，广州、佛山、清远、河源、阳江、汕头等市局和省局直属分局在落实“五同”管理、完善综合治费机制、加强欠费清缴、有效化解征缴矛盾方面成效明显。在全省上线应用地税、社保、财政三方协同工作平台，完善社保费征管系统功能，实现关键信息实时比对和自动推送。佛山市局在全省率先实现社保费全市通办。全省共组织社保费收入 2134 亿元，增收 187 亿元，增长 9.6%。

二、落实依法行政成效显著

——对新出台的税收政策和管理规定同步解读、同步宣传、同步完善征管系统。认真执行税收优惠管理办法，开展小微企业税收优惠政策落实专项督导，得到中央政治局委员、广东省委书记胡春华的批示表扬。开发就业税收政策备案管理模块。2014 年全省地税累计减免各项税收 323 亿元，增长 20.1%，快于同期税收收入增速 8 个百分点。其中，高新技术企业减免 163 亿元，免征 65 万户小微企业营业税 5.8 亿元。认真落实国家调低失业保险费率和省级工伤保险费率、免征堤围防护费省级收入的规定，为企业减负 35 亿元。

——修订我省地税行政处罚裁量权实施办法和裁量基准，编制省、市、县三级税费执法权力清单 5 类

162 项。制定税务行政强制程序指引。出台《法律顾问管理暂行办法》，依法办理行政复议和应诉案件 79 件，行政应诉案件一审胜诉率 72.7%。开展税收执法督察，查出违规少征、少缴税款及滞纳金 1.6 亿元并督促整改落实。在省政府首次组织的年度依法行政考评中，省局被评为 5 个优秀省直单位之一。

——深化稽查管理体制改革，将县级稽查选案、审理权上收到市级稽查局。深入开展地方税收专项检查和重点税源专项检查，全年查补金额 67.5 亿元，增长 73.5%，实际入库 66.6 亿元，增长 71.7%，查补总额和入库金额均创历史新高。查处违法用票企业 1038 户、非法发票 17068 份，税警联合破获发票违法犯罪案件 13 宗、捣毁制假窝点 14 个。完善征管、稽查联动机制，广州市局针对稽查发现的行业性税收问题向征收单位推送稽查建议报告，以查促管成效明显。落实税务总局“黑名单”制度，在主流媒体和门户网站曝光重大涉税违法案件。推进电子稽查建设，东莞、广州、佛山等地试点应用稽查数据分析平台，实行电子取证。我省地税推进税务稽查现代化工作得到李克强总理批示；湛江市局被评为“全国打击整治发票违法犯罪专项行动成绩突出单位”。

三、税费风险防控能力进一步提升

——省局党组将金税三期试点上线列为“一号工程”，迎难而上，建立组织领导和支持保障体系，抽调精兵强将全力攻关，出色完成测试用例编写等系列艰巨任务，于今年 1 月 8 日实现“金三”优化版在全省单轨上线和平稳运行。佛山、顺德、广州、珠海、中山等市(区)局勇挑重担，圆满完成第一批试点任务，发挥了开路先锋作用；省地税“金三”团队忘我工作，默默奉献，舍小家为大家，夜以继日，奋战 10 个月；在双轨试运行和单轨上线的关键时期，全省各级地税高度协同，“一把手”亲征，三军用命，终于取得决战胜利，进一步确立了广东地税信息化建设的排头兵地位。

——强化数据质量管理，通过分析比对清理大集中登记、核定疑点数据 824 万笔。推进涉税信息共享，获取外部涉税信息 8737 万条，利用信息补缴税款增长 43.2%。加强涉税数据综合分析应用，深化纳税评估，实现评估收入 192 亿元，增长 16.4%。这方面工作做得好的市局有：广州、惠州、潮州、汕头、河源等。

——税收收入风险预警系统正式运行，对 11 个县（市、区）进行了预警，被评为全国税收创新项目一等奖。推进税收风险管理机制建设，在税源管理平台推送风险管理任务 1881 万条。加强社保费风险管理，定期开展政策性补缴、个人关键信息修改等重点环节风险排查。制定稽查案件中止、终结工作指引，加大稽查积案清理力度，清理积案 711 宗。全面推进银行卡扣税直缴国库工作，税费资金缴库效率及安全性明显提升。佛山市局开展执法风险管理调研，全面剖析 3 类 11 大项主要执法风险事项；惠州市局对“未登记、未管理、未核定、未申报、未缴交和未达起征点”等六个重点环节全面清理排查。

——加强信息系统运维保障和安全防护，启动新一轮 IT 系统运维管理与技术支持项目，全面完成省级核心网络及安全设备改造项目，核心网络处理能力从万兆级升级至十万兆级，全省地税信息安全形势总体平稳。

四、纳税服务上新水平

——深入开展“便民办税春风行动”，全系统共推出便民措施 2318 条；广州、佛山、梅州、东莞、江门、清远、揭阳、横琴、顺德等地推行营业执照、国地税税务登记证和组织机构代码证“四证联办”；全面清理省、市、县三级税费行政审批事项，公布省级审批事项 3 项、市级事项 14 项、县级事项 39 项；出台《办理涉税事项业务规程（征管类）》，推进先办后审，整合优化涉税流程 479 项，即办事项达 60%，减少表证单书和报送资料 126 项，减量 1/4；实现税务登记、门前代开发票、契税和耕地占用税申报等 5 项业务免填单；结合实际，创新落实《全国县级税务机关纳税服务规范》。广州、佛山、肇庆、云浮、河源、东莞等市局开发应用办税服务厅综合管理系统、税费免填单系统，有效解决纳税人等候时间长、办事流程繁琐的问题。

——完善电子办税服务厅功能，新增办理事项 142 项，全年 129 万户纳税人办理业务 1.42 亿笔，占总业务量的 71.3%，基本实现电子办税与实体办税在登记、征收、发票管理、优惠审批等方面的同质化服务。制定《自助办税终端管理办法》，8 项业务实现全省通办。在全国率先推出全省统一的电子版个税完税证明，提供纳税明细清单查询服务，得到税务总局高度肯定。

——着力提升“12366”热线服务能力，在完善热线制度基础上，有针对性地开展热线咨询质量检测，“12366”热线全年话务量 298.5 万个，佛山、顺德、中山、肇庆、江门、惠州等市（区）局接通率、满意率保持较高水平。出台首问责任制实施办法，进一步优化“局长信箱”办件流程和升级处理反馈机制，“局长信箱”和“服务投诉”栏目共处理来件 480 宗，办结率 100%。创新省局门户网站建设，新增信息智能搜索、移动终端访问、网上纳税人学校等功能，建立网站日常监测诊断工作机制；在 2014 年度广东省政府网站公共服务程度评测中，省局门户网站连续第六年获得优秀奖。

——推进大企业个性化服务，开展大企业税务风险内控调查和测试，建立大企业税收联络和诉求快速响应机制；开展大企业税务培训；拓展税收遵从合作，与中国人寿广东公司签订税收遵从合作协议；对中国石油天然气集团等 11 户集团企业开展全流程风险管理，补缴税款 1.41 亿元。

——拓展大税宣工作格局，在《南方日报》等主流媒体开设 83 期政策专栏，与广东卫视合作打造“税收进行时”“税收动漫”等税宣品牌，“喜羊羊”“熊出没”系列税宣动漫获得第十届全国法制动漫大赛优秀奖；联合国税、教育部门开展“税收知识进校园”活动；建设全省统一的网上纳税人学校平台，全省地税累计组织纳税人培训 4872 场次，培训辅导纳税人 34.9 万人次。依法做好政务信息公开，省局全年受理政府信息公开申请 15 件。加强涉税舆情管理，全年妥善处理舆情 60 多起；广州市局在全省率先成立舆情顾问委员会，提升舆情管理水平。

五、群众路线教育实践活动推动作风建设成效明显

——巩固和扩大第一批教育实践活动成果。省局班子成员围绕地方税体系、基层党组织建设等 11 个专题深入调研，形成一批针对性、指导性、操作性强的成果并转化为具体工作部署。组织全系统财务专项检查，开展无预算超预算开支“三公”经费、违规修建楼堂馆所、培训中心清理等专项整治，严格落实“六项费用”预算控制指标，坚决纠正违反财经纪律的行为。进一步规范对基层请示的答复，对政策操作不明确的问题集体研究提出倾向性意见，省局请示性公文回复率达 100%，所有业务处室均在“群言堂”开设“直通车”“回音壁”，对基层问题按时回复率达 100%。修订完善省局工作规则和督办规则，重点督办任务完成率达 100%，公文办理平均时间 4.3 天，同比减少 5.7 天。

——扎实开展第二批教育实践活动。围绕领导班子和领导干部作风问题、干部群众（纳税人）利益诉求、“最后一公里差什么”三大问题，各级深入开展查摆，形成“三项清单”，共查摆问题 52125 个，已整改 49689 个；解决纳税人和干部群众诉求问题 4611 个，其中“老问题”672 个，过去一些历史遗留问题如货币分房补贴、协税员待遇等，得到了有效解决。联系实际，在完成上级部署专项整治行动基础上，增加 435 个自选专项整治，已完成 422 个。“四风”得到有效遏制，“三公”经费支出下降 35.9%，压缩精简会议 866 个、下降 15%，减少发文 1883 份、下降 5.9%，减少综合性检查项目 109 个，清理办公用房 62432 平方米。

六、全面实施绩效管理呈现新气象

——完善绩效考评机制，省局出台系统、机关、岗位人员 3 个绩效管理办法及 2 个实施细则，建立起“3+2”绩效管理基本制度框架，各市局结合实际建立相应制度，形成了省、市、县局及分局联动机制。省局机关全面梳理岗责体系，优化业务流程、明晰工作标准，将全部工作职责和年度工作任务分解到 22 个处室和 402 个岗位，形成部门指标 496 个、个人指标 2279 个；全系统逐级制定部门和个人指标，实现业务、流程、人员全覆盖。全国税务工作会议对我省地税绩效管理工作进行了表扬。我省这方面工作做得好的市（区）局有：广州、佛山、珠海、横琴、惠州、茂名、汕头、河源、湛江、清远等。

——开发应用全省统一的绩效管理系统，打造智能化工作平台，具备任务自动推送、数据自动提取、考评自动开展、信息自动反馈等功能，省局在线推送任务 82130 项次，税务总局在全国推广使用。建立以绩效计划、考评标准、考评过程、考评结果“四公开”为特点的阳光考评方式，保障了绩效考评的公正性和透明度。

——强化绩效引领导向。各级各部门和广大干部职工通过过程控制强化了执行力，通过考评结果促进了持续改进，通过组织目标与个人发展预期融合激发了活力，绩效管理的引领和导向作用日益显现。

七、队伍建设扎实推进

——认真贯彻《干部选拔任用条例》，端正选人用人风气，切实将“信念坚定、为民服务、勤政务实、敢于担当、清正廉洁”的干部选拔到领导岗位，省局机关选拔处级领导干部工作群众认可度高。优化各级班子结构，加大干部交流轮岗力度，省局机关选派 4 名正处级干部交流到市局担任“一把手”，对任职时

间较长的 6 名市局“一把手”进行异地交流，对任职满 10 年的 24 名市局班子成员进行职务调整。

——制定《2014-2018 年全省地税干部教育培训规划》，出台进一步推进岗位练兵常态化的意见；依托地税干部进修学校和网络培训学院，深入开展分级分类培训，全年组织培训 1113 期、培训 7.2 万人次，选拔 5 人赴港培训，3 人入选税务总局领军人才；大力实施“智力援基”，为欠发达地区市局送教上门，中山、江门、顺德等市（区）局开展教育帮扶成效较好。开展“智力援疆”，省局为新疆地税举办风险管理培训班，帮助培训业务骨干 50 人。

——深化干群“连心桥”行动，总结推广“必访必谈”做法。制定《全省地税系统工作人员思想动态信息反馈制度》，广州天河、佛山、河源、珠海、潮州、梅州等市（区）局创新方式方法，通过开展心理辅导等形式有针对性做好思想政治工作。加强精神文明建设，联合团省委开展全省青年文明号创建活动；河源市局荣获全国“五一劳动奖状”。推进地税文化建设，开展纪念广东地税成立 20 周年系列文化活动，成功承办设计 2014 年中国印花税票《岭南钩沉》，《广东地方税务》得到系统内外的好评。新一轮扶贫开发“双到”和对口帮扶工作扎实推进。

八、党风廉政建设工作取得新成效

——强化对领导干部特别是“一把手”的监督管理，印发《加强对一把手监督管理的若干规定》，实施交流轮岗、任职回避、八小时外情况掌握等 8 项硬措施，开展对市、县、局“一把手”加强监督管理专项工作；推行各级“一把手”在本单位公开述责述廉述德。开展清理“裸官”专项整治，清理并调整“配偶已移居国（境）外的干部”35 人。加大对基层监督力度，有计划地开展了部分县（市、区）局“两权”专项审计。广州市局制定党风廉政建设主体责任和监督责任落实情况量化考核办法，潮州、阳江等市局开展公职人员及家属违规经商问题专项治理。

——制定《关于违反省局党组加强作风建设“十项意见”和“七项承诺”有关规定的问责办法（试行）》《内控倒查实施办法（试行）》《审计查出问题问责办法（试行）》及实施细则，加大了问责力度，对负有领导责任及直接责任的 50 人进行问责。开展内控风险检查“回头看”和党风廉政建设重点督办工作落实专项检查，佛山、清远等市局完善内控绩效考核指标体系成效明显。修订《特邀监察员管理办法》，聘请新一届 20 名省局特邀监察员。通过暗访、查处、曝光、追责“四管齐下”，狠刹收受红包、吃拿卡要、推诿懈怠、违反中央八项规定等不良风气，查处相关问题 36 人，全系统主动上交红包及购物卡累计金额 70 多万元。

——举办全省地税党员领导干部“三纪”教育培训班，组织党员干部到反腐倡廉教育基地集中学习，在“清风城”网站曝光全系统发生的 42 宗违纪违法案件，将典型案例制作成警示教育片、编印廉政教育读本，收到了较好效果。

——强化纪检监察主业意识，坚决查处违纪违法案件；全系统直接受理信访举报 121 件，办理上级交转办件 143 件，立案 48 件 48 人，其中处级干部 3 人、科级干部 21 人；结案 32 件，给予党纪政纪处分或其他处理 32 人，其中行政开除 9 人、清退 1 人、解聘 6 人、移送司法机关 3 人。严格执行重要信访线索和重大违纪违法案件报告制度，并提出有针对性的监察建议，督促发案单位举一反三、落实整改。

此外，全省地税票证管理、信访维稳、机要保密、税收科研、老干服务、后勤保障、“两会”工作等扎实推进，工青妇工作取得新成效。

（资料来源：广东省地方税务局）

2014 年广东出入境检验检疫工作情况

业务概况

2014 年，广东出入境检验检疫局辖区监管进出口货物 5339.7 亿美元，同比增长 6.8%；全年共完成货物检验检疫 193.8 万批、货值 1588.6 亿美元，同比分别下降 39.3% 和 26.7%，分别占全国的 19.6% 和 13.2%，占全省的 69.3% 和 64%；检出不合格货物 11.0 万批、货值 169.6 亿美元，不合格率分别为 5.7% 和 10.7%，分别比 2013 年上升 4.6 和 5.4 个百分点；共查验出入境人员 1933.2 万人次，同比增长 4.1%，发现症状 7412 人次，同比增长 215.8%。

检验检疫业务综合改革全面启动

全面启动了以“三种模式”和“三个体系”为核心的业务综合改革，即创新建立以合格假定为核心的出口监管模式、以风险管理为核心的进口监管模式和以通关便利化为核心的放行模式等“三种模式”，优化构建宏观质量安全管理体系、“智检口岸”信息化管理体系和技术支撑保障体系等“三个体系”，推动各项重点工作取得显著进步。

在全国检验检疫系统率先搭建起“智检口岸”，得到国务院领导肯定。对外建设口岸公共信息服务平台，对内整合集成综合业务管理系统并与广东电子口岸对接，使货物通关时间进口缩短 3.5 倍、出口缩短至几近“零等候”，被王勇国务委员誉为“两化融合，智在其中”；全面应用“航行港澳小型船舶检疫监管系统”，实现企业向检验检疫、海关、边检等部门一次性申报，整个流程最快仅需 2 分钟，提速近 60 倍；积极推动广东电子口岸建设，实现“三个一”系统与广东电子口岸和广州电子口岸对接；完成空港业务监管功能模块需求分析和“智检口岸公共信息服务平台”需求细化工作，实现与广州电子口岸数据交换工作。

检验监管模式改革不断完善，以合格假定、风险管理为核心的新的进出口商品检管模式得到广泛应用；率先在进口食品中实施申报放行、验证放行、抽样放行和检验放行等差别化放行措施，制定进出口食品监督抽检、合格评定、调查处置等工作规范；率先制定了广东跨境电商检验检疫监管措施，研发应用了广东检验检疫跨境电商公共服务平台，探索建立了“公共服务平台 + 集中监管园区”和“集中监管、分批核销”监管模式；在辖区各地结合地方经济发展特色建设了一批市场采购商品监管区、集中检管区和示范区。

宏观质量安全管理进一步加强，对辖区 12 个重点行业出口企业的质量安全状况进行调查分析；探索建立了进口不合格产品质量约谈制度，约谈了奔驰汽车、大众汽车、台湾大同等 7 家公司；制定了进出口工业产品质量安全风险预警、信息管理、质量安全抽查、不合格信息发布和检验鉴定机构监管、结果采信等工作规范。

服务外贸平衡发展

2014 年先后出台了促外贸稳增长 10 项措施，提出了 19 项个性化帮扶措施，提出了 11 项支持扩大进口措施，切实有效促进了广东外贸平衡发展。全力推进通关便利化工作，广东检验检疫局和广东海关分署签订“三互”合作备忘录，确定 16 项具体合作内容；和省内 7 个直属海关签署工作方案，全面推进“三个一”，首创的“三个一”广东模式在全国范围内得到复制推广，全年广东检验检疫局辖区 143 个口岸实现进口“三个一”，共有 49901 批进口货物采用“三个一”模式通关，惠及企业 3172 家；出口“三个一”和进口废物原料“三互”监管合作开始启动，“三个一”工作走在全国前面。积极主动为企业减负增效，大力推进报检无纸化、通关单无纸化和产地证签证无纸化工作，减负提速成效明显；全年共减免检验检疫收费 2.76 亿元；签发各类原产地证书 85.8 万份，签证金额 314.02 亿美元；启动了珠三角区域通关一体化试点，扩大出境直通放行货物范围，陆续与重庆、贵州、广西合作推行出境货物直通放行。

技术性贸易措施应对工作进一步加强

2014 年新筹建了广东进出口水生动物公共技术服务平台，全局 9 个平台全部获得广东省示范平台认定。全年共组织免费培训 111 场，累计减免委托检测收费 2287 万元；全年共开展 66 项 TBT/SPS 通报评议，向质检总局提交评议意见 72 份、特别贸易关注信息 12 条，3 条被选为关注和磋商议题；成立了全国首家“家电技术性贸易壁垒研究工作室”；依托“应对国外技术贸易壁垒网站”为检验检疫系统内外提供预警信息 526 条。

成功承办金伯利进程 2014 年全体会议

本次会议有来自 45 个成员国、1 个申请国、4 个观察员以及联合国专家团等近 500 名代表参会，会议通过了《金伯利进程 2014 年全体会议最后公报》，确认安哥拉接任 2015 年进程主席国。与会代表盛赞我国今年担任主席国期间在维护进程团结、推动地区和平进程、维护国际钻石贸易秩序等工作中表现出优秀领导力。会上还举办了广州钻石交易中心筹建揭牌仪式，有效宣传了广州城市形象和钻石外贸实力。会议的成功举办也向世界宣传了广东作为中国外贸大省、钻石产业强省的形象，有力拉动了广东省钻石外贸发展和产业转型升级。

严密防控埃博拉疫情

广东口岸是国内埃博拉出血热防控任务最重的口岸，广东检验检疫局以“极端重视、高度负责”的精神，采取“三率先、两强化”措施，创新“3+3+3”空港口岸防控模式，全面布防埃博拉疫情，得到了广东省委书记胡春华、质检总局局长支树平和广东省省长朱小丹的高度肯定，胡春华专门批示：“检验检疫局做了大量的工作，分析也是有道理的，要采取措施，严防病例输入”。全年共检疫 17505 名来自埃博拉疫情发生国的入境人员，占全国的 58.8%，发现 29 例转运病例，占全国的 37.66%，并均排除染疫嫌疑。

敏感商品检验监管进一步加强

积极探索进口不合格产品监管模式，强化事后监管，对问题产品采取销毁、通报、召回、整改等措施，降低了质量安全风险；对进口危险化学品等风险较高的产品，采取加强检验检疫、限制货物入境、紧急控制等严格措施，全年共检出不合格进出口危险化学品 35.2 万吨、3.1 亿美元，检出不合格进口机电产品批次、货值同比分别增长 683％和 548％。对大宗敏感进口食品重点检测项目进行动态调整，实现高效监管，全年共检出不合格进口食品化妆品 2.2 万货物批，检出率 22.1%，出口食品化妆品检出不合格批次同比增长 26 倍。

全力保障供港澳鲜活商品和食品安全

牵头建立了广东省保障香港《食物内除害剂残余规例》平稳实施联席会议制度，形成共同应对工作机制，全面推广供港蔬菜溯源管理系统，推进云浮、清远、惠州等供港澳食品农产品质量安全示范区建设，完善供港澳食用动物电子耳标系统，《规例》实施以来，广东检验检疫局辖区供港食品农产品未出现质量安全事件，供港食品总量平稳，全年检验检疫供港澳食品 25.13 万货物批、152.49 万吨、24.32 亿美元，确保了供港澳食品农产品质量安全，总量平稳。

大力开展专项稽查行动

全年共实施行政处罚案件 1212 宗，涉案货值 3546.29 万元，罚没金额 412.75 万元；在南沙、黄埔等口岸查获涉及多个知名品牌的鞋类、服装等出口假冒伪劣商品，涉案货值超过 2000 万元。首次从跨境电商快件中截获濒危野生动物象牙制品。

法制建设进一步加强

编制了广东检验检疫主要权力清单，提高权力行使透明度。创建了法治评价指标体系，细化、量化依法行政考评。建立了自由裁量权源头控制及标准制度、监督制度。

检验检疫科技建设进一步加强

2014 年推荐国家科技支撑计划推荐项目 1 项；广东检验检疫局承担的第一个玩具国际标准正式发布，填补了中国玩具产业在 ISO 领域的空白；获质检总局批复两个国家检测重点实验室，生物安全三级实验室通过评估，成为质检系统第一家具备埃博拉病毒检测资质的实验室；保健中心成为全国首家、系统内唯一同时拥有赴美、澳、加、新、英等主要移民国家签证体检资格的机构。

精神文明建设成果丰硕

广东检验检疫局下辖的12个分支局被评为广东省文明单位，其中4个分支局被广东省推荐上报“全国文明单位”，全局154个服务窗口全部被授予各级文明窗口，13个窗口获得全国青年文明号、全国巾帼文明岗等国家级荣誉称号。广东检验检疫局政务服务大厅被评为省培育和践行社会主义核心价值观示范点，番禺检验检疫局莲花山办事处被命名为全国“示范青年文明号集体”；汕尾检验检疫局陈劲海被评为全国质检系统第一届道德模范、“广东好人”。

（供稿单位：广东出入境检验检疫局）

2014 年广东科技创新工作情况

2014 年底，根据科技部综合评价，广东区域创新能力连续 7 年稳居全国第二位。在构成区域创新能力的五个分项指标中，广东省创新绩效位居全国第一。全省 R&D 经费支出占 GDP 比重达到 2.4%，超过全国平均水平；技术自给率提高到 70%，接近创新型国家和地区水平；PCT 国际专利申请量占全国比重超过 50%；全省从事研发人员达 52 万人年，规模居全国第一。高新技术产业产值预计达 5.18 万亿元，同比增长 15%。获得 973 首席科学家项目 9 项，连续 6 年实现丰收。

一、创新驱动发展战略的顶层设计不断优化

一是增创创新驱动发展的政策新优势。广东省委、省政府高度重视全省创新驱动发展的顶层设计和总体布局。2014 年 6 月，我省在全国省级层面率先出台《关于全面深化科技体制改革 加快创新驱动发展的决定》（粤发〔2014〕12 号），明确了新时期、新形势下我省全面深化科技体制改革、加快创新驱动发展的总体要求、目标任务和工作举措，是全省当前和今后一个时期的科技工作发展的纲领性文件。

二是科技体制改革全面深化。2014 年 7 月以来，我省加快实施科技业务管理“阳光再造行动”，全力打造科技业务管理阳光政务平台。通过整合归并设立 5 大财政科技专项资金，全力构建起新型科技业务体系。 2014 年 11 月，组织省重大科技专项推进会，以新思路、新机制凝炼实施 9 个省重大科技专项，在计算与通信集成芯片、移动互联关键技术与器件、云计算与大数据管理技术、新型印刷显示材料、可见光通信技术及标准光组件、智能机器人、新能源汽车电池和动力系统、3D 打印、干细胞与组织工程等关键领域，重点打造一批科技“明珠”工程。深化科研体制改革，以新机制、新思路整合全省优质科研创新资源，推动组建新的广东省科学院。

二、科技有力支撑和引领全省产业转型升级

一是高新区成为驱动创新产业发展的龙头。2014 年下半年以来，我省依托高新区，着力优化高新技术研发、高科技成果转化、企业孵化与培养等工作体系，积极整合全省高新技术领域资源，高新技术产业蓬勃发展，高新区升级喜报频传。2014 年 7 月，汕尾省级高新区获批成立，实现省级高新区在全省地级市全覆盖。截止到 2014 年底，我省拥有 9 个国家级高新区，省级以上高新区 23 个，实现营业总收入预计达到 2.55 万亿元。

二是专业镇特色产业转型发展。深入实施“一镇一策”行动计划和“一校一镇、一院（所）一镇”产学研特派团联动帮扶计划，实现“科研院校—创新服务平台—专业镇企业”联盟，加快建设专业镇中小微企业九大公共服务平台，推动专业镇转型升级从“要我转”向“我要转”转变，加快了专业镇的工业化、新型城镇化和现代化步伐。2014 年，全省 381 家专业镇累计实现地区生产总值超过 2 万亿元，约占全省 GDP 的 30%。

三是科技惠民工作取得新成效。2014 年 11 月 19 日，我省与科技部在珠海横琴新区正式启动实施国家食品安全（横琴）创新工程，目前横琴工程筹建工作进展顺利，已与德国弗劳霍夫研究所、美国长寿基金会、欧州 FOODSCAN 公司、香港时胜投资公司等企业和研究机构的进行进驻洽谈。2014 年下半年，广东暴发了登革热、埃博拉出血热疫情，我省积极采取措施，及时启动防控疫情应急科技攻关专项，设立 H7N9 亚型禽流感的流行趋势、快速诊断、临床感染病例救治、禽用疫苗研制等 6 个课题组开展“防治 H7N9 亚型禽流感科技攻关”，支持经费 1000 万元，为应对重大公共卫生应急事件提供强有力的科技支撑，让科技成果惠及广大人民群众。

三、多主体协同创新格局初步形成

一是省部院产学研合作深入推进。深化和推进广东与全国高校、科研院所的产学研合作。2014 年 7 月，我省与清华大学等签订了新一轮战略合作协议，

加快集聚国家重要创新资源，推动“三院两部一省”产学研合作体系向纵深发展。目前，广东省产学研合作规模逐步扩大，合作层次逐步提升，由短期的、分散的项目合作向以长期的、实体化的人才引进、平台和实体研发机构建设的长效机制转变。2014 年省部院产学研合作全年实现产值 2500 亿元，利税 250 亿元；累计实现产值突破 1.7 万亿元，利税 2200 亿元。

二是国际和粤港科技合作取得新进展。依托广州留学科技人员交流会、深圳高交会、东莞国际科技合作周等载体，不断深化与欧美等发达国家科技合作，广东—兰卡斯特大学“中国企业催化项目”等一批国际科技合作项目进展顺利。稳步推进东莞“国家级环保与水处理国际创新园”、广州“国家级科技服务国际创新园”、中乌巴顿焊接研究院等重点项目建设，协调推进佛山中德工业园、揭阳中德生态金属园等国际合作园区建设并取得新进展。加快推进“粤港创新走廊”建设，强化两地创新要素良性互动，实现两地产业链互联共融，着力打造“珠三角—香港—海外”人才流动新模式。

三是全省“大科技”联动发展格局基本形成。为加强省市联动与区域发展布局，2014 年 11 月，我省颁布实施《珠江三角洲地区科技创新一体化行动计划》，加快建设珠三角创新核心区。贯彻落实《科技创新促进粤东西北地区振兴发展专项实施方案（2014 ～ 2020 年）》，推动了一批省级重大创新平台落户粤东西北地区。2014 年 12 月，省科技、经信、教育等部门再次合作，组织召开第二届全省科技成果与产业对接会，推动大批科技成果、创新人才与企业实现“无缝对接”。

四、源头创新与应用基础研究取得重要进展

一是新型研发机构迅速崛起。自 2014 年 9 月 28 日省委省政府召开全省新型研发机构建设现场会以来，全省加快部署培育发展一批新型研发机构，广东智能机器人研究院、华南智能机器人研究院、北京大学华南产业创新研究院、清华大学粤港澳研究院等一批新型研发机构的筹建工作进展顺利，助力区域经济提速提质。

二是加快重大科技基础设施及其应用机构的布局。国家大数据科学研究中心项目、中国（东莞）散裂中子源、中微子实验室（二期）、“加速器驱动嬗变系统研究装置”、“强流重离子加速装置” 等大科学工程进展顺利。

五、科技与金融、产业融合逐步深化

一是推进科技金融投资平台与服务体系建设。2014 年下半年以来，我省成立省科技金融综合服务中心，正式启动覆盖全省 21 个地级市的省级科技金融服务网络建设，直接造福广大科技型中小微企业。召开全省科技信贷服务模式总结推广会议，在全省范围内推广科技支行的建设运营模式，促进科技和金融的更紧密结合。依托省粤科金融集团在全省国家级高新区布点设立 6 个子公司和 5 个融资性担保公司，形成科技金融产业发展的一体化效应。深圳前海股权交易中心、广州股权交易中心和广东金融高新区股权交易中心等区域产权交易平台建设成效明显，累计挂牌企业数量 4000 多家。

二是健全财政资金与社会资本投向科技产业的联动机制。深化财政科技经费使用方式改革。2014 年下半年，我省整合归并省财政专项资金 12.5 亿元，设立创投基金、引导基金、融资风险补偿、融资补贴等专项资金，重点加强对企业技术创新和产业化项目的引导性投入，带动风投、创投、信贷、保险等社会和金融资本超过 50 亿元，财政资金的杠杆效应十分显著。

三是以赛促建不断优化创新创业环境。2014 年 8 ～ 12 月，我省成功举办第三届中国创新创业大赛（广东赛区）暨第二届“珠江天使杯”科技创新创业大赛，一大批优秀企业和团队脱颖而出，不少科技型企业实现从“丑小鸭”到“白天鹅”的华丽蜕变，受到创业投资机构、银行等的青睐，也充分展现了我省的科技创新潜力。据统计，赛区组委会首批尽职调查的 100 家企业中，大约 40 家企业 / 团队愿意接受投资，其中粤科天使基金达成投资意向企业 15 家。

（资料来源：广东省科技厅）

2014年广东金融、科技、产业融合创新发展工作情况

推进金融、科技、产业融合创新发展（以下简称“三融合”）是我省实施创新驱动发展战略、推动产业转型升级的重要载体，是落实习总书记关于“围绕产业链部署创新链、围绕创新链完善资金链”要求和国务院推进“大众创业、万众创新”工作的具体抓手。2014年2月，省政府召开全省科技金融工作会议，出台了《科技·金融·产业融合创新发展重点行动》和《科技金融支持中小微企业发展专项行动计划》，部署建设“三融合”综合试验区以及在我省国家级高新区开展“三融合”试点等工作。一年来，省金融办、省科技厅等部门共同努力、协调联动，推动有关工作进展顺利，在探索实践中初步形成一批有力促进创新驱动发展的典型经验。有关情况如下：

一、金融、科技、产业融合创新发展成效初显，呈现出“三优化、三加速”良好态势

（一）“三融合”服务体系不断优化。一是推动设立科技支行。目前，9家国家级高新区都设立了科技支行，针对科技创新企业“量身定做”，不断创新运行机制、业务模式和金融产品。例如，惠州仲恺高新区依托广发银行设立仲恺科技园支行，建立了“区财政专项补助基金+银行融资资金+人保公司担保机制”的“政银保”合作贷款体系，通过政府、银行、保险三方共同分担风险，累计向区内优质科技型企业提供贷款超过2亿元。二是引导扶持创投机构集聚发展。各高新区通过吸引创投企业投资、参股成立新基金、跟进投资等多种形式，持续加大对科技创新企业的风险投资力度，取得积极效果。例如，中山火炬高新区引进文化产业基金五期和时代伯乐健康产业股权基金，落户11个品牌创投、18只股权投资基金和5家基金管理公司，到位资金38.4亿元。三是探索科技小贷、科技担保、科技保险等服务新模式。仲恺高新区成立智融科技小贷公司，以本地中小型科技型企业以及TCL产业链上下游企业为服务对象，大力开展产业链金融创新。广州高新区4家融资担保公司累计为100多家区内企业提供贷款担保服务，担保金额超过15亿元，4家保险公司共为区内33家高新技术企业办理科技保险保费补贴54万元。

（二）“三融合”服务能力不断优化。一是创新科技金融服务方式与手段，推进银行与证券、保险以及其他机构开展合作，开展供应链融资、行业平台担保、互助平台担保、小额贷款保证保险、仓单订单质押、知识产权质押等新方式，有效扩大信贷支持规模。二是以三个区域性股权交易中心为平台，为企业股权质押融资、知识产权质押融资、上市辅导等提供支持服务。三是积极开展债权融资。如珠海高新区中小企业“成长之翼”融资平台吸引21家债权融资平台机构加入，其中的14家合作银行累计为38家企业77次放款共2.99亿元；中山火炬区9亿元公司债通过发行审核，首期5亿元已正式发行。四是试水互联网金融融资方式。如中山火炬高新区成立了科技类P2P网贷平台，帮助普利斯微创介入医械公司以P2P融资方式实现融资100万元。五是积极引导社会资本开展风险投资。如东莞市在“科技东莞”工程中统筹安排了首期5000万元的种子基金、2亿元的信贷风险补偿资金池、每年6000万元的贷款贴息资金、每年2000万元的创业投资机构风险补助资金和1000万元科技金融服务体系建设资金。

（三）“三融合”服务环境不断优化。我省先后出台一系列支持科技金融创新发展政策，各高新区结合实际情况，制定相应的财政、人才等支持政策和配套措施。如广州高新区出台《关于加快科技金融发展的实施意见》及系列配套办法，珠海高新区制定《珠海市高新区科技金融创新实施方案》等政策文件，中山火炬开发区出台《中山火炬开发区关于促进股权投资基金发展的暂行办法》，江门高新区制定《江门高新区科技创新能力战略提升行动纲要（2014-2020年）》等，东莞松山湖高新区制定开展“三融合”的“1+3”政策体系，等等。同时，各高新区注重搭建科技金融专业化服务平台。如江门高新区搭建科技金融服务中心，构建中小企业信用体系。佛山在广东金融高新技

术服务区组建“蓝海众投”投融资平台，以股权、债权、权益类产品等作为标的，对接民间资本。珠海高新区联合金融机构及融资中介机构，共同打造珠海高新区科技金融广场，结合“珠海市投融资增信平台”网络虚拟载体和集市大厅等物理载体，重点解决资金供需双方信息不对称，累计撮合项目融资 247 家次，实现总融资额 17 亿元。

（四）高新区经济结构转型升级不断加速。我省九个国家级高新区紧紧围绕产业结构优化，通过“三融合”试点加快传统产业改造和新兴产业培育。一方面，运用金融杠杆强化对传统产业的改造，提高传统产业的科技含量，加快产业结构优化升级。另一方面，通过科技和金融结合，引导金融资本和社会资本向新技术积聚，推动战略性新兴产业发展，大力培育新一代信息技术、新材料、生物、节能环保、新能源等产业。比如，江门高新区以科技支行为抓手，积极利用多层次资本市场，重点发展以绿色光源为主的战略性新兴产业、以光机电一体化为主的高附加值先进制造业，重点规划建设绿色光源产业核心园、先进制造业园、科技创新创业园等特色园区，带动园区产业规模迅速提升和产业结构调整升级，2014 年规模以上工业增加值同比增长 15%，比全省平均增速快 6.8 个百分点。

（五）产业技术进步不断加速。比如，中山火炬开发区以实现多层次资本市场先行实验区、创投基金聚集实验区、科技金融机构聚集实验区、科技金融产品模式创新实验区、科技金融服务平台示范实验区为目标，推动金融创新配套服务，扶持科技型中小企业发展，已有“四个一批”项目 100 个，高技术含量的项目占比七成，投资总额达 433 亿元，预计可带动超过 1000 亿元产值。惠州仲恺高新区成立惠州仲恺（国家级）高新区风险投资工作站，组建高新区“金融超市”，获得“评信通”中小企业融资服务试点，已推动 6 家园区企业上市，1 家企业天交所挂牌交易，12 家企业签订新三板挂牌协议，极大带动区内产业技术进步，2014 年区内企业发明专利申请同比增长 88.6%。

（六）科技创新成果转化不断加速。九个国家级高新区以“三融合”为切入点，引导投资机构、担保机构、专业银行等金融机构进入孵化器等创新平台，加速创新成果的转化和产业化。比如，珠海高新区科技金融广场融合了科技金融集市、创业助咖啡、创业苗圃、“菁中汇”、科技资源共享电子图书室等五个功能板块，定期组织企业与金融机构开展项目路演、金融产品推介等对接，2014 年前三季度，通过“成长之翼”融资平台、红杉资本等股权投资机构，累计为 40 多家企业科技成果转化融资近 5 亿元，创业苗圃已入驻 6 个创业团队，注册资本 221 万元。再比如，东莞松山湖高新区强化科技创新平台金融元素，大力支持发展股权投资类企业，2014 年引进生物技术类企业 19 家，引资额超过 3 亿元，预计产值超过 8 亿元。

金融、科技、产业融合创新发展工作，在短短一年时间内取得较好成效，这是省委省政府正确领导和各方努力的共同结果，同时也要看到其不足之处：一是“三融合”的创新突破点还不多，难以形成合力效应，有些问题在地市层面上难以解决，需要省市联动加强统筹协调。二是扶持政策框架初步建立，但实质落地还要进一步理顺多个环节。三是融资渠道日趋丰富，但融资产品往往存在同质性，融资效率有待提高，融资难瓶颈尚未进一步打破。四是还没有形成覆盖科技型中小企业生命周期全程的“融资服务链”，特别是针对初创期和成长期科技企业的金融服务支持不足。五是亟待建立整合政府、金融机构、企业、中介组织之间信息的公共平台，大力发展各类专业的中介机构。

二、我省推动金融、科技、产业融合创新发展的基本经验

以国家级高新区为实践主体，我省逐渐总结出开展“三融合”工作的基本经验，可以概括为“一个目标，两个市场，三个载体，四个一批，五个机制，六个平台，十条渠道”。

一个目标，即通过建立一套金融与科技、产业融合发展机制，有效整合金融资本、民间资本与产业资本，为种子期、初创期、成长期、成熟期的科技型中小企业提供全方位、差异化金融服务，形成具有示范引领意义、易于复制推广的广东“三融合”模式。

两个市场，即充分利用银行信贷市场和资本市场。通过鼓励银行机构新设或改造部分分（支）行，作为服务中小科技企业的科技分（支）行，开展科技贷款业务以及相关创新，有效弥补以政府信用为担保向企业提供低息贷款这一传统模式的不足；支持龙头企业通过上市融资、兼并重组等做大做强，针对众多科技型中小企业，重点推动利用新三板和区域股权交易市场，搭建交易市场、中介机构、政府部门与科技企业的四方对接平台。

三个载体，即以产业集聚为导向，做实科技成果转化孵化、基础研究机构、产业技术应用研究等三个载体。引导推动风投机构、私募基金、银行以及咨询、检测等机构进驻重点科技企业孵化器和加速器，

全面增强科技成果孵化能力和对科技型中小企业的抚育能力。推动开展“产学研 + 协会”的模式，支持行业协会、重点骨干企业与高等院校、科研机构共建产业创新平台，形成基础科研机构群。推动相关创新平台联合行业龙头企业共建产学研创新联盟，建立科研技术成果项目信息发布平台和大型科研仪器设备共享服务平台，加强产业应用技术攻关突破。

四个一批，即引进一批金融机构，转化一批科研成果，催生一批科技型企业，壮大一批新兴产业。以引进和培育金融机构组织为先导，重点布设银行科技支行，积极引入和设立私募股权、创业投资、融资租赁、融资担保、再担保、小额贷款、票据服务、保险中介、民营银行、期货业务创新交易市场、产权交易中心等，为科研成果转化和科技企业成长提供全面金融服务，推动形成层次分明、分工明确的高新产业金融服务链条。

五个机制，即建立成长抚育机制、并购重组机制、风险投资机制、风险分担机制和合作共赢机制。根据企业发展不同阶段需要差异，引入各类金融要素，建立覆盖企业全生命周期的成长抚育机制。大力支持科技上市企业通过并购基金等方式兼并重组，研究允许科技上市企业发行优先股、定向可转债等作为并购工具的可行性，丰富并购重组工具。政策性风投和商业风投相结合，发挥政府风险投资市场引导功能，充分带动民间资本，支持龙头企业组建和经营风险投资公司，推动科技成果转化和支持中小型科技企业成长。建立完善创业投资引导、科技保险、科技担保等风险分担机制，形成政府引导、多方参与的科技型企业贷款风险补偿机制。加强粤港共建和国际合作，支持建设开放性资源共享技术平台和信息网络体系，推动开展共性技术研究。

六个平台，即搭建金融合作对接平台、股权投资平台、金融一站式服务平台、科技金融中介服务平台、民间金融创新平台和企业征信服务平台。建立重点项目融资对接协调机制，组织重点项目融资对接活动。集聚发展优质创投机构和设立重点产业投资基金。设立为科技型企业提供融资“一条龙”服务的一站式金融服务平台。设立为科技型企业提供咨询、项目管理、人才引进、企业改制等服务的中介服务平台。搭建吸引小贷、担保、融资租赁、互联网金融等地方民间金融组织集聚的民间金融创新平台。引入第三方市场评级机构，设立区域、园区内企业征信服务平台。

十条渠道，即政府主管部门、园区管委会、金融机构、中介机构共同参与，畅通十条科技型企业融资渠道，形成支持企业成长的“无缝”对接的融资支持体系：天使投资，创业投资，境内外上市，代办股份转让，并购重组，企业债券和信托计划，担保融资，信用贷款，信用保险和贸易融资，小额贷款。

三、进一步推动金融、科技、产业融合创新发展的思路举措

当前，要紧紧围绕实施创新驱动发展战略，更加注重发挥金融在创新资源配置中的导向功能，更加注重优化金融方式和手段，更加注重提升“三融合”的质量和效益，持续优化科技金融组织体系和服务水平，进一步完善提炼我省“三融合”模式并加快向全省推广复制，更好地将各类创新驱动要素与资源，凝聚到创新创业发展方向上来，加快推动我省产业转型升级。

（一）加快形成分区域、分层次的“三融合”工作格局。按照全省区域发展总体部署，优化“三融合”空间发展布局，加快推进“三融合”从国家级高新区延伸到各工业园区、科技园区、专业镇、产业集群，培育充满活力的区域创新发展增长极。一是以“两个中心，三大平台”为核心支撑。“两个中心”是广州、深圳区域金融中心，广州着力提升金融市场的资源配置和辐射能力，深圳着力强化资本市场和金融创新优势。“三大平台”是南沙、横琴、前海，重点为我省“三融合”提供创新性、国际化金融服务。二是围绕珠三角三大产业带建设推进“三融合”。将“三融合”试点率先推广到珠三角三大产业带区域的高新区、工业园、科技园、专业镇等，形成珠三角科技金融网络体系。以广州开发区、深圳高新区为龙头，在广深现代服务业产业带重点在物流、会展、信息服务、专业服务、文化创意等领域探索“三融合”的新路径。以珠海高新区、佛山高新区、江门高新区、肇庆高新区为重点，在珠江西岸先进装备制造产业带重点推动产业资本与金融资本融合，大力发展融资租赁等金融业态。以东莞松山湖高新区、惠州仲恺高新区为重点，在珠江东岸高新信息技术产业带构建包括风险投资、担保基金、地方性金融机构、股票和债券市场等在内的多层次融资体系。三是在粤东西北地区以产业转移工业园为重点，推动产业与金融、科技的良性互动、共生发展，实现产业链和资金链融合发展，打造一批“三融合”的标杆园区。

（二）持续优化“三融合”创新政策环境。一是加强金融创新政策的绩效评价和利益导向指引，出台一批有利于金融、科技、产业融合创新发展的政策措施，重点优化财政扶持方式，充分调动各类资源和

发挥市场作用，紧紧围绕产业链、创新链探索投融资模式创新，建立“三融合”风险分担机制。二是优化信用环境，完善社会信用体系。建立跨机构、跨行业的，以人民银行企业和个人信用信息基础数据库为基础的、区域性企业和个人信用信息收集、使用和共享的网络化平台。三是加强人才队伍建设，保证金融发展的人才需求。出台我省高端金融人才引进办法，吸引海内外高端金融人才。四是提升风险防范意识，处理好金融创新与金融风险控制的关系。建立一套坚持金融开放步伐与监管能力相适应、金融创新能力与风险控制相匹配的创新体系。

（三）不断健全“三融合”创新服务体系。一是支持银行业机构在高新区、产业园区、专业镇、集贸市场等设立科技支行、中小微企业专营机构等，延伸服务网点。针对科技型企业融资需求和特点，创新知识产权、动产等抵质押方式，发展以大数据、云计算、移动互联为技术支撑的产业链和供应链金融服务新模式，增强综合融资服务。二是完善小微金融服务体系。继续扩大民营银行试点，探索组建服务创新型企业的科技银行，加快发展村镇银行，探索设立城市社区银行。鼓励发展民营融资租赁公司、消费金融公司等，加快发展特色小额贷款公司。三是鼓励发展股权投资企业。我省股权投资企业集中在广州、深圳、珠海、佛山、东莞等地，支持其他地市通过政府资金引导、深化与境内外金融机构合作等方式，组建不同形式的股权投资基金，优先扶持投资初创期企业的种子基金、天使基金。四是创新发展互联网金融。推动有条件的地市研究出台扶持互联网金融业发展的政策措施，加强互联网金融行业自律，开展规范监管和立法探索。

（四）积极构建“三融合”创新市场平台。以多层次资本市场为核心构建“三融合”创新市场平台。一方面，全面深化与沪深交易所、“新三板”以及银行间市场的合作；继续做好企业改制上市工作，结合新股发行注册制度改革，有效增加上市公司数量；学习江苏经验，有效扩大企业债务融资工具发行规模，不仅支持我省企业在银行间债券市场发债，还要支持在证券交易所发行公司债、中小企业私募债等产品。另一方面，加快建设3家区域性股权交易中心，鼓励其在做好风险防范的基础上，创新开发符合科技中小微企业融资发展的各类产品，开展区域股权交易市场优质企业转板业务。加快发展金融资产、碳排放权、排污权、知识产权、文化产权、航运等要素交易市场，大力开展各类特色产业金融创新。

（五）着力完善“三融合”创新发展机制。一是完善风险投资机制。发挥政府资金对风险投资的融资引导作用，培育基金管理机构和管理人才，搭建多种形式的产融对接平台，鼓励风险投资企业作为机构投资者参与区域股权交易市场交易，拓宽并购等资本退出渠道，合理降低资本退出的税负水平。二是完善融资风险分担机制。省市各级政府共同建立完善覆盖全省的政策性担保体系，指导各地区建立重点产业和科技型企业信贷风险补偿金或风险资金池，由粤科担保公司在全省国家级高新区设立科技担保公司。三是创新科技保险机制。在做好广州、深圳、东莞科技保险试点的基础上，推动佛山市出台试点工作方案，鼓励有条件的地区设立科技保险补贴专项资金，完善科技保险保费补贴制度，落实国家对科技保险税收优惠政策。

（六）突出发挥新型研发机构在“三融合”中的重要作用。新型研发机构的活动范围覆盖了基础应用研究、试验发展、成果转化、技术服务、企业孵化、产业投资等创新链的各个环节，聚焦产业发展、突出开放创新、集聚创新人才，是“三融合”有机结合的重要载体。通过吸引社会资本、风险投资、科技金融服务机构等方式，采用公司化运作、股权激励等模式，促进新型研发机构规范化发展，并通过多层次资本市场发展壮大。比如，深圳清华大学研究院搭建科技金融综合平台，以科技信贷与科技投资为业务主线，涵盖融资担保、小额贷款、融资租赁、创业投资、咨询服务等业务，以金融助力科技成果转化，实现自有资本、社会资本、金融资本与科技资源的全面对接。这些经验可资借鉴推广，促进新型研发机构发展。

（资料来源：广东省人民政府金融工作办公室）

2014 年广东经济运行情况

2014 年，广东各地坚决执行党中央、国务院宏观调控政策，认真贯彻落实省委、省政府决策部署，坚持稳中求进总基调，着力稳增长、促改革、调结构、惠民生、防风险，全省经济运行总体平稳。全年广东经济保持稳定增长，增速较 2013 年有所回落，但稳定增长的努力收到成效，经济运行基本面保持良好，结构继续优化调整，经济质量和效益进一步提升，发展后劲进一步增强。

一、全年广东经济稳健运行

（一）稳增长显成效，宏观调控各项指标表现平稳

——经济增速稳中向好。初步核算并经国家统计局核定，2014 年广东实现地区生产总值 6.78 万亿，同比增长 7.8%，增速虽同比回落 0.7 个百分点，但比前三季度提高 0.2 个百分点，比上半年提高 0.3 个百分点，比一季度提高 0.6 个百分点，呈现稳中有升的趋势。其中，第一产业增长 3.3%，第二产业增长 7.7%，第三产业增长 8.2%。

与全国相比，全年GDP增速比全国平均水平高 0.4 个百分点，比山东和江苏低 0.9 个百分点，比浙江高 0.2 个百分点，比上海高 0.8 个百分点。

与 2013 年相比，回落较大的行业主要是金融业和房地产业。2014 年金融业增加值增长 12.5%，增幅比上年回落 5.5 个百分点，房地产业增长 4.6%，增幅比上年回落 6.6 个百分点。客观上，对房地产投资占固定资产投资 30% 以上的广东来说，商品房销售回落拉低广东经济增长。

2014 年广东经济增速是 1990 年以来首次低于 8%，是经济发展进入新常态的重要特征，但 2014 年广东经济仍然保持了稳定增长，这离不开广东省委省政府的正确应对。一方面全力抓好中央各项预调微调政策的贯彻落实，另一方面结合广东实际及时出台实施了以重大项目拉动投资等 10 个方面稳增长政策、22 项财政支持稳定经济增长政策和 25 项支持外贸稳定增长政策，力促经济运行保持在合理区间。与此同时，广东还深化改革和扩大开放，向改革开放要增长动力。深化行政审批制度改革，加快简政放权和职能转变；全面推开工商登记制度改革；积极参与 21 世纪海上丝绸之路建设，加快率先基本实现粤港澳服务贸易自由化。

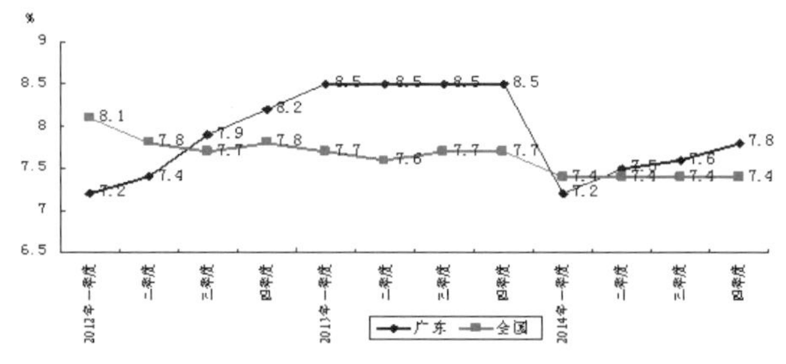

图 1 2012 年以来全国与广东 GDP 逐季累计增速图

表 1 2007-2014 年广东 GDP 和人均 GDP 增长情况

年 份	GDP		人均 GDP		
	绝对数（亿元）	比上年增长（%）	绝对数（元）	绝对数（美元）	比上年增长（%）
2007	31777.01	14.9	33272	4376	12.1
2008	36796.71	10.4	37638	5419	7.9
2009	39482.56	9.7	39436	5773	7.1
2010	46013.06	12.4	44736	6608	9.5
2011	53210.28	10.0	50807	7866	8.0
2012	57067.92	8.2	54095	8570	7.4
2013	62163.97	8.5	58540	9453	7.8
2014	67792.24	7.8	63452	10330	7.1

广东经济综合实力继续提升。地区生产总值自1989年起连续26年位居全国第一，从经济大省逐步向经济强省迈进。2014年，广东人均GDP达到63452元，增长7.1%，按平均汇率折算为10330美元，突破1万美元大关，接近世界平均水平。按照世界银行制定的国家与地区收入水平划分标准，广东已迈进中上等收入国家或地区的新门槛。随着经济持续发展，近年广东人均GDP连续突破几个1000美元大关，2007年突破4000美元大关，2008年突破5000美元大关，2010年突破6000美元大关，2011年突破7000美元大关，2012年迈上8000美元大关，2013年再上9000美元台阶，2014年突破万美元大关，基本一年一个台阶。

——全省物价逐步回落。广东居民消费价格指数从年初的增长3.3%逐步回落到12月的累计增长2.3%,其中1～3月增长3.0%,1～6月增长2.8%,1～9月增长2.6%。食品和居住类价格是物价上涨的主要领涨因素，而烟酒及用品、交通和通信价格持续走低是促成整体物价逐步回落的主要因素。工业生产者出厂价格指数和购进价格指数全年维持下降1个百分点左右的态势，1～12月降幅继续扩大，工业生产者出厂价格指数下降1.1%，购进价格指数下降1.2%。

——全省就业形势保持稳定。1～12月，全省城镇登记失业率2.44%,比上年末提高0.01个百分点;城镇新增就业人口159.6万人，超额完成年度任务，促进创业18万人。

（二）从三大供给看，农业和工业发展稳定，第三产业保持平稳较快增长

农业生产稳中向好。2014年完成农业增加值增长3.3%，增幅同比提高0.8个百分点。受天气总体较好影响，主要农作物产量稳定，播种面积小幅增长，园林水果产量大幅增长，水产品产量稳步提升。全年农作物总播种面积7138万亩，增长1.3%；粮食产量1357万吨，同比增长3.1%；园林水果产量1436万吨，同比增长4.9%；水产品产量831.82万吨，同比增长2.7%。

工业生产保持平稳。2014年规模以上工业实现增加值29327.61亿元，增长8.4%，同比回落0.3个百分点；其中，重工业增长9.1%，轻工业增长7.4%。规模以上民营工业继续较快增长13.2%，增幅由一季度领先全省规模以上工业平均水平3.4个百分点提高到4.8个百分点，占规模以上工业的比重由一季度的39.1%提高到43.6%；国有控股企业累计完成增加值4976.49亿元，增长6.3%；外商及港澳台商投资企业增长持续较缓，累计完成增加值13563.86亿元，增长5.0%。从重点行业看，水泥、金属制品、冶金、机械行业保持较快增长，成为拉动规上工业平稳增长的重要力量。全年非金属矿物制品业增长11.3%，金属制品业增长11.9%，有色金属冶炼和压延加工业增长11.0%，通用设备制造业增长8.2%，专用设备制造业增长9.2%，汽车制造业增长9.2%，计算机、通信和其他电子设备制造业增长11.7%。食品饮料、木材加工、印刷业等传统轻工行业的生产在加快，增速均处于年内高位，是稳定工业经济的重要支撑。

服务业平稳增长，新业态成为亮点。2014年第三产业实现增加值33279.80亿元，同比增长8.2%。其中，交通运输、仓储和邮政业保持较快增长，实现增加值增长9.7%；批发零售业增长8.4%，比前三季度回落0.3个百分点。金融业、房地产业增速经过上半年和前三季度回落后开始回升，金融业完成增加值

表2 2014年广东GDP核算情况

指　标	1～12月绝对值（亿元）	1～12月增长（%）	1～9月增长（%）	1～6月增长（%）	1～3月增长（%）
地区生产总值	67792.24	7.8	7.6	7.5	7.2
第一产业	3166.67	3.3	2.9	2.7	2.3
第二产业	31345.77	7.7	7.5	7.4	7.0
第三产业	33279.80	8.2	8.0	8.1	7.7
按行业分					
农林牧渔业	3242.42	3.3	2.9	2.7	2.3
工业	29087.55	7.8	7.7	7.6	7.2
建筑业	2323.72	5.4	4.1	3.9	4.2
批发和零售业	8047.47	8.4	8.7	7.9	7.6
交通运输、仓储和邮政业	2663.11	9.7	10.9	9.1	9.8
住宿和餐饮业	1342.24	3.2	3.0	2.7	2.3
金融业	4724.48	12.5	10.0	10.6	11.1
房地产业	4415.95	4.6	3.6	3.9	4.8

增长 12.5%，增幅比前三季度提高 2.5 个百分点；房地产业完成增加值增长 4.6%，比前三季度提高 1.0 个百分点。第四季度，各大利好刺激金融业和房地产业加快发展。房地产市场限购限贷政策松绑刺激市场销售，全年商品房销售面积下降 5.3%，商品房销售额下降 5.4%，降幅收窄。证券交易市场火爆，日交易量多次突破万亿元，带动金融业增加值较快增长。全年营利性服务业增长 10.2%，非营利性服务业增长 6.3%。

信息消费、网购、快递、高铁出行等新业态发展迅速，成为拉动经济增长的重要力量。2014 年现代服务业实现增加值增长 9.0%，比整体服务业高出 0.8 个百分点。受厦深线班次增多、南广贵广高铁开通影响，高铁客运强劲增长，完成客运量 8517 万人，增长 62.0%，占整个铁路运输的 37.0%，占比同比提高 11.3 个百分点；完成旅客周转量 230.34 亿人公里，增长 81.1%，占整个铁路运输的 34.2%，占比同比提高 11.7 个百分点。全年通信业务总量增长 13.5%，增幅同比提高 7.3 个百分点，3G 移动电话期末户数达 4981.24 万户，同比增长 11.5%，4G 移动电话上半年开始起步，三季度末用户达 646 万户，年末飙升到 1469.7 万户，3G 和 4G 移动电话覆盖率达 43.2%，无线上网卡用户比上年末增长 30.2%，宽带用户比上年末增长 15.5%。全年互联网和相关服务业实现营业收入增长 36.3%，营业利润增长 19.3%；软件和信息技术服务业实现营业收入增长 11.9%，营业利润增长 9.8%。同时，与信息消费相关的通讯器材类消费增长加快，限额以上批发零售业通讯器材类商品零售额增长 22.0%，增幅同比提高 12.2 个百分点。网购保持火爆，增长迅猛，受广货网上行活动及年底“双十一”等电商活动推动，传统实体商业积极发展网上销售，全年全省限额以上批发零售企业实现网上零售额高速增长 70.7%，占社会消费品零售总额的 2.3%，拉动社会消费品零售总额增长约 1.1 个百分点。网购等电子商务带动邮政、快递服务市场持续快速发展，全年邮政业完成快递业务量同比增长 59.2%，规模以上快递服务业企业实现营业收入增长 71.1%。

（三）从三大需求看，投资、消费比较稳定，进出口形势逐月好转

投资稳中趋缓。全年完成固定资产投资总额 25928.09 亿元，同比增长 15.9%，增幅同比回落 2.4 个百分点，比年初低 1.5 个百分点，扣除价格因素实际增长 14.2%，增幅同比回落 2.5 个百分点。其中，民间投资继续保持快速增长，全年完成投资 15065.02 亿元，增长 20.3%，占固定资产投资比重为 58.1%，占比同比提高 2.2 个百分点，对整体投资增长的贡献率为 71.4%，拉动投资增长 11.4 个百分点。受几条高速公路、高铁投资进入收尾期影响，基础设施投资在上半年高速增长 19.1% 后有所回落，完成投资 5984.65 亿元，增长 12.0%。房地产开发投资热情不减，全年完成投资 7638.45 亿元，增长 17.7%。工业投资平稳增长 17.3%，增幅同比提高 4.2 个百分点，比前三季度提高 2.0 个百分点。

消费品市场平稳运行。全年社会消费品零售总额增速保持在 11% ～ 12% 之间，波动较小，实现社会消费品零售总额 28471.15 亿元，增长 11.9%，增幅同比回落 0.3 个百分点，扣除价格因素实际增长 10.3%。城乡两个消费市场发展比较均衡，城镇市场增长 11.9%，乡村市场增长 11.8%。批发零售业销售平稳增长，住宿餐饮业经营持续好转。全年批发零售业实现销售额 98857.85 亿元，增长 16.4%；住宿餐饮业营业额 3837.71 亿元，增长 9.5%。在限额以上批零企业中，汽车类消费继续快速增长 19.2%，增幅同比提高 3.0 个百分点；金银珠宝类消费下行幅度有所收窄，增长 1.7%，增幅较上年下降 20.0 个百分点。五金电料、家具类消费增速较快，分别增长 28.1% 和 18.0%。石油及制品类、体育娱乐用品、化妆品消费增速较缓，分别增长 4.8%、3.2% 和 0.7%，增幅同比下降 5.5 个、9.1 个和 8.3 个百分点。

外贸进出口持续好转。受去年特殊监管区贸易异常数据影响，2014 年广东外贸进出口出现下降，但降幅逐月收窄。全年广东实现外贸进出口总值 10767.3 亿美元，同比下降 1.4%，降幅比一季度收窄 21.7 个百分点。其中，出口 6462.2 亿美元，增长 1.5%，增幅由负转正；进口 4305.1 亿美元，下降 5.5%。

二、经济结构战略性调整持续推进

2014 年，广东经济增速有所放缓，但经济结构继续调整优化，转型升级不断加快推进，经济增长动力和竞争力保持良好状态。

（一）投资结构变化契合产业结构调整方向。全年全省服务业完成投资 17135.89 亿元，同比增长 15.9%，三次产业投资结构调整为 1.3:32.6:66.1，服务业投资比重同比提高 0.2 个百分点。金融业在平安国际金融中心、香江金融大厦、宝能环球金融中心等多个项目的拉动下，投资累计增长 27.5%。民生领域投资保持较快，居民服务修理业和其他服务业投资增长 14.8%，水利、环境和公共设施管理业增长 20.0%，卫生和社会工作投资增长 29.3%，其中以养老院、福利院为主体的社会工作投资大幅增

长121.5%。在湛江钢铁基地、中委合资广东石化、中海石油炼化改扩建及乙烯工程等重大项目的拉动下，全年工业完成投资8400.04亿元，增长17.3%，其中先进制造业投资增长23.9%，高于制造业投资4.2个百分点。启动珠江西岸先进装备制造产业带建设，首批总投资330多亿元的13个项目开工。高耗能工业投资增长放缓，增长14.4%。与此同时，对工业企业的技术升级改造力度加强，全省完成技术改造投资2668.24亿元，增长12.5%，其中工业技改投资1867.59亿元，增长23.3%，占工业投资的比重为22.2%。工业技改投资主要集中在工艺装备改进、信息化应用与融合、质量品牌提升、节能减排等重点领域，先进制造业及优势传统工业技改投资增速均超过30%。

（二）现代产业占比提升，产业结构更趋高级化。三次产业结构继续调整，2014年三次产业结构调整为4.7:46.2:49.1，第三产业占比同比提高0.3个百分点。现代产业比重不断提升。全年现代服务业增长9.0%，占服务业增加值比重达58.4%，占比同比提高0.6个百分点。高技术制造业完成增加值7546.10亿元，同比增长11.4%，占规模以上工业的比重达25.7%，占比比2013年提高0.6个百分点。先进制造业完成增加值14103.95亿元，同比增长9.2%，占规模以上工业的比重达48.1%，占比比2013年提高0.2个百分点。推动战略性新兴产业发展，新一代显示技术、新型动力电池、北斗卫星导航应用等投入生产。清洁能源的生产比重越来越大，全年广东核电产量542.84亿千瓦时，同比增长16.9%，占比达14.0%；风电产量38.43亿千瓦时，占比达1.0%。

（三）内销占比提升，贸易结构优化。2014年，广东工业品实现出口交货值33358.92亿元，增长5.7%，实现内销产值83039.89亿元，增长11.0%，内销占工业销售产值的比重达71.3%，同比增加0.5个百分点。进出口结构优化，反映对外贸易自主发展能力的一般贸易自年初持续保持良好增长增势，完成进出口4157.6亿美元，增长12.7%，一般贸易进出口额占比提升至38.6%。加工贸易进出口降幅继续收窄，完成进出口5202.9亿美元，同比下降1.2%，其中“委托设计＋自主品牌”方式出口占出口总额比重提高到66%，跨境电子商务交易量占全国近七成。

（四）粤东西北占比提升，区域协调发展战略初显成效。珠三角对粤东西北的对口帮扶力度进一步加强，省政府推动设立121亿元粤东西北振兴发展股权基金，积极争取国家政策支持13个原中央苏区经济发展，粤东西北以交通基础设施建设、产业园区扩能增效、中心城区扩容提质和新区建设为抓手，推进钢铁、石化等大项目的投资建设，促进经济加快发展，缩小与珠三角差距。2014年，粤东西北地区多数经济指标增速高于珠三角地区。规模以上工业增加值增长14.2%，比珠三角高5.9个百分点；固定资产投资增长29.6%，比珠三角高15.0个百分点；社会消费品零售总额增长11.8%，略低于珠三角；进出口增长6.9%，比珠三角高8.6个百分点（见表3）。全年粤东西北地区GDP增速比珠三角地区高1.6个百分点。

表3 2014年广东分区域主要经济指标增长情况

区 域	规模以上工业增长（%）	固定资产投资增长（%）	社会消费品零售总额增长（%）	进出口增长（%）	地方公共财政预算收入（%）
全省	8.4	15.9	11.9	-1.4	13.9
珠三角	8.3	14.6	11.9	-1.7	15.1
粤东西北	14.2	29.6	11.8	6.9	12.7
东翼	13.2	32.3	12.0	1.7	9.1
西翼	15.2	30.0	11.7	13.9	11.1
山区	14.4	26.7	11.4	10.8	16.7

三、经济运行质量和效益保持向好

（一）财政收入平稳增长。2014年，来源于广东的财政总收入19080.13亿元，增长12.5%。完成地方公共财政预算收入8060.06亿元，增长13.9%，其中税收收入6505.89亿元，增长12.9%，均保持较快水平。财政支出有所回落，但民生支出保持较高水平。完成地方公共财政预算支出9134.33亿元，增长10.5%，同比回落3.2个百分点。其中教育、社会保障和就业等民生类支出完成6177.11亿元，同比增长11.2%，超出平均水平0.7个百分点，占财政支出的比重为67.6%，比上年提高0.5个百分点。全年税收收入增长平稳，国税收入突破万亿大关，达到

10152.21 亿元，增长 12.5%，收入总量连续 20 年位居全国首位，其中先进制造业、金融业和“营改增”现代服务业等体现经济结构调整成效的税收增速均在 20% 以上。地税收入突破 8000 亿元，增长 11.1%，税收规模连续 21 年居全国地税系统首位。

（二）企业利润保持较快增长。全年广东规模以上工业企业实现利润总额 6611.86 亿元，增长 12.4%，比全国利润增速高 9.1 个百分点，亏损企业亏损额 449.79 亿元，增长 15.9%，亏损面下降至 14.1%，主营业务收入利润率 5.8%，同比提高 0.2 个百分点。工业企业利润总额在 2013 年增长超过 20% 的基础上继续保持较高增速，表明企业在应对市场风险、降低生产经营管理成本、推进产品升级换代方面取得良好的效果。

（三）居民收入稳定增加。全省实施 2014 年城乡低保最低标准，各类地区低保最低标准提高 45 元至 102 元不等；企业退休人员月平均养老金增长 10.4%；城乡居民基础养老金标准提高至每月每人 80 元。根据城乡一体化住户调查，2014 年广东居民人均可支配收入 25685 元，同比名义增长 9.7%，扣除价格因素实际增长 7.2%。其中农村常住居民人均可支配收入 12246 元，同比名义增长 10.6%，扣除价格因素实际增长 8.3%。城镇常住居民人均可支配收入 32148 元，同比名义增长 8.8%，扣除价格因素实际增长 6.4%。

（四）能耗水平持续降低。2014 年，广东规模以上工业综合能源消费量 14498.19 万吨标准煤，同比下降 1.6%，增速逐季回落，比前三季度回落 2.4 个百分点，比上半年回落 4.4 个百分点。单位工业增加值能耗同比下降 9.3%。国家万家低碳行动企业中的广东工业企业综合能源消费量 10224.51 万吨标准煤，同比下降 3.0%。全年单位地区生产总值能耗下降目标有望实现。

四、2015 年广东经济面临压力依然较大

2015 年，国内外经济发展环境依然错综复杂，世界主要经济体经济发展有喜有忧，国内经济发展稳中有忧，下行压力较大。广东各项主要经济指标保持稳定，先行指标也显示经济具备稳定运行的基础和条件。综合判断，预计 2015 年广东 GDP 增速可以保持 7.5% 左右。

（一）国际国内经济形势稳中带忧

从国际形势看，世界经济复苏缓慢，主要经济体走势分化。美国经济总体较好，第三季度 GDP 折年率增长 5.0%，增幅创下 11 年之最；失业率位于 6 年底点，新增非农就业人数持续超过 20 万人，劳动力市场表现强劲并接近充分就业，建筑商信心接近 9 年高点附近，制造业发展加速，国际机构普遍预计，2015 年美国经济将继续保持强劲复苏之势。欧元区复苏步履蹒跚，12 月欧元区 Markit 制造业采购经理人指数（PMI）终值为 50.6，不及预期，11 月服务业 PMI 终值 51.1，为年内最低水平，综合 PMI 终值 51.1，创 16 个月以来新低，11 月 CPI 同比增长 0.3%，回落至 5 年低点，低通胀压力仍然难以缓解，经济可能再次出现减速。日本经济受提高消费税影响明显，第三季度日本国内生产总值下滑 1.6%，继第二季度大幅收缩 7.3% 以来连续两季度出现负增长，出现技术性衰退。新兴经济体面临的困难增加，动力不足。巴西经济出现“滞胀”态势，通胀率居高不下，接近政府容忍上限。俄罗斯 12 月通胀率创 5 年新高，同比增长 11.4%，经济衰退加剧；乌克兰危机引发的国际制裁对俄罗斯经济的不利影响持续发酵。地缘政治及突发事件风险上升。巴以冲突、伊拉克地区恐怖组织威胁、西非埃博拉疫情等不稳定因素影响世界经济和贸易。

从国内形势看，国内经济虽有下行压力，但中央经济工作精神和各项宏观调控措施的出台稳定了各方生产经营预期，经济保持稳定是大概率事件。2014 年党中央、国务院坚持稳中求进的工作总基调，坚持积极的财政政策和稳健的货币政策，着力推动改革创新，着力培养新的动力，全国 GDP 增长 7.4%，国民经济在新常态下保持平稳运行，呈现出增长平稳、结构优化、质量提升、民生改善的良好态势。12 月全国制造业采购经理指数（PMI）为 50.1%，微高于临界点，表明我国制造业保持稳定运行的基本态势；非制造业商务活动指数为 54.1%，高于荣枯线 4.1 个百分点，连续 2 个月小幅回升，表明非制造业总体保持稳中有升的发展态势。

（二）广东经济发展机遇和挑战并存

——先行指标表明广东经济运行内在动力仍比较强劲。一是贷款增势良好。12 月末全省金融机构本外币贷款增长 12.2%，其中中长期贷款增长 11.8%，信贷规模保持平稳。二是用电量增速保持较高水平，增长稳定。2014 年，全社会用电量增 8.4%，其中工业用电量增长 7.8%，制造业用电量增长 6.7%，增幅均较为稳定。三是 12 月份广东省 PMI 指数 50.2，与上月持平，自 2014 年 3 月份以来连续第 10 个月居于 50% 的荣枯线上。四是货运、客运量保持较高增速。2014 年，货运量增长 8.9%，货物周转量增长 22.7%，

客运量增长 10.0%。

——党的十八大和十八届三中四中全会将给广东发展带来新一轮重要机遇。全面深化改革，以改革释放发展潜力、提升发展活力，已经成为广东各界的共识。2015 年，行政审批制度改革、商事登记制度改革、投融资改革、金融创新、贸易促进平台建设等领域的深入推进，以及法治广东建设的推动，将大大提升广东的营商环境和市场活力，刺激经济发展。城镇化加快推进也将给广东带来巨大的内需潜力。

——自贸区获批、珠三角规划纲要和促进粤东西北振兴发展决定等重大战略的实施为广东经济持续健康发展注入新的强大动力。2014 年，广东基础设施建设、城镇化建设进程都在加快，基础设施投资和城市建设投资增速保持在较高的水平。生产数据也印证了这一观点，水泥、钢铁、有色金属、电力等行业的生产在加快，全年非金属矿物制品业增加值增长 11.7%，黑色金属冶炼和压延加工业增长 13.7%，有色金属冶炼及压延加工业增长 19.9%，均明显高于制造业的增长水平。2014 年 12 月，广东自由贸易试验区获批，涵盖三片区：广州南沙新区片区、深圳前海蛇口片区、珠海横琴新区片。总面积 116.2 平方公里。自由贸易试验区拟以“对港港澳开放”和“全面合作”为方向，在投资准入政策、货物便利化措施、扩大服务业开放等方面先行先试，率先实现区内货物和服务贸易自由化。自由贸易区获批使得广东经济面临良好机遇，将进一步推动广东经济发展。

——困难和挑战不容忽视，保持稳定增长也有难度。当前广东经济运行的主要困难是市场有效需求不足以及存在结构性矛盾。一是房地产市场存在许多不确定性。虽然近几月房地产市场迎来限购限贷有所放松、9 月 30 日央行推出房贷新政以及 11 月 22 日央行宣布不对称降息等利好，但销售量与房价的变动充满不确定性因素。二是消费增长动力略显不足。目前广东消费市场表现比较平，有信息消费、汽车消费、旅游消费等亮点，但尚未形成大规模消费，住宿餐饮业还没有完全复苏。市场物价走势疲软，表明整体市场需求不旺。三是广东外贸仍将面临部分劳动密集型产品向一些发展中国家和国内一些省区转移的挑战，进出口不容乐观。四是工业企业生产经营存在隐忧。库存增加态势将影响今年生产。至 2014 年 12 月，广东工业品出厂价格单月指数已经连续 32 个月负增长，产销率有所下降，导致产成品库存不断增加，增速持续攀升，1 ～ 12 月规模以上工业企业产成品存货增速达到 20.8%。同时企业资金周转趋紧。1 ～ 12 月，工业企业产成品和应收账款两项资金占流动资产比重已达 38.5%，流动资产周转率为 2.39 次，同比减少 0.05 次。此外，人民币汇率升水、日益严格的社保和住房公积金缴纳政策也将增加企业经营成本。五是科技创新短板明显，地区发展差距仍然较大，调结构转方式的任务依然艰巨。

表 4　2014 年主要先行指标情况

指　标	1 ～ 9 月		1 ～ 12 月	
	绝对量	增长（%）	绝对量	增长（%）
居民消费价格指数（%）	102.6	2.6	102.3	2.3
工业生产者购进价格指数（%）	99.1	-0.9	98.8	-1.2
工业生产者出厂价格指数（%）	99.2	-0.8	98.9	-1.1
全社会用电量（亿千瓦时）	3959.80	9.2	5235.23	8.4
工业用电量（亿千瓦时）	2588.91	8.3	3454.68	7.8
货运量（万吨）	261231	9.9	357448	8.9
金融机构本外币存款余额（亿元）	127015.91	9.8	127881.47	6.9
居民储蓄存款余额（亿元）	53188.30	7.3	53215.87	5.1
金融机构本外币贷款余额（亿元）	83220.40	12.1	84921.79	12.2
实际利用外商直接投资（亿美元）	207.60	7.2	268.71	7.7
PMI（%）	51.4		50.2	

附表：2014 年广东省主要经济指标情况

指标	绝对值	同比增长 %
地区生产总值（亿元）	67792.24	7.8
第一产业	3166.67	3.3
第二产业	31345.77	7.7
第三产业	33279.80	8.2
规模以上工业增加值（亿元）	29327.61	8.4
固定资产投资额（亿元）	25928.09	15.9
房地产开发投资（亿元）	7638.45	17.7
社会消费品零售总额（亿元）	28471.15	11.9
进出口总额（亿美元）	10767.3	-1.4
出口总额	6462.2	1.5
进口总额	4305.1	-5.5
居民消费价格指数（上年同期＝ 100）	102.3	2.3
工业生产者购进价格指数（上年同期＝ 100）	98.8	-1.2
工业生产者出厂价格指数（上年同期＝ 100）	98.9	-1.1
全社会用电量（亿千瓦时）	5235.23	8.4
工业用电量（亿千瓦时）	3454.68	7.8
制造业用电量（亿千瓦时）	2820.59	6.7
金融机构（含外资）本外币存款余额（亿元）	127881.47	6.9
居民储蓄存款余额（亿元）	53215.87	5.1
金融机构（含外资）本外币贷款余额（亿元）	84921.79	12.2
来源于广东的财政总收入（亿元）	19080.13	12.5
地方公共财政预算收入（亿元）	8060.06	13.9
地方公共财政预算支出 （亿元）	9134.33	10.5
居民人均可支配收入（元）	25685	9.7
扣除价格因素实际增长（%）		7.2
城镇常住居民人均可支配收入（元）	32148	8.8
扣除物价因素实际增长（%）		6.4
农村常住居民人均可支配收入（元）	12246	10.6
扣除物价因素实际增长（%）		8.3

2014年广东农业经济运行情况

2014年，广东认真贯彻落实中央一号文件精神，继续加大力度推行国家各项强农惠农政策，农业经济总体运行稳中有升。全年良好的天气状况有利于农作物及园林水果生长，粮食产量恢复增长，主要热带水果喜获丰收。年初，受猪肉价格下跌和禽流感影响，畜禽养殖业一度低迷，随着各级政府的帮扶托市政策出台，畜牧业正缓慢走出低谷。渔业生产稳步提升。

一、农业经济总体情况及特点

（一）农林牧渔业稳定增长

2014年，广东农林牧渔业稳步增长。全年全省农林牧渔业总产值5234.11亿元，农林牧渔业增加值3242.42亿元，分别比上年增长3.0%和3.3%，增幅均提高0.8个百分点。

分行业看，种植业受天气影响较大，全年的晴好天气对种植业的产量提高起到推动作用。全年农业产值2612.67亿元，增长4.3%，增幅提高1.4个百分点。林业、渔业和农林牧渔服务业都呈现稳步提升态势，但仍低于上年水平，分别增长4.8%、3.6%和5.1%，增幅分别回落0.8个、0.4个和1.2个百分点。畜牧业产值出现回落，但与上年相比，回落幅度有所收窄。全年畜牧业产值1077.20亿元，下降1.2%，与上年相比，降幅收窄0.6个百分点。

（二）农作物生产稳定，种植结构持续调整

1. 农作物稳定增产。近年来，广东大力推进粮油糖高产创建活动，采取多项措施推进粮食单产稳步提升。加之2014年广东天气总体较好，自然灾害较上年少，有利于农业生产的恢复和发展，主要农作物均实现增产。全年粮食产量1357万吨，增长3.1%。稻谷产量1092万吨，增长4.5%，亩产达384公斤，比上年提高19公斤；其中早稻产量增长0.4%，亩产390公斤，提高7公斤；晚稻产量增长8.5%，亩产379公斤，提高31公斤。经济作物和其他作物中，种植效益较高品种的规模和产量持续增长。油料产量105万吨，增长4.4%；蔬菜产量3275万吨，增长4.1%；瓜类产量122万吨，增长4.8%。

2. 种植结构持续调整。种植业生产结构持续变化，部分粮食作物尤其是稻谷的播种面积略有减少，油料、药材、蔬菜、瓜类等效益较高的经济作物和其他作物面积增加。全年全省农作物总播种面积7115万亩，增长1.0%。其中粮食作物面积3761万亩，与上年持平，占农作物总播种面积比重52.9%，比上年回落0.5个百分点；经济作物面积1103万亩，增长1.1%，占比为15.5%，与上年持平；其他作物面积2252万亩，增长2.6%，占比31.6%，提升0.5个百分点。主要粮食品种中，稻谷面积2840万亩，下降0.8%；其中早稻面积下降1.3%，晚稻面积下降0.3%。玉米面积266万亩，薯类面积524万亩，大豆面积94万亩，分别增长0.3%、4.4%和0.3%。经济作物中，油料作物面积550万亩，木薯面积124万亩，药材面积31万亩，分别增长1.8%、0.5%和13.5%；甘蔗面积253万亩，烟叶面积34万亩，分别下降2.6%和3.5%。其他作物种植面积增长较快，其中，蔬菜面积2023万亩，瓜类面积66万亩，分别上升3.2%和2.2%；青饲料面积90万亩，下降1.0%。

（三）园林水果较快增长

2014年天气适宜热带水果生长，且病虫害较往年减少，广东主要的热带水果，如荔枝、龙眼等都大幅增产。7月～9月间，强台风“威马逊”和“海鸥”登陆粤西，直接影响当地农业生产，香（大）蕉、菠萝受损严重，增幅回落。2014年底，全省园林水果实有面积1686万亩，增长0.4%，全年园林水果产量1436万吨，增长4.9%。其中荔枝、龙眼产量分别为125万吨和80万吨，分别增产13万吨和10万吨，增幅分别达到12.0%和14.4%；柑橘橙产量388万吨，增长2.9%；李子产量62万吨，增长6.8%；柚子产量85万吨，增长9.1%。香蕉、菠萝产量分别为424万吨和89万吨，分别增长0.9%和0.1%，增幅分别回落4.7个和6.4个百分点。芒果产量21万吨，下降0.4%。

（四）畜牧业生产缓慢恢复

1. 生猪价格小幅回升，存栏仍持续下降。2014年初，受国内宏观经济下行压力加大影响，畜产品消费不旺，生猪出栏价格深度下跌，生猪养殖户适时调整生产，同时国家发展改革委启动冻肉收储托市，生猪价格逐渐回升。根据国家统计局广东调查总队农产品价格指数调查，第四季度猪肉平均价格 14.65 元／公斤，高于前三个季度，但与上年第四季度相比，猪肉价格仍然同比下降 3.1%。全年全省生猪出栏 3791 万头，增长 1.2%，增幅比前三季度回落 2.0 个百分点。猪肉价格增长缓慢，加之环保测评因素影响，生猪养殖户补栏谨慎，养殖规模有所下降。2014 年底，生猪存栏 2130 万头，下降 6.7%，降幅比三季末扩大 1.4 个百分点；其中能繁殖母猪 228 万头，下降 10.3%，降幅比三季末扩大 0.7 个百分点。

2. 家禽养殖逐渐恢复。2014 年，H7N9 禽流感重创家禽业，家禽销量、出场价格暴跌一半以上，禽类养殖发展面临严峻考验。由于省政府一揽子家禽业帮扶政策的出台，各地活禽交易市场逐渐恢复。全年活禽出栏量 95128 万只，下降 8.6%，降幅比前三季度收窄 1.0 个百分点；禽蛋产量 33 万吨，增长 2.0%，扭转了前三季度负增长的局面。鸡肉价格逐步回升，根据农产品价格指数调查，第四季度肉鸡平均价格 22.79 元／公斤，比第三季度上升 0.8 元。价格上升增强了养殖户的补栏意愿。2014 年底，家禽存栏量 32972 万只，增长 2.2%，增幅比三季末提高 3.2 个百分点；其中，鸡存栏量 23148 万只，增长 2.5%，增幅比三季末提高 9.1 个百分点。

（五）渔业生产稳定增长

2014 年，水产品价格持续走高。农产品价格指数调查显示，2014 年全省渔业产品价格上升 5.4%。其中，海水养殖产品价格上升 1.5%，海水捕捞产品价格上升 4.1%，淡水养殖产品价格上升 7.9%，淡水捕捞产品价格上升 7.7%。水产品价格的不断上涨刺激了广大养殖户的积极性，增加了养殖户的信心，同时也促进了养殖户的收入增长，推动了渔业生产的快速发展。据省海洋与渔业局统计，2014 年广东水产品总产量 833 万吨，增长 2.7%。其中，海水产品 447 万吨，增长 1.9%，淡水产品 386 万吨，增长 3.2%。

二、存在主要问题

（一）稻谷生产规模趋减

与其他种植品种相比，稻谷种植收益偏低，农户的种植意愿向经济作物和其他作物倾斜。2010 年以来，广东稻谷种植规模仅 2012 年实现增长，其余四年均不同程度减少。2014 年稻谷播种面积 2840 万亩，下降 0.8%；其中晚稻播种面积 1500 万亩，同比减少 5 万亩，降幅 0.3%，早稻播种面积 1340 万亩，减少 18 万亩，降幅 1.3%。

（二）生猪养殖预期增长动力不足

一方面，受供应过剩和市场需求疲软等因素影响，生猪价格持续低迷。虽然 4 月份国家发改委启用了冻肉收储政策托市，生猪价格一定程度有所恢复，但全年猪粮比为 5.9，仍低于 6.0 的盈亏平衡点，生猪养殖仍然处于亏损阶段，严重影响农户养殖积极性，不利于畜牧业持续健康发展。另一方面，受环评因素影响，大部分地市划定禁养区、限养区、适养区加大畜禽养殖污染治理，一些大型养猪场陆续停产关闭或处于限产状态，生猪养殖规模持续萎缩。

（三）部分水果丰产不增收

2014 年，广东荔枝、龙眼等主要热带水果喜获丰收，产量增长，但价格却出现大幅下降。根据农产品价格指数显示，龙眼平均价格 5.49 元／公斤，下降 31.6%；荔枝价格 5.37 元／公斤，下降 21.2%。

2014年广东工业经济运行情况

2014年，在全国经济进入“新常态”的大背景下，广东稳增长、促改革、调结构、惠民生、防风险等各项工作扎实推进，随着《珠三角规划纲要》、粤东西北振兴发展战略的深入实施，以及珠江西岸先进装备制造业产业带战略的确立，广东工业经济总体保持稳定增长，经济结构调整和产业转型升级取得一定成效。

一、广东工业经济总体运行平稳

（一）工业经济发展稳中有进

2014年，广东规模以上工业企业累计完成工业增加值29327.61亿元，增长8.4%，增幅比上年回落0.3个百分点。但从全年趋势来看，全省规模以上工业增加值一至四季度累计增速分别为8.1%、8.2%、8.4%和8.4%，全年增幅分别比一季度和上半年提高0.3个和0.2个百分点，与三季度持平。从与全国趋势的比较来看，广东规模以上工业发展情况优于全国，全省规模以上工业增加值增速从一季度的低于全国0.6个百分点转为全年高于全国0.1个百分点，工业经济发展呈稳中略升态势。

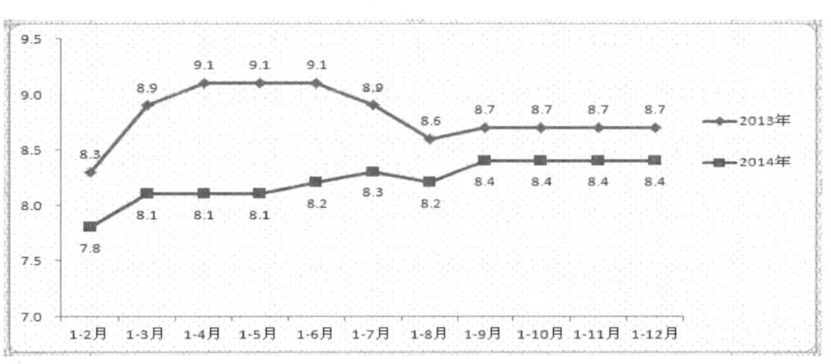

图1　2013-2014年广东规模以上工业增加值增速情况（%）

表1 2014年全国及主要省市规模以上工业增加值增速（%）

地区	一季度	上半年	三季度	全年
全国	8.7	8.8	8.5	8.3
广东	8.1	8.2	8.4	8.4
山东	9.5	9.8	9.5	9.6
江苏	10.6	10.6	10.1	9.9
浙江	6.2	6.4	6.6	6.9
上海	6.1	6.3	4.9	4.5

（二）民营工业发展势头良好

2014年，全省规模以上民营工业对全省工业经济增长拉动作用进一步增强。全年规模以上民营工业累计完成增加值12793.98亿元，增长13.2%，增幅分别比一季度、上半年和三季度提高1.7个、1.3个和0.3个百分点，同比提高2.0个百分点；全年规模以上民营工业增速由一季度领先全省规模以上工业平均水平3.4个百分点提高到4.8个百分点，占规模以上工业的比重由一季度的39.1%提高到43.6%，呈现良好发展势头。

外商及港澳台商投资企业累计完成工业增加值13563.86亿元，增长5.0%，比上年同期回落2.1个百分点，一至四季度累计增速分别为6.4%、5.9%、5.5%和5.0%，增幅逐季回落。

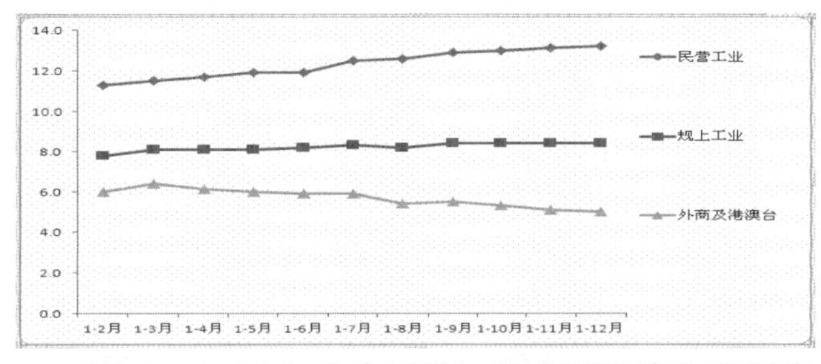

图2　2014年广东民营、外商及港澳台商投资企业增长情况

（三）工业结构继续优化，转型升级不断推进

2014 年，全省先进制造业和高技术制造业增速均高于全省规模以上工业平均水平。其中，先进制造业完成增加值 14103.95 亿元，增长 9.2%，增幅高于全省平均水平 0.8 个百分点，占规模以上工业比重为 48.1%，占比比 2013 年提高 0.2 个百分点；高技术制造业完成增加值 7546.10 亿元，增长 11.4%，增幅高于全省平均水平 3.0 个百分点，占规模以上工业比重为 25.7%，占比比 2013 年提高 0.6 个百分点。

表 2　2014 年广东先进制造业增加值

主要行业	工业增加值（亿元）	增长（%）
先进制造业	14103.95	9.2
一、装备制造业	10857.92	11.0
其中：汽车制造	1525.02	9.2
二、钢铁冶炼及加工	408.49	5.1
其中：钢压延加工	374.17	5.3
三、石油及化学	2837.54	3.7
石油和天然气开采业	593.60	-1.1
石油加工、炼焦及核燃料加工业	767.64	0.3
化学原料和化学制品制造业	1370.61	8.8
橡胶制品业	105.69	-2.1

表 3　2014 年广东高技术制造业增加值

主要行业	工业增加值（亿元）	增长（%）
高技术产业合计	7546.10	11.4
一、医药制造业	436.39	8.6
二、航空、航天器及设备制造业	17.91	5.4
三、电子及通信设备制造业	6138.43	13.8
四、计算机及办公设备制造业	659.43	-4.9
五、医疗仪器设备及仪器仪表制造业	271.25	11.1
六、信息化学品制造业	22.69	35.6

（四）工业出口低位回升

2014 年，全省规模以上工业完成出口交货值 33358.92 亿元，增长 5.7%，增幅分别比一季度和上半年提高 3.7 个、2.5 个百分点，与三季度持平，比上年同期提高 1.4 个百分点；出口对全省规模以上工业增长的贡献率为 19.7%，分别比一季度、上半年和三季度提高 12.4 个、8.8 个和 1.8 个百分点。从主要行业来看，计算机、通信和其他电子设备制造业出口交货值（占全省比重为 48.8%）增长 4.5%，比上年提高 0.6 个百分点；电气机械和器材制造业增长 2.9%，比上年回落 1.9 个百分点；文教、工美、体育和娱乐用品制造业在上年下降 2.3% 的基础上大幅增长 31.7%；汽车制造业增长 11.7%，比上年回落 3.2 个百分点。

（五）振兴粤东西北地区战略取得成效

2014 年，粤东地区完成规模以上工业增加值 2317.97 亿元，增长 13.2%；粤西地区完成规模以上工业增加值 1914.65 亿元，增长 15.2%；粤北山区完成规模以上工业增加值 1591.76 亿元，增长 14.4%。粤东西北地区规模以上工业增加值占全省比重为 19.7%，占比分别比一季度、上半年和三季度提高 1.9 个、1.0 个和 0.6 个百分点，比上年同期提高 1.0 个百分点。

（六）工业企业效益有所提升

表 4　2014 年粤东西北地区工业增加值及占全省比重（亿元、%）

区域	一季度		上半年		三季度		全年	
	增加值	占全省比重	增加值	占全省比重	增加值	占全省比重	增加值	占全省比重
粤东西北	1017.47	17.8	2491.88	18.7	4037.83	19.1	5824.38	19.7
东翼四市	379.06	6.6	958.18	7.2	1607.55	7.6	2317.97	7.8
西翼三市	362.07	6.3	817.78	6.1	1290.84	6.1	1914.65	6.5
山区五市	276.34	4.8	715.92	5.4	1139.44	5.4	1591.76	5.4

2014年，全省规模以上工业企业实现主营业务收入113827.77亿元，增长8.1%；实现利润总额6611.86亿元，完成应交增值税2791.91亿元，分别增长12.4%和9.1%；企业亏损面为14.1%，分别比一季度、上半年和三季度收窄11.6个、6.2个和3.6个百分点；主营业务收入利润率为5.8%，分别比一季度、上半年和三季度提高0.9个、0.4个和0.4个百分点，比上年同期提高0.2个百分点。分行业看，大部分行业利润实现增长，在40个行业大类中有32个行业利润总额同比增长。其中，利润总量排在前三位的行业是计算机、通信和其他电子设备制造业，实现利润1242.81亿元，增长18.8%；电气机械和器材制造业，实现利润721.19亿元，增长24.2%；电力、热力生产和供应业，实现利润511.89亿元，增长11.7%。

二、“新常态”下广东工业经济发展遇到的问题

（一）国内外市场需求总体仍偏弱

2014年一至四季度全省工业生产者出厂价格指数分别为98.9%、99.1%、99.2%和98.9%，单月指数连续32个月负增长，在一定程度上显示市场需求依然稍弱；2014年全省规模以上工业出口交货值增长5.7%，比上年有所提高，但仍低于内销增速4.0个百分点，国外市场需求仍相对较冷。

（二）粤东西北地区从长远来看需注重转型升级

2014年，全省先进制造业和高技术制造业增加值占规模以上工业增加值的比重分别为48.1%和25.7%；其中，珠三角地区分别占53.1%和30.3%，粤东西北地区分别占29.1%和6.9%，远低于全省水平。

（三）企业利润率偏低，产品库存增加

2014年，全省规模以上工业企业主营业务收入利润率为5.8%，虽比一至三季度和上年均有所提高，但仍落后全国平均水平0.1个百分点，比江苏低0.4个百分点，仅排全国第16位；全省规模以上工业企业亏损面为14.1%，比全国平均水平高2.2个百分点，比江苏高1.2个百分点。

2014年，全省规模以上工业企业产品销售率为97.13%，比上年低0.33个百分点，比全国平均水平低0.64个百分点，比江苏低1.28个百分点。全省产成品存货增长20.8%，增速远高于主营业务收入增速（8.1%），也远高于全国（12.6%）和江苏（7.1%）。其中，计算机、通信和其他电子设备制造业产成品存货增长45.2%，汽车制造业增长41.5%；从主要产品看，手机期末库存比年初增长81.9%，汽车增长34.9%，家用电冰箱增长75.7%，空调增长35.0%，水泥增长24.8%，钢材增长19.4%。

2014 年广东大型工业企业发展情况

大型企业是广东工业的龙头，以其强大的资金、技术实力和产品研发能力，引领着广东工业的发展方向。2014 年，广东大型工业企业有 1469 个，占全省规模以上工业企业的 3.7%，实现增加值 13800.32 亿元，占全省规模以上工业增加值的 47.1%，拉动全省工业经济增长 3.9 个百分点，对推动全省经济稳定发展起到了重要的作用。

一、基本概况

（一）总体增长平稳，增幅有所回落

2014 年，广东大型工业企业实现增加值 13800.32 亿元，同比增长 8.3%，增幅略低于全省规模以上工业增加值 0.1 个百分点，比上年同期回落 0.2 个百分点。

分行业看，工业增加值总量居前 5 位的是计算机、通信和其他电子设备制造业，电气机械和器材制造业，电力、热力生产和供应业，汽车制造业，石油和天然气开采业，分别实现工业增加值 5056.24 亿元、1323.42 亿元、1225.26 亿元、1184.19 亿元和 554.98 亿元，占全省大型工业企业增加值的比重分别为 36.6%、9.6%、8.9%、8.6% 和 4.0%，占全省规模以上工业增加值比重分别为 17.2%、4.5%、4.2%、4.0% 和 1.9%。

从增速看，2014 年广东大型工业企业增加值增长速度居前 5 位的行业是造纸和纸制品业，金属制品业，燃气生产和供应业，木材加工和木、竹、藤、棕、草制品业，纺织服装、服饰业，同比分别增长 23.0%、20.8%、20.8%、19.6% 和 14.7%。

从销售看，2014 年广东大型工业企业实现销售产值 52681.25 亿元，增长 7.3%；实现出口交货值 19538.01 亿元，增长 4.2%。其中，工业销售产值居前 5 位的行业是计算机、通信和其他电子设备制造业，电气机械和器材制造业，电力、热力、燃气及水生产和供应业，电力、热力生产和供应业，汽车制造业，分别实现工业销售产值 20531.45 亿元、6212.86 亿元、4854.88 亿元、4761.67 亿元和 3869.71 亿元，同比增长 7.9%、11.4%、9.2%、9.2% 和 11.9%。实现出口交货值居前 5 位的行业是计算机、通信和其他电子设备制造业，实现出口交货值 13202.36 亿元，同比增长 4.6%；电气机械和器材制造业，实现出口交货值 2230.70 亿元，增长 4.7%；通用设备制造业，实现出口交货值 790.76 亿元，下降 2.0%；文教、工美、体育和娱乐用品制造业，实现出口交货值 458.53 亿元，增长 8.1%；金属制品业，实现出口交货值 399.12 亿元，增长 16.3%。

表 1　广东大型工业企业分行业工业增加值　　单位：亿元

主要行业	2014 年	2013 年	同比增长 (%)
合计	13800.32	12056.93	8.3
煤炭开采和洗选业			
石油和天然气开采业	554.98	644.32	-5.6
黑色金属矿采选业	1.33	0.79	0.4
有色金属矿采选业	11.86	12.49	-7.7
非金属矿采选业	1.96	5.46	-50.5
开采辅助活动			
其他采矿业			
农副食品加工业	44.04	33.29	9.9
食品制造业	355.16	294.34	4.7
酒、饮料和精制茶制造业	117.20	100.96	4.0
烟草制品业	287.95	285.47	6.4

（续上表）

主要行业	2014年	2013年	同比增长（%）
纺织业	96.51	94.45	-2.6
纺织服装、服饰业	194.29	138.04	14.7
皮革、毛皮、羽毛及其制品和制鞋业	155.04	145.67	5.8
木材加工和木、竹、藤、棕、草制品业	19.00	12.50	19.6
家具制造业	114.42	81.01	9.0
造纸和纸制品业	117.32	92.95	23.0
印刷和记录媒介复制业	29.22	30.96	-0.1
文教、工美、体育和娱乐用品制造业	231.63	207.23	5.8
石油加工、炼焦和核燃料加工业	524.31	299.30	2.4
化学原料和化学制品制造业	385.26	363.25	3.7
医药制造业	132.90	101.35	11.3
化学纤维制造业	4.57	3.89	-11.3
橡胶和塑料制品业	181.13	155.98	1.4
非金属矿物制品业	203.91	190.44	4.9
黑色金属冶炼和压延加工业	109.26	137.96	-9.3
有色金属冶炼和压延加工业	179.19	160.68	11.7
金属制品业	226.92	172.61	20.8
通用设备制造业	367.39	328.51	5.0
专用设备制造业	126.91	96.53	13.3
汽车制造业	1184.19	1059.86	7.9
铁路、船舶、航空航天和其他运输设备制造业	77.42	100.45	9.8
电气机械和器材制造业	1323.42	1143.22	8.0
计算机、通信和其他电子设备制造业	5056.24	4221.80	12.5
仪器仪表制造业	86.06	78.17	11.6
其他制造业	19.99	12.27	-14.6
废弃资源综合利用业	8.76	7.42	14.6
金属制品、机械和设备修理业	11.83	13.77	3.5
电力、热力生产和供应业	1225.26	1200.40	8.2
燃气生产和供应业	7.50	5.71	20.8
水的生产和供应业	25.99	23.44	2.0

此外，2014年，广东大型工业企业实现利润3326.26亿元，占全省规模以上工业企业利润的50.3%，同比增长11.9%。

（二）大型企业数量少，绝对实力强大

表2 广东大型工业企业分行业销售产值和出口交货值

单位：亿元

主要行业	2014年工业销售产值	同比增长（%）	2014年工业出口交货值	同比增长（%）
总计	52681.25	7.3	19538.01	4.2
采掘业	650.23	-14.4	18.72	11.0
煤炭开采和洗选业				
石油和天然气开采业	626.12	-13.6	18.72	11.3
黑色金属矿采选业	4.08	-29.7		
有色金属矿采选业	19.11	-5.6		
非金属矿采选业	0.92	-89.2	0.00	-98.3
开采辅助活动				
其他采矿业				
制造业	47176.13	7.5	19517.18	4.2

（续上表）

主要行业	2014年工业销售产值	同比增长(%)	2014年工业出口交货值	同比增长(%)
农副食品加工业	207.42	15.6	30.13	-12.8
食品制造业	927.14	5.3	8.74	-45.2
酒、饮料和精制茶制造业	407.23	10.0	0.72	-15.4
烟草制品业	470.01	3.9	1.96	-23.6
纺织业	400.53	3.5	198.45	-6.5
纺织服装、服饰业	618.08	12.4	199.30	1.4
皮革、毛皮、羽毛及其制品和制鞋业	526.71	9.6	248.49	11.5
木材加工和木、竹、藤、棕、草制品业	32.67	8.5	1.13	55.2
家具制造业	456.38	15.3	164.70	8.6
造纸和纸制品业	416.73	27.3	59.54	21.8
印刷和记录媒介复制业	134.12	11.0	81.63	7.5
文教、工美、体育和娱乐用品制造业	1092.45	5.9	458.53	8.1
石油加工、炼焦和核燃料加工业	2368.91	-2.7	2.81	28.2
化学原料和化学制品制造业	1380.52	-2.7	125.52	-1.4
医药制造业	406.18	15.5	20.34	-2.2
化学纤维制造业	10.33	-14.4	2.10	34.8
橡胶和塑料制品业	708.76	2.9	256.79	-7.6
非金属矿物制品业	766.79	8.4	152.22	2.9
黑色金属冶炼和压延加工业	679.62	-11.9	73.35	-12.0
有色金属冶炼和压延加工业	1015.72	4.8	61.40	-17.1
金属制品业	778.08	10.1	399.12	16.3
通用设备制造业	1566.60	3.4	790.76	-2.0
专用设备制造业	456.52	25.8	170.67	2.3
汽车制造业	3869.71	11.9	199.18	7.4
铁路、船舶、航空航天和其他运输设备制造业	411.37	6.1	156.98	1.5
电气机械和器材制造业	6212.86	11.4	2230.70	4.7
计算机、通信和其他电子设备制造业	20531.45	7.9	13202.36	4.6
仪器仪表制造业	278.15	17.1	207.06	11.7
其他制造业				
废弃资源综合利用业	25.35	29.1		
金属制品、机械和设备修理业	19.78	6.8	12.52	2.7
电力、热力、燃气及水生产和供应业	4854.88	9.2	2.11	20.2
电力、热力生产和供应业	4761.67	9.2		
燃气生产和供应业	34.44	22.1		
水的生产和供应业	58.77	3.8	2.11	20.2

2014年全省共有大型工业企业1469个，数量仅占全省规模以上工业企业总数的3.7%，但实现的增加值总量却占全省规模以上工业增加值总量的47.1%，实现销售产值占45.3%，实现出口交货值占58.6%，实现利润占50.3%，显示了强大的实力。

在全省最主要的几个工业行业中，大型工业企业的优势也非常明显，如计算机、通信和其他电子设备制造业，大型工业企业实现的增加值在规模以上该行业中所占的比重达77.1%；电气机械和器材制造业，占比达53.7%；电力、热力生产和供应业，占比达66.8%；汽车制造业，占比达77.7%；石油和天然气开采业，占比达93.5%；石油加工、炼焦和核燃料加工业，占比达68.3%。可以说，大型工业企业在广东工业中起着中流砥柱的作用。

（三）珠三角地区大型工业企业优势明显

2014年珠三角地区大型工业企业实现增加值12228.60亿元，占全省规模以上工业增加值比重达41.7%，实现销售产值46750.89亿元，占全省规模以上工业销售产值比重达40.2%，实现出口交货值18666.80亿元，占全省规模以上工业出口交货值比重达56.0%。而粤东、粤西、粤北三个地区的大型工业企业实现增加值的比重分别只有1.4%、2.4%、1.3%，实现销售产值的比重分别只有 1.4%、1.8%、1.3%，实现出口交货值比重分别只有 1.2%、0.3%、1.1%。粤东西北和珠三角地区之间差距非常大。

表 3 2014 年广东分地区大型工业企业主要指标

单位：亿元

按区域分	工业增加值	比上年增长(%)	工业销售产值	比上年增长(%)	工业出口交货值	比上年增长(%)
珠三角九市	12228.6	9.5	46750.89	7.4	18666.8	4.2
东翼四市	407.65	4.7	1592.05	5.2	407.76	0.7
西翼三市	707.18	10.0	2071.27	6.9	107.75	11.3
山区五市	389.49	7.6	1551.38	7.3	355.28	7.8

二、存在问题

（一）部分行业同比增幅回落影响了大型工业总体增长

2014 年，广东大型工业企业在平稳增长的同时，增幅低于全省规模以上工业，也比上年同期有所回落，主要是受到部分行业增长回落的影响。其中，回落幅度较大的行业是非金属矿采选业，回落 50.5 个百分点；废弃资源综合利用业，回落 37.8 个百分点；黑色金属冶炼和压延加工业，回落 24.8 个百分点；纺织业，回落 13.2 个百分点；酒、饮料和精制茶制造业，回落 11.5 个百分点。在工业增加值总量排前 5 位的行业里，有 3 个行业增幅出现回落，分别是石油和天然气开采业，回落 10.7 个百分点；汽车制造业，回落 6.1 个百分点；电气机械和器材制造业，回落 1.1 个百分点。

（二）市场开拓有待加强

2014 年，广东大型工业企业的产品销售和出口增幅均低于全省规模以上工业。其中，工业销售产值低 1.2 个百分点，工业出口交货值低 1.5 个百分点。和上年同期比，工业销售产值回落 3.3 个百分点，工业出口交货值则上升 1.3 个百分点。

工业销售产值回落幅度较大的行业是非金属矿采选业，回落 74.0 个百分点；木材加工和木、竹、藤、棕、草制品业，回落 70.8 个百分点；黑色金属矿采选业，回落 38.7 个百分点；有色金属冶炼和压延加工业，回落 33.4 个百分点；废弃资源综合利用业，回落 30.1 个百分点。在工业销售产值排前 5 位的行业里，有 3 个行业增幅回落，分别是汽车制造业，回落 8.6 个百分点；电气机械和器材制造业，回落 4.5 个百分点；计算机、通信和其他电子设备制造业，回落 1.1 个百分点。

工业出口交货值增幅虽然较上年有所上升，但在工业出口交货值排前 5 位的行业里，同样有 3 个行业的增幅出现回落，分别是文教、工美、体育和娱乐用品制造业，回落 1.3 个百分点；通用设备制造业，回落 1.2 个百分点；电气机械和器材制造业，回落 0.1 个百分点。

2014 年广东规模以上工业经济效益运行情况

2014 年，面对国内外复杂局面和全国经济下行的压力，省委、省政府沉着应对，克服困难，科学决策，着力推动经济结构调整优化，加快转型升级步伐，全省经济保持稳定发展，工业利润实现较快增长。

一、工业经济效益基本特点

2014 年，广东规模以上工业实现主营业务收入 113827.77 亿元，比上年增长 8.1%；实现利润总额 6611.86 亿元，增长 12.4%，增幅比全国平均水平增速高 9.1 个百分点，分别比鲁、浙、沪高 7.8 个、7.3 个和 2.3 个百分点，略低于江苏 0.4 个百分点，居沿海（粤、苏、鲁、浙、沪）五省市增速第 2 位。

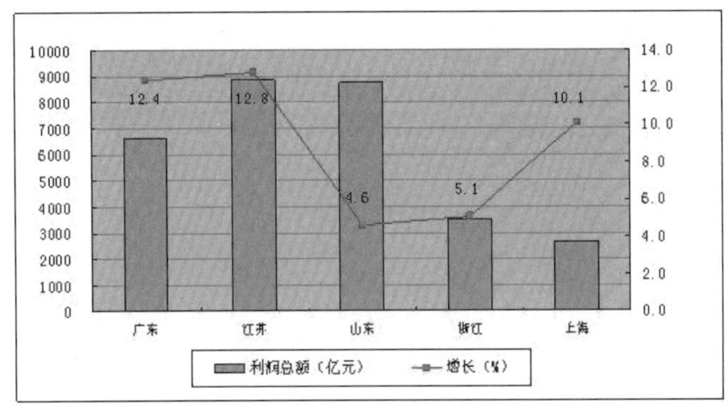

图 1 2014 年粤、苏、鲁、浙、沪工业利润增长走势图

（一）从经济类型看，民营企业利润保持较快增长。 2014 年，广东规模以上工业国有控股企业实现利润 1093.26 亿元，比上年增长 2.8%；外商及港澳台商投资企业实现利润 2995.94 亿元，增长 8.2%；股份制企业实现利润 3325.75 亿元，增长 15.6%；民营企业实现利润 3029.92 亿元，增长 20.2%。民营企业和股份制企业对实现利润的支撑作用十分突出。

（二）从区域看，东西北地区利润增长均快于珠三角。 2014 年，珠三角地区规模以上工业实现利润 5319.84 亿元，比上年增长 11.4%；东翼实现利润 568.59 亿元，增长 23.2%；西翼实现利润 413.13 亿元，增长 11.8%；山区实现利润 310.29 亿元，增长 13.3%。

分市看，21 个地级市中，除韶关市、汕尾市和河源市利润下降外，其他 18 个市利润实现不同程度增长，其中增长 15% 以上的市有清远市、揭阳市、茂名市、云浮市、潮州市、汕头市、珠海市、深圳市和佛山市。

（三）从行业看，大部分行业利润实现增长。 2014 年，广东规模以上工业 40 个行业大类中，有 32 个行业利润总额比上年同期增长。其中，实现利润总量排在前四位的行业是计算机、通信和其他电子设备制造业，实现利润 1242.81 亿元，比上年增长 18.8%；电气机械和器材制造业 721.19 亿元，增长 24.2%；电力、热力生产和供应业 511.89 亿元，增长 11.7%；汽车制造业 468.27 亿元，增长 10.3%。上述四大行业共实现利润 2944.16 亿元，占全省工业利润总额的 44.5%，拉动全省利润增长 7.4 个百分点。

（四）从企业规模看，大中型企业利润稳步增长，小型企业利润较快增长。2014 年，大型企业实现利润 3326.26 亿元，增长 11.9%；中型企业利润 1733.49 亿元，增长 8.8%；小型企业利润 1535.56 亿元，增长 20.2%。

二、三大因素为工业利润实现较快增长提供支撑

2014 年，在省委、省政府正确领导下，《珠三角规划纲要》、粤东西北振兴发展战略深入实施，珠江西岸先进装备制造业产业带战略确立，工业经济保持稳定发展，同时企业盈利保持较好水平，广东规模以上工业企业利润总额在 2013 年增长超过 20% 的基础上继续保持较高增速，仍实现两位数增长，主要得益于三大支撑因素：

（一）工业技术改造步伐加快。2014 年，广东完成工业投资 8400.04 亿元，增长 17.3%。其中，在新一轮技改政策刺激下，完成工业技术改造投资 1867.59亿元，增长23.3%，比全部工业投资增速高6.0

个百分点；占工业投资比重为 22.2%，比上年同期提高 1.1 个百分点。工业技术改造，推动了企业转型升级的步伐，提升工业产品的市场竞争力，促进了企业利润快速增长。

（二）大型骨干企业实力稳步增强。2014 年，广东加快培育和扶持大型骨干企业发展。规模以上工业实现主营业务收入超 100 亿元的企业有 86 家，比 2013 年增加 10 家。86 家企业共实现主营业务收入 28719.80 亿元，占全省主营业务收入 25.2%；其中实现利润总额超 10 亿元的有 72 家，比 2013 年增加 4 家，72 家企业共实现利润 2390.73 亿元，占全省利润总额 36.2%。大型骨干企业的稳定发展和较好盈利水平是全省工业利润保持较快增长的重要支撑。

（三）工业结构不断优化，转型升级取得成效。2014 年，广东规模以上工业高技术制造业及优势传统工业利润增速均高于全省工业平均水平。其中：优势传统工业实现利润 1875.84 亿元，比上年增长 14.5%，高出全省平均水平 2.1 个百分点；高技术制造业实现利润 1546.12 亿元，增长 16.5%，高出 4.1 个百分点。这两大产业占全省利润总额 51.8%。

三、需要关注的问题

2014 年，尽管广东规模以上工业利润实现较快增长，但同时也存在着利润增幅回落、国内市场需求不足、工业企业产成品库存和亏损额上升等问题。

（一）国内市场需求不足。近三年来，广东工业生产者出厂价格指数一直处在 100 以下，到 2014 年 12 月，单月指数已经连续 32 个月出现负增长。从 2014 年各月广东 PMI 指数看，虽然从 3 月份起连续 10 个月处在荣枯线（50%）上，5 月份也曾一度上升到 51.9%，但 11、12 月份分别降为 50.2%，呈现逐渐回落态势。上述两组先行指标均显示，国内市场需求偏弱，企业对市场预期信心不强，企业经营前景不容乐观。

（二）利润增幅逐步走低。2014 年，由于受整体经济运行下行压力，部分行业受原材料价格上涨、经营成本上升、市场需求降低、产品价格下降，上年对比基数较高等诸多因素影响，全年利润增速比上年回落 10.6 个百分点，且逐月下行。

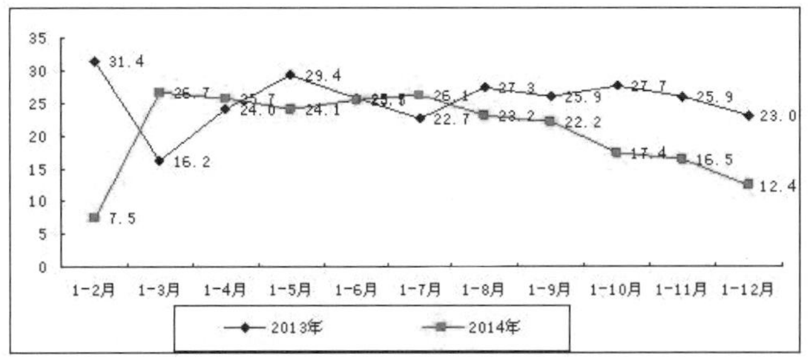

图 2 2013 和 2014 年广东工业利润增长走势图

（三）工业亏损面下降，但亏损额上升。2014 年，广东规模以上工业亏损企业 5626 家，亏损面 14.1%，企业亏损面呈逐月下降态势，但亏损额逐步上升。企业亏损额 449.79 亿元，增长 15.9%，增幅比上年提高 34.4 个百分点。在亏损企业中，有 61 家企业亏损额超 1 亿元以上，其中超过 10 亿元的有 3 家，在 5 亿～9 亿元的有 3 家，在 1 亿～5 亿元的有 55 家，61 家企业亏损额占全省亏损额的 37.1%。

（四）工业企业产成品库存加大。12 月末，全省规模以上工业企业应收账款 15118.83 亿元，比上年增长 10.0%；产成品存货 4348.78 亿元，增长 20.8%，同比提高 16.2 个百分点，高出全国平均水平 8.2 个百分点，分别比苏、鲁、浙、沪高出 13.7 个、0.6 个、12.1 个和 13.8 个百分点，居沿海（粤、苏、鲁、浙、沪）五省市产成品存货增速首位。其中，计算机、通信和其他电子设备制造业下半年以来，市场销售趋弱，产成品库存为 1209.57 亿元，增速达 45.2%；汽车制造业以广汽本田为主的汽车企业新车型销量未能达到预期，大量库存积压，连带汽车配件制造企业也受到严重影响，产成品库存 159.63 亿元，增长 41.5%。以上两个行业产成品库存合计拉高全省产成品库存增长 11.8 个百分点，占全省产成品库存 31.5%。

2014 年广东部分规模以上服务业发展情况

2014 年，广东部分规模以上服务业运行稳健，以互联网为代表的现代新兴服务业等发展方兴未艾，成为拉动服务业发展的主要力量。同时，受国内外经济环境影响，部分大型企业增幅回落，经营成本费用持续上升，经营困难，效益有所下滑。

一、主要特点

2014 年，在世界经济持续萎靡，国内经济呈现新常态背景下，广东部分规模以上服务业运行稳健，全省部分规模以上服务业企业营业收入 13511.9 亿元，增长 8.2%；实现利润 2265.3 亿元，增长 24.1%；应付职工薪酬 2326.6 亿元，增长 10.6%；营业税金及附加、应交增值税两项合计 429.2 亿元，增长 12.4%。经济运行呈现如下特点：

（一）营业收入保持平稳增长。2014 年，广东部分规模以上服务业保持平稳运行，全省营业收入 13511.9 亿元，增长 8.2%，全年各门类行业营业收入增速较为平稳（见下表）。

表 1　部分规模以上服务业营业收入增速

行业	一季度	二季度	三季度	四季度
	增长速度(%)	增长速度（%）	增长速度(%)	增长速度（%）
总计	8.8	7.9	7.8	8.2
交通运输、仓储和邮政业	5.8	2.7	4.9	5.9
信息传输、软件和信息技术服务业	11.9	10.6	8.1	8.0
房地产业（物业管理和房地产中介服务）	9.6	10.4	6.6	8.7
租赁和商务服务业	10.3	12.9	12.5	12.6
科学研究和技术服务业	9.7	8.3	7.9	8.4
水利、环境和公共设施管理业	18.7	31.4	16.3	14.3
居民服务、修理和其他服务业	2.7	4.3	5.5	5.8
教育	8.4	12.5	11.7	10.8
卫生和社会工作	24.6	24.7	23.2	21.3
文化、体育和娱乐业	-4.7	-3.2	-1.6	-1.9

其中，赁和商务服务业保持较快的发展态势，全年实现营业收入 2872.3 亿元，增长 12.6%，比平均增长速度高 4.4 个百分点，实现利润 855.0 亿元，增长 32.7%，比平均增速高 8.6 个百分点。近年来，租赁和商务服务业营业收入增长均保持在 10% 以上，对规模以上服务业营业收入增长的贡献率均超过 30%，成为广东规模以上服务业发展的“稳压器”。其中的咨询与调查、知识产权服务、安全保护服务和其他商务服务业表现更为活跃。

（二）互联网及相关行业成为发展的新引擎。近年来，广东互联网和相关服务业持续快速增长，经济规模和效益稳步提高。以腾讯为龙头，迅雷、财付通、酷狗、珍爱、网易等一大批互联网企业迅速发展壮大。2014 年，互联网和相关服务业实现营业收入 550.0 亿元，增长 36.3%，比平均增速高 28.1 个百分点，实现利润 170.4 亿元，增长 19.3%。相关的软件和信息技术服务业实现营业收入 1038.5 亿元，增长 11.9%；邮政业在网络购物迅速兴起的带动下，实现营业收入 224.2 亿元，增长 47.2%。

（三）科技创新助推产业升级。近年，广东在调整产业结构中，加大科技投入与创新，相关行业发展迅猛。其中，科技推广和应用服务业保持较高的发展速度，全年实现营业收入 70.6 亿元，增长 22.7%；利润 3.7 亿元，增长 22.7%。专业技术服务业营业收入 881.7 亿元，增长 7.0%；利润 79.3 亿元，增长 13.5%。高科技服务业相关产业的快速发展为广东经济转型升级提供了强有力支撑。同时，高技术服务业规模逐步扩大，2014 年，全省部分规模以上服务业中高技术服务业营业收入 3862.8 亿元，营业收入占比 28.6%，比 2013 年提高 0.1 个百分点。

（四）民生相关产业发展较快。近年，广东加快了改善民生的投入，相关产业也快速发展，并取得较好的经济效益。其中，生态保护和环境治理业实现营业收入 32.4 亿元，增长 22.9%；利润 4.0 亿元，增长 4.1%。社会工作实现营业收入 1.9 亿元，增长 28.4%。公共设施管理业实现营业收入 112.8 亿元，增长 13.7%；利润 5.9 亿元，增长 20.4%。卫生实现营业收入 130.4 亿元，增长 21.2%；利润 4.5 亿元，实现扭亏为盈。

（五）企业效益大幅提高。全省部分规模以上服务业实现利润 2265.3 亿元，增长 24.1%；利润增长较快的原因一是投资收益的大幅增长，全年投资收益 1043.7 亿元，增长 41.4%，投资收益占利润的 46.1%。二是油价下跌有利于部分交通运输行业效益改善。下半年，由于国际油价大幅下跌，对于道路运输业、水上运输业和航空运输业等行业降低成本，提高企业经济效益起到积极作用，其中，道路运输业实现利润 142.1 亿元，增长 39.4%；水上运输业利润 82.7 亿元，增长 16.5%；航空运输业更是从上半年亏损 4.1 亿元，转为盈利 36.3 亿元，较好地缓解了部分运输行业的经营压力。三是亏损面有所收窄。2014 年，部分规模以上服务业企业亏损面为 32.9%，比上年收窄 0.5 个百分点。

（六）利润增速超过主要省市。2014 年，广东部分规模以上服务业运行平稳，走势与全国基本一致。2014 年，广东的调查企业数和营业收入均列全国第三位，调查企业数少于江苏和北京，营业收入总量少于北京和上海，但比江苏多近 4000 亿元；营业收入占全国 12.6%。营业收入增幅虽比全国和华东主要省市低，但高于北京。利润增速高于全国及主要省市，经济效益较快提高，提质增效优于全国和主要省市，取得较好效果（见下表）。

表 2　广东规模以上服务业与主要省市比较

	营业收入		利润		应付职工薪酬	
	总量（亿元）	增速（%）	总量（亿元）	增速（%）	总量（亿元）	增速（%）
全　国	107048.5	9.2	14840.6	-2.0	16179.5	12.1
广　东	13511.9	8.2	2265.3	24.1	2326.6	10.6
北　京	20512.0	6.7	4791.8	11.9	3500.3	11.2
上　海	15236.5	10.5	1420.0	14.9	2265.3	12.7
江　苏	9860.0	12.0	1200.0	-63.4	1221.6	12.9
浙　江	6238.5	11.6	1090.3	15.4	949.1	15.3
山　东	5574.8	10.8	795.2	8.2	720.9	15.1

二、主要问题与困难

在取得成绩、呈现亮点的同时，广东部分规模以上服务业也出现一些值得关注的问题：

（一）部分行业增速回落。一是铁路货物运输量持续下降，导致铁路运输业营业收入增速逐季走低，全年实现营业收入 617.4 亿元，下降 18.0%，其中，一季度下降 11.0%，二季度下降 14.1%，三季度下降 17.1%。铁路运输业收入增速下降，拉低我省部分规模以上服务业营业收入 1.1 个百分点。同时，由于近年铁路大规模建设，目前已进入还贷高峰期，亏损额达 77.5 亿元，成为部分规模以上服务业亏损最为严重的行业。二是电信业发展瓶颈凸显，受制于固定电话用户数下降、移动电话用户的增长放缓和互联网应用的不断冲击下话音业务量增长持续低迷，移动点对点短信、彩信量加速下滑，全年电信营业收入下降 1.7%，特别是广州、深圳和东莞等大中城市，三大电信运营商营业收入增速全部下降。

（二）消费性服务业低速增长。规模以上服务业中，居民服务、文化体育娱乐、房地产中介等消费性服务业增长乏力。居民服务、修理和其他服务业经营平淡，实现营业收入 123.7 亿元，增长仅 5.8%，增幅低于全省 2.4 个百分点。文化体育娱乐业表现不佳，营业收入下降 1.9%。其中，新闻出版业中传统报社业务业绩普遍下滑，营收下降 12.1%；体育业受高尔夫行业不景气经营下滑影响，营收下降 7.5%。随着广东商品房销售市场观望气氛浓厚，房地产中介服务机构业绩普遍回落，营业收入同比下降 3.2%。

（三）区域差距进一步扩大。从广东部分

规模以服务业调查单位情况来看，全省调查单位数 13177 户，93.7% 的调查单位集中在珠三角，粤东西北地区仅占 6.3%。调查单位占比见下图：

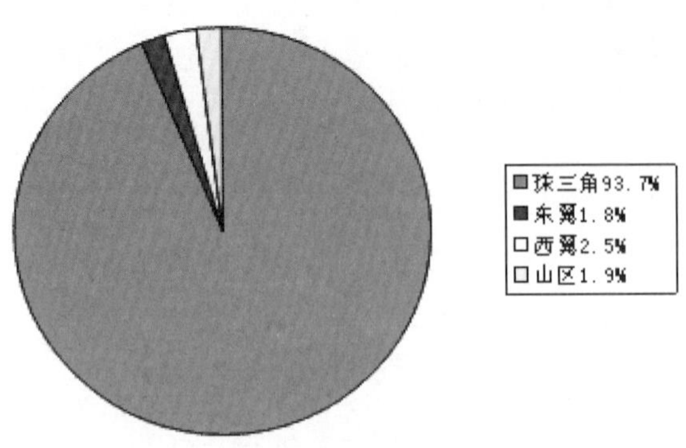

广东规模以上服务业区域占比

从营业收入增速看，珠三角增长 8.5%，东翼下降 0.2%，西翼增长 4.2%，山区增长 1.5%，粤东西北地区服务业发展与珠三角差距持续扩大。特别是揭阳、清远、肇庆和阳江营业收入增速分别下降 9.5%、1.2%、0.8% 和 0.2%。

2014 年广东固定资产投资情况

2014 年，广东各地认真贯彻落实省委省政府决策部署，各项重大项目建设进入关键时期，全省固定资产投资总体运行平稳，总量再创新高。

一、主要运行情况和特点

2014 年，广东固定资产投资 25928.09 亿元，增长 15.9%，扣除价格因数，实际增长 14.2%，名义投资增速分别比 2013 年和上半年回落 2.4 个、1.4 个百分点；实际投资增速分别比 2013 年和上半年回落 2.5 个、1.0 个百分点。

虽然全省投资增速有所回落，但从 2013 年起，广东与全国投资增速的差距正在逐步缩小，排名有所上升。2013 年，广东投资增速低于全国 1.3 个百分点，2014 年广东投资增速反超全国 0.2 个百分点。与兄弟省份相比，2014 年广东固定资产投资总量居全国第 5 位，位居山东、江苏、河南、河北之后，排名比 2013 年上升一位；从增速看，广东投资增速在东部地区居第 3 位，仅低于福建（19.0%）和浙江（16.6%）。

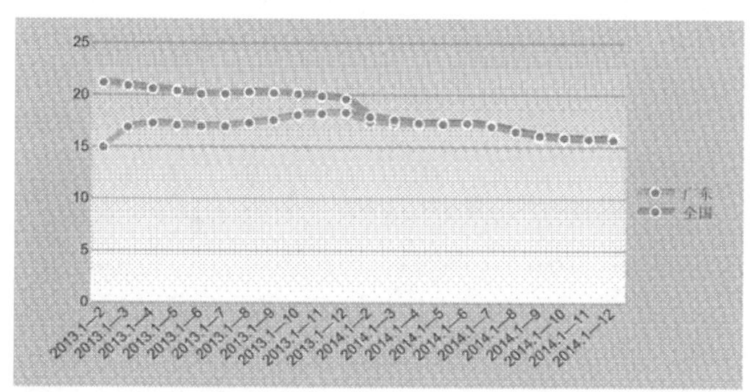

图 1 2013 年以来广东与全国投资增速对比（%）

在投资总量中，项目投资完成 18289.64 亿元，增长 15.2%，房地产开发投资完成 7638.45 亿元，增长 17.7%，分别占投资总量的 70.5% 和 29.5%。

（一）民间投资仍然是拉动投资增长的主要引擎，外源性经济投资增速回升

2014 年，广东内源性经济投资 22782.88 亿元，增长 17.1%，增速比上半年回落 2.8 个百分点。其中，民间投资 15065.02 亿元，增长 20.3%，占固定资产投资比重为 58.1%，比上年提高 2.2 个百分点，对整体投资增长的贡献率为 71.4%，拉动投资增长 11.4 个百分点。国有经济投资 5816.52 亿元，增长 10.8%，增速比上半年回落 3.0 个百分点，贡献率为 15.9%；私营个体经济投资 6036.27 亿元，增长 22.1%，在各种经济类型中增速最快。

外源性经济投资 3145.21 亿元，增长 8.1%，保持平稳回升的势头，增速分别比上半年和前三季度加快 6.9 个和 3.2 个百分点。其中港澳台商投资 1819.36 亿元，增长 12.9%，增速创 2013 年 3 月以来的新高；外商投资 1325.85，增长 2.1%。

（二）工业引领二产投资提速，三产投资出现新亮点

2014 年，广东第一产业完成投资 340.12 亿元，下降 1.2%，自 2003 年以来，首次出现年度投资负增长的情况。第二产业完成投资 8452.08 亿元，增长 16.8%，增速比上半年加快 1.7 个百分点，其中工业投资总量突破 8000 亿元，达 8400.04 亿元，增长 17.3%。先进制造业在湛江钢铁基地项目的拉动下增长 23.9%，其中钢铁冶炼及加工业投资大幅增长 140.0%。第三产业投资 17135.89 亿元，增长 15.9%。与民生显著相关的行业增速较快，其中农批市场、电子商务成为新亮点，批发和零售业增长 32.9%，增速最高。卫生和社会工作增长 29.3%，增速仅次于批零业；其中以养老院、福利院为主体的社会工作投资大幅增长 121.5%。

（三）投资结构继续优化

一是工业技改投资占比稳中有升。2014 年，广东技术改造投资完成 2668.24 亿元，增长 12.5%；其中工业技改投资完成 1867.59 亿元，增长 23.3%，占工业投资总量比重为 22.2%，提升 1.1 个百分点。从行业看，先进制造业、优势传统工业均致力于技改提效，分别完成投资 800.49 亿元、598.72 亿元，增长 33.3% 和 32.5%，先进制造业中的石油及化学业增长 56.7%；传统优势工业中食品饮料、建筑材料、家用

电力器具制造增速均超 30%。

二是先进制造业快速增长。2014 年，广东先进制造业投资 3138.19 亿元，增长 23.9%，高于制造业投资 4.2 个百分点，比上半年加快 5.8 个百分点，其中总量最大的装备制造业增长 16.2%，增速比上半年加快 6.5 个百分点。乐金中国第 8.5 代薄膜晶体管液晶显示器件（TFT-LCD）项目、佛山一汽大众项目本年投资超 30 亿元。

三是高技术产业增速企稳回升。2014 年，广东高技术产业（制造业）投资增速从 11 月份开始企稳回升，总量突破千亿，达 1006.36 亿元，并实现了 5.2% 的增长，增速比上半年大幅加快 14.2 个百分点。从行业结构来看，医药制造、医疗设备及仪器仪表制造、电子及通信设备制造分别增长 14.5%、9.3% 和 9.0%。

四是信息产业投资走出低谷。2014 年，广东信息产业投资 1191.76 亿元，增长 10.4%，增速比去年同期和上半年分别加快 8.7 个、17.2 个百分点。其中，电子信息设备制造扭转了连续 9 个月负增长的局面，增长 2.1%，2014 年新开工的华星光电第 8.5 代 TFT-LCD 项目完成投资超 20 亿元；计算机服务和软件业完成投资 101.26 亿元，增长 39.9%，共有 27 个项目本年投资超亿元，比 2013 年增加 7 个。

（四）基础设施建设成就斐然

2014 年，广东基础设施投资 5984.65 亿元，增长 12.0%。为实现 2015 年县县通高速的目标，高速公路建设提速，2014 年道路运输业完成投资 1831.76 亿元，增长 17.2%，广乐高速、二广高速连州至怀集段、肇花高速、梅大二期、梅大东延线、汕揭高速汕头段二期、广明高速陈村至西樵段一期正式建成通车；铁路运输业投资 204.05 亿元，增长 14.6%，南广高铁、贵广高铁正式通车，深茂高铁江门至茂名段今年正式开工；生态保护和环境治理业成为新的投资热点，共完成 86.20 亿元，大幅增长 60.2%。

（五）各地区投资平稳增长，东西两翼增速超 30%

2014 年，珠三角地区完成投资 17542.28 亿元，增长 14.6%；粤东地区投资 2910.51 亿元，增长 32.3%，其中揭阳市在中委合资广东石化 2000 万吨 / 年重油加工工程、中海油粤东 LNG 项目的带动下投资增长 39.5%；粤西地区完成投资 2533.33 亿元，增长 30.0%；粤北山区完成投资 2941.98 亿元，增长 26.7%。

（六）房地产开发投资增速小幅回落

2014 年，全省房地产开发投资完成 7638.45 亿元，增长 17.7%，增速同比回落 4.1 个百分点。从构成看，土地购置费增速依然居高不下，全年增长 62.1%；从用途看，住宅投资仅增长 14.2%，办公楼、商业营业用房分别增长 40.7% 和 33.9%。

二、存在问题

（一）新开工项目的支撑作用下降

2014 年，广东新开工项目计划总投资 17497.29 亿元，增长 7.7%，低于所有在建项目计划总投资 3.1 个百分点。一般新开工项目对投资的影响周期在两年左右，即当期新开工项目对当年和下一年投资的影响最大。因此，全年新开工项目计划总投资增速较低，对 2015 年投资增速带来直接影响，而且对投资增长支撑不足的影响将会持续。如果新开工项目计划总投资增长仍然持续低迷，投资增速很难有大幅度的提升。

（二）投资资金供应不足，到位资金增速与投资增速差距拉大

2014 年，广东本年到位资金 30142.33 亿元，增长 11.3%，低于投资增速 4.6 个百分点，到位资金与投资完成额之间的差距逐月拉大，虽然资金来源渠道有所拓宽，但所占比例明显偏低。从结构看，国内贷款 4370.13 亿元，仅增长 6.8%，增速比上半年大幅回落 12.2 个百分点；企业自筹资金仍然是投资项目融资的主要渠道，2014 年共到位 17680.21 亿元，增长 20.4%。

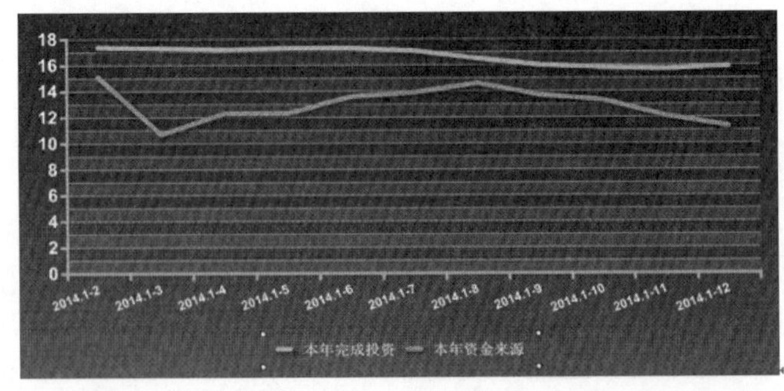

图 2 2014 年本年完成投资与本年资金来源增速对比

2014年广东房地产开发投资与商品房销售情况

2014年，广东房地产开发投资平稳增长，开发企业资金状况不容乐观。商品房销售市场延续了2013年底回落走势，但随着下半年限购限贷松绑和央行降息等政策出台，销售面积降幅年内连续4月收窄，市场筑底企稳态势显现。

一、运行特点

（一）房地产开发投资平稳增长

2014年，广东房地产开发完成投资7638.45亿元，同比增长17.7%，增幅比前三季度和上半年小幅回落1.1个百分点（见图1）。房地产开发投资额占固定资产投资的29.5%，比去上年同期高1.1个百分点，增幅比固定资产投资高1.8个百分点。

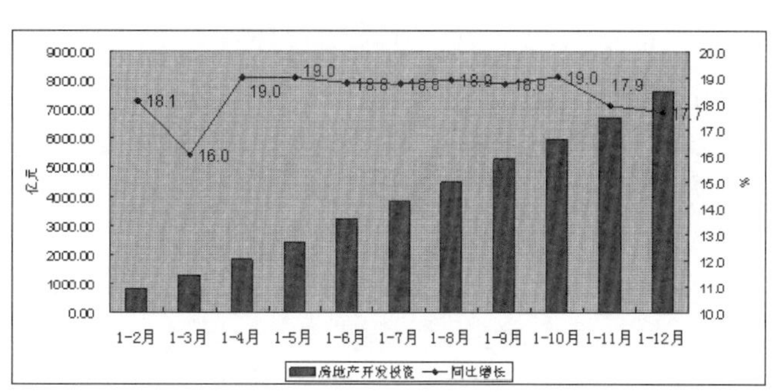

图1 2014年广东房地产开发投资走势图

从全国范围看，广东房地产开发投资额居全国第二位。2014年，广东房地产开发投资额小于江苏，但大于浙江和山东；广东房地产开发投资增幅在全国居第九位，比全国和江苏分别高7.2个和3.9个百分点，在全国和东部地区都处于较快水平（见表1）。

表1 2014年全国主要省市房地产开发投资情况

地　区	完成投资（亿元）	住宅完成投资（亿元）	比上年同期增长（%）	住宅同比增长（%）
全国总计	95035.61	64352.15	10.5	9.2
广　东	7638.45	5187.32	17.7	14.2
山　东	5817.95	4184.33	6.9	5.2
江　苏	8240.22	5924.51	13.8	14.6
浙　江	7262.38	4594.17	16.8	12.3
上　海	3206.48	1724.65	13.7	6.8

按构成分，土地购置费增幅较快。2014年，广东房地产开发投资中建筑工程投资同比增长11.9%；安装工程投资增长20.1%；设备工器具购置费增长19.2%；其他费用增长32.1%，其中土地购置费大幅增长62.1%，比去上年同期高36.2个百分点。

按类型分，非住宅投资高速增长。2014年，广东房地产开发投资中商品住宅投资增长14.2%；办公楼投资增长40.7%，商业营业用房投资增长33.9%，分别比住宅投资高26.5个和19.7个百分点；其他投资增长9.7%。

按区域分，东翼和山区增幅较快。2014年，珠三角地区开发投资增长17.4%，其中珠海市增长42.5%；东翼和山区分别增长24.9%和19.6%，其中汕头市和梅州市分别增长37.4%和66.6%；西翼增长14.3%。

（二）开发企业资金状况趋紧张

2014年，广东房地产开发企业本年到位资金小计11326.60亿元，增长8.2%，增幅比去年同期上年回落24.1个百分点，开发企业本年到位资金与完成投资比也由去上年的1.61:1下滑至1.48:1。其中，国内贷款增长13.5%，增幅比去年同期上年回落28.7个百分点；自筹资金3705.57亿元，增长32.4%；其他资金来源中的定金及预付款下降12.7%，个人按揭贷款增长4.0%，增幅分别比上年同期大幅回落55.5

个和 27.5 个百分点。

（三）商品房销售降幅企稳收窄

2014 年，广东商品房销售市场延续了 2013 年底的回落走势，但在限购限贷陆续松绑和央行降息等政策出台后，市场有筑底企稳趋势，商品房销售面积降幅自 9 月起连续 4 个月呈收窄态势（见图 2）。2014 年，广东商品房销售面积 9315.76 万平方米，同比下降 5.3%，降幅比前三季度收窄 5.1 个百分点，但仍比去年同期上年增幅低 29.8 个百分点；商品房销售额 8461.84 亿元，下降 5.4%，降幅比前三季度收窄 5.4 个百分点。其中，商品住宅销售面积下降 7.6%，销售额下降 6.9%，分别比前三季度收窄 5.1 个和 6.6 个百分点。

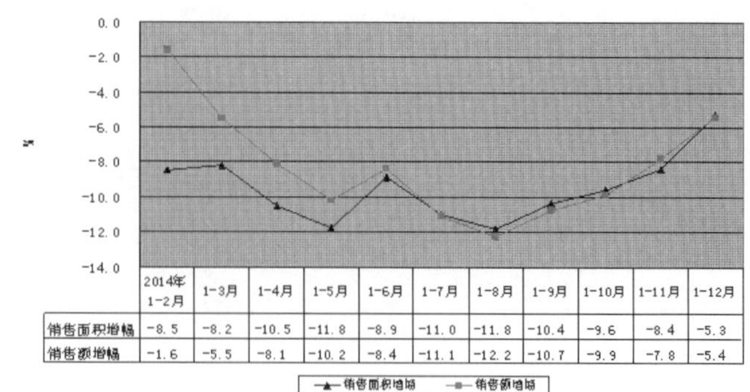

图 2 2014 年广东商品房销售情况走势图

从全国范围看，广东商品房销售面积和销售额总量分别居全国第二位和第一位，市场形势好于江苏和山东。2014 年，广东商品房销售面积比江苏少 531.07 万平方米，但降幅比江苏窄 8.7 个百分点；商品房销售额比江苏多 1563.42 亿元，销售额降幅也比江苏窄 7.4 个百分点（见表 2）。

表 2　2014 年全国主要省市商品房销售情况

地区	销售面积（万平方米）	同比增长（%）	销售额（亿元）	同比增长（%）
全国总计	120648.54	-7.6	76292.41	-6.3
广　东	9315.76	-5.3	8461.84	-5.4
山　东	9180.12	-11.1	4879.66	-6.4
江　苏	9846.84	-14.0	6898.42	-12.8
浙　江	4676.83	-4.3	4923.00	-8.8
上　海	2084.66	-12.5	3499.53	-10.5

按区域分，珠三角地区商品房销售面积同比下降 6.5%，降幅比前三季度收窄 6.9 个百分点，其中佛山、珠海和肇庆三市分别增长 12.8%、2.0% 和 6.2%，全年实现正增长；广州和深圳分别下降 9.4% 和 9.5%，降幅已收窄至个位数；东莞和中山降幅分别比前三季度收窄 10.3 个和 13.0 个百分点。东翼销售面积增长 2.5%；西翼和山区销售面积分别下降 5.6% 和 1.0%。

（四）销售均价增长势头初步抑制

广东商品房销售均价增长势头初步得到抑制。2014 年，广东商品房平均销售价格为每平方米 9083 元，比前三季度回落 168 元，同比上年下降 0.1%（见图 3），增幅比去年同期上年低 12.2 个百分点。其中商品住宅均价为每平方米 8526 元，比前三季度回落 49 元，增长 0.7%。

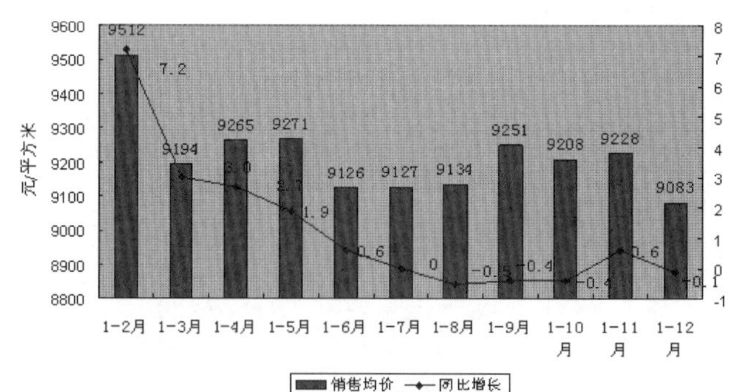

图 3 2014 年以来广东商品房销售均价走势图

根据国家统计局公布的 70 个大中城市住宅价格指数，广州新建商品住宅价格同比增幅呈高位逐月回落走势，但深圳在大幅回落的基础上有所企稳（见图 4）。12 月，广州新建商品住宅价格同比下降 4.8%，降幅持续扩大，深圳下降 1.3%，降幅略有收窄；12 月，广州新建商品住宅价格环比下降 0.2%，深圳环比增长 1.2%，自 5 月下降后再次正增长。

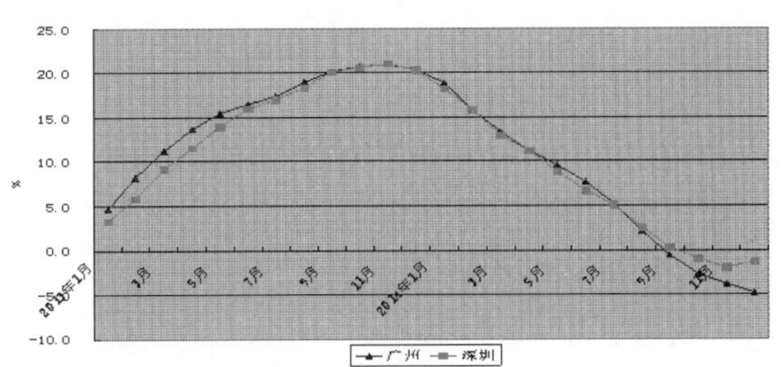

图4 2013年以来广深新建商品住宅价格指数走势图

二、关注问题

（一）需要关注开发投资结构变化

2014年，广东房地产开发投资增幅虽然全年保持稳定增长，比上年仅回落4.1个百分点，但主要是依赖往年购置土地分期支付的土地购置费高速增长所拉动，占开发投资七成的建安工程投资增幅却呈回落态势。2014年，广东房地产开发投资中建安工程投资仅增长12.8%，比上年同期回落13.4个百分点，建安工程占比同比回落3.1个百分点，而土地购置费大幅增长62.1%，占比大幅上升5.7个百分点。

（二）需要关注部分先行指标下降

今年以来，受销售回落和资金趋紧等因素影响，部分开发企业开发意愿不强，广东房地产市场中企业本年购置土地面积和新开工面积等先行指标同比大幅回落。2014年，广东房地产开发企业本年购置土地面积同比下降13.1%，比上年同期大幅回落37.8个百分点；开发企业新开工面积下降6.2%，比上年同期大幅回落40.6个百分点。先行指标的大幅回落，影响房地产开发投资后劲，对商品房的后市持续供给产生消极影响，不利于市场的平稳健康运行。

（三）需要关注开发企业库存压力

从2013年下半年开始，随着销售市场的逐步降温，商品房待售面积逐步增加，开发企业库存压力凸显。2014年末，广东商品房待售面积5467.99万平方米，比2013年末增加998.46万平方米，同比增长22.3%。按类型分，住宅待售面积占比64.8%，增长24.6%，其中90平方米以下占比19.5%，增长25.4%，144平方米以上占比36.8%，增长15.6%；办公楼待售面积下降4.5%，商业营业用房待售面积增长16.9%。按待售时间分，1年以内待售面积占比38.3%，增长26.8%；1～3年待售面积占比53.2%，增长21.7%。

开发企业库存的大幅增长，既是社会资源的闲置浪费，无法满足广大居民的住房需求，又不利于开发企业销售资金的快速回笼，对企业资金流转形成巨大压力。针对库存高企的现状，二、三线高库存城市的开发企业，应审时度势，采取促销优惠等多种措施，加速去化进程，同时根据市场形势合理掌控开发规模，调研市场需求积极调整产品开发结构，减小企业经营风险。

三、形势判断与趋势分析

（一）形势判断

一是房地产市场回落是市场高速发展后的正常调整。本轮房地产市场调整是宏观经济增幅放缓、调控政策持续作用、信贷政策收紧等多因素作用，由市场内部供求关系主导的自主消化调整过程，也是房地产市场在2013年高速增长、需求集中释放后的一次正常回调。2014年广东商品房销售面积达到9315.76万平方米，虽然比2013年的历史最高水平有所回落，但仍处于历史第二高位，与2012年和2011年相比，增幅高达17.9%和25.4%。从历史上看，广东房地产市场在2007年和2009年大幅增长后，都出现了不同程度的回调（见图5）。

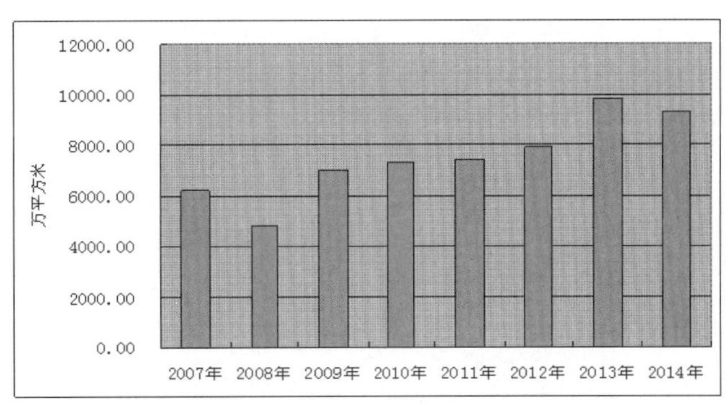

图5 近年来广东商品房销售面积

二是房地产市场调整短期内对宏观经济产生一定压力。2014年，广东省房地产业实现增加值4415.95亿元，同比增长4.6%，增幅比上年同期回落6.6个百分点，广东房地产业增加值占广东第三产业增加值的13.3%，比上年同期回落0.9个百分点。但从长期来看，房地产市场的调整对于房地产行业风险释放和宏观经济的健康发展都具有积极意义。

三是下半年的调控政策加速了市场的筑底企稳。近期房地产市场的一系列政策调整以及央行降息等政策，对于提振市场信心、改变购房者观望情绪、释放改善性住房需求、降低居民购房成本和缓解开发企业融资压力都具有积极意义，短期内对市场具有刺激作用，有助于房地产市场的企稳恢复。从三季度开始，限购政策松绑的佛山市销售面积由负转正，佛山和珠海两市全年销售面积保持正增长，全省以及珠三角地区的多个地市商品房销售面积降幅逐步收窄，房地产市场筑底企稳态势显现。

（二）趋势预测

从长期来看，由于宏观经济难以持续高速增长，市场库存仍处于高位，刺激政策边际效用递减，房地产投资收益预期改变，以及不动产登记制度等房地产长效调控机制的建立，商品房的投资属性逐步弱化，供求关系成为主导市场的关键因素，居民购房消费更加理性，房地产市场的“黄金时代”或已结束，进入中低速增长和分化调整的“新常态”。

综合预测，虽然房地产开发投资仍然受到粤东西北加速发展和城镇化进程的提振作用，但由于本年土地成交面积和新开工面积等先行指标呈负增长，预计 2015 年广东房地产开发投资增幅会略有放缓。随着房地产市场进入新常态，区域之间的分化调整更加显著，需求较大的一线城市，在市场调整后成交逐步趋于稳定，保持低速增长，二、三线城市由于供需关系缓和面临较大的去库存压力，尤其是部分供过于求的城市将维持较长调整时间，综合预计 2015 年全省形势会略有好转，商品房销售面积维持低速增长态势。

2014 年广东运输邮电生产运行情况

2014 年，广东宏观经济平稳运行，运输邮电生产运行总体稳定，多数指标增速高于全国平均水平，全省货物运输周转量保持较快增长，快递业发展方兴未艾，高铁、4G 等新兴领域成为惠民服务发展新亮点，旅客运输量、邮电业务总量和港口集装箱吞吐量增幅超过上年。但货运量和港口货物吞吐量增速放缓，增幅低于上年。展望 2015 年，全省运输邮电生产仍将继续平稳运行。

一、主要运行特点

（一）旅客运输平稳增长，高铁成为客运增长新亮点

2014 年，全省共完成客运量 192587 万人，旅客周转量 3969.58 亿人公里，按可比口径计算，分别比上年增长 10.0% 和 12.2%，增幅比上年提高 1.5 和 1.3 个百分点，比全国高 6.1 和 3.4 个百分点。从全年运行趋势看，除 3 月份因为调整统计方法数据出现波动外，全年各月客运量和旅客周转量增速较为平稳（见图 1）。

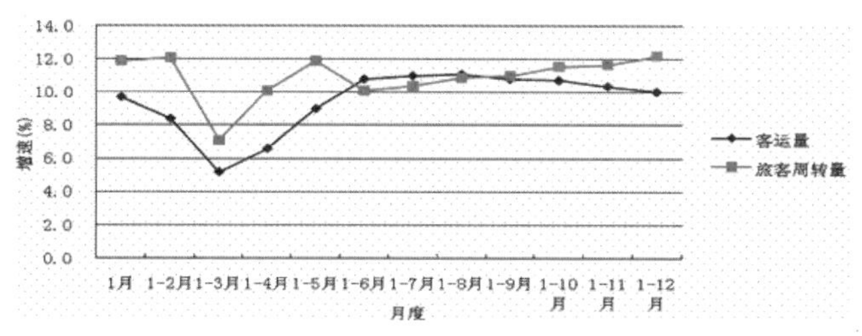

图 1 2014 年各月客运量和旅客周转量增长趋势

在旅客运输结构中，公路客运人数占绝对比重，周转量则由公路和航空平分秋色。2014 年，全省公路完成客运量 157234 万人，占全部客运量的比重达 81.6%，铁路、航空和水运各占 12.0%、5.1% 和 1.3%。在旅客运输周转量中，公路完成 1629.79 亿人公里，航空完成 1656.01 亿人公里，分别占全部的 41.1% 和 41.7%，公路因人数多而见长，航空因运距长而占优。

受高铁快速建设和火车票互联网、电话预售时间提前等利好因素双重作用，铁路客运保持较强增长态势，增幅同比大幅提高。2014 年，全省铁路共完成客运量 23020 万人，增长 12.5%，增幅比上年提高 4.3 个百分点；完成旅客周转量 673.31 亿人公里，增长 19.0%，增幅比上年提高 9.8 个百分点。年内，南广、贵广高铁相继开通，厦深高铁多加班次，高铁在广东铁路运输中覆盖面越来越大，全年武广、广珠城际、广深港、厦深、南广、贵广等高铁共完成客运量 8517 万人，增长 62.0%，旅客周转量 230.34 亿人公里，增长 81.1%，高铁占全部铁路客运量和旅客周转量的比重分别达到 37.0% 和 34.8%，比上年提高 11.3 和 12.3 个百分点。

表 1 2014 年全省旅客运输完成情况

指标	实际完成	构成（%）	比上年增长（%）
客运量（万人）	192587	100.0	10.0
铁路	23020	12.0	12.5
公路	157234	81.6	9.6
水运	2562	1.3	18.8
空运	9771	5.1	8.6
旅客周转量（亿人公里）	3969.58	100.0	12.2
铁路	673.31	17.0	19.0
公路	1629.79	41.1	11.4
水运	10.47	0.3	25.0
空运	1656.01	41.7	10.4

分区域看，西翼和山区公路客运发展较快。2014 年，西翼和山区分别完成公路客运量 14302 万人和 15775 万人，增长 15.4% 和 18.0%，增幅比全部高 5.8 和 8.4 个百分点；完成旅客周转量 140.45 亿人公里和 135.20 亿人公里，增长 18.5% 和 17.7%，增幅比全部高 7.1 和 6.3 个百分点。东翼因高铁挤占，公路客运增长相对较慢，全年公路客运量和旅客周转量分别完成 6857 万人和 81.98 亿人公里，增长 5.2% 和 4.9%。珠三角地区公路客运比较平稳，全年完成

公路客运量 120300 万人，旅客周转量 1272.15 亿人公里，分别增长 12.3% 和 8.3%。

（二）水路货物运输表现较好，全省货物周转量持续较快增长

2014 年，随着物流业的发展和货物大宗化，以及广东航道整治建设日见成效，广东货物运输结构发生明显变化，铁路运输与水路运输此消彼长，水路运输发展较快。受水路货运增长拉动，广东货物周转量持续较快增长，全年各种运输方式共完成货运量 357448 万吨，增长 8.9%，增速比全国快 1.8 个百分点；完成货物周转量 14994.06 亿吨公里，增长 22.7%，增速比全国快 12.8 个百分点。其中，水路完成货运量 77175 万吨，增长 12.1%，增幅比全部高 3.2 个百分点；完成货物周转量 11365.60 亿吨公里，增长 25.9%，增幅比全部高 3.2 个百分点。水路货物周转量对全部的贡献率达 84.2%，拉动全部货物周转量增长 19.1 个百分点。主要经营沿海航运的中海散货运输有限公司成立以来发展势头迅猛，2014 年货物周转量增长 53.5%。全省货物运输完成情况见表 2。

表 2 2014 年全省货物运输完成情况

指标	货运量		货物周转量	
	实际完成（万吨）	比上年增长（%）	实际完成（亿吨公里）	比上年增长（%）
总 计	357448	8.9	14994.06	22.7
铁 路	11159	-7.3	274.77	-8.9
公 路	260882	8.9	3129.37	17.0
水 路	77175	12.1	11365.60	25.9
航 空	144	9.9	50.96	15.3
管 道	8087	5.7	173.36	2.0

2014 年，我省大量项目开工建设，原材料需求不断增大，带动了公路货运的增长，加上公路长途跨省货运越来越普遍，公路货物运输周转量较快发展。2014 年，公路完成货运量 260882 万吨，货物周转量 3129.37 亿吨公里，增长 8.9% 和 17.0%。分区域看，西翼和山区公路货运增速较快，西翼完成公路货运量 28882 万吨，货物周转量 465.36 亿吨公里，分别增长 22.0% 和 29.2%，增幅比全部高 13.1 和 12.2 个百分点；山区完成公路货运量 41653 万吨，货物周转量 673.28 亿吨公里，分别增长 19.5% 和 23.8%，增幅比全部高 10.6 和 6.8 个百分点。

（三）港口生产保持增长，集装箱吞吐量稳步回升

2014 年，广东港口生产保持增长，集装箱吞吐量稳步回升。全省规模以上港口完成货物吞吐量 156370 万吨，增长 4.7%；完成集装箱吞吐量 5292.43 万标箱，增长 7.3%，增幅比上年提高 3.3 个百分点，呈现逐月回升态势（见图 2）。从主要港口看，湛江港集装箱生产形势一片大好，全年完成集装箱吞吐量 58.08 万标箱，大幅增长 28.6%。深圳港集装箱吞吐量从 8 月份起止跌回升，开始实现正增长，全年累计完成集装箱吞吐量 2403.73 万标箱，同比增长 3.3%。广州港港口生产稳中有升的动力也主要来自集装箱运输的较好发展。

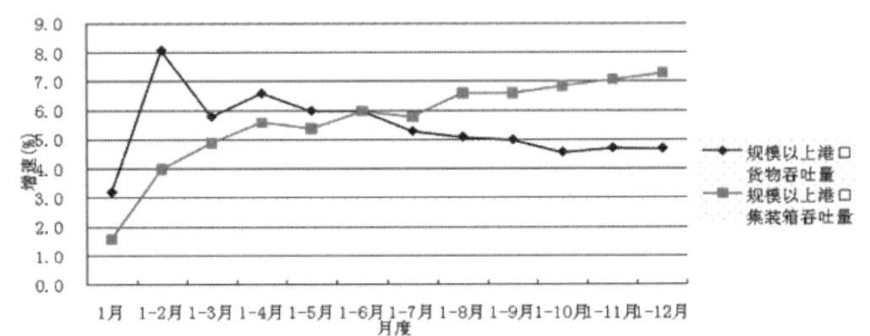

图 2 2014 年港口货物吞吐量和集装箱吞吐量增速走势图

从内外贸看，内贸货物吞吐量全年运行基本保持平稳，外贸货物吞吐量增速较低，且呈现逐季下滑态势。2014 年，全省规模以上港口完成内贸货物吞吐量 105474 万吨，增长 5.7%；外贸货物吞吐量 50896 万吨，增长 2.6%（见图 3）。从主要港口看，湛江港和广州港的内贸增幅均好于外贸，其中湛江港内贸吞吐量增长 13.8%，外贸吞吐量增长 9.6%；广州港内贸吞吐量增长 6.1%，外贸吞吐量增长 5.0%。深圳港内贸吞吐量全年同比下降 24.8%，外贸吞吐量增长 1.2%。

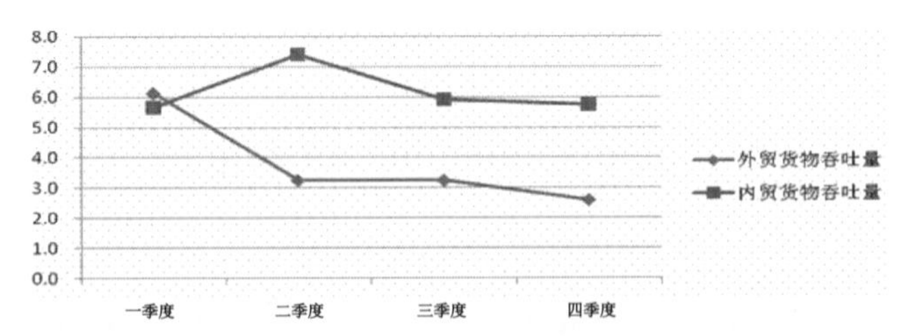

图 3 2014 年规模以上港口内外贸货物吞吐量增长走势图

（四）邮电生产增势良好，业务结构进一步优化

2014 年，广东邮电业务保持良好增长态势，完

成邮电业务总量 3387.25 亿元，增长 20.1%，增幅比上年提高 6.5 个百分点，比全国高 1.1 个百分点。其中，完成通信业务总量 2529.58 亿元，增长 13.5%，增幅同比提高 7.3 个百分点，比全国高 2.6 个百分点；完成邮政业务总量 857.67 亿元，增长 44.9%，增幅比全国高 9.3 个百分点（见图 4）。

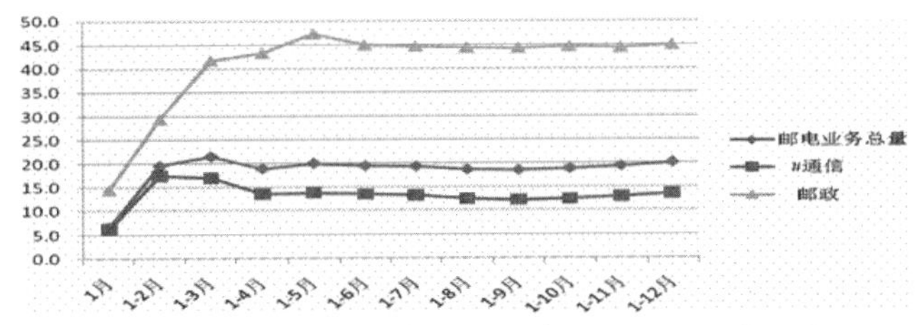

图 4 2014 年全省邮电业务总量增速走势图

快递业发展方兴未艾。2014 年，全省完成快递业务量 33.55 亿件，增长 59.2%；实现快递业务收入 458.84 亿元，同比增长 36.2%。受快递业带动，东翼和珠三角邮政业迅猛发展，全年东翼完成邮政业务总量 31.07 亿元，增长 62.0%；珠三角完成邮政业务总量 796.62 亿元，增长 45.7%。

通信业务结构持续优化，高端用户快速增加，固定电话用户逐步减少，小灵通已全部退出市场。2014 年末，全省固定电话用户为 2950.57 万户，比上年末减少 4.8%；移动电话用户 14943.37 万户，比上年末微增 1.6%；3G 电话用户 4981.24 万户，增加 11.5%；4G 移动电话推广成效显著，期末 4G 电话用户已达 1469.71 万户，3G 和 4G 移动电话覆盖率已达 43.2%。无线上网卡用户大幅增加，期末用户达 257.10 万户，比上年末增加 30.2%。互联网宽带用户数量继续快速增长，年末户数达到 2409.79 万户，比上年末增加 15.8%。四大区域通信业务协调发展，珠三角、东翼、西翼和山区全年分别完成通信业务总量 1952.70 亿元、206.14 亿元、188.73 亿元和 187.39 亿元，分别增长 13.4%、16.8%、14.1% 和 14.2%。

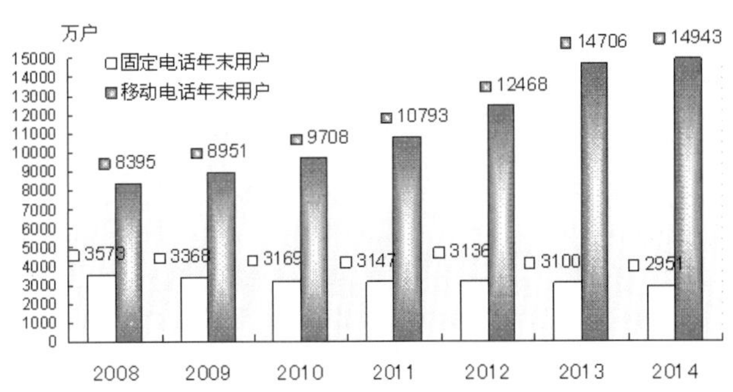

2008 年～2014 年年末电话用户数

二、运行中存在的主要问题

（一）主要物流指标增幅持续下滑。2014 年，虽然运输邮电生产运行基本稳定，主要指标增幅波动较小，但货运量和港口货物吞吐量两指标增幅持续下滑，货运量 4 个季度的累计增速分别为 15.4%、11.0%、9.9% 和 8.9%，港口货物吞吐量 4 个季度的累计增速分别为 5.8%、6.0%、5.0% 和 4.7%。物流指标增幅下滑原因主要是当前的宏观经济调整转型相应降低了货物运输需求。

（二）铁路货运持续负增长。广东铁路客强货弱情况比较明显，客运在高铁引领下增运增收成绩显著，但全年货运量和货物周转量均在负增长区间运行，全省共完成铁路货运量 11159 万吨，货物周转量 274.77 亿吨公里，分别下降 7.3% 和 8.9%，煤炭、石油、钢铁、矿石等生产性原材料类货物运输需求有所放缓。

（三）外贸运输回升不稳。2014 年，规模以上港口货物吞吐量增长 4.7%，其中内贸拉动 3.8 个百分点，外贸拉动增长 0.9 个百分点，港口生产保持增长主要靠内贸拉动，外贸货物吞吐量增速较低，且呈现出逐季下滑态势。中远航运全年累计货运量下降 0.7%，货物周转量基本与上年持平，金属矿石、水泥、化工原料、钢铁等下降幅度较大。

2014 年广东节能降耗情况

2014 年，在省委省政府的正确领导下，广东努力克服经济下行压力较大的不利影响，始终将节能降耗作为促进经济结构调整、提高经济发展质量效益的重要抓手，坚持节能工作目标不动摇，节能工作力度不放松，全面贯彻落实“十二五”后半期节能行动计划，节能降耗年度预期目标有望顺利完成。

一、总体情况

2014 年是完成“十二五”规划目标的关键一年，也是广东节能工作局面颇为被动的一年。前三个季度，受经济增速下滑和电力消费居高不下的影响，全省单位 GDP 能耗下降率均没有达到下降 3.40% 的年初计划目标，节能降耗形势极为严峻。进入四季度后，全省进一步加大节能降耗工作力度，全力遏制电力消费过快增长，部分地市采取关停落后企业，限制高耗能行业发展的针对措施，能源消费总量增速逐步回落，节能降耗形势趋于好转。初步核算，2014 年广东单位 GDP 能耗下降 3.56%，完成全省节能降耗年度目标任务。

在“十二五”能耗累计指标完成方面，2011 ～ 2013 年三年间，广东单位 GDP 能耗累计下降 13.10%，完成了“十二五”前三年计划进度的 118%。在此基础上，2014 年广东单位 GDP 能耗继续下降 3.56%，“十二五”前四年累计下降幅度将达到 16.19%，与“十二五”期间广东单位 GDP 能耗下降 18% 的总目标只相差 2 个百分点左右，为收官之年圆满完成国家下达的“十二五”节能降耗总任务奠定了良好基础。

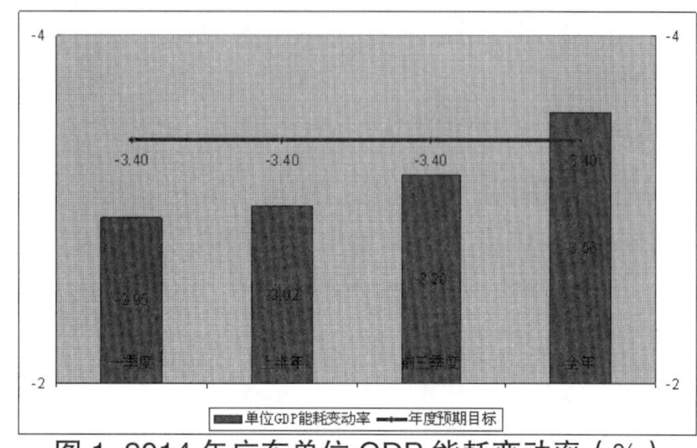

图 1 2014 年广东单位 GDP 能耗变动率（%）

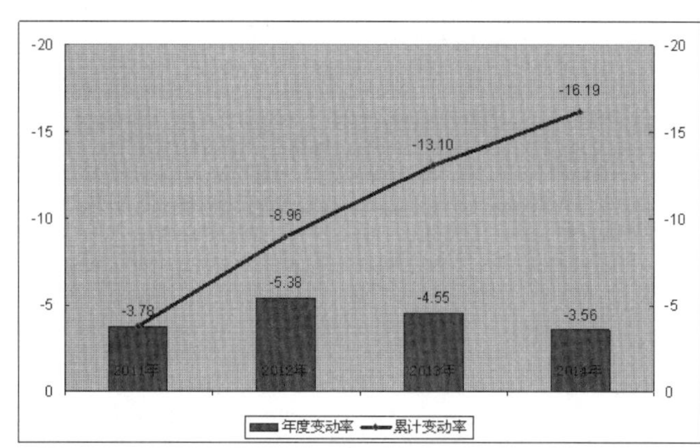

图 2 “十二五”以来广东单位 GDP 能耗变动率（%）

二、主要特点

（一）从行业看，工业节能贡献突出

2014 年，广东地区生产总值同比增长 7.8%，其中工业增加值同比增长 7.8%。工业增加值占地区生产总值的比重为 42.9%，拉动经济增长 3.7 个百分点，贡献率达到 47.1%。

在能源消费方面，2014 年，广东全社会能源消费总量 31360.56 万吨标准煤，同比增长 3.9%，其中工业能源消费量（等价值）18763.49 万吨标准煤，同比增长 0.8%。工业能源消费量（等价值）占全社会能源消费总量的比重为 59.8%，拉动能源消费增长仅 0.5 个百分点，贡献率为 12.8%。

一方面，工业生产为经济增长做了接近 50% 的贡献，另一方面，工业的能源消费增量仅占全社会能源消费增量的一成左右。反映在指标上，就是 2014 年广东规模以上工业企业单位工业增加值能耗（等价值）同比下降 7.5%，远高于单位 GDP 能耗下降幅度。工业能耗下降是 2014 年广东能够完成单位 GDP 能耗下降任务的头等功臣。

工业行业能源消费强度的降低主要通过两个途径实现。一是高耗能产品产量减少或者低速增长。2014 年，广东钢材产量 3447.15 万吨，同比增长 2.8%，乙烯产量 239.74 万吨，同比增长 0.6%，建材产品中平板玻璃和卫生陶瓷产量分别下降 4.6% 和 3.2%。二是先进制造业和高技术制造业快速增长。2014 年，广东先进制造业完成增加值 14103.95 亿元，占规模以上工业比重为 48.1%，同比增长 9.2%，增幅高于全省平均水平 0.8 个百分点；高技术制造业完成增加值 7546.10 亿元，占规模以上工业比重为 25.7%，同比增长 11.4%，增幅高于全省平均水平 3.0 个百分点。

（二）从品种看，低碳趋势日益明显

降低化石能源比重既是减少温室气体排放的客观要求，也是提高能源利用总体效率的重要途径。利用化石能源进行火力发电是我国最主要的能源加工转换活动。当前，全国非热电联产企业能源转换平均效率不到 40%，60% 的一次能源能量通过热辐射等方式损失，其中燃煤电厂效率又普遍低于燃气电厂。2014 年，广东火力发电量 2960.83 亿千瓦时，同比减少 2.8%，外购电量（70% 为水电）1577.27 亿千瓦时，同比增长 32.3%，核能发电 548.84 亿千瓦时，同比增长 18.2%，其他发电（风力、太阳能等）34.42 亿千瓦时，同比增长 12.6%。

电源结构的变化带来了全省原煤消费的转折性变化。2014 年广东规模以上工业企业原煤消费量 15150.34 万吨，比 2013 年减少 560.36 万吨，其中用于加工转换的 11760.15 万吨，比 2013 年减少 502.06 万吨，用于终端消费的 3390.19 万吨，比 2013 年减少 58.30 万吨。2014 年，全国原煤价格持续低迷，广东在全社会能源消费总量增长 3.9% 的情况下，原煤消费绝对量减少，能源结构的低碳化进程日益明显。

在油气领域方面，2014 年，广东原油产量 1245.39 万吨，同比减少 3.6%，天然气产量 83.66 亿立方米，同比增长 11.2%。

原油加工量 4742.99 万吨，同比增长 0.8%，规上工业企业天然气消费量突破 100 亿立方米，同比增长 11.8%。天然气产量和消费量增速都远远超过原油增速，清洁能源比重进一步扩大。

（三）从地区看，珠三角节能空间释放

推进珠三角地区优化发展，加快粤东西北地区振兴发展，是广东实现区域协调发展的既定战略。从能源消费的角度看，就是珠三角地区要通过产业结构转型升级，降低能源消费强度，让渡能源消费增量指标，使粤东西北地区在工业化和城镇化过程中拥有一定的能源消费增量空间。

2014 年，广东规模以上工业能源消费合计（等价值）13876.04 万吨标准煤，同比增长 0.3%。其中珠三角地区规模以上工业能源消费合计同比下降 1.1%，比去年同期减少能源消费约 100 万吨标准煤，粤东西北地区规模以上工业能源消费合计同比增长 2.6%，比去年同期增加能源消费约 120 万吨标准煤。珠三角地区产业结构转型升级为粤东西北加快发展腾出了可观的能源消费增长空间。

在珠三角地区内部，做出主要贡献的是广州、深圳、佛山、东莞这四个核心城市。2014 年，上述四市规模以上工业能源消费合计（等价值）同比下降 1.5%，比去年同期减少能源消费约 90 万吨标准煤，占珠三角地区能源消费减量的九成左右。

三、存在问题

（一）单位 GDP 电耗不降反升

2014 年，广东经济总量同比增长 7.8%，全社会用电量 5235.23 亿千瓦时，同比增长 8.4%，单位 GDP 电耗不降反升，同比上升 0.59%。全社会用电量增速超过经济增长速度，在“十二五”以来是首次出现，近 10 年来是第二次出现。上一次出现是在金融危机强刺激政策出台后的 2010 年，当年广东全社会用电量同比增长 12.5%，经济总量同比增长 12.4%，全社会用电量超过经济增速 0.1 个百分点。2010 年适逢“十一五”收官之年，全国包括广东在内的不少地区通过拉闸限电才得以完成节能降耗目标。2014 年，广东全社会用电量增速超过经济增长速度 0.6 个百分点，电力超耗重现，也给当年的节能工作带来了极大的被动，全省节能形势一度十分紧张。

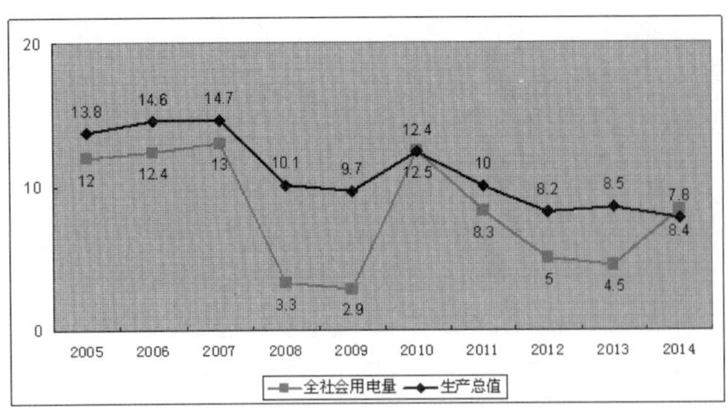

图 3 2005 年以来广东用电量与生产总值增速（%）

（二）生活用能增速过快

2014 年，广东人均 GDP 突破一万美元，已步入中等发达国家（地区）水平，在能源消费方面呈现出生活性能源消费快速增长，占全社会能源消费总量的比重逐步上升的趋势。2014 年，广东全社会能源消费总量 31360.56 万吨标准煤，同比增长 3.9%，其中居民生活用能 4516.63 万吨标准煤，同比增长 9.1%，高出全社会能源消费总量增速 5.2 个百分点。电力消费反映了同样的趋势。2014 年，广东全社会用量增速为 8.4%，其中城乡居民生活用电量增速达到 13.3%，高出全社会用电量增速 4.9 个百分点。生活用能具有一定的棘轮效应，上升到较高的平台后很难下来，并且在单位 GDP 能耗考核体系中，生活用能只做大能耗分子，对分母 GDP 没有直接贡献，其过快的增长速度对节能工作提出了严峻挑战。

（三）粤东西北节能难度加大

加快工业化和城市化进程，是粤东西北实现跨越发展的重要内容。但受到既有产业结构和自然禀赋的限制，粤东西北产业重型化特征明显。粤东地区的目标是重要能源基地，粤西地区是国家级石化能源基地，粤北地区是原材料资源加工基地，即使采用最先进的生产技术，也很难降低区域经济的整体能耗水平，而壮大相关重化产业发展，能源消费会不可避免的同步升高。2014 年，广东规模以上工业增加值同比增长 8.4%，其中粤东地区规模以上工业增加值同比增长 13.2%，粤西地区规模以上工业增加值同比增长 15.2%，粤北地区规模以上工业增加值同比增长 14.4%，均大幅高于全省平均水平。与此同时，能源消费也显示出同样的特征。以工业用电为例，2014 年，广东全部工业用电增长 7.8%，其中粤东地区全部工业用电增长 11.4%，粤西地区全部工业用电增长 14.5%，粤北地区全部工业用电增长 10.4%，能源消费随产业发展水涨船高。由于能源消费增长偏快，初步估计，2014 年粤东西北将有部分地市无法完成年度节能目标。

2014 年广东消费品市场发展情况

2014 年，在国家“促内需、稳增长、惠民生”系列政策的作用下，广东消费品市场规模进一步扩大。全年实现社会消费品零售总额 28471.15 亿元，增长 11.9%，扣除物价因素，实际增长 10.3%。

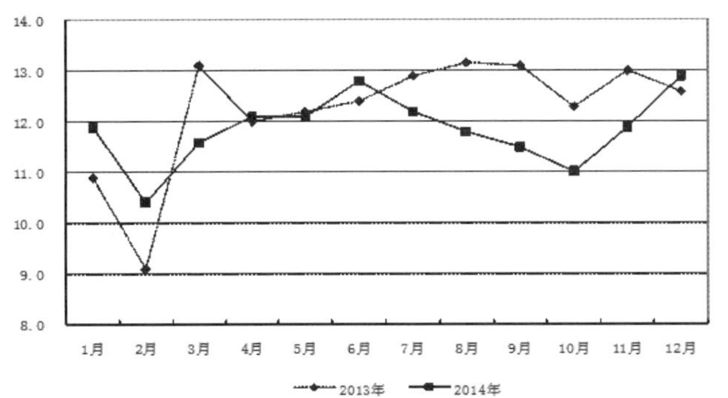

2014 年各月广东社会消费品零售总额增长情况图（%）

全国范围看，2014 年广东社会消费品零售总额继续领先各省市，占全国社会消费品零售总额的 10.9%；增速比全国平均低 0.1 个百分点，比上海高 3.2 个百分点，比北京高 3.3 个百分点，比江苏、山东分别低 0.5 个百分点和 0.7 个百分点。

2014 年主要省市社会消费品零售总额及增速表

地区	总额（亿元）	增长（%）
全国	262394.1	12.0
北京	9098.1	8.6
上海	8718.7	8.7
江苏	23209.0	12.4
浙江	16905.0	11.7
山东	24492.0	12.6
广东	28471.2	11.9

一、主要特点

（一）城镇消费品市场增长放缓，农村消费品市场日益活跃

2014 年，全省城镇消费品市场零售额 24925.31 亿元，增长 11.9%，增速比上年回落 0.5 个百分点；占全省社会消费品零售总额的 87.5%，拉动全省社会消费品零售总额增长 10.4 个百分点。随着农村居民消费结构稳步升级和农村商品流通网络建设不断完善，农村消费品市场日益活跃，全年实现社会消费品零售额3545.83 亿元，增长11.8%，增幅比上年提高0.9 个百分点，占全省社会消费品零售总额的 12.5%。

（二）各区域消费品市场保持平稳运行，粤北地区消费品市场增长较缓

2014 年，珠三角 9 市实现社会消费品零售总额 21047.18 亿元，增长 11.9%。其中，广州实现社会消费品零售总额 7697.85 亿元、深圳实现社会消费品零售总额 4844.00 亿元、佛山实现社会消费品零售总额 2560.58 亿元，分别增长 12.5%、9.3% 和 13.1%。

粤东 4 市实现社会消费品零售总额 2960.93 亿元，增长 12.0%。其中揭阳实现社会消费品零售总额 759.02 亿元，增长 15.4%，增速领先 21 个地级市。粤北山区 5 市实现社会消费品零售总额 2086.43 亿元，增长 11.4%，增速比全省平均低 0.5 个百分点。粤西 3 市实现社会消费品零售总额 2857.90 亿元，增长 11.7%。

（三）批发零售业销售稳步增长，住宿餐饮业经营持续好转

2014 年，全省批发业销售额 73933.82 亿元，增长 17.4%。其中，限额以上批发业销售额 60769.41 亿元，增长 18.8%，占全省批发业销售额的 82.2%。全省零售业零售额 22738.32 亿元，增长 12.9%。其中，限额以上零售业零售额 10056.03 亿元，增长 17.1%，占全省零售业零售额的 44.2%，比重比上年提高 1.4 个百分点。

全省住宿业营业额 764.11 亿元，增长 7.2%，增幅比上半年加快 1.4 百分点。其中，限额以上住宿业营业额 520.04 亿元，增长 6.2%，增幅比上半年加快 2.5 个百分点。全省餐饮业营业额 3073.60 亿元，增长 10.1%。其中，限额以上餐饮业营业额 940.35 亿元，增长 9.7%。

（四）限额以上批发零售业网上销售增长迅猛，对消费品市场的拉动作用进一步增强

2014 年，省财政继续安排“广货网上行”专项资金，扶持电商企业，支持传统实体商业参与实施“广货网上行”活动。传统实体商业顺应电子商务发展潮流，积极搭建网上销售平台，加快转型升级，网上销售业务发展迅猛。2014 年，全省限上批发零售业通过互联网实现商品零售额 642.27 亿元，比上年增长 70.7%，增速明显高于传统实体经营；占全省社会消费品零售总额的 2.3%，拉动全省社会消费品零售总额增长 1.1 个百分点。

（五）汽车、通讯器材、居家建材销售增长较快，石油及制品销售增长乏力，金银珠宝等奢侈品销售下滑

2014 年，全省限额以上批发零售业吃、穿、日用等基本生活品销售平稳。其中：粮油食品、饮料烟酒类零售额 1045.34 亿元，增长 10.5%；服装、鞋帽、针纺织品类零售额 1253.55 亿元，增长 12.6%；日用品类零售额 482.20 亿元，增长 20.4%。

限额以上批发零售业居家、建材类商品销售增长较快。其中：家用电器和音像器材料类商品零售额 666.09 亿元，增长 17.5%；家具类零售额 123.28 亿元，增长 18.0%；建筑及装潢材料类零售额 172.88 亿元、五金电料类零售额 105.71 亿元，分别增长 17.3% 和 28.1%。

受公务用车改革启动、汽车消费促销力度加大等因素带动，汽车类商品销售保持较快增长。2014 年，全省限额以上批发零售业汽车类商品零售额 3657.59 亿元，增长 19.2%，增幅比上年提高 3.0 个百分点，拉动全省社会消费品零售总额增长 2.6 个百分点。

随着手机升级换代加快和国家倡导信息消费力度加大，通讯器材类商品销售畅旺。2014 年，全省限额以上批发零售业通讯器材类商品零售额 336.47 亿元，增长 22.0%，增幅比上年提高 12.2 个百分点。

受油价连续下调的影响，石油及制品类商品零售额增长进一步放缓。2014 年，全省限额以上批发零售业石油及制品类零售额 2222.31 亿元，增长 4.8%，增幅比上年下降 5.5 个百分点；拉动全省社会消费品零售总额增长 0.5 个百分点，比上年的下降 0.6 个百分点。

随金价下跌和居民消费、投资热情的下降，金银珠宝类销售疲软。2014 年，全省限额以上批发零售业金银珠宝类商品零售额 236.47 亿元，增长 1.7%，增幅较上年下降 20.0 个百分点。

限额以上批发零售业其他主要大类商品销售中，文化办公用品类零售额增长 17.5%、书报杂志类零售额增长 19.8%，增速均高于限额以上批发零售业整体；化妆品类零售额增长 0.7%、体育娱乐用品类零售额增长 3.2%、电子出版物及音像制品类零售额增长 4.9%，增速均比上年明显回落。

二、需要关注的几个问题

（一）经济增长放缓，城乡居民消费意愿和行为趋于谨慎

当前，世界经济缓慢复苏，国内经济运行保持在合理的增长区间。但国内外经济形势依然错综复杂，充满变数，经济增长动力仍显不足，经济增长下行压力依然较大，对扩大消费和提升消费信心带来不利影响。房地产价格居高不下，居民购房、租房压力持续加大，对日常商品消费产生较大的挤出效应，城乡居民商品消费意愿和行为趋于谨慎保守。

（二）市场竞争激烈，电商对传统实体经营的冲击继续加大

据广东调查总队对限额以下批发零售、住宿餐饮业的抽样调查，超八成的样本单位认为，市场竞争激烈是企业经营面临的主要问题。随着电子商务的迅速发展，市场透明度日益提升，网络购物以其较大的价格优势、丰富的购物选择、方便的购物方式，受到越来越多消费者的青睐，对传统实体经营造成较大冲击。目前，我省通过互联网进行销售的限上批发零售企业仅占全部限上批发零售企业的 2.5%，省外电商分流了相当比例的本地消费。与此同时，由于小微商业单位自身存在着进入门槛低、营销手段单一、市场开拓能力不足等弱势，在经济大环境不景气、消费有效需求不足的情况下，同地域、同档次、同类型企业偏多，导致行业内部竞争异常激烈。

（三）市场监管仍需加强，网上销售亟须规范

当前，互联网销售迅猛发展，微博营销、微信营销等新兴营销方式悄然出现，活跃了消费品市场，同时也为有序市场的维护带来猝不及防的挑战。近日，国家工商总局公布了 2014 年下半年网络交易商品定向检测结果，结果显示，检测的 92 个批次样品中，仅 54 个批次为正品，正品率仅为 58.7%。构建安全可信的消费环境，特别是信息消费环境，规范市场秩序迫在眉睫。

2014 年广东外贸进出口情况

2014 年，广东外贸受外需复苏缓慢、内需增长放缓，部分重要进出口企业生产链内迁，以及 2013 年特殊监管区基数等因素影响，一季度负增长并呈下滑态势。随着特殊监管区基数影响消除及外需有所增长，广东进出口企稳向好，5 月当月出口年内首次实现增长，6 月当月进出口及进口年内首次实现增长。三季度，随着 6 月份《广东省支持外贸稳定增长实施方案》的落实和推进，广东进出口逐月向好，增速逐月回升，进出口量平稳上升，9 月当月进出口量更创下了历史新高。四季度广东进出口进一步回升。

一、广东外贸运行的主要特点

（一）受内外环境及基数影响，全年进出口下降 1.4%

2014 年，全省实现进出口总额 10767.3 亿美元，下降 1.4%，降幅比前三季度收窄 4.6 个百分点，比上半年收窄 13.5 个百分点，比一季度收窄 21.7 个百分点。其中出口 6462.2 亿美元，增长 1.5%；进口 4305.1 亿美元，下降 5.5%；实现贸易顺差 2157.1 亿美元。

（二）一般贸易进出口增长态势良好，加工贸易小幅下降，特殊监管区域物流货物进出口大幅下降

2014 年，广东一般贸易进出口总额 4157.6 亿美元，增长 12.7%。其中，出口 2499.6 亿美元，增长 16.5%，占全省出口额比重为 38.7%，占比比 2013 年上升 4.8 个百分点；进口 1658.0 亿美元，增长 7.5%。加工贸易受 2013 年套利贸易和部分产业生产线外迁等因素影响小幅下降，完成进出口总额 5202.9 亿美元，下降 1.2%。其中，出口 3206.2 亿美元，下降 0.9%，占全省出口额比重为 49.6%，占比与 2013 年持平；进口 1996.8 亿美元，下降 1.8%。

特殊监管区域物流货物进出口 694.9 亿美元，大幅下降 52.3%，其中出口 354.2 亿美元，下降 50.7%，进口 340.7 亿美元，下降 53.8%。

（三）集体企业进出口较快增长，外商投资企业、国有和私营企业进出口下降

2014 年，广东集体企业进出口总额 223.9 亿美元，增长 14.3%，增幅比全省总体水平高 15.7 个百分点。其中，出口 173.1 亿美元，增长 14.7%；进口 50.8 亿美元，增长 13.1%。外商投资企业进出口 5889.0 亿美元，下降 0.5%，降幅比全省总体水平少 0.9 个百分点，占全省进出口总额的 54.7%。其中，出口 3561.1 亿美元，下降 0.3%；进口 2327.9 亿美元，下降 0.8%。国有企业进出口 878.3 亿美元，下降 3.1%。其中，出口 497.7 亿美元，下降 1.4%；进口 380.6 亿美元，下降 5.2%。私营企业进出口 3508.4 亿美元，下降 1.2%，占全省进出口总额的 32.6%。其中，出口 2223.7 亿美元，增长 4.4%；进口 1284.7 亿美元，下降 9.5%。

（四）与拉美、大洋洲、中东贸易快速增长，与东盟、欧盟、美国贸易保持增长，与中国香港、中国台湾、俄罗斯、非洲贸易下降

与拉丁美洲贸易进出口 390.1 亿美元，增长 250.1%；与大洋洲贸易进出口 178.9 亿美元，增长 26.4%；与中东贸易进出口 498.5 亿美元，增长 24.5%。与东盟贸易进出口 1122.9 亿美元，与欧盟贸易进出口 1054.6 亿美元，与美国贸易进出口 1217.8 亿美元，分别增长 9.8%、9.4% 和 2.4%。与中国香港贸易进出口 2352.5 亿美元，与中国台湾贸易进出口 638.5 亿美元，与俄罗斯贸易进出口 82.1 亿美元，与非洲贸易进出口 493.9 亿美元，分别下降 12.5%、15.2%、14.7% 和 4.2%。

（五）机电产品、高新技术产品出口下降，传统劳动密集型产品出口均保持增长

2014 年，广东机电产品出口 4286.1 亿美元，高新技术产品出口（与机电产品有交叉，下同）2310.5 亿美元，分别下降 2.5% 和 9.9%。机电产品中，电器及电子产品出口 2425.3 亿美元，下降 6.7%；机械设备出口 994.5 亿美元，下降 0.8%。高新技术产品中，计算机及通信技术出口 1820.7 亿美元，增长 2.5%；航空航天技术出口 14.9 亿美元，增长 411.5%；电子技术出口 280.3 亿美元，下降 51.0%；光电技术出口 135.4 亿美元，下降 14.7%。

主要传统劳动密集型产品中，服装及衣着附件出口 363.4 亿美元，增长 9.8%；家具及其零件出口 196.5 亿美元，增长 12.6%；鞋类出口 153.9 亿美元，增长 6.4%；纺织纱线织物及制品出口 120.2 亿美元，增长 1.9%；箱包出口 89.7 亿美元，增长 14.7%；塑料制品出口 104.1 亿美元，增长 17.8%；玩具出口 95.3 亿美元，增长 12.6%。

（六）机电产品、高新技术产品进口下降，铁矿砂、原油、农产品和粮食进口快速增长，煤、成品油、钢材和废金属进口下滑

2014 年，广东机电产品进口 2543.0 亿美元，高新技术产品进口 1932.7 亿美元，分别下降 10.4% 和 11.6%。机电产品中，电器及电子产品、仪器仪表和其他机电产品下滑较快，分别下降 14.5%、10.7% 和 21.5%。高新技术产品中，电子技术、计算机与通信技术和光电技术降幅较大，分别下降 17.4%、7.8% 和 15.5%。

广东铁矿砂进口 1865.6 万吨，增长 45.5%；原油进口 1784.2 万吨，增长 25.8%。农产品进口 168.2 亿美元，增长 13.0%，粮食进口 1014.4 万吨，增长 46%，其中大豆进口 528.2 万吨，增长 29.9%，稻谷和大米进口 132 万吨，增长 9.4%，玉米和大麦分别增长 70.6% 和 42.2%，食用植物油增长 7.8%。

广东省煤及褐煤进口 4497.6 万吨，下降 24.4%；成品油 285.8 万吨，下降 50.4%；钢材 454.1 万吨，下降 3.7%；废金属 303.3 万吨，下降 1.9%。

（七）梅州、河源、揭阳、湛江、阳江、广州、茂名和肇庆进出口保持两位数增长，潮州和深圳进出口下滑幅度较大

2014 年，梅州进出口 21.8 亿美元、河源进出口 39.5 亿美元、揭阳进出口 54.6 亿美元、湛江进出口 63.2 亿美元、阳江进出口 26.9 亿美元、茂名进出口 13.8 亿美元、肇庆进出口 78.4 亿美元、广州进出口 1306.0 亿美元，分别增长 23.8%、22.4%、16.4%、14.6%、12.9%、13.0%、11.8% 和 9.8%。潮州进出口 34.2 亿美元、深圳进出口 4877.7 亿美元，分别下降 12.6% 和 9.2%。

分区域看，珠三角 9 市进出口 10292.7 亿美元，下降 1.7%。粤东 4 市进出口 223.9 亿美元、粤西 3 市进出口 103.8 亿美元、粤北山区 5 市进出口 146.9 亿美元，分别增长 1.7%、13.9% 和 10.8%。

二、需要关注的几个问题

（一）全球经济复苏缓慢，外部需求依然低迷。

目前，全球经济复苏缓慢，大宗商品价格普遍下跌。2014 年，除美国以外，其他主要国家经济复苏不尽如人意。美欧日发达经济体普遍持续紧缩财政，企业对新兴产业投资短期内难以形成规模，宽松的货币政策无法根本扭转有效需求不足的局面，加上失业率高企等因素制约，经济增长动力仍较疲弱。一些新兴经济体结构性矛盾突出，通货膨胀高企，货币政策操作空间缩小，发展面临的风险上升，经济增长明显放缓。国际货币基金组织下调 2015 年全球经济增长预期至 3.8%，世贸组织预计，2015 年全球贸易量增长 4.0%，远低于过去 20 年 5.3% 的平均增速。

（二）贸易保护主义有所上升

在世界经济复苏缓慢的情况下，贸易保护主义升温。一些国家为扶持本土产业、缓解就业压力，强化贸易救济调查制法，加大对国内产业保护力度。针对中国的贸易保护主义案数多，金额高，地域和领域越来越广。商务部数据显示，2014 年，中国出口产品遭遇国外贸易救济调查 97 起，涉案金额 104.9 亿美元。此外，中国出口产品还遭受美国 337 调查 12 起，欧盟的反规避调查和反吸收调查各 1 起。

（三）加工贸易转型升级任务紧迫

从内部环境看，随着我省要素成本持续上升，制造业低成本优势不断减弱，部分重点企业生产线和产品订单向内地、周边国家和地区转移；从外部环境看，发达国家大力发展实体经济，周边国家劳动密集型产业实力日益增强，广东传统优势产业、产品面临前所未有的国际市场竞争压力，广东加工贸易转型升级迫在眉睫。

2014年广东工业品出口情况

2014年广东规模以上工业（以下除特别说明外，统计口径均为规模以上工业）实现工业品销售产值116398.81亿元，增长8.5%，其中工业品出口交货值33358.92亿元，增长5.7%，增幅低于销售产值增幅2.8个百分点，低于工业增加值增速2.7个百分点，出口对工业的拉动作用有所弱化，但出口对稳定广东工业运行仍十分重要，广东工业品出口在全国工业品出口中所占地位仍十分突出。

一、工业品出口主要特点

（一）出口增速前低后高

2014年工业品出口增长虽有起伏，但增速总体上前低后高。前三季各月工业品出口累计增速逐月小幅爬升，四季度增长虽小幅波动，但总体运行维持相对稳定。1～3月份广东工业品出口增长2.0%，1～6月上升为3.2%，1～9月份进一步提高到5.7%，1～10月份增长达到年内峰值6.4%，此后增长有所回落，1～11月份增长为5.8%，全年增长为5.7%，全年增幅比一、二季度分别加快3.7个及2.5个百分点，与三季度持平；与上年相比，出口步伐也有所回升，增幅同比提高1.4个百分点，但总体增速仍在低位运行，与生产增长、销售增长存在一定差距。

（二）民营企业出口增长快速回升，对全省工业品出口增长贡献率居主要地位

民营工业企业并不是广东出口的主力企业，产品外销率相对不高。2014年，民营工业企业实现的工业品销售产值中，出口占比仅为16.0%，低于外商及港澳台商投资企业的45.2%；全省完成的工业品出口交货值中，民营工业企业占比为25.0%，远低于外商及港澳台商投资企业的73.0%。出口的增长取决于增量的增加，民营工业企业出口的快速增长，对全省工业品出口增长贡献率明显大于外商及港澳台商投资企业，居各经济类型工业首位，是拉动广东工业品出口增长的主要力量。

从各月出口累计增速看，2014年民营工业企业出口发展呈快速回升态势，1～3月出口增长10.6%，1～6月提高到15.4%，到了1～9月进一步提高到19.8%，全年增幅达20.4%。2014年民营工业企业出口明显优于全省平均水平及其他经济类型企业，出口增速高于同期全省水平14.7个百分点，比外向型企业外商及港澳台商投资企业增幅高18.6个百分点；对全省工业品出口增长贡献率达78.5%，拉动全是工业品出口增长4.5个百分点，其贡献率远高于外商及港澳台商投资企业（23.9%）和国有控股企业（2.8%）。

（三）大型工业企业产品对外依存度高，是广东工业品出口“领头羊”；但增量对各自工业生产的拉动作用，中型企业显有优势

从企业规模看，2014年大型工业企业的出口增长相对起伏较大，前两季工业品出口累计增长为负，自7月份扭转负增长局面后，1～9月份增速回升到5.4%，此后增速虽有所回落，但全年增长仍维持4.2%。2014年，大型工业企业工业品交货值占全省出口的58.6%，中、小型企业为26.6%及14.7%；大型工业企业产品外销率为37.1%，中、小型企业为29.0%和15.0%，大型工业企业产品外销率比中、小型企业分别高8.1个和22.1个百分点。由于大型企业产品出口增速低于中型企业，其产品出口增量对销售增长贡献率小于中型企业。2014年，中型企业出口增长为8.6%，高于大型工业4.4个百分点，对销售增长贡献率为29.6%，比大型企业贡献率（22.0%）高7.6个百分点，小型企业出口增长11.8%，增速相对较高，但由于产品外销占比低，其出口对销售增长贡献率仅为13.0%。出口增长拉动销售增长，进而带动生产增长，以上数据表明，出口在各自规模工业中，对工业增长的拉动作用排序依次是中型企业、大型企业、小型企业。

（四）珠三角仍是广东主要的工业品出口基地，产品外销率高，但东西北地区出口步伐相对优于珠三角

从区域看，2014年，珠三角工业品出口增长相对较缓，各月出口累计增速均低于全省平均水平，全年增速仅为5.3%；但出口规模上，珠三角仍然是

广东工业品主要出口基地，2014 年，珠三角完成工业品出口交货值全省占比高达 91.1%，东西北地区占比合计只为 8.9%；珠三角 2014 年产品外销率为 32.0%，而同期东、西两翼及山区地市的外销率分别为 15.8%、11.3% 和 14.0%。东西北地区虽不是传统意义上的出口地市，但产品出口力度正逐步加大。2014 年，东西北地区工业品出口增速为 9.1%、10.1% 和 11.9%，增幅分别高于珠三角 3.8 个、4.8 个及 6.6 个百分点。

全省 21 个地市中，根据市场取向及生产能力的不同，各地市出口对全省出口的影响各有差异。一是传统上的经济外向型工业大市。如深圳、东莞市，产能大，出口量大，产品对外依存度高。2014 年，深圳、东莞出口总量占全省工业品出口的比重分别为 35.1% 和 17.0%，合计占比达 52.1%，全省过半工业品出口集中在深圳、东莞两市；两市 2014 年实现的工业品销售产值中，外销占比分别达 49.1% 和 48.0%；两市 2014 年工业品出口增幅仅为 4.7% 和 3.9%，分别低于全省平均水平 1.0 个和 1.8 个百分点；两市出口增长乏力，是拖缓全省出口增长主要原因。二是以国内市场为主的工业生产大市。如广州、佛山，产品对外依存度不高，产品外销率分别为 18.7% 和 14.0%，低于全省平均水平的 28.7%，不是传统上意义上的外向型经济地市，但产能大，出口规模全省占比高，2014 年，两市工业品出口占全省出口的比重分别为 9.9% 和 7.7%，对全省出口增长具有较大的影响力。 2014 年两市工业品出口增速仅为 3.3% 和 5.3%；出口增长不足，制约着全省出口增长的提高。三是生产规模中等，产品对外依存度较高，对全省出口具有一定的影响力。如惠州、中山、珠海，2014 年，三市产品外销率为 40.1%、32.4% 和 35.7%，分别高于全省水平 11.4 个、3.7 个和 7.0 个百分点；三市出口总量占全省工业品出口比重的 17.8%，占有一定份额，但三市出口发展分化，抵消了其对全省出口增长的正面影响。2014 年，惠州工业品出口增长相对较快，增速为 12.7%，但中山、珠海的增速为 2.7% 和 3.6%。此外，东西北部分地市虽然增长较高，但出口总量相对较小，难以对全省出口产生很大的正面影响，拉动作用有限。

（五）行业出口高度集中，部分行业出口增长仍存亮点

计算机通信和其他电子设备制造业是广东工业的主力行业，也是出口的重点行业。2014 年，该行业产品外销率高达 59.2%，是工业大类行业中对外市场依存度最高的行业，出口交货值占全省出口总额的 48.8%，出口占比高居各行业之首。尽管 2014 年出口增速仅为 4.5%，增幅低于全省平均水平 1.2 个百分点，但其出口在广东工业中的地位无可替代，出口增长对全省出口增长的贡献率达 38.9%，拉动全省出口增长 2.2 个百分点。电气机械和器材制造业是广东工业品出口规模仅次于计算机通信和其他电子设备制造业行业，2014 年，出口交货值全省占比 11.4%，产品外销率 32.9%，限于外部市场因素制约，2014 年出口增速仅为 2.9%，增幅低于全省平均水平 2.8 个百分点。以上两大行业出口占全省出口的 60.2%，行业出口占比高度集中，两大主力行业出口增速放缓，影响全省出口增长。

2014 年广东工业品出口总体增长不理想，但部分行业出口转趋活跃，局部仍存亮点。2014 年，文教工美体育和娱乐用品制造业、木材加工和木竹藤棕草制品业、废弃资源综合利用业三大行业工业品出口增长为 31.7%、21.4% 及 42.9%，增幅分别高于同期全省平均水平 26.0 个、15.7 和 38.2 个百分点。国内市场环境相对低迷情况下，对部分行业来说，外部市场更加重要，国际市场的作用明显超过国内市场。2014 年，文教工美体育和娱乐用品制造业、化学纤维制造业、金属制品机械和设备修理业实现的工业品销售增量中，外部市场贡献率分别高达 98.0%、55.2% 和 169.9%，其中金属制品机械和设备修理业的销售增长完全依靠外部市场拉动。2014 年废弃资源综合利用业出口增长快，增速达 42.9%；汽车制造业、金属制品业出口增长也相对较好，增速分别为 11.7% 和 11.5%。

（六）战略性新兴产业出口增长乏力，但其属下部分产业增长迅速

2014 年，八大战略性新兴产业完成出口交货值 4707.46 亿元，增长 2.5%，低于全省平均水平 3.2 个百分点。八大产业中，新能源汽车、节能环保产业、高端装备制造业出口表现不俗，2014 年出口增速为 18.5%、17.8% 及 12.4%，增幅分别高于同期全省水平 14.8 个、14.1 个及 6.4 个百分点；半导体照明产业增长也相对较好，出口增幅为 9.4%；其他产业增长相对不足，其中新能源产业、新材料产业甚至负增长。

2014 年，高技术制造业、先进制造业、优势传统产业出口总体上表现不甚理想，增速分别只有 4.5%、4.3% 及 5.3%，增幅均低于全省平均水平。

二、广东工业品出口在全国的地位分析

（一）地区出口总量优势突出

广东是工业品出口大省，相对其他省（市、区），

广东工业品出口占比相对突出，出口总额高居全国各省（市、区）之首。2014 年，广东出口交货值全国占比达 27.6%，占比比排位第二的江苏、第三的浙江分别高 8.5 个及 17.6 个百分点。2014 年，传统上主要工业品出口省（市、区），出口增长均相对缓慢，广东出口增速为 5.7%，相对于江苏 1.8%、浙江 5.3% 及上海的负增长，广东增速略有优势，但比山东 6.8% 和福建 5.8% 的增速，广东增幅要低 1.1 个及 0.1 个百分点。从贡献率看，2014 年，全国工业品出口增长中，广东贡献率达 24.7%，带动全国工业品出口增长 1.6 个百分点，是全国唯一增量贡献率达两位数的省份。

（二）部分行业出口亮点突出，在全国相应行业中占有绝对优势

行业占比突出。2014 年，广东制造业出口占全国制造业出口比重为 27.6%，涉及出口的 31 个大类行业中，出口交货值占全国相应行业比重超过 30% 行业有 9 个，分别是家具制造业（34.3%）、造纸和纸制品业（32.9%）、印刷和记录媒介复制业（55.7%）、文教工美体育和娱乐用品制造业（42.6%）、金属制品业（36.7%）、电气机械和器材制造业（37.6%）、计算机通信和其他电子设备制造业（33.9%）、仪器仪表制造业（32.3%）、废弃资源综合利用业（34.8%），广东行业出口对全国相应行业具有较大的影响力。

行业增量贡献率突出。2014 年，广东出口增量对全国相应行业出口增长贡献率较大的制造业行业为文教工美体育和娱乐用品制造业、印刷和记录媒介复制业、金属制品业、家具制造业，四大行业出口增长对全国相应行业出口增长贡献率分别高达 65.4%、46.2%、47.3% 及 56.3%。此外，造纸和纸制品业、皮革毛皮羽毛及其制品和制鞋业、仪器仪表制造业、废弃资源综合利用业、金属制品机械和设备修理业等对全国相应行业出口增长贡献率也在 30% 以上。2014 年广东主力行业计算机通信和其他电子设备制造业、电气机械和器材制造业出口增长虽然不理想，但其对全国相应行业出口的影响力仍然很明显，2014 年，其出口增长对全国相应行业出口增长的贡献率分别为 26.6% 及 18.4%。

（三）部分行业出口增长领先全国平均增长水平

2014 年，广东工业品出口增速低于全国水平 0.7 个百分点，但分行业看，广东不少行业也增速领先于全国水平，制造业涉及出口的 31 个大类行业中，增幅高于全国相应行业水平的行业有 14 个，占比 45.2%，其中木材加工和木竹藤棕草制品业、文教工美体育和娱乐用品制造业、金属制品机械和设备修理业增幅分别高于全国相应行业水平 12.8 个、13.1 个及 8.0 个百分点；家具制造业、金属制品业、汽车制造业、铁路船舶航空航天和其他运输设备制造业、废弃资源综合利用业等行业增幅高于全国相应行业水平 2.0 个百分点以上。

三、存在问题及建议

（一）出口增长对工业的拉动作用有所弱化

2014 年工业品出口增幅低于内销增长，出口占工业品销售的比重有所下滑，出口对工业增长的拉动作用相对减弱。从出口与生产的联动性看，2014 年一、二、三、四季度的工业品出口累计增幅分别为 2.0%、3.2%、5.7%、5.7%%，年终增幅比一季度提高 3.7 个百分点，但相应的工业增加值增速仅在 8.1% ～ 8.4% 的区间内窄幅波动。特别是第四季度，各月工业品出口增长与增加值增速之间甚至出现走势相反现象，2014 年 10 月、11 月、12 月的累计出口增长分别为 6.4%、5.8% 及 5.7%，增速呈下滑态势，但相应月份的增加值增速均为 8.4%，两者联动的相关性不足，并且 2014 年广东出口对销售产值增长的贡献率仅为 19.7%，而内销的贡献率为 80.3%。

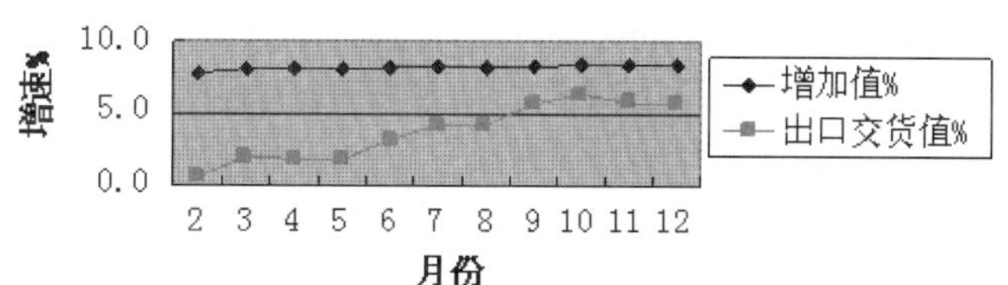

2014 年工业增加值及出口交货值各月累计增长图（%）

广东是工业品出口大省，尽管当前外部市场环境不尽如人意，出口遇到了一些困难，但面对全球经济一体化趋势，就人口规模、需求规模而言，外部市场比国内市场大得多。巩固传统出口市场，拓展海外新市场，强化出口，是促进广东工业快速稳定发展必不可少的条件。

因此，抓好主力产业建设是提高出口增长关键。计算机通信和其他电子设备制造业、电气机械和器材制造业是广东工业两大主力行业，生产规模和出口规模均居其他行业前列，两大行业出口占全省比重超过 60.0%。2014 年，两大行业出口增长相对较慢，出口增幅仅为 4.5% 及 2.9%，分别低于全省平均水平 1.2 个及 2.8 个百分点，低于全国相应行业水平 1.3 个和 3.2 个百分点。两大行业出口，是影响广东工业品出

口增长的关键，对全国出口也有一定影响力。由于产业结构的趋同性，两大主力行业又是竞争激烈的行业，再加上核心技术创新缺失，产能过剩与市场容量有限的矛盾，两大行业出口增长前景并不乐观。

抓好主力产业建设，提高产业核心竞争力，扩大市场占有率，通过促进主力行业发展，才能有效地带动全省出口增长。为抓好主力产业建设，做大做强主力行业，首先，进一步加大力度对相关行业的政策扶持，鼓励企业加大技术创新投入，扩大核心技术知识产权，增强核心竞争力。其次，积极支持企业加强品牌建设，打造家知户喻、质量过硬的名牌产品。第三，强化法律监管，净化市场环境，为企业合法经营保驾护航，打击“山寨”扰乱市场秩序行为，压缩“山寨”货生存空间。第四，积极支持企业推陈出新，通过创新产品，引领市场消费潮流，激发市场热点。

（二）外向型企业出口增长乏力，是拖低全省出口增速的主要原因

外商及港澳台商投资企业工业品出口占全省比重高达 73.0%，是广东工业品出口的“领头羊”。但 2014 年，外商及港澳台商投资企业出口增长低位起伏不定，1～3 月份下降 0.5%，1～6 月份为“0 增长”，1～9 月份增长 2.1%，全年增长 1.8%，各月增长与全省平均水平有一定差距，制约了全省工业品出口增长的提升。

外商及港澳台商投资企业是传统上的外向型企业，经济新常态下，多种因素影响其深耕广东的稳定性。协助外商及港澳台商投资企业转型升级，促进企业由劳动密集型企业向科技密集型企业转变，提升企业生产效率，为企业经营取得合理利润，稳定外商及港澳台商投资企业扎根广东，既是广东工业发展的需要，也是重振出口的关键。

（三）民营企业出口占比较低

2014 年，广东民营企业工业品出口取得了一定的成绩，但相对于外向型企业，民营企业工业品出口份额占比较低，有潜力可挖。对国际贸易相关游戏规则的不熟悉，是部分民营企业的短板，要进一步促进民营企业出口，相关部门不但要协助民营企业了解国际市场信息，更主要的是协助民营企业深入了解国际贸易相关游戏规则，规避风险，为民营企业拓展海外市场做好相关服务。

（四）汇率风险的不确定性，影响了企业出口的积极性

近期欧美相继推出宽松的货币政策，对经济能产生多大的作用，尚未明朗，但汇率的波动，已对广东工业品出口产生负面影响。特别是欧元兑人民币的下降，影响了广东工业品进入欧元区的成本，广东工业品在欧元区压力增大。美元兑人民币汇率波动幅度扩大，也加大了汇率风险，再加上政治因素干扰，人民币兑美元潜在升值压力。汇率风险对产品出口欧美市场，存在较多变数。稳定汇率，协助企业规避汇率风险，激发企业出口欲望，扩大出口规模，是值得政府相关职能部门重视的课题。

（五）国内市场难以消化庞大的生产能力，广东工业必须加快拓展国际市场

从部分产品实物量生产看， 2014 年，广东主要通信产品手机产量达 92435.64 万台，全国产量 176444.30 万台，占比 52.4%，如此规模的产量，单靠广东市场和国内市场，无法完全消化，国际市场是广东工业的必然选项。广东主要行业内的其他一些产品，如空气调节器、电视机、微波炉、自行车等情况相类似。从单个工业品外销比例看，2014 年，广东通信产品手机的外销率高达 88.4%；部分家电产品的外销率也相对较高，微波炉、冰箱、空气调节器、电视机的产品外销率分别达 69.7%、62.0%、46.8% 及 61.2%；部分家庭耐用消费品，外部市场对其也显得非常重要，2014 年，自行车、摩托车的外销率分别达 97.5% 和 37.7%。广东产品在海外具有一定的认知度，为进一步扩大广货海外市场占有率，有必要对市场进行细分，引导相关产品流向，协助扩大企业出口。

2014 年广东人口发展状况

2014 年广东省常住人口总量继续位居全国之首；人口负担系数略有上升；人口城镇化发展水平稳健提高，流动迁移人口继续向经济社会发展较好的区域集聚。

一、人口发展的主要特征

（一）人口总量继续保持惯性增长

截至 2014 年底，广东省常住人口 10724 万人，人口总量比上年末增长 0.75%，增幅比上年提高 0.28 个百分点。其中男性 5676.21 万人、女性 5047.79 万人，性别比（女性为 100）112.45，人口密度每平方千米 597 人。受庞大的人口基数以及人口再生产周期的影响，2014 年全省出生人数 115.39 万人，出生率为 10.80‰；死亡人口 50.21 万人，死亡率为 4.70‰；自然增长人口 65.18 万人，自然增长率为 6.10‰。与上年相比，全省出生、死亡以及自然增长人数分别增加 1.66 万人、0.41 万人和 1.25 万人。尽管广东 2014 年出生人数有所增多，但人口自然增长率仍然保持在 7‰以下，这是全省自 2009 年以来，连续 5 年人口自然增长率保持在 7‰以下，低生育水平状况保持稳定。

（二）常住人口继续向珠三角地区集聚

2014 年末，广东常住人口分布的格局没有改变。按区域的人口数量排列依次为：珠三角 5763.38 万人、东翼 1728.61 万人、山区 1655.91 万人、西翼 1576.09 万人；分别占全省常住人口总量的 53.74%、16.12%、15.44%和 14.70%。与上年相比，各地区人口数量增幅分别为：珠三角 0.84%、东翼 0.66%、西翼 0.65%、山区 0.62%。珠三角地区人口数量增加最多、增长速度最快；2014 年，珠三角地区常住人口比上年增加 48.19 万人，增幅同比提高 0.39 个百分点，与同期全省常住人口增幅相比，略高 0.09 个百分点。2014 年全省常住人口进一步向珠三角地区集聚。

（三）人口负担系数略为上升

2014 年全省年末常住人口分年龄段的人数为：0 ～ 14 岁 1649.19 万人、15 ～ 64 岁 8187.91 万人、65 岁及以上 886.90 万人，分别占常住人口总量的 15.38%、76.35%和 8.27%。人口年龄结构继续表现出“两头低、中间高”的特征，即少年儿童人口（0 ～ 14 岁）和老年人口（65 岁及以上）所占比例相对较低，而成年人口（15 ～ 64 岁）的比例则较高。若按国际通用标准衡量，广东人口年龄结构仍然为“老年型”时期（见下表）。而从人口负担系数来看，2014 年末，全省少年儿童抚养比 20.14%、老年人口抚养比 10.83%、总抚养比 30.97%；与上年相比较，少年儿童、老年人口以及总抚养比分别上升 1.17、0.25 和 1.42 个百分点。全省人口总抚养比有所上升的主要原因为 0 ～ 14 岁少年儿童人口增幅相对较大。与上年比较，全省 0 ～ 14 岁少儿人口占比上升 0.74 个百分点，65 岁及以上老年人口占比略升 0.10 个百分点。2014 年，广东常住人口总抚养比与同期全国平均水平比较，低 5.27 个百分点，仍然是全国人口总抚养比较低地区之一。资料来源：根据广东省人口变动情况抽样调查结果推算。

表 1　广东省人口结构类型及其变化

类别	国际通常使用的人口年龄结构类型判别标准			2013 年(%)	2014 年(%)
	年轻型(%)	成年型(%)	老年型(%)		
少年儿童人口比例	＞ 40	30 － 40	＜ 30	14.64	15.38
老年人口比例	＜ 4	4 － 7	＞ 7	8.17	8.27
老少比	＜ 15	15 － 30	＞ 30	55.81	53.78

（四）人口城镇化率稳健提升

2014 年末，广东城镇人口 7292.32 万人、乡村人口 3431.63 万人，分别占人口总量的 68%和 32%；其中，珠三角和粤东、西、山区的人口城镇化率分别为 84.12%、59.55%、41.03%和 46.37%，比上年分别上升 0.09、0.17、0.58 和 0.39 个百分点。广东是全国人口城镇化率较高地区，2014 年人口城镇化率比全国平均（54.77%）高13.23个百分点。截至2014年底，全省居住在城镇的人口比去年净增79.95万人，增长1.11%，比同期常住人口增幅高0.36个百分点。随着常住人口不断向城镇区域集聚，居住在城镇的家庭户比重不断提高，乡村家庭户平均人口规模逐步缩小。2014年在全省家庭户中，城镇家庭户所占比重为89.43%，比上年增加1.02个百分点；而乡村平均每个家庭户的人数为3.61人，比上年以及2010年“六普”时分别减少0.01人和0.13人。

（五）人口文化素质普遍提高

2014年广东人口文化素质不断得到提高，高等教育在校生数量继续增加，高中阶段教育在校生规模继续位居全国第一。根据教育部门统计数据显示，2014年，广东省全日制小学在校学生为831.91万人、普通高等学校为179.42万人，分别比上年同期增加23.97万人和8.43万人；普通中学和中等职业教育学校为718.99万人，比上年同期减少47.14万人。值得注意的是，2014年全省小学在校学生大幅增加，这是继2005年以来首次出现回升，其净增幅度比2005年还多出6.56万人。

（六）人口婚姻状况保持在较稳定的水平上

人口婚姻状况的变化对人口与社会发展有着极其重要的影响。广东省人口变动情况抽样调查结果表明，2014年末，全省15岁及以上常住人口各种婚姻状况所占的比例分别为：未婚占28.87%、有配偶占65.96%、离婚占1.03%、丧偶占4.14%。与上年相比较，未婚和离婚的人数所占比例上升2.55、0.22个百分点，相反，有配偶和丧偶则下降2.55、0.22个百分点；若与2010年“六普”时相比，有配偶和离婚的人数比例上升2.37、0.22个百分点，而未婚和丧偶则下降2.58、0.01个百分点。这说明广东常住人口婚姻与家庭继续保持稳定。

二、人口发展面临的主要挑战

（一）老年人口数量逐年增加

近年来，随着老年人口数量不断增加，全省老年人口占比呈现逐步上升的趋势，人口年龄结构进入“老年型”发展时期。2014年末，全省65岁及以上老年人数达886.90万人，占人口总量8.27%，比上年增加0.1个百分点；有65岁及以上老年人的家庭户占家庭户的比例与2010年“六普”时相比，增加3.82个百分点。此外，伴随着跨省流动人口的大量增加，省外户籍的老年人数也在不断增长。根据2010年人口普查统计，在跨省流动人口中，65岁及以上老年人数为14.39万人，比2000年“五普”增长了1.85倍。因此，加快社会养老事业的均衡发展显得尤为重要。

（二）珠三角地区人口压力持续加大

改革开放以来，广东常住人口不断向珠江三角洲集聚的格局基本没有发生变化。2014年末，居住在珠三角地区的人口占全省人口总量的53.74%，与上年增长0.45%相比较，增速提高0.39个百分点，区内人口密度达到每平方千米1044人。按照国务院发布《关于调整城市规模划分标准的通知》规定，目前，珠三角地区分别拥有广州、深圳两个超大城市（城区常住人口1000万以上）和佛山、东莞两个特大城市（城区常住人口500万以上1000万以下）。人口大量集聚在为该区域经济发展提供充裕劳动力，推动社会经济加速发展的同时，人口发展也变得更具多元化。然而，随着该区域人口的不断增长，生态环境、能源、水资源、基础设施以及可使用土地等承受压力日益加大，可持续发展能力存在一定隐忧；另一方面庞大的流动人口也给社会综合管理和服务带来诸多不利的影响，发展改革的任务依然艰巨，难度也将变得越来越大。

（三）人口发展将迎来新的考验

2014年3月27日起，广东“单独二胎”的新政策正式实施，人口发展在今后或未来将会受到不同程度的考验。一方面新政的施行有利于出生人口性别比趋向均衡和缓解人口老龄化的速度；另一方面随着出生人口数量的增加，进一步加大了现有的医疗卫生、教育等方面公共资源压力。另外，随着怀孕妇女人次的增多，也增加了人力资源成本。广东作为全国常住人口第一大省，人口问题始终是考虑一切问题的出发点和落脚点。目前全省人口发展正处于“稳定低生育水平”向“促进人口长期均衡发展”转变的关键时期，如何因势利导使广东人口发展与经济社会相协调、与资源环境相适应，这将影响着既定目标的顺利实现。

（四）各类应届毕业生的就业不容乐观

广东不仅是常住人口大省，同时也是就业大省。2014年全省就业人口总量达6183.23万人。尽管就业人口总量大，但各类应届毕业生的就业问题仍然是需要高度重视的问题。据教育部门统计数据显示，2014年，全省普通高等学校毕业生有44.10万人，比上年净增2.87万人，增长6.96%。普通高等学校毕业生人数持续呈“阶梯式”递增，再加上省外各种教育程度的毕业生来粤寻找工作，给统筹解决应届毕业生就业带来压力，如何为年轻人就业创业打开一扇门，提高初次就业比例，是政府不容忽视的一个重要问题。

2014 年广东城镇劳动力就业和失业状况

在 2014 年三季度劳动力调查中，全省共调查 10239 户，16 岁以上常住人口共 24175 人，其中城镇 8802 户，16 岁以上常住人口 20414 人，经济活动人口（就业与失业人口之和）14896 人。劳动力抽样调查资料显示，目前全省城镇劳动参与率、就业人口比相对平稳，就业情况总体稳定。就业人员中超七成人口为初、高中文化程度，超六成人口为生产运输设备操作人员和商业、服务业人员。失业人口主要集中在 20 ～ 24 岁。

一、城镇劳动力就业状况

（一）劳动参与率、就业人口比相对平稳

劳动参与率指经济活动人口占 16 岁及以上常住人口的比率，是衡量人口参与经济活动状况的指标。2014 年全省城镇人口的劳动参与率为 72.95%，比上年略高 0.21 个百分点。近几年广东城镇人口劳动参与率相对平稳，2010 ～ 2014 年基本在 72% ～ 73% 之间小幅波动。与 2000 年（76.22%）相比，劳动参与率明显下降，这主要与低年龄组（16 ～ 24 岁）劳动参与率显著降低等因素相关，尤其是 16 ～ 19 岁人口劳动参与率降低 20% 以上。过去十多年，经济快速发展，教育事业也随之蓬勃发展，高中毛入学率由 2000 年的 38.7%，上升到 2010 年的 86.2%，同时高等教育毛入学率也由 11.4% 上升到 28.0%，就学适龄人口更多选择升学，而不是直接进入劳动力市场，使低年龄组劳动参与率明显降低。分性别看，女性劳动参与率远低于男性。2010 ～ 2014 年广东城镇男性劳动参与率维持 80% 左右，而女性劳动参与率在 65% 左右，两者差异超过 15 个百分点。

2014 年全省城镇就业人口比（就业人口占 16 岁及以上常住人口的比重）为 70.11%，其中，男性就业人口比 77.37%，女性就业人口比 61.84%。2010 ～ 2014 年城镇就业人口比保持在 69% ～ 70% 之间。与 2000 年相比，就业人口比略微下降，其中男性就业人口比相对稳定，下降幅度非常小，而女性就业人口比下降幅度比男性大。

表 1　分性别劳动参与率、就业人口比

性别	2000 年		2010 年		2014 年	
	劳动参与率（%）	就业人口比（%）	劳动参与率（%）	就业人口比（%）	劳动参与率（%）	就业人口比（%）
合计	76.22	71.33	73.13	69.93	72.95	70.11
男	83.48	77.97	80.71	77.37	79.93	77.37
女	69.16	64.89	64.99	61.94	64.98	61.84

（二）青壮年劳动参与率高，劳动年龄结构合理

全省分年龄劳动参与率呈现“中间高，两端低”的倒“U”形。16 ～ 19 岁人口大多处于高中阶段，劳动参与率很低，仅 25%。20 ～ 24 岁人口劳动参与率迅速提高到 76% 以上，之后劳动参与率逐步提高，在 25 ～ 44 岁达到高位，劳动参与率达到 90% 以上。45 岁之后劳动参与率下降，特别是 60 岁之后出现急剧下降，60 ～ 65 岁劳动参与率仅 20% 左右，65 岁以上不足 10%。与 2010 年相比，2014 年 16 ～ 19 岁人口的劳动参与率继续呈下降趋势，同时，40 ～ 54 岁人口劳动参与率出现上升的迹象。总体看，分年龄劳动参与率曲线的形态基本保持稳定，仍为“中间高，两端低”的倒“U”形。分性别的各年龄劳动参与率也呈现倒“U”形，除 16 ～ 19 岁年龄组女性劳动参与率略高于男性外，其他年龄段男性劳动参与率均高于女性。

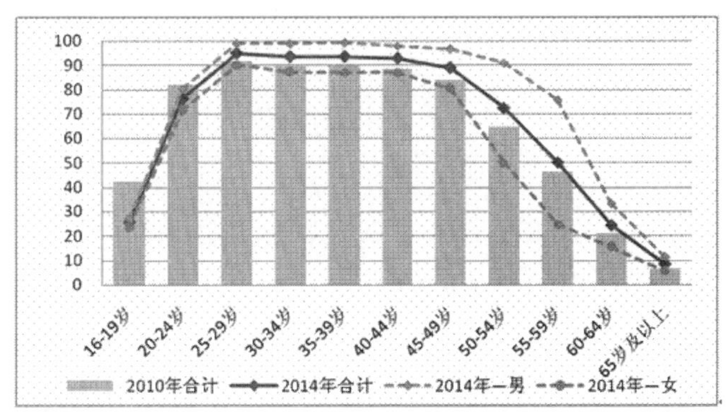

图 1　分年龄性别劳动参与率

（三）就业人口中初、高中文化程度人口超七成，且初中人口劳动参与率最高

在就业人口受教育程度方面，初中文化程度人口占比最高，达 42.5%，其次是高中，占比为 27.6%，超过七成的就业人口集中在初、高中水平，大学本科占比不足 10%，研究生占比不足 1%。从不同受教育程度就业人口的劳动参与率看，初中及以下教育水平，劳动参与率随教育程度增高而增加。未上过学的劳动参与率最低，仅 17.0%，其次是小学，劳动参与率为 46.8%。初中劳动参与率最高达 83.1%。高中及以上教育水平的劳动参与率，没有表现出明显的递增趋势，但总体上大学专科、研究生的劳动参与率略高于高中和大学本科。

（四）就业人口周平均工作时间接近 6 天

调查资料显示，广东城镇就业人口的周平均工作时间为 47.91 小时，按劳动者每天工作 8 小时计算，意味着广东城镇正在工作的人口一周平均工作接近 6 天。其中，周平均工作时间超过 40 小时以上的比例为 65.4%，周平均工作时间超过 48 小时的占比为 38.0%。分年龄看，周平均工作时间随着年龄的增长基本呈现递减趋势。44 岁及以下各年龄段人口周平均工作时间均高于平均水平，其中 16 ～ 19 岁人口周平均工作时间最长。45 岁及以上各年龄段人口周平均工作时间均低于平均水平，且递减趋势非常明显。分性别看，男性的工作时间比女性高 1.85 小时。初、高中人口的周平均工作时间最长，分别为 49.57 和 48.72 小时。

（五）超六成就业人员是生产运输设备操作人员和商业、服务业人员

数据显示，全省城镇地区就业人员的职业类型主要是生产运输设备操作人员及有关人员和商业、服务业人员，二者约占全部就业人员的 65%。而专业技术人员、办事人员和有关人员占比相对较少，分别占 12% 左右。

在城镇就业人口中，超过六成人口的工作单位类型为私营企业或个体工商户，私营企业和个体工商户已成为吸纳城镇就业人员的重要阵地。其他吸纳就业人员相对较多的单位类型分别为外商、港澳台投资企业（9.2%）、机关团体事业单位（7.2%）、国有及国有控股企业（4.4%）。

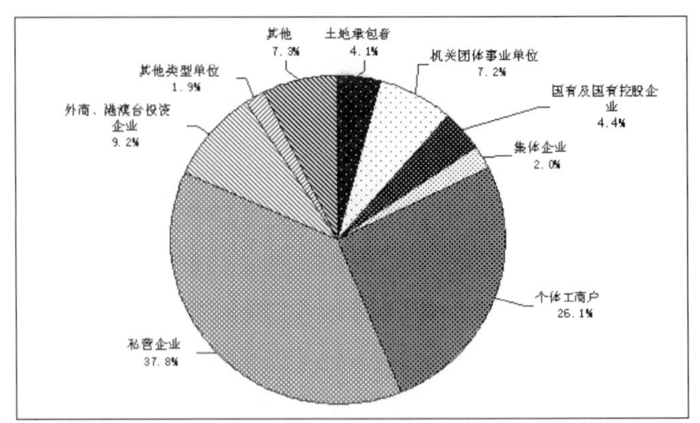

图 2 就业人员所在单位类型

二、城镇劳动力失业状况

（一）失业人口中 20 ～ 24 岁人口占比较高

各年龄段失业人口占比数据显示，20 ～ 24 岁失业人口比重最高。16 ～ 19 岁失业人口占总失业人口的比重为 4.6%，20 ～ 24 岁为 22.0%，明显高于其他年龄段。25 ～ 49 岁各年龄段失业人口比重在 10 ～ 15% 左右，之后随着年龄增长，占失业人口比重急剧下降。

（二）失业人口主要为初、高中教育程度人口

从失业人口的受教育状况看，城镇失业人口主要集中在初中、高中受教育水平的劳动人口，二者占 70%。其次为大学专科和本科，占比约为 20%，而且大学专科的失业人口占比高于大学本科。分年龄看，大学专科和本科的失业人口主要集中在青壮年人口，20 ～ 39 岁失业人口约占 80%，其中 20 ～ 24 岁人口占比最高，约 35%。在大学本科失业人口中 20 ～ 29 岁人口约占 77%，其中 20 ～ 24 岁人口占比超过一半。

（三）失业人口失业原因的年龄性别特征明显

分析失业原因，2014 年“因本人原因失去原工作”是城镇人口失业的第一位原因，占失业人口的 42.9%。其他主要原因分别是“毕业后未工作”占 17.9%、“料理家务”占 16.6%、“因单位原因失去原工作”占 13.6%。

不同年龄、性别的失业人口，其失业原因的差异比较明显。分年龄看，16 ～ 19 岁、20 ～ 24 岁失业人口中“毕业后未工作”是最重要的原因，占比分别为 52.5% 和 61.3%，25 ～ 44 岁失业人口中“因本人原因失去原工作”占比相当高，特别是 25 ～ 29 岁、30 ～ 34 岁，这一原因的占比高达 71.9% 和 61.9%，之后有所下降，但男性下降幅度远低于女性。45 ～ 54 岁，这一年龄段“因单位原因失去原工作”的比例上升，特别是 50 ～ 54 岁，这一比例男女都达

到最高。分性别，男、女“因本人原因失业原工作”都是失业原因的第一位原因，而其他主要原因的性别差异明显，女性“料理家务”的失业人口占比明显高于男性，而“毕业后未工作”、“因单位原因失去原工作”占比均低于男性。

表 2　失业人口的未工作原因占比情况

单位：%

性别	毕业后未工作	因单位原因失去原工作	因本人原因失去原工作	承包土地被征用	离退休	料理家务	其他
总计	17.9	13.6	42.9	0.6	1.2	16.6	7.2
男	22.8	18.2	43.1	0.7	1.5	3.0	10.7
女	13.3	9.4	42.8	0.4	0.9	29.2	4.0

三、城镇劳动力就业需要关注的问题

（一）产业结构偏低，就业以劳动密集型传统产业为主

就业人口职业类型，反映出产业结构对劳动力的需求状况，目前广东经济发展方式转变虽取得一定进展，但部分产业的层次偏低，主要吸纳的就业人口仍为初、高中文化程度人口（70%）。约七成就业人口职业类型为生产运输设备操作人员及有关人员和商业、服务业人员，主要从事技术水平偏低、收入微薄、工作时间较长的劳动密集型传统工作。仅一成就业人口为专业技术人员。

（二）受教育程度高的人口劳动参与率不高，人力资源利用不足

全省城镇就业人口中，初中教育程度人口劳动参与率最高达 83%；而高中、大学专科、大学本科等教育程度的人口，劳动参与率在 71% ～ 78% 之间，2010 年人口普查，研究生的劳动参与率也仅 76%，劳动参与率没有随着教育程度增高而增加，人力资本未充分利用。同时，女性教育程度高的各类人口，劳动参与率比男性低 5 ～ 11 个百分点，人力资本未充分利用的情况更为突出。

（三）青年失业人口状况不容乐观

20 ～ 24 岁失业人口占总失业人口比重最高，失业率也相对其他人群高 3 个百分点左右。这一年龄段的失业人口不仅集聚了相当比重的大学专科和本科学历人口，而且超过一半的失业人口属于“毕业后未工作”。25 ～ 34 岁失业人口中，60% 以上的人口由于“本人原因失去原工作”，也印证了青年人口刚毕业时并未找到自己理想的工作，就业质量不高。

广东工业企业科技研发情况

据统计，2013年，广东规模以上工业企业4.12万家，有R&D（研究与开发）活动的企业0.57万家，有研究机构的企业0.27万家，R&D人员53.1万人，全年R&D经费投入总量1237.5亿元，占了广东全社会R&D经费总量的85.7%。R&D项目4.09万个，发明专利申请4.72万个。

一、特点与优势

（一）研发经费实现了两位数增长。2013年，广东在整体经济增速放缓的情况下，工业企业的R&D经费投入达到1237.5亿元，比上年增长14.8%。在工业企业三大行业中，制造业增长13.9%，采矿业增长48.6%，电力、热力、燃气及水生产和供应业增长136.1%。工业企业研发投入总量在全国各省市中名列第二位，仅比列第一位的江苏省少2.1亿元（见表1）。在经过前些年研发经费投入的高增长后，广东工业企业研发投入增速虽有回落，但仍实现了两位数的增长（见表2、表3）。

表1　2013年部分省市规上工业企业R&D经费对比情况

地　区	北京	天津	山东	广东	上海	江苏	浙江
R&D经费（亿元）	213.1	300.0	1052.8	1237.5	404.8	1239.6	684.4

表2　广东工业企业R&D经费投入与增长速度情况

年　份	2010年	2011年	2012年	2013年
R&D经费（亿元）	703.7	899.4	1077.9	1237.5
增长速度（%）	27.4	27.8	19.8	14.8

表3　广东工业企业三大行业R&D经费投入与增长速度情况

行　业	2011年		2012年		2013年	
	总量（亿元）	增长（%）	总量（亿元）	增长（%）	总量（亿元）	增长（%）
采矿业	1.33	19.8	3.70	178.2	5.50	48.6
制造业	893.79	27.8	1067.47	19.4	1216.19	13.9
电力、热力、燃气及水生产和供应业	4.32	30.1	6.69	54.8	15.80	136.1

（二）研发队伍继续壮大。2013年，广东工业企业从事科技研发的人员数量继续增长，研发队伍不断发展壮大。全年R&D人员53.1万人，比上年增长2.3%;R&D人员全时当量为42.6万人年，比上年略有增加；工业企业R&D人员占全社会R&D人员总量的81.4%，广东已成为全国工业企业中研发人员最多的省份（见表4、表5）。

表4　2013年部分省市规上工业企业R&D人员对比情况

地　区	山东	广东	江苏	浙江
R&D人员（万人）	32.7	53.1	51.1	33.7

表 5　2011-2013 年广东 R&D 人员情况

2011 年		2012 年		2013 年	
R&D 人员（万人）	R&D 人员全时当量（万人年）	R&D 人员（万人）	R&D 人员（万人年）	R&D 人员全时当量（万人）	R&D 人员全时当量（万人年）
41.6	34.6	51.9	42.5	53.1	42.6

（三）科研项目维持了增长势头。2013 年，广东工业企业全部科技项目为 5.88 万个，R&D 项目共 4.09 万个，比上年增长 9.1%。其中大型工业企业 1.54 万个，中型企业 1.32 万个，小微型企业 1.23 万个，分别比上年增长 2.7%、16.8%、8.8%。珠三角地区已成为广东科技研发最活跃地区，全年广东珠三角九市研发项目 3.8 万个，比上年增长 9.8%，占整个广东工业企业研发项目的 93.1%。广东规模以上工业企业的研发项目总数，始终保持在了全国各省市的前列（见表 6）。

（四）研发成果创造了丰厚效益。广东工业企业研发能力不断提高，其研发成果为广东带来了丰厚的经济和社会效益。2013 年广东规模以上工业企业专利申请 9.67 万件，其中发明专利申请 4.72 万个，与兄弟省市相比，广东专利大省的地位更加稳固（见表 7）。全年广东工业企业创建行业标准 0.2 万项，发表科技论文 0.64 万篇。企业日益广泛的研发活动催生了工业新产品的不断涌现，全年广东工业企业开发新产品项目 4.74 万个，比上年增长 9.5%，新产品产值 1.8 万亿元，比上年增长 14.6%。

表 6　2013 年部分省市规上工业企业 R&D 项目对比情况

地　区	山　东	广　东	江　苏	浙　江
R&D 项目数（万个）	3.19	4.09	4.85	4.22

表 7　2013 年部分省市规上工业企业专利申请数量对比情况

地　区	山　东	广　东	江　苏	浙　江
专利申请数（万件）	4.00	9.67	9.35	7.71

二、问题与不足

（一）研发项目含“金”量不高。非 R&D 项目占比过大。全部科技项目中非 R&D 项目 1.79 万个，占了科技项目的 30.4%。其中，属技术改进、改造和产品优化的项目占了 11.4%；属技术引进应用项目占了 1.7%；属产业化与成果推广的项目占了 9.2%；属于科技园区（中心、院、所）等其他建设类项目占了 8.1%。在对限额以上科技项目统计中，R&D 项目 2.64 万个。其中，技术含量低的项目占了认定项目数量的 21.5%。同类同型或技术特点相似的项目占了 18.2%。简单的技术集成研发项目占了 13.1%。

（二）政府资金投入偏少。工业企业中政府资金用于核心研发项目上的经费总量和比重仍然不高。2013 年规模以上工业企业使用来自政府部门的科技活动资金为 45.9 亿元。政府资金与企业资金比约为 1:35。全年政府资金中用于 R&D 的经费为 38.9 亿元，占工业企业自身 R&D 投入总经费的 3.2%（见表 8）。对微型企业特别是创业初期或处于孵化期的科技型微小企业的研发经费资助更是偏少。据统计，工业企业来自政府的 R&D 经费，大中型企业为 31.6 亿元，占了总量的 81.2%，小型和微型企业为 7.3 亿元，仅占总量的 18.8%。（见图 1）。

表 8　政府投入与企业投入研发活动经费对比情况表

类　　别	企业投入（亿元）	政府投入（亿元）	政府投入 / 企业投入（%）
科技活动	1586.8	45.9	2.9
R&D 活动	1198.6	38.9	3.2

注：此表中“企业投入”中不包括政府资金。

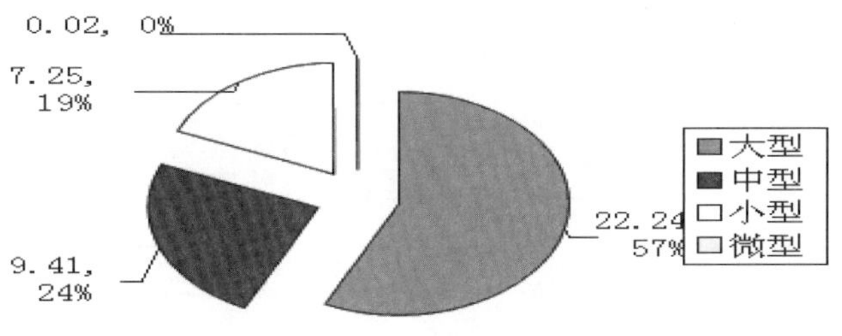

图1　政府资金在不同规模企业中的投入情况（亿元 %）

（三）优惠政策落实不够。企业的税收优惠政策覆盖面不广。2013 年广东有研发活动高新技术企业 0.31 万个，其他企业 0.26 万个，研发费加计税费减免共 44.25 亿元。高新技术企业研发经费为 899.4 亿元，仅完成加计税收减免经费 37.7 亿元（按 15% 税费减免，理论上可达到 202.4 亿元）。其他一般性企业研发经费 338.1 亿元，仅完成加计税收减免经费 6.6 亿元（按 25% 税费减免，理论上可达到 126.8 亿元），实际已减免仅占理论可减免的 13.4%，企业实际享受的与理论上可以享受的税费减免相差较远（见表 9、表 10）。

（四）研发资源过于集中。广东工业企业研发经费资源仍过于集中于局部地区、单一行业和少数企业。2013 年广东珠三角地区工业企业 R&D 投入经费为 1123.8 亿元，占了全部工业企业 R&D 经费的 90.8%。在工业企业中，计算机、通信和电子设备制造业 R&D 经费投入为 586.1 亿元，占了全部工业企业的 47.4%；电气机械和器材制造业 R&D 经费投入为 150.1 亿元，占全部工业企业的 12.1%。在高新技术领域新材料、环保和生物医药产品制造行业的 R&D 经费投入却偏少。如信息化学品、生物药品、航空航天设备、环境保护设备制造和稀土金属冶炼的 R&D 投入，分别仅为 1.8 亿元、5.1 亿元、0.9 亿元、1.4 亿元和 0.27 亿元。深圳市某两家通信器材和电子产品生产企业的 R&D 经费投入分别为 240.5 亿元和 63.6 亿元，两家经费共占深圳市全部工业企业 R&D 经费投入的 57.1%，占全省工业企业 R&D 经费投入的 24.6%（见图 2）。

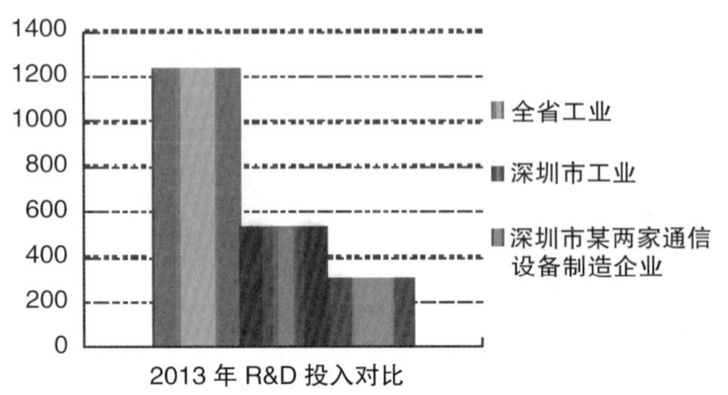

图 2　2013 年个别市个别企业占全省 R&D 经费投入对比

表 9　2013 年工业企业研发经费税费减免情况表

企业类型	企业数（万个）	R&D 经费（亿元）	理论可减免税费（亿元）	实际已减免税费（亿元）
有研发活动的高新技术企业	0.31	899.4	202.4	37.7
有研发活动的一般企业	0.26	338.1	126.8	6.6

注：加计扣除是指企业当年发生的研发费用按 50% 加计扣除应纳所得税额。此表中理论可减免抵扣税费按高新技术企业 15%、一般企业 25% 的税率计算而得。

表 10　珠三角地区工业企业 R&D 经费与享受加计抵扣税费对比表

区　别	R&D 经费（亿元）	加计扣除减免税费（亿元）
广东省	1237.48	44.25
珠三角地区	1174.59	42.34
广州市	171.02	4.91
深圳市	532.94	25.08
珠海市	34.57	4.28
佛山市	161.22	2.26
江门市	31.80	0.26
肇庆市	15.41	0.30
惠州市	55.60	2.90
东莞市	109.93	1.57
中山市	62.10	0.78

广东县域经济发展情况

发展县域经济是广东经济社会科学协调发展的重要内容。培植壮大县域综合经济实力，有利于广东扎实推进稳增长、促改革、调结构、惠民生等各项工作。在各级政府多方谋划和各县自身努力下，2010 年以来，广东县域经济较快发展。2010 ～ 2014 年县域经济发展速度高于全省水平，经济水平与全省的差距逐渐缩小，产业结构有所提升，发展后劲和活力得到加强，城镇化步伐加快，人民生活水平不断提高。但县域经济仍存在规模小、升级慢、水平低等问题，与全国和苏、鲁、浙相比存在较大差距。

一、县域经济发展主要情况

（一）广东县域分布情况

2014 年，广东有 58 个县级市、县、自治县（本文统称为县），分布在 15 个地级市，近八成的县分布在粤东西北地区，12 市共有 45 个县，占全省的 77.6%。其中，粤北山区县个数最多，为 27 个，占全省近一半。珠三角有 6 地市不设县，只有惠州、江门、肇庆 3 市共有 13 个县，占全省的 22.4%（见表 1）。珠三角、东翼、西翼和山区县域面积分别占全省的 23.1%、8.3%、19.4% 和 49.2%（见图 1）。

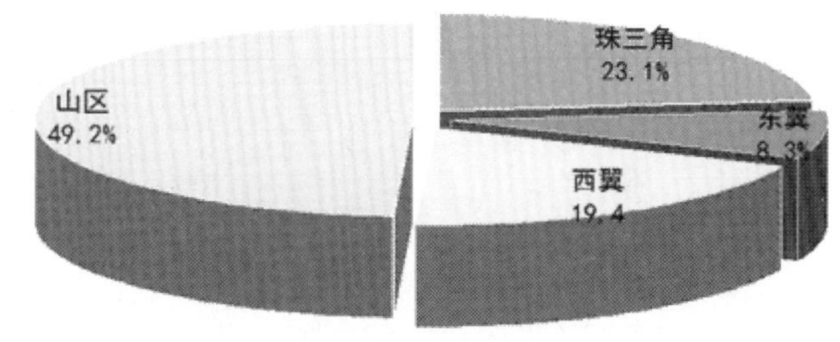

图 1 2014 年各区域县域面积占比

表 1 2014 年各区域县域分布情况

地区		县级市、县、自治县
珠三角（13个）	惠州（3 个）	博罗县、龙门县、惠东县
	江门（4 个）	台山市、鹤山市、开平市、恩平市
	肇庆（6 个）	高要市、四会市、广宁县、怀集县、封开县、德庆县
东翼（8个）	汕头（1 个）	南澳县
	汕尾（3 个）	陆丰市、海丰县、陆河县
	潮州（1 个）	饶平县
	揭阳（3 个）	普宁市、惠来县、揭西县
西翼（10个）	阳江（2 个）	阳春市、阳西县
	湛江（5 个）	廉江市、吴川市、雷州市、遂溪县、徐闻县
	茂名（3 个）	高州市、化州市、信宜市
山区（27个）	韶关（7 个）	乐昌市、南雄市、始兴县、仁化县、翁源县、新丰县、乳源瑶族自治县
	梅州（6 个）	兴宁市、大埔县、丰顺县、五华县、平远县、蕉岭县
	河源（5 个）	龙川县、连平县、东源县、和平县、紫金县
	清远（6 个）	英德市、连州市、佛冈县、阳山县、连山壮族瑶族自治县、连南瑶族自治县
	云浮（3 个）	罗定市、新兴县、郁南县

注：括号为该地区县级市、县、自治县个数

（二）县域是全省经济的重要组成部分

2014 年，广东 58 个县土地面积 13.22 万平方公里，占全省总面积的 73.6％；常住人口 3814 万人，占全省总人口的 35.6％；县域生产总值 10542 亿元，占全省的 15.6%。县域产业结构有所提升，各县以工业为主导，大力推进产业结构调整，工业在县域经济发展中的支撑和拉动作用日趋突出。2013 年县域三次产业结构提升为 20.1:43.6:36.3，与 2010 年相比，一产下降了 1.2 个百分点，二、三产业分别提高了 0.7 个和 0.5 个百分点。全省产业结构为“三二一”的县由 17 个上升到 20 个，增加 3 个。

分四大区域看，珠三角和东西北地区县域土地面积分别占本区域 55.6%、70.3%、78.9% 和 84.9%。县域常住人口占本区域 14.4%、43.4%、66.2% 和 72.1%。县域 GDP 占本区域 5.8%、34.0%、49.1% 和 57.6%。可见，除珠三角县域经济占比较低外，东西北地区的县域经济均占较高比重，在本区域具有举足轻重的地位。

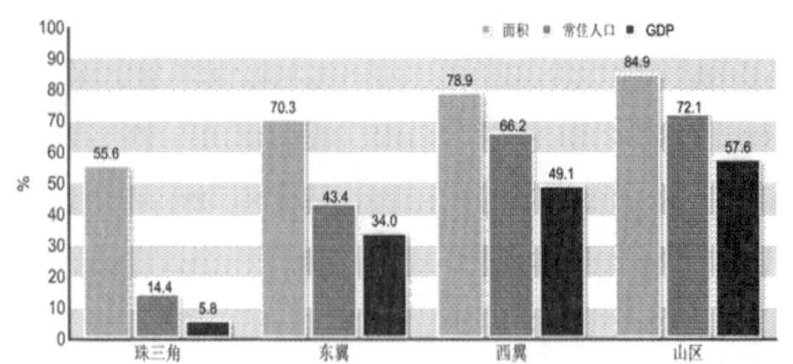

图 2 2014 年各区域县域经济占本区域情况

表 2 2014 年各区域县域经济基本情况

区域	面积		常住人口		生产总值	
	绝对量（万平方公里）	占本区域比重（%）	绝对量(万人）	占本区域比重（%）	绝对量(亿元）	占本区域比重（%）
全省县域	13.22	73.6	3814	35.6	10542	15.6
珠三角	3.05	55.6	825	14.4	3333	5.8
东翼	1.09	70.3	751	43.4	17223	34.0
西翼	2.57	78.9	1043	66.2	2835	49.1
山区	6.51	84.9	1195	72.1	2653	57.6

此外，县域农业确保了全省的粮食安全，对经济社会发展起着“稳压器”的作用。2013 年，县域完成第一产业增加值 1961 亿元，占全省第一产业增加值的 64.3%，比 GDP 的占比高 38.7 个百分点。县域第一产业占 GDP 比重达到 20.1%，远高于全省 4.9% 的水平。县域粮食产量 956 万吨，占全省的 74.2%；猪肉产量 176 万吨，占全省 63.3%；蔬菜产量 1807 万吨，占全省 57.5%。县域还为全省居民提供了绝大部分的油料、水果、水产品、茶叶等主要农产品。

（三）县域经济发展明显快于全省水平

2010 ～ 2014 年，县域 GDP 五年平均增长达到 13.0%，增幅比全省平均增速高 3.6 个百分点。在四个区域中，县域经济增长均高于本区经济。其中，珠三角县域平均增长 13.1%，增幅比本区高 3.6 个百分点；东翼县域平均增长 13.8%，增幅比本区高 2.4 个百分点；西翼县域平均增长 13.2%，增幅比本区高 1.7 个百分点；山区县域平均增长 12.1%，增幅比本区高 2.2 个百分点。

表 3 2010-2014 年各区域县域经济平均增长

地区	区域 GDP 年均增速 (%)	本区县域 GDP 年均增速 (%)
珠三角	9.5	13.1
东翼	11.4	13.8
西翼	11.5	13.2
山区	9.9	12.1

分年份看，县域经济发展趋势与全省基本一致。五年县域 GDP 分别增长 15.7%、13.9%、11.8%、12.7% 和 10.9%，分别比全省增速高 3.3 个、3.9 个、3.6 个、4.2 个和 3.1 个百分点。

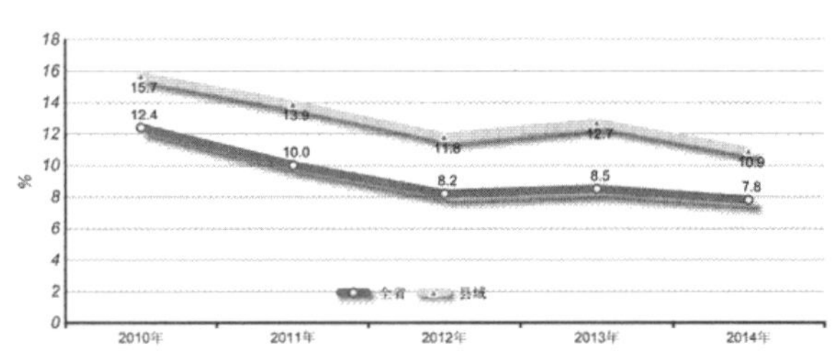

图 3 2010-2014 年县域与全省 GDP 增速对比

五年平均增速达到或超过全省水平的有 55 个县，平均增长较快的有龙门（15.6%）、四会（15.5%）、普宁（15.5%）和南雄（15.5%）。有 3 个县平均增速低于全省水平，分别是徐闻（8.8%）、连州（8.4%）和阳山（8.4%）。分年份看，五年 GDP 增速中，达到或超过全省水平的县分别有 47 个、52 个、49 个、54 个和 47 个，均在县域中占了绝对比重。可以说县域经济发展活力十足，发展速度已基本跑赢全省。

（四）县域投资和消费比较活跃

在县域三大需求中，除出口额普遍较小外，固定资产投资和社会消费品零售总额保持较快发展速度，县域内需日趋活跃。2014年，县域固定资产投资5700亿元，增长19.2%。2010～2014年，县域固定资产投资平均增速达25.5%，增速比全省平均高11.3个百分点。县域投资占全省的比重由2010年的17.6%上升到22%，提高4.4个百分点。县域投资率（投资/GDP）由2010年的45%大幅提升到2014年的54%，说明县域经济发展后劲较强。

各区域中，西翼县域投资平均增长最快，达38%；东翼县域平均增长28.8%居次席；珠三角和山区县域分别为23.9%和19.4%。各县中，平均增速较快的县有信宜(62.6%)、吴川(50.9%)、和平(49.2%)、廉江（47.2%）、龙门（42.9%）。

2014年，县域社会消费品零售总额4530亿元，比2008年翻一番。2010～2014年县域社会消费品零售总额平均增长13.1%，增幅比全省平均增速略低0.7个百分点。有23个县平均增速达到或超高全省水平；其中，平均增速最高的是普宁（23.6%）、惠来（22.0%）、四会（18.8%）、怀集（17.1%）、廉江（17.0%）。

（五）县域财政造血能力有所增强

2010～2014年，县域地方公共财政预算收入平均增长18.9%，比全省平均增速高3.3个百分点。地方公共财政预算收入过10亿元的县有16个，比2010年增加7个。

（六）城镇化步伐加快

各县加快城镇建设，推进城镇产业聚集，使得城镇化水平有了进一步的提高。经测算（个别县为推算数），县域城镇化率由2010年的36.7%提升到2014年的39.9%，提高3.2个百分点，与全省平均水平的差距缩小约1.5个百分点。城市化率超过50%的有9个县。城镇化率较高的县有南澳（77.5%）、海丰（62.5%）、四会（61.1%）和鹤山（60.2%）。城镇化率提升较快的县有五华、连平、龙门、博罗，均提高5个百分点以上。

（七）农民收入较快增长

县域城乡居民收入较快增长，农民收入增幅领先。据31个县的城乡居民收入数据测算，2013年县域农村居民人均纯收入超过万元，约为10100元，是2010年的1.5倍，超过同年全国平均水平（9892元）。2011～2013年农村居民纯收入平均名义增长15.2%，增幅比全省高3.3个百分点。2010年县域农民收入约为全省水平的83.7%，2013年上升到占86.6%，提高近3个百分点。2013年城镇居民人均可支配收入约16900元，2011～2013平均名义增长12.8%，增幅比全省高1.3个百分点。2010年县域城镇居民收入约为全省水平的49.3%，2013年上升到51.2%，提高近2个百分点。县域农民人均纯收入与城镇居民人均可支配收入的差距进一步缩小。两者比例由2010年的1:1.78缩小到1:1.68，远低于全省的1:2.67。

2013年城乡居民储蓄存款达6734亿元，比2010年增加2324亿元，年均增速为15.2%；其中储蓄存款超百亿的县有28个，比2010年多14个。县域人均居民储蓄存款余额达到17816元，是2010年的1.6倍。

二、广东县域与江苏、浙江、山东比较

（一）总体情况对比

广东与江苏、浙江和山东都属于经济强省，但县域经济与三省相比差距较大。广东县域面积最大，约为江苏、浙江县域的两倍，略大于山东；常住人口广东县域多于浙江，少于江苏、山东。

2013年山东90个县生产总值达到31313.20亿元，总量超过广东县域的三倍；江苏45个县生产总值也达到28706.77亿元，浙江56个县生产总值17923.37亿元，分别是广东县域的3.00倍和1.88倍。粤、苏、浙、鲁四省县域三次产业均是“二三一”结构，但广东县域一产占比为四省最高，分别比江苏、浙江、山东县域高12.2个、13.3个、9.0个百分点，表明广东县域产业升级较慢。从人均GDP看，江苏、浙江和山东县域人均GDP分别为69880元、57064元和47522元，是广东县域的2.76倍、2.26倍和1.88倍。

从固定资产投资、社会消费品零售总额、财政收支、城乡居民储蓄存款余额等多项指标看，广东县域与苏、浙、鲁三省依然存在较大差距。2013年江苏、浙江、山东县域固定资产投资额分别是14267.75亿元、9810.99亿元、10877.01亿元，是广东的2.98倍、2.05倍、2.28倍；社会消费品零售总额7853.52亿元、7000.19亿元、6312.39亿元，是广东的1.93倍、1.72倍、1.56倍；地方公共财政预算收入2341.34亿元、1353.01亿元、815.46亿元，是广东的4.88倍、2.82倍、1.70倍；城乡居民储蓄存款余额13987.23亿元、13465.54亿元、14295.09亿元，是广东的2.08倍、2.00倍、2.12倍。从人均财政收入看，广东县域为1270元，比山东略高，但比江苏和浙江分别少4429元和3038元，差距非常明显。

表 4　2013 年广东县域经济与江苏、浙江、山东比较

指标	单位	广东	江苏	浙江	山东
土地面积	平方公里	132205	69998	83478	122407
常住人口	万人	3789.08	4108.23	3139.21	6589.23
地区生产总值	亿元	9557.79	28706.77	17923.37	31313.20
第一产业	亿元	1921.12	2277.44	1226.37	3474.27
第二产业	亿元	4167.20	14718.90	9517.85	16756.21
第三产业	亿元	3469.48	11710.43	7179.14	11082.72
人均地区生产总值	元	25287	69880	57064	47522
固定资产投资	亿元	4780.62	14267.75	9810.99	10877.01
社会消费品零售总额	亿元	4059.28	7853.52	7000.19	6312.39
地方公共财政预算收入	亿元	479.86	2341.34	1353.01	815.46
地方公共财政预算支出	亿元	1350.64	2986.82	1981.08	1323.63
人均地方公共财政收入	元	1270	5699	4308	1238
城乡居民储蓄存款余额	亿元	6733.96	13987.23	13465.54	14295.09

（二）具体县对比

1. 经济总量对比

在四省 249 个市县中，2013 年 GDP 前五位均在江苏，最高的县是江苏昆山，达 2920.08 亿元；浙江 GDP 最大的是慈溪，为 1031.09 亿元，列第 6 位；山东 GDP 最大的是龙口，为 935.23 亿元，列总排名第 8 位。在总排名前 20 的县，广东没有，江苏、山东、浙江分别有 7 个、3 个和 10 个，广东 GDP 最大的普宁仅排第 49 位，表明广东经济总量较大的县与江苏、浙江和山东相比明显呈弱势。在总排名最后的 20 个县（即总排名第 230 位～ 249 位）中，广东有 12 个，浙江 7 个，山东 1 个，江苏没有；在总排名最后的 50 个县中，广东有 33 个，超过广东全部县的一半，广东经济总量偏小的县过多，与苏、鲁、浙差距十分明显。

2. 内需对比

广东各县固定资产投资力度较弱。在前 20 的县中，江苏有 8 个，山东有 11 个，浙江有 1 个，广东没有。广东投资额最高的普宁，投资总量为 223.42 亿元，排第 68 位，投资额仅为江苏最高昆山的 24%，为山东最高胶州的 34%，为浙江最高慈溪的 50%。固定资产投资额排名后 20 位的县中，广东 10 个，浙江 8 个，山东只有 2 个，江苏没有；在后 50 位的排名中，广东有 29 个，其投资额均在 60 亿元以下，与江苏最低的金湖（99.46 亿元）相比，差距悬殊。

社会消费品零售总额排总排名前 20 位的市中，江苏有 6 个，山东有 7 个，浙江有 7 个，广东没有。广东社会消费品零售总额最高的普宁，零售总额为 217.27 亿元，排第 33 位，零售额仅为江苏最高江阴的 37%，为浙江最高慈溪的 49%，为山东最高即墨的 72%。社会消费品零售总额排名后 20 位的县中，广东 13 个，浙江 6 个，山东只有 1 个，江苏没有。

3. 人均指标对比

人均 GDP 总排名前 20 位的县，江苏有 7 个，山东有 10 个，浙江 3 个，广东没有。在总排名前 50 位的县，广东依然没有，江苏、山东和浙江分别有 13 个、20 个和 17 个。广东人均 GDP 最高的四会仅排第 67 位，江苏最高的昆山为 17.79 万元，山东最高的长岛为 15.07 万元，浙江最高的义乌市为 11.67 万元，分别排第 1、4 和 11 位，为四会的 3.08 倍、2.61 倍和 2.02 倍。人均 GDP 总排名后 20 位的县，广东 15 个，山东 3 个，浙江 2 个，江苏没有；在总排名最后的 50 个县中，广东有 30 个，广东人均经济总量偏小的县一样较多。

人均财政收入总排名前 20 位的县，江苏有 8 个，山东有 5 个，浙江 7 个，广东没有。广东人均财政收入最高的鹤山仅排第 80 位。江苏人均财政收入最高昆山 14838 元、山东最高龙口 11271 元、浙江最高慈溪 8828 元，分别是鹤山的 3.92 倍、2.98 倍、2.33 倍。在总排名后 20 位的县，山东 3 个，江苏和浙江没有，广东 17 个，其人均财政收入均不到 1000 元。

三、广东与相邻省县域经济对比

从地理位置看，广东东邻福建，北接江西、湖南，西连广西，西南部雷州半岛隔琼州海峡与海南省相望，据不完全统计，广东有 26 个县分别与福建、江西、湖南、广西和海南共 28 个县相邻。

（一）与福建相邻县经济对比

与福建相邻县相比，广东饶平县经济总量相对较大，但大埔、蕉岭和平远经济实力明显较弱。2013

年饶平 GDP190.26 亿元，比诏安、平和多 40 亿元左右；居民储蓄 123.90 亿元，是诏安县的 2.25 倍。但投资、人均 GDP 等指标较低，投资仅 43.03 亿元，不到诏安的三分之一；人均 GDP 仅 21248 元、人均财政收入仅 638 元，均低于诏安、平和。永定、平和与大埔面积、人口相当，GDP 却分别是大埔的 2.88 倍、2.40 倍；人均 GDP 是大埔的 3.03 倍、1.83 倍。上坑、武平 GDP 分别是蕉岭的 3.80 倍、2.26 倍；人均 GDP 是蕉岭的 2 倍左右。从投资、消费、财政等指标看，大埔、蕉岭与相邻县差距依然悬殊，特别是投资，永定是大埔的近 7 倍，上坑、武平是蕉岭的 10 倍以上。

（二）与江西相邻县经济对比

与江西相邻县相比，广东各县不具备绝对优势，个别县甚至相对较弱。江西寻乌和全南经济总量偏小，2013 年 GDP 分别只有 44.68 亿元和 44.48 亿元，明显低于广东相邻县。寻乌人均 GDP 也只有 15358 元，仅比兴宁（13556 元）高；全南人均 GDP24413 元，与连平（27253 元）、翁源（21224 元）和始兴（28080 元）相当；但寻乌和全南投资、消费等指标基本弱于广东相邻县。信丰人口是南雄 2 倍以上，GDP 比南雄略高，但人均 GDP 仅为南雄的 60% 左右，投资、消费、财政等指标两地各有高低。与汝城、崇义、大余相比，仁化经济相对较强，主要经济指标优势比较明显。但江西的龙南和定南相对强于广东相邻县，龙南经济总量大于连平，主要经济指标也具有明显优势。定南经济总量虽小，略低于和平县，人均 GDP 却是和平的近 2 倍，投资、财政收入等指标也高过和平。

（三）与湖南相邻县经济对比

与湖南相邻县相比，两省相邻县经济各有千秋，广东并不占绝对优势。湖南汝城经济实力较弱，GDP 仅 41.93 亿元，人均 GDP 仅 12569 元，主经济指标明显弱于乐昌。但与宜章相比，乐昌、乳源又不具备优势，2013 年宜章 GDP147.19 亿元，比乐昌（95.38 亿元）、乳源（71.53 亿元）高，人均 GDP（25040 元）介于乐昌（23559 元）与乳源（32182 元）之间，投资、消费、财政等指标也好于乐昌、乳源。连州与其相邻县对比，经济实力处于中上游。2013 年连州 GDP 高于蓝山、临武、江华，但低于宜章，人均 GDP 均高于其相邻县；但连州投资额较低，均低于相邻县；消费、财政收入高于蓝山、临武、江华，但低于宜章。与江华相比，连山除了人均 GDP 相对高之外，其余指标均明显低于江华。

（四）与广西相邻县经济对比

与广西相邻县相比，广东各县略显优势，除封开和郁南弱于苍梧、罗定弱于岑溪外，其余各相邻县基本强于广西。如信宜，其 GDP 和人均 GDP 分别是北流的 1.42 倍、1.73 倍，是容县的 2.48 倍、1.69 倍；高州、化州，其 GDP 分别是北流的 1.76 倍、1.53 倍；人均 GDP 是北流的 1.53 倍、1.47 倍；消费、财政和储蓄的优势也比较明显，在 1 ～ 2 倍。但令人关注的是，投资方面除信宜比容县高外，其余各县均低于广西相邻县，表明广东县域投资明显偏弱，即使与经济实力较弱的广西相比也不具备优势。

（五）与海南相邻县经济对比

从地理位置上看，徐闻与海南临高、澄迈、定安和文昌隔海相望，与海南各相邻县相比，徐闻经济相对较弱。2013 年徐闻 GDP131.46 亿元，比澄迈（201.29 亿元）和文昌（175.34 亿元）低，比临高（120.47 亿元）和定安（61.82 亿元）高；但人均 GDP18485 元，低于临高（27720 元）、澄迈（42385 元）、定安（21570 元）和文昌（32179 元）。徐闻在消费方面具有优势，均高于海南相邻县，但投资、财政和储蓄等指标与海南相邻县存在较大差距。

四、县域经济存在的主要问题

广东县域经济发展存在的主要问题可归纳为规模小、升级慢、水平低。

（一）县域经济规模小，发展不均衡

在 58 个县中，2014 年生产总值超过 500 亿元的只有 2 个县，远低于山东、浙江和江苏的水平，甚至不如江西、湖南等省。广东 GDP 在 200 亿元以下的县有 34 个，超过半数以上，其中更有 18 个县 GDP 不到 100 亿元。

同时，各县发展不够均衡。对各县按人均 GDP 计算县域发展差异系数，结果显示：2010 年县域发展差异系数为 0.397；到 2014 年为 0.395，各县发展差异有所收窄，但不均衡程度仍然较高。2010 年人均 GDP 最大县与最小的县之比是 5.1:1，到 2014 年该比值扩大到 6.7:1。

（二）县域产业结构升级缓慢

县域经济结构升级较慢，县域 GDP 中三次产业结构与全省相比，差距很大。2013 年，县域第二产业比重比全省平均水平低 3.7 个百分点；第三产业比重比全省平均水平低 11.5 个百分点，较 2010 年扩大 4.4 个百分点。县域经济发展仍过于倚重农业的状况尚未改变。2013 年，县域中第一产业比重高于第二产业或第三产业的县仍有 10 个，这其中更还有 3 个县第一产业比重是最高的。

（三）县域整体发展水平低

近几年，广东县域中人均 GDP 低于全国水平的县有所减少，但 2014 年广东仍有多达 52 个县低于全国人均 GDP。2013 年广东各县中人均 GDP 最高的四会只有 5.78 万元，只相当于江苏昆山的三分之一，浙江义乌的二分之一，山东长岛的五分之二。与广东相邻省县相比，广东相邻县人均 GDP 也普遍偏低。

（四）县域财力不足

财力不足一直困扰县域经济发展。2010 ～ 2014 年，县域地方公共财政预算收入虽较快增长，但县域财力不足问题依然突出。2014 年，全省县域地方公共财政预算收入 562.23 亿元，占 GDP 比重只有 5.3%，只有全省水平（11.9%）的四成多。县域地方公共财政预算收入与支出的比为 36%，低于 2010 年的 39%，远低于全省的 88%；其中，全省县域仅鹤山财政收支比超过全省水平。2014 年县域人均财政收入只有 1479 元，不足全省平均水平（7544 元）的五分之一，与全国及江苏、浙江、山东差距悬殊。广东县域财政收支缺口大，造血能力弱，使县域政府驾驭经济能力大大减弱。

广东城镇化发展状况

一、现状及特点

（一）城镇化发展处于较高水平

广东城镇化经过20世纪末高速发展后，进入21世纪达到较高水平。2000～2010年，广东城镇人口比重上升了10.52个百分点，平均每年提高1.05个百分点。2013年末，全省城镇人口7212万人，城镇化水平为67.76 %，比全国高14.03百分点，分别高于江苏、浙江、山东省3.65、3.76、14.01个百分点，仅低于京、津、沪三个直辖市。参照美国城市地理学家诺瑟姆城市化发展进程三个阶段的研究理论，目前广东城镇化已进入中后期的发展阶段，珠江三角洲地区的城镇化率达84%，已进入城镇化发展的成熟阶段。

（二）人口就业结构不断优化

随着广东经济迅速发展和城镇化水平不断提高，大量劳动力从农村涌向城镇，从第一产业转向第二、三产业，劳动力就业结构和产业构成发生了很大改变，二、三产业从业人员比重大幅度提高。2013年广东全社会从业人员中，三大产业构成为2 3 :4 2 :35，二十多年间，第一产业从业人员比重下降了30多个百分点，而第二、三产业分别上升了15个百分点左右。从GDP构成看，2013年全省三大产业构成为4.9:47.3:47.8，第一产业比重下降了近20个百分点，二、三产业分别上升了10个百分点，人口就业结构与经济结构变化一致。

（三）城镇建设步伐加快

在城镇体系建设方面，全省已逐步形成珠江三角洲地区率先发展、东西两翼稳步发展、粤北地区加快发展的区域格局，以及大中小城市与小城镇协调发展的城镇体系。目前广东有400万人口以上的特大城市2个，200万～400万人城市2个，100万～200万人城市7个，50万～100万人城市6个，20万～50万人城市4个，小城镇1132个。在城市基础设施方面，各地加大城镇建设投入力度，城市市政公用设施日益完善，全省建制镇建成区面积30多万公顷，城市燃气普及率94.93%，城市自来水普及率97.62%，城市污水集中处理率为88.09%，人均城市道路面积13.42平方米，人均公园绿地面积15.82平方米，建成区绿化覆盖率37.17%。统计表明，广东城市污水集中处理率、建成区绿化覆盖率等指标均高于全国水平。

（四）城镇教育卫生等公共服务水平提高

城镇普通中学在校学生人数由2000年的461万人增加到2013年的625万人，高等学校在校学生人数由2000年的30万人增加到2013年的171万人。广东积极解决外来务工人员随迁子女平等接受义务教育的问题，2012学年，广东进城务工人员随迁子女300.6万人，有158.5万随迁子女入读义务教育阶段公办学校，占总数的52.7%。医疗卫生方面，全省城镇地区卫生事业机构、床位数和卫生技术人员有较大幅度增加，人均拥有的医疗卫生资源增加。在社会保险方面，2000年全省参加基本养老保险3215.18万人，2013年末增加到4183万人；2000年参加全省医疗保险5043.22万人，2013年达9179.75万人。

（五）城镇化拉动效应明显

城镇化发展拉动广东经济持续稳定增长和城乡居民收入的不断提高。统计调查数据显示，2013年广东人均GDP达到58540元，比2010年增加13804元，增长23.58%。城乡居民收入稳定较快增长，城乡居民的消费水平不断提高，2013年城镇居民人均可支配收入33090元，农村居民人均纯收入11669元，分别比全国高22.76%和31.17%；城镇居民人均消费性支出24133元，农村居民人均生活消费支出8343元，分别比全国高33.91%和25.91%。城市居民人均居住面积由2010年的34.13平方米提高到2013年的34.57平方米，农村居民人均居住面积由2010年的29.23平方米增加到2013年的33平方米。城镇居民家庭恩格尔系数为36.7%，农村居民家庭为49.0%，广东城镇家庭达到了相对富裕水平，农村家庭已达到小康水平。

（六）粤东西北地区城镇化进程加快

“十二五”时期，随着“双转移”战略的逐步推进，粤东西北地区常住人口增速开始快于珠三角，导致全省人口分布格局和城镇化发展开始发生改变。

2013 年粤东西北地区人口城镇化率分别为 59.38%、40.45% 和 45.98 %，分别比 2010 年提高 1.67、2.78 和 1.69 个百分点，同期珠三角地区提高 1.31 个百分点，粤东西北地区特别是粤西地区的城镇化进程加快，省内城镇化水平差距开始有所缩小。

二、存在主要问题

广东新型城镇化过程中，伴随城镇人口大量增加和城镇规模不断扩大的同时，出现不少问题和矛盾，有的问题和矛盾显得相当突出。

（一）大部分外来人口还不能享受本地的基本公共服务

2010 年第六次人口普查，全省 6903 万城镇人口中，户口不在本地的有 3000 多万人，外来人口占城镇人口一半以上。近年来，尽管广东在基本公共服务均等化和解决流动人口权益方面做了大量工作，但由于广东是外来农民工最大的集中地，外来人口数量庞大，很多外来人口未能在教育、就业、医疗、养老、保障性住房等方面享受城镇居民的同等待遇。人力资源和社会保障部公报显示，2.5 亿农民工参保率还比较低，多数农民工子女无法入读全日制公办中小学校，大部分地区未将农民工纳入住房保障对象，城镇中外来人口与本地人口在基本公共服务方面还存在较大差异。一方面，在珠三角地区，由于无法在短时间内实现基本公共服务全覆盖，城镇内部出现本地人口与外来人口新的二元矛盾；另一方面，在农村地区，留守儿童、妇女和老人问题日益凸显，给经济社会发展带来新的问题。

随着外来务工人员经济收入的逐步提高，举家迁移的情况增多，越来越多的外地小孩要在城镇地区上学读书，更多外地老年人要在城镇安度晚年，外来人口集中珠三角城镇地区，基本公共服务体系将面临着更大的压力。

（二）城镇中外来人口收入水平和生活条件处于较差状态

目前，大量在城镇中工作和生活的外来人口是从事一些较低层次的工作，劳动强度较大，收入处于较低水平。其中，广东农民工平均每周工作时间达 50 个小时，农民工的劳动强度偏大，但农民工的收入远低于城镇单位在岗职工平均工资水平。从居住条件看，多数农民工在城镇买不起房子，只能住在集体宿舍或出租屋，居住条件和生活环境处于较恶劣状态。多数外来人口生活在城市底层，是处于“半市民化”状态，融入城市的难度较大。

（三）城镇规划建设管理水平有待提高

由于大量人口聚集于珠三角地区以及珠三角地区城镇在短时间内迅速发展和扩大，导致大城市和珠三角人口过度集中，小城镇发育不良。2010 年第六次人口普查数据看，广东小城镇人口占全省城镇人口的比重为 24.19%，低于同期全国 39.72% 的平均水平和江苏的 36.32%、浙江的 39.24%。广东小城镇镇区人口增长缓慢且规模偏小，基础设施薄弱，综合承载能力不足，集聚产业和人口的能力十分有限。同时导致数量庞大的人口集中到大城市，使珠三角城市人口急剧膨胀，珠三角地区已成为全国人口最稠密的地区。人口大量集聚往往造成交通拥堵、住房紧张、环境恶化、失业率上升等一系列大城市问题的出现，给社会管理带来较大压力。

（资料来源：广东省统计局）

2014 年广东省机械工业发展情况

一、行业发展概况

2014 年，在全国经济“新常态”的大环境下，我省机械工业保持较快增长，增速较上年有所回落。全省 6148 家规模以上企业全年实现主营业务收入 16393.24 亿元，居全国第三位，同比增长 7.9%；实现利税总额 1665.82 亿元，同比增长 10.4%。全行业产业结构调整、转型升级取得了一定成绩，外贸出口结构优化，内销增速加快。随着珠江西岸先进装备制造产业带建设的稳步推进，我省机械工业将取得更好的发展。

（一）主营业务收入

广东省机械行业七大类分行业主营业务收入与同期相比，均实现不同幅度的增长。其中我省交通运输设备制造业完成主营业务收入 5776.99 亿元，同比增长 9.5%，成为全行业稳增长的主要因素。电气机械及器材制造业完成主营业务收入 4111.15 亿元，同比增长 5.4%。这两大行业对全行业贡献率达到 59.0%。

表 1 广东省机械行业分行业主营业务收入完成情况

序号	项目	企业数（个）	主营业务收入		
			本年累计（亿元）	去年同期（亿元）	增减 %
1	广东省机械工业合计	6148	16393.24	15187.69	7.9
2	非金属矿物制品业	120	134.50	117.83	14.2
3	金属制品业	354	738.69	687.73	7.4
4	通用设备制造业	1409	2539.99	2285.81	11.1
5	专用设备制造业	1008	1410.85	1254.16	12.5
6	交通运输设备制造业	792	5776.99	5277.46	9.5
7	电气机械及器材制造业	1918	4111.15	3899.47	5.4
8	仪器仪表及文化、办公用机械	547	1681.07	1665.24	1.0

（二）利税总额

七大类利税总额均实现增长，其中六个大类实现两位数增长。其中金属制品业受集装箱市场回暖的利好，利税总额增长 36.9%。

表 2 广东省机械行业分行业利税总额完成情况

序号	项目	企业数（个）	利税总额		
			本年累计（亿元）	去年同期（亿元）	增减 %
1	广东省机械工业合计	6148	1665.82	1508.34	10.4
2	非金属矿物制品业	120	17.97	14.81	21.3
3	金属制品业	354	64.01	46.76	36.9
4	通用设备制造业	1409	237.74	206.57	15.1
5	专用设备制造业	1008	134.74	118.73	13.5
6	交通运输设备制造业	792	788.50	766.08	2.9
7	电气机械及器材制造业	1918	292.09	237.62	22.9
8	仪器仪表及文化、办公用机械	547	130.76	117.77	11.0

（三）实现利润

七大类中利润同比增长，其中交通运输设备制造业利润总额同比增长 11.4%。金属制品业恢复性增长 59.8%，

表 3　广东省机械行业分行业利润总额完成情况

序号	项　　目	企业数（个）	利润总额		
			本年累计（亿元）	去年同期（亿元）	增减 %
1	广东省机械工业合计	6148	1114.35	955.30	16.6
2	非金属矿物制品业	120	11.09	9.28	19.5
3	金属制品业	354	44.15	27.63	59.8
4	通用设备制造业	1409	162.58	141.14	15.2
5	专用设备制造业	1008	93.10	81.39	14.4
6	交通运输设备制造业	792	500.63	449.36	11.4
7	电气机械及器材制造业	1918	208.01	162.49	28.0
8	仪器仪表及文化、办公用机械	547	94.79	84.01	12.8

（四）亏损额

全行业亏损企业 888 家，比上年减少 127 家。亏损企业亏损额为 47.62 亿元，同比减少 26.5%。

表 4　广东省机械行业分行业亏损情况

序号	项　　目	行业亏损（个）		亏损额		亏损面
		本年累计（亿元）	去年同期（亿元）	本年累计（亿元）	去年同期（亿元）	
1	广东省机械工业总计	888	761	47.62	64.76	14.4%
2	非金属矿物制品业	17	9	0.25	0.40	14.2%
3	金属制品业、机械和设备修理	49	38	3.05	1.33	13.8%
4	通用设备制造业	185	143	7.54	9.12	13.1%
5	专用设备制造	144	113	6.26	5.35	14.3%
6	交通运输设备制造业	103	96	12.69	24.47	13.0%
7	电气机械及器材制造业	72	75	11.83	24.11	11.6%
8	仪器仪表及文化、办公用机械	298	274	12.79	18.67	15.5%

（五）主要产品产量

全行业有统计的 59 种主要产品，30 种同比增长。其中变压器同比增长 28.4%；金属成形机床增长 26.3%。2014 年，我省汽车产量仍保持较快增长，全年生产 216.75 万台，同比增长 9.1%，高于全国平均增速（7.1%）。我省传统优势产品仍然保持较快增长。2014 年风机产量 919.35 万台，同比增长 11.5%，占全国 51.5%；复印和胶版印制设备增长 26.0%，占全国 70.3%；变压器增长 28.41%，占全国 7.89%。

表 5　2014 年广东省机械工业主要产品产量

序号	产品名称	单位	产量	同比增长 %	占全国比重 %
1	小型拖拉机	台	14244	-43.86	0.85
2	收获机械	台	145	-87.18	0.02
3	饲料生产专用设备	台	6724	-11.44	1.24
4	发动机	万千瓦	17627.86	-3.63	8.23
5	电动车辆（电动叉车）	台	3621	102.18	2.13
6	电工仪器仪表	台	30955411	5.79	20.17
7	汽车仪器仪表	台	7269517	-7.72	13.58
8	照相机	台	12101431	-56.69	38.75
9	数码照相机	台	11595683	-57.75	46.99

（续上表）

序号	产品名称	单位	产量	同比增长%	占全国比重%
10	复印和胶版印制设备	台	5012142	25.96	70.31
11	泵	台	33636172	3.35	27.12
12	风机	台	9193468	11.46	51.54
13	气体压缩机	台	58825962	7.24	17.48
14	阀门	吨	62855	-7.39	0.61
15	气体分离及液化设备	台	26	85.71	0.04
16	环境污染防治专用设备	台（套）	4921	6.77	0.84
17	印刷专用设备	吨	12252	-28.19	4.51
18	矿山专用设备	吨	135254	23.30	1.72
19	压实机械	吨	179	7.83	0.33
20	起重机	吨	47722	23.48	0.44
21	输送机械（输送机和提升机）	吨	30817	-47.44	1.23
22	减速机	台	297794	8.46	4.96
23	金属切削机床	台	25351	0.47	2.95
24	其中：数控金属切削机床	台	9323	-1.84	3.57
25	金属成型机床	台	16641	26.28	4.80
26	铸造机械	台	2006	25.53	0.22
27	金属切削工具	万件	21352.64	3.33	2.23
28	发电机组（发电设备）	万千瓦	292.32	-24.00	3.35
29	水轮发电机组	万千瓦	50.87	-19.11	0.98
30	风力发电机组	万千瓦	231.58	-28.00	1.43
31	工业锅炉	蒸发量吨	1489	-29.86	0.27
32	电站用汽轮机	万千瓦	26.81	-7.52	0.33
33	电站水轮机	千瓦	15.12	19.41	1.61
34	交流电动机	万千瓦	1023.46	7.39	1.02
35	变压器	万千伏安	6925.62	28.41	7.89
36	电力电缆	千米	8632570	2.81	11.58
37	电焊机	台	1644751	3.70	22.17
38	电动手提式工具	台	25137439	2.07	9.82
39	包装专用设备	台	13153	8.41	12.82
40	金属集装箱	万立方米	4461.07	23.44	34.28
41	汽车	辆	2167514	8.24	9.07
42	其中：基本型乘用车（轿车）	辆	1608328	3.54	11.94
43	客车	辆	765	-15.28	0.03
44	载货汽车	辆	2996	-30.20	0.02
45	摩托车整车	辆	8882962	-0.47	9.06
46	锻件	吨	88309	11.24	0.72

（六）工业销售产值、工业增加值

全省机械行业完成工业销售产值32891.44亿元，占全省工业28.3%；完成工业增加值8181.14亿元，占全省工业27.90%。

表6 广东省机械行业工业销售产值、工业增加值完成

序号	项 目	工业销售产值		工业增加值	
		本年累计（亿元）	增减%	本年累计（亿元）	增减%
1	广东省机械工业合计	32891.44	10.78	8181.14	8.63
2	非金属矿物制品业	4518.9	15.6	1207.46	11.3
3	金属制品业	5363.74	10.39	1308.15	8.86
4	通用设备制造业	3386.87	7.4	834.09	8.2
5	专用设备制造业	2005.03	13.3	594.73	9.2

（续上表）

序号	项　　目	工业销售产值		工业增加值	
		本年累计（亿元）	增减 %	本年累计（亿元）	增减 %
6	电气机械及器材制造业	11537.58	8.8	2462.26	7.3
7	仪器仪表制造业	804.47	10.5	249.43	5

（七）出口交货值

1～12月，全行业完成出口交货值3962.51亿元，占全国机械产品出口的21%，居全国第二位；同比增长3.82%，增速较上年同期加快0.9个百分点，但低于江苏（8.32%）和全国平均水平（6.81%）。据统计，2014年广东工业品实现出口交货值33358.92亿元，增长5.7%，内销占工业销售产值的比重达71.3%，加工贸易中“委托设计+自主品牌”方式出口占出口总额比重提高到66%。

表7　2014年广东省机械工业主要指标完成情况

行业名称	出口交货值	
	本年累计（亿元）	同比增长（%）
广东省机械工业合计	3962.51	3.82
非金属矿物制品业	20.82	4.69
金属制品业	232.33	12.67
通用设备制造业	480.87	5.46
专用设备制造业	264.13	18.14
交通运输设备制造业	601.96	12.11
电气机械及器材制造业	1229.34	0.50
仪器仪表及文化、办公用机械	1133.06	-1.55

二、重点企业发展情况

（一）国产首台三代EPR稳压器在东方重机制造完工并顺利发货

2014年6月4日，由东方重机承制的国内首台三代EPR核电项目台山2#机组稳压器顺利起吊发运。

台山EPR项目是国内开工建设的第一台EPR机组，也是国际上开工建设的第三个EPR核电项目。自稳压器开工制造以来，在东方重机先后攻克了小管子内壁横位置自动堆焊、小管子异种钢对接焊、薄壁多孔筒节精加工、承压面机械密封等技术难点，并积累了宝贵的制造经验，大大提升了东方重机核心竞争力。同时，稳压器顺利发货标志着台山项目又跨过了一个重要的产品制造里程碑。

（二）明阳风电2014年新增装机205.8万千瓦稳居行业第三位

根据中国可再生能源学会风能专业委员会发布的最新数据显示，2014年我国风电新增出厂吊装容量2335.05万千瓦创造了新的历史纪录，较2013年同期递增45.1%。其中明阳风电以205.8万千瓦新增装机容量稳居行业第三，距离行业第二位仅有不到55万千瓦的微弱差距。

（三）全球最大容量SCD6.5MW超紧凑海上风机成功吊装

11月3日明阳风电研发生产的全球最大容量SCD6.5MW超紧凑海上风机在江苏如东国家实验风场成功吊装。这标志着明阳大容量海上风电装备的产业化迈出坚实步伐，对促进我国海上风电产业发展具有重要意义。明阳风电SCD6.5MW超紧凑海上风力发电机组，集成国际先进风机设计技术，针对海上环境气候和水文地质条件，适应于中国极端台风气候，采用两叶片、液压独立变桨、中速齿轮箱和永磁同步发电机技术，具有高发电量、高可靠性、低度电成本、防盐雾、抗雷击、抗台风等独特优势。与传统的风力发电技术相比，其关键技术和优势体现在“超紧凑的传动链”“轻量化结构”“集成化液压系统”“全密封设计”四个方面。

（四）珠海优特电力科技股份有限公司成功组建创新研究开发院

2014年12月11日，由珠海优特电力科技股份有限公司承担的广东省创新型企业实施技术创新工程试点项目“珠海优特电力科技股份有限公司组建研究院试点”通过了省科技厅验收。该项目研发投入达销售收入的13%。项目实施期间，优特科技承担国家火炬计划项目2项，广东省省级科技计划项目4项；获得授权专利 84 件，软件著作权 19 个，省级以上科技成果鉴定 1 项；省市级科技奖励 3 项；主持或参与标准制定 3 项，其中，国家标准 2 项，行业标准 1 项，在企业创新组织架构、管理制度、运行机制及模式、技术研发、人才队伍建设等方面取得了显著成效。

（五）国内首创大功率变频应用于电厂液耦调速电动给水泵通过科技成果鉴定，达国际先进水平

2014 年 4 月 19 日，中国电力企业联合会在北京组织召开了广州智光电气股份有限公司和广州智光节能有限公司共同完成的“大型火电机组的液耦调速电动给水泵的变频改造”项目科技成果鉴定会。该项目目前已申请 5 项国家技术专利，其中 3 项已获得国家授权。鉴定委员会听取了技术研究报告、审查了现场测试报告等资料，经充分讨论后，鉴定委员会一致认为：国产大功率变频器首次应用于 300MW 等级火电机组锅炉液耦调速电动给水泵组，总体集成优化技术达到国际先进水平，建议在 300MW 及以上等级火电机组上推广应用。

（六）广东海鸿变压器有限公司油浸式立体卷铁心非晶合金变压器被纳入《国家电网公司重点推广新技术目录（2014 版）》

经国家电网公司专家评审，广东海鸿变压器有限公司产品“油浸式立体卷铁心非晶合金变压器”以科学的技术原理、先进和有效的技术性能指标、成熟的技术工艺、合理的成本价格和良好的应用效益、应用前景等优势，在众多技术项目中脱颖而出，成功入围《国家电网公司重点推广新技术目录（2014 版）》。油浸式立体卷铁心非晶合金变压器为世界首创新型节能型变压器产品，其铁心采用具有优异软磁性能的非晶合金材料，采用节能立体卷铁心技术，克服了传统平面卷铁心的结构及工艺缺陷，并使技术性能及经济优势更为显著，产品性能优良，结构更合理，损耗更低，抗短路能力强，噪音低。新技术的推广应用，是国家电网科技创新的关键环节。其中《新技术目录》负责收录国家电网系统内、外先进适用的新技术，用以指引未来 5 年新技术研究与利用方向，引导新技术研发、新产品研制和产业化。此次海鸿新产品入围《国家电网公司重点推广新技术目录（2014 版）》，彰显了海鸿技术研发的雄厚实力，更是对海鸿立体卷铁心技术研发成果的肯定。

（七）国家汽车质量监督检验中心（广东）正式成立

11 月 3 日，国家质检总局、国家认监委联合发文（国质检科联〔2014〕578 号文）批准国家汽车质量监督检验中心（广东）正式成立。国家汽车质量监督检验中心（广东）是华南地区首家国家级汽车质量监督检验中心。目前中心已完成汽车整车、汽车被动安全、汽车排放、汽车零部件、汽车发动机等实验室的建设，现有设备 800 多台（套），覆盖了国家中心名称所对应的大部分产品。该中心按照筹建任务书的要求，紧贴地方产业发展的需求，在人才培养、科研和标准化研究、服务产业和保障产品质量安全、业务拓展等方面做了扎实的基础工作。中心的检测能力和服务范围将立足佛山、服务华南、辐射全国，为汽车产业发展提供高水平的技术支撑。

（八）“500 千伏大容量超导限流器样机研制”项目正式启动

2014 年广东电网公司首个国家高技术研究发展计划（“863”计划）课题——“500 千伏大容量超导限流器样机研制”开题报告在广州通过专家评审，课题正式实施，意味着世界上首台 500 千伏超导限流器样机研制正式启动。

（九）广东弘科研发的联合收割机通过两项新产品鉴定

广东弘科农业机械研究开发有限公司研发的“4LZ-4.0Z 全喂入联合收割机”和“4LZ-2.6 全喂入联合收割机”两项新产品通过鉴定。“4LZ-4.0Z 全喂入联合收割机”采用较长的纵置轴流脱粒滚筒结构，脱粒更充分；脱粒滚筒的钉齿采用变长度设计，减少了滚筒的脱粒阻力，降低了动力消耗；采用大粮箱集粮和自动卸粮装置，减轻了劳动强度，提高了工作效率。该产品在降低破碎率、适应难脱品种、提高适应性方面技术上有较大创新，整机性能处于国内同类产品领先水平。

（十）广州机械院“大型及行走式工程机械密封关键技术研究与应用”课题通过验收

3 月 21 日，广州机械院“十二五”国家科技支撑计划“大型及行走式工程机械密封关键技术研究与应用”课题通过验收。课题研究工作由广州机械院黄兴教授级高工主持实施，采用产学研用相结合的研发路径，与清华大学摩擦学国家重点实验室、三一重工娄底市中兴液压件有限公司联合开展技术攻关。课题围绕大型及行走式工程机械对高性能密封件的配套需求，开展了聚四氟乙烯（PTFE）、聚氨酯（TPU）、橡胶夹布等密封材料研发；盾构机及行走式工程机械密封结构设计、加工工艺及可靠性评价技术等橡塑密封行业关键共性技术研究。在高抗磨损 PTFE 复合材料配方设计、防水防油耐热的 TPU 弹性体制备及改性、基于有限元数值仿真的高可靠性橡塑密封产品设计、基于模拟试验台架的密封系统可靠性评价和寿命预测

等技术方面取得了突破。课题研发周期内共申请专利7项，其中发明专利5项，已授权实用新型专利2项；形成国家技术标准1项，企业技术标准3项；发表学术论文11篇，其中英文论文3篇。课题成果顺利实现了产业化转化，形成了工程机械密封产品及系统的集成服务能力，研制的系列密封产品已在盾构机、挖掘机等工程机械等领域得到应用，综合性能和使用寿命达到进口同类产品水平，经济和社会效益明显。课题的成功实施不仅提升了广州机械院的技术创新能力和新产品开发能力，打造了一个橡塑密封领域高端科技人才的培养基地，更为国内工程机械企业提供了良好的密封技术解决方案及高品质关键密封元件的国产化配套。

（十一）比亚迪与新加坡科技研究局通讯研究院联合建立实验室

2014年2月，比亚迪与新加坡科技研究局（A*STAR）通讯研究院（I2R）签署合作协议，将联合建立实验室，整合双方在电动车领域和无人驾驶领域的优势联合研发无人驾驶电动汽车技术，以打造下一代智能化电动车。根据合作协议，双方的合作不仅涉及联合研发车辆的自动驾驶技术，还会利用电子线控系统实现对车辆的刹车、转向以及对其他汽车系统的操控；还将根据实时车况、路况等对无人驾驶电动车队进行智能化的监测和管理，发展无人驾驶汽车管理系统。比亚迪还将携手I2R在新加坡发展智能交通和绿色交通。作为新加坡最大的信息通讯技术研究机构，I2R在情报系统、通讯系统、媒介组织等领域具备强大的实力，将利用自身优势发展汽车传感系统，收集电动汽车的智能系统和管理系统的数据，进行相关分析和处理。

（十二）达意隆全自动“高速酱油灌装机”喜获省高新技术产品认定

2014年3月5日，达意隆研制的“高速酱油灌装机”通过广东省科技厅2013年高新技术产品认定，喜获高新技术产品殊荣。至此，达意隆共有5项产品被评为高新技术产品，分别是高速PET瓶饮料吹灌旋一体化装备、PET瓶高速吹瓶机、PET瓶饮料高速热灌装生产线、含气灌装机和全自动高速酱油灌装机。

（十三）广东怀集登云汽配上市

2014年2月，广东怀集登云汽配股份有限公司股票在深圳证券交易上市。据悉，这是国内目前唯一一家主业为汽车发动机气门生产销售的上市公司。据了解，登云股份公司是专业研发制造汽车发动机进排气门的股份公司，生产规模、气门产量和出口量均居全国同行业前列，是首批国家级“高新技术企业”“国家汽车零部件出口基地企业”“中国汽车零部件气门龙头企业”“全国优秀民营科技企业”。

（十四）巨轮股份自主研发的“工业机器人自动化线”在中策集团正式投入应用

2014年12月，巨轮股份为中策橡胶集团有限公司定制设计的首条工业机器人自动化线正式投入使用，这也是中策集团首次应用工业机器人自动化线。该自动化线采用滚筒输送带输送喷涂工艺完成后的胎坯，整线以50kg六轴工业机器人、机器人电控柜、胎坯定位机构、胎坯车物流线、条码识别仪等部件组成，线体可满足胎坯的自动运输、自动装车、胎坯车自动更换等功能，并与硫化机等设备能够有机结合，形成一体化的应用模式。

（十五）卢强、朱英浩院士与明珠电气正式签署合作协议

为了充分发挥院士专家的特长和优势，进一步提升企业的科研水平，促进企业实现转型升级与稳健发展，明珠电气聘任中国科学院卢强院士为首席技术发展战略顾问，中国工程院朱英浩院士为首席技术顾问，共同建立院士工作站，将为公司的技术发展战略、技术发展方向和技术研发提供建议和技术支持。

（十六）中国散裂中子源首台设备在东莞安装

2014年10月15日，由中国科学院和广东省人民政府共同建设的中国散裂中子源项目的第一台设备——负氢离子源在东莞大朗“下隧道”成功安装，标志着该项目正式进入项目设备安装阶段，这为2016年试运行打下了坚实基础。作为发展中国家首台散裂中子源，中国散裂中子源（简称CSNS）是我国“十二五”规划的重大科技基础设施，其于3年前落户东莞大朗。3年间，该项目已顺利完成辅助设备区8栋单体的建设，主装置区建设也已突破瓶颈，正加快向前推进；另一方面，工艺设备的预制研究和批量生产有条不紊地进行，各项设备纷纷从全国各地运抵东莞，为后续的安装做好充分准备。据悉，该项目将于2018年前后建成。

据了解，散裂中子源是多学科公共平台的大型科研装置，为多学科间的相互渗透、相互交叉和融合创造条件。建成后将成为中国最大的科学装置，和美国散裂中子源、日本散裂中子源、英国散裂中子源一起，构成世界四大脉冲式散裂中子源。散裂中子源将为我国在物理学、化学、生命科学、材料科学、纳米科学、医药、国防科研和新型核能开发等学科前沿领域的研究提供一个先进、功能强大的科研平台。

目前，CSNS正在积极引进相关产业高科技企业落户东莞，为项目提供配套产品。广东中能加速器科

技有限公司已于近日落户松山湖，预计 2015 年初投入使用，计划五年内打造成全国最大的加速器研发和产业化基地，成为中国医用加速器能量覆盖最广、射线品类最多、使用范围最宽的民用加速器领军企业，综合经济效益将达到十亿元以上。

（供稿单位：广东省机械行业协会）

2014 年广东省汽车工业发展情况

一、2014 年广东省汽车工业概况

截至 2014 年底，广东省有汽车企业 58 家（整车制造企业 12 家、改装车及半挂车企业 46 家），摩托车企业 56 家，主要零部件企业 800 多家。汽车年生产能力约 292 万辆，据省统计局统计，全行业资产总计 3725.34 亿元，行业全部从业人员平均人数约 37.42 万人。

二、2014 年广东省汽车主要经济指标

2014 年，广东省汽车工业实现工业总产值 5447.51 亿元，同比增长 9%；工业销售产值 5274.85 亿元，增长 13%；主营业务收入 5200.52 亿元 ，增长 10%；利润总额 468.27 亿元，增长 10.30%。

2014 年广东省汽车工业主要经济指标　　单位：亿元

工业总产值	同比增长	主营业务收入	同比增长	工业销售产值	同比增长	利润总额	同比增长
5447.51	9	5200.5	10	5274.9	13	468.27	10.3

三、2014 年广东省汽车、摩托车产销量

2014 年，广东汽车产销量分别为 220.24 万辆和 218.07 万辆，同比分别增长 7.30% 和 7.59%。其中乘用车产销量分别为 213.79 万辆和 211.67 万辆，同比分别增长 7.25% 和 7.79%，乘用车产销量分别占全国总量的 10.73% 和 10.74%；商用车产销量分别为 6.44 万辆和 6.39 万辆，同比分别增长 9.18% 和 1.41%。摩托车产销量分别为 774.62 万辆和 770.98 万辆，同比分别下降 3.17% 和 4.13％，摩托车产销量分别占全国总量的 36.42% 和 36.20%。据 33 家摩托车企业统计数据，五羊 - 本田、广州豪剑、广州豪进等 14 家企业的产销保持增长，江门联统、增城东阳增幅较大，其余 19 家企业销量有不同程度的下降，有 12 家企业亏损。广东省商用车和改装车产销量与全国比较，所占比例依然很小，据 23 家商用车、改装车企业统计数据，销售量同比下降的企业有 8 家，同比增长的有 15 家。

2014 年广东省汽车、摩托车产销量　单位：万辆 %

主要产品种类	产量	同比增长	占全国比量	销量	同比增长	占全国比量
汽车	220.24	7.30	9.28	218.07	7.59	9.28
其中：乘用车	213.79	7.25	10.73	211.67	7.79	10.74
商用车	6.45	9.18	1.70	6.39	1.41	1.69
摩托车	774.62	-3.17	36.42	770.98	-4.13	36.20

四、2014 年广东汽车工业出口情况

2014 年，广东省出口摩托车 320.87 万辆，汽车 2.92 万辆，其中乘用车出口 2.57 万辆，商用车出口 0.35 万辆；2014 年，广东省汽车工业实现出口交货值 34.96 亿美元，其中汽车（包括整套散件）12.20 亿美元，摩托车 22.76 亿美元（包括零部件及配件）。

2014 年广东省汽车、摩托车产出口量　单位：万辆 %

主要产品种类	出口量		同比增长	主要出口国家（地区）
	2013 年	2014 年		
汽车	3.02	2.92	-3.3	
其中：乘用车	2.73	2.57	-5.76	
商用车	0.29	0.35	19.75	
摩托车	336.56	320.87	-4.66	菲律宾、墨西哥、尼日利亚

2014 年广东省汽车工业出口交货值 单位：亿美元 %

主要产品种类	出口交货值		同比增长
	2013 年	2014 年	
汽车工业	30.27	34.96	15.49
其中：汽车（包括整套散件）	7.78	12.2	56.81
摩托车（包括零部件及配件）	22.49	22.76	1.20

五、主要汽车企业发展情况

（一）东风汽车有限公司东风日产乘用车有限公司

2014 年，东风日产乘用车销量 95.42 万辆。生产轩逸等 14 种车型，各车型销量如下表。

车型	销量（辆）	车型	销量（辆）	车型	销量（辆）
轩逸	300058	奇骏	114459	R50	59777
骐达	92465	马驰	6926	R30	14208
骊威	57448	阳光	69372	晨风电动车	582
天籁	109290	楼兰	208	英菲尼迪	2441
逍客	87448	D50	39468		

（二）广汽本田汽车有限公司

2014 年，广汽本田乘用车销量 48.01 万辆。生产雅阁等 8 种车型，各车型销量如下表。

车型	销量（辆）	车型	销量（辆）
雅阁	108489	歌诗图	22325
飞度	84702	理念 S1	4547
锋范	45393	凌派	157207
奥德赛	34839	缤智	22558

（三）广汽丰田汽车有限公司

2014 年，广汽丰田乘用车销量 37.41 万辆。生产凯美瑞等 6 种车型，各车型销量如下表。

车型	销量（辆）	车型	销量（辆）
凯美瑞	144642	逸致	16896
汉兰达	84490	致炫	73298
凯美瑞 双擎	5669	雷凌	49112

（四）比亚迪汽车有限公司（深圳）

2014 年，比亚迪（深圳）乘用车销量 16.95 万辆。生产思锐等 8 种车型，各车型销量如下表。

车型	销量（辆）	车型	销量（辆）
思锐	7865	M6	6356
G6	8112	S6	98720
腾势	132	S7	6549
E6	3560	F0	38179

（五）广州汽车集团乘用车有限公司

2014 年，“广汽乘用车”乘用车销量 11.63 万辆。生产 GA5 等 5 种车型，各车型销量如下表。

车型	销量（辆）	车型	销量（辆）
GA5	3982	GA6	10
GS5	75300	GA5 REV	77
GA3	36944		

（六）五羊—本田摩托（广州）有限公司

2014 年，五羊—本田摩托车销量 106.23 万辆。按摩托车排量分，各车型销量如下表。

排量	销量（辆）	排量	销量（辆）
50ml	8500	125ml	548671
100ml	211864	150ml	143776
110ml	135703	电动	13774

（七）江门市大长江集团有限公司

2014 年，大长江摩托车销量 207.13 万辆。按摩托车排量分，各车型销量如下表。

排量	销量（辆）	排量	销量（辆）
50ml		125ml	1168420
100ml	160754	150ml	295420
110ml	428734	250ml	17985

（八）广州大运摩托车有限公司

2014 年，大运摩托车销量 98.78 万辆。按摩托车排量分，各车型销量如下表。

排量	销量（辆）	排量	销量（辆）
50ml	2799	125ml	208324
100ml	14466	150ml	520773
110ml	83999	250ml	157429

注：除说明外，数据来源广东省汽车行业协会

（供稿：广东省汽车行业协会）

2014 年广东省石油和化学工业发展情况

截至 2014 年底，广东省石油和化工行业规模以上企业 2327 家，比上年增加 78 家；资产总额 5829.86 亿元，同比增长 10.3%。全行业经济运行上半年平稳增长，下半年随着 6 月中旬开始的国际原油价格持续大幅度下跌逐渐萎缩。全年增速减缓，呈现疲态。主要产品产量有升有降，大部分升降幅度不大。进出口贸易总额基本持平。固定资产投资强势增长。行业规模在全国同行业、全省九大支柱产业均列第三位。

一、行业经济运行

按照全国同行业可比口径，主营业务收入、利润总额和利税总额三项经济指标上半年和全年累计及同比增降情况见下表 1。

表 1 2014 年广东省石油和化工行业主要经济指标表（国家口径）

分行业		主营业务收入		利润总额		利税总额	
		绝对值（亿元）	同比（%）	绝对值（亿元）	同比（%）	绝对值（亿元）	同比（%）
石油和天然气开采业	上半年	354.15	-3.4	133.27	-6.6	179.16	-4.7
	全年	650.49	-8.9	230.64	2.8	315.32	1.1
精炼石油产品的制造	上半年	1811.57	4.2	27.64	20.5	264.77	3.7
	全年	3298.24	-3.7	42.98	-40.0	498.69	-7.0
化学工业	上半年	2114.25	10.6	92.87	12.0	143.10	8.6
	全年	4778.71	6.2	215.07	-9.7	342.16	-6.6
专用设备制造业	上半年	22.89	39.5	1.38	44.6	2.26	75.5
	全年	54.82	14.1	4.04	27.1	5.41	25.6
合计	上半年	4302.86	6.7	255.16	2.3	589.29	2.3
	全年	8782.26	1.1	492.73	-4.3	1161.58	-4.7

主营业务收入　石油和天然气开采业、精炼石油产品的制造、化学工业、专用设备制造业各占行业全年总额的 7.4%、37.6%、54.4% 和 0.6%。比较精炼石油产品的制造和化学工业两个主要分行业，前者上半年同比增长 4.2%，此后随着油价持续走低，全年同比逆转为下降 3.7%；后者上半年同比增长 10.6%，油价暴跌拉低了与原油相关的化工原材料价格，导致全年同比增幅收窄为 6.2%。

利润总额　四个分行业各占行业全年总额的 46.8%、8.7%、43.7% 和 0.8%。其中，精炼石油产品的制造上半年同比增长 20.5%，全年同比逆转为下降 40.0%；化学工业上半年同比增长 12.0%，全年同比逆转为下降 9.7%。

利税总额　四个分行业各占行业全年总额的 27.1%、42.9%、29.5% 和 0.5%。其中，精炼石油产品的制造上半年同比增长 3.7%，全年同比逆转为下降 40.0%；化学工业上半年同比增长 12.0%，全年同比逆转为下降 9.7%。

三项经济指标在全国同行业的位置见下表 2。

根据全省工业可比口径，工业增加值、主营业务收入和利润总额三项指标见下表 3。

表 2 2014 年广东省石油和化工行业在全国的位置

分　行　业	主营业务收入		利润总额		利税总额	
	占比（%）	省际排名	占比（%）	省际排名	占比（%）	省际排名
石油和天然气开采业	4.8	9	7.2	6	5.3	6
精炼石油产品的制造	9.4	3	35.2	4	11.3	2
化学工业	5.5	4	5.0	5	4.9	4
专用设备制造业	1.3	15	1.3	16	1.2	17
合　　计	6.2	3	6.2	6	6.5	5

表 3 2014 年广东省石油和化工行业主要经济指标表（省口径）

行　　业	工业增加值			主营业务收入			利润总额		
	绝对值（亿元）	同比（%）	占全省（%）	绝对值（亿元）	同比（%）	占全省（%）	绝对值（亿元）	同比（%）	占全省（%）
石油和天然气开采业	593.60	-1.1	2.0	606.70	-10.3	0.5	222.04	2.9	3.3
石油加工和炼焦业	767.64	0.3	2.6	3315.90	-3.5	2.9	44.39	-38.5	0.7
化学原料及制品制造业	1370.61	8.8	4.7	5677.38	6.2	5.0	361.80	-4.9	5.5
橡胶制品业	122.36	6.2	0.4	476.68	7.6	0.4	19.15	0.0	0.3
合　　计	2854.21	4.1	9.7	10076.66	2.1	8.8	647.38	-5.8	9.8

二、主要产品产量

油品和化工品产量有升有降，大部分升降幅度不大。产量比上年增长的产品有天然气、盐酸、化肥、涂料、合成树脂、合成橡胶、橡胶轮胎外胎等，下降的有天然原油、纯苯、硫铁矿、合成纤维单体、合成纤维聚合物等。列入统计的产品中，产量居全国第一位的有乙烯、涂料、硫铁矿，分别占全国 14.1%、20.3%、18.6%；居全国第三位的有原油加工量、盐酸、合成树脂、合成橡胶，分别占全国 9.4%、8.3%、8.5%、15.0%。

表 4 2014 年广东省石油和化工行业主要产品产量表

产品	单位	产量	同比（%）	占全国比重（%）	省际排名
天然原油	万吨	1245.39	-3.6	5.9	6
天然气	亿立方米	83.66	11.2	6.8	4
原油加工量	万吨	4742.99	0.8	9.4	3
乙烯	万吨	239.74	0.6	14.1	1
纯苯	万吨	36.61	-5.9	5.0	9
硫酸（折 100%）	万吨	278.18	-1.7	3.1	14
盐酸（折 31%）	万吨	77.65	14.8	8.3	3
烧碱	万吨	32.72	1.0	1.0	20
离子膜碱	万吨	25.98	1.4	1.0	21
纯碱	万吨	60.17	-0.9	2.4	11
硫铁矿（折 S 35%）	万吨	323.28	-4.5	18.6	1
化肥（折纯）	万吨	57.50	27.3	0.8	21
涂料	万吨	333.99	6.9	20.3	1
合成树脂	万吨	594.16	5.3	8.5	3
合成橡胶	万吨	79.62	17.2	15.0	3
合成纤维单体	万吨	115.79	-18.5	5.1	6
合成纤维聚合物	万吨	103.22	-4.5	6.0	5
橡胶轮胎外胎	万条	5063.27	4.8	4.5	5
子午线外胎	万条	1337.70	1.0	2.1	10

三、进出口贸易

全年全省石油和化工行业进口贸易额 752.97 亿美元，出口贸易额 294.00 亿美元，分别下降 2.8% 和增长 6.7%，进出口贸易总额同比下降 0.3%。其中化工进口贸易额 370.62 亿美元，同比下降 0.6%；出口贸易额 229.10 亿美元，增长 11.5%。全国同行业省际排名广东进出口总额第一，进口额第一，出口额第二，进出口逆差第一。

剔除石油、天然气、炼油制品，就化学工业来说，进口额排前三位的地市为广州、深圳、东莞，分别为 93.8 亿美元、88.8 亿美元、63.5 亿美元，三市合计占全省化工进口额的 66.4%；出口额前三位是深圳、广州、东莞，分别为 63.1 亿美元、53.0 亿美元、32.7 亿美元，三市合计占全省化工出口额的 64.9%。

全省进口金额最大者为天然原油 283.11 亿美元。进口数量较大的有：天然原油 3826.20 万吨，对二甲苯 34.60 万吨，甲醇 150.79 万吨，氯化钾 125.40 万吨，合成树脂 1065.34 万吨，合成纤维单体 47.69 万吨等。

出口金额最大者为橡胶制品 125.88 亿美元。出口数量较大的有磷酸二铵 39.32 万吨，合成树脂 65.62 万吨，合成纤维聚合物 39.60 万吨，涂料、油墨、颜料等 29.34 万吨，表面活性剂 34.14 万吨等。

四、固定资产投资

全年计划投资 3183.24 亿元，实际完成 713.92 亿元，同比增长 40.7%，连续三年增速超过 30%。施工项目 856 个，新开工项目 514 个，竣工项目 560 个。

中国石化茂名分公司炼油改扩建工程全面投产。工程包括油品质量升级改造项目和配套项目，是中国石化重点工程，也是广东省新十大工程之一。油品质量升级改造项目于 2011 年 1 月 19 日正式开工建设，2013 年初建成投产。配套项目——国内单产能力最大的 20 万 Nm3/h 煤制氢装置 2014 年 1 月 23 日一次开车成功，标志着历时 3 年的炼油改扩建工程全面建成投产，茂名石化成为国内继镇海炼化、大连石化之后第三个年加工能力超过 2000 万吨的特大型炼油基地。

中海油乐金化工有限公司 ABS 一期工程投产。项目位于广东惠州大亚湾石化工业区，一期工程生产能力为 15 万吨 / 年 ABS（丙烯腈—丁二烯—苯乙烯树脂），能方便地采购原料，实现主要原料“隔墙供应”。工程总投资额达 25 亿元，在 2008 年启动，2014 年春投入生产，填补了华南地区的空白。

茂名石化成为华南地区最大的聚丙烯生产基地。2014 年 8 月 11 日，茂名石化 20 万吨 / 年 3 号聚丙烯装置建成中交，标志着茂名石化成为华南地区产能最大、质量最好、产品最齐的聚丙烯生产基地。装置投产后，茂名石化三套聚丙烯装置总设计产能将达 67 万吨 / 年，优化产能可达 80 万吨 / 年。

三大炼化工程项目建设稳步推进。中海油惠州炼化二期一体化项目基础设计全部完成，详细设计全面展开，陆续提交各主装置施工图纸；401 台长周期设备完成定标率 97.71%；27 套主装置有 24 套开始现场施工。中委合资广东石化重油加工工程项目全厂一级地管、道路、码头、生产辅助设施等前期开工单元进度稳步推进。中科合资广东炼化一体化项目建设用地平整基本完成。

茂名世界级异壬醇装置奠基。2014 年 1 月 24 日，中国石油化工股份有限公司与德国巴斯夫公司在广东省茂名高新技术产业开发区为双方合资的年产 18 万吨异壬醇装置建设工程举行奠基仪式。该装置为国内首个异壬醇生产装置，计划于 2015 年投产，隶属于双方以 50:50 比例建立的合资企业——茂名石化巴斯夫有限公司。

2014 年广东省轻工业发展情况

2014 年广东工业品实现出口交货值 33358.92 亿元，增长 5.7%；全省累计完成进出口 10767.3 亿美元，同比下降 1.4%。其中，出口 6462.2 亿美元，增长 1.5%，进口 4305.1 亿美元，下降 5.5%。规模以上工业实现主营业务收入 113827.77 亿元，比上年增长 8.1%；利润总额 6611.86 亿元，比上年增长 12.4%。

2014 年轻工业经济运行总体平稳，保持了稳中有进的发展态势，伴随着全国经济发展速度的总体放缓，轻工业主要经济指标增速有所放缓，下行压力进一步加大。

一、2014 年广东省轻工行业发展概况

2014 年广东省规模以上轻工企业 1.57 万个，占轻工行业规模以上企业总数的比重为 15.18%。完成主营业务收入 3.3 万亿元，占轻工行业主营业务总计的 15.08%，同比增长 10.05%；实现利润 1953.95 亿元，占轻工行业利润总额的 14.12%，同比增长 14.78%。

广东省主营业务收入比重前五的轻工行业为：家电、文体、塑料制品、农副食品加工、工艺美术行业。

其中：家电行业主营业务收入 5816.76 亿元（占 17.47%），增长 11.24%；文体行业 4243.18 亿元（占 12.74%），增长 13.09%；塑料制品行业 3939.1 亿元（占 11.83%），增长 7.31%；农副食品加工行业 2886.97 亿元（占 8.67%），增长 7.17%；工艺美术行业 2851.65 亿元（占 8.56%），增长 15.66%。

据海关统计口径数据，2014 年广东省轻工行业对外贸易总额 3136.45 亿美元，占轻工行业对外贸易总额的 40.83%，同比增长 14.64%。其中，出口额 2682.41 亿美元，占轻工出口总额的 43.59%，同比增长 11.03%。

工艺美术、皮革、家电、家具、照明行业出口额居广东省出口前五。

其中：工美出口额 443.18 亿美元（占 16.52%），同比增长 29.44%；皮革出口额 341.2 亿美元（占 12.72%），同比增长 4.04%；家电出口额 303.36 亿美元（占 11.31%），同比增长 3.67%；家具出口额 260.13 亿美元（占 9.7%），同比增长 2.64%；照明产品出口额 226.52 亿美元（占 8.44%），同比增长 19.37%。

二、广东省轻工业分行业完成工业增加值情况

2014 年，广东 3.98 万家规模以上工业企业完成工业增加值 29327.61 亿元，同比增加 8.4%。其中，轻工业完成增加值 11156.21 亿元，同比增长 7.4%。从轻工各行业情况看，工业增加值增长速度较快的行业有：燃气生产和供应业增长 18.5%，木材加工和木、竹、藤、棕、草制品业增长 15.4%，金属制品业增长 11.9%，文教、工美、体育和娱乐用品制造业增长 11.2%，造纸和纸制品业增长 10.2%，化学原料和化学制品制造业增长 8.8%，农副食品加工业增长 8.3%，家具制造业增长 8.2%；增长速度较低的行业有：石油加工、炼焦和核燃料加工业增长 0.3%，化学纤维制造业增长 0.2%。

表 1 2014 年 1 月 –12 月轻工业企业分行业（大分类）工业增加值汇总表

单位：万元

主要行业	本月	本月止累计	本月比上年同月增长(%)	累计比上年同期增长(%)
燃气生产和供应业	161660	1636464	33	18.5
木材加工和木、竹、藤、棕、草制品业	235110	1913943	12	15.4
金属制品业	1397536	12770875	12.6	11.9
文教、工美、体育和娱乐用品制造业	796120	7836279	12.4	11.2

（续上表）

主要行业	本月	本月止累计	本月比上年同月增长(%)	累计比上年同期增长(%)
造纸和纸制品业	432759	4472385	2	10.2
化学原料和化学制品制造业	1330134	13706113	7	8.8
农副食品加工业	680348	4961427	14.1	8.3
家具制造业	473663	4278399	6.7	8.2
电气机械和器材制造业	2593051	24622640	5.8	7.3
食品制造业	773350	7032331	10.5	6.7
印刷和记录媒介复制业	294254	2948892	2.6	6.6
烟草制品业	207235	3415978	36.1	6.3
皮革、毛皮、羽毛及其制品和制鞋业	646344	6434098	4.6	6.2
橡胶和塑料制品业	1132497	10828218	6.3	6.2
酒、饮料和精制茶制造业	217965	3078159	-12.7	5.4
纺织服装、服饰业	1043594	10625144	2.6	5.4
水的生产和供应业	105409	1316219	2.8	5.3
仪器仪表制造业	251067	2494266	2.8	5
纺织业	639646	6287889	3.8	4.1
石油加工、炼焦和核燃料加工业	577087	7676439	-4.5	0.3
化学纤维制造业	29814	309680	-0.2	0.2

三、广东省轻工业主要经济指标及主要产品产量

（一）广东省及全国部分省市主要经济指标和占全国比重情况（见表 2）

表 2 2014 年 1–12 月全国部分省市主要经济指标一览表

地区	地区生产总值（万亿元）	增长%	规模以上工业增加值（万亿元）	增长%	进出口总额（千亿美元）	增长%	出口总额（千亿美元）	增长%	进口总额（千亿美元）	增长%
全国	63.65	7.4	-	8.3	43.03	3.4	23.43	6.1	19.60	0.4
广东	6.78	7.8	2.93	8.4	10.77	-1.4	6.46	1.5	4.31	-5.5
山东	5.94	8.7	-	9.6	2.77	4	1.45	7.9	1.32	0
江苏	6.51	8.7	3.15	9.9	5.64	2.3	3.42	4	2.22	0
浙江	4.02	7.6	1.25	6.9	3.12	5.8	2.73	9.9	0.82	-6
上海	2.36	7	-	4.5	4.67	5.6	2.10	3	2.56	7.9

（二）广东省及全国部分省市轻工业主要经济指标和占全国比重情况（见表 3、表 4）

表 3 2014 年 1–12 月全国部分省市轻工业主要经济指标一览表 1

地区	规模以上轻工企业（万个）	占比%	主营业务收入（万亿元）	占比%	增长%	利润总额（亿元）	占比%	增长%
全国	10.37	-	22.1	-	8.72	13838.17	-	5.2
广东	1.57	15.18	3.3	15.08	10.05	1953.95	14.12	14.78
山东	1.14	10.98	3	13.63	9.95	1790.38	12.94	6.14
江苏	0.88	8.53	1.8	8.13	10.17	1196.33	8.64	8.08
浙江	1.17	11.29	1.35	6.12	1.49	744.41	5.38	3.31

表 4 2014 年 1–12 月全国部分省市轻工业主要经济指标一览表 2

地区	轻工业对外贸易总额（亿美元）	占比 %	增长 %	其中：出口额（亿美元）	占比 %	增长 %
全国	7681.73	–	–	6154.4	–	10.27
广东	3136.45	40.83	14.64	2682.4	43.59	11.03
山东	471.81	6.14	6.31	352.74	5.73	6.73
江苏	656.17	8.54	6.42	469.31	7.63	8.36
浙江	1113.68	14.5	9.58	1049.1	17.05	9.95

（三）广东省轻工主要产品产量及占全国比重情况

与全国产品总产量进行比较，我省轻工产品占全国产量 50% 以上的共有 10 种，分别是家用电风扇占 89.93%，电饭锅占 86.50%，微波炉占 84.82%，表占 78.52%，碱性蓄电池占 75.16%，不锈钢日用制品占 72.72%，家用燃气热水器占 72.57%，家用吸排油烟机占 69.14%，电冷热饮水机占 59.97%，家用燃气灶具占 55.07%。

表 5 2014 年 1–12 月全国与广东省主要产品产量对比表

产品	全国	广东	占比（%）
家用电风扇（台）	151149055	135927545	89.93%
电饭锅（个）	280286448	242434719	86.50%
微波炉（台）	77501305	65737980	84.82%
表（只）	182536562	143335230	78.52%
碱性蓄电池（只）（自然只）	803134661	603663172	75.16%
不锈钢日用制品（吨）	2150679	1563943	72.72%
家用燃气热水器（台）	14766561	10716086	72.57%
家用吸排油烟机（台）	29397337	20326533	69.14%
电冷热饮水机（台）	26248580	15740192	59.97%
家用燃气灶具（台）	35579340	19593716	55.07%
家用电热水器（台）	34296817	16623016	48.47%
原电池及原电池组（折 R20）（万只）	3844207	1672861	43.52%
灯具及照明装置套（台、个）	3089138338	1279208096	41.41%
锂离子电池（只）（自然只）	5286524877	2017121853	38.16%
房间空气调节器（台）	157169295	59237380	37.69%
钟（只）	145024167	52464216	36.18%
合成洗涤剂（吨）	12286839	4297827	34.98%
家用吸尘器（台）	87996506	25468746	28.94%
眼镜成镜（副）	602621684	165728416	27.50%
卫生陶瓷制品（件）	196198559	52658207	26.84%
合成洗衣粉（吨）	4682641	1195184	25.52%
家用电冰箱（台）	93370031	22939466	24.57%
日用塑料制品（吨）	5797477	1326351	22.88%
家具（件）	777856873	172596786	22.19%
木质家具（件）	263450121	56500802	21.45%
塑料加工专用设备（台）	358147	70190	19.60%
家用冷柜（家用冷冻箱）（台）	18006136	3389647	18.82%
金属家具（件）	375349987	69931321	18.63%
新闻纸（吨）	3585062	641851	17.90%
机制纸及纸板（吨）	117857200	20707383	17.57%
碳酸饮料类（汽水）（吨）	18106564	3059982	16.90%
糖果（吨）	3624064	605904	16.72%
皮革鞋靴（万双）	449880	73956	16.44%

（续上表）

产品	全国	广东	占比（%）
包装饮用水类（吨）	78161362	12434746	15.91%
软饮料（吨）	166768083	26466899	15.87%
纸制品（吨）	66348610	9669177	14.57%
电光源（万只）	3124367	419029	13.41%
塑料制品（吨）	73877808	9793254	13.26%
两轮脚踏自行车（辆）	62023683	7792135	12.56%
塑料薄膜（吨）	12617682	1584220	12.56%
家用洗衣机（台）	71143334	6908804	9.71%
纸浆（吨）	16456364	1559773	9.48%
未涂布印刷书写用纸（吨）	8085481	740223	9.15%
精制食用植物油（吨）	65341274	5896371	9.02%
啤酒（千升）	49218530	4332894	8.80%
成品糖（吨）	16600916	1379941	8.31%
箱纸板（吨）	10184703	798469	7.84%
日用玻璃制品（吨）	8243965	621700	7.54%
饮料酒（千升）	65439931	4549172	6.95%
皮革服装（万件）	8666	553	6.38%
方便面（吨）	10256366	516181	5.03%
果汁和蔬菜汁饮料类（吨）	23868037	1033251	4.33%
罐头（吨）	11718935	506325	4.32%
玻璃保温容器（万个）	40927	1716	4.19%
冷冻饮品（吨）	3085718	121096	3.92%
太阳能电池（千瓦）	47369023	1520300	3.21%
农用薄膜（吨）	2191706	65634	2.99%
玻璃包装容器（吨）	19754640	560112	2.84%
轻革（平方米）	593867362	15448715	2.60%
乳粉（吨）	1508457	32922	2.18%
乳制品（吨）	26518123	569983	2.15%
小麦粉（吨）	141160173	2723819	1.93%
液体乳（吨）	24001154	394420	1.64%
白酒（折 65 度商品量）（千升）	12571318	171316	1.36%
电动自行车（辆）	29042684	153706	0.53%
原盐（吨）	64339593	23451	0.04%

（供稿单位：广东省轻工业协会）

2014年广东省建筑材料行业发展情况

一、概况

2014年，广东省建材工业经济平稳增长，增速比去年有所放缓，经济运行的质量和效益保持向好。全省建材（未含安全与建筑用五金材料，下同）行业完成工业增加值1301亿元，同比增长11.4%；完成工业销售产值4819亿元，增长15.6%；在限额以上批发和零售业商品零售额中，建筑及装潢材料类增长17.3%，比上年增长减少26.6个百分点。

实现利润总额316亿元，增长16.5%，比上年增长减少27.5个百分点，高于全国建材行业及全省工业分行业平均水平。

受宏观经济影响，2014年广东建材主要产品产量增速有所放缓。广东水泥自身生产供不应求，在基础设施建设、重点工程项目拉动下，1～12月广东水泥熟料持续增长，增速比上年增加6个百分点；水泥产量稳定增长，但增速比上年减少4.3个百分点。陶瓷砖产量略有增长，增速比上年减少0.6个百分点；卫生陶瓷产量有所下降，增速比上年减少3.4个百分点；平板玻璃产量下降，增速比上年降低22.6个百分点。

全年主要建材产品出口额172.2亿美元，同比增长18.2%。其中，水泥出口0.5亿美元，增长22.2%；陶瓷砖出口60.2亿美元，增长0.6%；卫生陶瓷出口22.3亿美元，增长87.6%；平板玻璃出口7.6亿美元，增长86.2%。建筑卫生陶瓷出口额占整个建材产品出口额的47.9%。

二、节能减排、环保整治力度加强

由于环保部《陶瓷工业污染排放标准》实施，2014年广东各地区加大了按标准严格执法的力度，广东陶瓷行业感受到环保压力加强。虽然一些龙头企业纷纷投入大量资金进行环保整治，再加上环保部吸纳了陶瓷行业的一些意见进行标准指标的调整，部分骨干企业在年底前完成改造和整治的任务，进入初步达标运行的阶段。但是仍有相当一部分企业由于过去基础比较差，跟不上标准，面临着停产或者关闭的局面。陶瓷企业为了环保的达标运行，包括改用天然气等等，承受成本增加的压力。

三、能耗水平继续降低

2014年前三季度，全省非金属矿物制品业的综合能源消费量为1663.32万吨标准煤，增长4.3%，增速比工业增加值增速低8.6个百分点。行业能耗水平继续降低，主要产品单位能耗下降，每重量箱平板玻璃综合能耗为12.63千克标准煤/重量箱，下降1.8%。

四、水泥工业取得近三年最好的利润增长

2014年，广东省水泥工业完成销售收入556.6亿元，比上年增长17.7%。利润总额65.3亿元，增长60.4%。广东水泥利润的提升是得益于煤炭成本的持续下调。水泥行业2013年是广东省碳排放权交易试点行业，2014年开始全面实施，企业碳排放总额的3%须从市场购买。总的来看，全行业的生产成本要经受一定的冲击，企业购买碳排放权的投入将抵消部分利润。

五、玻璃工业经济效益普遍下滑

2014年，全省建筑与技术玻璃制造完成销售收入279.0亿元，比上年增长1.7%。利润总额11.2亿元，下降33.9%。由于房地产市场降温，玻璃需求受到影响，市场供大于求，玻璃价格持续走低，企业经济效益普遍下滑。

表 2014 年广东省建材工业主要产品产量

产品名称	计量单位	产品产量	增长率（%）
水泥	亿吨	1.47	12.8
水泥熟料	万吨	7745	9.9
其中：窑外分解窑水泥熟料	万吨	7423.4	11.3
平板玻璃	万重量箱	8189.2	-4.6
卫生陶瓷	万件	5265.8	-3.2
陶瓷砖	亿平方米	25.2	4.5
其中：瓷质砖	亿平方米	21.4	5.8
陶质砖	亿平方米	3.8	-2.3
水泥混凝土排水管	千米	177	11.6
水泥混凝土电杆	万根	109.6	24.1
预应力混凝土桩	万米	4144.7	7.3
商品混凝土	万立方米	6471.6	6.3
砖	亿块	102.5	39.5
天然大理石板材	万平方米	2166.4	29.9
天然花岗石板材	万平方米	837.5	34.5
中空玻璃	万平方米	423.5	-1.6
钢化玻璃	万平方米	2293.6	9.0
夹层玻璃	万平方米	2484.5	7.0
玻璃纤维纱	吨	108520.1	14.0
玻璃纤维增强塑料制品	吨	37143.2	24.4

六、陶瓷工业经济运行增速放缓

2014 年，广东省建筑卫生陶瓷行业完成销售收入 1561.4 亿元，比上年增长 10.9%，利润总额 94.7 亿元，增长 3.7%。

受房地产行业降温影响，终端市场不景气，陶瓷行业不少企业库存积压、业绩下滑；但总的来看，知名品牌企业相对平稳，中小企业受冲击相对较大。由于环保部《陶瓷工业污染排放标准》实施，2014 年广东各陶瓷产区地方政府加大了按标准严格执法的力度，相继发出限产令等，陶瓷企业感受到前所未有的环保压力，在有些产区，企业关停达到 20% 产能。大中型骨干企业纷纷投入巨资进行环保改造、环保治理，投资大幅增加。由于受到市场的冲击，又经受环保风暴的双重压力，广东陶瓷行业开始步入一个较困难的时期。在这样的情况下，一些知名品牌企业通过产品结构调整，加强新产品、特色产品的研发设计，提高产品附加值，寻找出路。比如说，新明珠等企业，尽管产量比去年下降了 3% ～ 5%，但通过加强管理降低生产成本，加快推广新产品、特色产品，企业的整体利润反而相应提高，全年实现两位数的利润增长。

七、国际展览助推转型升级

经过陶瓷行业人近十年的呼吁，提出打造一个国际化专业建筑卫生陶瓷博览会，以助推陶瓷产业转型升级与开拓国际市场的建议，得到了朱小丹省长的肯定和支持，在国家行业协会，省、市经信部门和中小企业部门的积极协调和支持下，该展览会获得了商务部批准，最终花落广州。首届“中国国际陶瓷产品展览会”于 2014 年 5 月 21 ～ 24 日在广州琶洲展馆成功举办，展会由中国建筑材料联合会、中国陶瓷工业协会、中国建筑卫生陶瓷协会、中国贸促会建材分会、广东陶瓷协会共同主办，东鹏等 30 多家龙头骨干企业合办。这个国家级行业第一展落户广州，对在广州打造一个国际化专业建筑卫生陶瓷博览会、助推我国特别是广东陶瓷产业转型升级与开拓国际市场、巩固广东作为中国陶瓷产业的中心地位、提升中国陶瓷品牌影响力及我国陶瓷企业的国际竞争力等有非常重要的意义。

（供稿单位：广东省建筑材料行业协会）

2014 年广东省服装产业发展情况

2014 年，广东服装产业发展态势基本与全国一致，整体处于发展复杂期，生产要素成本不断上涨已成为服装企业需要不断消化的持续压力，新商业模式不断呈现的同时，也有不少竞争力弱、缺乏创新的经济体瓦解。基于对全省服装产业集群和企业的调研，结合国家统计局行业数据，对全省服装行业经济运行情况分析如下。

一、生产情况：显著上升

根据国家统计局统计显示：2014 年 1 ～ 12 月，广东省规模以上服装企业累计完成服装产量 63.65 亿件，占全国总量的 21.27%，同比增长 5.49%。其中针织服装 35.54 亿件，梭织服装 28.11 亿件，与 2013 年同期相比分别增长 10.57% 和减少 0.3%。

2014 年 1 ～ 12 月份广东规模以上企业完成服装产量情况

类别	2014 年 1 ～ 12 月产量（亿件）	2014 年 1 ～ 8 月同比增幅（%）
服装	63.65	6.82
其中：针织服装	35.54	10.57
梭织服装	28.11	-0.30
西服套装	0.26	5.95
衬衫	1.62	1.57
羽绒服装	0.12	-2.98

2014 年，我省服装生产仍然保持全国第一服装生产大省的位置，与居第二位的江苏省（产量 46.29 亿件）保持一定的总量优势，增幅高于全国服装生产总量平均增幅（1.61%）。广东主要服装品类中西服套装自前两年二位数降幅后开始止跌回升。

如下图，近三年 1 ～ 12 月广东服装规模以上企业单月产量变化趋势分析可见，今年广东服装自 3 月份起单月产值大幅高于前两年，整体上回升趋势明显。历年数据显示，2011 年 8 月份开始广东服装产量未再出现二位数的增幅，一直维持个位数增长或者负增长，2014 年总体呈回暖趋势。

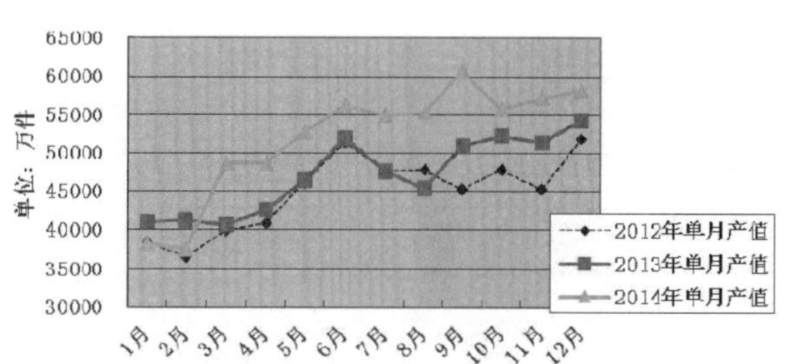

广东服装规模以上企业单月产量变化趋势图（近三年比较）

二、进出口情况

（一）进口情况：增幅显著

自 2012 年年底国家出台《关于加强进口促进对外贸易平衡发展的指导意见》以来，我国进口总体呈现回升态势，2014 年全国进口服装及衣着附件累计 66.29 亿美元，上升 19.25，对经济结构调整起到了一定促进作用。在这样的背景下，今年广东进口服装及衣着附件累计 9.97 亿美元，同比增长 33.06%，次于上海，居全国第二，占全国服装进口总额的 14.39%。

由下图近三年 1 ～ 12 月份广东服装月度出口额走势比较分析，可见今年在去年下降走势的基础上，总体较前两年呈现明显上升趋势。

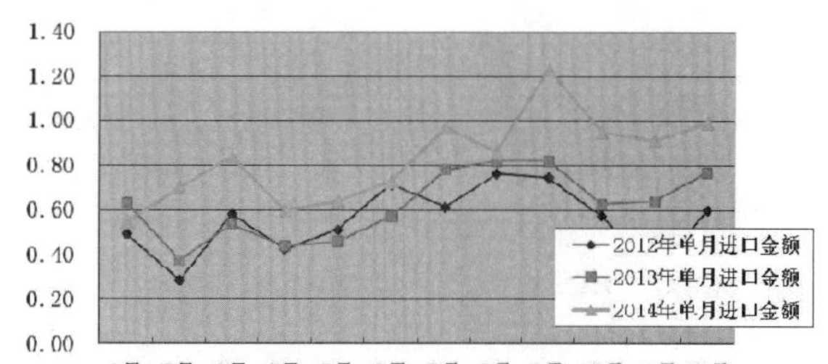

广东服装单月进口金额走势图（近三年比较）

（二）出口情况：探底回升

今年我国服装出口经历了由弱到稳的过程，至二季度逐月回暖，其中发达市场、特别是欧盟市场需求回暖是稳定我国服装出口的重要因素；而新兴市场由于自身经济因素，需求减弱，我国服装对其出口增速下降明显，服装出口整体偏低。广东服装出口与全国形势基本一致。2014 年，广东省出口服装及衣着附件 366.32 亿美元，同比增长 9.99%，增幅高于全国（5.38%）。服装出口占广东纺织品服装外贸出口总额的 73.40%。

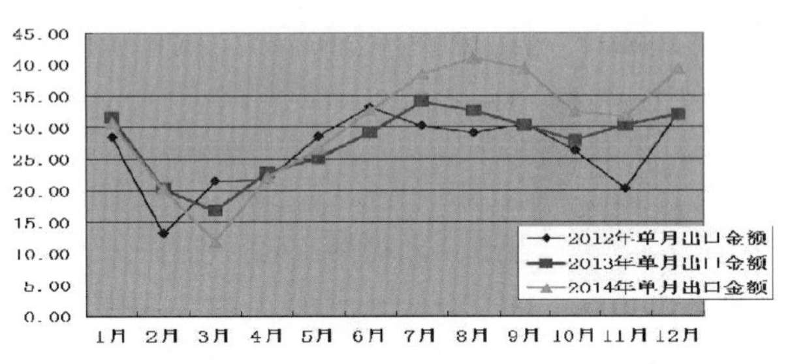

近三年广东服装月度出口额走势图

由近三年 1 ～ 12 月份广东服装月度出口额走势比较分析，可见今年出口呈现 V 字形，在 3 月出现谷底后又开始上升，总体上维持弱增长趋势。调研显示，为数众多的中小服装企业由于抗风险和自我调整能力均较差，在需求较疲弱、生产要素成本上升的情况下，订单有明显流失现象。

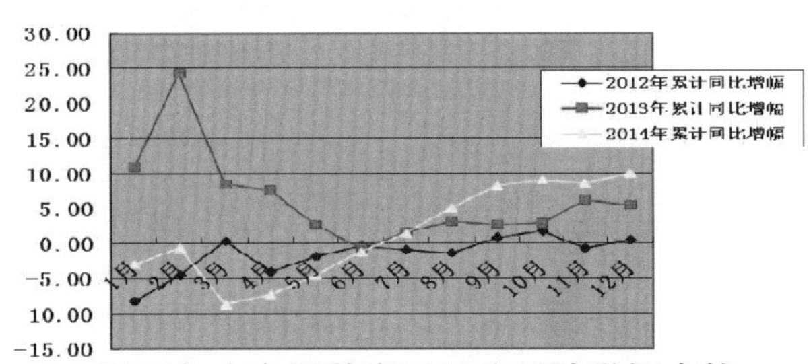

近三年广东服装出口月度累计增幅走势

如上图，2014 年广东服装出口总额占全国 19.50%，近三年全国占比呈现上升趋势。

三、投资情况：全国排名上升

据国家统计局统计，2014 年，广东纺织服装行业实际完成投资 588.0 亿元，比去年同期增加 16.00%，占全国 5.67％。本年施工项目数 1375 个，新开工项目数 1081 个，竣工项目 1110 个。

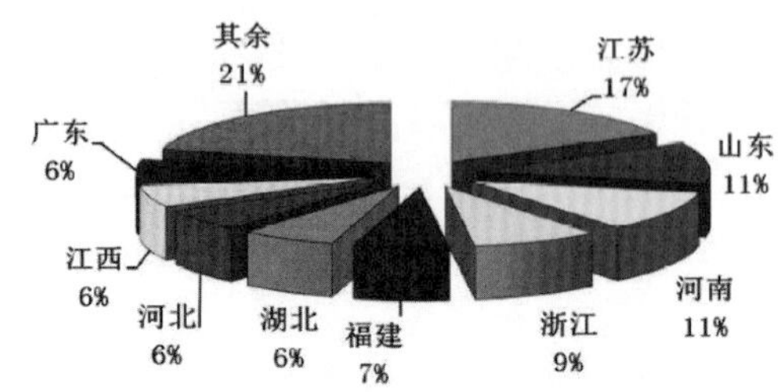

2014 年全国各省市服装固定资产投资分布情况

江苏、山东、河南、浙江、福建等省份投资相当活跃，居前五。与其他几个服装大省相比，广东纺织服装固定资产有所居后，近三年全国排名一直维持在第十位左右，但投资总额一直在保持二位数增长，说明广东服装产业固定资产投资在逐步恢复增长，且本年度排名有所上升，由第 10 位上升到第 9 位。

（资料来源：广东省服装服饰行业协会）

2014 年广东省电子信息产业发展情况

2014 年，广东省规模以上电子信息制造业销售产、销售产值继续居全国首位。

一、行业发展概况

2014 年，广东省电子信息产品制造业以重大项目、重要平台、骨干企业和关键技术为抓手，重点发展平板显示、集成电路芯片和电子信息新兴业态，生产较快增长，效益规模提升，结构调整加快，生产及产品进出口增加，在全省工业经济中仍然保持领先地位。

【经济效益】全年全省有规模以上电子信息产品制造企业 4671 家，年末从业人员 339.72 万人。实现销售产值 2.97 万亿元，比上年增长 8.1%，占全国行业销售产值 28.6%，继续居全国首位。工业增加值 6561.30亿元，增长11.7%。主营业务收入2.86万亿元，增长 7.4%，占全国行业主营业务收入 27.8%。利润 1242.81 亿元，增长 18.8%，居省内 40 个行业大类利润首位，占全国行业利润 24.6%；税收总额 595.97 亿元，增长 11.1%，占全国行业税收 29.5%。

【产品产量】在统计监控的 21 种主要产品中，产量比上年增长的有 11 种，其中光电子器件、发光二极管（LED）、液晶显示屏等高新技术产品增幅较大，分别为 32.1%、55.6% 和 43.8%。产量下降的有 10 种，降幅在 1.3% ～ 45.3% 之间，其中降幅较大的消费类电子产品类别是半导体存储器播放器（含 MP3、MP4）、等离子（PDP）电视机、电话单机、笔记本计算机、彩电类中显像管彩色（CRT）电视机，分别下降 45.3%、53.8%、11.5%、7%、32.1%，主要是受产品升级换代调整影响，对行业经济总量影响不大。

【进出口贸易】据工业和信息化部数据，2014 年广东省规模以上电子信息制造业出口交货值 17297.3 亿元，增长 4.2%，占全国行业出口交货值 33.3%，居全国第一位。

【固定资产投资】2014 年，广东省电子信息产业固定资产投资完成 889.8 亿元，投资增速回升至 10% 以上，排在江苏、河南之后，居全国第三位。

【重点企业】2014 年，华为、中兴、TCL、比亚迪、创维、康佳、宇龙计算机、德赛集团、华强集团、广州无线电集团、深圳欧菲光、深圳普联、侨兴集团、深圳兆驰、神舟电脑、深圳共进电子、天马微电子、深圳康冠、汕头超声等 19 家企业入选 2014 年（第 28 届）电子信息百强企业名单，比上年减少 3 家；其中华为、中兴、TCL 位居前十名，华为以年收入 2371 亿元连续 8 年蝉联百强榜首；深圳市有 14 家企业入选。瑞声科技、生益科技、潮州三环、立讯精密、中山大洋、东洋广铝等 34 家广东企业入选 2014 年（第 27 届）中国电子元件百强企业，占该年度百强企业主营业务收入 24.1%，深圳市有 17 家企业入选。华为、中兴、广电运通等 14 家企业入选 2014 年中国软件业百强企业，其中华为、中兴稳居全国软件业第一名和第二名。全年全省电子信息制造业新认定广东省著名商标 38 件，延续认定广东省著名商标 74 件。

二、科技创新能力增强

2014 年，惠州市德赛集团有限公司、海能达通信股份有限公司被新认定为国家技术创新示范企业，广州飞达音响专业器材有限公司的“广东省数字声频工程技术研究中心”等 70 个研究中心被新认定为电子信息类省级工程技术研究开发中心。广东省计算机集成制造重点实验室（广东工业大学）等 4 家重点实验室考评为优秀、广东省显示材料与技术重点实验室（中山大学）等 4 家重点实验室考评为良好、广东省数字信号与图像处理技术重点实验室（汕头大学）等 7 家重点实验室考评为合格、广东省电子商务市场应用技术重点实验室（广东财经大学）被摘牌处理。

研祥智能科技股份有限公司的“特种计算机关键技术研发与产业化”等 4 个项目获广东省科学技术一等奖；华南理工大学的“大公路 LED 照明散热冷却技术”等 16 个项目获广东省科学技术二等奖；中兴通讯股份有限公司的“新一代 T 级别分组传送技术及其应用”等 19 个项目获广东省科学技术三等奖。全年全省电子信息产业专利申请数量及授权数量仍居国内外同行业前列。世界知识产权组织（WIPO）发布报告显示，华为以 3442 件的申请数成为 2014 年申请国际专利最多的公司，首次进入全球创新机构百强；中兴通讯申请数 2179 件，居第三位。2014 年，全国（不含港澳台）发明专利授权量排名前十位的广东省内企业依次为：华为技术有限公司（2409 件）、中兴通讯股份有限公司（2218 件）、鸿富锦精密工业（深圳）有限公司（524 件）、海洋王照明科技股份有限公司（516 件）、深圳市华星光电技术有限公司（362 件）。华为技术有限公司的“远端串扰抵消方法、装置及信号发送装置和信号处理系统”专利和中兴通讯股份有限公司的“一种单模业务连续性实现方法及单模业务连续性系统”专利分别获 2014 年第十届中国专利金奖。广东志成冠军集团有限公司的“一种多制式 UPS 电源及其实现方法”、深圳创维 -RGB 电子有限公司的“采用机顶盒适配器实现的数字电视一体机及其方法”以及华为、中兴公司等广东省 24 项专利获第十六届中国专利优秀奖。

三、重点企业经营良好

2014 年，广东省电子信息产品制造业骨干企业经营良好，年收入、利润及研发投入均实现增长。

【华为年收入及利润均为历史新高】据华为 2014 年度财务年报显示，全年全公司实现全球销售收入 2882 亿元人民币，比上年增长 20.6%；净利润 279 亿元人民币，增长 32.7%，连续 3 年增速超过 30%。聚焦管道战略、简化管理、提升运营效率是其收入和利润实现有效增长的主要原因。华为收入主要来自三大板块，其中运营商业务收入 1921 亿元，增长 16.4%；企业业务收入 194 亿元，增长 27.3%；消费者业务收入 751 亿元，增长 32.6%，主要得益于消费者智能手机需求的增长。从区域看，华为中国市场收入 1089 亿元，欧洲市场收入 1010 亿元，美洲市场收入 308.5 亿元，亚太市场收入 424 亿元。全年全公司研发投入 408.45 亿元，占收入 14.2%；研发人员数 7.6 万人，占公司总人数 45%。

【TCL 集团营业收入突破千亿元】2014 年，TCL 集团实现营业收入 1010.29 亿元，增长 18.4%。其中，销售收入 975.56 亿元，增长 16.5%；利润总额 50.59 亿元，增长 39.4%；净利润 42.33 亿元，增长 46.7%，其中归属上市公司股东净利润 31.83 亿元，增长 50.9%。TCL 集团盈利大幅增长的主要原因有：电视液晶面板市场供需趋于平衡，部分尺寸产品价格持续上涨；华星光电产能继续提升，产销量均保持增长；华星光电产能稼动率和产品综合良率及主要营运和财务指标继续保持行业领先水平，实现净利润 24.34 亿元，增长 7.6%。TCL 通讯科技智能手机产品销量快速增长，销售均价和盈利能力均有提升，实现净利润 8.64 亿元，增加 2.41 倍。持续推进全球化战略，实现海外销售收入 454.62 亿元，增长 28.5%，占集团总体销售收入 46.6%，是 2014 年度集团业务增长的主要动力。TCL 集团持续加大技术研发投入，年度研发总投入 30.70 亿元。至年底，TCL 集团累计开发新产品 4350 余项；累计申请专利 14275 项，其中发明专利占 69%；累计授权专利 7161 项。

【中兴净利润大增，营业利润扭亏】据中兴通讯 2014 年度业绩快报数据显示，2014 年中兴通讯营业收入 812.42 亿元，增长 8.0%；较上年增长 7.99%，营业利润 1.04 亿元，同比扭亏；利润总额为 36.29 亿元，同比增长 98.54%。归属于上市公司股东的净利润为 26.36 亿元，较上年增长 94.17%。2014 年，中兴研发费用达到 90 亿元人民币，比上年增加 22%，占中兴集团归属于上市公司股东的净资产及营业收入的比例分别为 36.21% 与 11.06%。

中兴方面表示，营收增长主要是由于国内的 TD-LTE 系统设备、FDD—LTE 系统设备以及国家 4G 手机、3G 手机收入均有增长所致。此外，集团加强了财务费用管控，充分运用有息负债结构管理降低利息支出，并通过多种形式综合管理外汇敞口，减少了汇率波动影响，综合财务费用有较大幅度下降。

据中兴通讯此前预计，2014 年全年盈利 25 至 28 亿元，同比增长 84.14% ～ 106.24%，2014 年度营业收入较上年有较好的增长。数据表明，中兴通讯的业绩符合之前预计。

（供稿单位：广东省电子行业协会）

2014 年广东省现代服务业发展情况

现代服务业是伴随着信息技术和知识经济的发展而产生的，用现代化的新技术、新业态和新服务方式改造传统服务业，创造需求和引导消费，向社会提供高附加值、高层次、知识型的生产服务和生活服务的服务业。高端服务业是现代服务业的核心，发展高端服务业对我省国民经济具有重要影响意义。

改革开放以来，我省产业化步伐明显加快，一些产业已经融入到了全球产业链，在全球经济发展中起到了不可或缺的作用。但是总体上来看，我省产业偏重生产制造环节，在全球产业链分工体系中仍然处于中低端，我省工业大而不强，主要差距差就在生产性服务业上，要实现我省工业由大到强的转变就是要切实推动生产性服务业加快发展，补齐生产性服务业这块短板。对比北京、上海等省市已经形成了以服务经济为主的产业结构，广东在产业高端化的发展中还是有一定的差距。

2014 年，广东实现地区生产总值（GDP）67792.24 亿元，按可比价格计算，同比增长 7.8%，高出全国 0.4 个百分点。其中，广东服务业增加值占 GDP 的比重为 49.1%，已经全面超越第二产业占 GDP 的比重 46.2% 的水平；现代服务业增长 8.3%，现代服务业的增长尤为突出。

一、广东现代服务业发展提升情况

（一）政府重视。省政府已经先后出台《广东省服务业发展“十二五”规划》和《关于进一步促进服务业投资发展的若干意见》等相关文件，各级地市政府也出台了一系列相应的扶持服务业发展的政策措施。目前，我省已经明确了今后的战略定位和主要任务，即建设世界现代服务业基地和优先发展现代服务业，重点推动金融业、会展业、物流业、信息服务业、科技服务业、商务服务业、外包服务业、文化创意产业、总部经济和旅游业等十大行业发展。

（二）制造业基层厚实。我省是我国经济最发达的地区之一，经济总量连续十多年位居全国榜首，特别是在区域发展、产业集群升级、产业转移等方面取得了良好的经济效益和社会效益。我省厚实的制造业发展，为服务业尤其是现代服务业发展提供了坚实的发展基础和良好的发展条件。

（三）快速发展，结构趋优。我省服务业总体规模多年来稳居国内首位。从服务业内部结构看，物流服务、电子商务、信息服务、科技服务、金融服务、商务服务、房地产等现代服务业比重有所提升。以广州为例，现代服务业对经济增长的贡献率达 60% 以上，现代服务业已成为广州市的主导产业。

（四）投入加大，后劲增强。我省服务业固定资产投资连年保持较高的投资率。大大增强了服务业的发展后劲。承接国际服务外包成服务业吸收外资新热点，并呈现以软件和信息技术外包为主、以跨国公司投资为主、以园区集中发展为主的发展势头。广州、深圳入选中国服务外包基地城市。承接香港服务业转移、粤港联合开拓欧美服务外包市场，成为我省服务外包产业的一大特色。

（五）就业增多，利益民生。目前服务业已经成为我省吸纳新增就业的主渠道。由于服务业的发展，大大缓解了就业压力，提高了居民收入水平。从服务业就业结构看，虽然传统服务业是吸纳就业的主渠道，但现代服务业吸纳就业比例呈上升态势，如金融业、物流、电子商务、信息服务业近几年大幅增长。

（六）公共服务发展提速。在政府扩大内需、促进经济增长的宏观政策背景下，公共服务与社会事业发展得到更大力度推进，使非营利性服务业增长速度加快，达到 16% 以上，远高于其他服务行业增长，成为拉动服务业增长的重要力量。

二、广东现代服务业高端化发展面临的主要问题

（一）思想守旧，创新不够。一是由于对长期国有垄断的公共服务领域、文化传播行业、基础设施产业、经济命脉部门等服务业开放力度不够，把教育、卫生、文化、体育、公共服务等都简单看成是社会福利事业，政府包揽太多而力不从心，但市场、企业、民众等社会资源虽然丰富却无用武之地。二是由于“无

工不富”的惯性思维，人们自觉不自觉地认为服务业是不创造新价值的非生产部门，长期存在未能像建造世界级制造业基地一样放开手脚发展世界级现代服务业。三是由于没有以国际化的视野正确认识现代产业链理论，用“没有一、二产业的发达，就没有服务业的繁荣”的惯性思维确定“小而全、大而全”的发展思路和工作重心，未能像工业品“卖”向世界一样“卖”服务业。

（二）增速偏慢，水平不高。横向对比看，江苏、浙江、山东与我省比要快、我省服务业总体水平还不高。传统服务业仍占主导地位且升级改造的步子不快。会展、软件与信息服务、商务服务、证券、咨询、科技服务等知识密集型、技术密集型的现代服务业发展不充分，较之上海、北京仍有较大差距，与国外先进城市比差距更大。科研、教育、策划、设计、管理、融资、商贸、网络等高级专业人才短缺。拥有核心自主知识产权的产品和服务不多，且没有形成具有国际竞争力的产业优势，在国际有影响力的大集团、大公司更少。

（三）发展失衡，布局不均。占全省土地面积不及 1/4 的珠三角提供了全省服务业增加值的 80% 以上，服务业在地区间发展的不平衡程度有扩大趋势。全省现代服务业主要集中在广州、深圳两个市，但两市的金融业、科学研究和技术服务业、卫生和社会保障福利业发展滞后，与中心城市的地位不相称。其他珠三角地区虽然在租赁、商务、房地产方面比较发达，但金融业、科学研究技术服务业却相对落后，与这些地区经济发展所处阶段不相适应。东西两翼、山区的金融、科学研究、技术服务、物流、商务、文化娱乐业发展乏力。

（四）改革滞后，竞争不足。目前服务业中的关键行业如金融、科研、教育、卫生、文化、传媒、电信、民航、铁路、公路、港口等，大多属于各级政府的企事业单位，属于长期处于国有垄断状态，市场化程度很低，竞争机制缺失。许多行业市场准入条件仍然过高，非公有制企业真正进入这些领域比较困难。一些行业仍然存在多头管理、交叉管理等现象，信息服务业的管理包括信息产业、文化传播、公安、新闻出版、知识产权等部门，企业难以适从。

（五）服务业人才短缺。随着我省企业加快转型升级和服务业加速发展，重点服务行业面临大量的人才短缺。主要原因是广东的人才引进政策发展滞后。相关人才的落户、子女入托上学、个人所得税补贴等配套措施没有落实到位，对高级人才缺乏吸引力。由于企业发展所急需的专业人才行业（比如，新兴的电子商务、金融、科技服务、软件等行业）特点和职业特点与传统产业专业人才的要求有很大区别，很多相关人员没有职称或暂时达不到要求，无法享受我省现有人才政策扶持。

（六）新型服务业企业融资困难。大部分服务业企业属于轻资产公司，很难从银行进行抵押贷款。特别是高速发展中的电子商务公司对资金需求量大，发展速度快。在发展过程中融资困难，在激烈的市场竞争中处于劣势。

（七）成本大幅增长。人力成本、能源成本、办公物业租金等变动成本大幅增长，给企业发展带来很大压力。

（供稿单位：广东省现代服务业联合会）

2014 年广东省物流业发展情况

一、2014 年广东省物流业运行主要指标

2014 年，广东省物流总体保持平稳较快增长态势。

（一）社会物流总额持续增长。2014 年广东省社会物流总额 170153.98 亿元，同比增长 9.63%，增幅较上年同期回落 4.3 个百分点。港口完成货物吞吐量 149351 万吨，比上年增长 10.1%，其中，外贸货物吞吐量 49603 万吨，增长 4.6%。港口集装箱吞吐量 4932.57 万标准箱，增长 4.0%。

（二）社会物流总费用占 GDP 的比率稍有上涨。2014 年广东省社会物流总费用约为 10193.53 亿元，同比增长 7.05%，增幅比上年同期回落 1.6 个百分点。其中，运输费用 5718.57 亿元，占社会物流总费用的比重为 56.1%；保管费用 2925.54 亿元，占社会物流总费用的比重为 28.7%；管理费用 1549.41 亿元，占社会物流总费用的比重为 15.2%。2014 年，物流业增加值平稳增长，广东省物流业增加值为 4601.75 亿元左右。

二、2014 年各种运输方式完成货物运输量及其增长速度

仓储和邮政业实现增加值 2663.11 亿元，比上年增长 9.7%。货物运输总量 357448 万吨，增长 8.9%。货物运输周转量 14994.06 亿吨公里，增长 22.7%。

指 标	单位	绝对数	比上年增长（%）
货物运输总量	万吨	357448	8.9
铁路	万吨	11159	-7.3
公路	万吨	260882	8.9
水路	万吨	77175	12.1
民航	万吨	144	9.9
管道	万吨	8087	5.7
货物运输周转量	亿吨公里	14994.06	22.7
铁路	亿吨公里	274.77	-8.9
公路	亿吨公里	3129.37	17.0
水路	亿吨公里	11365.60	25.9
民航	亿吨公里	50.96	15.3
管道	亿吨公里	173.36	2.0

2014 年全省规模以上港口完成货物吞吐量 156370 万吨，比上年增长 4.7%。其中，外贸货物吞吐量 50896 万吨，增长 2.6%；内贸货物吞吐量 105474 万吨，增长 5.7%。港口集装箱吞吐量 5292.43 万标准箱，增长 7.3%。

2014 年年末公路通车里程 21.21 万公里，其中，高速公路里程 6280 公里，比上年末增长 10.1%。年末全省民用汽车保有量 1328.44 万辆，比上年末增长 12.8%，其中，私人汽车 1150.78 万辆，增长 15.7%。民用轿车保有量 1100.71 万辆，增长 16.3%，其中，私人轿车 1013.06 万辆，增长 18.3%。

三、2014 年各种运输方式完成旅客运输量及其增长速度

全年旅客运输总量 192587 万人，增长 10.0%。旅客运输周转量 3969.58 亿人公里，增长 12.2%。

指 标	单位	绝对数	比上年增长（%）
旅客运输总量	万人	192587	10.0
铁路	万人	23020	12.5
公路	万人	157235	9.6
水路	万人	2562	18.8
民航	万人	9771	8.6
旅客运输周转量	亿人公里	3969.58	12.2
铁路	亿人公里	673.31	19.0
公路	亿人公里	1629.79	11.4
水路	亿人公里	10.47	25.0
民航	亿人公里	1656.01	10.4

2014年口岸入境旅游人数9986.28万人次，比上年下降1.2%。其中，外国人673.30万人次，下降9.8%；香港、澳门和台湾同胞9312.98万人次，下降0.6%。在入境人数中，过夜旅游者3360.55万人次，下降1.1%。国际旅游外汇收入171.06亿美元，增长5.1%。国内游客达 6.58亿人次，增长10.4%，其中，过夜旅游者2.93亿人次，增长9.4%；国内旅游收入8220亿元，增长13.2%。

四、2014年广东省港口群集装箱吞吐量位居全国第一

2014年我省港口完成集装箱吞吐量首次突破5000万标箱，达到5293万TEU，比2013年增加386万TEU，同比增长7.3%，位居全国第一。其中，沿海港口完成4740万TEU，同比增长7.3%；内河港口完成553万标箱，同比增长7.8%。全省有8个港口的集装箱吞吐量超过100万TEU，其中深圳港完成2396万TEU，广州港完成1660万TEU，分列全球集装箱码头第三位和第八位。

2014年我省外贸同比下降2.5%，但GDP增长7.8%，总量仍排在全国第一，反映出我省内贸仍保持较好的增长，全省港口生产情况也与此吻合。全省规模以上港口完成货物吞吐量同比增长4.59%，其中内贸货物吞吐量同比增长5.43%，增幅约高出外贸货物吞吐量比增2.55%的一倍。

目前，我省沿海港口开通国际航线320多条，国内航线150多条，台湾航线50多条，通达全球100多个国家和地区的200多个港口。全省沿海港口共开通内陆无水港4个。

集装箱吞吐量增幅超过10%的沿海港口有虎门港、珠海港、湛江港、江门港、惠州港、茂名港等6个。其中，虎门港发挥地处珠三角中心的地理优势，积极拓展南北内贸航线，沿海港区全年完成集装箱吞吐量239万TEU，同比增长50.4%。珠海港全年集装箱吞吐量完成117万TEU，同比增长34.1%。湛江港全年集装箱吞吐量完成57.84万TEU，同比增长30.8%。其他沿海港区如江门沿海港区、惠州沿海港区积极拓展与深圳、香港、广州等大港的支线运输业务，集装箱吞吐量分别同比增长40.5%和43.5%。

内河港口中，佛山港完成集装箱吞吐量288万TEU，同比增长5.8%；肇庆港完成73万TEU，同比增长5.2%；江门港内河港区完成63万TEU，同比增长12.8%；中山港内河港区完成52万TEU，同比增长1.7%；虎门港内河港区完成47万TEU，同比增长18.7%；广州内河港区完成24万TEU，同比增长22.8%。

（供稿单位：广东省物流行业协会）

2014年广东省煤炭运行情况

在煤炭市场需求不旺、产能建设超前、进口规模依然较大等多重因素影响下，2014年煤炭市场供大于求矛盾突出，库存增加，价格下滑，效益下降，企业经营压力加大。随着国家煤炭行业脱困政策措施实施，市场出现了一些积极变化，但整个行业运行形势依然严峻。

2014年全省共调运煤炭19343万吨，同比增长0.3%；调出1165万吨，同比增长1.3%；综合调入、调出、库存等因素，全省煤炭消耗量约17945万吨，同比减少1.2%；电煤消耗10940万吨，同比减少2.5%。从调运方式看，海运调入18343万吨，同比增长2.5%；铁路调入480万吨，同比减少26.2%；公路调入320万吨，同比减少23.8%；内河调入200万吨，同比减少39.4%。调入电煤11114万吨，同比减少0.4%。2014年我省统调火电机组平均利用小时为4462小时，较2013年同期减少331小时，其中煤机4750小时，较2013年同期大幅减少440小时。

一、煤炭价格

2014年，国内煤炭新增产能进入释放期，国际煤炭价格持续低位运行，煤炭需求疲弱。针对煤炭供应过剩，煤炭价格持续大幅下行，煤炭行业出现大面积亏损的现状，7月份，国家发展改革委会同相关部门启动了煤炭生产企业脱困计划，神华、中煤、同煤等大型煤炭生产企业纷纷出台了减产保价措施，电力企业控制并减少煤炭进口。8月份，煤炭价格止住了持续了近3个月的下行趋势，逐渐企稳运行。9月份，煤炭价格持续小幅反弹，截至12月31日，秦皇岛港5500大卡/千克动力煤市场指导价为520～530元/吨，广州港同质煤炭市场价为580～590元/吨，较8月底回升了30～50元/吨。但煤炭供需宽松型平衡的态势没有改变，尤其是10月份后煤炭需求疲软乏力，沿海地区港口和电厂库存持续保持在历史高位，煤炭价格上涨缺乏内在动力。2014年，广州港5500大卡/千克动力煤市场指导价均价为605元/吨，较2013年均价同比下降12.7%。

二、煤炭库存

2014年，全省煤炭供应呈现宽松型平衡，全社会煤炭库存始终保持在较高水平。截至12月31日，全社会煤炭库存约1700万吨（当期全省煤炭合理库存为1250万吨）。其中38家主力燃煤电厂库存760万吨（按照目前耗煤31万吨/天计算，可用25天），广州港煤炭库存263万吨。

三、水路运输

省内主要航运企业包括中海散货、中散集团、广东海运、中远发展、广州发展、粤电航运等15家企业2014年广东方向煤炭总运量是12382.6万吨，比2013年增长0.29%。其中内贸总运量是10663.6万吨，较2013年增长6.29%；外贸总运量是1719万吨，较2013年减少18.89%。

运力方面，省内主要航运企业的运力情况跟2013年持平，没有太大变化。

四、港口运输

2014年省内各主要港口包括广州港、湛江港、海昌港、珠海港等几大港口的煤炭总接卸量是9457.8万吨，比2013年减少1.87%，其中内贸煤接卸量是6428.8万吨，较2013年增长8.4%，外贸煤接卸量为3029万吨，较2013年减少18.26%。外贸煤进口国以印尼为主，占总外贸的70.85%；其次是澳洲，占20.78%。

五、进口煤情况

2014年全年经广东口岸进口煤6187.3万吨，比2013年同期（下同）减少7.4%；价值256.3亿元，下降16.3%。全部以一般贸易方式进口。受市场因素影响，自2014年5月经广东口岸煤进口量减至

369.4 万吨的年内最小值后，进口量波动小幅上扬，10 月、11 月、12 月进口量均重迈 500 万吨台阶，但 12 月份进口量同比降幅加深、环比小幅下降，12 月单月进口 517.6 万吨，减少 31.1%，环比减少 0.9%。

六、2014 年全年广东省煤炭进口的主要特点

（一）超 7 成自东盟进口且减少，自澳大利亚进口增加。2014 年全年，经广东口岸自东盟进口煤 4405 万吨，减少 11.2%，占同期经广东口岸进口煤总量的 71.2%；其中，自印度尼西亚进口 3854.8 万吨，减少 8.6%，自越南进口 368.8 万吨，大幅减少 41.9%。同期，自澳大利亚进口 1353.1 万吨，增加 29.8%，占 21.9%。

（二）民营企业进口量大幅减少，国有企业进口量小幅增加。2014 年广东省民营企业进口煤 2439 万吨，减少 37.4%，占 54.2%；国有企业进口 1692 万吨，增加 0.5%，占 37.6%；外商投资企业进口 367 万吨，减少 1.5%，占 8.2%。

（三）各类煤炭进口量价均下降，无烟煤进口量以及炼焦煤进口均价下降幅度最大。2014 年广东省进口褐煤 1943 万吨，减少 6.6%，占 43.2%，进口均价每吨 320.7 元，下跌 1.5%；进口其他烟煤 1789 万吨，减少 26.1%，占 39.8%，进口均价每吨 471.1 元，下跌 8.6%；进口无烟煤 283 万吨，减少 48.2%，占 6.3%，进口均价每吨 407.1 元，下跌 5.1%；进口炼焦煤 122 万吨，减少 5.2%，占 2.7%，进口均价每吨 724.4 元，下跌 14.1%。

（供稿单位：广东省煤炭运销协会）

2014 年广东省电力工业发展情况

一、用电情况及负荷分布

2014 年，广东全社会用电量 5235.2 亿 kWh，比 2013 年增长 8.39%。从用电构成来看，第一、二、三产业用电量分别为 87.18 亿 kWh、3514.27 亿 kWh、822.94 亿 kWh，居民生活用电量为 810.85 亿 kWh，占广东省全社会用电量的比例分别为 1.67%、67.13%、15.72%、15.4%，第二产业用电量比例有所减少，居民生活用电量比例有所增加。

2014 年，广东省全社会用电最高负荷达到 92500MW，同比增长 7.6%，其中统调最高负荷 90725MW，同比增长 7.9%，全社会用电最高负荷年利用小时数达 5659 小时。从广东省各地区负荷分布来看，目前，广东省的负荷仍主要集中在珠三角，2014 年珠三角地区全社会用电量为 3814 亿 kWh，占全省用电量的 75.5%；粤东、粤西、北部山区的全社会用电量分别为 440 亿 kWh、295 亿 kWh、501 亿 kWh，分别占全省用电量的 8.0%、4.6%、8.6%，其中，广州、深圳、佛山和东莞四市的全社会用电量合计 2771 亿 kWh，约占各市全社会用电量总和的 52.0%。

二、电网概况

广东电网已覆盖广东全省 21 个地市，交流最高电压等级 500kV，直流最高电压等级 ±800kV。2014 年，广东电网已全面建成服务于珠江三角洲范围的双回路内环网，并基本建成双回路外环网，向东延伸至潮州、向西辐射到湛江、向北辐射到韶关。

2014 年，全省完成电网建设投资约 200 亿元，其中完成农网改造投资 52 亿元。截至 2014 年底，广东电力系统有 500kV 变电站 50 座，交直流合建站 3 座（穗东换流站、从西换流站、侨乡换流站），500kV 变压器总容量 109750MVA，500kV 线路总长度约 10433km；220kV 公用变电站 346 座，220kV 主变总容量 160180MVA，220kV 线路总长度约 22142km；110kV 变电站 1339 座，110kV 变压器总容量 124160MVA，线路总长度约 30736km（含电缆）。

三、电源建设及发电情况

2014 年，省内新增建成投产阳江核电 1 号机等骨干电源装机 4400MW。截止到 2014 年底，广东省发电装机总容量约 92160MW，同比增长 7.19%。其中：水电 8798MW；煤电 53649MW；气电 14321MW；抽水蓄能 4800MW；核电 7206MW；风电 1865MW，光伏及其他电源 504MW。

2014 年广东全省发、购电量合计 5391.32 亿 kWh，比 2013 年增长 8.31%；其中省内发电量 3805.3 亿 kWh，比 2013 年增长 0.98%；购省外电量 1586.02 亿 kWh，同比增长 31.13%，其中购香港电量 8.75 亿 kWh，购西南电量 1346.8 亿 kWh，购鲤鱼江电厂 28.59 亿 kWh，购桥口电厂 59.57 亿 kWh，购三峡电量 138.67 亿 kWh。2014 年累计购西电电量 1346.8 亿 kWh，占全省全社会用电量的 25.73%。

2014 年省内电源发电量合计共 3805.3 亿 kWh。其中：火电 2940.5 亿 kWh，同比减少 0.48%；水电 259.7 亿 kWh，同比减少 14.42%；抽水蓄能发电 21.82 亿 kWh，同比增长 45.27%；核电 548.84 亿 kWh，同比增长 18.17%；风电 34.42 亿 kWh，同比增长 12.59%。2014 年省内电源平均利用小时数为 4129 小时，相对于 2013 年下降 390 小时。其中，水电（不含蓄能）、火电、核电及风电利用小时数分别为 2952 小时、4262 小时、7616 小时和 1846 小时。

2014 年广东省内 6000 千瓦及以上电厂用电率 5.19%，同比下降 0.09 个百分点。其中，火电完成 5.54%，同比下降 0.1 个百分点。火电发电标准煤耗完成 295 克 / 千瓦时，同比下降 3 克 / 千瓦时。

四、西电东送执行情况

2014 年，西电送我省电量 1573 亿 kWh，相比 2013 年实际送电量增加 380 亿 kWh，增长 32%，占我省全年全社会用电量的 30%；最大送电电力达 3157 万千瓦，占我省全年用电最大负荷的 35%。

（供稿单位：广东省发展和改革委员会）

推进珠江三角洲地区科技创新一体化行动计划（2014-2020年）

为贯彻落实《珠江三角洲地区改革发展规划纲要（2008-2020年）》，推进珠三角科技创新一体化进程，提高珠三角整体创新能力和创新绩效，力争率先建成全国创新型区域和亚太地区重要的科技创新中心，制定本行动计划。

一、总体要求和总体目标

（一）总体要求

大力实施创新驱动发展核心战略，以创新资源的共建共享以及科技产业的协同发展为抓手，以开展珠三角区域科技资源共享开放行动、重大科技项目联合攻关行动、产业集群协同创新行动、社会民生保障科技行动、联合构建人才高地行动、科技金融合作行动、自主知识产权促进行动为重点，着力构建开放型、一体化的区域创新体系，为推进珠三角转型升级、优化发展提供强大的科技支撑。

（二）总体目标

到2020年，珠三角地区整体自主创新能力明显提高，在若干重点领域接近或达到世界先进水平，在一批优势重点产业领域形成跨区域的高端创新型产业集群，形成具有国际竞争力的高技术产业带；区域科技创新合作机制更加完备，创新资源开放共享程度明显提高，统一的大型科学仪器共享、技术开发与检测、科技金融等公共服务网络基本建成，形成较为完善的区域性国际化创新体系，力争率先建成全国创新型区域和亚太地区重要的科技创新中心。

珠三角地区相关指标按2015、2017、2020年分解目标如下：

指标（单位）	2015年	2017年	2020年
研究与发展经费支出占地区生产总值比重（%）	2.7	2.85	3.0
研发人员总量（万人）	40	45	50
发明专利申请量（件/百万人）	1200	1450	1500
发明专利拥有量（件/万人）	20	25	30
高技术制造业增加值占规模以上工业增加值比重（%）	28	28.5	30

二、区域科技资源共享开放行动

（一）共建科技创新平台。（省科技厅牵头，省发展改革委、经济和信息化委、教育厅及珠三角九市政府等参与）

——以共建共享公共服务平台为突破口，继续推进广佛肇、深莞惠、珠中江三大创新圈产业公共服务平台的共建共享，重点推进国家重点实验室、工程中心、综合性研究院等科技创新平台建设。

——围绕重要产业领域和产业集群发展，引导各市按照产业关联度和相似度，加强磋商和合作，按照优势互补、合作共赢原则，共同遴选、支持、投入一批产业公共服务平台建设项目，减少重复建设。

——鼓励和支持高等院校围绕产业转型升级和经济社会发展需求，牵头整合行业、企业、科研院所等创新资源。

（二）推动科技资源共享开放。（省科技厅牵头，省教育厅、质监局、知识产权局及珠三角九市政府等参与）

——鼓励科研院所、高等院校通过加强产学研合作实现科技资源的共享开放，加快推进内部创新资源向社会开放并提供服务。

——建设统一的科技信息共享平台。继续建设各类科技成果数据库、技术标准、专利、论文、专家等科技数据库信息共享平台，统一数据交换标准和接口，加快推进各类基础性科技资源的联网共享，整合构建统一的科技资源共享信息平台。

——探索完善科技资源合作共享机制。继续深化科技体制改革，建立健全科技资源开放共享的规章制度和政策措施，探索建立财政科技投资的创新平台和科学仪器设备对外开放制度，逐步形成国有投资的公共服务平台资源一体化、服务一体化、收费一体化的运作机制；探索建立科技资源开放共享的利益分享机制，推动落户珠三角的国家级质检中心、省级授权质检机构、重点实验室、工程技术研究中心、中试基地、标准化研究机构、WTO/TBT 研究咨询机构、大型公共仪器设备向社会全面开放。

（三）搭建对接平台。（省科技厅牵头，省经济和信息化委、教育厅及珠三角九市政府等参与）

——发展新型研发机构。按照市场主导、政府引导的原则，引导地方政府、各类社会主体投身新型研发机构建设，力争更多的中科院、工程院以及央属科研机构到珠三角建设新型研发机构。引导新型研发机构建立健全理事会等现代院所治理机制、产业化导向的研发模式，强化与企业、市场的对接，加快推进科技研发和成果产业化。

——推进产学研技术创新联盟建设。积极支持产学研合作，鼓励各市加强协调，引导、组织行业龙头企业、科研机构共建产学研创新联盟，联合开展关键核心技术攻关，扩大合作范围和规模。到 2015 年，珠三角产学研创新联盟数量达到 120 家。

——鼓励发展各类科技联盟组织。引导和支持区域内企业、科研机构、中介组织以及科技园区创办各类科技联盟组织，组织各类科技论坛，积极开展科技创新交流对接活动，吸引区域内相关创新主体参与联盟活动。对符合一定条件的科技联盟组织，各级财政可给予适当的经费资助或通过政府购买服务形式予以支持。加强珠三角各地生产力促进中心、各高新区科技创业服务机构的合作交流，联合开展科技创新宣传与教育活动。

（四）优化科技服务业布局。（省科技厅牵头，省商务厅、质监局、知识产权局及珠三角九市政府等参与）

——推动科技服务业集聚发展。重点推进广州、深圳两大科技服务集聚区建设。加快建设广州南沙、深圳前海、珠海横琴、东莞松山湖科技园区、佛山金融高新技术服务区等一批科技服务产业集群。

——积极培育连锁式科技服务机构。引导科技中介服务机构在珠三角积极布局，设立分支机构。联合搭建区域创新服务平台，提供委托研究、联合攻关、信息服务、技术检测、成果孵化等创新创业服务，重点打造一批小微民营科技企业服务平台。

（五）提升对外科技合作水平。（省科技厅牵头，省外办、港澳办及珠三角九市政府等参与）

——联合开展对外科技合作与交流。引导各市联合开拓对外科技合作新渠道，进一步深化与港澳台产业、科技合作，共建科技创新平台和园区。

——共同办好对外交流合作平台。完善省市联动机制，引导各市积极参与，共同办好中国（东莞）国际科技合作周、中国留学人员广州科技交流会、中国国际高新技术成果交流会等国家级科技博览会。

三、重大科技项目联合攻关行动

（一）共同承担国家、省重大科技专项。（省科技厅牵头，省发展改革委、经济和信息化委、教育厅及珠三角九市政府等参与）

——加强省市联动，联合各市共同做好与国家重大科技专项的对接与申报工作，积极争取国家计划的立项支持，努力承担更多的国家重大科技专项和 973、863 计划等项目，积极承担省级重大科技专项的组织实施。

——联合各市共同推进中国（东莞）散裂中子源、广州和深圳超算中心、大亚湾中微子实验室（二期）、国家基因库、中国科学院（惠州）加速器驱动嬗变系统研究装置（CIADS）和强流离子加速器装置（HIAF）等重大科学工程的建设以及下游成果应用和产业化工作，加快实现重大科学工程的共建共享。加大联合引进力度，继续推动一批国家级战略性创新平台落户珠三角。

（二）跨地区组织一批科技专项。（省科技厅牵头，省发展改革委、经济和信息化委、教育厅及珠三角九市政府等参与）

——积极参与粤港联合科技攻关及产业化工作。鼓励和引导各市选择具有特色优势和对经济与社会发展有重大带动作用的关键领域，在重点领域关键技术粤港联合科技攻关的框架下设立地方专项或扩大专项规模，开展关键核心技术攻关，突破产业发展技术瓶颈。

——联合开展产业共性和关键技术攻关。加强顶层设计和科学规划，重点加大对高端新型电子信息、LED 照明、新能源汽车、生物医药、节能环保、新材料、新能源、高端装备制造等重点领域共性关键技术的协作攻关力度，组织攻克一批对产业发展具有重大带动作用的核心技术。

四、产业集群协同创新行动

（一）推进重大科技成果推广应用。（省科技厅牵头，省发展改革委、经济和信息化委、住房城乡建设厅及珠三角九市政府等参与）

——深入开展商业模式创新，省市联动组织实施一批重大项目和新产品示范应用工程，引导各市积极开展重大科技成果推广应用示范试点，重点在高端新型电子信息、半导体照明（LED）产品、建筑节能与绿色建筑技术和产品、“数控一代”机械产品、新能源汽车等领域实施示范推广工程（专栏 1）；举办科技成果与产业对接活动，推动创新成果加速产业化，加快重大科技成果产业化进程。

专栏 1：重大应用示范工程

（1）“数控一代”应用示范工程。采取省市区镇联动模式，选择在珠三角装备制造业发达地区，以示范市（区）、示范专业镇、示范创新设计平台等方式，由地方政府和科技主管部门组织实施。到 2015 年，建立 10 个以上应用示范市（区）、30 个以上示范专业镇，形成电子制造装备、印刷包装机械、塑料机械、建材机械、纺织机械、木工机械、工程机械及其他行业机械产品的数控技术产业联盟。

（2）LED 应用示范工程。以公共照明领域为突破口，集中力量抓好工作机制、产品质量、考核督导、宣传报道等重点工作，不断完善商业模式，全面推广使用 LED 照明产品。到 2015 年，珠三角地区率先在民用与商用领域 LED 照明改造上取得重大突破，LED 企业的自主创新能力和竞争力显著增强。

（3）新能源汽车应用示范工程。重点推进新能源汽车在公交、出租、公务、环卫、邮政、物流等公共服务领域的规模化、商业化应用，鼓励企事业单位和个人使用新能源汽车，开展技术创新和商业模式创新，推进配套基础设施建设，力争到 2015 年珠三角地区新能源汽车推广应用规模达 5 万辆。

（二）推动高新区协同发展。（省科技厅牵头，省发展改革委、经济和信息化委及珠三角九市政府等参与）

——加快推动高新区“二次创业”。全面推进高新区以发展现代服务业、完善技术创新体系、优化创新创业环境和文化为主要内容的“二次创业”，重点推进广州、深圳创建国家自主创新示范区，支持佛山顺德建设省自主创新特区。加快高新区创业孵化载体建设，推动各市共同打造前孵化器协作网络，到 2015 年，珠三角各市均建有特色鲜明、服务独特的前孵化器，形成 10 家以上的前孵化器试点。

——推进高新区差异化发展。进一步推动高新区战略联盟发展，充分发挥高新区战略联盟在搭建资源共享、合作交流的互动性平台以及推动各高新区实现优势互补、错位和协同发展方面的作用，引导各高新区围绕特色重点领域开展核心技术攻关和重大项目建设，推动差异化发展。

——打造高新技术产业集群。积极落实《广东省高新区创新型产业集群建设方案》（粤科函高字〔2012〕893 号），加快建设深圳下一代互联网、惠州智能终端与云计算应用、中山健康科技等国家创新型产业集群建设试点，培育和建设广州北斗卫星导航、珠海软件及集成电路设计等省级创新型产业集群，推进各高新园区形成优势特色产业。具体详见专栏 2。

专栏 2：珠三角高新技术产业集群建设

（1）电子信息产业集群。以广州、深圳、佛山、东莞、惠州等市为重点，依托有关产业基地和重点企业，推动自主创新，强化产业集聚，完善上下游产业在珠三角的配套，带动珠海、肇庆等市信息产业发展，加快建设珠三角国家级信息产业基地。

（2）新能源产业集群。以广州、深圳、东莞、惠州、珠海为重点，加快建设新能源汽车生产基地；以深莞和佛山、中山为重点，加快建设国家太阳能光伏高技术产业基地；支持深圳、江门、肇庆等市发展低碳经济；加快广州、深圳、佛山、东莞环保节能产业发展，打造世界级新能源和环保节能产业基地。

（3）新材料产业集群。以广州、佛山国家火炬计划新材料特色产业基地、新材料国家高技术产业基地为依托，打造国家级新材料产业重要基地，珠三角各市根据各自产业特色发展相应的特色材料产业，形成分工合理的珠三角新材料产业发展布局。

专栏 2：珠三角高新技术产业集群建设

（4）生物医药产业集群。以广州、深圳两个国家生物产业基地，中山国家健康科技产业基地和华南现代中医药城、佛山高新技术产业开发区广东（南海）生物医药产业基地、佛山德国医疗谷、珠海生物医药科技产业园、东莞两岸生物技术产业合作基地、肇庆星湖科技产业园和惠州潼湖智慧城生物新药研发基地为支撑，打造国家生物医药和现代中药重大创新产业基地。积极发挥华南新药创制中心作为珠三角地区生物医药产业加速器的作用。

（5）LED 产业集群。构建以广州—深圳为核心，深莞惠、广佛和中江国际级 LED 新光源产业一体化发展，形成珠三角 LED 新光源上下游一体化产业带。其中，深莞惠、广佛以高端研发制造为主，江门、中山以制造、应用和销售为主，推动 LED 产业链条的横向整合和纵向延伸，形成布局合理、配套完善的 LED 产业链，打造国内一流并具有较强国际竞争力的 LED 产业集群。

（三）推动专业镇协同升级。（省科技厅牵头，省经济和信息化委及珠三角九市政府等参与）

——发展专业镇产业联盟。支持各市专业镇在家具、家电、纺织服装等特色优势产业重要环节加强合作与交流，促进专业分工和产业链延伸，形成专业镇产业发展联盟（专栏 3）。

——推动专业镇协同创新。推动专业镇通过产业联盟结对选择高等院校、科研院所，引导高等院校、科研院所在各相关专业镇合理布点，构建产学研长效合作机制，共同推进专业镇特色产业关键技术攻关和科技创新服务平台建设。

——推动专业镇协同建设中小微企业技术创新服务平台。推动区域相邻的专业镇合作共建中小微企业技术创新服务体系，加快建设功能差异化、特色化的专业镇生产力促进中心，共同建设各有侧重、优势互补的中小微企业服务平台。

专栏 3：主要专业镇产业联盟建设

（1）纺织服装。以广州、深圳总部经济和时尚设计创意，以及中高端时尚服装和品牌服装制造为龙头，推动佛山、中山、江门、东莞、惠州等地的服装业专业镇加强合作和互动，共同推进共性技术研发和信息、检测服务的共享。

（2）家具。推动佛山、东莞、中山、江门的家具专业镇成立产业联盟，发展家具总部经济，推动产业向价值链高端延伸，把珠三角打造成为具有国际影响力的家具研发基地和全球采购中心。

（3）五金制品。推动佛山、江门、中山、肇庆等市的五金制品专业镇成立产业联盟，共同建设珠江口西岸国家级金属材料加工与制品产业基地，打造成为全国重要的有色金属材料与制品研发、制造、会展交易中心。

五、社会民生保障科技行动

（一）加强食品安全保护。（省食品药品监管局牵头，省科技厅、农业厅及珠三角九市政府等参与）

——加强食品安全的联合研究。加快建设一批食品安全科研机构，开发和应用食品原料安全生产技术，加强农产品、食品安全加工的联合研发与推广应用，推进无公害食品、绿色食品和有机食品认证。

——加强食品安全快速检测能力建设。加大食品安全检验检测技术研究和推广应用，加快推进食品检验检测重点实验室、应急实验室和风险监测实验室建设，利用信息化手段加快建设珠三角食品安全监管体系，建立从种养殖、生产、流通到消费的食品安全溯源保障体系，健全食品安全标准与评估体系，逐步提高食品安全风险评估能力。扩大食品安全科普教育。

（二）提升医疗卫生水平。（省卫生计生委牵头，省科技厅及珠三角九市政府等参与）

——加强重大疾病关键技术攻关。针对恶性肿瘤、心血管等珠三角地区常见公共性重大疾病和重大传染疾病，共同建设一批国家级医学科技公共平台、支撑平台、临床医学研究与转化中心和示范基地，联合组织实施一批重大科技项目，开展疾病监测和预警体系、防治关键技术、生物技术应用、社区医疗体系、产学研结合及医学基地与平台建设等研究工作。

——加强区域内常见多发病防治技术体系建设。重点研究常见病和多发病的监控、预防、诊疗和康复技术，研制小型诊疗和移动式医疗服务装备以及远程诊疗和技术服务系统。

（三）加强应急处置能力建设。（省政府应急办牵头，省科技厅、安全监管局及珠三角九市政府等参与）

——深入落实《珠江三角洲地区应急管理合作协议》，围绕区域公共安全需求，在突发事件信息通报、应急资源共享、突发事件协同处置、应急联合演练等方面加强应急联动合作技术研发，加快完善珠三角应急指挥技术体系，继续推进清华大学公共安全研究院广东分院建设，加快推进应急指挥技术支撑系统相关技术的发展和应用，联合开发和储备一批应对重大自然灾害、重大事故和突发公共事件的关键共性技术、前瞻性技术及产品，加强相关专业装备配备开发，开展高危行业企业安全标准化建设，促进公共安全科研成果有效转化，培育和发展公共安全科技产业。

（四）协同推进环境保护科技创新。（省环境保护厅牵头，省科技厅及珠三角九市政府等参与）

——完善协同推进机制。针对区域内需要协同解决的跨区域环境问题，推进科技资源共享、技术联合攻关，共同推进区域资源环境保护与可持续利用。

——加强技术攻关和应用。重点开展污染减排、水环境污染防治、大气环境污染防治等技术的研发和推广应用，加快推进重点行业污水集中处理及再生利用技术，大力开展重点企业清洁生产，推进建立清洁生产示范工业园。

六、联合构建人才高地行动

（一）协同推进高端创新人才的引进培养。（省委组织部牵头，省科技厅、教育厅、人力资源社会保障厅及珠三角九市政府等参与）

——协同吸引集聚高端创新人才。依托区域内高新技术企业、高等院校、科研院所与重大科研基地，加快引进更多创新团队和领军人才，联合培养一批科研、经营管理、技术技能型人才和公共服务高层次人才，鼓励社会与高校联合开展高层次人才培养，共建高层次人才培养实践基地、研究生联合培养基地等。推动各市积极参与、支持和利用好中国广州留学人员科技交流会、深圳国际高新技术交易会和国际人才交流大会等人才引进平台，联合引进各类高端创新人才，共同打造珠三角人才高地。

——推动高端创新人才区域内流动。鼓励高层次科技人才采取柔性流动方式到异地从事咨询、讲学、兼职、科研和技术合作、技术入股、投资兴办高新技术企业或从事其他专业服务。

（二）加强区域创新人才的交流与合作。（省科技厅牵头，省教育厅、人力资源社会保障厅及珠三角九市政府等参与）

——推进创新人才的共享。以产业分工和科研合理布局为导向，建立与区域经济发展要求相符合的人才资源动态优化机制，优化人才合作机制，积极开展人才互访和学术交流，共同合作研究、共建试验基地、共同申报科研项目。鼓励各市引导企业创新人才使用理念，通过“异地研发、孵化，本地产业化”的方式，共享广州、深圳的人才、信息集聚优势，支持区域内的高等院校在各市设立分支机构与产学研基地，推动人才智力的交流与合作，畅通高层次人才的工作和创业渠道，实现人才互补和共享。

——推动人才政策的相互衔接。促进各市在科技人才资质互认、科技人才居住证制度、区域社会保障制度等方面实现有机衔接，畅通区域内人才流动渠道，实现高层次人才互认、互动，促进高层次科技人才有序流动。

（三）建设统一的人才服务与交流公共平台。（省科技厅牵头，省教育厅、外办及珠三角九市政府等参与）

——推动各市科技专家库资源共享，充分发挥科技专家在区域科技创新、产学研合作、项目评审等活动中的作用。

——建立统一规范、高效共享的国家级国际科技人才交流平台和人才信息服务平台，促进“广州留学生网”等信息数据库的对接，推进外国专家和留学人员系统数据共享，共建珠三角网上科技人才中心，推进高层次人才、海外留学人员等人才资源共享。

七、科技金融合作行动

（一）积极发展创业投资。（省科技厅、发展改革委牵头，省财政厅、金融办及珠三角九市政府等参与）

——鼓励各市大力发展政策性种子基金，积极参与国家新兴产业创投计划，充分发挥省战略性新兴产业创业投资引导基金的积极作用，引导社会资金投资处于初创期、早中期的创新型企业，引导社会资本设立科技孵化基金，支持前孵化器、孵化器、加速器等公共服务平台建设及服务；推动有条件的地市探索开展科技产品金融化试点。

——鼓励和支持各市在自愿的基础上，采取股份制等形式联合建立风险投资机构和担保机构，加大对创业投资机构的支持和激励力度，鼓励跨地区开展科技风险投资活动，扶持种子期、初创期科技型企业发展，促进科技成果转化。

（二）引导发展科技信贷。（省科技厅牵头，省财政厅、金融办及珠三角九市政府等参与）

——强化广州、深圳、东莞、佛山市科技和金融结合试点的辐射带动作用，促进各市发展新型科技金融机构；鼓励各市设立政府科技贷款风险补偿金和科技贷款贴息资金，引导各类金融机构创新科技型企业贷款模式、产品和服务。支持粤科科技小额贷款公司、粤科融资担保公司（专栏 4、5）在珠三角高新区、专业镇与当地政府合作设立子公司、分支机构，吸引社会资本，搭建覆盖高新区和专业镇的业务网络平台。积极开展知识产权投融资服务，推动科技保险产品创新和科技担保业务发展，提高科技信贷水平，形成科技金融产业发展新格局。

专栏 4：粤科科技小额贷款股份有限公司（粤科小贷）

粤科小贷公司以科技型中小微企业小额贷款服务为主业，开展以互联网支付、产业链融资、供应链融资、商业圈融资和企业群融资等方式的科技金融服务。力争到 2015 年，实现在珠三角地区 9 个国家级高新区设立分支机构和开设网点，发展成为面向科技型中小微企业的大型省级专业小额贷款行业龙头企业。

专栏 5：粤科融资担保股份有限公司（粤科担保）

粤科担保公司以科技型中小微企业融资担保、保证担保、创业投资服务为主业，同时开展其他综合性金融服务。力争到 2015 年，完成珠三角地区科技服务网点建设，实现对高新区、民营科技园区的业务覆盖，发展成为面向科技型中小微企业的大型省级专业性金融服务公司。

（三）构建多层次资本市场。（省科技厅牵头，省金融办及珠三角九市政府等参与）

——支持佛山市加快建设广东金融高新技术服务区，支持佛山市建设金融科技产业融合创新综合试验区，支持广州、深圳、佛山等市规范发展区域性股权交易中心，引导和鼓励符合条件的企业到广州股权交易中心、前海股权交易中心和广东金融高新区股权交易中心等区域性股权交易市场挂牌交易，支持各区域性股权交易市场结合珠三角科技型企业融资需求，不断创新产品和服务模式。

——推动珠三角有条件的市开展战略性新兴产业区域集优集合票据试点工作。积极推动科技型企业上市，推动高新区加强与金融机构合作。

（四）完善科技金融服务体系。（省科技厅牵头，省金融办及珠三角九市政府等参与）

——鼓励各市加快聚集一批创业投资和科技金融服务机构和平台，强化已建科技金融服务机构的作用，鼓励保险机构参与广州、深圳、佛山、东莞 4 市的科技保险试点，建立功能较完善、专业性强、水平较高的区域性科技金融服务体系，加快创建珠三角科技金融服务集聚区。

——依托中国（广州）国际金融交易博览会、深圳高交会等大型会展平台，强化其对科技金融交易和服务的辐射功能。

八、自主知识产权促进行动

（一）深入实施知识产权战略。（省知识产权局牵头，省科技厅、质监局及珠三角九市政府等参与）

——推进知识产权的创造与使用。加快实施战略性新兴产业自主创新工程及重大专利技术与产业化计划，推进专业镇知识产权专项行动，完善知识产权评估交易机制，探索实施重大项目的知识产权评议制度，加快形成一批具有自主知识产权的产业和产品。推动珠三角各行业建立跨行政区域的知识产权保护联盟，加快发展专利联盟（专栏 6），构建重点产业专利池，贯彻企业知识产权管理规范，提升企业专利运用和管理水平。

——支持共建共享知识产权公共服务平台。建立重大战略性新兴产业专利信息数据库和信息发布系统，加快国家级质检中心和省级授权质检机构等公共检测服务平台建设，力争到 2015 年省级公共检测服务平台达 100 个以上，其中国家级质检中心达 50 个以上。

——强化知识产权保护合作。加强区域内知识产权执法协作，建立和完善行政保护、司法保护、自律保护互为补充的全方位、多层次的珠三角知识产权保护体系。

专栏 6：专利联盟

专利联盟是企业之间基于共同的战略利益，以一组相关的专利技术为纽带达成的联盟，联盟内部的企业实现专利的交叉许可，或者相互优惠使用彼此的专利技术，对联盟外部共同发布联合许可声明。到 2015 年，珠三角地区组建 30 家左右以企业为主导的专利联盟。

（二）推动技术标准和区域品牌建设。（省质监局牵头，省科技厅、知识产权局及珠三角九市政府等参与）

——积极推动珠三角地区率先建设先进标准体系。加强科技攻关和标准研制的产学研合作，在珠三角若干重点产业领域研制一批自主知识产权的先进标准。鼓励和支持珠三角企业和行业联合有关高校、科研机构积极参与地方标准、行业标准、国家标准和国际标准的制修订。在产业集聚区加快研制实施一批优势技术、关键技术和高新技术联盟标准。

——深入开展“标准与研发同步、标准与产业同步、标准与技术同步”试点工作，提升产业竞争力和自主创新能力，深化珠三角区域技术性贸易措施应对与防控合作。

——推进区域品牌创建，积极开展创建“全国知名品牌示范区”和“广东省知名品牌示范区”活动，加强广东名牌产品培育工作，大力推动区域内特色优势产业集群联合申请集体商标和证明商标，积极引导新兴行业集群打造区域品牌。

九、工作保障措施

（一）加强组织协调

1. 进一步完善省市联动共同推进的合作机制。建立珠三角科技创新一体化联席会议制度，完善珠三角各市间的磋商机制，建立多边的直接协商机制，共同商定跨地区的重大科技合作事宜和项目，形成畅通的对话交流与区域合作决策沟通机制。

2. 强化跨部门联动合作机制。加强税收、社保、人力资源、知识产权等管理部门与科技部门在落实税收优惠政策、人才流动和专利成果保护等方面的合作与磋商，凝聚政策合力，努力突破阻碍科技创新一体化的体制机制。

3. 强化行动计划的执行力。珠三角各市和省有关单位要把实施珠三角科技创新一体化行动计划纳入相关专项工作和年度计划中，制定相应的工作计划和任务目标。建立健全合作共建项目的管理监督机制，充分发挥科技中介机构作用，建立科技合作项目考核评估机制，确保各项行动任务得到认真落实。相关工作情况纳入省实施《珠三角规划纲要》年度评估考核。

（二）强化资金保障机制

进一步发挥省级财政资金的引导作用，强化各级地方政府配套资金对行动计划项目的支撑，确保各项行动任务顺利执行和贯彻落实。充分发挥政府资金的引导和杠杆作用，创造良好的投资金融环境，引导企业和社会的资本投入行动计划项目。

（三）优化政策环境

进一步完善促进珠三角地区企业参与技术创新联盟、联合开展研发和创新资源开放共享的政策法规体系。探索实施有利于科技创新一体化的财税优惠政策，对科技企业、产品、机构等资质予以互认。共同研究制定科技创新项目合作、合作平台开放共享、合作资金、人才交流、成果跨地区转化等管理办法，为各项行动任务的顺利实施提供制度保障。

（四）加强宣传与交流

开展巡回宣讲和媒体宣传，加大珠三角科技创新合作宣传力度，营造科技合作氛围，弘扬科技合作文化，提高科技合作意识。

广东省物联网发展规划（2013-2020 年）

为贯彻落实《国务院关于推进物联网有序健康发展的指导意见》（国发〔2013〕7 号），加快我省物联网发展和“智慧广东”建设，制定本规划。

一、发展现状

我省物联网发展起步早、势头好，近年来物联网基础设施不断完善，新型业态加快发展，行业应用日益深化，自主创新能力稳步提升，产业规模持续壮大，物联网发展总体水平在全国领先。2012 年，全省固定宽带网络和 3G 以上无线网络覆盖所有行政村；物联网相关专利申请量和技术标准发布量达 1216 项；物流与供应链领域重点企业射频识别（RFID）应用普及率达 36%；物联网应用在生产制造、公共管理、社会民生等领域广泛渗透；物联网产业市场规模超过 1300 亿元，同比增长超过 30%。但我省物联网发展也面临着关键共性技术研发能力不强、集成创新不足、市场对产业发展引导不够、大规模应用市场尚未形成等问题。当前，物联网在全球范围内迅猛发展，创新成果不断涌现，已成为引领人类生产方式、社会管理和社会活动模式变革的重要因素，对我省加快发展物联网带来了新的机遇和挑战。

二、总体要求

（一）指导思想

坚持以邓小平理论、“三个代表”重要思想和科学发展观为指导，深入贯彻落实党的十八届三中全会精神，紧紧围绕主题主线和“三个定位、两个率先”的总目标，以经济社会发展需求为导向，以提升自主创新能力为核心，以加快物联网产业集聚为重点，加强统筹规划，创新服务模式，优化发展环境，全面深化物联网在我省经济社会各领域的应用，着力打造珠三角世界级智慧城市群，建设“智慧广东”。

（二）基本原则

统筹协调。加强顶层设计规划，统筹推进物联网技术、产业、应用等的协调发展。加强政府引导，强化部门、行业、区域间的协作协调，注重资源整合，形成发展合力。

应用引领。面向经济社会发展实际需求，以市场应用为先导，带动物联网关键技术突破和产业规模化发展。在竞争性领域，坚持物联网应用推广的市场化，发挥市场在资源配置中的决定性作用。

创新发展。推动物联网与云计算、大数据等新一代信息技术集成创新。结合不同行业需求推进物联网应用、管理及体制机制创新，引导技术、产品、软硬件和服务融合发展。

安全可控。推进信息安全系统与物联网同步规划、同步建设、同步发展，加强物联网重大应用和系统的安全测评、风险评估和安全防护，保障物联网信息安全。

（三）发展目标

力争在 3～7 年内，将我省建成国内领先的物联网产业集聚区、全国物联网集成创新高地、全国智慧应用先行示范区、国际物联网区域连接中心，打造世界级的珠三角智慧城市群，基本建成“智慧广东”。

到 2015 年，物联网产业规模保持全国领先，物联网基础设施更加完善，物联网与传统产业进一步融合，物联网技术在政府公共服务和社会管理领域逐步拓展，智慧城市试点取得初步成效，珠三角世界级智慧城市群框架初步形成。全省网络覆盖、网络速率接近先进国家水平，固定宽带普及率达到 30%，珠三角地区公共区域实现无线局域网（WLAN）全覆盖。物联网领域专利受理量和技术标准发布量超过 1500 项。机器对机器（M2M）应用终端数量超过 2000 万台，物流与供应链领域重点企业 RFID 应用普及率达到 40%，物联网产业市场规模达 2800 亿元，年均增长 30% 以上。

到 2017 年，物联网发展在全国的领先地位进一步巩固，物联网与云计算、大数据等新一代信息技术加快融合，在经济社会领域的应用逐步规模化，珠三角世界级智慧城市群框架基本形成，“智慧广东”建设取得重大进展。全省固定宽带普及率达到 40%，县区公共区域实现 WLAN 全覆盖。物联网领域专利受理量和技术标准发布量超过 2000 项。M2M 应用终端数量超过 2500 万台，物流与供应链领域重点企业 RFID 应用普及率达到 50%. 全省物联网产业市场规模超过 4300 亿元。

到 2020 年，全省物联网发展水平迈入世界先进行列，自主创新能力和产业核心竞争力明显增强。物联网在国民经济各领域广泛应用，在提升公共服务和社会管理水平方面发挥更大作用，建成具有国际先进水平的珠三角智慧城市群，基本建成“智慧广东”。全省固定宽带普及率达到 45% 以上，城镇公共区域实现 WLAN 全覆盖。物联网领域专利受理量和技术标准发布量超过 2500 项。M2M 应用终端数量超过 3000 万台，物流与供应链领域重点企业 RFID 应用普及率达到 70%。全省物联网产业市场规模达 7400 亿元。

三、加快物联网基础设施建设

（一）完善通信网络基础设施

实施“宽带广东”工程，大力发展第三代移动通信（3G）和新一代移动通信（LTE、4G 等）网络，加快推进无线局域网（WLAN，包括 WiFi 等）在重点区域和公共场所的部署，建设覆盖珠三角、连接粤港澳的无线宽带城市群。优化提升光纤宽带网络，建设下一代互联网基础设施，加快城市光纤到楼入户，农村宽带进乡入村。深入推进“三网”融合，推动有线电视网络向下一代广播电视网络演进升级。完善电子政务网络基础设施，建设政务外网万兆骨干网，形成支撑物联网应用的基础网络体系。

（二）加快物联网公共支撑平台建设

统筹广州、深圳、珠海、佛山、东莞、汕头等地云计算数据中心建设，支持移动南方基地、电信“亚太信息引擎”、联通国家数据中心等互联网数据中心发展，推进广州中新知识城、佛山智慧新城、汕头数据园等云计算基地建设。构建全省政务数据中心，提供按需申请、弹性服务的信息基础服务资源。加快建设国家超算深圳中心、广州超算中心，提升海量数据分析、处理和服务能力。引进国家物联网标识管理公共服务平台，建设南方物联网检测认证公共服务平台。推进国家北斗卫星综合示范工程和高分辨率卫星遥感应用示范工程建设，构建卫星传感定位、地理空间信息等公共平台和地理空间基础信息库。

四、推进物联网技术集成创新和产业化

（一）加快物联网技术集成创新

深化产学研合作，支持企业与高等院校、科研机构及其他应用服务单位协同创新，着力突破物联网芯片、RFID、光纤传感、传感器融合、嵌入式智能装备、物联网 IP 组网等关键技术，发展物联网交换接口、信息安全、云计算协同、大数据管理等共性技术，推动物联网与下一代互联网、云计算、大数据、信息通信、地理空间等新一代信息技术的集成创新，加快形成一批自主知识产权，大力推动关键共性技术产业化。开展大数据挖掘和智能分析研究应用。建立完善物联网标准体系，鼓励支持我省企事业单位主导或参与物联网国际、国家、行业和地方标准制修订。以融合应用为引导，组建产业创新联盟，打造一批工程技术研究中心、重点实验室、标准检测机构和公共技术支持中心。

（二）发展物联网核心产业和新型业态

重点发展 RFID 芯片、智能传感器、传感网络设备等物联网设备制造业，以及嵌入式软件、数据库软件、中间件、数据分析挖掘、传感网智能管理等高端软件业，打造物联网核心产业集群。培育物联网新型业态，大力发展物联网数据采集挖掘、移动金融支付等物联网专业服务和增值服务。发展高分辨率卫星多维遥感空间信息服务产业，壮大系统集成服务业和云计算、大数据、卫星服务等平台运营业。支持发展一批具有国际竞争力和较强创新能力的物联网制造企业、软件企业和运营服务企业。

（三）优化物联网产业布局

结合我省“两核三圈三带”信息产业布局，依托广州、深圳两个国家创新型城市，构建珠三角“广佛肇”“珠中江”“深莞惠”三大物联网产业核心圈，加快建设国家级信息产业基地和软件产业园区，着力发展物联网先进设备制造业和高端软件业，培育壮大物联网信息服务和平台运营业，打造物联网高端新兴产业集聚区。加快粤东、粤西、粤北三大信息产业带发展，发挥各级经济技术开发区、高新技术开发区和省产业转移工业园等园区的载体作用，壮大物联网配套产业、应用产业和支撑区域产业转型升级的物联网信息服务业。强化产业圈带合作，形成优势互补、相互促进的协调发展格局。

五、打造世界级智慧城市群

（一）建设珠三角世界级智慧城市群

推进珠三角智慧城市群信息基础设施建设规划一体化。围绕“广佛肇”“珠中江”“深莞惠”三大经济圈，在城市运行关键领域统筹建设基础设施智能

感应、环境感知、远程监控服务等系统，加快部署短距离无线通信、无线传感器网络和 M2M 终端及网络，建设珠三角地理空间信息、智慧城乡空间信息等公共平台。加快 RFID、传感器、地理空间、卫星应用等技术在城镇化建设中的应用，加强资源、能源和环境的实时监控管理。强化粤港澳合作，建设广州南沙、深圳前海、珠海横琴等智慧新区，推进服务贸易自由化和智能快速通关。发挥广州、深圳、珠海等地国家智慧城市试点的引领作用，全面构建具有国际竞争力的珠三角智慧城市群。

（二）推动粤东西北智慧城镇协调发展

加快粤东西北地区智慧城镇建设，着力发展城市优势特色产业智慧应用。以汕潮揭同城化为契机，围绕区域海缆资源及电力、旅游、建材、陶瓷等优势产业，推动粤东重点发展大数据服务、智能电网、智慧旅游和智能制造应用。以湛茂阳临港经济带为区域核心，推动粤西重点发展智能环保、智慧空港物流和智慧海洋渔业，拓展钢铁、石化、五金等临港重化工业物联网应用。加快粤北生态型新区建设，重点发展智慧农业和智慧旅游，拓展稀土材料、有色金属、特色农业等生态资源型产业和现代农业物联网应用。

（三）深化智慧城市示范应用

加快物联网技术在城市建设各领域的普及应用，提高城市现代化水平和民众智慧生活品质。发挥市场机制作用，以需求为导向，支持行业龙头企业、电信运营商、信息技术服务企业等参与智慧城市建设。注重示范引领，重点推进智能交通、智能环保、智能市政、智能电网、智能安全监管等示范工程建设，强化应用集成与业务协同。建立智慧城市运行和管理机制，逐步推广成熟的智慧城市运营模式，提升城市建设管理精细化、智慧化水平。加快推动公共服务向街道社区延伸，开展智慧社区试点，提升社区智慧应用水平。

六、推进物联网在生产和商贸服务领域应用

（一）深化工业生产领域物联网应用

大力发展智能制造，促进生产装备智能化、生产过程智能化、生产产品智能化、生产服务智能化，推动广东制造向“广东智造”转型升级。研发重大装备物联网关键技术，发展嵌入智能传感器的高档数控机床和工业机器人等智能装备，培育高端智能装备产业链。推进工业无线传感网在自动化生产线上的应用，优化制造流程，提高智能控制和协同制造能力。拓展增材制造（3D 打印）技术应用范围。研制融入多种传感器的移动智能终端、汽车电子、船舶电子、医疗电子、智能家电等智能工业产品，推动工业产品向价值链高端跨越。建设工业设计和“工业云”创新服务平台，发展物联网系统集成、技术咨询、规划设计、运行维护等信息服务。

（二）推进农渔业生产领域物联网应用

依托智慧农业综合示范区，开展农业生产物联网示范应用，推进农机及农业装备物联网技术应用和改造，支持在农业种养领域应用动植物环境、生命信息、成熟度、营养组分等智能传感器，开展生长过程智能化监测，发展精准农业。推广船舶自动识别、鱼群探测、卫星导航等智慧海洋渔业应用系统。借助传感网络技术，构建农业农村信息采集、处理、管理、决策智能信息系统。建立基于物联网的农村物流与供应链服务平台。建设农产品物联网监管溯源体系，构建广东省农村特色产品信息化溯源公共服务平台，加强食品安全监管。

（三）加快商贸服务领域物联网应用

推进 RFID、二维码识别、全球定位系统、地理信息系统等信息采集跟踪技术在商贸服务领域的应用。推动商贸龙头企业建立整合供应商、物流配送和客户信息的商业智能大数据系统，深度挖掘分析市场信息，创新商业模式。推进珠三角地区国际机场、客运站、港口、码头等重大交通枢纽的物联网可视化管理。推动钢铁、家具、农产品等大型批发市场物联网应用，构建物联商城。推动南方现代物流公共信息平台与苏、皖、赣等地区物流大通道对接。结合“广货网上行”和珠三角国际电子商务中心建设，开展商贸物联网应用，发展智慧商务。

七、推动物联网在社会服务领域应用

（一）加快政府公共服务智能化

运用物联网、移动互联网、大数据管理等新技术整合改造重大电子政务外网和便民服务系统，重点提升全省网上办事大厅（含公民专属网页和法人网页）、公共联合征信系统、市场监管体系相关系统等综合政务信息平台服务能力。整合政务信息资源，应用大数据相关技术，建设政务支撑平台，挖掘社会服务需求，开展大数据应用，促进政府公共服务个性化和政府决策智能化。建立全省应急系统物联网应用体系，拓展省应急平台应用，强化灾害信息自动采集、预警信息自动发布及应急处置智能方案生成功能。在公安、路政、消防、工商、社保、环保、旅游、应急管理等领域推广物联网和移动互联网技术应用。实施城市“慧眼工程”和“智慧安监”示范工程，打造平

安广东。

（二）推动物联网在社会民生服务领域应用

发展智慧民生服务，建设“粤教云”公共服务平台，实施智慧校园示范工程，开展智慧教室、电子书包、在线学习、远程教育等应用。建设省级卫生综合管理信息平台，推进基于物联网的健康检测与实时监护、远程医疗、食品药品监管等示范应用。建设全省集中式人力资源社会保障一体化信息系统，推进“社会保障卡”和“居民健康卡”功能对接、信息共享、应用整合。发展智慧旅游，建立省旅游信息综合服务平台，完善省旅游刷卡无障碍支付环境。推进基于物联网的档案、图书管理系统建设。拓展移动支付及IC卡小额金融支付应用。推广智慧社区便民服务，深化智能楼宇、智能家居、智慧菜篮、互动电视等智慧应用，推动水电、燃气等家庭能源物联网监控节能。

八、保障措施

（一）加强组织领导

充分发挥省信息化工作领导小组的统筹协调作用，加强全省物联网发展宏观指导，推进相关政策措施的组织实施，协调解决发展中的重大问题。各地要切实加强对物联网工作的组织领导，抓紧制定本地区物联网发展行动计划和配套措施，明确牵头单位和部门职责分工，形成合力推进物联网发展的工作格局。

（二）加强政策扶持

贯彻落实国家和省在财税、土地、招商引资等方面支持物联网发展的优惠政策和措施。积极争取国家创新基金、信息化专项、集成电路专项以及国家重大产业化项目等专项资金扶持。统筹省技术改造、战略性新兴产业、信息产业发展、产业技术研究与开发等专项资金支持物联网发展。支持物联网重点企业申报软件企业、技术先进型服务企业和高新技术企业。鼓励各地因地制宜出台物联网产业激励政策和措施，有条件的地区可设立物联网发展专项资金。

（三）加强行业管理和服务

增强产业发展宏观指导能力，建立健全物联网产业统计和评估体系，加强产业数据收集分析、专利信息分析。发挥省物联网专家委员会决策咨询和智力支撑作用，深化对物联网发展战略、政策、方针的研究。支持物联网相关行业协会和中介组织健康发展，建立健全信息咨询、技术交流、技能培训等行业服务体系，提升中介组织对行业的支撑能力。

（四）加强人才培养

积极落实我省重大人才政策，对符合条件的物联网领军型人才和创新科研团队，优先纳入广东省“珠江人才引进计划”。支持高等院校设立物联网专业和课程，推动校企联合开展定制式人才培养。发挥科研机构和骨干企业力量，培养专业型人才，不断壮大我省物联网人才队伍。

（五）加强网络安全保障

构建物联网安全防范体系，建立集安全事件应急响应中心、数据备份和灾难恢复设施、安全等级保护、个人信息保护、风险评估于一体的综合性安全平台。加强物联网重大应用和系统安全测评、风险评估和安全防护工作，加强数字证书和商用密码应用，强化安全应急管理措施，提高物联网安全技术保障能力。

（六）加强宣传推广

加大物联网政策和应用成果宣传力度，大力普及智慧城市和物联网知识，提升社会认知度和使用率。加强各级政府和部门之间、中介组织和企业之间的经验交流，借鉴国内外先进经验，提升全省智慧应用水平。

附件：省物联网发展重点领域和项目

附件：

省物联网发展重点领域和项目

1	传输通信网络重点工程	**“宽带广东”工程**：推动第三代移动通信、新一代移动通信、无线局域网发展以及光纤入户、信息通信技术（ICT）创新融合，建设覆盖珠三角、连接粤港澳的无线宽带城市群。工程涉及有线和无线宽带通信等多个领域，涵盖系统、终端、芯片等各个环节。 **“光网城市”工程**：包括城市“光纤到楼入户”工程和农村地区“村通光纤”工程。 **“三网融合”工程**：包括“三网融合”试点、公共运营支撑平台建设、新业务开发、数字家庭基地建设及推广应用等项目。 **“政务外网万兆骨干网”工程**：包括建设省、市、区（县）、镇（乡）四级纵向骨干网及省级平台的万兆网络，优化政务网络管理与安全保障体系等。
2	公共支撑平台重点项目	**超级计算中心**：包括建设国家超算深圳中心、广州超算中心。 **云计算数据中心**：包括全省政务数据中心，广州、深圳、珠海、佛山、东莞、汕头等地云计算数据中心，以及广东电信、广东移动、广东联通等运营商和信息服务企业的互联网数据中心。 **物联网公共技术服务平台**：包括地理空间信息共享和开发应用平台、自然资源和地理空间基础信息库、南方现代物流公共信息平台、省级 RFID 产业和技术应用支撑平台等项目。 **国家物联网标识管理公共服务平台**：包括开展物联网域名注册，提供物联网标识解析/搜索服务，为物联网产业链提供跨行业、跨平台、跨管理机构的标识管理公共服务。 **南方物联网检测认证公共服务平台**：包括提供物联网产品测试、产品认证、标准信息服务、知识产权信息服务等。 **广东物联网标准与物品编码公共服务平台**：包括为标准制修订提供数据测定、试验的权威公共实验室，提供标准申报、检索、制定、发布、宣贯和培训等相关信息服务等。 **珠三角卫星导航应用示范系统工程**：包括建设北斗公共技术支持平台和公共运营服务平台；开展中山北斗城市应用示范；建设广州市公务用车使用管理信息系统，升级改造揭阳市重点车辆监控管理系统，建设广东省民用运力国防动员管理系统等。

（续上）

3	物联网关键技术集成创新重点方向	**RFID 技术**：包括智能 RFID 标签芯片、无线射频智能卡（RF-SIM）芯片、远距离 RFID 标签、大容量高速 RFID 标签、与传感器融合的 RFID 标签及其天线、读写器和应用系统等。 **传感器技术**：包括物联网光纤传感技术，低功耗、小型化、高性能的新型传感器以及各类物理、化学、生物信息传感器的设计、制造和封装技术等。 **嵌入式智能技术**：包括应用在智能制造、智能物流、智能交通、智能监控和智能家居等领域的嵌入式智能技术及其设备。 **物联网组网和智能协同技术**：包括 IPV6 的组网技术应用，网络架构、节点间通信与组网、协同检测与数据处理等技术，物联网统一编码地址和规范协议等。 **地理空间信息技术**：包括卫星导航定位、遥感遥测、地理信息系统，支持遥感、传感器、卫星定位与导航和计算机通信技术相结合的综合集成技术研发，以及空间信息采集、处理、管理、分析、表达、传播和应用等现代信息技术。推动新一代导航卫星和高分率遥感卫星民间应用。提高地理空间信息系统大比例尺矢量地图和亚米级影像地图覆盖率，增强地理信息共享能力。 **下一代网络通信技术**：包括无线网、泛在宽带网、短距离无线通信网等技术，相关接口、接入网关、网络通信模块化技术和产品，开发承载物联网各种业务的互通网络技术体系。 **云计算技术**：包括云计算协同，云计算新兴信息服务模式和基础设施应用模式。 **大数据技术**：包括大数据采集、管理、分析、安全等技术。
4	物联网产业发展重点领域	**物联网设备制造业**：包括射频识别设备制造、传感器与传感网络设备制造、物联网芯片制造、传感网智能控制系统及设备制造，以及与物联网、传感网相关的其他计算机类、通信类及其网络类设备制造业，加快 SVAC 国家标准安防监控物联网芯片系统研发应用产业化，建立星光中国芯广东省推广应用基地，开展星光中国芯应用科技攻关。 **物联网软件及系统集成业**：包括物联网操作系统、嵌入式软件、数据库软件、中间件、应用软件、数据分析挖掘软件，以及传感网智能管理软件和系统集成服务业。

（续上）

		物联网平台运营服务业：包括将各种传感器、智能终端连接起来的 M2M 网络服务系统，物联网运营支撑系统，物联网、云计算、大数据、卫星导航运营业务和增值服务。 **物联网应用产业**：包括物联网大规模产业化应用过程中出现的新兴服务业，涉及交通、电力、物流、生产制造、节能减排、医疗卫生、应急管理等领域的物联网应用服务业。
5	珠三角智慧城市群建设重点领域	**智慧城市基础设施建设**：包括在道路、工厂、商店、车站、学校等公共场所部署交通、给排水、能源、通信、环保、公共安全与安全生产等领域智能系统，以及相配套的 RFID、红外传感器、地理空间信息系统、摄像头、激光扫描器等多种传感感知设备。 **基础设施感知网络工程**：包括城镇基础设施智能感应系统、环境感知系统、远程监控服务系统建设，推动 RFID 网络、视频监控网络和无线监测网络的共建共享，加快传感节点的组网，加强精准作业、智能控制、灾害预警、遥感监控和地理空间信息服务。 **城市管理服务智能化**：包括智能交通、智慧国土、智慧市政、智慧房管、智慧建工、智慧应急、智慧旅游等建设，以及智慧医疗、食品溯源、在线阅读和居家养老等民生应用。 **粤港澳合作载体**：推动广州南沙新区“国际智慧滨海新城”、深圳前海地区“智慧前海”、珠海横琴新区“智慧岛”等建设，加快粤港澳合作示范区在服务贸易自由化、快速通关等重点领域实现智能化应用。
6	智慧城市示范应用重点领域	**智能交通**：包括利用 RFID、红外感应、北斗卫星、激光扫描、视频监控等技术建设城市交通智能管理系统，加强车辆行车、运营、安全数据等的采集，实现城区交通实时监控。通过电子站牌及网站、手机等方式向市民提供出行信息服务。开展城市停车场车位信息实时管理，提升线路规划科学性。建设广州智能交通国家物联网应用示范工程，推进物联网技术在城市智能交通领域的示范应用。 **智能环保**：包括通过智能感知、云计算、智慧分析等手段，实现对污染物排放、空气质量、PM2.5 等环境要素和水文、气象等环境处理设施的在线监控，以及对工厂脱硫设施、机动车排气检测的实时监控等。加快环境污染监控业务相关信息系统升级改造。

（续上）

		智能市政：包括整合应用多种传感器、卫星定位、地理空间等技术，实现对自来水、天然气等地下管网和沙井盖等市政设施的在线实时监测，及时、精确发现施工破坏、泄漏、偷盗等不安全因素，提高地下管网运行安全性。建设城市道路照明及监控系统，及时发现并处置路灯故障，实现路灯变功率控制，促进节能降耗。 智能电网：包括建设电网电力设施智能监测网络平台，实现电力设施实时监测和提前预警，减少和预防输电线短路、变电站遭不法入侵等事件，提高电网运行效率和安全性。建立智能化远程抄表系统，实现远程抄表和缴费。 智能安全监管：包括将智能传感设备、无线通信技术等运用到公共安防监控领域，在机场、地铁、学校、大型商圈等公共场所实现实时监控监测、人员定位、门禁管理、智能分析等应用，保障大型体育赛事和大型展会活动举办等。
7	工业物联网应用重点项目	“两化融合”牵手工程：即信息化与工业化深度融合，软件和信息服务业与传统产业牵手共进。组织省内优秀的软件和信息服务企业，面向传统产业开展对接合作和信息服务活动，实现软件和信息服务业与传统产业的融合双提升。 “工业云”创新行动计划：组织省内具有实力的工业龙头企业、电信运营商、信息技术服务企业共同建设广东省工业云创新服务平台，面向全省工业企业提供“工业云”服务。 企业物联网技术改造升级示范工程：依托佛山国际产业制造中心、江门国家级先进制造业基地、肇庆重大装备制造配套基地等基地，围绕装备、电子信息、家电、汽车等优势产业推进企业物联网技术改造，在全省推广有关经验成果。 智能制造基地：包括佛山中德工业服务区、顺德国家装备工业两化深度融合暨智能制造试点，以及广州、深圳、东莞、揭阳等地市智能制造示范基地等。
8	智慧农业示范应用重点领域	智慧农业综合示范区：包括广东现代生物种源基地、广州从化万亩鲜切花生产与旅游综合示范区、南沙都市型现代农业示范区、东莞清溪生态农业产业园、珠海金湾台湾农民创业园、佛山南海现代农业园、惠州博罗航天农业科技示范园、中山南方绿博园、肇庆高要现代农业园、江门现代农业示范基地、茂名现代农业示范区、粤北现代农业示范园、梅州油茶示范基地、海峡两岸（佛山）

（续上）

		农业合作试验区、湛江现代农业示范基地，以及云浮畜牧养殖物联网、佛山顺德水产智能养殖示范试点等。 **智慧乡村：**在全省筛选约20个特色突出、信息化基础设施条件较完备的农民专业合作社和村镇开展“智慧乡村”试点。因地制宜集成多种信息化技术，开展电子政务、电子商务、医疗卫生、社会保障、教育、文化生活、农村青年人才培养和农村青少年服务等综合智能化服务应用。 **农产品监管溯源：**包括食用动物监管溯源系统、蔬菜监管溯源系统、食品监管溯源追踪管理平台等建设。重点推进食用动物电子耳标标识管理和应用。在广州、东莞、茂名等地的蔬菜生产基地和加工企业建立源头管理示范应用，运用RFID技术实现蔬菜源头信息、监装信息、监管信息和口岸查验信息共享。整合食用动物监管、蔬菜溯源、出口货物集装箱监管等应用，实现食品从生产基地、加工企业、流通领域到出境口岸等环节的全过程监管。
9	现代物流物联网技术应用重点方向	**南方现代物流公共信息平台：**以信息交换、公共数据库为基础，以电子口岸与国际航运中心为核心应用，整合海关、税务、工商、交通、外经贸、检验检疫等部门信息资源，通过连接公路、铁路、港口、银行和制造商、供应商、货主、用户等物流信息系统，构建全省公共物流信息服务平台，提升我省物流与供应链运营管理水平。 **“车联网”工程：**通过汽车感知联网，提供各类交通信息，规化出行路线，并提供汽车音乐、餐饮酒店预订、道路救险、车辆维修及年审等增值服务。
10	政府公共服务智能化应用重点方向	**全省网上办事大厅：**完善“政务信息网上公开、投资项目网上审批、社会事务网上办理、公共决策网上互动、行政效能网上监察”五大核心功能。突破申报材料和证照电子化等难点，推进各类行政审批、社会公共服务事务网上办理。推广数字证书应用，推进网上支付、自助办理。开发手机版和平板电脑版网上办事大厅。推进公民专属网页和法人网页建设，提供信息自动推送等服务。 **全省应急系统物联网应用体系：**包括健全全省应急平台体系，实现国家、省、市、县（市、区）及相关单位应急平台互联互通，并延伸到街道（乡镇）、社区（村）。运用物联网、云计算、大数据等新技术，强化监测监控、预测预报信息的智能获取和预警信息的智能发布，

（续上）

		提高综合研判和应急处置方案的智能化水平，提升突发事件预防和处置能力。 **城市“慧眼工程”**：包括建设社会治安视频监控图像采集点，加快系统联网和资源整合，加强视频监控图像资源的智能分析应用以及与其他技防系统的智能化集成应用等。 **“智慧安监”示范工程**：包括利用物联网技术对非煤矿山、危险化学品、烟花爆竹等高危行业及冶金有色等重点领域进行动态监管监察。
11	社会民生服务智慧应用重点领域	**“粤教云”公共服务平台**：采用云计算、物联网等技术，建设省教育信息化公共服务大平台，为教学和管理提供公共存储、公共计算、带宽共享、资源共享、安全认证等服务，整合各类教育管理与教学应用软件和工具，优化教育信息化资源的动态配置与服务。 **人力资源和社会保障“一卡通”**：通过建立社会保障卡流通制度和全省社会保障卡通用信息平台，为持卡人提供政府公共服务统一通用的电子凭证，逐步实现社会保障卡在医药卫生、民政低保、惠农补贴、工资和补贴资金发放、教育培训、公共文化等政府公共服务领域的应用。 **省级卫生综合管理信息平台**：整合数据资源和医疗信息，促进物联网技术与管理、诊疗规范和日常监管有效融合，建立全省统一的电子健康档案、电子病历数据库。加强物联网技术在公共卫生、医疗服务、医疗保障、药品供应保障和综合管理等领域的应用，推动医药卫生信息资源共享。 **智慧计生**：依托广东省全员人口数据库，实施人口计生“一证通”项目，应用人口计生网上综合服务平台，优化对常住和流动人口的动态管理、技术服务、优生健康检查、奖励扶助、依法行政等管理服务，提升人口计生管理服务水平。 **智慧旅游**：采用物联网技术，实现“食、住、行、游、购、娱”旅游六大要素的智能化，为旅客提供舒适便捷的体验和服务，实现旅游服务智慧化和旅游管理智能化。以广州智慧旅游城市为试点，推动信息技术与现代旅游融合发展。

名词解释

——智慧广东：指基于互联网、物联网、云计算等新一代信息技术的广泛和深入应用，通过对海量信息的自动采集、识别和存储，宽带化、移动化的信息传输，智能化的数据分析和处理，实现智慧化的管理和服务，是面向未来构建物联化、互联化、智能化生产生活和社会管理的新模式。

——物联网：是一种通过信息传感设备，按照约定协议把物品与互联网连接起来，进行信息交换和通信，实现智能化识别、定位、跟踪、监控和管理的新型网络。

——传感网：是指集成有传感器、数据处理单元和通信单元的节点，通过自组织的方式构成的无线网络。

——RFID：即射频识别技术，是一种通信技术，可通过无线电讯号识别特定目标并读写相关数据，无需识别系统与特定目标之间建立机械或光学接触。

——IPv6：即下一代互联网协议，是 IETF（互联网工程任务组）设计的用于替代现行版本 IP 协议（IPv4）的下一代 IP 协议。具有更高传输速度和安全性能，并能够解决目前互联网地址不足的问题。

——WiFi：是一种将个人电脑、手持设备等终端以无线方式互相连接的技术。

——LTE：是第三代移动通信（3G）技术标准的演进，是 3G 与 4G 技术之间的过渡性标准。

——M2M：是机器对机器（machine-to-machine）通信的简称，目前重点在于机器对机器的无线通信。

——嵌入式软件：是嵌入在硬件中的操作系统和开发工具软件，由程序及文档组成，可细分成系统软件、支撑软件、应用软件三类。

——云计算：是建立在互联网基础上，以服务方式动态、弹性提供计算能力、存储空间、软件服务等信息技术资源，用户可以根据需要获取上述资源的新型计算模式和服务模式。

——大数据：指在社会生产生活及管理服务过程中，依托现代信息技术采集、传输、汇总而形成的，超出传统数据系统处理能力的数据，具有数据量大、数据类型多、处理速度快的特点。通过整合共享、交叉复用、提取分析这些数据，可以获得新知识，创造新价值。

广东省信息化发展规划纲要（2013-2020 年）

为贯彻落实党的十八大和省第十一次党代会精神，加快建设下一代信息基础设施，大力发展现代信息技术产业体系，全面提升我省信息化发展水平，制定本规划纲要。

一、发展基础

改革开放以来，我省信息化持续快速发展，信息基础设施不断完善，信息技术在国民经济和社会各领域的应用日益广泛，在推动经济发展方式转变和创新社会管理方面发挥了重要作用，信息产业已发展成为国民经济重要支柱产业。2012 年，全省电子信息制造业实现总产值 2.35 万亿元，占全国的 27.6%，连续 22 年居全国首位；软件业务收入 4224.2 亿元，占全国的 16.9%；电子商务交易额 1.5 万亿元，其中网上购物额占社会消费品零售总额比例达 7.9%，居各省市之首；互联网普及率达 63.1%，无线宽带网络覆盖率达 66.4%，均居全国前列。当前，以信息技术和新能源技术为引领的第三次工业革命正在全世界范围兴起，物联网、云计算、大数据、新一代通信网络等新兴信息技术及应用正酝酿重大突破，信息化和工业化加快融合，推动人类生产方式、社会管理和社会活动模式发生新变革，对我省加快信息化发展带来了新的机遇和挑战。

二、总体要求

（一）指导思想

以邓小平理论、“三个代表”重要思想、科学发展观为指导，紧紧围绕主题主线和“三个定位、两个率先”的总目标，抓住全球第三次工业革命兴起和大数据发展的重要机遇，以经济社会发展应用需求为导向，以国际先进水平为标杆，以改革创新为动力，抢占信息化未来发展战略制高点，加快完善信息基础设施，着力构建信息技术自主创新体系，加快发展物联网、云计算、大数据、新一代无线宽带通信等新技术新应用，推动信息化和工业化深度融合，促进信息化、工业化、城镇化、农业现代化同步发展，不断优化社会管理和公共服务，充分发挥信息化在经济、政治、文化、社会和生态文明建设中的重要作用，促进信息技术成果惠及广大人民群众。

（二）战略定位

坚持立足广东、面向世界，先行先试、重点突破，将我省建设成为国际信息网络枢纽中心、国际电子商务中心、世界高端新型电子信息产业重要基地，发展成为全国互联网创新创业高地、智慧城市建设示范区、大数据应用先行区和北斗卫星综合应用试验区。

（三）发展目标

到 2015 年，全省信息化总体达到中等发达国家水平，珠三角地区信息化水平迈进世界先进行列。智慧城市建设取得显著成效，信息基础设施进一步完善，信息技术自主创新体系基本形成，信息技术与传统产业深度融合，大数据和商业智能试点示范应用成效明显，公共服务和社会管理电子化、网络化全面普及，信息化有效推动产业转型升级和生产方式转变，信息化成果惠及全省人民。具体目标如下：

——全省网络覆盖、网络速率达到先进国家水平。全省互联网国际出口带宽提高 3 倍以上，加快推进城镇光纤入户，农村光纤由行政村向自然村拓展。固定宽带普及率达到 30%，3G 以上无线宽带覆盖率达到 70%. 珠三角地区公共区域实现 WLAN（无线局域网）全覆盖，光纤入户率达到 20%，网络接入能力达到 100 兆。全省互联网普及率达到 68%，珠三角地区达到 80%。IPv6（下一代互联网）初步实现规模商用。

——在集成电路设计、新型显示器件、关键元器件、物联网、云计算、大数据、新一代无线宽带通信等重点领域拥有一批具有自主知识产权的关键技术。信息技术领域专利申请量年均增长 25% 以上，占全国信息技术领域专利申请量的比重达到 25% 以上。电子信息制造业产值突破 3 万亿元，软件和信息服务业总收入达到 7500 亿元。

——全省电子商务交易额达 3.2 万亿元，其中网上购物额占社会消费品零售总额比例超过 10%，传统产业企业信息网络应用率达到 80%，规模以上工业企业数控技术应用率达到60%。物流与供应链领域重点企业RFID（射频识别技术）应用普及率达到40%。

——全省网上办事大厅全面建成，至2013年底全省县级、至2015年底珠三角地区镇级政府开通网上办事大厅并与省市连接，行政许可事项网上办理率达80%，社会事务网上办理率达70%，珠三角地区试行公民个人专属网页。

到2017年，全省信息化成果进一步巩固提升，物联网、云计算、大数据等新一代信息技术实现规模化应用，信息化发展接近世界先进水平。具体目标如下：

——全省互联网国际出口带宽比2015年提高2倍以上。固定宽带普及率达到40%，3G以上无线宽带覆盖率达到80%，光纤入户率达到40%，网络接入能力超过100兆。全省互联网普及率达到70%，珠三角地区达到83%。

——信息技术领域专利申请量占全国信息技术领域专利申请量的比重达到28%以上。电子信息制造业产值突破3.5万亿元，软件和信息服务业总收入达到1万亿元。

——全省电子商务交易额达5.6万亿元，其中网上购物额占社会消费品零售总额比例超过15%，传统产业企业信息网络应用率达到85%，规模以上工业企业数控技术应用率达到70%，物流与供应链领域重点企业RFID应用普及率达到50%。

——全省网上办事大厅建设持续推进，镇（街）级政府基本建立网上办事大厅并与省、市、县连接。行政许可事项网上办理率达85%，社会事务网上办理率达75%。珠三角地区全面普及公民个人专属网页。

到2020年，全省信息化迈入世界先进水平。建成宽带、泛在、融合、安全的信息基础设施，信息技术自主创新能力和信息产业核心竞争力明显增强，新一代信息技术在经济社会各领域广泛应用，公共服务和社会管理网络化水平大幅提升，信息化对经济社会发展带动效应更加显著,信息化总体水平再上新台阶，基本建成“智慧广东”。具体目标如下：

——全省互联网国际出口带宽比2015年提高3倍以上，固定宽带普及率达到45%以上，3G以上无线宽带覆盖率达到90%，城镇公共区域实现WLAN全覆盖。珠三角地区光纤入户率达到75%，20家农户以上规模的自然村通宽带。全省互联网普及率达到78%，珠三角地区达到85%。

——在新一代信息技术领域拥有一批具有自主知识产权的关键核心技术，信息技术领域专利申请量平稳增长，占全国信息技术领域专利申请量的比重达到30%。电子信息制造业产值达4万亿元，软件和信息服务业总收入比2015年翻一番，突破1.5万亿元。

——电子商务应用全面普及，电子商务交易额突破8万亿元，其中网上购物额占社会消费品零售总额比例超过20%，传统产业企业信息网络应用率突破90%，规模以上工业企业数控技术应用率突破80%。物流与供应链领域重点企业RFID应用普及率达到70%。

——全省各地级以上市政府部门全面推进电子政务建设，省、市、县进一步巩固已有网上办事大厅建设成果。全省行政许可事项网上办理率达90%，社会事务网上办理率达80%，大数据在重点行业、重点企业及社会的服务应用全面普及，全省推广公民个人专属网页。

三、加快新一代信息基础设施建设

（一）推进信息基础设施一体化

统筹全省信息基础设施建设，加快推进以广州、深圳为中心、珠江口东西两岸各市为节点的信息基础设施布局，加强全省通信管线、基站等信息基础设施的共建共享。优化各类城域网络，提高话音、视频、数据等多业务综合承载能力，积极开展频谱资源共享试点，实现频谱资源高效利用，提升信息基础设施一体化程度。优化基础接入网建设模式，提高接入网共建共享水平。推进下一代互联网建设，加快骨干网、城域网、接入网、互联网数据中心和支撑系统的升级改造。推动政府、学校和企事业单位网站系统及商用网站系统进行IPv6网络建设。

（二）推进光纤入户和三网融合

加快城市光纤入户，推动电信运营商加大资源投入，提升骨干网传输和交换能力，加快光纤宽带接入网络建设进程，全面提升宽带接入能力，重点推进政府机构、医疗卫生机构、公共文化场馆、科技园区、商务楼宇、宾馆酒店、社区等单位和场所的光纤宽带接入。加快农村宽带网络建设，推动农村宽带入乡进村。加快下一代广播电视网络建设步伐，深入推进深圳、广州、佛山、云浮国家三网融合试点工作，加快推进广电、电信双向业务进入实质性商用阶段，积极培育三网融合新业态。

（三）推进无线城市群建设

统筹推进第三代移动通信（3G）、无线局域网（WLAN，包括WiFi等）、新一代移动通信（LTE等）无线宽带网络发展。扩大WLAN在重要区域和公共场所的覆盖面，提高热点地区大流量移动数据业务承载能力。加快实现珠三角地区 WLAN 全覆盖，逐步实现全省城镇公共服务区域全覆盖。在全国率先建设新一代移动通信网络。

四、大力推进信息技术创新与产业发展

（一）完善信息技术创新机制

着力构建以企业为主体、市场为导向、产学研相结合的信息技术创新体系，发挥政府在技术创新中的扶持引导作用，组织技术联盟和产业协作，加强企业、科研机构、高等院校之间的协同创新，开展关键技术联合攻关。加强知识产权保护，建立知识产权交易平台。支持省内企业参与信息化全球市场竞争，推动我省自主技术和标准“走出去”。加快形成高端信息技术创业创新高地。

（二）培育信息技术骨干企业

着力打造国际化法治化营商环境，加强政策支持和跟踪服务，帮助企业提升发展内生动力和活力。实施信息技术企业百强培育计划，发展壮大一批拥有自主知识产权的信息技术龙头企业，培育一批具有国际竞争力的跨国信息技术企业，突出支持一批大型民营信息技术企业壮大规模增强实力，充分发挥龙头企业在推进信息技术创新与产业发展方面的示范带动作用。力争到 2017 年全省业务收入超 100 亿元的电子信息制造业企业达到 15 家以上，软件和信息服务企业达到 10 家以上；超 500 亿元的电子信息制造业企业达到 8 家以上，软件和信息服务企业达到 6 家以上；超 1000 亿元的电子信息制造业企业达到 3 家以上，软件和信息服务企业达到 3 家以上。

（三）构建信息技术产业体系

突破核心元器件、高性能芯片、高端软件三大核心技术。构建物联网、云计算、大数据挖掘和超级计算中心四大应用创新平台，重点构建面向企业供应链管理、交通、电力、环保、食品溯源、现代农业种养的物联网应用创新平台，构建面向中小微企业信息化服务和技术创新的云计算平台，构建面向企业经营管理及社会服务和管理的大数据挖掘应用创新平台，并以广州、深圳两大超级计算中心为基础构建信息技术研发设计、高性能计算创新平台。推进通讯设备、移动终端、计算机设备、软件和信息服务四大优势产业创新发展，重点推动信息技术企业在产品设计、工艺流程改造、产品性能质量提升、供应链优化、市场拓展等方面进一步创新发展。促进新一代无线宽带通信、下一代互联网、新型显示、智能装备四大新兴产业加快发展，重点推动第三代移动通信、新一代移动通信、大容量数据处理、短距离通讯、IPv6、LCD（液晶显示器）、LED（发光二极管）、OLED（有机发光二极管）、智能装备等新兴技术产业和新型服务业态快速发展。推动产业链整合，形成从材料、芯片、元器件、整机到终端设备，从数控机床到智能机器人，从硬件、软件到信息技术集成服务的完善产业链，全面提升我省信息产业竞争力。

（四）优化信息技术产业布局

进一步优化“两核三圈三带”的信息技术产业布局，打造以广州、深圳两个国家创新型城市为核心的高端信息产业发展高地，提升珠三角地区“广佛肇”、“深莞惠”和“珠中江”三大信息产业主体圈，辐射带动粤东、粤西、粤北地区三大信息产业发展带，推动产业梯度集聚，实现全省信息技术产业协调发展。在建设完善现有 10 个国家级信息技术产业基地的基础上，到 2015 年建成 20 个省级高端新型电子信息产业基地，进一步推动产业集聚发展。大力建设广州、深圳中国软件名城，打造一批“名园、名企、名牌、名人”。建设珠三角国家级北斗卫星综合应用示范区。

五、推动信息化和工业化深度融合

（一）推进智能制造发展

深化信息技术在制造业的应用，突出发展智能装备和智能产品，推动生产过程智能化，加快传统制造向“现代智造”的转型升级。重点突破工业控制芯片、核心工业软件、数控装备和工业机器人核心技术，研制高端数控产品、工业机器人、数控精密注塑机、自动化生产线、流程工业成套装备等智能装备，发展汽车电子、船舶电子、智能家电等智能化工业产品，提高产品信息技术含量和附加值。以提升产业链协同能力为重点，推进工业生产过程信息共享、系统整合、智能控制和协同制造，提高精准制造、柔性制造、敏捷制造能力。建设一批工业设计和产品开发公共技术服务网络平台，推进一批行业信息系统集成及示范应用。

（二）推进信息技术在节能减排中的应用

加快推动信息技术与环境友好技术、资源综合利用技术、资源节约技术的融合发展。加强对资源、能源和环境的信息监测、分析，提高能源集约利用、能源消费优化、排放综合治理等环节的信息技术应用水平。加快高能耗、高物耗和高污染行业的信息化改造，建立行业节能环保公共服务信息平台，普及应用数字化技术设备和智能控制系统，加强对能源利用和污染排放的实时监控和精细化管理，提升节能减排能

力。鼓励工业企业建立能源管理体系，提升企业能源利用效率。支持能源企业运用新一代信息技术整合新能源技术，建设可实现新能源生产、储存和共享的智能化能源网络，促进新能源产业信息化、智能化。

（三）推进信息技术在生产性服务业中的应用

深化电子商务普及应用，持续推进“广货网上行”，支持传统企业发展电子商务，培育新型消费模式。建设一批具有国际影响力的行业电子商务平台、大宗商品电子交易平台和网络零售平台，支持和鼓励企业运用电子商务创新商业模式，深化电子商务与实体经济的有机融合。建设电子商务公共信息服务、支付服务、跨境贸易服务、交易产品追溯服务等应用试点，促进电子商务有序发展。推动移动电子商务从生活服务领域向工农业生产服务领域延伸。加快建设南方物流公共信息平台、全国加工贸易产品交易博览会网上交易平台和省级电子口岸平台，促进RFID、二维码、智能卡、传感器等新技术在物流、供应链管理和金融服务等领域的广泛应用。进一步深化会展、创意、租赁、工业设计、技术服务外包等领域的信息化应用。

（四）推进大数据商业化应用

充分利用市场机制，加快推进行业、企业开展大数据应用。支持和鼓励行业协会、中介组织开发深度加工的行业应用数据库，建立行业应用和商业服务大数据公共服务平台，提供数据挖掘分析和商业智能等大数据应用服务，帮助中小微企业定制各类大数据应用解决方案。培育数据资源服务重点企业，提高数据资源服务能力。推动大数据在生产过程中的应用，鼓励企业运用大数据开展个性化制造，创新生产管理模式，降低生产成本，提高企业竞争力。加快商业大数据创新应用，鼓励企业开展精准营销、个性化服务，提高流通、销售等环节的管理水平。

（五）推进民营企业信息化

支持民营企业特别是中小微型民营企业进行信息化改造，利用信息技术增强自主创新能力，提高企业间协作配套能力和产业链专业化协作水平。进一步推进“两化融合牵手工程”，促进生产制造企业与信息技术企业深入对接。加快开发推广面向中小微企业的企业管理系统、研发设计和技术创新公共信息技术服务平台，优化面向中小微企业的信用管理、电子支付、物流配送、身份认证等关键环节的集成化电子商务服务。建立完善集技术支撑、信息交流、融资租赁、中介服务、人才培训等于一体的服务体系，积极开展适应中小微企业特点的信息化服务。

六、推动信息化和城镇化加快融合

（一）推进信息化与城镇化协同发展

坚持科学规划，将信息基础设施纳入城乡规划统筹考虑、一体化建设，提高信息化在土地利用、经济社会发展、生态环境、历史文化等相关规划中的比重，强化信息化在城镇化进程中的作用。推进建设地理空间信息平台、智慧城乡空间信息平台等一批智慧城镇的信息基础设施，推进省、市、县多级地理空间信息与人口、产业经济、基础设施、公共服务、社会管理等城镇化发展相关领域信息的整合、交换和共享，加快实现信息化与全省城乡建设、土地利用和城镇服务管理等领域协调发展，促进形成科学合理的城镇化格局，推动新型城镇化发展。

（二）推进城镇基础设施智能化

加快传感器技术、地理空间信息技术、卫星定位与导航技术、新一代信息网络技术在城镇化建设中的应用。在城市运行关键领域建设一批城镇基础设施智能感应系统、环境感知系统、远程监控服务系统。推进RFID网络、视频监控网络、无线电监测网络的共建共享，统筹传感设备、无线通信设备、控制设备和摄像头等各类智能终端在交通、给排水、能源、通信、环保、防灾与安全生产等城镇公共基础设施的布局和应用，加强对地下管线的实时监控，形成全面覆盖、泛在互联的智能感知网络，提升公共基础设施的智能化水平。

（三）推进城镇管理和服务智慧化

加强物联网、传感网、云计算、大数据等信息技术在城镇运行管理和服务中的应用。重点推进智慧国土、智慧市政、智慧交通、智慧房管、智慧建工、智慧应急建设，提高政府在国土利用、市政管理、交通出行、住房规划、市场监测、应急管理等方面的综合管理服务能力。推进智能楼宇、智能家居、智能安防以及社区管理综合服务平台建设，推进人口计生、水电气、气象、物业管理等社区服务的智能化应用，推进在线办理、在线阅读、居家养老、家庭病床、应急救助等智慧化便民服务，提高社区精细化管理和智能化服务水平，改善居民智慧化生活环境。建设智慧城镇运营平台，建立健全数据采集、交换共享、开发利用相关标准体系，开展智慧城镇大数据应用，推动城镇创新发展。深入推进智慧城市试点建设，引导全省智慧城市建设有序推进。

七、推进社会建设信息化

（一）推进信息技术在民生领域的应用

推进教育信息化一体化工程、教育宽带网络“校校通”“粤教云”公共服务平台和数字校园建设，推动优质教育信息资源开放共享和创新应用，大力促进信息技术在课堂教学、在线学习、终身学习和教育管理的智慧化应用服务，加快发展远程教育，推动教育模式改革。推进我省基层医疗卫生机构管理信息系统和省级卫生综合管理信息平台建设，建设覆盖城乡的电子健康档案和电子病历，推广远程医疗和健康咨询保健智能应用，加强公共卫生、医疗服务、药品监管等领域信息化建设。建立完善全省集中式人力资源社会保障一体化信息系统、省水利综合管理信息平台、省旅游信息综合服务平台等信息系统和平台，加强减灾救灾、社会救助、社会福利和慈善事业等领域的信息化服务。整合医疗卫生、社会保障、社会福利、公共交通等信息资源，推进市民服务“一卡通”工程。加强网络文化建设，发展数字出版业，推进文化信息资源共享工程，支持开发具有广东特色的数字文化产品，打造数字内容产业链，培育新型数字文化娱乐消费。

（二）加快社会服务信息资源开发

深入推进全省社会信用体系和市场监管体系信息化建设，建立信息资源采集、共享和应用的长效机制。整合各有关部门的人口登记信息，建立以公民身份号码为唯一代码、信息资源共享的省级人口综合信息服务管理平台。大力推进应急体系信息化建设，整合各领域、各行业应急资源，建设完善全省应急平台体系。加强网络信息分析和应用，利用网络收集民意、汇集民智，支持行业协会、中介组织建设社会大数据公共服务平台，提升社会公共服务水平。

（三）深入推进农村信息化

扎实推进国家农村信息化示范省建设，全面推动电子商务进农村、电子政务连农民、信息技术兴农业。着力发展农村电子商务服务，建设特色农产品电子商务平台，推进供销社经营网络的标准化、信息化，发展城乡一体的现代流通方式和新型经营业态。完善农村信息服务体系，加强信息服务站点网络化建设，拓展服务功能。加强涉农信息资源整合，建设支撑“三农”发展的数据库，提升农村信息采集、分析和挖掘能力，推进农村基础信息交换与共享。推进海洋渔业和林业信息化建设。逐步推动精准作业、智能控制、远程诊断、遥感监测、灾害预警、地理信息服务及物联网等现代信息技术在农业农村、海洋渔业和林业中的应用。开展农村信息应用能力培训，增强农民、渔民信息化知识，支持农民、渔民利用信息技术创业致富。

八、推进电子政务建设和应用

（一）推进政务信息资源整合

改造升级全省电子政务网络，运用云计算理念和技术，构建全省政务数据中心，为省直各部门提供按需申请、弹性化服务的信息基础服务资源。提升省信息资源共享交换平台，完善地理空间和自然资源、人口、法人、金融、税收、统计、房屋、社会保险、档案等基础信息资源库，强化各类信息资源的整合共享。推进全省电子公文交换、电子文件归档和数字档案管理，实现跨地区、跨层级、跨部门信息共享和业务协同。完善电子政务项目建设管理、绩效评估和运行维护机制。大力推进电子政务网站中文域名注册工作，加强电子政务网站规范化管理。推动政务部门业务应用系统向云计算模式的电子政务公共平台迁移，推动办公模式向云端化、移动化变革。

（二）推进政府公共服务信息化

建设完善省网上办事大厅，连通全省各级政府和部门，形成“横向到省直厅局、纵向到县区镇街”的网上办事体系，实现政务信息网上公开、投资项目网上审批、社会事务网上办理、公共决策网上互动、政府效能网上监察。结合省政务数据中心建设，建立多部门并联审批和各级政府联动办事的工作机制。整合优化办事流程，各类行政审批、社会管理和公共服务事项实现网上全流程一站式办理。推动各级实体性政务办事大厅功能向网上办事大厅迁移。建设完善反映公众诉求的网络问政平台，完善政企信息互动机制。逐步建设覆盖全省的公民个人专属网页，为公民提供便捷的电子政务和民生服务。

（三）推动政务大数据应用

建立各级政府和部门联动的大数据形成机制，推动公共数据资源开发利用。采用行政收集、网络搜取、自愿提供、有偿购买、传感采集等方式，拓宽大数据收集渠道。通过网上办事大厅、公共联合征信系统、市场监管信息网、政法信息网、医疗卫生信息网、公民个人专属网页等重大信息化项目，收集整理公共数据。推进二维码、RFID、传感器等普及应用，实现数据自动收集。实施与行政体制改革相配套的数据上移工程，强化全省数据汇聚、集中、共享能力。加强政府大数据业务支撑系统建设，以业务协同为基础，以数据共享为支撑，开展大数据分析挖掘应用，提升政府公共服务和管理创新水平。有步骤推进政府数据开放，促进社会大数据应用。

九、加强信息安全建设

（一）加强信息安全机制建设

加强全省网络与信息安全工作的统筹协调，健全各地级以上市的网络与信息安全协调工作机制，形成省市联动、部门互动的网络与信息安全联合监管和协调机制。推动信息安全与信息化同步规划、同步建设、同步运行，完善信息安全基础设施，落实信息安全等级保护制度，健全信息安全认证认可体系，强化信息安全应急处置，提高信息安全风险防范能力。

（二）加强重点领域信息安全保障

加强电子政务信息安全管理，建设政务信息安全监管平台，提升网络与信息安全监管能力，完善政府信息技术服务外包安全管理，落实涉密信息系统分级保护制度，推进党政机关互联网集中统一接入。加强能源、交通、金融等涉及国计民生的重要信息系统的信息安全管理；加强物联网、云计算、大数据应用、智慧城镇建设的安全防护和管理；加强核设施、先进制造、电力系统、交通运输、水利枢纽、城市设施等重要领域工业控制系统安全管理，重点加强对可能危及生命和公共财产安全的工业控制系统的监管。拓展省电子交叉认证平台的应用和覆盖范围，推动国产密码、电子签名在金融、铁路、电力、电信等重点领域的应用。加强全省档案数据备份工作，实现档案数据的异地异质备份。

（三）加强信息网络安全管理

增强电信网、广播电视网、互联网等基础信息网络安全防护能力，加大无线电安全管理和重要信息系统无线电频率保障力度。加强对互联网网站、地址、域名、信息内容和接入服务单位的管理，规范互联网服务市场秩序。强化信息资源和个人信息保护，保障信息系统互联互通和部门间信息资源共享安全，强化企业、机构在网络经济活动中保护用户数据和国家基础数据的责任。加强网络虚拟社会管理，完善网络信用体系，加强网络舆情研判，打击网络违法犯罪活动，倡导行业自律，发挥网民和社会组织的监督作用。逐步完善涉及信息安全的政府采购政策和管理制度。鼓励信息技术企业和高校科研机构进行信息安全技术研发，发展信息安全产业，提高我省安全可控软硬件产品覆盖率。加强商用密码市场引导、政策扶持和行业监管。

十、保障措施

（一）加强统筹协调

充分发挥省信息化工作领导小组的作用，建立健全跨区域、跨行业、跨部门信息化发展统筹协调机制，协调制定有关政策措施，加强对基础设施建设、技术研发、标准制定、应用推广、产业链构建、信息安全保障等工作的统筹指导，形成资源共享、协同推进的工作格局。加快制定完善电子商务、电子政务、信息安全、大数据等相关标准规范和法规规章。各地要把信息化发展工作摆上更加重要的议事日程，切实加强组织协调，结合本地实际扎实推进。各部门要强化协调配合，实现各项政策的效益最大化。全省各级信息化主管部门要加强对信息化工作的指导和督促检查，确保各项政策措施落到实处。

（二）加强财政扶持

整合现有资金渠道，加大财政投入，集中力量支持物联网、云计算、大数据、下一代互联网、移动互联网等新一代信息技术以及信息化和工业化深度融合关键共性技术的研发和产业化，以及标准体系、公共服务平台、重大应用示范工程的建设。积极引导社会资源投向信息化建设，鼓励企业加大信息技术研发投入，拓宽信息化发展的投融资渠道。

（三）加强区域协作

科学统筹、合理规划、大力促进城乡信息化协调发展，引导珠三角信息化成果向粤东西北地区推广应用，推动城市信息化基础设施及服务向县（区）、乡（镇）、村延伸。大力推进农村、欠发达地区信息化工作，建立欠发达地区信息化、电子商务、信息社会建设示范区，促进信息产业区域协调发展。建立健全粤港澳信息化合作机制，积极探索合作新模式，加强信息基础设施和信息资源共建共享。支持省内企业与国际优势企业加强信息化关键技术研发合作。

（四）加强人才队伍建设

大力实施信息化人才国际化战略，加大海外高层次人才引进力度，加强信息技术培训基地建设和国际交流培训。完善人才激励机制，优化人才成长环境，加快培养创新型、应用型信息化人才。加强网络与信息安全专业骨干队伍和应急技术支撑队伍建设。开展面向全社会的信息化应用和信息安全宣传教育培训。加强大中小学信息技术、信息安全和网络道德教育，在政府机关和涉密单位定期开展信息安全教育培训。

附：名词解释

——IPv6：即下一代互联网协议，是IETF（互联网工程任务组）设计的用于替代现行版本IP协议（IPv4）的下一代IP协议。具有海量地址，更高的传输速度和安全性能，特别是能够解决目前互联网地址不足的问题。

——WLAN：即无线局域网络，是无线局域网的英文第一个字母的缩写。

——RFID：即射频识别技术，又称电子标签、无线射频识别，是一种通信技术，可通过无线电讯号识别特定目标并读写相关数据，而无需识别系统与特定目标之间建立机械或光学接触。

——物联网：是一种通过信息传感设备，按照约定的协议，把物品与互联网连接起来，进行信息交换和通信，以实现智能化识别、定位、跟踪、监控和管理的新型网络。

——云计算：是建立在互联网基础上，以服务方式动态、弹性提供计算能力、存储空间、软件服务等信息技术资源，用户可以根据需要获取上述资源的新型计算模式和服务模式。

——大数据：指在社会生产生活及管理服务过程中，依托现代信息技术采集、传输、汇总而形成的，超出传统数据系统处理能力的数据，具有数据量大、数据类型多、处理速度快的特点。通过整合共享、交叉复用、提取分析这些数据，可以获得新知识，创造新价值。

——两化融合牵手工程：即信息化与工业化深度融合，软件和信息服务业与传统产业牵手共进。组织省内优秀的软件和信息服务企业，面向传统产业开展对接合作和信息服务活动，实现软件和信息服务业与传统产业的融合双提升。

广东省云计算发展规划（2014-2020年）

为抢抓云计算发展战略机遇，推动我省云计算加快发展，提升我省信息化水平，制定本规划。

一、发展现状

近年来，我省高度重视云计算发展，大力推进云计算基础设施建设、技术产品研发和应用示范推广，取得了显著成绩。中国科学院云计算产业技术创新与育成中心落户东莞，国家超级计算深圳中心和中国电信广州云计算数据中心投入试运行，国家超级计算广州中心进入实质建设阶段。一批具有较强自主创新能力和市场影响力的本土云计算企业及云计算数据中心、公共平台加快发展。电子政务云应用模式日趋成熟，省网上办事大厅覆盖省直各部门及21个地级以上市和所有县（区），正在向镇（街）和农村延伸。交通物流、教育文化、医疗健康等各领域的云计算应用方兴未艾。但与云计算在全球范围迅猛发展的形势要求相比，我省还存在云计算基础设施不够完善、核心技术公关有待加强、龙头企业引领效应不够明显等问题。云计算与物联网、移动互联网、新一代信息技术等不断融合演进引发的信息技术产业深刻变革，对我省加快发展云计算也带来了新的机遇和挑战。

二、总体要求

（一）指导思想

以邓小平理论、“三个代表”重要思想和科学发展观为指导，紧紧围绕“三个定位、两个率先”的总目标，坚持应用引领、创新驱动、合理布局、突出特色、集群集约、安全可控，进一步加强云计算基础设施建设，着力突破云计算关键技术和核心产品，大力培育云计算骨干企业和产业基地，加快推进云计算示范应用，推动云计算产业与经济社会协调发展，为我省创新发展和产业转型升级提供强有力的支撑。

（二）发展目标

在2020年底前，将我省建设成全国云计算技术创新高地、云计算应用服务先行区、云平台和软件集聚区，打造成国际绿色云计算数据中心基地、全球云基础设备和云终端核心制造基地。分阶段目标如下：

到2015年，初步形成基础设施完善、产业链健全、服务全面、应用广泛的云计算发展格局，云服务产业规模达到1000亿元，云终端制造产业规模达到3000亿元，云计算应用达到国内领先水平。

——网络基础设施建设方面，全省固定宽带、3G/LTE用户普及率分别达到30户／百人、99户／百人，4G用户达到2000万户，城市、农村镇区用户固定宽带接入能力分别达到50兆比特每秒（Mbps）、20Mbps，光纤网络覆盖用户达到3100万户，4G基站达到14万个，无线局域网（WLAN）热点达到20万个，无线访问接入点（AP）达到60万个。

——创新能力提升方面，形成一批满足重点应用需求的关键产品和云计算系统解决方案；引进和培育云计算领域领军人才和团队，培养一批云计算专业技术人才；软件和信息服务领域专利申请量年均增长30%以上，软件产品登记量年均增长25%以上。

——产业发展方面，超过40%的规模以上软件和信息服务企业向云计算服务企业转型，培育5家以上具备自主研发实力和全国影响力的云计算骨干企业，建立2个产业规模化程度高、集聚效应好的省级云计算产业基地；基础设施即服务（IaaS）、平台即服务（PaaS）、软件即服务（SaaS）等云计算服务居全国领先水平。

——普及应用方面，70%以上的个人互联网用户使用公共云计算服务；50%以上的中小企业实现基于云计算的信息化建设和管理；在云计算发展重点城市初步建立面向电子政务、电子商务、交通物流、智能制造、医疗健康、教育文化等重点领域的云服务。

到2017年，云服务产业规模达到1600亿元，云终端制造产业规模达到4000亿元，云计算服务能力进一步提升，基本实现规模化应用，应用水平力争接近世界先进行列。

——网络基础设施建设方面，全省固定宽带、3G/LTE用户普及率分别达到40户／百人、136户／百人，4G用户达到7500万户，城市、农村镇区及重要行政村自然村用户固定宽带接入能力分别达到100Mbps、20Mbps，光纤网络覆盖用户达到5280万户，4G基站达到19万个，WLAN热点达到23万个，无线访问接入点（AP）达到70万个。

——创新能力提升方面，形成一批具备一定应用规模的关键产品和云计算系统解决方案，软件和信息服务领域专利申请量年均增长30%以上，软件产品登记量年均增长25%以上。

——产业发展方面，超过50%的规模以上软件和信息服务企业向云计算服务企业转型，培育10家以上具备自主研发实力和全国影响力的云计算骨干企业，建立4个产业规模化程度高、集聚效应好的省级云计算产业基地，争取建立1个国家级云计算产业基地。

——普及应用方面，85%以上的个人互联网用户使用公共云计算服务；60%以上的中小企业实现云计算模式下的信息技术资源管理。

到2020年，云计算产业核心竞争力显著提升，云服务产业规模达3000亿元，云终端制造产业规模达到6000亿元，云计算技术在国民经济和社会各领域广泛应用，应用水平力争迈进世界先进行列。

——网络基础设施建设方面，全省固定宽带、3G/LTE用户普及率分别达到45户/百人、162户/百人，4G用户达到1.3亿户，城市、农村用户固定宽带接入能力分别达到300Mbps、20Mbps，光纤网络覆盖用户达到8000万户，4G基站达到24万个，WLAN热点达到26万个，无线访问接入点（AP）达到100万个。

——创新能力提升方面，形成一批实现大规模应用的关键产品和云计算系统解决方案，软件和信息服务领域专利申请量、软件产品登记量平稳增长。

——产业发展方面，超过70%的规模以上软件和信息服务企业向云计算服务转型，培育15～20家具有自主研发实力和国际竞争力的云计算骨干企业，建立2～3个自主创新能力强、具有国际竞争力的国家级云计算产业基地。

——普及应用方面，95%以上的个人互联网用户使用公共云计算服务；80%以上的中小企业实现云计算模式下的信息技术资源管理。

三、加快云计算基础设施建设

（一）完善信息网络基础设施建设

引导电信运营企业加大资金和资源投入，提高支撑云计算应用发展的基础电信网络出口带宽，重点扩充网络中心节点和云计算数据中心所在区域宽带资源。有序推进光纤到楼入户进村进校，提升骨干网传输和交换能力，加快光纤宽带接入网络建设，全面提升宽带接入能力。加快第四代移动通信（4G）网络建设。大力推进珠三角地区WLAN全覆盖，加快实现全省城镇重要公共服务区域的WLAN覆盖，提高热点地区大流量数据业务承载能力。积极推进广播电视、电信、互联网络三网融合，加快推进广电、电信双向业务进入实质性商用阶段。

（二）加快云计算大数据中心建设

统筹省内云计算数据中心发展，积极探索跨区域共建共享机制和模式，布局建设一批公共服务、互联网应用服务、重点行业和大型企业云计算数据中心和远程灾备中心，吸引国内外骨干企业的大型云计算数据中心落户广东，逐步形成一体化的云计算数据中心建设布局。构建全省统一的电子政务云数据中心，为政府各部门提供统一的信息基础服务资源，强化政府数据资源集中管理和分析应用。加快深圳、广州超级计算中心发展，增强高性能计算、海量数据处理、信息管理服务能力，促进我省先进制造业、战略性新兴产业发展和智慧广东建设。

（三）加快云计算平台建设

建设面向全国乃至亚太地区，集IaaS、PaaS、SaaS于一体的综合型云计算公共平台。鼓励电信运营、信息技术服务等企业推进其互联网数据中心向云服务模式转型，提供存储设备、服务器、应用软件、开发平台等服务。支持云计算软硬件和解决方案相关企业与科研院所加强合作，开发面向重点行业、企业及个人用户的各类云计算平台。加快建设中小企业云平台，为中小企业提供按需使用、动态扩展、优质低价的数据存储、软件开发、产品推介、交易支付等服务。珠三角地区围绕信息服务一体化要求，逐步建立跨地区、跨部门、跨层级的云计算公共服务平台，形成覆盖面广、动态跟踪、信息共享的统一社会管理平台。

四、推进云计算技术自主创新和产业化

（一）突破关键技术和核心产品

鼓励骨干企业、科研机构、高等院校集中力量突破弹性计算、资源监控管理与调度、安全控制管理、数据中心绿色节能、虚拟整合等关键技术，掌握一批自主专利，在重点领域形成合理的专利布局。支持软件和信息服务企业加快开发具有自主知识产权的云计算操作系统、桌面云计算系统、分布式系统软件、虚拟化软件等云计算基础软件，应用于云基础设施和云

终端设备的嵌入式软件及 SaaS 相关应用软件。加大低能耗芯片、高性能服务器、海量存储设备、网络大容量交换机等核心云基础设备的研发和产业化。引导企业重点突破数据接口、数据迁移、数据交换等方面的云计算关键安全技术，提供具有自主知识产权的云计算安全解决方案。鼓励企业通过并购重组、股权投资、战略合作等形式，加快研发基于国产软硬件产品的云计算应用整体解决方案。支持云计算服务商对云平台服务连续性、安全策略及数据快速恢复等关键问题加强研究，提供数字证书认证服务及云计算系统可靠性、安全性评测服务。

（二）推进云计算与新一代信息技术集成创新

加快云计算与物联网、移动互联网、大数据等新一代信息技术融合发展，鼓励打破行业壁垒，引导产业资源共享与整合。支持基于海量终端接入、海量信息存储和计算的 IaaS、PaaS、SaaS 服务产品、服务平台和解决方案创新，推动云计算在信息存储、处理、分析等方面实现广泛应用。加强数据挖掘技术、理论、模型和方法的研究，推动数据挖掘技术在云计算存储、搜索处理和前端交互等方面实现广泛应用。加快研发支撑云计算应用的智能手机、平板电脑、智能电视等新型终端产品及配套产品。

（三）培育云计算产业示范基地

珠三角地区依托现有软件和信息服务业基地，引导云计算产业集聚发展。粤东西北地区加快建设云计算创新成长型基地，重点培育发展云基础设备制造业和云计算数据中心应用服务。促进云计算产业在珠三角地区与粤东西北地区合理分工、错位发展，推动区域协调发展。加大产业基地对国内外云计算骨干企业的招商引资力度，吸引其在粤设立总部、区域总部。加快提升云计算产业基地的公共服务能力，增强技术创新、技术交流、营销推广、人才开发、投融资咨询等服务功能。支持省市共建云计算应用产业基地。

（四）培育云计算新兴业态

支持云计算软件和信息服务企业开展云计算专业服务和增值服务，推进云计算应用服务市场化，带动服务外包等产业发展，培育新兴服务业态。鼓励我省云计算骨干企业开展面向行业、企业及个人用户的云计算商业模式创新活动，探索云计算产业上下游协作共赢的新型商业模式，进行云计算产业资源整合，推动产业链协同发展。鼓励在粤电信运营企业及省内信息服务、系统集成企业参与云计算应用示范工程，共同推进云计算新兴业态培育和商业模式创新。

（五）加强产学研合作创新

采用技术转让、委托开发等成果转让方式，通过建立技术创新基地、共建研发机构、提供技术服务等途径，建立粤港澳合作、多院所协作、多学科集成的技术研发创新模式。健全产学研相结合的服务体系，支持建立产学研服务机构，加强专利申请、技术转让、知识产权保护等服务。借助国内外、行业内外的科研力量，拓宽云计算技术交流与合作研究的渠道和领域，促进云计算关键技术落地，实现产学研良性互促、协同发展。

五、推进云计算普及应用

（一）加快电子政务云计算应用

运用云计算技术整合改造政府部门的电子政务系统，推动办公模式向云端化、移动化变革。整合各地政府政务系统软硬件资源，构建基于云计算的统一电子政务平台，为政府各部门提供弹性化信息基础资源服务。建设和完善基于云计算的网上办事大厅、社会信用信息网、市场监管信息网、政法信息网等重大信息化项目，实现电子政务系统的集中部署、共建共用。加快推动电子政务云服务向城乡延伸。

（二）加快工农业领域云计算应用

支持开展工业云创新行动和信息技术产用合作，鼓励信息化服务商开展工业云创新服务试点。支持开发基于云计算，面向汽车、建筑材料、石油化工、食品医药、纺织服装、电子信息等工业领域的企业信息化解决方案，推动云计算与企业信息化深度融合。加快推动云计算在特色农产品电子商务、农业供应链管理、农业经济组织生产经营管理等领域的应用。支持推广面向农业农村信息资源海量存储、农产品质量安全追溯管理、农业生产过程智能检测控制、农产品营销网络、农村综合信息服务等农业信息化重点领域的云计算公共服务。

（三）加快社会服务领域云计算应用

推动南方现代物流公共信息平台和珠三角地区物流信息交换中枢网络建设，深化云计算在交通物流领域的应用。统筹各级教育部门的公共服务资源，建设省级高性能计算中心、“粤教云”数据中心和“粤教云”公共服务平台，推进“粤教云”示范应用试点，探索基于云计算和大数据的智慧教育。打造医疗健康、旅游住宿、网络购物、娱乐消费、新媒体等领域的云计算应用服务体系，将公共服务和社会应用加快延伸至社区、家庭和个人。

（四）优化云计算应用服务环境

发挥省云计算产业联盟、粤港云计算服务和标准专家委员会的作用，加强对云计算测试认证、企业认证、推广应用等服务机构的引导和培育，组织开展云计算产业交流、产品展示、应用示范推广等活动，形成资源共享、优势互补的云计算公共服务体系。加强云计算产业知识产权保护，完善知识产权价值评估和管理体系，开发利用云计算产业全球专利信息资源。支持云计算安全相关技术、产品和服务的推广应用，加快构建云计算安全体系。

六、保障措施

（一）加强组织协调

在省信息化工作领导小组统筹协调下，建立跨部门、跨地区、跨行业的云计算发展协同推进工作机制，加大政策制定、标准研究、产业联合、科研攻关等方面的统筹推进力度，加快制定我省云计算产业发展路线图，编制典型云计算服务产品、云计算解决方案推荐目录。各地要进一步加强云计算发展工作的组织领导，抓紧制定本地区推进云计算发展的实施方案和配套措施。

（二）加强资金保障

加大省信息产业发展等专项资金对云计算发展的投入，积极争取国家战略性新兴产业专项资金、“核高基”国家重大专项资金、电子信息产业发展基金等国家专项资金的支持。鼓励有条件的地区设立云计算发展专项资金，重点用于引进和培育云计算企业，支持云计算关键技术及核心产品的研发和产业化，加快云计算应用服务的普及推广。

（三）加强标准化建设

加强与国内外云计算标准化组织的交流合作，建立健全云计算标准化建设工作机制，支持相关软硬件和服务企业、联盟协会、高等院校和科研机构共同开展云计算地方标准制修订，并积极参与国际和国家云计算法规、标准制修订。加快研究制定云计算技术、服务运营管理、安全管理，以及数据跨境流动、个人数据处理、知识产权保护、安全隐私保护等方面的标准规范。

（四）加强人才培养

充分利用国家、省人才引进和奖励政策，引进高素质、创新型云计算领军人才和团队。加快普及网络教学，促进教育资源共建共享，推动高等院校与企业联合培养应用型、技能型人才。支持云计算企业建立人才激励机制，鼓励采用期权、股权激励等方式吸引高级管理人才和技术骨干。

附件：广东省云计算发展重点工程（略）

宽带广东发展规划（2014-2020 年）

为深入贯彻落实《国务院关于印发“宽带中国”战略及实施方案的通知》（国发〔2013〕31 号）、《广东省人民政府关于印发广东省信息化发展规划纲要（2013—2020 年）的通知》（粤府〔2013〕48 号），加快推进我省宽带网络发展，提升我省信息化水平，制定本规划。

一、发展现状

宽带网络是支撑经济社会发展的战略性公共基础资源。近年来，我省大力推进宽带网络基础设施建设、技术服务创新和应用普及，取得了显著成效。2013 年底，全省固定宽带接入用户、光纤到户用户、第三代移动通信（3G）用户分别达到 2081.7 万户、301.3 万户、4469.1 万户，其中 3G 用户规模位居全国第一。全省光缆线路长度、纤芯长度分别达到 120 万公里、3890.8 万芯公里，固定宽带接入网络延伸至全省所有城市、乡镇和行政村。宽带网络应用加速向经济社会各领域拓展渗透，在推动我省产业转型升级、促进信息消费、优化公共管理和民生服务等方面发挥了重要作用。但与发达国家和国内先进省市相比，我省宽带网络还存在基础设施不完善、城乡区域发展不平衡、宽带产业核心竞争力有待提升等问题。抢抓新一轮信息化发展机遇，全面推进宽带广东和智慧广东建设，已经成为我省当前的一项迫切任务。

二、总体要求

（一）指导思想

全面贯彻落实党的十八大和十八届三中全会精神，紧紧围绕主题主线和“三个定位、两个率先”的总目标，以应用需求为导向，以改革创新为动力，以国际先进水平为标杆，加强总体布局和规划引导，加快推进宽带网络基础设施建设，打造珠三角世界级宽带城市群，不断提高我省宽带发展整体水平，加快建设智慧广东，为我省经济社会持续健康发展提供有力支撑。

（二）基本原则

——政府引导，企业运作。加强政府引导调控和政策支持，促进市场公平和资源高效配置。充分发挥电信、广播电视运营企业等市场主体的积极性、创造性，不断提高宽带网络建设及运营服务水平。

——统筹规划，分步推进。加强宽带网络的总体布局规划，做好与城乡建设等规划的衔接，统筹宽带网络基础设施建设，加强管线、机房等资源共建共享。根据不同地区发展实际，因地制宜、分步推进宽带网络建设，增强城乡和区域发展协调性。

——多方参与，合作共赢。综合利用有线、无线技术推动电信网、广播电视网和互联网融合发展，鼓励社会资源参与宽带网络应用平台开发建设，促进宽带网络普及应用。深化粤港澳合作，推进行业标准、技术规范及业务应用对接，增创大珠三角宽带城市群发展新优势。

（三）发展目标

到 2015 年，初步建成适应我省经济社会发展需要的宽带网络基础设施，基本实现城市光纤到楼、农村宽带进村（自然村），3G 及其长期演进技术（3G/LTE）无线网络基本覆盖全省城乡，宽带网络普及应用水平全国领先。全省固定宽带接入用户达到 3000 万户，普及率达 28 户 / 百人；3G/LTE 用户 8000 万户，普及率达 75 户 / 百人，其中第四代移动通信（4G）用户 1500 万户，普及率达 14 户 / 百人。省级电子政务网络互联网出口带宽达到 3000 兆比特每秒（Mbps），城市用户固定宽带接入能力达到 50Mbps，农村镇区用户固定宽带接入能力达到 20Mbps，电子商务交易额达 3.2 万亿元。信息产业成为全省支柱性产业，产业规模和创新能力领先全国。

到 2017 年，宽带网络基础设施进一步完善，珠三角宽带城市群建设力争达到世界先进水平，物联网、云计算、大数据实现规模化应用，宽带产业对工业、农业和服务业的升级带动作用更加显著。全省固定宽带接入用户达到 3500 万户，普及率达 33 户 / 百人；3G/LTE 用户 1.05 亿户，普及率达 98 户 / 百人，其中 4G 用户 5400 万户，普及率达 50 户 / 百人。城市用户固定宽带接入能力达到 100Mbps，农村镇区及人口比较密集的行政村、自然村用户固定宽带接入能力达到 20Mbps. 电子商务交易额达 5.6 万亿元。

到 2020 年，建成宽带、融合、安全、泛在的宽带网络基础设施，自主创新能力和核心竞争力进一步增强，宽带信息化应用广泛深入渗透到经济社会各领域，全省宽带发展整体水平力争进入世界先进行列，基本建成智慧广东。全省固定宽带接入用户达到 4000 万户，普及率达 37 户 / 百人；3G/LTE 用户 1.25 亿户，普及率达 116 户 / 百人，其中 4G 用户 9300 万户，普及率达 80 户 / 百人。城市用户固定宽带接入能力达到 300Mbps，农村用户固定宽带接入能力达到 20Mbps。电子商务交易额达 12 万亿元。

三、加快推进宽带网络基础设施建设

（一）加强宽带网络的统筹规划

统筹安排空间布局和建设时序，加强全省通信管线、通信基站、机房等宽带基础设施的共建共享，积极探索频谱资源共享试点，推进全省宽带网络基础设施一体化发展。珠三角地区加快完善以广州和深圳为中心、珠三角各市为节点的宽带网络基础设施布局，着力推进宽带网络优化升级，促进光纤网络和新一代移动通信网络融合发展，全面提升宽带网络接入速度和质量，充分发挥珠三角对全省的示范引领、辐射带动作用。推动粤东西北地区因地制宜部署应用新一代移动通信技术、下一代广播电视网技术和下一代互联网（IPv6），扩大网络覆盖范围，加快宽带信息内容建设，加强信息资源开发和宽带应用服务。加快农村信息网络建设，缩小城乡宽带发展差距。在行政村通宽带基础上，根据实际情况选择有线、无线等不同技术手段推进宽带网络向自然村延伸，在人口比较密集区域，实现光纤到自然村；在人口比较分散的自然村，借助无线技术延伸宽带网络覆盖面。

（二）加快推进无线宽带城市群建设

围绕打造珠三角世界级无线宽带城市群，统筹推进无线局域网（WLAN）、第三代移动通信、新一代移动通信无线宽带网络发展，实现无线局域网在珠三角重要区域和公共场所的全覆盖，全面提高热点区域大流量移动数据业务承载能力。充分发挥公众移动通信、无线接入、专用移动通信等无线技术优势，建立完善多制式多系统共存、提供高速接入及安全稳定服务的立体式无线覆盖网络。大力推动在医院、公园、政务服务中心等公共场所提供免费公共 WLAN 接入服务，统筹配置接入服务资源，创新投资运营模式，积极引入符合市场准入条件的投资主体，所在地政府可根据实际以购买服务方式补贴流量费，努力提升公共场所 WLAN 接入服务质量。加快推动机场、码头、车站、商场、宾馆、酒店、餐厅等商业场所提供 WLAN 接入服务，积极发展城市公交等移动 WLAN 接入服务。借鉴珠三角地区发展模式，加快推进粤东西北地区无线宽带城市建设，逐步实现重点城镇公共服务区域无线局域网全覆盖。提高全省无线网络容量，增强业务提供能力，提升数据传输速率和质量。

（三）大力推进光纤入户和三网融合

实施“光网城市工程”，全面提升我省光纤宽带接入能力。严格执行《住宅区和住宅建筑内光纤到户通信设施工程设计规范》《住宅区和住宅建筑内光纤到户通信设施工程施工及验收规范》等国家标准，切实加强光纤到户验收备案管理，全面落实新建住宅建筑光纤到户，加快以共建共享方式对既有住宅建筑进行光纤到户改造。推进政府机构、医疗卫生机构、大型园区、商务楼宇、宾馆酒店等单位和场所的光纤宽带接入，逐步实现光纤到楼。综合利用光网替换铜网等技术，加快推进全省宽带网络提速。深入开展三网融合试点，适时扩大试点范围，加快广电、电信双向业务商用化进程，推广数字家庭应用，拓展交互式网络电视、手机电视和基于有线电视网络的互联网增值业务，推动有线电视向下一代广播电视网络演进升级。

四、加强互联网宽带应用支撑能力建设

（一）推进互联网骨干网和城域网优化升级

适应移动互联网、物联网、云计算、大数据等新一代信息技术及产业发展要求，进一步加强互联网骨干网和城域网建设，优化互联网骨干网之间的互联构架，提高网间互联带宽和互联质量。优化城域传送网络结构，加快部署密集波分复用系统，满足有线宽带和无线宽带传输承载需求，提高话音、视频、数据等多业务综合承载能力。扩大内容分发网络覆盖范围，提升网络容量，提高互联网对大宽带应用的支撑能力。率先在珠三角地区开展 IPv6 网络建设，推进骨干网、城域网等网络及支撑系统的升级改造，推动政府、学校、企事业单位外网网站系统和商业网站系统加快向 IPv6 网络转换，大力提升 IPv6 用户普及率和网络接入覆盖率。

（二）推进互联网数据中心集约发展

综合考虑网络架构、市场需求、配套基础、区位特点等因素，统筹全省互联网数据中心规划布局，

打造布局合理、功能集约的互联网数据中心集群。支持基础电信运营和互联网企业在省内重点区域建设互联网数据中心，加快推进中国电信广州云计算数据中心、中国联通东莞松山湖数据基地、中国移动南方基地互联网数据中心、广东广电大数据产业中心等重大项目建设。构建全省政务数据中心，提供按需申请、动态扩展、智能管理、弹性服务的信息基础服务资源和全省统一的容灾备份服务。加快建设国家超级计算深圳中心、广州中心，提升海量数据分析、处理和服务能力。开展互联网数据中心绿色节能技术改造，提升数据中心能效。积极发展以云计算技术为基础的公众服务云，提升互联网用户访问体验，积极探索跨区域共建共享云计算数据中心。

（三）推进公共服务网络平台互联互通

加快推进基础电信运营企业网间互联，完善以广州为核心的网络互联中心，推动地方政府公共服务平台、中小互联网服务器提供商、互联网应用服务提供商、内容分发网络服务提供商等互联网相关企业、事业单位通过连接互联中心实现互联互通。利用中心交换设备推进省内网间流量疏通，实现本地业务就近接入，提升网间访问质量和速度。利用宽带网络等信息技术完善中小企业省级公共服务平台，改造并联通各地市、产业集群窗口平台，对接相关专业服务机构，构建服务协同、形象统一、资源共享、覆盖广泛的一体化、开放式中小企业公共服务平台。

五、推进宽带技术集成创新和产业化

（一）加强宽带网络技术创新合作

发挥产业联盟、技术联盟和社会组织力量，加快构建以企业为主体、以市场为导向、产学研相结合的宽带网络技术创新合作机制。健全产学研相结合的服务体系，支持建立面向宽带网络发展的咨询服务机构，以市场化方式提供技术咨询、专利申请、知识产权保护等服务。优化省内宽带网络技术产业分工合作，依托珠三角在通信专用设备、通信终端设备制造等方面的产业优势，打造珠三角宽带网络技术发展高地，形成以珠三角为核心、辐射带动粤东西北、全省宽带网络技术产业协同发展的格局。推进粤港澳在宽带网络基础设施建设、产业基地建设、设备制造、人才培训等领域的交流合作，建立粤港澳产学研协同合作、多学科高度集成的技术研发创新模式，开展宽带网络关键技术联合攻关。支持中国移动南方基地、中国电信创新孵化（南方）基地等创新合作平台做大做强，打造国内领先的宽带信息技术创新高地。

（二）突破宽带网络核心关键技术

支持企业与高等院校、科研机构及其他应用服务单位协同创新。加强创新性网络体系架构和协议体系研究，加快突破新型编址与路由、内置安全、网络自治和虚拟化等关键技术，解决更高速、可扩展、资源动态共享、服务质量与安全可靠等关键问题。重点加强新型无线宽带接入、更高速光纤宽带接入、下一代广播电视网接入、超高速大容量光传输、超大容量路由交换、新型人机交互、量子通信、大规模资源管理调度和数据处理等关键技术研发，加大对关键设备核心芯片、高端光电子器件、操作系统等高端产品研发及产业化的支持力度，着力突破技术瓶颈，提升自主发展能力。推动宽带网络技术与移动互联网、物联网、云计算、大数据、三网融合等新一代信息技术融合发展，挖掘宽带网络基础设施与信息技术应用内容的结合亮点，引导产业链资源共享整合、协同创新。

（三）发展宽带网络技术相关产业

大力推进光通信、新一代移动通信、下一代互联网、下一代广播电视网、移动互联网、数字家庭等产业发展，面向教育、医疗、交通、家居、公共安全等重点领域积极研发推广移动终端、平板电脑、互联网电视等终端产品。支持宽带网络运营业、系统集成服务业以及依托宽带网络的物联网、云计算、大数据等新业态发展壮大，促进宽带网络服务业融合发展。实施宽带网络骨干企业培育计划，在网络设备及终端制造、网络应用及服务提供等方面发展一批具有自主知识产权和国际竞争力的龙头企业和跨国公司。发挥各级经济技术开发区、高新技术开发区和省产业转移工业园等园区的载体作用，推动宽带产业集聚发展。

六、推进宽带网络普及应用

（一）推进工业领域的宽带网络应用

加快生产制造企业宽带联网和基于网络的流程再造及业务创新，大力发展智能制造，推进生产过程智能化，拓展宽带网络在产品设计、工艺流程改造、产品质量提升、供应链优化、市场拓展等方面的应用，促进信息化与工业化深度融合。在能源、冶金等传统高耗能、高污染行业推广应用无线宽带、实时传感等技术，提高企业自动化控制水平，降低能源消耗。利用移动互联网、云存储、云计算等技术推广低碳环保的信息化应用，在工业领域开展集中管理、统一仓储，实现资源节约型发展。

（二）推进商业服务领域的宽带网络应用

加快金融、商贸、旅游等行业的宽带网络改造，积极利用宽带网络提升电子商务应用，深入推进“广货网上行”活动，建设一批具有国际影响力的行业电子商务平台、大宗商品电子交易平台和网络零售平台，推动企业创新商业模式，运用电子商务开拓国内外市场，促进电子商务与实体经济的深度融合。利用宽带网络及北斗导航、地理信息系统等技术，优化车辆调度、定位跟踪等服务，加快发展智慧物流。

（三）推进涉农领域的宽带网络应用

依托宽带网络全面推动信息技术兴农业、电子商务进农村、电子政务连农民。加强农村信息服务站点宽带网络化建设，发展面向农业、农村、农民的互联网综合信息服务。加强涉农信息资源整合，建设支撑“三农”发展的数据库，提高农村信息采集、分析和挖掘能力，推进农村基础信息交换与共享。拓展大中小型水库等水利工程的宽带网络覆盖，提高气象信息服务和防汛应急能力。利用宽带网络推广农村多媒体远程教育，加强农业技能和就业培训。发展农村远程医疗信息平台和乡村网络医院，提升农村医疗服务水平。

（四）推进社会民生领域的宽带网络应用

加快推进教育宽带网络“校校通”，积极发展网络在线教育，推动教育模式改革。推进卫生计生机构宽带联网，完善全员人口数据库，推广远程医疗、健康咨询和医保信息共享等网络化应用，促进卫生计生服务均等化。加快人力资源社会保障宽带联网，实现社保业务各级机构、平台和网点互联互通，推进医保跨地业务协同办理，实现社会保障“一卡通”。利用宽带网络完善社会治安视频监控系统，整合视频监控资源，促进“平安广东”建设。加快文化馆、图书馆、博物馆、美术馆、演出场馆等各类文化机构的宽带网络建设，推进文化信息资源共享。进一步加强宽带网络在防灾减灾、社会救助、社会福利及食品药品安全监管等领域的应用。

（五）推进电子政务宽带网络应用

运用宽带网络改造升级全省电子政务网络平台，建设全省政务数据中心，促进政务信息资源共享与政务业务协同，强化全省数据汇聚、集中和共享能力。利用运营企业的无线网络资源，建设电子政务统一无线接入平台，推进移动办公应用。建设完善省网上办事大厅，实现企业和个人的宽带接入，提高各类行政审批、社会管理和公共服务事项网上办理效率。加强政府大数据业务支撑系统建设，开展大数据分析挖掘应用。建设基于宽带网络的全省统一视频会议系统，推进政府信息服务的可视化、多媒体化应用。

七、加强组织保障

（一）加强统筹协调

各地政府要将宽带网络建设纳入本地区经济社会发展总体规划和城乡建设规划，加强规划引导，强化督查督办，加快推进宽带网络基础设施建设及应用。各地信息化工作领导小组办公室要会同相关部门建立分工合理、责任明确的工作机制，明确年度工作目标和工作重点，整合资源、有序推进。各地宽带网络建设牵头推进部门要与电信和广播电视运营企业建立有效沟通机制，支持基础通信运营商在宽带网络基础设施建设中发挥主力军作用，及时协调解决宽带网络建设过程中遇到的困难和问题。

（二）加强资金扶持

积极争取国家重大专项、科技支撑计划等专项资金支持，加大对宽带网络重点发展领域的资金投入。支持宽带网络相关企业按照中央和地方政府有关规定享受财税等优惠政策。建立以政府投资为引导、企业投资为主体的多元化投融资机制，优化宽带网络发展投融资环境。

（三）加强网络建设管理

加快完善我省宽带网络管理政策法规，推动市政、交通、电力等公共设施建设与宽带网络基础设施建设协同推进、共建共享，鼓励民间资本参与宽带网络建设和业务运营，逐步形成多种主体公平竞争、优势互补、共同发展的市场格局。认真贯彻落实国家宽带网络管理的相关标准规范和我省地方标准，完善宽带网络管理的标准实施机制，加大宽带网络基础设施保护力度，依法严厉打击危及宽带网络基础设施安全的违法犯罪行为。

（四）加强信息安全保障

构建信息网络安全管理机制，提高主动安全管理能力。加强网络和重要信息系统安全风险评估，健全网络信息安全防护体系，落实宽带信息安全等级保护措施，提高对网络和信息安全事件的应急处置能力。加强宽带网络信息安全关键技术、产品和服务的研发应用，提高基础软硬件设备和专用安全产品的自主可控水平。

（五）加强人才队伍建设

充分利用国家和省有关鼓励人才引进政策，大力引进高素质、创新型宽带网络领军人才和团队。鼓励电信、广播电视运营等企业采取期权、股权激励等方式吸引高级管理人才和技术骨干。鼓励通过合作办学、定向培养、继续教育等多种方式培养宽带网络人才，支持高等院校与企业联合培养应用型、技能型人才。

附件 1：宽带广东发展主要目标

指标	单位	2015 年	2017 年	2020 年	备注
1. 用户规模					
固定宽带接入用户	万户	3000	3500	4000	规划期固定宽带接入用户年均增长 9.8%，到 2020 年全省固定宽带接入用户占全国比例为 12.5%。
其中：珠三角固定宽带接入用户	万户	2250	2625	3000	
光纤接入用户	万户	900	1300	1700	规划期光纤接入用户年均增长 28%，到 2020 年全省光纤接入用户占全国比例为 10%，到 2020 年全省 40% 以上固定宽带接入用户使用光纤接入。
其中：珠三角光纤接入用户	万户	650	950	1200	
3G/LTE 用户数	万户	8000	10500	12500	规划期 3G/LTE 用户年均增长 16%，到 2020 年全省 3G/LTE 用户占全国比例为 10.4%。
4G 用户数	万户	1500	5400	9300	
2. 普及水平					
固定宽带用户普及率	户 / 百人	28	33	37	到 2020 年，全省固定宽带用户普及率领先全国平均水平 9 个百分点。
其中：珠三角固定宽带用户普及率	户 / 百人	39	46	52	到 2020 年，珠三角固定宽带用户普及率领先全省平均水平 15 个百分点。
3G/LTE 用户普及率	户 / 百人	75	98	116	
4G 用户普及率	户 / 百人	14	50	80	
3. 宽带网络能力					
城市用户固定宽带接入能力	Mbps	50	100	300	到 2020 年，全省城市用户固定宽带接入能力比全国平均水平高 50Mbps。
其中：珠三角城市用户固定宽带接入能力	Mbps	100	300	1000（部分用户）	
农村用户固定宽带接入能力	Mbps	20（镇区用户）	20（镇区及人口比较密集的行政村、自然村用户）	20	到 2020 年，全省农村用户固定宽带接入能力比全国平均水平高 12Mbps。
省级电子政务网络互联网出口带宽	Mbps	3000	5000	10000	
光纤网络覆盖用户	万户	3100	5280	8000	
大型企事业单位接入带宽	Mbps	>200	>1000	>2000	到 2020 年，全省大型企事业单位接入带宽约比全国平均水平高 1000Mbps。
3G/LTE 基站	万个	23	29	34	
4G 基站	万个	14	19	24	

（续上表）

指标	单位	2015年	2017年	2020年	备注
WLAN 热点	万个	20	23	26	
无线访问接入点（AP）	万个	60	70	100	
有线电视网络互联互通平台覆盖有线电视网络用户比例	%	85	90	>95	
全省互联网数据中心提供机架数	万个	3	4.2	6	
4. 宽带信息应用					
电子商务交易额	万亿元	3.2	5.6	12	
物联网市场规模	亿元	3000	5000	8000	

附件2：宽带广东发展重点工程

1	农村宽带网络建设工程	加快农村宽带网络建设，推动农村宽带入乡进村。重点扶持贫困地区宽带接入网络建设，改善贫困地区学校的宽带网络接入条件。根据经济发展水平和自然地理条件，灵活选用有线和无线接入技术，分类分阶段推进宽带网络从行政村延伸到自然村。加强涉农信息平台、扶贫信息平台建设，完善与“三农”发展、扶贫“双到”密切相关的宽带信息服务，加强农村集体资金、资产、资源监管。
2	“无线城市”建设工程	完善以“3G+LTE+WLAN”模式为主的“无线城市”建设。拓展3G网络覆盖深度和广度，提高网络质量。逐步扩大LTE网络规模，实现主要城市城区全覆盖。加快推进在行政服务大厅、重点旅游景区、大型文化体育场所、交通枢纽等公益性区域，为公众获取公益信息提供免费WLAN 网络接入服务。充分利用各类市政设施搭载小型基站设备，满足无线城市覆盖需求。大力推进“无线城市”相关信息化平台建设。
3	“光网城市”建设工程	加快全省宽带网络普及提速，大力推进光进铜退和光纤到户，新建居住建筑直接实现光纤到户，新城适度超前规划建设信息管道，已有小区分批进行光纤到户改造，建设覆盖城乡的光纤宽带网络，力争到2020年为所有城市家庭提供光纤覆盖能力，实现百兆到户、千兆到企业的宽带接入能力。
4	“三网融合”推进工程	积极争取国家有关部门支持，扩大三网融合试点范围。深入拓展交互式网络电视、手机电视和基于有线电视网络的互联网增值业务，加快发展交互式网络电视用户和通过有线电视网络接入互联网的用户。
5	下一代互联网示范城市建设工程	根据国家相关部署，选取广州等作为具有典型带动作用的示范城市。加快宽带网络基础设施的IPv6升级改造，全面提升IPv6用户普及率和网络接入覆盖率。推动各类网站系统的IPv6升级改造，积极发展个性化互动业务。开展具有典型示范作用的互联网应用，培育新服务、新市场、新业态。健全互联网产业支撑体系，提高安全保障能力。
6	移动电子商务试点示范工程	建立政府引导、运营商参与、多方配合的移动电子商务发展模式。推动建立移动电子商务产业基地和创新基地。加快发展公共服务等领域的移动电子商务。
7	公益机构、低收入群体和特殊教育机构宽带应用示范工程	改善中小学、图书馆、卫生服务站、社区服务站等公益机构，盲聋哑残障等特殊教育机构，以及低收入群体的宽带网络接入条件，鼓励各地在保障性住房小区建设社区宽带服务中心，扩大宽带网络发展成果的惠及范围。

附件 3：宽带广东发展关键技术

1	新型无线宽带接入技术	包括抗干扰、多天线、更高阶调制、微蜂窝等提高频谱使用率技术，载波聚合、感知无线电等增强频谱调度灵活性技术，以及毫米波、太赫兹、可见光等扩展频谱技术等。
2	新型宽带传输及交换技术	包括更高速光纤宽带接入、超高速大容量远距离光传输、大容量光交换等技术。
3	软件定义网络技术	通过将网络设备控制面与数据面相分离，实现对网络流量的灵活控制，为核心网络及应用的创新提供良好平台。
4	物联网技术	通过信息传感设备，按照约定的协议，把物品与互联网相连接，进行信息交换和通信，以实现智能化识别、定位、跟踪、监控和管理的网络技术。
5	云计算技术	包括云计算协同、新型信息服务模式和基础设施应用模式。
6	大数据技术	包括大数据采集、大数据管理、大数据分析、大数据安全等技术。
7	下一代广播电视网接入技术	下一代广播电视网指有线无线相结合、全程全网的广播电视网络，其宽带接入技术标准包括 C-DOCSIS、C-HomePlugAV、HiNOC 等。
8	家庭融合视频网络技术	指宽带应用与电视宽带、移动宽带（多屏应用）的融合与信息交互技术，能推进传统个人计算机与电视屏、平板电脑、手机新应用的发展，完善相关行业应用解决方案。

广东省大气污染防治行动方案（2014-2017 年）

为贯彻落实《国务院关于印发大气污染防治行动计划的通知》（国发〔2013〕37 号）和省政府与环境保护部签署的《广东省大气污染防治目标责任书》，持续改善全省环境空气质量，制定本行动方案。

一、工作目标

到 2017 年，力争珠三角区域细颗粒物（PM2.5）年均浓度在全国重点控制区域率先达标，全省空气质量明显好转，重污染天气较大幅度减少，优良天数逐年提高，全省可吸入颗粒物（PM10）年均浓度比 2012 年下降 10%，珠三角地区各城市二氧化硫（SO_2）、二氧化氮（NO_2）和可吸入颗粒物年均浓度达标；珠三角区域细颗粒物年均浓度比 2012 年下降 15% 左右，臭氧（O_3）污染形势有所改善；与 2012 年细颗粒物年均浓度相比，广州、佛山（含顺德区）、东莞市下降 20%，深圳、中山、江门、肇庆市下降 15%；珠海、惠州市细颗粒物年均浓度不超过 35 微克／立方米；珠三角地区以外的城市环境空气质量达到国家标准要求，可吸入颗粒物年均浓度不超过 60 微克／立方米、细颗粒物年均浓度不超过 35 微克／立方米。

二、重点工作任务

（一）深化工业源治理，推进脱硫脱硝工作

1. 深入推进电厂污染减排。加强电厂二氧化硫减排工作，新建火电机组不得设置脱硫旁路，2014 年底前全省现役燃煤机组脱硫设施全部取消烟气旁路；推动炉内脱硫工艺燃煤机组改造，更新改造不能稳定达标排放的脱硫设施，到 2015 年全省所有 12.5 万千瓦以上燃煤火电机组综合脱硫率达到 95% 以上。推进电厂降氮脱硝工程，推广燃气机组干式低氮燃烧技术，2014 年底前全省 12.5 万千瓦以上现役燃煤火电机组（不含循环流化床锅炉发电机组）全部完成低氮燃烧和烟气脱硝改造，不能稳定达标排放的循环流化床锅炉发电机组要增加烟气脱硝设施，综合脱硝效率达到 85% 以上。从 2014 年 7 月 1 日起，珠三角地区所有燃煤机组执行《火电厂大气污染物排放标准》（GB13223—2011）烟尘特别排放限值，其他地区执行烟尘排放限值。

2. 全面推动锅炉污染整治。严格按照《广东省人民政府办公厅关于印发广东省“十二五”后半期主要污染物总量减排行动计划的通知》（粤府办〔2013〕47 号）等要求，推进工业锅炉污染治理工作，完成治理任务。积极推行工（产）业园区集中供热，2014 年 4 月底前编制完成全省工业园区和产业集聚区集中供热规划，取消集中供热范围内在用的高污染燃料锅炉，加快推进东莞、肇庆、中山等市集中供热项目规划建设。2015 年底前，珠三角地区有用热需求的工（产）业园区基本实现集中供热，全省集中供热量占供热总规模的 30% 左右；2017 年底前，全省有用热需求的工（产）业园区和珠三角地区有用热需求的产业集聚区全部实现集中供热，全省集中供热量占供热总规模的 80% 左右。

3. 强化其他行业污染综合治理。推进水泥行业降氮脱硝工程及高效除尘设施建设，2000 吨／日以上规模的现役新型干法水泥熟料生产线按要求完成低氮燃烧和烟气脱硝改造，2000 吨／日以下（不含本数）规模的现役新型干法水泥熟料生产线逐步实施低氮燃烧改造。2015 年底前，规模大于 70 万平方米／年且燃料含硫率大于 0.5% 的建筑陶瓷窑炉、平板玻璃生产企业必须改用清洁能源或安装烟气脱硫及高效除尘设施。实施钢铁烧结机、球团设备及石油石化催化裂化装置烟气脱硫，综合脱硫效率达到 85% 以上；2014 年底前全省所有石油催化裂化装置完成脱硫，2015 年底前全省所有钢铁烧结机完成脱硫，2017 年底前全省所有钢铁烧结机完成脱硝。

（二）削减挥发性有机物，着力控制臭氧污染

1. 推进工业源挥发性有机物排放治理。重点加大石油炼制与化工行业挥发性有机物（VOCs）的综合治理力度，全面推广泄漏检测与修复（LDAR）技术，2015 年底前珠三角地区所有石油炼制企业应用 LDAR 技术，2017 年底前全省所有石油炼制企业、有机化工和医药化工等重点企业全面应用 LDAR 技术。强化石油炼制有机废气综合治理，工艺排气、储罐、废气燃烧塔（火炬）、废水处理等生产工艺单元应安装废气回收或末端治理装置。2015 年底前珠三角地区石油炼制与化工企业完成有机废气综合治理，2017 年底前其他地区石油炼制与化工企业完成有机废气综合治理。

2. 实施典型行业挥发性有机物排放治理。涂料、油墨、胶粘剂、农药等生产企业应采用密闭一体化生产技术，统一收集挥发性有机物废气并净化处理，净化效率应大于 90%，鼓励生产使用符合环保要求的水基型、非有机溶剂型、低有机溶剂型产品，提高环保型涂料使用比例。深化印刷、家具、表面涂装（汽车制造业）、制鞋、集装箱制造、电子设备制造等行业挥发性有机物排放达标治理工作，2015 年底前珠三角地区完成重点企业治理任务，2017 年底前其他地区完成重点企业治理任务。加强油类（燃油、溶剂）储存、运输和销售过程中挥发性有机物的排放治理，储罐及运载工具应安装密闭收集系统，2014 年底前全省加油站、储油库、油罐车以及化工企业储罐区完成油气回收治理及油气回收在线监控系统建设。

3. 开展生活源挥发性有机物排放控制。在建筑装饰装修行业推广使用符合环保要求的水性或低挥发性建筑涂料、木器漆和胶粘剂，逐步减少有机溶剂型涂料的使用。各地应建立涂料产品政府绿色采购制度，在政府投资的工程中优先采用水性或低挥发性产品。在服装干洗行业淘汰开启式干洗机，推广使用配备制冷溶剂回收系统的封闭式干洗机。加强餐饮油烟污染治理，2015 年底前，珠三角地区城市建成区内所有排放油烟的餐饮企业和单位食堂安装高效油烟净化设施，设施正常使用率不低于 95%；2017 年底前，其他地区城市建成区所有排放油烟的餐饮企业和单位食堂安装高效油烟净化设施。推广使用高效净化型家用吸油烟机。各城市主城区内不得从事露天烧烤或有油烟产生的露天餐饮加工。各地级以上市至少选择一个典型区域开展规模化餐饮企业在线监控试点，建立长效监管机制。

（三）发展绿色交通，减少移动机械设备污染排放

1. 加强城市交通管理。实施公交优先发展战略，优化布设公交线网，加强步行、自行车交通系统建设，提高公共交通、步行、自行车出行比例，合理控制机动车保有量。大力实施新能源汽车推广应用示范工程，广州、深圳市每年新增公交车中新能源与清洁能源车辆比例力争达到 60% 以上。加快各行业老旧车辆更新，推广使用新能源和清洁能源车辆。大力发展绿色货运，推广甩挂运输，从 2015 年 1 月 1 日起珠三角地区物流园区和货物流转集散地使用符合国Ⅲ以上排放标准的车辆进行货物运输。

2. 提高新车环保准入门槛。加强新车登记注册和外地车辆转入管理，严格按国家环保达标车型目录进行新车登记和转移登记。逐步提高新车排放标准，经国家批准后在珠三角地区提前实施国Ⅴ轻型汽油车排放标准、在全省提前实施国Ⅴ柴油车排放标准。全面实施道路运输车辆燃料消耗量限值标准和准入制度，不符合限值标准的新购车辆不得进入道路运输市场。

3. 加强在用车辆污染防治。加强机动车环保监管能力建设，全面落实机动车环保定期检测与维护制度，建立完善机动车环保检测监管信息系统，各地机动车环保管理数据须与省环境保护厅联网。2014 年底前各地机动车环保定期检测率应达到 80% 以上。加大机动车停放地抽检、道路抽检力度。加快机动车环保检验合格标志发放工作，2014 年底前全省环保检验合格标志发放率应达到 90% 以上，未取得环保合格标志的车辆以及排气超标的车辆不得上路行驶。2015 年底前完成全省超期未年检车辆清查专项行动，在检验有效期届满后连续 3 个机动车检验周期内未取得机动车检验合格标志的，依法予以强制报废。研究缩短出租车强制报废年限，鼓励每年更换高效尾气净化装置。

4. 加快“黄标车”淘汰。对达到强制报废年限而未办理报废手续的车辆依法强制注销并公告牌证作废。全面推行“黄标车”限行措施，到 2015 年底珠三角地区各城市“黄标车”限行区面积占城市建成区面积的比例不低于 40%，其他城市限行区面积比例不低于 30%。在限行区域内推广设立电子执法系统，对进入限行区的“黄标车”进行实时抓拍并依法处罚。各地要加大“黄标车”提前淘汰补贴力度，确保到 2015 年全省淘汰 2005 年底前注册的营运“黄标车”、基本淘汰珠三角地区所有“黄标车”，到 2017 年基本淘汰全省范围的“黄标车”。

5. 加快油品质量升级。从 2014 年起，全省全面供应粤 IV 车用汽油和国 IV 车用柴油；抓紧发布粤 V 油品标准，2014 年底前珠三角地区全面供应粤 V 车

用汽油；2015 年 6 月底前，全省全面供应粤 V 车用汽油和国 V 车用柴油。加强油品质量监督检查，加油站不得销售和供应不符合标准的车用汽、柴油。

6. 推进船舶、港口及其他机械设备减排。推动粤港澳合作控制远洋船舶污染排放。珠三角地区新建邮轮码头须配套建设岸电设施，新建 10 万吨级以上的集装箱码头须配套建设岸电设施或预留建设岸电设施的空间和容量。2017 年底前，全省原油、成品油码头完成油气综合治理。改善港口用能结构，加快流动机械、运输车辆和港口内拖车“油改电”、“油改气”进程，鼓励开展船舶液化天然气（LNG）燃料动力改造试点。2017 年底前，基本完成沿海和内河主要港口轮胎式门式起重机（RTG）的“油改电”工作。从 2014 年 1 月 1 日起实施国 I 船用发动机排放标准，2017 年底前工作船和港务管理船舶基本实现靠港使用岸电。加强非道路移动机械排放管理，开展施工机械环保治理，推进大气污染物后处理装置安装工作。

（四）强化面源整治，控制扬尘和有毒气体排放

1. 加强施工及道路扬尘污染治理。推广施工扬尘污染防治技术，建立扬尘源动态信息库和颗粒物在线监控系统。积极推进绿色施工，督促施工单位落实施工现场封闭围挡、设置冲洗设施、道路硬底化等扬尘防治措施，严禁敞开式作业。各城市主城区内施工工地渣土和粉状物料应逐步实现封闭运输并配备卫星定位装置。总建筑面积在 10 万平方米以上的施工工地须规范安装扬尘视频监控设备。积极推行城市道路机械化清扫等低尘作业方式，推广“吸、扫、冲、收”清扫保洁新工艺，增加道路冲洗保洁频次，切实降低道路扬尘负荷。加大不利气象条件下道路保洁力度，增加洒水次数。

2. 整治堆场扬尘污染。散货物料堆场应封闭存储或建设防风抑尘设施。1000 吨级以下（不含本数）码头要使用干雾抑尘、喷淋除尘等技术降低粉尘飘散率，1000 吨以上码头还要完成防风抑尘网建设和密闭运输系统改造。对长期堆放的废弃物，应采取覆绿、铺装、硬化、定期喷洒抑尘剂或稳定剂等措施。积极推进粉煤灰、炉渣、矿渣的综合利用，减少堆放量。2015 年底前珠三角地区重点港区完成扬尘污染综合治理任务，2017 年底前珠三角地区所有港区、其他地区重点港区完成扬尘污染综合治理任务。

3. 严控有毒气体排放。按要求分阶段对再生有色金属生产、炼钢生产、废弃物焚烧和遗体火化等重点行业实施二噁英减排示范工程，对垃圾焚烧发电厂每年定期开展二噁英监督性监测。禁止露天焚烧可能产生有毒有害烟尘和恶臭的物质或将其用作燃料。把有毒空气污染物排放控制作为建设项目环评审批的重要内容。研究制订燃煤排放汞、铅等有毒有害物质的控制标准。

（五）严格环境准入，控制大气污染物增量

1. 严格实施环评制度。健全规划环评与项目环评的联动机制，严格重大项目环评管理，将细颗粒物和臭氧达标情况纳入规划环评和相关项目环评内容。未通过环评审查的项目，严禁开工建设和运营。

2. 强化污染物总量控制。完善建设项目主要污染物排放总量管理办法，将二氧化硫、氮氧化物、烟粉尘和挥发性有机物排放是否符合总量控制要求作为环评审批的前置条件。加快制订可吸入颗粒物、挥发性有机物排放总量管理配套政策。对未完成大气主要污染物减排任务的地区实行区域限批，除民生工程外，一律暂停审批排放相应大气污染物的项目。

3. 实行污染物削减替代。对排放二氧化硫、氮氧化物的建设项目，珠三角地区实行现役源 2 倍削减量替代，其他地区实行现役源 1.5 倍削减量替代。对排放可吸入颗粒物和挥发性有机物的建设项目，珠三角地区逐步实行减量替代，其他地区实行等量或减量替代。

4. 提高重点行业大气排放标准。按照环境保护部《关于执行大气污染物特别排放限值的公告》（2013 年第 14 号）要求，珠三角地区火电、钢铁、石化、水泥、有色金属冶炼、化工等行业及燃煤锅炉建设项目执行国家大气污染物特别排放限值，粤东、粤西地区的钢铁、石化等行业建设项目执行国家大气污染物特别排放限值。

（六）优化产业布局，引导产业集聚发展

1. 调整产业发展格局。制订主体功能区产业发展指导目录，建立健全适应主体功能分区的重点行业准入机制，实施差别化产业政策，科学引导全省产业合理发展和布局。重点加强对钢铁、石化、火电等重污染企业规划选址的科学论证，对各地环境敏感地区及城市建成区内已建的钢铁、石化、化工、水泥、平板玻璃、有色金属冶炼等重污染企业和污染排放不能稳定达标的其他企业，于 2017 年底前基本完成环保搬迁和提升改造工作。

2. 推进产业集聚发展。坚持集聚发展和区域统筹协调，珠三角地区优先发展现代服务业，加快发展先进制造业，大力发展高新技术产业；粤东地区加快改造提升传统产业，适度发展重化产业；粤西地区重点发展临港重化工业和现代服务业；粤北地区优先发展生态旅游业，适度发展资源型产业和低污染产业。严格落实产业园区项目准入和投资强度要求，积极促

进产业向园区集中。珠三角以外的地区新建的钢铁、石化、水泥、平板玻璃、有色金属冶炼以及化工、陶瓷等项目，原则上应进入依法合规设立、环保设施齐全的产业园区。

（七）发展绿色经济，淘汰压缩污染产能

1. 大力发展循环经济。着力推进特色产业园区循环化改造，推进能源梯级利用、废物交换利用、土地节约集约利用，促进企业循环式生产、园区循环式发展、产业循环式组合，构建循环工业体系。推动钢铁、水泥等工业炉窑、高炉实施废物协同处置，推进再生资源利用产业发展。到2017年，单位工业增加值能耗比2012年降低20%以上，50%以上的各类国家级园区和30%以上的各类省级园区实施循环化改造，主要有色金属品种以及钢铁的循环再生比重达40%以上。

2. 全面推行清洁生产。对钢铁、水泥、石化、化工、有色金属冶炼等重点行业进行清洁生产审核，针对节能减排关键领域和薄弱环节，实施清洁生产先进技术改造。到2017年，重点行业排污强度比2012年下降30%以上。推进非有机溶剂型涂料和农药等产品创新，减少生产和使用过程中挥发性有机物排放。积极开发缓释肥料新品种，减少化肥施用过程中氨的排放。

3. 培育绿色环保产业。制订实施全省环保产业发展规划，建立健全有利于环保产业发展的政策体系。加强节能环保和绿色低碳技术国际交流合作，大力推动环保技术、产业发展，积极发展以节能降耗、污染治理和环境监测为重点的环保装备制造业。推进大气污染治理设施建设和运营的专业化、社会化、市场化，推行环境监测社会化，推进大气污染第三方治理，积极培育环保上市公司和骨干企业。

4. 严控高污染行业新增产能。制订严于国家要求的禁止新、扩建高污染工业项目名录，明确资源能源节约和污染物排放等指标。建立高污染行业产能数据库，严格限制“两高”（高耗能、高排放）行业新增产能，新、改、扩建项目实行产能等量或减量置换。珠三角地区禁止新、扩建钢铁、石化、水泥（以处理城市废弃物为目的的除外）、平板玻璃（特殊品种的优质浮法玻璃项目除外）和有色金属冶炼等重污染项目，禁止新、扩建燃煤燃油火电机组和企业自备电站。实施严格的节能评估审查制度，新建高耗能项目单位产品（产值）能耗须达到国内先进水平、用能设备达到一级能效标准，珠三角地区新建项目单位产品（产值）能耗须达到国际先进水平。

5. 加快淘汰落后产能。提前一年完成国家下达的重点行业“十二五”落后产能淘汰任务，结合广东省产业发展实际和空气质量状况，制订范围更宽、标准更高的2015—2017年淘汰政策和配套措施，进一步加快淘汰落后产能。对不能按期淘汰的企业，依法予以强制关停。对未按期完成淘汰任务的地区，暂停办理该地区火电、钢铁、水泥、石化等项目的核准、审批、备案等手续。

6. 压缩治理过剩产能。以节能环保标准促进“两高”行业过剩产能退出，制订扶持政策推动“两高”行业过剩产能企业转型发展，鼓励行业优强企业跨地区、跨所有制形式兼并重组，进一步压缩过剩产能。抓紧清理产能过剩行业违规在建项目，公布违规企业名单，制订限期整改方案。尚未开工的违规项目，一律不得开工；正在建设的要责令立即停止建设。

（八）调整能源结构，增加清洁能源供应

1. 实施煤炭消费总量控制。实行煤炭消费总量中长期控制目标责任管理，到2017年煤炭占全省能源消费比重下降到36%以下，珠三角地区实现煤炭消费总量负增长。实施新建项目与煤炭消费总量控制挂钩机制，耗煤建设项目实行煤炭减量替代。通过燃用洁净煤、改用清洁能源、提高燃煤燃烧效率等措施，削减重点行业煤炭消费总量。加强外受电通道能力建设，完善电网空间布局，逐步提高接受外输电比例。

2. 扩大天然气供应范围。按照高污染燃料禁燃区全覆盖、重点工业园基本气化的目标，加快推进气源工程建设。完善全省天然气主干管网规划和各城市燃气管网规划，加快天然气管道项目建设，2015年底前天然气管网通达珠三角地区有用气需求的工业园区，2017年底前通达全省有用气需求的工业园区和珠三角地区产业集聚区。力争到2017年底，天然气供应能力达到500亿立方米，形成多源多向的燃气供应输配体系。到2017年底，珠三角地区基本完成燃煤锅炉、工业窑炉、单机10万千瓦以下自备燃煤电站的天然气等清洁能源改造任务。新增天然气优先保障居民生活或用于替代燃煤锅炉、窑炉，鼓励发展天然气分布式能源高效利用项目，限制发展天然气化工项目。

3. 推广使用其他清洁能源。积极有序发展水电，安全高效发展核电，加快开发地热能、风能、太阳能、生物质能、潮汐能等新能源和可再生能源。到2017年，运行核电机组装机容量达到960万千瓦以上，非化石能源消费比重提高到20%以上。合理布局一批生物质能发电项目，建设高环保标准的垃圾焚烧发电设施，结合垃圾填埋场、畜禽养殖场、废水处理设施等建设沼气利用工程。

4. 提升工业燃料品质。严格控制煤炭硫份灰份，火电厂燃煤含硫量控制在0.7%以下，工业锅炉和窑炉燃煤含硫量控制在0.6%以下、燃油含硫量控制在0.8%以下。提高洗选煤在煤炭消费中的比例。禁止进口高灰份、高硫份的劣质煤炭，限制进口高硫石油焦。应用推广煤炭清洁利用技术。

5. 强化高污染燃料禁燃区管理。从2014年起，国家环境保护模范城市建成区和珠三角地区城市建成区均应划定为高污染燃料禁燃区，其他城市禁燃区面积应达到城市建成区面积的60%以上；2017年底前，全省所有城市建成区均应划定为高污染燃料禁燃区，并逐步将禁燃区范围扩展到近郊。禁燃区内禁止燃烧原（散）煤、洗选煤、水煤浆、蜂窝煤、焦炭、木炭、煤矸石、煤泥、煤焦油、重油、渣油、可燃废物，禁止直接燃用生物质等高污染燃料，禁止燃用污染物含量超标的柴油、煤油、人工煤气等燃料，禁止新、改、扩建燃用高污染燃料的锅炉、窑炉和导热油炉等燃烧设施，已建成的不符合要求的各类燃烧设施要在2014年底前拆除或改造使用清洁能源。

（九）加大环境执法力度，提升环保监管效能

1. 加强监管能力建设。完善省、市、县、乡镇（街道）四级环境监管体系，加强环境监察队伍建设，提升环境监管能力。2014年底前，完成省、市两级机动车排污监管平台建设任务。强化污染源监督性监测工作，把20蒸吨以上锅炉、典型行业挥发性有机物排放企业等纳入监督性监测范畴，试点实施重点企业挥发性有机物在线监测。

2. 加大监督检查力度。各地环境空气质量指标纳入环境保护考核评价指标体系，按照国家对大气污染防治工作的考核要求，定期督查各地工作进展情况，并对社会公开。对工作责任不落实、项目进度滞后、环境空气质量不合格的地区予以约谈问责。

3. 从严整治环境违法行为。完善现场巡查、交叉执法、联合执法、抽查稽查等环保执法方式，加强环境保护部门与相关部门的执法联动和信息共享，健全环境违法违纪案件查处协作机制。突出监管重点，对各地重点环境问题进行挂牌督办，强力整治大气污染。坚决取缔小炼油、小锅炉等无证经营企业，重点打击重污染企业超标排放、施工扬尘管理不规范、生产销售不合格油品等行为。探索开展企业环境信用评价工作，完善环保信用体系建设。

4. 完善执法衔接机制。严格执行《最高人民法院、最高人民检察院关于办理环境污染刑事案件适用法律若干问题的解释》（法释〔2013〕15号），建立环境保护部门和公安部门执法联动机制，完善环境污染刑事案件的移送、受理、立案及重大案件会商、督办制度，依法加大对重大环境违法犯罪案件的综合惩处力度，严惩环境污染违法犯罪行为，进一步增强环境执法的震慑力。

三、保障措施

（十）完善协调和预警应急机制

1. 完善防控协调机制。进一步健全全省大气污染联防联控工作机制和粤港澳区域合作机制，定期召开全省大气污染防治工作会议，协调解决重大环境问题和跨市大气污染纠纷，指导各地、各有关部门建立统一的大气污染防治政策。各地之间要建立统一规划、统一监测、统一监管、统一评估、统一协调的大气污染联防联控协商合作机制。珠三角地区各市要针对细颗粒物和臭氧等突出问题，加强协调联动。各有关部门要通力合作，按各自职责全力支持大气污染防治工作。

2. 健全监测预警体系。完善全省大气环境监测网络，所有地级以上城市国控大气监测站按要求开展监测。环境保护、气象部门要加强合作，建立健全大气重污染监测预警体系，共同推进空气质量预报工作。定期开展重污染天气预警演练，2014年底前分别完成省、珠三角区域、广州市大气重污染监测预警系统建设任务，2015年底前珠三角地区其他城市完成大气重污染监测预警系统建设任务。

3. 完善应急处置机制。省环境保护厅要尽快牵头制订并组织实施珠三角区域大气重污染应急预案，并及时向社会公布。各地级以上市要抓紧制订本地区大气重污染应急预案，明确责任主体、组织机构、工作职责、预警及响应程序、保障措施等，并及时向社会公布。各地政府要将大气重污染应急处置纳入本地区突发事件应急管理体系，实行主要负责人负责制。建立完善监测预报—专家会商—上报审批—响应执行的区域大气污染预测预警机制，当预报可能出现重污染天气时，各地政府要及时采取应急响应措施，组织各有关方面按要求开展工作。

（十一）完善地方性法规和技术标准体系

1. 完善法规规章。及时修订《广东省排污许可证管理办法》，加快推进《广东省大气污染防治条例》制订工作，完善总量控制、排污许可、应急预警、责任追究等制度，实现行政执法与刑事司法的有机衔接，按照“谁污染谁负责、多排放多负担”原则完善环境污染损害赔偿制度。

2. 健全标准体系。加强广东省地方标准的制、修订工作，加快修订广东省大气污染物排放限值标准，

制订低硫散煤及制品、涂料、油墨等产品中有害物质的限量标准，明确生物质成型燃料大气污染物排放标准和重点行业挥发性有机物排放标准，建立重点行业挥发性有机物排放核算体系，强化能耗、安全标准硬约束。

3. 强化技术支撑。加强对灰霾、臭氧形成机理、来源解析、迁移规律等的基础研究，开展大气污染与人群健康的暴露—反应关系研究。支持广东省国家环保重点实验室建设，鼓励环保企业建设工程技术研发中心、工程研究中心（实验室）。积极开发脱硫脱硝、高效除尘、挥发性有机物控制、柴油机（车）排放净化、环境监测等方面的产品、设备，推广一批解决区域复合型大气污染问题的先进实用技术。

（十二）完善环境经济政策

1. 完善资源环境价格体系。发挥资源价格杠杆作用，引导企业绿色生产、社会绿色消费。研究制订差别化、阶梯式的资源价格政策，对已采用新技术进行除尘设施改造的现有火电机组，实行电价支持政策。实行油品优质优价政策，鼓励炼油企业加快油品质量升级步伐。

2. 加大财税支持力度。省和各地级以上市统筹安排污染防治资金，采取“以奖代补”“以奖促防”“以奖促治”等形式，支持开展大气污染防治工作。全面落实合同能源管理财税优惠政策，积极探索污染治理设施投资、建设、运行一体化特许经营模式。完善排污费征收及减排扶持政策，逐步开征挥发性有机物、工地扬尘、加油站、经营性餐饮油烟排污费。

3. 创新环保金融政策。建立绿色信贷、绿色证券和环境污染责任保险等制度，将企业环境信息纳入银行征信系统，严格限制环境违法企业获得贷款或上市融资。加快推进二氧化硫等排污权、碳排放权有偿使用与交易试点工作。

（十三）完善全社会参与机制

1. 及时公开环境信息。从 2014 年起，由省环境保护厅每月定期公布各地级以上城市的空气质量状况及排名，全省所有国控、省控空气质量监测站点实时向社会公众发布空气质量信息。各地要建立重污染行业企业环境信息强制公开制度，及时主动公布新建项目环评审批、排污收费、监督执法处罚、重点企业污染物排放、治污设施运行等信息，定期发布重点污染源环保信用评级结果。

2. 动员全民参与。积极开展多种形式的宣传科普和教育培训，普及大气污染防治的科学知识，倡导文明、节约、绿色的消费方式和生活习惯，提高公众参与大气环境保护的积极性。通过开通举报专线电话、聘请大气污染防治特约监督员等措施，鼓励公众监督和举报大气环境污染行为，支持环保社会组织和环保志愿者开展社会监督活动。

各地级以上市政府要根据本行动方案抓紧制订本地区具体实施方案，分解落实工作任务，并于每年 3 月 31 日前向省政府报送上年度大气污染防治工作进展情况。

广东省滨海旅游发展规划（2011-2020 年）

目　录

为贯彻落实省委、省政府关于大力推动滨海旅游发展的战略部署，促进我省滨海旅游业健康有序、可持续发展，根据国务院批复的《珠江三角洲地区改革发展规划纲要（2008-2020 年）》和《广东海洋经济综合试验区发展规划》精神（粤府〔2011〕47 号），特制定本规划。本规划涉及广州、深圳、珠海、汕头、惠州、汕尾、东莞、中山、江门、阳江、湛江、茂名、潮州、揭阳等 14 个地级以上市的沿海区域。

一、发展意义

我省濒临南海，全省大陆岸线长4114．3公里，居全国首位；岛屿面积1500多平方公里，居全国第三位；海域总面积41．9万平方公里，拥有多样的海岸类型和丰富的滨海旅游资源。同时，我省具有经济较发达、人民生活水平较高、旅游需求旺盛，以及海内外、港澳台客源充足等方面的优势。我省在全国率先开发滨海旅游，滨海旅游业已成为我省旅游的一大特色，也成为我省海洋产业的重要部分。但与国内外滨海旅游发达地区相比，我省滨海旅游的发展仍有较大差距。

大力发展滨海旅游业，既是发展幸福导向型产业，满足人民群众日益增长的旅游度假需求、建设幸福广东的需要，也是发挥我省海洋资源优势，提升海洋经济与旅游经济总体实力，打造海洋经济和旅游强省，建设海洋经济综合示范区和旅游综合改革实验区的重大举措，有利于优化广东旅游产业结构，提升产业品质，增强市场吸引力；有利于拓宽粤港澳经济合作领域，密切我省与海峡西岸经济区、北部湾地区和海南国际旅游岛的联动融合；有利于探索海洋资源开发、环境保护和经济发展良性互动的科学方式，为实现我国海洋事业可持续发展提供示范。

二、发展背景

（一）发展环境

世界滨海旅游发展新趋势。据世界旅游组织统计，当前滨海旅游业收入已占全球旅游业总收入的1/2以上，比10年前增加了3倍；2007年全世界40大旅游目的地有37个是沿海国家和地区；这37个沿海国家和地区的旅游总收入达3572．8亿美元，占全球旅游总收入的81%. 当今世界滨海旅游主要有四大区域市场，一是地中海沿岸，二是加勒比海沿岸，三是大洋洲区岛屿，四是东南亚岛屿。从历史发展进程看，世界滨海旅游重心呈现逐步向太平洋地区转移的态势。

中国旅游市场发展新阶段。2010年，我国人均国内生产总值已达到4682美元，旅游休闲已成为居民消费需求的重要组成部分，国内旅游消费开始进入大众化、多样化快速发展时期。为充分发挥旅游业在保增长、扩内需、调结构等方面的积极作用，国务院出台《关于加快发展旅游业的意见》（国发〔2009〕41号），把旅游业定位为国民经济的战略性支柱产业和人民群众更加满意的现代服务业。

广东海洋经济发展新战略。2011年7月，国务院批复同意《广东海洋经济综合试验区发展规划》，建设广东海洋经济综合试验区建设正式上升为国家战略。该区域将建设成为我国提升海洋经济国际竞争力的核心区、促进海洋科技创新和成果高效转化的集聚区、加强海洋生态文明建设的示范区和推进海洋综合管理的先行区。

广东旅游改革发展新目标。2008年11月，省委、省政府出台《关于加快我省旅游业改革与发展建设旅游强省的决定》（粤发〔2008〕20号），提出将广东建设成为“全国旅游综合改革示范区”。2010年，省委、省政府出台《关于实施扩大内需战略的决定》（粤发〔2010〕1号），提出全面实施国民旅游休闲计划，加快全国旅游综合改革示范区和旅游强省建设步伐。

（二）发展条件

资源优势。我省地处亚热带，气候温暖，环境舒适，阳光充足，大部分海域海水水质符合清洁、较清洁水质标准。全省可供开发的滨海沙滩有174处，沙滩总长572公里。海岛众多，大于500平方米的海岛有759个，海岛岸线长2428．6公里。红树林面积较大、分布较广，并有着中国大陆架上面积最大、保护最完好的珊瑚礁群。滨海各市有众多的文物古迹和独特的风情习俗，城市建设日新月异，多元的城市景观和多彩的城市生活，也成为重要的旅游资源。

客源优势。一是稳定的国内尤其是省内和当地游客市场。我省常住人口超过一亿，加上国内其他地区的大量游客，构成了我省巨大的潜在滨海旅游度假客源。二是为数众多的港澳台同胞和海外侨胞。2010年广东省接待入境游客中的港澳同胞和台湾同胞分别为2106．78万人次和317．72万人次，是滨海旅游的重要客源。三是外国游客人数不断增长。2010年，我省沿海各市接待的外国游客达到921．27万人次。

区位优势。我省是古代“海上丝绸之路”的起点，是古代中国与东南亚国家、非洲国家等商贸和交往的重要通道。粤西地区地处粤、琼、桂“金三角”，西为北部湾，连通大西南；粤东地区与闽、台等地相连相望，华侨众多；珠江三角洲区域毗邻港澳。优越的区位条件和较为发达的交通网络，增强了我省滨海地区的可进入性，同时也增强了投资者的信心。

观念和体制优势。我省改革开放先行一步，企业国际规范意识和市场竞争意识较强，在参与国际滨海旅游市场竞争上能较好地与国际接轨；许多大型国有旅游企业具备投资国际滨海旅游度假区的人才和经济实力。省委、省政府加大力度改善旅游投资环境，积极鼓励和引导国内外资金特别是民间资本投资经营滨海旅游业，形成了国有、外资、民营企业共同推动滨海旅游业发展的良好局面。

（三）发展基础

我省滨海旅游起步于20世纪80年代，以深圳小梅沙旅游中心、阳江海陵岛大角湾浴场、茂名龙头山—虎头山旅游区、江门川岛飞沙滩—王府洲旅游中心等为代表，以海水浴场作为主要开发内容。90年代中期至21世纪初，全省出现滨海旅游开发热潮，形成一批著名的滨海旅游度假区，其中阳江大角湾、汕头中信高尔夫海滨度假村及南澳岛等被评为国家4A级景区。21世纪以来，开始进入以休闲度假为导向的产品深度开发阶段，出现了以珠海海泉湾、惠州巽寮湾等为代表的高端滨海旅游度假区。

2010年，全省海洋生产总值8000亿元，比上年增长17．6%，占全省生产总值的17%. 滨海旅游业总产值达到1298．39亿元，占海洋经济总量的16．2%，成为海洋经济的支柱产业。形成由海滨浴场、水上运动、文化观光、主题公园、民俗参与和专项旅游活动等组成的海滨度假旅游产品体系，“吃、住、行、游、购、娱”旅游六要素不断改善，初步形成了珠江三角洲、粤东以及粤西三大滨海旅游区域。近年来，到广东滨海地区的过夜游客人数增长迅猛，2010年广东滨海各市接待的过夜游客数达16745．85万人次，其中国际游客2832．22万人次，国内游客13913．63万人次。

（四）面临的挑战

我省滨海的气候、生态等条件，与海南省、东南亚地区以及国际滨海旅游发达地区相比，还有一定的差距，确立市场优势的难度较大。滨海旅游开发层次较低，产品特色不足，缺少拳头产品、知名品牌、精品项目。部分地区开发粗放造成资源破坏、品质下降，更新改造的难度大，可持续性面临挑战。东西两翼滨海地区的交通状况、旅游接待与配套设施都亟待完善。

三、总体思路

（一）指导思想

以邓小平理论和“三个代表”重要思想为指导，深入贯彻落实科学发展观，按照《广东海洋经济综合试验区发展规划》的战略部署，以科学发展为主题，以加快转变经济发展方式为主线，根据加快转型升级、建设幸福广东的核心任务，把握旅游业发展的良好机遇，进一步解放思想，深化改革开放，明确滨海旅游战略定位，突出滨海地区特色，实施品质提升战略、旅游惠民战略、国际化战略、可持续战略、空间引导战略、协调发展战略，创新滨海旅游发展机制，为提高人民群众生活质量、促进我省率先建成海洋经济和旅游强省作出积极贡献。

（二）战略定位

——我国亚热带最具活力的旅游目的地。打造我国亚热带动感、多彩、活力、欢乐的旅游度假黄金海岸，塑造“活力广东、欢乐滨海”的主题形象，建设多元化、高品质、生态化的滨海旅游度假地，在高端商务度假与高端家庭度假方面成为我国滨海旅游的领跑者。

——我省旅游产业创新发展的重要引擎。以国际顶级滨海旅游目的地为标杆，创新滨海旅游发展理念、产品形式、开发模式、营销模式，引领广东旅游产业转型发展、创新发展，提升我省旅游业的整体品质与区域吸引力。

——建设海洋经济强省的生力军。壮大滨海旅游产业规模，提升产业品质，完善产业链，形成产业优势，并与滨海地区其他产业良性互动、协调发展，共同构筑我省海洋产业体系，为我省建设海洋经济强省提供有力支撑。

——滨海旅游协调发展的示范区。积极探索，先行先试，在滨海产业协调互动、滨海区域联动合作、滨海资源环境有效保护、滨海居民主动参与和利益保障等方面率先取得突破，积累经验，形成示范。

（三）发展目标

在提升已有滨海度假区品质的同时，新建一批满足国内外市场需要的滨海旅游度假区。争取在10年时间内，形成设施完善、结构合理、特色鲜明、管理科学、服务优良的住宿、餐饮、交通、娱乐、购物、信息等旅游接待体系，达到国际一流滨海旅游度假目的地的水平。

——到2015年，初步建立“活力广东、欢乐滨海”的旅游整体形象，建成3至5个国家5A级滨海旅游景区或国家级旅游度假区，旅游基础设施更加完善，旅游环境更加优化，旅游产业素质显著提升，强化滨海旅游业作为海洋产业与旅游业支柱产业的地位。

——到2020年，“活力广东、欢乐滨海”的旅游整体形象深入人心，建成6至8个国家5A级滨海旅游景区或国家级旅游度假区，形成3至5个具有国际水准、在国际有一定知名度和美誉度的国际滨海旅游度假区，基本形成完善的滨海旅游产业体系，滨海旅游设施、服务质量和经营管理水平达到国际先进水平，旅游产业结构更趋合理和高级化，滨海旅游业成为广东建设旅游强省的重要支撑板块。

（四）发展格局

打造广东蓝色滨海旅游产业带：以自然资源、岭南文化为依托，以海岸生活、休闲文化为内涵，以家庭休闲度假与商务会议度假为重点，以现代化的设施与国际化的服务为特色，加快“海洋—海岛—海岸”旅游立体开发，打造多元化、高品质、生态化的滨海旅游度假地，成为我国最适宜休闲度假的旅游目的地之一，达到国际一流滨海休闲度假旅游目的地的水平。

重点开发环珠江口组团、川岛—广海湾组团、海陵岛—月亮湾组团、水东湾—放鸡岛组团、环湛江湾组团、大亚湾—稔平半岛组团、红海湾—品清湖组团、南澳岛—汕头湾组团等八大滨海旅游组团。建设一批以海洋旅游为主题的海岛、休闲度假区、滨海城市和特色旅游产业基地。

形成三大特色滨海旅游板块。

1．珠江三角洲滨海地区：建设一批主题鲜明、体验性强的滨海旅游度假区，打造具有全国性示范效应的滨海主题度假区。重点发展大众化、家庭式综合休闲娱乐型度假区，结合会展会议发展商务会议型度假区，针对高端客户需求开发具有一定私密性的海岛度假区。注重城市生活与滨海度假、度假旅游与度假地产、滨海度假与商务旅游、购物旅游等城市旅游的相互融合。

2．粤西滨海地区：融历史、文化与滨海旅游于一体，深层次开发海洋特色为主的滨海度假区。强调营造家庭旅游、休闲度假类产品氛围，开发渔家乐等体验性旅游，将滨海旅游度假区打造为当地旅游的核心产品。注重协调滨海度假旅游与工业发展的关系，促进两者互为市场、相互服务；加强与北部湾、琼州海峡旅游圈、海南国际旅游岛的联合，共同进行市场营销和客源吸引。

3．粤东滨海地区：强化差异性和产品特色，借助历史文化与商务会展等辅助资源，重点发展商务会议旅游、度假旅游和文化旅游。发展主题式户外培训基地和商务会议、高尔夫运动、温泉养生等特色型滨海度假区。注重借力海峡西岸战略，在客源市场上实现与海西其他市县的区域共享和合作。

构筑八大滨海旅游组团。

1．环珠江口组团：包括广州、深圳、珠海、中山、东莞五市的滨海地区及海岛。该区域地处我省黄金海岸的地理中心，也是我省区域经济的重心。将城市生活与滨海度假结合，将滨海度假与商务旅游、购物旅游等城市旅游相互融合，重点发展大众化、家庭式休闲娱乐产品、商务会议型度假产品及针对特定顾客需求的高端度假产品等，引领粤港澳优质生活圈建设。主要旅游项目包括：深圳桔钓沙滨海旅游休闲娱乐区、西涌—东涌旅游休闲娱乐区、大梅沙湾—南澳湾旅游休闲娱乐区、沙头角旅游休闲娱乐区；东莞市虎门旅游休闲娱乐区；广州南沙蒲洲旅游休闲娱乐区；珠海市九洲旅游休闲娱乐区、珠海市万山渠道旅游休闲娱乐区、淇澳岛旅游休闲娱乐区、高栏岛东部旅游休闲娱乐区、荷包岛旅游休闲娱乐区等滨海旅游度假区。

2．川岛—广海湾组团：以川山群岛为核心，包括赤溪半岛、广海湾、镇海湾、浪琴湾、银澜湾等大陆沿海岸地区，以侨乡文化、海岛生态为特色，发展高端滨海休闲度假旅游和海岛生态文化游，与世界文化遗产开平碉楼进行内陆延伸和产业联动，增强旅游产业水平和综合竞争力。主要旅游项目包括：江门市上川岛旅游休闲娱乐区、下川岛旅游休闲娱乐区、江门新会崖门旅游休闲娱乐区、银湖湾旅游休闲娱乐区等滨海旅游度假区。

3．海陵岛—月亮湾组团：主要包括阳江海陵岛和东平珍珠湾、沙扒月亮湾地区。以丰富的滨海资源为依托，“南海Ⅰ号”文化效应为吸引，重点发展滨海观光休闲度假旅游、“海上丝绸之路”文化体验旅游和康体养生休闲旅游，打造珠江三角洲游客最喜爱的自驾车滨海旅游目的地。主要旅游项目包括：阳江市海陵岛旅游休闲娱乐区、阳江市月亮湾旅游休闲娱乐区、沙扒旅游休闲娱乐区等滨海旅游度假区。

4．水东湾—放鸡岛组团：主要包括茂名环水东湾地区的晏镜岭、虎头山、中国第一滩、龙头山浪漫海岸和大小放鸡岛。结合茂名滨海新区建设，整合环水东湾的滨海资源，重点建设水东湾旅游度假区和放鸡岛旅游度假区，发展富有茂名特色的滨海观光旅游、潜水休闲度假旅游和海上垂钓休闲旅游等。主要旅游项目包括：茂名市龙头山旅游休闲娱乐区、水东湾旅游休闲娱乐区、虎头山旅游休闲娱乐区、茂名市放鸡岛旅游休闲娱乐区等滨海旅游度假区。

5．环湛江湾组团：主要包括湛江市区、东海岛、特呈岛、硇洲岛、南三岛、南屏岛、吉兆湾、天成台、徐闻三墩、徐闻珊瑚礁保护区、廉江高桥红树林等。发展滨海城市观光、滨海休闲度假、海岛休闲度假、商务会议、游艇邮轮、高尔夫运动、海上运动、生态休闲、海峡文化、军港文化体验等多元化滨海旅游产品。主要旅游项目包括：湛江市吉兆旅游休闲娱乐区、白沙湾—青安湾旅游休闲娱乐区、三墩港旅游休闲娱乐区、乌石旅游休闲娱乐区、赤豆寮岛旅游休闲娱乐区、湛江市南三岛旅游休闲娱乐区、罗斗沙旅游休闲娱乐区、东海岛旅游休闲娱乐区、特呈岛旅游休闲娱乐区等滨海旅游度假区。

6．大亚湾—稔平半岛组团：主要包括稔平半岛、大亚湾滨海地区以及中央列岛、辣甲列岛等海岛。稔平半岛整合海湾、温泉、古城、乡村等资源，发展多元化、综合型的滨海度假区；大亚湾滨海地区结合工业发展工业旅游；中央列岛、辣甲列岛等海岛因岛制宜，发展不同层次、不同主题的海岛休闲度假旅游。主要旅游项目包括：惠州市平海旅游休闲娱乐区、巽寮旅游休闲娱乐区、霞涌—稔山旅游休闲娱乐区、小桂旅游休闲娱乐区等滨海旅游度假区。

7．红海湾—品清湖组团：主要包括汕尾红海湾和环品清湖城市地区。以遮浪镇为依托、以海上运动为特色，引领动感度假潮流；引导汕尾城区向环品清湖地区拓展，打造以内海为特色的滨海城市旅游产品。主要旅游项目包括：汕尾市金厢旅游休闲娱乐区、遮浪旅游休闲娱乐区、品清湖旅游休闲娱乐区、金町旅游休闲娱乐区、百安半岛旅游休闲娱乐区、鲘门旅游休闲娱乐区等滨海旅游度假区。

8．南澳岛—汕头湾组团：主要包括汕头、潮州、揭阳三市的海滨地区和海岛。以南澳海岛旅游和汕头滨海城市旅游为核心，以其他滨海旅游区为补充，重点发展具有潮汕文化特色的商务会议旅游、休闲度假旅游、渔家体验旅游、滨海观光旅游和滨海文化旅游等。主要旅游项目包括：汕头市莱芜旅游休闲娱乐区、广澳湾旅游休闲娱乐区、海门湾旅游休闲娱乐区、惠来市仙庵旅游休闲娱乐区、潮州饶平县海山岛旅游休闲娱乐区、汕头南澳岛东部旅游休闲娱乐区、南澳岛南部旅游休闲娱乐区、泥湾旅游休闲娱乐区等滨海旅游度假区。

（五）发展战略

品质提升战略。转变发展方式，注重发展品质，促进滨海旅游的高端开发与深度开发。重点发展具有地方资源、环境、文化特色并且符合市场发展趋势、具有高度成长性的高品质滨海旅游度假产品，培育一批国际一流的滨海旅游产品品牌。

旅游惠民战略。增强滨海旅游产品供给和便民举措等综合保障能力，将“旅游利民、旅游惠民、旅游富民”作为发展滨海旅游的根本出发点和落脚点。鼓励当地居民参与滨海旅游的开发，积极吸收当地居民在景区就业，使当地居民公平地享受旅游收益或得到利益补偿。通过滨海度假区的开发，带动地区经济起飞，促进广东区域经济均衡发展。

国际化战略。以国际化为导向，以国际先进滨海旅游地区为标杆，引进国际资本、国际企业、国际发展理念、国际经营模式、国际经营人才，发展国际级的滨海旅游度假产品，打造具有国际影响力的滨海旅游度假目的地，开拓与扩展国际市场，并实现滨海旅游产品品质、服务素质、产业运行机制的国际化。

可持续战略。坚持严格保护、科学管理、合理开发、永续利用的原则，加强对滨海旅游资源开发的宏观管理。建立滨海旅游区的环境质量标准，积极倡导生态旅游，促进滨海旅游环境的良性循环发展。提高滨海旅游项目的策划水平，在产品类型、产品档次上有所选择，在开发规模上有所控制，寻求最优的资源配置，并为未来的建设留有充分的发展空间和调整余地。

空间引导战略。根据不同区位的资源特色引导相应的旅游开发，根据不同类型旅游的要求引导相应的空间区位选择，实现资源优势与开发品质的有机衔接。充分考虑珠江三角洲、粤东、粤西之间在资源分布组合及生态环境容量上的空间差异，探索不同的开发模式，实施滨海旅游的差异化与联动发展。

协调发展战略。促进滨海旅游业与其他产业的协调，以此寻求旅游业发展的产业支撑。充分考虑粤港澳、粤闽台、粤桂琼在滨海旅游领域的协调发展，深化滨海旅游区域合作。注重滨海旅游规划与主体功能区规划、土地利用规划、城乡规划、海洋功能区划、环境保护规划、交通运输规划的衔接、协调，以各类规划引导滨海旅游业的良性发展，以滨海旅游业的开发促进各类规划的实施。

四、开发多元化滨海旅游产品

结合滨海旅游业发展现状及打造蓝色滨海产业带的发展目标，顺应当今滨海旅游的发展趋势，建立多元化而又富有广东地域特色的滨海旅游产品体系。

（一）提升滨海观光旅游

面向省内周末休闲市场、省内外大众观光市场，发展多元化的滨海观光产品。

将滨海地区秀丽的自然地质、地貌、水文景观、多元的文化景观、多样的生物资源和现代城市景观、产业景观合理组合利用，形成形式多样、内涵丰富、格调雅致的复合型滨海观光旅游产品，打造广东沿海蓝色观光走廊。

加快滨海地区的绿道建设，完善绿道的旅游基础设施与旅游服务设施，使之成为滨海地区具有休闲、观光、运动等多种功能的旅游新空间；通过城市绿道连接滨海城市相关景区景点，通过区域绿道串联滨海地区不同城市的旅游景区景点，构建以绿道为依托的滨海旅游休闲观光空间网络。

规划海上观光长廊，与沈海国家高速公路和西部沿海高速公路贯穿而成的陆上蓝色滨海生态旅游带遥相呼应，互成风景，让游客饱览海陆不同风光，体验新颖别致的观光项目，获得愉悦感受。利用丰富的海岛资源规划海岛观光旅游产品。

（二）丰富滨海休闲旅游

充分发挥我省滨海沙滩众多和气候环境宜人的优势，在部分海水沙滩条件较好的区域新建部分海滨浴场；对现有的海滨浴场进行整饰、改建和扩建，提高海滨浴场的档次和经营水平。增加海滩的活动内容，在面积大、坡度缓、安全系数高的海滩开发活力海滩旅游项目，适应游客追求放松、享受自然、愉悦自我的心理需求。

选择具有当地渔村民居特色的住宿条件较为良好的渔户住宅，整饰美化外部环境、完善改造内部设施，开发“渔家乐”旅游产品。设计类型丰富的垂钓产品以满足垂钓爱好者的需要。依托海上养殖基地，开发集观光、游览、科普于一体的“海上渔乐城”系列旅游产品。

（三）强化滨海度假旅游

提升现有滨海度假区的品质，新建一批满足国内滨海度假市场的度假区。选定若干资源和市场兼优的地区，进行高品质、高标准、整体开发建设，建设集观光、度假、休闲、养生、商务、会议于一体的国际滨海旅游度假区，建设中国滨海度假生活示范中心，满足游客休闲度假需求。

依托优越的景观资源，充分发挥客源市场优势，重点面向珠江三角洲及港澳的高端家庭休闲度假市场和商务会议市场，打造一批具有国际水准的大型高端度假酒店与商务会议度假酒店。依托游艇、高尔夫、温泉等特色资源或旅游产品，积极打造游艇酒店、高尔夫酒店、温泉度假酒店、文化艺术酒店等各类主题酒店。在条件优越的地区形成若干国际级度假酒店群。强化滨海酒店的度假目的地功能，使之不仅仅作为一种旅游配套设施和附属设施，更作为我省滨海旅游的一种特色产品，一种特殊旅游目的地。

充分利用滨海地区丰富的海水资源、温泉资源、生态资源，提炼和整合中国传统医疗养生文化的精华，融合世界其他国家和地区的康体保健方法，将传统养生精华与海洋疗养相结合，引进先进的康体设施，进行专业经营管理，建设富有广东特色的养生基地，丰富滨海疗养产品结构，满足游客日益增长的疗养需求，把我省滨海养生度假发展成为在国际上有一定影响力的品牌。

（四）拓展滨海运动旅游

根据年轻游客追求速度、挑战自我的心理需求，在滨海地区宽广海域开展帆船、帆板、摩托艇、水上摩托车、滑水、水上拖拽伞、皮划艇、潜水等海上运动，组建海上勇敢者俱乐部，设置海上运动装备器材租用室，配备专业教练指导和必要的救生人员。

打造“活力广东、欢乐滨海、优雅高尔夫”的主题形象与区域品牌；建立包括专业型俱乐部、多元型俱乐部和综合型俱乐部在内的多元化产品体系，实现高尔夫运动与其他滨海旅游产品的多元组合，使滨海高尔夫旅游成为广东滨海旅游吸引体系的重要组成部分；以粤港澳地区商务、社交与个人休闲度假市场为基础，扩大邻近省份及长三角、京津塘等地区商务、度假的市场需求；积极开拓日本、韩国以及东南亚高尔夫爱好者的个人滨海休闲度假市场。

（五）开发滨海文化旅游

挖掘滨海地区独特的民俗文化资源，形成旅游观光产品，吸引游客身临其境、深入细致地了解当地的民风民俗，体味滨海文化的独到之处。

以粤西、粤东地区已有的妈祖旅游产品为基础，开发妈祖文化旅游节、妈祖文化广场、妈祖主题园等妈祖文化旅游产品。

以阳江海陵岛“南海Ⅰ号”、海上丝绸之路博物馆和徐闻海上丝绸之路始发港为依托，结合徐闻珊瑚礁、大汉三墩等丰富滨海自然及人文资源，打造海上丝绸之路文化旅游精品线路。

整合广州南海神庙、黄埔古港古村、十三行、太古仓、沙面等历史文化资源，加强历史风貌的保护，做好海上丝绸之路文化宣传推广和旅游线路产品开发，积极推进申报世界文化遗产工作，提升海上丝绸之路文化的国际国内影响力。

依托千年雷州古城文化，保护和发扬各类独具特色的雷州传统文化、特色文化资源，以此为中心南连徐闻、北接湛江，打造独具特色的雷州文化旅游带，形成南中国文化的重要组成部分和景观。

（六）发展滨海节庆旅游

依托丰富的历史文化资源，培育形成若干大型民俗节庆活动及定期的商务会展、博览会等特色活动，打造有影响力的节庆旅游品牌，增加滨海旅游的产品特色，使节庆活动成为我省滨海旅游的特色与新的经济增长点。

重点发展类型包括：民俗型（如湛江东海岛的“人龙舞旅游文化节”、“海上丝路文化节”、潮阳杨梅节、南沙天后宫文化节等）；商务型（如揭阳玉器文化博览会、潮州陶瓷博览会等）；体育型（如帆船赛、沙滩排球、足球、海滨马拉松赛等）；特殊型（如中国（江门）侨乡华人嘉年华等）。

（七）打造特色海岛旅游

立足丰富的岛屿资源，以市场为导向，针对细分市场提供多样化的产品，构建以休闲度假产品为核心，以观光旅游产品为重点，专项旅游产品为特色的复合型、多元化海岛旅游产品体系，以高品质的海岛旅游提升滨海旅游的整体形象，打造“浪漫海岛、度假天堂”海岛旅游品牌。

以本省及港澳台为主，积极开拓国内市场和国际市场。在巩固区域大众观光旅游市场的基础上，主要针对家庭度假、奖励旅游、商务会议旅游、新婚蜜月、企业公关联谊等中高端休闲度假市场。

坚持精细化、高品质和可持续原则，以主题开发为主，多元融合。根据各海岛区位、面积、资源品质及开发现状的不同，分类开发，不同类型的海岛规划打造不同的旅游产品，选择不同的旅游开发模式。通过提供高品质、多样化且主题鲜明的产品和服务，构建具有广东地域标识的旅游吸引体系。

突出重点，选择若干个区位、市场、资源和基础均佳的海岛，按国际标准建设国际性旅游度假区，并作为我省滨海旅游开拓海外市场的基地。区域联合，组团式开发，打造6个形象鲜明、主题突出的海岛旅游群，塑造广东海岛旅游品牌。

（八）培育游艇邮轮旅游

游艇旅游。大力发展游艇旅游业，积极延伸游艇旅游上下游关联产业，把游艇旅游发展成为滨海旅游的特色，将我省建设成为我国游艇旅游强省，在国内领先、在世界有一定知名度的滨海游艇休闲度假旅游目的地。形成以广州、深圳、珠海为核心，汕头、湛江、中山、东莞、江门、阳江、茂名、惠州、汕尾等游艇俱乐部群为支撑的滨海游艇旅游黄金海岸带。建成广州南沙、生物岛、珠海平沙和深圳大鹏湾四个游艇基地，强化基地与国外市场的联系与合作，逐渐形成全球知名的品牌效应。在珠海平沙游艇产业基地的基础上，进一步积极引进国际知名品牌游艇制造企业，发展中高档游艇制造业，积极推进游艇旅游为核心的游艇消费，构建集生产、服务、经营为一体的游艇旅游产业集群，将珠海建设成为国内第一个“游艇城”。各地区根据自身资源、区位以及发展基础的不同，确定不同的旅游目标市场，开发差异性旅游产品，形成自己的特色。

邮轮旅游。借鉴世界主要邮轮母港和停靠港的经验，研究省内主要城市发展邮轮经济的基础条件，进行邮轮母港与邮轮停靠港的选址论证工作。在选址论证的基础上，加强邮轮码头建设，建立发展邮轮旅游的设施基础。广州、深圳按照国际一流的标准规划建设国际邮轮母港，建设完善的登船、候船与通关设施，发展码头附近区域的旅游和商业功能，形成通达和快速的集疏体系，为到港乘客提供便利的交通、购物、餐饮、宾馆和通信等条件。珠海、汕头、湛江等城市以及川岛、海陵岛、南澳岛也应积极创造条件，适时进入邮轮旅游市场。吸引国际主要邮轮公司把我省主要城市作为母港停泊地，让我省沿海进入国际主流邮轮航线。吸引邮轮公司在我省设立办事处，旅游部门促进经营邮轮业务的企业甚至个人成立邮轮旅行社，制订专门用于发展邮轮业务的政策和措施，全方位地推动邮轮产业开展。

五、推进战略性旅游区域开发

选择若干资源和市场兼优的地区，进行高品质、高标准、整体开发建设，建设集观光、度假、休闲、养生、商务、会议于一体的国际滨海旅游度假区，打造我国滨海度假生活示范中心。通过综合性滨海度假区的开发，吸纳当地劳动力就业，带动地区经济发展，促进区域经济均衡发展。

（一）珠江三角洲湾区

包括广州、深圳、珠海、中山、东莞的滨海地区。具有河海交接的自然环境，是我省区域经济的中心，自然风光、历史文化、岭南水乡田园、现代产业景观、缤纷城市生活、繁华商务交流在有限空间的高度交集。规划打造多元化的旅游热点，包括自然风光（莲花山、南沙湿地、万山群岛等）、历史文化（中山故居、虎门炮台、南沙天后宫及南沙上、下横档岛鸦片战争遗址）、田园水乡（中山、南沙、东莞）、产业景观（南沙、盐田、高栏的港口与临港产业新城）、城市景观与生活（广州南沙新城、深圳西海岸、珠海情侣路等）、康体时尚（高尔夫、游艇、邮轮）等。将城市生活与滨海度假结合，将度假旅游与城市型度假地产开发结合，将滨海度假与商务旅游、购物旅游等城市旅游相互融合，丰富旅游吸引体系。

（二）深圳大鹏半岛

建成以滨海休闲度假产业为主体的具有国际一流水准的生态型滨海综合旅游度假胜地、文化旅游产业片区和国际性会议中心，成为体现深圳美丽海滨城市、高品位文化生态城市和国际化城市特色的重要组成部分。根据资源品质、现有开发程度和未来可塑性进行递进化布局，沙头角—盐田片区作为东部黄金海岸的门户和东部旅游区的旅游服务基地，重点发展旅游商贸、海鲜餐饮、海港观光等；梅沙—马峦—三洲田片区和下沙片区作为深度开发型旅游接待基地，以自然风光为特色，开拓生态休闲、滨海度假、体育娱乐、度假居住等多样化功能；西涌片区以建成综合性国际级滨海度假旅游区为目标，发展国际会议、国际体育休闲、海岛观光度假、科普教育、中高档度假酒店等项目。引进国际级旅游开发商或营运商成片开发，禁止低水平开发，禁止安排工业等有污染的项目。

（三）珠海海岛群

在横琴新区打造世界一流现代滨海文化游乐旅游区，重点发展滨海主题游乐园、国际会展中心、高尔夫、生态园、滨海度假、游艇基地等项目。选择大万山岛、桂山岛、担杆岛等几个较大岛屿作为整个海岛旅游群的服务基地，其他列岛进行主题化的旅游岛屿开发，形成“一岛一主题”的开发特色。构筑东澳—白沥—万山休闲度假、外伶仃—桂山观光娱乐和担杆—佳蓬生态旅游三大特色组团，重点建设万山、桂山、担杆三大海岛特色旅游镇。以生态优先为原则，注重环境容量控制，严格保护海岛自然环境和旅游资源；注重开发时序，根据市场需求由近岸岛屿向东逐步拓展。近期以海岛休闲度假和渔家民俗旅游产品开发为主，海岛观光为辅；中远期以外伶仃岛以及担杆列岛、佳蓬列岛的生态旅游和分时度假旅游开发为主。加快发展海上旅游交通，缓解海岛旅游交通瓶颈的制约。

（四）惠州稔平半岛

整合巽寮湾、双月湾、海龟湾、平海古城、海滨温泉等优势旅游资源，发展高端滨海旅游度假、商务会展、豪华游艇、滨海别墅等高端旅游产品，适当发展滨海观光、历史文化观光、海岛生态旅游、休闲渔业、乡（渔）村旅游等特色旅游产品。将巽寮湾打造成集旅游、度假、休闲、商务、会议、游艇、海滨浴场于一体的国际滨海旅游度假区，定位为珠江三角洲休闲之城，配套游艇俱乐部、奢侈品商店、五星级度假酒店、滨海体验、滨海运动、滨海美食等功能。将双月湾打造成为集第二居所、度假村、酒店、娱乐、温泉疗养、购物、会议培训、文化观光、体育拓展和游艇会所等功能为一体的综合性滨海休闲旅游度假区。坚持生态保护优先，高品质、综合型、多层次开发，充分挖掘和整合自然与人文旅游资源，努力拓展旅游产品，强化地方特色和旅游产品品质。

（五）汕头南澳岛

依托优良的海岛资源，重点面向粤闽及港澳台市场，对南澳岛进行整体开发。定位为以高端度假旅游为主的国际知名旅游海岛，发展以休闲度假旅游为核心，会议旅游、海岛观光、科教文化、宗教旅游为补充的多元化产品体系，建设成为国家生态旅游示范区、国家5A级旅游景区、全国闻名的海岛型休闲度假旅游区、粤东滨海旅游发展的龙头旅游区。岛屿东部突出休闲度假和海上运动、海洋探险、渔村风情、海防海盗文化等主题，打造高品位、国际化的大型滨海休闲旅游度假胜地。岛屿西部突出自然生态优势，建设以森林景观为背景、建设项目与自然风景相协调、体现天人合一思想的生态型旅游区。提升岛内旅游服务中心，塑造良好的旅游城镇形象，完善城镇基础设施和旅游服务设施，形成全岛旅游发展的重要接待基地。

（六）江门川岛

充分利用资源的多样性，重点面向珠江三角洲及港澳台市场，打造一个集观光娱乐、休闲度假于一体，具有丰富活动和生活文化，中高端、多样化、田园诗般的海岛旅游目的地。构筑以度假产品为主，观光产品和专项产品为辅的特色鲜明、主题突出的产品体系。凸显上、下川岛各自的特色，二者互为补充、互为客源：上川岛雄豪坦荡、山岭耸峙，其未来旅游开发应突出其豪气，以海洋和海岛自然风光为依托，以海上游乐项目为突破口，建设一个充满艺术气息和自然情趣的大型海上乐园；下川岛细腻多情、半农半渔，绿意盎然，其旅游开发应以静显优，走高端、生态和细分市场路线。改善交通运输、电力、淡水供应等配套条件，增加川岛的可达性与可游性。

（七）阳江海陵岛—月亮湾

借助“南海Ⅰ号”效应和临近珠江三角洲的区位优势，整合海岛自然生态和历史文化旅游资源，重点面向粤港澳中高端客源市场，形成集旅游观光、休闲度假、商务会议、滨海运动和文化体验为一身的多元化综合型旅游目的地，成为国际知名、国内顶尖的生态与历史文化旅游岛，珠江三角洲游客最喜爱的休闲度假和自驾车旅游目的地。对大角湾进行改造、调整和优化，并整合周边地区的发展，打造具有城市特色的休闲娱乐型海湾；在北洛湾和马尾岛建设高档居住度假型海湾；提升金沙滩，打造海上运动型海滩；在十里银滩建设滨海星级酒店群、主题乐园、度假公寓、度假别墅等，打造富有地方民俗特色的大型节庆活动，加快完善广东海上丝绸之路博物馆。加快东平珍珠湾和沙扒月亮湾开发建设，形成以海陵岛为龙头，珍珠湾、月亮湾为两翼的滨海旅游格局。

（八）茂名水东湾—放鸡岛

整合滨海旅游资源，将虎头山、第一滩和晏镜岭统一规划，统一开发，树立水东湾旅游区大品牌，扩大水东湾旅游区的影响力。提升改善第一滩的旅游配套设施，力争成为国家4A级旅游度假区，提高水东湾旅游度假区的品位；理顺虎头山的权属关系，盘活虎头山景区；进一步开发晏镜岭景区，利用晏镜岭动力气流稳定的特点，打造广东著名的高空滑翔伞基地。依托全国第一的海水能见度、丰富的滨海资源及优美的环境，走高端专业化路线，打造全国著名的潜水休闲度假区、海上垂钓休闲度假区、高端度假型海岛旅游区。将放鸡岛打造成一个既有丰富运动也可安静度假的海上生态休闲乐园。积极促成珠海海岛群—茂名放鸡岛—海南海岛度假旅游黄金线路的开通，将放鸡岛纳入区域海上旅游线路。

（九）湛江五岛一湾

以湛江市区为依托，以湛江海湾为纽带，串联东海岛、特呈岛、硇洲岛、南三岛、南屏岛五个各具特色的海岛，形成差异化与联动发展相结合的空间格局，建设我省著名的港湾—城市型海岛休闲度假旅游区。加快城市滨海地区的建设，打造“一湾两岸”滨海城市观光旅游区。以湛江港湾为核心，结合雷州半岛东、南、西部丰富的旅游资源，构成具有浓郁风情的滨海观光带。东海岛要正确处理石化、钢铁等大型工业项目与滨海旅游之间的关系，开发特色化的工业旅游，给商务旅游带来更多机遇。硇洲岛重点发展潜水旅游、海岛历史文化游、滨海休闲度假游，并结合国家级中心渔港的建设发展渔港旅游。特呈岛旅游度假区以建设成为生态、文明的旅游新海岛为目标，发展滨海乡村生态旅游和休闲度假会议中心。南三岛以建设国际邮轮港、海洋主题公园、生态观光农业园、水上运动中心为重点，凸显休闲度假和观光体验。南屏岛重点发展高端商务和海岛度假旅游。

（十）汕尾红海湾

将红海湾建设成以体育休闲运动为主的“三船”（冲浪、扬帆、皮划艇）运动基地，和集水上运动、生态观光、避暑度假、休闲疗养、餐饮、娱乐、购物等功能齐全的、全天候的复合型旅游度假区；并与汕尾湿地一体化开发，形成冬夏互补的现代滨海旅游示范区。进一步完善配套水上运动区，开设滑水、摩托艇、空中跳伞、冲浪等水上运动娱乐项目，建设帆船帆板运动博物馆、游客中心、美食街、文化广场、露天酒吧，丰富海滨旅游活动内容。依托红海湾周边重要的湿地，在其核心区外建立湿地公园，开展生态观光和游客参与性强的垂钓、观鸟、渔家乐等娱乐项目，形成主题鲜明、内容独特、兼有生态保护、生态旅游、生态教育功能的大规模滨海生态观光旅游区。

六、建立高效能旅游支撑体系

（一）完善旅游交通体系

区域旅游出行。形成以珠江三角洲地区为核心，以公路为基础，铁路、水路、航空多种旅游出行方式协调发展，旅游客运能力显著增强，运输质量明显提高的区域旅游出行系统。进一步拓展航空运输网络，优化民航运输资源，提升航空运输水平。形成能紧密联系区域内各重要旅游城市，以及快速连接周边省份客源市场的铁路网络；建设珠江三角洲地区连接两翼地区的高速铁路，开辟专门的广东滨海旅游列车，实现高容量、快速的旅游出行。依托广州、深圳、珠海、湛江、汕头等5个沿海主要港口和各沿海地区性重要港口，开拓区域内至港澳台、国内其他重要沿海城市、东南亚国家沿海城市的航线，形成布局合理、分工明确、层次清晰、与其他运输方式衔接较好的水运旅游出行系统。以信息化、网络化为基础，加快智能型交通运输的发展，推进现代旅游出行系统的形成。

景区入口交通。完善通达旅游景区（点）的公路建设，提升通达旅游景区（点）公路的等级，加强通达旅游景区（点）公路的交通管理，缩短旅游者花费在通达旅游景区（点）的公路上时间。做好通达旅游景区（点）的公路沿途服务设施、旅游附属设施的配套，特别是为自驾车游客提供的配套服务。开通旅游直通巴士、旅游专线等旅游出行服务，把地区内各个景点串联起来。合理解决进入海岛的旅游出行问题，加强从市区到旅游码头，以及从旅游区内部到旅游客运码头的交通衔接，方便旅客使用进岛轮渡。发展水上直升机等特色旅游出行方式进入海岛旅游区。

景区内部交通。加强旅游海岛上的道路建设，方便连接岛上的各个重要景点和重要配套设施。有条件的可以开行岛内公交车，方便乘客代步。条件成熟的还可开辟空中交通（直升飞机）等高科技旅游出行工具。注重海岛的环境保护，发展旅游岛生态交通，利用电瓶车等快捷、环保交通的工具，在较近的景点间穿梭。根据海岛的自然条件特点，积极发展水上旅游出行，开辟环岛游线路。发展多样化的特色交通游览方式，满足旅游者求新、求奇、求特、求异的心理需要，从而达到“游旅结合”。

（二）提高旅游接待能力

旅游住宿。完善重点景区景点的配套住宿设施，改造和提升现有住宿设施的档次和功能。积极培植有地方特色与滨海特色的民居旅馆和度假酒店，引导投资商开发度假型、生态型、会议型、经济型、商务型和主题型酒店，适当建立野外露营基地、汽车宿营地和青年旅馆。鼓励吸引国内外高星级酒店品牌和优秀经济连锁型酒店品牌进入广东滨海地区；引导和支持本土酒店向集团化、网络化、品牌化、国际化经营方向发展；支持发展本土化的精品单体酒店。鼓励社会旅馆参加星级评定，规范家庭旅馆，提供安全、卫生、舒适、周到、温馨、优质的住宿设施。

旅游餐饮服务。发挥我省饮食资源的优势，深度挖掘粤菜饮食文化和特色，以广府菜、潮菜、东江菜为依托，重点开发各地特色且知名度高的餐饮、美食品牌，打造珠江三角洲、粤东、粤西地区滨海餐饮美食品牌。引进世界各地美食佳肴、服务方式，创造多元化的旅游餐饮产品与服务体系。把餐饮作为旅游的重要组成部分，使品尝美食作为增加旅游吸引力的因素之一，提高餐饮在旅游业的比重。形成层次分明、特色各异、功能完备的旅游餐饮体系，优化餐厅档次结构，合理配置高、中、低档餐馆，合理布局旅游餐饮网点，根据旅游线路特别是自驾车旅游线路的设置，在合适地点设置休息点及餐饮供应点。引导旅游区（点）中的餐饮场所突出当地文化元素，培育地方特色菜肴、特色名点、特色饮食方式、特色饮食文化。在滨海旅游景区、滨海旅游城市、滨海旅游乡村有选择地适度推进美食街、美食城、美食点建设，作为旅游配套建设的重要举措；进一步推动和做大各地旅游美食节，并在场地和节庆形式上进行创新。规范旅游餐饮管理，优化旅游餐饮环境，严格控制餐饮污染。

旅游购物。形成完善的旅游商品系列和旅游购物品销售体系。大力开发和制造具有广东滨海特色的旅游工业品、旅游纪念品。构建旅游商品产业链条，形成产供销一体化的旅游商品生产销售网络体系及生产销售基地，带动旅游购物场所的规范化建设。评选诚信示范商店或广东土特名品专卖连锁店。优化旅游购物场所的环境，增加休闲配套设施，营造良好的购物体验环境。加大政府扶持力度，对开发潜力好、知名度大、附加价值高的旅游商品及企业适当给予政策倾斜。举办旅游纪念品设计大赛、旅游商品展销和“地方优秀旅游商品”评选等活动，促进旅游商品的发展。拓展旅游商品开发模式，引导农民到旅游商品开发制造行业就业，建立“企业＋基地＋农户”的三合一模式，走规模化生产道路。规范购物市场。大力推进旅游购物诚信档案的建设，建立旅游购物场所、企业、服务人员的信誉档案，落实旅游购物企业的信誉监督、信誉奖励和失信惩戒机制。建立质量标准监控体系，规范旅游商品经营行为，大力推进旅游商品有序发展。

旅行社。鼓励发展不同类型的旅行社，建立多元化、多层次的旅行社体系；扶持和培育骨干旅行社，走集团化、网络化、国际化之路；吸引国际上有实力的品牌旅行社到广东滨海各地设立分支机构，利用这些旅行社的网络营销关系和科学的管理模式拓展客源市场，带动整个目的地的旅游业；鼓励旅行社的适度专业化发展，包括发展专业化滨海旅行社，形成一批专长以至专营滨海旅游的旅行社；加强省内各地旅行社之间的合作，从联合促销、共同研发旅游线路和产品、相互借鉴管理模式、沟通信息以及培养人才等方面着手，提高整个行业的经济效益与经营管理水平；加强本省旅行社与广西、海南、福建、香港、澳门、台湾及其他区域旅行社的合作与联动，共同促销旅游线路，拓展地接业务，开拓市场范围。规范滨海地区旅行社的市场管理，积极推进依法治旅工作，规范市场秩序。

旅游信息服务。整合各地已有的旅游网站，建立统一的网络宣传平台，增加网络提供的信息量，缩短网络信息的更新周期，加速信息的流动速度，使网络和旅游者之间的交互功能进一步强化，避免因为信息过期导致游客安排不当。建设滨海旅游电子商务系统，提供旅游信息查询、旅游预订、网上支付、网上结算等功能，并与旅游信息咨询系统结合。建设滨海旅游管理信息系统，直接联结行业主管和行业协会、旅游企业、相关行业和学术机构，提高即时交流管理信息和应对突发事件的能力。加强景区电子商务建设，实现与游客、旅行社的信息化互动。实施滨海旅游信息系统、电子商务系统、旅游管理信息系统的信息标准化采集，实现与广东省旅游信息综合服务平台的对接，促进区域信息化协调发展，以完善区域间的旅游信息共享。

（三）加强旅游人才队伍建设

建立和完善旅游教育与培训体系，为旅游业培养高素质的专业人才。发挥综合大学和高等职业学院的优势，办好旅游中等职业学校（院），利用现有设施完善旅游培训中心，把广东建成全国旅游人才的培训基地和输出基地之一。坚持院校培训与在岗培训相结合，本地培养与外地引进相结合，加快培养中高级旅游经营管理人才、涉外人才，全面提高旅游从业人员的思想素质、业务素质和文化素质，使之达到规范化的岗位标准。

增加对旅游教育的投入。依托现有院校开发旅游教育，使学历教育和非学历教育相结合，提高员工素质。培养一支有较高专业水平，普通话、粤语、外语相配套的导游人员队伍。有计划地选调一批优秀人才到国内外大学和研究机构学习、深造。

建立旅游人才流动制度。不断完善用人机制，建立起留得住人才的企业文化和激励机制，建立人才流动制度和人才流动备案制度。加大旅游优秀人才引进力度。大量引进外语人才，充实各大旅行社、酒店、景区（点），特别是导游队伍。

（四）培育旅游龙头企业

推进旅游企业改革创新，鼓励优势旅游企业重组扩张，努力培育一批旅游龙头企业。鼓励开展各种旅游经营方式、运作模式的创新和探索。对具有规模优势、资源优势和品牌优势的景区和企业，以优引优，以强联强，引进境外资本与民间资本，进行产权重组，使旅游业逐步建立产权清晰、权责明确、保护严格、流转顺畅的现代产权制度。

引入市场化机制，支持非公有经济向旅游领域拓展，允许景区（点）所有权与经营权分离，切实推进产权多元化和管理专业化，采取“谁投资、谁开发、谁经营、谁收益”的原则，自主经营、自负盈亏、利益共享、风险共担。整合旅游产业要素，优化资源配置，推进旅游企业向产业化、规模化、品牌化和国际化方向发展，组建一批旅游企业集团，形成具有竞争力的旅游经营体系。

（五）发展旅游制造产业

旅游制造业是联系工业技术与旅游产业经济的纽带，是旅游产业和旅游经济的基础。着力做大做强以游艇制造、高尔夫用品制造为代表的旅游制造产业；大力提升酒店用品和旅游商品制造业生产水平，改善生产工艺，向新型制造业方向转型升级，强化产业竞争力；打造较为完整的旅游制造业产业链，形成与滨海旅游产业配套发展的现代旅游制造产业体系。

游艇制造。发展游艇研发、设计、游艇原材料加工、游艇装配等产业，重点建设珠海平沙游艇产业基地，着力打造集游艇设计、游艇组装、游艇展销、游艇文化传播于一体的世界级游艇基地。加快筹建游艇产业研究中心、游艇技术研究中心、游艇材料检测中心等一系列平台，延长完善产业链，引导培育相关服务业。适时组建行业协会，出台行业公约，完善行业管理，并在制定国内游艇行业规则、技术标准等方面发挥重要作用。

高尔夫用品制造。抓住发展契机，积极研发新款高尔夫用具用品，扩大国际市场，抢占国内主流市场。重点建设东莞塘厦高尔夫用品产业基地，使其成为我国重要的高尔夫用品的生产、加工基地。

酒店用品制造。充分发挥我省作为酒店用品制造业大省的产业基础以及中国进出口商品交易会的良好平台，积极出台扶持酒店用品制造业多元化的政策措施，引导企业进行专业化分工和上、下游配套，提高产业关联度，延长产业链条，壮大产业规模，以形成良好的群聚效应和规模效应，打造中国乃至世界的酒店用品制造、展销中心。

旅游商品制造。加强旅游商品的研发与设计，形成特色旅游商品体系。包括：土特产品系列、海产品系列、手工艺品系列、花卉植物产品系列、特色邮品和纪念品以及旅游知识性商品。把握游客消费特点，兼顾不同文化背景、不同文化水平、不同职业构成、不同经济水平、不同年龄层次的游客需求；用高品质、高档次的精品、特品来激发消费能力高游客的购物欲，增强游客的关注度及产品的知名度。注意增强商品的视听冲击力，从造型、色彩、包装等方面进行新颖别致的设计。

七、深化多层次区域旅游合作

坚持政府主导与市场运作相结合的原则，以资源和产品整合为核心，以联合营销和市场共享为动力，设立政府间的旅游协调机构，配套合作政策，制定合作方案，构建区内、区际、国内、国际的多层次、全方位的务实性旅游合作体系。

（一）促进省内旅游合作

利用实施《珠江三角洲地区发展改革规划纲要（2008-2020 年）》的机遇，积极引导珠江三角洲地区的资金、人才、企业到东西两翼开发旅游资源、创办旅游企业，推进产业与劳动力“双转移”，促进区域旅游协调发展，推动区域旅游合理布局；大力推进珠江三角洲地区和粤东、粤西地区客源市场的互动，实现大区域旅游市场共享，统筹区域旅游发展，形成区域一体化新格局。

（二）推进粤港澳旅游合作

努力提高粤港澳合作层次，拓宽旅游合作渠道与领域。建立稳定、紧密的协调机构，定期研究和推进解决粤港澳旅游合作中出现的问题。积极鼓励和引导我省港澳旅游民间组织建立沟通联系机制，推动三地旅游民间组织的交往。加快粤港澳三地旅游业资本和服务互相开放。吸引更多有实力的港、澳投资商来粤投资大型滨海旅游项目。争取实现三地旅行社组织的旅游团队直接进入对方行政区提供旅游服务。加强相关配套法规的修订和管理机制建设，推动粤港澳三地客源互动共享，保证三地旅游市场和谐健康发展。进一步提高粤港澳游客流动的便利性，通过推进区内通关管理电子化、通关手续简化、开设旅游专门通道等手段，营造高效、便利的区内通关环境。积极推动粤港澳游艇旅游合作，争取粤港澳游艇在口岸通关监管、游艇码头设置、游艇和驾驶员牌照互认、游艇活动范围等方面的政策突破。继续联合香港、澳门旅游部门参加国家旅游局组织的境外旅游展览会和境外大型宣传促销活动，有重点、分阶段地选择共同的国际客源市场举办粤港、粤澳旅游说明会和面向公众的宣传促销活动。加强粤港澳旅游信息化标准建设和信息采集的合作，实现粤港澳旅游信息共享，整合发挥粤港澳旅游信息平台各项功能。加大粤港澳旅游形象的网络宣传力度，鼓励和支持我省旅游企业推广旅游电子商务，提高旅游电子商务运作水平。

（三）推进粤闽台旅游合作

以粤东地区为先导，加快融入海峡西岸旅游合作区。强化海峡西岸区域合作联盟，构建海峡西岸旅游合作常规化运作机制，共同建设世界级的海峡西岸旅游区。打造“闽南潮汕黄金海岸游”等区域旅游线路，以营销带动区域旅游发展，共同开拓国际国内两大市场。加快跨省域的交通对接，开辟海峡西岸无障碍旅游区。开拓旅游投资领域的合作，吸引对方区域内的旅游企业集团通过投资、参股、兼并、收购等方式来我省落户，促进经营网络发展。促进旅游企业间的合作，调动旅游企业合作积极性，加强各地旅行社、宾馆、景区（点）互动，推进海峡西岸旅游一体化发展。利用海峡两岸三通的机遇，加快实现揭阳潮汕机场、汕头港口与台湾的客运直航，积极争取授权汕头为台胞办理落地签注点。将南澳岛建成对台综合性旅游特区，吸引台湾大型旅游资本投资建设南澳岛。建设邮轮停靠港，吸引国际邮轮将汕头、高雄、香港和厦门等地组成线路。

（四）推进粤桂琼旅游合作

以粤西地区为先导，推进环北部湾地区的旅游合作。整合环北部湾资源，共塑北部湾跨国旅游圈形象。各合作城市在资源共享的基础上实现客源互引、互动促销，利用区域旅游的整体优势培育市场，增强旅游产品的市场吸引力和竞争力，扩大环北部湾地区旅游整体的知名度、吸引力、市场范围，在此基础上共享北部湾跨国旅游圈利益。要实行区域市场开放，引导有实力的企业通过兼并、收购、控股、连锁经营等形式实现跨区域发展，促进旅游企业的集约化、专业化发展。在合作的导向下，注重差异化发展，重点开发本地旅游项目，形成特色与优势，提高自身旅游吸引力。粤西地区要大力改善与珠江三角洲的交通联系，以充分吸引珠江三角洲客源；要加强与海南、广西的合作，开展长线自驾车游等旅游产品；要增强与越南的合作，争取成为跨国旅游的中转站。

（五）推进东盟“10+1”旅游合作

积极加强与东盟各国的旅游交流，在旅游交通协作、旅游信息协作、旅游机构协作、旅游便利化协作、旅游危机处置协作、旅游宣传促销协作等方面进行深层次的交流与合作。加速发展我省与东盟的旅游交通合作，增强国际旅游交通对接，完成旅游交通便利化，重视海上航线的合作；举行国际旅游协作论坛，加大区域协作力度，积极与东盟国家旅游管理部门签署旅游合作与交流协议，在各国设立驻外旅游办事处；以中国—东盟博览会为平台，进行东盟国家间的旅游产品信息推介，同时整合资源，开拓国际旅游新线路，扩大旅游促销和人力资源开发合作；加强我省与东盟国家间在旅游项目投资方面的合作；积极推进我省与东南亚旅游的便利化，简化旅游签证手续；加强旅游突发事件处理的合作，建立维护旅客权益的国际旅游应急协作机制，保证游客的旅游安全。

八、强化可持续资源生态保护

（一）加强海岸带综合管理

尽快出台关于我省滨海旅游的相关政策和要求，杜绝对海岸线过度开发建设。制定海岸带旅游发展指引，对海岸带旅游开发者提供技术指导。

贯彻落实《广东省环境保护规划纲要（2006－2020年》（粤府〔2006〕35号）确定的全省生态环境分区控制战略，近岸海域严格控制区（海洋自然保护区、珍稀濒危海洋生物保护区、红树林保护区等区域）内禁止设置排污口，避免开设航道和旅游线路。规划建设海岸带时，要注意保护原始生态植被。在规划建设海岸带时保留离最高潮位线10米至30米的原始生态植被，对保留原生态植被的海岸带可以进行必要的美化。以沿海防护林、自然保护区等为重点，加大森林生态资源保护力度。对破坏海岸实行环境违纪问责制，确保滨海海域水质好转有制度保证。

（二）保护性利用滨海资源

建立滨海旅游区的环境质量标准，控制环境容量，促进滨海旅游环境的良性循环发展。提高滨海旅游项目的策划水平，有效制止无序开发和破坏性开发。积极倡导生态旅游，调整布局，分流客源，减轻主要滨海景区的接待压力。

按照“规划先行、范围明确、专家参与、容量控制、实时监测”的原则开发利用滨海旅游资源。各旅游景区的开发应制订切实可行的开发发展规划，杜绝无规划滥开发和不按规划开发的行为；确立景区（点）的保护范围，明确各景区、度假区的保护范围，控制保护区内的开发建设活动，景区（点）外围的工程设施应与保护风景区周围的景观和谐。各景区（点）均应测算和确定旅游环境容量，作为景区（点）旅游开发和接待活动管理的参考依据。

（三）加强对环境影响的源头监督和过程控制

严格贯彻执行《中华人民共和国环境影响评价法》，对旅游专项规划必须进行环境影响评价，对旅游项目开发实施环境影响评价制度，实现环境保护的源头监督。

要加强过程控制，不定期或定期监测景区环境。主要的旅游区、景区和景点应有旅游监测人员，配备相关设备，以保证监测体系科学、全面。

（四）加强对游客行为的引导与管理

进一步加强对居民和游客的旅游资源保护知识的宣传，通过游客中心、景点门票、宣传册、广告短片、标识牌、导游词等对游客进行环境教育。制定相关规章制度，加强对游客旅游行为的环境管理。测量景点的环境容量，在环境敏感区严格控制游客数量与游客行为。

（五）加强对景区投资开发行为的监控

对于旅游重大项目、重点项目，有关部门应当严格论证、科学评审，监控相关经营管理活动。同时，可以聘请有关旅游专家担任顾问，为有关部门提供决策参考。

九、实施保障

（一）制定积极的产业扶持与促进政策

加强旅游产业体系建设。按照大旅游、大市场的发展理念，推进同业集聚和产业协作，完善旅游产业体系，延长旅游产业链，重点扶持重大旅游项目、旅游龙头企业、精品旅游线路和具有广阔前景的旅游新产品。

创新旅游生产经营模式。鼓励旅游景区加强与关联企业合作，推进旅游景区投资经营多元化。支持旅游景区品牌化经营，提升管理服务质量。培育壮大旅游房车、邮轮、游艇制造和高尔夫用品、旅游保健防护用品、特殊旅游用品等生产企业，支持建设旅游制造业基地。推进旅游生产营销的规模化，完善旅游产品交易市场，发展旅游电子商务，推进旅游信息化进程。

加大财政扶持力度。在海洋经济试验区规划建设期间，充分发挥省财政安排的旅游产业园区竞争性扶持资金等资金的引导作用，择优扶持纳入海洋经济综合试验区的示范性旅游产业园，以及战略性重大滨海旅游项目基础设施和旅游公共服务设施建设。沿海市、县要统筹财力，切实加大对本地滨海旅游发展的资金支持。

拓宽旅游企业融资渠道，完善金融扶持政策。争取金融机构加大对符合条件的旅游企业和项目的信贷支持，扶持旅游企业做大做强，推动知名旅游品牌和精品线路建设。省财政每年安排的农村劳动力培训转移及促进就业专项资金，可按规定用于旅游行业人才培训。

（二）提供有力的用地与用海保障

旅游用地支持。对列入全省旅游业发展规划的重大旅游建设项目和发展生态旅游项目用地给予支持；对滨海旅游重大项目的建设用地探索采取土地租赁等灵活多样的方式供应。积极推进集体建设用地使用权流转，根据有关公开交易的程序和办法，通过出让、租赁、转让、转租等方式依法取得的集体建设用地，可用于建设开发旅游项目。

完善用海政策。按照《中华人民共和国物权法》确定的海域使用权物权属性，推进项目用海凭海域使用权证按程序办理工程建设手续试点。推进建立海域使用并联审核机制，实施项目用海的海域使用论证、环境影响评价、防洪影响评价等同时进行，简化海域使用审批程序。推进海域资源市场化配置，完善海域使用权招拍挂制度。

完善海岛开发政策。加强有居民海岛地区的基础设施、海水淡化和环保项目建设，探索建立无居民海岛使用权招拍挂制度，为海岛旅游开发创造条件。

（三）构筑多元化投融资格局

借鉴国外成功旅游度假区旅游开发的经验，深化旅游投融资体制改革，充分发挥市场的基础性作用，在政府主导下，积极创造条件，扩大旅游投资融资渠道，建立投资方式多元化、资金来源多渠道的投融资格局。

重视对旅游业的导向性投入。深化旅游基础设施投资机制改革，制定鼓励外资和民间资本介入旅游基础设施建设的政策，鼓励和支持旅游基础设施建设的BOT投融资模式。

消除市场分割，建立旅游市场准入机制，鼓励和吸引国内外企业特别是民营企业参与滨海旅游开发，鼓励相关产业向旅游业延伸。加大招商引资力度，出台融资、用电、用水等方面的倾斜政策，鼓励支持外资、社会资金投资开发旅游业，形成多形式、多元化的旅游发展体系。

创新投融资体制，大力引进外资、社会资金投资开发大型旅游项目，集中财力打造一批4A、5A级景区等旅游精品项目，鼓励景区规范化管理，通过精品景区打造经典旅游线路。推行“优质旅游联盟”计划，实行旅游奖励，促进旅游企业核心竞争力提升，促进优质旅行社、景区景点、酒店等旅游企业互促互动发展。

（四）开展有针对性的旅游市场营销

在区域市场方面，以珠江三角洲为核心，夯实省内基础市场；以中部和西部内陆地区和东北地区为重点，大力开拓省外市场；以港澳台、东亚、东南亚国家和地区为中心，积极开拓欧美等海外市场。以滨海观光旅游为基础，以滨海休闲度假旅游为重点，以滨海商务度假旅游为特色，提供多元化的滨海旅游产品。

加大在国内主流媒体和海外华文媒体的广告宣传投放力度，全方位提升“活力广东、欢乐滨海”的知名度、美誉度。积极参加境内外促销活动，加强与友好省州宣传促销互动合作，利用互联网、平面媒体和新闻媒体创新宣传促销方式。鼓励“广东人游广东滨海”活动。加强对海外华人、华侨的宣传促销，发动更多的侨团来广东寻根问祖、探亲访友、观光旅游。

（五）加强行业与市场管理

充分发挥旅游行政管理部门职能作用，加强监督管理。发挥各类旅游协会作用，制定行业规范，推进行业自律。建立健全导游人员执业的准入、激励、保障和责任追究等机制。

规范旅游市场秩序。推动完善旅游服务质量监督管理体制，加大旅游投诉处理、旅游市场执法力度，加快推进旅游行业标准化建设。强化旅游安全监管，营造安全旅游环境。全力推进诚信旅游，推行优质旅游计划，加强旅游行风建设。

（六）加强规划的实施管理

加强组织领导。沿海各地级以上市政府要把发展滨海旅游摆上重要议事日程，加强领导，统筹协调，建立健全工作机制，研究制订实施方案，明确工作分工，切实推动本地区滨海旅游科学发展。省发展改革委、旅游局、海洋渔业局等部门要加强对滨海旅游发展的指导和协调作用，其他职能部门要按照各自职能分工，各司其职，相互配合，形成推动滨海旅游发展的强大合力。

加强监督检查。省旅游局要根据本规划制定滨海旅游规划实施方案，分解目标任务，明确责任分工，建立考核制度，切实加强对滨海旅游发展重大决策、重大项目以及配套政策执行情况的督促检查，定期通报进展情况，确保工作目标实现。

加大宣传力度。充分发挥新闻媒体和宣传媒介的作用，加大对本规划的宣传解读，加大建设海洋经济强省和发展滨海旅游的宣传力度，提高全社会的海洋意识与旅游意识，充分调动全社会参与滨海旅游发展与海洋经济建设的积极性，营造共同推动滨海旅游发展的良好氛围。

附件 1：滨海旅游地区发展指引（略）

附件 2：重点滨海旅游项目一览表（略）

广东省旅游发展规划纲要（2011-2020年）

目　录

为加快我省旅游产业转型升级，把旅游业发展成为广东国民经济的重要支柱产业和惠及全民的幸福导向型产业，建设旅游强省和全国旅游综合改革示范区，根据《国务院关于加快发展旅游业的意见》（国发〔2009〕41号）、《珠江三角洲地区改革发展规划纲要（2008-2020年）》和《中共广东省委广东省人民政府关于加快我省旅游业改革与发展建设旅游强省的决定》（粤发〔2008〕20号）要求，特制定本规划。

一、加快发展我省旅游业的重大意义

（一）发展基础

旅游综合实力不断增强。“十一五”期间，全省旅游业持续快速发展，主要旅游经济指标名列全国前茅，为建设旅游强省奠定了坚实基础，入境过夜旅游人数、国内过夜旅游人数、旅游总收入年均增长分别为 11.9%、13.2% 和 15.1%。2010 年，全省接待入境过夜旅游者 3156.75 万人次，国内过夜旅游者 1.86 亿人次，位居全国第一；按旅游卫星账户统计，全省实现旅游总收入 5369 亿元，旅游业增加值 2288.31 亿元，占全省 GDP 的 5.03%，占全省第三产业增加值的 11.05%；旅游业直接和间接吸纳就业人数 840 万人，占全省就业人数的 12.5%.

旅游产业结构明显优化。“十一五”时期，旅游产品体系不断完善，现代旅游迅速发展，产业要素体系日趋完善，旅游出行、住宿、餐饮、景区、商贸和娱乐服务全面发展；旅游龙头企业综合竞争力快速提升，“活力广东”旅游品牌影响力进一步增强；产业规模不断发展壮大，截至 2010 年底，全省共有旅行社 1303 家；星级酒店 1214 家，其中五星级酒店 94 家；大型旅游景区景点 300 多个，其中 5A 级 2 个、4A 级 86 个，世界遗产 2 处。

旅游改革开放深入推进。“十一五”时期，相继出台了《关于加快我省旅游业改革与发展建设旅游强省的决定》（粤发〔2008〕20 号）、《关于试行广东省国民旅游休闲计划的若干意见》（粤府〔2009〕19 号）、《贯彻国务院关于加快发展旅游业意见的若干意见》（粤府〔2010〕156 号）等文件，在全国率先推行“国民旅游休闲计划”，率先建设全国唯一的省域旅游综合改革示范区。旅游体制机制和商业运营模式不断创新，东部华侨城、海泉湾、南海西岸分别获授全国首家“国家生态旅游示范区”“国家旅游休闲度假示范区”“国家旅游产业集聚（实验）区”称号。旅游区域合作和市场开拓取得新进展，粤港澳旅游圈建设不断推进。旅游扶贫创出新模式。

（二）面临的机遇和挑战

加快我省旅游业发展面临重大战略机遇。一是我国经济结构战略性调整为我省旅游业产业化大发展提供了广阔的空间。《国务院关于加快发展旅游业的意见》（国发〔2009〕41 号）提出要把旅游业培育成为国民经济的战略性支柱产业和人民群众更加满意的现代服务业。旅游业与相关产业融合发展的大格局逐渐形成。未来十年，旅游业在国家扩内需、促消费、增就业、惠民生战略实施中的地位作用将进一步凸显。二是我省居民消费结构升级为旅游业加速发展带来了广阔的市场前景。“十二五”期末全省人均 GDP 将接近 1 万美元，旅游业处于“爆发性”增长期，旅游休闲将成为城乡居民生活的基本内容和刚性需求。三是粤港澳区域经济一体化全面加速将有力提升我省旅游开放的国际化水平。未来十年粤港澳三地将在经济、社会、文化、生活等领域全面合作对接，有利于拓展我省国际旅游市场。四是信息化普及与快速交通网络的完善加快了旅游业现代化进程。

我省旅游业发展面临新的问题和挑战。一是我省旅游业发展的外部环境更趋复杂多变，世界经济复苏缓慢、国际汇率变化及贸易保护主义抬头加剧了国际旅游业竞争；不可预见的自然灾害和突发公共事件频发，对旅游业发展产生较大冲击；全国旅游业发展的竞争局面已经形成，我省作为出入境窗口、改革开放前沿等传统优势逐步弱化。二是旅游业发展方式仍然粗放，旅游资源环境保护压力加大，旅游企业综合竞争力不强，旅游公共服务体系有待健全，省域旅游形象品牌有待提升，旅游市场秩序有待进一步规范，旅游服务水平有待提升。三是区域旅游发展不平衡，旅游经济集中于珠三角，东西北欠发达地区旅游资源尚未得到有效开发和利用。

（三）重要意义

旅游业是我省幸福导向型产业之一，是国民经济的支柱产业和现代服务业的重要组成部分。未来十年，我省旅游业将处于快速发展的黄金期。加快发展旅游业，有利于扩大居民最终消费和综合性消费，扩大内需，带动相关产业发展。加快发展旅游业，有利于推进我省产业结构转型升级，促进区域经济协调发展，促进生态型、循环型、低碳型产业结构、生产模式和生活方式的形成。加快发展旅游业，有利于满足人民群众日益增长的物质文化和精神生活需求，有效调节人与人、人与社会、人与自然的关系，促进国民身心健康，形成和谐幸福的社会氛围，推动幸福广东建设。

二、总体思路和发展目标

（一）指导思想

以邓小平理论和“三个代表”重要思想为指导，深入贯彻落实科学发展观，围绕“加快转型升级、建设幸福广东”的核心任务，认真执行国家和省关于加快旅游业发展的重大战略部署，进一步解放思想、改革创新，加快转变旅游发展方式，实施旅游产业提升、旅游惠民、创新驱动三大发展战略，全面推进全国旅游综合改革示范区建设，构建旅游发展新格局，将旅游业培育成为广东国民经济的重要支柱产业和惠及全民的幸福导向型产业，全面建成旅游强省，当好全国旅游业发展排头兵。

（二）基本原则

——改革创新，先行先试。深化旅游综合改革，创新旅游管理体制和运行机制，形成政府引导、企业主体、市场运作、社会参与的旅游业发展大格局。加快资源整合与产业融合，积极发展旅游新业态，推动旅游产业转型升级。

——立足国内，拓展国际。以世界眼光、国际标准谋划广东旅游产业开发，统筹利用国际国内两个市场、两种资源，坚持“引进来”与“走出去”相结合，推进我省旅游开放合作新局面。

——因地制宜，统筹发展。以全面展示南粤风采、广东特色为主线，充分发挥各地资源禀赋优势，鼓励和引导旅游产业特色化、差异化发展，形成特色鲜明、优势互补的发展格局。

——旅游惠民，增进民生福祉。推动旅游普惠共享，满足各层次群体的多样化旅游需求，为国民旅游创造平等机会，以幸福旅游推动幸福广东建设，提升全民幸福感。

——科学开发，有效保护。兼顾经济效益、社会效益和生态效益，把握好旅游开发速度、程度和规模，实现旅游资源永续合理利用和旅游业全面协调可持续发展。

（三）战略定位

——国民经济的重要支柱产业。旅游业对全省经济增长的贡献率进一步提高，成为现代服务业的新引擎，凸显旅游产业规模的支柱性、产业素质的先进性和产业功能的带动性。

——惠及全民的幸福导向型产业。人民群众充分享受旅游业发展成果，旅游业的民生特性和社会功能进一步凸显，成为提高民生质量、增进百姓福祉、推动幸福广东建设的重要内容和举措。

——全国旅游综合改革创新示范区。承担全国旅游综合改革创新“试验田”的历史使命，继续大胆探索，先行先试，在加快转变旅游发展方式、推动体制机制创新等方面率先取得突破，为全国旅游改革发展提供经验和示范。

——亚太地区具有重要影响力的国际旅游目的地。以现代旅游为引领，以商贸会展、岭南文化和休闲度假为特色，加强与港澳旅游合作，建成影响亚太、面向世界的具有较高国际水准的旅游目的地。

——世界级现代旅游服务业基地。培育一批具有国际竞争力的世界级旅游企业和品牌，建设自主创新旅游产业集群新高地，建成服务全球的游客集散、商贸会展、旅游产品制造、旅游物流、旅游教育培训和旅游文化创意基地。

（四）发展目标

全面贯彻落实国家和省关于加快发展旅游业的战略部署，抢抓机遇、应对挑战，按照以下“两步走”的战略步骤，有序推进我省旅游“五年大发展、十年创一流”，成为国民经济的重要支柱和惠及全民的幸福导向型产业，旅游产业的规模、质量、效益达到国际一流水平，全面实现旅游强省建设目标。

第一步：到2015年，我省旅游整体形象更加鲜明，旅游公共服务体系基本完善，旅游环境更加优化，旅游业总体规模、服务质量、综合效益领先全国，现代化、市场化、国际化水平显著提升，全国旅游综合改革创新示范区建设成效显著，基本建成旅游强省。全省旅游业总收入达到1万亿元，年均增长率达到15%；旅游业增加值占全省GDP的比重提高到6%左右，占服务业增加值的比重达到13%。

第二步：到2020年，旅游服务设施、经营管理和服务水平与国际通行的旅游服务标准全面接轨，旅游产业规模、产业素质、服务品质、综合效益达到世界旅游先进水平，粤港澳形成优势互补、具有全球核心竞争力的国际旅游圈，建成辐射华南、服务全国、影响亚太、国际一流的旅游目的地和游客集散地，全面建成旅游强省。旅游业总收入达到2万亿元，年均增长率达到15%；旅游业增加值占全省GDP的比重提高到7%左右，占服务业增加值的比重达到15%左右。

三、优化空间布局

着力构建“一核、两带、三廊、五区”空间布局，加快形成岭南文化凸显、功能结构完整、区域优势互补、资源高效利用的旅游发展大格局。

——一核：珠三角都市圈旅游核心。

主要包括环珠江口以广深珠为核心的都市旅游区。依托珠三角良好的产业基础和城市快速交通网络，重点发展标志景观、都市娱乐、商务会展、文化体验、高端度假等都市旅游，建设全国旅游创新创意中心、人才智力高地和旅游制造业基地；联动港澳，形成区域旅游一体化的宜居宜游的大珠三角优质生活圈。发挥珠三角在全省旅游发展格局中的核心驱动功能，带动全省旅游协调发展。

——两带：蓝色滨海旅游产业带、绿色生态旅游产业带。

蓝色滨海旅游产业带。以海岸线和海岛链为轴线，积极配合广东海洋经济综合试验区建设等国家海洋战略，综合利用海洋渔业设施、沿海滩涂地、沙滩、海岛、海湾、岸滩生物群落、沿海城镇、海洋文化等资源，推进产业融合和滨海旅游产业集群发展，加快海域、海岛、海岸带旅游立体开发。重点开发环珠江口组团、川岛—广海湾组团、海陵岛—月亮湾组团、水东湾—放鸡岛组团、环湛江湾组团、大亚湾—稔平半岛组团、红海湾—品清湖组团、南澳岛—汕头湾组团等八大滨海旅游组团。建设一批以海洋旅游为主题的海岛、休闲度假区、滨海城市和特色产业基地。

绿色生态旅游产业带。以南岭生态区为轴线，以我省主体功能区划确定的生态发展区为主体，以绿色、低碳、可持续发展为开发理念，以旅游业为先锋产业，重点开发自然奇景、森林山地景观、人文胜迹、民俗风情等特色旅游资源，打造集观光、休闲、度假、科考、探险于一体的森林山地生态旅游产业集群，建设一批以绿色旅游为主题的森林度假区、野外营地、关隘文化旅游区和特色山村。

——三廊：广京沿线旅游走廊、湛江—东盟旅游走廊、潮汕—海西旅游走廊。

广京沿线旅游走廊。依托京广快速交通网络优势，以粤湘赣红三角旅游区为基础，以韶关为重要节点，延展广深珠旅游发展轴，对接中部经济区，促进旅游产业集聚发展，形成双向开放的北部桥头堡，把韶关建设成为全省观光旅游高地和区域吸引力、辐射力和集散力强的旅游增长极。

湛江—东盟旅游走廊。依托湛江（粤西）机场、邮轮停靠港以及琼州海峡过海大通道等海陆空立体交通网络，以湛江为重要节点，充分发挥黄金海岸和魅力港城的旅游资源和气候优势，积极对接海南国际旅游岛、北部湾乃至东盟，形成双向开放的西部桥头堡，把湛江建设成为粤西区域性旅游中心城市和辐射带动力强的旅游增长极。

潮汕—海西旅游走廊。依托厦深客运专线、揭阳潮汕机场、邮轮码头等立体交通网络，以潮汕都市区为重要节点，整合开发海、山、水、城等区域旅游资源，对接海西经济区，加强粤台旅游合作，形成双向开放的东部桥头堡，把潮汕都市区建设成为世界潮人宜居休闲之都和辐射带动力强的区域旅游增长极。

——五区：珠三角广府文化旅游区、粤东潮汕文化旅游区、粤东北客家文化旅游区、粤西百越风情滨海旅游区、粤北南岭生态休闲旅游区。

珠三角广府文化旅游区。包括广州、深圳、珠海、佛山、惠州、东莞、中山、江门、肇庆等九市。依托广佛肇、深莞惠、珠中江三大经济圈和快速交通网络，重点开发以历史文化名城名镇、美食文化、商都文化、武术文化、近现代革命史、华侨文化和历史名人为特色的广府文化旅游和以主题公园、观光购物、商务会展、邮轮游艇和高尔夫旅游为特色的大都会旅游。

粤东潮汕文化旅游区。包括汕头、汕尾、潮州、揭阳四市。重点开发美食、工夫茶、潮汕工艺、潮商文化、宗教文化、华侨之乡、古城古村等特色潮汕文化体验游，开发海岛旅游、滨海度假、海上体育休闲和邮轮旅游，重点打造南澳岛、潮州古城、大北山、桑浦山、红海湾等景区。

粤东北客家文化旅游区。包括河源、梅州两市。以客家文化为底蕴，重点开发山水休闲、温泉养生、农业观光、红色旅游等旅游产品，特别是以围龙屋、客家菜、客家山歌、客家精神等为代表的客家文化体验旅游产品。加强粤闽赣三省十市的联系与合作，形成“千里客家文化旅游长廊”。

粤西百越风情滨海旅游区。包括湛江、茂名、阳江、云浮四市。以滨海和热带—南亚热带风光为特色，重点开发滨海休闲度假、海上丝路文化游、田园果乡游、禅宗文化游、百越民俗风情游、山地休闲度假，积极开发邮轮游艇旅游和滨海高尔夫等高端旅游产品。

粤北南岭生态休闲旅游区。包括韶关、清远两市。依托南岭生态发展区特色旅游资源，重点开发名山大川观光游、禅宗文化游、温泉康体养生休闲游、休闲农业游、水域风光游、漂流体验游、民俗风情游、森林度假游和寻根问祖游，走出一条旅游与相关产业融合、低碳生态的绿色发展之路。

四、实施产业提升战略，培育国民经济的重要支柱产业

将旅游业优化升级作为建设旅游强省的重要途径，通过实施旅游产业提升战略，促进产业融合与资源整合，培育旅游新业态，促进旅游产业集聚发展，以品牌化、信息化、标准化快速提升企业自主创新能力和核心竞争力。充分发挥旅游业的综合带动作用，将旅游业打造成为全省现代服务业的重要引擎。

（一）加快培育发展旅游新业态

推动旅游业与服务业、制造业和农业产业相融合，催生和培育一批旅游新业态，培育新的消费热点。

培育文化创意旅游新业态。扶持文化创意产业园旅游开发，完善科研创新展示、4D影院、情景购物、互动体验、青少年素质教育等旅游体验功能。大力发展以广州太古仓码头、广州北岸文化码头、广州TIT创意园、珠江琶醍啤酒文化创意艺术区、深圳田面“设计之都”创意产业园、深圳F518时尚创意园、佛山1506创意城、韶关曲江大南华旅游文化创意产业园、肇庆德庆悦城龙母文化旅游创意产业园、云浮广东禅文化创意产业园区等为重点的文化创意旅游。

发展商贸会展旅游新业态。以大型购物娱乐广场、商业休闲区等商业设施为基础，配套旅游服务功能，合理分布商旅业态，形成集购物、娱乐、休闲、餐饮、文化功能于一体的区域性的商业休闲旅游综合体和城市中央休闲区。依托国际性大型会展活动，积极创建商务会展旅游品牌。延展商务会展旅游产业链，带动高科技游乐设施、高尔夫用具、户外运动与野营设备、旅游保健防护用品、酒店用品、旅游工艺品、数字导览设备等旅游制造业发展，提高旅游产品设计制造水平。将中国（广东）国际旅游产业博览会打造成为旅游界的“广交会”。

发展养生医疗和养老旅游新业态。针对社会老龄化和亚健康状况增多的趋势，积极发展银发旅游，大力开发中医药文化养生、保健康复、温泉水疗、美容美体、药膳养生、拳操训练等养生医疗旅游产品，将食疗、药疗、心疗、理疗与休闲度假相结合，中医药养生、现代医疗保健与旅游产品相结合，建设一批全国养老养生旅游示范基地和中医药文化养生旅游基地。

发展工业旅游新业态。依托我省全球制造业基地的优势，鼓励符合条件的工业企业增加旅游元素和配套功能，大力发展知识性和参与性强的企业生产参观游、厂区观光游、工业产品购物游和工业科普修学游。配合产业结构调整，将废弃的工矿业遗产进行旅游功能置换，开发工业遗产游、主题度假、创意文化体验、特种旅游等各种新的旅游项目。

发展邮轮、游艇和低空飞行等高端休闲旅游新业态。推进邮轮母港和停靠港建设，争取著名邮轮公司进驻我省，开辟多条以广东为始发港和重要停靠港的国际邮轮航线。发展以游艇旅游为核心的旅游综合体。加快培育海上帆船运动、海底潜游、海钓、房车旅游等高端休闲旅游。积极发展低空飞行观光、飞行培训、低空飞行表演、低空摄影、热气球、滑翔、跳伞等低空旅游项目。以高端旅游需求带动相关旅游装备制造业发展，推动邮轮游艇、通用飞机和房车的设计制造、销售会展、维修补给、人员培训、基地建设、运营服务等相关产业行业的发展，提升旅游装备国产化水平。

发展农业旅游新业态。配合现代农业发展，充分利用农业文化遗产和浓郁乡土特色，依托农业基地和乡村农家乐等，发展以农业生态观赏、农民生活体验和农村度假为主体的“三农”体验游，拓展观赏型、科普型、采摘型、务农型农业旅游项目，开发茶庄、酒庄、牧场、果园等庄园式、基地型农业休闲度假旅游。依托森林公园、自然保护区、林区林场，积极开发观光度假、“给氧”运动、森林浴、野外探险等森林旅游。依托渔港、渔村、渔船、渔具等元素，大力发展渔家乐、渔事体验等休闲渔业旅游。

（二）打造旅游产业集聚区

鼓励地方文化和产业特色突出、旅游发展要素集聚、旅游产业化程度高、发展基础条件好的地区，以建设旅游产业园、旅游特色区、旅游产业带等形式，推进旅游产业集聚发展，打造一批竞争力强的产业集聚区，实现旅游产业的规模经济效益，以旅游产业集聚区建设带动区域旅游发展。以广州、深圳、珠海为重点，以主题公园或都市商贸会展为主题，发展5至7个都市旅游综合体。以梅州文化旅游特色区、佛山南海西岸、河源万绿生态旅游度假区、高要生态旅游区等为重点，发展5至7个综合类旅游产业集聚区。以惠州环大亚湾、湛江五岛一湾、深圳大鹏半岛、汕头南澳岛、江门川岛、阳江海陵岛等为重点，发展6至8个高星级酒店汇集的滨海（海岛）旅游产业园区。以韶关南岭、环丹霞山，肇庆环星湖、惠州环南昆山、揭阳大北山、广州帽峰山等为重点，发展10至12个森林山地生态旅游产业园区。以高速公路服务区为重点，发展8至10个旅游餐饮集聚区。以广州西关、文德埠和潮州古城、开平碉楼等为重点，打造10至15个文化旅游集聚区。以从化温泉、恩平温泉、佛冈温泉等为重点，打造5至7个温泉旅游集聚区。

（三）推动旅游产品多样化发展

大力开发岭南文化体验游产品。重点开发源于广府文化、客家文化、潮汕文化、百越文化、雷州文化、海洋文化、华侨文化、禅宗文化、武术文化、名人文化的旅游产品，大力推介广州骑楼、西关大屋、客家围龙屋、开平碉楼等岭南建筑艺术，深挖潮绣、广绣、广彩、广雕、石湾陶塑及粤剧、岭南民歌、广东音乐的文化内涵，推进旅游文化街区、文化创意旅游园区、旅游文化综合体建设，充分展示岭南艺术、民俗和历史文化的魅力。

深度开发滨海旅游产品。发挥省旅游产业园区竞争性扶持资金的引导作用，扶持一批示范性滨海旅游产业集聚区。加大对滨海旅游基础配套设施的投入力度，加强滨海生态景观廊道、海钓基地、海洋文化科教中心、旅游度假酒店等综合服务配套设施建设，着力打造一批特色鲜明的滨海旅游城市和滨海风情旅游村镇。在建设海陵岛、特呈岛两个国家海洋公园的基础上，加快广州南沙、雷州天成台、珠海横琴岛等地的国家海洋公园创建工作，努力打造具有全国示范性的休闲度假海洋公园。加快江门川岛、珠海万山群岛、汕头南澳岛、深圳大鹏半岛、汕尾遮浪半岛、茂名放鸡岛等海岛旅游开发。

合理开发山地森林、江河湖泊生态旅游产品。加强扶持引导，实施示范带动，推动森林生态旅游转型升级。建设一批功能配套齐全的生态旅游示范区。优化提升丹霞山、西樵山、罗浮山、鼎湖山等广东四大名山品牌建设，推进南岭、小坑、车八岭、南昆山、大北山等国家森林公园旅游开发，形成天然“大氧吧”。依托岭南水乡资源优势，重点开发万绿湖、广州珠江游、中山岐江游、北江旅游带、西江三峡、东江画廊、湟川三峡、湛江湖光岩、惠州西湖等江河湖泊旅游产品。

优化升级温泉旅游产品。引导温泉产品向主题化、精细化方向发展，引领全国温泉旅游的升级换代。鼓励温泉与医院、养老院、培训、游乐园、会议中心等进行产品组合，开发温泉度假综合体。积极培育温泉文化，打造世界级温泉度假基地。

优化发展都市旅游产品。塑造“活力商都”旅游品牌。重点发展商务、会展、购物、主题公园等旅游产品，充分展示现代都市文明和城市风貌。以广州塔、珠海情侣路、东莞中心广场等城市地标为依托，大力发展都市观光。以大型综合购物商场、商业步行街、美食购物街、酒吧街、历史文化街区、城市滨水区等为依托，积极培育城市特色休闲街区和夜间旅游休闲集中消费区，加强都市休闲购物和游憩功能。鼓励大型购物商场、商业步行街创建国家A级旅游景区。

着力开发红色旅游产品。依托我省作为近现代革命策源地的独特优势，整合资源，大力开发以鸦片战争、辛亥革命、北伐战争、抗日战争、解放战争等为文化内涵的红色旅游产品。将虎门中国近代史文化公园、黄花岗公园、黄埔军校—长洲岛旅游区、中共三大会址、农民运动讲习所、红宫红场、孙中山故里旅游区、叶剑英纪念园、叶挺将军纪念园等打造成为全国知名的红色旅游品牌，优化形成一批红色旅游精品线路。加快在粤原中央苏区县红色旅游开发。

（四）优化提升传统旅游业

推动旅游景区改造升级。加大旅游招商引资力度，健全全省旅游项目库。优化提升一批在区域有影响力和竞争力的龙头旅游景区，建设发展一批上规模、高品位的旅游休闲度假区，加快国家级和省级旅游度假区创建，创新开发一批针对特定群体的专项旅游景区，形成区域布局合理、产品结构优化的旅游景区景点体系。

推动旅行社转型升级。依托有条件的行业组织，开展全省旅行社等级评定工作，大幅提高星级旅行社达标率，规范旅行社经营行为，提高经营管理水平和服务质量。推动旅行社批零体系建设，培育若干有国际影响力的大型旅游批发商、一批有产业竞争力和专业化市场开拓能力的旅游经营商、布局合理的零售代理商。培育旅行社品牌，支持优势旅行社通过整合酒店、景区等上下游行业资源做大做强，提升旅行社竞争力。逐步推进对外资旅行社开放经营中国公民出境游业务。到2020年，拥有全国百强旅行社20家，前十强3至5家。

优化提升住宿业结构和质量。适应多元化市场需求，发展度假酒店、商务酒店、公寓式酒店、青年旅馆、休闲农庄、农家旅馆等多元化的住宿接待设施，促进高档酒店品牌化、经济型酒店连锁化、乡村客栈规范化、度假酒店主题化、酒店服务个性化与人性化，形成结构完善、布局合理的住宿接待体系。合理引导珠三角旅游酒店个性化、精品化发展，培育一批有产业竞争力和社会影响力的本土酒店品牌，打造全国乃至国际酒店品牌，鼓励引进国际知名酒店品牌进驻。支持东西北地区发展高星级饭店。促进七天、岭南佳园等经济型连锁酒店快速发展，鼓励小型精品酒店建设。制定乡村客栈住宿标准，鼓励乡村客栈集聚发展。培育汽车旅馆、汽车营地、露营地、房车等新型住宿业态。到2020年，星级酒店客房出租率达到65%。

擦亮广东“美食天堂”品牌。充分发挥“食在广东”的品牌优势，提升餐饮在旅游产业中的支撑作用，创建国际美食旅游目的地。弘扬广府菜、潮菜、客家菜饮食文化，推进美食街、美食城建设，打造一批具有区域影响力的美食文化品牌。大力培育本土餐饮品牌，宣传推广陶陶居、泮溪酒家、咀香园等“老字号”企业，鼓励广东本土餐饮企业通过连锁经营、特许加盟等形式进行美食品牌输出。加强餐饮业信息化步伐，完善餐饮数据库、美食搜索、在线订餐等便捷服务。大力发展美食经济集聚区，鼓励有条件的地方建设特色鲜明的美食街区。鼓励特色餐饮和地方小吃发展，规范农家乐、渔家乐美食开发，加强机场、车站、高速公路服务区、景区周边旅游餐饮管理。

做大做强旅游商品开发与旅游购物业。依托大型购物商场、专业市场和商业街区，把珠三角地区建设成为享誉国内外的旅游消费服务中心，打造全国旅游购物天堂。继承和发扬岭南传统技艺，重点开发具有地域特色、文化特色和产业支撑的旅游商品，加快广州“三雕一彩一绣”、石湾工艺陶瓷、潮州木雕、佛山剪纸、肇庆端砚、阳江风筝、高州角雕、阳美玉器、湛江珍珠等系列旅游商品开发，构建由品牌工业品、旅游日用品、时尚品、工艺品、美术品、土特产品组成的南粤特色旅游商品体系。加快广东旅游商品创意研发、制造、展示基地和物流中心建设。结合中石化、南航等大型企业网络优势，推动“广东旅游产品全国行”。到2015年，建成1至2个全国知名的旅游商品集散中心；到2020年，旅游商品的销售额占旅游总收入的比重提高到30%。

积极发展休闲娱乐业。围绕“24小时社会”理念，着力提升广州、深圳、东莞等城市旅游娱乐服务水平，打造“不夜广东”。加大创意策划投入，打造一批地方特色与时尚文化相结合的城市或景区娱乐品牌。依托旅游景区和城乡公共休闲空间，开发民间文艺表演、茶艺、棋牌、游戏游艺、江河夜游等观赏性、时尚性、体验性强的娱乐项目，构建主客共享的娱乐产业。

（五）提升旅游企业核心竞争力

培育壮大一批龙头旅游企业。鼓励以华侨城集团、岭南集团、长隆集团、广东省旅游集团、广东省中旅集团、腾邦国际、白天鹅酒店集团等为代表的旅游企业，通过强强联合、兼并重组、投资合作、整合产业链上下游资源、品牌连锁、授信支持、融资上市等途径，发展成为以旅游为核心业务兼及会展、物流、金融、电子商务等其它现代服务业务的龙头旅游企业。

支持中小旅游企业特色化和专业化发展。大力发展以旅游商品生产为主的旅游工业企业，扶持发展专业会展服务企业，培育壮大从事旅游创意的规划设计类企业，大力扶持旅游市场调研、旅游咨讯服务等服务型企业，培育从事线上预订与第三方支付的在线旅游企业，培育提供奖励旅游、自驾车旅游等专项产品的企业，支持民营和中小旅游企业向“小而精”、“小而专”发展，提升旅游中小企业竞争力。

鼓励优势旅游企业“走出去”。推动广东旅游产业国际化布局，鼓励和引导有条件的大型旅游企业“走出去”，充分利用国内外两种资源和两个市场，通过资本输出、人才输出、管理输出、品牌输出等方式，在主要客源市场建网布点，积极参与国际合作与竞争，开发国际旅游市场，提高广东旅游企业的国际知名度。

五、实施旅游惠民战略，建设惠及全民的幸福旅游事业

要把推动旅游惠及全民作为发展旅游业的根本出发点和落脚点，通过实施旅游惠民战略，不断满足不同层次、不同群体人民群众的精神文化需求，发挥旅游调节人与人、人与社会、人与自然的功能，体现旅游业的带动力、亲和力，彰显旅游业的社会价值，以幸福旅游推动幸福广东建设，在建设幸福广东中提升幸福旅游。

（一）全面推进国民旅游休闲计划

把国民旅游休闲计划摆上改善民生福祉的重要位置。将国民旅游休闲计划纳入全省各地国民经济和社会发展规划，完善配套政策，采取更多便民利民惠民措施，为全省人民提供积极健康、内涵丰富的旅游服务，激活和促进全民旅游消费。将国民旅游休闲消费占总消费的比例、休闲时间与工作时间的比例纳入幸福广东建设的评价指标体系，营造有利于国民旅游休闲计划全面实施的良好环境。2015年全省居民出游率达到3次，年旅游消费相当于居民消费总量的13%左右；2020年达到4.5次，年旅游消费相当于居民消费总量的15%左右。

深入落实国民旅游休闲计划。加快制定实施国民旅游休闲政策，切实保障国民旅游休闲的合法权利，在依法保障职工法定休息时间的基础上，完善节假日体系，落实弹性带薪休假制度。推动将修学旅游纳入学校综合实践课程体系，完善修学旅游相关法律法规、安全保险体系以及管理办法。探索福利旅游政策，将旅游休闲纳入社会养老福利范畴，鼓励有条件的单位开展奖励旅游休闲制度。大力推广国民旅游休闲卡，实现“一卡游广东”。

丰富旅游休闲供给体系。构建适合居民旅游休闲需求、内容丰富多样的旅游休闲产品体系。建设一批宜居休闲城市、城市中央休闲游憩区、游憩商务区、特色休闲街区、环城游憩带、旅游度假区、旅游休闲小城镇和休闲度假农庄，打造一批国际旅游休闲目的地。创建一批旅游休闲示范旅行社、酒店和示范基地。

（二）努力满足全民多层次、多元化的旅游需求

满足低收入群体的旅游休闲需求。扩大多类型、低消费的旅游产品供给，重点发展一日游、回乡探亲游、绿道游、社区游、乡村游。扩大旅游休闲优惠范围，进一步推动红色旅游景点、公园绿地等政府公共财政扶持开发的景点免费或优惠向公众开放。出台旅游优惠政策，着力提高低收入者旅游供给保障水平，探索通过设立旅游个人账户、发放旅游券等形式支持低收入群体休闲旅游；大力开发面向农民、老年人、异地务工人员、残障人士、学生等低收入者的公益性旅游项目，完善相关便利化设施和服务，让旅游人口增长更多地向低收入群体延伸。

满足中等收入群体的大众化旅游需求。适应中等收入群体不断扩大的社会发展趋势，着力提高中等收入群体的出游水平和消费水平。深入开展“广东人游广东粤游粤精彩”、“好邻居常串门”等系列活动，促进城乡游客互动。大力开发节假日旅游市场，策划

举办丰富多彩的主题旅游休闲活动，开发多种形式的自由行、自驾游、家庭亲子游、周末休闲度假、国内游和港澳台游精品线路。鼓励工薪阶层利用年假、黄金周和小长假外出旅游，优化客源城市与旅游城市之间的直达出行服务，方便省内居民出游。

拓展面向高收入群体的高端旅游市场。顺应高收入群体个性化、人性化、精致化、品位化的高端消费需求，重点开发会议展览奖励旅游、商务游、高端度假游、高尔夫游、邮轮游艇游、高端购物游、异域文化深度游。引导出境旅游市场规范健康发展，建立健全出境旅游市场的安全管理和危机处理机制，推进出境旅游便利化。

（三）完善旅游公共服务体系

将旅游公共服务设施建设纳入全省城乡规划和建设，统筹利用社会公共服务资源，积极推进与国际接轨的旅游公共服务体系建设。

完善旅游出行网络体系。完善通往旅游目的地的交通运输基础设施，提升旅游出行的便捷性和舒适性。逐步改善主要景区与周边公路“最后一公里”的连接状况。推进和完善潮汕、梅州、湛江、韶关、惠州的支线机场旅游配套设施建设，提供异地候机和搭乘高铁的便利服务。逐步发展重点旅游景区的客运码头，有序开发北江、西江等内河航段的水上旅游线路。加强邮轮码头的规划与建设。完善多元化旅游出行接驳体系。鼓励开通旅游目的地与主要客源地之间的旅游专线客运班车，推进发展假日旅游专线、市郊旅游专线、城际旅游专线。在主要旅游城市开通观光巴士，积极发展城市旅游公交。建立旅游集散中心体系，加强各地市旅游服务中心建设。完善出入境口岸、机场、车站、高速公路、主要景区交通沿线的旅游标识系统建设。

加强城乡公共游憩空间建设。优化美化广州花城广场、深圳市民中心广场、潮州市民广场等城市公共游憩空间，将其打造成为城市形象宣传的窗口。规划发展和完善城市公园、博物馆、图书馆、美术馆、文化艺术馆、影剧院、体育馆、健身馆、科技馆、植物园、动物园、文化休闲广场、旅游休闲街区、社区文化中心、乡镇文化站、村文化室等公共服务设施建设，提升城乡公共游憩空间文化品位，丰富居民和游客休闲空间。完善全省绿道网络及休闲驿站、自行车租赁系统等配套服务设施建设。

完善旅游卫生与安全保障体系。完善旅游公共卫生体系，加快推进高速公路、重点景区、旅游特色村镇的旅游厕所建设，推动公共场所和社会服务单位厕所免费对外开放。加强旅游车船、游乐设施等安全服务管理。落实旅游安全管理责任制，完善旅游应急预警机制和安全救助系统。加强食品安全卫生监管。完善旅游目的地医疗救助和消防体系。提高出境游客安全监测和信息发布的快速反应能力，增强旅游安全应急能力。健全旅游安全保险体系，探索试行旅游贴花保障制度，提高安全事故游客赔付处理能力。

营造城乡生态景观环境。利用森林公园、国家和省级旅游度假区、湿地公园、自然保护区和林场、水利风景区等森林绿地，利用珠江以及惠州西湖、肇庆星湖、河源万绿湖等天然水系，结合全省绿道网建设，推进城乡融合、城乡一体化的生态绿地系统建设。到 2020 年，通过打造 23 条生态景观林带，形成一批阳光海岸带、水乡风貌带、沿江景观带。按照建设大花园、大公园、大景区、大果园的思路，全面推进城乡环境净化、绿化、美化、艺术化，形成多效益、多色彩、多层次、多结构的城乡生态体系，打造宜居宜游的城乡生态景观大环境。

（四）加大旅游扶贫开发力度

创新旅游扶贫体制机制。配合我省扶贫“双到”政策的实施，依托贫困山区、生态发展区、少数民族地区、林场转产和移民安置区、返贫渔民聚居区等地的旅游资源，加大旅游扶贫工作力度，探索更多的旅游扶贫新模式。充分发挥旅游业作用，通过旅游活动的开展实现城乡间国民收入的再分配，平抑城乡贫富差距，促进东西北贫困地区脱贫致富。通过发展旅游业，把当地旅游资源优势转变为特色产业优势，把农村剩余劳动力就地转化为旅游就业人口。引导珠三角地区的资金、经验和技术向欠发达地区转移，培育贫困地区旅游开发市场主体。

完善旅游扶贫政策措施。将旅游扶贫纳入更广泛的社会支撑系统，在水利建设、交通建设、城镇建设、生态建设、扶贫开发、生态文明村建设、宜居乡村建设、文化遗产保护与开发、危房改造中充分考虑旅游功能，形成全社会关注、多部门参与的一体化旅游扶贫格局。加大对旅游从业人员教育培训方面的智力扶持，每年安排贫困地区 1000 人进行免费培训。建立以旅游开发带来的社会、经济、文化等综合效益为主的旅游扶贫考核体系。

加快欠发达地区旅游开发。发挥旅游扶贫专项资金的引导激励作用，在培育欠发达地区旅游龙头项目上取得突破，打造一批旅游特色小镇、风情村落、乡村旅游示范区和示范村等旅游精品。大力挖掘地方民俗文化内涵，突出乡土文化特色，提升旅游项目文化品位。推进地理标志产品保护、原产地标志认定和绿色有机农产品认证工作。以绿色食品、名优土特产、农家乐、渔家乐、家庭旅馆等为突破口，加快旅游业与生态林业、生态农业、特色农产品加工业的融合发展。

六、实施创新驱动战略，建设全国旅游综合改革创新示范区

要把改革创新作为加快旅游业发展的强大动力，通过实施创新驱动战略，全面推动旅游发展机制创新、管理体制创新、商业模式创新、服务方式创新、合作模式创新，形成新的优势领域，率先建成全国旅游综合改革创新示范区，成为全国旅游改革创新的引领者。

（一）创新旅游管理模式

加快旅游管理向宏观调控和公共服务职能转变。进一步转变旅游管理职能，简化旅游行政审批手续，加强综合协调与配套服务职能。建立健全旅游产业宏观调控体系，加强法律规范、产业政策、战略规划、形象推广、市场监管、投融资引导和公共服务体系完善等工作。创建旅游市场信息、招商引资、产权交易、人才交流、教育培训、博览展示等旅游公共服务平台，促进旅游要素流动。

加强旅游综合改革示范带动。以广州、汕头、梅州、惠州、中山、阳江、肇庆等旅游综合改革示范市以及增城、横琴新区、南海、乳源、东源、徐闻、佛冈、揭西、新兴等旅游综合改革示范县（市、区）为基础，以点带面，逐年深化全省旅游综合改革。到2015年，全省60%的地级以上市、30%的县区成为示范点。到2020年，旅游综合改革覆盖全省。积极争取国家支持横琴新区、南澳岛、梅州文化旅游特色区先行先试，参照执行海南国际旅游岛相关优惠政策。

培育发展旅游社会中介组织。充分发挥旅游行业协会在联系行业、沟通政府、调研政策、行业自律等方面的主导作用，依法规范发展旅游中介组织，逐步将行业规范性标准制定和执行等职能转至行业协会、中介组织或旅游技术标准化委员会。

完善旅游监管体制机制。围绕建设旅游强省目标，加强旅游服务质量监督管理，建立旅游主管部门、业界、专家、网络和媒体舆论相结合的多元化旅游服务质量社会监督体系，建立全省联网的旅游在线监督网络。定期发布游客满意度测评报告。

深化导游管理体制改革。完善导游职业制度，建立与导游等级相衔接、科学合理的导游薪酬制度。建立导游激励约束与退出机制。创新培养专业的政务导游、商务导游人才。

探索旅游资源一体化管理。加大对旅游资源开发的统筹协调力度，加强对历史文化遗产、沙滩、森林、温泉、江河湖泊等生态环境敏感性强、公共属性强的旅游资源保护性管理，建立重大旅游基础设施与旅游项目开发立项联合审核、会签制度，统筹协调各相关产业的涉旅开发行为。

（二）创新旅游商业模式

创新旅游企业运营模式。支持优势旅行社通过兼并、收购、控股或特许加盟等途径，整合酒店、景区等上下游行业资源做大做强，将旅游与商业有机结合起来，推进旅游景区投资经营多元化。建立健全现代企业制度，促进旅游企业规范运作。

推广旅游电子商务。促进旅游电子商务与交通运输、住宿接待、景区旅游、餐饮、旅游商品开发等旅游核心要素对接，培育扶持一批广东旅游电子商务企业上市，鼓励知名网站与传统旅游强企联盟，提升传统旅游企业的信息化水平。完善旅游电子商务平台建设，促进旅游电子商务向智能商旅服务升级，鼓励“信息展示 + 智能搜索 + 在线交易 + 客服顾问 + 售后保障”模式推广。积极开展旅游在线服务、网络营销、网络预订和网上支付，鼓励虚拟旅游、网络旅游游戏等新兴旅游宣传方式的推广运用。

探索广货直销旅游新模式。引导地方特色产业与旅游购物对接，结合各地制造业特点，支持广东特色工业产品、农林牧副渔业产品、手工艺品旅游商品化。

创新融合“三旧”改造与旅游开发。充分利用旧城镇、旧厂房、旧村庄改造，挖掘具有历史文化底蕴的古城墙、古旧小巷、古遗迹、名人故居、文化街区、古旧建筑等历史人文资源，发展文化创意产业和特色旅游业，打造成集饮食、购物、文化、休闲与旅游为一体的休闲商业中心、文化展示中心。通过“三旧”改造进行旅游功能置换，增加公共配套设施，改善居住环境，提升城乡品位。

（三）推行绿色旅游发展模式

倡导低碳绿色旅游。鼓励和引导游客采取低碳环保旅游方式，鼓励更多采取自行车、电动车、公共交通出行，减少酒店、餐饮一次性用品消耗，提倡旅行用品循环利用，在旅游目的地进行无污染旅游，保护生态环境和旅游资源。因地制宜，倡导“慢旅游、慢生活”休闲理念，打造若干个“中国慢城”、“国际慢城”。加强与世界旅游组织的合作，创建“世界旅游组织可持续发展示范基地”。

大力发展旅游循环经济，创建“绿色饭店”、“绿色景区”。鼓励旅游企业开展环境管理体系认证，形成绿色旅游管理体系。推动绿色饭店建设，鼓励酒店、

餐饮和娱乐场所采取节能灯使用、中央空调改造、污水集中处理、中水回用等节能减排措施，应用节能环保设备，鼓励餐饮企业、酒店实施自愿性清洁生产。支持景区景点利用新能源环保材料，广泛运用节能节水减排技术。加强旅游资源与环境保护，严格执行旅游项目环境影响评价制度。到2015年，将星级饭店、A级景区用水用电量降低20%以上；到2020年，全面建立绿色旅游产业体系。

（四）创新旅游服务方式

推行出入境旅游“一站式”服务。探索公安、海关等部门与经认定的实力强、信誉高的龙头旅游企业联合推行出入境旅游签证“一站式”服务，配套完善银行换汇、机票和车船票代售、酒店预订、邮政等相关商旅一体化服务。

创新服务配套体系。鼓励旅游企业开展品牌连锁服务，为游客提供“菜单式”游程设计、商旅管理、VIP管家等全套服务。扩大旅游包机服务，尝试组建专业性旅游包机公司。争取开通出入我省的旅游专列。鼓励建设旅游商品街、特色购物街、专业化市场。完善大型旅游购物场所货币兑换、电子支付功能，优化旅游购物环境。

（五）创新粤港澳旅游合作模式

完善粤港澳旅游合作协调机制。全面落实粤港、粤澳合作框架协议，加快推进旅游业对港澳开放在我省先行先试，推进粤港澳旅游示范合作区建设，加快完成粤港澳旅游合作规划编制工作，统筹推进三地旅游发展合作。推动广州南沙、深圳前海、珠海横琴成为粤港澳旅游服务业合作的重要载体。加强粤港澳三地旅游企业、协会的交流合作。

共建无障碍旅游区。促进客源来往便利化，进一步完善144小时便利签证制度，放宽预报出境口岸的规定，适时调整成团人数规定要求，简化到港澳的外国游客出入广东手续。逐步增加口岸实施24小时通关，为我省居民到港澳旅游及港澳居民到我省旅游相互提供通关、交通、支付等便利措施，逐步扩大“一签多行”政策实施范围。探索三地旅游从业人员资格、游艇驾驶证件及牌照互认。促进旅游人才、技术、管理、资金、客源、信息等旅游要素自由流动。

拓宽旅游合作领域。加强粤港澳三地联合推广，开发“澳门历史城区—开平碉楼—韶关丹霞山”世界遗产旅游专线，丰富优化粤港澳“一国两制三地”都市休闲游线路。推动粤港澳游艇“自由行”，联合制定游艇旅游管理标准。探索旅游企业便利经营制度，鼓励和支持港澳有实力的企业到我省设立独资或合作旅行社，探索广东港资、澳资旅行社试点经营中国公民出境游业务。进一步加强与港澳地区在会展、旅游咨询、旅游教育培训等现代服务业领域的合作。鼓励港澳居民参加全国导游人员资格考试。推动粤港澳三地旅游数据中心、旅游资讯网、旅游电子商务平台、移动互联网和三网融合等信息化服务合作，建设旅游信息公共服务平台，共享信息资源。加强三地旅游诚信体系共建。

（六）创新区域旅游联盟

探索创新区域旅游合作新方式，充分发挥各自的优势和特色，明确合作领域和重点，在规划统筹、环境共建、设施对接、产业联动、产品互补、品牌共建、市场共管、联动招商等方面加强合作，以从化—新丰—连平南粤百里生态旅游产业带、德庆—郁南—封开西江风光旅游带、“三连一阳”（连南、连山、连州、阳山县）少数民族风情旅游带率先试点，大力推动区域旅游联盟发展，提升区域旅游品牌知名度和市场竞争力，辐射带动当地及周边经济社会加快发展。

七、打造十大重点工程，提升旅游综合竞争力

（一）旅游品牌提升工程

以“活力广东”为核心品牌，深度推进“岭南文化、活力商都、黄金海岸、美食天堂”四大品牌建设，最终形成由区域品牌、景区品牌、旅行社品牌、酒店品牌、节庆品牌、购物品牌、餐饮品牌、演艺品牌、服务品牌等组成的“活力广东”旅游品牌体系。到2020年，创建10个以上国家级旅游度假区，5A级旅游景区达到15家，打造广东中旅、广之旅等10家全国知名旅行社品牌，打造白天鹅宾馆、花园酒店等10家本土型知名酒店品牌，打造广东国际旅游文化节、中国（广东）国际旅游产业博览会、广府庙会、南海神庙波罗诞、阳江开渔节、瑶族盘王节、黄飞鸿杯狮王争霸赛等30个国内外知名旅游节事品牌，打造广州酒家等30家全国知名旅游餐饮品牌，打造长隆国际大马戏等5个国内外知名的演艺品牌。各市打造3至5个地方特色的“旅游手信”品牌。打造30个地方特色浓郁、旅游综合带动效应显著的旅游强县品牌。

（二）“引客入粤”市场营销工程

加大国内旅游市场开拓力度，深度开发湖南、广西、江西、福建、海南、湖北等核心客源市场，积极开拓长三角、环渤海湾等经济发达地区客源市场以及西南和中原地区等中远程客源市场，培育东北和西北等机会客源市场。利用省际高铁网络，开发出入我省的高铁沿线城市客源市场。利用我省“暖冬”气候优势，大力发展北方游客避寒旅游市场。利用广东

沿海特色，面向中西部地区推广滨海旅游产品。到2020年，国内过夜旅游人数年均增长率8%以上、国内旅游收入年均增长率14%左右。加大入境旅游市场开拓力度，巩固港澳台、日韩和东南亚等核心客源市场，积极开发北美、西欧、澳大利亚、新西兰、俄罗斯、印度以及中东地区等拓展客源市场，大力开发华人华侨旅游市场。到2020年，入境过夜旅游人数年均增长8%、外汇收入年均增长10%。将旅游宣传推广提升到区域形象宣传的高度，加强全省整体旅游形象的对外宣传与营销策划。建立健全省市联动、部门协作、企业参与的旅游联合促销机制，创新实施整合营销、细分市场营销、新媒体营销。到2020年，发展形成世界遗产游、粤港澳都市游、潮汕文化与滨海美食游、客家文化与山水度假游、南中国黄金海岸游、广府文化与近现代革命风云游、禅宗祈福游、山水生态千里自驾游、南粤精品文化游等国内外知名的九大精品旅游线路。

（三）旅游文化振兴工程

围绕提升广东文化软实力，深度挖掘岭南文化内涵，以地域特色鲜明的建筑、方言、饮食、民俗、音乐、画派、节事、演艺等为载体，把文化元素渗透到旅游业发展各环节，充分展现岭南独特的生活方式、民俗风情以及价值观念和审美情趣。提升广州、潮州、佛山、肇庆、梅州、中山、雷州等历史文化名城的旅游价值和城市品位，开发广州北京路等50个文化内涵和历史底蕴丰富的特色文化旅游街区。深度开发韶关南华寺、云浮国恩寺、潮州开元寺、广州光孝寺、德庆龙母祖庙、揭西三山国王祖庙等宗教文化资源，打造10大宗教文化旅游胜地。深度挖掘赵佗、冼夫人、六祖惠能、洪秀全、康有为、梁启超、孙中山、叶剑英、李小龙等名人旅游资源，打造100个名人文化旅游品牌。加大粤剧、潮剧、梅州客家山歌、广东醒狮、揭阳英歌舞等非物质文化遗产旅游开发力度。

（四）旅游名镇名村培育工程

积极对接全国特色旅游景观名镇（村）、中国历史文化名镇（村）和广东省名镇名村示范村建设，结合城乡一体化和新农村建设，建设100个旅游特色镇、1000个旅游特色村。依托自然山水旅游资源和乡村田园风光，加快推进南海西樵镇、惠东县巽寮镇、阳江沙扒镇、高州根子镇、梅县雁洋镇等30个生态山水旅游名镇和500个自然生态旅游名村建设。依托传统特色制造业和服务业，打造中山古镇、佛山大沥镇、东莞厚街镇、汕尾鲘门镇等30个特色工商业旅游名镇。促进古村落、古建筑群和名人故居等文物古迹与旅游相结合，建设番禺沙湾广府文化古镇、吴阳粤西文化古镇、新丰客家文化古镇、赤坎华侨文化古镇等40个文化旅游名镇，以及广州黄埔名村、深圳大芬村、龙门嘉义庄等500个文化旅游名村。

（五）绿道旅游开发工程

倡导“慢旅游、慢生活”休闲理念，在绿道网络和生态景观林带建设的基础上，制订绿道旅游规划和标准，加大宣传推介力度，引导旅游企业深度开发绿道旅游产品。以绿道网为依托，串联周边森林绿地、天然水系、历史古迹、乡村农家等旅游资源，建立由绿道自驾游、绿道自行车游、绿道水上游等特色项目组成绿道旅游产品体系，不断延伸绿道旅游产业链。加快发展“海上绿道”旅游。到2015年，创建6至8个绿道旅游示范市，评选50个绿道旅游示范点，各地级以上市分别打造3至5条绿道旅游精品线路，形成具有地方特色的绿道旅游品牌，使绿道旅游成为我省在全国具有影响力的特色旅游新名片。

（六）自驾游开发推广工程

以政府为主导，市场为主体，建设一批自驾游驿站、咨询服务中心、汽车旅馆、汽车营地和房车营地。加强自驾游交通安全防范和救援体系建设。到2020年，自驾游标准体系和通往主要景区的道路交通指引标识基本完善。依托游客接待量较大的重点景区、主要入粤节点、高速公路服务区、风景优美的路段，合理配置自驾游补给系统，完善旅游资讯服务。到2020年，全省建成80至100个设施完善的自驾游驿站。加快发展汽车租赁服务，培育一批异地租还汽车租赁服务公司。鼓励并规范车友会、汽车俱乐部、自驾游协会等各种形式的自驾游俱乐部发展。重点打造4条自驾游精品线路：（1）经由云浮、肇庆连通广西的西江千里旅游画廊；（2）广宁竹海—怀集燕岩—连山大旭山—连南千年瑶寨—连州地下河—阳山第一峰—清新温矿泉；（3）英西峰林走廊—广东大峡谷—南岭国家森林公园—丹霞山—梅关古道—始兴深渡水—车八岭—满堂围—南华寺；（4）经由河源、梅州连通闽赣的客家文化长廊自驾精品线路。

（七）旅游诚信体系建设工程

积极营造“品质旅游、诚信旅游”的社会氛围。建立旅游与工商、税务、物价、银行等联网的征信信息数据库，建立省、市、县联网的旅游企业和导游诚信信息网，实行旅行社、旅游购物店诚信评级公示制度、等级动态管理制度和失信惩罚制度。开展诚信旅游创建活动，制定旅游从业人员诚信服务准则，创建省级诚信旅游示范单位和“零投诉”旅行社。建立公开透明的游客满意度社会评价体系，及时公布游客满意度调查测评结果。定期在全行业开展对虚假广告、零负团费、挂靠承包、强迫消费的专项治理行动。到2015年，创建100家省级诚信旅游示范旅行社；到2020年，建立完善的广东旅游诚信体系。

（八）旅游人才培育工程

制定实施旅游人才发展规划。到2015年，完成对省内旅游企业全部中高级管理人员和导游人员的分级分类培训。到2020年，建设一支职业经理人队伍，引进和培养1000名旅游企业CEO；培育建设一支旅游企业经营管理人才队伍，培养和引进1万名懂管理、懂市场营销、懂国际规则的复合型旅游高级管理人才；建设一支旅游专业技术人才队伍，培养10万名旅游教育人才、旅游策划人才、旅游电子商务人才、高级导游和小语种导游、旅游装备制造人才、旅游工艺品纪念品设计人才、游艇和高尔夫俱乐部管理人才；建设一支旅游企业一线技能服务人员队伍，年教育培训量达100万人次。

（九）旅游信息化工程

构建高效的“智慧旅游”管理系统，运用互联网、物联网、云计算、新一代宽带无线移动通信网络、智能数据系统等技术，实现旅游者、旅游企业和旅游主管部门实时互动，全面提升旅游信息化水平。推进旅游电子政务建设，建立健全旅游监测预警体系，从传统的粗放管理、被动处理、事后管理向精细管理、主动监测、实时动态过程管理转变，提高应急管理能力。构建基于三网融合的旅游数据中心，建设包括12301旅游服务热线、广东旅游社会公众网、智慧旅游城市、3G旅游新时代工程和旅游企业信息化等在内的旅游信息综合服务平台。加快全省旅游信息服务设施建设，实现“食、住、行、游、购、娱”等旅游要素信息的实时采集和交换，从导航、导游、导览、导购等方面为游客提供信息化服务；增强旅游智能卡、多功能手机智能卡的旅游支付功能。到2020年，建成15个以上智慧旅游城市，重点培育和扶持200家旅游信息化示范企业，率先实现旅游信息化省域全覆盖。

（十）旅游标准化工程

建立标准制定、标准实施激励、标准跟踪和绩效考核有序衔接的旅游标准化运行机制。重点加强基础标准、广东特色旅游产品和新业态标准建设，并逐步向涉及旅游业发展的各基础要素的服务、管理、技术等标准领域拓展，不断提升参与和制定行业及国家标准能力。支持企业主导或参与制修订旅游标准，推动旅游饭店、旅行社、景区、旅游购物、旅游娱乐业等市场主体标准化体系建设及动态管理机制。到2020年，制定并实施地方旅游标准60项以上，参与或制定国家旅游标准10项以上，全面建成涵盖国家标准、行业标准、地方标准和企业（联盟）标准的广东省旅游标准体系。

八、保障措施

（一）加强组织领导

各级政府要高度重视旅游业的改革和发展，按照建设旅游强省、幸福旅游的要求，将其纳入当地经济社会发展的总体规划，出台相关配套政策措施，建立健全旅游产业发展领导协调机制，统筹我省建设全国旅游综合改革示范区相关工作。省有关职能部门要加强对旅游工作的支持配合，形成工作合力。

（二）建立健全旅游法规与规划

全力配合国家关于旅游业发展的立法工作，加快修订《广东省旅游管理条例》，制定完善旅游市场监管、资源保护、从业规范等相关法规。加大旅游法律法规宣传，提供旅游法律援助、咨询等便利服务。省旅游局要加快制定本规划的实施方案。各地要根据本规划精神，编制专项旅游规划，开展重大旅游项目开发建设。在编制和调整城市总体规划、土地利用总体规划、海洋功能区划、基础设施规划、村镇规划等相关规划时要充分考虑旅游业发展需要。完善旅游统计指标体系，建立旅游统计卫星账户。

（三）完善产业配套扶持政策

加大旅游用地政策支持。对列入我省旅游业发展规划的重大旅游建设项目和发展生态旅游项目，给予用地支持。鼓励节约集约用地，支持利用荒山、荒坡、荒水、荒滩、荒岛、采矿塌陷区和石漠化土地发展旅游项目。支持盘活存量建设用地发展旅游。在符合海岛保护规划的前提下，鼓励无居民海岛旅游项目开发。加大交通政策扶持。支持通往旅游景区的公路建设。支持邮轮、游艇业发展，加快出台与国际接轨的促进广东游艇旅游发展的管理法规和办法。促进广东旅游航空支线开放，推进低空飞行的旅游开发与管理。积极争取广州白云国际机场实行72小时落地免签政策。加大金融政策扶持。加强对旅游项目建设的投融资引导，积极引导社会资本创立现代旅游产业投资基金。鼓励各类产业投资基金、股权投资基金投资旅游重大项目开发。探索构建旅游金融综合服务平台。支持符合条件的旅游企业上市融资。积极推进金融机构和旅游企业开展多种方式的业务合作，探索开发适合旅游消费需要的金融保险产品。

（四）加大财税扶持力度

全面贯彻落实《国务院关于加快发展旅游业的意见》（国发〔2009〕41号）和《关于加快我省

旅游业改革与发展建设旅游强省的决定》（粤发〔2008〕20号）等文件在财政、税收方面的相关扶持政策。各级财政要加大对旅游基础设施建设、旅游宣传推广、人才培训、旅游扶贫、规划编制、公共服务的支持力度。支持旅游企业或项目申报中央和省财政促进服务业发展专项基金、中小企业发展专项资金。按照有关规定，对省重大旅游产业集聚区、旅游重点项目建设落实相应的税费优惠政策。推动落实宾馆饭店与一般工业企业用水、用电、用气同网同价政策，切实减轻旅游企业负担。允许旅行社参与政府采购和服务外包。

（五）优化旅游专业人才培养环境

大力开发满足新业态、新岗位需求的旅游紧缺人才。积极探索校企人才双向交流机制。加强现有旅游类院校和专业建设，扩大旅游类中等职业教育培养规模，加强旅游产学研合作。建立人才激励机制，建立和完善旅游职业资格和职称评定制度，健全职业技能鉴定体系。建立合理的人才流动机制，实施吸引国际人才、专业技术人才、离退休人才进入旅游行业的弹性用人机制和柔性流动政策。

附件1（略）

附件2（略）

广东省海洋功能区划（2011-2020年）

第一章　总　则

第一条　区划目的

海洋功能区划是海域使用管理和海洋环境保护的重要制度，是海域资源开发、控制和综合管理以及编制各类涉海规划的法定依据。为深入贯彻落实科学发展观，合理开发利用广东海洋资源，保护和改善海洋生态环境，推进广东海洋经济综合试验区建设，根据《中华人民共和国海域使用管理法》、《中华人民共和国海洋环境保护法》等法律法规和国家海洋开发保护的方针、政策，在综合考虑广东管理海域自然属性、开发利用与保护现状、经济社会科学发展需要的基础上，制定本区划。

第二条　区划依据

1. 中华人民共和国海域使用管理法；
2. 中华人民共和国海洋环境保护法；
3. 中华人民共和国海岛保护法；
4. 中华人民共和国土地管理法；
5. 中华人民共和国渔业法；
6. 中华人民共和国海上交通安全法；
7. 中华人民共和国港口法；
8. 中华人民共和国军事设施保护法；
9. 中华人民共和国防洪法；
10. 中华人民共和国自然保护区条例；
11. 中华人民共和国国民经济和社会发展第十二个五年规划纲要；
12. 国务院关于全国海洋功能区划（2011—2020年）的批复（国函〔2012〕13号）；
13. 中国生物多样性保护战略与行动计划（2011—2030年）；
14. 国务院关于广东海洋经济综合试验区发展规划的批复（国函〔2011〕81号）；
15. 珠江三角洲地区改革发展规划纲要（2008—2020年）（国函〔2008〕129号）；
16. 广东省国民经济和社会发展第十二个五年规划纲要；
17. 广东省海域使用管理条例；
18. 海洋功能区划技术导则（GB/T17108—2006）。

第三条　区划目标

区划期限：2011—2020年。

总体目标：充分发挥海洋功能区划的基础性和约束性作用，统筹海域资源的空间开发。通过科学编制和严格实施海洋功能区划，使海域资源配置更趋合理，国民经济发展空间进一步拓展，海洋经济发展格局进一步优化，海洋开发秩序进一步规范，海域生态环境质量稳步改善，可持续发展能力显著增强，形成经济发展与海洋资源、海洋环境和海洋生态相协调的海洋空间开发新格局。

（一）海洋开发利用目标。按照广东海洋经济综合试验区发展规划的部署，围绕打造提升我国海洋经济国际竞争力的核心区，以大力提升传统优势海洋产业为基础，以加快培育壮大海洋新兴产业为支撑，以集约发展高端临海产业为重点，统筹安排各地、各行业海洋开发利用活动，突出保障国家和省重大项目以及沿海新区建设用海，加快建设科技引领、产业高端、优势突出、布局合理的现代海洋产业集聚区。合理控制围填海规模，严格实施围填海年度计划制度，遏制围填海增长过快的趋势，围填海控制面积符合国民经济宏观调控总体要求和海洋生态环境承载能力，区划期限内全省建设用围填海规模控制在23000公顷以内。保留海域后备空间资源，严格控制占用海岸线的开发利用活动。至2020年，保留区占近岸海域面积比例不低于10%，大陆自然岸线保有率不低于35%。

（二）海洋环境保护目标。围绕建设全国海洋生态文明示范区，坚持生态环境保护与海洋资源开发并重、海洋环境整治与陆源污染防治统筹，建立海洋环境保护长效机制，提高海洋和海岸带生态系统保护水平，提高可持续发展能力。至2020年，近岸海域功能区的海水水质、海洋沉积物质量、海洋生物质量监测达标率提高到90%以上，海洋保护区用海保有量不少于590000公顷。

（三）渔业用海保障目标。维持渔业用海基本稳定，加强水生生物资源养护。渔民生产生活和现代化渔业发展用海需求得到有力保障，重要渔业水域、水生野生动植物和水产种质资源得到有效保护。至2020年，海水养殖用海的功能区面积不少于250000公顷。

（四）海域综合整治目标。适应海洋综合开发和沿海地区经济社会发展需要，以规范用海秩序、整治海洋环境为重点，推进海域、海岛、海岸带整治修复，实施柘林湾、品清湖、大亚湾、狮子洋、深圳湾、广海湾、水东湾、湛江湾等重点海湾综合整治工程，打造宜居、宜业、宜游、宜自然生态的蓝色经济带，完成整治和修复海岸线长度不少于400公里。

第四条　区划原则

统筹兼顾。按照海域资源、生态环境等自然属性和区位特点，统筹经济社会发展需要，科学确定海域功能。

综合开发。坚持由近及远、梯次开发，构建优势集聚、功能明晰的海岸保护开发带和近海保护开发带。

集中集约。优化海洋开发方式，实行集中规模开发，引导提高单位岸线、海域投资强度，实现海域资源的合理配置。

注重保护。坚持在保护中开发，加强海洋生态环境保护，科学开发海洋资源，实现海洋经济的可持续发展。

保障安全。优先保障国防安全和军事用海需要，保障海上交通、海底管线和防洪纳潮的安全。

第五条　区划范围

区划范围为大陆海岸线向海一侧海域和东沙群岛的岛礁及其海域。其中大陆海岸线向海一侧海域东至潮州市大埕湾粤闽海域分界线，西至湛江市英罗港和北部湾粤桂海域分界线，南至琼州海峡粤琼海域分界线和领海线。区划范围内海域面积64784平方千米，其中近岸海域面积63889平方千米。

第六条　区划成果

（一）广东省海洋功能区划（2011—2020年）文本；

（二）广东省海洋功能区划（2011—2020年）登记表；

（三）广东省海洋功能区划（2011—2020年）图件。

第二章　海洋开发保护现状与面临形势

第七条 地理概况和区位条件

广东位于北纬20°09′—25°31′和东经109°45′—117°20′之间，陆地面积为17.98万平方千米。广东海域辽阔，海岸线长，滩涂广布，大陆架宽广，港湾优越，岛屿众多，海岸线长4114千米，有海岛1431个，其中海岛面积在500平方米以上的有759个。位于广东海域的领海基点有南澎列岛（1）、南澎列岛（2）、石碑山角、针头岩、佳蓬列岛、围夹岛、大帆石等共7处。

广东面向南海，毗邻港澳，是我国大陆与东南亚、中东以及大洋洲、非洲、欧洲各国海上航线最近的地区，是我国参与经济全球化的主体区域和对外开放的重要窗口，也是我国推进海洋强国建设的主力省。广东处于泛珠三角经济区和华南经济圈的核心区，粤港澳、粤闽、粤桂琼三大海洋经济合作圈是分别连接港澳、海峡西岸经济区、北部湾经济区和海南国际旅游岛的重要区域，具有优越的地理区位条件。

第八条　自然环境与资源条件

广东地处热带、南亚热带季风气候区，年日照时数多，雨量充沛。入海河流众多，主要有珠江、韩江、鉴江、漠阳江、潭江和榕江。潮汐类型有不正规半日潮、不正规全日潮、正规全日潮。近岸潮流以往复流为主。海洋灾害主要有风暴潮、赤潮等。海域环境质量总体保持良好状态，部分近岸海域环境受陆源污染影响较大。

广东拥有丰富的港口资源、海洋生物资源、滨海旅游资源以及矿产和能源资源。拥有大、小海湾510多个，其中适宜建港的有200多个，沿海分布有南北航线和通往东南亚各国的天然航道。滨海旅游资源类型多种，特色明显。海洋生态系统有红树林、珊瑚礁、海草床、上升流等多种类型，海洋生产力旺盛，海洋生物资源种类丰富，拥有多种水生生物的产卵场、索饵场、越冬场及洄游通道。矿产资源丰富，近海海域石油和天然气储量丰富，近岸有独居石、锆石、钛矿、海砂、海盐等。海洋能蕴藏量丰富。

第九条　开发利用现状

广东主要用海类型有交通运输用海、渔业用海、旅游娱乐用海、海底工程用海、工矿用海、造地工程用海、排污倾倒用海、特殊用海、其他用海等9类。自《中华人民共和国海域使用管理法》施行以来，至2010年，广东海域使用确权面积达到1160平方千米，发放海域使用权证书6074本。其中国务院确权的重大项目用海84宗，面积115平方千米，主要用海类型为海底光缆、电厂、港口及海砂开采等；广东省人民政府确权的重大项目用海 418 宗，面积 275 平方千米，主要用海类型为特殊用海、交通运输、填海造地、工业和旅游等。

第十条 面临的形势

今后一段时期是我国加快发展海洋经济的关键时期。党的十七届五中全会作出了关于发展海洋经济的战略部署，国务院从推进海洋强国建设和保持国民经济平稳较快发展的战略高度出发，将广东列为全国海洋经济发展试点地区之一，并于 2011 年 7 月批复了《广东海洋经济综合试验区发展规划》。建设广东海洋经济综合试验区是贯彻落实党中央、国务院关于海洋经济发展战略和区域发展总体战略的重要举措。随着广东海洋经济综合试验区建设全面推进，海洋开发方式正由传统的单项开发向现代的综合开发转变，海洋开发广度正由海岸带、近海向深海拓展，海洋产业正由传统海洋产业为主向海洋战略新兴产业和高端临海产业迈进，海域资源需求将呈现规模大、类型多、增长快的新特征。同时，海洋资源利用水平偏低、海洋生态环境保护压力较大、海洋经济区域发展不平衡等深层次矛盾和问题成为制约广东海洋经济科学发展的瓶颈。科学编制并严格实施海洋功能区划，对合理开发利用海域资源，实现规划用海、集约用海、生态用海、科技用海、依法用海，加快推进广东海洋经济综合试验区建设，为全国海洋经济科学发展探路示范具有重要意义。

第三章 海洋开发与保护战略布局

第十一条 总体布局

按照国家海洋发展战略和关于广东海洋经济综合试验区建设的总体部署，围绕将广东打造成为提升我国海洋经济国际竞争力的核心区、促进海洋科技创新和成果高效转化的集聚区、加强海洋生态文明建设的示范区、推进海洋综合管理的先行区的战略定位，着力建设珠江三角洲海洋经济优化发展区和粤东、粤西海洋经济重点发展区三大海洋经济主体区域，积极构建粤港澳、粤闽、粤桂琼三大海洋经济合作圈，科学统筹海岸带（含海岛地区）、近海海域、深海海域三大海洋保护开发带，推进形成“三区、三圈、三带”的海洋综合发展新格局。

根据《全国海洋功能区划》和海洋开发与保护的总体布局，按照科学分析、准确定位、综合平衡、合理分区的原则，将广东管理海域划分为大埕湾—柘林湾及周边海域、南澳岛及周边海域、汕头港及周边海域、海门湾—神泉港及周边海域、碣石湾—红海湾及周边海域、大亚湾及周边海域、狮子洋—伶仃洋及周边海域、万山群岛及周边海域、磨刀门—黄茅海及周边海域、广海湾—川山群岛及周边海域、海陵湾及周边海域、博贺湾—水东湾及周边海域、湛江湾及周边海域、琼州海峡—英罗港及周边海域等 14 个管理区域。

第十二条 大埕湾—柘林湾及周边海域

包括大埕湾、英港、柘林湾及周边海域，海岸线长度 75 千米，海域面积 262 平方千米。主要功能为农渔业、工业与城镇建设、港口航运。重点推进西澳港区综合开发，建设临港产业集聚区；建设深水网箱基地，加快海水养殖业转型升级；提升滨海旅游业水平。围填海主要分布在西澳岛北部、大旗角海域。加强西澳工业与城镇用海区开发建设对海洋环境污染的防治；科学控制柘林湾养殖密度和规模。重点保护大埕湾中华白海豚、尖紫蛤，海山岛海滩岩遗迹，西澳岛黄嘴白鹭鸟栖息地。

第十三条 南澳岛及周边海域

包括南澳岛至南澎列岛周边海域，海域面积 2356 平方千米。主要功能为旅游娱乐、农渔业、海洋保护。积极推进南澳省级海洋综合开发试验县建设，提升海岛特色旅游水平，重点发展海水增养殖和海洋捕捞业。围填海主要分布在南澳岛西北和西南海域。加强广东南澳岛海域—福建东山岛海域联合国海洋生物多样性保护示范区、南澎列岛省级海洋自然保护区建设；重点保护南澳岛周边海域南方鲎、龙虾以及乌屿候鸟栖息地、“南澳Ⅰ号”古沉船遗址；禁止在南澎列岛领海基点所在岛屿进行开发活动；保障国防安全；完善海岛防护林带建设。

第十四条 汕头港及周边海域

包括东屿湾、莱芜湾、汕头港、广澳湾及周边海域，海岸线长度 230 千米，海域面积 2015 平方千米。主要功能为港口航运、工业与城镇建设、旅游娱乐。重点建设现代化滨海新城，发展港口航运，打造物流基地，推进高端滨海旅游业发展。围填海主要分布在东部经济带、潮南、达濠等海域。加大海洋污染防控力度；开展牛田洋、榕江、濠江等海域生态环境整治修复；保障韩江口排涝泄洪的畅通；重点保护莱芜中国龙虾和中华白海豚。

第十五条 海门湾—神泉港及周边海域

包括海门湾、靖海港、神泉港及周边海域，海岸线长度 119 千米，海域面积 1297 平方千米。主要功能为工业与城镇建设、农渔业和旅游娱乐。重点建设惠来临海现代工业集聚区，推进专业化海洋运输体系和物流中心建设，发展现代海洋渔业、高端滨海旅游业。围填海主要分布在海门湾、神泉等海域。加强惠来临海工业建设对海洋环境污染的防治；开展海门、神泉、资深等渔港综合整治；重点保护石碑山角领海基点、前詹礁盘生态系统，以及龙虾、海龟、鲎及其栖息地。

第十六条　碣石湾—红海湾及周边海域

包括甲子港、碣石湾、红海湾及周边海域，海岸线长度 460 千米，海域面积 6372 平方千米。主要功能为农渔业、旅游娱乐、工业与城镇建设。重点发展现代海洋渔业，推进红海湾海洋综合旅游区建设，建设汕尾新港区和品清湖滨海新城，集聚发展高端临海产业。围填海主要分布在田尾山、白沙湖、甲子、小漠海域。加强临海工业建设和陆域污染对海洋环境影响防治；开展品清湖综合整治，维护水动力环境和纳潮量；重点保护礁盘生态系统、上升流生态系统和碣石湾海马。

第十七条　大亚湾及周边海域

包括考洲洋、大亚湾、大鹏湾及周边海域，海岸线长度 435 千米，海域面积 5156 平方千米。主要功能为海洋保护、港口航运、旅游娱乐、农渔业。重点建设大亚湾先进制造业基地，推进惠东巽寮海洋旅游度假区建设，发展海洋交通运输业和现代海洋渔业。围填海主要分布在考洲洋、范和港、平海湾、纯洲。加强大亚湾海洋生态环境保护，严格限制高污染项目在沿岸布局，严格控制污水及陆源污染物排放。建立统一的污染物排污区，实施深远海排放。加强惠东港口海龟国家级海洋自然保护区和大亚湾省级水产资源自然保护区建设，重点保护针头岩领海基点、海龟及其栖息地、马氏珍珠贝、红树林和珊瑚礁。

第十八条　狮子洋—伶仃洋及周边海域

包括黄埔港、深圳湾、虎门、蕉门、洪奇门、横门及周边海域，海岸线长度 480 千米，海域面积 1973 平方千米。主要功能为港口航运、工业与城镇建设、旅游娱乐。重点推进海洋产业高端要素集聚，壮大海洋交通运输和滨海休闲旅游等优势海洋产业，培育海洋生物医药、现代港口物流和海洋信息服务三大海洋新兴产业，重点建设广州南沙、深圳前海、珠海横琴三大新区。围填海主要分布在广州南沙、东莞交椅湾、中山横门、深圳西部、珠海横琴等海域。控制在狮子洋两岸围填海和新建港口码头；加强珠江口生态环境整治，实行达标排放和污染物总量控制；加强海洋灾害预警预报体系建设；保障珠江口东四门排涝泄洪的通畅；重点保护珠江口中华白海豚、淇澳岛红树林、中山海上温泉、广州南沙湿地生态系统、东莞黄唇鱼。

第十九条　万山群岛及周边海域

包括担杆列岛、佳蓬列岛、万山列岛、外伶仃岛、桂山岛及周边海域，海域面积 4803 平方千米。主要功能为旅游娱乐、港口航运、农渔业。推进万山群岛休闲度假区建设，发展高端海洋旅游业、现代渔业、港口运输业和海上仓储，开发海上风电等海洋可再生能源。围填海主要分布在桂山岛、三角岛、黄茅岛周边海域。加强无居民海岛保护和受损海岛的整治修复；保障国防安全；完善海岛防护林带建设；重点保护珊瑚礁、上升流生态系统和佳蓬列岛领海基点。

第二十条　磨刀门—黄茅海及周边海域

包括银洲湖、磨刀门、鸡啼门、虎跳门、崖门、黄茅海及周边海域，海岸线长度 242 千米，海域面积 3765 平方千米。主要功能为港口航运、工业与城镇建设、农渔业、旅游娱乐。重点建设荷包岛海洋工程装备制造基地、银洲湖船舶制造基地、三灶航空产业基地；发展港口航运业。围填海主要分布在荷包岛、三灶、高栏岛、木乃南、银湖湾等。实行达标排放和污染物总量控制，保护河口海域生态环境；保障珠江口西四门排涝泄洪的通畅。

第二十一条　广海湾—川山群岛及周边海域

包括广海湾、镇海湾、川山群岛及周边海域，海岸线长度 325 千米，海域面积 4621 平方千米。主要功能为农渔业、工业与城镇建设、旅游娱乐。重点推进广海湾临海工业建设，积极发展深海渔业养殖，推动外海生产基地建设；发展高端滨海旅游。围填海主要分布在广海湾。加强临海工业建设和养殖污染对海洋环境影响防治；实施镇海湾综合整治；保障国防安全；重点保护围夹岛和大帆石领海基点，加强对台山中华白海豚和镇海湾红树林、川山群岛海草床、乌猪洲等海洋生态系统的保护。

第二十二条　海陵湾及周边海域

包括海陵湾、面前海、沙扒港和南鹏列岛周边海域，海岸线长度 324 千米，海域面积 10315 平方千米。主要功能为港口航运、农渔业、旅游娱乐。推进海陵湾开发，重点发展港口航运、临海现代工业、海洋文化旅游度假、现代海洋渔业等产业。围填海主要分布在面前海、丰头岛、埠场。严格控制在海陵湾两岸围填海；加强防灾减灾体系建设；完善海岛防护林带建设；重点保护程村红树林湿地生态系统、南鹏列岛海洋生态系统、海陵大堤东部海域泥蚶、丰头河近江牡蛎种质资源。

第二十三条　博贺湾—水东湾及周边海域

包括博贺湾、水东湾和大放鸡岛周边海域，海岸线长度 182 千米，海域面积 5981 平方千米。主要功能为农渔业、港口航运、旅游娱乐。重点发展现代港口物流、临海先进制造和滨海旅游业，推进现代渔业发展。围填海主要分布在博贺、爵山。开展水东湾、博贺湾整治，限制在水东湾内围填海；实施工业污染物达标排放；加强防灾减灾体系建设；保障国防安全；重点保护水东湾和博贺湾红树林生态系统、晏镜岭海蚀遗迹、大放鸡海域文昌鱼。

第二十四条　湛江湾及周边海域

包括鉴江口、湛江湾、雷州湾和东海岛、南三岛、硇洲岛周边海域，海岸线长度 619 千米，海域面积 9067 平方千米。主要功能为港口航运、工业与城镇建设、农渔业、旅游娱乐。重点发展港口交通运输业，推进东海岛高端临海现代制造业产业集群，发展现代海洋渔业和滨海旅游业，开发海上风电等海洋可再生能源。围填海主要分布在吴川、东海岛、新寮等海域。加强特呈岛国家海洋公园建设；加强防灾减灾体系建设；保障国防安全；重点保护红树林、礁盘、海草床生态系统和中华白海豚。

第二十五条　琼州海峡—英罗港及周边海域

包括琼州海峡、流沙湾、海康港、安铺港和英罗港及周边海域，海岸线长度 623 千米，海域面积 5908 平方千米。主要功能为海洋保护、农渔业、旅游娱乐、工业与城镇建设。加快发展现代海洋渔业和滨海旅游业，开发可再生能源。围填海主要分布在安铺港、角尾湾、乌石。控制流沙湾、海康港养殖密度和规模；保障国防安全；保障跨省海底光缆安全；重点保护红树林、珊瑚礁、海草床等生态系统和白蝶贝、儒艮等物种。

第四章　海洋基本功能分区及管理要求

第二十六条　概述

根据国家关于海洋功能区划的技术规范，将广东区划范围海域划分为农渔业区、港口航运区、工业与城镇用海区、矿产与能源区、旅游休闲娱乐区、海洋保护区、特殊利用区、保留区等 8 个一级类功能区。

海岸基本功能区是指依托海岸线，向海有一定宽度的海洋基本功能区。共划分 159 个功能区。

近海基本功能区是指海岸基本功能区向海一侧的外界与管理海域外部界线之间的海洋基本功能区。共划分 99 个功能区。

第二十七条　农渔业区

农渔业区指适于拓展农业发展空间和开发利用海洋生物资源，可供围垦、渔港和育苗场等渔业基础设施建设，海水增养殖和捕捞生产，以及重要渔业品种养护的海域。包括农业围垦区、养殖区、增殖区、捕捞区、水产种质资源保护区、渔业基础设施区等二级类功能区。

划定农渔业区 22 个，面积 4914324 公顷。属于海岸基本功能区的有 20 个，面积 587583 公顷，即汕头港—大埕湾、牛田洋、海门湾—广澳湾、田尾山—石碑山、碣石湾、红海湾、考洲洋、港口、大鹏澳、南澳湾—大鹿湾、都斛、川山群岛、平岗—东平、丰头河、电白—江城、南三—博贺、雷州湾、流沙港、乌石—西连、英罗港—海康港农渔业区；属于近海基本功能区的有 2 个，面积 4326741 公顷，即珠海—潮州、湛江—珠海近海农渔业区。

按照提升近海、开发深海、拓展远洋的原则，优化配置现代海洋渔业发展用海。重点支持深水网箱养殖基地、人工鱼礁和现代海洋牧场建设，切实保障传统渔民生产用海、渔业基础设施建设用海。科学控制海湾养殖规模和密度。防止养殖自身污染和水体富营养化，防止外来物种入侵。严格控制近海捕捞强度。加强水生生物产卵场、索饵场、越冬场及洄游通道保护，保持海洋生态系统结构与功能的稳定。严格执行农渔业区海水水质标准。

第二十八条　港口航运区

港口航运区指适于开发利用港口航运资源，可供港口、航道和锚地建设的海域。包括港口区、航道区、锚地区等二级类功能区。

划定港口航运区 43 个，面积 90678 公顷。属于海岸基本功能区的有 33 个，面积 80995 公顷，即柘林湾—大埕湾、三百门、莱芜、榕江、广澳湾、海门、靖海、前詹、施公寮、品清湖、碧甲、惠州、沙头角—盐田正角咀、大铲湾—蛇口湾、沙田、沙尾、麻涌、黄埔、南沙、横门岛、香洲湾、九洲港、横琴岛、斗门、高栏、银洲湖、恩平、海陵湾、博贺—爵山、水东湾、湛江港、南山—海安、流沙湾港口航运区；属于近海基本功能区的有 10 个，面积 9683 公顷，即烟墩湾、前江湾、达濠岛北部、马鞭洲、泥洲岛、龙穴岛、三门列岛、桂山岛、三角岛、大万山岛港口航运区。

按照深水深用、布局合理、结构优化、层次分明的原则，深化港口岸线资源整合，完善港口布局，推进沿海港口规模化、专业化协调发展，提升港口现代化水平。切实保障沿海主要港口和地区重要港口的用海需求。维护沿海主要港口、航路和锚地海域功能，保障航运安全。港口基础设施及临港配套设施建设应集约高效利用岸线资源和海域空间。加强港口应急设施建设和海域水质监管，减少对临近功能区主导功能的影响。

第二十九条　工业与城镇用海区

工业与城镇用海区指适于拓展工业与城镇发展空间，可供临海工业、工业园区和城镇建设的海域。包括工业用海区和城镇用海区等二级类功能区。

划定工业与城镇用海区46个，面积132477公顷。属于海岸基本功能区的有34个，面积95928公顷，即柘林湾、六合围、塔岗、新溪、新津、海门湾、惠来南部、湖东—甲子、田尾山、碣石湾西部、小漠、好招楼、范和港、大鹏、前海、沙井—福永、交椅湾、南萌、唐家、白龙尾、三灶、木乃南、大平湾、广海湾、东平、埠场、海陵湾、面前海、爵山、博贺、吴川、角尾湾、乌石、安铺港工业与城镇用海区；属于近海基本功能区的有12个，面积36549公顷，即南澳岛西南、南澳岛北部、南澳岛西北部、后江湾、黄茅岛、横琴岛、鹤洲南、大杧岛—荷包岛、大襟岛、新寮岛、东海岛北部、东海岛南部工业与城镇用海区。

按照海陆统筹、突出重点、集中集约、有序开发的原则，优先安排国家区域发展战略确定的建设用海，重点给予高新技术产业开发区、循环经济示范区、沿海新区用海支持。重点保障国家产业政策鼓励发展项目、现代海洋产业体系建设项目、重大涉海基础设施项目用海。从严审批新上重化工项目，禁止高耗能、高污染的工业建设，禁止在可能造成生态严重失衡的地方进行围填海活动。做好与土地利用总体规划、城乡规划等的衔接，优化空间布局，加强自然岸线和海岸景观的保护，加强对工业与城镇建设围填海选址、填海方式、面积合理性和平面设计的引导。工业与城镇用海区水域环境质量标准应符合周边海洋功能区的环境质量要求。

第三十条　矿产与能源区

矿产与能源区指适于开发利用矿产资源与海上能源，可供油气和固体矿产等勘探、开采作业，以及盐田、可再生能源开发利用等的海域。包括油气区、固体矿产区、盐田区、可再生能源区等二级类功能区。

划定矿产与能源区3个，面积9717公顷。属于海岸基本功能区的有1个，面积5125公顷，即南三河矿产与能源区；属于近海基本功能区的有2个，面积4592公顷，即遮浪、外罗水道矿产与能源区。

重点保障油气资源勘探开发的用海需求，支持海洋可再生能源开发利用，遵循深水远岸布局原则，科学论证与规划海上风电，发展与农渔业可兼容的近岸海域海上风电，促进海上风电与其他产业协调发展。禁止在海洋保护区、侵蚀岸段、防护林带毗邻海域开采海砂等固体矿产资源，防止海砂开采破坏重要水产种质资源产卵场、索饵场和越冬场。严格控制近岸海域海砂开采的数量、范围和强度。严格执行海洋油气勘探、开采中的环境管理要求，防范海上溢油等海洋环境突发污染事件。

第三十一条　旅游休闲娱乐区

旅游休闲娱乐区指适于开发利用滨海和海上旅游资源，可供旅游景区开发和海上文体娱乐活动场所建设的海域。包括风景旅游区、文体休闲娱乐区等二级类功能区。

划定旅游休闲娱乐区47个，面积58361公顷。属于海岸基本功能区的有32个，面积32871公顷。即莱芜、海门湾、仙庵、金厢、遮浪、品清湖、金町、百安半岛、鲘门、平海、巽寮、霞涌—稔山、小桂、桔钓沙、西涌—东涌、大梅沙湾—南澳湾、沙头角、虎门、蒲洲、九洲、崖门、银湖湾、月亮湾、沙扒、龙头山、水东湾、虎头山、吉兆、白沙湾—青安湾、三墩港、乌石、赤豆寮岛旅游休闲娱乐区；属于近海基本功能区的有15个，面积25490公顷，即海山岛东部、海山岛南部、南澳岛东部、南澳岛南部、万山群岛、淇澳岛、高栏岛东部、荷包岛、上川岛、海陵岛、放鸡岛、南三岛、罗斗沙、东海岛、特呈岛旅游休闲娱乐区。

按照严格保护、合理开发、高端发展、永续利用的原则，科学有序开发海岸线、海湾、海岛等重要旅游资源。重点支持海洋综合旅游区、高端滨海旅游项目、新兴旅游项目建设，鼓励发展海洋生态和海洋文化旅游，支持发展邮轮游艇旅游。保护自然岸线、亲水岸线和天然沙滩资源。禁止在沙滩上建设永久性构筑物，滨海旅游休闲娱乐区的污水和生活垃圾必须科学处置、达标排放，禁止直接排入海域。

第三十二条　海洋保护区

海洋保护区指专供海洋资源、环境和生态保护的海域。包括海洋自然保护区和海洋特别保护区等二级类功能区。

划定海洋保护区59个，面积590906公顷。属于海岸基本功能区的有13个，面积177436公顷，即港口、大亚湾、深圳湾、万顷沙、程村、水东湾、五里山、通明海、北莉口、徐闻西部、企水—乌石、角头沙东北部、英罗港海洋保护区；属于近海基本功能区的有46个，面积413470公顷，即溜牛礁、大埕湾南、大埕湾、乌屿、赤屿、乌屿南、南澎列岛、平屿、新津、莱芜、广澳湾、前詹、神泉、碣石湾近海、遮浪、遮浪南、针头岩、虎门、担杆列岛、佳蓬列岛、珠江口、淇澳岛、大襟岛、乌猪洲、大帆石、头芦排、南鹏列岛、海陵岛东北、海陵岛北、大树岛、青洲、放鸡岛南、茂港、博茂港南、博茂港西南、吴阳、硇洲岛东、硇洲岛南、后海岛北、特呈岛、东里、南渡河口、流沙湾口、角头沙西、江洪港西海洋保护区以及东沙群岛珊瑚礁和海鸟自然保护区。

加强红树林、珊瑚礁、海草床、滨海湿地、海岛、海湾、入海河口、重要渔业水域等具有典型性、代表性的海洋生态系统，珍稀、濒危海洋生物的天然集中分布区，具有重要经济价值的海洋生物生存区，以及具有重大科学文化价值的海洋自然历史遗迹和自然景观的保护，逐步建立类型多样、布局合理、功能完善的海洋保护区体系。严格限制影响保护对象和保护区环境质量的用海活动。海洋保护区执行一类海水水质标准。

第三十三条　特殊利用区

特殊利用区指供军事及其他特殊用途排他使用的海域。包括军事区、其他特殊利用区等二级类功能区。

划定特殊利用区 16 个，面积 7813 公顷。属于海岸基本功能区的有 6 个，面积 3303 公顷，即唐家、银洲湖、镇海湾、鉴江口、麻斜、龙王湾特殊利用区；属于近海基本功能区的有 10 个，面积 4510 公顷，即南澳岛、神泉、大亚湾南、碧甲、淇澳岛东部、淇澳岛南部、九洲洋、下川岛、澳内海、东海岛特殊利用区。

优先保障国防安全和军事用海需要，加强军事设施保护，限制在军事区内从事海洋开发利用活动。严禁在海底管线、跨海路桥区内建设永久性建筑物，海上活动不得影响海底管线和道路桥梁的安全。排污区、倾倒区的使用不得影响周边海洋功能区环境质量。

第三十四条　保留区

保留区是指为保留海域后备空间资源，专门划定的在区划期限内限制开发的海域。

划定保留区 22 个，面积 674102 公顷。属于海岸基本功能区的有 20 个，面积 169642 公顷，即黄冈河口、义丰溪、北港口、南港口、新津河口、牛田洋、广澳湾、小桂、深圳湾、狮子洋、伶仃洋、香洲、磨刀门、鸡啼门、黄茅海、广海湾、北津港、鉴江口、湛江港、安铺港保留区；属于近海基本功能区的有 2 个，面积 504460 公顷，即万山群岛、下川岛保留区。

严格限制保留区内开展显著改变海域自然属性的用海活动，确需开发利用的应通过科学规划和严格论证。河口海域保留区开发利用活动不得影响毗邻海域功能和防洪纳潮功能。

第五章　实施措施

第三十五条　海域使用管理

海洋功能区划是各级人民政府审批海域使用项目的法定依据，必须严格执行。各级人民政府应当根据《中华人民共和国海域使用管理法》等法律法规的规定，建立健全以海洋功能区划为基础的海洋空间和资源规划体系。加快出台海洋主体功能区、海岸保护与利用、海洋环境保护、海洋生态保护与建设以及海洋产业空间布局、重点区域海洋开发等规划。养殖、盐业、交通、旅游等行业规划涉及海域使用的，应当符合海洋功能区划。沿海土地利用总体规划、城市规划、港口规划等涉及海域使用的，应当与海洋功能区划相衔接。

优先保障国防和军事用海，加强周边军事设施保护。区划范围内涉及围填海、倾废区、海上交通运输、渔港、人工鱼礁、海上风电、海上勘探、海洋工程、海底电缆、游艇停泊活动区等涉海项目的规划、建设和使用，必须按照军事设施保护的有关法律规定征求军事部门的意见，原则上不能紧贴军事区进行规划建设。

各级海洋行政主管部门应当严格依据海洋功能区划实施海域使用管理，按照海洋经济发展规划和国家产业政策，科学调控海域使用方向、规模和布局，提高海域资源开发、控制和综合管理能力。要严格执行海域使用论证和建设项目用海预审制度，提高海域使用审批的科学性。综合运用差别化海域供给政策、区域建设用海管理、建设项目用海控制标准等措施，按照海洋功能区划确定的开发方向和管理要求，有效引导集中、集约、环保、高效用海。区域建设用海规划经整体论证评审后，规划区域内的单宗用海项目可适当简化论证评审程序。建立用海项目凭海域使用权证书按程序办理项目建设手续试点。严格规范海域使用行为，海域开发利用必须符合所在功能区的功能要求、用途管制要求、用海方式控制以及整治要求，不得对海域的基本功能造成不可逆转的改变。用海项目要做好利益相关者协调，维护渔民利益和渔区稳定。

第三十六条　海洋环境保护

严格执行海洋功能区环境质量标准，采取分类指导、分区推进和网格化管理的办法，强化对不同类型海洋功能区生态环境保护监管。加强海洋功能区环境质量监测监视，实施重点海洋功能区环境质量预警制度。加强海洋保护区、水产种质资源保护区环境质量管理，维持保护区内良好生态环境，严禁影响保护区环境质量的海洋开发活动，工程建设项目可能影响海洋保护区、水产种质资源保护区环境质量的，应进行专题评价，并采取相应的保护和补偿措施。对海域基本功能受损的功能区应及时进行整治修复。

加强海洋功能区污染防治，实施重点海域污染物排放总量控制制度。强化重点海洋功能区海域环境综合整治，实施海域污染物排海总量控制示范工程。严格入海排污口监控，加强建设项目的海洋环境影响评价，对海洋工程和海岸工程、海洋倾废、船舶活动及港口环境开展跟踪监督。建立健全海洋灾害应急管理体系，完善应急机制和应急预案。

第三十七条　市、县级海洋功能区划编制

沿海市、县人民政府海洋行政主管部门依据本区划，会同本级人民政府有关部门编制本行政区域海洋功能区划。沿海市、县海洋功能区划的编制，应对本区划分区进一步细化，按照海洋功能区划分类体系二级类进行功能分区，提出海域使用管理和海洋环境保护措施，并征求有关部门和军事机关的意见；省海洋行政主管部门要加强对市、县级海洋功能区划编制工作的指导和监督检查。沿海市、县海洋功能区划经本级人民政府审核同意并报省人民政府批准后，报国务院海洋行政主管部门备案。

第三十八条　监督检查

沿海县级以上地方人民政府应当加强对海洋功能区划工作的组织领导和统筹协调，切实加强海洋功能区划管理能力建设。省海洋行政主管部门要加强对海洋功能区划实施的监督检查，严格实行海洋功能区划动态管理和定期评估制度。造成海洋生态系统、渔业资源破坏或海洋环境污染损害的，应采取相应补救措施。进一步建立和完善执法检查制度，规范海洋开发活动秩序。建立海洋功能区划实施的公众参与机制，畅通社会监督渠道。

第三十九条　宣传教育

加强《中华人民共和国海域使用管理法》、《中华人民共和国海洋环境保护法》、《中华人民共和国海岛保护法》等法律法规的普法工作，加大海洋发展战略和重大方针政策的宣传力度，持续开展海洋科学知识普及和教育，强化全社会的海洋意识，提高全民的现代海洋观念，促进全社会形成认识海洋、关注海洋、爱护海洋的良好氛围，为海洋功能区划实施营造良好的社会环境。海洋功能区划经批准后，应向社会公布，并做好宣传工作，为充分发挥海洋功能区划的功能管制和宏观调控作用，促进海洋功能区划的有力、高效执行打下坚实基础。

第四十条　技术支持

建立海洋功能区划管理技术支撑体系，加强海洋信息技术在海洋功能区划管理中的应用，建立结构完整、技术先进、功能完善的海洋功能区划管理信息系统，提高海洋功能区划管理对海洋发展决策的支持能力。运用区域公共管理理论和现代科技手段，加强对海洋功能区划的基础性、战略性、前瞻性问题研究，为管理海域的科学开发与保护提供科学依据。

第六章　附　则

第四十一条　区划效力

《广东省海洋功能区划（2011—2020 年）》一经批准，即具有强制约束力，必须严格执行。

第四十二条　区划附件（略）

登记表和图件为《广东省海洋功能区划（2011—2020 年）》文本附件，具有与文本同等效力。

中共广东省委贯彻落实《中共中央关于全面深化改革若干重大问题的决定》的意见

粤发〔2014〕1 号

（2014 年 1 月 12 日中国共产党广东省第十一届委员会第三次全体会议通过）

为贯彻落实党的十八届三中全会通过的《中共中央关于全面深化改革若干重大问题的决定》（以下简称《决定》），坚定不移全面深化改革，不断增创广东发展新优势，在全面深化改革中继续走在全国前列，现提出如下意见。

一、深刻认识全面深化改革的重大意义

改革开放是党在新的时代条件下带领全国各族人民进行的新的伟大革命，是党的历史上一次伟大觉醒，是当代中国发展进步的活力之源和最鲜明的特色，是当代中国共产党人最鲜明的品格，是党和人民事业大踏步赶上时代的重要法宝，是坚持和发展中国特色社会主义的必由之路。全面深化改革关系党和国家全局，改革开放是决定当代中国命运的关键一招，也是决定实现“两个一百年”奋斗目标、实现中华民族伟大复兴中国梦的关键一招。当前，改革进入攻坚期和深水区，必须以更大的政治勇气和智慧全面深化改革，为推进中国特色社会主义事业注入强大动力。

党的十八届三中全会，是在我国改革开放新的重要关头召开的一次重要会议。这是我们党在新形势下坚定不移高举改革开放大旗的重要宣示和重要体现，是全面深化改革的又一次总部署、总动员，必将对推动中国特色社会主义事业产生积极而深远的重大影响。全会通过的《决定》提出了全面深化改革的指导思想、目标任务、重大原则，形成了改革理论和政策的一系列重大突破，是我们党在新的历史起点上全面深化改革的科学指南和行动纲领，展现了中国共产党人高度的政治自觉和智慧勇气。

改革开放是广东最鲜明的时代特征。35 年前，中央赋予广东率先实行改革开放的重大历史使命。广东不负重托、不辱使命，敢闯敢试、敢为天下先，以“杀出一条血路”的决定气魄和“摸着石头过河”的探索实践，在改革开放进程中发挥了窗口作用、试验作用、排头兵作用，创造出举世瞩目的“广东奇迹”。但我省依靠“特殊政策、灵活措施”形成的政策洼地优势正在逐步减弱，支撑快速发展的经济技术和社会条件已经或正在发生重大改变，改革开放的锐气与精神有所弱化，粗放的发展模式难以为继，资源环境约束压力加大，结构性体制性深层次矛盾不断凸显，国际国内竞争日趋激烈，经济社会发展面临新的考验和挑战。2012 年底，习近平总书记视察广东，充分肯定广东在改革开放中长期走在全国前列，在全国改革发展大局中具有举足轻重的地位，肩负着光荣而艰巨的使命，期望广东努力成为改革开放先行地，实现“三个定位、两个率先”。面对新任务新要求，广东要突破思想观念的束缚，突破发展升级的瓶颈，突破对外开放的局限，突破社会转型的难题，突破利益固化的藩蓠，率先全面建成小康社会、率先基本实现社会主义现代化，必须坚定不移全面深化改革，不断增创广东发展新形势。

全省各级党组织、全体共产党员和广大人民群众要切实把思想和行动统一到中央关于全面深化改革的重大决策部署上来，充分发挥各地各部门推进改革的积极性、主动性、创造性，牢固树立进取意识、机遇意识、责任意识，发扬敢为人先和“钉钉子”精神，敢于啃硬骨头、敢于涉险滩、敢于迎接新挑战，继续保持勇于创新、大胆探索的改革锐气，保持敢于担当、一往无前的改革闯劲，树立坚定信心、凝聚强大合力，坚决做到改革不停顿、开放不止步。

二、我省全面深化改革的指导思想、总体目标和基本要求

（一）指导思想

高举中国特色社会主义伟大旗帜，以马克思列宁主义、毛泽东思想、邓小平理论、“三个代表”重要思想、科学发展观为指导，全面贯彻党的十八大、十八届三中全会和习近平总书记系列重要讲话精神，坚持社会主义市场经济改革方向，以促进社会公平正义、增进人民福祉为出发点和落脚点，进一步解放思想、解放和发展社会生产力、解放和增强社会活力，更加奋发有为勇于开拓进取，大胆探索创新继续先行先试，为实现“三个定位、两个率先”的目标而奋斗。

（二）总体目标

紧紧围绕使市场在资源配置中起决定性作用深化经济体制改革，紧紧围绕坚持党的领导、人民当家作主、依法治国有机统一深化政治体制改革，紧紧围绕建设社会主义核心价值体系、社会主义文化强国深化文化体制改革，紧紧围绕更好保障和改善民生、促进社会公平正义深化社会体制改革，紧紧围绕建设美丽中国深化生态文明体制改革，紧紧围绕提高科学执政、民主执政、依法执政水平深化党的建设制度改革，完善和发展中国特色社会主义制度，推进治理体系和治理能力现代化。

到2020年，我省在重要领域和关键环节改革上取得决定性成果，完成《决定》提出的改革任务，在全面深化改革中继续走在全国前列，形成系统完备、科学规范、运行有效的制度体系，使经济更具活力效率、政治更加清明廉洁、文化更加发展繁荣、社会更加和谐有序、生态更加平衡持续、党的建设更加坚强有力、人民生活更加富裕幸福。

（三）基本要求

1. 坚持党的领导，把握正确方向。坚决贯彻党的基本路线，不走封闭僵化的老路，不走改旗易帜的邪路，牢牢把握改革的正确方向，按照中央的顶层设计和决策部署，积极稳妥从广度和深度上推进市场化改革。

2. 坚持解放思想，继续先行先试。切实从广东实际出发，学习借鉴国内外成功做法，注重总结全省各类改革经验，以自我革新的勇气和胸怀，主动探索和大胆试验，勇于推进改革理论和实践创新，增强发展不竭动力。

3. 坚持整体推进，着力重点突破。坚持以经济建设为中心，以经济体制改革为重点，统筹推进各领域改革，遵循市场规律，正确处理好政府和市场的关系，使市场在资源配置中起决定性作用和更好发挥政府作用。

4. 坚持问题导向，务求改革实效。树立强烈的发展意识和问题意识，找准全面深化改革的突破口和着力点，从群众最期盼的领域改起，从制约广东经济社会发展最突出的问题改起，实现解决矛盾问题和建立体制机制制度相互促进。

5. 坚持人民主体地位，发挥群众首创精神。始终践行党的群众路线，紧紧依靠全省人民推动改革，凝聚全社会改革共识，充分尊重基层和群众的首创精神，正确处理改革、发展、稳定的关系，让全面深化改革的成果更多更公平惠及全省人民。

三、我省全面深化改革的主要任务和工作重点

（一）坚持和完善基本经济制度，激发市场主体发展活力

1. 健全现代产权制度。健全归属清晰、权责明确、保护严格、流转顺畅的现代产权制度，保护各种所有制经济产权和合法利益。完善保护各种所有制产权的法规规章和政策体系，清理和废止各种影响投资者产权保护的现行制度。健全公有制经济产权管理制度体系，严格履行资产评估报告备案和核准制度，规范国有产权流转。鼓励民营企业产权制度创新。建立不动产统一登记制度，构建标准统一、信息共享、监管联动的不动产登记信息管理基础平台和依法公开查询系统。

2. 大力发展混合所有制经济。鼓励更多国有经济和其他所有制经济发展成为交叉持股、相互融合的混合所有制经济，促进各种所有制资本取长补短、相互促进、共同发展。鼓励各级国有企业和集体、民营、外资企业相互投资参股、联合组建公司，积极利用资本市场发展股份制经济。鼓励非国有资本参股国有资本投资项目，鼓励发展非公有资本控股的混合所有制企业。鼓励混合所有制企业实行经营者和员工持股，形成资本所有者和劳动者利益共同体。通过整合现有国有基金、划拨现有国有股权、吸引各类企业联合出资等方式，组建股权式或债权式基金。完善鼓励和支持大型骨干企业壮大规模增强实力的体制机制。完善中小微企业综合服务体系，优化科技型、高成长型中小企业发展环境。

3. 推进国有资产重组和国有企业改革。毫不动摇巩固和发展公有制经济，坚持公有制主体地位，发挥国有经济主导作用，不断增强国有经济活力、控制力、影响力。以发展混合所有制为牵引，带动国有资

产重组和国有企业改革，由管资产为主向管资本为主转变，逐步将国有集团公司改组为国有资本投资公司，对下属二、三级企业实行产权改制，努力发展混合所有制企业。界定竞争性和准公共性等功能定位，推进国有企业分类改革和管理。优化省属国有资本投向与结构，建立有进有退的国有资本流转机制，推进资产同质、经营同类、产业关联的国有资产开放性重组，鼓励社会资本投资参股。推动国有企业投资主体多元化，支持国有企业利用已有上市公司平台整合国有资源，鼓励具备条件的国有企业实现优质资产上市或主营业务整体上市。推动国有企业完善现代企业制度，加快规范的董事会、监事会建设，健全协调运转、有效制衡的公司法人治理结构，减少管理层次。落实国有企业领导人员任期制和聘任制，建立职业经理人制度，有序推行高级经营管理人员竞争性选聘和合约化管理。建立经营者、员工薪酬与经营业绩相挂钩的激励与约束分配机制，合理规范国企高管薪酬制度与标准。完善出资人对国有企业资产的监管体制，实行企业经营者廉洁风险保证金制度和任期奖惩制度。完善国有资本经营预算制度，逐年提高国有资本收益上缴公共财政比例，到 2020 年提高到 30%，更多用于保障和改善民生。

4. 促进非公有制经济大发展大提高。毫不动摇鼓励、支持、引导非公有制经济发展，坚持权利平等、机会平等、规则平等，激发非公有制经济活力和创造力。落实国家和省扶持非公有制企业做大做强的政策措施，消除对非公有制经济主体的差别待遇，在资金、土地、技术、人才等方面实行与公有制企业同等政策，制定各类企业进入特许经营领域具体办法。进一步拓宽民间投资领域，鼓励民营资本投资金融服务、基础设施、市政公用事业、社会事业等领域，清理涉企行政事业性收费，消除各种隐性壁垒。建立重大项目面向民间投资招标长效机制。鼓励有条件的私营企业建立现代企业制度，促进符合条件的个体工商户转制为私营企业。

（二）完善现代市场体系，建立公平开放透明的市场规则

1. 推进工商注册制度便利化。由先证后照改为先照后证，把注册资本实缴登记制改为认缴登记制。实行企业主体登记与经营项目审批相分离，进一步清理、合并和压减工商登记前置和后置行政审批事项，公布保留的事项目录。改革经营范围、住所登记，将企业年检制度改为年度报告制度。强化企业登记后续监管。2014 年在全省推开并基本完成商事登记制度改革。

2. 探索建立负面清单管理方式。实行统一的市场准入制度，在制定负面清单基础上，各类市场主体可依法平等进入清单之外领域。首先在外商投资、民间投资和工业、商业、基础设施等领域研究制定负面清单，分类列明禁止类和限制类领域及产业，将审批制改为备案制，降低市场准入门槛。按照“非禁即入”原则，消除隐性准入障碍。全面开展地方性法规、规章和规范性文件清理工作，修改、废止与负面清单管理方式改革任务不相适应的地方性法规、规章和规范性文件。建立完善经营者集中、行业监管、信用体系等监管制度。

3. 深化流通体制和价格机制改革。推进国内贸易流通体制改革，完善主要由市场决定价格的机制。完善各类商品交易市场，重点推进各类专业市场建设和转型升级，在更多行业形成具有影响力的广东价格指数。加快完善现代流通体系，减少流通环节，创新流通业态，大力发展物联网、电子商务等。发展内外贸一体化的无障碍大流通。深化粮食流通体制改革，确保粮食安全。严格控制由政府定价的范围与项目，凡是能由市场形成价格的都交给市场，放开所有竞争性领域的商品和服务价格，将政府定价范围缩小到重要公用事业、公益性服务、网络型自然垄断环节。推进公用事业竞争性环节价格改革。完善综合施策的价格调控机制和市场价格监管机制，建立健全价格监测预警体系。

4. 推进市场监管体系和社会信用体系建设。建设统一开放、竞争有序的市场体系，实行统一的市场监管，清理和废除妨碍统一市场和公平竞争的各种规定和做法，建立健全社会征信体系，褒扬诚信，惩戒失信。落实省市场监管体系建设规划，建立政府负责、部门协作、行业规范、公众参与、司法保障的市场监管新格局。完善网上市场监管机制，规范网上市场经营秩序。落实省社会信用体系建设规划，推进行业和部门信用建设，实行信用分类监管制度，建立守信企业“绿色通道”，制定失信企业综合惩戒办法，加快建设覆盖全社会的公共联合征信系统。珠三角地区到 2016 年前、全省到 2018 年前，基本建成基于互联网的企业专属网页和市民个人网页，为企业和群众提供便捷的电子政务和民生服务，并记录企业和个人信用情况。

5. 大力完善要素市场。加快形成企业自主经营、公平竞争，消费者自由选择、自主消费，商品和要素自由流动、平等交换的现代市场体系。发展和规范资本、知识、技术、信息、产权等要素市场，鼓励民间资本参与建设要素市场，促进要素市场投资主体多元

化。健全产权交易规则和监管制度，完善区域性产权交易市场，推动产权有序流转。建立公共资源交易平台，规范土地和公有资产交易、政府采购、招投标等行为。促进科技成果转让、技术引进配置、科技信息交流等。完善人力资源市场，促进人才流动集聚。

6. 大力促进金融创新发展。完善金融市场体系，扩大金融业对内对外开放。推进金融改革创新综合试验区建设，依托广州、深圳等城市构建区域金融中心，珠三角地区着力健全促进产业转型升级的金融服务体系，粤东西北地区着力健全金融基础服务功能，构建具有较强竞争力的现代金融体系。推动广州南沙、深圳前海、珠海横琴金融改革和创新，加强我省在岸人民币市场与香港离岸人民币市场的互联互通，争取设立人民币离岸结算中心，积极争取在外汇管理体制改革、利率市场化、金融综合经营等领域先行先试。争取设立粤港澳合资证券公司、保险公司等金融企业，培育发展地方金融控股集团，推进符合条件的城市、农村商业银行改制重组上市和农村信用合作金融机构改革创新，鼓励具备条件的民间资本依法发起设立中小型银行，推动建立企业财务公司、村镇银行、担保公司、典当行、小额贷款公司等机构，积极发展金融租赁、消费金融等新型金融组织，建设民间金融街等金融服务平台。规范发展网上金融，探索开展规范民间借贷和网上金融的地方性立法。推动金融、科技、产业融合创新发展，完善风险投资机制，发展多层次资本市场，通过上市融资、资产重组、专利质押和担保、发行企业债券、产业基金等方式，促进直接融资。健全中小微企业融资担保体系，促进金融机构加大对民营企业信贷支持。规范发展区域性股权交易市场、证券公司柜台交易市场，稳妥发展期货市场，争取设立广州期货交易所。

7. 构建科技创新驱动机制。建立健全技术创新市场导向和产学研协同创新机制，引导和支持创新要素向企业集聚，基本建成开放型区域创新体系。健全技术研发、转化的市场化机制，打破行政主导和部门分割，更好地发挥市场对技术研发重点和创新要素配置的导向作用，集聚国内外先进科技资源，建立主要由市场决定技术创新项目和经费分配、评价成果的机制。强化企业在技术创新中的主体地位，重点打造一批国家级创新型企业，引导一批创新型企业组建研究机构。构建各种形式的技术和知识产权交易体系，建立政府资金和社会资本共同参与的创新创业投资机制，支持企业和社会力量建立信息咨询、技术创新、产品研发、质量检测和金融服务等公共平台，加大金融支持科技创新力度。完善知识产权保护、管理和运用机制，发展知识产权服务业，促进创新成果知识产权化，研究建立知识产权法院。研究制定科技成果转化促进条例，开展事业单位职务创新成果所有权改革，继续试行推广技术入股机制，扩大科研成果处置自主权，提高职务发明人成果转化收益比例。完善省部院合作机制，建设一批省部院产学研技术创新和知识产权联盟。全面完成应用型技术研发机构转制改企，运用市场化机制新建一批新型科研机构，提升科研主体机构创新能力。改革和规范财政对科技投入和绩效评价、考核机制。改革科技人才培养、引进和使用的体制机制，建立以科研能力和成果转化为导向的科技人才评价标准。

8. 建立城乡统一的建设用地市场。在符合规划和用途管制前提下，允许农村集体经营性建设用地出让、租赁、入股，实行与国有土地同等入市、同权同价。明晰农村集体经营性建设用地流转的范围、方式、主体和条件等，研究建立城乡土地交易的统一规则。继续推进“三旧”改造，创新实施模式，优化审批流程，盘活城乡存量建设用地。推进征地制度改革，缩小征地范围，规范征地程序，完善多元保障机制，建立公益性项目建设用地保障制度。深化建设用地审批制度改革，提高审批效率。建立有效调节工业用地和居住用地合理比价机制，创新工业用地弹性出让制度，建立低效土地市场化退出机制。探索加快实行经营性的基础设施和公共事业用地有偿使用，逐步取消非公益性用地划拨。建设城乡一体的土地二级市场交易体系。建立兼顾国家、集体、个人的土地增值收益分配机制，合理提高个人收益。

（三）创新行政管理职能与方式，建设法治政府和服务型政府

1. 优化政府机构和职能设置。深化机构改革，优化政府职能配置，完善决策权、执行权、监督权既相互制约又相互协调的行政运行机制。按照中央部署和我省方案，如期完成本轮省、市、县（市、区）政府机构改革任务。制定各级各部门政府职能转变方案，建立和完善政务服务体系。探索建立政府部门权责清单制度，在省级若干政府部门和珠三角、粤东、粤西、粤北地区各选 1 个市分别开展制定横向和纵向的权责清单试点，条件成熟时全面推广。统筹党政群机构改革，适时推进党委部门、群团组织职责优化和机构改革工作，理顺部门职责关系，探索建立公共政策跨部门综合协调机制。积极稳妥推进大部门制改革。优化行政区划设置，探索行政层级扁平化管理。深化乡镇行政体制改革，清理派出（驻）乡镇机构，理顺基层政府条块关系。严格控制机构编制，出台实施控编减

编工作方案，减少机构数量和领导职数。深化事业单位分类改革，实行总量控制和结构调整。推进政事分开、管办分离，理顺公办事业单位与主管部门关系，逐步取消学校、科研院所、医院等单位行政级别，推动有条件的事业单位转为企业或社会组织。重点推进教育、卫生、文化领域事业单位法人治理结构建设。建立各类事业单位统一登记管理制度。清理和规范各类开发区管理机构，探索创新管理体制机制。

2. 深化行政审批制度改革。最大限度地减少政府对微观事务的管理，市场机制能有效调节的经济活动一律取消审批，基层政府管理更为便利有效的审批事项一律下放。继续精简行政审批事项，到 2018 年减少 50% 以上。优化审批流程，压减前置审批环节，建立“办事工作日”和“告知承诺”机制，研究制定省行政审批标准化实施办法，建立统一的行政审批信息管理服务平台，向社会公布实施行政审批办事指南和业务手册。制定省行政审批监督管理条例，建立行政审批目录管理制度，严格控制新设行政审批事项。推进审批后监管制度化建设，加强发展战略规划和政策标准制定，强化公共服务、市场监管、社会管理、环境保护等职责。推广政府购买服务，政府承担的事务性、技术性事项原则上通过购买服务向社会组织转移，政府购买服务引入竞争机制。逐步取消由政府机构授予企业各种商誉称号。改革考核评价制度和评估模式，建设政府绩效综合评价体系。

3. 深化投资体制改革。确立企业投资主体地位，市场化的投资项目，一律由企业依法依规自主决策，政府不再审批。促进企业投资便利化，落实省企业投资管理体制改革方案，减少省管权限内企业投资项目核准，对不涉及公共资源开发利用的项目一律改为备案管理，对具有一定投资回收能力的公共资源开发利用项目实行竞争性配置。统筹推进企业投资项目用地、规划、环评等审批事项改革，简化再造企业投资管理流程，做到同步改革、同步下放、并联办理，到 2015 年实现企业投资审批事项、时限压减 50% 左右。探索实行各类报建及验收事项综合审查，建立企业投资项目“指导、服务、监管”三位一体的管理体系。制定省级政府投资管理办法，健全政府投资决策管理机制，改革与完善政府基建投资代建模式与机制。

4. 拓展与完善省网上办事大厅。创新行政管理方式，增强政府公信力和执行力。按照实现政务信息网上公开、公共决策网上互动、投资项目网上审批、社会事务网上办理、公共资源网上交易、政府效能网上监察的要求，构建横向到行政部门、纵向到乡镇（街道）的规范统一的省网上办事大厅，推动行政审批和服务事项由到部门实地办理加快向网上办理转变。2015 年底前省网上办事大厅基本连通到全省镇（街）级，3 年内各级政府部门 90% 以上的行政审批事项、80% 以上的社会服务事项实现可网上办理。健全电子政务系统，尽快实现全省政府系统电子文件传输。建立大数据局，统筹政府系统信息采集、整理、运用和共享。

5. 建立权责统一的行政执法体制。整合执法主体，相对集中执法权，继续推进和完善综合执法。合理界定各层级各部门政府执法权限，规范执法机制设置，推进执法属地化。减少行政执法层级，推动重心下移，探索基层政府由一支队伍负责综合执法。加强安全生产、卫生监督、环境保护、国土资源、劳动保障、海域海岛等重点领域基层执法力量，理顺城管执法体制。完善和公开行政执法程序，规范执法自由裁量权和行政执法人员管理，全面落实行政执法责任制和执法经费由财政保障制度。完善行政执法与刑事司法衔接机制。

6. 率先建立现代财政制度。完善立法、明确事权、透明预算、提高效率，构建科学的财税体制。推进预算编制改革，建立全口径的预算编报体系和跨年度预算平衡机制，完善预算编制征询部门、专家和人大代表意见的机制。建立各级政府事权与支出责任相适应的体制，合理配置各级政府支出责任，明确各级政府分担资金的比例和标准。完善转移支付体系，增加对经济欠发达地区的转移支付，压减专项、扩大一般，到 2017 年省级一般性转移支付占比提高到 60% 以上。逐步取消竞争性领域专项和地方资金配套，逐年减少财政对经营性领域的支出比例，增加对公共性领域的支出比例。财政资金用于公共领域的分配要体现普惠性和统一性，清理规范和控制新批各类财政优惠政策，制定财政优惠政策的普遍适用办法。财政资金用于经营性领域的分配要体现杠杆性和股权式，推进省财政经营性资金实施股权投资管理改革，逐年扩大股权式投资比例。在公共事业发展和公共资源配置领域引入竞争机制，制定公共资源向各类投资主体平等配置的意见。落实财政预决算信息公开制度，扩大公开内容与范围，重点公开“三公”经费、专项资金和基建项目的使用范围和绩效情况。清理整合、优化规范各类专项资金、修订专项资金管理办法，实行全程监管、绩效管理和责任追究。压减省级专项资金至 250 项左右，占预算支出 20% 左右。建立地方各级政府债务管理和风险预警机制，加强对地方政府债务的动态监控。完善地方税体系，培育地方税种，逐步提高直接税在税收收入中的比重。健全地税征管体制，完善税费管理一体化新机制，按国家部署抓好增值税、消费税、个人所得税、房产税、资源税等税制改革工作。

（四）深化城乡一体化综合改革，构建新型工农城乡关系

1. 构建新型多样化农业经营体系。在坚持和完善最严格的耕地保护制度前提下，赋予农民对承包地占有、使用、收益、流转及承包经营权抵押、担保权能，允许农民以承包经营权入股发展农业产业化经营。坚持农村基本经营制度，建立以农户家庭经营为基础、合作与联合为纽带、社会化服务为支撑的立体式、复合型现代农业经营体系。推动建立农村土地承包经营权流转服务、监管平台和土地承包仲裁机制。坚持农民自愿和稳妥推进原则，允许农民承包经营权在公开市场上流转和以互换方式实现农地经营规模化。坚持家庭经营在农业中的基础性地位，扶持发展家庭农场、专业大户、农民合作社、产业化龙头企业 4 大类新型经营主体。完善农产品购销体系。发展农村合作经济组织，推进生产合作、供销合作、信用合作“三位一体”合作体系建设，鼓励农民以土地（水面）承包经营权、海域使用权、林权、农机具、渔船所有权等入股设立合作社，有条件的可兴办资金互助合作社、渔业保险互助合作社、土地股份合作社。

2. 构建赋予农民更多财产权利的实现机制。保障农民集体经济组织成员权利，探索农民增加财产性收入渠道，建立农村产权流转交易市场。坚持农村土地农民集体所有，落实最严格的耕地保护制度，加快土地承包经营权确权登记颁证工作，在地级以上市各选择 1 个县（市）尽快开展试点，到 2016 年底前全省基本完成确权登记颁证任务。构建归属清晰、权能完整、流转顺畅、保护严格的农村土地产权制度。分类加快推进农村综合改革，建立健全农民对集体资产股份占有、收益、有偿退出机制，探索农民集体资产股份抵押、担保、继承改革试点。全面推进农村集体资产资源交易平台建设，保证财产和股权流转交易公开、公正、规范运行，促进农村“三资”管理制度化、规范化、信息化。保障农户宅基地用益物权，按照国家要求开展农民住房财产权抵押、担保、转让试点。完善集体林权确权发证，规范林地林木流转，推进国有林场分类改革。

3. 推进城乡要素平等交换和公共资源均衡配置。健全农业支持保护体系，维护农民生产要素权益。继续深化和扩大基本公共服务均等化及综合改革试点，合理配置城乡基本公共服务资源，建立健全优质教育、医疗资源城乡共享机制，缩小城乡基本公共服务水平差距。改革农业补贴制度，完善耕地保护补偿机制和粮食、生猪产出大县利益补偿机制。推动涉农政策性保险发展，建立健全农业巨灾风险事故损失救助机制。吸引金融机构农村存款主要用于农业农村，开展政银保项目试点，探索发展农村互助合作金融保险新方式，推广期货、期权等金融工具在农业生产中的运用。鼓励社会资本投向“三农”，在农村兴办各类事业。

4. 完善新型城镇化体制机制和促进城市建设管理创新。推进以人为核心的城镇化，推动大中小城市和小城镇协调发展、产业和城镇融合发展，促进城镇化和新农村建设协调推进。坚持以人为本、优化布局、生态文明和传承文化，积极、稳妥、扎实推进城镇化。完善城镇化发展体制机制，编制省新型城镇化发展规划，推动有利于新型城镇化发展的户籍、土地、财税、公共服务、生态环保等综合配套改革，提高城镇化质量。建立和完善跨区域城市发展协调机制，推进汕潮揭城市群同城化、湛茂阳经济带协调发展。推动珠三角地区大中城市实现发展转型，提高城市发展水平。坚持科学规划，有序推进粤东西北地区地级市中心城区扩容提质。加快智慧城镇建设，打造珠三角智慧城市群。推进全国旅游综合改革示范区建设，开展旅游城市规划试点。加强新区、产业园区与中心城区的衔接，促进产业进园、园区近城、产城融合，培育发展各具特色的城市产业体系。落实省部共建低碳生态城市建设示范省合作框架协议，推动城镇化绿色发展。创新城镇棚户区和城中村改造政策机制。完善岭南建筑文化保护和传承机制。建立多元可持续的资金保障机制，更多运用政策性金融工具，创新城市建设投融资机制，构建城镇化发展融资平台，扩大社会资本通过特许经营参与城市基础设施建设和运营。探索设立基础设施、住宅政策性金融机构。科学合理调整城镇建制，支持具备条件的地方有序发展中小城市。深化中心镇、重点镇和专业镇改革发展，对东莞、中山市达到一定条件的经济发达镇依法赋予相当于县级的经济社会管理权限，对其他市达到一定条件的经济发达镇赋予相适应的经济社会管理权限。开展国民经济和社会发展规划、土地利用总体规划和城乡规划“三规合一”，加快编制村庄规划。

5. 促进农业转移人口市民化。逐步把符合条件的农业转移人口转为城镇居民，创新人口管理。坚持自愿原则，推动农村富余劳动力和农村人口向城镇转移，有序推进在城镇稳定就业和生活的常住人口市民化。加快出台户籍改革措施，区分城市规模和综合承载力，推动差别化户籍制度改革，继续完善“积分制”和高技能人才入户城镇政策。全面放开建制镇和小城市落户限制，粤东西北地区城市提高吸纳人口聚集承

载力，珠三角核心区城市合理确定人口规模，广州、深圳严格控制人口规模。健全异地务工人员子女教育、住房保障、城乡社会保险制度衔接等方面的配套政策，研究制定异地务工人员享受基本公共服务的办法，推动基本公共服务逐步覆盖全部常住人口，促进异地务工人员融入城镇。完善流动人口居住证“一证通”制度，积极拓展居住证社会应用功能。逐步建立由政府、企业、个人共同参与的农业转移人口市民化成本分担机制，建立财政转移支付同农业转移人口市民化挂钩机制。

6. 构建区域互动发展机制。继续实施区域协调发展战略，充分发挥各地区比较优势。落实《珠江三角洲地区改革发展规划纲要（2008-2020 年）》，大力推动珠三角地区转型升级，增强核心竞争力，确保实现“九年大跨越”。健全珠三角一体化发展机制，在基础设施、产业布局、城乡规划、基本公共服务、环境保护等方面取得实质性进展，完善广佛肇、深莞惠、珠中江 3 个经济圈牵头市协调和督促机制，推动各经济圈之间融合发展。落实《中共广东省委、广东省人民政府关于进一步促进粤东西北地区振兴发展的决定》（粤发〔2013〕9 号），推动粤东西北地区到 2020 年与全国同步全面建成小康社会，人均地区生产总值达到或超过全国同期平均水平。全力落实产业园区扩能增效、重大交通基础设施建设、中心城区扩容提质的重大任务。落实和创新珠三角地区与粤东西北地区全面对口帮扶机制。加大省对粤东西北地区政策资源支持力度，在重大项目、资金安排、用地保障、人才队伍、基本公共服务供给等方面予以重点倾斜。落实国家和省的扶持政策，支持我省原中央苏区县的振兴发展。运用市场方式引导省内外各种资源参与粤东西北地区振兴发展。完善促进县域经济发展体制机制。设立和扩展粤东西北地区振兴发展股权式基金。

（五）坚持以开放促改革，构建开放型经济新体制

1. 深度推进对内对外合作发展。促进国际国内要素有序自由流动、资源高效配置、市场深度融合，加快培育参与和引领国际经济合作竞争新优势。发挥古代海上丝绸之路始发地的优势，积极参与 21 世纪海上丝绸之路建设，健全与东盟及其成员国家中长期合作机制。实行全方位开放战略，巩固传统市场、开拓新兴市场，加强与欧美发达经济体以及澳大利亚、非洲等国家和地区的经济技术合作，扩大引进高端产业、优质项目、先进技术，建设一批与发达国家和地区合作的产业平台。创新加工贸易管理模式，推进开放型经济转型升级综合配套改革。健全应对国际贸易摩擦机制。促进珠三角地区开发区产业转型升级及体制机制创新，推动粤东西北地区各类开发区扩能增效，建设一批集知识创新、技术创新、服务功能创新和新兴产业发展为一体的创新核心区。推行“一次申报、一次查验、一次放行”通关模式，推进粤港澳监管结果互认和数据共享，推进全省统一的电子口岸建设。加强区域经济合作，完善泛珠三角合作机制，推进粤桂合作特别试验区建设，创新跨省区经济合作区建设模式，研究高铁沿线经济带合作发展机制，推动珠江——西江经济带发展。推动粤东地区主动融入海西经济区、粤西地区主动融入北部湾经济区、粤北山区加快建设对外经济走廊，推动设立粤赣省际区域合作创新发展区。

2. 增创特区改革开放新优势。积极发挥经济特区的窗口、试验、示范和带动作用。继续办好深圳、珠海、汕头经济特区，加快体制机制创新和产业转型升级。围绕构建科学发展体制机制，建立高效廉洁的行政体制、统一开放的市场体系、公平普惠的社会保障体系、公正规范的民主法治环境，全面带动提升全省改革开放水平。

3. 创新涉外投资管理体制。改革涉外投资审批体制，提供权益保障、投资促进、风险预警等更多服务，扩大投资合作空间。落实创新招商引资工作行动纲要和三年行动计划。争取开展外商投资准入前国民待遇加负面清单管理模式试点，试行外商投资企业合同、章程备案制。开展省属权限内境外投资项目和境外投资企业设立、变更备案制或网上自动登记制试点。依托商协会和企业布点建设境外经贸代表处。扩大企业及个人对外投资，完善境外投资促进和走出去的扶持政策，建立政银企和担保公司多方联动融资服务体系，支持企业走出去开展绿地投资、并购投资、证券投资、联合投资等，积极参与全球资源配置和产业分工合作。

4. 推进服务贸易自由化。坚持世界贸易体制规则，形成面向全球的高标准自由贸易网络。继续争取服务业对港澳开放在我省先行先试政策，取消或降低外资持股比例要求，重点推进金融、教育、文化、医疗等服务业领域有序开放，放开育幼养老、建筑设计、会计审计、商贸物流、电子商务等服务业领域外资准入限制。认真落实粤港澳服务贸易自由化行动计划，争取放宽或取消对港澳投资者资质、持股比例、经营范围等限制措施，推动专业资格互认，探索个人专业服务资格执业方式，2014 年通过 CEPA 促进率先基本实现粤港澳服务贸易自由化。积极申建自由贸易园区。

5. 深化粤港澳台合作。扩大对香港、澳门和台

湾地区开放合作。深入落实粤港、粤澳合作框架协议，健全粤港、粤澳联席会议制度，携手建设更具综合竞争力的世界级城市群，重点建设广州南沙、深圳前海、珠海横琴3个粤港澳紧密合作示范区。充分利用香港、澳门平台优势，支持企业开展与境外企业的技术、人才、资源、市场等合作。探索破除机构资质等级门槛，改为以个人专业服务资格为主的专业服务业管理方式。引入港澳服务提供者参与社会服务，举办非营利的社会服务机构。完善粤港金融合作机制，共同建设具有全球竞争力的国际金融中心区域。完善粤港澳跨界交通基础设施协作推进机制。创新粤台经贸合作机制，加快推进一批粤台经贸合作平台建设，大力支持台资企业就地转型升级。完善海外侨商及华侨华人专业人士来粤投资创业创新机制。

（六）加强民主法治制度建设，促进社会公平正义

1. 完善依法治省体制机制。坚持依法治省、依法执政、依法行政共同推进，坚持法治广东、法治政府、法治社会一体建设。全面实施法治广东五年规划，完善法治广东建设评价指标体系，制定评价指标实施办法。贯彻落实中央党内法规制定工作五年规划纲要。普遍建立法律顾问制度。以各级党委法规部门、政府法制机构为平台全面设立法律顾问室，探索引入法律助理制度。完善规范性文件、重大决策合法性审查机制，在确保法制统一的基础上，建立党与政府规范性文件备案审查联动协作机制，落实法规、规章、规范性文件报备主体责任。健全社会普法教育机制，推动法治文化建设，增强全民法治观念。支持符合条件的地级市申报具有地方立法权的较大的市。

2. 坚持和完善人民代表大会制度。坚持人民主体地位，推进人民代表大会制度理论和实践创新，发挥人民代表大会制度的根本政治制度作用。支持各级人大积极探索依法履职、发挥代表作用的有效方式。加强地方性法规的立、改、废工作，推进重要领域和关键环节改革配套立法。扩大公民有序参与立法途径，完善和实行立法公开、立法听证、立法论证、立法评估和立法咨询制度，采取更加有效方法，防止地方保护和部门利益法制化。健全“一府两院”由人大产生、对人大负责、受人大监督的工作制度。界定重大事项范围，规范工作规则和程序，完善各级政府出台重大决策前向本级人大报告制度。加强人大对政府的全口径预算决算审查监督、国有资产监督职能。加强人大常委会在法律监督中的作用。增加列席人大常委会会议的人大代表人数，扩大人大代表在人大常委会立法、监督等各项工作的参与度。健全人大代表议案、建议办理机制。加强人大代表联络机构建设，建立健全省人大代表与省人大常委会在线交流平台和人大代表联系群众平台。探索建立群众对人大代表的评议机制。加强各级人大组织建设，规范机构设置，优化常委会、专委会组成人员知识和年龄结构，提高专职委员比例。

3. 推进协商民主广泛多层制度化发展。在党的领导下，以经济社会发展重大问题和涉及群众切身利益的实际问题为内容，在全社会开展广泛协商，坚持协商于决策之前和决策实施之中。探索构建程序合理、环节完整的协商民主体系，拓宽政权机关、政协组织、党派团体、基层组织、社会组织的协商渠道。深入开展立法协商、行政协商、民主协商、参政协商、社会协商并形成机制。建设广东特色的新型智库，建立健全决策咨询机制。完善各民主党派、工商联组织和无党派组织向党委提出建议制度。发挥统一战线在协商民主中的重要作用，发挥人民政协作为协商民主的重要渠道作用。拓展协商民主形式，更加活跃有序地组织专题协商、对口协商、界别协商、提案办理协商，明确协商内容，增加协商密度，提高协商成效。完善协商成果反馈机制。坚持党政主要领导督办政协重点提案制度。健全政协委员直接向党政主要领导反映重要意见建议的“直通车”制度。完善政协委员推荐制度，优化委员结构。完善政协委员联络群众制度，注重加强各级政协与港澳政协委员的联络、联谊和协商。

4. 健全基层民主机制。畅通民主渠道，健全基层选举、议事、公开、述职、问责等机制，保障广大人民群众参与管理和监督的民主权利。坚持基层党组织的领导核心地位，保持基层治理的基本框架稳定，扩大基层群众对公共事务参与范围。完善党代表工作机制。加强基层服务型党组织、工会、共青团等建设，健全基层党组织领导的基层群众自治机制，落实城市社区居委会直选制度，完善村（居）民主监督制度，全面建立村务监督委员会。全面推行“四议两公开工作法”和“四民主工作法”，对重要公共事务进行议事协商、民主听证、民主表决。增强村（居）委会自治功能，探索建立乡镇（街道）和职能部门与村（居）委会之间的双向考核制度，鼓励和推动居委会和业委会成员交叉任职。拓展异地务工人员参与基层自治渠道。建立政府与工会联席会议制度，健全以职工代表大会为基本形式的企事业单位民主管理制度，规范和加快推进企业工会和工会主席民主选举。

5. 落实司法体制改革任务。加快建设公正高效权威的社会主义司法制度，维护人民权益和社会公平正义。落实国家司法体制改革各项举措，确保司法机关依法独立公正行使审判权、检察权。推动省内各级

法院、检察院人财物统一管理，探索建立与行政区划适当分离的司法管辖制度。切实加强政法队伍建设，优化司法职权配置，强化和规范对司法活动的法律监督和社会监督，完善对违反法定程序干预司法案件的登记备案和通报、处理制度，完善审判公开、检务公开机制，加强人民法院审判流程、裁判文书、执行信息等公开平台建设。改革完善人民陪审员、人民监督员制度。健全司法权力运行机制，支持审判机关积极稳妥推进审判权运行机制改革，改革审判委员会制度，实行主审法官、合议庭办案责任制。支持检察机关探索建立主办检察官办案责任机制。全面推行量刑规范化改革，健全和严格规范减刑、假释、保外就医的公开透明程序。建立符合职业特点的司法人员管理制度，健全法官、检察官、人民警察统一招录、有序交流、逐级遴选机制。健全法官、检察官、人民警察职业保障制度。完善人权司法保障制度，健全刑事错案防止、纠正和责任追究机制。完善社区矫正法规制度，推进社区矫正规范化、专业化、社会化、信息化。构建全面覆盖城乡的公共法律服务体系，完善司法救助和法律援助制度，发挥律师在依法维护公民和法人合法权益方面的重要作用。

（七）强化权力运行制约和监督体系，努力建设廉洁政治

1. 推进干部人事制度改革。坚持党管干部原则，构建有效管用、简便易行的选人用人机制，使各方面优秀干部充分涌现。完善民主推荐、民主测评制度，坚决纠正唯票、唯分、唯 GDP 取人等现象，深入整治拉票贿选、跑官要官、买官卖官等不正之风。改进竞争性选拔干部办法，完善优秀年轻干部培养选拔机制，注意用好各年龄段干部。加大党外干部选拔、培养和使用力度。健全储备职位备用人选机制，疏通干部“出口”，制定不适宜担任现职干部调整办法。健全人才向基层流动、向艰苦地区和岗位流动、在一线创业的激励机制，加大乡镇（街道）公务员招录力度，对粤东西北地区适当降低报考门槛。扩大公务员职务与职级并行、职级与待遇挂钩制度试点，建立专业技术类、行政执法类公务员和聘任人员管理制度。建立健全用人失察失误责任追究机制。改革和完善干部考核评价制度，完善发展成果考核评价体系。健全干部经常性管理监督机制，完善和落实领导干部问责制。完善党政机关、企事业单位和社会各方面人才顺畅流动的制度。增强人才政策开放度，完善深圳高交会、广州留交会办会机制，提升“千人计划”南方创业服务中心功能，广泛吸引海内外人才来粤创新创业。

2. 健全反腐败领导体制和工作机制。加强党对党风廉政建设和反腐败工作统一领导，构建决策科学、执行坚决、监督有力的权力运行体系，健全惩治和预防腐败体系，建设廉洁政治，努力实现干部清正、政府清廉、政治清明。制定省委贯彻落实中央《建立健全惩治和预防腐败体系 2013—2017 年工作规划》实施办法，制定省预防腐败条例，建立预防腐败信息系统。探索对主要领导干部行使权力制约和监督的新机制，推行下级党委主要负责人和同级党政部门主要负责人向纪委全会述责述廉述德制度。加强各级党政机关、国有企事业单位廉政风险防控机制建设，力争实现全覆盖。完善行政监察工作机制，制定行政监察工作办法。改革和完善各级反腐败协调小组职能。制定实施党风廉政建设责任制考核办法和责任追究办法，加大责任追究力度，落实党委的主体责任和纪委的监督责任。制定实施“查办腐败案件以上级纪委领导为主、线索处置和案件查办在向同级党委报告的同时必须向上级纪委报告”的具体办法。制定“各级纪委书记、副书记的提名和考察以上级纪委会同组织部门为主”的具体办法。推进县（市、区）纪检监察机关体制改革，深化派驻机构统一管理改革。完善检察机关与纪检监察机关案件移送、协作配合等机制。完善巡视工作制度，实现市、县（市、区）、省直各部门、企事业单位全覆盖。建立领导干部个人有关事项报告抽查核实工作机制，推行新提任领导干部有关事项公开制度试点。强化对领导干部的经济责任审计监督。健全民主监督、法律监督、舆论监督机制。

3. 建立改进作风长效机制。围绕反对形式主义、官僚主义、享乐主义和奢靡之风，加快体制改革和制度化建设，形成常态化管理机制。严格落实和长期坚持中央八项规定和《党政机关厉行节约反对浪费条例》、《党政机关国内公务接待管理规定》及相关配套规章制度，结合实际加快建章立制。大力精简会议文件，规范“三公”经费管理使用，整治“小金库”和违规使用专项资金，严控楼堂馆所建设，从严控制节庆论坛展会，执行公务接待规定，规范领导干部待遇，整治门难进脸难看事难办和侵害群众利益行为。创新政风行风热线和民主评议等群众诉求表达平台，制定建立健全防治庸懒散奢等不良风气常态化制度的指导意见，完善省、市、县三级作风暗访工作机制。推进公务用车制度改革，探索实行官邸制。

（八）创新文化体制机制，推进文化强省建设

1. 改革文化管理体制。按照政企分开、政事分开原则，推动政府部门由办文化向管文化转变，推动党政部门与其所属的文化企事业单位进一步理顺关系。建立完善国有文化资产监管机制，实行管人管事

管资产管导向相统一。加强互联网管理体制机制建设，健全网络突发事件处置机制，规范传播秩序，确保网络和信息安全。实施全媒体发展战略，探索传统媒体和新兴媒体融合发展的有效途径。建立健全常态化政府新闻发布制度，建立和完善网上新闻发布厅、政务微博、政务微信、政务客户端等权威信息发布渠道。严格新闻工作者职业资格管理制度，规范新闻工作者职业行为。

2. 建立健全现代文化市场体系。完善文化市场准入和退出机制，鼓励各类市场主体公平竞争、优胜劣汰，促进文化资源合理流动。降低社会资本准入门槛，鼓励非公有制文化企业发展。继续推进全省广电网络以县（市、区）一级为重点的重组工作，完成省新华发行集团对划定区域市、县（市、区）新华书店整合工作。推进非时政类报刊出版单位等各国有经营性文化单位转企改制，鼓励民营资本参与改制重组，推动已转制文化企业健全法人治理结构，加快公司制、股份制改造。加快重要新闻媒体资源整治步伐，推动文化企业跨地区、跨行业、跨所有制兼并重组和上市融资，提高文化产业规模化、集约化、专业化水平。建立多层次文化产品和要素市场，完善文化产权交易机制。健全文化产品评价体系，改革评奖制度，建立以先进文化为导向、兼顾多样发展、有利于出精品出人才出效益的文化创作生产机制，加强版权保护。健全文化行业组织管理机制。完善文化经济政策，鼓励和支持文化与科技、旅游、金融、贸易等方面的融合，建立健全文化投融资平台。对按规定转制的重要国有传媒企业探索实行特殊管理股制度。

3. 构建现代公共文化服务体系。建立公共文化服务体系建设协调机制，统筹服务设施网络建设，促进基本公共文化服务标准化、均等化。明确不同文化事业单位功能定位，建立法人治理结构，完善绩效考核机制。整合建设基层综合性文化服务平台。探索建设“三网合一”的公共网络信息服务体系。鼓励社会力量和资本参与公共文化服务体系建设，培育文化非营利组织。建立文化惠民项目群众评价和反馈机制。制定公共文化服务人员职业资格标准，加强基层和农村公共文化服务队伍建设。完善岭南传统民俗和历史文化资源的保护、传承和开发利用机制。推动农村乡土特色文化健康发展。

4. 提升文化开放水平。吸收借鉴优秀文化成果，引进有利于文化发展的人才、技术、经营管理经验。创新岭南文化艺术走出去形式，增强广东文化的国际影响力。理顺内宣外宣体制，加强重点外宣媒体建设和重大主题对外宣传。培育外向型文化企业，积极构建国际文化营销网络，支持文化企业到境外开拓市场。充分调动社会力量的积极性，多渠道多层次推动对外文化交流。

（九）创新社会建设体制机制，促进人民安居乐业和社会安定有序

1. 深化教育领域综合改革。坚持立德树人，加强社会主义核心价值体系教育，完善中华优秀传统文化教育，形成爱学习、爱劳动、爱祖国活动的有效形式和长效机制。按国家部署做好扩大省级政府教育统筹权后的政策衔接，健全教育创强争先建高地统筹推进机制。推进学前教育、特殊教育改革发展。推进信息技术与教育教学的深度融合，均衡、优质、标准化发展义务教育，健全和落实公办学校校长教师定期交流轮岗制度，严格实行义务教育免试就近入学，不设重点学校重点班，建立减轻学生课业负担长效机制。推进普通高中优质特色多样化发展。推行初高中学业水平考试和综合素质评价。探索统考减少科目、不分文理科、外语等科目社会化考试一年多考，逐步建立分类考试、综合评价、多元录取的普通高校考试招生机制。推进职业技术教育管理体制改革，加强产教融合、校企合作制度建设，推动以职教为特色的应用技术型大学建设，加快构建现代职业教育体系。落实和扩大高等学校办学自主权，全面实施创新强校工程。试行普通高校、高职院校、成人高校之间学分转换，搭建人才成长“立交桥”。构建终身教育服务体系。完善支持民办教育平等发展的工作机制，促进民办教育规范特色发展。扩大教育对外交流合作，引进境外知名大学来粤合作办学。健全家庭经济困难学生资助体系。

2. 深化医药卫生体制改革。统筹推进医疗保障、医疗服务、公共卫生、药品供应、监管体制综合改革。加快建立完善符合省情的基本医疗卫生制度，健全城乡基层医疗卫生服务运行机制。加快公立医院改革，完善以成本核算为基础的定价机制，建立实施财政、医保、价格三联动的补偿机制，到 2015 年底前实现县级公立医院全部取消以药补医。提高乡镇（街道）、社区基层医疗卫生机构诊疗能力，建立健全医保分级诊疗机制和双向转诊制度，建立社区医生和居民契约服务关系，推行家庭医生式服务，开展网络就医服务。建设统一的基层医疗卫生机构管理信息系统、全员人口信息系统和个人健康电子病历。巩固完善基本药物制度，推行药品、医用耗材和器械第三方网上交易。扩大基本和重大公共卫生服务项目，建立完善疾病应急救助、医疗困难救助和医疗互助保障制度。继续推广“平价医院、平价诊室、平价药包”医疗服

务。建立医疗责任保险机制，依法化解医患矛盾。建立民营与公立医疗机构享受同等待遇的政策机制，将符合条件的民办医疗机构纳入医保定点范围，放开社会办医准入，支持社会资本参与公立医院改制重组，鼓励港澳台资本来粤办医。逐步扩大区域内医师多点执业。完善推进中医药强省建设的政策机制，健全中医药服务体系，推广适宜技术。坚持计划生育的基本国策，完善促进人口长期均衡发展的地方性法规和配套政策，出台实施一方是独生子女的夫妇可生育两个孩子的具体办法。

3. 创新收入分配体制机制。保护劳动所得，努力实现劳动报酬增长和劳动生产率提高同步，提高劳动报酬在初次分配中的比重。尽快形成合理的收入分配格局，建立透明有序的收入分配秩序，完善收入分配调控和政策体系。健全工资决定和正常增长机制，完善最低工资标准调整和工资支付保障机制，探索建立最低工资标准评估机制，建立与劳动力市场相适应的企业薪酬信息发布制度，大力推行工资集体协商。深化事业单位绩效工资制度改革。实行国有企业工资总额和工资水平双重调控政策，逐步缩小行业工资收入差距。保护投资者尤其是中小投资者合法权益，完善商事纠纷调解、仲裁和合同、侵权民事赔偿制度，探索建立民间投资项目政策性中止的补偿机制。健全企业破产保护、重整制度。完善企业员工持股和技术、知识产权入股等分配制度，多渠道增加居民财产性收入。

4. 建立促进就业创业新机制。建立经济发展和扩大就业的联动机制，健全政府促进就业责任制度。消除影响平等就业的制度障碍，完善促进就业体系和人力资源市场体系。健全就业失业监测统计制度，健全政府激励创业、社会支持创业、劳动者勇于创业新机制，建立健全创业带动就业机制和创业服务体系。完善扶持创业的优惠政策，扩大失业保险基金促进就业创业支出范围，对创业者实行直接工商登记，减轻创业税费负担，推行创业初期零收费制度，建立创业导师辅导制度。加大创业资金扶持力度，增加政府购买就业创业项目的范围。探索开展构建和谐劳动关系综合试验区试点。简化高校毕业生就业程序，建立健全高校毕业生就业创业服务保障激励机制。

5. 健全覆盖城乡的社会保障体系。建立更加公平可持续的社会保障制度，构建广覆盖、多层次的社会保障体系。以保基本、兜底线、促公平、可持续为准则，做好社会保障制度改革工作。推进基础养老金尽快实现省级统筹，推动做实社会养老保险个人账户。按照国家统一部署推进机关事业单位养老保险制度改革。探索建立城乡居民养老保险风险准备金制度。实施统一的城乡居民医保制度，推进大病保险管理服务市场化，全面实施城乡居民大病保险制度，实现省内异地就医联网即时结算。规范社会保险养老金缴费基数和费率，推进社会保险基金市场化、多元化投资运营，确保基金保值增值。完善社会保险关系转移接续政策。健全社会保障待遇正常调整机制。完善社会保险经办服务体系，建立社会保险综合“一站式”服务平台，实现社会保障卡“一卡通”全省覆盖。完善城乡居民最低生活保障、慈善事业发展、社会救助与物价上涨挂钩等相关机制，健全养老服务体系，完善以公租房为主要保障方式面向低收入家庭的住房保障制度。完善残疾人保障机制，发展残疾人服务业。

6. 创新社会治理机制。坚持系统治理，加强党委领导，发挥政府主导作用，鼓励与支持社会各方面参与，实现政府治理和社会自我调节、居民自治良性互动。加强社会治理法制保障，制定社会建设促进条例。稳步推进社会组织体制改革，制定社会组织条例，激发社会组织活力，探索建立社会组织综合监管体制，建立直接登记和双重管理相结合的混合管理模式，推进社会组织信息平台建设，推进社会治理信息化。引导社会组织规范有序发展，重点培育、优先发展行业协会商会类、科技类、公益慈善类、城乡社区服务类社会组织，支持社会组织拓宽服务范围，继续推进社会组织去行政化、去垄断化。支持工会、共青团、妇联等人民团体更好地发挥作用，鼓励行业商协会创新发展模式，参与社会治理。依托外省驻粤办事机构成立异地务工人员服务组织。出台境外非政府组织规范管理办法。完善民意收集处理和诉求表达机制，全面推广“两代表一委员”工作室制度。开展行政复议委员会试点，建立健全行政复议开庭审理、公开听证等制度。完善城乡基层社会治理体制，整合各部门延伸到基层社区的工作和资源。完善乡村治理机制，加强基层法治建设，推广法律顾问进村（居）等制度。完善矛盾纠纷预防化解机制，健全大调解工作体系，完善第三方机构社会矛盾调处机制。推进人民调解、行政调解、行业调解与诉讼调解对接，改革信访工作制度，制定实施省信访条例，修订完善信访通报考核办法，明确各级政府信访责任，完善网上信访制度，强化信访问题的源头治理，注重从政策层面解决信访突出问题。落实涉法涉诉信访制度改革，建立信访依法终结制度。全面推行为民办事征询民意的机制，建立公共政策与公共服务的公众评议评价机制，完善重大决策制定公众参与程序。健全重大决策社会稳定风险评估机制。完善志愿服务事业国际化、社会化发展机制。

7. 完善公共安全责任机制。着眼于维护最广大人民群众根本利益，最大限度增加和谐因素，全面推进平安广东建设。深化安全生产管理体制改革，完善安全生产党政同责、一岗双责、齐抓共管的工作机制，建立隐患排查治理体系和安全预防控制体系，加强安全生产宣传教育培训和应急救援能力建设，落实安全生产事故责任追究制度。完善统一权威的食品药品安全监管机制，制定食品药品安全考核办法，完善质量标准、安全准入制度以及食品原产地可追溯、质量标识制度，健全食品药品安全部门协作联动机制，建立最严格的覆盖全过程的食品药品安全监管制度，加强对网上销售食品、药品的监管。创新立体化社会治安防控体系。

8. 推动军民融合深度发展。建立推动军民融合发展的军地协调、需求对接、资源共享机制，健全国防动员体制机制。统筹经济建设和国防建设，积极探索军民融合新路子。引导优势地方企业进入军品科研生产和维修领域，引导和支持社会资源进入国防科技领域，推动军民结合产业基地建设，培育一批军民结合产业骨干企业，促进国防领域和民用领域的双向交流和相互融合，增强国防动员能力。

（十）建立生态文明制度体系，保障长远利益和永续发展

1. 建立生态红线保护制度。全面实施主体功能区规划，建立国土空间开发保护制度，划定生态保护红线。制定省生态文明建设规划纲要，建立生态建设统筹推进机制和综合管理制度，推进生态文明法规体系建设。完善空间规划体系，推进市、县（市、区）空间“一张图”管理，确定地域管制红线，分类实施空间管制。深入实施省主体功能区规划，实行差别化的财政、投资、产业、土地、环境等政策。运用环保标准倒逼产业升级，珠三角地区实施更严格的环保准入。完善对重点生态功能区、禁止开发区的生态补偿机制。完善自然保护区、森林公园、湿地公园管理体制。对生态发展区域中的重点生态县、镇（乡）取消地区生产总值考核。健全自然资源资产管理体制和自然资源监管体制，对河湖、森林、山岭、滩涂、湿地等自然生态空间进行统一确权登记，形成归属清晰、权责明确、监管有效的自然资源资产产权制度。探索编制自然资源资产负债表，健全土地、能源、水资源节约集约使用和保护制度。

2. 强化生态环境保护责任制度。改革生态环境保护管理体制，建立和完善严格监管所有污染物排放的环境保护管理制度。完善区域大气污染联防联治机制和跨行政区河流交接断面及入海河流水质保护管理机制，统筹推进区域流域、近海海域海岛环境综合整治，建立水功能区目标考核制度。建立资源环境承载能力监测预警机制。探索独立进行环境监管和行政执法，扩大环境污染责任保险试点。构建企业环境保护信用评价体系，完善排污企业全过程环境监管制度。完善海洋生态环境保护机制，加强污染物入海排放管控，健全海洋空间和资源规划体系，合理规划开发岸线、海岛、近海海域和陆域资源，建立陆海统筹的生态系统保护修复机制，推进沿海地区“美丽海湾”建设，打造一批湿地公园和生态示范区。建立城镇水面率控制指标体系和水域占补平衡机制。完善生态修复制度，强化森林资源严管机制。推进公众广泛参与的环保制度建设，及时公布环境及生态信息，健全举报制度。开展环境保护监测社会化试点。完善生态环境保护责任追究制度和环境违法行为处罚政策法规，逐步开展领导干部自然资源资产离任审计和推行生态环境损害责任终身追究制。建立进口废物集中式园区管理模式。健全农业源污染减排和治理机制，完善土壤保护和污染治理机制。推进建立农村垃圾分类和处理机制，建设“美丽乡村”。建立完善防灾减灾救灾体制，构建台风、暴雨等灾害应急预警和主动响应机制。依法推进环境保护公益诉讼。

3. 建立市场化的节能减排机制。加快自然资源及其产品价格改革，全面反映市场供求、资源稀缺程度、生态环境损害成本和修复效益，实行资源有偿使用制度和生态补偿制度。更好发挥市场在促进资源节约和环境保护上的调节作用，大力发展环保市场，推进国家低碳试点省建设。扎实推进碳排放权交易试点，建立交易市场规则，健全管理办法，在钢铁、石化、水泥、电力等行业先行启动碳排放权配额上市交易，并逐步扩大到建筑、交通、陶瓷等行业，推动建立林业、海洋碳汇抵减碳排放的机制。推进排污权有偿使用和交易试点，完善初始排污权分配机制，逐步把主要污染物纳入交易品种范围。积极推动水权交易市场建设。推进资源环境税费改革，探索开展环境税试点，实行差别化排污收费政策。积极稳妥推进资源性产品价格改革，实施绿色价格政策，加大差别电价和惩罚性电价实施力度，稳步实施居民阶梯电价、水价、气价制度，逐步实现工商业用电同网同价，推进输配电价改革试点，条件成熟时实现竞价上网。完善节能减排和淘汰落后产能退出机制，健全节能减排标准体系。开展节能量交易试点，推进合同能源管理、环境污染第三方治理。

四、加强和改善各级党委对全面深化改革的领导

（一）强化全面深化改革的领导责任

各级党委要坚决贯彻落实中央关于全面深化改革的顶层设计、总体部署和省委的工作安排，确保政令畅通，确保扎实推进。认真履行对本地区本部门改革的领导责任，完善科学民主决策的机制，正确对待利益格局调整，加强对改革的督导考核，不断提高领导班子和领导干部推动改革的能力。充分发挥基层党组织的战斗堡垒作用和共产党员的先锋模范作用，确保各项改革举措落到实处。省委成立全面深化改革领导小组，按照中央要求和我省实际抓好改革总体设计、统筹协调、整体推进、督促落实，每年确定改革任务和责任分工。各级党组织要积极有为、稳妥有序推动深化改革工作，确保各项改革都有具体部署、具体规划、具体要求，做到年前年后有部署、年中年末有督查。

（二）强化全面深化改革的协调落实

各级各部门要增强大局意识，扎实推动全面深化改革各项任务相互促进、协同配合，深入研究各领域改革的关联性和配套改革的整体性，把改革的力度、发展的速度和社会可承受程度统一起来。注意形成工作合力，安排专门的工作力量，负责各项改革任务的推进落实，做到有实施方案、有时间进度、有措施保障。鼓励与推进各类改革试点，加强分类指导，及时总结推广成功的经验做法，及时纠正改进存在的问题不足。

（三）强化全面深化改革的干部人才保障

各级领导干部要加强对全面深化改革的学习与实践，强化对新理论新知识的专业培训，适应新形势新挑战和全面深化改革的新任务新要求，深入研究改革规律和问题，及时提出推进改革的创新性思路和举措，着力把改革设想变成方案、把方案变成现实。各级党组织要注重培养和选拔各领域改革所需的领导干部和专门人才，鼓励大胆探索者，宽容改革失误者，鞭策改革滞后者，使各类勇于善于改革的人才脱颖而出，为全面深化改革作出积极贡献。

（四）强化全面深化改革的宣传舆论引导

各级党委宣传部门要把深入宣传党的十八届三中全会精神作为当前和今后一个时期的重要政治任务，引导各方面深刻理解、准确把握全面深化改革的重大意义、目标任务、工作重点和政策措施。充分调动广大干部群众推进改革的积极性、主动性、创造性，激发社会参与改革的热情，努力营造理解改革、拥护改革、支持改革的良好社会环境，努力汇聚全面深化改革的强大正能量。

实践发展永无止境，解放思想永无止境，改革开放永无止境。全省各级党组织、全体共产党员和广大人民群众要紧密团结在以习近平同志为总书记的党中央周围，继续解放思想、牢记使命责任，增强信心勇气、锐意开拓进取，打好全面深化改革这场攻坚战，为实现“三个定位、两个率先”的目标、实现中华民族伟大复兴的中国梦而奋斗！

中共广东省委 广东省人民政府 关于全面深化国有企业改革的意见

粤发〔2014〕15 号

（2014 年 8 月 16 日）

为深入贯彻落实党的十八届三中全会和省委十一届三次全会精神，推动我省国有企业全面深化改革，充分发挥国有经济主导作用，增强国有经济的活力、控制力和影响力，为实现“三个定位、两个率先”的目标作出积极贡献，提出如下意见。

一、基本原则和主要目标

（一）基本原则。坚持解放思想。勇于推进理论和实践创新，突破传统观念和思维定势，尊重基层首创精神，鼓励先行先试，大胆实践。坚持市场导向。进一步实行政企分开、政资分开，尊重市场经济规律和企业发展规律，推动国有企业完善市场化经营机制，成为真正的市场经济主体。坚持分类指导。区分国有企业准公共性和竞争性功能定位以及企业级次和经营规模，推动省属二级及以下企业在资产增量上着力，率先发展混合所有制经济，鼓励企业集团引入有实力的战略投资者。坚持互促共赢。多措并举，推进国有资本与非国有资本有机融合，构建混合、多元的资本结构，促进国有经济与其他所有制经济共同发展。坚持规范改制。健全现代产权制度，完善产权交易规则和监管制度，保障各种所有制经济产权和合法权益，确保国有资产安全。坚持统筹推进。正确处理改革发展稳定关系，加强顶层设计，鼓励基层创新，注重落实改革配套措施，形成改革合力。

（二）主要目标。到 2020 年，混合所有制企业比重明显提升。竞争性国有企业基本成为混合所有制企业，基础设施项目实现混合持股，国有资本流动性显著提高。其中，到 2015 年，全面完成国有企业公司制改造；到 2017 年，混合所有制企业户数比重超过 70%。资本布局结构明显优化。国有资本主要集中在基础性、公共性、平台性、资源性、引领性等关键领域和优势产业，形成 30 家左右年营业收入超千亿元或资产超千亿元、初具国际竞争力的国有控股混合所有制企业，国有经济活力、控制力、影响力显著增强。现代企业制度更加健全。公司法人治理结构协调运转、有效制衡，以产权关系为纽带的管控模式进一步完善，建立职业经理人制度，形成市场化的企业人事、劳动、分配制度和长效激励约束机制。资产监管体制更加完善。以管资本为主加强国有资产监管，建立与发展混合所有制经济相适应的国有资产监管体制，探索建立专业监管和委托监管相结合的监管模式，构建覆盖全面、规则统一、权责明确、运转高效的国有资产监管新格局。

二、引进非国有资本积极发展混合所有制经济

（一）探索发展混合所有制经济的多种实现形式。除极少数承担国家政策性职能和平台性质的国有企业以及授权经营的国有资本运营、国有资本投资公司外，其他行业和领域国有资本以控股或参股形式参与经营，积极推动国有企业引入非国有资本，发展混合所有制经济。确定合适的股权结构，除国家规定外，国有资本持股比例不设下限，意向合作方的选择应对各种所有制资本一视同仁，不得对非国有资本设置附加条件。鼓励围绕增量发展混合所有制经济，支持国有资本积极投资发展前景好、风险可控的非公有制企业，实现各种所有制资本取长补短、相互促进、共同发展。境外国有企业发展混合所有制经济，应遵循国际市场规则，适应国际化营商环境。

（二）引入战略投资者，国有企业引入战略投资者，要同步考虑品牌、管理、人才、技术等因素，注重选择实力强、信誉好、具优势的民营企业，实现战略协同、管理整合和文化融合。鼓励国有资本加强与境内外具有相关优势的产业资本进行合作对接，与行业上下游企业发展形成完整产业链。国有资本投资的企业和项目，允许非国有资本参与投资，引导非国有资本投向国家、省、市重点项目建设，鼓励非国有

资本通过股权收购、增资扩股、股权置换等途径依法参与国有企业改制重组或国有控股上市公司增发股票。投资主体可依法采取货币、实物、知识产权、土地使用权等方式出资。支持国有企业依法依规处置非经营性资产和不良资产，优化资产结构，为引入非国有资本创造条件。

（三）探索企业员工持股。探索企业员工出资参与企业改制的路径，形成资本所有者和劳动者利益共同体。支持企业经营管理者、核心技术人员和业务骨干采取多种有效方式持股，对公信力强的经营管理团队参股、发展前景好且风险可控的企业，国有股东可通过有偿融资、担保等方式帮助企业筹集改制初期发展的急需资金。探索持股员工和员工持股公司作为发起人股东规范参与企业首次公开发行股票并上市。

（四）吸引股权投资基金入股。鼓励各种形式的股权投资基金参与国有企业改制上市、并购重组，进一步完善基金进入门槛、资本回报和退出途径等方面的政策措施，引导股权投资基金积极参股国有企业，解决企业发展所需资金，提升企业规范运作水平。

（五）引导非国有资本进入公共项目。降低准入门槛，简化审批程序，探索通过政府购买服务、约定回报、“项目＋资源”综合开发等方式，吸纳非国有资本参与准公共性、基础性项目建设和后续运营管理，实现公共项目资金投入多元化。

三、推动国有资产优化配置

（一）优化国有资产配置。加强战略引领，推动国有资本更多投向基础性、公共性、平合性、资源性、引领性等重要行业和关键领域，以及未来可能形成主导产业的行业；有序退出不具备竞争优势、未能有效发挥国有资本作用的行业和领域。按照资产同质、经营同类、产业关联的原则，推动国有企业资产重组，支持国有优势企业通过市场机制重组同类业务板块，加大企业内部资源整合力度，鼓励开展跨地域、跨所有制的并购重组，打造一批市场竞争能力强的专业化、规模化、集约化骨干国有企业，支持有实力的国有企业围绕主业开展境外投资和跨国经营，实现与国际资本、资源的有效融合。深化省属企业与地方政府、企业的产业合作，进一步放开搞活中小微国有企业，实现优胜劣汰。

（二）加快国有资产资本化。依托多层次资本市场，推动国有资产资本化、国有资本证券化，进一步增强国有资本的流动性。积极推动国有企业改制上市，使上市公司成为国有企业的重要组织形式，实现企业的市场化、社会化监管。鼓励具备条件的国有企业通过首次公开募股、借壳、新三板挂牌等形式实现优质资产上市，支持已有上市平台的企业通过定向增发、资产置换等形式实现主营业务整体上市。发挥上市公司平台作用，推动省属二级及以下企业与上市公司对接整合，提升国有资本价值。建设全省统一的综合性产权交易市场，推动非上市国有股权通过产权交易平台实现公开有序流转。

（三）构建产融结合的基金平台。探索以“母基金＋子基金”等模式设立国有资本投资基金，以国有资本为引导，多渠道、多形式吸纳非国有资本，重点投向重要支柱产业、重大公共项目和重要民生工程，根据战略需求确保国有资本有序进退。鼓励有条件的国有企业吸引非国有资本发起设立产业投资基金，投资运营具有前瞻性、战略性、创新性的产业项目，发挥产业投资基金在全省产业转型升级中的引领作用。支持国有企业依托基金平台建立和完善企业股权融资机制，降低企业负债率。基金运作应遵循市场化、专业化要求，确保出资、管理、监督分离制衡，有效防范风险。

（四）组建国有资本运营和国有资本投资公司。按照先易后难、稳妥推进的原则，明确条件、程序和步骤，探索组建或改组国有资本运营和国有资本投资公司。组建国有持股平台公司，通过划转现有国有股权，聚集和盘活存量资产，放大国有资本功能，服务党委政府战略目标，实现国有资本布局结构调整优化。支持资本运作能力较强、功能较为完备的企业发展成为国有资本运营公司，以资本运营为主，实现资本价值最大化。鼓励主业优势突出、治理结构完善、风险管控健全的企业改组为国有资本投资公司，以投资融资和项目建设为主，通过实业投资和资产经营实现资本保值增值。国资监管部门依法对国有资本运营和国有资本投资公司履行出资人职责。国有资本运营和国有资本投资公司在国资监管部门授权范围内，依法独立开展经营活动，不断提高资本运作水平。

四、加快建立现代企业制度

（一）健全公司法人治理结构。深化公司内部管理制度改革，明确股东（大）会、董事会、党委会、监事会和经理层的职责，完善非控股股东的制衡机制。规范董事会建设，推行以专业人士为主的外部董事制度，以落实董事会工作报告和会议记录制度为重点，完善董事考核评价和责任追究机制，合理确定董事会中外部董事所占比例，强化董事会决策机制。国有企业参照上市公司的要求，探索开展除涉及商业秘密外的财务预算等重大信息公开，落实社会责任报告制度，打造“阳光国企”。探索现代企业制度与企业党组织发挥政治核心作用、职工民主管理有效融合的途径。

（二）推行选人用人新机制。加大对企业专业化、高素质领导人员的培养选拔力度，建立职业经理人制度，企业现任高级管理人员可按职业经理人制度模式管理。完善招聘制度，建立以合同管理为核心、以岗位管理为基础的市场化用工机制，深化企业内部管理人员能上能下、员工能进能出、收入能增能减的制度改革。对平台性国有企业、国有资本新设企业的高级管理人员以及国有企业的新增高级管理人员，积极探索实行市场化选聘，不断扩大市场化选聘的比例。实行国有企业领导人员任期制契约化管理，严格任期管理和目标考核，强化考核结果运用，建立健全退出机制，离开岗位后不再享受原岗位待遇。因非政策性或非不可抗力因素造成企业连续3年新增亏损的，调整企业主要负责人岗位；因经营失误造成连续3年新增亏损的，对企业主要负责人予以免职、解聘，完善国有企业管理人员奖惩制度。建立市场化的企业人才评价机构，建立健全独立第三方人才评价机制。

（三）建立长效激励约束机制。合理确定并严格规范国有企业管理人员薪酬水平，建立与分类管理、选任方式相匹配的差异化薪酬分配制度，实行职业经理人市场化薪酬协商机制。健全反映劳动力市场供求关系和企业经济效益的工资决定和正常增长机制，促进中低收入员工工资合理增长。积极探索持股经营、技术入股、增量奖股、期股期权等多种激励途径，不具备条件以本企业股权为标的开展激励的企业，可试行以股份为参照的虚拟股权、岗位分红权等方式予以奖励。鼓励探索与经济增加值紧密挂钩的任期激励和长效激励途径，健全企业中长期激励机制。竞争性企业在扣除非经营性收益后，有经营性现金流保障的净利润连续3年增长，年平均增长率超过30%的，可给予经营管理和业务骨干团队不超过新增净利润30%的奖励。企业增量奖励的支出和引入高端稀缺人才的薪酬，可在工资总额管理中单列。实行企业领导人员长效风险金制度，健全国有企业经营投资责任和资产损失责任追究制度。改革和完善企业领导人员职务待遇和业务支出制度。择优选取40—50家省属二级及以下企业开展体制机制创新试点，培育一批具有优秀团队、良好机制、资本价值和市场竞争力的优势企业，力争到2017年，省属竞争性企业基本建立规范的长效激励制度。

（四）严格企业风险管控。实施全面风险管理，加强企业内控机制建设，落实企业内控与风险年度报告制度，切实防范企业投资风险、经营风险和廉政风险。推行全面预算管理，实行事前控制、事中约束、事后整改相结合的财务监管制度，建立企业财务资金池管理模式，提升科学管控水平。坚持投资规模与企业综合实力、资产负债水平、融资能力相匹配，逐步退出资金驱动、高风险、低回报的融资性贸易业务。强化对国有企业领导人员的经济责任审计，加强审计结果运用。建立投资项目后评价制度，除不可抗力因素外，项目达产后3年内平均收益未达到可行性研究报告收益指标90%的，实行经济责任回溯追究。定期开展重大资产证照、使用和财务情况检查，确保账证相符、账账相符、账实相符，全面实施法律意见书制度，重大涉法事项和重大投资经营项目应经过法律审核论证。

五、完善国有资产监管体制

（一）以管资本为主加强国有资产监管。国资监管部门要进一步优化监管模式和手段，实现从管资产为主向管资本为主转变，重点掌控资本投向、促进资本流转和提高资本回报等；从审批审核企业重大事项为主向优化国有资本布局为主转变，注重资本的合理配置，保障企业依法自主经营；从管企业为主向管董事会为主转变，着重推进企业建立健全公司法人治理结构和现代企业制度。

（二）改革国有资本授权经营体制。加强国资监管部门在资本管理、资源配置、运营知情、检查监督和人员奖惩等方面的出资人职权。深化出资人审核制度改革，进一步扩大国有企业经营自主权，对已建立规范董事会的国有资本运营和国有资本投资公司，探索授权其董事会行使股东会在决定公司经营方针、投资计划等方面的部分出资人职权；对管理运行规范、内控机制健全、生产经营稳健且3年内未发生重大经营风险的国有企业，进一步落实企业董事会在投资决策、业绩考核和高级管理人员选聘等方面的职权。国有股权低于50%的混合所有制企业，国有股东按约定治理模式行使权利。对关系国计民生的准公共性企业，探索建立国有股东“金股”机制，通过约定对特定事项行使否决权。规范国资监管部门履行职权，提高监管透明度，依法公开工作流程，主动接受企业和社会监督。

（三）创新国有资产监管手段。以建立出资人管理事项清单制度为切入点，调整优化国资监管职能，分类明确监管清单、报备清单和奖惩清单，未列入监管清单的事项，由企业自主决策。推行国有产权首席代表报告制度，以事后监督和年度评价为主加强对董事会履职行为的规范与制衡，强化对企业战略规划执行情况的监督管理。制定统计、资产、考核等标准，完善监管体系，提升监管针对性和有效性。完善国有资产信息监管系统，加强对国有企业“三重一大”事项的监管。建立企业领导人员责任终身追究制度和违规中介机构禁入制度。建立企业重大问题监管约谈和综合会诊制度，促使企业及时防范重大经营风险。统筹整合监管手段，实现“一个口”对接企业，避免重复监管。加强企业国有资产基础管理，建立企业投资、资产处置等信息管理系统，实现科学定量监管。

（四）强化国有资产监管责任。建立健全经营性国有资产统筹协调、分类监管的运行机制，加强国有资产运营情况的同口径汇总分析。将政企脱钩后的企业、事业单位改革改制形成的企业以及新组建的国有企业纳入监管体系，进一步落实监管主体和监管责任。国资监管部门定期向同级政府报告国有资本总量、变动及国有企业改革发展情况。上级国资监管部门加强对下级国资监管部门的指导监督。逐年提高国有资本收益上缴公共财政比例，到 2020 年提高到 30%，更多用于保障和改善民生。

六、加强组织领导

（一）坚定改革信心。各地区各有关部门要进一步解放思想，以更开放的心态、更坚定的信心、更明确的责任，推动深化国有企业改革取得新突破，不断发展壮大国有经济，要抓住机遇，着力找准制约企业发展的突出问题，形成共识，突破体制机制障碍，消除各种隐性壁垒，力求取得最佳的改革实效。

（二）严格规范国有产权流转。要按照国有经济布局和结构调整的总体要求，依法履行集体决策、尽职调查、资产评估、进场交易等程序，切实维护出资人合法权益，加强对省属二级及以下企业产权改制的监管，实现信息公开化、评估规范化、竞价制度化和交易平台化，保证产权交易的公平、公正、公开，杜绝关联交易，防止包括无形资产在内的国有资产流失。对贱卖国有资产等违法违纪行为，实行责任终身追究；涉嫌犯罪的，依法移交司法机关处理。

（三）落实和完善政策措施。按照不因改制重组增加企业负担的原则，对国家和省出台的国有企业改革政策措施，各地区各部门要不折不扣落实到位。针对企业改革需要解决的问题，组织、发展改革、经济和信息化、财政、人力资源社会保障、国土资源、工商、税务等部门要制定相关配套政策措施，加强指导，切实降低企业改革成本。国资、经济和信息化等部门要制定国有资本与非国有资本对接合作项目的指导目录，定期组织开展对接活动。产权交易机构要发挥市场配置资源作用，有序聚集非国有资本，支持各类投资主体以股权登记、托管、融资等有效方式，促进非国有资本与国有资本对接。要进一步完善国有企业改制重组政策，加大对企业改制、兼并重组、实施上市涉及的资产评估增值、债务重组收益、土地房屋权属转移等税费方面的政策指导和扶持力度。支持国有企业按规定采用作价出资（入股）方式配置土地，促进企业发展。涉及省属企业集团内部国有产权协议转让的，由集团公司负责审核批准；涉及地级以上市、县（市、区）所属国有企业国有产权协议转让的，由地级以上市国资监管部门负责审核批准。要积极推进企业离退休人员社会化管理，涉及需政府承担的费用由各级财政部门按事权与支出责任相适应的原则，列入本级政府预算；建立健全管理机构，争取于 2017 年底前实现企业离退休人员移交属地社会化管理全覆盖。涉及国有企业改制职工经济补偿、社会保险费补缴、社会保险关系接续的，严格执行国家有关法律法规。

（四）营造良好改革环境。加强国有企业改革政策的宣传，注重塑造国有企业良好形象，正确引导社会预期，消除模糊认识和片面理解，广泛凝聚社会共识，努力营造全面深化改革的社会氛围。充分发挥国有企业党组织的政治核心作用，加强职工民主管理，构建和谐劳资关系，切实维护企业干部职工的合法权益，妥善解决各类历史遗留问题，进一步发挥广大干部职工支持国有企业改革的积极性，鼓励敢为人先、敢冒风险、敢于创新，努力使国有企业改革成为我省全面深化改革的试验区。

各地区各有关部门要依据本意见，抓紧制定实施细则，加强督促检查。省属国有企业要结合实际及时制定深化改革的实施方案，进一步强化市场主体意识，建立健全竞争机制、主体机制和问责机制，明确重点、分步实施，确保深化国有企业改革工作顺利推进。

广东省人民政府关于加快棚户区改造工作的实施意见

粤府〔2014〕2号

各地级以上市人民政府，各县（市、区）人民政府，省政府各部门、各直属机构：

为贯彻落实《国务院关于加快棚户区改造工作的意见》（国发〔2013〕25号），进一步加大全省棚户区改造力度，着力改善棚户区居民的居住条件，加快推进以人为核心的新型城镇化建设，提出以下实施意见。

一、总体要求

（一）指导思想。以邓小平理论、“三个代表”重要思想、科学发展观为指导，以改善群众居住条件为出发点和落脚点，按照政府主导、市场运作、群众参与的原则，坚持贯彻节能节地环保和绿色低碳发展的要求，加强统筹规划和宣传引导，完善支持政策和配套措施，将棚户区改造工作与粤东西北中心城区扩容提质、城市更新、“三旧”改造、土地整理等工作有机结合起来，重点推进资源枯竭型城市及国有工矿棚户区、华侨农场非归难侨集中地区的棚户区（含危旧房）改造，优先安排连片规模较大、居住条件困难、住房基本功能不全、房屋抗震性能差、结构和消防安全隐患严重、群众要求迫切的改造项目，稳步实施城中村改造，努力将棚户区改造成为环境优美的新型社区。

（二）目标任务。2014—2017年全省改造各类棚户区约13.8万户，其中城市棚户区改造约7.4万户、国有工矿棚户区改造约4.6万户、华侨农场危房改造约1.8万户，全面完成国有林区和垦区棚户区改造，不断提升配套基础设施和公共服务设施建设水平，使棚户区居民的居住条件得到明显改善。

二、改造范围、适用对象和建设标准

（一）改造范围。

1. 城市棚户区。是指城市规划区范围内简易结构房屋较多、建筑密度较大、使用年限较久、房屋质量较差、建筑安全隐患较多、使用功能不完善、配套设施不齐全的区域，包括集中成片棚户区改造、非集中成片棚户区改造和城中村改造。各地在加快推进集中成片城市棚户区改造的基础上，可将其他非集中成片棚户区改造、城市更新及城中村改造统一纳入城市棚户区改造范围。因城市道路拓展、历史街区保护、文物修缮等实施的房屋拆迁改造项目，不纳入城市棚户区改造范围。城市棚户区改造具体范围，由各地级以上市、县（市、区）政府结合本地区实际情况合理确定。

2. 国有工矿棚户区。是指在国有土地上建设，由国有、国有控股、集体工矿企业管理，简易结构房屋较多、建筑密度较大、使用年限较久、房屋质量较差、建筑安全隐患较多、使用功能不完善、配套设施不齐全、改造户数在20户以上的危旧房集中连片职工住宅区。位于城市规划区内的国有工矿棚户区，统一纳入城市棚户区改造范围。铁路、钢铁、有色金属、黄金、盐业等行业国有工矿棚户区，按照属地原则纳入各地棚户区改造规划，由各地级以上市、县（市、区）政府统筹组织实施，省有关部门要加强监督指导，相关企业要积极配合。

3. 华侨农场危房改造。各地要将华侨农场非归难侨和新增归难侨危房改造统一纳入国有垦区危房改造中央补助支持范围，加快组织实施改造；要落实国有垦区危房改造遗漏户的改造工作，继续完善配套基础设施项目建设，优化布局，促进产业发展和农场小城镇建设。华侨农场危房改造具体范围，按照《广东省人民政府办公厅关于进一步推进华侨农场地区改革发展的若干意见》（粤府办〔2013〕4号）和省侨办等六部门《关于印发〈广东省华侨农场危房改造的实施方案〉的通知》（粤侨办〔2012〕54号）执行。各地要认真核实华侨农场危房户新增户数，纳入

2016—2017年改造范围。

4．国有林区棚户区改造。国有林区棚户区改造任务已基本完成，国有林区（场）之外的林业工作站、自然保护区、国有苗圃等其他林业基层单位符合条件的住房困难职工，纳入当地城镇住房保障体系统筹解决。

（二）适用对象。

以现居住在棚户区改造范围内且自愿参加当地政府统一组织改造的住户为适用对象，主要包括棚户区内城市居民（含城中村村民）、国有工矿企业职工（含离退休人员）和华侨农场职工（含非归难侨和新增归难侨）。具体对象由各地级以上市、县（市、区）政府结合当地实际确定。

（三）建设标准。

新建安置住房的户型面积标准，原则上按省住房城乡建设厅等五部门《转发住房和城乡建设部等部门关于推进城市和国有工矿棚户区改造工作指导意见的通知》（粤建保〔2010〕48号）执行，以60平方米左右的中小户型为主。具体标准由各地级以上市、县（市、区）政府结合当地实际情况确定。

三、改造方式

（一）综合开发，连片建设。对零星分散、改造难度较大、单独项目运作成本较高的城市棚户区，可与其他城市棚户区改造、危旧房改造、城市更新和城中村改造项目就近整合，实行统一规划、统筹建设、连片开发、系统改造。

（二）行政主导，市场运作。对具备市场运作条件的棚户区改造项目，当地政府可按规定设定参与棚户区改造的房地产开发企业资金实力、资质等级和企业信用等条件，通过公开招标、拍卖、挂牌的方式确定开发企业，同时按照保本微利原则，限定该项目的开发利润，监督开发企业严格按照有关规定、标准建设安置住房和配套工程。

（三）政府实施，企业配合。对国有工矿棚户区等不具备市场运作条件的改造项目，由当地政府负责统筹组织实施。各有关单位、国有工矿企业和职工要积极配合，共同做好落实建设用地、筹集资金和政策宣传等相关工作。

四、多渠道筹集资金

棚户区改造建设资金通过政府启动、市场运作、各方共筹等多渠道筹措，主要采取“八个一点”的方式筹集，即中央申请一点、省里补助一点、市县筹集一点、银行贷款一点、企业解决一点、个人自筹一点、政策减免一点、其他支援一点。

（一）加大政府资金投入。省财政按照每户1万元的补助标准支持省属国有工矿棚户区改造，对于中央财政加大补助力度的省属国有工矿棚户区改造项目，省财政相应加大补助力度。根据省属国有工矿棚户区改造实际情况，省财政对改造项目公共基础设施建设给予补助。各地级以上市、县（市、区）政府要加大资金投入，可从城市维护建设税、城镇公用事业附加费、城市基础设施配套费、土地出让收入等渠道中安排资金用于棚户区改造，并可从国有资本经营预算中安排一定比例资金用于国有工矿棚户区改造。从棚户区改造项目中收取的土地出让收入，要优先用于棚户区改造及相关基础设施配套建设。省发展改革委、财政厅、住房城乡建设厅等部门要积极争取国家有关棚户区改造、资源枯竭型城市转型等专项资金支持，并向棚户区改造项目倾斜。

（二）争取银行贷款支持。鼓励银行业金融机构按照风险可控、商业可持续原则，积极对接棚户区改造项目贷款需求，向符合条件的棚户区改造项目提供贷款支持，并根据改造项目的资金筹措、建设方式和还贷来源等具体情况，在以土地使用权和在建工程抵押担保发放贷款的基础上，探索贷款投放和担保新模式，创新信贷金融产品。鼓励金融机构在房地产开发信贷资金安排上向棚户区改造项目适当倾斜，优先保障符合条件的棚户区改造项目的信贷资金需求。鼓励有条件的地区对棚户区改造项目给予贷款贴息。

（三）鼓励民间资本参与。各地要抓紧出台棚户区改造优惠政策，鼓励和引导民间资本通过直接投资、间接投资、委托代建等多种方式参与棚户区改造，吸引有实力、信誉好的房地产开发企业及社会力量参与。省住房城乡建设厅要指导各地积极向国家开发银行等金融机构推荐棚户区改造项目和诚实守信的房地产开发企业，争取金融机构的支持。

（四）积极发行各类债券。引导符合规定的地方政府融资平台公司、实施棚户区改造项目的企业发行各类债券，专项用于棚户区改造项目。对发行用于棚户区改造的企业债券，优先办理核准手续，提高审批效率。

（五）国有工矿企业加大资金投入。国有工矿企业要积极参与所属国有工矿棚户区改造工作，加大改造资金投入力度，支持解决部分改造资金。国有工矿企业参与当地政府统一组织的国有工矿棚户区改造，对符合规定条件的支出，准予在企业所得税税前扣除。涉及棚户区改造的国有工矿企业要积极筹集改造资金，棚户区居民应合理承担安置住房建设部分资金。

五、落实优惠政策

（一）确保土地供应到位。棚户区改造安置住房用地要纳入各地年度土地供应计划，优先安排。已列入保障性安居工程的棚户区改造项目涉及拆迁建设用地指标的，实行计划单列、应保尽保，不占当地用地指标。棚户区改造范围内涉及集体所有土地的，应抓紧依法办理农用地转用和土地征收手续，及时提供用地。对安置住房中涉及的经济适用住房、政府投资建设和管理的公共租赁住房（含廉租住房）建设项目，可以划拨方式供地。棚户区改造项目位于“三旧”改造范围内的，可执行“三旧”改造相关优惠政策。远离城市的国有独立工矿企业以及住房困难户较多且已列入棚户区改造计划（规划）的国有独立工矿企业，在符合当地城乡规划和土地利用总体规划的前提下，经地级以上市政府批准并办理有关用地手续后，允许其利用自有存量建设用地、以集资合作建房的方式进行棚户区改造，其建设标准、优惠政策、供应对象、产权关系等均可执行经济适用住房有关规定。对零星分散、改造难度大的棚户区，可以就近整合，纳入其他棚户区改造项目统筹建设。以招标、拍卖、挂牌方式出让棚户区土地进行改造的，须在《国有建设用地使用权出让合同》中明确约定安置住房的套数、套型建筑面积、建设标准等内容。通过出让方式取得土地的棚户区改造项目，其所得土地收益按“收支两条线”规定管理，全部用于棚户区改造基础设施和配套设施建设。已纳入棚户区改造的用地，各地、各有关部门应当加大执法检查力度，确保土地完整供应。

（二）落实税费减免政策。对棚户区改造项目，免征城市基础设施配套费等行政事业性收费和政府性基金。对棚户区改造涉及的营业税、房产税、城镇土地使用税、土地增值税、印花税、契税等，按照国家有关规定予以减免。对棚户区改造项目中配套建设经济适用住房、公共租赁住房（含廉租住房）的，按配建比例享受相应的优惠政策。个人的拆迁补偿款及因拆迁重新购置安置住房的，可按有关规定享受个人所得税和契税减免。企业用于棚户区改造的支出可享受企业所得税税前扣除政策。棚户区改造安置小区的有线电视、供水、供电、供气、排水、通讯、光纤、道路等市政公用设施由当地政府或相关单位出资配套建设，入网、管网增容等经营性收费项目按低限减半征收。

（三）完善安置补偿政策。棚户区改造实行实物安置和货币补偿相结合，由棚户区居民自愿选择。其中实行实物安置的，安置住房应优先建设并优先安置棚户区居民；安置住房以就地、就近建设为主，采取异地建设方式的应选择交通便利、基础设施齐全的区域。实行货币补偿的，补偿金额要根据被征收房屋的区位、用途、建筑面积等因素，按房地产市场评估价格确定。对被征收人选择货币补偿方式的，可适当予以奖励。对国有工矿棚户区安置住房，可参照韶关市原曲仁矿棚户区改造试点政策办理有关产权证；对其他棚户区安置住房，按照相关规定办理产权证。各地级以上市、县（市、区）政府要按国家和省的有关规定，并结合本地区实际制订具体安置补偿办法和产权办理方式。省国资委、住房城乡建设厅要指导各地做好国有工矿棚户区改造安置具体方案的编制工作，做到全省基本一致、整体平衡。

六、提高规划建设水平

（一）加强统筹规划，完善配套设施。省住房城乡建设厅要与各地和省国资委、财政厅、国土资源厅等部门加强工作对接，全面摸清各类棚户区的基础信息，建立省市互通、准确翔实的信息数据库。各地要将棚户区改造规划作为编制城市总体规划和近期建设规划的重要内容，并将本地区相关企业报送的国有工矿棚户区改造规划纳入当地保障性安居工程建设总体规划，统筹推进建设。要优化新建安置住房的规划设计水平，棚户区改造项目可适当提高容积率。要紧密结合新区建设、“三旧”改造和城市更新工作，充分考虑居民就业、就医、入学、养老、出行等需要，尽可能在交通便利、配套设施齐全的地段进行棚户区改造安置住房建设。新建安置小区要规划预留公共服务用房，同步做好市政基础设施、商业和综合服务设施等配套建设，按规定验收合格方可交付使用。

（二）提高审批效率，加强质量监管。各地、各有关部门要本着便捷、高效的原则，为项目各项审批工作提供绿色通道，实施并联审批，简化审批程序，缩短审批时限。严格执行法定建设程序和技术标准规范，加强施工管理，落实各方责任，积极推行单位负责人和项目负责人终身责任制，确保工程质量安全。有关住房质量、建筑节能和使用功能等方面的要求，应在建设合同中予以明确。项目竣工后，按规定验收合格方可交付使用。

（三）落实绿色标准，促进低碳发展。认真贯彻落实国家和省绿色建筑行动计划，自 2014 年起，广州、深圳市的棚户区改造项目全面执行绿色建筑标准，其他各市棚户区改造项目执行绿色建筑标准不低于 25%，并逐年递增 25 个百分点；从 2017 年 1 月 1 日起，全省棚户区改造项目全面执行绿色建筑标准。

七、保障措施

（一）抓紧编制相关规划。省住房城乡建设厅要会同各地、省有关部门抓紧编制全省 2014—2017 年棚户区改造总体规划，并认真组织实施。各地级以上市政府要抓紧完成本地区棚户区调查摸底工作，将本地区省属国有工矿棚户区一并纳入改造范围，按要求组织编制 2014—2017 年棚户区改造规划及各年度工作计划，分年度、分类别明确棚户区改造任务，细化分解到县（市、区），并落实到具体项目和建设地块。有关省属国有工矿企业要主动与当地政府加强对接，及时报送所属国有工矿棚户区改造相关信息。各地级以上市棚户区改造规划于 2014 年 2 月底前报送省住房城乡建设厅备案。

（二）明确工作职责。各地级以上市、县（市、区）政府是棚户区改造工作的责任主体，主要负责同志为第一责任人，对本地区棚户区（含省属国有工矿棚户区）改造工作负总责。各地要科学编制本地区棚户区改造规划、年度计划和安置补偿方案并认真组织实施，切实做到规划、资金、供地、政策、监管、分配、补偿“七个到位”。省保障性安居工程工作联席会议负责统筹协调全省棚户区改造工作。省住房城乡建设厅承担省保障性安居工程工作联席会议日常工作，督促指导各地尽快编制棚户区改造规划、年度计划和安置补偿方案，指导各地组织实施棚户区改造，对项目建设进度和工程质量加强监督检查。省发展改革委负责棚户区改造的综合协调工作，并积极争取中央补助资金。省财政厅负责根据中央财政对我省棚户区改造的补助情况，进一步完善省级专项资金补助政策。省国土资源厅负责督促棚户区改造项目土地供应落实和土地出让收益征缴工作。省国资委负责牵头制订省属国有工矿棚户区改造专项工作方案，督促指导有关省属国有工矿企业与属地政府加强工作对接，协调推进省属国有工矿棚户区改造工作。省侨办负责协调指导华侨农场危房改造工作。省审计厅负责棚户区改造项目全过程跟踪审计和年度审计工作。其他有关部门按职责分工共同做好棚户区改造工作。

（三）加强监督检查。各地、各有关部门要加强对棚户区改造项目的监督检查和审计监督，全面落实工作任务和各项政策措施，严禁相关单位借棚户区改造政策建设福利性住房。省住房城乡建设厅、监察厅等有关部门要建立健全督查督办制度，定期对各地棚户区改造工作进行督促检查。对资金土地不落实、政策措施不到位、建设进度缓慢、质量安全问题突出的地区和有关单位负责人，要按照有关规定进行约谈，并限期整改、严肃问责，确保全面完成任务。

广东省人民政府
2014 年 2 月 7 日

广东省人民政府关于印发加快我省循环经济发展实施方案的通知

粤府函〔2014〕72号

各地级以上市人民政府，各县（市、区）人民政府，省政府各部门、各直属机构：

现将《加快我省循环经济发展的实施方案》印发给你们，请认真贯彻执行。实施过程中遇到的问题，请径向省经济和信息化委反映。

广东省人民政府

2014年4月1日

加快我省循环经济发展的实施方案

为贯彻落实党的十八大和十八届三中全会精神，加快我省资源节约型、环境友好型社会建设，根据《国务院关于印发循环经济发展战略及近期行动计划的通知》（国发〔2013〕5号），现就加快我省循环经济发展制定以下实施方案。

一、总体思路和发展目标

（一）总体思路。围绕“三个定位、两个率先”的总目标，遵循“减量化、再利用、资源化，减量化优先”的原则，坚持统筹规划、重点突破，在重点地区、重点领域、重点行业、重点园区加快推进循环经济发展；坚持高效循环、减量优先，加强源头减量化和全过程控制，促进资源高效循环利用；坚持突出特色、典型示范，培育一批具有地区特色的循环经济示范典型；坚持政府推动、企业实施、公众参与，加快形成覆盖全社会的循环经济社会发展模式。

（二）发展目标。通过重点培育与全面推广，培育一批循环型企业、循环型园区和循环型产业，建立健全政策法规体系、评价指标体系和技术规范体系，建成全社会循环经济发展体系。到2015年，单位GDP能耗降到0.477吨标准煤/万元，比2010年下降18%，单位工业增加值能耗比2010年下降21%；单位工业增加值用水量比2010年下降30%以上；工业固体废弃物综合利用率达85%以上，广州、深圳市的城市生活垃圾资源化利用率达55%以上，其他地级市达40%以上。到2020年，循环经济理念贯彻到全省经济社会发展各个领域，资源节约型、环境友好型社会建设取得明显成效，建成全国循环经济发展的示范区。

二、加快建设循环型工业体系

（三）完善工业循环经济示范体系。培育一批具有广东特色的循环经济示范典型，加快“省循环经济工业园—省市共建循环经济产业基地—省循环经济试点单位”示范体系建设，探索具有广东特色的循环经济发展模式。到2015年，建成28个省循环经济工业园和30个省市共建循环经济产业基地；到2020年，建成40个省循环经济工业园和50个省市共建循环经济产业基地。

（四）推进园区循环化改造。引导园区和企业加大投入，推进国家级和省级开发区、产业基地及经省政府批准认定的各类园区实施循环化改造，优先支持位于国家和省重点生态功能区范围内的园区（含开发区、产业基地，下同）实施循环改造，加快园区废物利用、资源能源分质梯级利用、水资源分类使用和循环利用、公共服务平台等基础设施建设，实现园区内项目、企业、产业有机耦合和循环链接。到2015年，推动20个园区实施循环化改造；到2020年，推动 50 个园区实施循环化改造。

（五）全面推行清洁生产。加快推进我省清洁生产“十百千万”工程（创建十个清洁生产示范园区、培育百个企业清洁生产技术中心、认定千家清洁生产企业、开展万人清洁生产培训）。加强粤港清洁生产合作，引导港资企业积极参与“粤港清洁生产伙伴计划”并继续开展清洁生产审核。到 2015 年，基本完成“十百千万”工程；到 2020 年，创建 20 个清洁生产示范园区，认定 3000 个清洁生产企业。

（六）加强工业资源综合利用。加快推进工业废水、废气、固体废弃物的资源化利用，大力研发废弃物分类收集、无害化处理、资源化利用等技术和设备，提高资源产出率和循环利用率。培育一批省级资源综合利用龙头企业，推动建立重点领域资源综合利用产业联盟，加快全省资源综合利用产业发展。到 2015 年，培育 30 个省级资源综合利用龙头企业，探索建立 2 个重点领域资源综合利用产业联盟；到 2020 年，培育 40 个省级资源综合利用龙头企业，推动建立 5 个重点领域资源综合利用产业联盟。

（七）大力发展节能环保技术产品。鼓励有条件的循环经济工业园（循环经济产业基地）和企业创建生态设计机构，加快生态设计公共平台建设。积极开展生态设计国际和区域交流，推进产学研合作，开展家电等重点行业生态设计专题活动，推广一批先进方案、技术和产品。加快节能环保技术研发和产业化，着力发展符合循环经济要求、资源利用效率高、污染排放量少的技术、工艺和产品，在电力、冶金、化工、建材、印染、造纸、电镀及线路板等行业大力推广清洁生产技术、工艺和产品。

三、加快建设循环型农业体系

（八）构建“农工商”复合型循环经济体系。探索“农工商”复合型循环经济模式，建设省农垦总局湛江垦区等一批农业循环经济示范区，构建种植业、畜牧业、林业、加工业、物流业、旅游业一体化的循环经济产业体系，推进农业、工业、商贸服务业的循环链接，实现产业废弃物的高效循环利用，形成“高效、无废”的跨企业、跨农户的循环经济联合体。到 2015 年，培育 3 个农业循环经济示范区；到 2020 年，培育 10 个农业循环经济示范区。

（九）加强农业废弃物的资源化利用。大力推进秸秆、林木采伐剩余物、废旧木材（旧家具）及畜禽养殖废弃物资源化利用示范工程，积极推广农村户用沼气和畜禽养殖沼气，到 2015 年，推广农户沼气 45 万户和规模化养殖场大中型沼气工程 550 项以上；到 2020 年，推广农户沼气池 50 万户，规模化畜禽养殖场基本普及沼气利用。

（十）发展节能环保型农业。大力发展农业节能、节水、减排等技术、工艺、产品与装备，积极推广先进适用的节能环保型农业技术和装备，鼓励农田轮作和休耕，减少农田化肥和化学农药使用量，大幅减少农业面源污染。到 2015 年，每亩肥料利用率比 2010 年提高 5%，化学农药用量比 2010 年减少 10%；到 2020 年，每亩肥料利用率比 2015 年提高 3%，化学农药用量比 2015 年再减少 10%。

四、加快建设循环型服务业体系

（十一）规范再生资源回收行业发展。推进再生资源回收体系建设，完善再生资源回收行业服务管理，逐步实现行业发展规范化、制度化。加强广州、佛山、惠州、江门等再生资源回收体系试点城市建设。发挥再生资源回收龙头企业示范带动作用，鼓励企业通过上门回收、定点回收、以旧换新等方式加强废弃物分类回收，进一步提高我省再生资源回收利用率。

（十二）推进餐厨废弃物资源化利用。建立餐厨废弃物无害化处理和资源化利用体系，形成覆盖餐厨废弃物产生、收集、运输、处理全过程的管理制度与技术路线，加快推进广州、深圳餐厨废弃物无害化处理和资源化利用试点城市建设，推动具备条件的城市（县）开展试点工作。到 2015 年，广州、深圳两市餐厨垃圾分类收运处理系统成熟完善，创建全国垃圾分类示范城市，全省 5 个以上城市（县）开展试点工作。

（十三）加快服务业节能环保技术改造。推进餐饮、商场、宾馆等服务业企业的节能、节水、低碳等技术改造，实施商场、酒店等大型公共建筑能耗限额管理。构建绿色循环低碳交通运输体系，推进“车船路港”低碳交通运输专项行动，建立循环、高效、低碳的绿色物流体系。

五、推进社会层面循环经济发展

（十四）加快全社会大循环体系建设。全面推行循环型生产方式，逐步构建覆盖全社会的资源循环利用体系。加快循环经济产业耦合链接，搭建循环经济技术、产品、市场等公共服务平台，实现资源跨企业、跨行业、跨产业、跨区域循环利用，形成多元化的循环经济大网络。推进污（废）水处理、废弃电子电器产品回收拆解、机电产品再制造、垃圾焚烧发电等资源化利用重点工程建设。建立健全社会资源分类、回收和处理系统，促进社会资源的规模化、高值化和清洁安全再利用。建立旧件逆向物流体系，建成集生产、回收利用、资源化、再制造为一体的循环经济产业链。

（十五）促进绿色消费。倡导绿色生活方式，减少一次性易耗品的使用。鼓励商贸流通企业开设绿色产品销售专区，推行包装绿色化。提高政府采购可循环使用产品、再生资源产品以及节能、节水和环保认证产品等绿色产品的比重。引导消费者购买能效标识产品、节能节水认证产品、环境标志产品、无公害标志食品等绿色标志产品。

六、推进重点工程建设

（十六）推进试点示范城市建设。指导广州市开展国家循环经济示范城市创建工作，推动云安县申报创建国家循环经济示范城市（县）；指导东莞、韶关等市开展国家节能减排财政政策综合示范城市创建工作；依托广州、佛山、惠州、江门等再生资源回收体系建设试点城市，加快全省再生资源回收体系建设；推进配方肥和技术全面进村入户到田，提高测土配方施肥信息化水平，建立一批测土配方施肥示范县。

（十七）推进试点示范园区建设。依托石化、钢铁、建材、再生资源等重点行业，培育一批循环经济工业园区典型；加强现有工业园区循环经济产业规划和重点项目建设，从产业连接循环化、资源利用高效化、污染治理集中化、基础设施绿色化、清洁生产普及化等方面，加快实施园区循环化改造；推动现有工业园区创建省级清洁生产示范园，支持引导园区内企业实施清洁生产审核、开展资源综合利用；依托国家级“城市矿产”示范基地，培育一批省级“城市矿产”示范基地。

（十八）推进试点示范企业建设。在钢铁、石化、纺织、建材、造纸、汽车等重点行业创建一批资源节约型和环境友好型企业试点；在石化、钢材、建材、塑料、人造板、可再生能源等领域培育一批资源综合利用龙头企业；在钢铁、纺织、造纸、石油、食品、化工、有色金属等重点用水行业开展节水型工业企业创建活动，树立一批行业内有代表性、用水指标达到行业领先水平的标杆企业；在制造业、供应链、服务商等方面培育一批粤港“清洁生产伙伴”标志企业；依托国家级汽车零部件、机电产品、轮胎再制造试点企业，培育一批省级再制造试点企业。

七、保障措施

（十九）建立健全法规和标准。推动制定我省促进清洁生产、可再生能源利用、建筑节能、绿色采购等法规规章。各市、县要结合本地实际编制本行政区域的循环经济发展规划，新建、改（扩）建园区要按照循环经济要求编制城乡建设总体规划和控制性详细规划。建立健全循环经济标准体系，加快制定高耗能、高耗水及高污染行业产品强制性限额标准和市场准入标准，制定重点行业清洁生产评价指标体系和污染物排放标准。加快推行能效标识制度和再利用品标识制度，积极开展节能、节水、环保产品认证及环境管理体系认证，开展资源综合利用标准的研制。建立完善循环经济计量检测体系。

（二十）加大政策支持力度。从省财政现有资金加大对循环经济重大项目、科技研发、标准制定、宣传培训、技术产品推广应用、园区与企业循环化改造等工作的支持。落实国家税收优惠政策，加快推进国家鼓励的资源综合利用产品（工艺）和资源综合利用电厂（机组）认定工作。有序建立资源性产品阶梯价格制度，对资源高消耗行业中的限制类项目，实行差别性价格政策。研究完善惩罚性价格、差别性价格、阶梯价格等价格政策，建立健全排污权有偿使用制度。鼓励金融机构创新符合循环经济发展特点的金融产品，积极提供绿色金融服务，推动一批基础条件好的循环经济龙头骨干企业进入资本市场。将国家级、省级循环经济示范项目列入省重点项目，在用地指标、环境容量等方面优先予以统筹安排。

（二十一）强化技术和服务支撑。支持建立各类循环经济技术支撑机构，创建循环经济技术中心，推动组建重点领域循环经济产业联盟，加强产学研用结合，共同开展循环经济共性关键技术研发，着力推动节能、节水、新能源开发、再生资源回收利用等领域的技术进步。加强循环经济技术推广体系建设，加快先进适用技术的推广应用，定期发布广东省循环经济、节能降耗、清洁生产等领域技术产品推广目录。健全循环经济服务体系，培育和扶持一批为发展循环经济提供规划、设计、建设、改造、运营的专业化服务公司，鼓励发展循环经济信息服务业，鼓励科研院所、行业协会等为企业提供咨询服务。

（二十二）加强宣传教育和人才培养。充分利用广播电视、报纸杂志、信息网络等媒体宣传普及有关发展循环经济的法律法规、方针政策和相关基础知识。鼓励开展各种形式的循环文化创意活动，积极开展国内外循环经济交流、合作与培训。创建省级循环经济教育示范基地，加强对各级领导干部、政府部门及企事业单位人员的循环经济培训，有序推进节能减排义务监督员队伍建设。

（二十三）加强组织协调。进一步强化对各地区、各部门、各工业园区（开发区、产业基地）落实循环经济发展工作的组织领导，健全循环经济评价指标体系与统计核算制度，将其纳入党政干部政绩考核体系。省经济和信息化委要对全省循环经济发展工作加强统筹协调和监督检查，省发展改革委、教育厅、科技厅、财政厅、国土资源厅、环境保护厅、住房城乡建设厅、水利厅、农业厅、林业厅、商务厅、地税局、统计局、质监局和省国税局等有关部门要按职责分工，共同做好相关工作。

广东省人民政府关于加快发展现代保险服务业的实施意见

粤府〔2014〕75 号

各地级以上市人民政府，各县（市、区）人民政府，省政府各部门、各直属机构：

为贯彻落实《国务院关于加快发展现代保险服务业的若干意见》（国发〔2014〕29 号），促进我省现代保险服务业加快发展，提高保险服务经济社会科学发展的能力，现提出以下实施意见：

一、总体要求

（一）指导思想。以邓小平理论、“三个代表”重要思想、科学发展观为指导，立足于服务国家治理体系和治理能力现代化，以满足社会日益增长的多元化保险服务需求为出发点，坚持改革创新、扩大开放、健全市场、优化环境，不断完善保险经济补偿机制、强化风险管理核心功能和提高保险资金配置效率，逐步提升保险服务经济社会科学发展的能力，加快发展有市场竞争力、富有创造力和充满活力的现代保险服务业，积极为广东实现“三个定位、两个率先”的总目标作出贡献。

（二）主要目标。到 2020 年，基本建成保障全面、功能完善、安全稳健、诚信规范，具有较强服务能力、创新能力和国际竞争力，与我省经济社会发展水平和人民群众需求相适应的现代保险服务业。保险成为政府、企业、居民风险管理和财富管理的基本手段，成为提高保障水平和保障质量的重要渠道，成为政府改进公共服务、加强社会管理的有效工具。保险深度（保费收入 / 地区生产总值）达到 5%，保险密度（保费收入 / 总人口）达到 5000 元 / 人，全社会保险保障水平大幅提高，居民人均拥有一份人身保险保单，保险赔款支出占重大灾害损失的 10% 以上。

二、强化保险对民生事业的保障功能

（一）鼓励和引导商业保险参与社会保障体系建设。充分发挥商业保险对基本养老、医疗保险的补充作用，扩大商业养老、健康保险覆盖面和保障人群。按照全面开展城乡居民大病保险的要求，总结推广“湛江模式”，做好受托承办工作，不断完善运作机制，提高保障水平。探索建立医疗卫生、基本医疗保险和商业健康保险的信息共享机制。支持有条件的企业建立商业养老健康保障计划。支持保险机构拓展企业年金等业务。支持保险公司参与民政救助服务，为低保户、特困供养人员等民政救助对象提供意外伤害、健康等综合保险保障。

（二）创新商业养老和健康保险产品服务。积极推进个人税收递延型商业养老保险试点申报工作。在广州探索开展住房反向抵押养老保险试点。发展独生子女家庭保障计划。大力发展各类医疗、疾病保险和失能收入损失保险等商业健康保险产品以及商业性长期护理保险。有条件的地区可按照自愿的原则，允许使用职工医保个人账户一定比例余额购买商业健康保险。充分发挥保险业的专业优势，支持保险公司按规定申请年金管理机构资格认定，依法经营企业年金和职业年金等业务。大力发展小额人身保险。

（三）鼓励保险机构投资健康养老服务业。鼓励保险机构参与健康服务业产业链整合，探索运用股权投资、战略合作等方式，设立医疗机构和参与公立医院改制，并在医生多点执业、社保定点资格、医疗人才职称评定等方面予以政策扶持。鼓励和支持保险资金投资养老服务领域。

（四）加快教育类保险发展。大力发展储蓄型教育保险，利用教育基金积累和保费豁免功能，保障投保家庭子女教育。努力拓宽学生平安保险覆盖面，积极为在校学生提供安全保障。建立助学贷款风险多渠道分担新机制，创新发展国家助学贷款模式，为借款学生提供个人信用保障。

三、发挥保险服务灾害事故防范救助的重要作用

（一）充分发挥保险防灾减损和经济补偿的功能。将保险纳入全省自然灾害应急体系，加强应急、民政、国土、水利、海洋渔业、地震、气象等部门与保险机构的对接，完善灾前预防、灾中减损、灾后补偿的保险服务机制。鼓励保险公司开发各类涉灾险种，不断扩大涉灾保险覆盖面，重点提高水利、能源、交通等重要公共设施的保障水平，增强全社会抵御风险的能力。

（二）建立巨灾保险制度。探索建立台风、强降雨、地震等巨灾风险的指数保险制度，按照灾害等级进行保险赔偿，确保救灾资金的科学评估和及时到位。在国家统一部署下，研究建立巨灾保险基金、巨灾再保险等制度，逐步形成财政支持下的多层次巨灾风险分散机制。建立巨灾风险管理数据库。条件成熟时发行巨灾金融衍生产品，逐步实现保险资产证券化。

四、运用保险功能提高社会治理水平

（一）大力发展责任保险。加快建立安全生产和食品、药品安全责任保险制度。全面推进火灾公众责任保险和医疗责任保险。支持开展公众聚集场所责任保险试点。探索在涉重金属企业、石油化工等高环境风险行业推进环境污染强制责任保险试点。扩大承运人、旅行社和特种设备责任保险的覆盖面。完善校方责任、实习责任、电梯责任保险制度。积极发展各类职业责任保险、产品责任保险。鼓励养老机构投保责任保险。支持保险经纪机构在医疗、教育、公众责任保险等领域发挥功能作用。积极探索开展强制责任保险试点，提高社会管理和公共服务效率。

（二）发挥保险化解社会矛盾纠纷的功能作用。发展治安保险，为公安、检察、法院等部门执法人员提供保险服务。完善交强险制度，落实道路交通事故社会救助基金管理办法，逐步推广交通事故快处快赔试点。支持保险公司研究设计保险方案，对在公共场所发生的爆炸、劫持、袭击等暴力恐怖事件或台风、暴雨、雷击等自然灾害中所造成的人身伤害提供保障，维护社会安全稳定。引入保险机制参与社区和流动人口管理，探索推广出租屋综合保险。支持保险机构参与保安服务产业链整合。

五、拓展保险支持“三农”发展的广度和深度

（一）大力提高“三农”保险覆盖面和保障水平。全面推进水稻、森林、能繁母猪、渔业等政策性农业保险基本项目，逐步提高农房保险的保障水平。支持开展马铃薯、玉米、甘蔗、花生、奶牛等农业保险补充项目，扩大蔬菜、生猪保险试点，加快推进家禽、水产养殖、水果种植等保险项目，探索农产品目标价格保险、天气指数保险等新兴产品。大力发展农村小额人身保险，推广保费较低、保障适度、适应农民需求的商业养老、健康和意外伤害保险，完善农村人身保险保障体系。

（二）加快完善“三农”保险发展机制。进一步健全农业保险制度，完善财政促进农业保险发展机制。推进农业保险基层协保体系建设，拓宽基层保险服务网络。探索建立农业保险参与病死猪无害化处理的工作机制，保障猪肉卫生安全。探索建立财政支持的农业大灾风险准备金制度。提高省级财政对主要粮食作物的保费补贴比例。支持河源、梅州、茂名、清远、云浮等市在中央和省有关总体政策框架下探索适应当地自然条件和农业产业特点的“三农”保险发展模式。加大财政扶持力度，积极开展农业“政银保”项目试点。

六、拓展保险服务经济提质增效的功能作用

（一）充分发挥保险资金长期投资的独特优势。在保证安全性和收益性的前提下，创新保险资金运用方式，提高保险资金配置效率。研究建立保险资金与我省重大建设项目的对接平台，鼓励保险资金参与我省投融资体制改革。积极引导保险资金以债权、股权投资计划等形式投资交通、通信、能源、环保、市政等基础设施和棚户区改造、城镇化建设等民生工程。鼓励保险公司采用多种形式为我省战略性新兴产业发展提供资金支持。支持保险资金参与我省国有企业改革和投资不动产项目。

（二）促进保险与现代产业融合创新发展。引导保险业根据现代服务业、先进制造业、高新技术产业、优势传统产业、现代农业、现代海洋产业、基础产业等主体产业的特点和需求，提供全方位的保险服务和风险保障。支持文化产业、现代物流服务业、商贸会展业、旅游业等领域保险业务发展。深化科技保险服务，支持广州、深圳、佛山和东莞市开展科技和金融结合试点，鼓励有条件的地区积极开展科技保险业务。将科技保险的保障对象由高新技术企业扩大到科技型企业，出台科技保险财政补贴等相关政策措施。支持保险机构开展专利保险和知识产权质押融资保险。

（三）利用保险机制增强企业抗风险能力。建立政府、银行、保险各方参与的合作新模式，大力发展小微企业贷款保证保险。支持有条件的地区投入财政资金开展贷款保证保险试点，为无担保、无抵押物的小微企业提供保险支持，增强小微企业融资能力。支持保险资产管理公司发起设立小微企业投资基金，支持保险公司投资小微企业信贷资产证券化产品。支持企业通过投保信用保险进行保单融资。大力发展国内贸易信用保险。扩大出口信用保险覆盖面，对企业投保出口信用保险给予资助，扩大资助范围，并适当向小微企业倾斜，促进外贸稳定增长和转型升级。大力发展航运保险和对外投资保险，支持我省企业实施“走出去”战略。

七、全面提升现代保险服务业发展水平

（一）加快保险市场体系建设。支持企业在广东投资设立保险总部法人机构。鼓励发展养老健康、航运、工程机械、信用保证、责任保险等领域的专业保险公司。鼓励保险公司在我省建立资产管理、营运、研发、后援服务、数据信息等总部。探索开展农业保险互助社、社区保险服务站等新型保险组织试点。积极培育再保险市场，支持再保险公司在我省设立机构。优化保险中介市场结构，引导专属保险代理机构、保险销售公司和保险中介集团规范发展。鼓励和引导保险公司在我省设立基金管理公司。

（二）推进保险业改革创新。加快保险业市场化改革，促进行业转型升级，提高综合竞争力。加快保险产品和服务创新，为社会管理、财富管理、健康咨询等提供多样化的保险服务。大力推进保险条款通俗化和服务标准化。支持中国保险信息技术管理有限责任公司等数据管理机构在我省开展保险业信息共享平台试点，建设机动车辆保险、健康保险、反保险欺诈、保险中介、从业人员等领域的标准化服务平台。强化云计算、大数据、移动互联网等新技术的应用，开展销售渠道和服务模式创新。

（三）提升保险业对外开放水平。大力引进世界知名跨国保险集团、港澳大型保险机构和保险中介机构，吸收借鉴境外保险机构的先进管理经验和保险产品创新技术。积极向中央争取深化粤港澳保险合作、扩大广东保险业对外开放等政策，加快建设广州南沙、深圳前海、珠海横琴三个粤港澳合作平台，扩大保险业对港澳开放。创新跨境车险制度安排，支持粤港澳保险业协同为跨境出险的客户提供查勘、救援、理赔等后续服务。

八、切实加强保险业风险防范和化解工作

（一）促进保险市场安全稳定运行。建立稳定的保险市场运行机制，坚守不发生系统性、区域性金融风险的底线。加强现代保险监管体系建设，完善以防范化解风险为导向的监管制度和手段，维护保险市场秩序。加强保险行业协会建设。完善保险公司治理和内控制度，提高保险公司自我管理、自我约束的能力。公安、税务、工商等部门要与保险监管部门密切配合，严厉打击非法保险活动以及保险欺诈等行为，净化保险市场环境。

（二）加强保险消费者权益保护。探索建立保险消费纠纷多元化协调机制，建立健全保险纠纷诉讼、仲裁与调解对接机制。大力发展和规范保险法律服务市场，加强对司法鉴定和保险诉讼代理的执业行为管理。综合治理理赔难、销售误导等问题，严肃查处各类损害保险人和保险消费者合法权益的行为。鼓励保险行业协会开展车险服务质量评级管理，提升车险服务水平。加强保险业信用体系建设，完善保险从业人员信用档案、保险机构信用评价体系和失信惩戒机制。深化保险文化建设和从业人员诚信教育，提升行业公信力。

九、切实落实相关保障措施

（一）加强组织领导。省层面尽快建立发展现代保险服务业议事协调机制，定期研究解决全局性、关键性及跨部门、跨地区的重大问题。省金融办要会同广东保监局加强对各地加快发展现代保险服务业的工作指导和统筹协调。省各有关部门要各司其职，密切配合，共同推进现代保险服务业发展。各地要充分认识现代保险服务业的功能作用，采取有力措施推动本地现代保险服务业加快发展。

（二）加大政策支持力度。各地对具有社会公益性、关系国计民生的保险业务要创造低成本的政策环境，给予必要的扶持。积极落实国家在农业保险、健康保险、补充养老和补充医疗保险、科技保险等方面的税收优惠政策。加强对养老服务产业和健康服务业的用地保障，支持保险机构投资兴办养老产业和健康服务业。加大财政支持力度，积极发展农业保险、责任保险、信用保证保险等险种和保险服务我省经济社会发展的重大项目。

（三）加强宣传教育。发挥新闻媒体的正面宣传和引导作用，鼓励广播电视、平面媒体及互联网等

开办保险频道或节目栏目。加强中小学、职业院校学生保险意识教育，努力推动保险知识进机关、企业、农村、社区、学校，在全社会形成学保险、懂保险、用保险的氛围。高等院校和科研院所要积极与保险机构建立人才培养长效合作机制，推动保险教育、理论研究和保险学科的建设。

广东省人民政府
2014 年 12 月 26 日

广东省人民政府办公厅关于促进光伏产业健康发展的实施意见

粤府办〔2014〕9号

各地级以上市人民政府，各县（市、区）人民政府，省政府各部门、各直属机构：

为贯彻落实《国务院关于促进光伏产业健康发展的若干意见》（国发〔2013〕24号），推动我省光伏产业提高发展质量和效益，经省人民政府同意，现提出以下实施意见。

一、总体要求

（一）指导思想。

全面贯彻落实党的十八大和十八届三中全会精神，紧紧围绕主题主线和“三个定位、两个率先”的总目标，充分发挥市场在资源配置中的决定性作用，激发省内光伏应用有效需求，巩固和提升国内外市场；增强光伏产业自主创新能力，提升企业核心竞争力，推动光伏产业加快结构调整和转型升级，促进我省光伏产业健康有序发展。

（二）发展目标。

到2015年，我省光伏制造业持续稳健发展，资源配置进一步优化，骨干光伏企业核心竞争力进一步提升，产业技术水平和自主创新能力位居全国前列；分布式光伏发电应用有效拓展，全省光伏发电总装机容量争取2015年达到100万千瓦，2020年达到400万千瓦。

二、主要任务

（一）促进光伏产业自主创新。

1．突破产业化关键技术。强化上游装备及材料领域产业优势，重点支持扩散设备、离子注入设备、等离子增强化学气相沉积设备、丝网印刷设备、电池组件测试设备等生产和检测设备，以及光伏镀膜玻璃、封装胶膜、新型电极材料等关键材料的研发和产业化。支持中游电池及组件领域加快技术攻关，重点发展新型光伏电池、高质量光伏组件，提高光电转化率，降低生产成本。提升光伏发电系统集成技术水平，重点加强逆变器、电站监控设备、测试设备、大容量储电、智能微电网等产品和技术的研发，提高电站建设、运营和服务能力。利用省光伏产业公共服务平台，推动产业链企业开展技术交流和产业协作，实现关键技术共享和产业链相关产品本地配套合作。

2．加强技术创新载体建设。鼓励和支持骨干光伏企业与科研院所、高等院校等合作建设光伏领域的国家重点实验室、工程实验室、工程（技术）研究中心、企业技术中心或分支机构、标准制修订委员会。支持光伏企业参与制修订光伏电池及组件、太阳能建筑一体化、并网光伏发电等领域的国际、国家、行业和地方标准。依托国家和省级科研院校，建设国内领先的光伏产业检验检测机构，提高对光伏电池及组件、逆变器及控制设备等产品及各类光伏电站工程的检验检测能力。

（二）推动光伏制造业稳健发展。

1．做优做强光伏制造业。发挥我省电子信息产业基础优势，以广州、深圳、佛山、东莞、珠海、河源等光伏产业及示范应用集聚区为重点，加快形成各具特色、优势互补的光伏产业集群。加强省市共建太阳能光伏产业基地建设。依托深圳重点发展光伏装备、逆变器和光伏建筑一体化，依托佛山重点发展高效光伏电池、光伏支架及系统集成技术，依托东莞重点发展高效光伏电池及组件，依托河源重点发展薄膜光伏电池。依托广州、珠海、中山等地的特色光伏产业，重点推动新型光伏电池、光伏光热集成技术、智能微电网的研发和示范应用。

2．加快培育骨干光伏企业。引导和支持我省光伏装备、材料、光伏电池、系统集成及电站建设等领域的骨干（培育）企业、重点企业加快发展。支持骨干光伏企业对上下游企业实施产业链整合，开展跨省、跨国并购，进一步优化资源配置，提高经营能力和水平。

（三）积极开拓光伏应用市场。

1．加快推进光伏发电应用。大力开展规模化应用示范，推动具有稳定用电负荷、连片屋顶资源的经济技术开发区、高新技术开发区、产业转移园区、物流园区等各类产业园区建设规模化分布式光伏发电应用示范区，重点抓好佛山三水工业园、广州从化明珠工业园、深圳前海深港现代服务业合作区等列入国家分布式光伏发电示范区的项目建设。鼓励各类社会主体投资建设安装分布式光伏发电系统，重点推动一批用电价格较高的规模以上工商企业建设以自发自用及就地利用为主、余量上网的分布式光伏发电系统。支持在公共建筑、居民社区开展光伏建筑一体化建设。鼓励在城市路灯照明、城市景观、通信基站、交通信号灯及农业生产等领域推广分布式光伏电源。鼓励在偏远地区及住人海岛建设新能源智能微电网，支持在粤东西北地区利用荒山、滩涂等土地适当布局建设光伏电站项目。

2．大力拓展国内外市场。鼓励省内光伏企业积极探索与消费电子、家电、玩具、照明、汽配、轮船、农业生产等传统行业相结合的创新型应用产品，拓宽光伏应用领域。支持光伏产业链企业开展合作，重点推动光伏电池及组件企业与系统集成及电站建设企业进行深入合作，共同开拓国内外市场。支持企业通过产业联盟、协会等组织，积极应对国际贸易摩擦。支持符合行业规范条件的骨干光伏企业“走出去”，积极拓展国外新兴市场。

（四）加强行业管理和服务。

1．加强行业规范管理。认真落实工业和信息化部《光伏制造行业规范条件》，鼓励我省光伏企业申报列入符合规范条件的公告企业名单。对新建和改扩建光伏制造项目，严格落实单晶硅光伏电池、多晶硅光伏电池、薄膜光伏电池转换效率分别不低于 20%、18%、12% 的行业规范条件。对光伏发电应用项目实施备案管理，分布式光伏发电项目在建设安装所在地市或县级投资主管部门备案，光伏电站项目在省级投资主管部门备案。

2．加强并网管理和服务。加强电网建设和改造，提高电网系统接纳光伏发电的能力。接入公共电网的光伏发电项目，其接网工程及接入引起的公共电网改造部分由电网企业投资建设。接入用户侧的分布式光伏发电，接入引起的公共电网改造部分由电网企业投资建设。居民投资的分布式光伏发电，由电网企业免费提供关口计量装置和发电量计量用电能表计。电网企业要完善光伏发电并网服务，加强运行监管，优化系统调度运行，优先保障光伏发电运行，确保光伏发电项目及时并网，全额收购所发电量。对分布式光伏发电项目免收系统备用容量费和相关服务费用。

3．提升光伏产业公共服务水平。依托有关机构和光伏产业公共服务平台，建设太阳能光伏专利信息数据库，深度开发专利信息资源，开展产业专利态势分析及预警。加强对政策及市场的跟踪，开展市场行情分析及预警。开展太阳能资源监测与评价，建立太阳能资源信息数据库，为光伏应用提供有力支撑。

三、保障措施

（一）落实财税政策。

全面落实国家有关可再生能源发电、企业兼并重组的各项税收政策及有关光伏发电的电价补贴政策。从省战略性新兴产业发展专项资金对太阳能光伏领域给予支持，重点通过贷款贴息、股权投资等手段，扶持产业关键技术攻关、重大技术成果产业化、公共服务平台建设和光伏发电应用等项目。

（二）加强金融支持。

引导金融机构优先对骨干企业、创新项目及光伏发电应用示范项目提供信贷支持。积极探索适合光伏产业特点的融资产品和融资方式，鼓励以 EPC（工程总承包）项目贷款、电站租赁等多种模式开展光伏发电应用。鼓励风险投资公司、保险企业以多种方式参与光伏产业发展，建立市场化、多元化的投融资长效机制。

（三）完善节能政策。

鼓励专业化能源服务公司与用户合作，以合同能源管理等模式投资建设和运营分布式光伏发电系统。分布式光伏发电全部电量纳入全社会发电量和用电量统计，自发自用发电量不计入阶梯电价适用范围，计入各地政府和用户节能量。

（四）加强人才支撑。

落实我省做好高层次人才引进工作的有关规定及引进领军人才和创新团队的相关政策，加快引进一批光伏产业领域的创新型技术人才。鼓励企业与高等院校、研究机构建立战略合作关系，开展关键技术攻关和人才培养。

（五）加强用地保障。

支持利用荒山荒地、海岛等未利用土地建设光伏发电项目，在土地规划、计划安排时予以适度倾斜，不涉及转为建设用地的，可不占土地年度计划指标。探索采取租赁国有未利用土地的供地方式，降低工程前期投入成本。光伏发电项目使用未利用土地的，依法办理用地审批手续后，可采取划拨方式供地。

（六）加强组织协调。

省各有关部门要按照职责分工，加强协调配合，确保各项政策措施落到实处。各地政府要加强对本地区光伏产业发展的规范引导，加强对光伏应用的宣传推广，推动光伏制造及应用产业健康有序发展。

广东省人民政府办公厅
2014 年 3 月 5 日

广东省人民政府办公厅关于印发广东省支持外贸稳定增长实施方案的通知

粤府办〔2014〕27 号

各地级以上市人民政府，各县（市、区）人民政府，省政府各部门、各直属机构：

《广东省支持外贸稳定增长实施方案》已经省人民政府同意，现印发给你们，请认真组织实施。

广东省人民政府办公厅

2014 年 5 月 23 日

广东省支持外贸稳定增长实施方案

为认真贯彻落实《国务院办公厅关于支持外贸稳定增长的若干意见》（国办发〔2014〕19 号），舒缓我省外贸进出口下行压力，确保完成全年外贸进出口增长 2.4% 的目标任务，推动全省经济平稳健康发展，制定本实施方案。

一、积极扩大进口

（一）完善进口目录和贴息政策。修订完善《广东省鼓励进口技术和产品目录》，扩大进口贴息范围和覆盖面，重点扶持先进技术、关键装备及紧缺资源性产品进口，支持企业加大技术改造力度。改进申报方式，滚动式接受企业进口贴息申报。落实国家进一步减少自动进口许可货物种类政策，争取商务部将铁矿石、氧化铝等商品自动进口许可证签发、打印和发放权限下放到地级以上市商务主管部门。（省商务厅、经济和信息化委、财政厅负责）

（二）加快进口服务平台建设。加快出台扶持进口商品交易中心和进口服务平台的政策措施，今年 7 月底前认定 10 个重点培育的进口商品交易中心，促进进口与国内流通相衔接。对获得认定的交易中心，海关优先批准设立进口保税仓库等保税监管场所，予以重点支持。支持符合条件的区域申报创建国家进口贸易促进创新示范区。（省发展改革委、商务厅，海关广东分署负责）

（三）加大重要物资进口。争取国家支持我省原油、煤炭、天然气等重要物资储备基地建设，扩大重要物资储备进口。支持符合条件的原油加工企业申请原油进口和使用资质，扩大原油进口渠道。加大对我省企业生产亟需的大宗商品、生产资料，以及与群众生活密切相关的生活消费品进口。（省发展改革委、商务厅负责）

二、确保出口止跌回升

（四）加大重点市场开拓力度。深入实施我省进一步加强与欧洲等地区和国家交流合作的实施方案，抓住欧洲、北美市场有所回暖的机遇，深度开拓欧洲、北美市场。积极拓展东盟、中亚、南美和非洲等新兴市场。加大对企业参加重点展销会的财政扶持力度，全面梳理并公布省商务厅、贸促会等部门以及各地市今年内拟在境外组织开展的各类重点展销会，鼓励企业积极参展。（省商务厅、财政厅、贸促会负责）

（五）支持企业抢抓订单。举办跨国公司总部行活动，促进在粤 500 强企业增资扩产，重点选择有潜力、有意向、高附加值项目的企业总部作为突破口，争取其将更多的订单和资金投放我省，确保重点企业进出口增长。组织企业参加第 116 届中国（广州）进出口商品交易会、第 16 届中国（深圳）国际高新技术成果交易会、第 11 届中国国际中小企业博览会等境内重要展会，促进省内重点行业、重点企业与采购商、参展客商有效对接，利用展会抢抓订单。（省商

务厅、经济和信息化委负责）

（六）扩大重点产品出口。深入实施科技兴贸战略，加强科技兴贸创新基地及相关公共服务平台建设，鼓励企业加强技术创新和国际化经营，提高一般贸易项下高新技术产品出口比重，扩大自主知识产权、自主品牌、自主营销和高科技含量、高附加值、高效益产品出口。（省商务厅负责）

（七）发挥“走出去”的贸易促进作用。贯彻落实国家建设21世纪海上丝绸之路的战略部署，鼓励企业积极参与海上丝绸之路沿线国家互联互通基础设施建设。对企业开展重大项目国际合作和工程承包，省“走出去”专项资金予以重点扶持。支持企业通过境外品牌、技术和生产线并购等方式开展境外投资，带动我省产品出口。（省商务厅、发展改革委、财政厅负责）

三、加快培育外贸新业态

（八）培育外贸综合服务企业。对外贸综合服务企业融资贷款给予贴息支持。外贸综合服务企业以自营方式出口国内生产企业与境外单位或个人签约的出口货物，符合规定的可由外贸综合服务企业按自营出口的规定申报退（免）税。支持和引导各地级以上市培育1－2家外贸综合服务企业。对珠三角地区年出口规模超10亿美元的外贸综合服务企业，给予500万元奖励。对粤东西北地区符合申报条件并经省认定的外贸综合服务企业，给予500万元扶持；其中2014年出口规模超10亿美元的，再给予500万元奖励。适应外贸综合服务企业发展，研究在海关、检验检疫等单位关于企业的分类管理办法中设立外贸综合服务企业类型，完善相应评级管理措施。积极创新监管方式，在报关、检验检疫、退税等环节设立“绿色通道”。（省商务厅、财政厅，省国税局，海关广东分署，广东、深圳、珠海出入境检验检疫局负责）

（九）加快跨境电子商务发展。对企业运用跨境电子商务手段开拓国际市场给予资金扶持。扶持一批重点跨境电子商务平台及企业做大做强，推动外贸企业与跨境电子商务平台的业务对接，打造一批跨境电子商务基地和集聚区。探索建立跨境电子商务“公共服务平台＋集中监管区”监管新模式，推行监管前置、清单核放、集中报关等便利化通关。加强对广州市国家跨境贸易电子商务服务试点城市建设的业务指导和政策扶持，力争2014年B2C一般出口（邮件／快件）、B2B2C保税进出口和B2B一般出口有新增长。深圳、东莞、汕头、揭阳等市要加强与国家部委的沟通协调，争取今年内获批扩大跨境贸易电子商务服务试点业务范围或开展相关试点业务。（省商务厅，海关广东分署，广东、深圳、珠海出入境检验检疫局，广州、深圳、汕头、东莞、揭阳等市人民政府负责）

（十）促进市场采购贸易发展。积极组织我省具备条件的大型商品集散地或特色专业市场申报国家内外贸结合商品市场试点，推动在内外贸结合商品试点市场内试行“市场采购”贸易方式。在省内较为成熟的专业商品市场推广“市场采购”出口，对“旅游购物贸易”方式报关出口商品实施在通关口岸进行检验检疫，实行增值税免税政策。（省商务厅，海关广东分署，广东、深圳、珠海出入境检验检疫局，省国税局，人民银行广州分行负责）

四、推进外贸转型升级

（十一）推进加工贸易转型升级。落实加工贸易转型升级三年行动计划，推进珠三角地区全国加工贸易转型升级示范区和东莞市全国加工贸易转型升级试点城市建设。推动加工贸易企业提高技术创新能力、加强自主品牌建设，对新设研发机构的企业予以资金支持。根据进一步简政放权的改革要求，以进一步简化手续为目标，改革海关对加工贸易的监管模式，今年内推进保税加工手册从设立到核销全过程的智能化审核和无纸化作业；依托广东电子口岸平台，推进全省加工贸易企业“八方联网”，完善联网监管公共平台。（省商务厅、财政厅、工商局，省国税局，海关广东分署，广东、深圳、珠海出入境检验检疫局，外汇管理局广东省分局负责）

（十二）大力发展服务贸易。充分利用现有专项资金加大对服务贸易发展的支持。逐步扩大服务进口，落实国家对服务出口实行零税率或免税政策，进一步扩大技术、运输、金融、保险等服务出口，增加出口附加值。对服务贸易重点领域出口给予贴息支持。鼓励政策性金融机构在业务范围内加大对服务贸易扶持力度。大力发展服务外包，认定一批省级服务外包示范城市和示范园区，强化公共服务平台建设，鼓励企业集聚发展。扶持发展一批服务贸易龙头企业，对产品出口提供全过程的服务链支持。率先探索建立与服务贸易特点相适应的口岸通关管理模式。（省商务厅、财政厅、金融办，省国税局，海关广东分署负责）

（十三）发挥外贸示范基地和海关特殊监管区域作用。创新外贸转型升级示范基地资金扶持方式，完善示范基地统计监测体系，发挥基地的示范带动作用，提升我省传统优势商品竞争力。经认定的国家级和省级外贸转型升级示范基地，优先推荐建设“出口质量安全示范区”并享受有关优惠政策。充分发挥特殊监管区的政策功能优势。在有效控制风险的前提下，充分利用海关特殊监管区域的要素集聚功能，加快区域整合与政策创新，吸引高端外贸企业入区发展，拓展业务领域，实现海关特殊监管区域进出口量、质、效并举。（省商务厅，海关广东分署，广东、深圳、珠海出入境检验检疫局负责）

五、优化外贸环境

（十四）提高通关便利化水平。不断完善广东电子口岸功能，推动商务（口岸）、海关、检验检疫、边检、海事等口岸管理相关部门实现“信息互换、监管互认、执法互助”。广州、深圳、珠海等市要加强与国家部委的沟通汇报，争取今年内获批开展国际贸易“单一窗口”试点，加快实现“一站式”服务，提高通关效率。（省口岸办，海关广东分署，广东、深圳、珠海出入境检验检疫局，省公安边防总队，广州、深圳、珠海、汕头出入境边防检查总站，广东、深圳海事局，广州、深圳、珠海等市人民政府负责）

全面落实关检合作“三个一”通关模式，逐步扩大商品适用范围，今年底前将关检合作“三个一”通关模式推广到全省所有具备条件的口岸。加快推进省内海关区域通关一体化和“无纸化”作业改革，逐步实现省内七大关区之间一体化作业、无障碍通关。（海关广东分署，广东、深圳、珠海出入境检验检疫局，省口岸办负责）

（十五）优化检验检疫流程。减少出口商品检验的商品种类。扩大直通放行范围，建立不予实施出口直通放行货物的负面清单，对于清单以外的货物一律实施直通放行。对质量诚信好的企业实施直报通放等便利化通关模式。（广东、深圳、珠海出入境检验检疫局负责）

（十六）妥善应对国际贸易摩擦。抓好大案要案应诉工作，利用省财政专项资金，支持企业积极应对反倾销、反补贴调查，加强部门协调合作，主动提起复审，力保市场份额。进一步规范进出口经营秩序，加强预警监测和防控，加快完善贸易摩擦预警监测和信息服务平台，建立健全公平贸易工作站，做好贸易摩擦的前端防控。（省商务厅负责）

六、加大财税金融支持力度

（十七）加大财政支持力度。用好用足现有支持外经贸发展的各项财政资金，调整资金使用方向，突出稳增长、调结构。落实省级财政专项资金管理办法，加快资金执行进度，确保财政资金按时间进度同步拨付。省财政新增安排促进外贸稳增长专项资金，支持外贸企业做强做大出口市场、外贸综合服务企业发展、企业投保信用保险及扩大进口等。各地要结合实际，加大对支持外贸稳定增长的财政支持力度。（省财政厅、商务厅，各地级以上市人民政府负责）

（十八）加快出口退税进度。对申报单证齐全真实、对应单证的电子信息准确无误且审核无发现骗税疑点的出口业务，在 20 个工作日内完成退（免）税审批手续，确保及时足额退税。全面推行出口退税网上申报，提高企业办事便利化程度。加大对外贸综合服务企业出口货物退（免）税、增值税零税率应税服务和跨境电子商务零售出口等出口退（免）税政策的宣传和贯彻执行力度，落实国家扩大融资租赁货物出口退税试点措施。防范出口退税风险。（省国税局，省财政厅负责）

（十九）完善出口退税政策。全面收集我省近年来出口退税情况，积极配合国家财税部门完善出口退税政策，争取改进出口退税负担机制，进一步下调出口退税超基数地方负担比例，实行出口退税基数动态调整。（省财政厅、商务厅，省国税局负责）

（二十）切实减轻企业负担。严格执行经省政府同意的《关于免征中央、省设立的涉企行政事业性收费省级收入的通知》（粤财综〔2014〕89 号），自 2014 年 5 月 1 日起对全省范围内所有企业免征中央、省设立的涉企行政事业性收费省级收入，确保今年全省范围内省、市设立的进出口环节收费名目只减不增、收费标准只降不升、收费范围只缩不扩，为企业创造良好的营商环境，减轻企业负担。积极争取国家下调港口建设费征收标准，将企业生产亟需的大宗商品和生产资料纳入减半征收货物范围。（省财政厅、发展改革委、交通运输厅负责）

（二十一）加大金融支持力度。拓宽进出口企业的投融资渠道，在政策允许范围内推动金融机构对外贸类大型骨干企业的贷款和授信额度只增不减，加大对外贸类中小微企业的融资、担保、贴息等金融服务。鼓励外贸企业使用人民币进行计价结算，针对外贸企业开展增强主动规避汇兑风险意识和提升汇率避险工具运用能力等培训。鼓励金融机构开展金融创新，开发推广和充分运用适应市场需求、提高企业资金周转率、规避汇率和结算风险的金融产品，扩大企业利润空间。创新财政资金使用方式，搭建和强化政银担企合作平台，缓解外贸企业融资难、融资贵问题。（省

金融办、商务厅，广东银监局，人民银行广州分行，中国进出口银行广东省分行负责）

（二十二）加大信保支持力度。扩大出口信用保险规模和覆盖面，加大对品牌产品、服务贸易、国际营销网络和小微企业的支持力度，引导企业积极利用出口信用保险扩大外贸出口。对企业投保出口信用保险给予资助，提高资助比例，扩大资助范围。适当下调企业投保出口信用保险费率，重点对企业开拓新兴市场、大型成套设备出口等予以支持。鼓励保险公司扩大短期出口信用保险业务，进一步增加短期出口信用保险经营主体。丰富信保保单项下跨境贸易融资产品。（省商务厅、金融办，广东保监局，中国出口信用保险公司广东分公司负责）

七、加强统筹配合

（二十三）形成工作合力。健全由省商务厅牵头，省直及中央驻粤有关单位按职能分工共同参与的促进我省外贸稳增长工作协调机制，及时研究协调解决外贸发展中的重大问题。各地要建立健全相应的工作协调机制，强化部门间的协作配合，确保稳定外贸增长工作措施落到实处。

（二十四）加大服务力度。各地对当地进出口排名靠前、对稳定外贸增长作出突出贡献的货物贸易进出口企业，以及对外贸综合服务平台、跨境电子商务、市场采购贸易等外贸新业态发展有明显带动作用的企业建立台账服务制度，并对台账企业采取挂点联系、上门服务、现场办公和“一企一策”等方法，帮助解决企业实际困难和问题，力促外贸稳定增长。

（二十五）强化组织落实。各地、各单位要高度重视外贸稳增长工作，结合本地、本部门实际抓紧制定出台稳增长的细化措施。省商务厅要加强目标任务的督促检查和进度把控，各地要按省商务厅分解下达的外贸增长目标任务，将目标进一步分解下达到各县（市、区）和有关重点企业，并明确责任人员、推进措施、完成时限，密切跟进，狠抓落实。省政府将于今年7月组织专项工作督导组，对各地、各单位支持外贸稳增长情况进行督查检查和现场办公。

广东省人民政府办公厅
2014年5月23日

广东省人民政府办公厅关于加快先进装备制造业发展的意见

粤府办〔2014〕50 号

各地级以上市人民政府，各县（市、区）人民政府，省政府各部门、各直属机构：

为进一步推动全省先进装备制造业集约发展，促进国内外先进装备制造龙头企业到我省投资建设，重点打造珠江西岸（包括珠海、佛山、中山、江门、阳江、肇庆六市及顺德区）先进装备制造产业带，经省人民政府同意，现提出以下意见。

一、总体要求

（一）明确发展方向。重点发展智能制造装备、海洋工程装备、轨道交通装备、节能环保装备、新能源装备、汽车制造、航空制造、卫星及应用等，重点支持重大成套装备、通用和专用设备及核心部件、基础零部件和原材料的研发制造及应用，引进具有自主知识产权和专利技术的先进装备制造企业，促进先进制造技术与信息技术深度融合，推动装备制造业智能化、绿色化发展。到 2018 年建设成国内领先、具有国际竞争力的先进装备制造产业基地。

（二）加快形成规模。坚持高起点引进，精准招商，重点引进带动性强的国内外先进装备制造龙头企业，促进投资项目落户广东尤其是珠江西岸。做大增量，优化存量，支持现有装备制造龙头企业进行技术改造，增资扩产、提高效益。重点推动珠江西岸加快形成优势明显、各具特色的先进装备制造产业带，促进全省先进装备制造形成较为完整产业链，带动全省装备制造业转型升级。

（三）突出各地特色。利用现有产业基础，充分发挥各地区位和特色产业优势，实行差异化发展。结合全省装备制造业发展规划和产业布局，突出产业链配套招商，细化产业分工，完善配套体系。

（四）加强集约发展。支持先进装备制造业项目落户高新区、经济技术开发区、省产业园、海关监管区等各类园区，以及符合经国家批准的用海总体规划的区域；支持各地在现有园区内规划建设先进装备制造专业园区，完善基础设施和公共服务平台配套建设，促进先进装备制造业集约集聚发展。

二、扶持政策

（五）加强用地保障。对实际投资额 10 亿元以上的项目，由省市共同安排年度土地利用计划指标。各地根据项目配套产业链关联项目需要，优先安排相应用地指标。支持先进装备制造业项目利用“三旧”改造等政策，降低土地开发成本。单独设立的先进装备制造业相关研发中心、科研机构及设计用地，在符合规划前提下，可按协议出让方式供地。

（六）优先安排用海。对有用海需求的先进装备制造业项目，可在符合海洋功能区划的开放式海域、海湾外等区域内安排用海，并依法简化审批手续。对先进装备制造产业带布局和项目规划中明确的重点项目，按照项目建设进度，优先安排建设用海围填海年度计划指标。探索开展用海项目凭海域使用权证书按程序办理项目建设手续试点。

（七）加大财政支持力度。2015-2017 年，省财政每年安排专项资金，以股权投资、贴息为主，兼顾以奖代补等方式，突出关键节点，重点支持珠江西岸高端先进、具有规模效应和集聚效应的装备制造业项目落地建设，具体实施办法由省财政厅会省经济和信息化委研究制定。对珠江西岸新引进的先进装备制造业重大项目，经省经济和信息化委会同省财政厅、国土资源厅、海洋渔业局按程序核定后，对该项目缴纳的新增建设用地有偿使用费、海域使用金，按省级分成部分的 50% 专项补助安排所在地级市，专项用于高标准基本农田建设、基本农田保护补偿以及广东海洋经济综合试验区发展规划和试点方案等相关支出。国有资本经营预算安排适当比例的资金用于扶持省属企业发展先进装备制造业。

（八）加强金融服务。对先进装备制造产业带骨干企业重大项目，在符合银行信贷原则的前提下，商请金融机构采取银团贷款等方式予以支持。对依托核心企业形成上下游产业链的中小微企业可通过产业链融资模式，在风险可控前提下加大支持力度。对投资额超过 10 亿元的引进项目，可由当地政府商请金融机构解决融资问题。商请金融机构对先进装备制造企业全面实施“融资绿色通道”和“批量授信”，支持保险公司开展首台（套）重大技术装备保险业务。支持各市设立先进装备制造产业发展基金，支持相关企业研发和产业化。支持符合条件的先进装备制造企业通过改制上市、发行公司债券、企业债券、短期融资券、中期票据等进行直接债务融资和利用资本市场开展兼并重组。支持先进装备制造企业在境外发行债券融资。依托产业基地、产业集聚区扩大中小企业集合债、集合票据发行规模。支持培育产业带重点企业及中小企业通过多层次资本市场上市直接融资。支持先进装备制造企业开展融资租赁等业务。积极为先进装备制造企业的设立、动产抵押登记、注册商标专用权质权登记提供便利服务。

（九）支持企业降低经营成本。落实税收优惠，支持符合规定的先进装备制造企业享受国家相关税收优惠政策；税务部门要加大宣传力度，指导符合条件的先进装备制造企业申报相关优惠政策，实现税收优惠应享尽享。全面落实国家和省关于加强涉企收费管理、减轻企业负担的各项规定，实施涉企收费目录清单制度，凡未列入目录清单的收费项目，一律不得收取。除法律法规另有规定外，涉及先进装备制造企业的各种鉴定、检测检验、评审等结果实行互认互通，各地、各部门不得重复进行。支持和鼓励符合条件的先进装备制造企业申请参加广东大用户与发电企业电力直接交易。

（十）强化人才支撑。先进装备制造企业引进的高级人才，如经评审入选广东省创新科研团队和领军人才，按规定享受相关支持政策。统筹省财政技术研发资金，对企业引进、培养先进装备制造业科技研发人才给予奖励。引导省内高校、职业技术学校、技工学校开设先进装备制造业专业课程，与企业合作培养先进装备制造业人才。优先支持珠江西岸各市（区）加快技能人才培训网络平台、技能人才培训示范基地建设，开展先进装备制造业技能人才培训。

（十一）加强科技创新。加强先进装备制造企业与高校和科研院所的产学研合作，加快核心共性关键技术攻关。支持先进装备制造龙头企业牵头成立技术创新或产业发展联盟。支持先进装备制造企业、系统集成商、科研单位与用户等围绕产业链开展“研制方 + 用户方”的协同创新，以用户需求拉动提高研发制造水平。支持先进装备制造企业主导或参与制修订地方、行业、国家和国际标准。出台先进装备制造业首台（套）重大装备认定办法，对首台（套）重大装备的研发和使用单位给予一定支持。对自主创新先进装备产品优先在省内推广使用。加强知识产权保护，严厉打击各种形式的知识产权侵权行为，积极营造有利于创新发展的良好环境。

（十二）完善平台建设。支持先进装备制造企业建设国家和省重点实验室、工程实验室、企业技术中心、工程（技术）研究中心等创新平台。支持先进装备制造企业组建中央研究院，对企业承担的省级财政支持的科技研发项目，用于研发人力投入经费的比例最高可上调至 30%。在条件成熟的先进装备制造业聚集地，省市共建若干产品质量监督检测机构，并争取国家支持建设一批国家级检测机构。

（十三）加强示范推广。在先进装备制造集聚区和产业带，建设 10 个广东省智能制造示范基地，条件成熟的支持申报国家级智能制造示范区。培育 50 家左右智能制造骨干企业和系统集成企业。支持珠江西岸先进装备制造企业开展“两化”深度融合示范推广，推行智能制造生产模式。支持先进装备制造企业申报承担国家科技重大专项、相关产业发展专项和科技攻关专项。支持各地在先进装备制造业领域申报创建国家新型工业化产业示范基地，支持产业示范基地重大项目、公共平台及产业链配套项目建设。

三、保障措施

（十四）加强部省合作。认真落实《工业和信息化部广东省人民政府共同推进珠江西岸先进装备制造产业带发展合作协议》，加快建立顺畅高效的部省合作协调落实机制，及时协调解决招商引资、项目落地建设过程中的规划布局、政策支持、要素保障及推进落实等重大问题。

（十五）加快项目审批核准。优先将符合条件的珠江西岸先进装备制造业重大项目纳入省重点建设项目，在项目核准、备案以及用地等方面予以支持。严格执行企业投资项目核准备案有关规定。需国家核准的重大项目，积极向国家有关部门争取。在省网上办事大厅中开设先进装备制造业项目审批“绿色通道”，将属鼓励类、允许类的先进装备制造业投资项目立项、生产许可、用地、环保、通关、资质资格认定等审批核准手续全部纳入“绿色通道”，实行特事特办、限时办结。

（十六）简化环评程序。环境保护部门负责指导督促各地开展先进装备制造产业带区域环评和项目环评，简化审批程序，提高审批效率。对已开展规划环评区域内的项目简化环评手续，项目环评涉及海岸工程建设项目环境影响审核意见的，环境保护部门内部审核与征求海洋相关部门意见同步办理；对已纳入区域建设用海规划的海洋工程建设项目，已经编制区域环境影响报告书的，可以适当简化手续。在执行国家和省节能减排政策前提下，省能源消费总量指标、污染物排放总量指标，优先满足珠江西岸先进装备制造业项目建设需要。

（十七）加强跟踪服务。实际投资额10亿元以上、条件成熟的先进装备制造业项目，列入年度省重点项目计划，享受相应政策支持。将先进装备制造企业纳入省重点企业“直通车”服务范围，及时跟踪协调解决企业生产经营中遇到的困难。优化通关环境，对符合条件的先进装备制造企业实行“属地申报、属地放行”通关模式和公路转关作业无纸化等通关模式。符合条件的珠江西岸先进装备制造企业，参照海关对飞机、船舶等特殊行业的保税监管理念，实行新型保税加工监管模式，制定便利化监管措施。

（十八）加强组织领导。全省各地特别是珠江西岸各市（区），要把推动先进装备制造产业带建设和促进国内外先进装备制造龙头企业投资项目落地建设纳入重点工作，摆上重要议事日程，建立健全相应工作机制，加强组织领导，改进工作方式，狠抓政策落实，因地制宜制定配套措施，营造重商、助商、安商的良好氛围，形成促进先进装备制造业发展合力。

广东省人民政府办公厅

2014年10月12日

广东省人民政府办公厅关于推动新一轮技术改造促进产业转型升级的意见

粤府办〔2014〕51 号

各地级以上市人民政府，各县（市、区）人民政府，省政府各部门、各直属机构：

为推动全省工业企业新一轮技术改造，加快产业转型升级，促进经济平稳健康可持续发展，经省人民政府同意，现提出以下意见。

一、总体要求和工作目标

（一）总体要求。新一轮技术改造要以企业为主体、市场为导向、创新为动力，充分运用先进适用技术，通过改技术、改工艺、改设备、改产品、改管理等方式，推动企业实行全方位的技术改造。坚持市场主导和政府引导相结合，实行目录制管理，重点支持《广东省工业企业技术改造指导目录》（以下简称《目录》，由省经济和信息化委另文发布）内行业领域的扩产增效、智能化改造、设备更新、公共服务平台建设和绿色发展，《目录》范围之外的行业领域由企业依据市场情况自行组织实施。

（二）工作目标。力争用 3 年左右时间，推动全省先进制造业和优势传统产业实施新一轮技术改造，工业技术改造投资年均增长 25%左右，累计完成投资 9000 亿元以上，工业企业全员劳动生产率年均提高 5000 元／人左右。

——2015 年：全省工业技术改造投资达 2500 亿元以上，同比增长 30%左右，其中优势传统产业技术改造投资增长 30%左右，新增 10 个较大影响力的公共服务平台。工业企业全员劳动生产率达 19.5 万元／人左右。

——2016 年：全省工业技术改造投资达 3000 亿元以上，同比增长 25%左右，其中优势传统产业技术改造投资增长 25%左右，新增 10 个较大影响力的公共服务平台。工业企业全员劳动生产率达 20 万元／人左右。

——2017 年：全省工业技术改造投资达 3600 亿元以上，同比增长 20%左右，其中优势传统产业技术改造投资增长 20%左右，新增 10 个较大影响力的公共服务平台。工业企业全员劳动生产率超过20.5万元／人。

二、主要任务

（三）支持扩产增效。优化投资结构，鼓励和支持企业对符合产业政策、市场前景好、经济效益优的项目增加投资，扩大生产规模，提高产品技术含量和附加值，提升效益。引导企业重点投向用地少、消耗低的优质技改项目，支持重大项目及先进制造业基地建设。深化产业链延伸，对产业链中的关键领域、薄弱环节和共性问题等进行整体技术改造，推广共性适用的新技术、新工艺和新标准，带动上下游产业链条的集聚发展。提高经营管理水平，支持家电家具、食品饮料、纺织服装等优势传统产业企业应用电子商务转型升级。鼓励企业按照国内外先进标准对现有产品进行改造提升，加快产品升级换代。培育和创新品牌，推进工业企业品牌培育，开展区域品牌建设试点示范，推广广东优质制造品牌。

（四）推动智能化改造。围绕智能制造成套设备及生产系统的改造，鼓励企业使用柔性自动化生产装配线、大型控制系统、数控机床等自动化、数字化、网络化、智能化制造设备，推广应用新型传感、嵌入式控制系统、系统协同技术等智能化制造技术，普及设计过程智能化、制造过程智能化和制造装备智能化。加快运用信息技术改造提升现有产业，支持企业信息化、智能化成果应用、新产品开发、新工艺应用等，推广信息技术在工业产品上的嵌入式应用，推广过程控制、资源计划、生产运行系统等信息技术应用。培育建设省智能制造示范基地，支持示范基地企业通过增资扩产、自主创新、提质增效等手段，推动一批智能装备整机、关键零部件和系统集成应用等项目建设。

（五）推动设备更新。支持在电子、家电产品装配企业和家具、纺织服装等劳动密集型行业购置先进适用设备，推广应用集多学科先进技术于一体的工业机器人装备，普及现代化制造模式。提升装备水平，推进优势传统产业企业实施设备更新和升级换代，支持企业淘汰老旧设备，引进和购置先进设备，提升装备水平，重点淘汰上世纪九十年代以前的老旧设备。鼓励首台（套）装备的使用，支持我省工业企业优先购置和使用由我省首次自主研发和生产的集机、电、自动控制技术于一体的成套装备或核心部件，鼓励重大通用装备跨领域的首次推广使用。

（六）加强公共服务平台建设。整合相关资源，重点支持一批产业共性技术开发、研发设计、质量认证、试验检测、电子商务、信息服务、资源综合利用、人才培训、第三方中介组织等公共服务平台的建设，并支持现有公共服务平台的升级改造。

（七）引导绿色发展。推进节能降耗和清洁生产，支持传统产业企业淘汰落后产能，加快淘汰高污染、高能耗传统产业企业。实施工业锅炉污染整治及电机能效提升工程，用先进生产力替代落后生产力。在石油化工、钢铁、有色金属、造纸、电力、建材等高能耗产业实施电机能效提升工程和工业锅炉（窑炉）节能改造工程，推广国内外先进节能、节水、节材技术和工艺，积极发展循环经济。

三、扶持政策

（八）加强财政资金支持。2015 年至 2017 年，省财政预算安排技改专项资金 75 亿元，主要采用股权投资、贴息等方式支持有规模效应、龙头集聚效应的项目，对进口先进技术设备用于技术改造投资项目，符合进口设备贴息政策的，给予贴息支持，具体办法由省财政厅会同省经济和信息化委另行研究制定。鼓励投资额大、带动性强的项目申报国家财政专项资金。引导地方政府加大对技改的财政支持力度，鼓励有条件的地市设立技改专项。实施事后奖补政策，从 2015 年起，对符合国家产业政策和《目录》、在广东省内注册并取得技术改造投资项目备案证的规模以上工业企业，省、市、县财政通过预算安排，从完工下一年起连续三年内，按对财政贡献增量额度中省级分成部分的 60%、地市级分成部分的 50%、县级分成部分的 40% 实行以奖代补。

（九）引导民间资金投入。按市场化原则，鼓励引导民间资本设立股权基金、产业基金、偿债基金、质押股权收购基金等，支持企业技术改造。支持企业上市融资，鼓励企业发债，吸引风险投资、创业投资等民间资本参与企业技术改造。

（十）强化金融服务。鼓励金融机构开发针对工业企业技术改造的信贷新品种，开设工业企业技术改造融资“绿色通道”，推动金融机构简化贷款审批流程、缩短审批时间，对重点工业项目和重点技术改造项目优先给予扶持。大力发展融资租赁，重点推动企业通过租赁方式引进大型技术装备进行技术改造，支持企业通过融资租赁购买设备进行技术改造投资。

（十一）加大用地支持。各地在省下达的用地计划指标中统筹安排支持优质技改项目，优先支持投资强度达到 500 万元 / 亩以上（粤东西北地区 300 万元 / 亩以上）的优质技改项目。鼓励企业充分利用已有的场地进行技术改造，在符合规划、不改变土地用途的前提下，通过增建生产性设施、拆除重建、加层等方式进行改扩建，新增建筑面积部分不再征收土地出让金。允许和鼓励企业将老厂区用地纳入“三旧”改造范围，享受“三旧”改造优惠政策。对符合投资强度、容积率、绿地率等约束性指标的技术改造项目给予优先审批、并联审批、及时供地。

（十二）简化环评审批手续。推行并联审批，减少环评审批前置条件，企业技术改造投资项目备案、用地预审、水资源论证和水土保持方案等审查或审批意见不作为环评文件受理前置条件。对企业实施设备更新改造的“零新增地”技术改造项目，最大程度简化环评手续，提高环评效率。

（十三）落实企业减负政策。全面落实国家和省关于减轻企业负担的各项政策规定，推动建立和实施涉企收费目录清单制度，建立企业负担调查信息平台，完善企业举报和反馈机制。严厉查处对企业乱摊派、乱检查、乱收费等违法行为。除法律另有规定外，涉及技术改造的各种鉴定、检验检测等结果实行互认互通，各地各部门不得重复进行、重复收费。

四、保障措施

（十四）加强组织领导。各地、各有关部门要把推动新一轮企业技术改造纳入当前经济工作的重点，及时发布技术改造的政策信息，强化政策引导，全面落实国家和省出台的支持企业技术改造的各项政策措施。省经济和信息化委要牵头做好全省技术改造组织实施工作，省各有关部门要按各自职能分工积极予以配合。各地要结合当地实际情况，抓紧制定实施细则和配套措施，形成一揽子支持企业技术改造的政策体系，为企业技术改造创造良好政策环境。

（十五）夯实工作基础。建立广东省技术改造监测系统，实施动态监测和管理。完善各级技术改造投资统计工作体系，将技术改造投资统计纳入全社会固定资产投资统计范围，建立我省可横向比较的技术改造投资指标。加强技术改造投资的监测、分析和政策、信息发布，强化技改政策的导向，及时引导企业开展技术改造。

（十六）加强督促检查。省牵头部门每年将技术改造任务分解落实到各地级以上市，各市可根据实际情况进一步分解到各县（市、区）。省重点检查各地工业技术改造投资额及增长率、企业数等指标，各市要针对本地工作薄弱环节加大督查力度，确保相关工作任务落实到位，特别是对获得财政支持企业要加强检查，督促企业加快技术改造步伐。

广东省人民政府办公厅

2014 年 10 月 12 日

广东省人民政府办公厅印发关于深化省属国有企业改革的实施方案的通知

粤府办〔2014〕60号

各地级以上市人民政府，顺德区人民政府，省政府各部门、各直属机构：

《关于深化省属国有企业改革的实施方案》业经省人民政府同意，现印发给你们，请认真贯彻执行。实施中遇到的问题，请径向省国资委反映。

广东省人民政府办公厅

2014年11月7日

关于深化省属国有企业改革的实施方案

为贯彻落实《中共广东省委广东省人民政府关于全面深化国有企业改革的意见》（粤发〔2014〕15号），毫不动摇巩固和发展公有制经济，坚持公有制主体地位，发挥国有经济主导作用，不断增强国有经济活力、控制力、影响力，开创省属国有企业改革发展新局面，现制定本实施方案。

一、总体思路和主要目标

（一）总体思路。

区别省属国有企业管理级次和功能定位，分类推进改革。

——省属国有企业集团，具备条件的改组成为国有资本运营和国有资本投资公司，其他也应创造条件，不断深化改革，做强做大做优；二级及以下企业，围绕资产增量率先发展混合所有制经济，通过多元有效设计，加快机制体制创新，进一步放开搞活。

——准公共性企业，着力通过资产、资本、资源整合以及整体上市、引入战略投资者、重大基础设施项目交叉持股等混合所有制改革，优化布局，做强功能，做大规模，进一步增强控制力、影响力和带动力；竞争性企业，着力通过发展混合所有制经济等灵活多样的改革方式，规范公司法人治理结构，完善中长期激励机制，健全市场化经营机制，进一步增强活力和竞争力。

——具备试点条件的企业鼓励先行先试，以点带面推进改革。省属国有企业集团，开展国有资本投资公司、混合所有制改革、职业经理人制度、财务预算信息公开、经营者长效风险金制度、重大资产损失责任追究制度和纪律检查体制等改革试点；二级及以下企业，开展50家企业体制机制改革创新、20家科技型企业科技成果产业化创新、经营者和员工持股以及国有控股上市公司股权激励和市值管理等改革试点。推广试点经验，形成示范效应，整体带动省属国有企业改革发展。

（二）主要目标。

通过深化改革，到2020年实现以下目标：

——推动形成15家左右营业收入或资产超千亿的大型骨干企业集团，省属国有企业整体规模和竞争实力显著增强。

——省属国有资本70%以上集中到基础性、公共性、平台性、资源性、引领性等重要行业和关键领域，以及未来可能形成主导产业的行业，布局结构明显优化。

——准公共性企业基础设施项目实现混合持股，二级及以下竞争性企业基本发展成为混合所有制企业，国有资本流动性显著提升，国有资本功能进一步放大。

——竞争性企业高级管理人员基本实现市场化选聘，董事会决策制衡机制逐步完善，现代企业制度更加健全。

——形成若干国有资本运营和国有资本投资公司，建立起以管资本为主、运转高效的国有资产监督管理体制。

二、主要任务和工作重点

（一）调整优化国有资本布局结构。

以准公共性企业以及优势竞争性企业为依托，做强做大基础性、公共性、资源性板块。省机场集团、交通集团、铁投集团、航运集团等通过承担机场、高速公路、铁路及城际轨道、航道及港口码头等重要基础设施建设和运营，在基础性、公共性领域进一步提升控制力、影响力和带动力。省粤海控股、建工集团、广业公司等加快发展城市水务、棚户区改造、污水及垃圾处理等民生事业板块，积极履行国有企业社会责任，打造新的行业龙头企业。粤电集团大力推进骨干电源建设和能源结构调整优化，打造集传统能源和新能源于一体、具有突出竞争能力、跻身国家能源企业前列的全国性大型能源企业集团。省广晟公司围绕稀土和其他有色金属等国家战略和基础资源产业，打造主业突出、具有核心竞争优势的国际化大型矿业企业集团。

以平台性企业为依托，整合资源构建完善平台性板块。夯实恒健控股国有资本运营平台和粤海控股国有资本投资平台，组建新的国有持股平台，放大国有资本功能。做强做大省产权交易集团，打造金融交易、药品交易、产权交易等综合要素平台。以准公共性企业为主体，设立国资投资基金平台，以国有资本为引导，多渠道吸纳社会资本，重点投向重要支柱产业和重大公共项目。整合建筑类企业规划、设计、投资、建设、管理等资源以及“三旧（旧城镇、旧厂房、旧村庄）”等土地资源，用足用好用活“三旧”改造政策，联合开展土地开发、建设和运营，搭建省级棚户区改造融资平台和城镇化建设综合服务平台。发挥省属骨干商贸流通企业优势，整合省内商品交易资源，搭建大宗商品电子交易平台。

以传统骨干企业为依托，改造提升传统优势板块。省商贸控股、物资集团、丝纺集团、旅游控股等在发挥商贸流通、食品粮油、丝绸纺织、旅游酒店等传统产业基础优势的同时，大力推进传统产业与金融创新、资本运营、信息技术、先进管理融合，加快转变发展方式，向产业链、价值链的中高端延伸和转移，创造高效、高附加值、可持续发展的新商业模式，形成一批具有活力、竞争力和影响力的品牌企业，进一步提升发展质量和效益，实现转型升级。

以创新型、科技型企业为依托，培育发展引领性板块。省广晟公司、广新控股、广业公司等结合产业基础和未来产业导向，通过整合产业链和价值链、产学研合作、引进核心技术及团队等方式，打造电子信息、新材料、生物医药、环保以及先进装备制造等战略性新兴产业板块，培育发展新的经济增长点和主导产业。2014年筛选20家科技型重点企业开展科技成果产业化创新试点，省国资委要会同省科技厅、财政厅等相关部门，多措并举予以扶持发展，打通制约瓶颈，加速科技研发和成果转化进程，促进转型升级，提升省属国有企业产业层次。

推动国有资源向重点领域、优势企业、优秀团队聚集。通过市场手段，优化资产配置，以交叉持股、产业链延伸、设立合资公司等方式，推动国资系统、企业集团内部资源整合，打造优势产业板块和重点领域。支持板块龙头企业围绕主业，按照市场化原则，整合省属同业企业以及同类业务。支持控股上市公司通过资产注入、非公开发行股票、并购重组等方式，整合省属二级及以下企业，做强做大主业突出的资本平台。支持省属国有企业集团加快内部重组和同业整合，增强主业发展的竞争力。支持授权优秀团队经营同业企业以及同类业务，最大限度发挥核心人才的资源价值。

鼓励国有资本整合利用国内外两个市场、两种资源。鼓励国有资本通过引入战略投资者、并购重组、设立合资公司、项目合作建设等方式，与资产优质、实力雄厚、信用良好的中央及地方国有企业、民营企业、外资企业等多种资本强强联合，取长补短、相互促进、共同发展。鼓励有实力的省属国有企业在强化管控、规避风险的基础上实施“走出去”战略，省广晟公司、粤电集团、水电集团继续探索开展境外矿产资源和能源投资，省丝纺集团、广新控股、商贸控股开展跨国经营和贸易，省交通集团、建工集团、水电集团开展跨境工程项目建设，在全球范围获取重要资源、关键技术、知名品牌和市场渠道。省粤海控股、南粤集团等驻港澳企业要按照国际化战略和路径标准经营和发展，充分发挥示范带动作用。

（二）加快建设现代企业制度。

健全公司法人治理结构。建立与混合所有制经济相适应的企业法人治理体系，形成股东（大）会、董事会、监事会和经理层协调运转、有效制衡的决策执行监督机制。合理确定董事会中外部董事所占比例，外部董事侧重选择专业人士，与企业战略需要和行业特点协同，并与董事会其他成员形成优势互补。鼓励准公共性企业引入外部董事，国有独资或绝对控股的竞争性企业全面引入外部董事，国有相对控股、参股企业由各股东按照出资比例及公司章程委派董事，共同协商聘请外部董事。落实董事会工作报告和会议记录制度，完善董事考核评价和责任追究机制。

深化选人用人机制改革。建立企业培育和市场化选聘相结合的职业经理人制度，加大对熟悉企业运作、懂管理和具有良好职业操守的专业化、高素质企业高级管理人员的培养和选拔力度。平台性企业、新设企业以及企业新增人员，要以市场化选聘作为选人用人主渠道；企业现任高级管理人员可自主选择按职业经理人制度模式管理，加快市场化进程。2014 年在省产权交易集团开展职业经理人制度试点，实现经营班子完全市场化选聘。

完善激励约束机制。推行企业负责人任期制契约化管理，对任期内经营业绩特别突出、企业转型升级成效显著以及出色完成省委省政府重大任务的企业负责人予以奖励；对任期内因非政策性或不可抗力因素造成企业连续 3 年新增亏损的，调整企业主要负责人岗位。完善中长期激励机制，探索以企业经济效益的增量部分作为企业负责人激励来源的激励机制，鼓励国有控股上市公司开展市值管理和股权激励计划试点，支持二级及以下竞争性企业尤其是创新型、科技型企业探索增量奖股、期股期权、虚拟股权、岗位分红权等多种激励途径。完善与激励机制相配套的约束机制，建立企业经营投资责任和资产损失责任追究制度，因投资、经营失误造成企业新增亏损或资产损失的，视情节轻重给予企业负责人调离岗位、降职、免职等追究；涉嫌犯罪的，移送司法机关依法处理。建立符合国家政策和财务规定的企业负责人履职待遇、业务支出管理制度，严禁用公款支付个人消费。

合理确定并规范企业负责人薪酬水平。参照中央企业负责人薪酬改革情况和我省社会平均工资水平，对省属国有企业负责人不合理的偏高、过高收入进行调整，形成合理规范的企业负责人薪酬体系。建立完善与选任方式和企业业绩相匹配的差异化薪酬分配机制，对以任命方式确定的企业负责人，根据考核结果合理确定薪酬；对按市场化方式选聘的企业负责人，实行职业经理人市场化薪酬协商机制，由董事会按照市场薪酬水平与职业经理人业绩目标协商确定薪酬，报省国资委备案。逐步推行覆盖企业负责人的全员业绩考核制度，依据效益和贡献合理拉开企业负责人之间薪酬差距，形成规范有序的收入分配格局。

强化风险防范机制。建立健全企业风险控制体系，切实防范决策风险、经营风险和资债风险。坚持投资与企业战略规划、综合实力和财务状况相匹配，建立投资项目事前可行、事中评核、事后奖惩机制，强化可行性研究和风险评估，除不可抗力因素外，项目达产后 3 年内平均收益未达到可行性研究报告收益指标 90% 的，实行投资责任回溯追究。推行全面预算管理，落实事前控制、事中约束、事后整改相结合的财务监管。省属国有企业应限期退出资金驱动、高风险、低回报的融资性贸易业务，推进商贸类企业转型升级。2014 年起全面实行法律意见书制度，企业重大事项必须进行法律论证和全程法务跟踪。

增强公司治理透明度。参照上市公司管理模式和运作规则，结合落实《企业信息公示暂行条例》，省属国有企业逐步建立真实、完整、及时的重大信息公开披露制度体系。2014 年在省联合服务公司和省铁投集团开展省属国有企业财务预算公开试点，提升企业运营透明度。2015 年年底前，实现省属国有企业社会责任报告制度全覆盖，树立国有企业良好形象。

（三）积极推进混合所有制经济改革。

省属国有企业集团探索发展混合所有制经济。推动具备条件的企业集团通过整体上市发展混合所有制经济，加快现代企业制度建设，促进企业持续健康发展。支持省丝纺集团引入具有国际品牌的战略投资者，开展企业集团层面的混合所有制改革试点，打造成为充满生机活力、具有较强产业竞争力和影响力的市场主体。鼓励省盐业集团、二轻集团在省政府统一部署下积极推进盐业专营体制和城镇集体企业联社体制改革，在系统内探索发展混合所有制经济，加快企业转型升级。

省属二级及以下企业围绕资产增量率先发展混合所有制经济。准公共性企业，结合行业政策要求和企业实际情况，积极探索政府购买服务、约定回报、“项目 + 资源”等综合开发模式，引入社会资本参与机场、高速公路、铁路及城际轨道等重大基础设施项目投资、建设和运营，实现准公共项目资金投入多元化。竞争性企业，因企制宜，采取改制上市、引进非国有资本、管理层和员工持股等多种途径与社会资本混合交叉持股。利用境内外多层次资本市场，推动汽车贸易、仓储物流、轨道交通施工、招投标板块等具备上市条件的企业实现主营业务上市，推动电子信息、生物医药、食品粮油等企业逐步注入省属同类业务上市公司，推动一批具有发展前景的企业在新三板上市，形成成熟一批、储备一批、挖掘一批的上市公司后备集群，使上市公司成为省属国有企业最主要的组织形式。科技型企业，鼓励探索管理层和员工以现金、技术、虚拟股权等方式持股。非主业企业，除因集团战略发展确需保留或置入其他省属国有企业主业外，与集团主业配套不紧密、缺乏行业竞争优势、无法有效发挥国有资本作用的企业，可通过产权转让、资产处置等多种方式，实现国有资本有序退出。常年亏损、扭亏无望以及休眠企业，通过产权转让、清算注销等方式，实现国有资本完全退出。

开展体制机制改革创新试点。在省属二、三级企业中择优选取50家开展体制机制改革创新试点，国家和省有关国有企业改革创新的政策措施率先在试点企业试行。以创新体制机制为突破口，重点通过改制上市、引入战略投资者和国企发展基金、探索员工持股、落实“三项制度”改革、企业规划及管理诊断、项目培育等有效措施，力争在3—5年内打造一批具有优秀团队、清晰主业、资本价值、核心竞争力和可持续发展能力的省属优势企业。

省恒健控股充分发挥价值发现、基金管理、市值管理作用，省产权交易集团充分发挥公平、公正、公开配置资源的平台作用，共同参与省属国有企业改革，做强做大一批省属骨干企业。

（四）创新完善国有资产监管体制。

以管资本为主加强国有资产监管。省国资委以出资关系为基础，依法履行出资人职责，围绕掌控资本投向、促进资本流转、提高资本回报和维护资本安全的目标，监管职能向资本管理、行业布局、结构调整、资源配置、运营知情、检查监督和人员奖惩转变，加快推进企业建立完善现代企业制度。

改组或组建国有资本运营和国有资本投资公司。做实做强恒健控股国有资本运营平台，突出优化省属国有企业布局和调整结构功能；创造条件组建新的国有持股资本运营平台公司，调整优化国有资本布局，划转现有国有股权，聚集和盘活存量资产，整合和撬动社会资源和民间资本，更好服务省委、省政府的经济战略目标。支持主业清晰、治理结构完善、风险管控机制健全、资本运作基础扎实、核心竞争力强的企业集团改组成为国有资本投资公司，通过实业投资和资产经营实现国有资本保值增值；推进粤海控股国有资本投资公司试点，依托粤港紧密合作优势和香港市场环境，加快建设国际化企业。

完善国有资本授权经营体制。遵循责权利统一、管放统一、奖惩统一的原则，最大限度精简出资人审核事项，落实企业自主经营权。省属国有资本运营和国有资本投资公司在授权范围内，依法独立开展经营活动。管理运行规范、内控机制健全、生产经营稳健且3年内未发生重大经营风险的省属国有企业，逐步授予其董事会在投资决策、业绩考核、薪酬管理和高级管理人员选聘等重大事项方面的权限。国有股权低于50%的混合所有制企业，国有股东严格按照股权比例行使权利。对关系国计民生的准公共性企业，可探索建立国有股东“金股”机制，按照约定对特定事项行使否决权。

优化国有资产监管模式。按照“管准、管好、管活”的要求，实行出资人管理事项清单制度，2014年起凡未列入监管清单的事项，由企业依法依规自主决策。加强公司章程管理，通过修订完善企业公司章程强化国资监管。2014年开始实行国有产权首席代表报告制度，以事前报告、事后监督和年度评价为主加强对企业董事长履职行为的规范与制衡。探索建立重大问题监管约谈、综合会诊和年度综合会商机制，积极应对企业各种风险和突出问题，共同会商企业重大事项。完善纪检监察、审计、委派监事三位一体大监督体系，强化监事会当期监督和监督成果运用，严格执行企业领导人员经济责任审计制度，做到“逢离必审”，大力推进任中审计，2014年在省属国有企业开展省属国有企业纪律检查体制改革试点，全面落实“党委主体、纪委监督”两个责任。

三、组织实施

（一）明确职责。

省有关部门、各省属国有企业要高度重视深化省属国有企业改革工作，加强领导，明确责任，切实落实各项改革措施。省国资委要加强与各部门的沟通协调，通过收集诉求、转请办理、统一反馈、现场办公等形式，切实帮助企业解决改革的实际问题；加强对省属国有企业改革的指导和服务，一企一策，督促落实。省发展改革委、经济和信息化委、财政厅、人力资源社会保障厅、国土资源厅、商务厅、地税局、工商局等单位要按照《中共广东省委广东省人民政府关于全面深化国有企业改革的意见》（粤发〔2014〕15号）的有关精神，针对省属国有企业改革需要解决的问题，从有利于降低改革成本、加快改革步伐出发，分工制定和落实项目审核、民资对接、职工安置、税费减免、外经贸许可、商事变更等政策，并牵头解决事权范围内的企业合理诉求。

各省属国有企业要按照本方案要求，抓紧制定本企业改革实施方案，报省国资委审定；涉重大事项，报省政府批准。各省属国有企业对所属三级及以上企业实施目录化管理，指导所属企业制定具体改革实施细则。改革实施方案要从本企业实际出发，在摸清家底的基础上，坚持问题导向，突出规划引领，明确改革的目标、方式、措施、路线图和时间表，按照方案如期推进改革事项。

各省属国有企业要统一思想，坚定信心，在新一轮国有企业改革中主动作为，发挥带头表率作用。50 家试点企业要抓住机遇，大胆探索，勇于实践，在体制机制改革创新试点工作中积累经验，实现突破，为面上省属国有企业整体改革提供示范样本。充分发挥省属国有企业党组织的政治核心作用，广泛征求广大职工对企业改革的意见，加强职工民主管理，妥善做好职工安置工作，切实维护广大职工的合法权益，营造支持改革、参与改革、推动改革的良好氛围。

（二）规范操作。

省属国有企业各项改革，要依法履行信息公开、科学论证、合理评估、公开招标、集体决策等程序，防止国有资产流失。涉及企业国有产权转让，切实做到信息公开化、评估规范化、竞价制度化、交易平台化，确保各方合法权益；涉及增资扩股，须公开征集意向合作方，公平、公正引入投资者；涉及的税务问题，按照税法及相关政策规定办理。严格实行土地、物业等不动产的规范管理，确保资源统筹和价值提升。

（三）加强督查。

省各部门要各司其职、紧密配合，合力推进深化省属国有企业改革工作。省国资委要组织有关部门对各省属国有企业落实情况分别进行指导和检查，对改革发展成效进行评估，并将有关情况和奖惩意见报省委、省政府。

本实施方案适用范围为省国资委监管企业，其他省属国有企业及集体所有制企业参照执行。

广东省人民政府办公厅关于进一步加快民航业发展的意见

粤府办〔2014〕69 号

各地级以上市人民政府，各县（市、区）人民政府，省政府各部门、各直属机构：

民航业是广东经济社会发展的重要战略产业。近年来，各地、各有关部门认真贯彻落实《国务院关于促进民航业发展的若干意见》（国发〔2012〕24 号），我省民航业快速发展，为完善综合交通运输体系、优化地区发展环境，加快转变经济发展方式、构建现代产业体系，深化国际合作、提升对外开放水平发挥了重要支撑和推动作用。但当前我省民航业发展仍存在基础设施布局不平衡、综合竞争力不强等问题。经省人民政府同意，现就进一步加快民航业发展提出以下意见：

一、总体要求和发展目标

总体要求。以邓小平理论、“三个代表”重要思想、科学发展观为指导，深入贯彻党的十八大和十八届三中、四中全会精神，全面落实国家民航业发展战略部署，坚持以人为本、安全第一，统筹兼顾、协调发展，主动适应、适度超前，调整结构、扩容增效，进一步加大改革创新力度，加快我省民航业做大做强和转型升级步伐，建设民航强省，更好地满足经济社会发展和人民群众出行需要。

发展目标。到 2020 年，基本形成布局合理的多层次机场体系、四通八达的航空运输网络、高效可靠的服务保障体系、功能齐全的通用航空体系和集聚发展的空港经济产业，增强我省民航业综合竞争力。

——机场建设方面，加快形成以珠三角机场群为核心、粤东粤西机场为两翼、覆盖粤北地区、运输机场和通用机场协调发展的机场布局。到 2020 年，机场服务基本覆盖省内县级行政区域，所有县（市、区）城区能够在地面交通 100 公里路程或 1.5 小时车程内享受到航空服务。

——运输发展方面，加快形成枢纽网络、国际航线、国内干线、区域支线相互支撑、协调发展的运输网络体系。到 2020 年，将广州白云国际机场建成功能完善、辐射全球的大型国际航空枢纽，深圳宝安国际机场建设成为区域枢纽机场，珠三角机场群建设成为国际上旅客和货邮吞吐量最大的机场群之一；全省民用运输机场年旅客吞吐量达到 1.5 亿人次，年均增长 7.4%；年货邮吞吐量达到 390 万吨，年均增长 8.0%。

——航空服务保障体系方面，空中交通管理运行体系、空管设备保障体系和航空气象服务体系更加完善。运输航空每百万小时重大事故率不超过 0.15，逐步提高航班正常率水平。

——通用航空方面，加快推进低空空域管理试点改革，完善通用航空基础设施体系规划布局，持续改善通用航空基础保障环境，逐步建立功能齐全、服务规范、作业范围宽广的通用航空服务体系，推动飞机制造、维修、运营服务、租赁、总装、培训、专业服务等通用航空产业协调发展。

——空港经济方面，高新技术产业、物流业、飞机制造业、飞机维修业和相关培训业等重要产业集群加快发展，空港经济成为先进制造业和现代服务业发展的重要引擎。到 2020 年，依托省内枢纽机场和骨干机场建设一批空港经济产业区，空港经济对经济社会的支撑力度显著增强，基本建立珠三角临空产业集聚区。

二、主要任务

（一）编制实施民航发展规划。

按照“统筹兼顾、协调发展，主动适应、适度超前”的原则，抓紧制订实施我省民用机场发展规划、通用航空发展规划、航空应急救援体系建设规划、临空产业发展规划以及广州白云国际机场、深圳宝安国际机场综合交通枢纽整体规划等专项规划，并做好与国家综合交通运输体系规划、民航发展规划以及我省经济社会发展规划、土地利用总体规划、城乡规划、综合交通运输体系规划等的衔接。新建、迁建的机场规划选址方案由省发展改革委统筹研究，报省政府同意并按程序报中国民航局批准后发布实施。

（二）推进民航基础设施建设。

优化省内机场布局，构建以广州白云国际机场为龙头，深圳宝安国际机场、揭阳潮汕机场、珠海金湾机场为骨干，湛江、梅县、惠州、佛山、韶关机场等为支点，各类机场有机协调的民用运输机场体系。加快推进广州白云国际机场扩建工程建设，适时开展第四、五跑道和第三航站楼建设前期工作。开展深圳宝安国际机场第三跑道和第四航站楼规划建设。加快推进湛江机场迁建工作；推动惠州、韶关军民合用机场尽快开通民用航班；加快推进梅县机场搬迁前期论证工作。积极谋划新机场建设，提早开展选址工作。加快推进全省通用机场建设，逐步形成通用机场网络体系。完善集疏运体系建设，积极推动铁路、城际轨道、城市轨道、高速公路等交通运输方式引入机场。支持航空公司基地、空管、油料项目建设，完善民航基础设施，努力提升民航装备水平、扩大区域机场系统容量和增强设施保障能力，推进空管新技术研究应用。

（三）优化珠三角地区空域管理。

按照“统一规划、统一标准、统一程序”原则，加强军民航协商合作，加强与港澳地区的航空交流与合作，制订珠三角地区空域优化方案，优化飞行程序和空域管理。设立珠三角地区空域联合终端管制区，在珠三角地区东、西部建立平行的进离场航线，在广州北部增设往北的离场航线，优化珠三角机场群的进离场程序和广州北部航线结构。支持空域灵活使用，增加广州、珠海管制区进离场出入口和相关高度层。军地协商进一步优化军民航机场布局，逐步解决珠三角地区空域紧张问题。

（四）完善航空运输网络体系。

建立和完善枢纽网络、国际航线、国内干线、区域支线相互支撑和协调发展的运输网络体系。加快建设国际航空枢纽，广州与国内、东南亚主要城市形成“4 小时航空交通圈”，与全球主要城市形成“12 小时航空交通圈”。优化中转流程，大力发展北美洲、欧洲、南美洲等中远程国际航线，加密大洋洲、东南亚、非洲、中东和南亚等航线，形成具有竞争力的国际中转航线网络格局。完善深圳宝安国际机场区域枢纽功能，提升服务水平。加快形成以广州白云国际机场、深圳宝安国际机场为骨干的华南地区航空货运和快件集散网络。加强营销，争取更多航空公司在珠海、揭阳、湛江、梅县、惠州、韶关等机场设立基地，增加运力投放，开通更多国内航线，提升通达能力。根据各机场资源条件，支持发展低成本航空业务、设立国际口岸开展国际航线业务。

（五）加快广州白云国际机场国际航空枢纽建设。

认真落实国家机场发展战略部署，将广州白云国际机场建设成为我国三大国际航空枢纽之一，进一步强化广州白云国际机场对中南地区机场群的龙头带动作用。构建以广州白云国际机场为中心的国际中转航线网络，支持中国南方航空集团公司向大型网络型航空公司转型，加快发展国际航空运输，进一步增加国际通航点，加强国际国内航线航班有效衔接。构建广州白云国际机场航线网络航班波，不断提高中转旅客比例，争取到 2020 年达到 15% 以上。鼓励并带动更多航空公司把广州白云国际机场作为其在亚太地区的国际中转枢纽，扩大通程航班业务实施范围，推动实施货运便利通关政策。推进广州白云国际机场综合交通枢纽建设，提高机场集疏运能力，通过城际轨道与高铁枢纽车站的连接，打造空铁联运综合交通枢纽。

（六）加快发展通用航空。

按照国家空管委的统一部署，加快推进我省低空空域管理试点改革工作，逐步形成政府监管、行业指导、市场化运作、一体化管理的低空空域运行管理和服务保障体系。统筹规划建设全省通用机场，增加具有通勤功能的通用机场布点，在新（改、扩）建干支线机场中统筹设置通用航空功能区域。在首批固定基地运营商（FBO）和飞行服务站（FSS）建设的基础上，加强通用航空飞行服务人才培训，构建全省通用航空运营服务网络，健全通用航空运营技术服务标准，引领通用航空服务体制改革创新，满足通用航空发展要求。鼓励现有支线机场向通用航空企业和个人开放。全面扶持航空培训、海上飞行、应急救援、摆渡飞行、航空旅游等通用航空业务，建立健全公务机运行体系，支持开展公务机和私人飞机托管服务、包机运营、金融租赁等业务，大力引进具有国际先进水平的通用飞机制造、维修、运营项目落户发展，积极推进航空器适航审定中心、产业联盟、技术研发合作平台等行业公共服务机构建设，夯实我省通用航空产业发展基础。

（七）大力推动空港经济发展。

加快培育航空产业核心集聚区，促进民用航空运输产业延伸和区域产业结构转型升级。重点发展航空制造与维修、航空物流、商务会展、金融服务、总部经济等高附加值产业。大力推进航空物流基础设施建设和物流业务发展，延伸物流服务产业链。充分发挥联邦快递（FedEx）亚太转运中心、美国联合包裹

（UPS）转运中心、顺丰速运华南快件转运中心对相关产业的带动作用。以新科宇航飞机维修基地、广州飞机维修工程基地、珠海摩天宇飞机发动机维修基地为基础建设全国三大飞机维修产业集群之一。统筹推进珠三角航空产业集聚区建设，支持广州白云国际机场综合保税区、广州空港经济区、深圳空港经济区建设，积极申请设立国家级空港经济示范区。推动珠海航空产业园区和中航通飞珠海产业基地建设，积极引进和发展通用飞机研发制造、通航运营、飞行培训、保障服务等航空产业。支持珠海建设公务机运营基地和维修基地。支持揭阳、惠州、湛江等地利用空港资源发展航空配套产业，促进当地产业转型升级。

（八）加强区域合作。

深化广东与港澳地区在机场建设、机场运营管理、航空运输安全保障、人力资源培育等方面的合作，共同推进珠三角地区航空业发展。依托21世纪海上丝绸之路建设，搭建广东与东盟及南亚地区的空中桥梁。加强与世界先进枢纽机场和民航企业合作，充分利用其资金、技术、管理等资源，加快推进我省民航业发展。

（九）深化机场管理体制改革。

完善机场运营管理机制，推动机场管理机构从经营管理型向管理型转变，逐步推进全省运输机场管理集团化。强化机场范围内公共事务管理和社会管理。推进机场资源管理市场化改革，积极引入机场资源竞争性配置机制，扩大机场范围内经营性业务的特许经营范围，对商业、餐饮、广告、航空地面服务、地面交通、汽车供油、酒店等经营性业务逐步采取有偿转让经营权的方式实施特许经营。进一步挖掘机场商业价值，引入公平竞争机制，建立严监管、重质量、高效益的新型机场商业经营模式，全面提升全省机场综合实力和服务水平。

三、保障措施

（一）加强组织领导。

建立加快省民航业发展协调工作机制，统筹协调全省民航业发展工作，强化与民航业主管部门的沟通合作。各地、各有关部门要高度重视，采取有效措施大力支持民航业发展，及时协调解决民航业发展中遇到的问题，加快推进建设民航强省的各项工作。

（二）加大政策扶持力度。

各地、各有关部门要在政策、资金、用地、配套设施和通关环境等方面加大对民航业的扶持力度。机场建设项目及其重要配套设施项目优先予以安排用地规模和指标，支持解决机场、空管、航空公司、油料、口岸等单位发展用地。将机场配套的轨道交通、场外道路、公路、公共汽车客运站场以及供水、供电、供气、通信、排水等公共设施建设纳入当地城乡规划，并由当地政府负责统筹建设。积极引进低成本航空公司、基地航空公司，鼓励各类投资主体投资民航业，扶持航空物流、飞机租赁等新兴关联产业发展。支持符合条件的空港经济区申请设立综合保税区等海关特殊监管区域，落实机场及其综合枢纽建设发展用地税费减免以及飞机、发动机、航空器材等进口税收优惠政策。研究制订促进民航业发展的财政政策，各地政府可根据自身财力情况对支线机场政策性经营亏损给予适当补贴，对总部、基地设在广东的航空公司在国内外航线开拓、航班培育等方面给予政策支持和资金补助。

（三）加强法规体系建设。

推进全省民用机场管理法制化、规范化建设。推动制订《广东省民用机场管理条例》，完善机场规划建设、运营管理、资源经营、安全保卫、净空和电磁保护、环境噪声防治、机场生态环境保护等方面的规定，促进机场可持续协调发展。争取军、民航管理部门在广东开展低空空域和通用航空行业管理的先行先试，率先建立通用航空管理服务法规体系。

（四）加强人才队伍建设。

加大飞行、机务、机场运行、空管、签派、航空物流等紧缺专业人才培养力度，满足保障安全和优质服务的人才需求。积极引进民航高端人才，鼓励国内外航空公司在广东设立办事机构。与中国民航局共建广州民航职业技术学院，为广东民航事业发展培养专业人才。加强与国内外航空高等院校和研究培训机构的合作，鼓励和支持广东高等院校设立航空相关专业，在兼职教师聘任、实践基地建设、学生实习等方面积极开展合作。

（五）加强安全保障工作。

牢固树立持续安全理念，不断提高安全管理水平。建设安全监管预警机制，完善应急管理体系，提高应急保障整体水平。机场管理机构要加大安全生产资金投入，加强安全生产基础设施建设，机场所在地政府要对机场特别是中小机场的消防、医疗救护和涉及空防安全的设施设备及人员配置给予财政补贴。不断完善安全管理机制，确保航空安全、空防安全和航空地面安全。严格执行民航业有关法律法规规章和标准，保护民航设施设备正常使用，保障民航飞行安全。

广东省人民政府办公厅

2014年12月29日

广东省经济和信息化委关于加快工业和信息化领域生产性服务业发展的实施意见

粤经信生产〔2014〕491 号

各地级以上市人民政府、顺德区人民政府，省直有关部门：

为深入贯彻落实国家和省委、省政府关于加快服务业发展的工作部署，推动全省工业和信息化领域生产性服务业加快发展，经省人民政府同意，制定以下实施意见。

一、总体要求

（一）指导思想。深入贯彻党的十八大和十八届三中、四中全会精神，围绕“三个定位、两个率先”总目标，适应经济发展新常态，通过“两化融合”引领带动，促进工业、信息产业、生产性服务业协同发展。加快整合生产性服务业资源，创新生产性服务业模式，构建生产性服务业体系，促进全省产业结构调整升级。

（二）基本原则。

——坚持市场主导与政府引导相结合。在充分发挥市场配置资源决定性作用的基础上，积极发挥政府的引导支持作用，在财政、金融、土地、产业等方面对生产性服务业发展的关键领域和薄弱环节给予支持。

——坚持服务生产与促进升级相结合。在服务于生产、提高生产效率、降低生产成本、提高产品附加值的同时，拓展优化产业链条，提升产业整体素质，推动产业转型升级。

——坚持技术进步与模式创新相结合。积极把握云计算、物联网、大数据等现代信息技术进步带来的资源整合、模式创新和新兴服务拓展等重大机遇，通过创新驱动，促进生产性服务新业态、新模式发展。

——坚持立足本土与跨区域合作相结合。既要引导生产性服务业在制造业集中区域和功能区集聚发展，也要加强与境内外生产性服务业领域合作，在更大的区域范围整合生产性服务业发展资源，构建生产服务网络体系。

（三）发展导向。

——促进制造业服务化。积极拓展制造业产业链条，增加生产服务要素在制造业投入产出活动中的比重，促进制造业从以产品为中心向服务增值延伸。鼓励制造业外包非核心业务，强化产业链两端资源投入，推动产品生产商向服务商转型。

——促进服务业制造化。鼓励研发、工业设计、电子商务、云计算、物联网等服务企业，通过新技术、新设计、新平台建设，主导新产品生产，打造自有新品牌，向掌控产品品牌和核心技术的高端服务业转型。支持服务企业通过消费需求大数据分析，推广个性化、多样化的以销定产模式，实现精准生产和精确制造。

——促进工业化、信息化和服务化融合。推动信息技术应用于生产性服务业，推动生产性服务业发展成果应用于工业和信息产业，提高工业和信息产业附加值；通过“两化融合”促进服务化发展，通过服务化发展为“两化融合”拓展空间，实现工业化、信息化和服务化深度融合。

（四）发展目标。到 2017 年，全省工业和信息化领域生产性服务业快速发展，新业态、新模式不断涌现，生产性服务业与工业、信息产业有机融合，初步建立结构优化、功能完备的高效生产性服务业体系。

到 2020 年，全省工业和信息化领域生产性服务业继续保持快速增长势头，生产服务要素整合能力不断加强，生产性服务业与工业、信息产业进一步融合，建成全国生产性服务业的重要基地和亚太地区具有较强辐射能力的生产性服务业中心。

二、主要任务

（五）大力发展工业设计。进一步完善工业设计发展载体，鼓励工业企业剥离设计服务，成立独立工业设计企业；引导大型工业企业建设内部工业设计机构，鼓励建设国家级、省级工业设计中心；加快引进国外知名设计机构，鼓励民资兴办工业设计机构，举办工业设计大赛，构建工业设计公共服务平台。加快提升工业设计创新水平，鼓励开展工业设计相关基础研究，支持工业设计在新材料、新技术、新工艺、新装备等方面的研发应用，推动制定设计行业标准，促进工业设计向高端综合设计服务转变。加大力度推动工业设计与相关产业融合发展，鼓励工业设计与电子商务、现代物流、创意产业、生态设计、传统工艺美术产业融合发展，依托我省现有的家具、服装、箱包、家电、建材、灯饰、钟表、黄金珠宝、五金制品等产业集群，推动工业设计走进产业集群，促进设计成果与企业对接。

到 2017 年，培育 3 家具有国际竞争力的工业设计企业，10 家国家级工业设计中心，20 家省级工业设计中心。到 2020 年，培育 5 家具有国际竞争力的工业设计企业，20 家国家级工业设计中心，40 家省级工业设计中心。

（六）加快发展现代物流。完善现代物流服务体系，积极培育物流市场，大力发展第三方物流，支持企业外包物流业务；建设物流公共信息平台和货物配载中心，推进物流信息化、标准化建设；推进制造业与物流业联动发展，为制造业企业提供供应链计划、采购物流、入厂物流、交付物流、回收物流、信息追溯等集成服务；推动物流企业协作，加强珠三角物流一体化和信用体系建设。大力推广现代物流技术装备，重点推进北斗导航、物联网、云计算、大数据、移动互联等信息技术在物流领域的应用，加快发展集拼分拨管理、空箱集管、货单质押、代收货款等物流新功能。研发推广集装箱电子标签、托盘和货架电子标签、手持和车载阅读器，鼓励采用低能耗、低排放运输工具和节能型仓储设施。加快现代物流网络建设，以世界级工业物流基地为目标，建设空港、海港、公路、铁路、邮政复合型物流基地；以产业集群为依托，建设电子信息、装备制造、家电、家具、服装、食品、玩具、陶瓷、金属加工、石化、钢铁、能源等生产性服务型物流园区。

到 2017 年，物流业实现增加值 5600 亿元，社会物流总额和物流业增加值年均增长 7% 以上，社会物流总费用占 GDP 的比重从 2012 年的 15.1% 下降到 14.8%。到 2020 年，物流业实现增加值 7100 亿元，社会物流总额和物流业增加值年均增长 8% 以上，社会物流总费用占 GDP 的比重下降到 14.5%。

（七）加强供应链管理。加快培育供应链管理企业，支持一批供应链管理龙头企业做大做强，加强中小企业与供应链管理龙头企业合作，指导大型制造企业强化供应链管理；鼓励供应链整合，推动供应链设计、供应链物流、供应链电子商务发展，着力提升面向制造业企业的供应链管理服务水平。充分利用先进技术强化供应链管理，强化物联网技术在供应链管理中应用，实现对原材料、零部件、半成品、产成品和产品消费全过程识别和跟踪，增强供应链管理可视性和可溯性，促进生产和销售信息同步共享、消费需求及时反馈。鼓励金融机构以核心企业为出发点的整条供应链提供金融服务，优化供应链生产要素资源配置，实现资金流、信息流、商流、物流畅通，通过创新金融服务推动实体经济发展。

到 2017 年，培育 10 家供应链管理示范企业，供应链管理水平进一步提升，基本实现专业化应用。到 2020 年，培育 30 家供应链管理示范企业，供应链实现专业化应用，应用水平接近或达到世界领先行列。

（八）加快电子商务发展。支持制造业企业特别是中小企业上网“触电”，加强行业电子商务平台建设，支持制造企业利用电子商务转型升级。通过电子商务促进电子采购分销、网上定制以及上下游关联企业业务协同发展；促进移动电子商务发展，大力发展个性化、精准化和线上线下融合（O2O）移动电子商务服务，积极利用宽带网络提升移动电子商务应用，支持终端设备制造商、平台提供商、内容服务提供商和移动运营商合作发展；开展移动电子商务产业基地和创新基地试点示范。加强电子商务服务体系建设，推动县域电子商务发展，推进公共领域电商化应用；加快并规范集交易、标准化、电子认证、在线支付、物流和信用评估等服务于一体的第三方电子商务综合服务平台发展，引导中小微企业依托第三方电子商务服务平台开展业务；指导电子商务服务商开展专题服务，支持各地建设电子商务产业基地和园区。

到 2017 年，电子商务交易额突破 5.6 万亿元，规模以上企业电子商务应用率超过 80%，移动网络零售额占网络零售总额接近 50%。到 2020 年，电子商务交易额突破 8 万亿元，规模以上企业基本实现电子商务应用，移动网络零售额占网络零售总额比重超过 60%。

（九）提升信息技术服务水平。推动物联网发展和智能制造，鼓励物联网技术应用，推动物联网产业发展，促进信息消费和智慧城市建设；鼓励应用机器人装备，实施“机器换人”智能化改造，推进工业无线传感网在自动化生产线上应用，拓展 3D 打印技术应用范围，加快培育建设智能制造示范基地和珠江西岸先进装备制造业产业带。加强软件开发，开展咨询设计和信息安全服务，推动制造业企业与软件提供商、信息服务提供商联合提升企业数字化水平，建设自主时空信息服务平台。推动云计算发展，实现制造业资源跨行业共享，建设面向工业生产的在线监测、远程诊断、修理维护、检验检测、产品认证等功能性云计算服务平台。推动大数据管理应用，创新数据采集形式，建设企业情况综合大数据库，引导企业分析公众数据需求，推动制造业产品向价值链高端跨越。鼓励跨领域、跨平台应用，创新运用大数据工具，开发和推广轻型信息化应用系统，在大数据系统支撑下实现产业重构和流程再造。

到 2017 年，培育建设 10 个智能制造示范基地，云服务产业规模达到 1600 亿元，云终端制造产业规模达到 4000 亿元。到 2020 年，智能制造产业规模达 3000 亿元，云服务产业规模达 3000 亿元，云终端制造产业规模达到 6000 亿元。

（十）完善节能环保服务。完善我省重点行业单位产品能耗限额，选取行业试点开展能效对标活动，实行能效“领跑者”制度，制定重点行业能耗先进值。严格节能执法监察，开展重点用能单位能耗限额（标准）执行情况专项监察。加快发展节能循环经济服务体系，大力发展节能投融资、能源审计、节能技改、节能评估、循环化改造、清洁生产审核、资源综合利用、再制造等节能循环经济服务体系，引导节能服务公司采取合同能源管理模式，为企业提供节能规划、诊断、融资、运营等专业化服务。加快节能环保技术设备推广应用，重点推广高效节能电机、先进节能工业锅炉、窑炉等技术设备。编制省重点节能环保技术设备（产品）推荐目录，通过节能环保技术成果推介会、对接会、现场会等形式搭建公共服务平台，促进先进适用技术成果推广应用。

到 2017 年，新增 2—3 个行业、累计在 8 个行业开展能效对标活动，公布对标行业能耗先进值；向社会推荐省重点节能环保技术设备（产品）30—40 项。到 2020 年，新增 3—5 个行业、累计在 10 个行业开展能效对标活动，公布对标行业能耗先进值；向社会推荐省重点节能环保技术设备（产品）50—60 项。

（十一）推动服务外包和品牌建设。鼓励制造业发展服务外包业务，推动软件服务外包，发展软件开发、软件测试、系统租赁、系统托管等信息技术外包，扶持基于信息技术的业务流程外包，推动工业设计、研发服务、知识产权服务外包，促进业务向规模化、高端化方向发展。鼓励制造业发展售后服务，增强服务功能，健全服务网络，提升服务质量，完善服务体系。积极发展第三方维护维修服务，支持制造业企业内设机构向专业维护维修公司转变。鼓励制造业制定品牌发展战略，明确品牌发展目标，开展品牌营销策划和品牌价值开发，引导创建区域品牌，支持企业创建广东优质制造集合品牌，以品牌引领消费，带动生产制造，提升企业知名度、商誉度和竞争力。

到 2017 年，工业设计服务外包占比达 30%，品牌培育试点企业达 80 家、区域品牌试点地区 5 个。到 2020 年，工业设计生产性服务外包占比达 40%，培育和引进服务外包企业达到 2500 家，品牌培育试点企业达 120 家、区域品牌试点地区 8 个。

三、工作重点

（十二）加强对外开放和交流合作。加强国内省市生产性服务业交流，推进泛珠三角区域生产性服务业合作，推动广东与阿里巴巴集团、微软等知名企业的战略合作。加强粤港澳工业设计、物流等生产性服务业合作，探索以广州南沙、深圳前海、珠海横琴为重要节点打造粤港澳生产性服务业核心圈。借助“广交会”“中博会”等平台，推动生产性服务业国际合作，积极参与 21 世纪海上丝绸之路建设。

（十三）加大投资引导力度。对生产性服务业类的技术改造项目优先给予核准、备案。鼓励工业企业利用自有工业用地兴办促进企业转型升级的自营生产性服务业。鼓励融资性担保机构扩大生产性服务企业担保业务规模。加大省级现代服务业发展引导、工业设计发展、产业结构调整、节能降耗、信息产业发展、中小企业发展等专项资金对生产性服务业的支持力度。在产业转移工业园、循环经济工业园积极发展生产性服务项目。

（十四）加快生产性服务业功能区建设。制定生产性服务业功能区建设方案，结合产业园区发展，培育一批省级生产性服务业功能区，使其成为全省生产性服务业发展的重要载体。重点支持以提供工业设计、现代物流、供应链管理、电子商务、信息技术服务、节能环保服务、服务外包和品牌建设等服务为主体的生产性服务业功能区建设，促进生产性服务业向专业化与集聚化发展。

（十五）促进产业联动发展。以生产性服务业与制造业联动发展作为生产性服务业模式创新的突破点，促进产业间资源有效整合。建设制造业与物流业联动发展示范企业，支持建设与制造企业紧密配套的仓储配送设施和平台，促进制造业与物流业的融合。积极推动制造业与工业设计、电子商务等生产性服务业联动发展。促进制造业主辅分离，引导制造业将非核心的生产服务业务外包给专业服务供应商。

（十六）加强工业设计引领。发挥工业设计引领产业创新作用，推进广东工业设计城等设计中心建设，引导工业设计进集群，培育壮大全省工业设计产业。进一步办好广东省“省长杯”工业设计大赛和工业设计周。举办广东工业设计展，加强工业设计成果产业化，支持举办全国大学生工业设计大赛、广州国际设计周、深圳国际工业设计大展等活动。

（十七）推广物流信息化应用。加强物流信息化建设，推动先进信息技术在物流领域的应用。加快企业物流信息系统建设，支持骨干物流企业建设供应链管理信息平台，打通物流信息链，实现物流信息全程可追踪。推动南方现代物流公共信息平台建设和运营，加强与交通运输等公共信息平台的互联共享，开展重点项目试点，扩大平台应用，拓展泛珠三角物流市场，开展国际互联应用示范。

（十八）引导企业上网“触电”。支持企业网站建设和开展网络营销，支持企业通过线上线下联动模式发展电子商务。加强企业电子商务培训，培养网络营销人才。支持全省各地主管部门举办宣传推广会，动员企业，特别是中小企业上网“触电”。筛选一批优质电子商务服务商提供一体化服务，特别是在产业集聚区开展上网触电专题辅导及专场对接会。开展县域电子商务试点，加大政策扶持力度。

（十九）提升信息消费水平。促进信息消费，建设智慧城市，推动智慧交通、智慧电网、智慧家居、智慧采购、智慧社保、智慧医疗、智慧政务等示范应用。加快广州、深圳中国软件名城建设，实施全省软件百强企业培育计划，拓展云计算、物联网、大数据等新一代信息技术应用。支持建设中国移动南方基地、中国电信创新孵化南方基地和广东联通数据及应用枢纽中心等移动互联网应用创新中心。

（二十）加强节能示范推广。加大电机能效提升及注塑机节能改造等重点技术设备推广应用，积极向国家推荐我省高效节能电机纳入惠民产品推广目录。在重点行业开展能效对标活动，公布试点行业能效先进值和“领跑者”名单。推行合同能源管理、循环化改造，加大示范试点推广力度。探索项目节能量交易新机制，争取国家节能量交易试点。

（二十一）加大培育骨干企业力度。大力开展生产性服务业示范工作，培育一批生产性服务业骨干企业。支持重点培育的生产性服务业骨干企业开展股份制改革，通过并购重组做大做强和上市融资。鼓励生产性服务业骨干企业技术改造，提高技术含量和附加值。加强品牌建设，推动骨干企业创建知名品牌。

四、保障措施

（二十二）加强组织领导。建立健全高效的生产性服务业发展工作领导协调机制，统筹协调生产性服务业发展中的重大问题，组织实施重大工作部署，研究制定生产性服务业发展规划、政策。探索建立省际间生产性服务业合作组织机制。各地要结合实际制订具体落实措施，各有关部门要加强协调配合，形成工作合力，共同促进生产性服务业区域协调发展。

（二十三）加强服务指导。优化生产性服务业发展的营商环境和政务环境，推动生产性服务业领域法治建设。充分发挥社会行业组织的作用，推动行业规范自律。优先把生产性服务企业纳入全省重点企业直通车服务范围，减轻生产性服务企业负担。在民营经济和中小企业领域，加强对生产性服务业改革发展的服务与指导。

（二十四）加强基础研究。努力跟踪国内外发达地区生产性服务业的发展，积极推动新技术、新业态和新模式在全省的应用。积极争取经费保障生产性服务业开展调查研究，加大对先进经验、典型案例的总结与分析。参与研究制定国家生产性服务业及重点领域统计分类，完善相关统计制度和指标体系。编写生产性服务业发展年度报告，编制生产性服务业发展意见和发展规划，提高全省生产性服务业工作水平。

（二十五）加强对人才的培育和保障。大力培养和引进生产性服务业高端人才和创新团队，支持建立生产性服务业人才培养基地。鼓励开展生产性服务业培训教育，在全省经济和信息化相关培训班、经济和信息化大讲堂开设生产性服务业专题。发挥高等院校、科研机构和行业组织的智库作用，建立全省生产性服务业专家库。深化全省工业设计职业资格制度试点工作，探索生产性服务业功能区知识产权保护试点工作。

广东省经济和信息化委
2014 年 12 月 31 日

广东省现代产业鼓励发展指导目录

一、战略性新兴产业

（一）高端新型电子信息产业

〔通信网络〕

1．基于第三代移动通信和下一代互联网的关键设备、终端产品研发和产业化，包括：2.5GB/S 及以上光同步传输系统建设，155MB/S 及以上数字微波同步传输设备制造及系统建设，网管监控、时钟同步、计费等通信支撑网建设，数据通信网设备制造及建设，32 波及以上光线波分复用传输系统设备制造、10GB/S 及以上数字同步系列光纤通信系统设备制造等

2．LTE、4G 等移动通信后续技术研发及产业化

3．“物联网”关键技术与产品

4．“三网融合”关键技术与产品

5．数字家庭网络和多业务平台

〔新型平板显示〕

6．高世代 TFT-LCD 面板和驱动电路、玻璃基板、彩色滤光片、偏光片及专用装备

7．OLED、激光显示、3D 显示等新型平板显示器件

〔软件〕

8．面向通信、消费类电子等领域的嵌入式软件

9．面向互联网、移动通信、电子商务、电子政务、文化和教育等领域的应用软件

10．“云计算”应用平台及服务

11、中文处理软件、中间件、信息安全软件、工业软件和行业解决方案

（二）生物产业

〔创新药物〕

1．拥有自主知识产权的治疗常见病和重大疾病的生物技术药物、小分子化学药物的开发和生产

2．以南药为主的中药有效成分提取、纯化、质量控制新技术开发和应用，中药现代剂型的工艺技术、生产过程控制技术和装备的开发与应用

3．重大传染病防治疫苗和新型诊断试剂开发和生产

4．具有二次创新的国际专利到期药物的仿制药物开发和生产

5．现有名优中药复方药物二次开发和生产

〔生物医学工程〕

6．新型医学影像诊断、放射治疗、介入治疗、移动式医疗装备、医用电子仪器等临床诊断、治疗、康复医疗仪器设备和技术的开发生产

7．核磁共振（MRI）、重离子 / 质子肿瘤治疗装置等以非动力核技术为基础的大型医疗设备开发和生产

8．新型医用材料，用于修复或替换人体组织、器官的组织工程产品及关键元器件的开发和生产

9．无电离、无辐射、无污染、无损害的高端超声显像诊断设备开发和生产

〔生物育种〕

10．优质、高产、高效、多抗的农业、林业、渔业新品种和珍稀濒危野生动植物种源繁育

（三）新能源产业

〔太阳能〕

1．各种薄膜和高效晶硅太阳能光伏电池及组件

2．高效太阳能电池研发及制造

3．太阳能热发电集热系统、太阳能光伏发电逆变控制系统研发制造

4．风电与光伏发电互补系统技术

5．太阳能建筑一体化组件设计及制造

6．高效太阳能热水器及热水工程，太阳能中高温利用技术及设备

〔新能源汽车〕

7．能量型动力电池（能量密度≥ 110Wh/kg，循环寿命≥ 2000 次），电池正极材料（比容量≥ 150mAh/g，循环寿命 2000 次不低于初始放电容量的 80%），电池隔膜（厚度 15 － 40μm，孔隙率 40% － 60%）；电池管理系统

8．电机管理系统，电动汽车电控集成

9．电动汽车驱动电机（峰值功率密度≥ 2.5kW/kg，高效区：65%，工作区效率≥ 80%），车用 DC/DC（输入电压 100V － 400V），大功率电子器件（IGBT，

电压等级≥600V，电池≥300A），插电式耦合驱动系统

10．车载充电设备、非车载充电设备，电动汽车充电设施

11．液化天然气（LNG）、燃料电池、混合动力与纯电动汽车等新能源汽车整车

〔核电〕

12．铀矿地质勘查和铀矿采冶、铀精制、铀转化

13．先进的核反应堆建造与技术开发

14．高性能核燃料元件制造

15．乏燃料后处理

16．核整齐供应系统（NSSS）研发及生产

17．核岛辅助设备研发及生产

18．以核电设计、建设安装、运营和技术支持为重点的高端核电服务业

〔风能〕

19．自主研发的风电机组及其控制系统、主轴、轴承等关键部件，海上风电工程施工机械研发及制造

〔清洁煤技术应用〕

20．以直接燃洁净技术、燃转化为清洁燃料技术以及碳捕捉、碳封存技术为重点的相关工艺和生产准备

21．新型清洁燃煤气化系统技术和设备研发及在工业、民用燃气等领域的应用

〔智能电网〕

22．新型传感测量、通讯信息、电能质量控制、决策支持、超导等先进技术和新型设备研发及制造

23．自动化、智能化电力仪表、传感器的开发及制造

24．镍氢电池、锂离子电池、钠硫电池及氢燃料电池等储能技术及储能材料的研究和产业化

25．分布式电源柔性接入技术研发及设备制造

（四）新材料产业

〔新型化工材料〕

1．非光气法聚碳酸酯、长碳链尼龙、耐高温尼龙、液晶聚合物（LCP）等工程塑料生产以及工程塑料共混改性

2．新型合成树脂，包括：聚丁二酸丁二醇酯（PBS）、聚乳酸等可降解聚合物开发和生产；尼龙11、尼龙1414、尼龙46等新型聚酰胺开发和生产；乙烯－乙烯醇树脂（EVOH）、聚偏氯乙烯等高性能阻隔树脂开发和生产；聚异丁烯（PI）、聚乙烯辛烯（POE）等特种聚烯烃开发和生产

3．碳纤维（CF）（拉伸强度≥4200MPa，弹性模量≥240GPa）、芳纶（AF）、高强高模聚乙烯（超高分子量聚乙烯）纤维（UHMWPE）、聚酰亚胺纤维（PI）、聚四氯乙烯纤维（PTFE）、玄武岩纤维（BF）、碳化硅纤维（SiCF）、高强型玻璃纤维（HT－AR）等高性能纤维及制品生产

4．聚丙烯热塑性弹性体（PTPE）、热塑性聚酯弹性体（TPEE）、热塑性聚氨酯弹性体等热塑性聚合物材料的开发和生产

〔特种功能材料〕

5．新型平板显示关键材料

6．集成电路封装材料

7．半导体照明材料

8．核电专用材料

9．能量转换和出能材料

10．符合小型化、继承华、宽带高频化要求的陶瓷功能材料

11．非晶纳米晶合金材料

〔高性能稀土材料〕

12．高效稳定发光稀土材料

13．稀土功能助剂

14．高性能稀土磁性材料

（五）节能环保产业

〔节能照明〕

1．半导体照明衬底、外延、芯片等前端产品及其生产装备

2．发光效率超过80lm/W的其它节能照明产品

〔环保与资源综合利用〕

3．固体废弃物处理处置技术开发及设备制造

4．高效、低能耗污水处理与再生技术开发及设备制造

5．煤气、烟气除尘、脱硫、脱硝技术开发及应用

6．节能、节水、环保及资源综合利用等技术开发及应用

7．再生资源回收利用产业化

8．可生物降解聚合物材料研发与生产

（六）海洋产业

1．南海海洋药物和海洋生物功能制品

2．南海海洋生物基因资源开发利用

3．海洋生物功能纸品开发

4．海水淡化和海水直接利用设备

（七）航空航天产业

〔航空制造与服务〕

1．通用飞机及零部件开发制造。

2．机载设备系统开发制造

3．直升机总体、旋翼系统、传动系统开发制造

4．航空航天用新型材料开发及生产

5．航空展览、航空器地面模拟训练系统及地面维修、维护、检测设备开发制造

6．通用航空作业与服务

〔卫星制造及应用〕

7．卫星地面系统建设及设备制造

8．微小卫星应用技术和产品

9．基于北斗/GPS/GLONASS/伽利略等多卫星导航系统的技术及产品

二、先进制造业

（一）装备制造业

〔通用设备〕

1．高性能数控机床、加工中心、数控系统及关键零部件开发及制造

2．核级泵、阀、风机、仪表等制造

3．大型或精密轴承（用于风力发电机、高速动车组、新型城市轨道交通车辆等）

4．自动化包装设备

5．数控注塑机、压铸机

6．发电设备关键铸锻件和耐高低温、耐腐蚀、耐磨损精密铸锻件

7．工业机器人及其成套系统

〔专用设备〕

8．高性能工程机械

9．大型及精密模具

10．先进的视频加工仪器、设备及成套装备

11．先进印刷专用设备（无版印刷技术、柔性版印刷关键设备等）

12．先进陶瓷加工专用设备

13．新型高技术纺织专用机械

14．高性能农业装备（农业收获机械、环保型大马力拖拉机等）

15．数字化医学影像产品及医疗信息技术开发与制造

16．新型医用精密诊断及治疗仪器

17．环保机械设备（污水、垃圾、废气、噪声、粉尘的处理设备及监测设备等）

18．大型石化设备制造

19．先进木工机械设备

20．金融电子终端、智能楼宇装备

〔电气机械〕

21．大容量、高参数汽轮发电机组、核级数字化仪控设备

22．高电压等级、高参数输配电设备及关键部件（变压器、开关设备、控制和保护设备等）

23．节能型机电产品（永磁电机、节能电机、调速离合器、高效变压器、高性能伺服电机、大中流量液压装置、高压大功率变频调速装置、可再生能源发电设备）

〔仪器仪表〕

24．精密自动化仪器、仪表、主控系统装置

25．现代科学仪器设备，新型传感器，电力电子器件及变流装置

〔轨道交通装备及配套零部件〕

26．轨道交通车体，转向架、牵引系统、制动系统、屏蔽门系统、供电系统及相关设备、接触网、电力监控系统、信号系统、通讯系统、环控系统、自动售检票系统、自动灭火系统、综合监控系统等

（二）汽车

〔汽柴油车〕

1．中高档乘用车，中高级客车以及高吨位载货车等商用车，高技术、高附加值专用车〔代用燃料汽车〕

2．CNG、LNG、二甲醚等新型代用燃料汽车

〔关键零部件〕

3．新型节能环保高效汽油、柴油发动机，汽车电子嵌入式系统软件、总线通讯网络系统，安全气囊，ABS、ESP等车身电控系统，汽油发动机燃油喷射系统、柴油发动机电控系统等发动机控制系统，高效电动变速器，自动避撞等汽车安全系统等

（三）石化

1．高端专用精细化工产品

2．稀土材料及应用

3．高效、经济、低毒、低残留、环境友好型农药

4．大型合成橡胶和橡塑性弹性体先进工艺、新产品制造

5．环境友好、资源节约型涂料和新型膜材料生产

6．新型高效、无污染催化剂开发及生产

7．高等级子午线轮胎及配套专用材料

（四）钢铁

1．高新能、高质量及升级换代钢材品种生产技术开发与应用。600兆帕级及以上高强度汽车板、尤其输送高性能管线钢、高强度船舶用宽厚板、420兆帕级及以上建筑和桥梁等结构用中厚板、高速重载铁路用钢、低铁损高磁感硅钢、耐腐蚀耐磨损钢材。节约合金资源不锈钢（包括铁素体不锈钢、双相不锈钢、

含氮不锈钢）、高性能基础件用特殊钢棒线材、高品质特钢锻轧材

2. 先进压水堆核电管、百万千瓦火电锅炉管、耐蚀耐压耐温油井管、耐腐蚀航空管、高耐腐蚀化工管生产

（五）船舶

1. 20 万立方米 LNG 船，大型油船，万箱级以上超大型集装箱船，智能环保型船用大功率中低速柴油机及其关键零部件、船用锅炉、大功率中高压发电机、船舶通讯导航及自动化系统等关键船用配套设备

2. 30 万吨海上浮式生产储油轮（FPSO）等海洋工程，第六代深海钻井平台——3000 米深水半潜式钻井平台，大型海洋工程平台专用工场，海洋工程模块制造专用工场：包括大型 FPSO 和钻井平台配套的生活模块、油水处理专用模块、钻井工作模块等，海上浮式储油平台、深潜器、起重船、大型浮吊、铺管船等海洋工程设施，海上浮体以及水下运载器：运载船、钻井平台、储油船等

三、现代服务业

（一）总部经济

1. 跨国公司和国内上市企业在粤设立公司总部、地区总部、分支机构或运营中心、结算中心、研发中心、数据中心、采购中心、物流配送中心

2. 国内外金融（含银行、证券、保险）机构或著名中介服务机构在粤设立公司总部、地区总部、分支机构，或合作、合资设立服务机构

（二）金融服务

3. 信贷服务。贸易融资、供应链融资、个人按揭贷款等促进城镇居民消费，解决中小企业和“三农”融资难问题的信贷服务

4. 保险服务。责任保险，信用保险，农业保险，商业养老、医疗、健康保险和再保险业务

5. 资本市场建设。融资融券、资产证券化、证券投资基金、期货交易、代办股份转让、产权交易等

6. 股权投资。创业（风险）投资基金和引导基金、私募股权投资基金管理

7. 金融中介服务。金融资产管理、融资担保和再担保、证券投资咨询、保险公估、信用评级、财务顾问，信贷抵（质）押登记、评估等中介服务

8. 金融后台服务。数据处理、软件开发、电子系统建设等

（三）现代物流

9. 物流行业标准研发与推广示范，物流公共信息平台，物流新技术、装备开发利用

10. 物流供应链管理，第三方、第四方物流，国际保税物流，国际货代

11. 多式联运中心，大型物流枢纽，区域性物流中心，分拨中心、社会化配送中心

12. 石油、煤炭、天然气、重要矿产品物流，粮食、棉花、食糖、化肥以及生鲜农产品的现代化物流，农资和农村消费品仓储物流配送

（四）信息服务

13. 信息传输服务。基于新一代移动通信、下一代互联网和宽带无线接入等技术的通信传输服务；高清互动数字电视网络、电信和互联网增值服务；以互动和多媒体为特色的家庭娱乐、电子媒体、家庭商务、家庭金融、智能家居、远程医疗等数字家庭信息增值服务

14. 数字内容服务。人口、空间地理等基础资源数据库和卫生、交通、社保等公益性信息资源数据库；数字媒体内容服务

15. 信息技术服务。软件及集成电路设计服务；面向生产制造的现代信息技术服务；基于无线射频识别（RFID）、地理信息系统（GIS）和“物联网”等的现代商贸流通信息技术服务；现代金融信息技术服务；导航及空间地理信息服务；面向农村的远程教育、远程医疗等信息服务；面向社会的政府公共信息服务和信息安全服务；电子政务

16. 电子商务。电子认证、电子支付、信用、标准等电子商务支撑体系建设；电子商务交易技术、加密与电子认证、在线支付、信用管理、供应链管理、系统集成等电子商务关键技术及装备的研发、创新；综合性和行业性电子商务公共服务平台、国际贸易电子商务公共服务平台等多层次、多元化的电子商务模式

（五）科技服务

17. 工业设计、工程设计等专业科技服务，商品质量认证、质量检测等技术标准服务，节能环保技术服务

18. 科技信息交流、文献信息检索、技术咨询、技术孵化、科技成果评估和科技鉴证等服务

19. 知识产权代理、转让、登记、鉴定、检索、评估、认证、咨询和相关投融资服务

20. 工程（技术）研究中心、企业技术中心、工程实验室、重点实验室、高新技术创业服务中心、新产品开发设计中心、科研中试基地、实验基地以及其它公共技术服务平台建设

（六）商务服务

21．律师服务、公证服务、司法鉴定、仲裁服务等法律服务

22．会计、审计及税务服务

23．经济、规划、投资、工程、管理等咨询与服务

24．资产评估等经济鉴证类服务

25．资信调查与信用评估服务

26．广告服务

27．人力资源服务

28．大型全国性展览项目、跨国展览公司将国际品牌展会移植广东省的展览项目，大型国际性会议

29．以承接服务外包方式从事系统应用管理和维护、信息技术支持管理等信息技术外包服务（ITO）

30．以承接服务外包方式从事金融后台服务、财务结算、人力资源服务、软件开发、呼叫中心、数据处理等业务流程外包服务（BPO）

31．以承接服务外包方式从事研究开发、创意设计、工业设计、检验检测、专业服务、数据分析和挖掘等知识流程外包服务（KPO）

（七）创意产业

32．数字化的工业产品外观及技术设计

33．智能产品整体方案、人机工程设计、系统仿真等设计服务

34．面向制造业的产品数字化设计平台技术和产品创新与协同设计平台服务

35．原创动漫影视产品，多媒体教育动漫影视产品

36．基于计算机、掌上终端和交互电视的网络游戏

37．动漫与网络游戏创作工具、软件、环境平台及服务

（八）旅游

38．旅游基础设施建设及旅游信息服务系统开发

39．乡村旅游、生态旅游、工业旅游、红色旅游、体育旅游及其他旅游资源开发项目建设，特色旅游产品开发、生产及销售

（九）商贸服务

40．种子、种苗、化肥、农药等重要农资连锁经营，面向农村生活用品连锁经营

41．城市商业网点升级改造

42．商业“老字号”传承与发展、商业街与传统特色街区改造与提升

43．多功能现代化大宗商品（含原材料和消费品）中高级批发市场或专业市场，传统商品交易市场信息化技术改造

44．国家“双百工程”鼓励的农贸市场建设

（十）教育、文化、卫生、体育等服务

45．国内高校与国外或港澳地区知名大学合作在粤举办高等教育机构

46．中外合作开展中等职业教育（含技工教育）

47．继续教育、职业教育（含技工教育）培训及其基地建设

48．学前教育、特殊教育

49．图书、报纸、期刊、音像制品、电子出版物出版发行、包装装潢，电子纸、阅读器等新闻出版载体开发，版权代理、鉴定、咨询服务

50．广播、电视制作与播出；电影制作、发行；有线广播电视网络传播；城市数字影院建设

51．文艺创作、表演及演出，文化艺术及贸易经纪代理

52．基层全科医疗服务，预防保健服务设施建设

53．体育竞技表演、体育场馆设施运营、大众体育健身休闲服务

（十一）其他服务业

54．现代服务业集聚区（功能区）及其服务平台建设

55．普通商品住房和保障性住房建设

56．物业服务

57．总集成总承包服务

58．专业化维修服务

59．对外承包工程和劳务输出

60．社会化养老服务

61．家政服务网络体系

62．社区基础服务设施建设

四、优势传统产业

（一）轻工

1．中高档玩具

2．符合经济规模的林浆纸一体化及相应配套的纸及纸板生产（新闻纸、铜板纸除外）

3．生物可降解塑料及其系列产品开发、生产

4．高效节能灯

5．新型、节能家用电器（采用大容积、多门、多温区、无霜、超级节能等生产工艺技术设备改造电冰箱生产线。采用节能、变频等技术改造空调生产线。采用大容量、节能、节水等技术改造洗衣机生产线等）

6．绿色有机食品、安全食品技术

7. 新型安全饲料生产技术

8. 方便、营养、速冻食品

9. 农产品的保鲜、加工及综合利用

10. 天然食品添加剂

11. 新型酶制剂（除糖化酶、淀粉酶）、小品种氨基酸（除赖氨酸、谷氨酸）、多元醇、功能性发酵制品等生产

（二）纺织

1. 各种差别化、功能性化纤及采用化纤高仿真加工技术的高档面料研发生产

2. 可取代进口的新一代功能性复合面料生产

3. 真丝绸抗皱技术研究及其产品开发

4. 以真丝为主体的高仿真、多组分、交织的新型丝绸面料研发生产

5. 可应用于产业化的面料设计计算机技术

6. 高档纺织品的印染后整理新技术

7. 可替代进口的多组分（三种纤维以上）、功能性的纱线、花色纱线的生产及其制品的开发

8. 高性能、高技术的产业用纺织品生产及相关的功能性纤维

9. 新型纺织材料及印染后整理技术

10. 化纤印染的清洁生产及环保治理新技术

11. 采用计算机集成制造系统的高档服装（女装）生产

12. 可应用于产业化的服装设计计算机技术

（三）建材

1. 玻璃深加工，主要包括节能玻璃、安全玻璃等特种玻璃和其它工业用技术玻璃

2. 高技术陶瓷（含工业陶瓷）产品生产

3. 资源综合利用类建筑材料，以节能、节土、利废、环保、改善建筑装饰功能为目的的建材产品技术改造

4. 具有轻质、高强、隔音、隔热、保温、防水等特性的新型墙体材料，新型建筑节能材料，新型装饰、装修材料

5. 利用现有日产2000吨及以上新型干法水泥窑炉处理工业废弃物、城市污泥和垃圾的生产、技术装备开发与制造，纯低温余热发电、粉磨系统等节能改造

（四）有色金属

1. 大型工业铝型材、轨道交通用高性能金属材料和铝复合材料、高强度受力构架铝材

2. 高性能、高精度硬质合金及深加工产品生产

3. 稀有、稀土金属深加工及其应用

4. 高性能合金产品，重点发展热镀锌、汽车零部件用铝和锌合金、高性能环保碱性电池用无汞锌粉、高性能环保达克罗涂料、片状锌粉等

5. 高效、低耗、低污染、新型冶炼技术开发

五、现代农业

（一）优质粮食种植业

1. 动植物（含野生）优良品种选育、繁育、保种和开发，生物技术育种，种子生产、加工、贮藏及鉴定；生态种（养）技术开发与应用

2. 中低产田综合治理与稳产高产基本农田建设

3. 农产品基地建设

4. 农产品科技创新平台建设

5. 旱作节水农业、保护性耕作、生态农业建设、耕地质量建设以及新开耕地快速培肥技术应用

6. 产粮县全程机械生产示范

7. 农、林作物和渔业种质资源保护地、保护区建设以及动植物种质资源收集、保存、鉴定、开发和应用

8. 气象灾害监测预警系统开发和应用

9. 重大病虫害防治

（二）特色园艺业

〔蔬菜业〕

1. 蔬菜（食用菌）、瓜果、花卉设施栽培先进技术开发与应用

2. 优质高效多抗蔬菜（食用菌）新品种引进、示范与推广

3. 商品蔬菜生产基地建设。城郊型商品菜生产基地、粤西冬种北运菜生产基地、粤北夏秋反季节蔬菜生产基地和以珠江三角洲为主的出口菜生产基地的四大商品蔬菜生产基地

4. 蔬菜病虫害综合防治技术推广

5. 优质、高产、高效标准化栽培技术开发与应用

〔水果业〕

6. 良种繁育基地与商品基地建设

7. 龙眼、荔枝、柑橘、香蕉等南亚热带水果良种示范推广与产业化发展

〔花卉业〕

8. 花卉（观叶植物）栽培

〔南药〕

9. 阳春砂仁、巴戟天、广佛手、广藿香、黄栀子、肉桂等特色中药品种种植、栽培及加工产业化工程

10. 特色南药、广药GAP规范化种植基地建设

〔甘蔗、桑、茶〕

11. 甘蔗等现代化农业种植及机械化收获示范基地建设

12. 桑（茶）、茶良种繁殖基地建设及良种良法推广应用

13. 繁殖“订单蚕业”，建设优质高效蚕业基地

14. 特色茶叶种植及加工产业基地

（三）现代畜牧业

1. 农作物、家畜、家禽及水生动植物、野生动植物遗传工程及基因库建设

2. 养殖小区建设

3. 畜禽标准化规模养殖技术开发与应用

4. 动物疫源疫病预防与控制体系建设

5. 农业生物技术研究开发与应用

6. 绿色无公害饲料及添加剂研究开发

7. 畜禽排泄物综合治理

8. 动物疫病的新型诊断试剂、疫苗及低毒低残留兽药（含兽用生物制品）新工艺、新技术研发与应用

（四）现代渔业

1. 名优水产品养殖及种苗繁育技术研究

2. 优良水产养殖品种选育、繁育、保种和开发利用，大宗水产养殖品种亲本更新

3. 水产健康养殖示范场建设

4. 水生动物疫病预防与控制体系建设

5. 海水养殖及产品深加工、海洋渔业资源增殖及保护

6. 远洋渔业

7. 振兴“南珠”工程体系建设

8. 标准化鱼塘建设

9. 深水网箱养殖产业化示范基地建设

10. 海洋渔业科技成果转化、推广和信息平台建设

11. 海洋类自然保护区建设及生态示范工程

12. 渔政渔港等基础设施建设

（五）现代林业

1. 珍贵树种、油茶良种引进、株培与示范推广

2. 林木种苗、防护林、森林抚育、低产林改造和生态公益林建设工程

3. 石漠化防治及防沙治沙工程

4. 天然林等自然资源保护工程

5. 森林灾害综合治理工程

6. 森林、野生动植物、湿地等类型自然保护区建设及生态示范工程

7. 林业基因资源保护工程

8. 林化产品的生产、加工及综合利用

（六）农产品精深加工服务业

1. 农牧渔产品的无公害、绿色生产技术开发与应用

2. 无公害农产品及其产地环境的有害元素监测技术开发与应用

3. 有机废弃物无害化处理及有机肥料产业化技术开发与应用

4. 农产品品牌建设与体系认证

5. 农业龙头企业培育和农民专业合作社规范化建设

6. 农产品流通项目及相应流通服务

7. 休闲农业、乡村旅游和森林（生态）旅游的开发

8. 农林牧渔产品储运、保鲜、加工及综合利用

9. 符合生态环境保护要求和相关规划的土地开发、整理、复垦

10. “农超对接”等农产品现代物流体系建设及相应流通服务

11. 农业融资、科技、信息服务及对外贸易

12. 农产品质量安全预警体系建设

13. 中药产业园区建设

14. 茶叶专业交易市场建设

六、基础产业

（一）能源

1. 大型核电基地

2. 单机60万千瓦及以上超临界、超超临界机组电站建设

3. 大型清洁发电示范工程

4. 城乡电网改造及建设、跨区电网互联工程技术开发

5. 原油、天然气、液化天然气、成品油的储运和管道输送设施及网络建设

6. 风能、太阳能等新能源和可再生能源开发工程

（二）交通运输

〔铁路及轨道交通〕

1. 铁路新线建设

2. 既有铁路改扩建

3. 客运专线、高速铁路系统技术开发及建设

4. 铁路运输信息系统开发与建设

5. 行车调度指挥自动化技术开发

6. 城市及城际轨道交通新线建设

7. 轨道交通减振降噪声技术开发应用

〔公路〕

8. 国道主干线、国家及省高速公路网项目建设

9. 公路智能运输系统开发与建设

10. 公路快速客货运输系统开发与建设

11. 国、省道改造升级

12. 高速公路不停车收费系统相关技术开发与应用

13. 公路管理服务与应急保障系统开发与建设

14. 公路集装箱和厢式运输

15. 高速公路车辆应急疏散通道建设

16. 低噪音路面技术开发与应用

17. 公路工程新材料开发及生产

18. 特大跨径桥梁和长大隧道修筑和养护技术开发

19. 农村客货运输网络开发与建设

20. 农村公路建设

21. 综合客、货运输枢纽建设

〔水运〕

22. 深水泊位沿海万吨级、内河千吨级及以上泊位建设

23. 沿海深水航道及内河高等级航道及通航建筑物建设

24. 沿海陆岛交通运输码头建设

25. 大型港口装卸自动化工程

26. 海运电子数据交换系统开发

27. 水上安全保障系统建设

28. 老港区技术改造工程

29. 港口危险化学品应急设施及设备制造

30. 内河自卸式集装箱船运输系统

31. 港口龙门吊油改电节油改造工程

32. 集装箱多式联运

33. 水上高速客运

34. 水上滚装多式联运

35. 水运行业信息系统建设

36. 国际邮轮运输

37. 水运中转系统建设

〔航空运输〕

38. 机场建设

39. 公共航空运输

40. 通用航空

41. 空中交通管理和通信导航系统建设

42. 航空计算机管理及其网络系统开发与建设

43. 航空油料设施建设

44. 航空特种车辆、货场设备、仓储设备、货物集装器、高性能机场安检设备、高性能机场消防设备

45. 海上空中监督巡逻和搜救设施建设

46. 小型航空器应急起降场地建设

（三）水利

1. 江河堤防建设及河道整治工程

2. 跨流域调水工程

3. 城乡供水水源工程

4. 农村饮水安全工程

5. 蓄滞洪区建设

6. 海堤建设

7. 江河湖库清淤疏浚工程

8. 病险水库、水闸除险加固工程

9. 堤坝隐患监测与修复技术开发应用

10. 城市积涝预警和防洪排涝工程

11. 出海口门整治工程

12. 综合利用水利枢纽工程

13. 淤地坝工程

14. 水利工程用土工合成材料及新型材料开发制造

15. 大中小型灌区改造及配套设施建设

16. 防洪抗旱应急设施建设

17. 高效输配水、节水灌溉技术及设备制造

18. 水情水质自动监测及防洪调度自动化系统、水资源实时监控系统开发

19. 水文数据采集仪器及设备制造

20. 水资源节约保护及水环境生态修复工程

21. 山区河流整治

22. 小型农田水利设施建设工程

23. 中小流域综合整治和水土保持

24. 水土流失综合治理技术开发与应用

广东省工业企业技术改造指导目录（试行）

一、高端装备制造

（一）智能制造装备。

1．发展高端精密数控机床、大型精密压力机、数字化工具系统及量仪等，提升新型传感器、智能化仪器仪表、精密测试仪器、自动控制系统、高速高精数控机床轴承和电主轴等关键基础零部件、液气密元件及系统、减速器、中高档数控系统与功能部件等生产制造水平。

2．发展高速度响应高位置控制精度高转速高可靠性系列伺服驱动器、伺服电机等产品。

3．发展焊接、搬运、装配、上下料、打磨、喷涂、码垛、包装等工业机器人及其成套系统，以及安防、危险作业、救援等特殊领域专用机器人、商用机器人和家用机器人，改造升级基于机器人的自动化成形、加工、装配生产线及具有加工工艺参数自动检测、控制、优化功能的大型复合材料构件成形加工生产线和加工中心，提升相关基础元部件。

4．推广应用制造过程自动化生产线、柔性焊装生产线，以及基于数字化技术、柔性自动化技术和先进控制技术的智能化制造模式。

5．推广应用无损检测系统、大型 PLC 以及安全控制系统、机床数控系统、分散型控制系统、现场总线控制系统、嵌入式专用控制系统等工业智能控制系统。

6．运用其它先进适用技术实行技术改造的方式。

（二）轨道交通装备。

1．提升轨道交通车体、转向架、牵引系统、制动系统、屏蔽门系统、供电系统及相关设备、接触网、电力监控系统、风机系统、空调系统、高铁专用高性能轨枕等轨道交通装备配套产品。

2．升级改造轨道探伤车、轨道打磨车、轨道综合检查车、接触网作业车等维护检修设备。

3．推广应用城市轨道交通减震、降噪技术，新型列控系统、安全综合检测等关键技术。

4．支持轨道交通装备标准体系的建设和应用。

5．支持牵引传动、制动、通信信号、安全保障关键技术及系统集成等轨道交通装备研发平台的建设。

6．运用其它先进适用技术实行技术改造的方式。

（三）海洋工程装备。

1．提升海洋深水勘探装备、自升式钻井平台、半潜式钻井平台、深海张力脚式生产平台（TLP）、深海立柱式生产平台（SPAR）、海上油田浮式生产储卸油装置（FPSO）、浮式液化天然气（LNG）生产储卸装置（LNG-FPSO）、海洋工程辅助船舶、水下生产系统、深海油气资源开发装备、配套系统及测试设备等海洋油气开发装备。

2．发展大型起重船／浮吊、大型起重铺管船、半潜自航工程船、海上及潮间带风机安装平台（船）、海上风机运营维护船、三用工作船和多用途工作船、平台供应船、潜水作业支持船、生活支持平台（船）、修井平台（船）、平台守护船、环保／救援船、海洋工程拖船、海洋综合观测平台、港口物流机械、大功率中低速柴油机等海洋工程装备、配套设备及辅助设备。

3．发展海洋水文气象岸基与海上平台基观测台站用传感器、设备与系统，船用水文气象观测传感器、设备与系统，水文、气象与水质观测浮标，潜标、海床基、移动观测平台（AUV、ROV、滑翔器等）等海洋环境监测与探测装备。

4．发展远洋捕捞作业装备、综合渔业补给船、选择性助渔仪器及设备，以及 LNG 船、邮轮和大型工程船等海洋高技术船舶及设备。

5．改造提升可规模化应用的海水淡化和综合利用成套装备等海洋资源开发装备及技术。

6．推广应用海洋工程装备安全性评估与监测技术。

7. 运用其它先进适用技术实行技术改造的方式。

二、机械

（一）通用机械及基础零部件。

1．发展通用仪器仪表业的工业自动控制系统装置、检测仪器设备、办公机械、电教设备等。

2．提升交流伺服驱动器、交流伺服电机和主轴电机，高速高刚度大功率电主轴，高速重载精密滚柱直线导轨副，高速、精密、重载轴承，高可靠性联轴器、制动器、离合器，高可靠性密封件、高强度紧固件、高速链传动系统，高压液压元件和大功率高转速液力耦合器，超大型、高参数齿轮及传动装置等机床功能部件。

3．升级改造高压真空元件及开关设备，智能化中压开关元件及成套设备，推广环保型中压气体的绝缘开关柜、智能型（可通信）低压电器、非晶合金、卷铁芯等节能配电变压器。

4．升级改造高光无痕与叠层旋转大型塑料模具，高强度粉末冶金零件，以及高性能汽车铸件、特大型支承辊等特种锻铸件等机械基础件。

5．发展自动化、在线可控气氛热处理设备和以工业计算机为核心、智能数控、结构轻量化、精密化、超高压的高端成型装备。

6．运用其它先进适用技术实行技术改造的方式。

（二）专用设备。

1．发展大注射量、高精度、机电一体化的各类塑料注射成型机、多层共挤塑料加工装备、电动注塑机等高效节能环保的数字化塑料加工专用设备。

2．改造提升正面吊、起重机械、隧道开挖施工机械、建材机械和混凝土制品机械等大型工程机械。

3．发展精密级进模具以及大型、复杂模具。

4．升级改造千万吨级大型露天矿、井工矿及大型矿山开采装备、大型洗选设备、智能化采煤机、大型掘进机、盾构机、长距离刮板输送机、大型重载减速机等选矿设备，以及冶金矿山机械用变速箱等关键零部件。

5．升级改造薄板坯连铸连轧成套设备、大型宽带钢冷连轧关键设备、热连轧宽带钢成套设备，大型宽厚钢板成套设备、大型板坯连铸机等成套设备，水泥立磨、辊压机和 5000 － 10000 吨 / 日新型干法水泥装备主机设备等冶金、建材设备。

6．发展节能环保精密高速印刷机、节能环保高速瓦楞纸板生产线、节能环保高速贴标机等印刷包装机械，以及中空容器、多层塑料复合膜生产线。

7．改造提升精密光电覆膜加工制造专用设备等电子元器件精密加工设备。

8．升级改造油箱打孔焊接机、半导体器件测试分选编带一体机等。

9．支持机械类产品性能检测及第三方检测公共服务平台的建设。

10．运用其它先进适用技术实行技术改造的方式。

三、汽车

（一）汽车。

1．发展采用增压、缸内直喷等先进技术的发动机、双离合变速器（DCT）、电控机械自动变速箱、无级变速器，汽车安全气囊、高精度发动机缸体、专用车桥、铝轮毂、重型车轮毂，空气悬架、载重车后盘式制动器、高强度钢车轮、电控机械变速器（AMT），吸能式转向系统、电控高压共轨喷射系统、电控喷油泵（包括电控高压单体泵以及喷油器、喷油嘴）等汽车关键零部件。

2．提升发动机控制系统、变速箱控制系统、制动防抱死系统、牵引力控制系统、网络总线控制系统、电控智能悬架、电子驻车系统等汽车电子控制系统。

3．升级改造汽车底盘、轮毂轴承单元、轴承、齿轮副、汽车发动机与自动变速箱用链条、汽车发动机紧固件、悬架弹簧、横向稳定杆、行李箱开闭系统、电子电控、LED 车辆灯具等关键零部件及系统的生产制造装备。

4．改造提升整车、发动机、变速器的匹配技术、汽车碰撞安全性、NVH（振动、噪声、平顺性）及排气净化、能耗、安全、电磁辐射及抗干扰检测技术。

5．提升车载 360 度全景无线倒车系统、车载 DTV 数字电视系统，以及带 GPS 系统和北斗系统导航的适用于车载和船载多媒体收放音播放机。

6．推广提升车用娱乐信息大尺寸液晶屏、起发电一体机、新能源车高压线束、车联网相关技术。

7．支持汽车、汽车零部件及其关键总成性能检测等第三方检测公共服务平台的建设。

8．运用其它先进适用技术实行技术改造的方式。

（二）新能源汽车。

1．发展纯电动乘用车、插电式混合动力和混合动力汽车、新一代轻量化纯电动汽车、特种用途电动汽车、低速轻型纯电动汽车、燃料电池电动汽车、液化天然气（LNG）汽车等新能源汽车、新能源智能车及 LNG 发动机、LNG 储罐、LNG 汽化器等。

2．升级改造动力锂离子电池及其管理系统、高性能铅碳启停电池、镍氢动力电池、下一代高比能动力电池等高性能动力电池及锂离子电池隔膜等关键材料，发展超级电容、燃料电池等其他车用储能系统。

3．改造提升纯电动汽车整车控制系统、混合动力多能源管理系统、车载通讯系统、精密传感器和执行系统等控制系统。

4. 发展电动助力转向、电动空调和电动助力制动系统、车用直流转换电源（DC / DC）、车用电子仪表、电子油门踏板、车用传感器等基础元器件。

5. 发展大功率永磁电机及电机驱动器、车用直流电机、车用交流异步电机及大功率车用绝缘栅双极晶体管（IGBT）模块、电力电子模块、高可靠控制器、永磁电机耐高温材料等配套产品。

6. 推广应用车用轻量化合金、碳纤维材料、v2x、v2g、石墨烯材料等车身材料，提升轻量化底盘结构和碳纤维轻量化车身结构等共性技术。

7. 发展车用动力电池的快换技术及设备，电池组检测维护技术与设备，充电站、充电桩、燃料电池电动汽车的电池燃料补充站、充气站的安全配套设备，升级改造大功率快速充电设备、慢速充电设备、车载充电设备等。

8. 完善新能源汽车及其关键总成性能检验检测手段，建立和推广新能源汽车、充电技术及设施标准体系，支持共性技术以及第三方检测公共服务平台的建设。

9. 运用其它先进适用技术实行技术改造的方式。

四、船舶及通用飞机

（一）船舶。

1. 发展大中型油船、灵便型散货轮、大型矿砂船、好望角型散货船、大型汽车运输船、大型集装箱船、风帆－主机混合动力推进的超大型油船（VLCC）、江海直达节能环保集装箱船、高速滚装客船、高端游艇等。

2. 发展船舶 LNG 发动机燃料储存及供给系统技术产品及船舶舱室阻燃型吸声阻尼复合材料。

3. 提升大功率船用中低速柴油机、船用中速柴油机、大功率中高压发电机、低速及中速柴油机曲轴及电控模块、液化天然气船用双燃料发动机、共轨系统、电子调速器、大型排气阀杆、大型薄壁轴瓦等关键零部件。

4. 升级改造船用起重机、船用锅炉、船用大型铸锻件、锚绞机、舵机、舾装件油水分离机、压载水处理系统、船舶用消防设施、吊舱推进器、大型高效喷水推进装置、通信导航设备、船用大型铸锻件，船舶精确制造及精度控制技术系统、船舶通讯导航及自动化系统等船舶配套产品及测试系统。

5. 改造提升遥感遥控、全船振动与噪声控制技术与装置、船用柴油机及传动系统主被动隔振与消声技术与装置。

6. 运用其它先进适用技术实行技术改造的方式。

（二）通用飞机。

1. 提升新型通用飞机、公务机、直升机等制造、维修以及部装、总装水平。

2. 升级改造空域设计与评估系统、数字化放行（PDC）系统、自动终端信息服务（D-ATIS）系统、空中交通进离港排序辅助决策系统、空管监视数据融合处理系统、飞行计划集成系统、场面监视系统、自动相关监视系统和多点相关定位系统。

3. 升级改造提升客舱内装饰件、航空标准件、机载电子设备及重要零配件的加工制造水平。

4. 改造升级航空服务和航空物流信息服务平台。

5. 运用其它先进适用技术实行技术改造的方式。

五、节能环保

（一）高效节能。

1. 发展高效工业锅炉、高效内燃机、金属加工用高效环保熔炼炉和加热炉、铝熔炼炉、高压变频调速、稀土永磁无铁芯电机、汽车节油装置等新一代节能产品，推广应用工业应用高效节能电机、高效节能电器和高效照明产品。

2. 发展 30 万千瓦及以上循环流化床、增压流化床、整体煤气化联合循环发电等洁净煤发电。

3. 发展智能、高效、节能的燃气分户供暖设备，推广应用高效冷热源、地源热泵等节能设备和可再生能源系统和地源热泵技术、地热热电冷联供技术，在有地热资源条件的地区推广应用地热发电技术和地热梯级利用技术。

4. 推广应用先进的汽机汽封、汽机冷端、热力系统优化、混煤掺烧、空预器密封、高效电机等技术。

5. 推广应用蓄热式高温空气灼热、等离子点火等高效锅炉窑炉技术，高效换热器及系统优化等能源梯次利用技术，能源优化技术以及工业企业网络信息化能源管理系统技术等节能新技术和装备。

6. 推广应用方案设计、产品制造与工程一体化技术。

7. 推广应用重点用能产品能效标准和重点行业能耗限额标准。

8. 运用其它先进适用技术实行技术改造的方式。

（二）先进环保。

1. 发展超低浴比智能染整成套设备、（危）废液提取稀贵金属等资源技术与成套设备、饮用水污染应急处置技术及装备，升级污水处理成套设备、烟气脱硫设备、烟气脱硝装置、烟气除尘装置、挥发性有机物处理技术及装置、有毒有害污染物防治／安全处置／替代与减量化、重金属污染治理技术及装置、有机废水处理技术及装备、污染土壤修复等成套技术及装备。

2．发展工业危险废弃物处置处理技术装备、医疗废物清洁焚烧、高温蒸煮无害化处理技术装备、污泥环保综合利用技术装备、陶瓷真空过滤机、膜生物反应器、超生耦合法和生物法处理高浓度有机废水技术装备。

3．发展生活垃圾分选、填埋、焚烧发电、生物处理和垃圾综合利用装备，改造提升焚烧烟气控制系统、渗滤液处理等垃圾处理技术及装备。

4．推广应用治理大气污染、治理雾霾、控制PM2.5空气质量超标的喷雾降尘技术与装备。

5．推广应用城市大气、地表水环境、土壤等自动连续监控系统，噪声与振动控制装备，电磁波和放射性污染防护检测设备，空气和水质便携式监测仪器等环境监测设备与应急处理设备，以及测量、交通工程、建筑节能监测装备。

6．发展城市轨道交通阻尼弹簧浮置板隔振装置、地铁大风量阵列式消声器等。

7．改造提升废旧电子电器产品拆解回收装备，推广应用水平高、成规模废旧电子电器产品拆解回收及无害化处理技术，废旧电器电子产品绿色环保、附加值高的资源化技术。

8．推广应用金属加工过程中废料压块、废液回收等技术，汽车零部件、机电产品、废旧轮胎等再制造技术，以及再生金属、废橡胶、废塑料、废旧机电产品、报废汽车拆解、废旧太阳能设备、废旧纺织品等再生利用技术。

9．运用其它先进适用技术实行技术改造的方式。

六、电子信息

（一）电子核心基础。

1．发展工业控制芯片、嵌入式系统芯片、新型可重构可编程系统芯片、高分辨率显示面板驱动芯片、视频处理芯片等高性能专用芯片，纯数字信号的主控芯片、数字信号处理、基带等芯片和数模混合信号的无线射频芯片，以及新型固态存储核心控制技术及芯片等。

2．提升片式化、微型化、高精度、绿色化的电子元器件，新型机电组件、新型硅微器件、敏感元器件和传感器、新型晶体器件、精密电阻器件、超导滤波器等关键元器件，微电子组件，混合集成电路，光通信器件，高比容电解电容器，高端印刷电路板和新型高频频率器件，发展大功率半导体器件及其集成化应用。

3．发展半导体生产用镀膜、溅射、刻蚀等设备，锂离子电池生产专用设备、高精密自动印刷机、高速多功能自动贴片机、无铅再流焊机等电子元器件表面贴装及整机装联设备，高性能永磁元件生产设备、金属化超薄膜电力电容器生产设备、超小型片式元件生产设备、高密度印制电路板生产设备等新型电子元器件设备，以及高端电子专用测量仪器等电子专用设备仪器。

4．发展户内高密与户外表面贴装发光二极管（SMD LED）、应用于液晶电视超薄LED背光源、场致发光显示（FED）、硅基液晶（LCOS）显示、数字光学处理（DLP），以及高亮度激光光路模组、触控显示屏产品等显示产品。

5．升级改造大尺寸高世代高分辨率液晶显示器（TFT-LCD）、有机发光显示器（OLED）、有源矩阵有机发光二极体面板（AMOLED）、激光显示器件、三维立体（3D）等新型显示器件生产设备及生产线。

6．发展LED倒装芯片及模组、大功率LED封装、表面贴片发光二极管（SMD LED）封装及散热技术，高质量、大尺寸衬底材料，高亮度蓝光、绿光、紫外LED外延片及芯片， LED垂直与倒装芯片及模组、芯片级LED光源及封装、UV LED封装及量子点封装，发展低能耗、高效率、智能化金属有机化合物化学气相淀积（MOCVD）设备、LED特种照明光源等半导体照明产品及材料、微LED技术及相关应用产品、LED可见光通讯技术及产品。

7.发展球栅阵列、系统级（SIP）、芯片级（CSP）、方形扁平无引脚、倒扣封装等集成电路新型封装技术及测试设备。

8．发展陶瓷片式元件低温共烧、片式电容排胶烧结一体化技术、宽温、高Bs磁性材料制造技术以及新型半导体衬底材料技术、砷化镓等新型半导体衬底材料技术等关键技术，改造提升光电子材料、新型电子元器件材料和封装材料等电子化学品。

9．支持集成电路装备及其生产系统集成开发、平板显示共性技术等领域公共服务平台的改造升级，以及电子产品质量保证体系的完善与升级。

10．提升北斗卫星导航高性能芯片、通信终端芯片等关键元器件和卫星地面设备，发展基于北斗／全球定位系统（GPS）／全球定位导航系统（GLONASS）／

伽利略卫星导航系统兼容的设备和系统及其它位置导航系统。

11. 运用其它先进适用技术实行技术改造的方式。

（二）下一代信息网络。

1. 发展云计算关键应用主机、海量存储设备等核心云基础设备，改造提升物联网芯片、射频识别（RFID）、传感器，以及与物联网有关的分布式感知、拓扑控制、信息资源调度、协同计算等产品。

2. 发展大容量、多业务、智能化的光网络传输设备，光纤、光纤接入设备、光传输设备、高速光器件等光通信设备，网络和终端测试计量设备，基于IPv6 规范的 G 比特无源光网络（GPON）和以太网无源光网络（EPON）的线路终端、光网络单元等产品，IPv6 高性能路由器 / 交换机、软交换、电信级以太网交换机、宽带网络接入服务器、三层交换机等下一代互联网设备，网络测试、流媒体系统、基于万兆高性能下一代互联网关，光纤、光纤接入设备、光传输设备、高速光器件等光通信设备、网络和终端测试计量设备以及固定、移动融合的多媒体子系统（IMS）等关键产品。

3. 发展新型平板式、便携式计算机等高性能计算机、中高端服务器、海量存储设备、工业控制机及检测、关键零部件和配套件，改造提升扫描仪、移动存储、低功耗存储设备、投影仪等计算机外设及关键零部件。

4. 升级改造家庭网关、家庭医疗保健电子、智能安防监控及公共智能应用系统平台等智能化、网络化智能终端产品。

5. 发展 TD-SCDMA、TD-LTE 及移动通信产业链关键技术、宽带无线接入系统的设备、智能终端、核心芯片及测试装备，以及移动通信基站设备、移动通信网络控制和分组交换设备、移动通信基站天线等新一代移动通信设备。

6. 升级改造数字电视发射等数字电视前端设备、数字电视一体机、基于数字音视频编解码技术的产品、数字广播发射、接收产品及设备、机卡分离的数字有线电视前端、高档数字音响系统等家庭信息终端，以及节点设备、定位系统设备、物联网网关、近距离无线通信节点设备、物联网终端设备、RFID 读写机具 / 标签、下一代广播电视网设备等。

7. 发展面向下一代互联网、下一代广播电视网、云计算、物联网、移动互联网和新信息技术应用的信息安全硬件产品，三网融合下的技术产品，以及云计算、物联网等应用环境下的安全技术产品。

8. 推广应用自主新一代信息网络技术标准，完善数字家庭评估标准和体系，推动标准和专利体系建设。

9. 运用其它先进适用技术实行技术改造的方式。

（三）高端软件。

1. 发展虚拟化管理软件、新一代海量信息智能搜索软件、智能挖掘软件等云计算软件及支撑云计算基础设施的软件。

2. 发展物联网安全应用软件。

3. 提升通用基础软件、新型网络化基础软件、关键信息基础设施配套的基础软件和支撑工具等。

4. 发展计算机辅助设计、辅助制造和辅助工程（CAD/CAM/CAE）、制造执行管理系统（MES）、计算机集成制造系统（CIMS）、过程控制系统（PCS）、产品生命周期管理（PLM）等软件。

5. 发展用户微机操作系统及嵌入式操作系统，应用于云基础设施和云终端设备的嵌入式软件，以及面向下一代互联网、物联网应用的嵌入式系统软件。

6. 发展面向电子政务、电子商务、企业信息化和动漫文化创意产业等领域的专用软件。

7. 发展 IT 咨询设计支撑工具软件、系统集成实施支撑工具软件、系统运维支撑工具软件、数据处理支撑工具软件等高端信息技术服务支撑软件。

8. 发展移动服务运营支撑与开发平台、智能移动终端软件系统等移动计算软件平台。

9. 发展信息与安全平台，信息安全软件、网络与边界安全类软件，终端与数字内容安全类软件，安全管理类软件，支撑系统安全保障及业务应用安全的风险评估、安全测评等安全支撑类软件。

10. 推广虚拟化管理、分布式计算、海量信息存储与管理、资源监控管理与调度、数据中心绿色节能等云计算关键技术，大型应用系统以及工业控制系统软件安全技术。

11. 推广以物联网、大数据、云计算为核心的智慧城市应用。

12. 建立和推广云计算、大数据安全管理等方面的标准规范以及物联网标准体系。

13. 建立统一综合信用信息平台和各类云计算公共服务平台。

14. 运用其它先进适用技术实行技术改造的方式。

七、新能源

（一）核电。

1．发展二代改进型、三代核电设备及关键部件、核岛主设备、常规岛发电主设备及重要的辅机设备、燃气轮机蒸汽联合循环发电设备及核电站辅助与配套设备。

2．提升核安全级泵、阀、管道、数字化仪控系统、核仪器仪表、核燃料后处理装置及核技术应用设备以及核电结构部件、中小铸锻件、大锻件等核电站辅助设备的加工制造。

3．推广应用关键核设施维护机器人、核事故处理与救援机器人等核工业机器人。

4．发展铀矿地质勘查和铀矿采冶、铀精制、铀转化技术，提升核电站核心系统关键技术和压水堆核电技术，推广应用第三代欧洲先进压水堆技术（EPR）。

5．运用其它先进适用技术实行技术改造的方式。

（二）太阳能。

1．发展高效薄膜光伏电池材料及器件、薄膜光伏电池工艺技术和设备。

2．发展高纯度、低耗能太阳能级多晶硅生产设备、多晶硅铸锭装备、多线切割设备、高效电池工艺技术，以及聚光、柔性等新型太阳电池制造装备。

3．推广应用分布式并网、离网光伏发电系统等分布式光伏发电技术，分布式光伏微网发电技术及设备，以及多能互补分布式发电微网技术。

4．发展太阳能中高温热利用技术及装备，在工业领域推广中高热利用技术、太阳能光伏光热利用与建筑集成综合示范技术。

5．发展应用聚光（槽式、塔式、碟式）太阳能热发电关键技术。

6．运用其它先进适用技术实行技术改造的方式。

（三）风电。

1．发展兆瓦级高效风电机组、永磁直驱风力发电机组、适用于海况条件下的大型风电机组等。

2．改造提升大型风电整机和风光互补发电系统，提升风力发电机、齿轮箱、叶片、控制系统、轴承、变流器等关键零部件的生产制造水平。

3．提升海上风电设计、施工、运行、维护方面的关键技术，以及海上风电机组控制技术、数字化风力发电场调度控制技术、直流输配电技术、规模蓄能技术等。

4．运用其它先进适用技术实行技术改造的方式。

（四）智能电网。

1．发展智能电网、微网及其核心设备，提升和推广轻型直流输电技术、静止无功发生器（STATCOM）、有源滤波器、新型电子变压器、并网逆变器、大功率储能装置、微网综合自动化控制系统等。

2．提升大电网安全保障和防御体系、智能调度控制技术、电网节能技术及设备、大规模储能系统、可再生能源规模化接入、分布式电源并网及控制系统、智能配电、用电技术等。

3．推广应用新型传感测量、电能质量控制、决策支持、超导、分布式电源柔性接入技术等智能电网信息技术和新型设备。

4．推广应用智能调度支持系统、智能微网能量管理平台、调度数据安全防护系统。

5．支持智能电网标准体系的建设。

6．运用其它先进适用技术实行技术改造的方式。

（五）生物质能。

1．推广生物质成型燃料、生物燃气等生物质燃料，发展纤维素制乙醇、生物丁醇、绿色生物柴油、集中式生物燃气等下一代生物燃料。

2．推广应用大型自动化秸秆收集机械、以有机废弃物为原料的小型可移动沼气提纯罐装设备、高效生物质成型燃料加工设备、生物质气化设备、生物质成型燃料锅炉及烟气余热回收装置。

3．推广应用生物质直燃、混燃和气化发电，以及垃圾焚烧发电、垃圾填埋气和沼气发电等分布式生物质能利用技术，推广应用生物质成型燃料锅炉供热技术、生物质燃气替代技术及相应的烟气余热利用技术。

4．运用其它先进适用技术实行技术改造的方式。

八、石化

（一）石油化工。

1．发展节能环保型高档润滑油，用于大型飞机、大型船舶、高铁等领域的功能性涂料，环保型水处理剂和塑料添加剂，高端电子专用化学品，分子筛固汞、无汞等新型高效、环保催化剂和助剂，无卤阻燃剂、改性型、水基型胶粘剂和新型热熔胶，光固化型压敏胶等高端精细化学品，苯酚、丙酮、双酚A、多乙烯多胺、己二胺、1,3-丙二醇、十二烷基苯酚、十二烷基二苯醚二磺酸钠、脂肪族和脂环族二异氰酸酯（ADI）等高端化工产品。

2．发展管材级氯化聚氯乙烯、非光气法聚碳酸酯、乙烯-醋酸乙烯树脂（共聚物）、聚异丁烯、聚对苯二甲酸丁二醇酯、聚硫醚、特种聚酯等塑性材料及树脂生产自动化工艺先进设备，聚苯醚、聚苯硫醚、聚砜、聚酰亚胺等特种工程塑料，高吸水性树脂、复合型聚丙烯酰胺等特种功能性高分子材料。

3.发展稀土顺丁、溶聚丁苯、丁基、丁腈、氯丁（丁二烯路线）、乙丙、异戊、聚氨酯、氟硅、丙烯酸酯等合成橡胶和相关节能、环保新产品。

4．发展玻璃纤维增强塑料制品（玻璃钢）、精密注塑制品、塑料合金、木塑复合、填充增强、塑料改性材料，以及航天、航空、汽车、船舶等用高端工程塑料。

5．发展电解用离子交换膜、电池隔膜、光学膜、透明导电膜、电磁波屏蔽膜、反渗透膜、扩散渗析膜、柔性有机聚合物膜等功能性膜材料。

6．改造提升化肥和农药产品，发展缓释肥、控释肥和各种专用肥、功能肥以及高效、经济、低毒、低残留、环境友好型农药品种，新剂型和助剂的开发和生产，推广甲叉法乙草胺、水相法毒死蜱工艺、草甘膦回收氯甲烷工艺、定向合成法手性和立体结构农药生产、乙基氯化物合成技术、肥药一体化先进工艺技术等清洁生产工艺和生物农药新产品、新技术。

7．升级改造大型炼化一体化设备及集成控制系统、百万吨乙烯成套装备、环氧乙烷大型反应器、大型氯乙烯流化床反应器，以及专用涂料、特种专用轮胎和精细橡胶制品等新领域专用化学品生产设备。

8．推广应用合成橡胶、合成纤维、碳纤维、工程塑料、基本有机原料、墙体隔热反射涂料、汽车和节能建筑等专用涂料，水性油墨、紫外光固化油墨、植物油油墨等节能环保型油墨，零极距、氧阴极等离子膜烧碱电解槽节能技术和废盐酸制氯气等综合利用技术。

9．运用其它先进适用技术实行技术改造的方式。

（二）民爆。

1．改进电子延期雷管智能数码雷管、低感度散装炸药生产、高强度导爆管、高性能安全型工业炸药等产品工艺和技术。

2．改造提升工业炸药、起爆药、雷管主装炸药的自动化筛药、倒药技术与设备。

3．推广应用连续化、自动化工业炸药、雷管生产线，以及智能诊断、故障报警、自动运行和停机、信息化监控系统等先进系统。

4．推广适用于有操作定员要求的1.1级（含1.1*级）工业炸药及制品生产线危险工房的智能电子门禁式定员监控系统，以及用于民爆产品全生命周期的RFID标签。

5．运用其它先进适用技术实行技术改造的方式。

九、新材料

1．发展非晶纳米晶合金材料、高性能铁氧体磁性材料等系列靶材、高效散热材料和短流程薄板坯连铸连轧产品、石油天然气输送钢管等高性能特种钢材、高性能精密合金材料、汽车用先进钢铁新材料、高性能铁氧体磁性材料以及高纯金属有机源（MO源）材料、核级海绵锆材料，以及高强度高延伸率高导电率铝合金新型合金材料、镁铝合金、建筑工程用大规格铝模板、轨道交通用大规格工业铝型材等高端有色金属合金和金属基复合材料。

2．发展平板显示、太阳能电池用玻璃基板以及偏光片、滤光片材料，高强耐磨抗冲击的氧化物和非氧化物陶瓷、透明陶瓷和高热导陶瓷、陶瓷纤维、人造宝石等新型结构陶瓷材料以及陶瓷基复合材料，片式无源电子元件用陶瓷材料、电子敏感陶瓷材料等电子元器件用新型无机非金属材料，新型、小型化电子元器件金属粉体材料、贱金属导电浆料及其用的新型主要材料、3D打印用新型超细金属粉体材料及浆料。

3．发展新型隔膜、电解液等新能源材料、高性能合成树脂、导电（热）胶、高档合成纤维、塑料合金、OLED有机发光材料、非硅系半导体光伏材料、光学硅胶、工程塑料（ABS）、有机玻璃（PMMA）、无卤阻燃热塑性弹性体等高性能有机高分子材料及复合材料。

4．发展电子和陶瓷墨水材料，高性能环保涂料、粘合剂和油墨，高效、多功能、安全的化学工业和高分子材料加工助剂，耐高温氧化、隔热、耐海洋腐蚀、耐高电压、润滑等功能涂层材料，以及环境友好光学玻璃材料、环保型可降解塑料、建筑与海洋工程防护环保涂料、低碳型和环境友好型包装材料、环保/防伪等功能性包装材料等环境友好材料。

5．发展荧光粉等高性能稀土发光材料、高性能稀土磁性材料和新型稀土功能助剂、稀土改性材料等稀土功能材料及器件，以及高性能稀土储氢、超级电容器等新型电池材料。

6．发展纳米碳管、石墨烯、纳米粉体材料、纳米功能涂层、纳米催化剂等纳米材料及制品。

7．发展生物质基高抗冲击性薄膜材料，新型可生物降解型超吸水材料，生物质基“绿色塑料”，高强度、高性能纳米纤维素/聚合物复合材料，功能性无机纳米粒子/天然高分子杂化材料，新型生物质基医用敷料、组织工程材料、抗菌材料，天然高分子纤维、薄膜、水凝胶、气凝胶、微球、泡沫等新型环境友好材料，新型生物质基农药载体、木质素基新型粘合剂。

8．运用其它先进适用技术实行技术改造的方式。

十、钢铁

1．发展汽车板、船用板、硅钢、不锈钢、高性能机械用钢及模具钢、高性能精密合金板、耐高温合金材料，以及装备业、航天、航空、钟表等精密机械产业发展需要配套的精品钢材。

2．发展造船用板、高强度结构板、高等级输油（气）管板和优质棒线材。

3．发展建筑用高强螺纹钢、建筑结构用钢、造船工业用钢、桥梁用钢、石油管线用钢、海洋工程用钢、机械制造工业及汽车制造工业用优质钢棒等高附加值的高档钢铁产品。

4．提升高精度大壁厚结构钢管、耐热耐侯结构钢管、核电站用钢管、双层复合钢管和管径1米以上油（气）管线钢管等管材的生产水平。

5．发展航空航天、交通运输工具主承力结构用的新型高强、高韧、耐蚀钢铁合金材料及大尺寸制品。

6．应用烟气脱硫、脱硝、脱二噁英等多功能干法脱除技术，石灰石－石膏湿法等烧结烟气脱硫技术，热风、低温烧结技术，烧结烟气循环富集技术以及副产物资源化、再利用化技术，烧结余热梯级利用、烧结矿余热回收发电技术等节能减排的炼铁技术。

7．推广应用洁净钢生产系统优化技术、废水膜处理回用技术等炼钢技术，以及冶金矿山废石、尾矿，钢铁厂产生的各类尘、泥、渣、铁皮等冶金固体废弃物综合利用先进工艺技术。

8．推广和提升焦炉、高炉、热风炉用长寿节能环保耐火材料生产工艺，以及精炼钢用低碳、无碳耐火材料和高效连铸用功能环保性耐火材料生产工艺。

9．运用其它先进适用技术实行技术改造的方式。

十一、有色金属

1．发展太阳能聚光转化单元发电箱体、铝合金平板式集热器、太阳能应用结构框架和内部热传导部件、太阳能路灯灯杆、铝合金高端散热产品、轮毂、缓冲保险杠、转向节以及副框架等部件配件等铝质产品，以及宽幅挤压铝材、内装修用挤压铝材、精密压力铸造铝材等汽车用新型铝材。

2．发展大断面、复杂截面铝合金型材、高导电高强度稀土铝电缆等终端产品和热传导性能优良的铝合金材料，发展高容量长寿命二次电池电极材料、铜合金精密带材和超长线材制品等高强高导铜合金、新型高强、高韧、耐蚀铝合金材料等有色金属新材料，提升高强高韧、低应力铝合金中板、厚板等新型铝合金材料的成套制造技术以及新型稀土铝合金技术。

3．提升高性能纳米硬质合金刀具和大晶粒硬质合金盾构刀具及深加工产品、稀土及贵金属催化剂材料、低模量钛合金材及记忆合金等生物医用材料、耐蚀热交换器用铜合金及钛合金材料、高性能稀土磁性材料和储氢材料、高性能钽铌等稀有金属冶炼产品及其加工材生产能力。

4．发展国产化的大中型、短行程铝、铜材挤压装备和立式铝材氧化着色生产线、立式粉末喷涂生产线、数字化立式仓库等高效、环保铝材生产与仓储装备的制造技术，以及铝材加工无镍氧化着色、喷涂前无铬钝化处理、喷涂快速加粉、喷涂使用环保聚酯粉末等先进、环保生产技术，太阳能应用行业的铝制品深加工生产线。

5．运用其它先进适用技术实行技术改造的方式。

十二、建筑材料

1．推广应用生料粉磨系统的立式磨或辊压机粉磨系统、水泥粉磨采用辊压机与球磨机组合的粉磨系统或立式磨、多功能助磨剂，水泥窑低温余热发电、高效篦冷机、高效除尘、低噪设备和降噪设施，推广高效电机、高效烟气脱硫脱硝工艺、大宗工业废弃物环保综合利用技术、可燃废弃物替代燃料环保技术、低品位石灰石综合利用技术，支持有条件的企业进行市政污泥和城市生活垃圾废弃物的协同处置。

2．发展高性能混凝土，利用尾矿、建筑垃圾等废物生产混凝土或砂浆，发展预拌砂浆和功能型砂浆、水泥混凝土建筑构件和工程预制件，集成拼装式预制建筑梁柱，水泥复合多功能保温墙体和屋面，功能性水泥部品构件等，以及轻质混凝土、泡沫混凝土等节能型水泥基材料及制品。

3．发展低辐射镀膜等建筑节能玻璃、太阳能光伏玻璃、智能玻璃，以及具有节能、防火、安全、降噪等功能的玻璃及其制品，推广应用全氧、富氧燃烧及辅助电熔技术，玻璃熔窑节能及余热利用技术，以及玻璃熔窑废气高效脱硝技术。

4．发展安全环保、高保温阻燃防火外墙保温材料、轻质节能墙体材料和屋面材料，支持利用建筑垃圾和陶瓷抛光废渣等废物生产新型墙体材料，利用秸秆等废弃物生产新型板材。

5．发展无机人造石材、异型石材、工艺石材、玉石加工，推广树脂型人造石等环保节能型、资源综合利用型石材，提升石材晶面机、墙体石材磨抛机、石材串珠绳矿山开采技术和设备、石材加工成套机械的数控化智能化水平，以及绳锯、石材粉尘回收再利用技术和设备，推广石材超薄板、无机复合石材，新型石材干挂技术等石材养护新技术以及空气净化、自洁、抗菌等功能型石材技术。

6. 发展新型防水剂、补强增强剂等修补加固材料，发展自粘型防水卷材、高性能合成高分子防水卷材、改性沥青防水卷材、种植屋面用抗根穿刺防水材料及防水保温一体化产品，柔性太阳能薄膜防水卷材，聚氨酯、聚脲类防水涂层，聚合物乳液类防水涂料和玻纤胎沥青瓦等，阻燃隔热等多功能建筑防水材料，绝热降噪隔音材料、环保型装饰装修材料、新型木塑复合材料、环保型混凝土外加剂及胶粘剂等高性能新型建筑材料，以及节能门窗、具有太阳光反射等功能的节能型彩钢板（瓦）、涂料和陶瓷等外墙和屋顶材料。

7. 发展非金属矿物节能超细粉磨、粒度分级、干法粉碎及干法提纯、微波活化及微波干燥、低温（节能）煅烧纯化技术、矿物高纯化、表面改性 / 改型、复合、纳米材料制备等深加工技术。

8. 运用其它先进适用技术实行技术改造的方式。

十三、陶瓷

1. 发展高新技术陶瓷、轻质薄型建筑陶瓷、高端及多功能建筑陶瓷、高端卫生陶瓷、高端日用陶瓷和工艺美术陶瓷产品。

2. 发展利用陶瓷废渣生产的轻质保温装饰砖、透水砖、保温隔热与装饰复合型集成式多功能产品、建筑装饰装修部品。

3. 发展和应用陶瓷砖减薄工艺技术与装备、薄形建筑陶瓷砖（板）应用配套技术、原料粉碎和均化的新技术与新装备、干法制粉技术与装备、节能窑炉，以及机器人、机械手、自动检测、自动包装等陶瓷机械化和智能化装备。

4. 发展和应用日用陶瓷干压、等静压、高压注浆成型和自动化成型技术与装备，新型日用陶瓷产品以及新型装饰和深加工技术与装备。

5. 发展应用于工业、环保、医学、电子、航空航天等领域的特种陶瓷生产技术及装备。

6. 发展新型高效清洁煤气化技术和装备，高效收尘、脱硫、脱硝技术与装备，支持窑炉和电机信息化等技术改造。

7. 推广应用窑炉节能及余热利用、陶瓷固体废弃物综合利用、陶瓷热工设备废气污染物减排技术。

8. 运用其它先进适用技术实行技术改造的方式。

十四、生物医药

（一）生物药。

1. 发展基因工程药物、抗体药物、基因治疗药物、多肽药物、核酸药物等生物技术新药，以及新型的生物技术药品给药系统和相关技术。

2. 发展预防和诊断重大传染病的新型疫苗和诊断试剂，干细胞等细胞治疗产品、血液制品等。

3. 推广应用单克隆抗体技术、生物芯片技术、重组 DNA 技术和原生质体融合技术。

4. 提升和推广动物细胞大规模高效培养关键技术、无血清无蛋白培养基、新型高效分离纯化介质及纯化技术、基因工程菌优选、培养条件优化及下游纯化技术等，提高生产过程在线监测和质量控制水平。

5. 推广应用基因工程疫苗、灭活疫苗生产技术，酶分子工程技术，活性多肽提取及化学修饰技术等。

6. 发展针对常见、多发动物疫病（包括水生动物）重大疫病的预防和治疗疫苗。

7. 运用其它先进适用技术实行技术改造的方式。

（二）现代中药。

1. 发展中药新药、现代中药大品种，推动传统名优产品的二次开发及中药新剂型的开发。

2. 围绕重大疾病及中医药治疗优势病种（如慢性病、疑难病等），发展民族药、天然药物，以及疗效确切、安全性高、有效成分明确、作用机理清楚的中药制剂。

3. 发展中药饮片炮制技术和工艺装备、中药材初加工技术和工艺装备，改造提升中药的提取、纯化、质量控制技术、中药现代剂型的工艺技术和装备、单元制药技术及配套设备等，发展高效、节能环保的制药技术与设备（包括过程废弃物再利用技术）。

4. 建立和提升中药材、饮片（包括破壁饮片）、提取物、中药配方颗粒及中成药质量标准，建立高效、微量、准确、快速的活性成分鉴定、评价体系。

5. 运用其它先进适用技术实行技术改造的方式。

（三）化学药。

1. 发展新结构、新靶点、新机制的创新药物，包括基于新靶标或多靶标的药物、分子靶向治疗药物和化合物改构药物，发展新型抗感染药物（抗多耐药菌、抗病毒）、抗肿瘤药物、心脑血管疾病药物、内分泌及代谢疾病药物、精神神经疾病药物、免疫系统疾病药物、其它常见和多发病（呼吸系统及消化系统）药物。

2. 发展和推广微生物大规模发酵及分离纯化、手性合成和拆分、生物催化合成、晶型制备等技术。

3．加强对药物的剂型改造和二次开发，发展新剂型、新释药系统，推广速释、缓控释及靶向释药等技术，发展口服缓控释制剂及贴剂、喷雾剂、吸入剂等透皮或粘膜给药制剂。

4．发展系列功能性药用辅料，包括新型包衣材料等口服固体制剂用辅料及外用制剂辅料等，提高药用辅料质量标准。

5．发展新型、环保、使用便捷的药用包装材料和容器。

6．发展治疗常见、多发性动物疫病的高效、低毒、使用安全的新型动物用药物，发展和推广应用兽药（制剂）生产技术、兽用标准物质制备技术。

7．运用其它先进适用技术实行技术改造的方式。

（四）医疗设备和医学工程。

1．发展需求量大、应用面广的医学影像设备、体外诊断仪器、急救及外科手术设备、专科医疗设备，提升核心部件及关键技术，包括医学影像设备所需的数字化探测器、高频X线发生器、超声探头、超导磁体、X线球管等关键技术部件，医用影像的数据采集、后处理和分析技术，微系统和医用传感器，体外诊断仪器所需的光谱分析、流式细胞分析等技术。

2．发展基层医疗卫生机构及家庭用普及型医疗器械，提高产品的可靠性、安全性和数字化、信息化水平。

3．支持医疗器械质量检测平台、质量及使用安全评价与监督管理体系的建设。

4．提升植入、介入、人工器官和组织工程产品制备技术、表面改性技术以及相应的生物医学材料。

5．发展新一代具有组织诱导性的组织工程产品、以动物组织为原料的天然生物材料及再生型人工器官产品，推广应用以再生生物材料为载体（或支架）的干细胞应用技术，支持干细胞治疗产品生产和安全评价的标准体系的建设。

6．运用其它先进适用技术实行技术改造的方式。

十五、家电

1．发展智能节能型家电、以物联网为核心技术的智能家电、新能源家电、特殊用途家电、嵌入式家电与集成式用电等新产品。

2．升级改造变频控制组件、高效环保压缩机和变频压缩机、直流电机、空气源热泵、高可靠性线路板和高性能换热器等关键零部件。

3．在家电制造高端成套装备和生产线中推广应用物联网、智能控制、工业机器人等技术，推广节能、环保、变频、新型、智能、新冷媒等绿色制造技术和工艺。

4．推广应用节材、易拆解可回收和有毒有害材料替代，改造提升冲压、注塑、喷涂、焊接等高耗能重污染环节技术与装备。

5．推广应用智能家居设计与制造、家电型式试验设备运行过程的节能技术、家电在线检测系统节能技术和家电工厂能源管理技术。

6．支持家电产品质量检测、设计等公共服务平台的建设。

7．运用其它先进适用技术实行技术改造的方式。

十六、家具

1．发展环保节材型家具、新中式家具、全屋定制板式家具、智能化家具、多功能家具、环保儿童家具、保健养老家具、竹材家具、竹藤家具、竹藤精深加工产品、竹副产品，以及优质家具五金配件、构件。

2．升级改造家具涂装工艺及环保设施、金属家具静电粉末喷涂工艺及设备，推广应用水性涂料涂装工艺及设备、木家具静电喷涂工艺及设备，支持水性涂料公共喷漆房平台建设。

3．推广应用数控设备、加工中心、柔性自动化生产线、喷涂机器人、焊接机器人等先进制造设备，中央除尘等大型环保设施，支持应用国产优质家具生产设备、家具五金自动化生产线、先进家具生产软件等。

4．支持企业大规模定制家具生产系统、企业内部质量检测中心和设计创新等公共服务平台的建设。

5．运用其它先进适用技术实行技术改造的方式。

十七、金属制品

1．发展建筑高性能外围护结构材料与部件、高档五金配件及新型管材、智能建筑产品与设备、高附加值特种性能金属丝绳制品等。

2．推广应用先进高精度锻压工艺及设备、压铸工艺及设备、数控机加工设备和热处理设备。

3．发展大型、复杂冲压件的智能化生产线，以及金属成型、金属与塑料复合成型的智能化生产系统。

4．应用铝合金型材表面处理工艺的低毒低害技术、低温燃烧技术、强制换热技术、有线/无线遥控技术、网络控制、户外机型防冻等先进技术。

5．提升钢结构大跨度、抗震、防腐、防火技术和高层结构、空间结构等技术水平。

6. 支持模具、模具材料及模具制品检测的第三方检测公共服务平台建设。

7. 运用其它先进适用技术实行技术改造的方式。

十八、纺织服装

1. 发展差别化、高性能、生态与功能性纺织新材料及制品，发展符合生态、资源综合利用与环保要求的特种动物纤维、麻纤维、竹原纤维、桑柞茧丝、彩色棉花、彩色桑茧丝类天然纤维的加工技术与产品。

2. 推广应用高性能纺纱和织造设备、新型非织造成套设备、服装与家纺用智能控制生产设备，冷扎堆、低温染色、涂料连续扎染、气流染色、数码印花等少水无水的染整和功能整理加工设备等节能环保与智能高速设备，在印染、洗水后整理等纺织行业推广应用智能机械人。

3. 发展和推广高附加值的花式线纺纱技术和高支精梳纺纱技术，以及高档有特色的针织面料和梭织面料生产技术。

4. 推广应用生物精炼、低温染色、低浴比染色、一浴法等短流程、节水、降耗、节能的新型染整、环保功能性整理等清洁生产技术与工艺，推广环保型染料和环保型印染助剂的研发和技术应用。

5. 推广纺织废气、废水、固态污染物处理与回用、回收染料和碱、余热应用及废旧纺织品循环回收利用等新技术与新工艺。

6. 推广应用生产过程自动在线监测及自动配送系统、企业资源计划管理系统（ERP）、计算机辅助制造系统（CAM）、计算机辅助设计系统（CAD）、纺织供应仓管理、储配送系统（SCM），以及大规模定制技术与服装、家纺企业信息化制造集成系统、三维人体数据测量、三维服装设计、智能裁缝等智能化纺织加工技术和计算机辅助系统。

7. 支持纺织服装电子商务平台、技术研发创新平台及第三方检测服务平台的建设，推广建立企业清洁生产标准体系和企业质量标准、检测、监督体系。

8. 运用其它先进适用技术实行技术改造的方式。

十九、食品饮料

1. 发展营养健康型米面制品、杂粮制品、肉制品、水产制品、山茶油深加工及综合开发，以及传统凉茶饮料、果汁、谷物饮料、本草饮料、茶浓缩液、茶粉、植物蛋白饮料等高附加值植物饮料和精深加工制品。

2. 发展新型、安全、高效食品添加剂及功能性食品配料产品开发与应用技术，以及绿色制糖技术与低 GI 糖产品。

3. 推广应用高效节能环保啤酒灌装及软包装生产线、方便食品生产成套设备、杂粮加工专用设备，以及自动化、数字化、网络化、智能化的冷链食品、饮料、酒类加工与包装设备 / 流水线。

4. 升级改造米面制品、杂粮、中餐菜肴、豆制品、肉制品、水产制品等食品风味保持技术、货架期延长技术、工艺流程标准化等技术。

5. 推广应用超高压处理、超临界提取、超速冷冻、超微粉碎、超高温瞬时杀菌、膜分离、分子蒸馏，以及发酵行业加强新型菌种选育和改造、发酵过程优化、现代分离提取等高新加工技术和工艺。

6. 推广应用食品安全可追溯系统、数据采集、信息化管理和检验检测技术，以及食品安全公共服务平台建设与升级改造。

7. 推广和完善传统食品原辅料、工艺、配方、分割、包装、销售等环节的生产安全卫生标准、质量标准和产品标准。

8. 运用其它先进适用技术实行技术改造的方式。

二十、轻工

（一）造纸。

1. 发展高档办公用纸、文化用纸、生活用纸、包装纸和纸板以及特种用纸等纸品。

2. 推广应用废纸清洁制浆造纸技术、废纸制浆造纸废水和污泥高效处理和资源化利用技术。

3. 推广应用高效黑液提取、碱回收和废液资源化利用等非木材植物纤维清洁制浆技术。

4. 推广应用造纸过程能量评估技术，发展高效节能打浆、压榨和干燥技术与装备。

5. 发展和推广基于造纸产业的生物质精炼技术。

6. 运用其它先进适用技术实行技术改造的方式。

（二）玩具。

1. 发展声光机电一体化高端玩具、儿童益智早教玩具、动漫及衍生产品。

2. 提升玩具注塑、装配等生产环节自动化智能化程度以及模具设计、制造能力。

3. 建设提升产品环保、安全标准生产企业自我检测系统。

4. 运用其它先进适用技术实行技术改造的方式。

（三）包装印刷。

1. 升级改造印刷包装行业中材料、产品检测设备。

2. 应用激光全息、条码、电子标签（电子监管码）等高新技术。

3. 发展高新、数字印刷技术和柔性版印刷技术。

4. 推广应用设计、装潢和彩色印刷一体化的生产技术、印前数字技术、网络技术以及印后新技术。

5. 运用其它先进适用技术实行技术改造的方式。

（四）钟表。

1. 发展兼容GPS、北斗、世界协调时原子钟时基系统的精准时间服务系统设备和现代计时系统。

2. 推广应用高精度加工中心、智能自动精密车床、铣床、磨床、微精冲床、慢走丝线切割、超微电触机等高精密模具加工设备，以及先进的材料分析仪器和合成技术。

3. 升级改造大型电真空溅射炉的关键部件和溅射材质合金技术等金属表面处理的设备和技术。

4. 升级改造金属表带、表壳及金属零配件的抛光设备技术、工艺及环境，推广应用机器抛光、电化抛光、机器人抛光。

5. 运用其它先进适用技术实行技术改造的方式。

广东省碳排放管理试行办法

第一章　总　则

第一条　为实现温室气体排放控制目标，发挥市场机制作用，规范碳排放管理活动，结合本省实际，制定本办法。

第二条　在本省行政区域内的碳排放信息报告与核查，配额的发放、清缴和交易等管理活动，适用本办法。

第三条　碳排放管理应当遵循公开、公平和诚信的原则，坚持政府引导与市场运作相结合。

第四条　省发展改革部门负责全省碳排放管理的组织实施、综合协调和监督工作。

各地级以上市人民政府负责指导和支持本行政辖区内企业配合碳排放管理相关工作。

各地级以上市发展改革部门负责组织企业碳排放信息报告与核查工作。

省经济和信息化、财政、住房城乡建设、交通运输、统计、价格、质监、金融等部门按照各自职责做好碳排放管理相关工作。

第五条　鼓励开发林业碳汇等温室气体自愿减排项目，引导企业和单位采取节能降碳措施。提高公众参与意识，推动全社会低碳节能行动。

第二章　碳排放信息报告与核查

第六条　本省实行碳排放信息报告和核查制度。

年排放二氧化碳1万吨及以上的工业行业企业，年排放二氧化碳5千吨以上的宾馆、饭店、金融、商贸、公共机构等单位为控制排放企业和单位（以下简称控排企业和单位）；年排放二氧化碳5千吨以上1万吨以下的工业行业企业为要求报告的企业（以下简称报告企业）。

交通运输领域纳入控排企业和单位的标准与范围由省发展改革部门会同交通运输等部门提出。根据碳排放管理工作进展情况，分批纳入信息报告与核查范围。

第七条　控排企业和单位、报告企业应当按规定编制上一年度碳排放信息报告，报省发展改革部门。

控排企业和单位应当委托核查机构核查碳排放信息报告，配合核查机构活动，并承担核查费用。

对企业和单位碳排放信息报告与核查报告中认定的年度碳排放量相差10%或者10万吨以上的，省发展改革部门应当进行复查。

省、地级以上市发展改革部门对企业碳排放信息报告进行抽查，所需费用列入同级财政预算。

第八条　在本省区域内承担碳排放信息核查业务的专业机构，应当具有与开展核查业务相应的资质，并在本省境内有开展业务活动的固定场所和必要设施。

从事核查专业服务的机构及其工作人员应当依法、独立、公正地开展碳排放核查业务，对所出具的核查报告的规范性、真实性和准确性负责，并依法履行保密义务，承担法律责任。

第九条　碳排放核查收费标准由省价格主管部门制定。

第三章　配额发放管理

第十条　本省实行碳排放配额（以下简称配额）管理制度。控排企业和单位、新建（含扩建、改建）年排放二氧化碳1万吨以上项目的企业（以下简称新建项目企业）纳入配额管理；其他排放企业和单位经省发展改革部门同意可以申请纳入配额管理。

第十一条　本省配额发放总量由省人民政府按照国家控制温室气体排放总体目标，结合本省重点行业发展规划和合理控制能源消费总量目标予以确定，并定期向社会公布。

配额发放总量由控排企业和单位的配额加上储备配额构成，储备配额包括新建项目企业配额和市场调节配额。

第十二条　省发展改革部门应当制定本省配额分配实施方案，明确配额分配的原则、方法、以及流程等事项，经配额分配评审委员会评审，并报省人民政府批准后公布。

配额分配评审委员会，由省发展改革部门和省相关行业主管部门，技术、经济及低碳、能源等方面的专家，行业协会、企业代表组成，其中专家不得少于成员总数的三分之二。

第十三条　控排企业和单位的年度配额，由省发展改革部门根据行业基准水平、减排潜力和企业历史排放水平，采用基准线法、历史排放法等方法确定。

第十四条　控排企业和单位的配额实行部分免费发放和部分有偿发放，并逐步降低免费配额比例。

每年 7 月 1 日，由省发展改革部门按照控排企业和单位配额总量的一定比例，发放年度免费配额。

第十五条　控排企业和单位发生合并的，其配额及相应的权利和义务由合并后的企业享有和承担；控排企业和单位发生分立的，应当制定配额分拆方案，并及时报省、市发展改革部门备案。

第十六条　因生产品种、经营服务项目改变，设备检修或者其他原因等停产停业，生产经营状况发生重大变化的控排企业和单位，应当向省发展改革部门提交配额变更申请材料，重新核定配额。

第十七条　控排企业和单位注销、停止生产经营或者迁出本省的，应当在完成关停或者迁出手续前 1 个月内提交碳排放信息报告和核查报告，并按要求提交配额。

第十八条　每年 6 月 20 日前，控排企业和单位应当根据上年度实际碳排放量，完成配额清缴工作，并由省发展改革部门注销。企业年度剩余配额可以在后续年度使用，也可以用于配额交易。

第十九条　控排企业和单位可以使用中国核证自愿减排量作为清缴配额，抵消本企业实际碳排放量。但用于清缴的中国核证自愿减排量，不得超过本企业上年度实际碳排放量的 10%，且其中 70% 以上应当是本省温室气体自愿减排项目产生。

控排企业和单位在其排放边界范围内产生的国家核证自愿减排量，不得用于抵消本省控排企业和单位的碳排放。

1 吨二氧化碳当量的中国核证自愿减排量可抵消 1 吨碳排放量。

第二十条　新建项目企业的配额由省发展改革部门根据地级以上市发展改革部门审核的碳排放评估结果核定。新建项目企业按照要求足额购买有偿配额后，方可获得免费配额。

第二十一条　省发展改革部门采取竞价方式，每年定期在省人民政府确定的平台发放有偿配额。竞价底价由省发展改革部门会同价格主管部门确定。

竞价发放的配额，由现有控排企业和单位、新建项目企业的有偿发放配额加上市场调节配额组成。

第二十二条　本省实行配额登记管理。配额的分配、变更、清缴、注销等应依法在配额登记系统登记，并自登记日起生效。

第四章　配额交易管理

第二十三条　本省实行配额交易制度。交易主体为控排企业和单位、新建项目企业、符合规定的其他组织和个人。

第二十四条　交易平台为省人民政府指定的碳排放交易所（以下简称交易所）。交易所应当履行以下职责：

（一）制订交易规则。

（二）提供交易场所、系统设施和服务，组织交易活动。

（三）建立资金结算制度，依法进行交易结算、清算以及资金监管。

（四）建立交易信息管理制度，公布交易行情、交易价格、交易量等信息，及时披露可能导致市场重大变动的相关信息。

（五）建立交易风险管理制度，对交易活动进行风险控制和监督管理。

（六）法律法规规定的其他职责。

交易规则应当报省发展改革部门、省金融主管部门审核后发布。

第二十五条　配额交易采取公开竞价、协议转让等国家法律法规、标准和规定允许的方式进行。

第二十六条　配额交易价格由交易参与方根据市场供需关系确定，任何单位和个人不得采取欺诈、恶意串通或者其他方式，操纵交易价格。

第二十七条　交易参与方应当按照规定缴纳交易手续费。交易手续费收费标准由交易所提出，报省价格主管部门核定后执行。

第二十八条　本省探索建立跨区域碳排放交易市场，鼓励其他区域企业参与本省碳排放权交易。

第五章　监督管理

第二十九条　省发展改革部门应当定期通过政府网站或者新闻媒体向社会公布控排企业和单位、报告企业履行本办法的情况。

省发展改革部门应当向社会公开核查机构名录，并加强对核查机构及其核查工作的监督管理。

第三十条　本省建立企业碳排放信息报告与核查系统和碳排放配额交易系统。控排企业和单位、报告企业应当按照要求在相应系统中开立账户和报送有关数据。

第三十一条　控排企业和单位对年度实际碳排放量核定、配额分配等有异议的，可依法向省发展改革部门提请复核。对年度实际碳排放量核定有异议的，省发展改革委部门应当委托核查机构进行复查；对配额分配有异议的，省发展改革部门应当进行核实，并在 20 日内作出书面答复。

第三十二条　省发展改革部门应当建立控排企业和单位、核查机构以及交易所信用档案，及时记录、整合、发布碳排放管理和交易的相关信用信息。

第三十三条　同等条件下，支持已履行责任的企业优先申报国家支持低碳发展、节能减排、可再生能源发展、循环经济发展等领域的有关资金项目，优先享受省财政低碳发展、节能减排、循环经济发展等有关专项资金扶持。

第三十四条　鼓励金融机构探索开展碳排放交易产品的融资服务，为纳入配额管理的单位提供与节能减碳项目相关的融资支持。

第三十五条　配额有偿分配收入，实行收支两条线，纳入财政管理。

第六章　法律责任

第三十六条　违反本办法第七条规定，控排企业和单位、报告企业有下列行为之一的，由省发展改革部门责令限期改正；逾期未改正的，并处罚款：

（一）虚报、瞒报或者拒绝履行碳排放报告义务的，处 1 万元以上 3 万元以下罚款。

（二）阻碍核查机构现场核查，拒绝按规定提交相关证据的，处 1 万元以上 3 万元以下罚款；情节严重的，处 5 万元罚款。

第三十七条　违反本办法第十八条规定，未足额清缴配额的企业，由省发展改革部门责令履行清缴义务；拒不履行清缴义务的，在下一年度配额中扣除未足额清缴部分 2 倍配额，并处 5 万元罚款。

第三十八条　交易所有下列行为之一的，由省发展改革部门责令改正，并处 1 万元以上 5 万元以下罚款：

（一）未按照规定公布交易信息的；

（二）未建立并执行风险管理制度的。

第三十九条　从事核查的专业机构违反本办法第八条第二款规定，有下列情形之一的，由省发展改革部门责令限期改正，并处 3 万元以上 5 万元以下罚款：

（一）出具虚假、不实核查报告的；

（二）未经许可擅自使用或者发布被核查单位的商业秘密和碳排放信息的。

第四十条　发展改革部门、相关管理部门及其工作人员，违反本办法规定，有下列行为之一的，由其上级主管部门或者监察机关责令改正并通报批评；情节严重的，对负有责任的主管人员和其他责任人员，由任免机关或者监察机关按照管理权限给予处分；涉嫌犯罪的，移送司法机关依法追究刑事责任：

（一）在配额分配、碳排放核查、碳排放量审定、核查机构管理等工作中，谋取不正当利益的；

（二）对发现的违法行为不依法纠正、查处的；

（三）违规泄露与配额交易相关的保密信息，造成严重影响的；

（四）其他滥用职权、玩忽职守、徇私舞弊的违法行为。

第七章　附　则

第四十一条　企业碳排放信息报告核查、配额分配、金融服务支持等具体规定由省发展改革、金融部门依据本办法另行制定。

第四十二条　本办法下列用语的含义：

（一）碳排放配额，是指政府分配给企业用于生产、经营的二氧化碳排放的量化指标。1 吨配额等于 1 吨二氧化碳的排放量。

（二）新建项目配额，是指发展改革部门根据新建项目碳排放评估报告核定新建项目建成后预计年度碳排放量，并据此发放的配额。

（三）市场调节配额，是指政府为应对碳排放市场波动及经济形势变化，用于调节碳市场价格，预留的部分碳排放配额，其数量为现有控排企业和单位配额总量的 5%。

（四）中国核证自愿减排量，是指国家发展改革委根据《温室气体自愿减排交易管理暂行办法》备案的温室气体自愿减排项目所产生的核证减排量。

第四十三条　本办法自 2014 年 3 月 1 日起施行

2014 年广东国民经济和社会发展统计公报

广东省统计局　国家统计局广东调查总队

2015 年 2 月 17 日

2014 年，我省全面贯彻落实党的十八大、十八届三中、四中全会和习近平总书记系列重要讲话精神，紧紧围绕主题主线和“三个定位、两个率先”总目标，坚持稳中求进工作总基调，主动适应经济发展新常态，积极有效应对困难挑战，扎实推进稳增长、促改革、调结构、惠民生、防风险各项工作，经济社会发展取得新的成绩。

一、综合

初步核算，2014 年全省实现地区生产总值（GDP）67792.24 亿元，比上年增长 7.8%。其中，第一产业增加值 3166.67 亿元，增长 3.3%，对 GDP 增长的贡献率为 1.7%；第二产业增加值 31345.77 亿元，增长 7.7%，对 GDP 增长的贡献率为 49.1%；第三产业增加值 33279.80 亿元，增长 8.2%，对 GDP 增长的贡献率为 49.1%。三次产业结构为 4.7:46.2:49.1。在现代产业中，高技术制造业增加值 7546.10 亿元，增长 11.4%；先进制造业增加值 14103.95 亿元，增长 9.2%；现代服务业增加值 19438.47 亿元，增长 9.0%。在第三产业中，批发和零售业增长 8.4%，住宿和餐饮业增长 3.2%，金融业增长 12.5%，房地产业增长 4.6%。民营经济增加值 35070.59 亿元，增长 8.3%。2014 年，广东人均 GDP 达到 63452 元，按平均汇率折算为 10330 美元。

分区域看，粤东西北地区生产总值占全省比重为 21.1%，粤东、粤西、粤北分别占 6.9%、7.9%、6.3%。

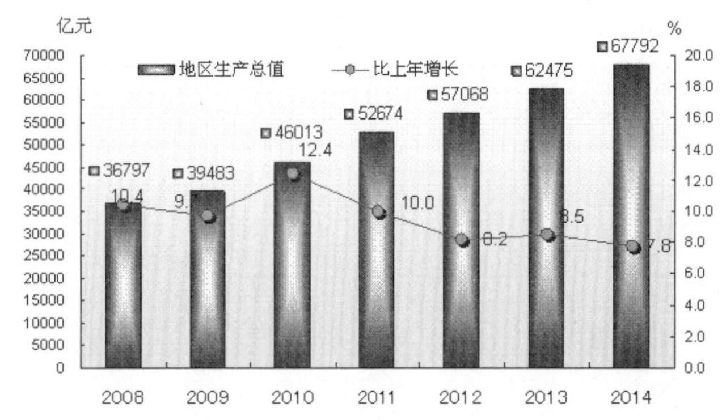

图 1　2008-2014 年地区生产总值及其增长速度

表 1　2014 年分区域主要指标

区域	GDP（亿元）	GDP 增长（%）	第三产业增加值增长（%）	第三产业增加值占 GDP 比重（%）	地方公共财政预算收入（亿元）	地方公共财政预算收入增长（%）
珠三角	57802.21	7.8	8.3	53.2	5372.13	15.1
东翼	5063.66	9.2	8.2	35.3	287.99	9.1
西翼	5776.31	10.1	9.5	39.6	277.71	11.1
山区	4608.06	8.9	7.4	42.0	383.13	16.7

全年居民消费价格总水平上涨 2.3%，其中，城市上涨 2.3%，农村上涨 2.1%。分类别看，食品类上涨 4.4%，烟酒及用品类下降 0.4%，衣着类上涨 3.0%，家庭设备用品及维修服务类上涨 0.8%，医疗保健和个人用品类上涨 0.9%，交通和通信类下降 0.4%，娱乐教育文化用品及服务类上涨 1.1%，居住类上涨 1.9%。工业生产者出厂价格下降 1.1%，其中能源类下降 2.4%，高技术类下降 1.2%；轻工业下降 0.1%，重工业下降 1.7%；生产资料下降 1.6%，生活资料下降 0.1%；初级产品下降 4.4%，中间产品下降 1.2%，最终产品下降 0.6%。工业生产者购进价格下降 1.2%，其中燃料、动力类下降 1.6%，黑色金属材料类下降

3.9%，有色金属材料及电线类下降 3.0%，化工原料类下降 1.3%，木材及纸浆类下降 0.6%，建筑材料及非金属类上涨 3.5%，其它工业原材料及半成品类下降 1.0%，农副产品类上涨 0.9%，纺织原料类下降 2.2%。固定资产投资价格上涨 1.5%。农产品生产价格上涨 2.2%，其中，谷物上涨 3.4%，蔬菜下降 0.6%，水果上涨 3.7%，油料上涨 1.9%，牧业产品下降 1.4%。

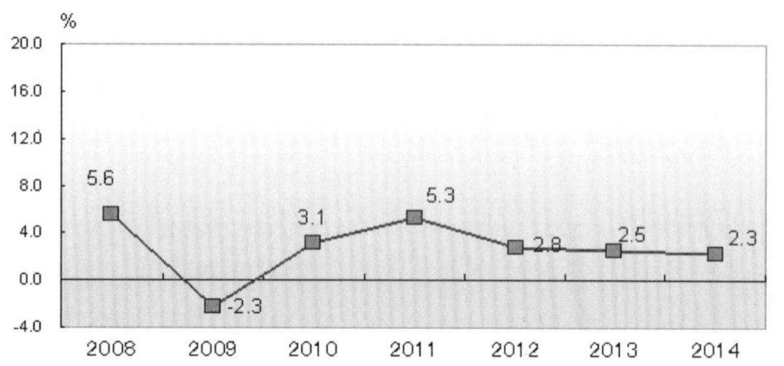

图 2　2008-2014 年居民消费价格涨跌幅度

表 2　2014 年居民消费价格比上年涨跌幅度

指　标	价格指数(上年=100)	比上年涨跌幅度(%)
居民消费价格	102.3	2.3
城市	102.3	2.3
农村	102.1	2.1
食品	104.4	4.4
其中：粮食	102.7	2.7
油脂	95.8	-4.2
肉禽及其制品	103.3	3.3
鲜蛋	107.5	7.5
水产品	107.5	7.5
鲜菜	101.0	1.0
烟酒及用品	99.6	-0.4
衣着	103.0	3.0
家庭设备用品及维修服务	100.8	0.8
医疗保健和个人用品	100.9	0.9
交通和通信	99.6	-0.4
娱乐教育文化用品及服务	101.1	1.1
居住	101.9	1.9
服务项目	102.2	2.2

全年城镇新增就业 159.60 万人，就业困难人员实现再就业 18.70 万人。年末城镇实有登记失业人员 36.83 万人，城镇登记失业率 2.44%，比上年末微升 0.01 个百分点。组织农村劳动力培训 67.3 万人，转移就业人数 84.2 万人。

全年地方公共财政预算收入 8060.06 亿元，增长 13.9%；其中，税收收入 6505.89 亿元，增长 12.9%。

但我省经济社会发展长期积累的经济结构不合理、体制机制不健全、自主创新能力不强、城乡区域发展不协调、资源环境约束趋紧等深层次问题和矛盾更加凸显，全面深化改革和转方式调结构任重道远；投资增长接续能力不强，消费需求增长偏弱，进出口形势依然严峻，企业生产经营困难增多，房地产市场调整影响不断扩大，经济下行压力仍然较大；社会矛盾、安全生产、食品安全等问题仍然突出，转变政府职能、加强政风建设、优化发展环境、保障和改善民生任务依然繁重。

二、农业

全年粮食作物播种面积 3760.52 万亩，比上年减少 0.02%；糖蔗种植面积 222.60 万亩，减少 2.9%；油料种植面积 550.18 万亩，增长 1.8%；蔬菜种植面积 2023.35 万亩，增长 3.2%。

全年粮食产量 1357.34 万吨，增长 3.1%；糖蔗产量 1307.90 万吨，减少 3.7%；油料产量 105.48 万吨，增长 4.4%；蔬菜产量 3274.75 万吨，增长 4.1%；水果产量 1436.00 万吨，增长 4.9%；茶叶产量 7.39 万吨，增长 6.0%。

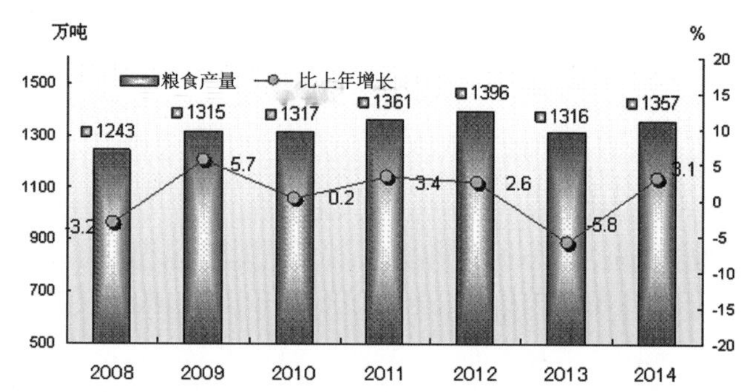

图 3　2008-2014 年粮食产量及其增长速度

全年肉类总产量 429.43 万吨，下降 1.3%。其中，猪肉产量 282.64 万吨，增长 1.8%；禽肉产量 131.86 万吨，下降 7.8%。全年水产品产量 832.61 万吨，增长 2.7%。其中，海水产品 446.87 万吨，增长 1.9%；淡水产品 385.74 万吨，增长 3.2%。

三、工业和建筑业

全年全部工业增加值比上年增长 7.8%。规模以上工业增加值增长 8.4%，其中，国有及国有控股企业增长 6.3%，民营企业增长 13.2%，外商及港澳台投资企业增长 5.0%，股份制企业增长 12.1%，集体企业增长 2.8%，股份合作制企业增长 19.3%。分轻重工业看，轻工业增长 7.4%，重工业增长 9.1%。分企业规模看，大型企业增长 8.3%，中型企业增长 7.4%，小型企业增长 12.4%。

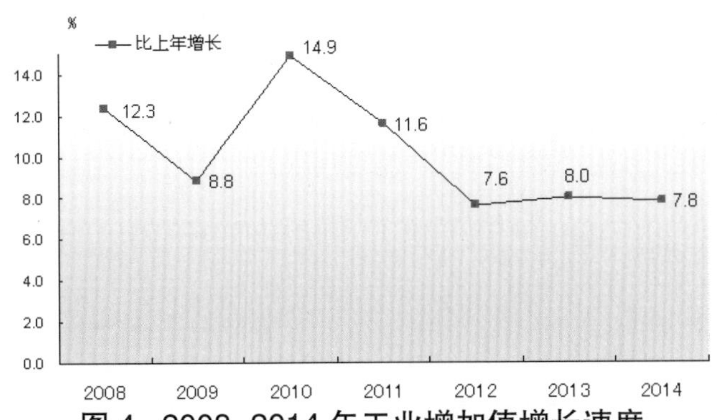

图 4 2008-2014 年工业增加值增长速度

高技术制造业增加值增长 11.4%，其中，医药制造业增长 8.6%，航空航天器制造业增长 5.4%，电子及通信设备制造业增长 13.8%，医疗设备及仪器仪表制造业增长 11.1%，信息化学品制造业增长 35.6%，电子计算机及办公设备制造业下降 4.9%。

先进制造业增加值增长 9.2%，其中，装备制造业增长 11.0%，钢铁冶炼及加工业增长 5.1%，石油及化学行业增长 3.7%。装备制造业中，汽车制造业、船舶制造业、飞机制造及修理业、环境污染防治专用设备制造业分别增长 9.2%、21.5%、4.6% 和 18.3%；钢铁冶炼及加工业中，炼铁、炼钢、钢压延加工和铁合金冶炼分别增长 2.5%、3.3%、5.3% 和 4.2%；石油及化学行业中，石油加工、炼焦及核燃料加工业增长 0.3%，化学原料及化学制品制造业增长 8.8%，石油和天然气开采业、橡胶制品业分别下降 1.1% 和 2.1%。

优势传统产业增加值增长 7.8%，其中，纺织服装业增长 4.8%，食品饮料业增长 6.9%，家具制造业增长 8.2%，建筑材料业增长 11.0%，金属制品业增长 11.9%，家用电力器具制造业增长 5.6%。

六大高耗能行业增加值增长 7.2%，其中，非金属矿物制品业增长 11.3%，黑色金属冶炼及压延加工业增长 5.0%，有色金属冶炼及压延加工业增长 11.0%，电力、热力生产和供应业增长 6.2%，石油加工、炼焦和核燃料加工业增长 0.3%，化学原料和化学制品制造业增长 8.8%。

规模以上工业实现利润总额 6611.86 亿元，增长 12.4%。亏损企业亏损总额 449.79 亿元，增长 15.9%。资产贡献率 13.9%，资产负债率 57.8%，流动资产周转次数 2.39 次，成本费用利润率 6.2%，全员劳动生产率 20.75 万元 / 人年，产品销售率 97.1%。

全年有资质的总承包和专业分包建筑企业 4765 个，比三经普年报减少 7 家企业，下降 0.1%；完成建筑业总产值 8356.50 亿元，增长 6.3%；有资质的建筑企业（包括总承包和专业分包以及劳务分包企业）实现利润总额 388.99 亿元，增长 7.1%；利税总额 695.20 亿元，增长 7.1%。

表 3 2014 年主要工业产品产量及其增长速度

产品名称	计量单位	产量	比上年增长（%）
发电量	亿千瓦小时	3869.79	1.0
纱	万吨	41.08	1.9
布	亿米	37.72	-3.7
化纤	万吨	59.13	1.2
成品糖	万吨	137.99	-1.7
卷烟	万箱	281.68	1.2
人造板	万立方米	1136.81	6.2
彩色电视机	万台	7039.89	0.1
家用电冰箱	万台	2293.95	16.7
房间空调器	万台	5923.74	8.5
程控交换机	万线	1605.80	5.3
移动通讯手持机（手机）	万台	92435.64	5.2
传真机	万部	169.37	7.7
微型计算机设备	万台	2830.58	0.5
集成电路	亿块	190.50	-2.3
发光二极管（LED）	亿只	1874.07	55.6
天然原油	万吨	1245.39	-3.6
原油加工量	万吨	4742.99	0.8
硫酸（折 100%）	万吨	278.18	-1.7
纯碱（折 100%）	万吨	60.17	-0.9
烧碱（折 100%）	万吨	32.72	1.0

（续上表）

产品名称	计量单位	产量	比上年增长（%）
乙烯	万吨	239.74	0.6
化肥（折 100%）	万吨	57.50	27.3
粗钢	万吨	1710.39	1.7
钢材	万吨	3447.15	2.8
十种有色金属	万吨	39.51	-11.4
其中：精炼铜（电解铜）	万吨	12.89	2.8
水泥	万吨	14737.37	12.8
发电设备	万千瓦	292.32	-24.0
汽车	万辆	219.59	7.9
其中：基本型乘用车（轿车）	万辆	160.83	3.5
民用钢质船舶	万载重吨	202.17	8.0

表 4　2014 年规模以上工业企业实现利润及其增长速度

指　标	利润总额（亿元）	比上年增长（%）
规模以上工业	**6611.86**	**12.4**
其中：国有及国有控股企业	1093.26	2.8
集体企业	21.08	33.7
股份制企业	3325.75	15.6
外商及港澳台投资企业	2995.94	8.2
民营企业	3029.92	20.2

四、固定资产投资

全年固定资产投资 25928.09 亿元，比上年增长 15.9%。分投资主体看，国有经济投资 5816.52 亿元，增长 10.8%；民间投资 15065.02 亿元，增长 20.3%；港澳台、外商经济投资 3145.21 亿元，增长 8.1%。分地区看，珠三角地区投资 17542.28 亿元，增长 14.6%；东翼投资 2910.51 亿元，增长 32.3%；西翼投资 2533.33 亿元，增长 30.0%；山区投资 2941.98 亿元，增长 26.7%。

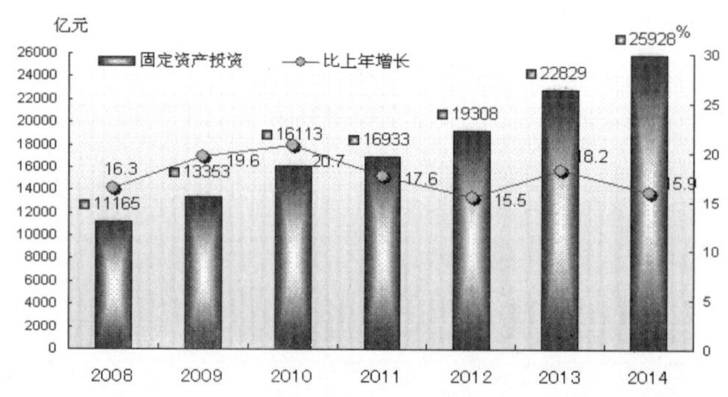

图 5　2008-2014 年固定资产投资及其增长速度

分三次产业看，第一产业投资 340.12 亿元，下降 1.2%；第二产业投资 8452.08 亿元，增长 16.8%，其中，工业投资 8400.04 亿元，增长 17.3%；第三产业投资 17135.89 亿元，增长 15.9%。

表 5　2014 年分行业固定资产投资及其增长速度

行　业	投资额（亿元）	比上年增长（%）
固定资产投资	**25928.09**	**15.9**
农、林、牧、渔业	340.12	-1.2
采矿业	248.75	48.6
其中：石油和天然气开采业	135.52	50.9
制造业	7051.88	19.7
其中：农副食品加工业	194.53	27.5
食品制造业	226.95	55.1
石油加工、炼焦和核燃料加工业	218.20	54.8
化学原料和化学制品制造业	382.66	21.5
非金属矿物制品业	692.15	4.2
黑色金属冶炼和压延加工业	201.22	106.7
有色金属冶炼和压延加工业	145.64	22.9
金属制品业	442.88	19.4
通用设备制造业	277.95	32.3
专用设备制造业	287.76	21.6
汽车制造业	328.86	5.2
铁路、船舶、航空航天和其他运输设备制造业	69.31	1.7
电气机械及器材制造业	531.98	19.0
计算机、通信和其他电子设备制造业	715.06	6.3
电力、热力、燃气及水的生产和供应业	1099.42	-0.3
其中：电力、热力生产和供应业	874.38	1.4
建筑业	52.04	-33.4
批发和零售业	843.94	32.9
交通运输、仓储和邮政业	2668.12	8.8
住宿和餐饮业	469.39	4.1
信息传输、软件和信息技术服务业	430.79	29.4
金融业	96.23	27.5
房地产业	9112.00	16.2
租赁和商务服务业	250.15	6.0
科学研究、技术服务业	168.08	7.0
水利、环境和公共设施管理业	2030.31	20.0
居民服务、修理和其他服务业	49.03	14.8
教育	408.52	18.5
卫生和社会工作	231.80	29.3
文化、体育和娱乐业	260.34	11.3
公共管理、社会保障和社会组织	117.20	4.7

表 6　2014 年固定资产投资新增主要生产能力

指　标	单位	新增生产能力
新增发电机组容量	万千瓦	444
11 万伏及以上变电设备	万千伏安	1597.00
新建公路	公里	9162.00
其中：高速公路	公里	581.00
港口万吨级码头泊位新增吞吐能力	万吨	3823.50
新增光缆纤芯长度	万公里	655.75
新建 3G/4G 移动通信基站	个	144739

全年房地产开发投资 7638.45 亿元，比上年增长 17.7%。按地区分，珠三角地区 6293.55 亿元，增长 17.4%；东翼 328.06 亿元，增长 24.9%；西翼 367.07 亿元，增长 14.3%；山区 649.78 亿元，增长 19.6%。按用途分，商品住宅开发投资 5187.32 亿元，增长 14.2%。其中，90 平方米以下住宅投资 1452.91 亿元，增长 19.1%；144 平方米以上住宅投资 1094.25 亿元，下降 5.8%；别墅、高档公寓投资 462.24 亿元，下降 9.6%。办公楼和商业营业用房投资 489.44 亿元和 958.43 亿元，分别增长 40.7% 和 33.9%。

表 7　2014 年房地产开发和销售主要指标完成情况

指　标	单位	绝对数	比上年增长(%)
房地产开发投资	**亿元**	**7638.45**	**17.7**
其中：土地购置费	亿元	1591.35	62.1
其中：住宅	亿元	5187.32	14.2
其中：90 平方米及以下	亿元	1452.91	19.1
其中：144 平方米及以上	亿元	1094.25	-5.8
房屋施工面积	万平方米	53977.47	16.1
其中：住宅	万平方米	38290.06	13.7
房屋新开工面积	万平方米	13384.34	-6.2
其中：住宅	万平方米	9174.08	-9.3
房屋竣工面积	万平方米	7327.99	16.8
其中：住宅	万平方米	5442.49	14.6
商品房销售面积	万平方米	9315.76	-5.3
其中：住宅	万平方米	8163.56	-7.6
商品房销售额	亿元	8461.84	-5.4
其中：住宅	亿元	6960.26	-6.9
商品房待售面积	万平方米	5467.99	22.3
其中：住宅	万平方米	3545.82	24.6
本年资金来源小计	亿元	11326.60	8.2
其中：国内贷款	亿元	2432.61	13.5
个人按揭贷款	亿元	1533.84	4.0
本年购置土地面积	万平方米	1956.99	-13.1

五、国内贸易

全年社会消费品零售总额 28471.15 亿元，比上年增长 11.9%。分地域看，城镇消费品零售额 24925.32 亿元，增长 11.9%；农村消费品零售额 3545.83 亿元，增长 11.8%。分行业看，批发和零售业零售额 25617.91 亿元，增长 12.3%；住宿和餐饮业零售额 2853.24 亿元，增长 8.3%。从消费形态看，商品零售 25634.59 亿元，增长 12.3%；餐饮收入 2836.56 亿元，增长 8.3%。

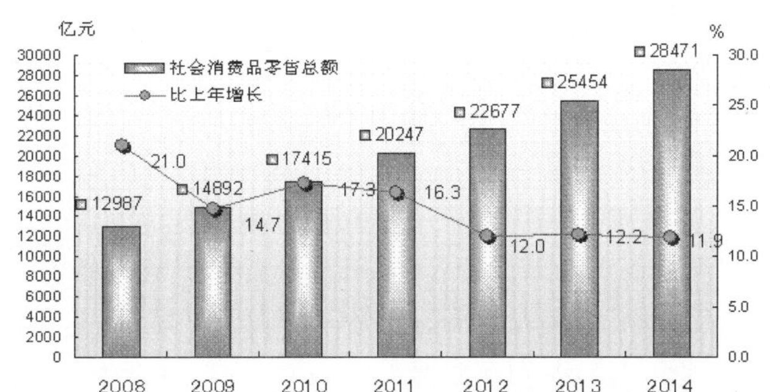

图 6　2008-2014 年社会消费品零售总额及其增长速度

在限额以上批发和零售业商品零售额中，粮油、食品、饮料、烟酒类增长 10.5%，服装、鞋帽、针纺织品类增长 12.6%，化妆品类增长 0.7%，金银珠宝类增长 1.7%，日用品类增长 20.4%，体育、娱乐用品类增长 3.2%，电子出版物及音像制品类增长 4.9%，书报杂志类增长 19.8%，家用电器和音像器材类增长 17.5%，中西药品类增长 13.5%，文化办公用品类增长 17.5%，通讯器材类增长 22.0%，石油及制品类增长 4.8%，汽车类增长 19.2%，建筑及装潢材料类增长 17.3%。

六、对外经济

全年进出口总额 10767.34 亿美元，比上年下降 1.4%。其中，出口 6462.22 亿美元，增长 1.5%；进口 4305.12 亿美元，下降 5.5%。进出口差额（出口减进口）2157.10 亿美元，比上年增加 347.45 亿美元。

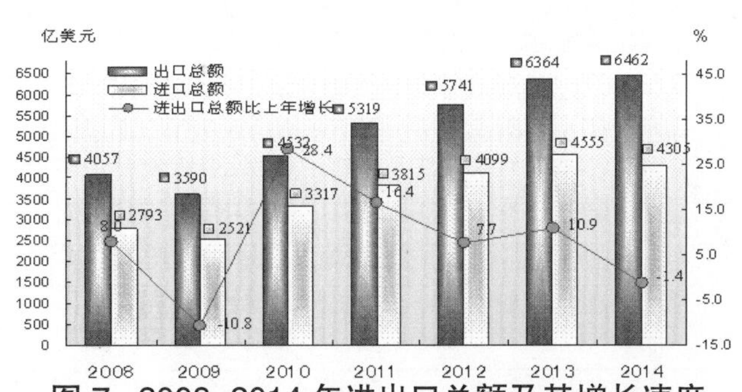

图 7　2008-2014 年进出口总额及其增长速度

表 8 2014 年进出口总额及其增长速度

指标	绝对数(亿美元)	比上年增长(%)
进出口总额	10767.34	-1.4
出口额	6462.22	1.5
其中：一般贸易	2499.62	16.5
加工贸易	3206.18	-0.9
其中：机电产品	4286.14	-2.5
高新技术产品	2310.52	-9.9
其中：国有企业	497.70	-1.4
外商投资企业	3561.10	-0.3
其它企业	2403.42	5.1
进口额	4305.12	-5.5
其中：一般贸易	1658.03	7.5
加工贸易	1996.76	-1.8
其中：机电产品	2543.04	-10.4
高新技术产品	1932.73	-11.6
其中：国有企业	380.58	-5.2
外商投资企业	2327.86	-0.8
其它企业	1596.68	-11.6
进出口差额(出口减进口)	2157.10	19.2

表 9 2014 年主要商品出口数量、金额及其增长速度

商品名称	单位	数量	比上年增长(%)	金额 (亿美元)	比上年增长(%)
钢材	万吨	342.27	22.8	42.92	14.6
纺织纱线、织物及制品				120.21	1.9
服装及衣着附件				363.45	9.8
鞋类				153.87	6.4
家具及其零件				196.49	12.6
自动数据处理设备及其部件	万台	103352.32	4.9	466.44	-5.7
手持或车载无线电话	万台	81721.63	10.4	491.91	21.3
集装箱	万个	74.05	28.1	24.29	21.4
集成电路	百万个	23966.27	-8.0	97.07	-74.8
液晶显示板	万个	142737.09	-37.3	121.81	-17.5
汽车(包括整套散件)	万辆	2.92	-3.4	7.53	21.8

表 10 2014 年主要商品进口数量、金额及其增长速度

商品名称	数量(万吨)	比上年增长(%)	金额(亿美元)	比上年增长(%)
谷物及谷物粉	478.49	81.2	16.60	54.2
大豆	528.23	29.9	29.27	19.8
食用植物油	49.85	7.8	4.14	0.5
天然橡胶(包括胶乳)	11.48	25.4	2.12	-2.7
合成橡胶(包括胶乳)	20.21	-11.8	5.88	-13.6
铁矿砂及其精矿	1865.61	45.5	18.15	10.3
氧化铝	90.77	28.8	3.39	28.4
原油	1784.16	25.8	132.56	20.9
成品油	285.83	-50.4	22.69	-50.7
初级形状的塑料	787.57	-2.7	164.59	1.3
纸浆	158.00	5.2	10.23	6.0
钢材	454.11	-3.7	47.50	-3.9
未锻造的铜及铜材	75.12	-14.6	60.60	-15.5

表 11 2014 年主要国家和地区进出口总额及其增长速度

国家和地区	出口额(亿美元)	比上年增长(%)	进口额(亿美元)	比上年增长(%)
香港地区	2293.95	-12.5	58.56	-10.9
美国	998.86	6.6	218.97	-13.0
欧洲联盟(28 国)	804.03	13.0	252.51	-0.7
东盟	512.89	12.4	609.99	7.8
日本	259.42	-1.7	419.81	1.0
韩国	257.43	8.0	465.60	0.3
俄罗斯	72.92	4.2	7.38	-26.0

注：欧洲联盟于 2013 年 7 月增加克罗地亚。

全年新签外商直接投资项目 6016 个，比上年增长 9.0%；合同外资金额 430.59 亿美元，比上年增长 18.6%。实际使用外商直接投资金额 268.71 亿美元，增长 7.7%。

表 12　2014 年分行业外商直接投资及其增长速度

行业名称	合同外资金额（亿美元）	比上年增长（%）	实际使用金额（亿美元）	比上年增长（%）
总　计	430.59	18.6	268.71	7.7
农、林、牧、渔业	7.64	41.9	1.69	11.5
采矿业	0.17	-9.2	0.03	-70.7
制造业	176.98	-8.9	129.54	1.1
电力、燃气及水的生产和供应业	8.83	59.2	8.57	36.9
建筑业	1.44	-16.1	0.87	-1.3
交通运输、仓储和邮政业	6.63	0.4	4.30	-28.9
信息传输、计算机服务和软件业	12.64	276.3	3.71	34.6
批发和零售业	51.14	11.2	31.94	17.2
住宿和餐饮业	1.95	-22.1	1.35	-28.5
金融业	76.68	231.2	18.04	84.5
房地产业	48.65	30.4	43.44	28.8
租赁和商务服务业	24.77	-4.8	17.65	-8.3
科学研究、技术服务和地质勘查业	9.61	97.0	4.89	-3.4
水利、环境和公共设施管理业	0.84	-30.8	0.66	-79.7
居民服务和其它服务业	0.45	-86.2	1.05	-43.9
教育	0.08	-20.1	0.05	60.5
卫生、社会保障和社会福利业	0.05	-91.2	0.11	-77.1
文化、体育和娱乐业	2.05	100.1	0.83	-30.5

全年经核准境外投资新增中方协议投资额 124.91 亿美元；对外承包工程完成营业额 124.11 亿美元，比上年下降 45.7%；对外劳务合作新签劳务人员合同工资总额 9.81 亿美元，劳务人员实际收入总额 6.62 亿美元；承包工程和劳务合作年末在外人员共 7.62 万人。

七、交通、邮电和旅游

全年交通运输、仓储和邮政业实现增加值 2663.11 亿元，比上年增长 9.7%。货物运输总量 357448 万吨，增长 8.9%。货物运输周转量 14994.06 亿吨公里，增长 22.7%。

表 13　2014 年各种运输方式完成货物运输量及其增长速度

指　标	单位	绝对数	比上年增长（%）
货物运输总量	万吨	357448	8.9
铁路	万吨	11159	-7.3
公路	万吨	260882	8.9
水路	万吨	77175	12.1
民航	万吨	144	9.9
管道	万吨	8087	5.7
货物运输周转量	亿吨公里	14994.06	22.7
铁路	亿吨公里	274.77	-8.9
公路	亿吨公里	3129.37	17.0
水路	亿吨公里	11365.60	25.9
民航	亿吨公里	50.96	15.3
管道	亿吨公里	173.36	2.0

全年旅客运输总量 192587 万人，增长 10.0%。旅客运输周转量 3969.58 亿人公里，增长 12.2%。

表 14　2014 年各种运输方式完成旅客运输量及其增长速度

指　标	单位	绝对数	比上年增长（%）
旅客运输总量	万人	192587	10.0
铁路	万人	23020	12.5
公路	万人	157235	9.6
水路	万人	2562	18.8
民航	万人	9771	8.6
旅客运输周转量	亿人公里	3969.58	12.2
铁路	亿人公里	673.31	19.0
公路	亿人公里	1629.79	11.4
水路	亿人公里	10.47	25.0
民航	亿人公里	1656.01	10.4

全年全省规模以上港口完成货物吞吐量156370万吨，比上年增长4.7%。其中，外贸货物吞吐量50896万吨，增长2.6%；内贸货物吞吐量105474万吨，增长5.7%。港口集装箱吞吐量5292.43万标准箱，增长7.3%。

年末公路通车里程21.21万公里，其中，高速公路里程6280公里，比上年末增长10.1%。年末全省民用汽车保有量1328.44万辆，比上年末增长12.8%，其中，私人汽车1150.78万辆，增长15.7%。民用轿车保有量1100.71万辆，增长16.3%，其中，私人轿车1013.06万辆，增长18.3%。

全年完成邮电业务总量3387.25亿元（按2010年不变价格计算，下同），增长20.1%。其中，邮政业务总量857.67亿元，增长44.9%，快递业务量33.6亿件，同比增长59.3%，快递业务收入461.3亿元，同比增长37.0%；电信业务总量2529.58亿元，增长13.5%。年末固定电话用户2950.57万户，其中，城市电话用户2166.54万户，乡村电话用户784.03万户。年末移动电话用户14943.37万户，其中，3G移动电话用户4981.24万户，4G移动电话用户1469.71万户。年末（固定）互联网用户2479.54万户，增长15.1%，其中，（固定）互联网宽带接入用户2409.79万户，增长15.8%。年末移动互联网用户10412.82万户，增长4.9%。

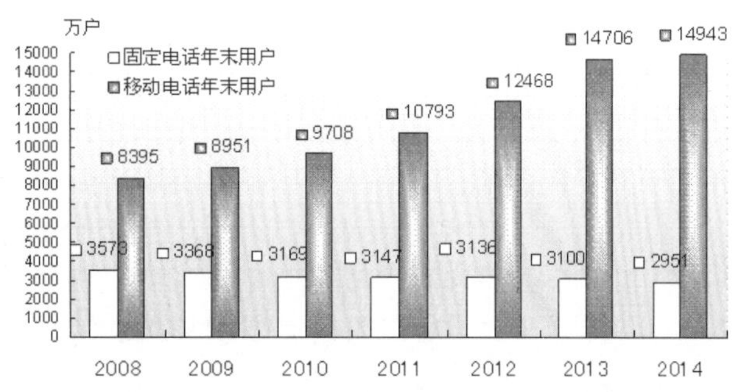

图8 2008-2014年年末电话用户数

全年口岸入境旅游人数9986.28万人次，比上年下降1.2%。其中，外国人673.30万人次，下降9.8%；香港、澳门和台湾同胞9312.98万人次，下降0.6%。在入境人数中，过夜旅游者3360.55万人次，下降1.1%。国际旅游外汇收入171.06亿美元，增长5.1%。国内游客达6.58亿人次，增长10.4%，其中，过夜旅游者2.93亿人次，增长9.4%；国内旅游收入8220亿元，增长13.2%。

八、金融

年末全省银行业金融机构本外币各项存款余额127881.47亿元，比上年末增长6.9%；各项贷款余额84921.79亿元，增长12.2%。年末全省农村合作机构本外币存款余额16560.93亿元，比上年末增长10.5%；贷款余额10362.85亿元，增长15.2%。银行业金融机构本年利润（税后）2121.37亿元，比上年增长2.3%。年末银行业金融机构不良贷款率为1.3%。

表15 2014年末银行业金融机构本外币存贷款及其增长速度

指　标	绝对数（亿元）	比上年末增长（%）
各项存款余额	127881.47	6.9
其中：单位存款	63333.58	9.0
储蓄存款	53215.87	5.1
各项贷款余额	84921.79	12.2
其中：境内短期贷款	27997.62	9.6
境内中长期贷款	51164.67	11.8

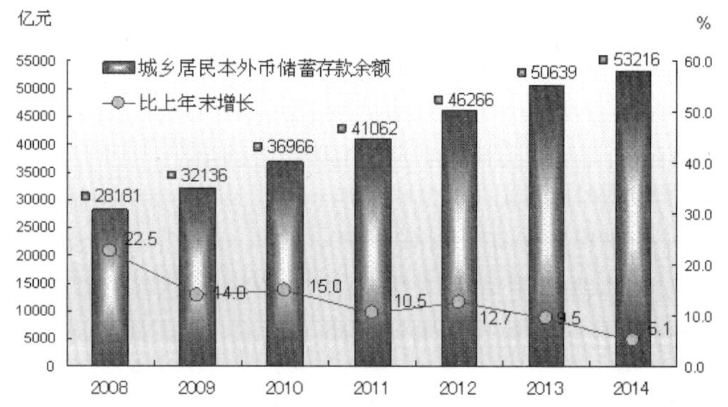

图9 2008-2014年城乡居民本外币储存存款余额及其增长速度

年末全省证券市场共有上市公司390家，市价总值5.15万亿元，比上年末增长59.9%。上市公司通过证券市场筹集资金1104.80亿元，下降19.7%。证券公司23家，全年实现营业收入705.45亿元，净利润261.70亿元，分别增长63.6%和112.7%。证券营业部950家，股东账户数2641.26万户，增长8.4%，代理股票交易额22.28万亿元，增长62.5%。基金公司25家，共管理687只公募基金。基金规模13098.00亿份，增长12.6%；基金净值14147.61亿元，增长30.6%。期货公司21家，全年代理交易额100.48万亿元，增长10.1%；营业收入28.65亿元，增长1.1%；利润总额10.42亿元，增长7.0%。

全年实现保费收入2341.65亿元，增长23.1%。其中，寿险业务保费收入1297.1亿元，财产险业务保费收入796.95亿元，分别增长22.6%和20.7%；健康险和意外伤害险业务保费收入247.6亿元，增长 33.9%。全年共支付各项赔款和给付 702.4 亿元，增长 13.5%。其中，寿险业务赔付支出 234 亿元，增长 12.3%；财产险业务赔款支出 393.4 亿元，增长 11.6%；健康险和意外伤害险赔付支出 75 亿元，增长 29.2%。

九、人民生活和社会保障

年末常住人口 10724 万人。全年出生人口 115.39 万人，出生率 10.80‰；死亡人口 50.21 万人，死亡率 4.70‰；自然增长人口 65.18 万人，自然增长率 6.10‰。

表 16 2014 年常住人口数及其构成

指标	年末人口数（万人）	比重（%）
常住人口	10724	100
其中：城镇	7292.32	68.00
乡村	3431.68	32.00
其中：男性	5676.21	52.93
女性	5047.79	47.07
其中：0-14 岁	1649.19	15.38
15-64 岁	8187.91	76.35
65 岁及以上	886.90	8.27

全年广东居民人均可支配收入 25685 元，比上年增长 9.7%，扣除物价因素实际增长 7.2%。

全年农村常住居民人均可支配收入 12246 元，比上年增长 10.6%；扣除价格因素，实际增长 8.3%。农村居民消费支出中教育文化娱乐服务所占比重为 9.1%。农村居民现住房建筑面积人均 39.32 平方米。农村最高 20% 收入组人均可支配收入 26622 元，最低 20% 收入组人均可支配收入 5139 元。

全年城镇常住居民人均可支配收入 32148 元，比上年增长 8.8%；扣除价格因素，实际增长 6.4%。城镇居民消费支出中教育文化娱乐服务所占比重为 10.5%。城镇居民现住房建筑面积人均 31.88 平方米。城镇最高 20% 收入组人均可支配收入 65895 元，最低 20% 收入组人均可支配收入 10474 元。

年末全省参加城镇职工基本养老保险（含离退休）4758.6 万人，比上年末增长 15.0%。参加城镇职工基本医疗保险 3647.1 万人，增长 5.0%；其中，参加城镇职工基本医疗保险的异地务工人员 1851.1 万人，下降 0.8%。参加城乡（镇）居民基本医疗保险 6157.1 万人，增长 7.8%。参加工伤保险 3092.6 万人，增长 1.2%。参加生育保险 2801.3 万人，增长 3.3%。参加失业保险 2840.2 万人，增长 5.0%。

表 17 2014 年末全省参加各类保险人数及其增长速度

指标	参保人数（万人）	比上年末增长（%）
参加城镇职工基本养老保险（含离退休）	4758.6	15.0
其中：参保职工	4153.8	16.7
参保离退休人员	445.9	5.8
参加城乡（镇）基本医疗保险	9804.2	6.8
其中：城镇职工基本医疗保险	3647.1	5.0
城乡（镇）居民基本医疗保险	6157.1	7.8
参加城镇基本医疗保险的异地务工人员	1851.1	-0.8
参加失业保险	2840.2	5.0
参加工伤保险	3092.6	1.2
其中：参保异地务工人员	1990.0	-0.5
参加生育保险	2801.3	3.3

全年城乡医疗救助 92 万人次，比上年增加 37.0%。民政部门资助参保参合的人数达 260 万人次。全年征收社会保险基金 3200.5 亿元，增长 11.4%；年末五种保险基金累计结余 7919.8 亿元，增长 17.1%。年末享受低保救济的困难群众达 190 万人，其中，城镇 32 万人，农村 158 万人。全年城镇职工领取失业保险金人数为 30.02 万人，增长 58.7%。

各类提供住宿的社会服务机构床位 17.19 万张，收养救助人员 8.22 万人。城镇各种社区服务设施 5.12 万个，其中，综合性社区服务中心 2700 个。共发行销售福利彩票 206.8 亿元，筹集福利彩票公益金 59.88 亿元，直接接收社会捐赠 8.94 亿元。年末每万人拥有社会组织数量为 4.37 个。注册志愿者人数 700.68 万人。注册志愿者人均参与志愿服务时数 17.13 小时。

十、教育和科学技术

全年各级各类教育（不含非学历培训，不含技工学校）招生 657.70 万人，比上年增长 0.64%；在校学生 2195.86 万人，比上年增长 0.95%；毕业生 557.67 万人，下降 3.47%。其中，特殊教育学校招生 5300 人，在校生 28285 人；学前教育在园幼儿 379.34 万人。

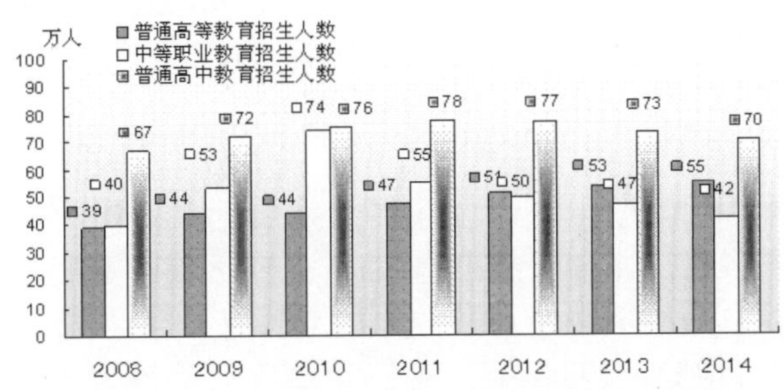

图 10 2008-2014 年各类教育招生人数

表 18　2014 年各级各类教育招生、在校生、毕业生人数及其增长速度

指　　标	招生（万人）	比上年增长(%)	在校生(万人)	比上年增长(%)	毕业生(万人)	比上年增长(%)
研究生教育	2.98	1.76	8.66	1.63	2.55	4.87
普通本专科	54.51	3.61	179.42	4.93	44.10	6.95
成人本专科	26.41	22.38	62.70	17.32	15.26	-2.34
网络本专科	3.40	-10.08	9.94	4.68	2.84	15.08
各类中等职业技术教育（不含技工学校）	41.70	-12.19	128.22	-8.99	45.70	-6.41
普通高中	69.68	-4.65	214.02	-2.92	72.87	0.70
初中	119.56	-8.02	376.75	-6.93	138.30	-8.81
小学	153.67	2.42	831.91	2.97	124.35	-9.26
学前教育	184.64	7.98	379.34	6.98	114.29	5.58
特殊教育	0.53	37.23	2.83	29.75	0.24	-3.44

年末县及县级以上国有研究与开发机构、科技情报和文献机构 385 个。规模以上工业企业拥有技术开发机构 2692 个。全省科学研究与试验发展（R&D）人员 51.1 万人年（折合全时当量）。全省 R&D 经费支出约 1627 亿元。

全年科技成果 1748 项，其中，基础理论成果 55 项，应用技术成果 1656 项，软科学成果 37 项。全年专利申请总量 278351 件，增长 5.3%；其中，发明专利申请量 75148 件，增长 8.9%；全年专利授权总量 179953 件，增长 5.6%，其中，发明专利授权量 22276 件，增长 10.9%；全年《专利合作条约》(PCT) 国际专利申请量 13332 件，增长 15.7%。截至 2014 年底，我省有效发明专利量 111878 件，居全国首位。全年经各级科技行政部门登记技术合同 19150 项；技术合同成交额 543.15 亿元。

全省高新技术企业 9294 家；高新技术产品产值 5.18 万亿元，增长 14.9%。拥有国家工程实验室 9 家，省级工程实验室 46 家，国家工程（技术）研究中心 23 家，国家地方联合创新平台 31 家；已建立省级工程研究中心 1390 家，国家级企业（集团）技术中心 79 家，省级企业技术中心 743 家。新增国家高技术产业化示范工程项目 57 项；拥有广东省战略性新兴产业基地 42 家。认定技术创新专业镇 383 个。

全省共有国家产品质量监督检验中心 64 个；法定产品质量监督检验机构 6 个；省质监局授权产品质量监督检验机构 165 个；法定质量计量综合检测机构 19 个；法定计量检定机构 90 个；省质监局专项授权计量技术机构 20 个；标准化技术机构 13 个；特种设备综合检验机构 28 个。截至 2014 年底获得实验室资质认定审查认可授权（验收）证书机构 177 家，获得资质认证的实验室 2207 家。获得质量、环境、职业健康三大管理体系认证企业 79418 家，获得 3C 产品认证的企业 13321 家。

全省共有天气雷达 11 部，比上年新增 1 部。卫星云图接收站点 2 个。共有地震台站 81 个，地震遥测台网 1 个。全省共有海洋观测、监测站点 304 个。测绘部门共出版地图 79 种。出版测绘图书 9 种。

十一、文化、卫生和体育

年末全省共有各类专业艺术表演团体（公有制）73 个，群众艺术馆、文化馆 147 个，县级及以上公共图书馆 137 个，博物馆、纪念馆 175 个。全省有广播电台 22 座，电视台 24 座。广播综合人口覆盖率和电视综合人口覆盖率均为 99.9%。有线广播电视用户 1983.85 万户，有线数字电视用户 1617.57 万户，分别比上年末增长 1.22% 和 2.96%。全年出版报纸 41.04 亿份，各类期刊 1.68 亿册，图书 3.14 亿册。全省共有综合档案馆 143 个。

年末全省共有各类卫生计生机构 48085 个，其中，医院 1260 个、卫生院 1222 个，社区卫生服务机构 2527 个，妇幼保健机构 130 个，专科疾病防治机构 136 个，疾病预防控制中心 137 个，卫生监督机构 138 个、村卫生室 28161 个。全省卫生机构拥有在岗职工 73.34 万人，增长 3.4%；其中，执业医师和执业助理医师 21.67 万人，注册护士 23.33 万人；拥有医疗床位 40.56 万张，其中医院 31.97 万张。全省 1201 家乡镇卫生院拥有卫生技术人员 6.64 万人，床位 5.20 万张；137 家疾病预防控制中心拥有卫生技术人员 7896 人，138 家卫生监督机构拥有卫生技术人员 3204 人。甲、乙类传染病发病总数 383984 例，死亡 1072 人；发病率 360.75 /10 万，死亡率 1.01/10

万。农村自来水普及率 89.44%，提高 1.06%。

全省体育健儿在国内外重大比赛中，获得 138 项次全国冠军，17 人次世界冠军，破全国纪录 3 项次。

十二、资源、环境和安全生产

全年水资源总量 1704.5 亿立方米，比上年减少 24.7%。平均降水量 1652.5 毫米，较上年偏少 22.2%。年末全省大型水库蓄水总量 147.6 亿立方米，比上年减少 14.9%。

全年规模以上工业综合能源消费量 14498.19 万吨标准煤，比上年下降 1.6%。单位工业增加值能耗下降 9.3%。全社会用电量 5235.23 亿千瓦时，增长 8.4%。其中，工业用电量 3454.68 亿千瓦时，增长 7.8%。

全省江河省控监测断面中，I-II 类水质的断面比例 52.4%，Ⅲ类水质的断面比例 25.0%，Ⅳ类水质的断面比例 12.1%，Ⅴ类水质的断面比例 2.4%，超过Ⅴ类水质的断面比例 8.1%。近岸海域海水质量达到一类海水水质标准的海域面积占 19.2%；二类海水占 63.5%；三类海水占 5.8%；四类、劣四类海水占 11.5%。

全省平均灰霾天气日数 39.5 天，比上年减少 2.8 天；全年日照时数 1836 小时，比正常年份偏多 81.6 小时。全年全省（21 个地级市及顺德区）实施《环境空气质量标准》(GB 3095-2012)，所有城市二氧化硫年均值均达到二级标准；4 个城市二氧化氮年均值超过二级标准，1 个城市可吸入颗粒物年均值超过二级标准，6 个城市细颗粒物年均值达到二级标准；6 个城市臭氧最大 8 小时均值第 90 百分位数超过二级标准；所有城市一氧化碳第 95 百分位数均达到一级标准。珠三角 9 市 1 区空气质量达到二级以上天数比例平均为 81%，较去年上升 5.9 个百分点。建成污水处理厂 447 座，城市污水日处理能力达到 2283 万吨，增长 4.0%；城市生活垃圾无害化处理率达 85.0% 左右，提高 2.5%。城市人均公园绿地面积 15.98 平方米，增加 0.04 平方米。

全年农作物受灾面积 843.8 千公顷，洪涝和干旱造成直接经济损失 77 亿元。海洋发生赤潮 15 次，累计面积 684 平方公里。发生各类地质灾害 268 起，造成死亡人数 6 人，直接经济损失 0.54 亿元。综合治理水土流失面积 473 平方公里。

全年完成荒山荒（沙）地造林、更新造林、有林地造林面积 243278 公顷，低产低效林改造面积 48917 公顷。全省森林覆盖率达到 58.7%。全省共有国家级自然保护区 15 个，面积 33.76 万公顷；国家地质公园 8 个，面积 9.99 万公顷；地质遗迹保护区 9 个，面积 4.45 万公顷。

全年共发生各类事故 49396 起，死亡 6226 人，受伤 30866 人，直接经济损失 63945 万元。全年发生道路交通事故 26820 起，下降 5.5%；死亡 5629 人，下降 0.3%，受伤 30585 人，上升 7.5%，直接经济损失 7368.4 万元，下降 8.0%。道路交通万车死亡人数为 2.38 人。

注：

1. 本公报中 2014 年数据为初步统计数，统计图中 2008–2013 年数据为年报数。

2. 从 2011 年起，规模以上工业统计口径由 500 万元调整为 2000 万元及以上；固定资产投资项目统计起点由计划总投资 50 万元提高到 500 万元，增速为可比口径。从 2012 年起，“地方一般预算收入”更名为“地方公共财政预算收入”。2012 年四季度，国家统计局实施了城乡一体化住户调查改革。2014 年按照新的调查口径对外发布城乡一体的居民人均可支配收入和分城镇、农村常住居民人均可支配收入数据。由于新老调查方案在调查范围、调查对象、城乡划分标准、样本抽选、计算和汇总方式、指标口径等方面变化较大，改革后新口径数据和旧口径数据存在不可比的差异。

3. 地区生产总值、各产业增加值绝对数按现价计算，增长速度按可比价计算。

4. 珠三角地区指广州、深圳、珠海、佛山、惠州、东莞、中山、江门和肇庆。东翼指汕头、汕尾、潮州和揭阳四个市。西翼指阳江、湛江和茂名三个市。山区指韶关、河源、梅州、清远和云浮五个市。

5. 先进制造业包括装备制造业、钢铁冶炼及加工业、石油及化学制造业。高技术制造业包括核燃料加工业、信息化学品制造业、医药制造业、航空航天器制造业、电子通信设备制造业、计算机制造业、医疗仪器设备制造业。六大高耗能行业包括石油加工炼焦及核燃料加工业、化学原料及化学制品制造业、非金属矿物制品业、黑色金属冶炼及压延加工业、有色金属冶炼及压延加工业、电力热力的生产和供应业。

6. 年末五种保险基金是指城镇职工养老保险、城乡（镇）基本医疗保险、失业、工伤、生育保险，不含城乡居民养老保险。

7.2014 年规模以上工业企业拥有技术开发机构数、全省科学研究与试验发展（R&D）人员数及全省 R&D 经费支出数为预计数。

8.2014 年新闻出版相关数据（报纸、期刊及图书）

为快报数。

9. 部分卫生行业数据尚未经卫生部审核确认；2014 年度乙肝、丙肝、血吸虫病的发病数和死亡数包含急性病和慢性病患者人数。

10. 因火灾事故统计口径变化，各类事故四项指标数据与上年不可比。

资料来源：本公报中城镇新增就业、登记失业率、社会保障数据来自省人力资源社会保障厅；财政数据来自省财政厅；新增发电机组容量、新增 11 万伏及以上变电设备数据来自省发展改革委；新建公路、港口万吨级码头泊位新增吞吐能力、公路运输、水运、港口货物吞吐量数据来自省交通运输厅；城市污水处理、公园绿地面积数据来自省住房城乡建设厅；货物进出口数据来自海关总署广东分署；外商直接投资、对外直接投资、对外承包工程、对外劳务合作等数据来自省商务厅；国际互联网用户、邮电业务总量等数据来自邮政及通信部门（单位）；旅游数据来自省旅游局；货币金融数据来自人民银行广州分行；上市公司数据来自广东证监局、深圳证监局；保险业数据来自广东保监局；国家工程研究中心、企业技术中心等数据来自省科技厅；教育数据来自省教育厅；专利数据来自省知识产权局；质量检验数据来自省质监局；气象数据来自省气象局；地震数据来自省地震局；测绘数据、各类地质灾害数据来自省国土资源厅；水产品产量数据、海洋数据来自省海洋渔业局；艺术表演团体、博物馆、公共图书馆、文化馆数据来自省文化厅；广播、电视、电影、报纸、期刊、图书数据来自省新闻出版广电局；档案数据来自省档案局；体育数据来自省体育局；卫生数据来自省卫生计生委；低保、农作物受灾面积、洪涝和干旱造成直接经济损失、社会组织数据来自省民政厅；环境监测数据来自省环境保护厅；水资源数据来自省水利厅；安全生产数据来自省安全监管局；林业数据来自省林业厅；志愿者数据来自团省委；其他数据来自广东省统计局和国家统计局广东调查总队。

广东省第三次全国经济普查主要数据公报（第一号）

广东省统计局
广东省第三次全国经济普查领导小组办公室

根据《国务院关于开展第三次全国经济普查的通知》（国发〔2012〕60 号）和《广东省人民政府转发国务院关于开展第三次全国经济普查的通知》（粤府〔2012〕151 号）要求，广东省进行了第三次全国经济普查。这次普查的标准时点为 2013 年 12 月 31 日，普查时期资料为 2013 年年度资料。普查对象是在广东省内从事第二产业和第三产业的全部法人单位、产业活动单位和个体经营户。通过这次普查，摸清了广东省第二产业和第三产业的发展规模及布局，摸清了广东省产业组织、产业结构、产业技术的现状以及各生产要素的构成，查实了服务业、小微企业和高技术产业（制造业）的发展状况。通过对 21 个地级市的数据质量抽查，数据填报综合差错率为 3.2‰，普查数据质量达到预期目标要求。

根据《全国经济普查条例》的规定和国务院经济普查办公室的要求，经广东省人民政府批准，广东省统计局和广东省第三次全国经济普查领导小组办公室现分三个公报，将广东省第三次全国经济普查的主要综合数据公报如下。其他普查数据将随着普查资料开发应用的进度，以不同方式陆续公布。

一、单位基本情况

2013 年末，全省共有从事第二产业和第三产业活动的法人单位 107.26 万个，比 2008 年末（2008 年是第二次全国经济普查年份，下同）增加 45.50 万个，增长 73.7%；产业活动单位 125.54 万个，增加 49.20 万个，增长 64.4%；有证照个体经营户 272.50 万个，增加 42.35 万个，增长 18.4%（详见表 1-1）。

表 1-1 单位数与有证照个体经营户数

	单位数（万个）	比重（%）
一、法人单位	107.26	100.0
企业法人	89.96	83.9
机关、事业法人	5.47	5.1
社会团体和其他法人	11.83	11.0
二、产业活动单位	125.54	100.0
第二产业	34.80	27.7
第三产业	90.74	72.3
三、有证照个体经营户	272.50	100.0
第二产业	21.50	7.9
第三产业	251.00	92.1

2013 年末，在第二产业和第三产业法人单位中，位居前三位的行业是：制造业 30.09 万个，占 28.1%；批发和零售业 29.11 万个，占 27.1%；租赁和商务服务业 13.19 万个，占 12.3%。在有证照个体经营户中，位居前三位的行业是：批发和零售业 154.92 万个，占 56.9%；交通运输、仓储和邮政业 54.22 万个，占 19.9%；制造业 20.85 万个，占 7.7%（详见表 1-2）。

表 1-2 按行业分组的法人单位与有证照个体经营户

	法人单位（万个）	有证照个体经营户（万个）
合　计	107.26	272.50
采矿业	0.28	0.08
制造业	30.09	20.85
电力、热力、燃气及水生产和供应业	0.84	0.20
建筑业	2.39	0.81
批发和零售业	29.11	154.92
交通运输、仓储和邮政业	2.67	54.22

（续上表）

	法人单位（万个）	有证照个体经营户（万个）
住宿和餐饮业	1.86	17.40
信息传输、软件和信息技术服务业	2.71	0.57
金融业	0.23	-
房地产业	4.17	0.37
租赁和商务服务业	13.19	1.71
科学研究和技术服务业	3.60	1.16
水利、环境和公共设施管理业	0.55	0.02
居民服务、修理和其他服务业	1.76	17.69
教育	3.61	0.45
卫生和社会工作	1.04	0.99
文化、体育和娱乐业	1.47	0.90
公共管理、社会保障和社会组织	6.82	-

注：表中法人单位合计数含从事农、林、牧、渔服务业和兼营第二、三产业活动的农、林、牧、渔业法人单位 0.86 万个；有证照个体经营户合计数含从事农、林、牧、渔服务业活动的个体经营户 0.14 万个。

2013 年末，全省共有第二产业和第三产业的企业法人单位 89.96 万个，比 2008 年末增加 39.04 万个，增长 76.7%。其中，内资企业占 94.5%；港、澳、台商投资企业占 3.9%；外商投资企业占 1.6%。内资企业中，国有企业占全部企业法人单位的 1.0%；私营企业占 62.1%（详见表 1-3）。

表 1-3　按登记注册类型分组的企业法人单位

	企业法人单位（万个）
合　计	89.96
内资企业	85.01
国有企业	0.87
集体企业	1.46
股份合作企业	0.74
联营企业	0.47
有限责任公司	20.05
股份有限公司	1.25
私营企业	55.87
其他企业	4.28
港、澳、台商投资企业	3.52
外商投资企业	1.44

二、从业人员

2013 年末，全省第二产业和第三产业法人单位从业人员 3947.17 万人，比 2008 年末增加 847.78 万人，增长 27.4%。有证照个体经营户从业人员 884.86 万人，比 2008 年末减少 10.89 万人，下降 1.2%。

在法人单位从业人员中，位居前三位的行业是：制造业 2058.98 万人，占 52.2%；批发和零售业 349.49 万人，占 8.9%；建筑业 248.02 万人，占 6.3%。在有证照个体经营户从业人员中，位居前三位的行业是：批发和零售业 433.45 万人，占 49.0%；制造业 174.91 万人，占 19.8%；住宿和餐饮业 93.82 万人，占 10.6%（详见表 1-4）。

表 1-4　按行业分组的法人单位与有证照个体经营户从业人员

	法人单位从业人员（万人）	有证照个体经营户从业人员（万人）
合　计	3947.17	884.86
采矿业	9.88	0.59
制造业	2058.98	174.91
电力、热力、燃气及水生产和供应业	37.75	0.93
建筑业	248.02	3.76
批发和零售业	349.49	433.45
交通运输、仓储和邮政业	133.98	89.27
住宿和餐饮业	85.31	93.82
信息传输、软件和信息技术服务业	70.63	1.58
金融业	51.52	-
房地产业	116.53	1.09
租赁和商务服务业	191.65	5.56
科学研究和技术服务业	68.19	3.83
水利、环境和公共设施管理业	20.60	0.07
居民服务、修理和其他服务业	37.65	65.61

（续上表）

	法人单位从业人员（万人）	有证照个体经营户从业人员（万人）
教育	162.55	2.30
卫生和社会工作	67.12	3.33
文化、体育和娱乐业	26.73	4.16
公共管理、社会保障和社会组织	200.61	-

注：表中法人单位从业人员合计数含从事农、林、牧、渔服务业和兼营第二、三产业活动的农、林、牧、渔业法人单位从业人员 9.96 万人；有证照个体经营户从业人员合计数含从事农、林、牧、渔服务业活动的个体经营户从业人员 0.59 万人。

三、企业资产总计

2013 年末，全省第二产业和第三产业企业资产总计 475155.53 亿元。其中，第二产业企业资产总计占全部企业资产总计的 22.1%，第三产业企业资产总计占 78.0%。

四、小微企业

2013 年末，全省共有第二产业和第三产业的小微企业法人单位 85.92 万个，占全部企业法人单位 95.5%。其中，位居前三位的行业是：工业 30.07 万个，占全部企业法人单位 33.4%；批发业 18.55 万个，占 20.6%；零售业 9.77 万个，占 10.9%。

小微企业从业人员 1686.13 万人，占全部企业法人单位从业人员 49.0%。其中，位居前三位的行业是：工业 1009.17 万人，占全部企业法人单位从业人员 29.3%；批发业 159.18 万人，占 4.6%；租赁和商务服务业 116.15 万人，占 3.4%。

小微企业法人单位资产总计 120561.68 亿元，占全部企业法人单位资产总计 25.4%。其中，位居前三位的行业是：工业 34828.83 亿元，占全部企业法人单位资产总计 7.3%；租赁和商务服务业 32262.78 亿元，占 6.8%；批发业 14243.14 亿元，占 3.0%（详见表 1-5）。

表 1-5 按行业分组的小微企业法人单位、从业人员和资产总计

	企业法人单位（万个）	从业人员（万人）	资产总计（亿元）
合　计	85.92	1686.13	120561.68
工业	30.07	1009.17	34828.83
建筑业	2.26	82.38	3425.26

（续上表）

	企业法人单位（万个）	从业人员（万人）	资产总计（亿元）
交通运输业	2.27	42.53	4673.88
仓储业	0.13	2.52	853.40
邮政业	0.13	2.73	41.60
信息传输业	0.37	4.14	293.22
软件和信息技术服务业	2.19	25.64	1600.74
批发业	18.55	159.18	14243.14
零售业	9.77	69.02	2541.03
住宿业	0.67	17.87	647.23
餐饮业	1.04	26.45	256.66
房地产开发经营	0.72	12.58	14043.86
物业管理	1.48	36.89	3067.89
租赁和商务服务业	9.03	116.15	32262.78
其他未列明行业	7.22	78.89	7782.16

注：表中小微企业法人单位合计数含从事农、林、牧、渔服务业和兼营第二、三产业活动的农、林、牧、渔业小微企业法人单位 0.14 万个，从业人员 1.75 万人，资产总计 77.97 亿元。

五、主要经济结构的变化情况

2013 年末，在全省第二产业和第三产业法人单位中，企业法人单位占 83.9%，比 2008 年末提高了 1.5 个百分点；机关、事业法人单位占 5.1%，下降了 3.1 个百分点；社会团体和其他法人占 11.0%，提高了 1.7 个百分点。企业法人单位从业人员占全部法人单位从业人员的 87.3%，下降了 0.8 个百分点；机关、事业法人单位占 8.1%，下降了 1.3 个百分点；社会团体和其他法人占 4.6%，提高了 2.1 个百分点。

在法人单位中，第二产业占 31.2%，比 2008 年末下降了 3.7 个百分点；第三产业占 68.8%，提高了 3.7 个百分点。第二产业法人单位从业人员占全部法人单位从业人员的 59.5%，比 2008 年末下降了 5.0 个百

分点；第三产业法人单位从业人员占 40.5%，提高了 5.0 个百分点。

在法人单位中，珠江三角洲占 79.2%，比 2008 年末提高 2.2 个百分点；东翼占 6.6%，下降 2.1 个百分点；西翼占 7.3%，提高了 0.8 个百分点；山区占 6.9%，下降了 0.9 个百分点。法人单位从业人员中，珠江三角洲占 80.3%，比 2008 年末下降 0.3 个百分点；东翼占 7.5%，提高 0.1 个百分点；西翼占 6.0%，提高 0.4 个百分点；山区占 6.2%，下降 0.2 个百分点（详见表 1-6）。

表 1-6 珠江三角洲、东翼、西翼和山区的法人单位和从业人员

	法人单位		从业人员	
	数量（万个）	比重（%）	数量（万人）	比重（%）
合　计	107.26	100.0	3947.17	100.0
珠江三角洲	84.99	79.2	3167.50	80.3
东　　翼	7.04	6.6	295.59	7.5
西　　翼	7.83	7.3	237.76	6.0
山　　区	7.41	6.9	246.00	6.2

在有证照个体经营户中，第二产业占 8.1%，比 2008 年末下降了 1.2 个百分点；第三产业占 91.9%，提高了 1.2 个百分点。有证照个体经营户从业人员中，第二产业占 20.4%，比 2008 年末下降 10.2 个百分点；第三产业占 79.6%，提高了 10.2 个百分点。

在有证照个体经营户中，珠三角地区占 66.2%，比 2008 年末提高了 1.2 个百分点；粤东地区占 9.1%，下降了 0.5 个百分点；粤西地区占 11.5%，下降了 0.6 个百分点；粤北山区占 13.2%，下降了 0.2 个百分点。有证照个体经营户从业人员中，珠三角地区占 64.2%，比 2008 年末下降了 3.1 个百分点；粤东地区占 10.8%，下降了 0.9 个百分点；粤西地区占 12.8%，提高了 1.7 个百分点；粤北山区占 12.1%，提高了 2.3 个百分点（详见表 1-7）。

表 1-7 珠江三角洲、东翼、西翼和山区的有证照个体经营户和从业人员

	个体经营户		从业人员	
	数量（万个）	比重（%）	数量（万人）	比重（%）
合　计	272.50	100.0	884.86	100.0
珠江三角洲	180.35	66.2	568.47	64.2
东　　翼	24.81	9.1	95.90	10.8
西　　翼	31.27	11.5	113.32	12.8
山　　区	36.06	13.2	107.17	12.1

注释：

［1］三次产业的划分

第一产业是指农、林、牧、渔业（不含农、林、牧、渔服务业）。

第二产业是指采矿业（不含开采辅助活动），制造业（不含金属制品、机械和设备修理业），电力、热力、燃气及水生产和供应业，建筑业。

第三产业即服务业，是指除第一产业、第二产业以外的其他行业。第三产业包括：批发和零售业，交通运输、仓储和邮政业，住宿和餐饮业，信息传输、软件和信息技术服务业，金融业，房地产业，租赁和商务服务业，科学研究和技术服务业，水利、环境和公共设施管理业，居民服务、修理和其他服务业，教育，卫生和社会工作，文化、体育和娱乐业，公共管理、社会保障和社会组织，国际组织，以及农、林、牧、渔业中的农、林、牧、渔服务业，采矿业中的开采辅助活动，制造业中的金属制品、机械和设备修理业。

［2］单位的划分

法人单位是指具备以下条件的单位：

（1）依法成立，有自己的名称、组织机构和场所，能够独立承担民事责任；

（2）独立拥有（或授权使用）资产或者经费，承担负债，有权与其他单位签订合同；

（3）具有包括资产负债表在内的账户，或者能够根据需要编制账户。

法人单位包括企业法人、事业单位法人、机关法人、社会团体法人和其他成员组织法人、其他法人。

产业活动单位是指具备以下条件的单位：

（1）在一个场所从事一种或主要从事一种社会经济活动；

（2）相对独立组织生产活动或经营活动；

（3）能提供收入、支出等相关资料。

有证照的个体经营户是指除农户外，生产资料归劳动者个人所有，以个体劳动为基础，劳动成果归劳动者个人占有和支配的一种经营组织。即按照《民法通则》和《城乡个体工商户管理暂行条例》规定经各级工商行政管理机关登记注册、领取《营业执照》的个体工商户，含无挂靠个体运输户。

［3］小微企业

根据工业和信息化部、国家统计局、国家发展改革委、财政部《关于印发中小企业划型标准规定的通知》（工信部联企业〔2011〕300号），国家统计局制定的《统计上大中小微型企业划分办法》确定。本办法按照行业门类、大类、中类和组合类别，依据从业人员、营业收入、资产总额等指标或替代指标，将广东的企业划分为大型、中型、小型、微型等四种类型。

［4］珠江三角洲包括：广州、深圳、珠海、佛山、江门、东莞、中山、惠州和肇庆。东翼指汕头、汕尾、潮州和揭阳。西翼指湛江、茂名和阳江。山区指韶关、河源、梅州、清远和云浮。

［5］表中的合计数和部分数据因小数取舍而产生的误差，均未作机械调整。

广东省第三次全国经济普查主要数据公报（第二号）

广东省统计局
广东省第三次全国经济普查领导小组办公室

根据第三次全国经济普查结果，现将我省第二产业的主要数据公布如下：

一、工业

（一）企业法人单位数和从业人员

2013 年末，全省共有工业企业法人单位 31.18 万个，从业人员 2105.72 万人，分别比 2008 年末增长 60.5% 和 11.8%。

工业企业法人单位中，内资企业 28.01 万个，占 89.8%；港、澳、台商投资企业 2.34 万个，占 7.5%；外商投资企业 0.83 万个，占 2.7%。内资企业中，国有企业 0.14 万个，占全部企业的 0.4%；集体企业 0.33 万个，占 1.1%；私营企业 19.35 万个，占 62.1%。

在工业企业法人单位从业人员中，内资企业占 57.1%，港、澳、台商投资企业占 27.5%，外商投资企业占 15.3%。内资企业中，国有企业占全部企业的 0.7%，集体企业占 1.2%，私营企业占 33.0%（详见表 2-1）。

表 2-1 按登记注册类型分组的工业企业法人单位和从业人员

	企业法人单位（万个）	从业人员（万人）
合计	31.18	2105.72
内资企业	28.01	1203.24
国有企业	0.14	15.33
集体企业	0.33	26.22
股份合作企业	0.18	5.15
联营企业	0.14	4.15
有限责任公司	6.32	340.74
股份有限公司	0.38	87.41
私营企业	19.35	695.26
其他企业	1.17	29.00
港、澳、台商投资企业	2.34	579.88
外商投资企业	0.83	322.60

在工业企业法人单位中，采矿业 0.28 万个，制造业 30.09 万个，电力、热力、燃气及水生产和供应业 0.81 万个，分别占 0.9%、96.5% 和 2.6%。

在工业企业法人单位从业人员中，采矿业占 0.5%，制造业占 97.8%，电力、热力、燃气及水生产和供应业占 1.8%。在工业行业大类中，计算机通信和其他电子设备制造业、电气机械和器材制造业、纺织服装服饰业从业人员数位居前三位，分别占 19.1%、11.5% 和 7.4%（详见表 2-2）。

表 2-2 按行业分组的工业企业法人单位和从业人员

	企业法人（万个）	从业人员（万人）
合 计	31.18	2105.72
煤炭开采和洗选业	…	0.09
石油和天然气开采业	…	0.58
黑色金属矿采选业	0.04	1.76
有色金属矿采选业	0.02	1.27
非金属矿采选业	0.20	5.82
开采辅助活动	0.01	0.23
其他采矿业	0.01	0.12
农副食品加工业	0.51	24.76
食品制造业	0.52	29.10
酒、饮料和精制茶制造业	0.17	11.38
烟草制品业	…	0.93
纺织业	0.83	60.44
纺织服装、服饰业	2.07	156.76
皮革、毛皮、羽毛及其制品和制鞋业	1.24	121.63
木材加工和木、竹、藤、棕、草制品业	0.43	17.61
家具制造业	1.01	57.34
造纸和纸制品业	1.05	42.27
印刷和记录媒介复制业	1.22	45.68
文教、工美、体育和娱乐用品制造业	1.28	117.87
石油加工、炼焦和核燃料加工业	0.04	3.13
化学原料和化学制品制造业	1.12	49.28
医药制造业	0.13	14.04
化学纤维制造业	0.03	2.13
橡胶和塑料制品业	2.66	139.30
非金属矿物制品业	1.34	85.39
黑色金属冶炼和压延加工业	0.19	14.19
有色金属冶炼和压延加工业	0.26	20.10
金属制品业	3.39	145.23
通用设备制造业	1.49	71.28
专用设备制造业	1.85	72.26
汽车制造业	0.21	37.44
铁路、船舶、航空航天和其他运输设备制造业	0.16	18.94
电气机械和器材制造业	3.10	242.76
计算机、通信和其他电子设备制造业	2.87	402.14
仪器仪表制造业	0.44	36.39
其他制造业	0.22	10.29
废弃资源综合利用业	0.11	5.31
金属制品、机械和设备修理业	0.15	3.38
电力、热力生产和供应业	0.64	28.03
燃气生产和供应业	0.03	1.77
水的生产和供应业	0.14	7.33

（二）资产总计

2013年末，工业企业法人单位资产总计93606.80亿元，比2008年末增长87.1%(详见表2-3)。

表 2-3 按行业分组的工业企业法人单位资产总计

	资产总计（亿元）
合　计	93606.80
煤炭开采和洗选业	7.55
石油和天然气开采业	946.90
黑色金属矿采选业	162.86
有色金属矿采选业	106.10
非金属矿采选业	264.24
开采辅助活动	32.59
其他采矿业	8.56
农副食品加工业	1798.93
食品制造业	1324.39
酒、饮料和精制茶制造业	801.92
烟草制品业	487.41
纺织业	1664.63
纺织服装、服饰业	2236.29
皮革、毛皮、羽毛及其制品和制鞋业	1416.49
木材加工和木、竹、藤、棕、草制品业	562.81
家具制造业	1208.18
造纸和纸制品业	2225.03
印刷和记录媒介复制业	1311.61
文教、工美、体育和娱乐用品制造业	3245.79
石油加工、炼焦和核燃料加工业	1383.40
化学原料和化学制品制造业	4130.72
医药制造业	1495.55
化学纤维制造业	145.68
橡胶和塑料制品业	3683.28
非金属矿物制品业	3691.34
黑色金属冶炼和压延加工业	1613.08
有色金属冶炼和压延加工业	1851.80
金属制品业	3753.72
通用设备制造业	2856.70
专用设备制造业	2620.84
汽车制造业	3824.00
铁路、船舶、航空航天和其他运输设备制造业	1536.27
电气机械和器材制造业	9629.48
计算机、通信和其他电子设备制造业	18524.85
仪器仪表制造业	801.39
其他制造业	214.60
废弃资源综合利用业	459.74
金属制品、机械和设备修理业	140.36
电力、热力生产和供应业	9428.82
燃气生产和供应业	549.19
水的生产和供应业	1459.70

（三）资产贡献率

2013 年，规模以上工业企业法人单位总资产贡献率为 14.53%，比 2008 年提高 0.21 个百分点。其中，采矿业为 39.32%，比 2008 年下降 57.32 个百分点；制造业为 14.77%，比 2008 年上升 0.77 个百分点；电力、热力、燃气及水生产和供应业为 10.41%，比

2008 年上升 1.37 个百分点（详见表 2-4）。

表 2-4 按行业分组的规模以上工业企业法人单位总资产贡献率

	总资产贡献率（%）
合　计	14.53
煤炭开采和洗选业	24.37
石油和天然气开采业	42.35
黑色金属矿采选业	33.71
有色金属矿采选业	35.17
非金属矿采选业	32.54
开采辅助活动	30.62
其他采矿业	
农副食品加工业	12.31
食品制造业	30.70
酒、饮料和精制茶制造业	20.16
烟草制品业	57.95
纺织业	15.73
纺织服装、服饰业	17.52
皮革、毛皮、羽毛及其制品和制鞋业	13.89
木材加工和木、竹、藤、棕、草制品业	19.22
家具制造业	14.30
造纸和纸制品业	7.91
印刷和记录媒介复制业	12.22
文教、工美、体育和娱乐用品制造业	9.47
石油加工、炼焦和核燃料加工业	58.95
化学原料和化学制品制造业	17.97
医药制造业	15.90
化学纤维制造业	12.72
橡胶和塑料制品业	12.09
非金属矿物制品业	14.74
黑色金属冶炼和压延加工业	12.06
有色金属冶炼和压延加工业	10.35
金属制品业	17.22
通用设备制造业	11.75
专用设备制造业	11.12
汽车制造业	21.66
铁路、船舶、航空航天和其他运输设备制造业	5.74
电气机械和器材制造业	12.12
计算机、通信和其他电子设备制造业	11.62
仪器仪表制造业	12.19
其他制造业	10.58
废弃资源综合利用业	24.56
金属制品、机械和设备修理业	8.81
电力、热力生产和供应业	10.76
燃气生产和供应业	14.45
水的生产和供应业	6.30

（四）企业研发活动

2013 年，在规模以上工业企业法人单位中开展 R&D 活动的企业法人单位 5691 个，比 2008 年增长 147.3%，占全部规模以上工业企业法人单位的 13.8%。

2013 年，规模以上工业企业法人单位 R&D 人员折合全时当量 42.63 万人年，比 2008 年增长 116.2%。

2013 年，规模以上工业企业法人单位 R&D 经费支出 1237.48 亿元，比 2008 年增长 179.8%；R&D 经费投入强度为 1.16%，比 2008 年提高 0.46 个百分点（详见表 2-5）。

2013 年，规模以上工业企业法人单位全年专利申请量 9.66 万件，其中发明专利申请 4.72 万件，分别比 2008 年增长 147.7% 和 151.1%；发明专利申请所占比重为 48.9%，比 2008 年上升 0.6 个百分点。

表 2-5 按行业分组的规模以上工业企业法人单位 R&D 经费支出及投入强度情况

	R&D 经费支出（亿元）	R&D 经费投入强度 （%）
合　计	1237.48	1.16
采矿业	5.50	0.44
煤炭开采和洗选业	0.00	0.00
石油和天然气开采业	3.18	0.47
黑色金属矿采选业	0.14	0.09
有色金属矿采选业	0.26	0.20
非金属矿采选业	0.60	0.24
开采辅助活动	1.33	3.45
制造业	1216.19	1.24
农副食品加工业	14.24	0.52
食品制造业	12.24	0.73
酒、饮料和精制茶制造业	3.59	0.38
烟草制品业	0.55	0.14
纺织业	6.37	0.27
纺织服装、服饰业	5.38	0.16
皮革、毛皮、羽毛及其制品和制鞋业	2.92	0.15
木材加工和木、竹、藤、棕、草制品业	1.81	0.30
家具制造业	7.14	0.48
造纸和纸制品业	12.98	0.79
印刷和记录媒介复制业	5.90	0.57
文教、工美、体育和娱乐用品制造业	6.36	0.17
石油加工、炼焦和核燃料加工业	5.37	0.15
化学原料和化学制品制造业	60.73	1.15
医药制造业	32.56	2.84
化学纤维制造业	1.20	0.92
橡胶和塑料制品业	32.87	0.80
非金属矿物制品业	29.74	0.78
黑色金属冶炼和压延加工业	13.03	0.53
有色金属冶炼和压延加工业	19.94	0.69
金属制品业	25.03	0.53
通用设备制造业	47.42	1.52
专用设备制造业	39.37	2.21
汽车制造业	59.91	1.27
铁路船舶航空航天和其他运输设备制造业	15.54	1.34
电气机械和器材制造业	150.08	1.39
计算机、通信和其他电子设备制造业	586.13	2.38
仪器仪表制造业	14.25	1.95

（续上表）

	R&D 经费支出（亿元）	R&D 经费投入强度 （%）
其他制造业	1.31	0.61
废弃资源综合利用业	1.50	0.16
金属制品、机械和设备修理业	0.71	0.80
电力、热力、燃气及水生产和供应业	15.80	0.24
电力、热力生产和供应业	14.06	0.24
燃气生产和供应业	0.88	0.15
水的生产和供应业	0.86	0.28

（五）高技术产业（制造业）

2013 年末，全省共有规模以上高技术产业（制造业）企业法人单位 5802 个，比 2008 年末增长 1.1%；占规模以上制造业的比重为 14.4%，比 2008 年提高 3.2 个百分点。

2013 年，规模以上高技术产业（制造业）企业法人单位 R&D 经费支出 661.28 亿元，比 2008 年增长 177.6%；占规模以上制造业的比重为 54.4%，比重与 2008 年持平；R&D 经费投入强度为 2.37%，比 2008 年提高 0.89 个百分点，比规模以上制造业平均水平高 1.13 个百分点（详见表 2-6）。

2013 年，规模以上高技术产业（制造业）企业法人单位全年专利申请量 4.97 万件，其中发明专利申请 3.10 万件，分别比 2008 年增长 115.7% 和 127.9%；发明专利申请所占比重为 62.4%，比规模以上制造业平均水平高 13.5 百分点。

表 2-6　按领域分规模以上高技术产业（制造业）企业法人单位 R&D 经费支出及投入强度

	R&D 经费支出（亿元）	R&D 经费投入强度（%）
高技术产业（制造业）	661.28	2.37
1. 医药制造业	32.56	2.84
2. 航空、航天器及设备制造业	1.25	1.56
3. 电子及通信设备制造业	551.55	2.76
4. 计算机及办公设备制造业	50.06	0.85
5. 医疗仪器设备及仪器仪表制造业	25.86	3.49

二、建筑业

（一）企业法人单位数和从业人员

2013 年末，全省共有建筑业法人企业单位 2.39 万个，从业人员 248.01 万人，分别比 2008 年末增长 65.6% 和 30.6%。

建筑业企业法人单位中，内资企业占 99.1%，港、澳、台商投资企业占 0.7%，外商投资企业占 0.1%。内资企业中，国有企业占企业法人单位的 1.9%，集体企业占 2.6%，私营企业占 54.7%。

建筑业企业法人单位从业人员中，内资企业占 98.5%，港、澳、台商投资企业占 0.9%，外商投资企业占 0.6%。内资企业中，国有企业占企业法人单位从业人员的 12.0%，集体企业占 7.5%，私营企业占 29.8%（详见表 2-7）。

表 2-7　按登记注册类型分组的建筑业企业法人单位和从业人员

	企业法人单位（万个）	从业人员（万人）
合　　计	2.39	248.01
内资企业	2.37	244.18
国有企业	0.05	29.74
集体企业	0.06	18.58
股份合作企业	0.01	0.29
联营企业	0.01	0.55
有限责任公司	0.81	105.3
股份有限公司	0.04	14.91

（续上表）

	企业法人单位（万个）	从业人员（万人）
私营企业	1.31	73.94
其他企业	0.08	0.87
港、澳、台商投资企业	0.02	2.30
外商投资企业	0.003	1.53

建筑业企业法人单位中，房屋建筑业占 16.0%，土木工程建筑业占 14.5%，建筑安装业占 19.7%，建筑装饰和其他建筑业占 49.8%。

建筑业企业法人单位从业人员中，房屋建筑业占 55.3%，土木工程建筑业占 17.5%，建筑安装业占 11.1%，建筑装饰和其他建筑业占 16.1 %（详见表 2-8）。

表 2-8 按行业分组的建筑业企业法人单位和从业人员

	企业法人单位（万个）	从业人员（万人）
合　计	2.39	248.01
房屋建筑业	0.38	137.16
土木工程建筑业	0.35	43.30
建筑安装业	0.47	27.54
建筑装饰和其他建筑业	1.19	40.01

（二）资产总计

2013 年末，建筑业企业法人单位资产总计 11047.82 亿元，比 2008 年末增长 158.6%（详见表 2-9）。

表 2-9 按行业分组的建筑业企业法人单位资产总计

	资产总计（亿元）
合　计	11047.82
房屋建筑业	4801.46
土木工程建筑业	3669.32
建筑安装业	1098.91
建筑装饰和其他建筑业	1478.13

注释：

[1] 规模以上工业：是指全部年主营业务收入 2000 万元及以上的法人工业企业。

[2] 高技术产业（制造业）：按照《高技术产业（制造业）分类（2013）》，高技术产业（制造业）具体包括医药制造业，航空、航天器及设备制造业，电子及通信设备制造业，计算机及办公设备制造业，医疗仪器设备及仪器仪表制造业。

[3] 研究与试验发展：是指在科学技术领域，为增加知识总量以及运用这些知识去创造新的应用而进行的系统的、创造性的活动，包括基础研究、应用研究、试验发展三类活动。

[4] R&D 经费投入强度：是指 R&D 经费支出与主营业务收入之比。

[5] 表中的合计数和部分计算数据因小数取舍而产生的误差，均未作机械调整。

[6] 建筑业企业法人单位资产总计的汇总口径：资质以上建筑业企业只包括国家联网直报中有工作量的建筑业企业，以及非国家联网直报的全部法人建筑业企业。

广东省第三次全国经济普查主要数据公报（第三号）

广东省统计局
广东省第三次全国经济普查领导小组办公室

根据第三次全国经济普查结果，现将我省第三产业的主要数据公布如下：

一、批发和零售业

（一）企业法人单位数和从业人员

2013 年末，全省共有批发和零售业企业法人单位 29.11 万个，从业人员 349.34 万人，分别比 2008 年末增长 105.9% 和 79.3%。批发和零售业企业法人单位中，批发业占 65.4%，零售业占 34.6%。在批发和零售业企业法人单位从业人员中，批发业占 63.1%，零售业占 36.9%（详见表 3-1）。

表 3-1 按行业分组的批发和零售业企业法人单位和从业人员

	企业法人单位（万个）	从业人员（万人）
合计	29.11	349.34
批发业	19.05	220.59
农、林、牧产品批发	0.48	7.35
食品、饮料及烟草制品批发	1.53	26.07
纺织、服装及家庭用品批发	3.02	42.66
文化、体育用品及器材批发	0.91	10.89
医药及医疗器材批发	0.50	10.06
矿产品、建材及化工产品批发	3.81	39.75
机械设备、五金产品及电子产品批发	5.89	59.26
贸易经纪与代理	1.45	11.72
其他批发业	1.46	12.83
零售业	10.06	128.75
综合零售	0.59	25.23
食品、饮料及烟草制品专门零售	0.78	7.44
纺织、服装及日用品专门零售	1.15	15.48
文化、体育用品及器材专门零售	0.63	6.89
医药及医疗器材专门零售	0.99	9.15
汽车、摩托车、燃料及零配件专门零售	1.08	23.56
家用电器及电子产品专门零售	1.99	19.85
五金、家具及室内装饰材料专门零售	1.76	12.24
货摊、无店铺及其他零售业	1.09	8.91

批发和零售业企业法人单位中，内资企业占 97.5%，港、澳、台商投资企业占 1.6%，外商投资企业占 0.9%。内资企业中，国有企业占企业法人单位的 0.9%，股份有限公司占 1.2%，有限责任公司占 22.2%，私营企业占 65.0%。

批发和零售业企业法人单位从业人员中，内资企业占 89.2%，港、澳、台商投资企业占 6.7%，外商投资企业占 4.1%（详见表 3-2）。

表 3-2 按登记注册类型分组的批发和零售业企业法人单位和从业人员

	企业法人单位（万个）	从业人员（万人）
合　计	29.11	349.34
内资企业	28.37	311.69
国有控股	0.26	9.71
集体控股	0.42	5.24
股份合作企业	0.26	1.81
联营企业	0.18	1.96
有限责任公司	6.47	86.59
股份有限公司	0.35	12.99
私营企业	18.93	176.86
其他企业	1.50	16.53
港、澳、台商投资企业	0.48	23.52
外商投资企业	0.26	14.13

（二）资产总计

2013 年末，批发和零售业企业法人单位资产总计 37282.81 亿元，比 2008 年末增长 205.9%。其中，批发业企业法人单位资产总计 30716.52 亿元，零售业企业法人单位资产总计 6566.29 亿元，分别比 2008 年末增长 216.9% 和 163.3%（详见表 3-3）。

表 3-3 按行业分组的批发和零售业企业法人单位资产总计

	资产总计（亿元）
合计	37282.81
批发业	30716.52
农、林、牧产品批发	492.93
食品、饮料及烟草制品批发	2423.07
纺织、服装及家庭用品批发	3785.33
文化、体育用品及器材批发	1260.11
医药及医疗器材批发	1190.88
矿产品、建材及化工产品批发	12488.71
机械设备、五金产品及电子产品批发	5846.93
贸易经纪与代理	2061.11
其他批发业	1167.45
零售业	6566.29
综合零售	1283.64
食品、饮料及烟草制品专门零售	314.5
纺织、服装及日用品专门零售	510.51
文化、体育用品及器材专门零售	276.72
医药及医疗器材专门零售	255.66
汽车、摩托车、燃料及零配件专门零售	2340.44
家用电器及电子产品专门零售	756.02
五金、家具及室内装饰材料专门零售	486.66
货摊、无店铺及其他零售业	342.14

二、交通运输、仓储和邮政业

（一）企业法人单位数和从业人员

2013 年末，全省共有交通运输、仓储和邮政业企业法人单位 2.58 万个，从业人员 130.95 万人，分别比 2008 年末增长 81.2% 和 38.1%。

在交通运输、仓储和邮政业企业法人单位中，内资企业占 95.0%，港、澳、台商投资企业占 3.5%，外商投资企业占 1.5%。

在交通运输、仓储和邮政业企业法人单位从业人员中，内资企业占 91.0%，港、澳、台商投资企业占 5.8%，外商投资企业占 3.2%（详见表 3-4）。

表 3-4　按登记注册类型分组的交通运输、仓储和邮政业企业法人单位和从业人员

	企业法人单位（万个）	从业人员（万人）
合　计	2.58	130.95
内资企业	2.45	119.15
国有企业	0.06	27.22
集体企业	0.05	1.46
股份合作企业	0.02	0.20
联营企业	0.02	0.38
有限责任公司	0.60	41.01
股份有限公司	0.04	18.27
私营企业	1.57	29.25
其他企业	0.09	1.36
港、澳、台商投资企业	0.09	7.59
外商投资企业	0.04	4.21

（二）资产总计

2013 年末，交通运输、仓储和邮政业企业法人单位资产总计 18809.92 亿元，比 2008 年末增长 31.1%（详见表 3-5）。

表 3-5　按行业分组的交通运输、仓储和邮政业企业法人单位资产总计

	资产总计（亿元）
合　计	18809.92
铁路运输业	3433.31
道路运输业	7514.45
水上运输业	2426.11
航空运输业	2162.07
管道运输业	22.78
装卸搬运和运输代理业	1696.45
仓储业	1237.14
邮政业	317.61

三、住宿和餐饮业

（一）企业法人单位数和从业人员

2013 年末，全省共有住宿和餐饮业企业法人单位 1.81 万个，从业人员 84.18 万人，分别比 2008 年末增长 36.1% 和 4.9%。

在住宿和餐饮业企业法人单位中，住宿业占 40.3%，餐饮业占 59.7%。在住宿和餐饮业企业法人单位从业人员中，住宿业占 44.6%，餐饮业占 55.4%（详见表 3-6）。

表 3-6　按行业分组的住宿和餐饮业企业法人单位和从业人员

	企业法人单位（万个）	从业人员（万人）
合　计	1.81	84.18
住宿业	0.73	37.57
旅游饭店	0.26	27.50
一般旅馆	0.41	8.67
其他住宿业	0.06	1.40
餐饮业	1.08	46.61
正餐服务	0.78	33.16
快餐服务	0.10	9.74
饮料及冷饮服务	0.07	1.44
其他餐饮业	0.13	2.27

在住宿和餐饮业企业法人单位中，内资企业占 95%，港、澳、台商投资企业占 3.3%，外商投资企业占 1.7%。内资企业中，国有企业占企业法人单位的 1.7%，股份有限公司占 1.1%，有限责任公司占 17.1%，私营企业占 66.3%。

在住宿和餐饮业企业法人单位从业人员中，内资企业占 79.5%，港、澳、台商投资企业占 9.5%，外商投资企业占 11.0%（详见表 3-7）。

表 3-7　按登记注册类型分组的住宿和餐饮业企业法人单位和从业人员

	企业法人单位（万个）	从业人员（万人）
合　计	1.81	84.18
内资企业	1.72	66.96
国有企业	0.03	2.88
集体企业	0.03	0.82
股份合作企业	0.03	0.58
联营企业	0.01	0.18
有限责任公司	0.31	20.75
股份有限公司	0.02	1.65
私营企业	1.20	37.78
其他企业	0.09	2.32
港、澳、台商投资企业	0.06	7.97
外商投资企业	0.03	9.25

（二）资产总计

2013 年末，住宿和餐饮业企业法人单位资产总计为 2178.89 亿元，比 2008 年末增长 58.4%。其中，住宿业企业法人单位资产总计 1632.68 亿元，餐饮业企业法人单位资产总计 546.21 亿元，分别比 2008 年末增长 54.3% 和 72.2%（详见表 3-8）。

表 3-8 按行业分组的住宿和餐饮业企业法人单位资产总计

	资产总计（亿元）
合　计	2178.89
住宿业	1632.68
旅游饭店	1348.57
一般旅馆	245.86
其他住宿业	38.25
餐饮业	546.21
正餐服务	392.73
快餐服务	114.41
饮料及冷饮服务	16.48
其他餐饮业	22.59

四、信息传输、软件和信息技术服务业

（一）企业法人单位数和从业人员

2013 年末，全省共有信息传输、软件和信息技术服务业企业法人单位 2.67 万个，从业人员 69.55 万人，分别比 2008 年末增长 91.0% 和 87.3%。

在信息传输、软件和信息技术服务业企业法人单位中，内资企业占 94.9%，港、澳、台商投资企业占 3.3%，外商投资企业占 1.8%。

在信息传输、软件和信息技术服务业企业法人单位从业人员中，内资企业占 82.7%，港、澳、台商投资企业占 9.1%，外商投资企业占 8.2%（详见表 3-9）。

表 3-9 按登记注册类型分组的信息传输、软件和信息技术服务业企业法人单位和从业人员

	企业法人单位（万个）	从业人员（万人）
合　计	2.67	69.55
内资企业	2.53	57.54
国有企业	0.01	1.50
集体企业	0.01	0.09
股份合作企业	0.01	0.08
联营企业	0.01	0.16
有限责任公司	0.56	19.48
股份有限公司	0.04	6.62
私营企业	1.80	28.85
其他企业	0.09	0.75
港、澳、台商投资企业	0.09	6.34
外商投资企业	0.05	5.67

（二）资产总计

2013 年末，信息传输、软件和信息技术服务业企业法人单位资产总计 7482.83 亿元，比 2008 年末增长 104.9%（详见表 3-10）。

表 3-10 按行业分组的信息传输、软件和信息技术服务业企业法人单位资产总计

	资产总计（亿元）
合　计	7482.83
电信、广播电视和卫星传输服务	3659.27
互联网和相关服务	889.36
软件和信息技术服务业	2934.20

五、金融业

（一）企业法人单位数和从业人员

2013 年末，全省共有金融业企业法人单位 0.22 万个，从业人员 51.40 万人，分别比 2008 年末增长 13.7% 和 2.5%（详见表 3-11）。

表 3-11 按行业分组的金融业企业法人单位和从业人员

	企业法人单位（万个）	从业人员（万人）
合　计	0.22	51.40
货币金融服务	0.09	22.46
资本市场服务	0.01	6.59
保险业	0.11	21.92
其他金融业	0.01	0.43

（二）资产总计

2013 年末，金融业企业法人单位资产总计 195216.41 亿元，比 2008 年末增长 130.5%（详见表 3-12）。

表 3-12 按行业分组的金融业企业法人单位资产总计

	资产总计（亿元）
合　计	195216.41
货币金融服务	180038.44
资本市场服务	7580.50
保险业	6510.95
其他金融业	1086.52

六、房地产业

（一）企业法人单位数和从业人员

2013年末，全省共有房地产业企业法人单位4.08万个，比2008年末增长45.7%。其中，房地产开发经营企业0.99万个，物业管理企业1.54万个，房地产中介服务企业0.86万个，分别比2008年末增长45.3%、85.4%和107.4%。

2013年末，全省房地产业企业法人单位的从业人员为114.51万人，比2008年末增长48.4%。其中，房地产开发经营企业26.30万人，物业管理企业65.80万人，房地产中介服务企业12.78万人，分别比2008年末增长43.2%、61.1%和107.0%（详见表3-13）。

表3-13 按行业分组的房地产业企业法人单位数和从业人员

企业法人单位（万个）	从业人员（万人）	
合　计	4.08	114.51
房地产开发经营	0.99	26.30
物业管理	1.54	65.80
房地产中介服务	0.86	12.78
自有房地产经营活动	0.49	7.65
其他房地产业	0.20	1.98

（二）资产总计

2013年末，全省房地产业企业法人单位的资产总计为53756.73亿元，比2008年末增长134.9%。其中，房地产开发企业44396.55亿元，物业管理企业3528.93亿元，房地产中介服务业1080.00亿元，分别比2008年末增长145.7%、148.6%和333.5%（详见表3-14）。

表3-14 按行业分组的房地产业企业法人单位资产总计

	资产总计（亿元）
合　计	53756.73
房地产开发经营	44396.55
物业管理	3528.93
房地产中介服务	1080.00
自有房地产经营活动	1954.30
其他房地产业	2796.95

七、租赁和商务服务业

（一）企业法人单位数和从业人员

2013年末，全省共有租赁和商务服务业企业法人单位9.85万个，从业人员160.36万人，分别比2008年末增长111.7%和42.9%。

在租赁和商务服务业企业法人单位中，内资企业占97.3%，港、澳、台商投资企业占1.7%，外商投资企业占1.0%。

在租赁和商务服务业企业法人单位从业人员中，内资企业占93.9%，港、澳、台商投资企业占4.0%，外商投资企业占2.1%（详见表3-15）。

表3-15 按登记注册类型分组的租赁和商务服务业企业法人单位和从业人员

	企业法人单位（万个）	从业人员（万人）
合　计	9.85	160.36
内资企业	9.58	150.64
国有企业	0.12	9.44
集体企业	0.48	11.10
股份合作企业	0.09	3.40
联营企业	0.05	0.59
有限责任公司	2.18	43.10
股份有限公司	0.13	4.28
私营企业	5.46	63.95
其他企业	1.07	14.78
港、澳、台商投资企业	0.17	6.41
外商投资企业	0.10	3.31

（二）资产总计

2013年末，租赁和商务服务业企业法人单位资产总计48200.06亿元，比2008年末增长125.8%。

八、科学研究和技术服务业

（一）企业法人单位数和从业人员

2013年末，全省共有科学研究和技术服务业企业法人单位3.21万个，从业人员59.27万人，分别比2008年末增长135.3%和103.9%。

在科学研究和技术服务业企业法人单位中，内资企业占96.1%，港、澳、台商投资企业占2.5%，外商投资企业占1.4%。

在科学研究和技术服务业企业法人单位从业人员中，内资企业占89.8%，港、澳、台商投资企业占6.6%，外商投资企业占3.6%（详见表3-16）。

表 3-16 按登记注册类型分组的科学研究和技术服务业企业法人单位和从业人员

	企业法人单位（万个）	从业人员（万人）
合　计	3.21	59.27
内资企业	3.09	53.25
国有企业	0.05	3.18
集体企业	0.03	0.73
股份合作企业	0.02	0.22
联营企业	0.02	0.24
有限责任公司	0.77	17.07
股份有限公司	0.04	1.52
私营企业	2.01	28.06
其他企业	0.15	2.23
港、澳、台商投资企业	0.08	3.91
外商投资企业	0.04	2.11

（二）资产总计

2013 年末，科学研究和技术服务业企业法人单位资产总计 4115.66 亿元，比 2008 年末增长 113.8%（详见表 3-17）。

表 3-17 按行业分组的科学研究和技术服务业企业法人单位资产总计

	资产总计（亿元）
合　计	4115.66
研究和试验发展	1086.03
专业技术服务业	2532.38
科技推广和应用服务业	497.25

九、居民服务、修理和其他服务业

（一）企业法人单位数和从业人员

2013 年末，全省共有居民服务、修理和其他服务业企业法人单位 1.62 万个，从业人员 35.20 万人，分别比 2008 年末增长 3.1% 和 10.2%。

在居民服务、修理和其他服务业企业法人单位中，内资企业占 98.7%，港、澳、台商投资企业占 0.8%，外商投资企业占 0.5%。

在居民服务、修理和其他服务业企业法人单位从业人员中，内资企业占 96.8%，港、澳、台商投资企业占 1.9%，外商投资企业占 1.3%（详见表 3-18）。

表 3-18 按登记注册类型分组的居民服务、修理和其他服务业企业法人单位和从业人员

	企业法人单位（万个）	从业人员（万人）
合　计	1.62	35.20
内资企业	1.60	34.08
国有企业	0.01	0.48
集体企业	0.03	0.55
股份合作企业	0.03	0.36
联营企业	0.01	0.14
有限责任公司	0.28	7.92
股份有限公司	0.02	0.39
私营企业	1.11	22.82
其他企业	0.10	1.43
港、澳、台商投资企业	0.01	0.65
外商投资企业	0.01	0.47

（二）资产总计

2013 年末，居民服务、修理和其他服务业企业法人单位资产总计 474.16 亿元，比 2008 年末增长 23.3%（详见表 3-19）。

表 3-19 按行业分组的居民服务、修理和其他服务业企业法人单位资产总计

	资产总计（亿元）
合　计	474.16
居民服务业	130.84
机动车、电子产品和日用产品修理业	181.23
其他服务业	162.09

十、水利、环境和公共设施管理业

（一）法人单位和从业人员

2013 年末，全省共有水利、环境和公共设施管理业法人单位 0.55 万个。其中，行政事业及非企业法人单位 0.23 万个。水利、环境和公共设施管理业法人单位从业人员 20.60 万人。其中，行政事业及非企业法人单位 10.43 万人。

（二）资产

2013 年末，水利、环境和公共设施管理业企业法人单位资产总计 2081.53 亿元，行政事业及非企业法人单位年末资产 903.13 亿元。

十一、教育

（一）法人单位和从业人员

2013 年末，全省共有教育法人单位 3.61 万个。其中，行政事业及非企业法人单位 3.03 万个。教育法人单位从业人员 162.54 万人。其中，行政事业及非企业法人单位 145.55 万人。

（二）资产

2013 年末，教育企业法人单位资产总计 493.15 亿元，行政事业及非企业法人单位年末资产 4903.70 亿元。

十二、卫生和社会工作

（一）法人单位和从业人员

2013 年末，全省共有卫生和社会工作法人单位 1.03 万个。其中，行政事业及非企业法人单位 0.81 万个。卫生和社会工作法人单位从业人员 67.12 万人。其中，行政事业及非企业法人单位 58.14 万人。

（二）资产

2013 年末，卫生和社会工作企业法人单位资产总计 260.89 亿元，行政事业及非企业法人单位年末资产 1941.35 亿元。

十三、文化、体育和娱乐业

（一）法人单位和从业人员

2013 年末，全省共有文化、体育和娱乐业法人单位 1.47 万个。其中，行政事业及非企业法人单位 0.30 万个。文化、体育和娱乐业法人单位从业人员 26.73 万人。其中，行政事业及非企业法人单位 6.97 万人。

（二）资产

2013 年末，文化、体育和娱乐业企业法人单位资产总计 1209.29 亿元，行政事业及非企业法人单位年末资产 445.50 亿元。

十四、公共管理、社会保障和社会组织

2013 年末，全省共有公共管理、社会保障和社会组织法人单位 6.82 万个。其中，行政事业及非企业法人单位 6.75 万个。公共管理、社会保障和社会组织法人单位从业人员 200.60 万人。其中，行政事业及非企业法人单位 199.07 万人。

注释：

表中的合计数和部分计算数据因小数取舍而产生的误差，均未作机械调整。

2014 年广州市国民经济和社会发展统计公报

2014 年，全市人民在广州市委、市政府的坚强领导下，认真贯彻落实党的十八大、十八届三中、四中全会精神，紧紧围绕稳中求进的工作总基调，全力推进稳增长、促改革、调结构、惠民生、增后劲各项重点工作，经济和社会发展在新常态下呈现出产业转型升级步伐加快、经济运行质量效益提升、民生保障持续改善，各项社会事业全面进步的良好局面。

一、综合

2014 年，广州市实现地区生产总值（GDP）16706.87 亿元，按可比价格计算，比上年（下同）增长 8.6%。其中，第一产业增加值 237.52 亿元，增长 1.8%；第二产业增加值 5606.41 亿元，增长 7.4%；第三产业增加值 10862.94 亿元，增长 9.4%。第一、二、三次产业增加值的比例为 1.42:33.56:65.02。三次产业对经济增长的贡献率分别为 0.3%、30.9% 和 68.8%。

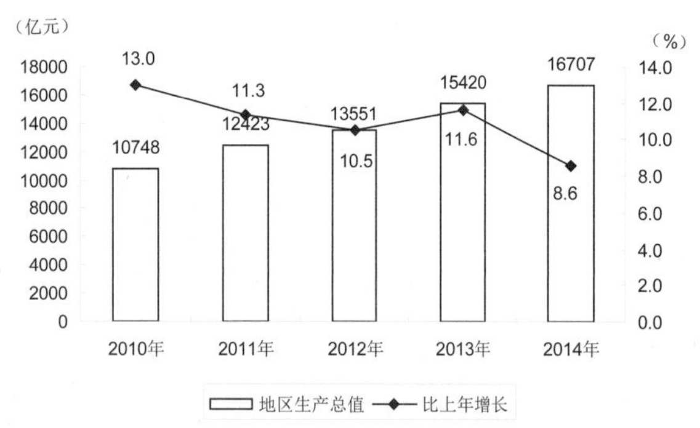

图 1　2010-2014 年广州地区生产总值及其增长速度

全年城市居民消费价格总水平上升 2.3%，其中，消费品价格上升 2.4%，服务项目价格上升 2.0%。工业生产者出厂价格下降 1.8%，其中，能源类下降 2.3%，高技术类下降 2.5%；轻工业下降 0.3%，重工业下降 2.6%；生产资料下降 2.0%，生活资料下降 1.6%。工业生产者购进价格下降 2.0%，其中，燃料、动力类下降 3.7%，黑色金属材料类下降 3.8%，有色金属材料及电线类下降 4.4%，化工原料类下降 0.7%。固定资产投资价格上涨 0.6%。

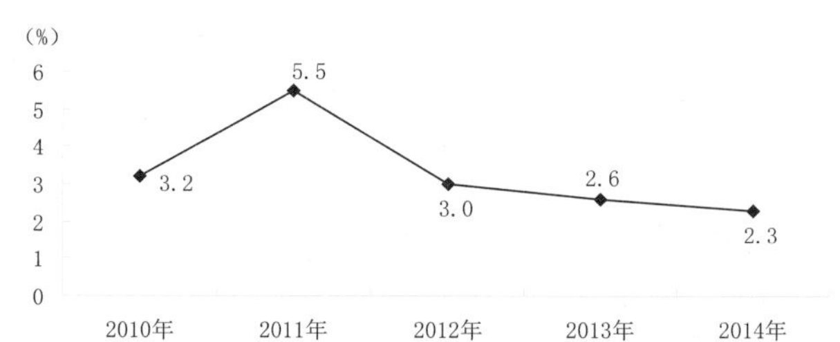

图 2　2010-2014 年广州城市居民消费价格涨跌幅度

表 1　2014 年广州市城市居民消费价格指数

单位：%

类别及名称	指数（上年=100）	比上年涨跌幅度
城市居民消费价格总指数	102.3	2.3
消费品价格指数	102.4	2.4
服务项目价格指数	102.0	2.0
按类别分：		
食品	104.8	4.8
其中：粮食	102.7	2.7
肉禽及其制品	103.4	3.4
水产品	108.7	8.7
鲜菜	102.7	2.7
烟酒及用品	99.7	-0.3
衣着	104.9	4.9
家庭设备用品及维修服务	100.2	0.2
其中：耐用消费品	95.9	-4.1
医疗保健和个人用品	100.4	0.4
交通和通信	99.9	-0.1
娱乐教育文化用品及服务	99.4	-0.6
居住	101.9	1.9

全年城镇新增就业27.08万人，就业困难人员实现再就业11.55万人。全市城镇登记失业人员24.37万人，比上年减少6.13万人；城镇登记失业率为2.26%，同比上升0.11个百分点。全年安置城镇登记失业人员17.48万人。城镇登记失业人员就业率达71.75%。年末，全市经人力资源社会保障部门批准的人力资源服务机构共825家（包括人才中介机构、职业介绍机构），组织农村劳动力培训5.55万人，农村劳动力转移就业人数7.42万人。

全年来源于广州地区的财政总预算收入4834亿元，增长9.1%。其中，国税部门组织收入2838亿元，增长10.0%；地税部门组织收入1418亿元，增长6.0%。一般公共预算收入1241.53亿元，增长8.7%。一般公共预算支出1434.26亿元，增长3.5%。

二、农业

全年粮食作物播种面积89.74千公顷，与上年持平；甘蔗种植面积6.76千公顷，增长1.1%；油料种植面积7.16千公顷，减少0.2%；蔬菜种植面积143.05千公顷，增长2.2%。

全年粮食产量44.31万吨，增长1.7%；甘蔗产量80.16万吨，增长1.5%；油料产量1.92万吨，增长0.6%；蔬菜产量357.25万吨，增长4.1%；园林水果产量47.30万吨，增长15.2%；茶叶产量65吨，与上年持平。

全年肉类总产量25.47万吨，减少18.7%。其中，猪肉产量11.34万吨，减少34.8%；禽肉产量13.90万吨，增长1.1%。全年水产品产量47.85万吨，增长0.4%。其中，海水产品8.72万吨，增长1.7%；淡水产品39.13万吨，增长0.1%。

全年都市农业总收入1786.69亿元，增长1.0%。都市农业总产值1295.45亿元，增长0.5%。市级以上农业龙头企业达到94家，其中，国家级龙头企业7家，省级龙头企业24家，都市农业示范区30个。农业产业化产值79.40亿元，增长0.5%；农业产业化规模达20.1%，提高0.5个百分点。

三、工业和建筑业

全年工业增加值5075.41亿元，比上年增长7.8%；其中，国有及国有控股企业增长10.8%，民营企业增长6.1%，外商及港、澳、台投资企业增长7.8%，股份制企业增长9.8%，集体企业增长4.7%，股份合作制企业增长13.8%。分轻重工业看，轻工业增长5.3%，重工业增长9.8%。

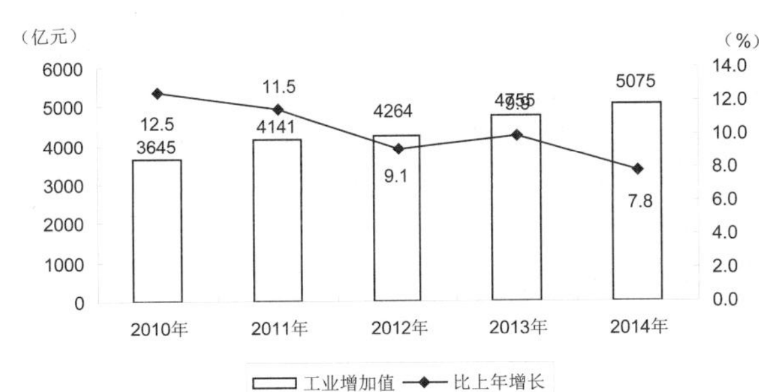

图3 2010-2014年广州市工业增加值及其增长速度

全年规模以上高技术制造业增加值601.19亿元，增长9.7%，其中，医药制造业增长5.5%，航空航天器制造业增长3.4%，电子及通信设备制造业增长8.5%，电子计算机及办公设备制造业增长13.9%，医疗设备及仪器仪表制造业增长36.5%。

全年规模以上汽车制造业、电子产品制造业和石油化工制造业三大支柱产业完成工业总产值8656.63亿元，增长8.8%，占全市规模以上工业总产值的比重47.6%。其中，汽车制造业完成工业总产值3642.44亿元，增长10.3%。电子产品制造业和石油化工制造业分别完成工业总产值2320.63亿元和2693.56亿元，分别增长7.4%和8.0%。

全年规模以上六大高耗能行业增加值比上年增长9.8%，其中，有色金属冶炼和压延加工业增长4.2%，黑色金属冶炼和压延加工业下降13.6%，非金属矿物制品业下降0.9%，电力、热力生产和供应业增长14.9%，化学原料和化学制品制造业增长10.7%，石油加工、炼焦和核燃料加工业增长4.5%。高技术制造业增加值比上年增长9.7%。

表2 2014年广州市主要工业产品产量及其增长速度

产品名称	计量单位	绝对数	比上年增长(%)
发电量	亿千瓦小时	396.91	2.2
纱	万吨	4.66	-11.0
布	亿米	6.16	-8.6
化纤	万吨	2.01	-3.9
卷烟	亿支	666	1.1
人造板	万立方米	50.98	-7.7
彩色电视机	万部	503.71	-12.0
家用电冰箱	万台	365.71	81.5
房间空调器	万台	832.78	47.6
程控交换机	万线	7.78	-12.3
移动电话机	万部	0.06	-99.9

（续上表）

产品名称	计量单位	绝对数	比上年增长（%）
微型电子计算机	万部	7.27	33.5
集成电路	亿块	10.60	-5.8
发光二极管（LED）	亿只	4.4	-10.8
纯碱	万吨	60.17	-0.9
粗钢	万吨	117.61	-34.7
钢材	万吨	686.34	-10.2
十种有色金属	万吨	0.13	2.4
水泥	万吨	785.18	-11.3
汽车	万辆	197.39	9.3
# 轿车	万辆	152.92	4.9
民用钢质船舶	万载重吨	169.05	42.8

全市规模以上工业企业实现利税总额1877.60亿元，增长1.0%；实现利润总额1060.27亿元，增长2.0%。亏损企业亏损额上升24.0%；企业亏损面16.1%，上升3.0个百分点。

全年资质等级以上建筑企业829个，比上年增长1.0%；实现增加值531.0亿元，增长2.4%。

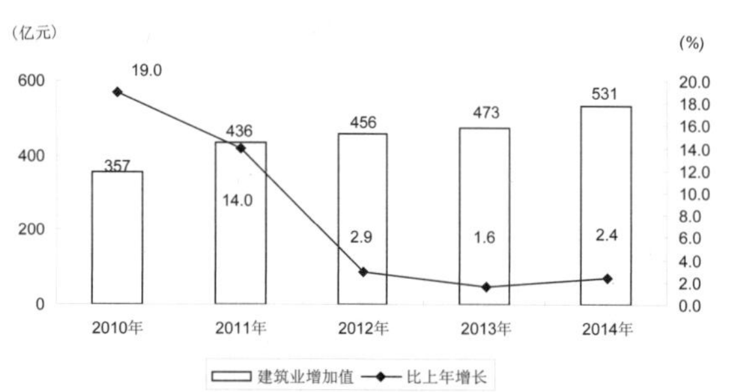

图4 2010-2014年广州市建筑业增加值及其增长速度

四、投资

全年完成固定资产投资4889.50亿元，比上年增长14.5%。分投资主体看，国有经济投资1391.84亿元，增长23.7%；民间投资1814.37亿元，增长24.9%；港澳台、外商经济投资864.92亿元，下降0.2%。

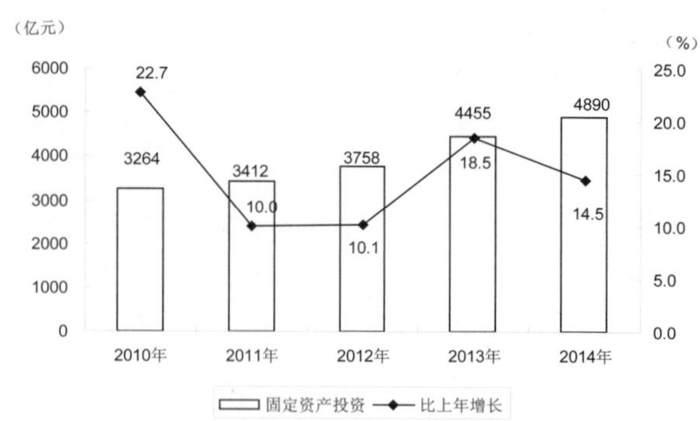

图5 2010-2014年固定资产投资及其增长速度

从三次产业看，第一产业完成投资17.02亿元，同比增长67.3%。第二产业完成投资721.98亿元，增长7.3%；其中，工业完成投资685.12亿元，增长6.9%。第三产业完成投资4150.50亿元，增长15.7%。

表3 2014年广州市分行业固定资产投资及其增长速度

行　　业	绝对数（亿元）	比上年增长（%）
固定资产投资	4889.50	14.5
第一产业	17.02	67.3
第二产业	721.98	7.3
工业	685.12	6.9
建筑业	36.86	15.7
第三产业	4150.50	15.7
批发和零售业	241.99	51.3
交通运输、仓储和邮政业	689.62	12.9
住宿和餐饮业	88.17	12.4
信息传输、软件和信息技术服务业	197.60	40.6
金融业	11.32	20.6
房地产业	2230.01	15.1
租赁和商务服务业	32.83	-28.2
科学研究和技术服务业	66.09	-5.6
水利、环境和公共设施管理业	332.98	3.0
居民服务、修理和其他服务业	12.42	51.5
教育	85.56	-1.8
卫生和社会工作	80.90	34.1
文化、体育和娱乐业	44.53	33.5
公共管理、社会保障和社会组织	36.48	51.3

房地产开发业完成投资 1816.15 亿元，比上年增长 15.5%。按用途分，商品住宅开发投资 994.90 亿元，增长 4.7%。其中，90 平方米以下住宅投资 226.91 亿元，增长 7.0%；144 平方米以上住宅投资 288.57 亿元，下降 6.1%；别墅、高档公寓投资 46.28 亿元，下降 31.7%。办公楼和商业营业用房投资 222.90 亿元和 293.56 亿元，分别增长 33.6% 和 42.6%。

表 4 2014 年广州市房地产开发主要指标完成情况

指标	单位	绝对数	比上年增长（%）
房地产开发投资	亿元	1816.15	15.5
其中：住宅	亿元	994.90	4.7
其中：90 平方米及以下	亿元	226.91	7.0
房屋施工面积	万平方米	9369.93	14.8
其中：住宅	万平方米	5769.59	15.6
房屋新开工面积	万平方米	2407.67	12.3
其中：住宅	万平方米	1466.33	9.3
房屋竣工面积	万平方米	1919.46	68.2
其中：住宅	万平方米	1220.51	72.0
本年资金来源	亿元	2434.80	6.5
其中：国内贷款	亿元	501.99	13.8
个人按揭贷款	亿元	216.47	-11.3

五、国内贸易

全年社会消费品零售总额 7697.85 亿元，比上年增长 12.5%。分地域看，城镇消费品零售额 7611.22 亿元，增长 12.4%；乡村消费品零售额 86.63 亿元，增长 19.9%。分行业看，批发零售贸易业零售额 6752.61 亿元，增长 13.2%；住宿餐饮业零售额 945.24 亿元，增长 7.8%。批发零售业商品销售总额 48701.54 亿元，增长 18.0%。

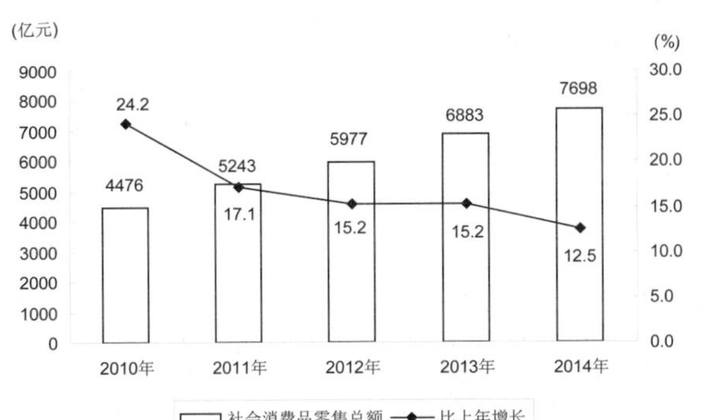

图 6 2010-2014 年广州市社会消费品零售总额及其增长速度

限额以上批发和零售业企业和个体户实现零售额 3744.04 亿元，增长 15.8%，占全市批发和零售业零售额的 55.4%。在限额以上批发和零售业企业和个体户销售商品分类中，中西药品类零售额增长 8.8%，汽车类零售额增长 19.6%，日用品类零售额增长 32.5%，服装、鞋帽、针纺织品类零售额增长 11.8%，金银珠宝类零售额下降 10.0%，粮油、食品、饮料、烟酒类零售额增长 9.3%。

六、对外经济

全年商品进出口总额 1306.00 亿美元，比上年增长 9.8%。其中，商品出口总额 727.15 亿美元，增长 15.8%；商品进口总额 578.85 亿美元，增长 3.2%。进出口差额（出口减进口）148.31 亿美元，比上年增加 81.13 亿美元。

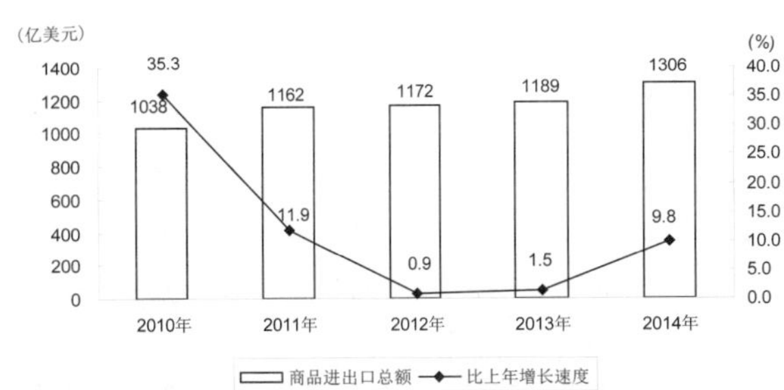

图 7 2010-2014 年广州市商品进出口总额及其增长速度

表 5 2014 年广州市进出口总额及其增长速度

指标	绝对数（亿美元）	比上年增长（%）
进出口总额	1306.00	9.8
出口额	727.15	15.8
其中：一般贸易	306.22	4.8
加工贸易	284.31	-1.9
其中：机电产品	357.94	14.9
高新技术产品	126.66	18.1
进口额	578.85	3.2
其中：一般贸易	285.26	-1.0
加工贸易	203.19	-0.6
其中：机电产品	255.47	8.1
高新技术产品	160.73	12.5
进出口差额（出口减进口）	148.31	

表 6 2014 年广州市主要商品出口数量、金额及其增长速度

商品名称	单位	数量	比上年增长(%)	金额(亿美元)	比上年增长(%)
钢材	万吨	138	35.0	19.04	7.8
纺织纱线、织物及制品	—			28.80	8.2
服装及衣着附件	—			88.38	25.7
鞋	万双			16.51	21.3
家具及其零件	—			27.11	29.5
自动数据处理设备及其部件	万台			18.99	-21.6
贵金属或包贵金属的首饰	千克	165755	12.1	42.51	12.9
船舶	艘	5962	-5.0	15.28	0.5
印刷电路	百万块	1267	5.0	12.53	1.6
液晶显示板	万个	5397	-9.0	32.39	1.6
箱包及类似容器	吨	199852	10.4	20.99	18.1

表 7 2014 年广州市主要商品进口数量、金额及其增长速度

商品名称	单位	数量	比上年增长(%)	金额(亿美元)	比上年增长(%)
煤及褐煤	万吨	1821	-21.8	12.15	-28.4
钻石	克拉	5473293	-14.9	32.46	30.5
集成电路	百万个	3743	18.4	18.55	23.6
汽车零件	—			23.63	2.7
飞机	架	66	83.3	26.78	54.7
成品油	万吨	49	-60.6	4.92	-56.0
初级形状的塑料	万吨	188	4.4	39.89	6.9
液晶显示板	万个	6691	-15.9	39.15	-6.4
钢材	万吨	150	-0.7	13.88	-0.3
未锻造的铜及铜材	万吨	19	-23.4	14.90	-24.8
纺织纱线、织物及制品	—			15.98	-12.4

表 8 2014 年主要国家和地区进出口总额及其增长速度

国家和地区	出口额（亿美元）	比上年增减（%）	进口额（亿美元）	比上年增减（%）
香港地区	144.34	6.8	5.62	-0.5
美国	119.10	5.3	60.70	3.1
欧洲联盟（28 国）	98.87	13.5	81.49	16.2
东盟	86.35	25.9	71.91	-1.7
日本	31.62	5.2	100.80	3.2
韩国	17.16	35.3	72.90	4.0
俄罗斯	11.99	18.6	2.26	-5.0

全年新签外商直接投资项目 1155 个，比上年增长 5.8%。合同外资金额 80.40 亿美元，增长 13.0%。实际使用外商直接投资金额51.07 亿美元，增长6.3%。

表 9 2014 年广州市分行业外商直接投资及其增长速度

行业名称	合同外资金额（万美元）	比上年增减（%）	实际使用外资金额（万美元）	比上年增减（%）
总 计	803975	13.0	510707	6.3
农、林、牧、渔业	1780	70.7	147	-75.5
制造业	177761	-39.9	167510	6.3
电力、燃气及水的生产和供应业	3204	-55.8	4355	-41.0
建筑业	992	-17.5	234	0.9
交通运输、仓储和邮政业	6127	-58.8	2349	-81.6
信息传输、计算机服务和软件业	36000	377.1	6123	-66.1
批发和零售业	90543	-21.5	32573	-35.2
住宿和餐饮业	11315	422.2	1615	-62.8
金融业	204004	221.1	108425	83.9
房地产业	228752	73.3	165138	82.7
租赁和商务服务业	25304	-53.4	13517	-66.5
科学研究、技术服务和地质勘查业	15325	61.0	7284	3.1
水利、环境和公共设施管理业	-42		50	-99.8
居民服务和其他服务业	2455	53.3	118	-92.1
教育	380	1307.4	327	6440.0
卫生、社会保障和社会福利业	93	-74.0	341	
文化、体育和娱乐业	-18		602	-85.7

全年经核准境外投资协议金额 32.50 亿美元，比上年增长 62.3%；对外承包工程和对外劳务合作完成营业额 5.71 亿美元，比上年增长 55.7%；承包工程和劳务合作年末在外人员共 2.44 万人。

七、交通、邮电和旅游

全年交通运输、仓储和邮政业实现增加值 1110.18 亿元，比上年增长 11.8%。

表 10 2014 年广州市各种运输方式完成货物运输量及其增长速度

指 标	单 位	绝对数	比上年增长（%）
货物运输总量	亿 吨	9.65	8.3
铁路	亿 吨	0.53	-12.9
公路	亿 吨	6.60	11.7
水运	亿 吨	2.41	5.3
民航	万 吨	113.73	12.4
管道	万 吨	892.91	10.3
货物运输周转量	亿吨公里	8596.17	26.0
铁路	亿吨公里	190.44	-12.9
公路	亿吨公里	780.35	12.5
水运	亿吨公里	7578.87	29.1
民航	亿吨公里	46.07	16.8
管道	亿吨公里	0.44	9.0

表 11　2014 年广州市各种运输方式完成旅客运输量及其增长速度

指　标	单位	绝对数	比上年增长（%）
客运量	万　人	97996.74	9.9
铁路	万　人	12041.20	2.9
公路	万　人	78690.21	11.1
水运	万　人	281.11	-6.1
民航	万　人	6984.22	9.3
旅客运输周转量	亿人公里	2498.94	10.1
铁路	亿人公里	457.71	2.7
公路	亿人公里	792.80	13.6
水运	亿人公里	2.25	-2.5
民航	亿人公里	1246.17	11.0

全年港口货物吞吐量50036.30万吨，增长5.9%；其中外贸货物吞吐量12035.74万吨，增长5.0%。港口集装箱吞吐量1661.17万国际标准箱，增长7.1%。全年广州白云国际机场旅客吞吐量5478.84万人次，机场货邮行吞吐量189.33万吨，分别增长4.5%和9.4%。

全年完成邮电业务收入505.32亿元，增长10.2%。其中邮政业务收入181.26亿元，增长44.3%；电信业务收入324.06亿元，下降2.7%。

全年城市接待过夜旅游人数5330.05万人次，比上年增长5.7%。其中，入境旅游者783.30万人次，增长2.0%；境内旅游者4546.75万人次，增长6.4%。在入境旅游人数中，外国人300.26万人次，增长7.6%；香港、澳门和台湾同胞483.04万人次，下降1.3%。旅游业总收入2521.82亿元，增长14.5%。旅游外汇收入54.75亿美元，增长5.9%。

八、金融业

年末全部金融机构本外币各项存款余额35469.29亿元，比年初增加1640.52亿元，其中人民币各项存款余额34170.66亿元，增加1329.52亿元。全部金融机构本外币各项贷款余额24231.71亿元，增加2035.39亿元，其中人民币各项贷款余额22688.33亿元，增加2335.83亿元。

表 12　2014 年广州地区金融机构本外币存贷款余额及其比年初增长情况

单位：亿元

指　标	年末数	比年初增长(%)
各项存款余额	35469.29	4.9
其中：单位存款	18588.06	7.0
储蓄存款	12825.64	2.6
各项贷款余额	24231.71	9.2
其中：境内短期贷款	7614.93	6.7
境内中长期贷款	15555.01	7.4

年末全市证券市场共有上市公司62家，市价总值8275.53亿元，比上年末分别增长3.3%和55.0%，首次公开发行上市（IPO）2家，共计筹资折合人民币6.93亿元。证券公司3家，全年实现营业收入135.07亿元，净利润50.70亿元，分别增长59.0%和94.0%。证券营业部229家，股票账户数657.83万户，股票交易额49514.63亿元，增长60.5%。期货公司6家，全年代理交易量3.13亿手，比去年增长9.1%，代理交易额38.94万亿元，同比下降13.9%；营业收入9.14亿元，下降11.5%；净利润1.85亿元，下降18.5%。

年末，全市拥有保险机构838家，总部3家，市场主体83家。全年保费收入601.8亿元，增长26.7%。其中，财产险保费收入192.50亿元，增长20.0%；寿险业务保费收入345.00亿元，增长31.0%；健康险和意外伤害险业务保费收入64.40亿元，增长25.7%。支付各类保险赔款及给付171.70亿元，增长15.3%。其中，财产险业务赔款支出95.50亿元，增长9.1%；寿险业务赔付支出59.10亿元，增长27.9%；健康险和意外伤害险赔付支出16.50亿元，增长13.0%。

九、教育和科学技术

全年研究生教育招生2.65万人，在学研究生7.72

万人，毕业生 2.27 万人。普通高等教育本专科招生 30.15 万人，在校生 101.93 万人，毕业生 25.4 万人。中等职业学校招生 8.84 万人，在校生 24.46 万人，毕业生 7.47 万人。普通中学招生 17.36 万人，在校生 53.29 万人，毕业生 17.82 万人。普通小学招生 17.39 万人，在校生 90.01 万人，毕业生 12.50 万人。幼儿园在园幼儿 40.43 万人。

全年受理专利申请 46330 件，增长 16.6%；其中发明专利 14589 件，增长 20%，占申请量的 31.5%。专利授权 28137 件，增长 7.6%；其中发明专利授权 4590 件，增长 13.2%。

年末全市县及县级以上国有研究与开发机构、科技情报和文献机构 150 个。全市有中国科学院院士 17 人和中国工程院院士 20 人。拥有国家工程研究中心 7 家，国家级工程技术中心 11 家。国家工程实验室 11 家，省级工程技术研究中心共 246 家和市级工程技术研究中心 247 家。国家级大学科技园 2 个。我市累计有 1662 家认定高新技术企业。

全市质监系统已建成的国家产品质量监督检验中心 6 个，获国家质检总局批准筹建中的国家产品质量监督检验中心 4 个。全市法定产品质量监督检验机构 2 个，法定质量计量综合检测机构 7 个，法定计量技术机构 6 个，标准化技术机构 1 个，特种设备综合检验机构 2 个。全市获得资质认证的实验室 397 家，获得质量管理体系认证企业 10388 家，产品获得 3C 认证企业 846 家。

十、文化、卫生和体育

年末全市共有各类专业艺术表演团体（事业单位）6 个，文化馆 14 个，文化站 161 个，公共图书馆 15 座。档案馆 31 个，博物馆、纪念馆 32 个，举办陈列、展览 261 个。全市有广播电台 2 座，电视台 3 座。广播综合人口覆盖率和电视综合人口覆盖率均为 100%。有线广播电视用户 375.05 万户，有线数字电视用户 326.65 万户，分别比上年末增长 4.3% 和 7.1%。全年出版报纸 30.88 亿份，各类期刊 1.42 亿册，图书 3.04 亿册。

年末全市共有各类卫生机构（不含村卫生室）3749 个，其中，医院 224 个，妇幼保健机构 16 个，专科疾病防治机构 8 个，疾病预防控制机构 18 个，卫生监督机构 15 个。全市拥有床位 7.7 万张，增长 5.1%，其中，医院床位 6.9 万张，增长 5.9%。全市各类卫生技术人员 12.09 万人，增长 5.3%；其中，执业（助理）医师 4.07 万人，注册护士 5.24 万人，疾病预防控制机构卫生技术人员 1399 人，卫生监督机构卫生技术人员 402 人。全市共有社区卫生服务机构 320 个，镇卫生院 31 个，镇卫生院床位 1880 张，镇卫生院卫生技术人员 3222 人。法定报告甲、乙类传染病发病总数 6.36 万例，死亡 104 人。全市各类医疗卫生机构向社会提供诊疗服务 1.38 亿人次，提供住院服务 252.68 万人次，分别增长 4.5% 和 7.6%。

全年举办国际、国内单项比赛 106 次，广州运动员获得世界冠军 14 人次 13 项，亚洲冠军 15 人次 14 项，全国冠军 74 人次 46 项。全年开展的市、区、街三级全民健身活动及各类群众性体育比赛 2280 项次，同比增长 3.2%；共有 850 万人次参加各类全民健身活动，增长 3.7%。

十一、人口、人民生活和社会保障

年末常住人口 1308.05 万人，城镇人口比重为 85.43%。年末户籍人口 842.42 万人，其中，户籍出生人口 11.39 万人，出生率 13.61‰；死亡人口 4.68 万人，死亡率 5.59‰；自然增长人口 6.71 万人，自然增长率 8.02‰。户籍迁入人口 10.67 万人，迁出人口 6.12 万人，机械增长人口 4.55 万人。

全年城市常住居民家庭人均可支配收入 42955 元，增长 8.9%；农村常住居民家庭人均可支配收入 17663 元，增长 10.3%，扣除价格因素，实际增长 7.7%。

全年城市常住居民家庭人均消费支出 33385 元，增长 8.7%；农村常住居民家庭人均消费支出 12868 元，增长 10.1%。城市常住居民恩格尔系数为 32.9%。城市常住居民消费支出中教育文化娱乐服务所占比重为 12.8%。农村常住居民恩格尔系数为 42.9%。农村常住居民消费支出中教育文化娱乐服务所占比重为 10.9%。全年常住农村居民年末人均拥有房屋面积 60.1 平方米。

年末，全市参加基本养老保险 1070.54 万人，比上年末增长 42.8%。其中，参加城镇职工基本养老保险 925.56 万人，比上年末增长 53.5%；参加城乡居民养老保险 123.32 万人，比上年末下降 0.4%；参加农转居人员养老保险 21.66 万人，比上年末下降 5.4%。参加基本医疗保险 1054.67 万人，比上年末增长 3.8%，其中，参加城镇职工基本医疗保险 572.07 万人，增长 6.3%。参加城乡（镇）居民基本医疗保险 271.68 万人，增长 2.3%。参加新型农村合作医疗 210.93 万人，下降 0.4%。

全年医疗救助 58.03 万人次，比上年增长 42.6 倍。民政部门资助农村合作医疗的人数达 10 万人。

全社会保险基金收入797.33亿元，增长10.6%；年末五种保险基金累计结余1417.61亿元，增长13.9%。年末享受低保救济的困难群众达7.24万人，其中，城镇2.92万人，农村4.32万人。年末享受失业保险金人数为6.44万人，增长13.2%。

各类收养性社会福利单位床位4.69万张，收养人员2.82万人。城镇各种社区服务设施2.29万个，其中，综合性社区服务中心169个。共发行销售福利彩票37.52亿元，筹集福利资金10.66亿元，直接接收社会捐赠64.03亿元。

十二、资源、环境与安全生产

年末全市大型水库蓄水总量2.0317亿立方米，下降24.5%。全年总用水量67.05亿立方米。

全社会用电量765.85亿千瓦时，增长7.8%。其中，工业用电量386.04亿千瓦时，增长5.6%。

全市省控江河断面中，Ⅱ类水质的断面比例为41.2%，同比下降1.7个百分点；Ⅲ类水质的断面比例为23.5%，Ⅳ类水质的断面比例为23.5%，Ⅴ类水质的断面比例为11.8%。

全市平均灰霾天气日数36.8天，比上年减少13.4天；全年日照时数1742.9小时，比正常年份偏少78.5小时。城市（十区）建成污水处理厂36座，城市（十区）污水处理厂日处理能力达到424.68万立方米，增长0.2%；城镇生活垃圾无害化处理率为91.50%，提高0.27个百分点。

全年完成荒山荒（沙）地造林、更新造林、有林地造林面积1820公顷，低产低效林改造面积1566公顷。全市森林覆盖率达到42.0%，建成2763公里绿道。

全年全市刑事立案数21.86万宗；刑事案件当年破案数3.23万宗。全年发生交通事故2700起，交通事故死亡人数852人，损失折款1048.01万元，分别上升10.0%，下降4.2%和3.1%。全年发生火灾3282起，火灾导致20人死亡，损失折款2912.71万元。

全年因自然灾害原因导致我市受灾人口共计26.37万人，紧急转移安置人口5.07万人，倒损房屋间数1.69万间。全年农作物受灾面积24.57千公顷，农作物绝收面积6.80千公顷。

全年共发生各类安全事故3609起，死亡923人，受伤2937人，直接经济损失8768.76万元，同比，事故起数、受伤人数分别上升7.32%、2.98%，死亡人数、直接经济分别下降4.15%、44.47%。其中，道路交通安全事故2700起、死亡852人、受伤2918人、直接经济损失1048.01万元。同比，事故起数、受伤人数、直接经济损失分别上升7.1%、3.0%、11.06%，死亡人数下降3.07%。生产安全事故56起，死亡61人，重伤18人，直接经济损失5049万元，同比，事故起数、死亡人数、直接经济损失分别上升15.15%、12.86%、6.53%。生产经营性火灾事故847起，死亡4人，受伤1人，直接经济损失2317.75万元，与2013年比，事故起数上升10%，死亡人数、受伤人数、直接经济损失分别下降50%、75%、74.59%。据初步统计，亿元GDP死亡率0.0545、工矿商贸十万从业人员死亡率0.808、道路交通万车死亡率2.918，与2013年比，三项相对指标分别下降12.8%、12.84%、7.66%。

注：

1. 本公报中的2014年统计数据为初步统计数；

2. 地区生产总值、增加值和总产值绝对数按现价计算；增长速度按可比价格计算；

3. 城乡一体化住户调查绝对数为新口径，增长速度为可比口径；

4. 表中“空格”表示该项统计指标数据不详或无该项数据。

资料来源：本公报中财政收支数据来自广州市财政局；金融数据来自中国人民银行广州分行；证券数据来自中国证券监督管理委员会广东监管局；保险数据来自中国保险监督管理委员会广东监管局；广州白云国际机场旅客吞吐量、机场货邮吞吐量数据来自广州白云国际机场；港口货物吞吐量、港口集装箱吞吐量数据来自广州港务局；邮政业务收入来自市邮政局；绿化覆盖率、污水处理、垃圾处理来自广州市城乡建设委员会；社会治安数据来自广州市公安局；外商直接投资、对外承包工程、劳务合作等数据来自广州市商务委员会；进出口数据来自广州海关；旅游数据来自广州市旅游局；科学技术数据来自广东省教育厅、广州市科技和信息化局、广州市知识产权局；质量监督及检验数据来自广州市质量技术监督局；教育数据来自广州市教育局；文化数据来自广东省文化厅、广东省档案局、广东省广播电影电视局、广州市档案局、广州市文化广电新闻出版局、珠江电影制片有限公司；卫生数据来自广州市卫生局；体育数据来自广州市体育局；安全生产数据来自市安全生产监督管理局；低保、受灾人口、农作物受灾面积、直接经济损失数据来自市民政局；就业与失业人员、社会保障与福利数据来自广州市人力资源和社会保障局；造林面积、低产低效林改造面积、森林覆盖率、绿道数据来自广州市林业和园林局；其他数据均来自广州市统计局和国家统计局广州调查队。

2014 年深圳市国民经济和社会发展统计公报

2014 年，面对复杂多变的内外部环境，在市委市政府的坚强领导下，深圳牢牢把握“三化一平台”改革方向，坚持稳中求进工作总基调，突出质量引领、创新驱动，加快转型升级，主动适应和引领经济发展新常态，在攻坚克难中实现了全市经济有质量的稳定增长和可持续的全面发展。

一、综合

初步核算，全年本地生产总值 16001.98 亿元，比上年增长 8.8%。其中，第一产业增加值 5.29 亿元，下降 19.4%；第二产业增加值 6823.05 亿元，增长 7.7%；第三产业增加值 9173.64 亿元，增长 9.8%。第一产业增加值占全市生产总值的比重不到 0.1%；第二和第三产业增加值占全市生产总值的比重分别为 42.7% 和 57.3%。人均生产总值 149497 元/人，增长 7.7%，按 2014 年平均汇率折算为 24337 美元。

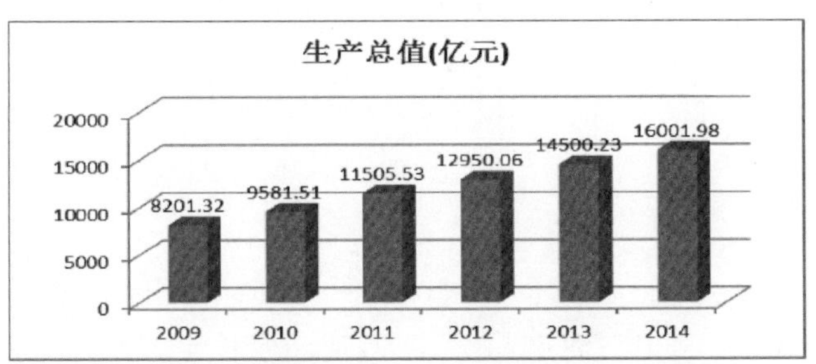

图 1　2009-2014 年本地生产总值

在现代产业中，现代服务业增加值 6201.06 亿元，比上年增长 10.5%；先进制造业增加值 4823.98 亿元，增长 9.8%；高技术制造业增加值 4056.85 亿元，增长 12.9%。在第三产业中，交通运输、仓储和邮政业增加值 532.86 亿元，增长 9.7%；批发和零售业增加值 1963.38 亿元，增长 9.3%；住宿和餐饮业增加值 286.26 亿元，增长 3.3%；房地产业增加值 1441.93 亿元，增长 6.7%。民营经济增加值 6132.25 亿元，增长 8.1%。

四大支柱产业中，金融业增加值 2237.54 亿元，比上年增长 13.8%；物流业增加值 1614.18 亿元，增长 9.7%；文化产业增加值 1213.78 亿元，增长 15.4%；高新技术产业增加值 5173.49 亿元，增长 11.2%。

表 1　2014 年分区本地生产总值

单位：亿元　%

	本地生产总值		第一产业		第二产业		第三产业	
	绝对值	比上年增长	绝对值	比上年增长	绝对值	比上年增长	绝对值	比上年增长
全市	16001.98	8.8	5.29	-19.4	6823.05	7.7	9173.65	9.8
福田区	2958.85	8.9	1.33	75.0	201.38	5.2	2756.14	9.2
罗湖区	1625.34	8.0	0.12	-11.6	126.68	3.8	1498.54	8.3
盐田区	450.23	8.9	0.03	-25.6	81.28	0.7	368.92	11.0
南山区	3464.09	9.0	0.93	4.5	1958.01	8.3	1505.15	9.9
新宝安区	2368.41	9.6	0.45	-22.6	1203.77	9.3	1164.19	9.9
光明新区	632.77	11.0	0.75	-22.5	432.22	11.5	199.80	9.6
龙华新区	1497.80	8.0	0.28	-22.7	916.98	6.0	580.54	11.2
新龙岗区	2321.25	9.5	0.38	-12.0	1453.13	10.5	867.73	7.4
坪山新区	423.99	10.0	0.57	-11.9	288.46	9.9	134.96	10.3
大鹏新区	259.25	3.7	0.44	-12.1	161.13	1.0	97.68	8.9

六大战略性新兴产业中，生物产业增加值 242.83 亿元，比上年增长 6.4%；互联网产业增加值 576.44 亿元，增长 15.5%；新能源产业增加值 368.55 亿元，增长 9.7%；新一代信息技术产业增加值 2569.80 亿元，增长 14.0%；新材料产业增加值 383.98 亿元，增长 7.1%；文化创意产业增加值 1553.64 亿元，增长 15.6%。

全年完成公共财政预算收入 2082.44 亿元，比上年增长 20.3%。其中税收收入 1754.55 亿元，增长 17.1%。公共财政预算支出 2166.14 亿元，增长 28.1%。其中教育支出 330.80 亿元，增长 15.0%；文化体育与传媒支出 56.55 亿元，增长 71.7%；医疗卫生支出 160.93 亿元，增长 50.5%；一般公共服务支出 149.74 亿元，增长 1.4%。

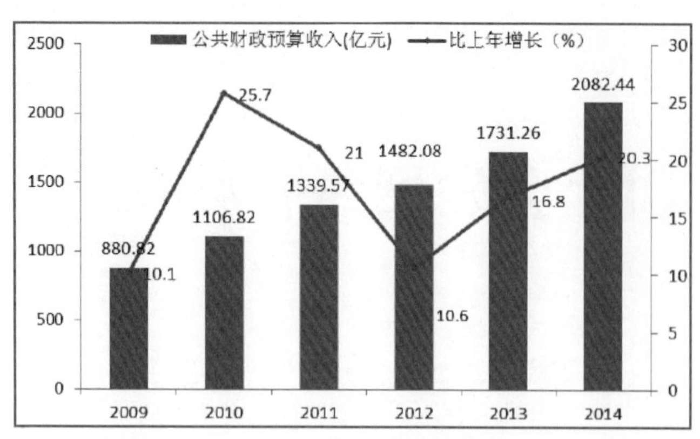

图 2　2009-2014 年公共财政预算收入及增长速度

全年居民消费价格比上年上涨 2.0%。工业生产者购进价格下降 0.4%；工业生产者出厂价格下降 0.9%。

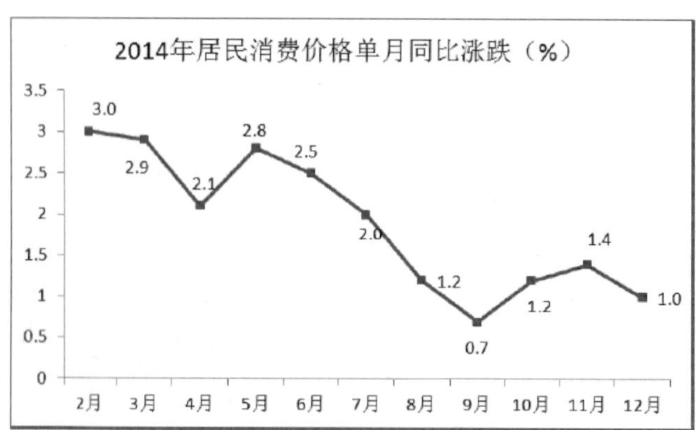

图 3　2014 年居民消费价格单月同比上涨幅度

图 4　2009-2014 年居民消费价格指数（上年位 100）

表 2　2014 年居民消费价格指数（上年为 100）

指标名称	价格指数
居民消费价格总指数	102.0
食品	103.5
烟酒	99.5
衣着	104.3
家庭设备用品及维修服务	99.4
医疗保健和个人用品	101.0
交通和通信	99.3
娱乐教育文化用品及服务	101.3
居住	102.1

年末城镇登记失业率为 2.26%。

二、农业

全年农作物播种面积 73775 亩，比上年减少 9.4%，其中，蔬菜播种面积 67975 亩，下降 16.1%。水果播种面积 36825 亩，下降 3.2%。

全年蔬菜产量 6.72 万吨，比上年下降 33.7%；水果产量 0.21 万吨，增长 23.5%。主要畜产品产量见表 3。

表 3　2014 年主要畜产品产量

指　标	单位	产量	比上年增长（%）
肉猪出栏量	头	69702	-42.8
猪肉产量	吨	4728	-45.1
家禽饲养量	万只	287.86	9.0
鲜奶产量	万吨	1.18	-14.5

全年水产品总产量 2.72 万吨，比上年增长 42.4%。其中，海产品 2.63 万吨，增长 45.5%；淡水产品 0.09 万吨，下降 10%。

三、工业和建筑业

全年规模以上工业增加值 6501.06 亿元，比上年增长 8.4%。其中，国有企业增加值 199.63 亿元，增长 7.2%；股份制企业增加值 3074.96 亿元，增长 13.4%；外商及港澳台投资企业增加值 3145.45 亿元，增长 3.8%。分轻重工业看，轻工业增加值 1249.85 亿元，增长 3.3%；重工业增加值 5251.21 亿元，增长 9.7%。

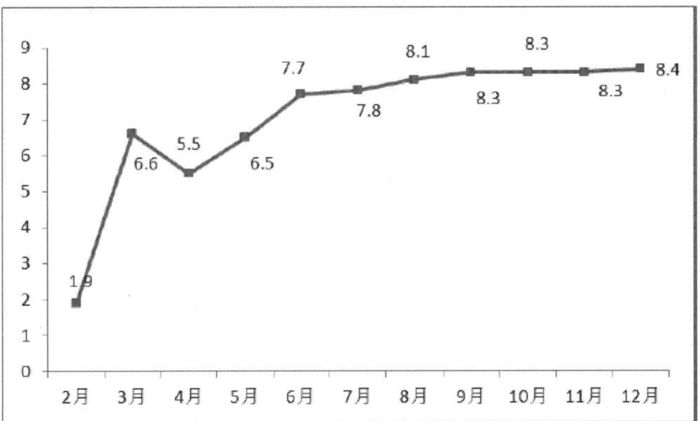

图 5 2014 年规模以上工业增加值累计同比增长速度（%）

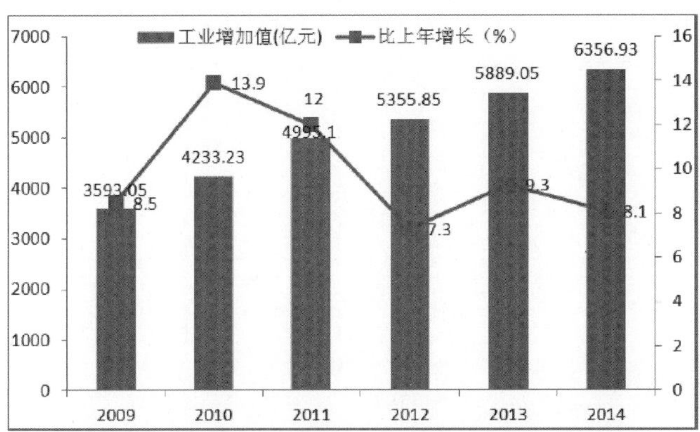

图 6 2009-2014 年工业增加值及增长速度

表 4 2014 年分区规模以上工业增加值

	绝对值（亿元）	比上年增长（%）
全市	6501.06	8.4
福田区	164.70	6.0
罗湖区	110.47	4.5
盐田区	59.35	0.2
南山区	2021.93	8.8
新宝安区	1098.54	10.6
光明新区	366.95	13.7
龙华新区	869.93	6.3
新龙岗区	1398.65	12.1
坪山新区	256.99	11.3
大鹏新区	153.55	0.7

全年规模以上工业增加值排名前五行业依次为：通信设备、计算机及其他电子设备制造业增加值3805.07 亿元，比上年增长 14.0%；石油和天然气开采业增加值 357.02 亿元，下降 8.4%；电气机械和器材制造业增加值 356.51 亿元，增长 5.8%；电力、热力生产和供应业增加值 245.76 亿元，增长 2.8%；专用设备制造业增加值 191.23 亿元，增长 12.0%。

全年规模以上工业销售产值 23858.37 亿元，比上年增长 5.5%。其中，出口交货值 11713.71 亿元，增长 4.7%，占规模以上工业销售产值比重 49.1%，比上年下降 0.3 个百分点。工业产品销售率 97.7%，比上年下降 0.5 个百分点。主要工业产品产量见表 5。

表 5 2014 年主要工业产品产量及增长速度

名　称	计量单位	数量	比上年增长（%）
微型计算机设备	万台	2607.33	1.3
其中：笔记本计算机	万台	810.06	-17.3
程控交换机	万线	1527.43	13.3
其中：数字程控交换机	万线	517.03	-25.0
移动通信基站设备	万信道	24366.01	94.0
新能源乘用车（客车）	辆	6305	229.6
金属集装箱	万立方米	2073.76	40.6
数码照相机	万台	317.91	-40.3
复印和胶版印制设备	万台	388.19	30.7
光缆	万芯千米	1422.50	21.9
打印机	万台	1607.62	-6.7
硬盘存储器	万台	6264.78	-9.5
半导体存储盘	万个	29741.42	5.5
GPS 接收机	万部	282.24	67.1
移动通信手持机(手机)	万台	43696.31	-4.7
彩色电视机	万台	3714.14	8.7
电视接收机顶盒	万台	5811.60	-11.8
半导体分立器件	亿只	98.19	6.9
集成电路	亿块	148.15	-4.8
液晶显示屏	万片	143299.24	60.6
电子元件	亿只	1492.18	2.1
服装	万件	17004.74	-7.7
家具	万件	2838.58	11.2
中成药	万吨	5.03	2.2
钟	万只	1522.21	10.9
表	万只	7953.13	6.5
精炼食用植物油	万吨	74.23	-7.6
包装饮用水类	万吨	693.18	20.2
卷烟	亿支	193.77	-0.7
塑料制品	万吨	83.62	-11.0
家用电风扇	万台	1790.29	-1.8
家用吸尘器	万台	1455.78	-0.5

全年规模以上工业企业主营业务收入比上年增长 5.1%；实现利税总额增长 12.7%；实现利润总额增长 16.2%。

全年建筑业增加值466.12亿元，比上年增长1.6%。

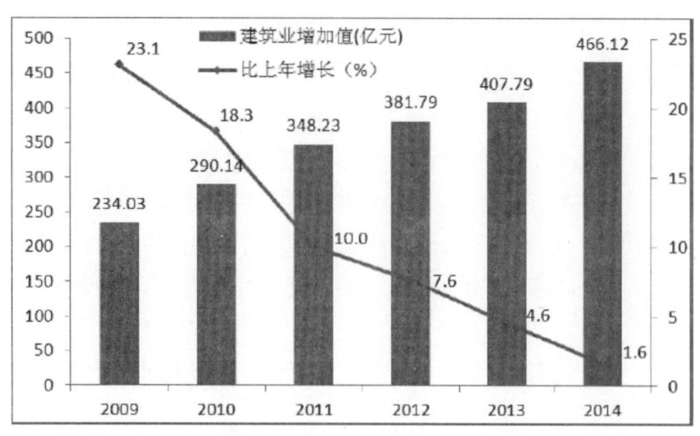

图 7　2009-2014 年建筑业增加值及增长速度

四、固定资产投资

全年完成固定资产投资额 2717.42 亿元，比上年增长 13.6%。其中，房地产开发项目投资 1069.49 亿元，增长 22.0%；非房地产开发项目投资 1647.94 亿元，增长 8.8%。

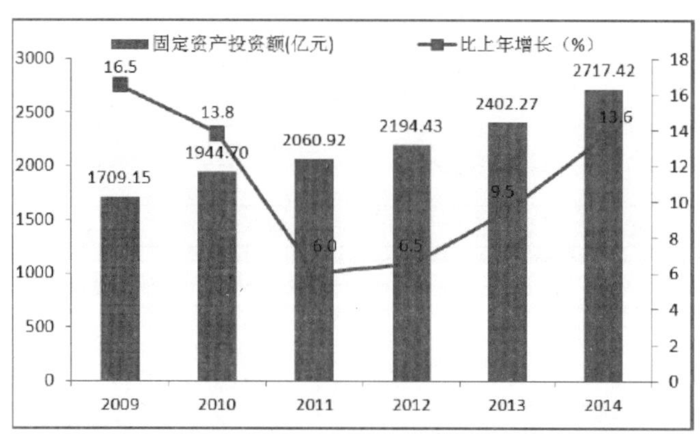

图 8　2009-2014 年固定资产投资及增长速度

表 6　2014 年分区固定资产投资

	固定资产投资		房地产开发项目		非房地产开发项目	
	绝对值（亿元）	比上年增长（%）	绝对值（亿元）	比上年增长(%)	绝对值（亿元）	比上年增长（%）
全市	2717.42	13.6	1069.49	22.0	1647.94	8.8
福田区	181.18	14.2	126.60	10.7	54.58	23.1
罗湖区	95.11	11.1	40.00	-4.3	55.11	25.7
盐田区	92.17	4.4	37.30	-2.3	54.87	9.5
南山区	415.90	31.5	149.22	57.5	266.68	20.3
新宝安区	460.68	13.4	165.77	41.7	294.91	2.0
光明新区	231.19	11.4	33.24	52.7	197.95	6.5
龙华新区	357.00	13.6	161.21	43.9	195.79	-3.2
新龙岗区	602.00	8.7	296.32	6.6	305.68	10.9
坪山新区	214.19	10.6	45.39	-2.7	168.80	14.8
大鹏新区	68.00	1.0	14.44	16.1	53.56	-2.4

从三次产业看，第一产业投资 0.39 亿元；第二产业投资 521.22 亿元，比上年增长 46.0%，其中，工业投资 520.57 亿元，增长 47.0%；第三产业投资 2195.81 亿元，增长 8.1%。

表 7　2014 年分行业固定资产投资及增长速度

行　业	投资额（亿元）	比上年增长（%）
全社会固定资产投资	2717.42	13.6
农、林、牧、渔业	0.39	-86.7
采矿业	0.00	0
制造业	455.94	47.6
电力、燃气及水的生产和供应业	64.64	42.6
建筑业	0.65	-76.2
交通运输、仓储和邮政业	265.84	-34.6
信息传输、计算机服务和软件业	39.63	23.5
批发和零售业	30.30	35.7
住宿和餐饮业	22.94	57.4
金融业	52.43	30.3
房地产业	1374.06	14.5
租赁和商务服务业	41.86	0.4
科学研究、技术服务和地质勘查业	30.31	69.2
水利、环境和公共设施管理业	246.64	44.5
居民服务和其他服务业	1.86	20.6
教育	29.02	21.0
卫生、社会保障和社会福利业	37.60	57.7
文化、体育和娱乐业	13.54	-41.5
公共管理和社会组织	9.77	-26.4

表 8　2014 年房地产开发主要指标完成情况

指标	单位	绝对值	比上年增长（%）
商品房施工面积	万平方米	4492.18	12.2
其中：住宅	万平方米	2870.00	10.0
商品房竣工面积	万平方米	425.31	20.3
其中：住宅	万平方米	269.26	37.1

五、国内贸易

全年社会消费品零售总额 4844.00 亿元，比上年增长 9.3%。其中，批发和零售业零售额 4321.54 亿元，增长 9.3%；住宿和餐饮业零售额 522.46 亿元，增长 9.1%。在社会消费品零售总额中，限额以上批发和零售业零售额 3203.46 亿元，增长 9.0%，占社会消费品零售总额 66.1%。

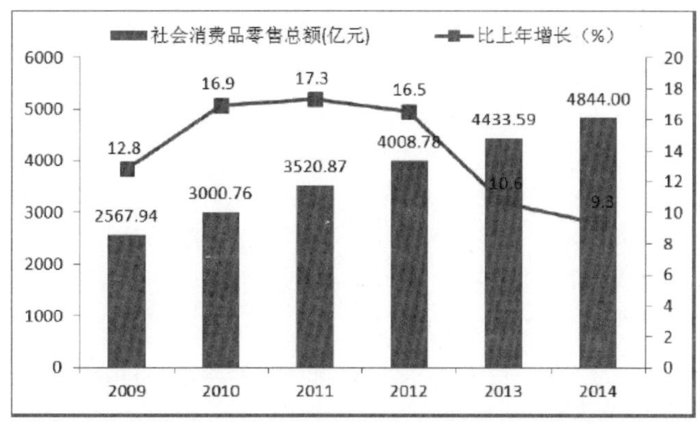

图 9　2009-2014 年社会消费品零售总额及增长速度

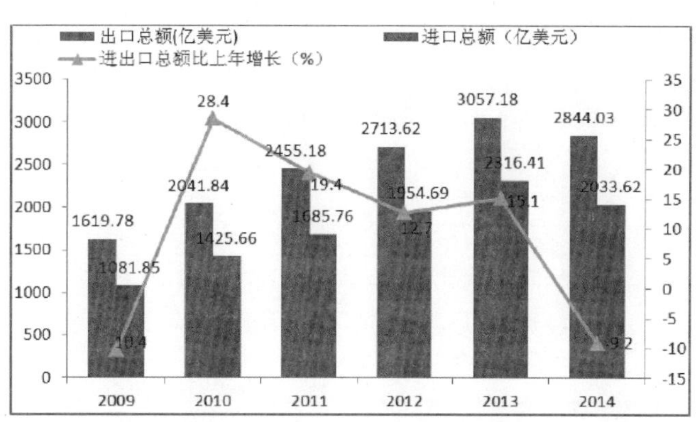

图 10　2009-2014 年进出口总额及增长速度

表 9　2014 年分区社会消费品零售总额

	绝对值（亿元）	比上年增长（%）
全市	4844.00	9.3
福田区	1509.56	8.4
罗湖区	1011.27	9.4
盐田区	57.93	8.7
南山区	649.04	9.3
新宝安区	676.79	10.2
光明新区	97.81	13.0
龙华新区	221.87	9.4
新龙岗区	523.07	10.0
坪山新区	58.06	7.1
大鹏新区	38.59	7.3

全年商品销售总额 21489.61 亿元，比上年增长 10.8%。其中批发销售总额 17168.87 亿元，增长 10.7%。全年限额以上批发零售业商品销售中，十大类商品销售情况为：金银珠宝类增长 24.5%；文化办公用品类增长 20.9%；通讯器材类增长 19.7%；体育娱乐用品类增长 19.3%；日用品类增长 15.9%；食品饮料烟酒类增长 11.7%；汽车类增长 11.5%；服装鞋帽针织类增长 7.1%；家用电器和音响器材类增长 0.9%；书报杂志类下降 5.5%。

六、对外经济

全年外贸进出口总额 4877.65 亿美元，比上年下降 9.2%。其中出口总额 2844.03 亿美元，下降 7.0%，分别占全国和广东省出口总额的比重为 12.1% 和 44.0%；进口总额 2033.62 亿美元，下降 12.3%。进出口规模连续三年居内地城市首位；出口总额连续二十二年居内地城市首位。

表 10　2014 年外贸进出口总额及增长速度

指标名称	金额（亿美元）	比上年增长（%）
外贸进出口总额	4877.65	-9.2
外贸出口总额	2844.03	-7.0
总额中：国有企业	261.65	-1.4
民营、集体企业	1168.10	-12.4
“三资”企业	1414.28	-3.0
总额中：一般贸易	988.64	22.1
“三来一补”贸易	46.91	-37.9
进料加工贸易	1263.23	-1.7
其他贸易	545.25	-38.6
总额中：机电产品	2081.54	-11.3
总额中：高新技术产品	1367.72	-19.1
外贸进口总额	2033.62	-12.3
总额中：国有企业	101.96	-13.8
民营、集体企业	975.75	-22.3
“三资”企业	955.91	1.3
总额中：一般贸易	762.52	14.8
“三来一补”贸易	25.58	-9.1
进料加工贸易	868.04	0.2
其他贸易	377.48	-50.3

表 11　2014 年对主要国家和地区进出口总额及增长速度

国家和地区	出口（亿美元）	比上年增长（%）	进口（亿美元）	比上年增长（%）
香港	1432.76	-20.8	17.06	-34.5
美国	324.81	9.6	76.50	-34.5
日本	82.80	-3.1	153.76	2.1
欧盟 28 国	301.49	12.8	83.95	-1.6

全年新签外商直接投资合同项目 2490 项，比上年增长 21.1%；合同外资金额 108.95 亿美元，增长 62.6%；实际使用外商直接投资金额 58.05 亿美元，

增长 6.2%。

表 12　2014 年分行业外商直接投资及增长速度

行业	合同外资金额（万美元）	比上年增长（%）	实际使用金额（万美元）	比上年增长(%)
总计	1089537	62.6	580469	6.2
制造业	89136	-17.0	111384	-34.0
电力、燃气及水的生产和供应业	9827	-32.4	12803	-31.3
建筑业	396	-33.3	494	-84.7
交通运输、仓储和邮政业	16413	559.2	6233	-57.7
信息传输、计算机服务和软件业	45131	429.9	22184	205.7
批发和零售业	186183	35.6	101529	56.6
住宿和餐饮业	-355	-108.7	2770	47.3
金融业	505875	215.2	67505	238.0
房地产业	17278	-50.5	80317	11.8
租赁和商务服务业	157314	-6.2	138430	6.5
科学研究、技术服务和地质勘查业	59796	113.4	34870	-11.8
水利、环境和公共设施管理业	292	0	0	0
居民服务和其它服务业	571	1036.1	74	-2.6
文化、体育和娱乐业	185	-92.6	928	-83.6

全年对外承包工程业务完成营业额 102.74 亿美元，比上年下降 53.7%。

七、交通、邮电与旅游

全年货物运输总量 29384.21 万吨，比上年增长 6.8%。货物运输周转量 2386.37 亿吨公里，增长 19.4%。

表 13　2014 年各种运输方式完成货物运输量及增长速度

指标	单位	数量	比上年增长（%）
货运量	万吨	29384.21	6.8
铁路	万吨	123.44	-68.4
公路	万吨	20990.00	4.6
水运	万吨	8193.20	17.3
民航	万吨	77.57	13.6
货物周转量	亿吨公里	2386.37	19.4

表 14　2014 年各种运输方式完成旅客运输量及增长速度

指标	单位	数量	比上年增长（%）
客运量	万人	15112.87	24.8
铁路	万人	4743.95	82.8
公路	万人	6370.00	6.4
水运	万人	460.63	14.9
民航	万人	3538.29	13.1
旅客周转量	亿人公里	1167.40	54.2

全年深圳港港口货物吞吐量 22323.73 万吨，比上年下降 4.6%；集装箱吞吐量 2403.74 万标箱，增长 3.3%，其中，出口集装箱吞吐量 1246.99 万标箱，增长 3.2%。全市年末拥有港口泊位数 153 个，其中万吨级泊位 67 个。

全年深圳机场旅客吞吐量 3627.25 万人次，比上年增长 12.4%。年末开通运营国内航线 181 条；国际航线 25 条；港澳台航线 4 条。

全年全市民用汽车拥有量 311.15 万辆，比上年增长 20.4%，其中，私人小汽车拥有量 249.24 万辆，增长 26.2%。

全年邮电业务总量（2010 年价格）761.99 亿元，比上年增长 22.3%。其中，邮政、快递业务量 297.68 亿元，增长 31.4%；电信业务量 464.31 亿元，增长 17.1%。全年订销报纸 1.05 亿份；订销杂志 0.74 万份；收寄函件 1.47 亿份；特快专递 71.50 万件（邮政口径）。年末全市有邮政、电信局（所）779 所。全市固定电话交换机总容量 570 万门，与上年持平；年末固定电话用户 529.51 万户。年末移动电话用户 3376.60 万户。国际互联网宽带用户 442.18 万户。

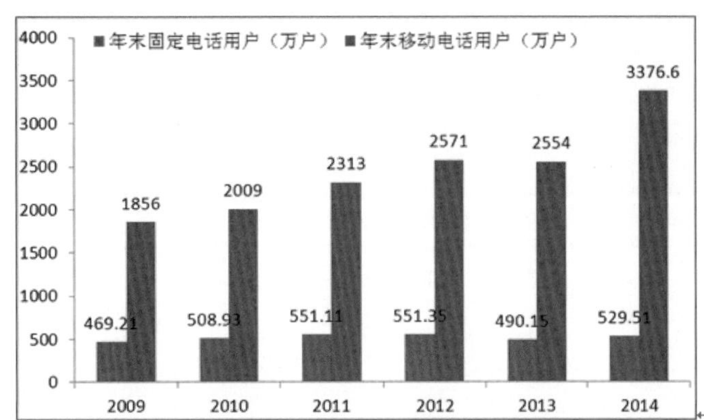

图 11　2009-2014 年年末电话用户数

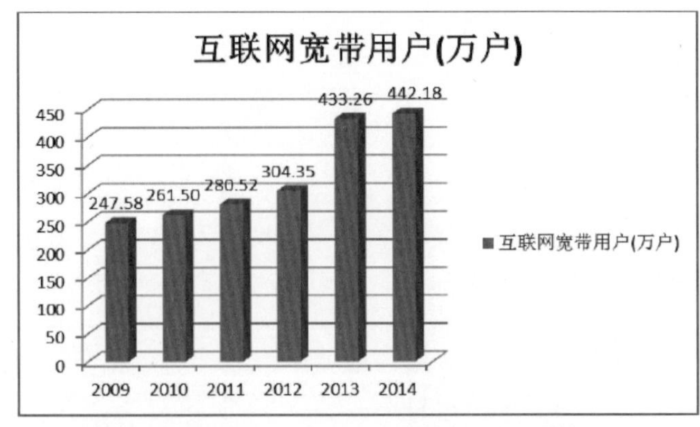

图 12　2009 年 -2014 年互联网宽带用户数

全年旅游住宿设施接待过夜游客4991.06万人次，比上年增长9.3%。其中海外游客1182.18万人次，下降2.7%；国内游客3808.88万人次，增长13.6%。在过夜海外游客中，外国游客161.12万人次，下降3.4%；港澳同胞979.37万人次，下降2.5 %；台湾同胞41.69万人次，下降3.5%。全年旅游外汇收入45.66亿美元，增长0.8%。宾馆、酒店、度假村开房率67.2%，比上年提高3.1个百分点。

全年经过一线口岸入出境人数2.35亿人次；入出境交通工具1533.10万辆。

八、金融、证券和保险

年末全市国内金融机构人民币存款余额32497.75亿元，比年初增长8.9%；国内金融机构人民币贷款余额22671.10亿元，比年初增长13.7%。

表15 2014年末国内金融机构人民币存贷款及增长速度

指标	金额（亿元）	比年初增长（%）
国内金融机构各项存款余额	32497.75	8.9
其中：单位存款	19609.49	12.4
个人存款	9974.01	7.4
国内金融机构各项贷款余额	22671.10	13.7
其中：短期贷款	6211.50	14.5
中长期贷款	14658.33	11.3

年末全部金融机构本外币各项存款余额37350.50亿元，比年初增长10.0%；金融机构本外币各项贷款余额27922.13亿元，比年初增长12.5%。

年末深圳证券交易所上市公司1618家，比上年增加82家。上市股票1657只，增加80只，其中，A股1606只，增加82只；B股51只，减少2只。总发行股本9709.93亿股，增长20.3%；总流通股本7374.66亿股，增长17.7%。上市公司市价总值128572.94亿元，增长46.3%。上市公司流通市值95128.44亿元，增长50.9%。全年证券市场总成交金额444708.19亿元，增长49.9%。其中，A股总成交金额366228.13亿元，增长54.1%；B股总成交金额522.74亿元，下降30.2 %。总成交股数30815.73亿股，增长42.3%。

全年保险机构原保险保费收入548.66亿元，比上年增长17.0%。其中，财产险215.73亿元，增长20.0 %；人身险332.93亿元，增长15.2%。各项赔付支出155.76亿元，增长24.4%。其中，财产险业务支出101.05亿元，增长17.1 %；人身险业务支出54.71亿元，增长40.7%。

九、教育和科学技术

年末全市各级各类学校总数达2094所，比上年增加97所；毕业生38.65万人，招生数52.99万人，在校学生数175.33万人，分别增长5.2%、10.1%和6.8%。年末全市有幼儿园1402所，增加89所；在园幼儿39.90万人，增长8.2%。有小学331所，减少4所；在校学生79.32万人，增长8.6%。有普通中学325所，增加11所；在校学生37.87万人，增长1.9 %。学龄儿童入学率和小学毕业生升学率均保持在100 %，初中毕业生升学率79.9%。全年普通高等学校10所，招生2.81万人，增长1.6%；毕业生2.12万人，增长13.8%；在校学生8.77万人，增长6.4%。

表16 2014年各类教育招生、在校生和毕业生人数及增长速度

指标	招生数		在校生		毕业生	
	万人	比上年增长（%）	万人	比上年增长（%）	万人	比上年增长（%）
普通高校	2.81	1.6	8.77	6.4	2.12	13.8
成人高校	0.90	-14.8	2.44	2.5	0.69	-6.8
各类中等职业技术教育（不含技工学校）	1.36	12.9	3.69	9.7	0.96	7.3
普通高中	3.99	0.6	11.48	1.0	3.54	3.8
初中	9.09	-0.7	26.39	2.2	7.69	1.7
小学	16.25	10.5	79.32	8.6	9.79	-0.7

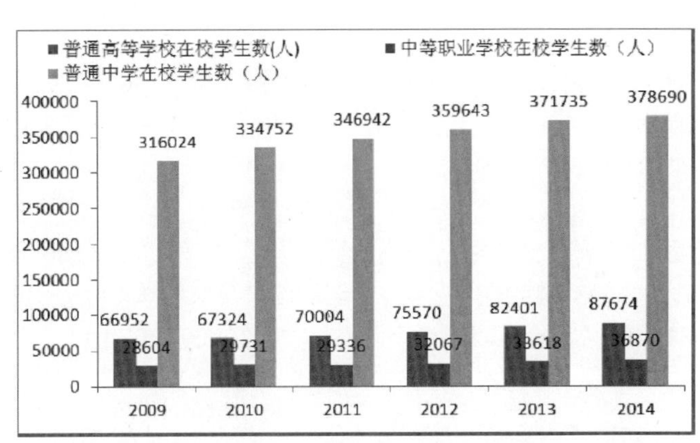

图13 2009-2014年各类教育在校生人数

年末全市各类专业技术人员128.10万人，比上年增长5.3%，其中具有中级技术职称及以上的专业技术人员39.70万人，增长1.3%。年末国内专利申请量82254件，增长2.0%。国内专利授权量53687件，

增长 7.9%。

十、文化、卫生和体育

全市有各类公共图书馆 621 座，公共图书馆总藏量 3056.44 万册（件），比上年增长 7.1%。全市拥有博物馆、纪念馆 37 座，拥有广播电台 1 座，电视台 2 座，广播电视中心 3 座，有线广播电视站 20 座，广播、电视人口覆盖率达 100%。全年报纸出版印数 68036 万份；杂志 2103.20 万册；图书 1026.50 万册。

年末全市有卫生医疗机构 2532 个，比上年增加 304 个，其中医院 122 个，增加 5 个。卫生机构拥有床位 31042 张，增长 6.1%，其中医院病床 28853 张，增长 6.6 %。全市有卫生技术人员 69936 人，增长 6.3%。全年各级各类医疗机构完成诊疗量 8852.63 万人次，增长 2.9%，其中处理急诊 709.22 万人次，下降 3.0%。入院人数 119.40 万人，增长 9.1%。病床使用率 85.5%。

全市国民体质综合评定达到《国民体质测定标准》合格以上人数比例（简称“综合达标率”）为 89.8%。其中，19-59 岁成年人达标率为 89.7%。成年人达到优秀、良好和合格的比例分别为 9.6%、39.6% 和 40.4%。

十一、城市建设、环境和安全生产

全年基本建设投资中用于城市基础设施的投资 597.73 亿元，比上年下降 11.8%。全年全市用电量 788.68 亿千瓦时，增长 8.1%。其中城乡居民生活用电 120.37 亿千瓦时，增长 15.8%。全市自来水日供应能力 674.50 万立方米，全年供水总量 16.41 亿立方米。其中居民家庭用水量 5.66 亿立方米。全市自来水普及率达 100%。

全市年末公共汽车营运线路 886 条，比上年末增加 5 条。公共交通营运线路总长度 20269.80 公里，增加 1182.80 公里。年末实有公共汽车营运车辆 31349 辆，增加 2.5%。其中，公共汽车 15074 辆，增加 3.1%；出租小汽车 16275 辆，增加 1.9%。全年公共汽车客运总量 26.96 亿人次，增加 2.3%。轨道交通线路长度 177 公里，轨道交通客运总量 10.37 亿人次，增长 13.0%。

全市建成区面积 890.04 平方公里。建成区绿化覆盖率 45.1%。全市生活垃圾无害化处理率 100%。

全年亿元本地生产总值生产安全事故死亡人数为 0.033 人，比上年减少 0.005 人 / 亿元；道路交通万车死亡人数为 1.598 人，减少 0.332 人 / 万车。

十二、人口、人民生活和社会保障

全市年末常住人口 1077.89 万人，比上年末增加 15.00 万人，增长 1.4%。其中户籍人口 332.21 万人，占常住人口比重 30.8%；非户籍人口 745.68 万人，占比重 69.2%。全市各区人口分布见表 17。

表 17　2014 年末分区常住人口

	常住人口（万人）			比上年末增长（%）		
		户籍人口	非户籍人口	常住人口	户籍人口	非户籍人口
全　市	1077.89	332.21	745.68	1.4	7.0	-0.9
福田区	135.71	83.35	52.36	1.3	6.4	-5.9
罗湖区	95.37	55.92	39.46	1.3	3.9	-2.1
盐田区	21.65	5.87	15.78	1.2	6.8	-0.7
南山区	113.59	71.03	42.56	1.5	5.7	-4.9
新宝安区	273.65	42.13	231.52	1.2	10.9	-0.4
光明新区	50.42	6.17	44.25	1.6	3.4	1.3
龙华新区	143.45	16.51	126.95	1.1	15.1	-0.4
新龙岗区	197.52	42.49	155.03	1.6	8.5	-0.2
坪山新区	33.15	4.44	28.72	3.7	8.9	3.0
大鹏新区	13.37	4.31	9.06	1.4	5.1	-0.3

根据深圳居民家庭抽样调查资料显示，2014 年深圳居民人均可支配收入 40948 元，名义增长 9.0%，扣除价格因素影响，实际增长 6.9%。居民人均消费支出 28853 元，名义增长 10.1%，扣除价格因素影响，实际增长 8.0%。恩格尔系数为 33.1%。

年末全市有 870.69 万人参加了基本养老保险，942.18 万人参加了失业保险。

表 18　2014 年末全市参加各类保险人数

指标	参保人数（万人）
基本养老保险参保人数	870.69
基本医疗保险参保人数	1157.83
职工基本医疗保险参保人数	1004.16
失业保险参保人数	942.18
生育保险参保人数	594.61
工伤保险参保人数	998.69
其中：异地劳务工参保人数	851.52

年末社会福利院数 31 个，社会福利院床位数 6775 张，比上年增长 14.9%。社区服务设施 7952 个。年末居民最低生活保障线以下人数 6729 人，减少

5.2%；全年共发放最低生活保障金3688.45万元，增加0.3%。

注：

1. 本公报所列2014年数据为初步统计数；统计图中2009-2013年数据为年报数。

2. 个别数据因四舍五入的原因，存在着与分项合计不等的情况。

3. 战略性新兴产业为深圳相关产业发展规划的口径，与国家、广东省及内地城市有所不同。

4. 地区生产总值及其产业增加值绝对数按现行价格计算，增长速度按可比价格计算。建筑业增加值及其增速为统计部门生产总值核算口径。

5. 公报中新宝安区不含光明、龙华新区，新龙岗区不含坪山、大鹏新区。

6. 公报中居民消费价格指数、工业生产者价格指数、居民收支数据来自国家统计局深圳调查队。根据国家统计局住户调查一体化改革部署，2014年起深圳全面实施一体化住户调查，调查样本数据汇总产生新口径深圳居民人均可支配收入、人均消费支出等收支数据。按一体化住户调查改革前的城镇住户调查老口径推算，2014年深圳城镇居民人均可支配收入为48672元。

2014 年珠海市国民经济和社会发展统计公报

2014 年，珠海市认真贯彻落实国家和省各项政策部署，坚持稳中求进的总基调，着力稳增长、调结构、促改革和惠民生，进一步激发市场主体活力和经济内生动力，经济增速稳中向好、稳中有进。

一、综合

初步核算，2014 年珠海市全市实现地区生产总值（GDP）1857.32 亿元，同比增长 10.3%。其中，第一产业增加值 48.79 亿元，增长 3.9%，对 GDP 增长的贡献率为 0.9%；第二产业增加值 939.04 亿元，增长 11.9%，对 GDP 增长的贡献率为 61.8%；第三产业增加值 869.49 亿元，增长 8.7%，对 GDP 增长的贡献率为 37.3%。三次产业的比例为 2.6:50.6:46.8（三次产业按 2002 国民经济行业分类标准划分）。在服务业中，现代服务业增加值 501.07 亿元，增长 9.2%，占 GDP 的 27.0%。在第三产业中，批发和零售业增长 11.5%，住宿和餐饮业增长 21.5%，金融业增长 11.5%，房地产业增长 2.4%。民营经济增加值 599.92 亿元，增长 7.9%，占 GDP 的 32.3%。2014 年，珠海市人均 GDP 达 11.59 万元，按平均汇率折算为 1.9 万美元，同比增长 9.2%。

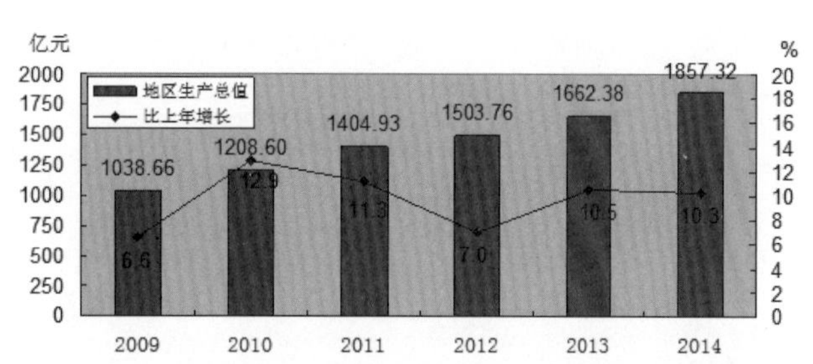

图 1　2009-2014 年地区生产总值及增长速度

分区域看，香洲、金湾和斗门三个行政区分别实现地区生产总值 1192.79 亿元、402.19 亿元和 262.34 亿元，分别增长 9.9%、12.6% 和 8.3%。

全年居民消费价格总水平上涨 3.1%。其中，食品、衣着、家庭设备用品及维修服务、医疗保健和个人用品、娱乐教育文化用品及服务、居住等六类价格分别涨 4.7%、4.3%、1.9%、0.7%、2.3% 和 4.2%；交通和通信的价格基本持平；烟酒及用品价格下降 0.8%。工业生产者出厂价格下降 1.5%。

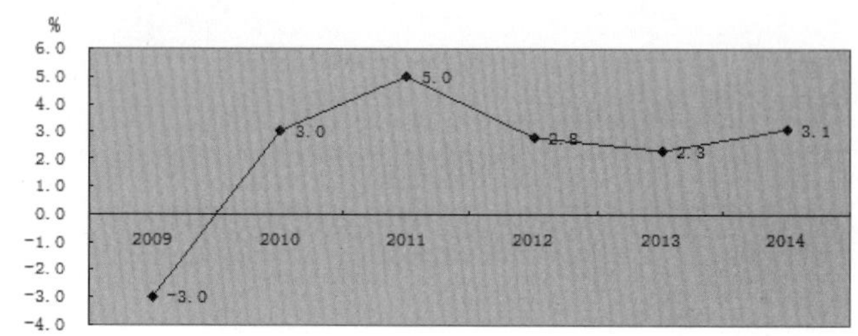

图 2　2009-2014 年居民消费价格涨跌幅度

表 1　2014 年居民消费价格指数

单位：%

指标	价格指数（上年价格为 100）	比上年涨跌幅度
居民消费价格	103.1	3.1
食品	104.7	4.7
其中：粮食	103.6	3.6
油脂	94.8	-5.2
肉禽及其制品	103.2	3.2
蛋	104.5	4.5
水产品	109.6	9.6
菜	104.1	4.1
干鲜瓜果	112.8	12.8
烟酒及用品	99.2	-0.8
衣着	104.3	4.3
家庭设备用品及维修服务	101.9	1.9
医疗保健和个人用品	100.7	0.7
交通和通讯	100.0	0.0
娱乐教育文化用品及服务	102.3	2.3
居住	104.2	4.2
在总指数中：服务项目价格指数	104.1	4.1
消费品价格指数	102.7	2.7

全市一般公共预算收入224.31亿元，比上年增长23.6%。其中，税收收入182.09亿元，增长25.5%。在税收收入中，增值税49.20亿元，增长23.1%；营业税27.23亿元，增长11.6%；房产税7.84亿元，增长19.9%；企业所得税27.15亿元，增长34.0%。

全年一般公共预算支出275.89亿元，增长15.3%。其中，教育支出49.09亿元，下降3.9%；科学技术支出12.52亿元，增长55.1%；文化体育和传媒支出5.23亿元，增长44.2%；社会保障和就业支出22.17亿元，增长22.8%；医疗卫生支出15.54亿元，增长40.9%；节能环保支出7.34亿元，下降54.6%；教育、科学技术、文化体育和传媒、医疗卫生、社会保障和就业、节能环保、城乡社区事务、农林水事务、住房保障等九项民生支出合共177.38亿元，同比增长17.4%，占全市一般公共预算支出的64.3%。

经济社会发展中存在的主要问题：受中央控制并管理地方债务的影响，重大项目融资面临不小考验；受"三期叠加"因素影响，工业增长面临较大压力；消费市场缺乏新亮点；受外部环境影响，外贸形势不容乐观。

二、农业

全年完成农林牧渔业总产值86.49亿元，增长4.2%。其中农业产值11.95亿元，增长1.5%；林业产值0.16亿元，增长3.6%；牧业产值12.90亿元，增长10.0%；渔业产值53.79亿元，增长3.4%；农林牧渔服务业产值7.69亿元，增长3.7%。

全年农作物播种面积25.78万亩，比上年减少2.17万亩。其中，粮食作物播种面积10.72万亩，比上年增加0.02万亩；甘蔗种植面积0.14万亩，比上年调减1.09万亩；油料种植面积0.49万亩，比上年增加0.10万亩；蔬菜种植面积11.25万亩，比上年增加0.50万亩。水产养殖面积39.94万亩，比上年减少4.74万亩。

全年粮食总产量4.25万吨，增产2.8%；甘蔗产量0.74万吨，减产91.2%；油料产量0.09万吨，增产31.3%；蔬菜产量16.35万吨，增产14.8%；水果产量7.43万吨，增产7.7%。

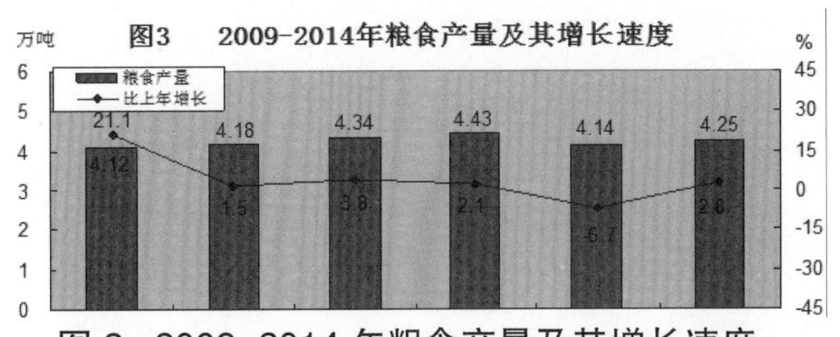

图3 2009-2014年粗食产量及其增长速度

全年肉类总产量5.32万吨，增长12.0%。其中猪肉产量4.54万吨，增长17.6%；禽肉产量0.7吨，减少11.6%。生猪饲养量103.74万头，增长11.8%。其中生猪存栏41.39万头，增长0.6%，生猪出栏62.36万头，增长20.7%。全年水产品产量28.15万吨，增长2.5%。其中海洋捕捞1.09万吨，减少1.2%；海水养殖3.20万吨，增长0.8%；淡水捕捞0.18万吨，减少4.0%；淡水养殖23.67万吨，增长3.0%。

三、工业和建筑业

全市完成工业增加值比上年增长10.9%。规模以上工业增加值增长11.2%。其中，国有及国有控股企业增长22.3%，民营企业增长10.6%；港澳台及外商投资企业增长3.3%，股份制企业增长22.0%，集体企业增长5.1%。在规模以上工业增加值中，轻工业增长5.6%，重工业增长15.7%，规模以上轻重工业比例由上年的42.8∶57.2调整为42.2∶57.8。分企业规模看，大中型企业增长8.3%。分地区看，香洲区、金湾区和斗门区规模以上工业增加值分别增长9.3%、14.4%和8.6%。

六大工业支柱行业增加值，比上年增长5.0%。其中，电子信息、生物医药、家电电气和电力能源同比分别增长6.5%、16.2%、5.6%和7.2%；石油化工、精密机械制造同比下降了2.3%和4.2%。

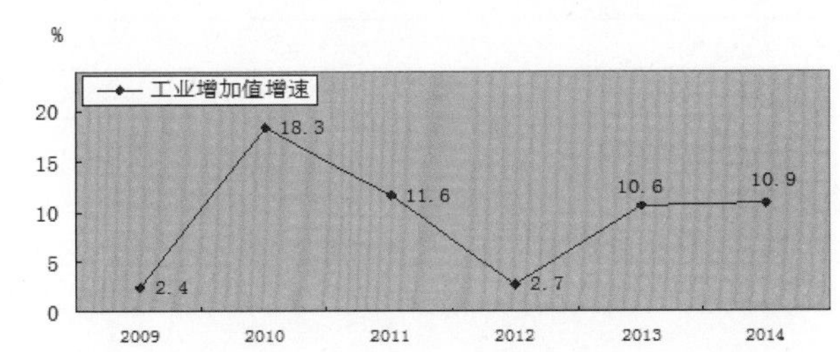

图4 2009-2014年工业增加值增长速度

高技术制造业增加值增长8.7%，其中医药制造业增长8.8%，航空、航天器及设备制造业增长16.3%，电子及通信设备制造业增长9.4%，计算机及办公设备制造业下降 5.1%，医疗仪器设备及仪器仪表制造业增长 4.7%，信息化学品制造业增长 17.6%。

先进制造业增加值增长 20.1%，其中，装备制造业增加值增长 13.1%，钢铁冶炼及加工业增长 4.3%，石油及化学行业增长 69.1%。

传统优势产业增加值增长 2.9%，其中纺织服装业下降 5.8%，食品饮料业增长 8.1%，家具制造业增长 17.7%，建筑材料业增长 0.2%，金属制品业增长 14.9%，家用电力器具制造业增长 2.2%。

六大高耗能行业增加值增长 4.4%，其中，非金属矿物制品业增长 1.7%，黑色金属冶炼及压延加工业增长 4.4%，有色金属冶炼及压延加工业增长 0.9%，电力、热力生产和供应业增长 7.3%，石油加工、炼焦和核燃料加工业增长 5.2%，化学原料和化学制品制造业增长 1.7%。

在规模以上工业企业生产的 119 种产品中，产量比上年增加的有 63 种，其中增幅较大的有：化学药品原药、移动通信手持机（手机）、锂离子电池、塑料制品、模具，分别比上年增长 113.2%、34.2%、27.1%、23.3% 和 21.8%；产量比上年减少的有 55 种，其中减幅较大的有：数字激光音、视盘机， 程控交换机、精制食用植物油、电话单机，分别比上年下降 67.0%、57.9%、47.1% 和 29.4%。

表 2　2014 年主要工业产品产量及其增长速度

产品名称	单 位	产 量	比上年增长（%）
饲料	万吨	39.55	-3.6
精制食用植物油	万吨	6.83	-47.1
啤酒	万升	23985.3	-12.2
软饮料	万吨	44.03	6.2
服装	万件	10685.3	-5.7
家具	万件	42.97	2.2
机制纸及纸板（外购原纸加工除外）	万吨	49.05	-3.2
初级形态的塑料	万吨	11.08	9.4
合成纤维单体	万吨	112.62	-18.1
合成纤维聚合物	万吨	8.42	6.4
化学药品原药	吨	847.5	113.2
化学纤维	万吨	7.78	2.8
塑料制品	万吨	16.49	23.3
水泥	万吨	101.69	3.5
钢材	万吨	241.79	10.4
照相机	万台	701.3	-27.6
模具	套	6455	21.8
通信及电子网络用电缆	万对千米	35.1	5.7
锂离子电池	万只（自然只）	17373.74	27.1
房间空气调节器	万台	1822.63	-8.0
家用电热烘烤器具	万个	1605.03	6.9
程控交换机	万线	70.59	-57.9
电话单机	万部	832.32	-29.4
移动通信手持机（手机）	万台	1727.25	34.2
彩色电视机	万台	203.27	-15.2
数字激光音、视盘机	万台	19.77	-67.0
集成电路	亿块	3.07	-20.7
表	万只	176.24	10.7
发电量	亿千瓦小时	153.96	5.5

规模以上工业企业总资产贡献率 10.7%，资本保值增值率 115.1%，资产负债率 64.8%，流动资产周转次数 1.51 次，成本费用利润率 7.4%，产品销售率 95.0%。实现利润总额 293.62 亿元，增长 18.2%。其中，盈利企业实现盈利 336.95 亿元，增长 27.5%；亏损企业 232 家，亏损面 23.6%，亏损额合计 43.33 亿元，

增长 84.9%。

表 3　2014 年规模以上工业企业实现利润及其增长速度

指　　标	利润总额（亿元）	比上年同期增长（%）
全市规模以上工业	293.62	18.2
其中：国有及国有控股企业	189.28	22.0
集体企业	0.88	5.0
股份制企业	200.73	19.9
外商及港澳台投资企业	89.44	14.3
总计中：民营企业	51.06	11.1

年末全市拥有资质等级以上独立核算总承包和专业承包建筑业企业 372 家，比上年增长 21.6%；实现建筑业增加值 102.14 亿元，按可比价格计算比上年增长 24.4%；实现利润总额 13.9 亿元，增长 37.6%。利税总额 26.48 亿元，增长 37.3%。

四、固定资产投资

全年完成固定资产投资 1135.05 亿元，比上年增长 23.5%。其中，房地产开发投资 388.30 亿元，增长 42.5%。分投资主体看，国有经济投资 428.37 亿元，减少 0.6%；非国有经济投资 706.68 亿元，增长 44.9%；其中民营经济投资 394.84 亿元，增长 55.7%；港澳台、外商经济投资 145.96 亿元，增长 34.6%。分产业看，第二产业投资 276.04 亿元，增长 15.6%，其中工业投资 276.04 亿元，增长 15.6%，工业投资中的制造业投资 125.35 亿元，增长 16.9%；第三产业投资 857.33 亿元，增长 26.2%。全年在建项目 979 个，增长 15.7%；新开工项目 735 个，增长 11.0%。

表 4　2014 年分行业固定资产投资及其增长速度

行　　业	投资额（亿元）	比上年增长（%）
总　　计	1135.05	23.5
农、林、牧、渔业	1.68	403.2
采矿业	110.61	41.8
其中：石油和天然气开采	110.61	41.8
制造业	125.35	16.9
电力、燃气及水的生产和供应业	40.08	-25.1
建筑业	0	-100.0
交通运输、仓储和邮政业	165.83	20.5
信息传输、软件和信息技术服务业	2.94	13.2
批发和零售业	6.53	71.5
住宿和餐饮业	32.52	-3.4
金融业	0.16	-3.9
房地产业	404.04	43.7
租赁和商务服务业	51.52	107.9
科学研究和技术服务业	0.96	-85.8
水利、环境和公共设施管理业	158.46	17.3
居民服务、修理和其他服务业	0.15	-89.2
教育	15.57	-16.5
卫生和社会工作	4.44	-33.9
文化、体育和娱乐业	12.61	-34.7
公共管理、社会保障和社会组织	1.61	-79.6

全年房地产开发投资 388.30 亿元，比上年增长 42.5%。在房地产开发投资中，商品房住宅投资 268.34 亿元，增长 28.0%。其中，90 平方米及以下住宅投资 60.39 亿元，增长 24.3%；90 ～ 144 平方米住宅投资 154.67 亿元，增长 71.5%；144 平方米及以上住宅投资 53.28 亿元，下降 27.9%；别墅、高档公寓投资 14.02 亿元，增长 195.0%。办公楼和商业营业用房投资 44.03 亿元和 39.88 亿元，分别增长 283.4% 和 118.7%。全年商品房施工面积 2055.98 万平方米，增加 10.9%，其中商品住宅 1401.81 万平方米，

增加 7.3%。商品房竣工面积 166.21 万平方米，减少 56.4%，其中住宅 128.50 万平方米，减少 57.2%。商品房销售面积 336.09 万平方米，减少 1.8%，其中住宅 292.97 万平方米，减少 4.7%。年末商品房待售面积 176.61 万平方米，增加 8.1%，其中住宅 114.91 万平方米，减少 0.6%。

表 5　2014 年房地产开发和销售主要指标完成情况

指标	单位	绝对数	比上年增长（%）
房地产开发投资	亿元	388.30	42.5
其中：土地购置费	亿元	127.21	234.8
其中：住宅	亿元	268.34	28.0
其中：90 平方米及以下	亿元	60.39	24.3
90 ～ 144 平方米	亿元	154.67	71.5
144 平方米及以上	亿元	53.28	-27.9
房屋施工面积	万平方米	2055.98	10.9
其中：住宅	万平方米	1401.81	7.3
房屋新开工面积	万平方米	563.93	33.3
其中：住宅	万平方米	372.32	28.1
房屋竣工面积	万平方米	166.21	-56.4
其中：住宅	万平方米	128.50	-57.2
商品房销售面积	万平方米	336.09	-1.8
其中：住宅	万平方米	292.97	-4.7
本年资金来源小计	亿元	1180.94	48.5
其中：国内贷款	亿元	357.68	79.9
个人按揭贷款	亿元	119.47	34.2
本年购置土地面积	万平方米	76.87	37.0
商品房销售额	亿元	461.85	17.6
待售面积	万平方米	176.61	8.1
其中：住宅	万平方米	114.91	-0.6

五、国内贸易

全年社会消费品零售总额 815.71 亿元，比上年增长 13.2%。其中，批发业零售额 125.57 亿元，增长 17.6%；零售业零售额 601.49 亿元，增长 12.8%；住宿餐饮业零售额 88.65 亿元，增长 9.9%。

在限额以上批发和零售业商品零售额中，石油及制品类零售额 64.85 亿元，增长 8.3%；汽车类零售额 102.39 亿元，增长 28.1%；粮油食品饮料烟酒类零售额 48.42 亿元，增长 16.6%；服装鞋帽针纺织品类零售额 18.78 亿元，增长 17.2%；化妆品类零售额 1.17 亿元，增长 4.4%；金银珠宝类零售额 0.57 亿元，增长 3.3%；日用品类零售额 7.20 亿元，增长 20.3%；体育、娱乐用品类零售额 0.44 亿元，增长 -4.9%；电子出版物及音像制品类零售额 0.11 亿元，增长 5.0%；书报杂志类零售额 1.19 亿元，增长 1.5%；家用电器和音像器材类零售额 15.42 亿元，增长 2.5%；中西药品类零售额 6.92 亿元，增长 25.5%；文化办公用品类零售额 4.46 亿元，增长 2.9%；通讯器材类零售额 3.60 亿元，增长 68.6%；建筑及装潢材料类零售额 9.56 亿元，增长 49.5%。

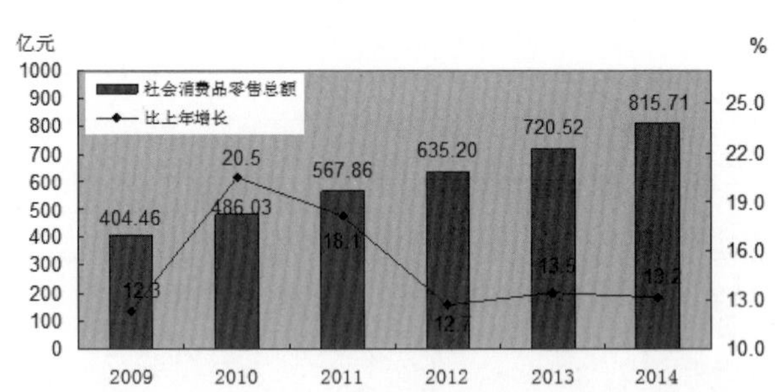

图 5　2009-2014 年社会消费品零售总额及其增长速度

六、对外经济

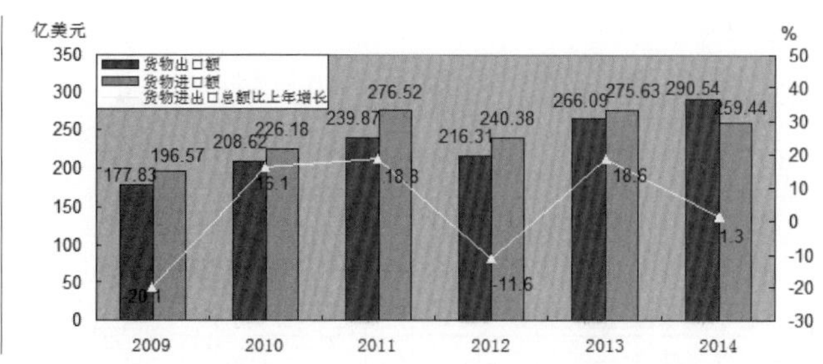

图 6　2009-2014 年外贸进出口总额及其增长速度

全年完成外贸进出口总额 549.98 亿美元，增长 1.3%。其中，出口 290.54 亿美元，增长 9.3%；进口 259.44 亿美元，下降 6.3%。进出口顺差（出口减进口）31.1 亿美元，比上年（逆差 10.97 亿美元）增加 42.07 亿美元。

表 6　2014 年进出口总额及其增长速度

指　标	绝对数（亿美元）	比上年增长（%）
进出口总额	549.98	1.3
出口额	290.54	9.3
其中：一般贸易	138.62	33.7
加工贸易	138.48	-2.6
其中：机电产品	200.03	5.3
高新技术产品	65.73	-4.1
其中：国有企业	25.07	-7.5
外商投资企业	157.7	-6.4
其他企业	107.77	54.3
进口额	259.44	-6.3
其中：一般贸易	155.46	2.9
加工贸易	50.65	-24.1
其中：机电产品	89.05	-10.6
高新技术产品	60.61	-10.0
其中：国有企业	116.84	7.0
外商投资企业	88.82	-24.4
其他企业	53.78	7.0

表 7　2014 年对主要国家和地区进出口额及增速

国家和地区	出口额（亿美元）	比上年增长（%）	进口额（亿美元）	比上年增长（%）
美国	54.75	-4.1	12.43	1.0
香港地区	63.17	0.5	1.81	-35.1
欧洲联盟	40.62	8.5	11.29	-29.0
日本	16.62	-14.3	14.51	-19.3
东盟	33.32	1.3	25.69	-11.5
韩国	6.07	114.4	11.83	-35.3
俄罗斯	3.59	22.9	0.65	-57.1

全年新批外商直接投资项目 330 个，增长 21.3%；合同吸收外资 29.96 亿美元，增长 26.4%；实际吸收外资 19.31 亿美元，增长 14.4%。实际吸收外资中，制造业占 32.4%，房地产业占 26.4%，批发和零售业占 26.0%。

表 8　2014 年分行业外商直接投资及其增长速度

行业名称	新批项目数（个）	比上年增长（%）	合同吸收外资金额（亿美元）	比上年增长（%）	实际吸收外资金额（亿美元）	比上年增长（%）
总　计	330	21.3	29.96	26.4	19.31	14.4
农、林、牧、渔业	5	400.0	0.54	12393.0	0.00	-100.0
制造业	38	-26.9	9.64	-3.3	6.25	9.0
电力、燃气及水的生产和供应业	0	0.0	0.65	0.0	0.65	106.1
建筑业	5	400.0	0.50	200.3	0.43	168.8
交通运输、仓储和邮政业	7	-12.5	0.21	-73.4	0.35	-65.9
信息传输、计算机服务和软件业	15	0.0	0.08	258.7	0.06	15.5
批发和零售业	126	7.7	4.56	-17.7	5.01	48.3
住宿和餐饮业	8	14.3	0.02	21.7	0.12	-53.1
金融业	10	150.0	3.28	579.7	0.15	-90.9
房地产业	14	250.0	7.81	76.6	5.09	67.6
租赁和商务服务业	69	46.8	1.88	282.4	0.37	-46.4
科学研究、技术服务和地质勘查业	23	283.3	0.48	698.8	0.07	173.2
居民服务和其他服务业	8	-11.1	0.03	-98.2	0.57	2.4
教育	0	0.0	0.02	0.0	0.00	0.0
文化、体育和娱乐业	2	100.0	0.26	359.4	0.19	0.0

截至2014年底，全市累计批准外商直接投资项目12080个，合同吸收外资357.46亿美元，实际吸收外资212.67亿美元。

全年新增非金融类境外投资项目45个，协议中方投资总额为7.2亿美元，同比增长293.0%。对外承包工程完成营业额474万美元；对外劳务合作新签劳务人员合同工资总额1.1亿美元，劳务人员实际收入总额2.26亿美元；承包工程和劳务合作年末在外人员共2.58万人。

七、交通、邮电和旅游

全年交通运输、仓储和邮政业实现增加值35.19亿元，比上年增长6.9%。

全年规模以上港口完成货物吞吐量10693万吨，增长6.7%，其中外贸货物吞吐量2410万吨，增长5.1%；内贸货物吞吐量8553万吨，增长7.1%。港口集装箱吞吐量117.01万标准箱，增长34.1%。

截至2014年底，全市共有生产性泊位155个，非生产性泊位5个，万吨级以上生产性泊位27个，设计年通过能力1.52亿吨，集装箱吞吐能力191万标准箱；干散货泊位25个，年吞吐能力8113万吨；油、气、化工品液体散货泊位41个，年吞吐能力4474万吨；多用途泊位30个，年货物吞吐能力719万吨，集装箱105万标准箱；集装箱专用泊位4个，年吞吐能力86万标准箱；件杂货泊位16个，年吞吐能力377万吨；客运及陆岛交通泊位39个，年周转（吞吐）能力旅客946万人，货物2万吨。

表9　2014年各种运输方式完成货物运输量及其增长速度

指　标	单　位	绝对数	比上年增长（%）
货物运输总量	万吨	11175.2	12.1
铁路	万吨	300.2	173.7
公路	万吨	9241	9.3
水路	万吨	1633	16.0
航空	万吨	1	-4.1
货物运输周转量	亿吨公里	161.78	17.6
铁路	亿吨公里	5.63	174.8
公路	亿吨公里	50.50	14.7
水路	亿吨公里	105.45	15.5
航空	亿吨公里	0.20	7.9

表10　2014年各种运输方式完成旅客运输量及其增长速度

指　标	单　位	绝对数	比上年增长（%）
旅客运输总量	万人	5084.44	17.0
铁路	万人	1211.3	25.7
公路	万人	3104	10.6
水路	万人	611	20.4
航空	万人	158.14	14.02
旅客运输周转量	亿人公里	93.31	13.3
铁路	亿人公里	5.06	25.6
公路	亿人公里	61.06	9.3
水路	亿人公里	2.33	24.7
航空	亿人公里	24.86	20.7

全年完成邮电业务总量72.28亿元（2010年不变价，下同），增长17.9%，其中，邮政业务总量11.45亿元，增长20.9%；通信业务总量60.83亿元，增长17.4%。年末固定电话用户达到78.45万户；年末移动电话用户363.96万户；年末（固定）互联网宽带接入用户75.01万户，增长14.1%。

年末公路通车里程1446.71公里，其中高速公路通车里程124.69公里。年末全市民用机动车保有量达39.1万辆，增长13.0%。其中，私人汽车33.1万辆，增长17.3%。民用轿车保有量21.5万辆，增长11.3%。其中，私人轿车19.8万辆，增长13.8%。

全年接待入境旅游人数460.43万人次，增长15.5%。其中，外国人68.24万人次，增长10.3%；香港、澳门和台湾同胞392.19万人次，增长20.8%。在入境旅游人数中，过夜游客292.34万人次，增长11.1%。国际旅游外汇收入9.32万美元，增长11.2%。接待国内游客2890.46万人次，增长19.3%，其中过夜游客1516.22万人次，增长15.8%。国内旅游收入204.52亿元，增长7.7%。酒店平均开房率61.2%，比上年高4.7个百分点。全年各主要旅游景点共接待游客1635.47万人次，增长58.5%，营业收入155.1亿元，比上年增长228.2%。旅行社组团国内游92.59万人次，增长2.0%；出境游38.55万人次，增长0.1%。实现旅游总收入261.79亿元，增长8.3%。

八、金融、证券和保险

年末全市中外资银行业金融机构本外币各项存款余额4570.67亿元，比年初增长10.9%。其中，单位存款余额2806.23亿元，增长14.6%；个人存款余额 1535.03 亿元，增长 3.7%。年末中外资金融机构本外币各项贷款余额 2426.24 亿元，比年初增长 17.1%。其中，境内短期贷款余额 732.99 亿元，增长 17.9%；境内中长期贷款余额 1527.72 亿元，增长 13.9%。银行金融机构本年利润（税后）75.59 亿元，增长 9.8%。

表 11　2014 年全市中外资银行业金融机构本外币存贷款及其增长速度

指　　标	年末数（亿元）	比年初增长（%）
各项存款余额	4570.67	10.9
其中：单位存款	2806.23	14.6
个人存款	1535.03	3.7
其中：中资机构人民币	4260.16	11.7
各项贷款余额	2426.24	17.1
其中：境内短期贷款	732.99	17.9
境内中长期贷款	1527.72	13.9
其中：中资机构人民币	2292.28	18.9

截至 2014 年末，我市在深沪两市上市的公司有 24 家，比上年增加 1 家，市价总值 2509.01 亿元，比上年末增长 20.6%。香港上市企业 5 家，美国上市企业 1 家，加拿大上市企业 1 家，澳大利亚上市企业 1 家。在我市注册设立证券、期货营业部的全国性证券、期货公司 22 家；证券、期货营业部 37 家，其中证券营业部 35 家、期货营业部 2 家。2014 年，我市证券经营机构实现股票、基金、权证、债券成交总额 9224.24 亿元，比上年增长 35.1%；其中，股票成交总额 6253.71 亿元，比上年增长 60.6% ；股东开户数（含机构投资户）53.29 万户，比上年下降 8.4%；手续费收入 5.88 亿元，比上年增长 46%；全年实现净利润 38874.63 亿元，比上年增长 170.7%。基金管理公司 3 家。

全市共有各类保险营业机构（含网点）127 个，比上年增加 6 个。全年实现保费收入 72.61 亿元，同比增加 25.1%。其中，寿险公司保费收入 48.98 亿元，增长 23.7%；财产保险公司保费收入 23.63 亿元，增长 28.2%。保险深度（保费收入占 GDP 比重）3.9%，比上年增加 0.4 个百分点。全年共赔（给）付金额 20.11 亿元，减少 3.3%。其中，寿险公司赔（给）付支出 9.43 亿元，减少 17.6%，财产保险公司赔款支出 10.68 亿元，增长 14.1%。

九、教育和科学技术

截至 2014 年底，全市共有各级各类普通学校（包括幼儿园、所）462 所，比上年增加 15 所，招生 12.56 万人，比上年增长 8.0%，在校生 45.60 万人，比上年增长 3.1%；毕业生 9.86 万人，下降 2.4%。小学、初中、普通高中的专任教师学历达标率为 100%、99.93%、99.34%，均比上年有所提升。各级财政安排 12 年免费义务教育补贴资金 3.17 亿元，惠及全市 195 所学校的 23.20 万名学生。

全市普通高等学校全日制在校生 13.70 万人，毕业生 3.00 万人，分别增长 3.8% 和 10.0%；当年新招生 3.5 万人。各类中等职业学校招生 1.07 万人，比上年增长 10.5%；在校生 2.92 万人，比上年增长 1.5%；毕业生 0.88 万人，比上年增加 0.05 万人。普通中学（含初中和高中）招生 2.92 万人，下降 3.6%；在校生 9.05 万人、毕业生 3.12 万人，分别下降 3.6% 和 4.9%。小学招生 2.8 万人、在校生 14.06 万人，分别增长 10.8% 和 6.9%；毕业生 1.98 万人，比上年下降 6.4%。特殊教育学校招生 0.007 万人，在校生 0.038 万人；学前教育在园幼儿 5.83 万人。全市学龄儿童净入学率 99.98%、小学毕业生升学率 97.70%，初中毕业生升学率 94.26%。全市普通高考考生 11846 人，总上线人数 10189 人，被高校录取的人数 10078 人，高考上线率和录取率分别达 86.01% 和 85.08%。

2014 年，我市有 3 个项目获国家科技进步二等奖，13 个项目获广东省科学技术奖。全年申请专利 8998 件，增长 12.2%。其中，发明专利 3172 件，增长 16.2%。专利授权量 6258 件，增长 30.2%，其中发明专利授权量 608 件，增长 26.1%。年末发明专利拥有量 2445 件，增长 27.4%。《专利合作条约》(PCT) 国际专利申请量 193 件，增长 141.0%。全年经各级科技行政部门登记技术合同 577 项；技术合同成交额 22.5 亿元。截至年底，全市经认定的高新技术企业 346 家，新增 40 家。经认定和年审通过的软件企业 201 家，新增 30 家。全市共有产学研示范基地 11 家，科技创新公共实验室 13 家（其中设立在高校和科研所的公共实验室 12 家）。拥有国家级工程研究中心 4 家，省级 80 家，市级 56 家；已建立国家级企业技术中心 2 个、省级 45 个、市级重点企业技术中心 139 个。拥有广东省战略性新兴产业基地 6 家。认定技术创新专业镇 6 个。国家重点实验室分支机构 5 家，省重点实验室 1 家，省重点实验室产学研培育基地 1 家。年末县及县级以上国有研究与开发机构、科技情报和文献机构 6 个。全市共有国家产品质量监督检验中心2个（其中：1个在建），法定产品质量监督检验机构1个，法定质量计量综合检测机构1个，法定计量技术机构2个，标准化技术机构1个，特种设备综合检验机构1个。获得实验室资质认定审查认可授权（验收）证书机构41家，获得管理体系认证证书2812张，产品获得3C认证企业205家。

截至年底，全市拥有省级以上“名牌名标”172个，同比增加6个。其中，名牌产品74个，包括：中国世界名牌产品1个，广东省名牌产品73个；拥有中国驰名商标10个，广东省著名商标88个。

十、文化、卫生和体育

年末全市共有各类专业艺术表演团体2个，群众艺术馆、文化馆4个，县级及以上公共图书馆3个，博物馆6个，美术馆1个，电影城（院）21家，文化站24个。广播电视台2座，广播电视中心1个，广播综合人口覆盖率和电视综合人口覆盖率均达100%。有线电视用户73.6万户，比上年末增长28.1%，其中有线数字电视用户73.6万户，比上年末增长80.5%。全年出版报纸16.05万份（日发行量），各类期刊刊物105万册。公共图书馆藏书量130万册。建成“农家（社区）书屋”283个。

年末全市共有卫生机构674个，其中医院40个（包括综合医院、中医医院、妇幼保健院）、卫生院14个，专科疾病防治中心（站、所）2家，卫生院12个，社区卫生服务中心（站）125个，村卫生室（含农村卫生服务中心）151个，1所疾病预防控制中心，3所卫生监督所。全市实有床位7993张，增长6.4%。卫生计生机构拥有在岗职工16637人，增长3.3%。其中执业（助理）医师共5164人，注册护士5818人，疾病预防控制中心卫生技术人员134人，卫生监督员58名。法定传染病报告：全年全市无甲类传染病报告；报告乙类传染病17种5894例，发病率372.08 /10万，死亡28例；报告丙类传染病8种24213例，发病率1528.55 /10万，无报告死亡病例。农村自来水普及率100%。

成功举办2014年珠海国际半程马拉松赛，吸引了24836名来自17个国家和地区的长跑爱好者参加。全市体育健儿在国内外重大比赛中，世界杯比赛1枚金牌；世锦赛1枚银牌；亚洲锦标赛1枚金牌；全国级比赛：金牌17枚、银牌9枚、铜牌6枚。

十一、人民生活、社会保障与安全生产

全年珠海全体居民人均可支配收入33234.9元，比上年增长9.5%。其中，全年城镇常住居民人均可支配收入35287.3元，比上年增长9.1%；扣除物价因素，实际增长5.8%。城镇居民人均消费支出26637.8元，增长10.5%；其中教育文化娱乐服务所占比重为14.0%。全年城镇居民现住房建筑面积人均30.0平方米。全年农村常住居民人均可支配收入18394.8元，比上年增长10.2%。农村居民消费支出中教育文化娱乐服务所占比重为9.7%。农村居民现住房建筑面积人均41.7平方米。

全年纳入劳动用工管理的用人单位47552家。全年城镇新增就业人数45876人，13252名城镇失业人员实现再就业，就业困难人员实现就业2188人，农村劳动力转移就业2459人。全市新增3家市级创业孵化基地，促进创业2710人，同比增长7.0%。年末城镇实有登记失业人员1.1万人，城镇登记失业率2.26%，比上年末下降0.02个百分点。

年末全市参加城镇职工基本养老保险（含离退休）109.82万人，比上年末增长1.9%。参加城乡居民养老保险(含领取养老待遇)10.11万人,下降2.2%。参加城镇职工基本医疗保险110.06万人，增长2.0%；其中参加城镇职工基本医疗保险的农民工52.77万人，增长1.7%。参加城乡（镇）居民基本医疗保险45.35万人，增长2.9%。参加工伤保险90.39万人，增长2.3%。参加生育保险89.71万人，增长2.2%。参加失业保险89.24万人，增长2.1%。

表12 2014年末全市参加各类保险人数及其增长速度

指标	参保人数（万人）	比上年末增长（%）
参加城镇职工基本养老保险（含离退休）	109.82	1.9
其中：参保职工	100.40	1.3
参保离退休人员	9.42	9.1
参加城乡居民养老保险（含领取养老待遇）	10.11	-2.2
其中：参保人员	5.50	-7.6
领取养老待遇人员	4.61	5.0

（续上表）

指　　标	参保人数（万人）	比上年末增长（%）
参加城乡（镇）基本医疗保险	155.41	2.3
其中：城镇职工基本医疗保险	110.06	2.0
城乡（镇）居民基本医疗保险	45.35	2.9
参加城镇基本医疗保险的异地务工人员	52.77	1.7
参加失业保险	89.24	2.1
参加工伤保险	90.39	2.3
其中：参保异地务工人员	51.20	1.2
参加生育保险	89.71	2.2

截至年底，年末全市参加社会保险达 530.65 万人次，同比增长 1.9%。全年社会保险基金收入 110.0 亿元，同比增长 3.6%；年末社会保险基金累计结余 333.7 亿元，同比增长 16.3%。2014 年度离退休人员全年人均基本养老金达 2613 元 / 月，同比增长 16.3%；失业金标准达 1104 元 / 月 / 人，同比无增长。年末领取失业保险金人数为 3072 人，同比增长 33.3%。至 2014 年底，享受低保救济的困难群众达 8897 人，其中，城镇 3406 人，农村 5491 人。

收养性社会福利单位床位 3769 张（含收住老人数、在院孤残儿童、光荣间），收养人员 1628 人。各种社区服务设施 3958 个，综合性社区服务中心（站）230 个。全年医疗救助 21224 人次，比上年增加 5.0%。民政部门资助参加医疗保险 6691 人。共发行销售福利彩票 6.09 亿元，筹集福利资金 1.78 亿元，其中本市留用 6436 万元。

全年共发生各类生产安全事故 691 宗，比上年下降 6.0%；死亡 125 人，比上年增长 1.6%；受伤 491 人，比上年下降 0.2%；直接经济损失 2967.26 万元，比上年上升 21.5%。其中，工矿商贸企业事故死亡 19 人，占全年各类生产安全事故死亡人数的 15.2%；道路交通事故 429 起，比上年下降 0.7%，造成死亡 105 人，比上年下降 1.9%，占全年各类生产安全事故死亡人数的 84.0%，受伤 488 人，与上年持平；直接经济损失 127 万元，比上年增长 30.5%；火灾死亡 0 人；渔业船舶事故死亡 0 人；水上交通事故死亡 1 人，占各类生产安全事故死亡人数的 0.8%；亿元地区生产总值生产安全事故死亡率为 0.068，工矿商贸十万人就业人员生产安全事故死亡率为 1.88，道路交通万车死亡率为 2.66，火灾十万人口死亡率为 0.125。

年末拥有社会组织数量为 1711 个，增长 20.3%。注册志愿者人数 27 万人，增长 12.7%。注册志愿者人均参与志愿服务时数 21.8 小时，增长 0.7%。

十二、人口、资源与环境

年末全市常住人口 161.42 万人，比上年末增加 2.39 万人，增长 1.5%。人口城镇比 87.87%。全市户籍人口 110.22 万人，增长 1.5%。全市户籍出生人口 13098 人，出生率 11.97‰；死亡人口 2576 人，死亡率 2.35‰；自然增长率 9.62‰。

水环境质量处于较好水平，集中式饮用水源地水质达标率 100%。全年水资源总量 15.08 亿立方米，人均水资源 941.16 立方米。4 座中型水库蓄水总量 0.54 亿立方米，增长 5.0%。全年总用水量 4.98 亿立方米，增长 5.0%。其中，生活用水增长 5.0%，工业用水增长 1.0%，农业用水增长 5.0%，生态补水增长 24.0%。万元国内生产总值用水量 27 立方米，比上年下降 7.0%。万元工业增加值用水量 15 立方米，下降 17.0%。人均用水量 310.81 立方米，比上年增长 3.9%。全市总售水量 30955 万立方米，同比增长 4.9%，其中居民 10544 万立方米，增长 5.0%；工业 11295 万立方米，增长 0.7%。

全市 29 个水质监测断面中，I-II 类水质的断面比例 51.0%，可比断面比上年增长 17.0%；Ⅲ类水质的断面比例 16.6%，Ⅳ类水质的断面比例 18.5%，Ⅴ类水质的断面比例 9.6%，超过Ⅴ类水质的断面比例 4.2%。近岸海域 29 个海水质量监测点中，达到一类海水水质标准的海域面积占 50.6%；二类海水占 16.3%；三类海水占 5.0%；四类、劣四类海水占 28.1%。

全年规模以上工业综合能源消费量 515.94 万吨标准煤，比上年增长 1.8%。单位工业增加值能耗下降 8.5%。全年全社会用电量 134.32 亿千瓦时，增长 10.3%。其中工业用电量 84.18 亿千瓦时，增长 9.7%。

全年日照时数 2116.1 小时，比常年偏多 236.3 小时；全年降雨量合计 1891.3 毫米，比常年偏少 9.2%；全年平均气温 23.2 摄氏度，比常年偏高 0.6 摄氏度；全年受 2 个热带气旋影响，其中 1412 号台风“海鸥”对珠海市造成严重影响。全市共有天气雷达观测站1个，地震台站12个。全年有167天空气质量级别Ⅰ级（优），占46.0%；154天的空气质量级别Ⅱ级（良），占42.4%。酸雨发生率为44.9%，比上年上升6.5个百分点。环境空气中污染物二氧化硫、二氧化氮、可吸入颗粒物、降尘年日均值分别为0.011mg/m³、0.033mg/m³、0.053mg/m³和2.79t/km2•30d，分别比上年下降15.4%、10.8%、10.2%和11.7%。建成污水处理厂14座，城市污水日处理能力达66.4万吨，增长13.7%。城镇生活垃圾无害化处理率达到100%。全年农作物受灾面积0.625千公顷。洪涝和干旱造成直接经济损失0.77亿元。洪水和沿海风暴潮死亡人口0人。海洋发生赤潮1次，累计面积300平方米。发生各类地质灾害6起，造成死亡人数0人，直接经济损失8万元。综合治理水土流失面积19.85平方公里，其中水土流失地区封育保护面积18.6平方公里。

全年完成荒山荒（沙）地造林、更新造林、有林地造林面积4046.7公顷，低产低效林改造面积214.7公顷。其中林业重点工程完成荒山荒（沙）地造林面积1720.9公顷。全市义务植树完成180万株，森林覆盖率达到29.96%。城市人均公园绿地面积18.90平方米，增加1.13平方米。

注：

1. 本公报中2014年数据为初步统计数，由于第三次全国经济普查数据尚未最终核定，统计图中的历史数据尚未作修订。

2. 公报中地区生产总值、各产业增加值、农业总产值绝对数按现价计算，增长速度按可比价计算。

3. 从2011年起，规模以上工业统计口径由500万元调整为2000万元及以上；固定资产投资项目统计起点由计划总投资50万元提高到500万元，增速为可比口径。

4. 先进制造业包括装备制造业、钢铁冶炼及加工业、石油及化学制造业。高技术制造业包括核燃料加工业、信息化学品制造业、医药制造业、航空航天器制造业、电子通信设备制造业、计算机制造业、医疗仪器设备制造业。

5. 各类事故四项指标增速按可比口径计算。

资料来源：本公报中财政数据来自市财政局；国家工程中心、企业技术中心、科技、专利等数据来自市科工信局；外贸进出口、外商直接投资数据来自市商务局；港口吞吐量数据来自市港口管理局；公路通车里程数据来自市公路局；公路、水运及民航运输数据来自省和市交通运输局；民用汽车数据来自市公安局；邮电业务总量数据来自省邮政及通信部门（单位）；旅游、艺术表演团体、博物馆、公共图书馆、文化馆、广播、电视、电影、报纸、期刊、图书、档案、体育等数据来自市文体旅游局；货币金融数据来自人民银行珠海市中心支行；上市公司数据来自市金融工作局；证券、基金、期货公司及交易数据来自市证券协会；保险业数据来自市保险协会；教育数据来自市教育局；卫生数据来自市卫生局；城镇新增就业、登记失业率、社会保障、新农合数据来自人力资源和社会保障局；低保、社会福利数据来自市民政局；安全生产数据来自市安监局；水资源数据来自市海洋和农渔局；生活垃圾无害化处理、公园绿地面积、森林覆盖率、城市污水处理数据来自市市政园林和林业局；气象数据来自市气象局；环境监测和自然保护数据来自市环保局；其他数据来自市统计局和国家统计局珠海调查队。

2014年汕头市国民经济和社会发展统计公报

2014年，全市人民在市委、市政府的正确领导下，认真贯彻落实省委、省政府关于促进粤东西北地区振兴发展的决策部署，紧紧围绕稳增长、促改革、调结构、惠民生的工作目标，以交通基础设施建设、产业园区扩能增效、中心城区扩容提质为抓手，真抓实干，奋力拼搏，全市经济增长总体平稳、稳中略升、稳中提质，经济结构得到优化，发展质量明显提高，民生保障有所改善，社会建设步伐加快。

一、综合

初步核算，2014年全市生产总值1716.00亿元，比上年增长9.0%。其中，第一产业增加值93.41亿元，增长3.9%；第二产业增加值897.58亿元，增长9.7%；第三产业增加值725.01亿元，增长8.6%。三次产业结构由上年的5.6∶52.2∶42.2调整为5.4∶52.3∶42.3，第一产业比重有所下降，第二、三产业略有提高。在现代产业中，现代服务业增加值274.03亿元，增长6.9%。在第三产业中，批发和零售业增长10.1%，住宿和餐饮业增长8.6%，金融业增长8.0%，房地产业增长3.5%。民营经济增加值1213.88亿元，增长10.0%。全市人均GDP31192元，增长8.2%。

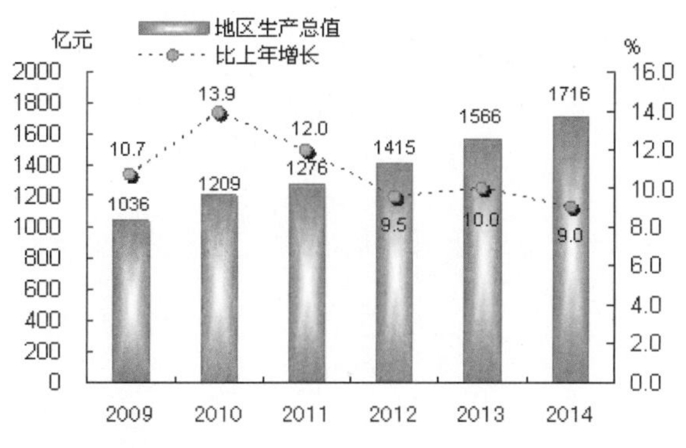

2009–2014年地区生产总值及增长速度

全市完成公共财政预算收入123.97亿元，比上年增长10.6%；公共财政预算支出208.16亿元，增长11.2%。

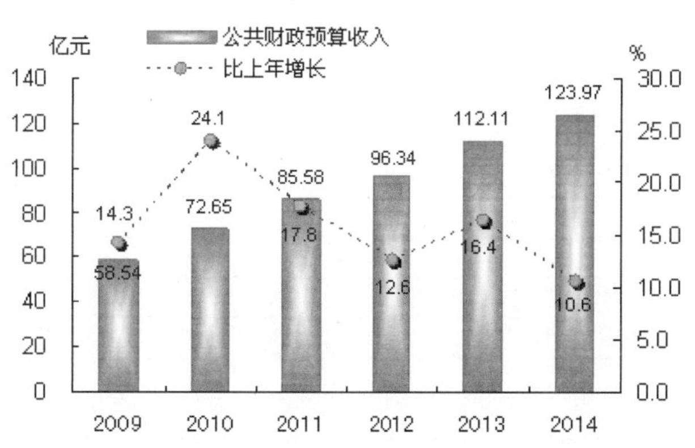

2009–2014年公共财政预算收入及增长速度

全年居民消费价格总水平上升	2.3%
居民消费价格总指数	2.3%
消费品价格指数	1.9%
食　品	3.1%
粮　食	2.6%
油　脂	-5.4%
肉禽及其制品	2.8%
水产品	3.7%
菜　类	-1.5%
烟　酒	-3.4%
衣　着	2.8%
家庭设备用品及维修服务	1.3%
医疗保健和个人用品	1.1%
交通和通信	-0.2%
娱乐教育和文化用品及服务	1.2%
居　住	4.0%
服务项目价格指数	3.2%

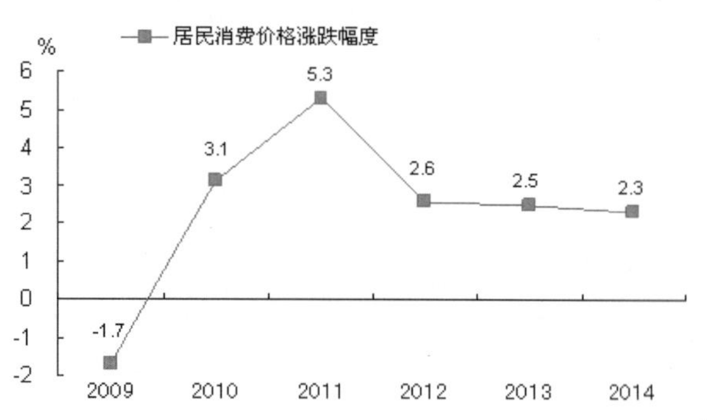

2009-2014 年居民消费价格涨跌幅度

全年城镇新增就业人员 6.10 万人，下降 1.0%；全市城镇登记失业人数 3.56 万人，城镇登记失业率为 2.36%。

全市经济社会发展中存在的主要困难和问题是：经济持续较快增长的动力和后劲不足，传统产业转型升级压力大，现代产业尚未形成新的增长点；教育、医疗、住房、社会保障等公共事业发展相对滞后，民生保障还不到位，改善民生任重道远；交通秩序、市容市貌、生态环境还没有根本性改观，社会管理水平亟待提高。

二、农业

全年农林牧渔业增加值 93.41 亿元，比上年增长 3.9%；农林牧渔业总产值 169.04 亿元，增长 3.8%。其中，农业产值 84.81 亿元，增长 4.4%；林业产值 0.60 亿元，下降 2.5%；牧业产值 29.26 亿元，增长 4.0%；渔业产值 50.52 亿元，增长 3.3%；农林牧渔服务业产值 3.86 亿元，下降 2.2%。

农业主要产品产量如下：

产品名称	2014 年产量	比上年增长（%）
粮　食	46.60 万吨	2.9
稻　谷	32.74 万吨	4.7
花　生	0.34 万吨	-2.6
蔬　菜	173.73 万吨	5.4
水　果	19.64 万吨	5.7
柑　橘	2.13 万吨	11.2
肉类总产量	11.82 万吨	0.6
生猪出栏量	92.64 万头	6.3
家禽出栏量	2605.60 万只	-4.9
禽蛋产量	0.85 万吨	-1.2
奶类产量	0.32 万吨	-4.5
水产品产量	43.50 万吨	1.9
海水产品	35.38 万吨	1.5
淡水产品	8.12 万吨	3.7

三、工业与建筑业

全年完成工业增加值 817.48 亿元，比上年增长 9.8%，占地区生产总值的比重由上年的 48.0% 下降为 47.6%，工业对经济增长贡献率达到 54.9%。其中，规模以上先进制造业与高技术制造业增加值分别为 96.73 亿元与 36.88 亿元，分别增长 10.2% 与 8.5%。完成工业总产值 3681.37 亿元，增长 10.8%。其中，规模以上工业总产值 2801.19 亿元，增长 12.4%。规模以上工业总产值占全部工业总产值 76.1%。在规模以上工业总产值中，国有及国有控股企业增长 8.8%、集体企业增长 11.3%、股份制企业增长 14.8%、外商及港澳台商投资企业增长 3.3%；大中型企业完成产值 1340.67 亿元，增长 8.6%；轻、重工业中重工业产值占规模以上工业总产值 30.2%，比上年下降 0.9 个百分点。规模以上工业实现销售产值 2697.16 亿元，增长 12.6%；完成出口交货值 405.22 亿元，增长 3.3%；工业产品销售率 96.29%，比上年提高 0.18 个百分点。全市工业用电量 112 亿千瓦时，增长 8.3%。

规模以上工业企业主要产品产量如下：

产品名称	2014 年产量	比上年增长（%）
发电量	250.10 亿千瓦时	0.0
火　电	244.41 亿千瓦时	0.1
风　电	5.69 亿千瓦时	-2.5
冷冻水产品	3.81 万吨	22.9
饲　料	71.60 万吨	-8.6
布	6597.21 万米	5.2
服　装	29138.67 万件	-3.4
家　具	137.22 万件	3.0
机制纸及纸板	32.30 万吨	14.0
纸制品	26.00 万吨	8.4
初级形态的塑料	15.33 万吨	2.9
化学原料药	7113.10 吨	-7.2
中成药	4726.13 吨	61.4
塑料制品	31.28 万吨	6.5
玩　具	228.70 亿元	14.5
高压开关板	8859 面	16.9
商品混凝土	163.84 万立方米	-5.2
塑料加工专用设备	296 台	-12.4
包装专用设备	417 台	14.9
印刷专用设备	75 吨	-15.7
试验机	3358 台	-5.1
印制电路板	123.88 万平方米	6.2
超声波仪器	7097 台	-14.8
液晶显示器	26.63 万平方米	6.3
通信及电子网络用电缆	23535 对千米	-16.0

全市资质等级以上建筑企业完成建筑业总产值（未含劳务分包）376.41 亿元，比上年增长 4.2%。房屋建筑施工面积 3856.83 万平方米，增长 10.9%；房屋竣工面积 950.86 万平方米，下降 6.1%。

四、固定资产投资

2014 年全市完成固定资产投资 1002.73 亿元，比上年增长 35.1%。从投资经济类型看，国有经济投资 150.51 亿元，增长 33.5%；民营经济投资 788.20 亿元，增长 39.5%。从三次产业看，第一产业投资 8.83 亿元，增长 9.8%；第二产业投资 506.72 亿元，增长 33.1%，其中工业投资 503.64 亿元，增长 33.3%；第三产业投资 487.18 亿元，增长 37.9%，其中房地产开发投资 202.05 亿元，增长 37.4%；交通运输业投资 45.88 亿元，增长 61.0%；现代服务业投资 389.39 亿元，增长 48.7%。在固定资产投资资金来源总计中，国内贷款 61.75 亿元，下降 6.6%；利用外资 0.12 亿元，下降 88.3%；自筹资金 861.25 亿元，增长 44.6%，其中企事业单位自有资金 608.33 亿元，增长 41.2%。全年单位投资施工项目（不含房地产）2335 个，增长 24.0%，其中新开工项目 2041 个，增长 19.4%。全年新增固定资产 828.00 亿元，增长 34.4%。

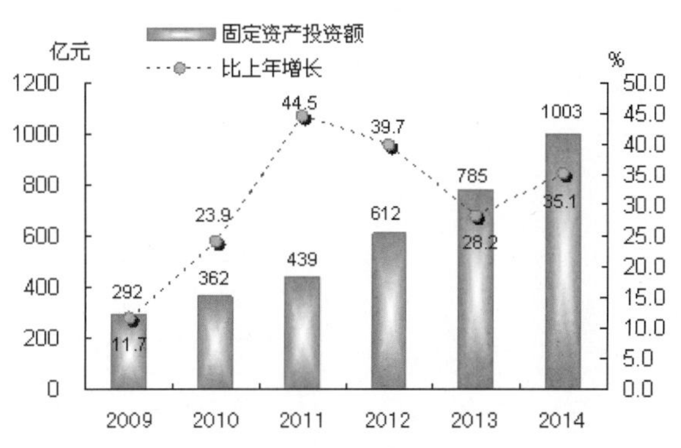

2009-2014 年固定资产投资额及增长速度

全年商品房销售面积 161.42 万平方米，下降 6.7%，其中住宅销售面积 144.98 万平方米，下降 8.9%。商品房销售金额 109.44 亿元，下降 13.4%，其中住宅销售金额 94.83 亿元，下降 14.8%。

五、城市建设与环境保护

交通基础设施建设取得新进展。潮汕大地五条高速公路建设齐头并进，汕揭高速公路汕头段全线建成通车，全长 11.08 公里的南澳大桥建成通车，打通了南澳连接大陆的快速通道。干线公路升级改造步伐加快，国道 324 线潮阳、潮南段 17 公里路面大修工程建成通车，省道 231 线凤湾路、省道 237 线和惠路基本建成，国道 324 线峡山路段改线和省道司神线、广葵线建设加快推进。海门港区煤炭中转基地主体工程和华能电厂重件码头改造工程建成投产。

市政公共设施建设取得新成果。当年城市市政公共设施建设完成投资 4.19 亿元，市区建成区面积 250.42 平方公里，年末实有道路（含城区内公路）长度 1325.65 公里，下水道排水管长度 1684.80 公里。中心城区年末拥有出租汽车 1015 辆，公共交通线路 69 条，客运量 10078 万人次，公共轮渡营运船只 7 艘，客运量 309 万人次。

城乡环境有所改善。有序推进城市更新，加快小公园开埠历史文化街、潮人码头建设。加快主城区道路改造，相继完成外马路、中山路、跃进路、长江路等破旧道路改造，启动和完成濠江、潮阳、潮南、澄海、南澳城区一大批市政道路改造升级，城乡面貌大为改观。环境保护力度进一步加大，一批污水处理厂和潮阳区、潮南区生活垃圾焚烧发电厂等环保设施加快建设。进一步改造和完善生活垃圾填埋场及污水处理站，日处理污水能力 68.70 万吨，垃圾无害化处理率 100%，市区建成区绿地面积 10527.60 公顷，绿化覆盖率 42.04%。

六、交通运输与邮电

全年交通运输、仓储和邮政业实现增加值 39.28 亿元，比上年增长 3.5%。

全市完成运输量和吞吐量如下：

项　目	2014 年	比上年增长（%）
货 运 量	6057.24 万吨	13.2
公 路	5051 万吨	16.4
水 路	1004 万吨	-0.6
民 航	2.24 万吨	45.5
货物周转量	187.12 亿吨公里	0.5
公 路	56.89 亿吨公里	20.2
水 路	129.91 亿吨公里	-6.3
民 航	0.32 亿吨公里	60.0
客 运 量	2075.89 万人	-0.8
公 路	1766.00 万人	-3.0
民 航	309.89 万人	14.3
旅客周转量	60.51 亿人公里	6.9
公 路	24.24 亿人公里	-7.8
民 航	36.27 亿人公里	19.8
港口货物吞吐量	5160.90 万吨	2.4
集装箱	130.30 万标箱	1.2

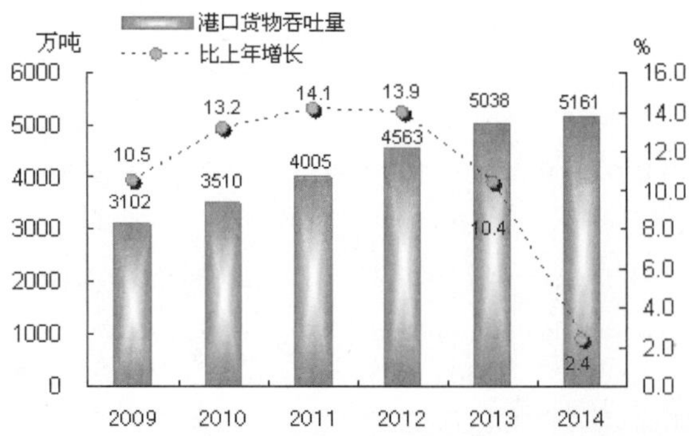

2009-2014 年港口货物吞吐量及增长速度

全年完成邮电业务总收入 55.56 亿元，下降 4.8%。其中，邮政业务收入 2.63 亿元，增长持平；电信业务收入 52.93 亿元，下降 5.0%。电话交换机总容量 533.15 万门，接入网设备容量 51.81 万门。全市城乡固定电话用户 121.57 万户，移动电话总用户 649 万户。计算机互联网络总用户 89.27 万户，下降 4.7%。

七、国内贸易

全年社会消费品零售总额1286.04亿元，比上年增长11.0%。其中，城镇消费品零售额931.48亿元，增长12.1%；农村消费品零售额354.56亿元，增长8.0%。分行业看，批发和零售业零售额1208.40亿元，增长11.3%；住宿和餐饮业零售额77.64亿元，增长6.4%。

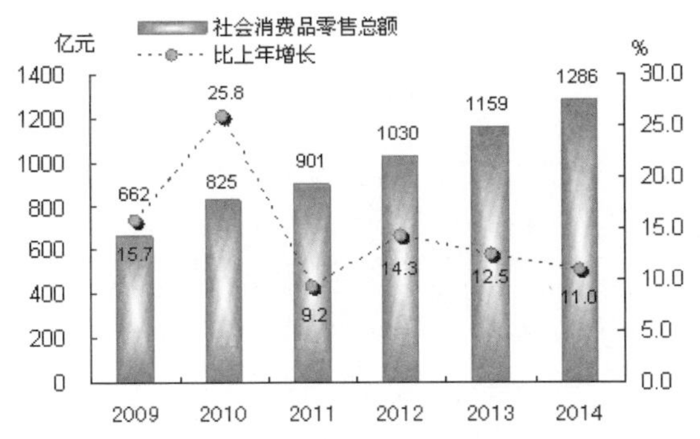

2009-2014年社会消费品零售总额及增长速度

在限额以上批发和零售业商品销售分类中，粮油、食品、饮料、烟酒类销售额154.41亿元，比上年增长23.0%；服装、鞋帽、针纺织品类28.16亿元，增长24.4%；化妆品类0.93亿元，增长16.6%；金银珠宝类3.81亿元，下降6.7%；日用品类23.02亿元，增长9.0%；五金、电料类8.73亿元，增长39.1%；体育、娱乐用品类2.52亿元，增长13.8%；书报杂志类0.91亿元，增长37.8%；家用电器和音像器材类24.08亿元，增长22.1%；中西药品类83.77亿元，增长29.1%；文化办公用品类4.67亿元，增长15.5%；家具类0.98亿元，增长62.4%；通讯器材类2.49亿元，增长10.6%；煤炭及制品类34.64亿元，增长13.5%；石油及制品类207.18亿元，增长6.9%；化工材料及制品类185.07亿元，增长23.5%；建筑及装潢材料类14.93亿元，增长90.7%；机电产品类78.52亿元，增长10.2%；汽车类124.33亿元，增长26.8%。

全市年末信用分类监管的商品交易市场207个。其中农副产品交易市场120个（其中专业批发市场17个）；消费品市场80个，生产资料市场5个，其它要素市场2个。全年商品销售总额2641.74亿元，增长19.3%，其中批发额与零售额分别为1430.89亿元与1210.85亿元，分别增长25.7%与12.6%。

八、对外贸易与旅游

据海关统计，2014年全市进出口总额95.60亿美元，比上年增长3.5%。其中，进口总额25.94亿美元，下降1.4%；出口总额69.66亿美元，增长5.5%。在出口总额中，一般贸易出口56.92亿美元，增长8.7%；加工贸易出口11.16亿美元，下降14.7%。从经济类型看，国有企业出口2.54亿美元，增长1.0%；集体企业出口1.46亿美元，增长7.1%；外商投资企业出口20.38亿美元，下降11.8%；私营企业出口45.12亿美元，增长16.8%。从出口商品看，机电产品出口17.57亿美元，增长9.6%；服装及衣着附件出口16.47亿美元，增长0.4%；玩具出口10.40亿美元，增长7.3%；水产品出口4.20亿美元，增长49.7%；高新技术产品出口4.80亿美元，增长15.1%。从进出口的国家与地区看，进出口总额靠前的有东盟、美国、香港、欧盟，分别为18.28亿美元、13.93亿美元、11.05亿美元与10.25亿美元，合计进出口额占全市总计的55.97%，比上年下降0.02个百分点。

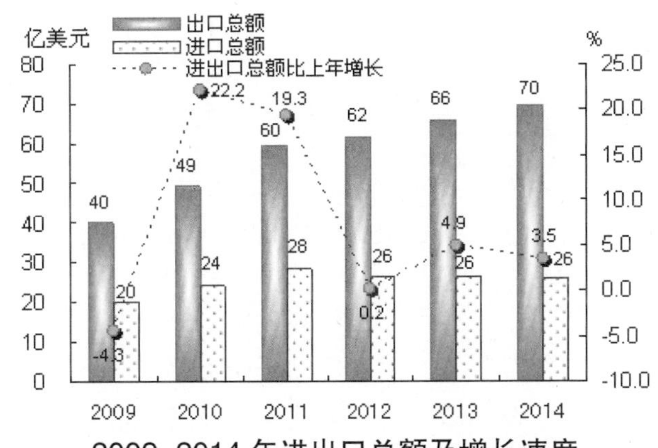

2009-2014年进出口总额及增长速度

全年实际吸收外商直接投资金额17813万美元，增长20.2%。新签投资项目23个，其中投资规模在500万美元以上的项目4个，下降50.0%。

2014年，全市住宿设施接待过夜游客1293.30万人次，比上年增长11.9%。其中国际游客17.64万人次，增长13.6%；国内游客1275.65万人次，增长11.9%。A级旅游景区接待游客515.15万人次，下降3.4%。旅行社组织出境游3.86万人次、国内游42.58万人次，分别增长8.5%与下降16.1%。实现旅游总收入190.89亿元，增长29.8%，其中旅游外汇收入7046.05万美元，增长29.7%。全市拥有旅行社75家，星级宾馆（酒店）35家，其中三星级及以上30家。

九、金融与保险业

2014年末，全市金融机构（含外资）本外币存款余额2664.46亿元，比上年增加134.30亿元，增长5.3%。其中，单位存款余额754.74亿元，增加57.67亿元，增长8.3%；个人存款余额1833.08亿元，增加71.29亿元，增长4.0%。年末金融机构（含外资）本外币贷款余额1072.83亿元，比上年增加100.90亿元，增长10.4%。其中，消费贷款141.60亿元，增加10.46亿元，增长8.0%；中长期贷款555.20亿元，增加44.15亿元，增长8.6%，短期贷款497.96亿元，增加68.11亿元，增长15.8%。银行结汇收入57.82亿美元，比上年下降7.1%。

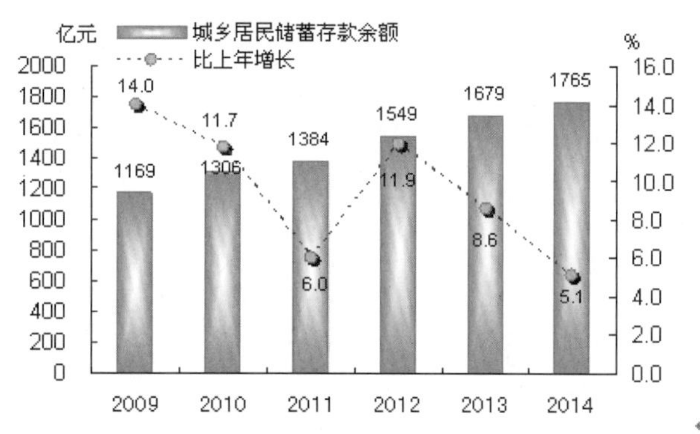

2009-2014年城乡居民储存存款余额及增长速度

2014年，全市有保险公司39家，比上年增加1家；全年保费收入63.23亿元，比上年增长25.9%。其中，财产险保费收入17.08亿元，增长22.1%；人寿险保费收入46.15亿元，增长27.4%。赔付支出金额27.09亿元，增长13.1%。其中，财产险赔付支出金额8.68亿元，下降19.5%；人身险赔付支出金额18.42亿元，增长39.6%。

十、科技、教育、文化、卫生与体育

2014年，全市签订各类技术合同19项，技术交易额5346.30万元。专利申请量与授权量分别为9097件和6470件，分别比上年下降17.3%与5.3%。至年末，国家级高新技术企业132家；全市民营科技企业817家，增长1.9%。

2014年，汕头大学招生2701人，比上年增长2.6%；在校学生9811人，增长2.1%。全市各类中等学校312所，在校学生52.08万人，下降9.4%。其中，高中阶段在校学生26.87万人，下降9.7%（其中：中等职业教育学校在校学生10.79万人，下降20.7%；普通高中在校学生16.08万人，下降0.5%）。普通初中194所，在校学生25.22万人，下降9.0%；普通小学在校学生48.72万人，增长0.4%。初中升学率（以升本地高中学位计）74.51%，高中升学率87.59%，分别下降2.17和提高0.02个百分点。成人高等教育在校学生2.81万人，下降2.1%。全年参加高等、中专自学考试0.92万人次，考试科目1.63万科次。全市现有各类民办学校85所，比上年增加4所。

至2014年底，全市有文化事业机构112家，艺术表演团体7个，艺术表演场所6所，演出场次802场次，观众427万人次。公共图书馆9个，公共图书馆藏书总藏量135.50万册，博物馆6座，电台1座，电视台5座。广播人口覆盖率与电视人口覆盖率分别达到99.10%与98.30%。全年地方报纸发行量5069万份，邮局杂志发行量（持全国统一刊号）173.39万份。

2014年，全市共有卫生机构（含个体）1311个，比上年增加51个，其中医院38个，卫生院33个；实有病床位15407张，比上年增加740张，其中医院12738张，卫生院1488张；医院门诊诊疗总人数1036万人次，增长2.7%；患者治愈出院49.6万人次，增长6.4%；病床使用率83.4%，比上年下降0.1个百分点；病床周转次数32.4次，减少0.1次。卫生工作人员25144人，增加704人。其中，执业医师和执业助理医师合计8606人，增加90人；注册护士7197人，增加316人。

2014年，在国内外各项重大体育比赛中，汕头体育健儿共获得奖牌88枚，其中获国际比赛和全国比赛金牌21枚、银牌27枚。全市当年有等级运动员40人。

十一、人口与人民生活

2014年末，全市总人口（户籍）546.57万人，其中汕头市区人口539.06万人。当年全市出生人口7.61万人，出生率13.71‰，人口自然增长率8.22‰。

2014年，全市居民人均可支配收入17266元，比上年增长9.9%。其中，城镇常住居民人均可支配收入21446元，增长9.0%；农村常住居民人均可支配收入11190元，增长10.7%。

至2014年底，全市企业参加职工养老保险118.35万人，增长19.5%；失业保险72.56万人，增长4.0%；工伤保险70.38万人，增长4.0%；生育保险 68.45 万人，增长 4.3%。

2014 年，全市用于最低生活保障资金支出 28192 万元，比上年增加 10499 万元，增长 59.3%；获最低生活保障人数 11.12 万人，增长 0.1%；救助站救助人数 3912 人，下降 3.5%。至年末，社会福利院 11 处，收寄养 640 人；城镇及村办敬老院 47 个，收寄养 515 人。

全年共发生各类事故 485 起，比上年下降 1.0%；死亡总人数 186 人，下降 9.3%；受伤 321 人，增长 23.0%；亿元 GDP 生产安全事故死亡率为 0.108，下降 17.6%；道路交通万车死亡率为 1.88，下降 6.9%。

注：

1. 本公报中 2014 年各项数据均为初步统计数，统计图中 2009-2013 年数据为年报数。

2. 公报中本地生产总值及各产业增加值、总产值均按现行价计算，增长速度按可比价格计算。本地生产总值即 GDP，过去称国内生产总值。

3. 从 2011 年起，规模以上工业指年主营业务收入在 2000 万元及以上的工业法人企业；固定资产投资项目统计起点由计划总投资 50 万元提高到 500 万元，增速为可比口径。

4. 资料来源：本公报中城镇新增就业、登记失业率、社会保障数据来自市人力资源社会保障局；财政数据来自财政局；水产品产量数据来自农业局；公路运输、水运、港口货物吞吐量数据来自交通运输局和港口管理局；城市建设与环境保护等数据分别来自城管局和环保局；货物进出口数据来自汕头海关；外商直接投资、对外直接投资等数据来自外经贸局；国际互联网用户、邮电业务总量等数据来自邮政及通信部门（单位）；旅游数据来自旅游局；金融数据来自人民银行汕头分行；保险业数据来自保监局；科技数据来自科技局；教育数据来自教育局；专利数据来自知识产权局；艺术表演团体、博物馆、公共图书馆、文化馆、广播、电视、报纸、期刊、图书数据来自文广新局；档案数据来自档案局；体育数据来自体育局；卫生、新农合数据来自卫计局；低保数据来自民政局；安全生产数据来自安监局；总人口数据按公安局年报数，出生人口、出生率及自然增长率取自卫计局统计年报；其他数据来自统计局和国家统计局汕头调查队。

2014 年佛山市国民经济和社会发展统计公报

2014 年，在省委、省政府和市委、市政府的正确领导下，佛山市各级各部门积极应对复杂形势，主动适应发展新常态，坚定不移地落实“稳增长、调结构、惠民生、防风险”的各项政策措施，求真务实、锐意进取，各项工作取得了新成绩。全市经济运行保持平稳增长，发展质量稳步提升，经济转型取得扎实进展，民生继续得到改善，各项社会事业全面进步。

一、综合

初步核算，2014 年全市生产总值 7603.28 亿元，比上年增长 8.6%。其中第一产业增加值 142.47 亿元，增长 2.6%；第二产业增加值 4687.02 亿元，增长 9.4%；第三产业增加值 2773.80 亿元，增长 7.6%。在第三产业中，交通运输、仓储和邮政业增长 4.9%，批发和零售业增长 9.4%，住宿和餐饮业增长 1.4%，金融业增长 3.6%，房地产业增长 8.3%，其他服务业增长 8.3%。三次产业结构为 1.9 ∶ 61.6 ∶ 36.5。在现代产业中，先进制造业增加值 1493.12 亿元，增长 11.5%；高技术制造业增加值 316.79 亿元，增长 15.0%；现代服务业增加值 1619.91 亿元，增长 7.6%。民营经济增加值 4653.59 亿元，占全市生产总值的比重为 61.2%。

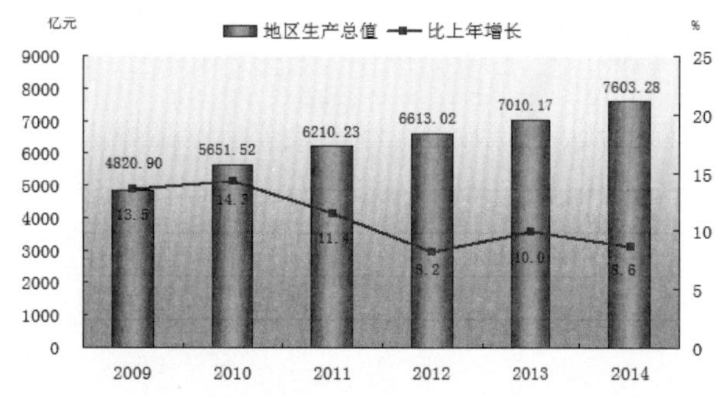

图 1　2009–2014 年地区生产总值及增长速度

全年居民消费价格总水平比上年上涨 2.3%，其中消费品价格上涨 2.4%，服务项目价格上涨 2.0%。分类别看，食品类上涨 4.9%，居住类上涨 1.6%，娱乐教育文化用品及服务类上涨 1.1%，医疗保健及个人用品类上涨 1.0%，衣着类上涨 0.4%，烟酒类上涨 0.4%，家庭设备用品及维修服务类上涨 0.2%，交通及通信类上涨 0.1%。工业生产者出厂价格下降 1.2%，其中轻工业下降 0.2%，重工业下降 2.0%。

表 1　2014 年居民消费价格比上年涨跌幅度

指标	价格指数（上年=100）	比上年涨跌幅度（%）
居民消费价格	102.3	2.3
食品	104.9	4.9
其中：粮食	101.4	1.4
油脂	97.2	-2.8
肉禽及其制品	105.3	5.3
鲜蛋	106.2	6.2
水产品	105.3	5.3
鲜菜	102.0	2.0
烟酒	100.4	0.4
衣着	100.4	0.4
家庭设备用品及维修服务	100.2	0.2
医疗保健及个人用品	101.0	1.0
交通及通信	100.1	0.1
娱乐教育文化用品及服务	101.1	1.1
居住	101.6	1.6

全年城镇新增就业 8.24 万人，失业人员实现再就业 4.04 万人。年末城镇登记失业人员 2.19 万人，城镇登记失业率 2.35%。

二、农业

全年粮食作物播种面积 30.96 万亩，下降 0.2%；蔬菜种植面积 78.56 万亩，下降 12.3%；经济作物播种面积 21.50 万亩，增长 2.3%。全年粮食产量 9.84 万吨，比上年增长 0.2%；蔬菜产量 124.42 万吨，下降 12.0%；水果产量 4.38 万吨，下降 12.4%。全年肉类总产量 22.65 万吨，比上年下降 8.5%。其中，猪肉产量 11.46 万吨，下降 8.7%；禽肉产量 11.15 万吨，下降8.3%。全年水产品产量61.32万吨，增长3.0%。全年三鸟饲养量8581.68万只，下降7.4%；生猪饲养量240.78万头，下降11.5%。

表2 主要农产品产量情况

产品名称	计量单位	产　量	比上年增长（%）
粮食	万吨	9.84	0.2
其中：稻谷	万吨	5.55	-1.3
蔬菜	万吨	124.42	-12.0
水果	万吨	4.38	-12.4
肉类总产量	万吨	22.65	-8.5
其中：猪肉	万吨	11.46	-8.7
禽肉	万吨	11.15	-8.3
水产品	万吨	61.32	3.0
三鸟饲养量	万只	8581.68	-7.4
生猪饲养量	万头	240.78	-11.5
生猪年末存栏量	万头	85.01	-14.9

三、工业和建筑业

全年全部工业完成增加值4561.13亿元，比上年增长9.6%。规模以上工业（以下口径相同）增加值4249.23亿元，增长9.9%。其中，国有及国有控股企业增长4.7%，民营企业增长11.1%，外商及港澳台投资企业增长7.7%，股份制企业增长11.2%，集体企业增长19.8%，股份合作制企业增长30.5%。分轻重工业看，轻工业增长6.5%，重工业增长12.6%。分企业规模看，大型企业增长12.4%，中型企业增长7.2%，小型企业增长9.0%。

高技术制造业增加值增长15.0%，其中，医药制造业增长10.2%，电子及通信设备制造业增长15.7%，医疗设备及仪器仪表制造业增长11.5%，电子计算机及办公设备制造业增长21.4%。

先进制造业增加值增长11.5%，其中，装备制造业增长14.3%，钢铁冶炼及加工业增长7.9%，石油及化学行业增长0.2%。装备制造业中，汽车制造业、船舶制造业和环境污染防治专用设备制造业分别增长17.1%、6.4%和11.5%；钢铁冶炼及加工业中，炼钢和钢压延加工业分别增长16.5%、8.4%；石油及化学行业中，石油加工、炼焦及核燃料加工业下降0.8%，化学原料及化学制品制造业下降0.8%，橡胶制品业下降27.7%。

优势传统产业增加值增长6.2%，其中，纺织服装业增长0.7%，食品饮料业增长13.6%，家具制造业增长10.8%，建筑材料增长9.0%，金属制品业增长6.2%，家用电力器具制造业增长4.7%。

表3 规模以上工业企业主要产品产量情况

产品名称	计量单位	产　量	比上年增长（%）
饲料	万吨	465.19	-0.4
酱油	万吨	260.92	8.4
啤酒	万升	160501.24	-6.4
软饮料	万吨	189.18	5.3
布	亿米	7.23	-13.2
服装	亿件	4.73	0.5
机制纸及纸板	万吨	14.73	-40.7
家具	万件	2934.96	22.9
涂料（油漆）	万吨	106.47	7.6
塑料制品	万吨	285.45	5.7
墙地砖	亿平方米	11.6	5.8
铝材	万吨	408.87	14.3
不锈钢日用制品	万吨	28.44	3.8
家用燃气灶具	万个	716.08	10.8
家用燃气热水器	万个	788.93	5.3
电饭锅	万个	3150.84	-25.2
房间空调器	万台	2350.65	11.1
微波炉	万台	5606.68	6.5
家用洗衣机	万台	328.57	-1.8
家用电冰箱	万台	995.83	5.0
电光源	亿只	13.72	-22.8
电子元件	亿只	33.74	-6.7
光学仪器	万台（个）	72.58	14.7倍
照相机	万台	70.33	-93.5

工业经济效益有所提高。资产贡献率18.29%，资本保值增值率110.86%，资产负债率55.14%，流动资产周转次数3.51次，成本费用利润率7.57%，产品销售率97.31%。实现利润总额增长15.4%。亏损企业亏损总额下降13.4%。

全年资质等级以上建筑业企业完成建筑业总产值483.50亿元，比上年增长27.9%。

四、固定资产投资

全年固定资产投资完成2612.45亿元，比上年增长15.0%。分三次产业看，第一产业投资16.14亿元，增长1.3倍。第二产业投资963.09亿元，增长10.9%。第三产业投资1633.21亿元，增长16.7%。

表 4 分行业固定资产投资完成情况

单位：亿元 %

行　业	投资额	比上年增长
总　　计	2612.45	15.0
农、林、牧、渔业	16.14	1.3 倍
制造业	899.02	11.5
电力、燃气及水的生产和供应业	64.07	2.5
交通运输、仓储和邮政业	148.65	60.3
信息传输、软件和信息技术服务业	46.62	1.0 倍
批发和零售业	66.08	5.4
住宿和餐饮业	27.63	-50.9
金融业	2.47	-35.7
房地产业	931.24	9.4
租赁和商务服务业	69.46	56.2
科学研究和技术服务业	6.70	-24.4
水利、环境和公共设施管理业	260.08	27.8
居民服务、修理和其他服务业	14.82	60.7
教育	27.61	51.4
卫生和社会工作	15.93	1.3 倍
文化、体育和娱乐业	15.15	-19.1
公共管理、社会保障和社会组织	0.76	7.9 倍

全年基础产业投资完成 630.47 亿元。基础设施投资完成 496.53 亿元，其中交通运输业 127.22 亿元，水利管理 18.31 亿元，电力、热力的生产和供应业 48.83 亿元。

全年房地产开发投资完成 832.70 亿元，比上年增长 12.9%。其中住宅投资 583.76 亿元，增长 16.6%。商品房施工面积 5735.29 万平方米，增长 22.8%，其中商品住宅 3819.66 万平方米，增长 13.2%。商品房竣工面积 541.04 万平方米，下降 10.5%。

五、交通、邮电和旅游

全年公路和水路运输方式完成客运量 5768 万人，比上年增长 11.6%。其中公路运输 5692 万人，增长 11.8%；水路运输 76 万人，下降 0.9%。完成旅客周转量 60.09 亿人公里，增长 16.9%。其中公路运输 59.16 亿人公里，增长 17.0%；水路运输 0.93 亿人公里，增长 11.3%。

全年公路和水路运输方式完成货运量 28756 万吨，比上年增长 5.7%。其中公路运输 24712 万吨，增长 5.8%；水路运输 4044 万吨，增长 5.1%。完成货物周转量 252.45 亿吨公里，增长 13.7%。其中公路运输 187.91 亿吨公里，增长 11.2%；水路运输 64.54 亿吨公里，增长 21.7%。

全年主要港口完成货物吞吐量 5907.01 万吨，比上年增长 7.9%。其中港口集装箱吞吐量 289.84 万 TEU（国际标准箱），增长 5.4%。

年末全市民用汽车保有量 153.84 万辆，比上年增长 13.3%。其中私人汽车 140.23 万辆，增长 14.5%。民用轿车保有量 91.95 万辆，增长 15.9%。其中私人轿车 88.20 万辆，增长 16.6%。

全年完成邮电业务总量 222.87 亿元，比上年增长 17.1%。其中邮政业务总量 33.47 亿元，增长 34.9%；电信业务总量 189.40 亿元，增长 14.5%。年末本地电话用户 294.71 万户，减少 1.31 万户；移动电话用户 1490.40 万户，增加 151.10 万户。（固定）互联网用户 248.52 万户，增加 14.42 万户。

全年接待旅游者人数 3995.04 万人次，比上年增长 5.2%。在旅游人数中，接待过夜旅游者 1181.92 万人次，增长 5.6%，其中外国人 23.60 万人次，增长 6.8%；香港、澳门和台湾同胞 113.47 万人次，增长 0.9%。全年旅游总收入 496.27 亿元，增长 15.1%。

六、国内贸易

全年社会消费品零售总额 2560.58 亿元，比上年增长 13.1%。分地域看，城市消费品零售额 2000.45 亿元，增长 13.5%；农村消费品零售额 560.13 亿元，增长 11.7%。分行业看，批发和零售业零售额 2248.29 亿元，增长 14.0%；住宿和餐饮业零售额 312.30 亿元，增长 7.2%。

在限额以上批发和零售业的主要商品零售额中，汽车类零售额比上年增长 26.2%，粮油、食品、饮料、烟酒类增长 16.8%，日用品类增长 16.8%，石油及制品类增长 15.7%，家用电器和音像器材类增长 13.1%。

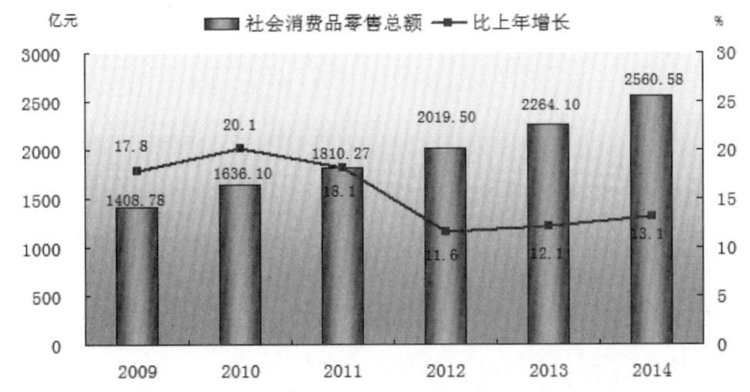

图 2　2009-2014 年社会消费品零售总额及增长速度

七、对外经济

全年进出口总额 688.18 亿美元，比上年增长 7.6%。其中出口 467.20 亿美元，增长 9.9%；进口 220.98 亿美元，增长 3.2%。实现外贸顺差 246.22 亿美元。

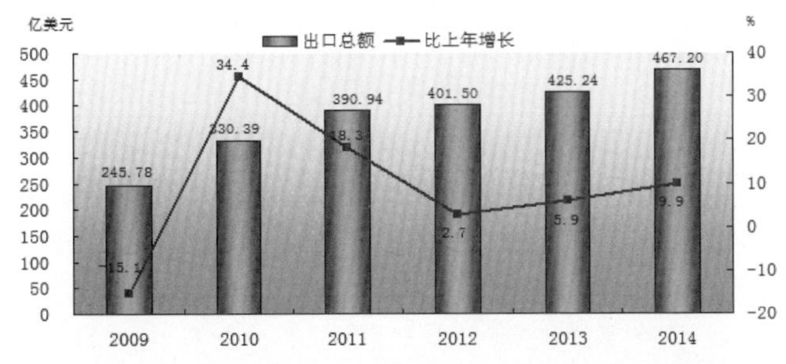

图 3　2009-2014 年进出口总额及增长速度

分贸易方式看，一般贸易出口 272.78 亿美元，比上年增长 4.8%；加工贸易出口 185.08 亿美元，增长 13.1%。分出口企业性质看，外商投资企业出口 217.89 亿美元，增长 2.7%；内资企业出口 249.32 亿美元，增长 17.0%。分出口产品看，机电产品出口 240.05 亿美元，增长 3.6%；高技术产品出口 36.84 亿美元，下降 0.3%。分出口市场看，对香港市场出口 109.93 亿美元，增长 22.9%；对美国市场出口 62.55 亿美元，增长 5.8%；对欧盟市场出口 66.91 亿美元，增长 12.7%；对东盟市场出口 44.17 亿美元，增长 1.3%。

全年新签外商直接投资项目 235 个，比上年增长 14.6%；合同外资金额 37.32 亿美元，增长 5.6%；实际使用外商直接投资金额 26.56 亿美元，增长 5.4%，其中制造业占 55.5%，房地产业占 30.6%，批发和零售业占 5.4%。批发和零售业占 5.4%。

八、金融和保险

年末全市中外资银行业金融机构本外币各项存款余额 11275.63 亿元，比年初下降 1.0%。其中城乡居民储蓄存款余额 5806.94 亿元，比年初增长 3.7%；企事业单位存款余额 4634.00 亿元，比年初下降 5.6%。本外币各项贷款余额 7595.79 亿元，比年初增长 6.8%；其中中长期贷款余额 4096.71 亿元，比年初增长 13.9%。

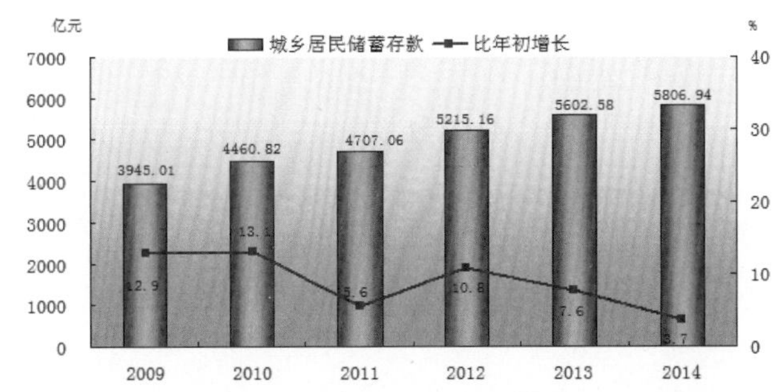

图 4　2009-2014 年城乡居民储存存款及增长速度

全年保费收入 219.00 亿元，其中财产险保费收入 84.00 亿元，人身险保费收入 135.00 亿元。各项理赔和给付支出 65.50 亿元，其中财产险 40.84 亿元，人身险 24.66 亿元。

九、科学技术和教育

年末共有各级工程中心 1004 家，其中省级工程中心 204 家，市级工程中心 285 家。高新技术企业 618 家，其中国家火炬计划重点高新技术企业（集团）38 家。新增省级工程中心 44 家。全年获省级科学技术奖励 16 项，市级科学技术奖励 99 项。全年发明专利申请量 7259 件，授权量 1109 件。新增中国驰名商标 16 件。全年获得广东省名牌产品 187 个，有效期内广东名牌产品 399 个。

年末共有普通高等学校 3 所，全年招生 1.65 万人，在校学生 4.67 万人；普通高中 58 所，招生 3.87 万人，在校学生 11.37 万人；初中 135 所，招生 6.44

万人，在校学生 19.40 万人；小学 406 所，招生 8.61 万人，在校学生 47.44 万人；幼儿园 837 所，招生 8.40 万人，在园幼儿 25.14 万人。学龄儿童入园率 99.81%，小学毕业升学率 100%，初中毕业升学率 99.06%，普通高中毕业升学率 94.32%。

十、文化、卫生和体育

年末共有文化馆 7 个，博物馆（含民办博物馆）16 个，省级以上文物保护单位 51 所。县级以上公共图书馆 6 所，公共图书馆图书总藏量 376.28 万册。剧场和影剧院 55 个。广播节目综合人口覆盖率 100%，电视节目综合人口覆盖率 100%。

年末共有卫生机构 1429 个，其中医院 99 个，妇幼保健院 5 个，卫生院 11 个。卫生机构实有病床 29781 张，每千人口实有病床数 4.11 张。各类卫生技术人员 41619 人，其中执业医师和执业助理医师 14944 人。每千人拥有执业医师（助理）2.06 人。

年末共有体育运动场地面积 1587 万平方米，人均体育运动面积 2.18 平方米。全年我市运动员参加国际比赛 13 次，获奖牌 11 枚；参加国内单项比赛 20 次，获奖牌 22 枚。

十一、人口与环境

年末全市常住人口 735.06 万人，比上年末增加 5.49 万人，增长 0.75%。

据户籍人口统计，年末全市总户数 116.26 万户，总人口 385.61 万人，比上年末增加 4.00 万人。

全年化学需氧量（COD）排放量 14 万吨，比上年下降 5.9%；二氧化硫（SO_2）排放量 7.22 万吨，比上年下降 10.5%。全市新建、扩建污水处理厂 2 家，新增污水处理能力 5.5 万吨 / 日。城镇污水处理率达到 96.70%，饮用水源水质达标率为 100%，工业固体废物综合利用率为 99%，全市城镇生活垃圾无害化处理率达到 100%。全年空气环境质量达到或优于二级天数为 271 天。

十二、人民生活、社会保障与安全生产

全年佛山居民人均可支配收入 35140 元，比上年增长 9.1%，扣除价格因素，实际增长 6.6%；人均生活消费支出 24849 元，增长 10.1%，扣除价格因素，实际增长 7.6%。分城乡看，全年城镇常住居民人均可支配收入 36555 元，比上年增长 9.0%，扣除价格因素，实际增长 6.5%；城镇常住居民人均生活消费支出 26043 元，增长 10.0%，扣除价格因素，实际增长 7.5%。全年农村常住居民人均可支配收入 20094 元，比上年增长 9.6%，扣除价格因素，实际增长 7.1%；农村常住居民人均生活消费支出 13474 元，增长 10.6%，扣除价格因素，实际增长 8.1%。城乡居民收入比由 2013 年的 1.829 缩小至 2014 年的 1.819。

年末全市基本养老保险参保人数 344.65 万人，失业保险参保人数 220.15 万人，城镇职工基本医疗保险参保人数 272.94 万人，城镇居民基本医疗保险参保人数 206.71 万人，工伤保险参保人数 224.48 万人。全年城乡低保救助 3.07 万人，救助金额 13580.83 万元。全年共出资 2853.54 万元资助 4.36 万名困难救助对象购买城乡居民医疗保险；大病医疗救助 1.33 万人次，共支付救助金额 1630.01 万元。

全年亿元地区生产总值生产安全事故死亡率为 0.088，道路交通万车死亡率为 2.73，工矿商贸企业从业人员 10 万人死亡率为 0.96。

注：

1. 本公报 2014 年部分数据为初步统计数。
2. 生产总值和各产业增加值绝对数按现价计算，增长速度按可比价计算。
3. 从 2011 年定期报表起，规模以上工业统计口径由 500 万元调整为 2000 万元及以上。
4. 2012 年四季度开始，按照国家统计局和广东调查总队的统一部署，佛山市实施了城乡一体化住户调查改革。2014 年首次按照新的调查口径对外发布城乡一体的居民人均可支配收入、支出和分城镇、农村常住居民人均可支配收入、支出数据。由于新老调查方案在调查范围、调查对象、城乡划分标准、样本抽选、计算和汇总方式、指标口径等方面变化较大，改革后新口径数据和旧口径数据不可比。
5. 本年度公共电汽车、出租客车不纳入公路运输量的统计范围，与历史数据不可比。

2014 年韶关市国民经济和社会发展统计公报

2014 年，全市人民在市委、市政府的正确领导下，积极抢抓省进一步促进粤东西北地区振兴发展的重大机遇，突出“三大抓手”，着力加快我市绿色转型振兴发展，经济社会发展取得新成就。

一、综合

国民经济较快发展。初步核算，全市生产总值 1111.54 亿元，比上一年增长 9.5%。其中：第一产业增加值 142.95 亿元，增长 4.3%；第二产业增加值 451.41 亿元，增长 10.7%；第三产业增加值 517.18 亿元，增长 9.6%。三次产业结构为 12.9:40.6:46.5。按常住人口计算，人均生产总值 38318 元，增长 8.7%，按平均汇率折算为 6238 美元。分区域看：韶关市区生产总值 549.49 亿元、增长 9.2%，占全市生产总值的 48.4%，人均生产总值 5.4 万元；县域生产总值 586.69 亿元、增长 10%，占全市的 51.6%，人均生产总值 3.11 万元。现代产业中，先进制造业增加值 112.79 亿元、增长 19.5%，现代服务业增加值 188.19 亿元、增长 9.8%。第三产业中，批发和零售业增加值增长 9.6%，住宿和餐饮业增加值增长 5.1%，房地产业增加值增长 5.9%。民营经济增加值 593.55 亿元，增长 11.5%，占全市生产总值的 53.4%。

芙蓉新区建设步伐加快。芙蓉新区实现生产总值 171.3 亿元（占全市生产总值比例为 15.4%），增长 9.3%。分产业看：第一产业增加值 13.7 亿元，增长 4.1%；第二产业增加值 114.8 亿元，增长 9.4%；第三产业增加值 42.8 亿元，增长 10.9%。按常住人口计，人均生产总值 5.25 万元。分片区看：武江片生产总值 48.2 亿元，增长 14.8%（其中核心区 40.6 亿元、增长 15%，核心区中的起步区 13.3 亿元、增长 11.6%）；浈江片 42 亿元，增长 5.3%；曲江片 72 亿元，增长 7.9%；乳源片 9.1 亿元，增长 12.7%。

劳动生产率稳步提高。全年地区生产总值与全部就业人员的比率为 71736 元 / 人（按 2010 年不变价计），比上年提高 8.9%。

居民消费价格基本稳定。韶关市区居民消费价格比上年上涨 2.1%。其中，消费品价格上涨 2.2%，服务项目价格上涨 1.8%。在八大类消费价格中，食品类价格上涨 3.4%、烟酒价格下降 0.1%、衣着类价格上涨 5.7%、家庭设备用品及维修服务价格上涨 1.6%、医疗保健和个人用品价格上涨 1.5%、交通和通信价格下降 0.2%、娱乐教育文化用品及服务价格上涨 1.4%、居住价格上涨 0.8%。全市工业品出厂价格总水平下降 2.9%。

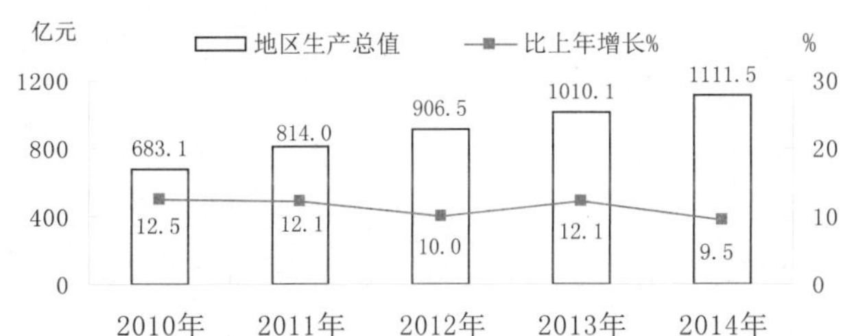

图 1　2010-2014 年地区生产总值及其增长速度

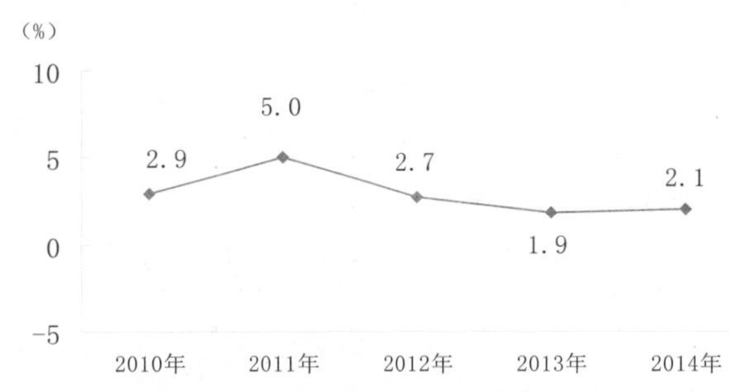

图 2　2010-2014 年市区居民消费价格比上年涨跌幅度

年末从业人员 144.13 万人，增加 0.35 万人。其中：第一产业 58.66 万人，减少 0.58 万人；第二产业 32.54 万人，增加 0.2 万人；第三产业 52.93 万人，增加 0.73 万人。据工商部门统计，年末工商登记注册的私营企业和个体户从业人员 31.67 万人，增加 2.63 万人。全年城镇新增就业人数 5.18 万人，安置城镇下岗失业人员再就业 4.06 万人，其中就业困难人员再就业 3101 人。城镇登记失业率 2.42%，上升 0.07 个百分点。

财政收入较快增长。全年地方公共财政预算收入 81.98 亿元，增长 14.4%。其中税收收入 54.09 亿元，增长 15.7%。地方公共财政预算支出 196.57 亿元，增长 17.8%。其中民生支出占财政支出的比重为 71.8%。

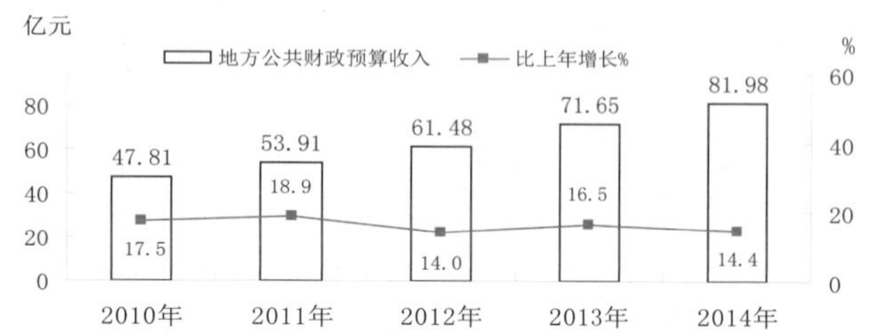

图 3　2010-2014 年地方公共财政预算收入及其增速

经济发展存在的主要问题：经济发展质量不够高，资源能源约束加大，污染防控形势严峻，节能减排任务艰巨，中心城区辐射带动能力不强，区域发展不平衡。

二、农业

农业发展稳定。全年农林牧渔业总产值 227.2 亿元，增长 4%。其中：农业增长 4.6%，林业增长 5.5%，畜牧业增长 1%，渔业增长 4.3%。

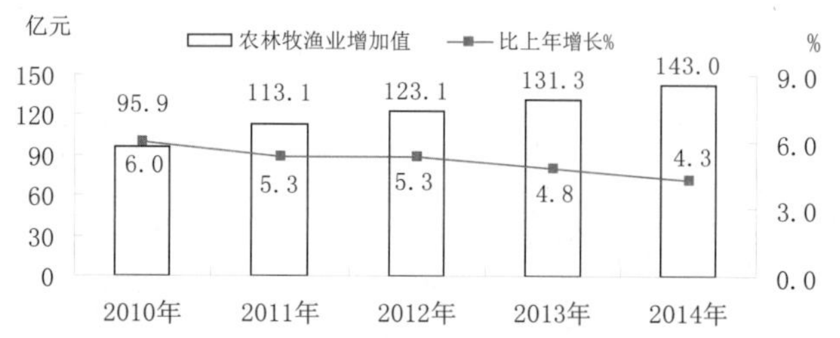

图 4　2010-2014 年农林牧渔业增加值及增速

全年粮食作物播种面积 235.58 万亩，下降 0.02%；甘蔗种植面积 7.83 万亩，下降 2.8%；油料种植面积 68.48 万亩，增长 1.9%；烟叶种植面积 20.29 万亩，下降 2.6%；蔬菜种植面积 134.85 万亩，增长 5.8%。

表 1　2014 年主要农产品产量

农产品名称	计量单位	产量	比上年±%
粮食	万吨	88.57	2.9
其中：稻谷	万吨	76.32	3.9
蔬菜	万吨	205.76	6.7
甘蔗	万吨	55.91	0.8
花生	万吨	13.21	4.1
烟叶	万吨	3.36	-1.4
水果	万吨	46.23	7.4
茶叶	吨	3907	7.4
蚕茧	吨	8166	1.2
肉类	万吨	15.20	0.9
其中：猪肉	万吨	12.31	3.3
水产品	万吨	8.03	3.8

农村用电量 4.8 亿千瓦时，增长 11.3%；化肥施用量（折纯）11.9 万吨，增长 1.3%。

三、工业和建筑业

工业生产快速增长。全部工业增加值 374.96 亿元，增长 11.8%。年末规模以上工业企业 623 个、比上年底增加 67 个，规模以上工业企业增加值 347.95 亿元、增长 13.0%。在规模以上工业中，国有及国有控股工业增加值 157.72 亿元，增长 5.1%。股份制工业 224.20 亿元，增长 16.2%；民营工业 139.93 亿元，增长 25%；外商及港澳台工业 54.59 亿元，增长 11.3%。轻工业增加值 114.32 亿元，增长 14.1%；重工业增加值 233.63 亿元，增长 13.2%。年末产业转移园规模以上工业企业 211 个，规模以上工业增加值 90.75 亿元，增长 27.7%。

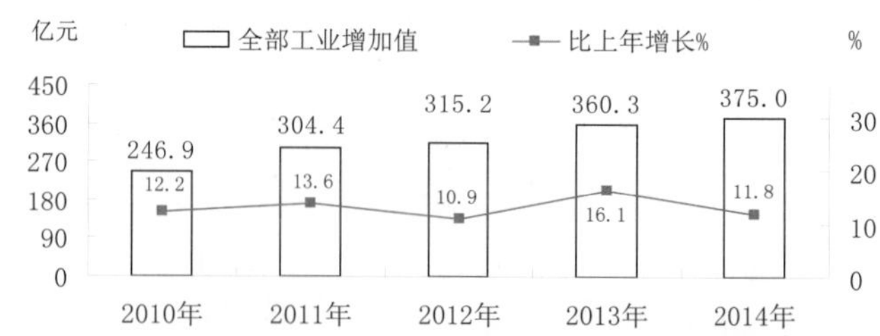

图 5　2010-2014 年全部工业增加值及其增长速度

七大支柱工业增加值 211.4 亿元、增长 11%，占规模以上工业增加值的 60.8%。其中：制药工业增长 34.1%，钢铁工业增长 23%，机械工业增长 19.8%，玩具工业增长 11.3%，电力工业增长 6%，烟草工业增长 5.5%，有色金属工业下降 0.9%。

高技术制造业增加值 14.98 亿元，增长 20.4%。

先进制造业增加值 112.79 亿元，增长 19.5%。其中装备制造业增加值 41.66 亿元，增长 18%。

优势传统工业增加值 107 亿元，增长 11.1%。其中：纺织服装业增长 29.2%，金属制品业增长 18.6%，建筑材料业增长 14.7%，家具制造业增长 9.5%。

表 2　2014 年规模以上工业主要产品产量

产品名称	计量单位	产量	比上年±%
成品钢材	万吨	688.86	4.0
十种有色金属	万吨	26.7	-16.3
发电量	亿千瓦小时	121.22	-0.4
其中：火电	亿千瓦小时	90.92	-0.2
水电	亿千瓦小时	30.3	-1.2
水泥	万吨	787.79	25.2
滚动轴承	万套	1080	10.5
布	万米	3777.6	24.2
糖	吨	16973.5	-8.2
卷烟	亿支	215	2.4
其中：一、二类烟	亿支	14.62	-7.8
人造板	万立方米	143.48	12.2
机制纸及纸板	万吨	3.54	-4.2

全年规模以上工业企业资产贡献率 13.1%，资产保值增值率 108.1%，资产负债率 64.4%，成本费用利润率 5.3%。主营业务收入 1200.38 亿元，增长 8.9%。利税总额 142.01 亿元，增长 3.9%。利润总额 58.34 亿元、下降 7.5%，其中亏损企业亏损额 19.07 亿元、增加 1.1 倍。

全年建筑业增加值 76.5 亿元，增长 5.8%，年末资质等级建筑企业 94 个。完成建筑业总产值 217.8 亿元、增长 2.1%，实现利润 6.1 亿元、下降 33%，利税总额 15.6 亿元、下降 8.8%，房屋施工面积 1090 万平方米、下降 4.8%，房屋竣工面积 482.9 万平方米、下降 14.8%。

四、固定资产投资

固定资产投资较快增长。全年完成固定资产投资 746.7 亿元，增长 18.3%。分投资主体看：国有及国有控股经济投资 271.1 亿元，增长 12%；外商及港澳台经济投资 32.7 亿元，下降 23.2%；民营经济投资 443 亿元，增长 16.6%。分产业看：第一产业完成投资 47.7 亿元，下降 12.1%；第二产业中的工业完成投资 284.6 亿元，增长 20.2%；第三产业完成投资 414.5 亿元，增长 10.9%，其中房地产开发完成投资 119.4 亿元，下降 3.4%。

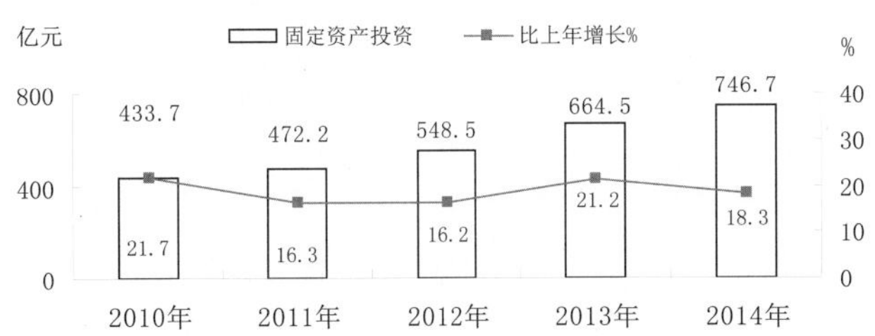

图 6　2010-2014 年固定资产投资及其增长速度

重点项目建设加快。全市重点项目完成投资 316.1 亿元，增长 1.5%，完成年度计划的 106.1%。在建的市以上重点项目 100 个。赣韶铁路、广乐高速公路建成通车，新开工建设鑫金汇建材家居广场、市第四污水处理厂等 20 个项目。

芙蓉新区工业、基础设施、房地产业呈现较热的投资势头，全年完成固定资产投资 119.8 亿元，增长 26.6%。分产业看：第一产业完成投资 1.75 亿元，减少 69%；第二产业中的工业完成投资 52.92 亿元，增长 24.5%；第三产业完成投资 65.15 亿元、增长 40.3%，其中基础设施投资 28 亿元、增长 24.4%，房地产开发 18.8 亿元、增长 30%。分片看：武江片完成投资 44.4 亿元，增长 69.9%（核心区 41.3 亿元、增长 88.7%，其中起步区 37.7 亿元、增长 1.05 倍）；浈江片 32.3 亿元，增长 8.6%；曲江片 35.2 亿元，增长 8.6%；乳源片 8 亿元，增长 88.1%。

全年商品房销售面积 365.4 万平方米、增长 5.2%，其中商品住宅销售面积 337 万平方米、增长 2.9%。商品房销售额 154.8 亿元、增长 0.6%，其中商品住宅销售额 134.3 亿元、下降 1.8%。年末商品房待售面积 119.5 万平方米，下降 3.9%。

五、贸易和外经

年末限额以上批发零售企业 328 个，比上年增加 60 个；限额以上住宿和餐饮企业 185 个，比上年减少 1 个。全年批发零售和住宿餐饮业销售额 904.4 亿元，增长 15.4%。其中：批发零售业销售额 832.3 亿元，增长 15.9%；住宿和餐饮业营业额 72.1 亿元，增长 10%。全社会消费品零售额 522.7 亿元，增长 11%。

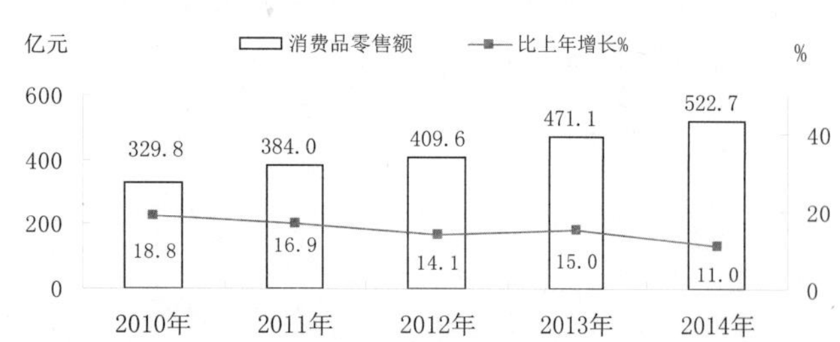

图 7 2010-2014 年全社会消费品零售总额及其增长速度

限额以上批发和零售业零售额中：家具类比上年增长 49.8%，日用品类增长 48.7%，五金、电料类增长 27.5%，粮油类增长 26.1%，服装、鞋帽、针纺织品类增长 24.2%，汽车类增长 12.4%。

全年进出口总额 23.52 亿美元，增长 1.5%。其中：进口 11.33 亿美元，下降 18.9%；出口 12.2 亿美元，增长 32.6%。按贸易方式分：一般贸易出口 5.97 亿美元，增长 66.7%；加工贸易出口 6.02 亿美元，增长 7.2%。按经营主体分：国有企业出口下降 5.1%，“三资企业”出口增长 4.6%，私营企业出口增长 51.0%。按出口商品分：玩具出口增长 16.4%，机电产品出口增长 41.3%，服装出口增长 141.3%，高新技术产品出口增长 54.7%。按出口市场分：对中国香港出口下降 2.6%，对欧盟出口增长 78.3%，对美国出口增长 27.2%，对日本出口增长 19.9%。实际利用外资 1.91 亿美元，增长 0.7%。全年规模以上工业企业工业产品出口交货值 130.09 亿元，增长 13.4%。全年新批外商直接投资项目 88 个，增长 27.5%。

六、交通、邮电和旅游

全年交通运输、仓储和邮政业增加值 69.29 亿元，增长 11.5%。

公路货运周转量 221.5 亿吨公里，公路旅客周转量 26 亿人公里。年末公路通车里程 16048 公里（公路密度 87.2 公里 / 百平方公里），其中高级、次高级路面公路 11378 公里。等级公路 15626 公里，其中高速公路 453 公里、一级公路 211 公里、二级公路 819 公里。年末实有公共汽车营运车辆 500 辆，其中浈江和武江 369 辆。公共汽车客运总量 6552 万人次，其中浈江和武江 5235 万人次。内河航道维护通航里程 386 公里，其中等级航道 256 公里，码头 4 个，泊位 23 个。港口货物吞吐量 58.15 万吨，增长 10.1%。

全年完成邮电通信业务总量（按 2010 年不变价计，下同）36.13 亿元，增长 15.9%。其中：邮政业务（含快递）总量 3.28 亿元，增长 13.2%；通信业务总量 32.85 亿元，增长 16.2%。年末电话交换机总容量 391.3 万门，固定电话 50.7 万户，移动电话用户 279.9 万户。全市家庭宽带用户数 42.57 万户，手机上网用户数 152.79 万户，移动基站总数 8146 个，WLAN 无线局域网 2119 个，AP 热点 4497 个。

全年接待旅游者人数 2803 万人次、增长 15%，其中入境过夜旅游者 8.61 万人次、增长 5.3%。旅游总收入 225.11 亿元，增长 20.3%。新增国家 4A 级景区 2 个。

七、金融和保险业

金融稳定增长。年末金融机构本外币各项存款余额 1394.2 亿元、增长 11%，其中城乡居民本外币储蓄存款余额 859.52 亿元、增长 9.1%。年末金融机构本外币各项贷款余额 671.16 亿元、增长 15.4%。个人消费贷款余额 164.47 亿元，增长 18.6%。其中：个人中长期消费贷款 153.58 亿元，增长 20.7%；个人短期消费贷款 10.89 亿元，下降 4.4%。东莞银行、东北证券、前海人寿进驻韶关。

全市证券金融机构交易额 2036.45 亿元，增长 92.9%；新增开户 1.43 万户，增长 86.9%。

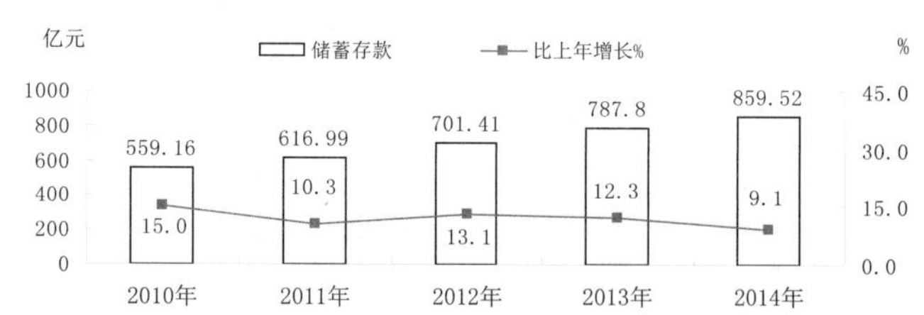

图 8 2010-2014 年城乡居民储蓄存款余额及其增长速度

全年保费总收入 31.12 亿元，增长 28.1%。其中：寿险保费收入 22.01 亿元，增长 31.1%；财产险保费收入 9.11 亿元，增长 21.3%。财产险赔付支出 4.97 亿元，增长 12.8%。

八、教育和科学技术

成为粤东西北地区首个省教育强县（市、区）100% 全覆盖的省教育强市。年末拥有普通中学 154 所，技工学校 8 所，中等职业学校 22 所，小学 184 所，幼儿园 458 所。小学适龄儿童入学率 100%，初中学龄人口入学率 99.6%，初中毕业升学率 95.8%。韶关学院授予 50 个专业学士学位，5062 名学生获得学士学位。成人高等教育在校学生 22010 人，毕业生 7149 人，分别增长 34.4%、54.3%。全年参加高等教育自学考试 9839 人，18911 科次。

表 3 各类学校教育发展情况

	学校数（所）	招生数（人）	在校学生数（人）	比上年增长（%）
全日制高等学校	2	11441	36768	0.4
技工学校	8	11452	42362	-34.8
其中：市属	4	6101	17107	-38.9
中等职业学校	22	7212	27892	-20.5
普通中学	154	52394	160678	-3.8
其中：高中	25	21006	63917	-0.3
初中	129	31388	96761	-6
小学	184	36124	210459	1.8

新增国家高新技术企业 6 家、省级工程技术研发中心 2 家，专利申请量、授权量连续 10 年居全省山区市首位。年末拥有省级工程技术研究开发中心 13 家，省市工程中心累计达到 42 家，其中省级重点研发中心 2 家。国家级高新技术企业 38 家，省级民营科技企业 81 家，省级火炬计划特色产业基地 3 个。全年取得科技成果 67 项，其中 3 项获省科技进步奖。全年实施“星火计划” 2 项。全年专利申请 2354 项，专利授权 1584 项；发明专利申请 296 项，发明专利授权 52 项。

九、文化卫生和体育

年末共有各类专业艺术表演团体 2 个，文化馆 11 个，博物馆 9 个，剧场、影剧院 15 个，公共图书馆 9 个。公共图书馆图书总藏量 139.2 万册。卫星地面接收站点 528 个，微波线路总长 232.5 公里，广播电视微波站 10 座，广播调频发射台 13 座，广播综合人口覆盖率 99.96%。电视发射台 8 座，有线电视用户 51.07 万户，电视综合人口覆盖率 99.93%。

年末共有医疗卫生机构 661 个，其中医院、卫生院 160 个。医疗卫生床位数 1.53 万张；疾病预防控制中心 10 个；妇幼保健院（站、所）9 个。各类卫生技术人员 1.75 万人。其中：执业（助理）医师 4457 人，注册护士 5812 人。乡镇卫生院 103 个，床位 2662 张，卫生技术人员 3119 人，乡村医疗点 1534 个。居民碘盐监测合格率 99.1%，食品安全风险监测总体合格率 89.5%。农村居民卫生厕所普及率 92.7%。全年无偿献血 3.2 万人次。

成功举办市第十四届运动会，在省第五届民运会上获团体总分第三名。全市体育场馆共 4486 个，建成乡镇农民体育健身工程 20 个，免费向社会开放 25 万平方米机关事业单位体育场馆。全年销售体育彩票 2.76 亿元，增长 27.3%。

十、人民生活、社会保障与安全生产

城乡居民收入继续增加。全市城乡居民人均可支配收入 16623 元，增长 10%。其中：城镇居民人均可支配收入 21583 元，增长 9.3%；农村居民人均可支配收入 10532 元，增长 10.2%。城乡居民收入比为 2.05:1，差距继续缩小。居民家庭食品消费支出占消费总支出的比重（恩格尔系数）为 39.3%，比上年下降 0.4 个百分点。

各项保障政策落到实处，民生福祉得到改善。年末参加基本养老保险 （含机关、事业单位）51.4 万人，参加基本医疗保险（含城乡居民基本医疗）281.4 万人，参加失业保险 28.3 万人，参加工伤保险 41.2 万人，参加生育保险 18.2 万人。年末享受社会养老待遇的离、退休人员 14.4 万人。参加城乡居民社会养老保险 89.3 万人。养老、失业、工伤、生育、医疗（不含城乡居民基本医疗）保险基金全年征缴 40.3 亿元，增长 6.4%。

年末拥有社会福利机构 1811 所（其中敬老院 92 所）、社会福利院 11 所；敬老院床位数 4283 张、社会福利院床位数 2385 张；敬老院在院人数 1758 人、社会福利院在院人数 1789 人。城乡居民享受最低生活保障 7.6 万人，其中城镇居民 1.6 万人。全年发放保障资金 1.8 亿元，其中城镇 6632 万元；发放救灾资金 1535 万元，救济物资折款 567 万元，累计救灾 4.8

万人次。全年销售社会福利彩票 3.5 亿元，筹集社会福利基金 1 亿元。

住房保障力度加大。开工建设保障性住房 7596 套，竣工 1211 套，政府补助低收入农民家庭改造住房 3687 户。

全年交通事故死亡 204 人，交通事故损失 491.3 万元；火灾事故 706 起，火灾事故损失 1988 万元。各类生产安全事故 876 起、增长 106.6%，死亡 108 人、受伤 137 人、直接经济损失 3335 万元，分别增长 3.9%、下降 2.1% 和增长 1.4%。其中：生产经营性道路交通事故 118 起、增长 0.85%，死亡 94 人、增长 8.05%，直接经济损失 334.2 万元、下降 12.6%；工矿商贸领域发生事故 14 起，与上年持平，死亡 14 人、直接经济损失 1040 万元，分别下降 17.7% 和 16.7%；消防火灾事故 774 起、增长 1.5 倍，直接经济损失 1961 万元。亿元地区生产总值生产安全事故死亡率为 0.08 人，工矿商贸企业就业人员 10 万人生产安全事故死亡率为 1.54 人，道路交通万车死亡率为 3.9 人。

十一、人口、资源与环境

年末常住人口 290.89 万人，比上年增加 1.62 万人，增长 0.56%。城镇人口比重为 53.8%，比上年提高 0.07 个百分点。户籍人口 329.13 万人，其中非农业人口 117.88 万人。全年出生人口 3.28 万人，人口出生率 11.75‰；死亡人口 1.73 万人，死亡率 6.2‰；人口自然增长率 5.55‰。

已探明的矿产资源储量中：煤 1.31 亿吨，铁矿石 3092 万吨，锰矿石 74 万吨，铜矿石 8320 万吨，铅矿石 9543 万吨，锌矿石 1.35 亿吨，钨矿石 1.87 亿吨，钼矿石 1.15 亿吨，锑矿石 246 万吨，铋矿石 1.28 亿吨。

全年降雨量 1455 毫米，比上年减少 337 毫米，下降 18.8%。年平均气温 20.6℃，年日照时数 1714 小时。年末大中型水库蓄水量 13.5 亿立方米，下降 15.4%。

年末林业用地面积 141.9 万公顷，森林覆盖率为 74.4%，林木绿化率 76.6%，活立木总蓄积量 8475.3 万立方米。全年完成荒山（沙、土）造林面积 1.39 万公顷。省级自然保护区 10 个，国家级 3 个，自然保护区面积 21.7 万公顷。年末城市建设用地面积 96.37 平方公里。其中：居住用地面积 31.84 平方公里，公共设施用地面积 13.04 平方公里，工业用地面积 25.19 平方公里。市区建成区绿化覆盖面积 4425 公顷，建成区绿化覆盖率 45.9%，城区人均公园绿地面积 12.4 平方米。

我市跻身国家生态文明先行示范区行列，国家节能减排财政综合政策示范城市建设有序推进，节能减排成效明显，完成节能减排和大气污染防治年度目标任务。全年规模以上工业综合能源消耗量 701.9 万吨标准煤，下降 1.5%。全年全社会用电量 119.3 亿千瓦小时，增长 8.8%。其中：工业用电 87.9 亿千瓦小时，增长 7.4%；第三产业用电 13.4 亿千瓦小时，增长 13.6%；居民生活用电 15.3 亿千瓦小时，增长 13.2%。

注：

1. 本公报中各项统计数据为初步统计数，部分数据因四舍五入的原因，存在着与分项合计不等的情况。

2. 地区生产总值、增加值、产值绝对数按当年价计算，增长速度按可比价计算。

3. 从 2011 年起，规模以上工业统计口径由 500 万元调整为 2000 万元及以上；固定资产投资项目统计起点由计划总投资 50 万元提高到 500 万元；限额以上批发企业标准，年销售额 2000 万元以上；限额以上零售企业标准，年零售额 500 万元以上；限额以上住宿餐饮企业标准，年营业额 200 万元以上。

4. 现代服务业主要包括金融业、现代物流业、信息服务业、科技服务业、外包服务业、商务会展业、文化创意产业和总部经济八个产业。先进制造业包括装备制造业、钢铁冶炼及加工业、石油及化学制造业。高技术制造业包括核燃料加工业、信息化学品制造业、医药制造业、航空航天器制造业、电子通信设备制造业、计算机制造业、医疗仪器设备制造业。

5. 接待入境过夜旅游者为旅游住宿设施的接待境外人数。

2014 年河源市国民经济和社会发展统计公报

2014 年，河源市委市政府全面贯彻落实中央、省的一系列重大决策部署，带领全市人民积极有效应对困难挑战，以振兴发展为第一要务，突出抓好“三大抓手”，积极推进改革创新，全力改善民生福祉，国民经济呈稳中趋好发展态势，社会各项事业取得新进步，打造“广东绿谷”、建设幸福河源迈出新步伐。

一、综合

人口总量平稳增长。年末常住人口 306.32 万人，比上年末增加 2.56 万人，增长 8.43‰。城镇人口比重 41.26%，比上年提高 0.6 个百分点。年末户籍总人口 365.29 万人，比上年末增加 4.34 万人，增长 12.03‰。

国民经济持续较快发展，经济结构有所优化。初步核算，2014 年全市实现地区生产总值(GDP)758.95 亿元，比上年增长 10.9%，增速分别比全国 (7.4%)、全省 (7.8%) 快 3.5 和 3.1 个百分点，居全省各地级以上市首位。分产业看，第一产业增加值 89.98 亿元，增长 4.3%，对全市经济增长的贡献率为 4.4%，拉动 GDP 增长 0.4 个百分点；第二产业增加值 384.92 亿元，增长 15.2%，对全市经济增长的贡献率为 73.1%，拉动 GDP 增长 8.0 个百分点；第三产业增加值 284.05 亿元，增长 6.8%，对全市经济增长的贡献率为 22.5%，拉动 GDP 增长 2.5 个百分点。三次产业结构由上年的 12.2 ∶ 49.6 ∶ 38.2 调整为 11.9 ∶ 50.7 ∶ 37.4，其中第一产业占比下降 0.3 个百分点，第二产业占比上升 1.1 个百分点。

2014 年，河源人均 GDP 为 24881 元 [仅为全国平均水平 (46652 元) 的 53.3%、全省 (63452 元) 的 39.2%]，按平均汇率折算为 4050 美元。

民营经济持续较快增长，占比逐步提高。全市民营经济单位数 10.41 万个，上交税金 54.70 亿元，分别增长 15.2% 和 12.3%。全市民营经济实现增加值 443.99 亿元，比上年增长 12.3%，民营经济增加值占全市生产总值的比重达 58.5%，比上年提高 1.0 个百分点。

财政收入快速增长，民生保障支出力度明显加大。全年地方公共财政预算收入 60.45 亿元，增长 23.9%，增速居全省各地级以上市首位。其中，税收收入 41.71 亿元，增长 21.4%。国、地税税收收入 99.27 亿元，增长 14.0%。地方公共财政预算支出 207.74 亿元，增长 23.5%。其中，用于医疗卫生和计划生育、节能环保、农林水事务等支出分别增长 36.1%、63.3% 和 29.6%，民生支出增幅明显高于全市财政平均支出水平。

物价水平涨幅较低。全年居民消费价格总水平 (CPI) 上涨 2.0%。分类别看，食品类价格上涨 3.7%，烟酒类价格下降 3.1%，衣着类价格上涨 3.4%，家庭设备用品及维修服务类价格上涨 3.2%，医疗保健和个人用品类价格上涨 1.2%，交通和通信类价格上涨 0.8%，娱乐教育文化用品及服务类价格上涨 1.8%，居住类价格持平。工业生产者出厂价格下降 2.5%，原材料、燃料、动力购进价格下降 1.2%，固定资产投资价格上涨 0.7%，农产品生产价格上涨 3.5%。

就业形势保持稳定，创业工作扎实推进。全年城镇新增就业 4.16 万人，安置就业困难人员再就业 0.21 万人，安置失业人员再就业 1.02 万人。年末城镇实有登记失业人员为 0.90 万人，城镇登记失业率为 2.44%，比上年末下降 0.01 个百分点。组织劳动力转移培训 2.80 万人，新增农村劳动力转移就业 3.49 万人。全市 6 个省级产业转移工业园共接纳本地劳动力 10.50 万人，其中本年新增 1.16 万人。实施创业培训 0.20 万人，创业带动就业 0.56 万人。

经济社会发展中存在的主要问题：经济总量仍然较小，下行压力逐步加大，人均水平与全国对比仍有较大差距，振兴跨越发展、全面建成小康社会压力重重；经济发展的质量和效益有待提高，转方式调结构任重道远；产城融合、产城互动不够，中心城区扩容提质力度有待加大；资源环境约束趋紧，节能减排和生态保护的压力不断增大；体制机制不健全，自主创新能力不强，全面深化改革成效不明显；社会矛盾、安全生产、食品安全等问题仍然突出，保持社会和谐稳定、保障和改善民生任务依然繁重。

二、农业

农业生产稳定发展。农林牧渔业总产值 142.82 亿元，比上年增长 4.5%。其中：农业产值 83.42 亿元，增长 5.7%；林业产值 19.84 亿元，增长 5.6%；牧业产值 30.49 亿元，增长 0.7%；渔业产值 4.31 元，增长 4.5%；农林牧渔服务业产值 4.76 亿元，增长 5.5%。

粮食种植保持稳定，产量稳步增长。全年粮食种植面积为 16.39 万公顷，比上年增加 93 公顷；糖料种植面积 387.8 公顷，比上年增加 11.93 公顷；油料种植面积 2.58 万公顷，增加 442 公顷；蔬菜种植面积 3.72 万公顷，增加 1965 公顷。全年粮食总产量 91.23 万吨，比上年增加 2.61 万吨，增长 2.9%，其中稻谷 81.51 万吨，增长 3.7%。

经济作物普遍增产。糖料产量 2.47 万吨，增长 3.3%；油料产量 7.78 万吨，增长 5.1%；蔬菜产量 68.85 万吨，增长 7.1%；水果产量 38.07 万吨，增长 8.7%；茶叶产量 5018 吨，增长 2.0%。

农业机械化水平有所提高。全市安排种粮补贴 1114.36 万元，农机补贴 1269.46 万元。年末农业机械总动力 76 万千瓦，比上年末增加 0.78 万千瓦。农村用电量 6.75 亿千瓦时，比上年增长 8.6%。

农业产业化步伐加快。全市现有实施“公司 + 农户 + 基地”经营模式的市级以上农业龙头企业 158 家，本年新增 18 家，其中省级和市级农业龙头企业分别增加 2 家和 16 家。辐射带动农户 26 万户，户均增收 3100 元。

三、工业和建筑业

工业经济持续较快发展。全市实现全社会工业增加值 422.75 亿元，比上年增长 16.9%，其中规模以上工业增加值 389.48 亿元，比上年增长 18.0%。在规模以上工业中，国有及国有控股企业工业增加值 32.45 亿元，下降 0.1%；外商及港澳台商投资企业工业增加值 127.06 亿元，增长 11.8%；民营企业工业增加值 243.85 亿元，增长 22.9%。分轻重工业看，轻工业增加值 95.91 亿元，增长 15.2%；重工业增加值 293.57 亿元，增长 18.9%。分企业规模看，大型企业工业增加值 81.73 亿元，增长 14.1%；中型企业工业增加值 161.51 亿元，增长 12.8%；小型企业工业增加值 145.91 亿元，增长 28.1%；微型企业工业增加值 0.33 亿元，下降 28.0%。

企业规模不断壮大，主导产业占比有所提高。全市共有规模以上工业企业 459 家，比上年增加 43 家。其中年产值超 10 亿元的 29 家，比上年增加 8 家。矿产冶金、食品饮料、轻纺服装、医药制造、建材陶瓷、机械制造、电子电器等七大主导产业实现工业增加值 202.06 亿元，占规模以上工业增加值的比重达 51.9%，比上年提高 1.3 个百分点。

先进制造业、高技术产业领跑全市工业发展。先进制造业实现工业增加值 188.31 亿元，比上年增长 24.3%，增速比全市规模以上工业高出 6.3 个百分点。其中，装备制造业实现工业增加值 108.54 亿元，增长 27.4%，钢铁冶炼及加工业实现工业增加值 76.51 亿元，增长 22.1%，受国家油价持续大幅回落影响，石油及化学行业实现工业增加值 3.26 亿元，下降 6.9%；高技术制造业工业增加值 83.32 亿元，比上年增长 26.7%，增速比全市规模以上工业高出 8.7 个百分点。其中，以手机生产为主的电子及通信设备制造业工业增加值 67.13 亿元，比上年增长 29.6%。医药制造业工业增加值 9.77 亿元，增长 9.9%，医疗设备及仪器仪表制造业工业增加值 0.87 亿元，增长 51.0%，电子计算机及办公设备制造业工业增加值 5.56 亿元，增长 23.9%；优势传统产业增加值 78.09 亿元，增长 16.1%；六大高耗能行业增加值 128.93 亿元，增长 15.3%。

工业园区扩容提质增效。全市“一区六园”规模以上工业企业 404 家，比上年增加 85 家；实现工业增加值 295.76 亿元，比上年增长 30.4%，增速比规上工业高出 12.4 个百分点；实现入库税收 21.63 亿元，比上年增长 18.1%。全市 6 个省级产业转移工业园实现工业增加值 157.14 亿元，比上年增长 34.8%。

大部分主要工业产品增产。铁矿石原矿量、钨精矿折含量、化学原料药、水泥、钢材、金属模具、粗钢、电话单机等产量增速达两位数以上，分别比上年增长 17.1%、25.2%、55.5%、29.7%、25.9%、15.8%、58.9% 和 15.2%。

工业企业经济效益总体水平明显提高，但盈利能力有所下降。全市规模以上工业经济效益综合指数 277.47%，比上年提高 28.8 个百分点。资产负债率 55.64%，下降 1.7 个百分点；资本保值增值率 109.9%，下降 5.6 个百分点；流动资产周转次数 3.62 次，下降 0.07 次；成本费用率 4.97%，下降 1.2 个百分点；全员劳动生产率 26.24 万元 / 人年，提高 32.0%；产品销售率 95.86%，提高 0.4 个百分点。实现主营业务收入 1275.75 亿元，增长 20.5%，利润总额 60.13 亿元，下降 1.8%。亏损企业亏损总额 5.23 亿元，增长 36.6%。

建筑业平稳较快发展，企业盈利水平大幅提高。全年全社会建筑业增加值 30.83 亿元，按可比价格计算，比上年增长 14.5%。全市具有资质等级以上建筑施工企业 102 家，比上年减少 2 家；实现利润总额 4.90 亿元，增长 25.0%；利税总额 7.87 亿元，增长 40.5%。

四、固定资产投资

固定资产投资快速增长，工业投资成增长主引擎。全年固定资产投资 453.29 亿元，比上年增长 33.5%。分三次产业看，第一产业投资 4.54 亿元，下降 16.4%；工业投资 187.20 亿元，增长 64.6%；第三产业投资 261.54 亿元，增长 17.7%，其中交通、电力、水利、城市建设等基础产业投资 139.61 亿元，增长 18.6%。分投资主体看，内源性经济投资 420.96 亿元，增长 36.0%。其中，民间投资 301.17 亿元，增长 30.0%；外源性经济投资 32.33 亿元，下降 3.0%。

重点项目建设推进顺利。全市共安排 110 个重点建设项目，其中，年投资额在 1000 万～ 5000 万元之间的项目 27 个，年投资额在 5000 万～ 1 亿元之间的项目 40 个，年投资总额 1 亿元以上的项目有 43 个，比上年增加 4 个。年度计划总投资额为 164.33 亿元，全年完成重点项目投资额 142.38 亿元，占年度计划的比重为 86.6%，比上年提高 1.3 个百分点。全市计划新开工项目 25 个，续建项目 46 个，年内计划投产项目 39 个。99 个项目完成或超额完成年度投资任务，部分生产性项目、全局性重大项目建设取得突破性进展，长江家具、市城南汽车客运站、太平街改造、龙川泰华城贸易市场等 22 个项目顺利开工建设；美迪手机配件、市人民医院二期工程内科大楼、巴伐利亚庄园、龙川县佗城温泉国际度假区等重点项目建设稳步推进；红棉吉他、大鹏建材城、东源大道（东江社区第一标段）新建工程、紫金县城区生活垃圾无害化处理场等 44 个项目相继竣工或投产。

房地产开发投资平稳增长，商品房销售下降。全市完成房地产开发投资 100.83 亿元，比上年增长 13.1%。按用途分，商品住宅开发投资 69.38 亿元，增长 9.3%。其中，90 平方米以下住宅投资 4.83 亿元，下降 24.2%；144 平方米以上住宅投资 15.50 亿元，下降 37.5%；别墅、高档公寓投资 5.47 亿元，下降 39.7%；办公楼投资 1.49 亿元，下降 28.4%；商业营业用房投资 21.36 亿元，增长 41.6%。全市商品房销售面积 186.45 万平方米，下降 3.1%；实现商品房销售额 79.52 亿元，下降 9.7%。

保障安居工程投资大幅增长。全年完成城镇保障性安居工程住房投资额 2.93 亿元，比上年增长 47.5%，保障性安居工程住房建筑面积 12.09 万平方米，增长 0.7%。公租房（含廉租房）投资额 1.55 亿元，增长 31.2%；公租房（含廉租房）建筑面积 10.15 万平方米，增长 59.8%。

新增生产能力或工程效益：全年新增固定资产 154.32 亿元。新建四级以上公路 260.3 公里，改造县乡公路 108 公里，新增水泥硬底化村道 595.5 公里；新增发电机组容量 1.421 万千瓦；新增 11 万伏及以上变电设备容量 18 万千伏安，输电线路 71.7 公里。

五、国内贸易

消费需求平稳较快增长。全年社会消费品零售总额 265.01 亿元，比上年增长 11.8%。分地域看，城镇消费品零售额 212.91 亿元，增长 11.9%；乡村消费品零售额 52.10 亿元，增长 11.6%。分行业看，批发业零售额 8.97 亿元，增长 12.0%；零售业零售额 234.89 亿元，增长 11.8%；住宿业零售额 7.82 亿元，增长 12.1%；餐饮业零售额 13.33 亿元，增长 11.8%。其中，限额以上大个体户实现零售额 6.27 亿元，增长 18.8%；限额以上法人企业零售额 86.49 亿元，增长 8.8%。在限额以上法人企业批发和零售业商品零售额中，粮油、食品、饮料、烟酒类增长 9.8%，服装、鞋帽、针纺织品类增长 6.0%，化妆品类增长 25.4%，金银珠宝类增长 7.6%，日用品类增长 9.7%，家用电器和音像器材类下降 0.9%，中西药品类增长 28.9%，文化办公用品类增长 5.1%，通讯器材类增长 41.9%，石油及制品类增长 4.8%，汽车类增长 49.8%，建筑及装潢材料类下降 6.6%。

六、对外经济

对外贸易快速增长。全年进出口总额 39.55 亿美元，比上年增长22.4%，其中出口总额26.49亿美元，增长 17.9%。“三资”企业是出口主力军，实现出口额 23.36 亿美元，增长 23.5%，占全市出口总额的比重达 88.2%。在出口总值中，河源对美国、中国香港、欧盟、日本、东盟的出口额 22.04 亿美元，占全市出口总额的比重达 83.2%。

利用外资平稳增长。至 2014 年底，全市工商登记在册的外商及港澳台商投资企业1236家，比上年增加96家。全年新签外商投资项目97个，比上年增加12个，全年合同利用外商直接投资3.29亿美元，比上年增长8.6%；全年实际利用外商直接投资2.26亿美元，比上年增长7.1%。

七、交通、邮电和旅游

交通运输业平稳发展。全年交通运输、仓储和邮政业实现增加值16.03亿元，比上年增长3.5%。年末全市公路通车里程达到15584公里，比上年增加238公里。全年客货运输量（不含铁路，下同）快速增长。客运量2922万人次，增长21.4%；旅客运输周转量33.49亿人公里，增长22.3%；货运量5756万吨，增长20.4%；货物运输周转量76.60亿吨公里，增长21.2%。

民用汽车保有量较快增长。年末全市民用汽车保有量达14.48万辆，比上年末增长17.2%，其中私人汽车12.48万辆，增长19.8%。民用轿车保有量达7.37万辆，增长19.8%，其中私人轿车6.74万辆，增长21.8%。

邮电业持续较快发展。全年邮电业务总量(2010年不变价)33.65亿元，比上年增长28.4%。其中，邮政业务总量2.23亿元，增长9.1%，电信业务总量31.42亿元，增长30.1%。本地电话用户44.12万户，其中城市电话用户21.78万户，乡村电话用户22.34万户；移动电话用户235.53万户，新增65.12万户。其中3G移动电话用户71.45万户，4G移动电话用户15.3万户；年末（固定）互联网宽带接入用户35.97万户，比上年增加6.86万户。

旅游业平稳较快发展。全市全年接待旅游总人数2201.47万人次，比上年增长15.4%。其中，国内游客2195.60万人次，增长15.4%；国际游客5.88万人次，下降5.6%。旅游住宿设施接待过夜游客949.98万人次，增长5.9%。全年实现旅游总收入177.01亿元，增长15.9%。2014年末，全市各类旅行社42家；已评定的星级饭店21家，其中五星级饭店1家，四星级饭店2家；A级景区9个，其中4A景区5个。

八、金融

金融形势稳健，银行业利润大幅增长。年末全市金融机构各项存款余额875.92亿元，比上年末增加121.68亿元，增长16.1%，其中，城乡居民储蓄存款余额531.49亿元，增长10.7%。年末金融机构各项贷款余额699.01亿元，比上年末增加125.82亿元，增长22.0%。年末个人消费贷款余额为215.67亿元，比上年末增加36.26亿元，增长20.2%，其中个人住房贷款余额151.42亿元，增长27.1%。金融机构实现净利润（税后）17.48亿元，增长31.2%。年末全市金融机构不良贷款余额10.02亿元，比上年末减少0.80亿元，不良贷款率为1.43%，比上年末下降0.5个百分点。

证券市场重现繁荣。全市共有5家证券经营机构，其中本年新增1家。证券代理交易额570.17亿元，比上年增长71.7%。证券客户交易结算资金余额为9.86亿元，增长193.3%；指定与托管证券市值为33.25亿元，增长71.7%；年末证券投资者开户数（资金户）为73686户（其中B股1143户），比上年末增加5544户。

保险事业快速发展。全市共有各类保险公司19家（其中财产保险主体10家，人寿保险主体9家）。全年实现保费收入16.55亿元，比上年增长26.5%。其中，财产险业务保费收入6.62亿元，增长23.8%，寿险业务保费收入7.61亿元，增长15.3%，健康险和意外伤害险业务保费收入2.33亿元，增长102.6%。全年共支付各项赔款及给付5.62亿元，增长17.9%。其中，财产险业务赔款支出3.10亿元，增长18.6%；寿险业务赔付支出1.13亿元，下降27.1%；健康险和意外伤害险赔付支出1.39亿元，增长129.9%。

九、教育和科学技术

教育创强事业进一步发展。全市共成功创建81个教育强镇，其中本年新增5个，教育强镇覆盖率达81%。教育事业全面发展。全市共有幼儿园524所，在园幼儿12.01万人，学前教育幼儿毛入园率为90.65%，比上年提高3.03个百分点；小学318所，在校学生26.05万人，学龄人口入学率达100%；普通中学136所，其中，初级中学100所，高级中学16所，完全中学20所；一贯制学校44所，其中九年一贯制学校42所，十二年一贯制学校2所。初中在校学生11.48万人，初中学龄人口入学率99.96%，高中在校学生7.06万人，比上年减少2713人，高中阶段教育毛入学率由上年的89.11%提高至92.07%；各类中等职业教育在校生3.11万人，技工学校在校生1.30万人；全市普通高等教育招生4117人，比上年下降4.0%，在校生12686人，比上年增长2.3%。

科技事业持续发展。全市共组织实施市级以上各类科技计划项目 119 项，其中组织实施国家、省级科技计划项目 80 项。年末认定省级知识产权优势企业 8 家，其中本年新认定 1 家。创建省级工程技术研究开发中心 15 个，其中本年新增 1 个。全年专利申请受理量达到 846 件，其中专利申请授权量 567 件，分别比上年下降 19.4% 和 0.5%。高新技术企业 24 家，本年新增 4 家。

十、文化、卫生和体育

文化事业稳步发展。年末全市共有群众文化事业机构 107 个，其中文化馆 7 个、乡镇（街道）文化站 100 个；年末全市共有各类专业艺术表演团体 6 个；县级以上公共图书馆 7 个，馆藏量达 61.8 万册（件），全年总流通 59.25 万人次；博物馆、纪念馆 8 个，文物藏品 5.6 万件；档案馆 8 个，馆藏量 32.36 万卷，增长 3%；已开放各类档案 1.24 万卷，增长 6%；广播电台 6 座，广播综合人口覆盖率由上年的 98% 提高至 99.64%；电视台 6 座，电视综合人口覆盖率达到 99.08%。有线广播电视用户 52.6 万户，有线数字电视用户 43.5 万户。出版各类报纸 4 种，发行 4100 万份。

卫生事业不断进步。年末全市共有各类卫生机构 2080 个（含农村卫生站及村级医疗点），其中医院、卫生院 126 个，专科疾病防治机构 5 个，妇幼保健院 6 个，疾病预防控制中心 6 个，卫生监督检验机构 6 个。各类卫生机构拥有床位 10994 张，比上年增长 6.9%；其中医院、卫生院床位 9299 张，增长 7.8%。共有各类卫生技术人员 12599 人，增长 2.6%；其中执业医师 2699 人，下降 3.5%，执业助理医师 1793 人，注册护士 4607 人，分别增长 3.7% 和 4.3%。全市已建立农村卫生站及村级医疗点 1700 个。农村清洁卫生水普及率达 99.87%，农村自来水普及率达 71.55%，农村自来水改造受益人口 207.7 万人，增长 5.0%，农村卫生厕所普及率达 82.86%。全年无偿献血 15184 人次，献血量 431 万毫升。

竞技体育成绩有所提高。全市体育健儿在参加省级以上各类重大比赛中，共获得金牌 12 枚、银牌 16 枚，其中获得全国体育比赛金牌 3 枚。群众体育运动全面开展，全年共举办各类群众体育竞赛和体育活动 130 次，体育人口达 163 万人。

十一、人民生活、社会保障与安全生产

城乡居民收入稳步提高，差距有所缩小。全体居民人均可支配收入 13283 元，增长 11.4%，扣除价格因素，实际增长 9.2%。其中，城镇居民人均可支配收入 18246 元，比上年增长 10.2%，扣除价格因素，实际增长 8.0%；农村居民人均可支配收入 9884 元，比上年增长 12.0%，扣除价格因素，实际增长 9.8%。城乡居民收入差距由上年的 1.88 ∶ 1 缩小至 1.85 ∶ 1（农民收入为 1）。农村居民恩格尔系数为 44%，比上年下降 4.8 个百分点。

社会保障事业进一步发展。年末全市参加城镇职工基本养老保险 73.04 万人，比上年末增加 28.11 万人。其中，参保职工 66.70 万人，增加 27.76 万人；参保离退休人员 6.34 万人，增加 0.35 万人。参加失业保险 27.45 万人，增加 0.54 万人，失业保险金标准为 808 元 / 月。参加工伤保险 28.10 万人，增加 1.06 万人，其中参保农民工 6.17 万人，减少 0.03 万人。参加生育保险 21.17 万人，增加 0.62 万人。参加城镇职工基本医疗保险的人数 28.97 万人，增加 0.73 万元；参加城乡居民医疗保险的人数 310.47 万人；城乡居民医疗保险基金支出总额 9.65 亿元，受益人数达 185.26 万人次。

社会福利工作不断强化。至 2014 年底，全市享受低保救济的困难群众达 16.90 万人，其中城镇 2.00 万人，农村 14.90 万人。共发放低保救济金 3.41 亿元，比上年增长 28.6%。年末全市各类收养性社会福利单位床位 5561 张，比上年增长 12%；收养人数 2332 人，增长 5%。全年销售社会福利彩票 3.61 亿元，筹集社会福利公益金 3196 万元，分别比上年增长 15.3% 和 15.2%，直接接收社会捐赠 0.134 亿元。

安全生产工作有待加强。全年共发生各类生产安全事故 671 起，比上年减少 37 起，死亡 128 人，比上年增加 8 人，受伤 554 人，比上年增加 78 人，直接经济损失 1605.9 万元，比上年上升 38.7%。其中，道路交通事故 540 起，减少 79 起，造成死亡 117 人，比上年增加 7 人；火灾 516 起（其中生产经营性火灾 125 起），比去年增加了 150 起，造成死亡 1 人，直接财产损失 743.65 万元。亿元地区生产总值生产安全事故死亡人数为 0.169 人，比上年下降 2.9%；道路交通事故万车死亡人数为 2.713 人，比上年上升 0.2%。

十二、资源与环境

水资源总量大幅减少，用水量明显下降。全市水资源总量 127.83 亿立方米，比上年减少 54.6 亿立方米。全年降水量 1446.72 毫米，比上年下降 29.8%。

年末全市大型水库蓄水总量 92.83 亿立方米，比上年减少 32.20 亿立方米。全年总用水量 18.88 亿立方米，比上年下降 1.4%，万元地区生产总值用水量 248.8 立方米，下降 10.3%。

矿产资源丰富。截至 2014 年底，全市已找到的矿产种类共 44 种（含亚矿种），矿产地 290 处。已查明资源储量的矿种共计 32 种，其中金属矿产 8 种，非金属矿产 10 种，水气矿产 2 种。在已探明储量的矿产资源中，铁矿是我市优势矿产资源，现有储量 2.83 亿吨。

生态建设稳步推进。全年完成荒山荒地造林面积 27329.8 公顷，比上年增长 28.1%。低产低效林改造面积 8092 公顷，下降 26.7%。年末实有封山育林面积 6.59 万公顷，增长 28.2%。活立木蓄积量 5848.4 万立方米，比上年增长 4.8%。全民义务植树 340.2 万株，全市森林覆盖率达 73.9%，比上年提高 0.6 个百分点；全市共有自然保护区 45 个，自然保护区面积 25.53 万公顷，占全市土地面积的 16.3%。其中，建成省级自然保护区 7 个，自然保护区面积 5.55 万公顷。

环境保护成效明显。水质方面，全市地表水质保持在各功能区标准，满足Ⅰ类标准的断面比例为 25%，满足Ⅱ类标准的断面比例为 75%。其中东江干流水质保持在国家地表水Ⅰ－Ⅱ类标准，新丰江、枫树坝两大水库的水质常年保持国家地表水Ⅰ类标准，全市地表水水质达标率 100%；空气质量方面，建成烟尘控制区 1 个，面积 26.1 平方公里。全年市区空气质量功能区达标率 91%，市区空气质量优良天数达到 322 天，无重度及以上污染天气情况，没有下过酸雨；声环境质量方面，建成环境噪声达标区 1 个，面积 24.4 平方公里。市区区域环境噪声平均值 54.6 分贝，市区交通干线噪声平均值 68.7 分贝。废弃物处理方面，建成污水处理厂 3 座，城市污水日处理能力达到 13 万吨，城镇生活污水集中处理率达 72%；城市生活垃圾无害化处理率为 92%，其中市区达 100%。主要污染物总量减排完成率达 100%。建成区绿化覆盖率由上年的 44.32% 提高至 44.60%。

注：

1. 本公报中 2014 年数据为初步统计数。

2. 地区生产总值、各产业增加值绝对数按现价计算，增长速度按可比价计算。

2014 年梅州市国民经济和社会发展统计公报

2014 年全市各级在市委、市政府的正确领导下，全面贯彻落实中央决策部署，紧紧围绕省委、省政府“一个目标、三大抓手、两条底线”的要求，贯彻落实粤东西北和原中央苏区两振兴政策，借力广州对口帮扶，加快推动经济结构调整和经济发展方式转变，着力改善发展条件，突出抓好产业和项目建设，全力发展实体经济，确保了全市经济平稳运行、稳中有进，人民生活水平不断提高，社会事业全面进步。

一、综合

据初步核算，2014 年全市生产总值 885.83 亿元，增长 8.5%，其中：第一产业增加值 179.46 亿元，增长 4.3%，拉动 GDP 增长 0.7 个百分点；第二产业增加值 322.91 亿元，增长 10.3%，拉动 GDP 增长 4.5 个百分点，第二产业中工业增加值 261.56 亿元，增长 9.6%，拉动 GDP 增长 3.5 个百分点；第三产业增加值 383.46 亿元，增长 8.3%，拉动 GDP 增长 3.3 个百分点。三次产业的结构比例由 2013 年的 20.6 ∶ 36.2 ∶ 43.2 调整到 2014 年的 20.3 ∶ 36.4 ∶ 43.3。民营经济增加值 527.43 亿元，增长 8.7%。人均生产总值 20528 元，增长 8.2%。

据抽样调查，市区居民消费价格总指数为 102.4%，上涨 2.4%（见表 1），其中食品类价格上涨 4.9%，居住类价格上涨 1.5%。市区商品零售价格总指数为 101.2%，上涨 1.2%。全市工业生产者出厂价格指数 99.68%，下降 0.32%。

表 1　2014 年居民消费价格指数比上年涨跌幅度

指　　标	价格指数（上年 =100）	比上年涨跌幅度（%）
市区居民消费价格	102.4	2.4
食　品	104.9	4.9
其中：　粮食	103.7	3.7
肉禽及其制品	105.7	5.7
蛋类	109.1	9.1
水产品	108.7	8.7
在外用膳食品	101.0	1.0
烟酒及用品	99.9	-0.1
衣　着	101.1	1.1
家庭设备用品及维修服务	102.4	2.4
医疗保健及个人用品	101.2	1.2
交通和通信	98.2	-1.8
娱乐教育文化用品及服务	101.0	1.0
教育类	102.1	2.1
居　住	101.5	1.5
水、电、燃料	101.8	1.8

全年城镇新增就业 31939 人，就业困难人员实现再就业 3289 人。年末城镇实有登记失业人员 13955 人，城镇登记失业率 2.44%，比上年末上升 0.14 个百分点。

全年地方财政一般预算收入 85.24 亿元，增长 22.9%；其中税收收入 60.77 亿元，增长 23.3%。

经济社会发展中存在的主要问题：经济总量小，人均水平低；投资不足；产业结构有待进一步调整和优化；工业主导作用有待增强；县域经济实力有待增强；城镇化水平仍较低，交通等基础设施有待完善。

二、农业

全年农业总产值 285.87 亿元，增长 4.0%。其中种植业产值 186.35 亿元，增长 4.8%；林业产值 14.44 亿元，增长 6.5%；牧业产值 67.49 亿元，增长 0.5%；渔业产值 10.19 亿元，增长 6.8%；农林牧渔服务业产值 7.40 亿元，增长 9.8%。

全年粮食种植面积 21.47 万公顷，下降 0.01%，经济作物种植面积 3.47 万公顷，增长 3.5%。

全年粮食总产量 123.10 万吨，增长 2.6%，其中稻谷产量 106.12 万吨，增长 3.4%；玉米产量 3.8 万吨，下降 6.4%；花生产量 3.97 万吨，增长 4.8%；烟叶产量 1.06 万吨，下降 4.9%；茶叶产量 1.38 万吨，增长 4.9%；水果产量 133.0 万吨，增长 4.6%；蔬菜产量 217.13 万吨，增长 3.3%。

全年肉类总产量 28.10 万吨，增长 0.7%，其中：猪肉产量 19.99 万吨，增长 4.7%。当年肉猪出栏 267.99 万头，增长 4.0%，年末生猪存栏 157.1 万头，下降 5.8%。

全年水产品总产量达 10.63 万吨，增长 3.2%。

2014 年林业人工造林 43.11 万亩，迹地更新 3.98 万亩；低产林改造 17.53 万亩，比上年增长 3.3%；林木总消耗量 58.96 万立方米，比上年增长 45.7%；林木采伐量 51.81 万立方米，比上年增长 0.7%；年末森林覆盖率 74.38%。

三、工业和建筑业

全年完成工业增加值 261.56 亿元，增长 9.6%。工业增加值中，规模以上工业增加值 206.93 亿元，增长 10.7%。其中六大支柱产业增加值 174.04 亿元，增长 10.5%，六大支柱产业中烟草、电力、建材、电子信息、机电制造、矿业加工分别增长 5.6%、5.8%、13.5%、23.1%、36.2% 和 8.0%。国有及国有控股企业增加值增长 6.7%；集体企业增加值增长 15.3%；股份制企业增加值增长 14.0%；外商及港澳台投资企业增加值增长 7.1%；私营企业增加值增长 14.6%。从轻重工业看，轻工业增加值增长 9.3%，重工业增加值增长 12.7%。在现代产业中，高技术制造业增加值 29.0 亿元，增长 24.5%；先进制造业增加值 46.05 亿元，增长 19.3%；优势传统产业增加值 96.32 亿元，增长 11.4%。

2014 年规模以上工业产品销售率 98.81%；规模以上工业综合经济效益指数 242.09%，比 2013 年上升 17.3 个百分点；全年实现利税总额 100.12 亿元，增长 6.2%，其中：利润总额 35.79 亿元，增长 6.6%。全年全部工业用电量 44.07 亿千瓦时，增长 6.1%。

表 2　2014 年规模以上工业主要产品产量及增长幅度

产品名称	单　位	产　　量	比上年增长 (%)
发电量	亿千瓦小时	125.79	-8.7
其中：火电	亿千瓦小时	108.34	-7.4
卷烟	亿支	191.64	2.1
水泥	万吨	1386.24	17.5
铁矿石原矿量	万吨	87.14	22.2
铜	吨	1449	-89.7
人造板	万立方米	8.21	-25.9
服装	万件	365.90	-9.7

2014 年资质等级以上建筑企业 150 个，实现总产值 216.94 亿元，增长 17.0%；实现利润总额 14.91 亿元，增长 2.1%；利税总额 23.77 亿元，增长 5.3%。建筑施工企业房屋建筑施工面积 1433.23 万平方米，下降 0.05%，房屋竣工面积 545.34 万平方米，增长 4.0%。

四、固定资产投资

全年完成固定资产投资 407.51 亿元，增长 39.6%。固定资产投资中，项目投资 279.22 亿元，增长 29.9%。固定资产投资按产业分：第一产业投资 6.35 亿元，下降 51.0%；第二产业投资 130.65 亿元，增长 45.2%，其中工业投资 130.65 亿元，增长 54.8%；第三产业投资 270.51 亿元，增长 43.1%。

房地产开发投资 128.29 亿元，增长 66.6%。按用途分，商品住宅开发投资 98.75 亿元，增长 72.6%。其中，90 平方米以下住宅投资 9.74 亿元，增长 70.9%；144 平方米以上住宅投资 24.19 亿元，增长 26.0%；别墅、高档公寓投资 1.92 亿元，下降 44.0%。办公楼和商业营业用房投资 0.38 亿元和 12.94 亿元，分别增长 192.3% 和 120.1%。商品房施工面积 959.98 万平方米，增长 31.0%；商品房竣工面积 229.97 万平方米，增长 40.7%；商品房销售面积为 230.54 万平方米，增长 22.5%；商品房销售额 108.31 亿元，增长 27.7%。

五、交通、邮电

全年交通运输、仓储和邮政业实现增加值 34.70 亿元，增长 4.1%。

各种交通运输方式完成货物周转量 165.61 亿吨公里，增长 16.5%，其中：公路 156.67 亿吨公里，增长 18.5%；完成旅客周转量 39.54 亿人公里，增长 5.5%，其中：公路 35.45 亿人公里，增长 6.3%。

年末全市汽车拥有量 21.87 万辆，增长 18.1%。其中：私人汽车拥有量 19.56 万辆，增长 20.4%。本年新注册汽车 3.58 万辆，增长 28.8%。

年末全市公路通车里程 17567.1 公里，其中：高速公路通车里程 344.1 公里。新建公路 33.3 公里，其中：高速公路 33.3 公里。每百平方公里公路密度为 110.0 公里。

表 3　2014 年各种运输方式完成货物运输量及其增长速度

指　　标	单　　位	绝对数	比上年增长（%）
货运量	万　吨	7523	11.6
铁路	万　吨	364	-12.0
公路	万　吨	7102	13.5
水运	万　吨	57	-12.3
民航	万　吨	0.6	持平
货物运输周转量	万吨公里	1656144	16.5
铁路	万吨公里	79748	-9.4
公路	万吨公里	1566691	18.5
水运	万吨公里	9655	-11.2
民航	万吨公里	50	28.2

表 4　2014 年各种运输方式完成旅客运输量及其增长速度

指　　标	单　　位	绝对数	比上年增长（%）
客运量	万　人	2789	8.1
铁路	万　人	148	-0.7
公路	万　人	2615	8.6
水运	万　人	12	-3.6
民航	万　人	13.7	29.2
旅客运输周转量	万人公里	395372	5.5
铁路	万人公里	37335	-3.3
公路	万人公里	354460	6.3
水运	万人公里	152	16.0
民航	万人公里	3425	33.6

全年完成邮电业务总量 54.67 亿元（按 2010 年不变价格计算，下同），增长 10.0%。其中：邮政业务总量 4.46 亿元，增长 14.8%；电信业务总量 50.21 亿元，增长 9.6%。年末，全市移动电话用户达 357.9 万户，增长 2.3%；固定电话用户 60.3 万户，下降 8.8%，其中：城市电话用户 32.85 万户，下降 8.0%；乡村电话用户 27.45 万户，下降 9.7%。年末计算机互联网用户 51.32 万户，增长 15.9%。

六、国内贸易

全年社会消费品零售总额 499.97 亿元，增长 11.1%。分区域看，城镇消费品零售总额 385.79 亿元，增长 11.1%；农村消费品零售总额 114.18 亿元，增长 10.9%。分行业看，批发零售贸易业 462.80 亿元，增长 10.9%，住宿和餐饮业零售额 37.17 亿元，增长 12.9%。

七、对外经济和旅游

全年进出口总额 21.82 亿美元，增长 23.8%。出口总额 18.87 亿美元，增长 22.2%，其中“三资”企业出口 6.92 亿美元，增长 4.3%，私营企业出口 11.42 亿美元，增长 35.9%。出口总额中一般贸易出口 15.35 亿美元，增长 27.6%，占出口总额的 81.4%。

表 5　2014 年进出口总额及其增长速度

指　　标	绝对数（万美元）	比上年增长（%）
进出口总额	218197	23.8
出口额	188730	22.2
其中：一般贸易	153541	27.6
加工贸易	35186	4.5
其中：机电产品	74550	22.7
高新技术产品	13322	34.3
其中：国有企业	84	20.0
“三资”企业	69181	4.3
集体企业	93	3.3
私营企业	114186	35.9
进口额	29467	34.8
其中：一般贸易	17572	60.1
加工贸易	11893	9.9
其中：机电产品	15857	74.2
高新技术产品	5529	24.8
其中：国有企业	1	-88.9
“三资”企业	16513	9.4
私营企业	12953	91.5

全年新签外商直接投资项目 139 个，合同利用外资金额 4.48 亿美元，增长 7.7%，实际利用外商直接投资 1.47 亿美元（按国家商务部确认口径），增长 10.5%。

全市接待旅游总人数 2521.7 万人次，增长 23.8%。其中：全市住宿设施接待过夜旅游总人数 1286.07 万人次，增长 6.3%。国内外旅游总收入 254.39 亿元，增长 27.0%。

八、金融

全市金融业增加值 32.42 亿元，增长 14.5%。年末金融机构本外币各项存款余额 1411.88 亿元，比年初增长 13.4%，其中：城乡居民储蓄存款余额 985.46

亿元，增长 10.9%。金融机构本外币各项贷款余额 635.46 亿元，比年初增长 16.1%。

至 2014 年末，全市证券市场共有上市公司 7 家，市价总值 519.59 亿元，比上年末增长 145.9%。“新三板”挂牌实现零突破，有 1 家企业成功登陆“新三板”。上市公司通过证券市场累计筹集资金 91.30 亿元。证券营业部 10 家，其中当年引进设立 4 家，代理股票交易额 3755.72 亿元，增长 82.2%。期货公司 1 家，全年代理交易额 18.25 亿元。

财产、人寿保险费收入 27.11 亿元，增长 11.2%，其中：财产保险保费收入 10.24 亿元，增长 25.5%；人寿保险费收入 16.87 元，增长 4.0%。已决赔款 5.95 亿元，其中：财产保险已决赔款 5.11 亿元，增长 14.7%；人寿保险已决赔款 0.84 亿元。

九、科技、教育、文化、卫生和体育

年末县及县以上科研机构 17 个。年末国有企事业单位拥有自然和社会科学专业技术人员 93553 人。全市获市级及以上科技成果奖 42 项。2014 年，全市专利申请量 2272 件，增长 34.7%。其中：发明 174 件，增长 42.6%；实用新型 1316 件，增长 65.3%；外观设计 781 件，增长 1.6%。专利授权量 1609 件，增长 28.0%。其中：发明 81 件，增长 97.6%；实用新型 1074 件，增长 73.5%；外观设计 454 件，下降 23.9%。

普通高等教育招生 6751 人，在校学生 23549 人，毕业生 5358 人；成人高等教育招生 12869 人，在校学生 27098 人，毕业生 8720 人；各类中等职业教育招生 15604 人，在校学生 55795 人，毕业生 22853 人；普通高中招生 36762 人，在校学生 115909 人，毕业生 42863 人；普通初中招生 45990 人，在校学生 147971 人，毕业生 62952 人；普通小学招生 56929 人，在校学生 298971 人，毕业生 45066 人；技工学校招生 7398 人，在校学生 23127 人，毕业生 5230 人；特殊教育在校学生 528 人；幼儿园在园幼儿 136897 人。小学人口入学率 100%，初中人口入学率 100%，小学毕业生升学率 100%，初中毕业生升学率 100%，高中毕业生升学率 94.0%。

表 6 2014 年各级各类教育招生、在校生、毕业生人数及其增长速度

指标	招生（人）	比上年增长（%）	在校生（人）	比上年增长（%）	毕业生（人）	比上年增长（%）
普通高等教育	6751	1.7	23549	6.1	5358	-16.5
成人高等教育	12869	5.7	27098	15.9	8720	5.5
各类中等职业技术教育（不含技工学校）	15604	-22.78	55795	-11.8	22853	-25.1
技工学校	7398	-14.2	23127	-4.8	5230	27.8
普通高中	36762	-7.9	115909	-6.9	42863	-4.9
初中	45990	-5.4	147971	-10.4	62952	-17.2
小学	56929	7.4	298971	3.1	45066	-5.1
学前教育	87519	4.4	136897	5.6	64052	68.8
特殊教育	283	232.9	528	80.2	47	4.4

年末全市共有文化馆 9 个、公共图书馆 10 个、博物馆 8 个、广播电台 8 座、电视台 8 座、有线电视台 8 座，电影放映单位 19 个，全市广播综合人口覆盖率 100%，电视综合人口覆盖率 100%，有线数字电视用户 421337 户。全年出版报纸 1000 万份、各类杂志 102 万册，公共图书馆藏书 192.5 万册。

年末全市共有卫生机构 3423 个，拥有病床 14550 张，卫生专业技术人员 20763 人，其中，执业医师和执业助理医师 8989 人，注册护士 6652 人。全市疾病预防控制中心 8 个，卫生技术人员 404 人；卫生监督检验机构 8 个，卫生技术人员 135 人。全市镇（街道）卫生院 118 个，拥有病床 3569 张，卫生技术人员 5402 人；全市拥有社区卫生服务中心（站）12 个。

全年全市运动员在参加省级以上比赛中，共获奖牌 28 块，其中：金牌 6 块，银牌 13 块，铜牌 9 块。全市各级组织举办县级及以上各种运动竞赛会 31 次，参加运动会的运动员 5.2 万人次。

十、人口与环境、人民生活和安全生产

年末常住人口 432.33 万人，其中城镇人口 202.76 万人，城镇人口占常住人口的比重为

46.90‰。全市人口出生率为13.28‰，死亡率为5.84‰，自然增长率为7.44‰。年末户籍人口为528.64万人，其中非农人口126.41万人。

年末全市共有环境监测站9个。共有生活污水处理厂9座，城市污水处理能力达到30万吨/日，城市污水集中处理率达到86.8%，城市生活垃圾无害化处理率达到100%。全市环境质量保持稳定良好，梅州城区空气质量AQI指数优良率92%，API指数优良率100%；主要江河水质达到功能区水质要求，水质达标率为100%；区域噪声、道路交通噪声保持稳定，城市声环境质量较好，各功能区噪声达标率为100%。

全市设立县级以上自然保护区48个，面积165129公顷。

全年梅州居民人均可支配收入14893.8元，比上年增长10.8%，扣除价格因素，实际增长8.2%。其中：城镇常住居民人均可支配收入19845.6元，比上年增长9.6%，扣除价格因素，实际增长7.0%；农村常住居民人均可支配收入10785.6元，比上年增长11.6%，扣除价格因素，实际增长9.0%。

年末，全市已参加基本养老保险的职工（含企业离退休人员）有96.5万人，比上年末增长5.1%；参加工伤保险的有28.18万人，增长13.8%；参加职工基本医疗保险的有42.9万人，增长10.2%；参加职工失业保险的有24.29万人，增长3.4%；参加生育保险的有28.2万人，增长14.1%。参加城乡居民社会养老保险的有166.72万人，增长0.02%；参加城乡居民医疗保险的有441.97万人，增长1.0%；城乡居民医疗保险覆盖率100%。全市（职工）五大险种社会保险费（征缴）收入33.61亿元，比上年增收3.99亿元，增长13.5%。

全市各类社会福利单位收养人数3777人，其中111家敬老院入院人数2123人，社会福利院床位4230个。全年城乡各种社会救济对象得到各级政府救济人数228544人次。全市享受低保救济的困难群众205214人，其中：城镇12298人，农村192916人。社会服务设施2048个。目前，全市各镇（街道）已建立了农村社会保障网络。

全市各类安全生产事故721起，造成死亡人数161人，其中，道路交通安全事故死亡人数146人。各类事故直接财产损失433万元。

注：

1.本公报各项统计数据为初步统计数。

2.公报中全市生产总值、增加值绝对数按现价计算，增长速度按可比价计算。

3.本公报中各项指标对比基数，为上年《梅州市统计年鉴》公布的统计数。

4.从2011年起，规模以上工业统计口径由500万元调整为2000万元及以上；固定资产投资项目统计起点由计划总投资50万元提高到500万元，增速为可比口径。从2012年起，“地方一般预算收入”更名为“地方公共财政预算收入”。

5.数据来源：本公报中城镇新增就业、登记失业率、社会保障数据来自市人力资源社会保障局；财政数据来自市财政局；公路、旅客和货物周转量等数据来自市交通局；城市污水处理数据来自市住房和城乡建设局；外贸进出口、外商直接投资等数据来自市商务局；国际互联网用户、邮电业务总量等数据来自市邮政及通信部门（单位）；旅游数据来自市旅游局；金融数据来自市人民银行、市金融局；保险业数据来自市保险行业协会；教育数据来自市教育局；科技成果、专利数据来自市科技局；艺术表演团体、博物馆、公共图书馆、文化馆、广播、电视和电影数据以及报纸、期刊、图书数据来自市文广新局；体育数据来自市体育局；人口出生率、死亡率、自然增长率，卫生数据来自市卫计局；户籍人口及非农人口来自市公安局；低保、社会救助、社会组织数据来自市民政局；环境监测数据来自市环境保护局；林业数据来自市林业局；安全生产数据来自市安全监管局；其他数据来自市统计局和国家统计局梅州调查队。

2014 年惠州市国民经济和社会发展统计公报

2014 年，面对复杂多变的经济形势，惠州市人民在市委、市政府的正确领导下，紧紧围绕“尽快进入珠三角第二梯队”的总目标，坚持“稳中求进、好中求快、改革创新、率先跨越”，大力实施“六大计划”，全力推动经济社会加快发展，全市经济实现平稳较快发展，各项社会事业取得新的进步。

一、综合

初步核算，全市实现地区生产总值（GDP）3000.7 亿元，增长 10.0%。其中，第一产业增加值 142.9 亿元，增长 4.3%；第二产业增加值 1697.6 亿元，增长 11.9%；第三产业增加值 1160.2 亿元，增长 7.3%。三次产业结构调整为 4.7 ∶ 56.6 ∶ 38.7。民营经济增加值 1170.8 亿元，增长 11.0%。2014 年，惠州市人均 GDP 为 63665 元，按平均汇率折算为 10364 美元。

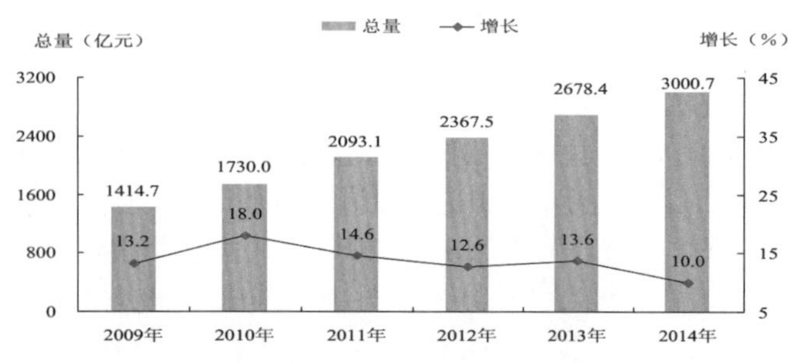

图 1　地区生产总值（GDP）

全市地方公共财政预算收入 300.7 亿元，增长 20.2%；地方公共财政预算支出 372.8 亿元，增长 13.6%。其中，教育支出 85.0 亿元，增长 17.1%；社会保障和就业支出 34.2 亿元，增长 27.6%；医疗卫生支出 32.6 亿元，增长 24.1%；节能环保支出 6.7 亿元，下降 76.6%；农林水事务支出 27.6 亿元，增长 4.3%。税收总收入 763.1 亿元，增长 4.7%。国税收入 542.6 亿元，增长 3.8%；国税中的国内税收收入 383.1 亿元，增长 12.0%；国税中的海关代征税收入 159.5 亿元，下降 11.6%。地税收入 220.5 亿元，增长 7.0%。

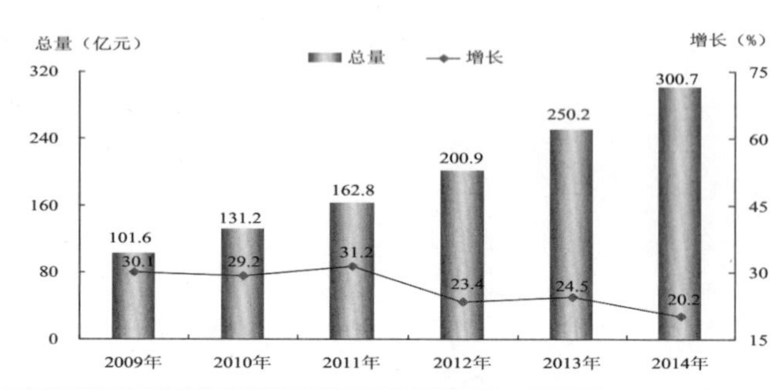

图 2　地方公共财政预算收入

全年市区居民消费价格总水平（CPI）上涨 2.1%。其中衣着类上涨 7.1%，食品类上涨 4.4%，家庭设备用品及维修服务类上涨 1.3%，医疗保健和个人用品类上涨 1.0%，交通和通信类上涨 0.6%，烟酒类下降 1.5%，娱乐教育文化用品及服务类下降 0.4%，居住类下降 0.1%。工业生产者出厂价格指数（PPI）下降 2.5%。

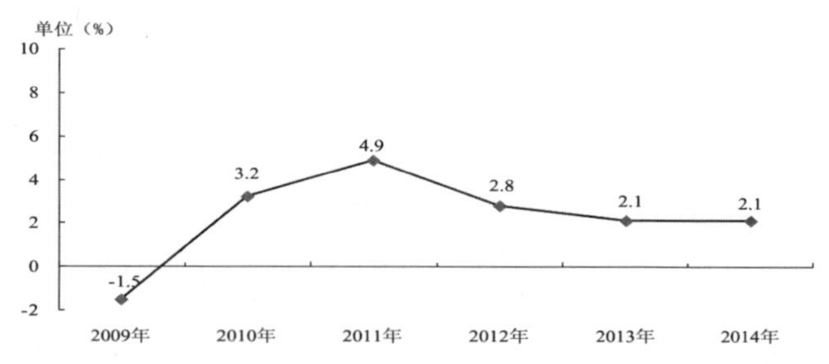

图 3　居民消费价格涨跌幅度

全年城镇新增就业人员 72883 人，下岗再就业人员 20514 人，转移农村劳动力 10486 人，就业困难人员再就业 3579 人。年末城镇登记失业率为 2.35%。

二、农业

全年粮食作物播种面积 174.54 万亩，比上年减少 0.3%；粮食总产量 59.21 万吨，增长 6.3%；蔬菜总产量 261.27 万吨，增长 7.5%；水果总产量 68.36 万吨，增长 2.1%。

全年肉类总产量 19.29 万吨，比上年增长 0.9%。其中，猪肉产量 14.62 万吨，增长 2.8%；禽肉产量 4.30 万吨，减少 5.7%。全年水产品产量 16.16 万吨，增长 2.9%。其中，海水产品产量 8.10 万吨，增长 1.9%；淡水产品产量 8.06 万吨，增长 4.3%。

表 1　主要特色农业产品生产情况

指　　标	产量（万吨）	增长（%）
蔬　　菜	261.27	7.5
年　　橘	11.63	-35.6
玉　　米	11.27	-5.0
荔　　枝	7.94	3.6
马　铃　薯	3.44	1.4

三、工业

全年规模以上工业企业 1684 家，实现增加值 1543.3 亿元，比上年增长 13.0%。分行业看，电子行业完成增加值 604.9 亿元，增长 9.5%；石化行业完成增加值 271.0 亿元，下降 2.6%；汽车行业完成增加值 87.9 亿元，增长 20.8%。电子行业、石化行业、汽车行业增加值占规模以上工业增加值的比重分别为 39.2%、17.6%、5.7%。分企业类型看，外商及港澳台投资企业增加值 942.0 亿元，占规模以上工业增加值比重为 61.0%，增长 14.0%；国有企业增加值 21.4 亿元，占规模以上工业增加值比重为 1.4%，下降 2.7%；民营企业增加值 353.2 亿元，占规模以上工业增加值比重为 22.9%，增长 25.8%。规模以上工业企业实现销售产值 6898.8 亿元，增长 8.5%，其中，内销产值 4132.0 亿元，增长 4.1%；出口交货值 2766.8 亿元，增长 12.7%。内外销比例为 59.9 ∶ 40.1。

全年规模以上工业实现利润总额 263.7 亿元，增长 9.9%，产品销售率 97.2%。

表 2　规模以上工业增加值主要分类情况

指　　标	绝对数（亿元）	占比（%）	增长（%）
规模以上工业增加值	**1543.3**	**100.0**	**13.0**
#轻工业	416.4	27.0	24.4
重工业	1127.0	73.0	8.5
#外商及港澳台投资企业	942.0	61.0	14.0
国有企业	21.4	1.4	-2.7
集体企业	3.0	0.2	11.1
民营企业	353.2	22.9	25.8
#电子行业	604.9	39.2	9.5
石化行业	271.0	17.6	-2.6
纺织服装、服饰业	29.4	1.9	27.9
皮革、毛皮、羽毛及其制品和制鞋业	50.2	3.3	23.5
非金属矿物制品业	48.3	3.1	19.6
汽车制造业	87.9	5.7	20.8

表 3　规模以上工业主要电子产品产量情况

产品名称	绝对数（万部）	增长（%）
电话单机	1634.6	-27.0
激光音、视盘机	11443.7	-15.0
组合音响	960.4	6.2
电视接收机顶盒	385.8	-9.2
半导体存储器播放器(含 MP3、MP4)	11.4	-82.5
彩色电视机	1285.5	-8.4
液晶(LCD)电视机	1285.5	-6.3
移动电话机	26301.0	-3.6
微型电子计算机	62.7	-26.2

表 4　规模以上工业其他主要产品产量情况

产品名称	单位	绝对数	增长（%）
锂离子电池	万只（自然只）	29861.4	15.4
塑料树脂	万吨	9.7	16.9
服装	万件	14690.0	7.3
水泥	万吨	2034.7	13.8
塑料制品	万吨	21.7	13.6
灯具及照明装置	万套	13579.3	82.9

四、固定资产投资和房地产

全年固定资产投资 1606.7 亿元，增长 19.0%。

分行业看，第一产业投资 15.7 亿元，增长 72.9%；第二产业投资 512.5 亿元，增长 28.8%；第三产业投资 1078.6 亿元，增长 14.1%。分投资主体看，国有经济投资 292.2 亿元，增长 16.7%；民间投资 1032.4 亿元，增长 22.7%；港澳台、外商经济投资 207.2 亿元，下降 5.2%。

全年工业固定资产投资 512.5 亿元，增长 28.8%。其中，石化行业投资 82.6 亿元，增长 57.5%；电子行业投资 123.2 亿元，增长 11.6%。

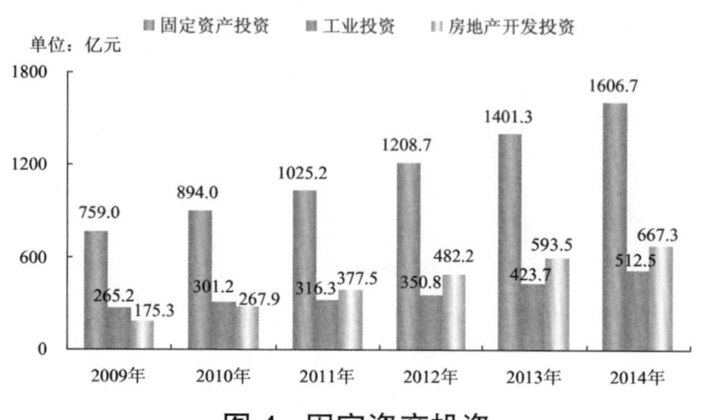

图 4 固定资产投资

全年房地产开发投资 667.3 亿元，增长 12.4%；商品房建筑面积 6100.0 万平方米，增长 5.0%；商品房竣工面积 757.0 万平方米，增长 19.3%；商品房销售面积 983.9 万平方米，下降 14.4%；商品房销售金额 588.8 亿元，下降 12.4%。

表 5 商品房销售面积分类情况

指　　标	绝对数（万平方米）	占比（%）
商品房销售面积	**983.9**	**100.0**
#住　宅	918.4	93.3
#90 平方米以下	288.5	29.3
90-144 平方米	459.6	46.7
144 平方米以上	170.3	17.3
#别墅、高档公寓	61.9	6.3
办公楼	7.2	0.7
商业营业用房	28.9	2.9
其它	29.5	3.0

五、国内贸易

全年社会消费品零售总额 968.7 亿元，增长 12.3%。分地域看，城镇消费品零售额 794.2 亿元，增长 13.0%；乡村消费品零售额 174.5 亿元，增长 9.3%。分行业看，批发业零售额 102.7 亿元，增长 15.0%；零售业零售额 779.0 亿元，增长 12.7%；住宿业零售额 15.8 亿元，增长 4.5%；餐饮业零售额 71.3 亿元，增长 7.1%。

从限额以上批发和零售业商品零售额看，粮油、食品、饮料、烟酒类增长 1.0%，服装、鞋帽针纺织品类增长 16.6%，化妆品类增长 40.4%，金银珠宝类增长 7.2%，日用品类增长 15.4%，体育、娱乐用品类增长 6.4%，书报杂志类增长 21.0%，家用电器和音像器材类增长 84.1%，中西药品类增长 43.1%，文化办公用品类增长 9.4%，通讯器材类增长 14.8%，石油及制品类增长 12.7%，汽车类增长 15.4%，建筑及装潢材料类增长 83.1%。

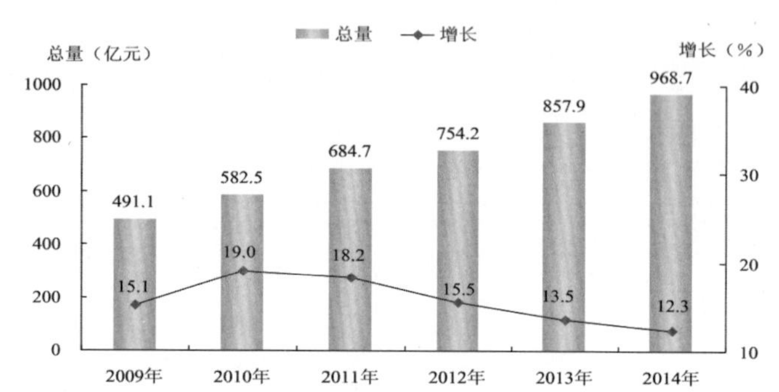

图 5 社会消费品零售总额

六、对外经济

全年外贸进出口总额 594.1 亿美元，增长 3.5%。其中，出口 363.3 亿美元，增长 9.0%；进口 230.8 亿美元，下降 4.1%。进出口差额（出口减进口）132.5 亿美元，比上年增加 40 亿美元。

图 6 外贸出口和实际利用外商直接投资

表 6　外贸进出口主要分类情况

指　　标	绝对数（亿美元）	增　长（%）
出口额	**363.3**	**9.0**
#“三资”企业	306.4	7.7
国有企业	5.6	7.0
集体企业	0.1	-
私营企业	24.5	11.5
#机电产品	310.5	9.1
高新技术产品	231.1	6.8
鞋类	9.0	12.4
服装	11.4	1.9
进口额	**230.8**	**-4.1**
#“三资”企业	211.4	-5.8
国有企业	9.0	2.0
私营企业	10.2	41.5
#机电产品	190.1	-6.8
高新技术产品	159.5	-8.5
服装及衣着附件	0.1	1.3

从出口市场看，2014 年主要出口市场的占比分别为：韩国 36.7%、中国香港 27.2%、美国 12.9%、欧盟 7.5%、拉丁美洲 2.9%、东南亚 3.4%、日本 2.4%。这七大市场占比合计 93.0%。

全年共签订外商直接投资项目合同 314 宗，增长 10.6%；外商直接投资合同金额 30.5 亿美元，增长 5.6%；实际利用外商直接投资 19.7 亿美元，增长 7.2%。全年工商注册新登记外商投资企业 335 家，新增注册资金 7.0 亿美元。年末全市工商登记外商企业实有 6826 家。其中，中国香港 4420 家；中国台湾、英属维尔京群岛、萨摩亚合计 871 家；韩国 173 家；美国 100 家；日本 66 家；欧洲 35 家。

表 7　实际利用外商直接投资分行业情况

指　　标	合同数（宗）	实际利用外资（万美元）	
			增长（%）
合　计	**314**	**196582**	**7.2**
#第一产业	13	626	40.7
第二产业	178	147985	1.0
#制造业	132	147525	2.5
第三产业	123	47971	31.6
#房地产业	4	6578	114.7
批发和零售业	86	28239	10.7
住宿和餐饮业	2	39	-96.9

表 8　实际利用外商直接投资分地区情况

地　　区	合同数（宗）	实际利用外资（万美元）	
			增长（%）
合　计	**314**	**196582**	**7.2**
#香港	255	110738	13.6
台湾	20	1202	130.7
韩国	17	12321	152.2
维尔京群岛	7	18235	-7.6
美国	1	701	48.2
日本	1	6804	-34.0
其它	13	46581	-6.9

七、交通、邮电和旅游

2014 年末全市境内公路通车里程总长 12594 公里。其中等级公路 12407 公里，高速公路 492 公里。通车里程公路密度为 112 公里 / 百平方公里；等级公路密度为 111 公里 / 百平方公里。全年沿海港口完成货物吞吐量 4788 万吨，其中港口集装箱吞吐量 175 万吨。

表 9　各种运输方式完成客货运输量情况

指　　标	单 位	绝对数
旅客运输总量	**万 人**	**7035**
#铁路	万 人	624
公路	万 人	6411
货物运输总量	**万 吨**	**21765**
#铁路	万 吨	**220**
公路	万 吨	9595
水路	万 吨	11950
港口货物吞吐量	**万 吨**	**6486**
#沿海港口	万 吨	4788

年末全市民用汽车保有量 47.1 万辆，比上年末增长 13.7%，其中私人汽车 42.0 万辆，增长 16.3%。民用轿车保有量 29.5 万辆，增长 17.8%，其中私人轿车 28.1 万辆，增长 18.8%；当年新注册上牌轿车 5.1 万辆，增长 24.5%。

全年邮政电信业务收入 62.2 亿元，下降 2.4%。其中，邮政业务收入 2.6 亿元，增长 11.2%；电信业务收入 59.6 亿元，下降 2.9%。年末固定电话用户 120.2 万户，其中，城市固定电话用户 76.3 万户；农村固定电话用户 43.8 万户。年末移动电话 698.0 万户；年末 3G 移动电话用户 288.6 万户。至年底，共有互联网宽带接入用户 122.5 万户。

全市共接待国内外游客 3968.3 万人次，增长 11.7%。接待住宿游客 1655.5 万人次，增长 10.2%，其中国内游客人数1440.7万人次，增长11.3%。全年实现旅游总收入273.2亿元，增长20.4%，其中旅游外汇收入8.6亿美元，增长11.2%。至年底，全市共有旅游景区（点）74个，其中国家5A级景区1个、4A级景区9个、3A级景区5个；旅行社58家；品牌星级酒店55家，五星级饭店5家，四星级饭店9家。

八、金融、保险

年末全市金融机构本外币存款余额3394.6亿元，比上年末增长8.1%。其中人民币各项存款余额3149.5亿元，比上年末增长5.5%。全市金融机构本外币贷款余额2437.0亿元，比上年末增长19.6%。其中人民币贷款余额2176.8亿元，比上年末增长19.2%。

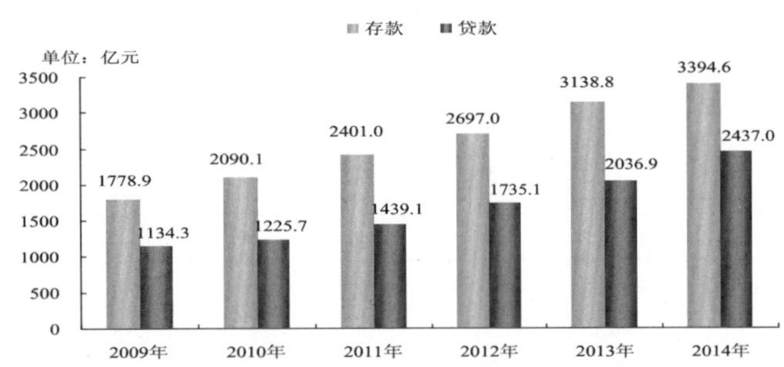

图7　金融机构本外币存贷款余额

表10　金融机构人民币存贷款情况

指　　标	年末余额（亿元）	比年初增长（%）
各项存款余额	**3149.5**	**5.5**
#单位存款	1334.1	2.5
个人存款	1677.0	6.5
城乡居民储蓄存款	1640.2	6.9
#城镇	1247.0	5.8
农村	393.2	10.6
各项贷款余额	**2176.8**	**19.2**
#短期贷款	419.0	24.9
中长期贷款	1682.3	16.7
#个人消费	761.4	24.6

全市共有各类保险公司51家（含分支机构），全年实现保费收入78.8亿元，增长22.1%。其中，寿险保费收入50.1亿元，增长23.9%；健康险和意外伤害险保费收入2.5亿元，增长106.6%；财产险保费收入26.2亿元，增长14.4%。支付财产险赔款17.1亿元，增长334.0%。

九、教育和科学技术

全市参加当年高考被录取的学生人数29540人，考入中专人数31108人；本地普通高等院校招生9196人；高中毕业生升学率92.96%；初中毕业生升学率99.01%；小学毕业生升学率100%；学龄儿童入学率100%。新建和改扩建中小学20所，创办惠州城市职业学院。7个县区通过“全国义务教育发展基本均衡县”督导评估。

表11　各类教育发展情况

指　　标	学校数（所）	招生数（人）	在校生数（人）
普通高等学校	3	9196	30183
普通高中	36	29977	94257
中等职业技术学校	33	30708	82943
普通初中	198	60994	182052
普通小学	453	87966	472152
幼儿园	513	90106	175808

全市新认定省级工程技术研发中心9家，新认定高新技术企业42家。全市专利申请18359件，增长21.0%；PCT（专利合作条约）专利申请273件，增长77.3%；专利授权7396件，其中发明专利授权522件，分别增长25.0%、11.8%；有效发明专利1608件，万人有效发明专利3.42件。

十、文化、卫生和体育

年末全市共有博物馆6个，群众文化事业馆（站）79个，公共图书馆5个，广播电台频道7套，电视频道6套。广播人口覆盖率和电视人口覆盖率均为100%。全市有线电视用户83.69万户，其中数字电视用户66万户。娱乐歌舞厅309家，网吧581家。

年末全市共有各类卫生机构（不含村卫生室）1162个，其中，医院、卫生院138个（乡镇卫生院73个）；妇幼卫生保健机构6个；疾病预防控制中心6个；卫生监督所5个。全市拥有病床数20143张，增长5.2%。其中医院、卫生院床位17098张。各类卫生技术人员26914人。其中执业医师、执业助理医师10032人，注册护士10950人。另外，疾病预防控制中心卫生技术人员381人，卫生监督所卫生技术人员157人。另有村卫生室1496间。

年末全市共有体育馆26个。全年体育健儿在省级以上比赛中共获奖牌5枚；人均体育场面积2.17

平方米；国民体质达标率 83%。

十一、人民生活和社会保障

年末全市常住人口 472.66 万人，人口密度 417 人／平方公里。户籍人口 348.52 万人，人口出生率 11.59‰，死亡率 4.88‰，自然增长率 6.71‰。

全年全体居民人均可支配收入 22902 元，增长 10.2%，剔除价格因素，实际增长 7.9%。全体居民恩格尔系数 37.1%。

其中，全年农村常住居民人均可支配收入 14364 元，增长 10.7%，剔除价格因素，实际增长 8.4%。农村常住居民恩格尔系数为 39.2%。

全年城镇常住居民人均可支配收入 27300 元，增长 9.5%，剔除价格因素，实际增长 7.2%。城镇常住居民恩格尔系数为 36.5%。

年末全市参加城镇职工养老保险 203.3 万人，增长 2.9%；领取养老金通过社会化发放人数 9.7 万人，增长 5.0%。参加失业保险 130.7 万人，增长 2.6%；年末领取失业救济金人数 2995 人，增长 6.4%。城镇职工参加基本医疗保险 166.7 万人，增长 4.6%。

各类收养性社会福利单位床位 8080 张，收养人员 2263 人。城镇各种社区服务设施 5997 个，其中综合性社区服务中心 766 个。共发行销售福利彩票 12.4 亿元，筹集福利彩票公益金 1.2 亿元，直接接收社会捐赠 1.2 亿元。

十二、资源、环境和安全生产

全年总用电量 276.4 亿千瓦时，增长 11.3%。其中工业用电 190.6 亿千瓦时，增长 8.6%。年末全市拥有 500 千伏变电站 4 座；110 千伏以上变电站 132 座，主变容量 2633.5 万千伏安。

至年底，全市建成区面积 309.6 平方公里，建成区绿化覆盖面积 10897 公顷；实有铺装道路面积 3341 万平方米，铺装道路长度 1885 公里；供水管道总长度 2915 公里，排水管道长度 2928 公里。供水综合生产能力 166 万立方米／日，供水总量 31231 万立方米，其中居民家庭用水量 13280 万立方米。

年末全市森林面积 70.05 万公顷，当年造林面积 5941 公顷。全市共有自然保护区 25 个，保护区面积 7.73 万公顷。新建生态景观林带 213 公里、森林碳汇 12.8 万亩。新增县级以上森林公园 3 个、森林村庄 60 个，全市森林覆盖率 61.6%。

新建成污水处理厂 2 座、截污管网 80 公里，城镇污水处理率达 95.6%。城乡生活垃圾无害化处理率达 95% 以上。建成国家级生态镇 6 个、省级生态镇 38 个、省级宜居示范城镇 2 个、省级宜居示范村庄 12 个。

全年共发生各类生产经营性安全事故 384 宗，死亡 130 人。其中，生产经营性道路交通事故死亡 109 人，占各类生产经营性安全事故死亡人数的 85.8%；工矿商贸企业事故死亡 12 人，占各类生产经营性安全事故死亡人数的 9.4%；亿元地区生产总值生产安全事故死亡率为 0.104。

注：

1. 本公报中 2014 年数据均为初步统计数，统计图中 2009~2013 年数据为年报数。

2. 公报中生产总值、各产业增加值绝对数按现价计算，增长速度按可比价计算。

3. 部分数据因四舍五入的原因，存在分项合计不等的情况。

4. 根据城乡一体化住户调查方式制度的改革，从 2014 年开始，正式对外发布居民人均可支配收入以及分城乡的城镇常住居民人均可支配收入和农村常住居民人均可支配收入。新指标在统计范围和统计口径上与原有城镇居民人均可支配收入和农村居民纯收入有较大差异。

2014 年汕尾市国民经济和社会发展统计公报

2014 年，我市全面贯彻落实党的十八大、十八届三中、四中全会及省《关于进一步促进粤东西北地区振兴发展的决定》，按照市委、市政府的各项决策部署，狠抓“三大抓手”，开展“四大行动”，加快转型升级，着力改善民生，扎实推进各项工作，全市经济社会发展取得新成效。

一、综合

初步核算，2014 年全市实现地区生产总值（GDP）716.99 亿元，比上年增长 8.9%。其中，第一产业增加值 114.14 亿元，增长 4.1%，对 GDP 增长的贡献率为 6.1%；第二产业增加值 339.69 亿元，增长 11.3%，对 GDP 增长的贡献率为 67.8%；第三产业增加值 263.17 亿元，增长 7.0%，对 GDP 增长的贡献率为 26.1%。三次产业结构为 15.9 ∶ 47.4 ∶ 36.7。全市人均地区生产总值达到 23928 元（按年平均汇率折合 3895 美元），增长 8.3%。

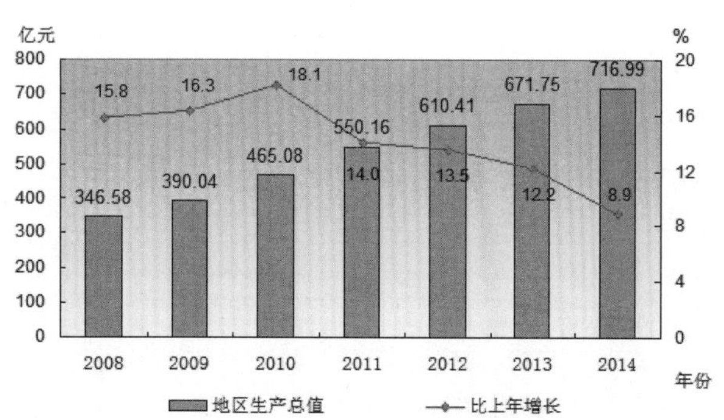

2008–2014 年地区生产总值及其增长速度

全年居民消费价格总指数上涨 2.7%。分类别看，食品类上涨 5.8%，烟酒及用品类上涨 0.1%，衣着类上涨 0.9%，家庭设备用品及维修服务类上涨 1.2%，医疗保健和个人用品类上涨 2.4%，交通和通信类持平，娱乐教育文化用品及服务类下降 0.3%，居住类上涨 1.1%。在食品类中，蛋类和水产品类上涨幅度较大，分别上涨 15.2% 和 14.4%。

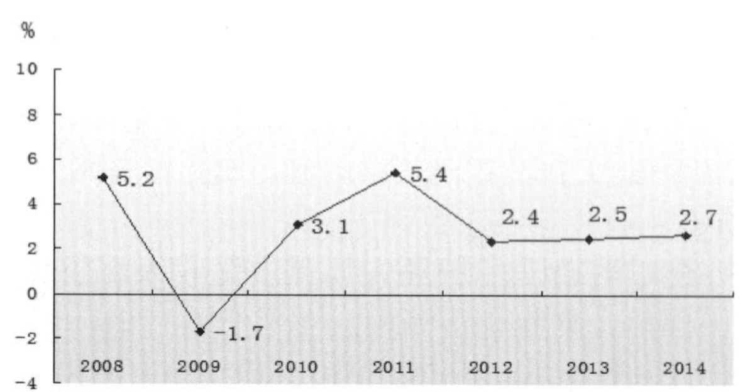

2008–2014 年居民消费价格涨跌幅度

表 1　2014 年居民消费价格比上年涨跌幅度

指标名称	价格指数（上年 =100）	比上年涨跌幅度（%）
居民消费价格指数	102.7	2.7
食品	105.8	5.8
其中：粮食	99.8	-0.2
肉禽及其制品	104.6	4.6
蛋类	115.2	15.2
水产品类	114.4	14.4
菜类	104.1	4.1
烟酒及用品	100.1	0.1
衣着	100.9	0.9
家庭设备用品及维修服务	101.2	1.2
医疗保健及个人用品	102.4	2.4
交通和通信	100.0	持平
文娱教育文化用品及服务	99.7	-0.3
居住	101.1	1.1
服务项目	100.7	0.7

全年城镇新增就业 46488 人，年末城镇登记失业人员 12281 人，城镇登记失业率为 2.39%，比上年末下降 0.05 个百分点；农村劳动力转移就业率 76.86%。

全年地方公共财政预算收入 49.21 亿元，比上年增长 2.2%；其中税收收入 23.10 亿元，下降 23.9%。

二、农业

全年完成农林牧渔业总产值185.06亿元，比上年增长4.0%。其中农业产值77.87亿元，增长4.4%；林业产值4.61亿元，增长10.1%；牧业产值26.28亿元，增长0.3%；渔业产值67.92亿元，增长4.2%；农林牧渔服务业产值8.38亿元，增长8.2%。

全年粮食作物播种面积142.97万亩，与上年持平；蔬菜种植面积76.66万亩，增长2.6%；油料种植面积20.2万亩，增长1.6%。全年粮食产量44.88万吨，增长7.6%；蔬菜产量112.78万吨，增长4.0%；水果产量27.5万吨，增长7.2%；油料产量2.83万吨，增长1.7%。

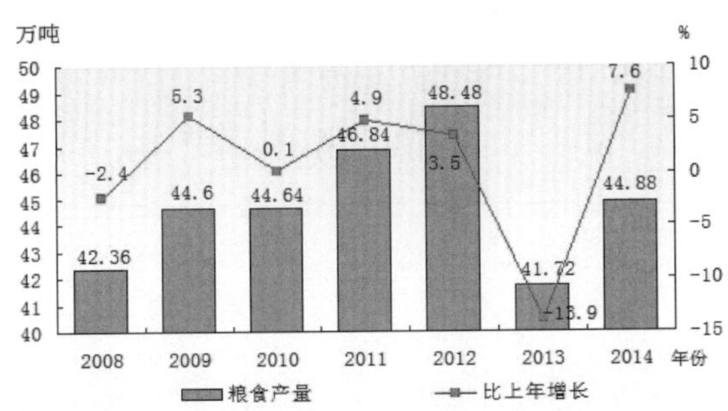

2008-2014年粮食产量及其增长速度

全年肉类总产量10.53万吨，增长0.5%。其中猪肉产量6.24万吨，增长5.1%；禽肉产量3.44万吨，下降7.2%。全年生猪出栏83.7万头，增长4.6%；年末生猪存栏40.81万头，下降5.6%。累计家禽出栏2443.87万只，下降9.0%。全年水产品产量61.47万吨，增长2.8%。其中海水产量56.12万吨，增长2.7%，淡水产量5.35万吨，增长4.1%。

表2　2014年主要农产品产量及其增长速度

产品名称	计量单位	产量	比上年增长（%）
粮食	万吨	44.88	7.6
稻谷	万吨	34.20	11.2
油料	万吨	2.83	1.7
花生	万吨	2.69	3.3
蔬菜	万吨	112.78	4.0
茶叶	万吨	0.16	13.6
水果	万吨	27.50	7.2
水产品	万吨	61.47	2.8
海水产品	万吨	56.12	2.7
淡水产品	万吨	5.35	4.1

三、工业和建筑业

全年完成全社会工业增加值312.87亿元，比上年增长11.9%。规模以上工业增加值261.91亿元，增长14.4%，其中大中型企业实现增加值247.27亿元，增长14.9%。分经济类型看，国有企业增长10.3%，集体企业增长4.4%，股份制企业增长22.7%，外商及港澳台投资企业增长5.2%，其他经济类型企业增长18.2%；分轻重工业看，轻工业增长13.8%，重工业增长15.2%；分主要行业看，计算机通讯及其他电子设备制造业增长15.4%，文教、工美、体育和娱乐用品制造业增长19.7%，化学原料和化学制品制造业增长37.4%，纺织服装、服饰业增长10.8%，皮革、毛皮、羽毛及其制品和制鞋业增长18.8%，橡胶和塑料制品业增长27.9%。

先进制造业增加值73.88亿元，增长18.6%，高技术制造业增加值58.60亿元，增长15.3%，优势传统产业增加值80.35亿元，增长11.3%。

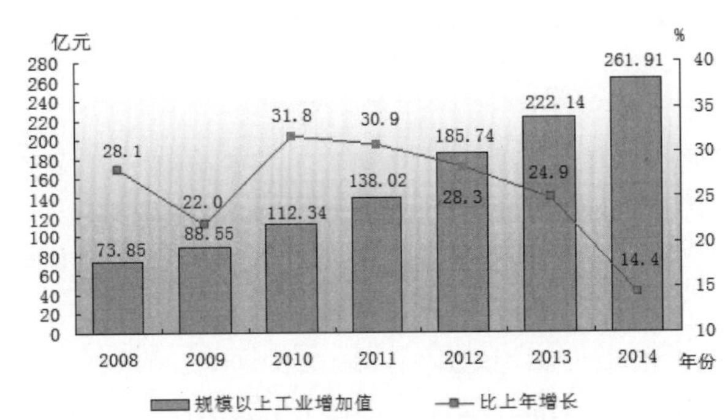

2008-2014年规模以上工业增加值及其增长速度

规模以上工业实现利润总额32.54亿元，下降9.7%。亏损企业亏损总额2.23亿元，增长4.7%。资产贡献率11.7%，资产负债率48.2%，资本保值增值率106.5%，流动资产周转率5.9%，成本费用利润率3.1%，产品销售率97.7%。

表3　2014年主要工业品产量及其增长速度

产品名称	计量单位	产量	比上年增长（%）
自来水生产量	万立方米	4487	8.9
软饮料	吨	163778	46.7
服装	万件	16756	-4.1
涂料	吨	11596	16.5
纸制品	吨	27855	1.9
人造板	立方米	108357	6.0
塑料制品	吨	50628	-3.6
耐火材料制品	吨	13253	40.9

（续上表）

产品名称	计量单位	产量	比上年增长（%）
商品混凝土	万立方米	202.49	18.0
半导体分立器件	亿只	721.18	21.8
印制电路板	平方米	612006	61.6
光电子器件	万只	48908	24.7

全市资质等级以上建筑企业 36 个，全年实现建筑业总产值 11.11 亿元，增长 15.0%。

四、固定资产投资

全年完成固定资产投资 500.97 亿元，比上年增长 16.5%。其中民间投资 361.80 亿元，增长 11.0%，港澳台、外商经济投资 44.09 亿元，增长 18.2%。分产业看，第一产业投资 30.35 亿元，下降 10.4%；第二产业投资 168.35 亿元，增长 23.2%，其中，工业投资 168.27 亿元，增长 25.1%；第三产业投资 302.27 亿元，增长 22%。

全年房地产开发投资 11.61 亿元，比上年下降 30.3%。其中，商品住宅开发投资 8.05 亿元，下降 34.5%。

全年列入省重点项目 11 个，完成投资 108.4 亿元，完成年度计划 100.5%；列入市重点项目 48 项，完成投资 128.0 亿元，完成年度计划 96.0%。其中，华润海丰电厂、陆丰甲湖湾发电厂、华润陆丰大埔风电、华润电厂送出线路工程、汕尾市区品清（东涌）输变电工程、潮惠高速公路汕尾段、汕尾火车站站前广场及周边市政道路、市区金湖路东段等 14 个项目完成或超额完成建设任务。

五、国内贸易

全年完成社会消费品零售总额 520.11 亿元，比上年增长 9.8%。分行业看，批发和零售业零售额 464.19 亿元，增长 9.8%；住宿和餐饮业零售额 55.92 亿元，增长 10.5%。分地域看，县及县以上消费品零售额 384.38 亿元，增长 9.7%；县以下消费品零售额 135.74 亿元，增长 10.2%。

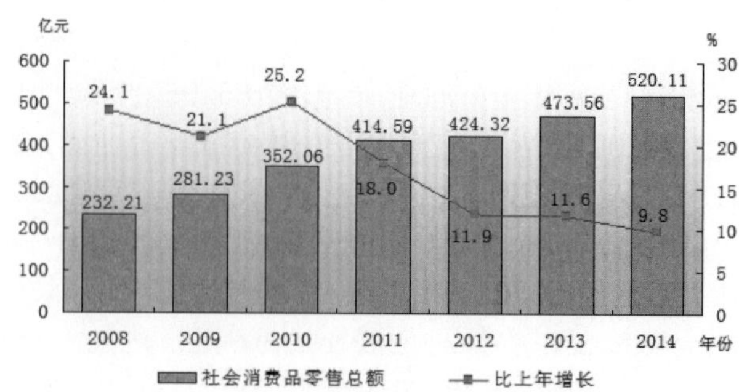

2008-2014 年社会消费品零售总额及其增长速度

六、对外经济和旅游

全年完成进出口总额 39.47 亿美元，比上年下降 5.4%。其中，出口总额 18.31 亿美元，下降 6.1%；进口总额 21.16 亿美元，下降 4.8%。

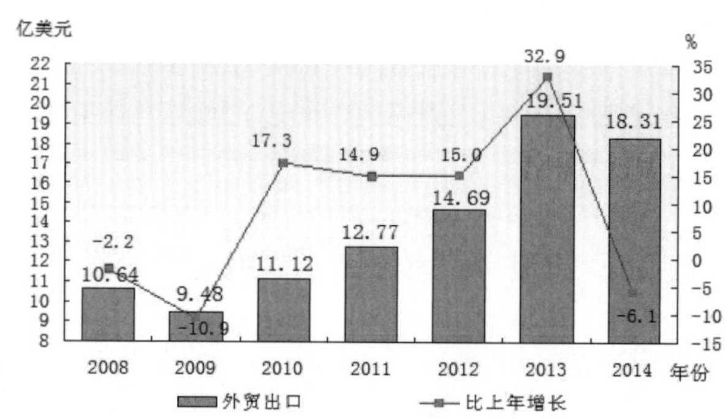

2008-2014 年外贸出口及其增长速度

全年累计新签外商直接投资项目 27 宗，比上年下降 18.2%。实际利用外商直接投资金额 1.63 亿美元，增长 6.8%。

全年接待过夜游客 646.62 万人次，增长 10.5%，其中入境游客 3.41 万人次，国内游客 643.21 万人次。在入境游客中，接待港澳台同胞 3.4 万人次，外国人 72 人次。全市旅游总收入 96.44 亿元，其中国内收入 95.36 亿元，分别增长 17.6% 和 18.5%；国际旅游外汇收入 1767.51 万美元，增长 49.8%。

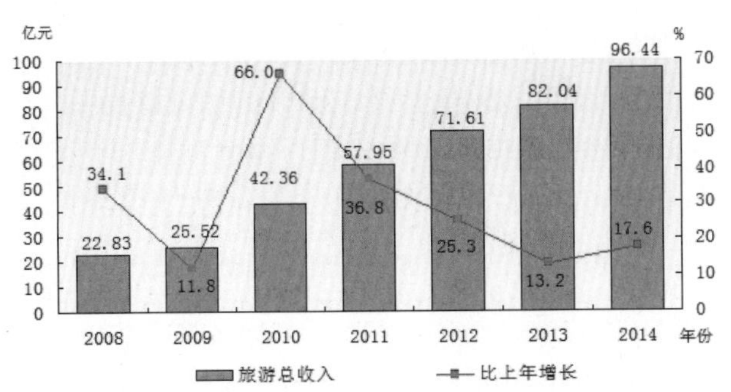

2008-2014 年旅游总收入及其增长速度

七、交通和邮电业

全年交通运输、仓储和邮政业实现增加值 16.62 亿元，比上年增长 8.5%。全年完成货物运输周转量 25.77 亿吨公里，增长 15.8%；完成旅客运输周转量 12.39 亿人公里，增长 15.0%。全年完成规模以上港口货物吞吐量 641 万吨，增长 1.6%。

表 4 2014 年货物和旅客运输量及其增长速度

产品名称	计量单位	绝对数	比上年增长（%）
货物运输总量	万吨	2432	5.3
货物运输周转量	万吨公里	257663	15.8
旅客运输总量	万人	1171	5.0
旅客运输周转量	万人公里	123866	15.0

年末全市公路通车里程 5470 公里，与上年持平。年末全市民用汽车保有量 59312 辆，其中，私人汽车 49023 辆；民用轿车保有量 30507 辆，其中，私人轿车 27329 辆。

全年完成邮电业务总量 30.76 亿元，增长 16.3%。其中，邮政业务总量（含快递）2.21 亿元，增长 31.3%；电信业务总量 28.56 亿元，增长 15.3%。年末移动电话用户 190.89 万户，增长 0.1%。

八、金融和保险业

年末全市银行业金融机构本外币各项存款余额 545.74 亿元，比上年末增长 12.0%。其中，企事业单位存款余额 137.23 亿元，城乡居民储蓄存款余额 376.34 亿元，分别增长 13.7% 和 10.6%。各项贷款余额 269.61 亿元，比上年末增长 18.0%。其中，短期贷款余额 63.22 亿元，中长期贷款余额 204.63 亿元，分别增长 0.5% 和 24.7%。

全年保险业实现保费收入 96481 万元，增长 28.1%。其中，人身险业务保费收入 64325 万元，财产险业务保费收入 32156 万元，分别增长 33.8% 和 18.1%。全年共支付各项赔款和给付 45474 万元，增长 56.0%。其中，人身险业务赔付支出 25311 万元，财产险业务赔付支出 20163 万元，分别增长 150.2% 和 5.9%。

九、教育和科学技术

全市各级基础教育（含学前教育）招生 14.85 万人，比上年下降 4.65%，在校学生 52.13 万人，下降 5.06%。其中，学前招生 4.26 万人，在园儿童 5.8 万人；小学招生 3.79 万人，在校学生 24.04 万人；普通中学招生 6.79 万人，在校学生 22.28 万人。普通高等学校招生 1875 人，在校学生 4540 人，毕业生 1311 人。小学学龄儿童入学率达 99.95%，初中毕业生升学率 94.5%，高中阶段毛入学率 87.6%。

年末全市共有市级企业研发中心 28 家，国家高新技术企业 4 家；专利申请量 595 件，授权量 458 件，其中，发明专利申请量 81 件，发明专利申请授权量 16 件；申报各类科技计划项目 27 个，其中 1 个获国家立项，1 个获省立项。汕尾高新技术开发区获省认定。

十、文化、卫生和体育

年末全市共有各类专业艺术表演团体 4 个，群众艺术馆、文化馆 6 个，县级及以上公共图书馆 4 个，博物馆、纪念馆 5 个。全市广播电视综合覆盖率为 99.03%。有线广播电视用户 43.75 万户，有线数字电视用户 20.0 万户。《汕尾日报》全年出版报纸 540 万份。公共图书馆图书藏量 31.5 万册（件）。

年末全市共有各类卫生机构 1689 个，其中医院、卫生院 72 个，医院、卫生院床位 6755 张，增长 5.6%。各类卫生技术人员 9412 人，增长 0.7%；其中执业医生和执业助理医师 4716 人，注册护士 2370 人。全市共有社区卫生服务中心 10 个，乡镇卫生院 47 个，乡镇卫生院床位 1800 张，乡镇卫生院卫生技术人员 2832 人。

全市体育运动员在国内各类比赛中获奖牌 11 枚。其中，在省级各类比赛获金牌 5 枚、银牌 4 牌、铜牌 2 枚。

十一、人民生活、社会保障与安全生产

全年全市居民人均可支配收入15211元，同比增长9.5%，其中，城镇常住居民人均可支配收入19036元，增长9.1%；农村常住居民人均可支配收入10415元，增长9.9%。

年末全市参加城镇职工基本养老保险（含离退休）50.43万人，比上年末增长11.4%；参加城乡居民社会养老保险117.4万人，增长30.3%；参加城乡基本医疗保险300.57万人，增长2.6%；参加失业保险16.6万人，增长3.7%；参加工伤保险18.59万人，增长16.2%；参加生育保险14.97万人，增长15.1%。

全年社会保险基金征缴收入16.03亿元，年末社会保险基金累计结余32.06亿元，分别增长15.8%和21.64%。

各类收养性社会福利单位床位5598张，收养人员2160人。城镇各种社区服务设施1892个。共发行销售福利彩票33385.63万元，筹集福利资金3457.78万元，直接接收社会捐赠1.3万元。

全年共发生各类事故609起，比上年上升13.4%；死亡138人，下降8.6%，受伤776人，上升4.6%；直接经济损失177.24万元，下降48.6%。其中，道路交通事故601起，上升13.2%；造成死亡132人，下降5.7%，受伤776人，上升4.6%。

全年亿元地区生产总值生产安全事故死亡率为0.183，工矿商贸企业从业人员10万人生产安全事故死亡率为0.43，道路交通万车死亡率为8.48。

十二、人口、资源与环境

年末全市常住人口300.66万人，年末户籍人口359.09万人。

全市水资源总量83.69亿立方米，比上年增长38.8%；平均降水量2861.9毫米，增长37.8%。年末全市大中型水库蓄水总量3.65亿立方米，增长25.0%；全市总用水量10.81亿立方米，下降1.6%。

单位GDP能耗下降1.12%；单位工业增加值能耗下降14.92%。全年全社会用电量43.80亿千瓦时，增长16.1%。其中工业用电量18.67亿千瓦时，增长14.4%。

全年平均灰霾天气日数17.3天，与上年持平；全年日照时数1783.2小时，比正常年份减少134.4小时。全年全市空气质量优良天数337天。全市建成污水处理厂6座，城市污水日处理能力可达25.5万吨，实际全年处理水量达到4820万吨，增长5.7%；污水处理率52.66%，比上年增加10.07个百分点。市区建成区绿化覆盖面积665公顷；市区绿地面积647公顷，其中公园绿地面积308公顷。森林覆盖率达到53.52%，比上年提高1.4个百分点。

注：

1. 本公报中2014年数据为初步统计数，统计图中2008-2013年数据为年报数。

2. 从2011年起，规模以上工业统计口径由500万元调整为2000万元及以上；固定资产投资项目统计起点由计划总投资50万元提高到500万元，增速为可比口径。2012年四季度，国家统计局实施了城乡一体化住户调查改革。2014年按照新的调查口径对外发布城乡一体的居民人均可支配收入和分城镇、农村常住居民人均可支配收入数据。由于新老调查方案在调查范围、调查对象、城乡划分标准、样本抽选、计算和汇总方式、指标口径等方面变化较大，改革后新口径数据和旧口径数据存在不可比的差异。

3. 公报中生产总值和各产业增加值绝对数按现行价格计算，增长速度按可比价格计算。

4. 邮电业务总量完成额按2010年不变价格计算。

5. 银行业金融机构本外币各项存贷款余额含外资银行。

6. 水资源数据为2013年数据。

资料来源：本公报中城镇新增就业、登记失业率、劳动力转移及社会保障数据来自市人力资源和社会保障局；财政数据来自市财政局；重点项目建设数据来自市发展改革局；货物进出口、外商直接投资数据来自市商务局；旅游数据来自市旅游局；公路里程数据来自市交通运输局；电话用户数据来自通信部门（单位）；银行业金融数据来自人民银行汕尾分行；保险业数据来自汕头保监分局；教育数据来自市教育局；专利数据来自市科技局；文化数据来自市文广新局；报纸数据来自汕尾日报社；卫生数据来自市卫生计生局；体育数据来自市体育局；社会福利、社区服务设施数据来自市民政局；各类事故及安全生产数据来自市安全监管局；户籍人口数据来自市公安局；水资源数据来自市水务局；气象数据来自市气象局；环境监测、污水处理数据来自市环境保护局；绿化、绿地面积数据来自市园林局；林业数据来自市林业局；其他数据来自汕尾市统计局、国家统计局汕尾调查队及上级部门反馈。

2014年东莞市国民经济和社会发展统计公报

2014年是全面贯彻落实党的十八届三中、四中全会精神，全面深化改革的起始之年，也是东莞推动高水平崛起的攻坚之年，在市委、市政府的坚强领导下，全市上下紧紧围绕“稳增长、调结构、促改革、惠民生”的核心任务，着力优环境、抓改革、促转型，牢牢把握发展大势，奋力激发市场活力，着力培育创新动力，全市经济在“新常态”下保持平稳运行，社会保持和谐稳定。

一、综合

初步核算，2014年东莞生产总值（GDP）5881.18亿元，比上年增长7.8%。分产业看，第一产业增加值20.84亿元，增长2.5%；第二产业增加值2697.90亿元，增长9.2%；第三产业增加值3162.44亿元，增长6.3%。三大产业比例为0.3∶45.9∶53.8。人均地区生产总值70604元，增长7.4%。

在现代产业中，规模以上先进制造业增加值1219.54亿元，增长13.9%；现代服务业增加值1845.79亿元，增长7.6%。

在第三产业中，交通运输、仓储和邮政业增长2.9%，批发和零售业增长4.8%，住宿和餐饮业下降4.5%，金融业增长9.0%，房地产业增长3.2%，其他服务业增长10.9%。

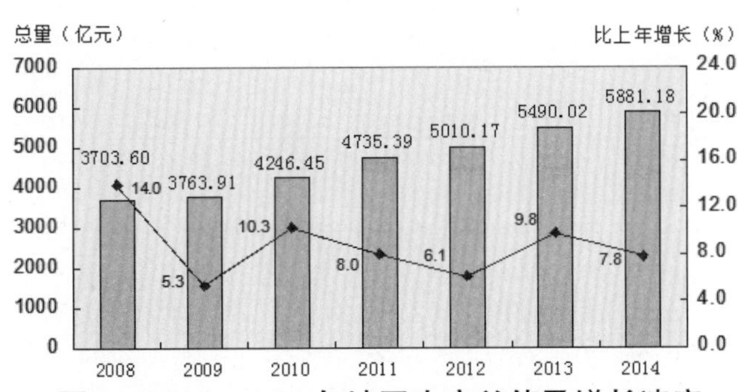

图1 2008-2014年地区生产总值及增长速度

年末，全市工商登记总数62.93万户，同比增长11.0%。其中企业工商登记20.89万户，增长20.7%；个体户登记41.96万户，增长6.8%。私营企业登记户数增长较快，增长24.9%。从新登记注册情况看，2014年，全市工商新登记114278户，增长7.6%；新登记企业45633家，增长41.6%。

全年居民消费价格总水平比上年上涨2.3%。其中居住类上涨0.8%，娱乐教育文化用品及服务类上涨1.7%，衣着类上涨0.3%，食品类上涨6.0%，医疗保健和个人用品类上涨0.3%，烟酒类上涨0.4%，交通和通信类下降1.7%，家庭设备用品及维修服务类上涨1.3%。此外，全年商品零售价格上涨1.2%。工业生产者出厂价格下降1.0%。

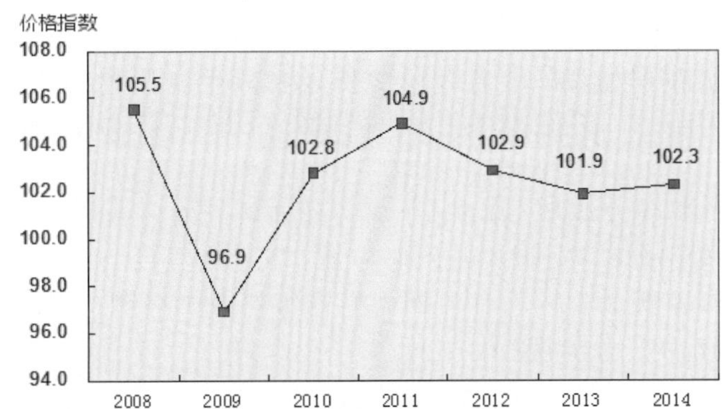

图2 2008-2014居民消费价格总指数（上年=100）

表1 2014年价格变动情况

类　　别	价格指数（上年=100）	比上年升降幅度（%）
居民消费价格指数	102.3	2.3
食　品	106.0	6.0
其中：粮食	103.0	3.0
肉禽及其制品	104.3	4.3
油脂	97.2	-2.8
蛋	105.3	5.3
菜	99.3	-0.7
水产品	109.8	9.8
烟　酒	100.4	0.4
衣　着	100.3	0.3
家庭设备用品及维修服务	101.3	1.3
医疗保健和个人用品	100.3	0.3
交通和通信	98.3	-1.7
娱乐教育文化用品及服务	101.7	1.7
居　住	100.8	0.8
商品零售价格指数	101.2	1.2
工业生产者出厂价格指数	99.0	-1.0

全年来源于东莞的财政收入 1066.21 亿元，比上年增长 9.4%。市公共财政预算收入 455.21 亿元，增长 11.2%。市公共财政预算支出 457.68 亿元，增长 2.9%。其中，一般公共服务支出 39.53 亿元，公共安全支出 53.69 亿元，教育支出 118.94 亿元，社会保障和就业支出 28.96 亿元。全年全市税收总额 1237.04 亿元，增长 14.0%。

年末城镇实有登记失业人数 1.20 万人，全年失业人员安置就业人数 0.83 万人，城镇登记失业率为 2.26%。

二、农业

2014 年全市农林牧渔业总产值 33.94 亿元，比上年增长（按可比价计算，下同）1.0%。其中农业产值 20.35 亿元，增长 6.6%，占农林牧渔业总产值的 59.9%；林业产值 0.36 亿元，下降 1.6%，占 1.1%；牧业产值 4.51 亿元，下降 11.6%，占 13.3%；渔业产值 7.73 亿元，下降 4.1%，占 22.8%。全年农作物总播种面积 36.61 万亩，其中水果种植面积 19.83 万亩。全年粮食产量 1.24 万吨；水产品总产量 7.27 万吨；蔬菜产量 39.05 万吨，增长 2.1%；生猪出栏 20.82 万头，下降 10.4%；家禽出栏 428.14 万只，下降 7.4%。

2014 年新增 23 家农民专业合作社、广东省名牌产品（农业类）9 个。目前，全市共有农民专业合作社 144 家、农业龙头企业 19 家（其中省级以上 10 家，国家级 3 家）、有效期内的省级农业类名牌产品达 47 个（含林业、渔业）。

三、工业和建筑业

全年全市规模以上工业实现增加值 2593.54 亿元，比上年增长 8.8%。在规模以上工业中，重工业增加值 1482.63 亿元，增长 11.8%，占 57.2%；轻工业增加值 1110.91 亿元，增长 5.0%，占 42.8%。

全年全市规模以上五大支柱产业完成增加值 1803.81 亿元，增长 10.6%；四个特色产业完成增加值 249.66 亿元，增长 4.0%。

全年高技术制造业增加值增长 16.3%，其中，医药制造业增长 9.2%，电子及通信设备制造业增长 19.8%，电子计算机及办公设备制造业增长 0.1%，医疗设备及仪器仪表制造业下降 6.2%。

全年先进制造业增加值增长 13.9%，其中，装备制造业增长 14.4%，钢铁冶炼及加工业增长 22.7%，石油及化学制造业增长 5.4%。装备制造业中，汽车制造业增长 13.8%，船舶制造业和环境污染防治专用设备制造业分别增长 10.9% 和 8.5%；钢铁冶炼及加工业中，钢压延加工增长 22.7%；石油及化学行业中，石油加工、炼焦及核燃料加工业增长 10.8%，化学原料及化学制品制造业增长 7.4%，橡胶制品业下降 5.5%。

全年优势传统产业增加值增长 4.0%，其中，纺织服装业增长 4.9%，食品饮料业下降 5.0%，家具制造业增长 1.2%，建筑材料增长 11.9%，金属制品业增长 12.6%，家用电力器具制造业下降 7.2%。

规模以上工业综合经济效益指数为 148.7%，实现利润总额 331.86 亿元。

表 2　2014 年规模以上工业主要产品产量

产品名称	计量单位	产量	增长（%）
啤酒	千升	379694	-1.7
果汁和蔬果类饮料类	吨	7085	-98.8
服装	万件	143997	11.1
轻革	万平方米	365.49	-18.0
人造板	万立方米	33.33	-0.8
人造板表面装饰板	万平方米	747.52	-0.2
复合木地板	万平方米	8.32	-72.1
家具	万件	5596.20	-5.0
纸浆（原生浆及废纸浆）	万吨	39.84	-2.7
机制纸及纸板（外购原纸加工除外）	万吨	1545.59	26.6
塑料制品	万吨	123.44	-0.4
水泥	万吨	821.34	179.4
瓷质砖	万平方米	2591.47	9.1
平板玻璃	万重量箱	3654.29	11.3
卫生陶瓷制品	万件	154.12	-2.0
金属集装箱	万立方米	652.32	13.0
数码照相机	万台	29.69	-32.1
模具	万套	7.72	-53.5
太阳能热水器	万平方米	16.82	11.3
灯具及照明装置	万套（万台、万个）	26603.31	8.0
电子计算机整机	万台	184.92	15.4
打印机	万台	89.83	-2.2
电话单机	万部	3916.82	0.7
移动通信手持机（手机）	万台	20286.37	51.5
数字激光音、视盘机	万台	5166.90	43.6
电视接收机顶盒	万台	51.34	-8.2
集成电路	万块	13846	-11.0
电子元件	亿只	10936.42	6.0
印制电路板	万平方米	1887.19	8.1
汽车仪器仪表	万台	58.87	20.5
光学仪器	万台（万个）	98.97	-7.5
眼镜成镜	万副	5814.62	9.1
自来水生产量	亿立方米	16.67	-1.3

全年全市建筑业实现增加值 91.35 亿元，比上年增长 3.3%。建筑企业完成总产值 195.84 亿元，增长 8.1%；施工面积 1102.92 万平方米，增长 39.5%；竣工面积 505.87 万平方米，增长 29.1%。建筑企业按施工产值计算的全员劳动生产率为 30.7 万元 / 人，增长 7.3%。

四、固定资产投资

全年固定资产投资1427.11亿元，比上年增长10.0%。按登记注册类型分，国有经济投资209.33亿元，增长18.9%；集体经济投资92.79亿元，下降22.8%；民营经济投资949.68亿元，增长10.9%；外商及港澳台商投资223.47亿元，下降6.2%。

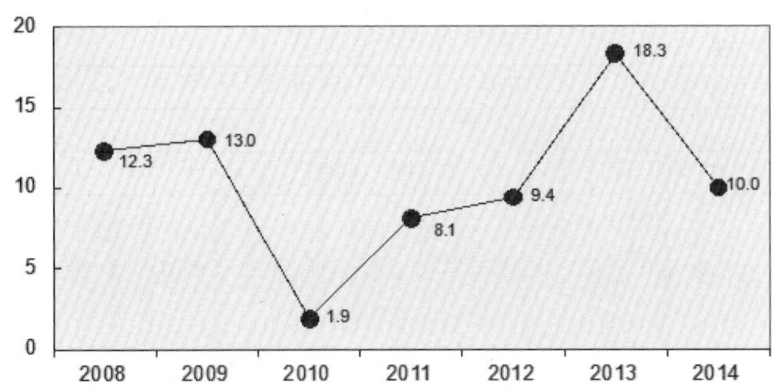

图3 2008–2014年固定资产投资增长速度

从产业投向看，投资集中在第二、三产业。第二产业投资397.45亿元，其中制造业投资351.33亿元；第三产业投资1029.39亿元。全年完成投资5000万元以上项目414个，共完成投资601.80亿元。

表3 2014年分行业固定资产投资情况

行 业	投资额（万元）	增长（%）
总 计	14271099	10.0
农、林、牧、渔业	2739	-75.0
制造业	3513278	0.04
电力、热力、燃气及水生产和供应业	455356	13.6
建筑业	1800	-71.6
交通运输、仓储和邮政业	1711835	14.4
信息传输、软件和信息技术服务业	382470	94.5
批发和零售业	210904	2.2
住宿和餐饮业	57950	-16.3
金融业	92650	3.3
房地产业	6676809	16.5
租赁和商务服务业	78341	29.9
科学研究和技术服务业	230777	14.3
水利、环境和公共设施管理业	584002	5.1
居民服务、修理和其他服务业	6349	-22.0
教育	126408	-47.1
卫生和社会工作	56507	4.4
文化、体育和娱乐业	63913	-40.2
公共管理、社会保障和社会组织	14945	-43.2

全年完成房地产开发投资588.06亿元，增长18.2%。商品房施工面积3585.66万平方米，增长26.3%；竣工面积264.94万平方米，下降26.9%；新建商品房网上签约销售面积665.05万平方米，下降20.7%，其中商品住宅销售面积558.74万平方米，下降25.4%。全年新建商品房网上签约销售额644.13亿元，下降16.9%，其中商品住宅销售额511.28亿元，下降22.1%。

五、国内贸易

全年全市批发和零售业实现增加值588.68亿元，增长4.8%；住宿和餐饮业实现增加值179.96亿元，下降4.5%。

全年社会消费品零售总额1615.29亿元，比上年增长8.7%。分行业看，批发零售贸易业零售额1491.81亿元，增长9.4%；住宿餐饮业零售额123.48亿元，下降0.1%。

在限额以上批发和零售业中，食品、饮料、烟酒类零售额增长3.2%；服装鞋帽、针纺织品类下降1.4%；日用品类增长4.3%；汽车类增长6.9%。

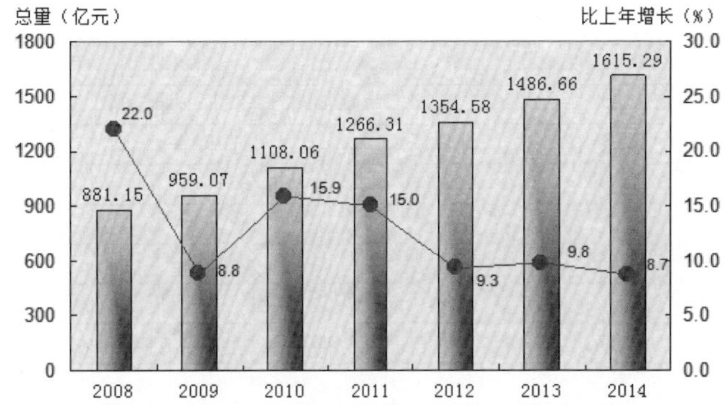

图4 2008–2014年社会消费品零售总额及增长速度

六、对外经济

全年全市进出口总额1625.30亿美元，比上年增长6.2%。其中进口654.61亿美元，增长5.2%；出口970.69亿美元，增长6.8%。

按贸易方式分，一般贸易出口268.77亿美元，增长33.9%；加工贸易出口657.50亿美元，下降3.7%；其他出口44.42亿美元，增长77.7%。

按出口的地区分，对亚洲出口516.68亿美元，增长4.1%；对北美洲出口237.32亿美元，增长3.4%；对欧洲出口159.22美元，增长16.0%；对拉丁美洲出口32.05亿美元，增长17.0%；对大洋洲出口13.36亿美元，增长23.3%。

全年机电产品出口696.25亿美元，增长5.8%，占出口总额的71.7%；高新技术产品出口365.24亿美元，增长8.7%，占37.6%。

表 4　2014 年主要商品出口情况

商品名称	金额（万美元）	增长（%）
机电产品（包括本目录已具体列名的机电产品）	6962482	5.8
高新技术产品	3652375	8.7
自动数据处理设备及其部件	797628	7.1
服装及衣着附件	596005	4.7
电话机	575031	98.5
家具及其零件	440795	11.2
自动数据处理设备的零件	406763	2.9
静止式变流器	361863	-2.6
鞋类	308832	3.5
电线和电缆	239765	5.6
玩具	225640	12.8
箱包及类似容器	222882	3.4
通断保护电路装置及零件	219286	4.1
灯具、照明装置及类似品	194056	14.0
塑料制品	186052	11.5
打印机(包括多功能一体机)	177195	16.3
纺织纱线、织物及制品	161603	5.8
电视、收音机及无线电讯设备的零附件	129735	-2.6
印刷电路	96172	8.3
眼镜及其零件	85998	19.4
液晶显示板	82633	0.8
二极管及类似半导体器件	82321	61.9

全年全市新签外商直接投资项目 465 宗，合同外资金额 43.15 亿美元，增长 6.8%。实际利用外资 45.29 亿美元，增长 15.0%。其中电子及通信设备制造业实际利用外资 9.00 亿美元，增长 7.7%；专用设备制造业实际利用外资 2.39 亿美元，下降 17.4%。

表 5　2014 年行业利用外资情况

行业名称	合同外资金额（万美元）	增长（%）	实际利用外资（万美元）	增长（%）
总　计	431459	3.1	452919	15.0
制造业	312867	-0.2	362095	13.3
纺织业	10988	71.4	12886	84.8
纺织服装、鞋、帽制造业	23754	128.0	8597	-7.7
家具制造业	1991	-45.5	5074	213.8
通用设备制造业	9130	-28.9	13548	12.0
专用设备制造业	24716	26.6	23876	-17.4
电气机械及器材制造业	16518	-50.7	26795	0.8
通信设备、计算机及其他电子设备制造业	69623	-8.3	90002	7.7
金属制品业	28623	48.9	32290	132.0
塑料制品业	22943	-18.6	31676	-1.6
文教体育用品制造业	4957	-32.2	7967	-1.4
造纸及纸制品业	19867	104.0	19416	102.5
其他制造业	79757	-7.9	89968	3.8
交通运输、仓储和邮政业	17306	0.5	11491	36.8
批发和零售业	49567	-4.7	41864	-13.1

七、交通、邮电和旅游

全年全市交通运输、仓储和邮政业实现增加值 158.39 亿元，增长 2.9%。

截至 2014 年底，全市公路通车里程 5144.9 公里，公路密度 208.7 公里 / 百平方公里，继续位居全省前列。年末全市机动车保有量（民用）165.14 万辆，增长 6.8%。其中汽车保有量 155.96 万辆，增长 12.3%。

全年公路货物运输量 10915 万吨，货物周转量 75.52 亿吨公里；水路货物运输量 4460 万吨，货物周转量 372.48 亿吨公里。全年公路运输完成客运量 5524 万人，旅客周转量 85.26 亿人公里；水路运输完成客运量 31.00 万人，旅客周转量 2004 万人公里。全年港口旅客吞吐量 31.32 万人次，货物吞吐量 12900 万吨。

表 6　2014 年客（货）运量、周转量

指　标	单位	数值	增长（%）
客运量	万人	5555	-1.5
# 公路	万人	5524	-1.5
旅客周转量	亿人公里	85.46	-1.4
# 公路	亿人公里	85.26	-1.5
货运量	万吨	15375	4.7
# 公路	万吨	10915	-0.7
货物周转量	亿吨公里	448.01	2.9
# 公路	亿吨公里	75.52	5.6

全年完成邮电业务收入 169.46 亿元，比上年下降 3.6%。邮政发送信函 4369 万件，邮政特快专递 88 万件，邮政汇款金额 122.16 亿元。年末全市固定电话用户（含小灵通、公共电话）327.21 万户，比上年增加 5.22 万户；移动电话用户 1763.09 万户，减少 87.30 万户。全年长途电话通话时长 248.76 亿分钟，年末互联网用户 204.86 万户，比上年减少 11.25 万户；宽带接入用户 195.89 万户，减少 11.65 万户。

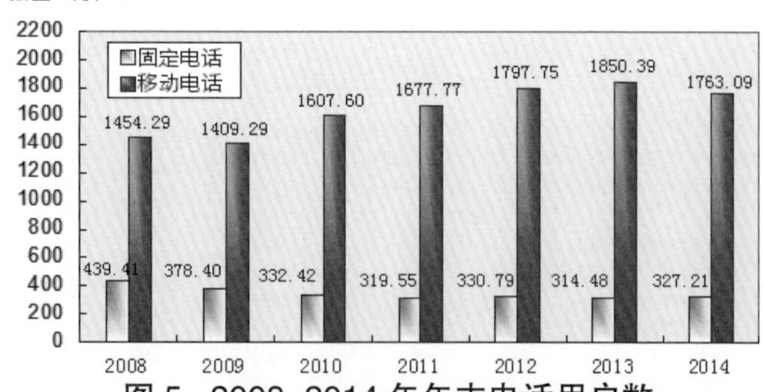

图 5　2008-2014 年年末电话用户数

年末全市有星级酒店 63 家，其中五星级酒店 21 家。全市有旅行社 76 家，全年接待国际及港澳台游客 356.21 万人次，下降 14.8%。其中接待外国游客 122.18 万人次，下降 11.6%；接待港澳台游客 234.03 万人次，下降 16.4%。国际旅游外汇收入 15.75 亿美元，增长 8.6%。全年接待国内游客 2434.77 万人次，增长 1.1%。国内旅游总收入 374.60 亿元，增长 8.1%。全年东莞组团外出旅游 150.88 万人次，下降 6.3%。其中，国内旅游 131.40 万人次，下降 8.4%；出境旅游 19.48 万人次，增长

10.9%。

八、金融

全年全市金融业实现增加值266.85亿元，增长9.0%。

年末全市有各类金融机构129家，其中银行类机构37家（含1家代表处），保险类机构52家，证券期货类机构40家。年末全市金融机构各项人民币存款余额9069.92亿元，比年初增长5.1%。其中城乡居民储蓄存款余额4606.79亿元，增长2.9%。各项人民币贷款余额5331.63亿元，增长11.7%。在个人消费贷款余额中，个人住房按揭贷款余额1182.98亿元，增长18.8%；个人汽车消费贷款余额5.48亿元，增长0.8%。

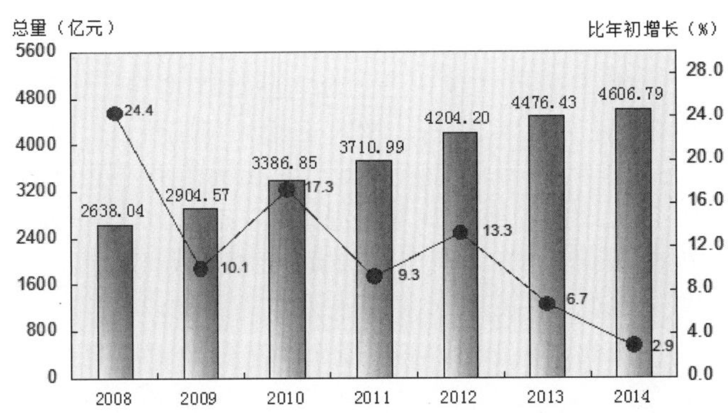

图6 2008-2014年城乡居民储蓄存款余额及其增长速度

全年股票总成交额12723.86亿元，同比增长54.3%。年末保证金余额161.89亿元，增长145.3%。

全年全市各类保险保费收入258.00亿元，同比增长24.6%。其中财产险保费收入84.88亿元，增长18.5%；人寿险保费收入173.12亿元，增长27.7%。全年保险赔款与给付金额70.27亿元，综合赔付率为27.2%。

九、科技和教育

全年新增国家高新技术企业80家，235家企业拟通过认定，总数预计达755家，位居省内地级市首位。全市专利申请量和授权量分别为28431件和20336件。其中，发明专利申请量为6913件，同比增长7.11%，占专利申请总量的24.31%；发明专利授权量为1624件，同比增长8.63%，排全省第三位；PCT专利申请量为299件，排全省第三位。科技资源加快集聚。新建东莞同济大学研究院和东莞前沿技术研究院2家新型研发机构；成功举办2014中国（东莞）国际科技合作周；全市新增7个省创新科研团队立项，引进总数达到22个，居全省第三；新引进8个市级创新科研团队，团队立项资助6200万元；国家可持续发展实验区申报工作稳步推进。科技金融结合得到加强。推动出台《东莞市创新财政投入方式，促进科技金融产业融合发展工作方案》，启动科技保险试点，专利质押融资累计贷款1.12亿元。

年末，全市有幼儿园881所，同比增加54所，其中，省、市一级幼儿园276所，比上年增加139所。全市有小学320所，在校学生68.73万人，本市户籍学龄儿童入学率达100%，小学毕业生升学率达100%。全市有初中172所（不含完全中学），在校学生20.66万人，本市户籍适龄少年初中入学率100%，初中毕业生升学率98.4%。全市高中阶段学校共有65所，其中普通高中（含完中和多层次学校高中部）40所，在校生7.81万人，中职学校25所（含技工学校3所），在校生6.44万人。全市有普通高等院校6所，在校学生6.99万人。全年普通高等院校共招收本科、专科学生2.28万人，毕业生1.3万人。

表7 教育情况

指　标	招生（万人）	增长（%）	在校生（万人）	增长（%）	毕业生（万人）	增长（%）
普通本专科	2.28	9.7	6.99	14.8	1.3	11.7
成人本专科	0.66	-8.7	1.75	1.3	0.51	-35.1
中等职业技术教育	2.45	-0.4	6.44	6.1	1.75	12.4
普通高中	2.67	2.7	7.81	1.3	2.52	3.4
初中	7.54	1.7	20.66	2.7	5.75	6.5
小学	12.50	-1.7	68.73	4.3	8.67	2.4
学前教育	12.62	14.2	29.05	4.6	7.75	-8.1

十、文化、卫生和体育

年末全市有群众艺术馆1个，文化站33个，公共图书馆641个，博物馆33个，艺术表演场所13个，电影放映单位60个，网吧1136家。全市有公共广播节目63套，公共电视节目36套。全年共发行报纸4403.69万份，其中《东莞日报》3266.27万份；各类杂志70.83万册，电影放映62万场次，观众1102.37万人次。

年末全市有医疗机构2156个，其中，三级甲等医院7所，门诊、诊所、医务室、卫生站、社区卫生服务机构等基层医疗机构2070个。全市卫生技术人员4.31万人，医疗机构病床2.67万张。全年诊疗总人数下降4.9%。

全年全市运动员共获得124枚金牌、134枚银牌、111枚铜牌。其中夺得全国赛金牌8枚；广东省赛金牌113枚、银牌100枚、铜牌92枚。全年举办全市全民健身活动333次，参加人数18.87万人次。全市有各类体育运动场地13860个（座），其中体育场516个，体育馆166座，灯光篮球场5316个，足球场102个，健身路径1384条，室外游泳池353个，室内游泳池56个，室外羽毛球场1378个。全市有体育彩票发行网点979个，销售总额15.09亿元，体彩公益金10956万元。

十一、人民生活

2014年东莞居民收入保持平稳增长态势，全年东莞居民人均可支配收入35712元，名义增长8.7%。

从城乡划分来看，农村常住居民可支配收入增速快于城镇居民。按新口径测算，2014年东莞城镇常住居民人均可支配收入36764元，名义增长8.6%；全年东莞农村常住居民人均可支配收入22327元，名义增长9.0%。

从收入构成来看，东莞居民人均工资性收入27928元，占人均可支配收入的78.2%；人均财产净收入6242元，占人均可支配收入的17.5%。

十二、社会保障

全市五大险种参保总人次为2748.28万人次，比上年增长6.7%。基本医疗保险615.69万人次，失业保险392.59万人次，工伤保险492.28万人次。全年社会保险基金总收入287.05亿元，保险基金总支出131.22亿元，年末保险基金累计余额887.78亿元。

年末全市有收养类福利事业单位37个，其中社会福利院1个，社会福利中心1个，敬老院34个，敬老院供养老人1603人。社会福利事业单位收养2724人，全年社会救济2.1万人。全市居民最低生活保障支出10404万元，自然灾害生活救助支出467万元，慈善基金结余2.35亿元。全市纳入“五保户”对象有854人，“五保户”费用支出2123万元。

十三、人口、资源和环境

年末全市户籍人口191.39万人。全年出生人口2.14万人，出生率为11.2‰；死亡人口1.03万人，死亡率为5.37‰；人口自然增长率为5.83‰。年末全市常住人口834.31万人，其中城镇常住人口740.95万人。人口城镇化率为88.81%。

全年雨日天数174天，日照时数1959小时，平均气温22.9摄氏度，相对湿度74%，降水量1936毫米。

年末全市森林公园达19个，新增森林公园配套设施一批。林业用地面积80.37万亩，生态公益林32.96万亩，林木积蓄量282.90万立方米，林木总生长量12.75万立方米。

年末全市建成区土地面积922.02平方公里，公共管理与公共服务用地面积45.60平方公里。森林覆盖率为36%。城市建成区绿地率为44.5%，绿化覆盖率为47.5%，城市人均公园绿地面积17.3平方米；全市已建成公园1210个，面积1.45万公顷。

注：

1.本公报中2014年数据为初步统计数，统计图中2008-2013年数据为年报数，最后统计数据以《东莞统计年鉴——2015》为准。

2.地区生产总值、各行业增加值、农业总产值绝对数按当年价格计算，增长速度按可比价格计算。

3.从2011年起，规模以上工业统计口径由年主营业务收入500万元调整为2000万元及以上的工业法人企业；固定资产投资项目统计起点由计划总投资50万元提高到500万元，增速为可比口径。

4.五大支柱产业包括电子信息制造业、电气机械及设备制造业（包括电气机械及器材制造业，仪器仪表制造业，通用设备制造业，专用设备制造业，铁路、船舶、航空航天和其他运输设备制造业以及汽车制造业）、纺织服装鞋帽制造业（包括纺织业，纺织服装、服饰制造业，皮革、毛皮、羽毛及其制品和制鞋业）、食品饮料加工制造业（包括食品制造业，酒、饮料和精制茶制造业，农副产品加工业）、造纸及纸制品业。

四个特色产业包括玩具及文体用品制造业、家具制造业、化工制品制造业（包括化学原料及化学制品制造业，石油加工、炼焦业及核燃业）、包装印刷业。

先进制造业包括装备制造业、钢铁冶炼及加工制造业、石油及化学制造业。

高技术制造业包括医药制造业，航空、航天器及设备制造业，电子及通信设备制造业，医疗仪器设备及仪器仪表制造业，信息化学品制造业。

5.根据《广东省人民政府办公厅关于开展全省城乡一体化住户调查的通知》（粤办函〔2013〕561号）要求，全省自2014年起正式启动分市县城乡一体化住户调查改革工作。由于城乡一体化住户调查的统计范围、口径和方法不同，一体化住户调查数据与原城镇居民人均可支配收入和农村居民人均纯收入等老口径数据不可比。

①可支配收入的指标内涵大幅收窄。

②调查范围和对象扩大影响城镇居民收入数据。

③城乡居民组别调整影响城乡居民收入数据。

6. 阅读本公报时，请注意统计指标的时间、口径和计算方法等。

7. 资料来源：本公报中城镇实有登记失业人数及失业人员安置就业人数、城镇登记失业率数据来自市人力资源局；新增农民专业合作社、龙头企业及省级农业类名牌产品数来自市农业局；进出口、利用外资数据来自市外经贸局；公路通车里程、交通运输、公路、水路相关数据来自市交通运输局；邮电业务收入、邮政发送信函、电话用户等数据来自市邮政、电信、移动等相关运营商；星级酒店及旅游情况来自市旅游局；年末各类金融机构数据来自金融工作局；人民币存贷款余额来自市人民银行；股票总成交额及年末保证金余额数据来自证券期货业协会；保险保费及赔款与给付来自市保险行业协会；国家高新技术企业家数、专利申请和授权量以及科研成果奖等数据来自市科学技术局；教育数据来自市教育局；艺术馆、文化站、博物馆、公共图书馆、公共广播节目、报纸杂志等数据来自市文化广电新闻出版局；卫生医疗机构等数据来自市卫生局；运动员获得奖牌、健身活动、体育彩票发行情况来自市体育局；社会保障数据来自市社会保障局；福利单位、敬老院等数据来自市民政局；户籍人口数据来自市公安局；出生和死亡人口等相关数据来自市卫生和计划生育局；气象数据来自市气象局；森林公园、林业用地、生态公益林、林木积蓄量等数据来自市林业局；建成区及公共管理与公共服务用地面积来自市城乡规划局；建成区绿地率、绿化覆盖率、人均公园绿地面积及公园数据来自市城市综合管理局。

2014 年中山市国民经济和社会发展统计公报

2014 年，面对复杂多变的形势，特别是经济下行的压力，我市在省委、省政府的正确领导下，全面贯彻落实党的十八大、十八届三中、四中全会和习近平总书记系列重要讲话精神，紧紧围绕“一改两稳三确保”的工作重点，坚持稳中求进、改革创新，以实干的精神、坚定的信心，加快产业升级与城市转型，加强生态建设与民生保障，实现了经济社会持续稳步发展。

一、综合

初步核算，全年生产总值（GDP）2823 亿元，按可比价格计算，比上年（下同）增长 8%。其中，第一产业增加值 70.91 亿元，增长 1.7%，对 GDP 增长的贡献率为 0.5%；第二产业增加值 1559.94 亿元，增长 8.4%，对 GDP 增长的贡献率为 63.3%；第三产业增加值 1192.15 亿元，增长 7.8%，对 GDP 增长的贡献率为 36.2%。三次产业结构调整为 2.5 ∶ 55.3 ∶ 42.2。在现代产业中，高技术制造业增加值 224.15 亿元，增长 14%，占规模以上工业增加值比重为 17.1%；先进制造业增加值 477.12 亿元，增长 7.9%，占规模以上工业增加值比重为 36.4%，其中装备制造业增加值 377.71 亿元，增长 7.6%；现代服务业增加值 701.3 亿元，增长 7.7%，占第三产业增加值比重为 58.8%。民营经济增加值 1402.54 亿元，增长 7.5%，占全社会 GDP 的比重达 49.7%。全市人均 GDP 达 88682 元（折 14437 美元），增长 7.4%。

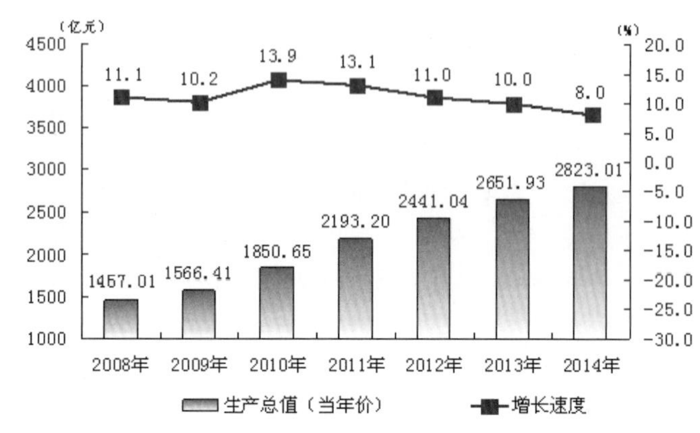

地区生产总值

全年居民消费价格总水平上涨 2.2%，其中，消费品价格上涨 1.8%，服务项目价格上涨 3.1%。八大类居民消费价格呈现“五升一平二降”。其中，食品类价格上涨 4.8%，居住类价格上涨 2.6%，医疗保健和个人用品类价格上涨 1.5%，娱乐教育文化用品及服务类价格上涨 0.9%，烟酒及用品类价格上涨 0.3%，衣着类价格持平，而家庭设备用品及维修服务类价格下降 0.2%，交通和通信类价格下降 1.5%。工业生产者出厂价格下降 0.6%。

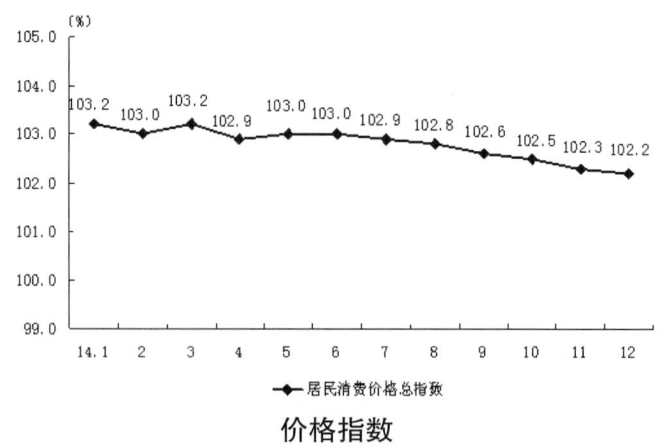

价格指数

表 1 2014 年居民消费价格比上年涨跌幅度

单位：%

指 标	价格指数（上年=100）	比上年涨跌幅度
居民消费价格总指数	102.2	2.2
服务项目价格指数	103.1	3.1
消费品价格指数	101.8	1.8
食品	104.8	4.8
粮食	104.1	4.1
油脂	89.8	-10.2
肉禽及其制品	103.4	3.4
鲜蛋	106.2	6.2
水产品	107.7	7.7
鲜菜	100.3	0.3
烟酒	100.3	0.3
衣着	100.0	持平
家庭设备用品及维修服务	99.8	-0.2
医疗保健和个人用品	101.5	1.5
交通和通信	98.5	-1.5
娱乐教育文化用品及服务	100.9	0.9
居住	102.6	2.6

年末全市新增就业 55965 人，城镇登记失业 9444 人，城镇登记失业率为 2.26%。

全年公共财政预算收入 251.6 亿元，增长 11.6%；其中税收收入 184.39 亿元，增长 11.7%。

二、农业

全年农业总产值 113.7 亿元，与上年持平。全年粮食作物播种 22.34 万亩，下降 0.3%；经济作物种植 9.73 万亩，增长 4.2%；蔬菜种植 35.75 万亩，增长 0.74%；水果种植 9.4 万亩，下降 4.3%。粮食总产量 16.07 万吨，增长 3.4%；蔬菜产量 53.26 万吨，增长 4.4%；水果产量 17.52 万吨，增长 4.7%。

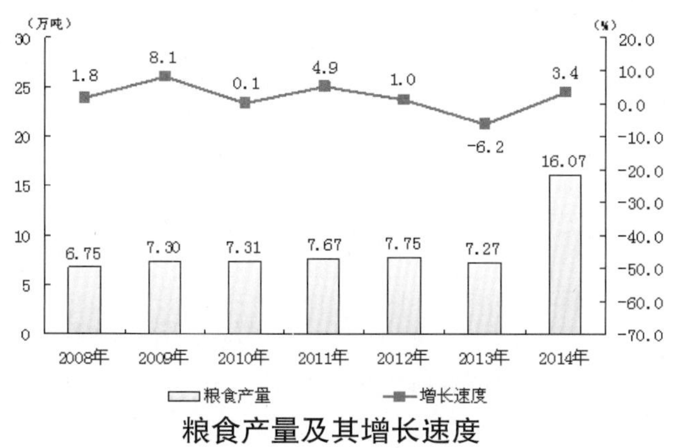

粮食产量及其增长速度

表 2 2014 年农业主要产品产量及其增长速度

单位:万吨

产品名称	产 量	比上年增长（±%）
粮食	16.07	3.4
#稻谷	3.13	2.9
甘蔗	0.47	-1.1
蔬菜	53.26	4.4
水果	17.52	4.7
肉类	3.30	-12.4
水产品	34.29	-3.2
#淡水产品	32.46	-2.3

全年出栏生猪 33.56 万头，下降 13.4%；三鸟上市 751.27 万只，下降 11.4%；肉类总产量 3.3 万吨，下降 12.4%。全年水产品产量 34.29 万吨，下降 3.2%。其中海水产品 1.83 万吨，下降 16.43%；淡水产品 32.46 万吨，下降 2.33%。

三、工业和建筑业

全年实现工业增加值 1495.12 亿元，增长 8.6%。2757 家规模以上工业企业完成增加值 1312.4 亿元，增长 10%。分类型看，国有及国有控股企业增加值 100.79 亿元，增长 17.1%；民营企业 544.38 亿元，增长 8.5%；外商及港澳台商投资企业 762.25 亿元，增长 7.1%；股份制企业 524.42 亿元，增长 11.9%。分轻重工业看，轻工业增加值 718.77 亿元，增长 7.4%；重工业 593.63 亿元，增长 9%。

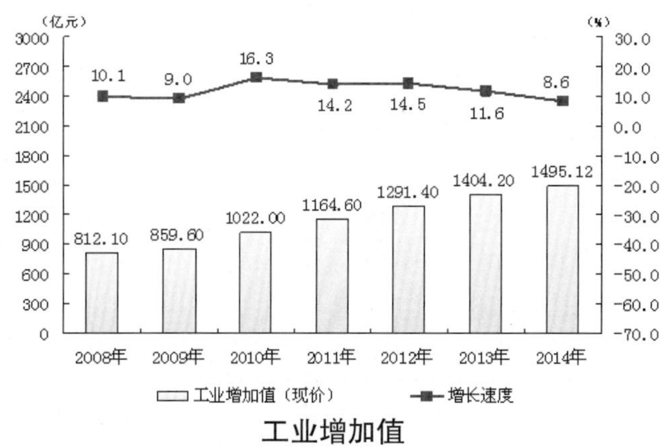

工业增加值

分行业看，高技术制造业增加值增长 14%，其中医药制造业增长 12.5%，电子及通信设备制造业增长 19%，电子计算机及办公设备制造业下降 2.9%，医疗设备及仪器仪表制造业增长 19%。先进制造业增加值增长 7.9%，其中装备制造业增长 7.6%，钢铁冶炼及加工业下降 10.7%，石油及化学行业增长 10%。传统优势工业增加值增长 7.5%，其中金属制品业增长 12%，食品饮料业增长 13.2%，家用电力器具制造业增长 2%，建筑材料增长 8.6%，家具制造业增长 8.3%，纺织服装业增长 5.3%。

规模以上工业企业实现利税总额 446.64 亿元，增长 6.5%；盈亏相抵后实现利润总额 270.17 亿元，增长 7%。总资产贡献率 13.89%，资本保值增值率 110.83%，流动资产周转率 2.48 次，成本费用利润率 5.09%，资产负债率 58.94%，全员劳动生产率 15.08 万元 / 人年，产品销售率 95.04%。

表 3 主要工业产品产量

产品名称	单位	2014年	同比增长(%)
化学农药原药	吨	14643.8	21.94
平板玻璃(重量箱)	重量箱	7189570.0	-3.64
日用玻璃制品	吨	6320.0	-26.08
钢材	吨	807477.4	-3.06
家用燃气灶具	万台	966.9	1.69
家用燃气热水器	万台	252.0	-1.09
家具	万件	1335.6	2.88
冷冻饮品	吨	12611.2	-8.30
机制纸及纸板	吨	400205.4	-11.92
布	万米	6252.5	-4.27
皮革鞋靴	万双	5964.2	-4.20
塑料制品	吨	724077.8	-6.35
家用电风扇	万台	4938.6	6.84
化学纤维	吨	4489.0	9.81
焊接钢管	吨	76749.0	-5.28
电饭锅	万个	1494.5	-11.59
罐头	吨	1365.0	-8.02
饲料	吨	360419.5	-7.96
房间空气调节器	万台	876.9	15.21
服装	万件	91600.2	-1.30

注：本表统计范围为年主营业务收入在2000万元及以上企业。

2014 年，全市建筑业实现增加值 64.82 亿元，增长 3.5%。全市资质等级以上建筑企业施工产值 166.79 亿元，增长 5.7%；房屋建筑施工面积 542.07 万平方米，下降 2.1%；房屋建筑竣工面积 278.27 万平方米，增长 9.2%。建筑企业按施工产值计算的全员劳动生产率 32.72 万元 / 人年，增长 11.1%。

四、固定资产投资

全年固定资产投资 903.66 亿元，增长 15%。其中房地产开发投资 429.66 亿元，增长 7.7%。分投资主体看，国有投资 106.31 亿元，下降 1.8%；集体投资 51.59 亿元，增长 38.1%；外商及港澳台投资 158.41 亿元，增长 12.5%；私人及其他投资 184.84 亿元，下跌 10.3%。分产业看，第一产业投资 0.3 亿元；第二产业投资 241.01 亿元，其中工业投资 239.82 亿元；第三产业投资 662.34 亿元。

全年亿元以上投资项目 525 个，完成投资额 682.54 亿元，占全年固定资产投资完成额的 75.5%。其中，亿元以上非房地产项目 193 个，完成投资额 261.44 亿元，占全年固定资产投资完成额的 28.9%，新开工的亿元以上非房地产项目 73 个，完成投资额 76.87 亿元；亿元以上房地产项目 332 个，完成投资额 421.1 亿元，占全年固定资产投资完成额的 46.6%。

全年商品房施工面积 4026.86 万平方米，增长 8.3%；竣工面积 483.66 万平方米，下降 14.1%；销售面积 764.07 万平方米，下降 2.1%；销售额 464.02 亿元，下降 1.7%。年末商品房待售面积 399.45 万平方米，增长 13.2%。

五、国内贸易

全年社会消费品零售总额 981.8 亿元，增长 10%。分地域看，城镇消费品零售额 901.18 亿元，乡村消费品零售额 80.61 亿元，分别增长 10% 和 9%。分行业看，批发和零售业零售额 886.09 亿元，增长 10.4%；住宿和餐饮业零售额 95.7 亿元，增长 6%。

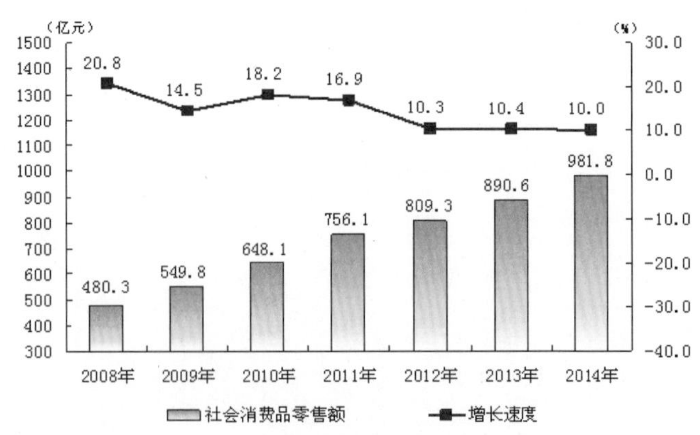

社会消费品零售总额

在限额以上贸易企业零售额中，全年汽车类零售额 145.39 亿元，增长 17.2%；石油及制品类零售额 94.13 亿元，增长 3.5%；粮油食品饮料烟酒类零售额 27.12 亿元，下降 0.4%；家用电器和音像器材类零售额 20.35 亿元，增长 5.8%；服装鞋帽针纺织品类零售额 18.06 亿元，下降 3.3%；日用品类零售额 13.93 亿元，下降 3.7%。

六、对外经济

全年进出口总值 369.63 亿美元，增长 3.8%。其中，出口 278.82 亿美元，增长 5.3%；进口 90.81 亿美元，下降 0.7%。进出口差额（出口减进口）188.01 亿美元，增长 8.5%。从贸易方式看，一般贸易出口 127.06 亿美元，增长 11.65%；加工贸易出口 149.93 亿美元，增长 0.3%，占全市出口的 53.8%。从经营主体看，国有企业出口 16.77 亿美元，增长 15.2%；集体企业出口 16.82 亿美元，下降 12.17%；外商投资企业出口 176.52 亿美元，增长 0.5%；私营（个体）企业出口 68.7 亿美元，增长 23.9%。从出口商品看，机电产品出口 193.95 亿美元，增长 5.2%；高新技术产品出口 67.83 亿美元，增长 4.5%；服装及衣着附件出口 23.58 亿美元，增长 0.8%。从出口市场看，对中国香港市场出口 65.43 亿美元，下降 3.7%；对欧盟市场出口 47.8 亿美元，增长 5.4%；对美国市场出口 67.11 亿美元，增长 10.3%。

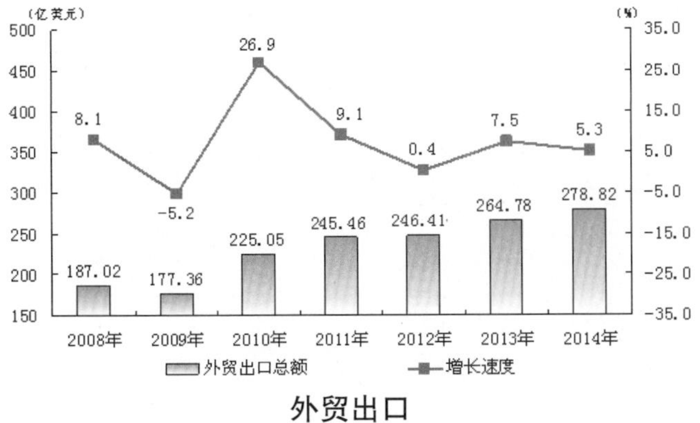

外贸出口

全年新签利用外资项目 124 个，下降 28.3%；合同利用外资 8.86 亿美元，下降 32.9%；实际利用外资金额 6.81 亿美元，增长 5.3%。制造业实际利用外资额 3.81 亿美元，占全市的 56%；外资资金来源地主要是港澳地区和英属维尔京群岛，全年实际投资 5.77 亿美元，占全市实际利用外资额的 84.8%。

七、交通、邮电与旅游

全年交通运输、仓储和邮政业增加值 55.02 亿元，增长 9.5%。全市年末公路通车里程 2610.45 公里。全市机动车拥有量 96.41 万辆，增长 9.8%。其中，汽车拥有量 63.98 万辆，增长 15.3%。其中个人汽车 57.45 万辆，增长 16.6%。全年货物周转量 171.06 亿吨公里，增长 16.7%；旅客周转量 14.15 亿人公里，增长 21.9%；港口货物吞吐量 7246 万吨，增长 6.0%。

全年邮电通信业务总量 123.35 亿元（2010 年不变价），增长 21.7%。年末全市移动电话用户 681.54 万户，增长 2.7%；本地电话用户 102.75 万户，下降 5.8%。全市固定互联网络用户 108.59 万户，增长 4.7%。

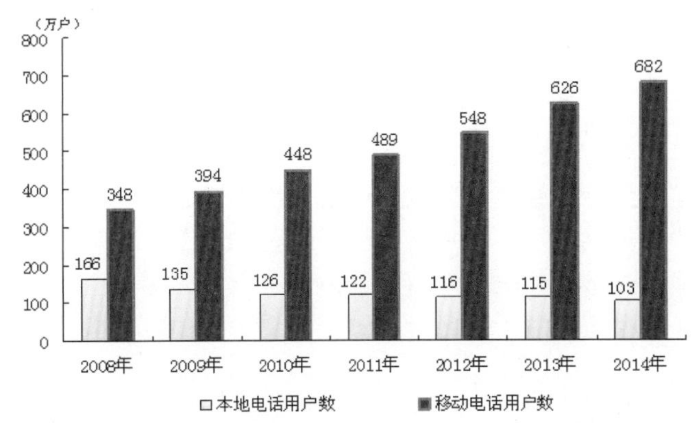

年末电话用户数

全年接待过夜海内外游客 902.15 万人次，增长 4.7%。其中，外国游客和港澳台游客 60.21 万人次，国内游客 841.95 万人次。旅游景点接待游客 1230.78 万人次，增长 3.1%；旅行社接待总人数 263.7 万人次，增长 1.3%。组团国内游 132.31 万人次，下降 2.5%；出境游 30.57 万人次，增长 20.9%。全年旅游总收入 210.23 亿元，增长 6.2%，其中旅游外汇收入 4.81 亿美元，增长 101.48%。年末全市共有星级酒店 29 家，星级酒店客房数 3510 间，客房开房率 49%。

八、金融、证券和保险

年末全市金融机构本外币各项存款余额 4149.69 亿元，比年初增长 3.2%。在人民币存款中，境内企业存款 946.46 亿元，比年初下降 4.6%；个人储蓄存款 2039.09 亿元，比年初增长 5.5%。全市金融机构本外币各项贷款余额 2644.9 亿元，比年初增长

14.2%。在人民币贷款中，短期贷款 1020.86 亿元，比年初增长 14.7%；中长期贷款 1371.96 亿元，比年初增长 15.6%。个人消费贷款余额 788.46 亿元，比年初增长 17.7%。其中住房贷款 699.38 亿元，比年初增长 18.72%。

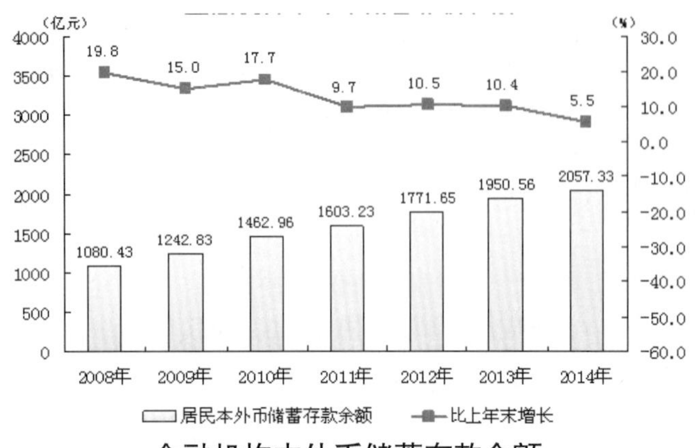

金融机构本外币储蓄存款余额

年末全市共有证券营业部 31 家；期货营业部 4 家。全年证券交易额 6959.5 亿元，增长 66.7%。其中，股票基金成交额 4877.67 亿元，增长 79.5%；期货成交额 2482.25 亿元，下降 33.1%。

年末全市各类保险公司 53 家，新增 5 家。商业保险全年保费收入 96.92 亿元，增长 17%。其中，财产险保费收入 34.84 亿元，增长 24%；寿险保费收入 62.08 亿元，增长 13.4%。商业保险各类赔付（给付）28.98 亿元，增长 16%。其中，财产险赔付（给付）16.23 亿元，寿险赔付（给付）12.75 亿元，分别增长 20.7% 和 10.5%。

九、教育和科学技术

全市普通高等学校在校学生 4 万人，增长 3.4%；普通中学在校学生 14.75 万人，下降 3.4%；中等职业技术教育在校学生 2.54 万人，增长 0.9%；小学在校学生 26.8 万人，增长 4%；幼儿园在园幼儿 12.28 万人，增长 10.9%。全市小学适龄儿童、初中毛入学率分别为 100% 和 135.1%，高中升学率达 95.3%，普通高考录取率达 96.3%，高等教育毛入学率达 62.1%。

全市专利申请量 24618 件，增长 12.85%；专利授权量 15048 件，增长 5.84%。其中发明专利申请量 3350 件，增长 37.75%，发明专利授权量 505 件，增长 8.84%。全年新增 10 个省级工程中心、20 家市级工程中心，全市市级以上工程中心增至 414 家，高新技术企业 221 家，国家和省创新型企业（试点）共 31 家；新引进 3 个市级创新科研团队，累计引进 10 个创新科研团队（其中省级 2 个、市级 8 个）；新引进 1 家院士工作站，累计引进 4 个院士工作站。批准引进 3 家国家重点实验室分支机构，全市国家重点实验室分支机构增至 8 家。

全市共有 7 个项目获得省科技奖，其中二等奖 3 项、三等奖 4 项。市级科技奖 89 项，一等奖 17 项，二等奖 27 项，三等奖 42 项。其中，产学研合作奖 3 项、科技进步奖 86 项。

十、文化、卫生和体育

2014 年末全市共有文化事业机构 29 个，营业性文艺表演团体 8 个，文化艺术馆 1 个、镇级及以上公共图书馆 25 个，博物馆 6 个、镇区文化站 24 个、村文化室 280 个。全年举办群众文化活动 6000 场。市、镇两级共有广播电台、电视台、中播广播发射及转播台、广播电视站 23 个，广播电视人口覆盖率达 100%，开通数字电视节目 147 套。全年报纸出版总印数 3358 万份，图书馆总藏量 153.6 万册。

年末全市共有卫生机构 652 个，增长 11.3%。医院床位 13246 张，增长 8.4%。各类卫生技术人员 19033 人，增长 4.7%。其中，执业医师 5601 人，增长 5.7%；执业助理医师 775 人，增长 1.8%；注册护士 8558 人，增长 8.1%。

2014 年全市参加省级以上体育竞赛人数 1650 人，获金牌 198 枚、银牌 255 枚、铜牌 231 枚。

十一、人民生活、社会保障与安全生产

城乡居民收入持续增长。全年中山居民人均可支配收入 32847 元，增长 8.6%；城镇常住居民人均可支配收入 34304 元，增长 8.5%；农村常住居民人均可支配收入 22166 元，增长 9%。

全市参加城镇基本养老保险人数 219.67 万人，增长 1.2%。其中参保职工 191.7 万人，增长 0.9%；参保离退休人员 27.97 万人，增长 3.8%。参加城镇基本医疗保险的人数 259.92 万人，增长 1.6%。其中，参加城镇职工基本医疗保险人数 165.16 万人，增长 1%；参加城镇居民基本医疗保险人数 94.76 万人，增长 2.5%。参加城镇医疗保险的农民工 96.73 万人，下降 1.8%。参加失业保险的人数 151.08 万人，增长 1.1%。参加工伤保险的人数 152.81 万人，增长 1.1%。其中参加工伤保险农民工人数 96.74 万人，下降 1.9%。

年末领取失业保险金人数为 1.4 万人。

全市社区服务设施数 343 个，其中城镇 130 个，农村 213 个。享受抚恤补助优抚对象 8174 人，优抚事业费用 4224.2 万元；社会困难救济人数 39263 人，最低生活保障户数 4867 户，发放低保金额 4423.7 万元，自然灾害救济费 200 万元。

全年共发生各类一般事故 1893 宗，死亡 331 人，受伤 1928 人，直接经济损失 1121.23 万元，事故宗数、受伤人数、直接经济损失同比分别下降 1.92%、0.36%、16.42%。亿元地区生产总值生产安全事故死亡率为 0.114，道路交通万车死亡率为 3.21，分别下降 6.6% 和 4.7%。

十二、人口、资源与环境

年末常住人口 319.27 万人，城镇化水平 88.07%。公安户籍人口 156.06 万人，其中按居住地划分的非农人口为 82.35 万人。

初步核算，全年规模以上工业综合能源消费量 329.79 万吨标准煤，增长 5.8%。全社会用电量 237.64 亿千瓦时，增长 9.5%。其中工业用电 157.77 亿千瓦时，增长 8.2%。

全年累计灰霾天气日数 61 天；全年平均日照时数 1905.8 小时，全年平均降雨量 1560.3 毫米。空气质量达标天数 304 天，达到国家空气质量二级标准。全市已建成污水处理厂 21 座，全市污水日处理能力达 97 万吨。新种与提升道路绿化 217 公里、岐江河绿化 6 公里，山地森林景观改造 2096 亩。全市森林覆盖率 19.46%。

2014 年末中山市水库蓄水总量 2450 万立方米，比上年同期减少 2404 万立方米。全市监测评价河长 274 公里，其中达标河长 206 公里，超标河长 68 公里。全市共监测 14 个水库，水质全部优良。

注：

1. 本公报中各项数据均为初步数，所有数据应以此后出版的《中山统计年鉴——2015》为准。

2. 自 2014 年，国家对粮食产量指标计算方法进行了调整，原折粮薯类指标自 2014 年起不再进行折算，粮食总产量数据与历史数据不可比。粮食总产量增速按可比口径计算。

3. 规模以上工业统计口径为年主营业务收入 2000 万元及以上；固定资产投资项目统计口径计划总投资 500 万元。

4. 地区生产总值、各产业增加值绝对数按现价计算，增长速度按可比价格计算。

5.2014 年之前旅客周转量包括公交、出租、班线和包车。自 2014 年，该指标统计口径发生变化，仅包含班线和包车。故旅客周转量数据与历史数据不可比。增速按可比口径计算。

6. 邮电通信业务总量按 2010 年不变价计算。

7.2012 年四季度，国家统计局实施了城乡一体化住户调查改革。2014 年按照新的调查口径对外发布城乡一体的居民人均可支配收入和分城镇、农村常住居民人均可支配收入数据。由于新老调查方案在调查范围、调查对象、城乡划分标准、样本抽选、计算和汇总方式、指标口径等方面变化较大，改革后新口径数据和旧口径数据存在不可比的差异。

资料来源：本公报中城镇新增就业、登记失业率、社会保障数据来自市人力资源社会保障局；财政数据来自市财政局；货物进出口数据来自拱北海关；外商直接投资等数据来自市商务局；公路运输、港口货物吞吐量数据来自市交通运输局；邮电通信数据来自邮政及通信部门（单位）；旅游数据来自市旅游局；货币金融数据来自市人民银行；证券、期货、保险业数据来自市金融局；教育数据来自市教育局；科技数据来自市科技局；艺术表演团体、博物馆、公共图书馆、文化馆、广播、电视、报纸、图书数据来自市文化广电新闻出版局；卫生数据来自市卫生和人口计生局；体育数据来自市体育局；优抚、社会救济数据来自市民政局；安全生产数据来自市安全监管局；用电量来自市供电局；气象数据来自市气象局；城市污水处理、环境监测数据来自市环境保护局；岐江河绿化数据来自市住房城乡建设局园林处；林业数据来自市林业局；水资源数据来自市水务局；其他数据来自中山市统计局和国家统计局中山调查队。

2014 年江门市国民经济和社会发展统计公报

2014 年，全市人民在市委、市政府的正确领导下，牢牢把握“种树、搭桥修路、抓大项目”的主题主线，积极推进“东提西进、同城共融”战略，主动适应经济发展新常态，坚持科学发展，着力调结构、促发展、惠民生，经济质量稳步提升，各项事业持续健康发展。

一、综合

初步核算，2014 年全市实现地区生产总值（GDP）2082.76 亿元，比上年增长 7.8%。其中，第一产业增加值 168.14 亿元，增长 2.9%；第二产业增加值 1024.47 亿元，增长 9.5%；第三产业增加值 890.15 亿元，增长 6.0%。在第三产业增加值中，交通运输、仓储和邮政业增长 9.2%，批发和零售业增长 4.0%，住宿和餐饮业增长 1.7%，金融业增长 13.0%，房地产业增长 0.4%。三次产业结构为 8.1 ∶ 49.1 ∶ 42.8。人均地区生产总值 46237 元，增长 7.5%。全年居民消费价格总水平上涨 2.7%，其中食品类价格上涨 4.6%，居住类价格上涨 2.4%。农产品生产者价格上涨 2.0%，工业生产者出厂价格下降 0.6%，商品零售价格上涨 1.8%。

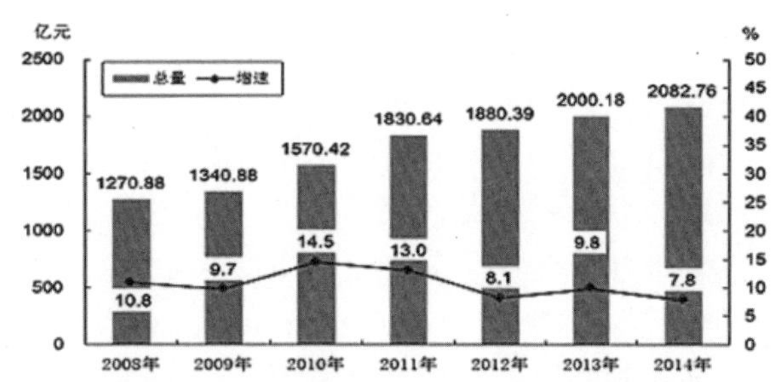

图 1 2008-2014 年地区生产总值及其增长速度

全年居民消费价格总水平上涨 2.7%，其中食品类价格上涨 4.6%，居住类价格上涨 2.4%。农产品生产者价格上涨 2.0%，工业生产者出厂价格下降 0.6%，商品零售价格上涨 1.8%。

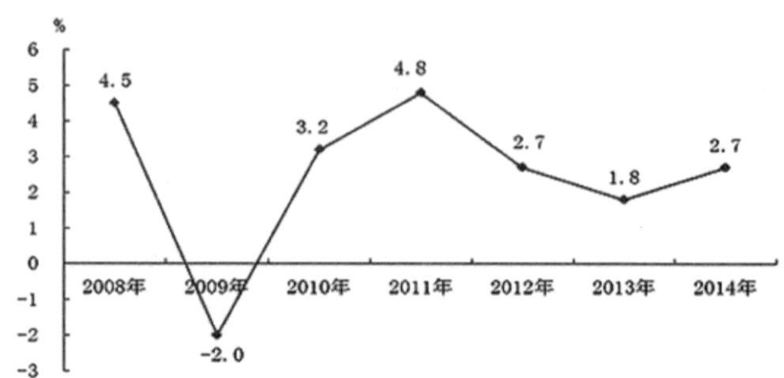

图 2 2008-2014 年居民消费价格涨跌幅度

表 1 2014 年居民消费价格指数

指标	价格指数（上年=100）	比上年涨跌幅度（%）
居民消费价格	**102.7**	**2.7**
消费品价格	102.4	2.4
其中：一、食品类	104.6	4.6
二、烟酒类	100.4	0.4
三、衣着类	101.3	1.3
四、家庭设备用品及维修服务类	100.7	0.7
五、医疗保健和个人用品类	101.0	1.0
六、交通和通信类	100.9	0.9
七、娱乐教育文化用品及服务类	103.3	3.3
八、居住类	102.4	2.4

年末私营企业 3.79 万户，注册资金 687.37 亿元，从业人数 35.03 万人，分别增长 15.5%、34.6% 和 10.3%；个体工商户 17.62 万户，注册资金 43.92 亿元，从业人数 34.79 万人，分别增长 9.7%、19.9% 和 10.8%。

全年城镇新增就业 47354 人，比上年增加 289 人。年末城镇失业人员再就业 32058 人，城镇登记失业率 2.36%，比上年上升 0.04 个百分点。全年开展农村劳动力技能培训 22218 人，比上年减少 3889 人；新增转移农村劳动力 31075 人，增加 26 人。

全年地方公共财政预算收入 177.08 亿元，比上年增长 12.1%；地方公共财政预算支出 233.44 亿元，增长 10.8%。全年税收收入 381.14 亿元，比上年增长 8.1%，其中，国税收入 230.10 亿元，增长 7.7%；地税收入 151.04 亿元，增长 8.7%。

二、农业

全年粮食作物播种面积 286.62 万亩，比上年下降 0.04%；糖蔗种植面积 2.83 万亩，下降 8.4%；油料种植面积 18.50 万亩，增长 1.1%；蔬菜种植面积 88.87 万亩，增长 0.7%。

全年粮食产量 95.27 万吨，增长 2.8%；糖蔗产量 17.79 万吨，下降 3.3%；油料产量 3.07 万吨，增长 6.2%；蔬菜产量 125.36 万吨，下降 1.1%；水果产量 24.92 万吨，下降 0.7%。

全年肉类总产量 30.16 万吨，增长 3.0%。其中，猪肉产量 21.66 万吨，增长 10.4%；禽肉产量 8.21 万吨，下降 12.5%。全年水产品产量 74.59 万吨，增长 2.5%。其中，海水产品 33.64 万吨，增长 0.4%；淡水产品 40.95 万吨，增长 4.4%。

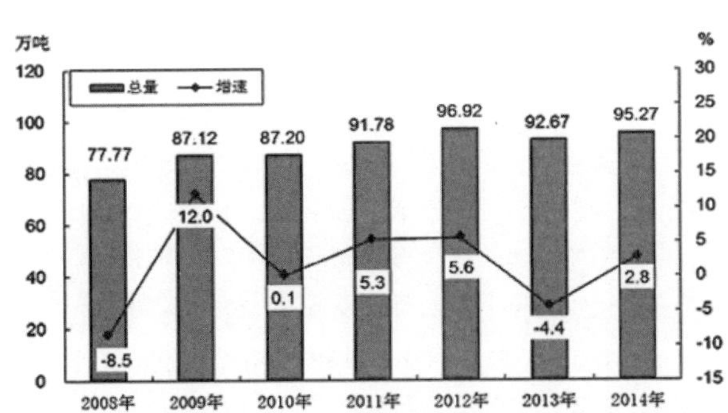

图 3　2008–2014 年粮食产量及其增长速度

三、工业和建筑业

全年全部工业增加值比上年增长 9.7%。规模以上工业增加值增长 11.0%，其中，国有及国有控股企业下降 0.4%，民营企业增长 13.5%，外商及港澳台投资企业增长 11.6%，股份制企业增长 10.3%，集体企业下降 6.5%。分轻重工业看，轻工业增长 12.9%，重工业增长 9.1%。

分企业规模看，大型企业增长 8.8%，中型企业增长 9.1%，小型企业增长 17.0%。高技术制造业增加值增长 8.2%，其中，医药制造业增长 9.1%，电子及通信设备制造业增长 8.9%，信息化学品制造业增长 1.7%，医疗设备及仪器仪表制造业下降 0.2%，电子计算机及办公设备制造业下降 0.3%。先进制造业增加值增长 10.1%，其中，装备制造业增长 14.1%，钢铁冶炼及加工业增长 5.4%，石油及化学行业增长 1.7%。装备制造业中，汽车制造业、船舶制造业、环境污染防治专用设备制造业分别增长 6.7%、26.6% 和 320.3%；钢铁冶炼及加工业中，钢压延加工增长 7.2%，铁合金冶炼下降 9.6%；石油及化学行业中，橡胶制品业增长 7.2%，化学原料及化学制品制造业增长 3.8%，石油加工、炼焦及核燃料加工业下降 20.9%。

优势传统产业增加值增长 13.4%，其中，纺织服装业增长 10.8%，食品饮料业增长 17.3%，家具制造业增长 12.3%，建筑材料业增长 7.1%，金属制品业增长 16.3%，家用电力器具制造业增长 14.1%。六大高耗能行业增加值增长 2.4%，其中，有色金属冶炼及压延加工业增长 12.9%，化学原料和化学制品制造业增长 7.3%，非金属矿物制品业增长 6.6%，黑色金属冶炼及压延加工业增长 2.1%，电力、热力生产和供应业下降 1.5%，石油加工、炼焦和核燃料加工业下降 19.3%。

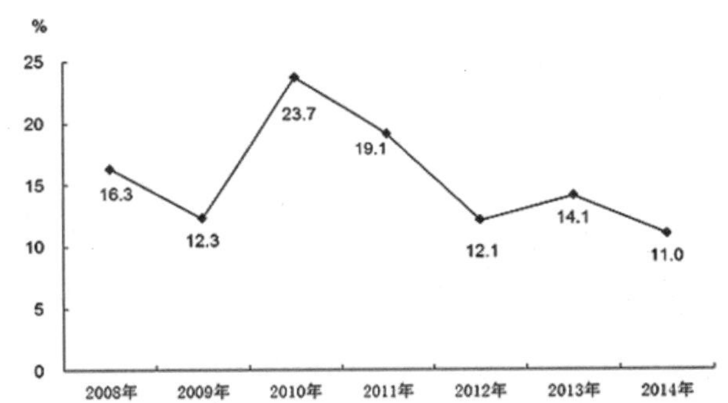

图 4　2008–2014 年规模以上工业增加值增长速度

规模以上工业实现利润总额 169.15 亿元，增长 11.7%。亏损企业亏损总额 21.1 亿元，增长 94.5%。资产贡献率 11.4%，资产负债率 56.2%，流动资产周转次数 2.11 次，成本费用利润率 5.5%，全员劳动生产率 17.49 万元 / 人年，产品销售率 94.4%。

表 2　2014 年主要工业产品产量情况

产品名称	计量单位	产量	比上年增长（%）
饲料	万吨	221.91	16.6
布	万米	80194.10	-10.8
服装	万件	14649.40	8.3
家具	万件	767.02	12.0
机制纸及纸板	万吨	124.43	13.0
涂料	万吨	28.51	2.0
化学纤维	万吨	16.71	-5.8
塑料制品	万吨	47.28	-8.7
水泥	万吨	385.76	-17.6
平板玻璃	万重量箱	3082.85	-4.5
铝材	万吨	14.09	16.5
金属集装箱	万立方米	512.89	56.8
日用不锈钢制品	万吨	15.99	15.1
摩托车	万辆	326.28	1.6
原电池及原电池组	万只	71365.10	-2.6

（续上表）

产品名称	计量单位	产量	比上年增长（%）
房间空调器	万台	36.50	13.4
电风扇	万台	1590.96	8.0
家用洗衣机	万台	105.84	0.9
打印机	万台	110.22	8.3
印制电路板	万平方米	265.50	9.0
灯具	万只	3071.67	25.8

全年建筑业增加值 56.67 亿元，增长 7.6%。资质等级以上建筑企业 162 个，实现利润额 8.66 亿元，增长 5.1%。

四、固定资产投资

全年固定资产投资 1111.65 亿元，比上年增长 16.8%。

分经济类型看，国有经济投资 283.02 亿元，下降 9.4%；三资经济投资 158.41 亿元，增长 27.0%；民营经济投资 654.55 亿元，增长 30.1%。分产业看，第一产业投资 8.02 亿元，增长 3.1%；第二产业投资 483.54 亿元，增长 1.6%，其中制造业投资增长 18.2%；第三产业投资 620.09 亿元，增长 32.0%。

全市房地产开发投资 313.01 亿元，比上年增长 29.5%。商品房施工面积 2407.30 万平方米，增长 20.7%；竣工面积 405.71 万平方米，增长 26.0%。商品房销售面积 360.59 万平方米，下降 15.5%；商品房销售额 214.55 亿元，下降 15.6%。

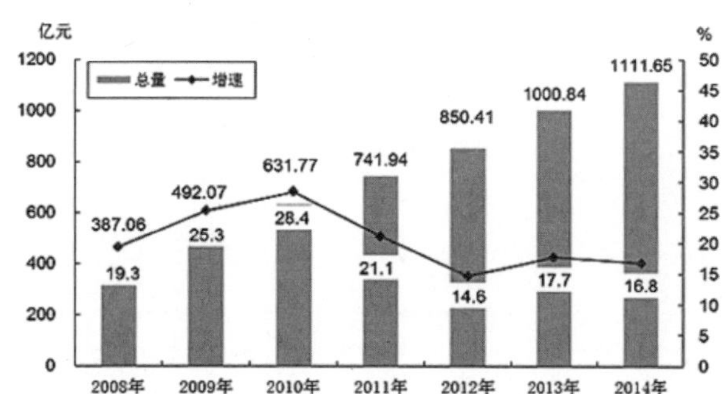

图 5　2008-2014 年固定资产投资总量及其增长速度

表 3　2014 年分行业固定资产投资情况

行　　业	投资额（亿元）	比上年增长（%）
固定资产投资	**1111.65**	**16.8**
农、林、牧、渔业	8.02	3.1
采矿业	3.53	1037.1
制造业	336.48	18.2
电力、燃气及水的生产和供应业	143.52	-24.7
建筑业	0	0
交通运输、仓储和邮政业	73.65	2.2
信息传输、计算机服务和软件业	13.65	20.8
批发和零售业	51.64	94.7
住宿和餐饮业	32.20	-1.0
金融业	1.11	----
房地产业	334.95	3.5
租赁和商务服务业	5.90	353.1
科学研究、技术服务和地质勘查业	2.83	265.9
水利、环境和公共设施管理业	74.48	42.8
居民服务和其他服务业	1.85	200.0
教育	5.75	-4.5
卫生、社会保障和社会福利业	5.48	134.0
文化、体育和娱乐业	13.34	55.8
公共管理和社会组织	3.27	1.4

五、国内贸易

全年社会消费品零售总额 1003.35 亿元，比上年增长 11.0%。分地域看，城镇消费品零售额 742.16 亿元，增长 11.5%；农村消费品零售额 261.19 亿元，增长 9.8%。分行业看，批发和零售业零售额 894.91 亿元，增长 11.6%；住宿和餐饮业零售额 108.44 亿元，增长 6.4%。在限额以上批发和零售业商品零售额中，粮油、食品、饮料、烟酒类增长 15.1%，服装、鞋帽、针纺织品类增长 20.0%，化妆品类增长 8.1%，金银珠宝类增长 14.2%，日用品类增长 123.9%，体育、娱乐用品类增长 12.3%，电子出版物及音像制品类增长 4.8%，书报杂志类增长 21.9%，家用电器和音像器材类增长 11.8%，中西药品类增长 15.6%，文化办公用品类增长 1.7%，通信器材类下降 16.3%，石油及制品类增长 3.2%，汽车类增长 24.6%，建筑及装潢材料类增长 31.5%。

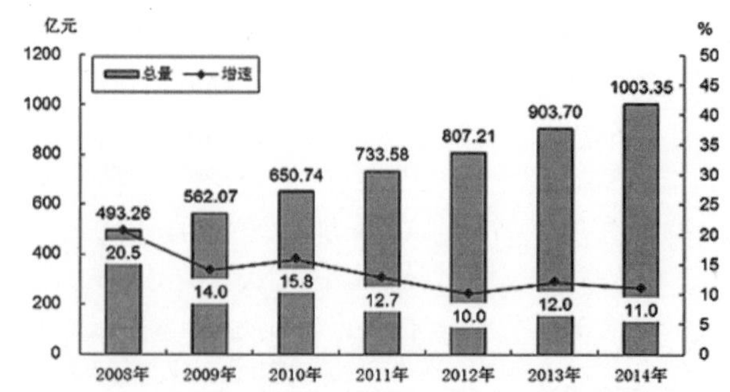

图 6　2008-2014 年社会消费品零售总额及其增长速度

六、对外经济

全年海关进出口总额 203.8 亿美元，比上年增长 3.3%，其中，进口总额 52.9 亿美元，下降 7.7%；出口总额 150.9 亿美元，增长 7.8%。分贸易方式看，一般贸易出口 89.3 亿美元，增长 7.1%；加工贸易出口 60.5 亿美元，增长 7.7%。分企业性质看，国有企业出口 1.1 亿美元，下降 5.9%；三资企业出口 88.8 亿美元，增长 4.5%；私营企业出口 61.0 亿美元，增长 13.2%。

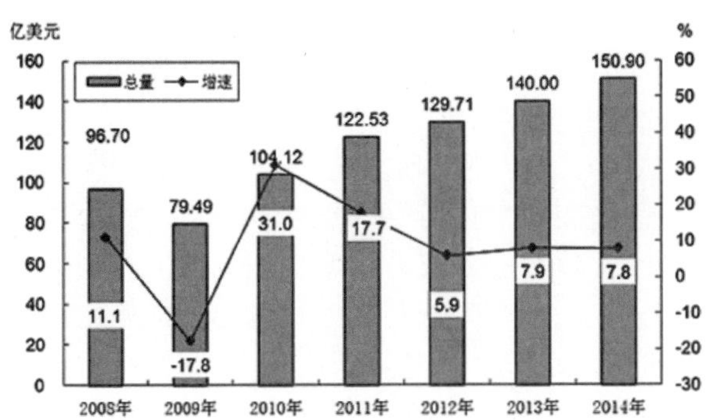

图 7　2008-2014 年海关出口总额及其增长速度

七、交通、邮电和旅游

全年水陆货运量 13753 万吨，比上年增长 21.8%；货运周转量 167.6 亿吨公里，增长 21.2%。水陆客运量 9546 万人，下降 6.1%；客运周转量 59.61 亿人公里，下降 3.3%。港口货物吞吐量 7354 万吨，增长 9.2%。年末公路通车里程 10008 公里，其中高速公路 378 公里，一级公路 727 公里。

年末民用汽车保有量 45.7 万辆，比上年末增长 11.5%，其中私人汽车 40.1 万辆，增长 14.4%。民用轿车保有量 26.25 万辆，增长 16.8%，其中私人轿车 24.85 万辆，增长 18.6%。摩托车保有量 221.38 万辆，增长 4.2%；其中私人摩托车保有量 220.49 万辆，增长 4.3%。

全年邮电通信业务总量 82.91 亿元（2010 年不变价，下同），比上年增长 18.3%，其中，邮政业务总量 9.02 亿元，增长 17.6%；通信业务总量 73.89 亿元，增长 18.4%。年末固定电话用户 115.2 万户，移动电话用户 595.24 万户。

全年旅游住宿设施接待游客 1594.98 万人次，比上年增长 13.1%，其中，国际游客 171.93 万人次，增长 1.4%；国内游客 1423.05 万人次，增长 14.7%。全年旅游宾馆客房出租率 63.0%。旅行社组织境内游 51.84 万人次，下降 5%；组织出境游 10.68 万人次，下降 17.2%。旅游总收入 279.00 亿元，增长 25.0%，其中，国际旅游收入 8.43 亿美元，增长 5.7%；国内旅游收入 227.19 亿元，增长 30.6%。

八、金融和保险

年末金融机构人民币存款余额 3461.22 亿元，比上年末增长 7.9%，其中，城乡居民储蓄存款余额 2174.17 亿元，增长 7.1%；单位存款余额 1084.90 亿元，增长 5.9%；财政性存款余额 58.88 亿元，增长 9.1%。金融机构人民币贷款余额 1879.41 亿元，增长 20.2%，其中，短期贷款余额 709.27 亿元，增长 12.8%；中长期贷款余额 1119.24 亿元，增长 24.4%。年末各类保险公司 49 家，保险中介机构（含分支机构）61 家。

全年保费收入 73.56 亿元，比上年增长 26.0%，其中，寿险业务保费收入 49.17 亿元，增长 28.4%；财产险业务保费收入 24.39 亿元，增长 21.3%。共支付各项赔款 24.44 亿元，增长 1.3%，其中，寿险业务给付 13 亿元，下降 5.9%；财产险业务赔款 11.44 亿元，增长 10.9%。

九、教育和科学技术

全年高等教育（含成人教育）招生 1.65 万人，在校学生 4.88 万人，毕业生 0.97 万人。中等职业技术学校招生 2.29 万人，在校学生 6.21 万人，毕业生 1.94 万人。普通高中招生 2.68 万人，在校学生 8.17 万人，毕业生 2.74 万人。初中招生 4.55 万人，在校学生 14.13 万人，毕业生 5.03 万人。小学招生 5.26 万人，在校学生 29.93 万人，毕业生 4.65 万人。幼儿园入园儿童 5.12 万人，在园幼儿 13.26 万人。小学学龄儿童入学率 100%，小学升学率 100%，初中适龄少年入学率 100%，初中升学率 97.8%，高中升学率 89.2%。

全年地方财政科学技术支出 51532 万元，比上年增长 5.7%。累计国家级高新技术企业 173 家；国家火炬计划项目 2 项，省级以上农业攻关项目 9 项，省级科技攻关计划项目 84 项。专利申请量 8345 件，其中发明专利 1935 件；专利授权量 5534 件，其中发明专利 304 件。全市拥有各类专业技术人数 17.24 万人，其中中级职称以上 6.94 万人。

十、文化、卫生和体育

年末拥有群众文化艺术馆 8 个，文化站 80 个，剧场、影剧院 1 个，体育场馆 32 个。全市公共图书馆 7 座，公共图书馆藏书量 192 万册，图书馆全年流通人数 260 万人次，图书外借数 80 万册次，图书馆阅览室坐席数 2598 个。拥有博物馆 6 个，博物馆文物藏品 6.87 万件，其中一级藏品 5 件。拥有地级市广播电视台 1 座，县级广播电视台 5 座。广播人口综合覆盖率 100%，电视人口综合覆盖率 100%，有线广播电视入户率 80.7%。

年末卫生机构（含各类门诊，下同）1715 个，其中医院 114 个。卫生机构床位 18455 张，其中医院 17803 张。卫生机构人员 28414 人，其中卫生技术人员 22978 人。卫生技术人员中医生 7729 人，执业护士 9168 人，药剂人员 1602 人，检验人员 817 人。

江门籍体育健儿在国际赛事中，获得 1 项冠军；在亚洲赛事中，获得 3 项冠军；在全省赛事中，获得 10 项冠军。成功举办第二届江门健走马拉松大赛、第三届千村（居）篮球赛；成功承办 2013-2014 中国羽超联赛广东主场、“映美杯”2014 年中国国际象棋甲级联赛。

2014 年我市体育彩票年销售总额达 3.84 亿元，同比增长 33.2%。

十一、人民生活、社会保障和安全生产

全年江门居民人均可支配收入 20586 元，比上年增长 9.4%

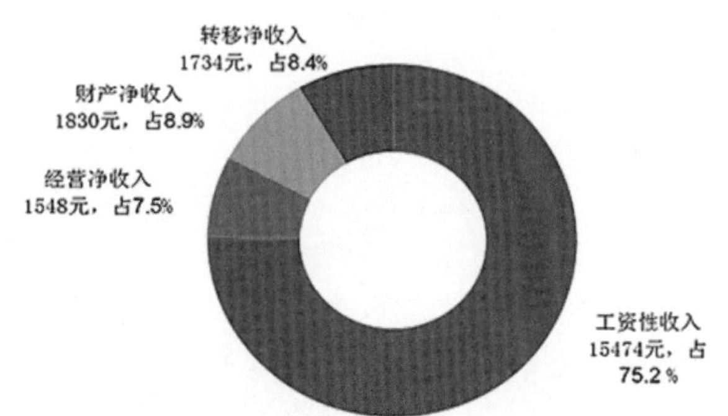

图 8　2014 年江门居民收入结构

全年农村常住居民人均可支配收入 12746 元，比上年增长 10.0%；其中工资性收入为 8766 元，占全部可支配收入的 68.8%。生活消费支出中教育文化娱乐服务支出占比为 9.0%。农村居民现住房建筑面积人均 27 平方米。

全年城镇常住居民人均可支配收入 24976 元，比上年增长 9.2%；其中工资性收入为 19137 元，占全部可支配收入的 76.6%。生活消费支出中教育文化娱乐服务支出占比为 11.1%。城镇居民现住房建筑面积人均 34.6 平方米。

年末城乡最低生活保障对象 6.16 万人；全年共发放低保救济金 16135.28 万元，比上年增长 34.1%。发放基本医疗救助金 3229.29 万元，增长 76.4%；共计救助 8.60 万人次。全市“五保”供养人数 7370 人；全年落实供养经费 4981.18 万元，增长 10.2%。

全年社会保险基金收入 107.70 亿元，比上年增长 7.1%。城镇职工养老保险参保人数 186.19 万人，增加 4.99 万人；城乡基本医疗保险参保人数 388.71 万人，增加 3.43 万人；失业保险参保人数 74 万人，保险参保人数 73.83 万人，增加 2.9 万人。年末社会福利院 6 家，福利院床位 2130 张，收寄养人数 1181 人；敬老院 69 家，敬老院床位 4181 张，收寄养人数 1295 人；社区服务设施 3262 个。

全年共发生各类事故 4192 宗，比上年增长 11.7%；死亡 361 人，下降 5.5%；受伤 4097 人，增长 8.2%；经济损失 5553.8 万元，增长 72.3%。其中，工矿企业职工伤亡事故 13 宗，下降 23.5%；经济损失 1337 万元，增长 10.0%。道路交通事故 3259 宗，增长 7.7%；经济损失 700.1 万元，增长 6.6%。火灾事故 920 宗，增长 29.8%；经济损失 3516.7 万元，增长 160.4%。亿元地区生产总值生产安全事故死亡率为 0.17，道路交通万车死亡率为 1.29。

十二、人口、资源和环境

年末常住人口 451.14 万人，其中城镇人口 289.68 万人，占常住人口的 64.2%；农村人口 161.46 万人，占常住人口的 35.8%。

年末公安户籍人口 393.39 万人，其中非农业人口 220.17 万人，农业人口 173.22 万人。人口密度 414 人 / 平方公里（户籍口径）。

表 4　2014 年全市及各市（区）户籍人口数

单位：万人

市、区	户籍人口
全市	**393.39**
蓬江	48.25
江海	16.12
新会	75.53
台山	98.28
开平	68.52
鹤山	36.65
恩平	50.05

年末全市海域面积 2886 平方公里，拥有岛屿 561 个，海岛面积 249.97 平方公里，岛屿岸线 414.8 公里。全市森林蓄积量 1990.5 万立方米，森林面积 421.51 千公顷，森林覆盖率 45.3%；人均公园绿地面积 17.4 平方米。全市年平均气温 22.8 摄氏度，与上年持平；年降雨量 1688.9 毫米，减少 546.5 毫米；年日照时数 1851.9 小时，增加 185.9 小时。全年农作物受灾面积 27437 公顷，其中台风灾害 2926 公顷。自然灾害受灾 8.28 万人次，自然灾害直接经济损失 22243 万元。

全年新建成污水处理厂 5 座、污水管网 161 公里，新增污水处理能力 6.4 万吨 / 日，生活污水处理率 89.7%。建成镇级生活垃圾转运站 61 座，城镇生活垃圾无害化处理率达 96.3%。

全年规模以上工业综合能源消费量 786.28 万吨标准煤，比上年下降 8.4%。单位工业增加值能耗下降 17.5%。全年全社会用电量 227.87 亿千瓦时，增长 9.9%，其中第一产业用电量 11.34 亿千瓦时，增长 13.4%；第二产业用电量 161.09 亿千瓦时，增长 8.3%，其中工业用电量增长 8.0%；第三产业用电量 26.5 亿千瓦时，增长 10.8%。城乡居民用电量 28.93 亿千瓦时，增长 17.4%。全市大气环境质量良好，市区空气质量达标率为 80.2%。全市主要河流水质良好，西江干流水质达到Ⅱ类和Ⅲ类标准，潭江干流水质基本达到Ⅲ类标准。全市各级饮用水源得到有效保护，市区饮用水源水质达标率为 100%。城市区域环境噪声平均值为 55.8 分贝，交通干线两侧噪声平均值为 69.3 分贝，优于国家城市区域环境噪声相应标准。

注：

1. 本公报中 2014 年数据为初步统计数，统计图中 2008－2013 年数据为年报数。

2. 从 2011 年起，规模以上工业统计口径由 500 万元调整为 2000 万元及以上；固定资产投资项目统计起点由计划总投资 50 万元提高到 500 万元，增速为可比口径。从 2012 年起，“地方一般预算收入”更名为“地方公共财政预算收入”。2012 年四季度，国家统计局实施了城乡一体化住户调查改革。2014 年按照新的调查口径对外发布城乡一体的居民人均可支配收入和分城镇、农村常住居民人均可支配收入数据。由于新老调查方案在调查范围、调查对象、城乡划分标准、样本抽选、计算和汇总方式、指标口径等方面变化较大，改革后新口径数据和旧口径数据存在不可比的差异。

3. 地区生产总值、各产业增加值绝对数按现价计算，增长速度按可比价计算。

4. 先进制造业包括装备制造业、钢铁冶炼及加工业、石油及化学制造业。高技术制造业包括核燃料加工业、信息化学品制造业、医药制造业、航空航天器制造业、电子通信设备制造业、计算机制造业、医疗仪器设备制造业。六大高耗能行业包括石油加工炼焦及核燃料加工业、化学原料及化学制品制造业、非金属矿物制品业、黑色金属冶炼及压延加工业、有色金属冶炼及压延加工业、电力热力的生产和供应业。

5. 年末五种保险基金是指城镇职工养老保险，城乡（镇）基本医疗保险、失业、工伤、生育保险，不含城乡居民养老保险。基本医疗保险包括新农合参保人。

6.2012 年以前空气质量优良率统计为 3 项污染物的 API 指数；2013 年开始空气质量统计 6 项污染物的 AQI 指数。

2014 年阳江市国民经济和社会发展统计公报

2014 年，面对国内外错综复杂的经济发展新常态环境，我市认真贯彻落实中央和省的各项政策措施，全力实施“双化”驱动、蓝色崛起和融入珠三角“三大战略”，突出交通基础设施建设、产业园区扩能增效、中心城区扩容提质“三大抓手”，努力化解经济下行压力，统筹推进稳增长、促改革、调结构、惠民生各项工作，各项主要经济指标稳步增长，其中 GDP、工业等主要经济指标增速位居全省前列，经济实现平稳较快发展，民生事业明显进步，人民生活不断提高，社会保持和谐稳定。

一、综合

初步核算，全年地区生产总值 (GDP) 1168.55 亿元，同比增长 10.5%，其中第一产业、第二产业和第三产业增加值分别增长 4.2%、14.3% 和 7.8%。三大产业比例由上年同期的 18.6 ∶ 49.4 ∶ 32.0 调整为 17.5 ∶ 50.4 ∶ 32.1。三大产业对 GDP 的贡献率分别为 6.6%、69.2% 和 24.2%，分别拉动全市 GDP 增长 0.7 个百分点、7.3 个百分点和 2.5 个百分点。

1—12 月份城镇居民消费价格同比上涨 1.8%，其中，服务项目价格指数上涨 0.5%，消费品价格指数上涨 2.3%。从八大类别看，食品类上涨 3.8%，居住类与去年同期持平，烟酒类回落 1.8%，交通和通讯类回落 0.7%，医疗保健和个人用品类上涨 0.5%，家庭设备用品及维修服务类上涨 1.4%，衣着类上涨 6.8%，娱乐教育文化用品及服务类回落 0.4%。

全年新增城镇就业人数 4.25 万人，完成目标任务的 106.3%。年末城镇登记失业率 2.39%。

二、农业

全年农业总产值 329.94 亿元，同比增长 4.0%。粮食作物播种面积 218.9 万亩，同比增加 0.12 万亩；粮食总产量 71.6 万吨，增加 1.8 万吨。蔬菜种植面积 91.2 万亩，增加 2.2 万亩；蔬菜产量 95.5 万吨，增加 2.08 万吨。花生种植面积 37.68 万亩，增加 0.1 万亩；花生产量 5.57 万吨，增加 0.1 万吨。水果总产量 62.97 万吨，增加 2.49 万吨，其中柑、橘、橙产量 35.56 万吨，增加 1.34 万吨。

全年完成造林面积 7.67 万公顷，其中人工造林 0.57 万公顷，迹地更新 4.9 万公顷，低产林改造 2.2 万公顷。森林资源保持林木总生长量大于消耗量的良性循环。全市森林覆盖率 57.72%。

全年肉类总产量 18.69 万吨，同比增长 3.9%。其中，猪肉产量 14.75 万吨，增长 3.7%；禽肉产量 3.4 万吨，增长 5.0%。

全年渔业总产值 149.04 亿元，同比增长 4.7%。全年水产品产量 118.45 万吨，增长 3.4%。

三、工业和建筑业

全年规模以上工业总产值 1865.78 亿元，同比增长 18.1%。其中，规模以上民营工业产值 1200.10 亿元，增长 22.1%。从注册登记类型来看，国有企业、集体企业、股份制企业、外商及港澳台商投资企业和其他类型企业完成产值分别增长 10.9%、40.0%、17.8%、21.2% 和 10.2%。规模以上工业增加值 467.57 亿元，增长 18.7%。

全年资质以上建筑业总产值 124.70 亿元，同比增长 8.4%。建筑企业房屋施工面积 1020.00 万平方米，下降 8.0%，其中，新开工面积 479.74 万平方米，增长 6.4%；房屋竣工面积 384.22 万平方米，增长 27.8%。

四、固定资产投资

全年固定资产投资 662.01 亿元，同比增长 16.7%。其中，项目投资 567.35 亿元，增长 18.6%；房地产开发投资 94.66 亿元，增长 6.4%。全市投资中工业投资 385.05 亿元，增长 31.0%。

五、国内贸易

全年社会消费品零售总额 581.90 亿元，同比增长 10.4%。从地域看，城镇实现零售额 452.76 亿元，增长 10.5%；农村实现零售额 129.14 亿元，增长 9.8%。从分行业看，批发零售贸易业零售额 530.25 亿元，增长 10.4%；住宿和餐饮业零售额 51.65 亿元，增长 9.4%。

全年批发零售贸易业商品销售额 923.5 亿元，同比增长 12.6%。其中，批发额 393.2 亿元，增长 15.5%；零售额 530.3 亿元，增长 10.5%。

六、对外经济

1—12 月份货物进出口总额 26.9 亿美元，同比增长 12.9%。其中出口 23.2 亿美元，增长 10.9%。

全年实际利用外商直接投资 1.17 亿美元，同比下降 29.1%。新签利用外资合同 40 宗，同比下降 2.4%；合同利用外资 7.58 亿美元，增长 7.8%，平均每个合同协议利用外资 1898 万美元，增加 182 万美元。截至 2014 年底，全市登记注册的外商投资企业 528 家，其中本年登记的外商投资企业 49 家。

七、交通、邮电和旅游

全年公路货物周转量 85.74 亿吨公里，同比增长 42.7%；水路货物周转量 98.09 亿吨公里，增长 22.8%；铁路货物周转量 4.42 亿吨公里，下降 2.9%。港口货物吞吐量 1748 万吨，下降 14.9%。全年公路旅客周转量 10.90 亿人公里，增长 3.0%。

年末固定电话用户 45.2 万户，同比下降 2.5%；移动电话用户 244.1 万户，增长 1.2%；互联网络、数据通信等新兴业务继续快速发展，年末 ADSL 用户 42.1 万户。

全年旅游总收入 153.60 亿元，同比增长 34.5%。其中国内旅游收入 152.03 亿元，增长 34.6%。全年接待游客总人数 1498.24 万人次，增长 19.3%。其中，一日游游客人数 617.23 万人次，增长 12.2%；住宿设施接待过夜游客人数 881.01 万人次，增长 25.0%。在过夜游客中，国际游客 5.0 万人次，增长 8.2%；国内游客 876.01 万人次，增长 25.1%。

八、金融

12 月末全市金融机构人民币各项存款余额 907.11 亿元，比年初增长 11.6%。其中，单位存款余额 222.73 亿元，增长 9.2%；城乡居民储蓄存款余额 607.87 亿元，增长 9.1%。年末人民币各项贷款余额 694.79 亿元，增长 32.4%。其中，短期贷款余额 104.25 亿元，增长 4.2%；中长期贷款余额 579.05 亿元，增长 37.3%。

九、科技和教育

全年共有国家高新技术企业 19 家，省级以上工程技术研究中心 16 家，市级工程技术研究中心 57 家。

全年小学招生人数 3.68 万人，同比增长 3.4%，小学在校学生 19.21 万人，增长 5.9%；普通初中招生人数 2.53 万人，下降 10.4%，普通初中在校学生 8.15 万人，下降 9.1%。全市适龄儿童小学入学率 99.97%，小学升学率 99.97%，普通初中生升学率 96.59%。

全年普通高中招生人数 1.64 万人，同比下降 15.6%；普通高中在校学生 5.65 万人，下降 11.1%；高中阶段教育毛入学率 98.20%。

普通大学、电视大学、党校教育、自学考试等高等教育事业稳步发展。

十、文化、卫生和体育

全年共有各类专业艺术表演团体 1 个，文化馆 5 个，县级及以上公共图书馆 4 个，博物馆 3 个；广播电台 2 座，电视台 6 座。广播人口覆盖率 99.38%，电视人口覆盖率 99.23%，广播电视混合人口覆盖率 99.31%。新闻、出版等事业健康发展。

年末全市共有各类卫生机构（含诊所）1824 家，同比增加 22 家，其中，县级以上医院 37 家，社区卫生服务中心 10 家，社区服务站 5 家，乡镇卫生院 39 个，村卫生室 1387 家，诊所 204 家，妇幼保健院 4 家，疾病预防控制中心 4 家，其他卫生机构 1 家；全市各类卫生机构年末实有床位 9485 张，增加 916 张。其中，县级以上医院 7068 张，乡镇卫生院 1585 张，妇幼保健院 600 张，社区服务中心 210 张。年末全市卫生机构共有各类卫生技术人员 11695 人，增加 202 人，其中执业（助理）医师 4305 人，注册护士 3828 人。新型农村合作医疗制度建设加快，城乡居民基本医疗保险覆盖面 103%。

全年参加各项全国锦标赛共获得金牌 38 枚、银牌 28 枚、铜牌 16 枚。马术运动员卢俊宏代表中国参加第十七届亚运会获得马术团体三人赛第 4 名。

十一、人民生活、社会保障和安全生产

全年城镇居民人均可支配收入同比增长 9.3%，农村居民人均可支配收入增长 9.8%。城乡居民宜居环境进一步改善。

年末全市参加失业保险 20.70 万人，同比增长 5.1%；社会养老保险 48.86 万人，增长 4.5%；工伤保险 23.22 万人，增长 5.5%；生育保险 19.06 万人，增长 8.1%；基本医疗保险 26.61 万人，增长 5.2%。年末全市共有各类社会福利院 5 家，床位 1003 张；敬老院 47 家，在院人数 1435 人。城乡居民最低生活保障制度在巩固中提高，低保保障面扩大，全市得到最低生活保障人数 9.85 万人。城镇社区服务和农村服务网络日趋完善。

全年亿元 GDP 生产安全事故死亡率为 0.05 人 / 亿元，比省下达的 0.18 人 / 亿元任务指标低 0.13 人 / 亿元。工矿商贸企业就业人员死亡率为 0.43 人 /10 万人。

十二、人口和环境

年末全市常住人口 249.40 万人，同比增长 0.6%。全年出生率 13.37‰，死亡率 6.56‰，自然增长率 6.81‰。

年末全市环境保护系统机构 39 个，人员 296 人。全市汽车环保标志限行区域面积 9.29 平方公里，12 座生活污水处理厂建成运行，处理规模 21.5 万吨 / 日。

全年环境空气质量优良率为 91.7%；饮用水源水质达标率 100%；城市生活污水处理率 81.8%；生活垃圾无害化处理率 100%。

全市拥有自然保护区 22 个，总面积 46136 公顷。本年环评制度执行率 100%。

注：

1. 本公报各项统计数据均为初步预测数。

2. 地区生产总值、三大产业增加值、工农业总产值和人均生产总值绝对数按现行价计算，增长速度按可比价计算。

3. 部分数据因四舍五入的原因，存在与各分项合计不等的情况。

2014年湛江市国民经济和社会发展统计公报

2014年，全市人民在市委、市政府的坚强领导下，深入贯彻落实党的十八大、十八届三中、四中全会和习近平总书记系列重要讲话精神，按照市委、市政府的决策部署，围绕年初目标任务，坚持稳中求进工作总基调，主动适应经济发展新常态，积极有效应对严峻复杂的外部环境、经济下行压力和台风灾害，扎实推进稳增长、促改革、调结构、惠民生、防风险各项工作。全年经济运行平稳健康，结构调整取得积极进展，人民生活不断改善，社会事业持续进步。

一、综合

初步核算，2014年实现生产总值（GDP）2258.72亿元，比上年增长10.0%。其中，第一产业增加值447.96亿元，增长4.3%，对GDP增长贡献率为7.6%；第二产业增加值895.95亿元，增长11.3%，对GDP增长贡献率为45.9%；第三产业增加值914.82亿元，增长11.2%，对GDP增长贡献率为46.5%。三次产业结构19.8∶39.7∶40.5。在第三产业中，交通运输、仓储和邮政业增长4.4%，批发和零售业增长19.9%，住宿和餐饮业增长5.4%，金融业增长26.3%，房地产业增长4.9%，其他服务业增长10.7%。在现代产业中，高技术制造业增加值增长25.5%；先进制造业增加值增长1.3%；现代服务业增加值增长11.5%。民营经济增加值1439.51亿元，比上年增长13.0%。全市人均GDP达到3.14万元，比上年增长9.2%。

全年来源于湛江的财政总收入564.23亿元，比上年下降1.6%；公共财政收入114.42亿元，比上年增长8.0%。税收收入64.33亿元，比上年增长8.1%。其中，增值税14.69亿元，增长5.3%；营业税14.21亿元，增长11.8%；个人所得税2.34亿元，增长17.8%；企业所得税5.15亿元，增长37.6%。

全市公共财政支出287.62亿元，增长13.7%。其中，一般公共服务支出54.60亿元，增长15.0%；教育支出64.65亿元，增长7.7%；社会保障和就业支出46.05亿元，增长37.9%；医疗卫生支出35.80亿元，增长7.8%；节能环保支出4.54亿元，增长3.6%；城乡社区事务支出13.19亿元，增长96.4%；农林水事务支出19.54亿元，下降18.2%；交通运输支出10.17亿元，下降5.8%；住房保障支出5.16亿元，下降8.0%。

全年市区居民消费价格总水平比上年上涨3.1%。分类别看，食品类价格上涨5.2%。其中，粮食上涨3.4%，肉禽及其制品上涨6.9%，蛋类上涨4.9%，水产品上涨7.8%，菜类下降1.4%；烟酒类价格基本持平；衣着类价格上涨1.4%；家庭设备用品及维修服务价格上涨1.3%；医疗保健个人服务类价格上涨1.0%；交通和通信类价格上涨0.3%；娱乐教育文化用品及服务价格上涨2.7%；居住类价格上涨2.8%。工业生产者出厂价格指数下降2.3%。

年末城镇登记失业率为2.36%，比上年提高0.06个百分点；全年城镇新增就业人员7.73万人，增长5.8%；城镇失业人员实现再就业3.93万人。

2014年市区居民消费价格比上年涨跌情况

指　　标	市　　区
居民消费价格总水平	3.1
食品	5.2
其中：粮食	3.4
烟酒	-
衣着	1.4
家庭设备用品及服务	1.3
医疗保健及个人用品	1.0
交通和通信	0.3
娱乐教育文化用品及服务	2.7
居住	2.8

单位：%

二、农业

全年完成农林牧渔业总产值701.12亿元，比上年增长4.2%。

全年粮食种植面积432.02万亩，减少0.03万亩；糖蔗种植面积218.56万亩，增加13.76万亩；花生种植面积 83.50 万亩，增加 2.27 万亩；蔬菜种植面积 212.43 万亩，增加 6.26 万亩。

全年粮食产量 145.54 万吨，增加 4.24 万吨，增长 3.0%；糖蔗产量 1264.92 万吨，增产 33.63 万吨，增长 2.7%；蔬菜产量 339.63 万吨，增产 21.99 万吨，增长 6.9%；水果总产量 267.17 万吨，增产 4.99 万吨，增长 1.9%。

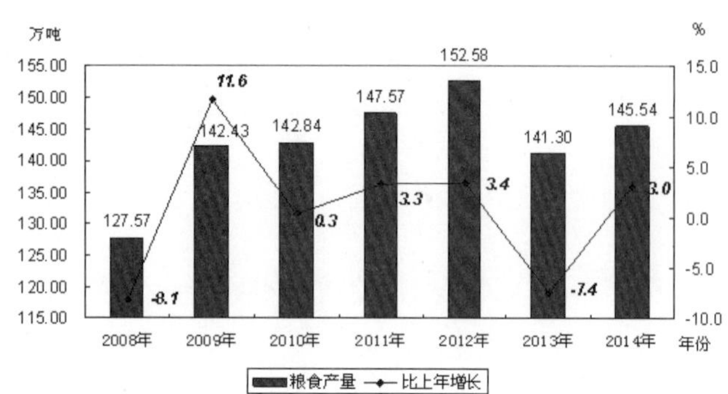

2008-2014 年粮食产量及其增长速度

全年肉类总产量 38.83 万吨，增长 0.7%。其中，猪肉产量增长 6.2%，牛肉产量下降 0.8%，羊肉产量增长 1.6%，禽肉产量下降 9.4%。全年水产品产量 127.10 万吨，增长 5.9%。

三、工业和建筑业

全年全部工业完成增加值 790.35 亿元，比上年增长 11.4%。规模以上工业企业实现增加值 734.91 亿元，增长 12.1%。其中，国有及国有控股企业实现增加值 201.95 亿元，下降 2.6%；股份制企业实现增加值 315.27 亿元，增长 25.5%；外商及港澳台企业实现增加值 340.81 亿元，增长 0.2%。按轻、重工业分，轻工业增加值 298.21 亿元，增长 22.6%；重工业增加值 436.70 亿元，增长 3.0%。

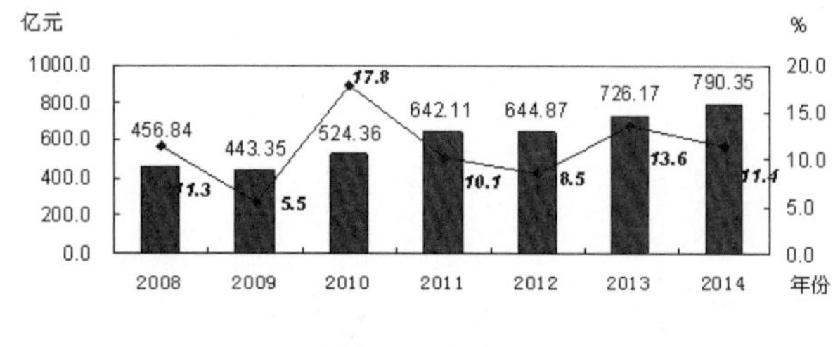

2008-2014 年全部工业增加值及其增长速度

规模以上工业经济效益综合指数为 445.0%，实现利税总额 242.3 亿元，比上年增长 4.2%；实现利润总额 108.1 亿元，增长 7.0%。其中，外商及港澳台企业实现利税 169.5 亿元，增长 9.7%，占工业利税总额的 70.0%；实现利润 77.5 亿元，增长 23.0%，占工业利润总额的 71.7%。

规模以上工业中，年产值超 100 亿元的行业有石油和天然气开采、农副食品加工业、造纸及纸制品业、石油加工和炼焦业、电气机械及器材制造业、电力和热力生产及供应业等 6 个行业，全年实现产值 1533.65 亿元，占全市规模以上工业总产值的 68.3%。

全年全部工业总产值 2674.16 亿元，比上年增长 13.5%。其中，规模以上工业总产值 2246.58 亿元，增长 14.8%。

2014 年规模以上工业企业主要产品产量及增长速度

产品名称	计量单位	绝对数	比上年增长(%)
卷　烟	万支	1420000	1.4
天然原油	吨	3897537	0.6
天然气	万立方米	566192	-2.3
纸制品	吨	1313081	53.5
机制纸及纸板	吨	563829	4.0
方便面	吨	947	6.3
砖（折标准砖）	万块	181300	24.7
发电量	万千瓦时	1325344	-13.5
服装	万件	940	-1.3
发酵酒精	千升	159540	-3.1
成品糖	吨	1249381	0.9
布	万米	980	-46.1
涂　料	吨	43234	91.8
电饭锅	个	184625409	44.8
冷冻水产品	吨	229581	25.8
鲜冷藏冻肉	吨	176600	4.0
原　盐	吨	23451	-57.8
硫酸（折 100%）	吨	515222	-10.5
人造板	立方米	2095397	-4.4
乳制品	吨	23514	293.3
塑料制品	吨	143432	33.9
饲　料	吨	2791023	13.9
原油加工量	吨	5108889	-3.6

全年建筑业完成增加值 105.59 亿元，比上年增长 10.2%；全市资质等级以上建筑企业 131 家，实现总产值 428.44 亿元，比上年增长 28.7%；房屋建筑施工面积 5988.40 万平方米，增长 87.9%。

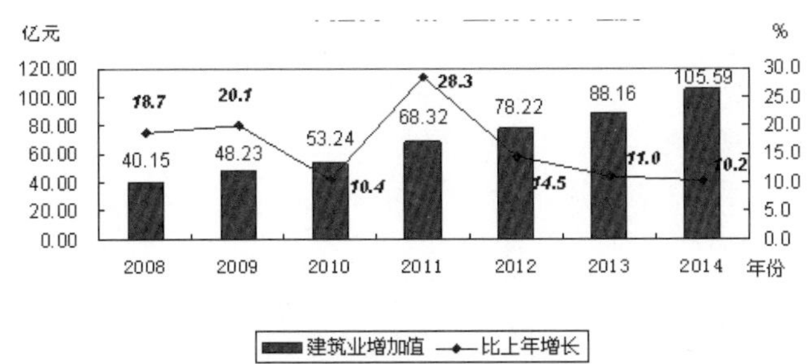

2008-2014 年建筑业增加值及其增长速度

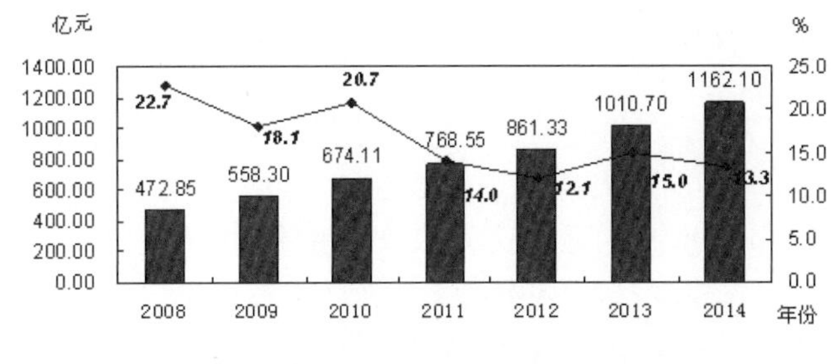

2008-2014 年社会消费品零售总额及其增长速度

四、固定资产投资

全年完成固定资产投资 1020.76 亿元，比上年增长 36.2%。其中，完成基础设施投资 201.19 亿元，下降 2.9%；完成基础产业投资 428.86 亿元，增长 30.1%。

在固定资产投资中，第一产业投资 47.48 亿元，下降 12.5%；第二产业投资 435.62 亿元，增长 67.8%；第三产业投资 537.66 亿元，增长 11.6%。

全年房地产开发投资完成 177.35 亿元，比上年增长 14.6%。商品房销售面积 294.17 万平方米，增长 2.8%。其中，住宅 272.03 万平方米，下降 1.2%；商品房销售额 167.69 亿元，增长 7.4%。其中，住宅 146.77 亿元，下降 0.5%。

五、国内贸易

全年批发和零售业实现增加值 220.71 亿元，比上年增长 19.9%；住宿和餐饮业实现增加值 44.16 亿元，增长 5.4%。

全年社会消费品零售总额 1162.10 亿元，比上年增长 13.3%。分地域看，城镇消费品零售额 1041.06 亿元，增长 13.4%，占全市社会商品零售额的 89.6%；乡村消费品零售额 121.04 亿元，增长 12.3%，占全市商品零售总额的 10.4%。分行业看，批发业零售额 197.71 亿元，增长 24.7%；零售业零售额 824.68 亿元，增长 11.3%；住宿业零售额 8.76 亿元，增长 9.0%；餐饮业零售额 130.95 亿元，增长 10.9%。

六、对外贸易

全年外贸进出口总额 63.16 亿美元，比上年增长 14.6%。其中，出口总额 29.41 亿美元，增长 12.1%；进口总额 33.75 亿美元，增长 16.8%。贸易逆差 4.34 亿美元，比上年增加 1.66 亿美元。

从贸易方式看，一般贸易出口 24.71 亿美元，增长 6.8%，占全市外贸出口总值的 84.0%；加工贸易出口 2.9 亿美元，增长 13.4%。

从经营主体看，外商投资企业成为出口的主体，完成出口 11.05 亿美元，下降 2.1%；私营企业出口 13.7 亿美元，增长 23.4%；国有企业出口 4.52 亿美元，增长 25.5%。

从出口商品看，在传统大宗商品出口中，水海产品及其深加工制品出口 8.44 亿美元，增长 1.8%；机电产品出口 4.7 亿美元，下降 4.7%；家具出口 7.88 亿美元，增长 42.5%。

从主要出口市场看，美国 58993 万美元，增长 12.1%；欧盟 19412 万美元，下降 6.6%；中国香港 23312 万美元，增长 29.3%；新加坡 16563 万美元，增长 73.4%；文莱 12031 万美元，增长 2 倍；墨西哥 11571 万美元，增长 1.3 倍；马来西亚 11650 万美元，增长 3.5%；澳大利亚 12164 万美元，增长 4.1%；印度 11224 万美元，增长 5.0%；非洲 21873 万美元，增长 53.1%；东盟 63606 万美元，增长 10.1%。

全年签订利用外资项目 12 个，比上年增长 33.3%；合同外资金额 3.92 亿美元，增长 3.8 倍；实际利用外资金额 1.5 亿美元，增长 14.0%。

七、交通、邮电和旅游

全年交通运输、仓储和邮政业实现增加值 150.39 亿元，比上年增长 4.4%。

全年货运总量 18690.44 万吨，增长 9.5%。其中，铁路运输 3200.1 万吨，增长 0.63%；公路运输

11191万吨，增长23.1%；水上运输2966万吨，下降10.2%。

全年旅客发送7977.3万人次，增长18.3%。其中，铁路152.1万人次，下降6.9%；公路7132万人次，增长19.4%；水运592万人次，增长10.8%；民用航空101.2万人次（其中，通用航空旅客2.88万人次），增长42.2%。

全年港口货物吞吐量20238万吨，增长12.4%。其中，湛江港集团有限公司8508万吨，增长15.5%；全年港口集装箱吞吐量58.08万标准箱，增长28.6%。

年末全市民用汽车保有量27.89万辆，增长13.8%。其中，私人汽车24.05万辆，增长16.4%。民用轿车保有量15.64万辆，增长17.9%。其中，私人轿车14.53万辆，增长19.3%。

全年完成邮电通信业务总量比上年增长12.4%。其中，通信业务总量增长12.8%，邮政业务总量增长6.5%。年末本地交换设备容量193.2万门，减少5.7万门，下降2.9%。年末本地电话用户68.09万户。其中，城市电话用户43.11万户，乡村电话用户24.98万户。年末移动电话用户632.8万户，增加11.2万户。年末全市电话用户总数700.89万户，减少18.5万户。

全年接待旅游总人数2907.40万人次，比上年增长14.3%；旅游总收入201.81亿元，增长29.8%。接待国内旅游人数2878.67万人次，增长14.3%；国内旅游总收入197.79亿元，增长30.3%。接待境外游客人数28.73万人次，增长16.3%。其中，外国人12.61万人次，增长20.7%；香港、澳门和台湾同胞16.12万人次，增长13.0%。在国际入境旅游者中，入境过夜人数22.56万人次，增长18.6%。全年出境人数0.77万人次，比上年下降7.2%。国际旅游外汇收入6540.23万美元，增长11.9%。

八、金融、证券和保险

全年全市金融业实现增加值39.87亿元，比上年增长26.3%。年末全市金融机构本外币存款余额2430.26亿元，比年初增长11.8%，其中，金融机构人民币存款余额2421.76亿元，增长12.2%。

在金融机构人民币存款余额中，单位存款余额750.79亿元，增长13.9%；个人存款余额1554.37亿元，增长8.4%。其中，储蓄存款1514.51亿元，增长7.8%。

金融机构本外币贷款余额1372.57亿元，比年初增长11.8%。其中，金融机构人民币贷款余额1353.05亿元，增长12.9%。在金融机构人民币贷款余额中，境内短期贷款余额604.21亿元，增长5.9%，境内中长期贷款余额697.43亿元，增长19.8%。

年末个人消费贷款余额167.00亿元，增长24.8%。

年末全市辖区内6家证券业金融机构，累计证券交易额2052.93亿元，比上年增长49.1%。其中，股票交易额1622.95亿元，增长54.8%。

年末全市有各类保险公司37家，全年保费收入56.19亿元，比上年增长35.7%。其中，财产险保费收入13.78亿元，增长18.3%，占全年保费收入的24.5%；人寿险保费收入42.41亿元，增长42.5%，占全年保费收入的75.5%。全年各类保险赔付和给付支出13.85亿元，增长0.2%。其中，财产险赔款7.50亿元，增长21.5%；寿险给付和赔付6.35亿元，下降47%。

九、教育和科学技术

全市研究生教育招生490人，在校研究生1459人，毕业研究生439人；全市本专科招生2.04万人，在校生7.64万人，毕业生1.85万人；全市各类中等职业教育（含技工学校）招生4.85万人，在校生13.90万人，毕业生4.70万人；普通高中招生6.22万人，在校生19.37万人，毕业生6.51万人；普通初中招生9.80万人，在校生34.71万人，毕业生13.42万人；普通小学招生9.91万人，在校生54.95万人，毕业生9.80万人；特殊教育招生147人，在校生585人；幼儿园在园幼儿27.90万人。

年末全市县及县以上国有独立研究与开发机构、科技情报和文献机构共25个；全年投入市级科技三项经费4678万元，比上年增长75.0%。

全年组织实施国家、省、市科技计划项目415项；全年获市级科学技术奖58项；获省部级以上科技成果2项；全年申请专利量2095件，比上年增长40.8%。其中，发明专利343件，增长18.7%；专利授权量1294件，增长18.9%；全年共签订技术合同16项，技术合同成交金额736.63万元；全市共有省级以上高新技术企业48家，实现高新技术产品产值370亿元，增长12.1%。

截至2014年底，全市拥有各类名牌产品称号的企业70家；拥有广东省名牌产品38个。

全市共有产品质量检测实验室20个，其中国家检测中心1个。监督抽检产品1377种（批次），产品抽查合格率85.6%，比上年下降5.9个百分点。法定计量技术机构6个，强制检定计量器具9.09万台件。全年完成产品认证企业249个，比上年增长7.8%。

全市拥有中国驰名商标15个，广东省著名商标103个。

全市共建成地震台8个，地震遥测台网1个。

十、文化、卫生和体育

年末全市共有国有艺术表演团体8个，文化馆10个，博物馆6个，公共图书馆9个，广播电台6座，电视台6座。全市有线电视用户64.79万户，比上年增长3.9%；有线数字电视用户48.05万户，比上年增长3.8%。广播综合人口覆盖率100%，电视综合人口覆盖率100%。年末公共图书馆藏书量145万册（件），比上年增长8.1%；全年出版全市性报纸5517万份，各类期刊21.5万册。全市共有综合档案馆11个，已开放各类档案7.4万卷。

年末全市共有各类医疗卫生机构3461个，其中医院82个，基层医疗卫生机构3379个；各类医疗卫生机构拥有床位28151张，增长6.6%；各类卫生技术人员30934人，增长6.1%，其中执业医师8095人，增长5.1%；执业助理医师3295人，增长4.1%；注册护士12073人，增长10.5%。

全市农村改水受益人口531.4万人，完成率100%；农村自来水普及率90.4%，累计完成改厕84.66万户；农村卫生厕所普及率74.2%；粪便无害化处理率87.3%。

全市体育健儿在国内外重大比赛中，1人获得世界冠军，2人获亚洲冠军，3人获得全国冠军，29人获得全省冠军。全年共获得省级以上运动奖牌37枚，其中，金牌30枚，银牌5枚，铜牌2枚。年末全市共有业余体校9所，在校生人数1564人。全市共组织各类群众性大型体育活动11次，参加人数5.8万人。

十一、人民生活、社会保障和安全生产

全年湛江市全体居民人均可支配收入15301.8元，增长10.7%。其中，城镇常住居民人均可支配收入21317.4元，增长9.6%，农村常住居民人均可支配收入11381.1元，增长11.1%。

年末全市参加基本养老保险106.59万人，比上年增长7.4%。其中，参保职工81.17万人，增长7.9%，参保离退休人员25.4万人，增长5.7%；参加职工医疗保险60.21万人，增长3.5%。其中，参保职工41.45万人，增长3.6%，参保退休人员19.17万人，增长5.5%；参加职工失业保险36.59万人，增长0.6%，年末领取失业保险金0.37万人，下降21.4%；参加工伤保险38.79万人，增长5.0%；参加生育保险37.64万人，增长0.6%。

年末城乡居民参加医疗保险人数643.67万人，比上年下降0.05%，参保率98.8%，与上年持平。

年末享受低保救济的困难群众21.39万人，比上年增长3.5%。其中，城镇享受低保救济的困难群众4.33万人，比上年增长0.2%；农村享受低保救济的困难群众17.06万人，比上年增长4.4%。

全市各类收养性社会福利单位共有床位1465张，收养人员1367人。全市城镇各种社区服务设施2272处，其中综合性社区服务中心190个。

全年销售社会福利彩票36906万元，筹集社会福利资金3690万元，直接接收社会捐赠3587.52万元。

全年共发生各类事故2251起，比上年下降14.9%；各类事故造成死亡210人，比上年下降2.8%；各类事故造成受伤2889人，比上年增长41.6%；事故直接经济损失1884.61万元，比上年增长9.1%。其中，道路交通事故2238起，比上年增长47.9%；死亡194人，下降3.0%；受伤2879人，增长41.3 %；直接经济损失336.6万元，比上年下降10.5%。

亿元生产总值生产安全事故死亡率为0.095人，比上年下降9.5%；道路交通万车死亡率为2.7人，比上年下降5.9%。

十二、人口、资源与环境

2014年末，全市常住人口721.24万人，其中，城镇人口287.13万人，乡村人口434.11万人。

全年平均日照时数1991.5小时，比上年增长10.0%；已建成自动气象观测站108个，较上年增加3个。全年平均降水量1523.3毫米，比上年减少459毫米。年末全市大型水库蓄水总量10.94亿立方米，比上年减少1.87亿立方米。全年水资源量为76.49亿立方米，总用水量 26.89亿立方米，比上年减少0.13亿立方米。其中，生活用水4.78亿立方米，比上年增长1.9%；工业用水2.148亿立方米，比上年增长1.1%；农业用水18.26亿立方米，比上年下降2.8%，

全年完成迹地林更新5482公顷；低产低效林改造8公顷；封山育林3000公顷；活立木蓄积量1722万立方米。全市森林覆盖率29.52%。

全市共有自然保护区19个，总面积（包括海域）208.08万公顷，其中国家级自然保护区3个。

全市海洋观测、监测站点82个。达到一类海水水质标准比例37.3%，比上年下降20.3个百分点；达到二类海水水质标准比例20.1%，比上年提高18.4个百分点；达到三类海水水质标准比例25.2%，比上年下降3.3个百分点；达到四类海水水质标准比例11.9%，比上年下降1.7个百分点；劣四类海水水质比例11.9%，比上年提高6.9个百分点；未达到清洁水质标准海域面积3447平方公里。

市区区域环境噪声平均等效声级为53.9dB，比上年下降0.3dB；市区交通噪声平均等效声级为66.9dB，比上年下降0.6dB。市区建成污水处理厂4座，市区污水日处理能力38万吨。市区城市生活垃圾日处理能力868吨，比上年增长4.8%；市区城市生活垃圾无害化处理率为100%。

市区大气中二氧化硫、二氧化氮、可吸入颗粒物的年日平均值分别为0.013毫克／立方米、0.015毫克／立方米、0.046毫克／立方米，均符合国家《环境空气质量标准》（GB3095－1996）二级标准。市区空气质量指数（AQI）在15－126之间，其中达到一级标准（AQI≤50）的天数占全年有效监测天数的59.7%，达到二级标准（51＜AQI≤100）的天数占35.5%，空气质量在全国城市中稳居前列。

市区地表水质（湖光岩湖）达标率75%，饮用水源水质达标率100%。

全市完成工业废水治理减排项目12个、畜禽养殖场污染整治项目127个、结构关停减排项目6个。全市主要四项污染物减排量分别为：化学需氧量4500吨，氨氮400吨，二氧化硫1800吨，氮氧化物5900吨。

公报注释：

1.本公报中2014年数据为初步统计数，统计图中2008-2013年数据为年报数。

2.本公报中地区生产总值、各产业增加值、总产值绝对数按现价计算，增长速度均按可比价计算。

3.从2011年起，规模以上工业统计口径由500万元调整为2000万元及以上；固定资产投资项目统计起点由计划总投资50万元提高到500万元，增速为可比口径。从2012年起，“地方一般预算收入”更名为“地方公共财政预算收入”。

资料来源：

本公报中城镇新增就业、登记失业率、社会保障数据来自市人力资源和社会保障局；财政数据来自市财政局；城市污水、垃圾处理数据来自市城市综合管理局；货物进出口、外商直接投资等数据来自市外经贸局；交通运输、邮电业务总量等数据来自市交通运输局；旅游数据来自市旅游局；货币金融数据来自中国人民银行湛江市中心支行；科技、专利等数据来自市科技局；教育数据来自市教育局；质量检验数据来自市质监局；气象数据来自市气象局；地震数据来自市地震局；艺术表演团体、博物馆、公共图书馆、文化馆、广播、电视、报纸、期刊等数据来自市文化广电新闻出版局；档案数据来自市档案局；体育数据来自市体育局；卫生数据来自市卫生和计划生育局；享受低保人数、社会组织数据来自市民政局；环境监测数据来自市环保局；水资源数据来自市水务局和广东省水文局湛江分局；安全生产数据来自市安监局；林业数据来自市林业局；其他数据来自市统计局和国家统计局湛江调查队。

2014年茂名市国民经济和社会发展统计公报

2014年，全市全面贯彻党的十八大、十八届三中、四中全会和习近平总书记系列重要讲话精神，认真落实粤东西北地区振兴发展战略部署，主动适应经济发展新常态，积极应对困难和挑战，开拓创新、真抓实干，统筹推进各项改革，发展稳定各项工作，经济社会实现了持续稳步发展。

一、综合

初步核算，2014年全市实现地区生产总值（GDP）2349亿元，比上年增长10.4%。其中，第一产业增加值379亿元，增长4.3%，对GDP增长的贡献率为6.1%；第二产业增加值975.1亿元，增长14.3%，对GDP增长的贡献率为59.5%；第三产业增加值995亿元，增长8.5%，对GDP增长的贡献率为34.4%。三次产业结构为16.1 ∶ 41.5 ∶ 42.4。人均地区生产总值38951元，增长9.7%。

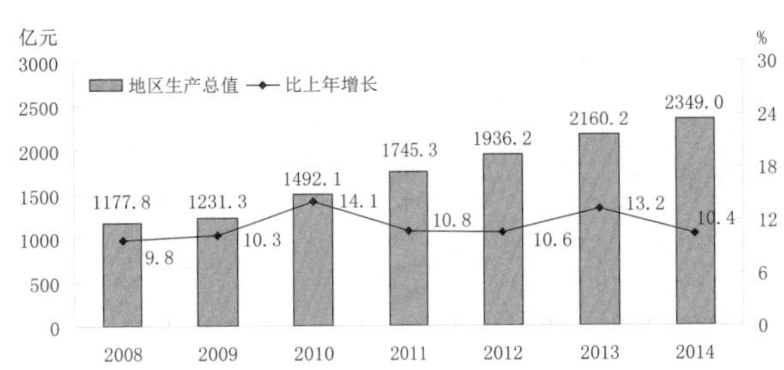

图1 2008-2014年地区生产总值及其增长速度

表1 2014年各区、县级市地区生产总值及其增长速度

指标 \ 区、县级市	茂南区	电白区	信宜市	高州市	化州市
地区生产总值（亿元）	205.3	516.8	350.1	437.9	385.3
增长速度（%）	13.3	10.3	13.5	12.9	13.7

注：茂南区数据不含市直部分。

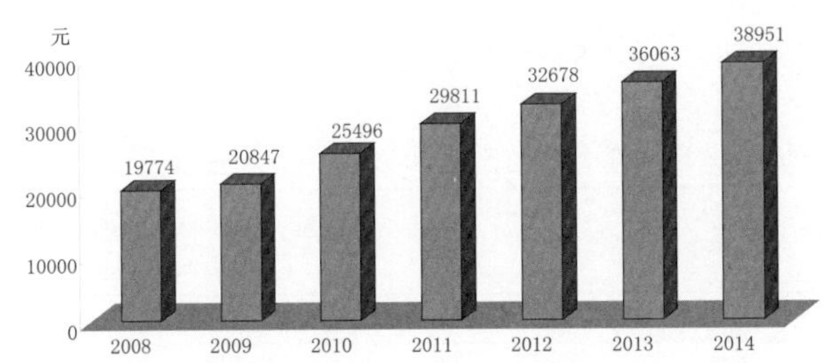

图2 2008-2014年人均地区生产总值

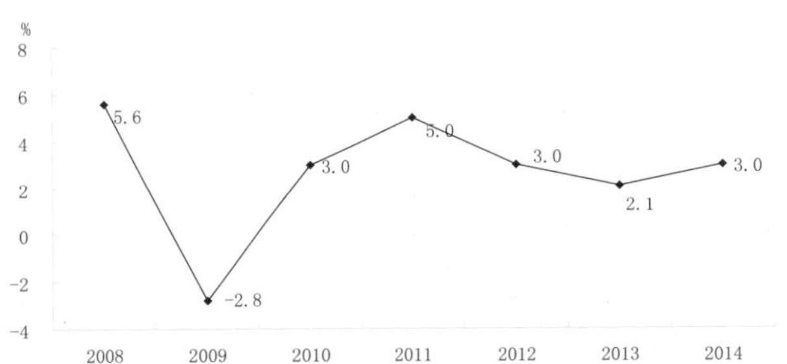

图3 2008-2014年居民消费价格涨跌幅度

全年居民消费价格总水平上涨3.0%。其中，食品类上涨4.6%，烟酒及用品类上涨1.5%，衣着类下降0.8%，家庭设备用品及维修服务类上涨3.9%，医疗保健和个人用品类上涨0.9%，交通和通信类上涨0.7%，娱乐教育文化用品及服务类上涨1.7%，居住类上涨3.9%。

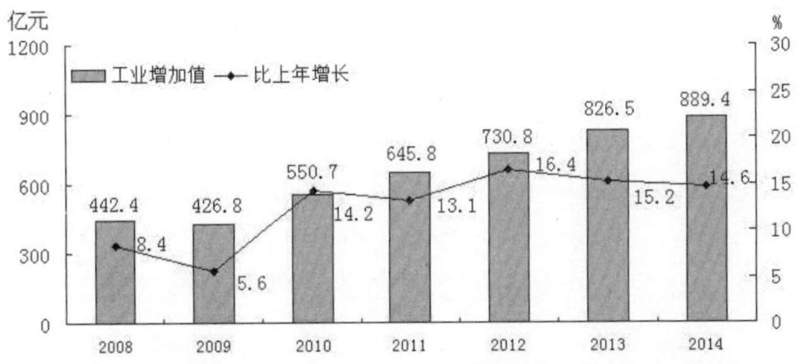

图4 2008-2014年工业增加值及其增长速度

表 2 2014 年居民消费价格比上年涨跌幅度

指 标	价格指数（上年 =100）	比上年涨跌幅度（%）
居民消费价格	103.0	3.0
（一）食品	104.6	4.6
其中：粮食	103.2	3.2
油脂	95.3	-4.7
肉禽及其制品	104.7	4.7
蛋	106.2	6.2
水产品	109.4	9.4
菜	100.6	0.6
（二）烟酒及用品	101.5	1.5
（三）衣着	99.2	-0.8
（四）家庭设备用品及维修服务	103.9	3.9
（五）医疗保健和个人用品	100.9	0.9
（六）交通和通信	100.7	0.7
（七）娱乐教育文化用品及服务	101.7	1.7
（八）居住	103.9	3.9

二、农业

全年粮食作物播种面积 24.85 万公顷，比上年减少 0.1%；糖蔗种植面积 0.44 万公顷，增长 4.4%；油料种植面积 4.53 万公顷，增长 1.6%；蔬菜种植面积 10.31 万公顷，增长 2.4%。水果种植面积 23.53 万公顷，与上年持平，其中，荔枝面积 9.34 万公顷，减少 0.2%；龙眼面积 5.19 万公顷，减少 0.1%。

全年粮食产量 145.84 万吨，增长 2.6%；糖蔗产量 31.88 万吨，增长 5.8%；油料产量 13.77 万吨，增长 3.9%；蔬菜产量 261.89 万吨，增长 3.3%。水果产量 290.88 万吨，增长 6.0%，其中，荔枝产量 53 万吨，增长 13.0%；龙眼产量 34.03 万吨，增长 13.9%。

全年肉类总产量 64.71 万吨，增长 2.1%；出栏肉猪 589 万头，增长 2.5%。水产品总产量 90.51 万吨，增长 4.3%，其中海产品产量 64.06 万吨，增长 4.0%；淡水产品产量 26.45 万吨，增长 5.2%。

年末全市林业用地总面积 58.74 万公顷。其中迹地更新造林 0.33 万公顷，中、幼龄林抚育面积 1.87 万公顷。全年完成荒山荒（沙）地造林、更新造林、有林地造林面积 9792 公顷，低产低效林改造面积 5635 公顷。其中林业重点工程完成荒山荒（沙）地造林面积 333 公顷。全市义务植树完成 1293 万株，林木绿化率 69.66%，森林覆盖率达到 58.22%，全市木材产量 23.51 万立方米。

三、工业和建筑业

全年实现工业增加值 889.4 亿元，增长 14.6%，其中规模以上工业增加值 712.2 亿元，增长 16.8%。全年规模以上工业经济效益综合指数 533.6%，总资产贡献率 43.6%，资本保值增值率 130.5%，资产负债率 47.2%，流动资产周转率 7.5 次，成本费用利润率 6.6%，全员劳动生产率 51.3 万元 / 人年，产品销售率 98.4%。实现主营业务收入 2452.7 亿元，增长 19.1%；利润总额 142.3 亿元，增长 25.7%；税金总额 217.3 亿元，增长 18.6%；亏损企业亏损总额 2.3 亿元，增长 10.0%。

表 3 2014 年全市规模以上工业主要产品产量

产品名称	单位	产量	比上年增长（%）
铁矿石原矿量	万吨	44.6	75.4
发电量	亿千瓦时	79.6	30.9
成品糖	万吨	6.88	-8.1
服装	万件	0.24	11.4
家具	万件	126.8	35.1
人造板	万立方米	51.3	19.3
原油加工量	万吨	1801.7	10.5
汽油	万吨	394.5	31.2
润滑油	万吨	14.8	-43.3
柴油	万吨	528.6	7.5
液化石油气	万吨	136.9	29.0
硫酸（折 100%）	万吨	7.5	7.7

（续上表）

产品名称	单位	产量	比上年增长（%）
农用化肥	万吨	21.9	56.9
乙烯	万吨	114.1	1.4
纯苯	万吨	26.3	2.1
初级形态塑料	万吨	176.1	4.2
合成橡胶	万吨	36.7	27.0
塑料制品	万吨	8.1	5.9
水泥	万吨	329.5	9.9
钢材	万吨	26.9	109.2

全年资质等级以上建筑企业完成施工产值 408.6 亿元，增长 26.9%；竣工产值 241.3 亿元，增长 18.2%。

四、固定资产投资

全年固定资产投资 850.5 亿元，增长 36.1%。分隶属关系看，中央省属投资 95.6 亿元，增长 31.1%；地方投资 754.9 亿元，增长 36.8%。分产业看，第一产业投资 32.8 亿元，增长 78.9%；第二产业投资 470 亿元，增长 29.7%；第三产业投资 347.7 亿元，增长 42.4%，其中房地产开发投资 95.1 亿元，增长 22.9%。全年商品房施工面积 1212.3 万平方米，增长 17.9%；竣工面积 148.7 万平方米，增长 44.4%。

五、国内贸易

全年社会消费品零售总额 1113.9 亿元，增长 10.4%。分地域看，城镇消费品零售额 685.6 亿元，增长 11.6%；乡村消费品零售额 428.3 亿元，增长 8.5%。分行业看，批发零售贸易业零售额 1011.1 亿元，增长 10.4%；住宿和餐饮业零售额 102.8 亿元，增长 9.8%。

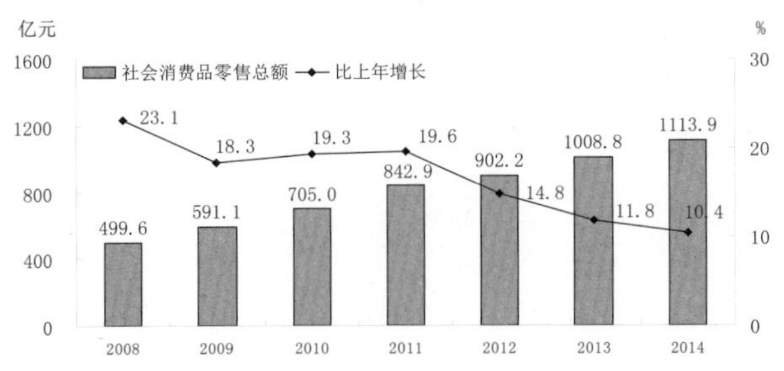

图 5　2008–2014 年社会消费品零售总额及其增长速度

六、对外经济

全年进出口总额 138156 万美元，增长 13.0%。其中，出口总额 98318 万美元，增长 22.0%；进口总额 39838 万美元，下降 4.4%。

按贸易性质分，一般贸易出口总额 92666 万美元，增长 26.9%；加工贸易出口总额 5636 万美元，下降 25.9%。

全年批准外商直接投资合同 69 宗，增长 38.0%；合同外资金额 20987 万美元，下降 6.2%。实际利用外资金额 15574 万美元，增长 35.8%。

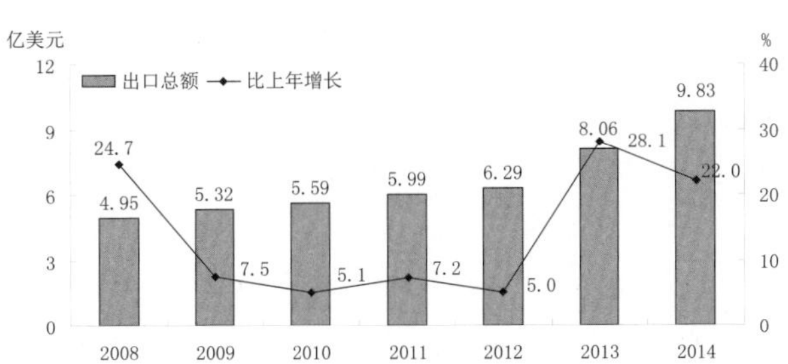

图 6　2008–2014 年出口总额及其增长速度

表 4　2014 年全市外贸进出口总额及其增长速度

指　标	绝对值（万美元）	比上年增长（%）
进出口总额	138156	13.0
一、出口总额	98318	22.0
1. 按贸易性质分		
一般贸易	92666	26.9
来料加工	1575	-31.0
进料加工	4061	-23.7
2. 按国别（地区）分		
港澳	10931	42.6
日本	2582	27.6
美国	27893	5.5
欧盟	8914	23.4
3. 按出口商品结构分		
初级产品	2679	62.3
工业制成品	7616	39.8
其中：机电产品	687	25.8
高技术产品	51	-59.2
二、进口总额	39838	-4.4

七、交通、邮电和旅游

全年完成公路客运量 5604 万人，增长 14.2%；旅客周转量 50.78 亿人公里，增长 16.1%；货运量

8344万吨，增长4.4%；货物周转量135.90亿吨公里，增长13.8%。完成水路客运量60万人，增长31.8%；水路旅客周转量878万人公里，增长50.9%；水路货运量516万吨，增长11.7%；水路货物周转量54.35亿吨公里，增长13.6%。港口货物吞吐量2654万吨，增长12.0%；集装箱11.5万标准箱，增长11.3%。

年末全市民用车辆拥有量150万辆，增长6.0%。其中私人汽车26.32万辆，增长11.1%。

全年完成邮电业务总量68.44亿元，按2010年不变价计算，增长15.3%。其中邮政业务总量4.96亿元，增长14.7%，电信业务总量63.48亿元，增长15.4%。年末固定电话用户71.06万户，下降7.9%，移动电话年末户数370.77万户（有效用户），增长2.9%。

全年城市住宿设施接待过夜游客529.94万人次，增长23.7%。其中国际游客3.16万人次，增长28.5%；国内游客526.78万人次，增长23.6%。旅行社组团国内游11.41万人次，出境游1.17万人次。全年旅游业总收入126.57亿元，增长25.2%。其中旅游外汇收入1556.42万美元，增长11.6%。星级酒店开房率71.53%。

八、财政、金融和保险业

全年地方公共财政预算收入100.4亿元，增长11.1%。公共财政预算支出257.3亿元，增长17.7%。

年末全市银行业金融机构人民币存款余额1766.3亿元，增长12.7%。其中，城乡居民储蓄存款余额1271.2亿元，增长12.0%；单位存款余额421.7亿元，增长14.2%。各项贷款余额748.9亿元，增长17.6%。其中，短期贷款余额203.4亿元，增长4.3%；中长期贷款余额541.7亿元，增长23.0%。

全市实现保费收入44.9亿元，增长25.8%。其中，寿险业务保费收入31.0亿元，增长25.1%；财产险业务保费收入13.9亿元，增长27.5%；健康险和意外伤害险业务保费收入1.9亿元，增长18.8%。全年共支付各项赔付和给付11.4亿元，增长11.9%。其中，寿险业务赔付5.0亿元，增长3.3%；财产险业务赔款支出6.4亿元，增长19.7%；健康险和意外伤害险赔付支出0.7亿元，增长13.3%。

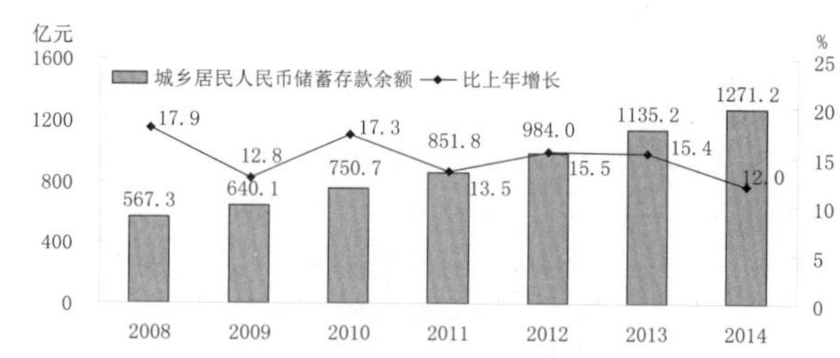

图7　2008-2014年城乡居民人民币储蓄存款余额及其增长速度

九、教育和科学技术

全市普通高等教育招生10503人，增长3.0%；在校学生33600人，增长8.1%；毕业生9007人，增长14.0%。中等职业学校招生1.9万人，下降37.3%；在校学生6.4万人，下降34.0%，毕业生4.5万人，下降6.0%。全市技工学校招生1.03万人，完成计划任务的108.28%；在校学生3.88万人，毕业生0.97万人，毕业生就业率达98%。

普通高中招生6.8万人，下降5.0%；在校学生21.2万人，下降3.1%，毕业生7.4万人，增长4.0%。普通初中招生10.0万人，下降9.0%；在校学生31.8万人，下降8.6%，毕业生12.5万人，下降11.8%。小学招生9.8万人，增长0.9%；在校学生56.3万人，下降0.8%，毕业生10.1万人，下降10.5%。学前教育招生19.4万人，增长11.1%；在校学生27.3万人，增长5.8%，毕业生8.4万人，下降3.4%。特殊教育学校招生150人，增长17.2%；在校学生871人，增长14.0%，毕业生66人，增长175.0%。

全年组织申报国家、省级各类科技项目102项，已有2个项目得到科技部立项，全年全市专利申请量2669件，增长5.5%，其中发明专利申请378件，下降3.6%。全市有高新技术企业21家，其中年产值在亿元以上的有13家。全市共有省级民营科技企业81家，其中年产值超亿元的有13家，超5000万元的21家，超1000万元的有44家。有50家民营科技企业具有市级工程技术研究开发中心，其中12家具有省级工程技术研究开发中心。

十、文化、卫生和体育

全市有县级以上公共图书馆6个，总藏量164.1万册（件），其中图书109.4万册。全年读者总流通人次233.2万人次。全市现有各类专业艺术表演团体36个，演出5311场次；文化馆6个，组织文艺表演活动 348 次；文化站 109 个，农家书屋 1916 个。全市现有广播电视台 5 座，中波发射台 1 座，调频转播发射台 8 座，电视转播发射台 7 座，有线广播电视总用户数 85.8 万户，广播和电视人口综合覆盖率均达到 100%。

年末全市共有各类医疗卫生机构（不含村卫生室）502 个，其中，医院、卫生院 153 个，社区卫生服务机构 59 个，妇幼保健机构 5 个，专科疾病防治机构 3 个，疾病预防控制机构 6 个，卫生监督机构 6 个。拥有各类卫生技术人员 25586 人，增长 6.4%；其中，执业医师和执业助理医师 11015 人，注册护士 9077 人。拥有床位 24838 张，其中医院、卫生院拥有床位 22411 张。全市 99 家乡镇卫生院拥有卫生技术人员 6828 人，床位 6810 张；6 家疾病预防控制机构拥有 517 人，6 家卫生监督机构拥有卫生技术人员 105 人。法定报告甲、乙类传染病发病总数 12958 例，死亡 78 人；发病率 220.17/10 万，死亡率 1.33/10 万。农村自来水普及率 88.21%，提高 0.92%。

全市体育健儿在参加全国以上比赛中，共获得金牌 4 枚、银牌 2 枚、铜牌 3 枚。在参加省青少年锦标赛中共夺得金牌 4 枚、银牌 2 枚、铜牌 3 枚。

十一、人口和环境保护

2014 年末，全市户籍人口 772.4 万人。人口增长得到有效控制，2014 年全市人口出生率为 12.29‰，死亡率 5.72‰，自然增长率 6.56‰。年末全市常住人口 604.9 万人，城镇人口占常住人口的比例为 39.01%。

全市共有 18 个水质监控断面，I-II 类水质的断面比例 5.6%，Ⅲ类水质的断面比例 61.1%，Ⅳ类水质的断面比例 22.2%，Ⅴ类水质、超过Ⅴ类水质的断面比例均为 11.1%。近岸海域海水质量均达到相应海域水质功能要求。全市二氧化硫、二氧化氮、可吸入颗粒物的年均值达到《环境空气质量标准》二级标准，优良天数率 87.9%。建成城镇生活污水处理厂 14 座，城镇污水日处理能力达到 30.83 万吨。

据初步核算，2014 年我市能源消费总量为 1880.71 万吨标准煤，增长 7.8%，万元 GDP 能耗 0.824 吨标准煤，下降 2.38%。全年规模以上工业综合能源消费量 1037.48 万吨标准煤，增长 10.9%。万元工业增加值能耗下降 5.04%。

十二、人民生活、社会保障和安全生产

2014 年，全市居民人均可支配收入 15266 元，增长 11.4%，其中城镇常住居民人均可支配收入 19541 元，增长 10.1%。农村常住居民人均可支配收入 11914 元，增长 11.9%。城乡居民收入比为 1.64 ：1，比上年下降 0.03 个百分点。

2014 年末全市参加城镇职工基本养老保险（含离退休）101.7 万人，比上年末增长 6.9%，其中参保职工 82.9 万人，增长 7.7%。参加城乡（镇）基本医疗保险 660.5 万人，增长 1.8%，其中参加城乡（镇）居民基本医疗保险 619.3 万人，增长 2.0%。参加工伤保险 31.8 万人，增长 1.9%，参加失业保险 26.1 万人，增长 0.01%，参加生育保险 25.9 万人，增长 0.5%。

2014 年末，全市有各类社会福利院 7 所，收养孤儿 672 人，敬老院 105 所，集中供养老人 2428 人，分散供养老人 31326 人。全市居民最低生活保障已保 93655 户，人数 199416 人，发放最低生活保障费 43118 万元。全市农村五保供养对象 33754 人，集中和分散供养水平分别达到年人均 6982 元和 6420 元。全市有养老床位 18600 张，其中民办养老机构拥有床位 9821 张。全市共发行福利彩票 4.64 亿元，为国家和地方筹集福彩公益金 1.35 亿元。

全年共发生各类生产事故 1136 起，死亡 257 人，失踪 2 人，受伤 787 人，直接经济损失 2738.6 万元。亿元地区生产总值生产安全事故死亡率为 0.11。全年发生道路交通事故 750 起，上升 0.3%；死亡 236 人，下降 0.8%；受伤 769 人，下降 3.9%；直接经济损失 160.1 万元，下降 15.5%。道路交通万车死亡率为 1.62。其中：生产经营性交通事故 133 起，下降 30.4%；经济损失 62.9 万元，上升 16.3%；受伤 102 人，下降 41.4%；死亡 66 人，下降 5.7%。

注：

1. 本公报中 2014 年数据为初步统计数，统计图中 2008-2013 年数据为年报数。

2. 从 2011 年起，规模以上工业统计口径由 500 万元调整为 2000 万元及以上；固定资产投资项目统计起点由计划总投资 50 万元提高到 500 万元，增速为可比口径。

3. 地区生产总值、各产业增加值绝对数按现价计算，增长速度按可比价格计算。

4. 2014 年二季度开始交通运输量统计口径改变为不包括公交车和出租车在城市外道路完成的运输量，新口径数据和旧口径数据存在不可比的差异。

5. 2012 年四季度，国家统计局实施了城乡一体化住户调查改革。2014 年按照新的调查口径对外发布城乡一体的居民人均可支配收入和分城镇、农村常住居民人均可支配收入数据。由于新老调查方案在调查范围、调查对象、城乡划分标准、样本抽选、计算和汇总方式、指标口径等方面变化较大，改革后新口径数据和旧口径数据存在不可比的差异。

6. 本公报中部门统计数据来源单位有：市安监局、市教育局、市科技局、市公安局、市民政局、市财政局、市人社局、市交通运输局、市商务局、市文广新局、市卫生和计划生育局、市环保局、市林业局、市旅游局、市邮政局、市人民银行、广东石油化工学院、茂名职业技术学院、市保险行业协会、中国电信股份有限公司茂名分公司、中国移动通信集团茂名分公司、中国联通茂名分公司等。

2014 年肇庆市国民经济和社会发展统计公报

2014 年，肇庆市认真贯彻落实党的十八大和十八届三中、四中全会及省委省政府重大工作部署，紧紧围绕建设成为珠三角连接大西南枢纽门户城市的目标定位，大力实施“两区引领两化战略”，锐意进取、攻坚克难，扎实推进稳增长、促改革、调结构、惠民生等各项工作，经济社会发展取得新的成绩。

一、综合

初步核算，2014 年实现地区生产总值（GDP）1845.06 亿元，比上年增长 10.0%。其中，第一产业增加值 272.03 亿元，增长 4.3%，对 GDP 增长的贡献率为 6.1%；第二产业增加值 922.79 亿元，增长 14.0%，对 GDP 增长的贡献率为 68.7%；第三产业增加值 650.24 亿元，增长 7.0%，对 GDP 增长的贡献率为 25.1%。三次产业的结构为 14.8 ∶ 50.0 ∶ 35.2。在现代产业中，高技术制造业增加值 63.41 亿元，同比增长 15%；先进制造业增加值 297.97 亿元，同比增长 16.2%；现代服务业增加值 292.57 亿元，增长 7.5%。在第三产业增加值中，批发和零售业增长 3.6%，住宿和餐饮业增长 3.0%，金融业增长 7.3%，房地产业增长 5.1%。按常住人口计算，2014 年人均地区生产总值 45795 元，增长 9.3%。

分区域看，中心区地区生产总值占全市比重为 70.2%，山区县地区生产总值占全市比重为 29.8%。

全年城市居民消费价格指数上涨 2.7%。食品、衣着、家庭设备用品及维修服务、医疗保健、娱乐教育文化用品及服务类价格分别上涨 5.9%、5.7%、1.7%、2.3% 和 1.7%；烟酒、交通和通信、居住类价格分别下降 0.9%、1.1% 和 0.8%。工业生产者出厂价格下降 1.5%。分轻重工业看，轻工业价格指数同比上涨 0.7%，重工业价格指数同比下降 2.3%；分行业看，黑色金属矿采选业，有色金属冶炼和压延加工业，金属制品业，废弃资源综合利用业，计算机、通信和其他电子设备制造业和电气机械和器材制造业分别下降 18.5%、5.0%、2.1%、2.2%、1.1% 和 1.1%，非金属矿物制品业，皮革、毛皮、羽毛及其制品和制鞋业，纺织业，化学原料和化学制品制造业分别上涨 1.6%、2.7%、1.4%、0.3%。

2014 年，城镇新增就业 48113 人，完成全年工

2014 年肇庆城市居民消费价格分类指数

指　标	价格指数（上年 =100）	比上年涨跌幅度（%）
居民消费价格总指数	102.7	2.7
一、食品	105.9	5.9
粮食	103.2	3.2
肉禽及其制品	107.3	7.3
水产品	110.7	10.7
鲜菜	103.9	3.9
二、烟酒	99.1	-0.9
三、衣着	105.7	5.7
四、家庭设备用品及维修服务	101.7	1.7
五、医疗保健和个人用品	102.3	2.3
六、交通和通信	98.9	-1.1
七、娱乐教育文化用品及服务	101.7	1.7
八、居住	99.2	-0.8

作目标的103.25%，其中就业困难人员实现再就业2109人；促进创业3560人；农村劳动力培训42646人，农村劳动力培训转移就业49436人。年末城镇实有登记失业人员1.25万人，城镇登记失业率为2.36%，同比下降0.03个百分点，实现2.6%以内的控制目标。

全年完成地方公共财政预算收入139.10亿元，比上年增长15.2%。其中，税收收入84.91亿元，增长10.9%。

但我市经济结构不优、区域发展不平衡、资源环境约束趋紧、企业创新能力不强等深层次矛盾和问题更加凸显，促改革、调结构、促转型任重道远，稳增长压力加大。

二、农业

全年粮食作物播种面积202105公顷，比上年减少0.1%；糖蔗面积524公顷，减少3.0%；油料种植面积25250公顷，减少0.4%；蔬菜种植面积77651公顷，增长5.0%。

全年粮食产量115.58万吨，比上年增长2.9%；糖蔗产量3.82万吨，减少2.8%；油料产量7.19万吨，增长0.6%；烟叶产量0.42万吨，增长9.8%；蔬菜产量232.86万吨，增长4.0%；水果产量137.57万吨，增长5.3%；茶叶产量0.55万吨，增长3.3%。

全年肉类总产量42.80万吨，比上年减少1.2%。其中，猪肉产量32.21万吨，增长4.5%；牛肉产量0.53万吨，减少0.4%；羊肉产量0.14万吨，增长1.7%；禽肉产量9.91万吨，下降8.4%。年末生猪存栏228.75万头，减少5.8%；生猪出栏427.85万头，增长3.5%。禽蛋产量2.55万吨，持平。牛奶产量0.96万吨，增长3.0%。

全年水产品产量40.17万吨，比上年增长6.0%。

三、工业和建筑业

规模以上工业企业增加值同比增长14.3%。从轻重工业看，轻工业增长13.5%，重工业增长14.7%。从注册经济类型看，民营工业增速领先，增长16%；国有控股企业增长4.9%；外商及港澳台商投资企业增长13.6%。从企业规模看，中型企业为主要增长动力，大型企业增长12.9%，中型企业增长15.3%，小型企业增长17.4%。三大主导行业增长快，其中有色金属冶炼和压延加工业增长7.0%，非金属矿物制品业增长14%，金属制品制造业增长16.8%。

先进制造业增加值同比增长16.2%，先进制造业对全市工业增长的贡献率达38.4%，拉动工业增长5.5个百分点；其中，装备制造业增长17.3%，高于全市平均水平3个百分点，占全市增加值比重的22.9%，装备制造业对全市工业增长的贡献率达25.9%，拉动工业增长3.7个百分点；在先进制造业拉动增长较快的新兴支柱行业有：仪器仪表制造业、汽车制造业、电气机械和器材制造业，同比分别增长21.1%、13.7%和25.6%。新兴支柱行业对全市先进制造业增长支撑作用进一步增强。

六大优势传统产业增加值同比增长13.3%，低于全市平均水平1个百分点，占全市工业增加值的35.1%，传统产业对全市工业增长的贡献率达37.2%，拉动工业增长5.3个百分点；除纺织服装增长缓慢外，其余五大行业增速均高于全市平均水平，其中家具制造业、建筑材料制造业分别增长29.1%和12.5%，优势传统产业优化升级，活力进一步增强。

规模以上工业实现利润总额202.99亿元，增长8.0%。全年工业总资产贡献率22.15%，资本保值增值率127.89%，资产负债率47.15%，流动资产周转率5.7%，成本费用利润率5.85%，产品销售率97.56%。

全年资质等级以上建筑企业97个，下降4.0%；实现增加值57.48亿元，增长4.4%；实现利润总额4.17亿元，增长5.3%；利税总额8.75亿元，增长3.8%。

四、固定资产投资

全年完成固定资产投资额1138.73亿元，增长19.0%。投资呈现三特点：一是民间投资增长快，全年完成民间投资额887.47亿元，增长22.3%，增幅比整体投资快3.3个百分点；二是基础设施投入增长快，完成投资额242.31亿元，增长20.8%；三是工业投资内部结构优化。食品饮料、纺织及服装、石油及化学业投资分别增长73.8%、40.7%和28.9%，六大高耗能行业投资增长0.4%，增幅比整体投资低18.6个百分点。

2014 年分行业固定资产投资及其增长速度

行业	投资额（亿元）	比上年增长（%）
固定资产投资	1138.73	19.0
农、林、牧、渔业	33.93	-27.3
采矿业	12.24	-7.1
制造业	516.84	21.1
电力、燃气及水的生产和供应业	24.18	-31.8
建筑业	0.5	-89.0
交通运输、仓储和邮政业	151.06	58.2
信息传输、软件和信息技术服务业	9.09	85.8
批发和零售业	33.99	-4.6
住宿和餐饮业	18.26	60.6
金融业	12.18	626.5
房地产业	206.22	13.1
租赁和商务服务业	9.46	160.4
科学研究和技术服务	8.31	225.0
水利、环境和公共设施管理业	66.43	-1.2
居民服务、修理和其他服务业	0.59	-38.2
教育	17.65	175.3
卫生和社会工作	2.89	2.9
文化、体育和娱乐业	9.42	-10.6
公共管理、社会保障和社会组织	5.49	27.1

完成房地产开发投资 188.89 亿元，比上年增长 10.1%。按地区分，中心区 150.18 亿元，增长 4.5%；山区县 38.71 亿元，增长 39.2%。按用途分，商品住宅开发投资 130.40 亿元，增长 1.4%；办公楼投资 10.85 亿元，增长 280.8%；商业营业用房投资和其他投资分别为 23.27 亿元和 24.37 亿元，分别增长 22.8% 和 15.4%。

2014 年房地产开发和销售主要指标完成情况

指标	单位	绝对数	比上年增长（%）
房地产开发投资	亿元	188.89	10.1
其中：土地购置费	亿元	32.20	12.4
住宅	亿元	130.40	1.4
房屋施工面积	万平方米	2176.80	15.2
其中：住宅	万平方米	1633.56	11.2
房屋新开工面积	万平方米	569.15	-6.1
其中：住宅	万平方米	397.75	-15.5
房屋竣工面积	万平方米	275.48	1.0
其中：住宅	万平方米	210.40	-4.6
商品房销售面积	万平方米	494.17	6.2
其中：住宅	万平方米	405.34	-2.2
商品房销售额	亿元	248.22	7.2
其中：住宅	亿元	186.04	-3.6
本年资金来源小计	亿元	271.29	9.7
其中：国内贷款	亿元	38.75	-11.1
个人按揭贷款	亿元	39.46	-8.4
本年购置土地面积	万平方米	99.09	-31.1
待售面积	万平方米	184.71	10.9
其中：住宅	万平方米	101.60	0.2

五、国内贸易

全年完成社会消费品零售总额 559.90 亿元，同比增长 13.5%。从地域看看，城镇累计消费 464.53 亿元，同比增长 13.9%；农村累计消费 95.37 亿元，同比增长 12.0%。从行业来看，批发零售业仍是消费品市场发展的主导力量，累计实现消费 496.90 亿元，同比增长 27.8%，占总消费比重达到 88.7%，拉动增长 21.9 个百分点。

在限额以上批发和零售业商品零售额中，食品、饮料、烟酒类增长 34.7%，服装、鞋帽针纺织品类增长 3.6%，金银珠宝类增长 25.2%，文化办公用品类增长 55.6%，家具类增长 15.9%，家用电器和音像器材类增长 6.7%，中西药品类增长 48.3%，通讯器材类下降 19.5%，石油及制品类增长 6.3%，建筑及装潢材料类增长 22.2%，汽车类增长 36.0%。

六、对外经济

全年进出口总额 78.42 亿美元，同比增长 11.8%，增幅比上年提高 1.3 个百分点；其中出口 46.17 亿美元，下降 4.3%，增幅比上年回落 31.9 个百分点；进口 32.25 亿美元，增长 47.2%，增幅比上年提升 62.0 个百分点。

2014 年进出口总额及其增长速度

指　　标	绝对数（亿美元）	比上年增长（%）
进出口总额	78.42	11.8
出口额	46.17	-4.3
其中：一般贸易	23.20	-28.2
加工贸易	22.97	43.9
其中：机电产品	19.17	-13.6
高新技术产品	3.38	-26.3
其中：国有企业	9.70	43.1
外商投资企业	22.11	7.3
其它企业	14.35	-31.2
进口额	32.25	47.2
其中：一般贸易	16.20	41.0
加工贸易	16.05	54.0
其中：机电产品	2.06	-27.7
高新技术产品	1.05	-29.6
其中：国有企业	0.73	50.0
外商投资企业	14.49	20.3
其它企业	17.03	81.5
进出口差额（出口减进口）	13.92	-47.2

全年新签外商直接投资项目 107 个，比上年下降 17.1%。合同外资金额 33.31 亿美元，比上年增长 7.0%。实际利用外商直接投资金额 13.31 亿美元，增长 7.3%。

七、交通、邮电和旅游

全年货物运输总量 6382 万吨，比上年增长 22.1%；其中，公路 5002 万吨，增长 22.0%；水路 1380 万吨，增长 22.5%。货物运输周转量 65.15 亿吨公里，增长 22.8%；其中，公路 41.63 亿吨公里，增长 23.1%；水路 23.51 亿吨公里，增长 22.1%。全市旅客运输总量 3114 万人，增长 0.9%；旅客运输周转量 14.68 亿人公里，增长 0.1%。港口完成货物吞吐量 3071 万吨，增长 4.4%。港口集装箱吞吐量 72.84 万标准箱，增长 5.2%。

年末公路通车里程 13634.504 公里，其中高速公路里程 288.834 公里。

年末全市民用汽车保有量 26.54 万辆，其中私人汽车 23.48 万辆，分别比上年末增长 12.7% 和 16.2% 。

全年完成邮电业务总量 55.70 亿元，比上年增长 16.4%。其中，邮政业务总量 4.25 亿元，增长

11.3%；通信业务总量 51.45 亿元，增长 16.9%。

全年入境旅游人数 66.31 万人次，比上年下降 60.3%。其中，外国人 7.98 万人次，下降 51.8%；香港、澳门和台湾同胞 58.33 万人次，下降 61.2%。在城市接待旅游者中，过夜旅游者 1112.38 万人次，下降 19.9%。全市旅游总收入 221.17 亿元，增长 7.4%。

八、金融

年末金融机构人民币各项存款余额 1654.42 亿元，比上年末增长 7.4%，其中储蓄存款余额 1066.62 亿元，增长 9.5%。年末各项贷款余额 1151.02 亿元，比上年末增长 11.7%，其中短期贷款余额 219.84 亿元，增长 11.8%；中长期贷款余额 923.46 亿元，增长 13.8%。

年末全市证券市场共有上市公司 6 家，市场总值 219.15 亿元，比年初增长 107.3%，增幅居全省第 3 位。全市证券营业部 16 家，股票账户 44.56 万户，证券交易额 2521.37 亿元，比上年增长 50.4%，其中股票交易额 1743.03 亿元，增长 66.3%。期货营业部 1 家，全年代理交易额 2445.82 亿元，比上年下降 39.3%。

全年实现保费收入 335403.57 万元，增长 29.54%。其中，寿险业务保费收入 202584.93 万元，财产险业务保费收入 132818.64 万元，分别增长 36.87% 和 19.57%。全年共支付各项赔款和给付 74309.93 万元。其中，寿险业务赔付支出 6849.81 万元；财产险业务赔款支出 67460.12 万元。寿险健康险保费收入 10905.97 万元，同比增长 56%。全年意外险保费收入 9551.22 万元，同比增长 30%，其中寿险意外险保费收入 6116.93 万元；财险意外险保费收入 3434.29 万元，分别增长 47% 和 7%。

九、人民生活和社会保障

年末常住人口 403.58 万人。全年出生人口 4.67 万人，出生率 11.57‰。死亡人口 2.79 万人，死亡率 6.92‰。自然增长人口 1.88 万人，自然增长率为 4.65‰。

2014 年，肇庆全体居民人均可支配收入 17333.5 元，增长 10.1%。其中，城镇常住居民人均可支配收入 21725.8 元，增长 9.1%；农村常住居民人均可支配收入 12642.3 元，增长 10.6%。

年末全市参加城镇职工基本养老保险（含离退休）74.45 万人，比上年末增长 3.30%。参加城镇职工基本医疗保险 60.79 万人，增长 1.55%；其中参加城镇职工基本医疗保险的农民工 16.46 万人，增长 1.98%。参加城乡（镇）居民基本医疗保险 347.79 万人，增长 2.23%。参加工伤保险 44.26 万人，增长 2.61%。参加生育保险 40.96 万人，增长 1.36%。参加失业保险 41.54 万人，增长 1.18%。

2014 年末全市参加各类保险人数及其增长速度

指标	参保人数（人）	比上年末增长（%）
参加城镇职工基本养老保险（含离退休）	744478	3.30
其中：参保职工	619223	2.83
参保离退休人员	125255	5.68
参加城乡（镇）基本医疗保险	4085797	2.13
其中：城镇职工基本医疗保险	607873	1.55
城乡（镇）居民基本医疗保险	3477924	2.23
参加城镇基本医疗保险的农民工	164557	1.98
参加城镇基本失业保险	415387	1.18
参加工伤保险	442620	2.61
其中：参保农民工	165814	3.70
参加生育保险	409612	1.36

城乡居民医疗基金累计支出总额 13.84 亿元，累计受益 482.87 万人次。年末全市各险种征收社会保险基金 60.59 亿元，增长 13.95%；其中五大险种征收 35.78 亿元，增长 1.97%。年末领取失业保险人数为 2369 人，增长 1.98%。年末享受低保救济的困难群众达 3.01 万户，共 6.71 万人，其中城镇 0.33 万户，0.65 万人；农村 2.68 万户，6.06 万人。

各类收养性社会福利单位床位 15501 张，收养人员 3726 人。城镇各种社区服务设施 4001 个，其中综合性社区服务中心 105 个。共发行销售福利彩票

6.61 亿元，筹集福利资金 1.87 亿元，直接接收社会捐赠 0.82 亿元。

十、教育和科学技术

全年各级各类教育（不含非学历培训）招生26.19 万人，同比下降 4.7%；在校学生 89.08 万人，下降 0.6%；毕业生 24.56 万人，下降 4.3%。其中，特殊教育招生 0.05 万人，在校生 0.24 万人；学前教育在园幼儿 14.04 万人。

2014 年各级各类教育招生、在校生、毕业生人数及其增长速度

指　标	招生（万人）	比上年增长（%）	在校生（万人）	比上年增长（%）	毕业生（万人）	比上年增长（%）
普通本专科	2.19	25.9	6.15	16.0	1.3	-7.8
成人本专科	0.48	-9.4	1.44	5.1	0.36	-16.3
网络本专科	0.36	-10.0	0.91	-10.8	0.38	11.8
各类中等职业技术教育（不含技工教育）	2.22	-3.5	6.44	-4.2	2	3.1
普通高中	2.93	-0.3	8.8	-0.2	2.87	1.1
初中	5.39	-13.5	17.81	-9.8	7.12	-6.4
小学	5.94	1.7	33.25	1.5	5.48	-13.3
学前教育	6.63	-11.1	14.04	2.9	5.04	5.9
特殊教育	0.05	66.7	0.24	33.3	0.01	-50.0

年末，全市共有县及县级以上国有研究与开发机构、科技情报和文献机构 19 个；大中型工业企业拥有技术开发机构 65 个，比上年增加 7 个。全市科学研究与试验发展（R&D）人员 0.88 万人年（折合全时当量），比上年增长 3.5%。全市 R&D 经费内部支出约 17.53 亿元，增长 12.3%。

全年获省部级以上科技成果 1 项（按成果登记数）。全年申请专利量 1779 件，比上年增长 0.1%，其中发明专利 401 件，增长 35.9%。专利授权量 1449 件，增长 12.5%，其中发明专利授权量 146 件，增长 25.9%。《专利合作条约》（PCT）国际专利申请量 6 件，比上年下降 57.1%。全年经各级科技行政部门登记技术合同 2 项，技术合同成交额 180 万元。

全市高新技术企业 117 家，高新技术产品产值约 1055.27 亿元，比上年增长 17.6%。拥有国家级创新平台 5 家。已建立省级工程研究中心 47 家。认定的省级技术创新专业镇 21 个，市级 31 个。

全市有法定质量计量综合检测机构和特种设备综合检验机构各 1 个，法定计量技术机构 6 个。获得资质认证的实验室 73 家，获得管理体系认证企业 276 家，产品获得 3C 认证企业 54 家。

十一、文化、卫生和体育

年末，全市共有文化馆 9 个，县级及以上公共图书馆 9 个，博物馆、纪念馆 9 个。全市有广播电视台 10 座，广播综合人口覆盖率为 100%，电视综合人口覆盖率为 100%。有线广播电视用户 74.17 万户，有线数字电视用户 38.34 万户，分别比上年末增长 1.2% 和 2.7%。全年出版报纸 1765.7 万份。全市共有档案馆 12 个，馆藏档案 87.87 万卷，其中综合档案馆 9 个，馆藏档案 37.20 万卷。

年末全市共有各类医疗卫生机构 3120 个，其中医院、卫生院 147 个，妇幼保健机构 7 个，专科疾病防治机构 8 个，疾病预防控制机构 7 个，卫生监督机构 6 个。拥有医院、卫生院床位 12876 张，增长 9.6%。各类卫生技术人员 20092 人，增长 6.9%；其中执业医师和执业助理医师 6146 人，注册护士 7793 人，疾病预防控制机构卫生技术人员 337 人，卫生监督机构卫生技术人员 90 人。全市共有社区卫生服务机构 29 个，乡镇卫生院 96 个，乡镇卫生院床位 2543 张，乡镇卫生院卫生技术人员 4066 人。法定报告甲、乙类传染病发病总数 12738 例，死亡 70 人；发病率 316.87/10 万，死亡率 1.74/10 万。

体育健儿在国内外重大比赛中，获得 19 项全国冠军，4 项亚洲冠军，3 项世界冠军。

十二、资源、环境和安全生产

全年平均水资源总量 136 亿立方米。平均降水量 1733.9 毫米，比上年减少 6.5%。全年总用水量 19.86 亿立方米，同比增长 2%，其中生活用水 3.24 亿立方米，增长 0.3%；工业用水 3.54 亿立方米，增长 6.3%；农业用水 13.46 亿立方米，增长 1.2%。

全年单位 GDP 能耗下降 3.51%。规模以上工业综合能源消费量为 620.78 万吨标准煤（当量值），累计增长 3.10%。全社会用电量 156.24 亿千瓦时，增长 9.56%，其中工业用电量 116.25 亿千瓦时，增长 8.61%。

全年我市可吸入颗粒物、二氧化硫、二氧化氮三项指标的年平均值分别为 0.074 毫克 / 立方米、0.025 毫克 / 立方米、0.037 毫克 / 立方米，其中二氧化硫和二氧化氮达到国家大气环境质量二级标准；根据我市监测的数据，全市主要江河湖库水环境质量保持优良，河流各断面均达到各功能区水质要求，达标率 100%；全市 11 个集中式饮用水源地水质均达到Ⅱ类，达标率 100%；星湖水质达到Ⅳ类水环境功能标准；跨市河流交接断面水质达标率达 100%。

全市平均灰霾天气日数 76 天，比上年增加 4 天；其中高要和肇庆城区灰霾日数73天，比上年减少4天。全年日照时数 1664.6 小时，比正常年份减少 23 小时。城镇污水处理率达 83.6%；城市生活垃圾无害化处理率 74.4%。

全年完成荒山荒（沙）地造林、更新造林面积 9782 公顷，低产低效林改造面积 6388 公顷，其中林业重点工程完成荒山荒（沙）地造林面积 2015.3 公顷。全市义务植树完成 652.53 万株。全市森林覆盖率达到 69.8%。全市共有国家级自然保护区 1 个，面积 1155 公顷。

全年共发生各类安全事故 825 起，比上年上升 19.4%，死亡 81 人，下降 4.7%，受伤 244 人，上升 8.0%，直接经济损失 3637.83 万元，下降 28.4%。其中，生产经营性道路交通事故 277 起，上升 23.4%，造成死亡 65 人，上升 14.0%，受伤 242 人，上升 11.5%，直接财产损失 65.72 万元，下降 49.3%；火灾事故 588 起，上升 19.3%，死亡 2 人，下降 66.7%，经济损失 2359.61 万元，上升 29.2%；工矿商贸企业发生事故 10 起，下降 28.6%，死亡 14 人，下降 36.4%，受伤 2 人，下降 50%，经济损失 1212.50 万元，下降 61.7%。亿元地区生产总值生产安全事故死亡率为 0.134；工矿商贸企业就业人员 10 万人生产安全事故死亡率为 1.87；工道路交通万车死亡率为 2.03。

注：

1. 本公报中 2014 年数据为初步统计数，2009—2013 年数据为年报数。部分数据因四舍五入的原因，存在着分项与合计不等的情况。

2. 地区生产总值、各产业增加值、人均地区生产总值绝对数按现价计算，增长速度按可比价格计算。

3. 中心区包括端州区、鼎湖区、高新区、四会市和高要市；山区县包括广宁县、德庆县、封开县和怀集县。

4. 从 2011 年起，规模以上工业统计口径由 500 万元调整为 2000 万元及以上；固定资产投资项目统计起点由计划总投资 50 万元提高到 500 万元，增速为可比口径。从 2012 年起，“地方一般预算收入”更名为“地方公共财政预算收入”。2012 年四季度，国家统计局实施了城乡一体化住户调查改革。2014 年按照新的调查口径对外发布城乡一体的居民人均可支配收入和分城镇、农村常住居民人均可支配收入数据。由于新老调查方案在调查范围、调查对象、城乡划分标准、样本抽选、计算和汇总方式、指标口径等方面变化较大，改革后新口径数据和旧口径数据存在不可比的差异。

5. 先进制造业包括装备制造业、钢铁冶炼及加工业、石油及化学制造业。高技术制造业包括核燃料加工业、信息化学品制造业、医药制造业、航空航天器制造业、电子通信设备制造业、计算机制造业、医疗仪器设备制造业。

6. 六大高耗能行业包括石油加工炼焦及核燃料加工业、化学原料及化学制品制造业、非金属矿物制品业、黑色金属冶炼及压延加工业、有色金属冶炼及压延加工业、电力热力的生产和供应业。

7. 年末五种保险基金是指城镇职工养老、城乡（镇）基本医疗、失业、工伤、生育保险，不含城乡居民养老保险。

8. 2014年城市生活垃圾无害化处理率为预计数。

9. 因火灾事故统计口径变化，各类事故四项指标数据与上年不可比。

资料来源：本公报中城镇新增就业、登记失业率、社会保障数据来自市人力资源和社会保障局；财政数据来自市财政局；公路运输、水运、港口货物吞吐量数据来自市交通运输局；货物进出口、外商直接投资、对外直接投资等数据来自市商务局；邮电业务总量等数据来自邮政及通信部门（单位）；旅游数据来自市旅游局；货币金融数据来自人民银行肇庆分行；证券公司数据来自市金融工作局；保险业数据来自保险行业协会；教育数据来自市教育局；质量检验数据来自市质监局；气象数据来自市气象局；博物馆、公共图书馆、文化馆数、广播、电视、报纸、期刊等数据来

自市文广新局；档案数据来自市档案局；体育数据来自市体育局；卫生数据来自市卫生和计划生育局；低保、社会事业数据来自市民政局；环境监测数据来自市环境保护局；水资源数据来自市水务局；安全生产数据来自市安全监管局；林业数据来自市林业局；其他数据来自肇庆市统计局和国家统计局肇庆调查队。

2014 年清远市国民经济和社会发展统计公报

2014 年，在全国经济增长新常态下，我市认真落实市六届人大四次会议和市人大常委会确定的各项工作，突出发展、改革、稳定、民生主题，扎实做好政府工作，实现了经济社会发展新的进步。

一、综合

经初步核算，全年本地实现生产总值（GDP）1187.74 亿元，同比增长 7.9%，其中，第一产业增加值 177.50 亿元，增长 4.2%，对 GDP 增长的贡献率为 10.4%；第二产业增加值 483.95 亿元，增长 12.5%，对 GDP 增长的贡献率为 56.2%；第三产业增加值 526.29 亿元，增长 4.5%，对 GDP 增长的贡献率为 33.4%。三次产业结构为 14.9 ：40.8 ：44.3。2014 年，清远人均 GDP 达到 31214 元，增长 7.2%。

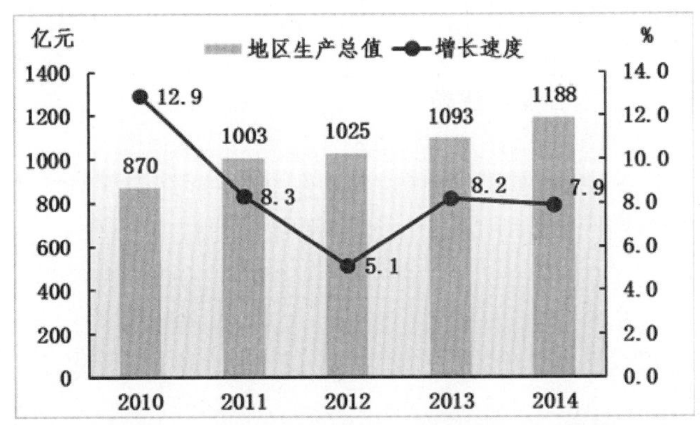

图 1 2010–2014 年地区生产总值及其增长速度

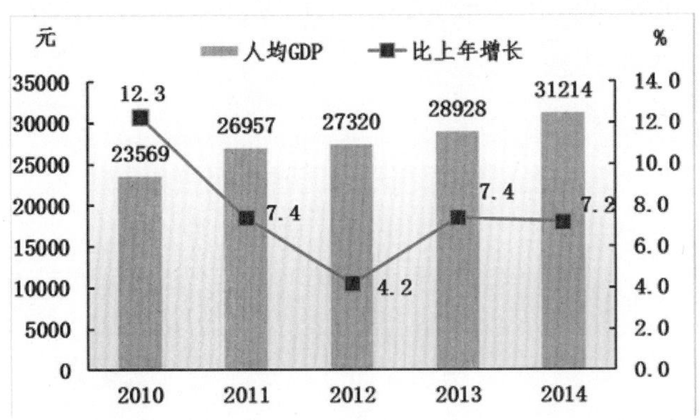

图 2 2010–2014 年人均地区生产总值及其增长速度

在工业现代产业中，高技术制造业增加值 12.53 亿元，增长 29.3%；优势传统产业增加值 141.96 亿元，增长 16.3%；先进制造业增加值 56.93 亿元，增长 28.7%；在第三产业中，交通运输、仓储和邮政业增长 6.2%，批发和零售业增长 4.8%，住宿和餐饮业增长 4.2%，金融业增长 10.0%，房地产业下降 3.8%。

分区域看，南部地区生产总值 955.47 亿元，占全市比重为 80.4%。

表 1 2014 年分区域主要指标

区域	GDP（亿元）	GDP 增长（%）	第二产业增加值		第三产业增加值		地方公共财政预算收入	
			增长（%）	占 GDP 比重（%）	增长（%）	占 GDP 比重（%）	总额（亿元）	增长（%）
清远市	**1187.74**	**7.9**	**12.5**	**40.7**	**4.5**	**44.3**	**102.6**	**10.6**
南部	955.48	11.0	16.7	44.0	6.2	44.0	57.4	10.8
北部	259.19	8.4	9.6	26.8	9.1	47.9	14.2	8.5

全年居民消费价格总水平上涨 2.3%。分类别看，食品类上涨 3.9%，烟酒及用品类上涨 0.2%，衣着类上涨 3.5%，家庭设备用品及维修服务类上涨 3.2%，医疗保健和个人用品类上涨 0.6%，交通和通信类上涨 1.3%，娱乐教育文化用品及服务类上涨 2.1%，居住类上涨 0.3%。工业品出厂价格指数（PPI）下降 1.0%。固定资产投资价格上涨 1.5%。商品零售价格总指数（RPI）上涨 2.2%。

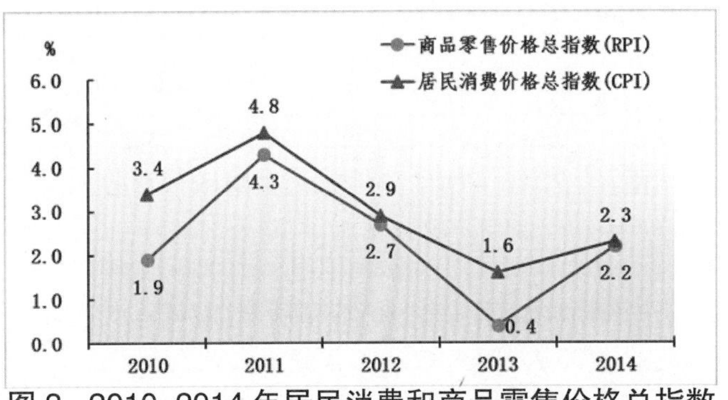

图 3 2010–2014 年居民消费和商品零售价格总指数

表 2　2014 年居民消费价格比上年涨跌幅度

指标	价格指数（上年=100）	比上年涨跌幅度（%）
居民消费价格总指数（CPI）	102.3	2.3
食品	103.9	3.9
其中：粮食	100.5	0.5
油脂	95.7	-4.3
肉禽及其制品	101.0	1.0
鲜蛋	104.3	4.3
水产品	111.2	11.2
鲜菜	99.5	-0.5
烟酒	100.2	0.2
衣着	103.5	3.5
家庭设备用品及维修服务	103.2	3.2
医疗保健和个人用品	100.6	0.6
交通和通信	101.3	1.3
娱乐教育文化用品及服务	102.1	2.1
居住	100.3	0.3

全年来源于清远财政总收入 278.03 亿元，比上年增长 12.8%。地方公共财政预算收入 102.61 亿元，增长 10.6%，其中税收收入 67.09 亿元，增长 9.2%。地方公共财政预算支出 213.32 亿元，增长 14.5%，其中，一般公共服务支出 26.89 亿元，增长 8.5%；教育支出 49.84 亿元，增长 1.6%；文化体育与传媒支出 1.98 亿元，增长 15.3%；医疗卫生与计划生育支出 26.21 亿元，增长 41.1%。

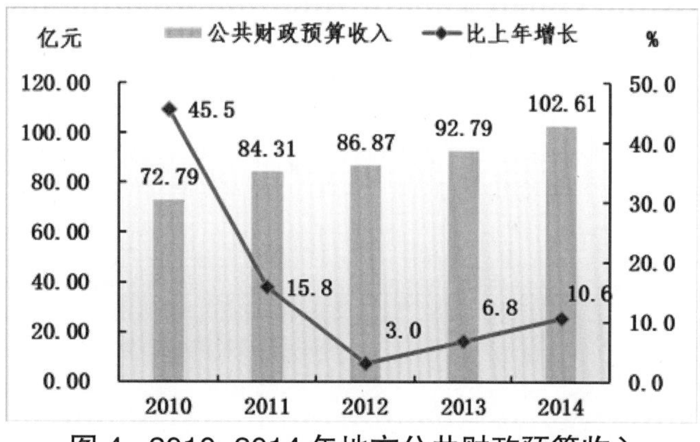

图 4　2010—2014 年地方公共财政预算收入及其增长速度

全年城镇新增就业 51952 人，就业困难人员实现再就业 1405 人。年末城镇实有登记失业人员 13500 人，城镇登记失业率 2.36%，比上年末微升 0.06 个百分点。组织农村劳动力培训 33108 人，转移就业人数 41579 人。

二、农业

全年农林牧渔业完成总产值 270.66 亿元，比上年增长 3.9%，其中农业产值 157.97 亿元，增长 5.1%；林业产值 26.86 亿元，增长 5.3%；牧业产值 63.58 亿元，增长 0.3%；渔业产值 15.52 亿元，增长 3.9%；农林牧渔服务业产值 6.75 亿元，增长 6.7%。

全年农作物总播种面积 557.67 万亩，增长 1.52%。其中，粮食作物播种面积 268.87 万亩，增长 0.02%；经济作物种植面积 85.28 万亩，增长 1.19%；其他作物种植面积 203.53 万亩，增长 3.73%。经济作物中甘蔗种植面积 6.57 万亩，增长 1.12%；油料种植面积 58.36 万亩，增长 3.16%；烟叶种植面积 1.55 万亩，下降 25.86%；木薯种植面积 13.00 万亩，下降 0.67%。其他作物中蔬菜种植面积 175.11 万亩，增长 5.16%。

全年粮食产量 79.55 万吨，增长 4.7%；甘蔗产量 36.62 万吨，增长 1.4%；油料产量 10.60 万吨，增长 5.0%；烟叶产量 0.24 万吨，下降 23.3%；木薯产量 15.03 万吨，增长 1.0%；蔬菜产量 270.65 万吨，增长 9.2%；水果产量 81.51 万吨，增长 5.8%；茶叶产量 0.36 万吨，增长 33.8%。

全年肉类总产量 23.03 万吨，增长 0.3%。其中，猪肉产量 15.91 万吨，增长 4.7%；禽肉产量 6.60 万吨，下降 8.9%。全年水产品产量 11.90 万吨，增长 4.3%。

三、工业和建筑业

全年全部工业完成增加值 435.52 亿元，比上年增长 13.4%。规模以上工业增加值 387.13 亿元，增长 14.2%，其中，国有及国有控股企业增长 6.4%，民营企业增长 16.5%，外商及港澳台投资企业增长 12.7%，股份制企业增长 17.1%，集体企业增长 43.1%，股份合作制企业下降 7.7%。分轻重工业看，轻工业增长 11.4%，重工业增长 15.1%。分企业规模看，大型企业增长 4.5%，中型企业增长 21.3%，小型企业增长 25.6%。

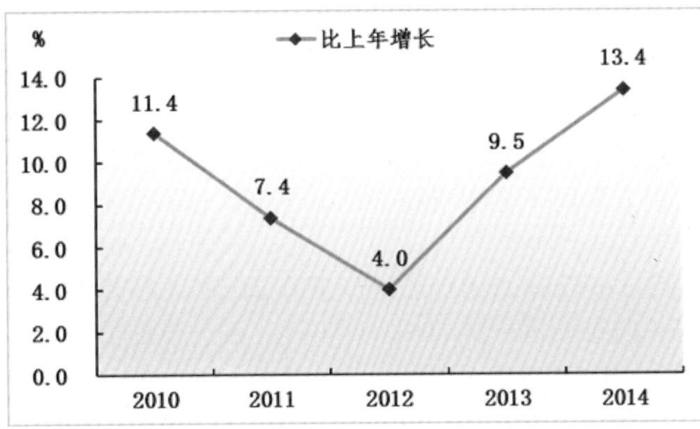

图 5 2010-2014 年工业增加值增长速度

工业现代产业增加值 190.50 亿元，增长 19.5%，其中，高技术制造业增加值增长 29.3%，先进制造业增加值增长 28.7%，优势传统产业增加值增长 16.3%。高技术制造业中，医药制造业增长 6.9%，电子及通信设备制造业增长 37.3%，电子计算机及办公设备制造业增长 1.3%。先进制造业中，装备制造业增长 32.3%，钢铁冶炼及加工业增长 16.2%，石油及化学行业增长 32.9%。优势传统产业中，纺织服装业增长 5.3%，食品饮料业增长 15.7%，建筑材料业增长 14.3%，金属制品业增长 106.7%，家用电力器具制造业增长 25.4%。

六大高耗能行业增加值增长 13.9%，其中，非金属矿物制品业增长 21.1%，黑色金属冶炼及压延加工业增长 15.4%，有色金属冶炼及压延加工业增长 8.1%，电力、热力生产和供应业增长 2.2%，化学原料和化学制品制造业增长 36.8%。

在规模以上工业企业生产的 66 种产品中，产量比上年增加的有 38 种，其中增幅较大的有：绝缘制品、用外购钢材再加工生产钢材、冷冻饮品、铅金属含量、大米、塑料制品、锌金属含量，分别比上年增长 976.3%、197.8%、151.5%、103.8%、89.4%、68.1% 和 61.4%；产量比上年减少的有 26 种，其中减幅较大的有：阀门、乳制品、小麦粉、中成药，分别比上年下降 43.8%、39.6%、35.3% 和 34.7%。

表 3 2014 年主要工业产品产量及其增长速度

产品名称	计量单位	产量	比上年增长（%）
发电量	万千瓦时	349484.05	1.5
纱	吨	80943.90	32.6
服装	万件	3317.00	-10.3
塑料制品	吨	356438.90	68.1
水泥	万吨	2310.78	3.9
商品混凝土	万立方米	330.13	2.9

（续上表）

产品名称	计量单位	产量	比上年增长（%）
瓷质砖	万平方米	36141.20	15.2
钢材	吨	1495245.50	30.3
铜材	吨	159539.40	10.8
铝材	吨	247574.00	11.4
电力电缆	千米	109829.00	20.8
制版电路板	万平方米	360.08	-29.1

全年规模以上工业实现主营业收入 1556.09 亿元，比上年增长 13.2%，利润总额 98.61 亿元，增长 43.1%，利税总额 150.83 亿元，增长 34.8%。资产贡献率 13.2%，资产负债率 59.6%，流动资产周转次数 2.30 次， 主营业务收入利润率 6.3%，全员劳动生产率 18.83 万元 / 人年，产品销售率 95.3%。亏损企业 101 家，增长 16.1%，亏损总额 8.76 亿元，增长 17.9%。

表 4 2014 年规模以上工业企业实现利润及其增长速度

指标	利润总额（亿元）	比上年增长（%）
规模以上工业	**98.61**	**43.1**
其中：国有及国有控股企业	8.37	47
集体企业	0.03	-637.8
股份制企业	61.05	42.7
外商及港澳台投资企业	39.37	47.8
民营企业	56.42	43.9

年末全市有资质的总承包和专业分包建筑企业 77 个，比三经普年报增加 5 家企业，增长 6.9%；完成建筑业总产值 96.4 亿元，增长 31.4%。

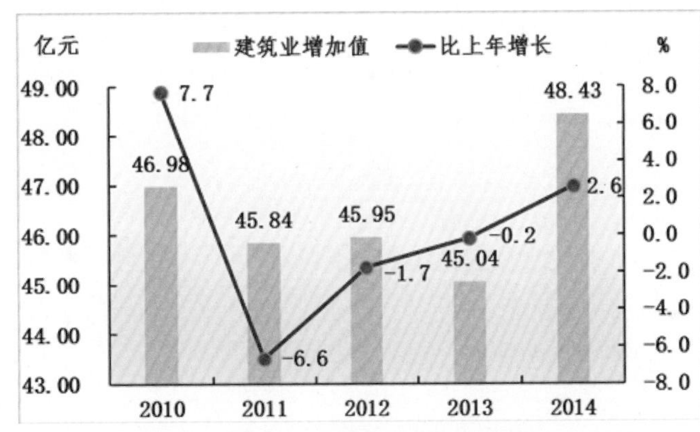

图 6 2010-2014 年建筑业增加值及增长速度

四、固定资产投资

全年完成固定资产投资 596.35 亿元，同比增长 22.6%。分投资主体看，国有经济投资 197.85 亿元，增长 11.6%；民间投资 356.14 亿元，增长 24.9%；港澳台、外商经济投资 36.19 亿元，增长 71.9%。

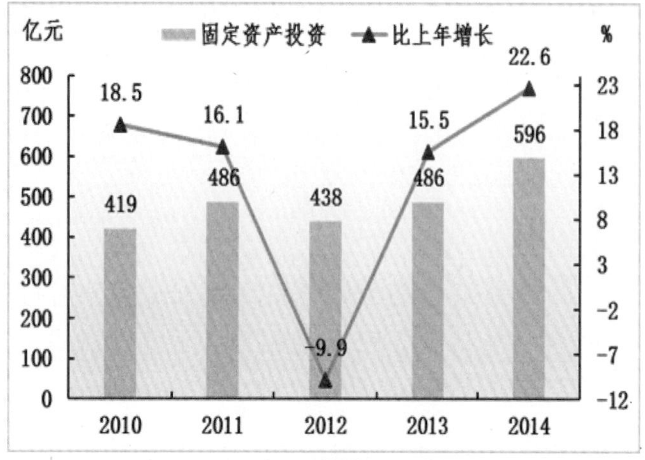

图 7　2010-2014 年固定资产投资及其增长速度

分地区看，南部地区投资 525.10 亿元，增长 20.7%；北部地区投资 63.52 亿元，增长 22.9%。

分三次产业看，第一产业完成投资 9.32 亿元，增长 54.3%；第二产业完成投资 135.54 亿元，增长 34.5%，其中工业完成投资 135.54 亿元，增长 34.6%；第三产业完成投资 451.49 亿元，增长 18.9%，其中交通运输仓储和邮政业完成投资 100.78 亿元，增长 15.2%。

表 5　2014 年分行业固定资产投资及其增长速度

行业	投资额（亿元）	比上年增长（%）
固定资产投资	596.35	22.6
农、林、牧、渔业	9.32	54.3
采矿业	2.92	22.6
制造业	114.53	52.1
电力、燃气及水的生产和供应业	18.09	-21.5
交通运输、仓储和邮政业	100.78	15.2
批发和零售业	2.38	29.1
住宿和餐饮业	6.93	90.9
金融业	0.15	-85.1
房地产业	243.59	21.9
租赁和商务服务业	0.80	1376.2
科学研究和技术服务业	3.20	261.4
水利、环境和公共设施管理业	70.90	50.8
居民服务、修理和其他服务业	1.73	801.3
教育	11.24	-43.7
卫生和社会工作	4.26	52.8
文化、体育和娱乐业	3.68	187.8
公共管理、社会保障和社会组织	1.84	1.5

全年房地产开发投资 219.06 亿元，比上年增长 16.6%。按地区分，南部地区 205.28 亿元，增长 16.3%；北部地区 13.79 亿元，增长 22.5%。按用途分，商品住宅开发投资 176.21 亿元，增长 17.6%。其中，90 平方米以下住宅投资 30.36 亿元，增长 6.8%；144 平方米以上住宅投资 28.73 亿元，下降 16.1%；别墅、高档公寓投资 17.19 亿元，下降 37.1%；办公楼投资 3.79 亿元，增长 27.6%；商业营业用房投资 18.51 亿元，下降 0.8%。

表 6　2014 年房地产开发和销售主要指标完成情况

指标	单位	绝对数	比上年增长
房地产开发投资	亿元	219.06	16.6
其中：土地购置费	亿元	23.71	36.4
其中：住宅	亿元	176.21	17.6
其中：90 平方米及以下	亿元	30.36	6.8
其中：144 平方米及以下	亿元	28.73	-16.1
房屋施工面积	万平方米	2753.45	20.2
其中：住宅	万平方米	2202.85	16.3
房屋新开工面积	万平方米	751.28	5.6
其中：住宅	万平方米	551.33	-4.3
房屋竣工面积	万平方米	304.48	26.8
其中：住宅	万平方米	265.30	32.3
商品房销售面积	万平方米	416.57	-17.8
其中：住宅	万平方米	394.65	-18.3
商品房销售额	亿元	207.04	-20.1
其中：住宅	亿元	190.74	-20.5
商品房待售面积	万平方米	238.56	23.8
其中：住宅	万平方米	159.30	17.6
本年资金来源小计	亿元	322.47	-3.4
其中：国内贷款	亿元	58.69	-14.2
个人按揭贷款	亿元	53.65	18.5
本年购置土地面积	万平方米	114.12	-4.8

全年新开工项目 498 个，比上年增长 23.0%。228 个市重点项目完成投资 362.4 亿元，完成计划投资的 103.1%，比上年提高 6.9%。基础设施完成投资 189.33 亿元，增长 11.8%。

五、国内贸易

全年社会消费品零售总额 570.28 亿元，比上年增长 11.5%。分地域看，城镇消费品零售额 452.26 亿元，增长 11.7%；农村消费品零售额 118.02 亿元，增长 10.5%。分行业看，批发和零售业零售额 525.80 亿元，增长 11.9%；住宿和餐饮业零售额 44.48 亿元，增长 6.4%。从消费形态看，商品零售 25634.59 亿元，增长 11.8%；餐饮收入 38.99 亿元，增长 7.3%。

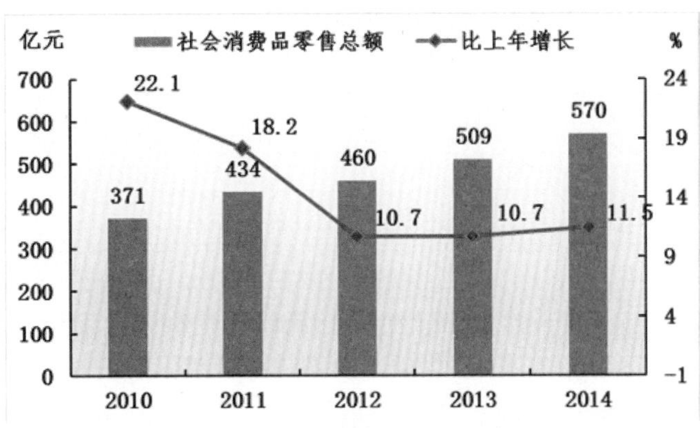

图 8 2010-2014 年社会消费品零售总额及其增长速度

在限额以上批发和零售业商品零售额中，粮油、食品、饮料、烟酒类增长 1.8%，服装、鞋帽、针纺织品类增长 5.3%，化妆品类增长 50.3%，金银珠宝类增长 24.9%，日用品类下降 2.8%，五金、电料类增长 3.9%，体育、娱乐用品类增长 34.1%，电子出版物及音像制品类增长 19.5%，书报杂志类增长 55.4%，家用电器和音像器材类增长 23.6%，中西药品类增长 60.3%，文化办公用品类下降 39.0%，家具类下降 19.6%，通讯器材类下降 31.9%，石油及制品类增长 20.6%，建筑及装潢材料类增长 19.8%，汽车类增长 21.2%。

六、对外经济

全年进出口总额44.00亿美元，比上年增长0.9%。其中，出口 23.91 亿美元，增长 6.2%；进口 20.09 亿美元，下降 4.7%。进出口差额（出口减进口）3.82 亿美元，比上年增加 2.51 亿美元。

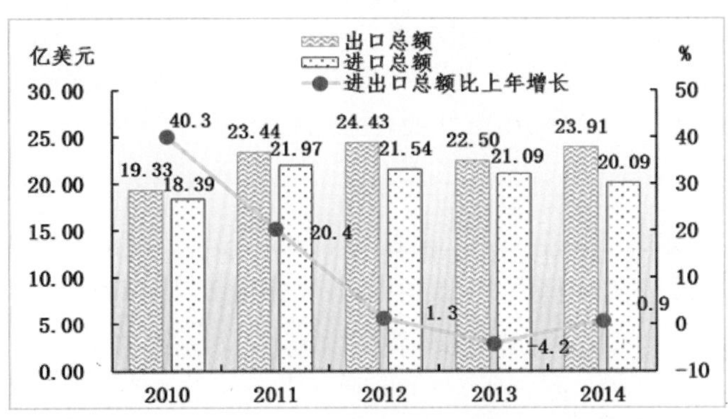

图 9 2010-2014 年进出口总额及其增长速度

表 7 2014 年进出口总额及其增长速度

指标	绝对数（亿美元）	比上年增长（%）
进出口总额	**44.00**	**0.9**
出口额	**23.91**	**6.2**
其中：一般贸易	8.45	27.1
来料加工	4.99	3.3
进料加工	10.42	-5.5
其中：国有企业	0.00	-99.9
“三资”企业	20.65	4.4
集体企业	0.01	17.0
私营企业	2.50	12.4
其中：机电产品	8.09	9.3
高新技术产品	2.33	-4.7
服装	0.95	-0.9
鞋类	4.64	9.0
塑料制品	0.76	-2.3
玩具	1.39	52.4
进口额	**20.09**	**-4.7**
其中：一般贸易	12.38	-3.2
来料加工	2.37	-7.8
进料加工	4.77	-13.7
其中：国有企业	1.15	-0.5
“三资”企业	10.46	-11.5
集体企业	0.01	82.8
私营企业	8.47	4.5
其中：机电产品	1.56	16.4
高新技术产品	0.39	13.6

全年新签外商直接投资项目 29 个，比上年下降 32.6%。合同外资金额 3.41 亿美元，比上年下降 13.5%。实际使用外商直接投资金额 2.28 亿美元，增长 7.5%。

七、交通、邮电和旅游

全年交通运输、仓储和邮政业实现增加值 74.17 亿元，比上年增长 6.2%。

全年公路、水路货物运输量分别为 11746 和 2243 万吨，分别增长 15.9% 和 17.4%；货物运输周转量分别为 190.61 和 33.13 亿吨公里，分别增长 19.8% 和 21.1%。

全年公路、水路旅客运输量分别为 2473 和 195 万人，都增长 17.5%；旅客运输周转量分别为 20.04 和 0.47 亿人公里，分别增长 20.4% 和 18.1%。

全年港口完成货物吞吐量 2512 万吨，比上年增长 149%。港口集装箱吞吐量 5.50 万标准箱，增长 214%。

年末公路通车里程 2.48 万公里，其中高速公路里程 590 公里，比上年末增长 76.0%。年末全市民用车辆保有量 71.38 万辆，比上年末增长 6.4%，其中汽车 27.96 万辆，增长 20.6%。民用轿车保有量 13.16 万辆，增长 27.0%，其中私人轿车 12.48 万辆，增长 28.8%。

全年完成邮电业务总量 48.45 亿元（按 2010 年不变价格计算，下同），增长 15.1%。其中，邮政业务总量（含快递业）2.71 亿元，增长 7.8%，其中快递业务量 0.07 亿件，增长 20.7%；快递营业收入 1.10 亿元，同比增长 37.6%；通信业务总量 45.74 亿元，增长 15.6%。年末固定电话用户 41.53 万户，其中，城市电话用户 23.41 万户，乡村电话用户 17.20 万户。年末移动电话用户 368.12 万户，其中，3G 移动电话用户 105.1 万户，4G 移动电话用户 27.61 万户。年末（固定）互联网用户 46.53 万户，增长 13.6%，其中，（固定）互联网宽带接入用户 41.61 万户，增长 13.4%。年末移动互联网用户 225.88 万户，增长 7.3%。

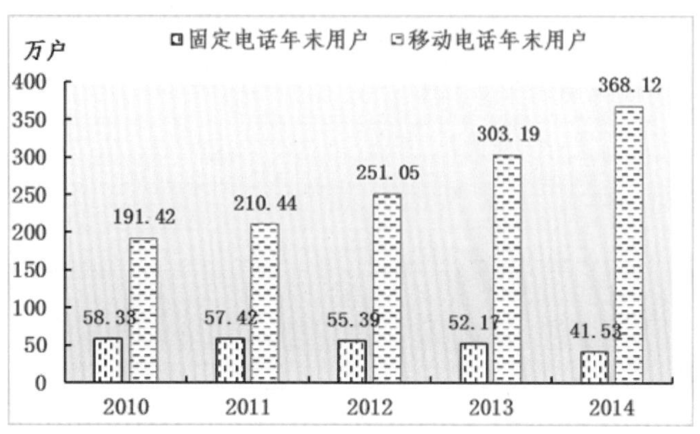

图 10　2010-2014 年年末电话用户数

年末拥有国家 5A 级景区 1 个，国家 4A 级景区 15 个，国家 3A 级景区 5 个。年末共有星级酒店 31 家。

全年接待入境旅游人数 17.14 万人次，比上年下降 21.3%。其中，外国人 0.93 万人次，下降 8.7%；香港、澳门和台湾同胞 16.21 万人次，下降 25.0%。在入境人数中，过夜旅游者 17.14 万人次，下降 21.3%。国际旅游外汇收入 1.44 亿美元，增长 6.0%。接待国内游客 3134.25 万人次，增长 5.0%，其中过夜旅游者 971.62 亿人次，增长 10.7%；国内旅游收入 209.54 亿元，增长 11.9%。全年各主要旅游景点共接待游客 812.57 万人次，增长 3.7%，营业收入 19.67 亿元，比上年增长 12.5%。实现旅游总收入 218.39 亿元，增长 11.6%。

八、金融、证券和保险

年末全市银行业金融机构本外币各项存款余额 1534.81 亿元，比上年末增长 9.5%；各项贷款余额 953.48 亿元，增长 11.7%。

表 8　2014 年末银行业金融机构本外币存贷款及其增长速度

指　　标	绝对数（亿元）	比上年末增长（%）
各项存款余额	**1534.81**	**9.5**
其中：市辖区	733.30	8.8
其中：居民储蓄存款余额	927.07	10.3
其中：城　镇	627.81	8.0
农　村	299.26	15.5
各项贷款余额	**953.48**	**11.7**
其中：市辖区	511.29	9.3
其中：短期贷款	177.27	0.2
中长期贷款	760.99	13.6

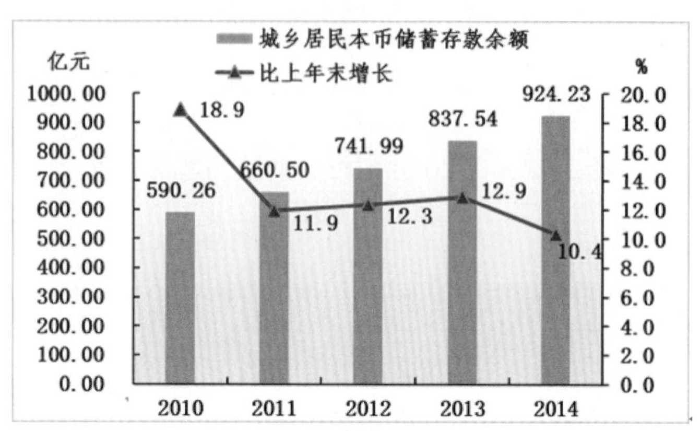

图 11　2010-2014 年城乡居民本币储蓄存款余额及其增长速度

截至 2014 年末，我市证券、期货营业部 14 家，其中证券营业部 12 家、期货营业部 2 家。全年我市证券经营机构实现股票、基金、权证、债券成交总额 1358.64 亿元，其中股票成交总额 882.75 亿元；股东开户数 14.49 万户；手续费收入 1.16 亿元；全年实现净利润 0.58 亿元。

全市共有各类保险营业机构（含网点）143 个，比上年增加 13 个。全年实现保费收入 33.50 亿元，增长 25.9%，其中，寿险业务保费收入 20.84 亿元，财产险业务保费收入 12.66 亿元，分别增长 35.3% 和 22.5%；健康险和意外伤害险业务保费收入 3.65 亿元，增长 29.4%。全年共支付各项赔款和给付 15.73.4 亿元，增长 27.0%。其中，寿险业务赔付支出 8.80 亿元，增长 41.3%；财产险业务赔款支出 6.93 亿元，增长 12.5%；健康险和意外伤害险赔付支出 2.34 亿元，增长 7.3%。

九、教育和科学技术

截至 2014 年底，全市共有各级各类普通学校（包括幼儿园、所）1083 所，比上年增加 89 所。招生 19.16 万人，下降 0.03%，在校生 63.50 万人，增长 1.62%；毕业生 15.86 万人，下降 2.24%。全市学龄儿童净入学率 100%，小学毕业生升学率 100%，初中毕业生升学率 99.02%。全市普通高考考生 27101 人，总上线人数 21624 人，被高校录取的人数 21408 人，高考上线率和录取率分别达 79.8% 和 83.6%。小学、初中、普通高中的专任教师学历达标率为 100%、100%、98.8%，分别比上年增长 0.1%、0.6%、0.9%。

全年全市教育事业支出 43.89 亿元，同比增长 15.0%。各级财政安排 9 年免费义务教育补贴资金 3.51 亿元，惠及全市 464 所学校的 30.55 万名学生。

表 9　2014 年各级各类教育招生、在校生、毕业生人数及其增长速度

指　标	招生（人）	增长（%）	在校生（人）	增长（%）	毕业生（人）	增长（%）
普通本专科	5963	2.0	14039	15.2	3303	11.8
成人本专科	575	-38.3	2311	-1.6	718	1.0
网络本专科	112	-26.3	444	-4.9	79	29.5
各类中等职业技术教育（不含技工学校）	12434	-22.1	42553	-5.4	14507	-26.2
普通高中	24132	-5.7	75688	-4.9	27178	0.1
初中	41153	-6.1	128103	-7.6	49352	-0.1
小学	53812	4.4	282153	4.6	41251	-0.1
学前教育	72273	2.3	148397	8.5	40822	0.1
特殊教育	202	65.6	651	43.1	71	0.1

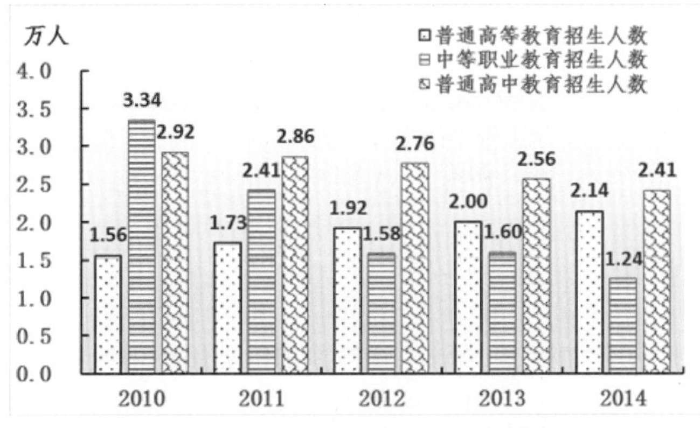

图 12　2010–2014 年各类教育招生人数

年末规模以上工业企业拥有技术开发机构 46 家，其中，国家级 1 家，省级 16 家，市级 29 家。高新技术企业 61 家。年末全市拥有认定技术创新专业镇 27 个，其中，省认定 9 个，市认定 18 个。

全年获得科技成果 46 项，其中，基础理论成果 1 项，应用技术成果 45 项。全年专利申请总量 882 件，增长 5.3%，其中发明专利申请量 160 件，下降 14.4%；全年专利授权总量 630 件，增长 3.5%，其中发明专利授权量 52 件，增长 20.9%；全年《专利合作条约》(PCT) 国际专利申请量 2 件，与去年相等。截至 2014 年底，我市有效发明专利量 196 件。全年经各级科技行政部门登记技术合同 1 项；技术合同成交额 0.86 亿元。

全市共有法定产品质量监督检验机构 1 个，法定质量计量综合检测机构 1 个，法定计量技术机构 1 个，特种设备综合检验机构 1 个。获得实验室资质认定审查认可授权（验收）证书机构 2 家，获得质量、环境、职业健康三大管理体系认证企业 548 家，产品获得 3C 认证企业 63 家。

截至年底，全市拥有省级以上“名牌名标”85 个，同比增加 28 个。其中，广东省名牌产品 29 个；中国驰名商标 10 个，广东省著名商标 46 个。

十、文化、卫生和体育

年末全市共有各类专业艺术表演团体（公有制）4 个，文化馆 9 个，县级及以上公共图书馆 10 个，博物馆和纪念馆 10 个，电影城（院）12 家，文化站 85 个。全市有广播电台 7 座，电视台 7 座。广播综合人口覆盖率和电视综合人口覆盖率均为 100%。有线电视用户 55.99 万户，比上年末增长 3.6%。公共图书馆藏书量 97 万册。

年末全市共有各类卫生、计生机构 2557 个，其中，医院（包括综合医院、中医院、妇幼保健院）54 个、卫生院 120 个，社区卫生服务中心（站）17 个，村卫生室（含农村卫生服务中心）1765 个，妇幼保健机构 9 个，专科疾病防治机构 9 个，疾病预防控制中心 8 个，卫生监督机构 8 个。全市拥有医疗床位 14368 张，增长 10.5%。全市卫生机构拥有在岗职工 22811 人，增长 1.5%；其中，执业医师和执业助理医师 6967 人，注册护士 7144 人。全市 120 家乡镇卫生院拥有卫生技术人员 5288 人，床位 4033 张；8 家疾病预防控制中心拥有卫生技术人员 384 人；8 家卫生监督机构拥有卫生技术人员 75 人。全年无甲类传染病报告；乙类传染病 17 种 15394 例，死亡 60 人，发病率 403.82/10 万；丙类传染病 7 种 24848 例，死亡 5 人，发病率 651.82/10 万。

2014 年，成功举办广东省青少年羽毛球锦标赛和清远市田径运动会，分别吸引了 262 和 320 名运动健儿参加。我市运动员在亚洲女子篮球青年锦标赛中获得 1 枚金牌。

十一、人口、资源与环境

年末全市常住人口 381.91 万人，比上年末增加 2.80 万人，增长 0.7%。全年常住出生人口 4.73 万人，出生率 12.4‰；死亡人口 2.64 万人，死亡率 6.9‰。自然增长人口 2.09 万人，自然增长率 5.5‰。户籍人口 412.26 万人，增长 0.6%，其中，男性人口 213.79 万人，女性人口 198.48 万人。城镇比 48.3%，城镇人口 184.46 万人，比上年增加 2.49 万人。

全年水资源总量 242.01 亿立方米，比上年减少 16.4%，人均水资源 6337 立方米，减少 17.0%。平均降水量 1863 毫米，较上年偏少 11.9%。年末全市大、中型水库蓄水总量 9.22 亿立方米，比上年减少 13.1%。全年总用水量 18.52 亿立方米，增长 1.0%。其中，生活用水增长 3.2%，工业用水增长 5.8%，农业用水减少 0.1%，生态补水增长 0.2%。人均用水量 484.9 立方米，比上年增长 0.1%。全市总售水量 15130.34 万立方米，同比增长 8.8%，其中居民 7662.11 万立方米，增长 12.8%；工业 3406.68 万立方米，减少 11.3%。

年末城市建设用地面积 87.40 平方公里（含清城区和清新区太和镇）。其中：居住用地面积 29.50 平方公里，公共设施用地面积 10.80 平方公里，工业用地面积 22.58 平方公里。

全年规模以上工业综合能源消费量 801.33 万吨标准煤，同比增长 4.1%。全社会用电量 173.89 亿千瓦时，增长 10.9%。其中工业用电 132.52 亿千瓦时，增长11.6%；第三产业用电 17.81 亿千瓦时，增长 4.4%；城乡居民生活用电量 19.22 亿千瓦时，增长 14.3%。

全年日照时数 1637.3 小时，比常年偏多 78.8 小时；全年降雨量合计 1899.2 毫米，比常年偏少 2.0%；全年平均气温 20.8 摄氏度，比常年偏高 0.3 摄氏度。全市共有天气雷达观测站 1 个（在建），地震台站 6 个。全年有 139 天空气质量级别Ⅰ级（优），占 38.9%；168 天的空气质量级别Ⅱ级（良），占 47.1%。酸雨发生率为 82.4%，比上年上升 9.1 个百分点。环境空气中污染物二氧化硫、二氧化氮、可吸入颗粒物、降尘年日均值分别为 28mg/m³、33mg/m³、60mg/m³ 和 3.34t/km2•30d，分别比上年下降 7.7%、10.0%、3.4% 和 1.2%。建成污水处理厂 18 座，城市污水日处理能力达 40.5 万吨，增长 17.4%。综合治理水土流失面积 14 公顷。全年农作物受灾面积 24.85 千公顷。洪涝和干旱造成直接经济损失 26.64 亿元。发生各类地质灾害 60 起，造成死亡人数 1 人，直接经济损失 2887 万元。

年末森林覆盖面积 137.50 万公顷，森林覆盖率 71.7%。生态公益林面积 60.30 万公顷。省级以上自然保护区 8 个（其中国家级 3 个），自然保护区面积 9.52 万公顷。市区建成区绿化覆盖面积 2498 公顷，绿化覆盖率 41.1%，人均公园绿地面积 15.93 平方米。全年完成荒山荒（沙）地造林、更新造林、有林地造林面积 20140 公顷，低产低效林改造面积 3287 公顷。其中林业重点工程完成荒山荒（沙）地造林面积 11267 公顷。全市义务植树完成 564.20 万株。

十二、人民生活、社会保障和安全生产

全年清远全体居民人均可支配收入 15637 元，比上年增长 9.9%，扣除物价因素实际增长 7.4%。其中，城镇常住居民人均可支配收入 21093 元，增长 9.0%；扣除价格因素，实际增长 6.5%。农村常住居民人均可支配收入 10600 元，增长 10.1%；扣除价格因素，实际增长 7.6%。

全年清远全体居民人均消费支出 11764 元。城镇居民人均消费支出 14976 元，其中教育文化娱乐服务所占比重为 9.5%；农村居民消费支出 8798 元，其中教育文化娱乐服务所占比重为 7.9%。

年末全市参加社会保险达 767.16 万人次，同比增长 4.6%。参加城镇职工基本养老保险（含离退休）102.64 万人，比上年末增长 36.2%。参加城乡居民基本养老保险（含领取养老待遇）144.80 万人，增长 2.2%。参加城镇职工基本医疗保险 55.53 万人，增长 1.3%；其中参加城镇职工基本医疗保险的异地务工（农民工）人员 18.24 万人，下降 12.4%。参加城乡（镇）居民基本医疗保险 349.23 万人，增长 0.01%。参加工伤保险 41.38 万人，增长 2.4%。参加生育保险 36.78 万人，增长 2.1%。参加失业保险 36.81 万人，增长 3.5%。

表 10　2014 年末全市参加各类保险人数及其增长速度

指标	参保人数（万人）	比上年增长（%）
参加城镇职工基本养老保险（含退休人员）	102.64	36.24
其中：参保职工	91.19	40.86
参保离退休人员	11.45	8.02
参加城乡（镇）基本医疗保险	404.76	0.18
其中：城镇职工基本医疗保险	55.53	1.28
城乡（镇）居民基本医疗保险	349.23	0.01
参加城镇职工基本医疗保险的异地务工人员	18.24	-12.43
参加失业保险	36.81	3.46
参加工伤保险	41.38	2.38
其中：参保异地务工人员	20.99	-2.46
参加生育保险	36.78	2.11

截至年底，全年社会保险基金收入 68.75 亿元，同比增长 22.2%；年末社会保险基金累计结余 96.54 亿元，同比增长 19.1%。2014 年度离退休人员全年人均基本养老金达 1526 元 / 月，同比增长 14.9%；失业金标准达 808 元 / 月 / 人，同比无增长。年末领取失业保险金人数为 5905 人，同比增长 33.5%。至 2014 年底，享受低保救济的困难群众达 113846 人，其中，城镇 9831 人，农村 104015 人。

收养性社会福利单位床位 9617 张（含收住老人

数、在院孤残儿童、光荣间），收养人员5100人。各种社区服务设施2279个，综合性社区服务中心（站）183个。全年医疗救助188888人次，比上年下降0.1%。民政部门资助参加医疗保险156382人。共发行销售福利彩票4.54亿元，筹集福利资金0.44亿元，其中本市留用1965万元。

年末拥有社会组织数量为319个，增长14.8%。注册志愿者人数30.03万人，增长0.7%。注册志愿者人均参与志愿服务时数9.04小时，增长1.1%。

全年共发生各类生产安全事故1593宗，比上年上升9.9%；死亡185人，下降7.0%；受伤1282人，上升25.9%；直接经济损失2032.02万元，上升14.9%。其中，工矿商贸企业事故死亡6人，占全年各类生产安全事故死亡人数的3.2%；道路交通事故945起，上升3.8%，造成死亡176人，下降4.3%，占全年各类生产安全事故死亡人数的95.1%，受伤1278人，上升26.2%；直接经济损失289.77万元，下降15.8%；火灾死亡1人，占全年各类生产安全事故死亡人数的0.5%；水上交通事故死亡2人，占各类生产安全事故死亡人数的1.1%。亿元地区生产总值生产安全事故死亡率为0.156，工矿商贸10万人就业人员生产安全事故死亡率为0.631，道路交通万车死亡率为2.47。

注：

1.本公报中2014年数据为初步统计数，由于第三次全国经济普查数据尚未最终核定，统计图表中2010-2013年地区生产总值及分行业数据为年报数据，尚未作修订。

2.公报中地区生产总值、各产业增加值、农业总产值绝对数按现价计算，增长速度按可比价计算。

3.从2011年起，规模以上工业统计口径由500万元调整为2000万元及以上；固定资产投资项目统计起点由计划总投资50万元提高到500万元，增速为可比口径。从2012年起，“地方一般预算收入”更名为“地方公共财政预算收入”。

4.先进制造业包括装备制造业、钢铁冶炼及加工业、石油及化学制造业。高技术制造业包括核燃料加工业、信息化学品制造业、医药制造业、航空航天器制造业、电子通信设备制造业、计算机制造业、医疗仪器设备制造业。

5.六大高耗能行业包括石油加工炼焦及核燃料加工业、化学原料及化学制品制造业、非金属矿物制品业、黑色金属冶炼及压延加工业、有色金属冶炼及压延加工业、电力热力的生产和供应业。

6.南部地区指高新、清城、清新、英德和佛冈；北部地区指连山、连南、连州和阳山。

资料来源：本公报中财政数据来自市财政局；城镇新增就业、登记失业率、社会保障数据来自市人力资源和社会保障局；货物进出口、外商直接投资、对外直接投资等数据来自市商务局；公路通车里程、公路运输、水运、港口货物吞吐量数据来自市交通运输局；邮电业务总量等数据来自邮政及通信部门（单位）；民用汽车数据来自市公安局；货币金融数据来自人民银行清远分行；证券、基金、期货公司及交易数据来自市金融工作局；保险业数据来自市保险协会；教育数据来自市教育局；科技、专利、质量检测中心、名牌名标等数据来自市科技局和市质监局；艺术表演团体、公共图书馆、博物馆、纪念馆、文化站、广播、电视、电影、图书、体育等数据来自市文化广电新闻局；旅游数据来自市旅游局；卫生、计生数据来自市卫生局；低保、社会福利数据来自市民政局；志愿服务数据来自市共青团；户籍人口数据来自市公安局；水资源数据来自市水务局；城市建设用地数据来自市规划局；气象数据来自市气象局；环境监测、自然保护、生活垃圾无害化处理、公园绿地面积、森林覆盖率、城市污水处理、自然灾害数据来自市环保、水务、住建、林业、国土局和三防办；安全生产数据来自市安监局；其他数据来自市统计局和国家统计局清远调查队。

2014 年潮州市国民经济和社会发展统计公报

2014 年，市委、市政府紧紧团结全市人民，围绕加快振兴发展的主题，沉着应对复杂严峻的经济形势，把握交通扩网提速、园区扩能增效、城市扩容提质“三大抓手”，着眼创建粤东生态环境和社会治安最佳城市，扎实做好稳增长、调结构、促改革、惠民生等各项工作，全市经济社会实现持续稳定发展。

一、综合

初步核算，2014 年，全市实现生产总值 850.2 亿元，增长 8.2%，增速比全省高 0.4 个百分点。各季度 GDP 累计增速分别为 7.5%、7.8%、7.8% 和 8.2%，呈逐季上升趋势。三次产业增加值分别为 58.5 亿元、479.9 亿元和 311.8 亿元，同比分别增长 3.9%、9.5% 和 7.1%。三次产业比例关系为 6.9 ∶ 56.4 ∶ 36.7。人均生产总值 31302 元，比上年增长 7.8%。工业是支撑全市经济发展的主动力，实现增加值 452.5 亿元，增长 9.3%，对 GDP 增长的贡献率高达 65.7%，第三产业对 GDP 增长的贡献率为 31.4%。在第三产业中，批发和零售业增长 6.8%，住宿餐饮业增长 5.8%，交通运输、仓储和邮政业增长 4.9%，金融业增长 11%，房地产业增长 4.3%。

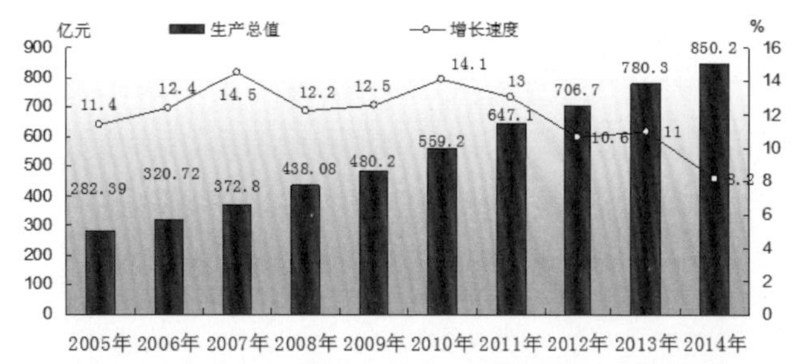

图 1　2005-2014 年生产总值及其增长速度

全年居民消费价格总水平比上年上涨 1.5%，涨幅比全省低 0.8 个百分点。八大类消费品价格六升一平一降，食品价格是物价上涨最大推手，同比上涨 3%，推动 CPI 同比上涨 1.15 个百分点。烟酒类上涨 0.4%，衣着类上涨 0.1%，医疗保健和个人用品类价格上涨 1.1%，娱乐教育文化用品及服务类上涨 2.4%，居住类价格上涨 0.5%，家庭设备用品及维修服务类价格保平，交通和通讯类价格下降 0.8%。商品零售价格总指数为 100.7%，工业生产者出厂价格指数为 100%。

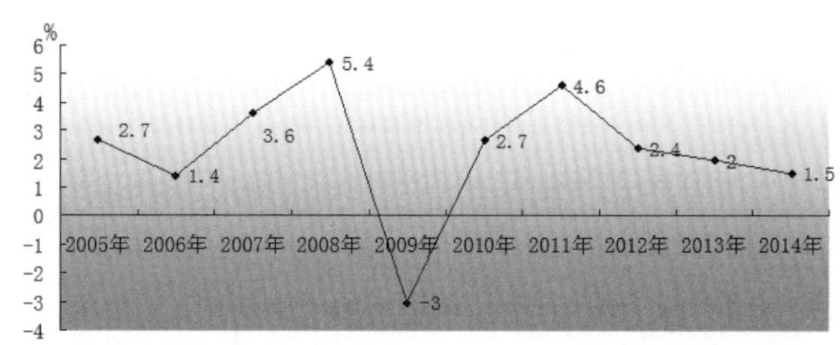

图 2　2005 年 -2014 年居民消费价格涨跌幅度

全年新增城镇就业 2.5 万人，下岗失业人员再就业 0.4 万人，组织劳动力技能培训 1.3 万人，转移就业 2.5 万人，城镇登记失业率控制在 2.47% 以内。

2014 年，全市地方公共财政预算收入 41.3 亿元，增长 11.3%，其中，税收收入 31.3 亿元，增长 8.3%，归入地方库的国税收入 11.3 亿元，下降 1.6%，归入地方库的地税收入 21.7 亿元，增长 13%。四大税种中，增值税 25% 部分收入增长 0.4%，个人所得税增长 8.7%；企业所得税和营业税分别下降 1.3% 和 2.7%。全市各项税收收入 91.4 亿元，增长 3.7%。国税国内税收收入 50.2 亿元，下降 2%，其中，工业增值税 31.8 亿元，下降 4.7%；地税税收总收入 35.3 亿元，增长 15.6%。

经济社会发展中存在的主要问题：经济总量偏小，产业结构不优，财政实力较弱，改善民生压力较大；土地、资金、人才、资源环境等要素制约突出，大气环境质量有待改善，节能减排任重道远。

二、农业

2014 年，全市农业总产值 105.6 亿元，比上年增长 4.9%。农作物总播种面积 96.3 万亩，比上年增长 0.2%。粮食播种面积 66.3 万亩，比上年下降 0.2%。粮食总产量 27.4 万吨，比上年增长 5.4%。水果总产量 20.9 万吨，比上年增长 20.1%；茶叶总产量 1.47 万吨，比上年增长 1.4%；蔬菜总产量 47.2 万吨，比上年增长 2.8%。肉类总产量 7.6 万吨，比上年增长 1.3%。水产品产量 19.6 万吨，比上年增长 4.3%。

2014 年底，全市林业用地面积 280.8 万亩，有林地256.3万亩，森林覆盖率62.23%，比上年增加0.29 个百分点，森林面积 291.8 万亩，比上年增加 1.5 万亩；森林蓄积量 571.6 万立方米，比上年增加 37.6 万立方米。全市造林 8.2 万亩，其中森林碳汇工程 7.7 万亩。完成生态景观林带 55 公里，商品林基地达 33 万亩。新增市级森林公园 7 个、县（区）级森林公园 3 个，湿地公园 2 个，镇级森林公园 6 个，森林家园 34 个。

三、工业和建筑业

2014 年，全市工业增加值 452.5 亿元，增长 9.3%；规模以上工业增加值 332.5 亿元，增长 11.1%。分经济类型看，股份制企业增长 13.5%，国有及国有控股企业下降 0.9%。分轻重工业看，轻工业增长 12.4%，重工业增长 9.4%，轻重工业增加值比例为 57.6 ： 42.4。

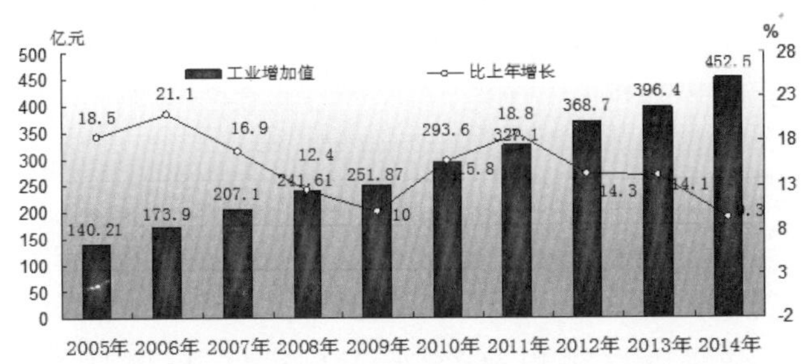

图 3　2005-2014 年工业增加值及其增长速度

规模以上八大行业实现增加值 202 亿元，增长 10.6%，拉动规模以上工业增长 6.5 个百分点。其中，陶瓷工业增加值 96.6 亿元，增长 11%；食品工业增加值 28 亿元，增长 1.4%；服装工业增加值 15.3 亿元，增长 11.4%；不锈钢制品业增加值 18.8 亿元，增长 25.8%；印刷和记录媒介复制业增加值 13.3 亿元，增长 24.2%；水族机电业增加值 8 亿元，增长 14.5%；塑料工业增加值 5.8 元，下降 22%。电力生产和供应业增加值 47.8 亿元，下降 1.5%。燃气生产和供应业增加值 20.8 亿元，增长 21.1%。

规模以上工业销售产值 1203 亿元，比上年增长 11.2%，其中，内销产值 986 亿元，增长 13.1%；出口交货值 217 亿元，增长 3.4%。工业产品销售率为 98.1%，比上年略降 0.6 个百分点。规模以上工业经济效益综合指数为 261.8%，比上年提高 23.9 个百分点。规模以上工业企业利税总额为 163.8 亿元，比上年增长 18.5%。

全市资质以上等级建筑企业 73 家；实现建筑业总产值 40.5 亿元，比上年增长 16.7%。房屋建筑施工面积 543.7 万平方米，比上年下降 13.7%。房屋建筑竣工面积 140.7 万平方米，比上年下降 22.5%。

四、固定资产投资

2014 年，全市固定资产投资 313 亿元，比上年增长 30.1%，增速创近十年新高。三次产业投资中，第一产业投资 10.3 亿元，比上年增长 41.6%；第二产业投资 129.7 亿元，比上年增长 1.9%，其中，工业投资增长 4.8%；第三产业投资 173 亿元，增长 62.9%。房地产开发投资 46.7 亿元，增长 11.4%。基础设施投资 89.8 亿元，增长 59.6%，拉动投资增长 13.9 个百分点。商品房施工面积 449.2 万平方米，下降 4.6%；商品房竣工面积 59.8 万平方米，下降 23.5%；商品房销售面积 74.6 万平方米，增长 2.3%。

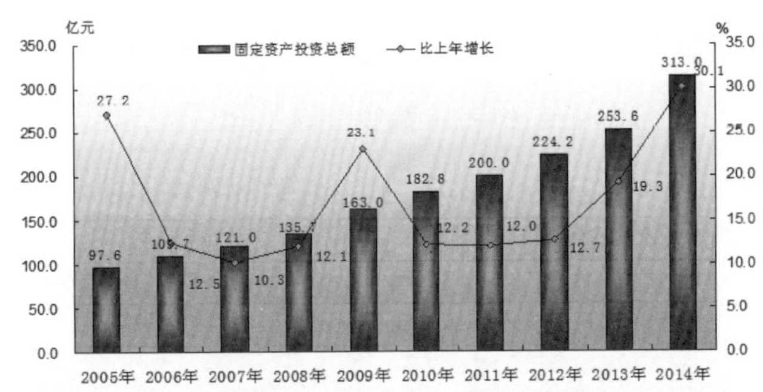

图 4　2005-2014 年固定资产投资总额及增长速度

五、国内贸易

2014 年，全市社会消费品零售总额 395.8 亿元，增长 11.8%。城镇市场是消费主体，实现零售额 318.7 亿元，增长 10.9%，对消费增长的贡献率达 75%；乡村市场发展迅猛，零售额增长 15.5%，增速比城镇市场高 4.6 个百分点。分行业看，批发零售业零售额 361.3 亿元，增长 11.9%，拉动消费增长 10.9 个百分点；住宿餐饮业零售额 34.5 亿元，增长 9.8%。

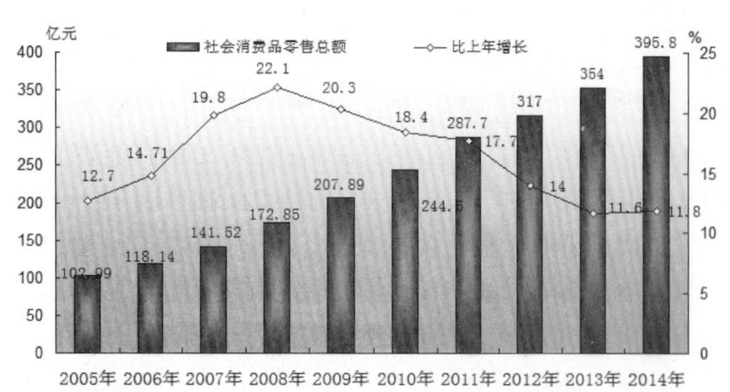

图5 2005-2014年社会消费品零售总额及增长速度

六、对外经济贸易

全年海关进出口总额34.2亿美元，比上年下降12.6%。进口总额5.7亿美元，比上年下降49.5%；出口总额28.5亿美元，比上年增长2.5%。从贸易方式看，一般贸易出口27亿美元，增长3.7%；加工贸易出口1.1亿美元，下降27.8%。各类商品中，陶瓷商品出口10.9亿美元，增长9.8%；机电产品出口4.1亿美元，增长6.5%；食品出口4.3亿美元，增长27.5%；服装及纺织品出口3.4亿美元，下降13.6%；鞋类出口2.2亿美元，下降12.9%。各大出口市场中，对欧盟出口4.5亿美元，增长13.3%；对东盟出口4.4亿美元，增长2%；对中国香港出口2.8亿美元，增长15.5%；对美国出口4.3亿美元，下降4.5%；对日本出口0.5亿美元，下降18.5%。

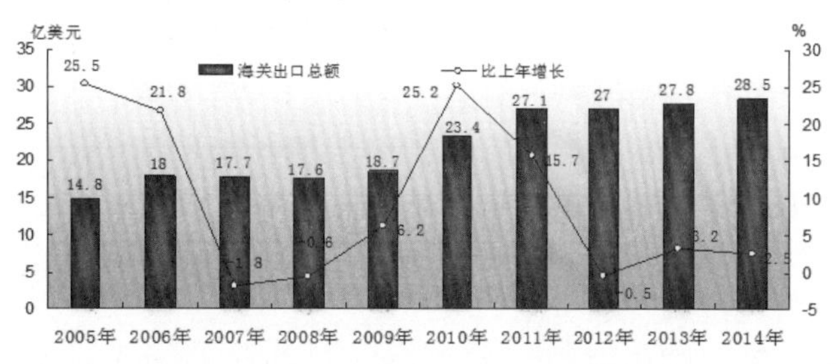

图6 2005-2014年海关出口总额及其增长速度

七、交通、邮电和旅游业

全年货运量4413万吨，增长11.9%，货物周转量201.6亿吨公里，增长14.8%，客运量为1987万人，增长13.1%；旅客周转量为24.24亿人公里，增长13.8%。全市年末机动车拥有量59.4万辆，比上年增长4.3%。民用汽车拥有量达到18.7万辆，比上年增长12%。其中，私人汽车17.1万辆，增长13.7%。民用轿车拥有量达到10.7万辆，增长14.4%，其中私人轿车10.3万辆，增长15.7%。摩托车40.7万辆，增长1.1%。

全年邮电通信业务总量36.56亿元，增长18%。电话总用户61.3万户，比上年下降2.7%，其中城市电话29.8万户，乡村电话31.5万户。移动电话总用户248.2万户，比上年增长2.9%。全市互联网固定用户38.7万户，比上年下降5.3%。

2014年，全市旅游收入115.9亿元，比上年增长29%；接待海内外游客人数758.1万人次，增长28.4%；其中，接待海外游客61.6万人次，增长1%，接待国内游客696.6万人次，增长31.6%；全市共有星级饭店13家，但全年客房出租率仅为57%。

八、金融和保险业

2014年末，全市金融机构本外币存款余额1004亿元，比年初增长9.2%；其中城乡居民储蓄存款余额698亿元，比年初增长7.9%。金融机构本外币贷款余额357亿元，比年初增长10.6%，其中，短期贷款161.8亿元，比年初增长2.2%；中长期贷款181.5亿元，比年初增长18.9%。存贷比为35.6%。

2014年，全市保险业实现保费收入21亿元，增长16.3%，其中，人身保险业务保费收入14.2亿元，增长13.3%；财产保险业务保费收入6.8亿元，增长23%。赔付支出9.9亿元，比上年增长9.1%，其中，人身保险赔付支出6.2亿元，增长6.3%；财产保险赔付支出3.5亿元，增长14.6%。

九、教育和科学技术

2014年，全市普通高等院校1所，专任教师795人，在校学生17210人。小学640所，小学在校学生数18.75万人，小学专任教师数10158人，小学招生数34278人；初中104所，初中在校学生数9.1万人，初中专任教师数7126人，初中招生数28110人；普通高中35所，高中在校学生数达6.6万人，高中专任教师数4321人；高中招生数21119人，高中阶段教育入学率达89.1%；幼儿园698所，在园儿童数10.2万人。

2014年，全市专利受理量为3474项，同比下降24%；专利授权量2842项，同比下降3.9%。其中，发明107项，同比增长25.9%，2项专利荣获第16届中国专利优秀奖，其中一项是实用新型专利。共有15家科技企业申请高新技术企业认定、5家到期的高新技术企业申请复审，均顺利通过评审和公示。有1

家企业被评为省知识产权优势企业、1家企业被评为省知识产权示范企业、1所学校被评为省知识产权教育示范学校。

十、文化、卫生和城市建设

全市有文化馆、站54个，剧场、影剧院7座。广播电视台6座，公共图书馆4座，体育场馆10座。广播人口覆盖率和电视人口覆盖率均为100%。累计建成镇级公共电子阅览室40个、村级公共电子阅览室241个，连接全国、省、市图书馆网站，实现全国文化信息资源共享。体育事业成绩喜人，在第12届全国运动会上，张雁全获得男子双人十米台跳水冠军，林跃获得跳水个人全能冠军、男子双人十米台冠军，张宛琼获女子53公斤级举重总成绩季军。在第17届（仁川）亚运会上，张雁全获得男子双人十米台跳水冠军，林跃获得男子双人三米板跳水冠军，张宛琼获得女子53公斤级举重总成绩（228公斤）铜牌。全年共有15个项目228名运动员参加广东省青少年锦标赛，共夺得金牌8枚、银牌5枚、铜牌5枚。

全市共有医院、卫生院77家，床位6014张，比上年末增加282张。各类医疗门诊部、所654个，专科防治站、所4个。卫生机构人员12578人，比上年末增加1070人，其中执业医师（含助理医师）4224人，注册护士2765人。农村医疗卫生条件进一步改善，农村集中住院分娩率达99.8%，农村人口清洁卫生水普及率达99.2%。

城市供电、供水能力有所提高，市区供电量16.3亿千瓦时，比上年增长7.9%；市区日供水能力44万立方米。年供水总量5015万吨，比上年下降9.4%。年末供水管道总长度581.4公里，比上年末增加54.6公里。年末市区实有道路面积494.4万平方米，城市桥梁数7座，城市下水道总长度329.8公里。年末实有公共汽车316辆，运营线路长度526.8公里，全年运客总量3301万人次。年末实有出租车862辆。市区绿化覆盖面积2256公顷，绿化覆盖率44%；绿地面积1992公顷，绿地率38.9%。

十一、人口、人民生活、社会保障和安全生产

2014年末，全市常住人口272.04万人，比上年净增0.84万人。户籍总人口268.8万人，比上年净增1.6万人。按计生口径，全年出生率为11.7‰，死亡率6.2‰，自然增长率5.5‰

城镇居民人均可支配收入18855元，增长9.3%。农村居民人均可支配收入10551元，增长10.7%。

2014年末，全市参加城镇职工基本养老保险45.2万人，比上年末下降11.5%。参加基本医疗保险258.7万人，其中，参加职工医保25.9万人，参加城乡居民基本医疗保险22.8万人。参加工伤保险30.7万人，下降15.7%。参加失业保险31.1万人，下降15.1%。征收各项社保基金21.6亿元，增长6.6%。

全市有社会福利院4所，社会福利院床位数970个，镇办敬老院37所，社区服务设施数215个。全年共发行销售福利彩票2.84亿元；筹集社会福利资金2715万元。目前，居民最低保障已保人数6.4万人。

2014年，全市共发生各类事故1165起，死亡129人，受伤481人，直接经济损失576万元。其中，道路交通事故416起，死亡128人，受伤481人，直接经济损失163.2万元；火灾事故749起，死亡1人，直接经济损失412.8万元。亿元GDP死亡率控制为0.151。

注：

1.本公报中2014年数据为快报数。

2.生产总值、各产业增加值按现价计算，增长速度按可比价格计算。

3.2014年我市对五大险种的重复参保，同一参保人员拥有多个社保号等情况进行清理、核销，按实际情况核减参保人数，核减后职工养老、职工医保、工伤、失业和生育保险的参保人数均出现较大幅度的减少。

4.2012年四季度，国家统计局实施了城乡一体化住户调查改革。2014年按照新的调查口径对外发布城乡一体的居民人均可支配收入和分城镇、农村常住居民人均可支配收入数据。由于新老调查方案在调查范围、调查对象、城乡划分标准、样本抽选、计算和汇总方式、指标口径等方面变化较大，改革后新口径数据和旧口径数据存在不可比的差异。

资料来源：本公报中城镇新增就业、登记失业率、社会保障数据来自市人力资源社会保障局；财政数据来自市财政局；林业数据来自市林业局；城市公交、供水、城市污水处理公园绿地面积数据来自市城市综合管理局；货物进出口数据、外商直接投资、对外直接投资来自市商务局；旅游数据来自市旅游局；货币金融数据来自人民银行潮州中心支行；保险业数据来自中国保监会汕头监管分局；教育数据来自市教育局；专利数据来自市科技局；艺术表演团体、公共图书馆、文化馆、广播、电视、电影、图书数、体育数据来自市文广新局；卫生数据来自市卫计局；低保、社会组织数据来自市民政局；安全生产数据来自市安全监管局；户籍人口数据来自市公安局；其他数据来自潮州市统计局和国家统计局潮州调查队。

2014 年揭阳市国民经济和社会发展统计公报

2014 年是全面深入改革开放的开局之年，是我市“十二五”规划承上启下的关键之年。面对国内外较大经济下行压力，全市各级以“三大建设”为抓手，全力推进产业“引进”、“登高”工程，抢抓机遇、稳中求进，统筹抓好稳增长、调结构、促改革、惠民生，全力争当粤东西北加快发展排头兵，新常态下全市社会经济发展稳步提升。

一、综合

初步核算，2014 年全市实现地区生产总值（GDP）1780.44 亿元，比上年增长 10.7%. 其中：第一产业增加值 162.37 亿元，增长 4.3%，对 GDP 增长的贡献率为 3.4%；第二产业增加值 1132.83 亿元，增长 12.1%，对 GDP 增长的贡献率为 72.7%；第三产业增加值 485.24 亿元，增长 9.5%，对 GDP 增长的贡献率为 23.9%。三次产业结构为 9.1 ∶ 63.6 ∶ 27.3。在第三产业中，批发和零售业增长 12.6%，住宿和餐饮业增长 8.4%，交通运输、仓储和邮政业增长 7.7%，金融业增长 15.2%，房地产业增长 4.3%，其他服务业增长 5.1%。民营经济增加值 1409.21 亿元，增长 12.8%。人均地区生产总值达 29600 元，增长 10.0%。

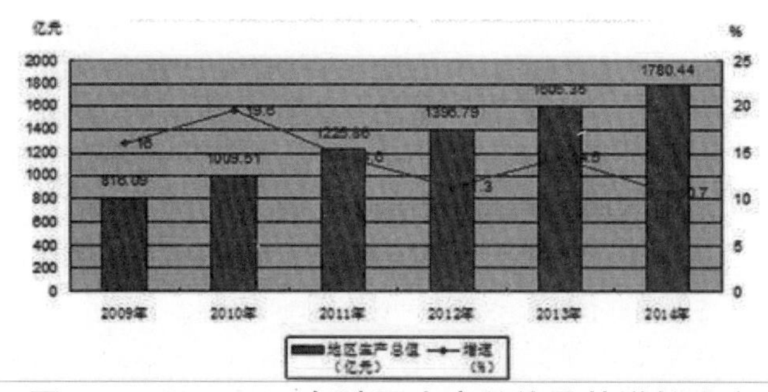

图 1　2009-2014 年地区生产总值及其增长速度

2014 年，全年居民消费价格总水平上涨 2.5%，其中食品类价格上涨 4.5%，居住类价格上涨 2.6%，医疗保健和个人用品类价格上涨 1.1%，衣着类价格上涨 0.7%，交通和通讯类价格下降 0.6%，服务项目类价格上涨 3.5%。

表 1　2014 年居民消费价格比上年涨跌幅度

单位：%

指　　标	价格指数	比上年涨跌幅度
居民消费价格	102.5	2.5
食　品	104.5	4.5
其中：粮食	102.6	2.6
油脂	93.4	-6.6
肉禽与其制品	102.2	2.2
鲜蛋	105.0	5.0
水产品	118.8	18.8
鲜菜	99.4	-0.6
烟　酒	99.3	-0.7
衣　着	100.7	0.7
家庭设备用品及维修服务	100.4	0.4
医疗保健与个人用品	101.1	1.1
交通和通信	99.4	-0.6
娱乐教育文化用品及服务	102.2	2.2
居　住	102.6	2.6
服务项目	103.5	3.5

在全市经济社会发展中，仍然存在一些需密切关注的问题：经济运行仍存在较大下行压力，经济结构不够优化，经济发展质量依然不高，工业生产增长面临挑战，重大投资项目进展缓慢，自主创新能力不强，区域发展不平衡，资源环境约束日益趋紧，节能降耗压力不断加大等等。

二、农业

全年粮食作物播种面积 136.86 千公顷，基本与去年持平。稻谷播种面积 77.82 千公顷，下降 0.5%；糖蔗种植面积 0.13 千公顷，增长 6.2%；油料种植面积 7.60 千公顷，增长 1.2%；蔬菜种植面积 65.75 千公顷，增长 1.9%。

全年粮食产量85.70万吨，增长3.0%；稻谷产量48.20万吨，增长8.4%；糖蔗产量0.89万吨，增长1.7%；油料产量2.36万吨，增长1.7%；蔬菜产量210.76万吨，增长2.4%；水果产量58.85万吨，增长9.8%；茶叶产量1.46万吨，增长12.3%。全年肉类总产量18.20万吨，增长1.0%。其中，猪肉产量11.65万吨，增长3.1%；禽肉产量4.93万吨，下降5.0%。全年水产品产量15.73万吨，增长2.0%。其中，海水产品7.93万吨，增长1.3%；淡水产品7.80万吨，增长2.6%。

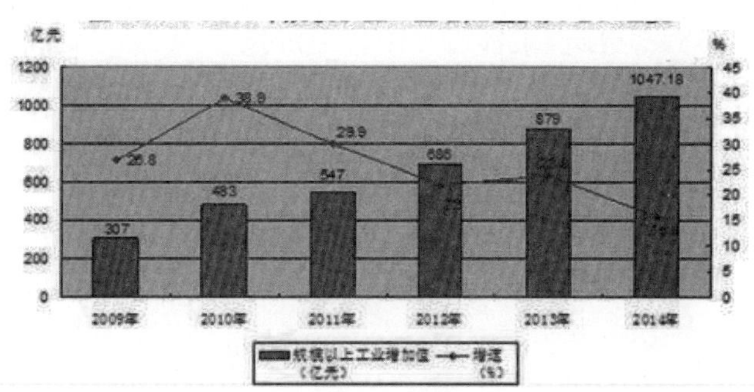

图2 2009-2014年规模以上工业增加值及其增长速度

表2 2014年主要农副产品产量及增长速度

产品名称	单位	产量	比上年增长(%)
粮食	万吨	85.70	3.0
#稻谷	万吨	48.20	8.4
油料	万吨	2.36	1.7
#花生	万吨	2.36	1.7
糖料	万吨	0.89	1.7
#蔗糖	万吨	0.89	1.7
茶叶	万吨	1.46	12.3
水果	万吨	58.85	9.8
蔬菜	万吨	210.76	2.4

表3 2014年主要工业产品产量及其增长速度

产品名称	单位	产量	比上年增长(%)
发电量	亿千瓦时	153.38	-8.18
饲料	万吨	40.70	12.7
罐头	万吨	16.24	11
服装	万件	154334	31.1
涂料	万吨	3.20	23
初级形态的塑料	万吨	17.21	-0.8
中成药	万吨	4.01	21.8
塑料制品	万吨	61.82	20.7
钢材	万吨	329.43	-6.6
模具	万套	8.52	16.3
不锈钢日用制品	万吨	65.96	39.1
电力电缆	万米	94472	4.6
钟	万只	129.69	24.6

三、工业和建筑业

全年全部工业完成增加值1071.68亿元，比上年增长12.1%，其中规模以上工业（下同）完成工业增加值1047.18亿元，比上年增长15.8%。分经济类型看，在规模以上工业中，国有及国有控股企业完成工业增加值107.08亿元，增长3.6%；民营企业完成工业增加值815.76亿元，增长18.1%；外商及港澳台投资企业完成工业增加值177.46亿元，增长12.5%；股份制企业完成工业增加值696.75亿元，增长17.2%；集体企业完成工业增加值12.31亿元，增长16.2%。分轻重工业看，在规模以上工业中，轻工业完成工业增加值731.94亿元，增长17.1%；重工业完成工业增加值315.24亿元，增长12.9%。分行业看，在规模以上工业中，塑料制品业完成工业增加值76.05亿元，增长17.9%；纺织业完成工业增加值109.42亿元，增长13.8%；服装业完成工业增加值173.53亿元，增长24.4%；金属制品业完成工业增加值78.5亿元，增长10.3%；医药制造业完成工业增加值49.8亿元，增长7.7%。

列入规模以上工业统计的112种产品中，有84种产品产量实现增长，覆盖面达75%，其中服装增长31.1%，不锈钢日用制品增长39.1%。

工业经济效益综合指数28.45%。资产贡献率26.36%，资本保值增值率122.23%，资产负债率40.49%，流动资产周转次数6.60次/年，成本费用利润率5.3%，全员劳动生产率270087.19元/人年，产品销售率98.85%。实现利润总额210.35亿元，增长36.8%。亏损企业46家，增长43.8%；亏损企业亏损总额2.05亿元，增长26.4%。

表4 规模以上工业企业实现利润及其增长速度

指 标	利润总额（亿元）	比上年增长（%）
规模以上工业	210.35	36.8
其中：国有及国有控股企业	5.62	39.2
集体企业	2.02	48.2
股份制企业	155.25	35.9
外商及港澳台投资企业	24.97	21.4
民营企业	168.53	43.3

全年实现建筑业增加值61.14亿元，增长13.4%；全市具有资质等级以上建筑企业111家，新增入库企业3家。

四、固定资产投资

全年完成固定资产投资1093.80亿元，增长

39.5%。分投资主体看，国有经济投资102.11亿元，增长11.2%；民间投资856.45亿元，增长36.8%；港澳台、外商经济投资12.29亿元，增长236.9%。分三次产业看，第一产业投资10.64亿元，增长6.7%。第二产业投资573.05亿元，增长36.9%；其中工业投资572.2亿元，增长36.9%。第三产业投资510.11亿元，增长44.3%。

表5　2014年分行业固定资产投资及其增长速度

计量单位：亿元、%

行　　业	投资额	比上年增长
总　　计	1093.80	39.5
农、林、牧、渔业	10.64	6.7
采矿业	2.31	686.4
制造业	536.01	38.7
其中：农副食品加工业	12.88	4.3
食品制造业	23.67	28.9
纺织业	27.78	23.8
纺织服装、服饰业	92.43	21.2
皮革、毛皮、羽毛及其制品和制鞋业	16.25	56.6
文教、工美、体育和娱乐用品制造业	12.36	37.9
石油加工、炼焦和核燃料加工业	61.39	163.5
医药制造业	19.84	46.4
橡胶和塑料制品业	37.78	19.6
非金属矿物制品业	49.47	73.2
金属制品业	55.99	15.2
专用设备制造业	14.27	33.5
铁路、船舶、航空航天和其他运输设备制造业	1.15	70
电气机械和器材制造业	28.67	-0.7
计算机、通信和其他电子设备制造业	9.61	62.6
电力、热力、燃气及水生产和供应业	33.88	8.3
其中：电力	9.87	65.4
建筑业	0.85	50.9
批发和零售业	56.81	134.9
交通运输、仓储和邮政业	92.52	29.5
其中：道路运输业	80.05	47.1
仓储业	3.01	37.2
邮政业	1.55	35.8
住宿和餐饮业	16.94	17.1
信息传输、软件和信息技术服务业	5.76	-9.7
金融业	1.88	484.5
房地产业	183.86	35.0
租赁和商务服务业	4.85	112.1
科学研究和技术服务业	4.91	258.9
水利、环境和公共设施管理业	82.45	60.4
居民服务、修理和其他服务业	3.33	94.5
教育	19.20	22.1
卫生和社会工作	9.89	126.6
文化、体育和娱乐业	18.35	57.5
公共管理、社会保障和社会组织	9.37	-23.1

全年在建1亿元以上投资项目82个（不包括房地产开发），共完成投资230.50亿元。全年投资额达到5000万元以上的工业项目365个，共完成投资350.47亿元，其中，竣工278个，共完成投资198.02亿元。

在房地产开发中，全年房地产开发投资67.70亿元，增长18.7%，商品房施工面积746.68万平方米，同比下降7.1%，其中商品住宅652.02万平方米，同比下降6.9%。商品房竣工面积123.17万平方米，同比下降24.9%；其中住宅117.29万平方米，同比下降20.2%。商品房销售面积107.88万平方米，同比下降2.3%；其中住宅104.87万平方米，同比下降2.9%。年末商品房待售面积153.20万平方米，同比增长50.4%；其中住宅138.44万平方米，同比增长46.9%。

五、国内贸易

全年社会消费品零售总额759.02亿元，比上年增长15.4%。分行业看，批发和零售业零售额728.65亿元，增长15.4%；住宿和餐饮业零售额30.37亿元，增长14.6%。全年新增限额以上企业137家，累计达到1130家。全年限额以上单位完成零售额450.17亿元，比上年增长25.6%。

在限额以上批发和零售业商品零售额中，食品、饮料、烟酒类增长25.2%，服装、鞋帽针纺品类增长36.5%，金银珠宝类增长179%，日用品类增长26.3%，体育、娱乐用品类增长30.7%，中西药品类增长30.5%，文化办公用品类增长22.8%，家具类增长39.4%，石油及制品类增长30.5%，建筑及装潢材料类增长37.6%，家用电器和音像器材类增长5.3%，通讯器材类增长113.2%，汽车类增长38.2%.

六、对外经济

全年进出口总额54.62亿美元，比上年增长16.4%。其中，出口50.81亿美元，增长16.0%；进口3.81亿美元，增长22.1%。进出口差额（出口减进口）47亿美元，比上年增加6.32亿美元。

表6　2014年进出口总额及其增长速度

指　　标	绝对数（亿美元）	比上年增长（%）
进出口总额	54.62	16.4
出口额	50.81	16
其中：一般贸易	48.83	18.3
加工贸易	1.98	-21.2
其中：机电产品	6.82	1.9
高新技术产品	0.33	37.1
其中：国有企业	0.14	-71.9
外商投资企业	13.58	-4.8
其他企业	37.09	27.7
进口额	3.81	22.1
其中：一般贸易	2.72	80.4

（续上表）

指　　标	绝对数（亿美元）	比上年增长（%）
加工贸易	1.09	-31.4
其中：机电产品	0.86	161.7
高新技术产品	0.04	-75.9
其中：国有企业	9864	54.7
外商投资企业	1.03	-13.2
其他企业	1.79	38.4
出口大于进口	47.00	15.5
其中：一般贸易	46.11	15.9
加工贸易	0.89	-3.5

全年新签利用外资合同29宗，比上年下降23.7%；合同利用外资金额7.07亿美元，增长12.0%；实际利用外资金额2.39亿美元，增长8.2%。在实际利用外资中，制造业占27.6%，批发和零售业占64.3%。

七、交通、邮电和旅游

全年交通运输、仓储和邮政业实现增加值18.65亿元，比上年增长7.7%。

全年公路运输完成货物周转量62.62亿吨公里，增长22.7%；水路运输完成货物周转量2.48亿吨公里，增长3.8%。

年末全市民用汽车保有量达到25.3万辆，比上年末增长15.7%；其中私人汽车23.04万辆，增长17.3%。民用轿车保有量达到14.51万辆，增长16.5%，其中私人轿车13.71万辆，增长17.5%。年末全市公路总里程7210.46公里，其中高速公路201.85公里；全市港口货物吞吐量2709.35万吨，比上年增长8.0%。

年末揭阳潮汕国际机场航空航线43条，国际航线4条，国内航线39条。全年机场客运量287.03万人次。

全年完成邮电通信业务总量66.81亿元，增长29.0%；其中邮政业务总量（含快递）8.39亿元，增长140.3%；通信业务总量58.43亿元，增长20.9%。年末固定电话用户达到105.41万户，其中城市电话用户62.53万户，乡村电话用户42.87万户。年末移动电话用户达到531.45万户，新增71.84万户。年末互联网宽带接入用户78.09万户，新增7.06万户。

全年入境旅游人数22.84万人次，比上年下降22.5%。其中，外国人7.72万人次，下降20.0%；香港、澳门和台湾同胞15.12万人次，下降23.8%。在入境人数中，过夜旅游者6.63万人次，增长13.5%。国内游客达2622.19万人次，增长21.7%，其中过夜旅游者1109.53万人次，增长37.3%。全年旅游总收入155.03亿元，增长34.2%。其中国内旅游收入153.18亿元，增长34.2%；国际旅游外汇收入2989.53万美元，增长41.7%。

八、财政、金融和保险

全年地方公共财政预算收入73.69亿元，增长10.5%，其中税收收入49.69亿元，增长10.8%。全年地方公共财政预算支出187.39亿元，增长14.4%，其中教育支出53.88亿元，增长15.4%。

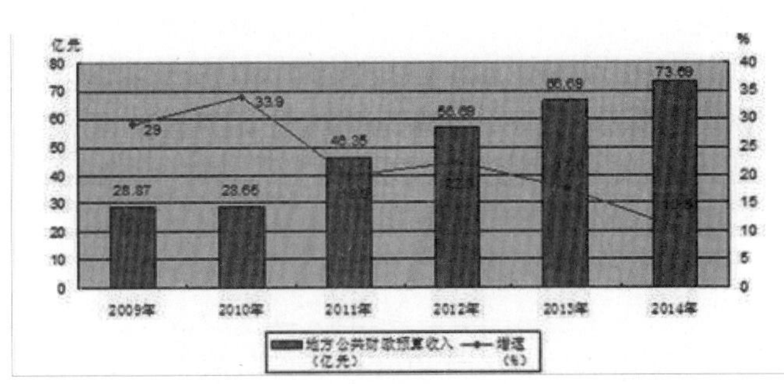

图3　2009-2014年地方公共财政预算收入及其增长速度

年末全市金融机构本外币各项存款余额1709.93亿元，比年初增长11.8%；其中城乡居民储蓄存款余额1196.57亿元，增长6.0%。年末全市金融机构本外币各项贷款余额873.59亿元，比年初增长21.7%，其中中长期贷款余额257.18亿元，增长16.1%。

表7　2014年全部金融机构本外币存贷款及其增长速度

指　　标	年末数（亿元）	比年初增长(%)
各项存款余额	1709.93	11.8
其中：单位存款	409.55	30.0
城乡居民储蓄存款	1196.57	6.0
各项贷款余额	873.59	21.7
其中：短期贷款	606.03	23.1
中长期贷款	257.18	16.1

全年全市实现保费收入34.03亿元，增长34.6%。其中：人身险业务保费收入23.02亿元，增长43.3%；财产险业务保费收入11.01亿元，增长19.4%。全年共支付各项赔款和给付10.59亿元，下

降 21.3%。其中：人身险业务赔付支出 5.05 亿元，下降 22.5%；财产险业务赔款支出 5.54 亿元，下降 20.2%。

九、教育和科学技术

年末全市教职工（含民办学校）8.4 万人，比上年末增长 7.7%。全年普通高等院校招生 0.42 万人，比上年增长 17.1%；在校生 1.22 万人，增长 3.6%；毕业生 0.36 万人，增长 34.0%。全市各类中等职业技术教育（不含技工学校）招生 4.3 万人，下降 16.5%；在校生 13.9 万人，下降 7.9%；毕业生 5.0 万人，增长 17.9%。普通高中招生 5.2 万人，下降 4.1%；在校生 16.1 万人，下降 4.7%；毕业生 5.7 万人，下降 3.4%。初中招生 8.4 万人，下降 13.8%；在校生 27.7 万人，下降 11.3%；毕业生 11.0 万人，下降 9.8%。小学招生 8.3 万人，下降 3.9%；在校生 48.5 万人，下降 1.5%，毕业生 8.6 万人。幼儿园在园幼儿 21.8 万人。本年度全市特殊教育招生 332 人，在校生 1571 人。

全市专业技术人员 20.44 万人，增长 1.0%；全年市级产业技术研究与开发费用支出 650 万元，增长 3.5%。年末全市共有高新技术企业 49 家，当年新增 4 家；新增省级创新型企业 2 家，累计 13 家。当年申报国家和省各类科技计划项目有 49 个；新增院士工作站 2 个，累计 4 个；新增省级工程技术研究中心 2 家。荣获省级科技进步奖 2 项；当年获省级以上科技成果鉴定 6 项，市级科技成果鉴定 1 项。全年全市专利申请量 3098 件，授权量 2072 件。

十、文化、卫生和体育

年末全市共有各类专业艺术表演团体（包括民营）19 个，文化馆 6 个，县级及以上公共图书馆 6 个，博物馆、纪念馆 6 个。全市有广播电视台 5 座。广播综合人口覆盖率和电视综合人口覆盖率分别达 99.7% 和 99.7%。有线电视用户 32.35 万户，比上年增长 2.37%；有线数字电视用户 19.52 万户，比上年增长 16.9%。现有报社 1 家，全年日发行量 5.2 万份。

年末全市共有各类卫生机构 372 个，比去年增加 25 个。在卫生机构中，医院 33 个，社区卫生服务中心（站）29 个，卫生院 68 个，诊所 119 个，妇幼保健机构 6 个，专科疾病防治机构 6 个，疾病预防控制中心 5 个，卫生监督所 5 个，急救中心 2 个，采供血机构 3 个，卫生学校 3 所，其他卫生机构 89 个。拥有床位 12872 张，增长 10.8%。各类卫生技术人员 16718 人，增长 11.1%；其中执业医师和执业助理医师 8963 人，注册护士 7231 人，疾病预防控制中心卫生技术人员 293 人，卫生监督所卫生技术人员 83 人。全市共有乡镇卫生院 68 个，乡镇卫生院床位 4330 张，乡镇卫生院卫生技术人员 5746 人。全年无偿献血 2.13 万人次。

全市体育健儿在国内外重大比赛中，共获得奖牌 7 枚，其中金牌 3 枚，银牌 3 枚，铜牌 1 枚。

十一、人民生活、社会保障与安全生产

全年城乡居民人均可支配收入 14953.2 元，同比增长 10.7%；其中，城镇居民人均可支配收入 19635.2 元，同比增长 9.8%；农村居民人均可支配收入 10145.6 元，同比增长 11.4%。年末全市参加城镇职工基本养老保险（含离退休）94.29 万人，比上年末增长 1.0%。参加城镇职工基本医疗保险 27.78 万人，增长 0.7%。参加城乡（镇）居民基本医疗保险 566.57 万人，增长 3.1%。参加工伤保险 19.9 万人，增长 4.6%。参加生育保险 20.74 万人，下降 3.0%。全年城镇新增就业 35015 人，就业困难人员实现再就业 2058 人。年末城镇实有登记失业人员 9173 人，城镇登记失业率 2.36%，比上年末上升 0.08 个百分点。组织农村劳动力培训 3.3 万人，转移就业人数 7.89 万人。

年末全市共有各类社会福利机构 92 个，床位 1.41 万张，收养 2209 人。城镇各种社区服务设施 3306 个，其中社区服务中心 240 个，全年服务 21 万人次。全年发放最低生活保障资金 3.29 亿元，比上年增长 5.9%，救助低保户 7.39 万户，计 14.18 万人；发放救灾款物 1534 万元，救济了 15.9 万人次。

全年市交警支队共受理一般程序处理的道路交通事故 483 起，与去年同比上升 15.55%，造成死亡 173 人，受伤 544 人，直接经济损失 182.26 万元，与去年同比分别上升 6.8%、23.1%、60.8%。其中，生产安全性道路交通事故 126 起，死亡 69 人，死亡人数与 2013 年同期相比持平。

十二、人口、资源与环境

年末全市户籍人口 694.16 万人，比年初增加 11.48 万人。年末常住人口 603.54 万人。全年出生人口 8.57 万人，出生率 12.47‰；死亡人口 3.65 万人，死亡率 5.31‰；自然增长人口 4.92 万人，自然增长

率7.16‰。

全市全年水资源总量60.75亿立方米。全年平均降雨量1824.1毫米。年末全市水库蓄水总量3.85亿立方米。

全年全社会用电量158.93亿千瓦时，增长14.8%，其中，工业用电量117.52亿千瓦时，增长15.0%。全市共有环境监测站5个，取得认证监测项目163个。已有1592家企业办理水污染排污申报登记，197家企业办理大气污染排污申报登记；全年关停并转迁生产工艺陈旧、能耗物耗大、污染环境严重且在限期内整治不能达到环保要求的企业46家。

全年完成荒山荒地造林、更新造林、有林地造林面积13401公顷。其中林业重点工程完成荒山荒地造林面积2000公顷。年末全市森林覆盖率达到55.26%。全市共有省级自然保护区1个，面积6809公顷。

注：

1.本公报中数据均为初步统计数，统计图中2009—2013年数据为年报数据。

2.从2011年起，规模以上工业统计口径由500万元调整为2000万元及以上；固定资产投资项目统计起点由计划总投资50万元提高到500万元，增速为可比口径。从2012年起，“地方一般预算收入”更名为“地方公共财政预算收入”，“地方财政一般预算支出”更名为“地方公共财政预算支出”。

3.地区生产总值、各产业增加值绝对数按现价计算，增长速度按可比价计算。

4.有线数字电视用户，使用市网络公司部分由省直管，不在当地统计。

2014 年云浮市国民经济和社会发展统计公报

2014 年，面对错综复杂的国内外形势，市委市政府带领全市人民深入贯彻落实党的十八届三中全会精神，紧紧抓住省委、省政府实施促进粤东西北地区振兴发展战略、佛山对口帮扶等重大发展机遇，迎难而上，积极作为，较好地完成了年初确定的各项目标任务，为全面建成小康社会进一步奠定了良好基础。

一、综合

初步核算，2014 年全市实现地区生产总值（GDP）664 亿元，按可比价计算，比上年增长 10.3%。其中，第一产业增加值 144.74 亿元，增长 4.1%，对 GDP 增长的贡献率为 7.8%；第二产业增加值 295.59 亿元，增长 14.6%，对 GDP 增长的贡献率为 68.9%；第三产业增加值 223.67 亿元，增长 7.5%，对 GDP 增长的贡献率为 23.3%。三次产业结构为 21.8:44.5:33.7。在第三产业中，批发和零售业增长 9.0%，住宿和餐饮业增长 7.4%，金融业增长 11.7%，房地产业增长 7.0%。民营经济增加值 454.44 亿元，增长 10.9%。2014 年人均地区生产总值达成 27252 元，增长 9.6%，按平均汇率折算为 4436 美元。

表 1　2014 年地区生产总值

指　　标	2014 年（亿元）	比上年增长（%）
地区生产总值	664.00	10.3
第一产业	144.73	4.1
第二产业	295.59	14.6
工业	260.95	13.7
建筑业	34.64	19.9
第三产业	223.67	7.5
交通运输、仓储和邮政业	17.07	10.3
批发和零售业	45.90	9.0
住宿和餐饮业	14.27	7.4
金融业	13.76	11.7
房地产业	27.32	7.0
营利性服务业	42.29	8.3
非营利性服务业	63.06	4.6

2014 年，全市居民消费价格总水平比上年上涨 1.6%。分类别看，食品类价格上涨 1.6%，其中：粮食上涨 1.0%，肉禽及其制品上涨 0.2%，蛋类上涨 9.5%，水产品上涨 6.4%，菜类上涨 3.1%；烟酒类价格上涨 0.4%；居住类价格上涨 4.2%；衣着类价格持平；娱乐教育文化用品及服务价格上涨 0.3%；交通和通信类价格持平；家庭设备用品及维修服务价格下降 2.1%；医疗保健和个人用品类价格上涨 4.0%。工业生产者出厂价格指数同比累计上涨 0.5%。

表 2 2013–2014 年居民消费价格指数

指　　标	2013 年（%）	2014 年（%）
居民消费价格指数	102.8	101.6
食品	102.8	101.6
烟酒	101.2	100.4
衣着	100.1	100.0
家庭设备用品及维修服务	103.2	97.9
医疗保健和个人用品	101.7	104.0
交通和通信	100.1	100.0
娱乐教育文化用品及服务	104.6	100.3
居住	104.6	104.2

年末城镇登记失业率为 2.46%，比上年上升 0.09 个百分点；全年城镇新增就业人员 3.56 万人，下降 10.9%；城镇失业人员实现再就业 0.93 万人。

二、农业

2014 年，全市粮食作物播种面积 11.73 万公顷，比上年下降 0.1%。稻谷种植面积 8.87 万公顷，下降 0.6%；油料种植面积 1.93 万公顷，增长 0.5%；蔬菜种植面积 2.73 万公顷，增长 8.2%。

表 3 2014 年主要农副产品产量

指　　标	单位	2014 年	比上年增长（%）
粮食总产量	万吨	70.06	2.3
蔬菜总产量	万吨	50.99	9.1
肉类总产量	万吨	29.25	-0.6
禽肉产量	万吨	16.81	-7.0
水果产量	万吨	78.45	4.0
水产品总产量	万吨	10.85	3.0
出栏生猪	万头	153.39	6.4
出栏家禽	万只	12994	-10.6

全年粮食产量 70.06 万吨，增长 2.3%。稻谷产量 59.10 万吨，增长 3.2%。油料产量 5.35 万吨，增长 1.3%。蔬菜产量 50.99 万吨，增长 9.1%。水果产量 78.45 万吨，增长 4.0%。茶叶产量 0.32 万吨，增长 2.6%。

全年肉类总产量 29.25 万吨，下降 0.6%。其中：猪肉产量 11.47 万吨，增长 9.8%；牛肉产量 0.28 万吨，增长 0.9%；禽肉产量 16.81 万吨，下降 7.0%。全年水产品产量 10.85 万吨，增长 3.0%。

三、工业和建筑业

2014 年，全市完成规模以上工业增加值 260.28 亿元，同比增长 15.7%。按轻重工分：轻工业完成增加值 94.04 亿元，同比增长 16%；重工业完成增加值 166.24 亿元，同比增长 15.5%。按经济类型分：国有企业增加值 0.29 亿元，增长 11.0%；集体企业增加值 1.64 亿元，增长 22.5%；股份制企业增加值 183.35 亿元，增长 17.5%；外商及港澳台商投资企业增加值 66.65 亿元，增长 10.5%；国有控股企业增加值 25.96 亿元，下降 0.7%；民营企业增加值 173.52 亿元，增长 20.6%。按大中型企业分：大型企业增加值 34.51 亿元，增长 1.8%；中型企业增加值 71.95 亿元，增长 7.8%；小型企业增加值 148.35 亿元，增长 26.6%；微型企业增加值 5.47 亿元，下降 15.0%。

高技术产业增加值增长 20.2%，其中医药制造业增长 11.9%，电子及通信设备制造业增长 26.4%。

先进制造业中，装备制造业增加值增长 24.0%。石油及化学行业中，化学原料及化学制品制造业增长 15.8%。

传统优势产业增加值增长 15.0%，其中纺织服装业增长 6.3%，食品饮料业增长 11.6%，家具制造业增长 20.0%，建筑材料业增长 19.1%，金属制品业增长 6.4%，家用电力器具制造业增长 135.1%。

全市完成规模以上工业销售产值 928.15 亿元，增长 20.9%，其中出口交货值为 108.77 亿元，增长 7.2%。

全年工业经济效益综合中，资产贡献率 18.67%，资本保值增值率 112.34%，资产负债率 53.24%，流动资产周转次数 3.38 次，成本费用利润率 6.91%，产品销售率 96.85%。实现利润总额 57.42 亿元，增长 21.7%。

表 4 2014 年主要工业产品产量及其增长速度

产品名称	单 位	2014 年	比上年增长(%)
发电量（火力）	亿千瓦时	63.62	-8.53
水泥	万吨	1226.33	-4.3
硫铁矿	万吨	213.23	-5.5
化肥（折纯）	万吨	1.08	3.7
硫酸	万吨	138.59	-1.3
不锈钢制品	万吨	16.53	2.6
服装	万件	6097.2	3.0
电池	亿只	32.54	-1.0

2014 年，全市资质等级以上建筑企业 43 个。完成房屋建筑施工面积 223.43 万平方米，同比下降 4.74%；房屋竣工面积 96.34 万平方米，同比增长 15.2%。全年完成建筑业增加值 34.64 亿元，比上年增长 21.5%；以建筑企业产值计算的劳动生产率 19.97 万元 / 人。

四、固定资产投资

全年完成固定资产投资 738.09 亿元，比上年增长 29.0%，其中：完成项目投资 655.92 亿元，增长 30.9%；基础设施投资 133.28 亿元，增长 40.6%。

在固定资产投资中，第一产业投资 14.39 亿元，增长 20.1%；第二产业投资 375.85 亿元，增长 14.4%，其中：完成工业投资 366.74 亿元，增长 11.4%；第三产业投资 347.86 亿元，增长 53.8%。

全年房地产开发投资完成 82.17 亿元，比上年增长 25.6%。商品房销售面积 168.34 万平方米，增长 15.0%，其中住宅 151.08 万平方米，增长 12.1%。商品房销售额 70.93 亿元，增长 6.1%，其中住宅 59.50 亿元，下降 1.2%。

五、交通、邮电和旅游

2014 年，交通运输、仓储和邮政业实现增加值 17.06 亿元，增长 10.3%。

2014 年，全市各种运输方式完成货物周转量 52.13 亿吨公里，比上年增长 23.7%。其中公路 28.27 亿吨公里，增长 37.0%；水运 23.85 亿吨公里，增长 11.0%。全年公路运输方式完成旅客周转量 20.29 亿人公里，增长 25.7%。

2014 年，全市累计完成邮电业务总量 29.38 亿元，比去年增长 19.4%。其中：邮政业务总量 2.23 亿元，增长 22.6%；通信业务总量 27.15 亿元，增长 19.2%。

2014 年，全市旅游总人数 1877 万人次，增长 23.0%。其中：住宿设施接待过夜游客 1226 万人次，增长 16.2%。按国内外分，其中入境游客 15.3 万人次，增长 15.8%；国内游客 1862 万人次，增长 23.1%。旅行社组团国内游 3.65 万人次，增长 12.8%；出境游 1614 人次，增长 31.0%。全年旅游总收入 196.83 亿元，增长 24.6%。其中旅游外汇收入 4173.12 万美元，增长 15.8%。

六、国内贸易

全年社会消费品零售总额 228.49 亿元，比上年增长 12.0%。分地域看，城镇消费品零售额 215.29 亿元，增长 11.9%；乡村消费品零售额 13.20 亿元，增长 13.1%。分行业看，批发和零售业零售额 206.47 亿元，增长 12.1%；住宿和餐饮业零售额 22.02 亿元，增长 11.3%。

在限额以上批发和零售业零售额中，粮油、食品、饮料、烟酒类增长 25.6%，服装、鞋帽、针纺织品类下降 0.2%，化妆品类增长 -0.2%，金银珠宝类增长 41.4%，日用品类增长 39.2%，五金、电料类下降 4.7%，体育、娱乐用品类增长 12.6%，书报杂志类增长 4.7%，电子出版物及音像制品类增长 5.4%，家用电器和音像器材类增长 12.9%，中西药品类增长 39.8%，文化办公用品类增长 23.5%，家具类增长 16.6%，通讯器材类增长 58.2%，煤炭及制品类 120.8%，石油及制品类增长 4.1%，建筑及装潢材料类增长 25.1%，机电产品及设备类增长 20.3%，汽车类增长 39.2%，其他类增长 30.5%。

七、对外经济

全年外贸进出口总额 17.99 亿美元，比上年增长 13.7%。其中：进口总额 5.74 亿美元，增长 12.7%；出口总额 12.24 亿美元，增长 14.2%。

从贸易方式看，一般贸易出口 6.94 亿美元，增长 10.0%，占全市外贸出口总值的 86.7%；加工贸易出口 5.26 亿美元，增长 19.4%。

从经营主体看，外商投资企业成为出口的主体，完成出口 7.38 亿美元，增长 25.7%；民营企业出口 4.84 亿美元，增长 0.6%；国有企业出口 247 万美元，下降 33.2%。

从出口商品看，在传统大宗商品出口中，全市机电产品出口 6.71 亿美元（主要以不锈钢制品和电子产品为主），同比增长30.5%。大宗出口商品主要是：1. 不锈钢制品类出口3.82亿美元，同比增长11.4%；2. 电子产品类出口1.72亿美元，同比增长52.3%；3. 服装类出口1.15亿美元，同比增长4.3%；4. 石材类出口1.25亿美元，同比增长18.2%；5. 冰鲜肉类出口0.74亿美元，同比增长6.9%。

从主要出口市场看，中国香港2.74亿美元，增长16.5%；美国2亿美元，增长15.2%；德国0.75亿美元，增长46.5%；韩国0.49亿美元，增长227.2%；越南0.45亿美元，增长163.4%；荷兰0.42亿美元，同比增长9.2%；比利时0.34亿美元，下降12.2%；加拿大0.3亿美元，增长8.7%；非洲0.61亿美元，增长139%；东盟1.15亿美元，增长8.4%。

全年签订利用外资项目28个，比上年下降15.2%；合同外资金额36370.4万美元，增长37.5%；实际利用外资金额10632.9万美元，下降3.8%。

八、财政、金融和保险业

全年全市地方公共财政预算收入52.85亿元，比上年增加7.10亿元，增长15.5%，其中税收收入31.30元，增加3.27亿元，增长11.7%。

全市公共财政预算支出123.94亿元，增长15.5%。其中，一般公共服务支出18.43亿元，增长8.6%；教育支出27.29亿元，增长9.3%；社会保障和就业支出16.47亿元，增长8.8%；医疗卫生支出16.79亿元，增长20.4%；节能环保支出2.13亿元，增长19.5%；城乡社区事务支出2.21亿元，增长1.1%；农林水事务支出11.66亿元，增长12.4%；交通运输支出5.48亿元，增长34.6%。

年末全市金融机构本外币各项存款余额826.3亿元，比年初增加81.4亿元，增长10.9%；其中，单位存款余额212.22亿元，比年初增加9.19亿元，增长4.5%；储蓄存款余额573.0亿元，比年初增加53.82亿元，增长10.4%。全市金融机构本外币贷款余额533.29亿元，比年初增加61.77亿元，增长13.1%。其中，短期贷款余额179.47亿元，比年初减少3.54亿元，下降1.9%；中长期贷款余额350.49亿元，比年初增加62.92亿元，增长21.9%。

全年各类保险业总保费收入16.39亿元，同比增长18.63%。其中，人身保险保费收入9.79亿元，占总保费59.7%，同比增长25.4%；财产险保费收入6.6亿元，占总保费40.3%，同比增长10.2%。全市共赔付2.99亿元，共给付1.36亿元。其中，寿险保险赔付3322万元，给付13661万元；财产险赔付2.75亿元，赔付率47.3%，其中车险赔付2.25亿元，赔付率49.3%。

九、教育和科学技术

2014年中等职业教育招生1.03万人，下降24.3%，在校生3.31万人，毕业生1.33万人。全市普通高中招生1.74万人，在校生5.55万人，毕业生1.93万人。全市初中招生2.77万人，在校生9.09万人，毕业生3.88万人。全市小学招生3.79万人，在校生19.50万人。普通中学专任教师1.16万人。其中：初中0.78万人，高中0.38万人。小学专任教师1.17万人。小学适龄儿童入学率100%。幼儿园在园幼儿9.61万人。初中入学率98.65%。地方财政中预算教育支出27.29亿元，增长9.3%。

2014年，全市共向国家科技部和省科技厅申报省级以上的各类科技计划项目22项，其中国家级3项，省级19项；获批立项5项，资金510多万元。组织主持科技成果鉴定15项，其中，省级1项，市级14项；评出市级科技进步奖32项，其中一等奖4项，二等奖9项，三等奖19项；有2项科研成果获得省科学技术奖三等奖。全市累计认定高新技术企业22家，国家级创新型企业1家，广东省创新型企业3家，广东省创新型（试点）企业1家；全市投入星火计划项目经费52万元，实施星火科技项目6项；支持、培育农村科技合作组织12个，培训农民1.1万人次，推广先进技术12项。全市专利申请673件，同比增长18.28%，其中发明专利申请71件；专利授权480件，同比增长4.12%，其中发明专利授权26件。

十、文化、卫生和体育

2014年，全市共有各类专业艺术表演团体1个，文化馆6个，县级及以上公共图书馆6个，博物馆5个，公共图书馆总藏量82.74万册。全市有广播电台4座，电视台5座。广播综合人口覆盖率和电视综合人口覆盖率达100%。有线电视用户达44万户。

2014年，全市共有各类卫生机构1415个（含计划生育技术服务机构、村卫生室），其中医院、卫生院73个，社区卫生服务中心（站）10个，疾病预防控制中心（防疫站）5个，专科疾病防治院（所、站）4个，妇幼保健机构5个。拥有医院、卫生院床位数7451张，各类卫生技术人员10967人。其中执业医师和执业助理医师3965人，注册护士3873人，疾病预防控制中心（防疫站）卫生技术人员194人，卫生监督检验机构卫生技术人员 38 人。

2014 年，全市体育健儿在国内外重大比赛中，获省级冠军 8 个，获省级亚军 6 个，获省级季军 5 个。

十一、安全、资源与环境

2014 年度，全市共发生各类生产安全事故 789 起，比上年同期上升 4.9%；死亡 133 人，比上年同期上升 9.9%；受伤 509 人，比上年上升 18.4%；直接经济损失 592.94 万元，比上年上升 10.2%。其中：生产经营性事故合计 144 起，比上年同期上升 2.9%；死亡 62 人，比上年同期上升 10.7%；受伤 126 人，比上年同期上升 16.7%；直接经济损失 168.06 万元，比上年同期上升 25.3%。

工矿企业全年共发生生产安全事故 12 起，比上年同期上升 300.0%；死亡 13 人，比上年同期上升 333.3%。

道路交通事故全年共发生事故 416 宗，死亡 117 人，受伤 505 人，直接经济损失 264.00 万元。

其中，生产经营性道路交通事故 101 起，比上年下降 4.7%；死亡 49 人，比上年同期下降 7.6%；受伤 122 人，比上年上升 14.0%；直接经济损失 161.45 万元，比上年上升 26.6%。

火灾事故全年共发生 361 宗，死亡 3 人，受伤 1 人，直接经济损失 328.94 万元。

2014 年完成荒山荒地造林面积 1917 公顷，下降 0.4%，其中中央投资防护林工程荒山荒地造林面积 466 公顷，下降 0.5%，完成更新造林面积 3989 公顷，下降 0.1%；完成低产低效林改造面积 3843 公顷，增长 0.5%；完成封山育林面积 6471 公顷，增长 0.5%。全市森林覆盖率 68.9%，自然保护区 15 个，自然保护区面积 39531 公顷。

2014 年，全市拥有各级环境监测站 5 个；全年空气优良天数 340 天，全年空气质量优良率达 93.1%，全优天数 138 天，比例达 37.9%。城区降尘量年均值为 2.73 吨，同比下降 26.7%；没有出现酸雨现象；全市集中式饮用水源水质达标率和省控断面水质达标率为 100%；主要江河水质状况良好，西江云浮段水质保持在Ⅱ类，是省内水质最好江段之一，南山河、南江河、新兴江等主要河流水质均达到功能要求；区域环境噪声等效声级年均值均达 1 类标准，保持良好水平。

十二、人口、人民生活和社会保障

2014 年全市常住总人口为 244.46 万人，城镇人口比重 39.47%；年末全市户籍总人口为 294.22 万人，比上年末增加 3.88 万人。其中，男性人口为 154.42 万人，女性人口为 139.80 万人。按非农和农业分，非农业人口为 104.98 万人，占全市人口数的 35.7%；农业人口为 189.24 万人，占全市人口数的 64.3%。全年出生人口 4.46 万人，死亡人口 1.47 万人。

年末全市参加城镇职工基本养老保险人数（含离退休）41.97 万人，增长 0.2%，其中：企业职工人数 33.16 万人，增长 0.2%；参加城乡居民基本养老保险人数 114.48 万人，增长 1.8%；参加城乡基本医疗保险人数 273.60 万人，其中参加职工基本医疗保险人数 20.82 万人，参加城乡居民基本医疗保险人数 252.78 万人，分别增长 2.1%、5.5% 和 1.8%；参加失业保险人数 17.06 万人，增长 1.7%；参加工伤保险人数 17.59 万人，增长 2.2%；参加生育保险人数为 13.96 万人，增长 9.6%。

年末全市福利类收养性单位拥有床位 4938 张，收养 1434 人。建立城镇社区服务设施 583 个。全市城镇居民得到政府最低生活保障 0.57 万人。全市销售社会福利彩票 27683 万元，筹集社会福利资金 2681 万元。

据抽样调查，2014 年全市全体居民人均可支配收入 14061 元，比上年增长 10.5%。其中：城镇常住居民人均可支配收入 18679 元，比上年增长 10.0%；农村常住居民人均可支配收入 11067 元，比上年增长 10.9%。人均居民储蓄存款达 23518 元，比上年增长 9.7%。

注：

1. 本公报各项统计数据为 2014 年初步统计数；

2. 地区生产总值、各产业增加值绝对数按现价计算，增长速度按可比价计算。

3. 从 2011 年起，规模以上工业统计口径由 500 万元调整为 2000 万元及以上；固定资产投资项目统计起点由计划总投资 50 万元提高到 500 万元，增速为可比口径。从 2012 年起，“地方一般预算收入”更名为“地方公共财政预算收入”。

资料来源：本公报中城镇新增就业、登记失业率、社会保障数据来自市人力资源社会保障局；财政数据来自市财政局；货物进出口数据、外商直接投资、对外直接投资、对外承包工程、对外劳务合作等数据来自市商务局；国际互联网用户、邮电业务总量等数据

来自邮政及通信部门（单位）；旅游数据来自市旅游局；货币金融数据来自人民银行云浮支行；保险业数据来自云浮保监协会；科技计划项目、企业技术中心等数据来自市科技局；教育数据来自市教育局；专利数据来自市知识产权局；艺术表演团体、博物馆、公共图书馆、文化馆数据来自市文广新局；广播、电视、电影数据来自市文广新局；体育数据来自市体育局；卫生数据来自市卫计局；低保、农作物受灾面积、洪涝和干旱造成直接经济损失、社会组织数据来自市民政局；环境监测数据来自市环境保护局；水资源数据来自市水务局；安全生产数据来自市安全监管局；林业数据来自市林业局；其他数据来自云浮市统计局和国家统计局云浮调查队。

广东 500 强企业排名

2012 年广东 500 强企业排名（前 100 名）

单位：万元

排名	公司名称	营业收入
1	广东电网公司	25,950,300.00
2	中国平安保险（集团）股份有限公司	24,891,500.00
3	华为技术有限公司	20,392,900.00
4	广州汽车工业集团有限公司	15,998,660.00
5	美的集团有限公司	13,411,615.00
6	中国石油化工股份有限公司广东石油分公司	11,805,903.00
7	招商银行股份有限公司	9,615,700.00
8	中国南方航空股份有限公司	9,270,700.00
9	中兴通讯股份有限公司	8,625,446.00
10	珠海格力电器股份有限公司	8,351,725.00
11	华润万家有限公司	8,270,000.00
12	中国移动通信集团广东有限公司	7,693,263.00
13	中国长城计算机深圳股份有限公司	7,646,797.00
14	万科企业股份有限公司	7,178,275.00
15	中国国际海运集装箱（集团）股份有限公司	6,412,505.00
16	广东省广新控股集团有限公司	6,323,500.00
17	TCL 集团控股有限公司	6,083,414.00
18	广州铁路（集团）公司	5,938,111.00
19	广东物资集团公司	5,611,758.00
20	广东省粤电集团有限公司	5,342,692.00
21	广汽本田汽车有限公司	4,977,951.00
22	广发银行股份有限公司	4,782,419.00
23	广东省广晟资产经营有限公司	3,608,244.00
24	广东格兰仕集团有限公司	3,529,322.00
25	碧桂园控股有限公司	3,474,600.00
26	华侨城集团公司	3,354,640.00
27	广州医药集团有限公司	3,308,506.00
28	广东温氏食品集团有限公司	3,099,305.00
29	广州市建筑集团有限公司	3,013,118.00
30	深圳发展银行股份有限公司	2,964,306.00
31	腾讯控股有限公司	2,849,607.00
32	中国广东核电集团有限公司	2,831,000.00
33	广州富力地产股份有限公司	2,739,800.00
34	广东省广业资产经营有限公司	2,551,233.00
35	中信证券股份有限公司	2,503,319.00
36	创维集团有限公司	2,450,880.00
37	玖龙纸业（控股）有限公司	2,442,800.00
38	广东省建筑工程集团有限公司	2,323,889.00

（续上表）

单位：万元

排名	公司名称	营业收入
39	广州万宝集团有限公司	1,954,224.00
40	天虹商场股份有限公司	1,895,938.00
41	深圳市中金岭南有色金属股份有限公司	1,866,905.00
42	海信科龙电器股份有限公司	1,848,866.00
43	广州越秀集团有限公司	1,819,812.00
44	广州轻工工贸集团有限公司	1,799,137.00
45	中国联合网络通信有限公司广东省分公司	1,556,967.00
46	中铝佛山国际贸易有限公司	1,546,286.00
47	国药集团一致药业股份有限公司	1,513,034.00
48	招商局地产控股股份有限公司	1,511,137.00
49	广东粤海控股有限公司	1,502,675.00
50	广东电力发展股份有限公司	1,462,014.00
51	深圳能源集团股份有限公司	1,438,702.00
52	广深铁路股份有限公司	1,433,936.00
53	人人乐连锁商业集团股份有限公司	1,384,204.00
54	深圳市神州通投资集团有限公司	1,343,885.00
55	广州发展集团有限公司	1,341,623.00
56	广东建华管桩有限公司	1,340,000.00
57	深圳市爱施德股份有限公司	1,287,460.00
58	江门市大长江集团有限公司	1,223,311.00
59	广东海大集团股份有限公司	1,197,572.00
60	中国宝安集团股份有限公司	1,178,563.00
61	广东蓝粤能源发展有限公司	1,172,127.00
62	金发科技股份有限公司	1,154,696.00
63	深圳市中汽南方投资集团有限公司	1,120,629.00
64	广州立白企业集团有限公司	1,114,003.00
65	广州发展实业控股集团股份有限公司	1,081,753.00
66	广州百货企业集团有限公司	1,065,809.00
67	广州岭南国际企业集团有限公司	1,022,435.00
68	日立电梯（中国）有限公司	1,016,652.00
69	志高控股有限公司	936,400.00
70	惠州市华阳集团有限公司	899,436.00
71	广州纺织工贸企业集团有限公司	840,796.00
72	佛山市顺德区乐从供销集团有限公司	835,383.00
73	益海（广州）粮油工业有限公司	827,280.00
74	中国南玻集团股份有限公司	827,073.00
75	深圳市燃气集团股份有限公司	811,245.00
76	珠海华发集团有限公司	786,571.00
77	深圳华强集团有限公司	759,905.00
78	深圳市年富实业发展有限公司	758,127.00
79	网易公司	729,065.00
80	深圳市怡亚通供应链股份有限公司	697,478.00
81	广州汽车集团商贸有限公司	696,466.00
82	东莞农村商业银行股份有限公司	685,613.00
83	珠海秦发物流有限公司	680,427.00
84	广州东凌粮油股份有限公司	672,342.00
85	广州电气装备集团有限公司	659,824.00
86	广州无线电集团有限公司	654,040.00

（续上表）

单位：万元

排名	公司名称	营业收入
87	广州有色金属集团有限公司	631,965.00
88	中国华西企业有限公司	625,526.00
89	广州钢铁股份有限公司	618,101.00
90	广州珠江实业集团有限公司	608,237.00
91	深圳市飞马国际供应链股份有限公司	596,016.00
92	宇龙计算机通信科技（深圳）有限公司	595,631.00
93	广发证券股份有限公司	594,567.00
94	广东生益科技股份有限公司	587,690.00
95	广东核电合营有限公司	579,000.00
96	深圳市神舟电脑股份有限公司	569,600.00
97	侨兴集团有限公司	563,993.00
98	深圳迈瑞生物医疗电子股份有限公司	555,030.00
99	深圳广田装饰集团股份有限公司	541,048.00
100	华润三九医药股份有限公司	536,205.00

2013年广东500强企业排名（前100名）

单位：万元

排名	公司名称	营业收入
1	中国平安保险（集团）股份有限公司	29,937,200.00
2	广东电网公司	23,214,000.00
3	华为技术有限公司	22,019,800.00
4	广州汽车工业集团有限公司	15,233,628.00
5	中国石油化工股份有限公司广东石油分公司	11,684,684.00
6	招商银行股份有限公司	11,336,700.00
7	万科企业股份有限公司	10,311,624.51
8	美的集团股份有限公司	10,271,302.00
9	中国南方航空股份有限公司	10,148,300.00
10	珠海格力电器股份有限公司	9,931,619.63
11	中兴通讯股份有限公司	8,421,935.80
12	广东物资集团公司	8,168,168.00
13	中国长城计算机深圳股份有限公司	7,975,162.46
14	中海石油炼化有限责任公司惠州炼化分公司	7,930,000.00
15	恒大地产集团	6,526,084.00
16	广东省广新控股集团有限公司	6,518,674.00
17	广东振戎能源有限公司	6,154,901.65
18	南方石化集团有限公司	5,771,212.85
19	广东省粤电集团有限公司	5,453,196.83
20	中国国际海运集装箱（集团）股份有限公司	5,433,406.00
21	比亚迪股份有限公司	4,685,377.40
22	腾讯控股有限公司	4,389,371.10
23	广汽本田汽车有限公司	4,322,399.00
24	广州医药集团有限公司	4,281,513.00
25	华侨城集团公司	4,066,486.00
26	平安银行股份有限公司	3,974,864.80
27	深圳江铜营销有限公司	3,771,517.00
28	广东省丝绸纺织集团有限公司	3,643,712.00
29	广东省广晟资产经营有限公司	3,630,120.00
30	广州市建筑集团有限公司	3,486,760.00

（续上表）　　单位：万元

31	广东温氏食品集团股份有限公司	3,350,696.33
32	百丽国际控股有限公司	3,285,900.00
33	天音通信有限公司	3,181,065.00
34	广发银行股份有限公司	3,110,462.00
35	广州富力地产股份有限公司	3,036,505.60
36	广东省交通集团有限公司	2,982,464.40
37	广东电力发展股份有限公司	2,948,927.36
38	创维集团有限公司	2,682,757.00
39	中航通用飞机有限责任公司	2,554,124.00
40	广东省广业资产经营有限公司	2,509,776.00
41	广东省建筑工程集团有限公司	2,401,099.61
42	广州轻工工贸集团有限公司	2,341,005.00
43	广州钢铁企业集团有限公司	2,182,446.00
44	广州万宝集团有限公司	2,102,193.00
45	深圳市神州通投资集团有限公司	2,055,510.00
46	深圳市爱施德股份有限公司	1,958,060.99
47	广东韶钢松山股份有限公司	1,925,984.46
48	海信科龙电器股份有限公司	1,895,891.53
49	深圳市中金岭南有色金属股份有限公司	1,844,005.00
50	康佳集团股份有限公司	1,833,786.17
51	中国石油天然气股份有限公司华南化工销售分公司	1,819,880.00
52	中国联合网络通信有限公司广东省分公司	1,813,701.31
53	国药集团一致药业股份有限公司	1,801,175.92
54	深圳中电投资股份有限公司	1,773,035.00
55	深圳长城开发科技股份有限公司	1,639,951.69
56	广州立白企业集团有限公司	1,574,915.76
57	广东海大集团股份有限公司	1,545,145.39
58	广东粤海控股有限公司	1,516,594.00
59	广州发展集团股份有限公司	1,516,446.59
60	广深铁路股份有限公司	1,509,188.60
61	玖龙纸业（控股）有限公司	1,472,565.40
62	广州越秀集团有限公司	1,465,831.45
63	深圳市飞马国际供应链股份有限公司	1,465,287.48
64	天虹商场股份有限公司	1,437,701.01
65	日立电梯（中国）有限公司	1,422,331.00
66	中铝佛山国际贸易有限公司	1,415,560.00
67	深圳市东风南方实业集团有限公司	1,363,530.00
68	深圳海王集团股份有限公司	1,335,985.00
69	人人乐连锁商业集团股份有限公司	1,291,343.77
70	广州汽车集团股份有限公司	1,287,401.06
71	深圳能源集团股份有限公司	1,282,848.23
72	金发科技股份有限公司	1,224,014.80
73	中信证券股份有限公司	1,169,388.19
74	广州纺织工贸企业集团有限公司	1,167,990.70
75	宇龙计算机通信科技（深圳）有限公司	1,158,643.00
76	广州岭南国际企业集团有限公司	1,123,848.70
77	广州元亨能源有限公司	1,121,822.90
78	广州百货企业集团有限公司	1,105,733.00
79	广东省建材公司	1,096,419.08

（续上表） 单位：万元

80	箭牌糖果（中国）有限公司	1,060,381.74
81	惠州市德赛集团有限公司	1,050,850.00
82	江门市大长江集团有限公司	1,049,720.00
83	深圳华强集团有限公司	1,015,257.00
84	广州金博物流贸易集团有限公司	1,011,148.48
85	康美药业股份有限公司	1,002,962.00
86	广东水电二局股份有限公司	985,293.29
87	广东国华粤电台山发电有限公司	910,566.00
88	益海（广州）粮油工业有限公司	909,804.00
89	爱普生技术（深圳）有限公司	902,497.15
90	深圳市朗华供应链服务有限公司	897,977.00
91	深圳市燃气集团股份有限公司	896,788.00
92	广东省湛江农垦集团公司	896,685.20
93	志高控股有限公司	880,181.40
94	广州电气装备集团有限公司	854,226.00
95	东莞农村商业银行股份有限公司	845,228.65
96	珠海秦发物流有限公司	836,572.00
97	佛山市顺德区乐从供销集团有限公司	832,274.00
98	广州东凌粮油股份有限公司	831,682.05
99	惠州市华阳集团有限公司	825,527.00
100	广州药业股份有限公司	822,905.85

2014 年广东 500 强企业排名（前 100 名）

单位：万元

排名	公司名称	营业收入
1	中国南方电网有限责任公司	44,820,000.00
2	中国平安保险（集团）股份有限公司	41,547,100.00
3	华润股份有限公司	40,554,765.00
4	华为技术有限公司	23,902,500.00
5	正威国际集团有限公司	23,382,562.00
6	招商银行股份有限公司	20,936,700.00
7	广州汽车工业集团有限公司	20,152,406.00
8	万科企业股份有限公司	13,541,879.11
9	美的集团股份有限公司	12,126,518.00
10	中国石油化工股份有限公司广东石油分公司	12,099,886.49
11	珠海格力电器股份有限公司	11,862,794.82
12	广东物资集团公司	10,927,656.00
13	广东振戎能源有限公司	10,522,276.43
14	中国南方航空股份有限公司	9,813,000.00
15	恒大地产集团有限公司	9,367,178.00
16	保利房地产（集团）股份有限公司	9,235,552.42
17	TCL 集团股份有限公司	8,532,409.00
18	中海石油炼化有限责任公司惠州炼化分公司	7,928,931.00
19	中国长城计算机深圳股份有限公司	7,785,863.66
20	广发银行股份有限公司	7,544,348.00
21	中兴通讯股份有限公司	7,523,372.40
22	广州铁路（集团）公司	7,169,762.90
23	广东省广新控股集团有限公司	6,793,984.00
24	碧桂园控股有限公司	6,268,188.00

（续上表） 单位：万元

25	腾讯控股有限公司	6,043,700.00
26	中国国际海运集装箱（集团）股份有限公司	5,787,441.00
27	南方石化集团有限公司	5,743,392.57
28	广东省粤电集团有限公司	5,570,998.75
29	比亚迪股份有限公司	5,286,328.00
30	玖龙纸业（控股）有限公司	4,823,712.00
31	华侨城集团公司	4,823,545.00
32	广州医药集团有限公司	4,399,797.00
33	百丽国际控股有限公司	4,306,720.00
34	深圳市神州通投资集团有限公司	4,110,089.00
35	广州市建筑集团有限公司	4,032,127.00
36	广东省广晟资产经营有限公司	4,016,542.00
37	广东省丝绸纺织集团有限公司	3,969,228.00
38	广州富力地产股份有限公司	3,627,128.00
39	广州钢铁企业集团有限公司	3,608,470.00
40	雅居乐地产控股有限公司	3,543,640.00
41	中国广核集团有限公司	3,533,007.00
42	广东温氏食品集团股份有限公司	3,518,705.75
43	金地（集团）股份有限公司	3,483,584.13
44	腾邦投资控股有限公司	3,393,608.83
45	创维集团有限公司	3,319,441.50
46	招商局地产控股股份有限公司	3,256,781.39
47	广东电力发展股份有限公司	3,083,075.73
48	生命人寿保险股份有限公司	3,021,381.00
49	广东省广业资产经营有限公司	3,001,570.00
50	深圳市飞马国际供应链股份有限公司	2,985,048.31
51	广东省交通集团有限公司	2,977,088.00
52	天音通信有限公司	2,918,098.00
53	广州轻工工贸集团有限公司	2,807,483.00
54	广州金创利经贸有限公司	2,675,130.00
55	深圳中电投资股份有限公司	2,594,712.00
56	广东省建筑工程集团有限公司	2,553,369.08
57	海信科龙电器股份有限公司	2,436,002.13
58	广州金博物流贸易集团有限公司	2,427,020.09
59	广州万宝集团有限公司	2,312,952.00
60	国药集团一致药业股份有限公司	2,119,946.64
61	深圳市中金岭南有色金属股份有限公司	2,116,195.00
62	白云电气集团有限公司	2,116,000.00
63	宝钢集团广东韶关钢铁有限公司	2,075,358.00
64	广州农村商业银行股份有限公司	2,068,438.90
65	广州越秀集团有限公司	2,011,726.43
66	康佳集团股份有限公司	2,000,673.69
67	中国石油天然气股份有限公司华南化工销售分公司	1,955,869.00
68	深圳海王集团股份有限公司	1,884,858.00
69	广东海大集团股份有限公司	1,793,041.24
70	广州白云山医药集团股份有限公司	1,760,819.33
71	广州元亨能源有限公司	1,752,625.00
72	日立电梯（中国）有限公司	1,693,133.00
73	广州发展集团股份有限公司	1,662,845.15

（续上表）　　单位：万元

排名	公司名称	营业收入
74	中信证券股份有限公司	1,611,527.22
75	天虹商场股份有限公司	1,603,248.31
76	深圳市东风南方实业集团有限公司	1,596,335.00
77	中铝佛山国际贸易有限公司	1,588,552.00
78	广东粤合资产经营有限公司	1,584,841.00
79	广深铁路股份有限公司	1,580,068.00
80	深圳融禾投资发展有限公司	1,542,921.00
81	广东粤海控股有限公司	1,529,654.00
82	宜华企业（集团）有限公司	1,515,810.00
83	深圳长城开发科技股份有限公司	1,503,953.20
84	金发科技股份有限公司	1,442,598.08
85	广州纺织工贸企业集团有限公司	1,374,102.08
86	康美药业股份有限公司	1,335,872.85
87	广州晶东贸易有限公司	1,294,465.00
88	人人乐连锁商业集团股份有限公司	1,271,645.68
89	广州银行股份有限公司	1,242,191.00
90	深圳能源集团股份有限公司	1,235,078.24
91	广州岭南国际企业集团有限公司	1,219,581.84
92	广州百货企业集团有限公司	1,173,597.00
93	深圳市怡亚通供应链股份有限公司	1,151,420.03
94	广州电气装备集团有限公司	1,136,176.00
95	广东广青金属科技有限公司	1,125,701.00
96	惠州市德赛集团有限公司	1,122,600.00
97	广州东凌实业集团有限公司	1,118,242.04
98	珠海秦发物流有限公司	1,104,442.00
99	广州唯品会信息科技有限公司	1,095,010.00
100	广东省丝丽国际集团股份有限公司	1,093,693.00

广东制造业百强企业排名

2012–2014 年广东制造业百强企业排名

排名	2012 年	2013 年	2014 年
	公司名称		
1	广州汽车工业集团有限公司	广州汽车工业集团有限公司	广州汽车工业集团有限公司
2	美的集团有限公司	美的集团股份有限公司	美的集团股份有限公司
3	珠海格力电器股份有限公司	珠海格力电器股份有限公司	珠海格力电器股份有限公司
4	TCL 集团控股有限公司	广汽本田汽车有限公司	TCL 集团股份有限公司
5	广汽本田汽车有限公司	广州医药集团有限公司	中国长城计算机深圳股份有限公司
6	广东省广晟资产经营有限公司	广东省广晟资产经营有限公司	中国国际海运集装箱（集团）股份有限公司
7	宝钢集团广东韶关钢铁有限公司	中航通用飞机有限责任公司	比亚迪股份有限公司
8	创维集团有限公司	宝钢集团广东韶关钢铁有限公司	玖龙纸业（控股）有限公司
9	广州万宝集团有限公司	日立电梯（中国）有限公司	广州医药集团有限公司
10	金发科技股份有限公司	金发科技股份有限公司	创维集团有限公司
11	日立电梯（中国）有限公司	宇龙计算机通信科技（深圳）有限公司	海信科龙电器股份有限公司
12	惠州市华阳集团有限公司	箭牌糖果（中国）有限公司	广州万宝集团有限公司
13	益海（广州）粮油工业有限公司	深圳华强集团有限公司	广州白云山医药集团股份有限公司
14	深圳华强集团有限公司	康美药业股份有限公司	日立电梯（中国）有限公司
15	广州电气装备集团有限公司	益海（广州）粮油工业有限公司	金发科技股份有限公司
16	广州无线电集团有限公司	爱普生技术（深圳）有限公司	康美药业股份有限公司
17	宇龙计算机通信科技（深圳）有限公司	志高控股有限公司	广州电气装备集团有限公司
18	广东核电合营有限公司	广州电气装备集团有限公司	广东广青金属科技有限公司
19	侨兴集团有限公司	广州无线电集团有限公司	惠州市德赛集团有限公司
20	深圳迈瑞生物医疗电子股份有限公司	珠海粤裕丰钢铁有限公司	广州东凌实业集团有限公司
21	五羊－本田摩托（广州）有限公司	深圳市普联技术有限公司	东莞市金叶珠宝有限公司
22	佛山佛塑科技集团股份有限公司	伯恩光学（惠州）有限公司	伯恩光学（惠州）有限公司
23	维达纸业（广东）有限公司	侨兴集团有限公司	益海（广州）粮油工业有限公司
24	广东三和管桩有限公司	广东核电合营有限公司	侨兴集团有限公司
25	广州市华南橡胶轮胎有限公司	京信通信系统（中国）有限公司	广东生益科技股份有限公司
26	康美药业股份有限公司	广东东阳光铝业股份有限公司	理光（深圳）工业发展有限公司
27	深圳市中邦（集团）建设总承包有限公司	深圳市中邦（集团）建设总承包有限公司	深圳迈瑞生物医疗电子股份有限公司
28	广州珠江啤酒集团有限公司	广州市华南橡胶轮胎有限公司	广州众信实业有限公司

（续上表）

	2012 年	2013 年	2014 年
排名	公司名称		
29	广铝集团有限公司	茂名石化实华股份有限公司	深圳市中邦（集团）建设总承包有限公司
30	广东金盛卢氏集团有限公司	广州珠江啤酒集团有限公司	广东东阳光铝业股份有限公司
31	广州造纸集团有限公司	广州汽车集团乘用车有限公司	丽珠医药集团股份有限公司
32	珠海汉胜科技股份有限公司	珠海经济特区红塔仁恒纸业有限公司	环胜电子（深圳）有限公司
33	国光电器股份有限公司	广州造纸集团有限公司	京信通信系统（中国）有限公司
34	广东萨米特陶瓷有限公司	深圳市奔达康电缆股份有限公司	广州广日股份有限公司
35	深圳市奔达康电缆股份有限公司	广东名冠集团有限公司	雅士利国际控股有限公司
36	东方电气（广州）重型机器有限公司	广东金盛卢氏集团有限公司	广东塔牌集团股份有限公司
37	深圳市金新农饲料股份有限公司	广东伟业铝厂有限公司	广东新会美达锦纶股份有限公司
38	广州金鹏集团有限公司	深圳市裕同印刷股份有限公司	广东万和新电气股份有限公司
39	广州市中新塑料有限公司	广东时利和汽车实业集团有限公司	广东汕头超声电子股份有限公司
40	广东华兴玻璃有限公司	深圳市三诺电子有限公司	广州珠江啤酒集团有限公司
41	广东省韶铸集团有限公司	深圳先进微电子科技有限公司	茂名石化实华股份有限公司
42	肇庆理士电源技术有限公司	深圳市金新农饲料股份有限公司	广东德豪润达电器股份有限公司
43	广州大运摩托车有限公司	广东萨米特陶瓷有限公司	深圳市华讯方舟科技有限公司
44	金羚电器有限公司	广州市中新塑料有限公司	深圳市奔达康电缆股份有限公司
45	惠州市罗浮山水泥集团有限公司	西陇化工股份有限公司	广东金盛卢氏集团有限公司
46	广东粤新海洋工程装备股份有限公司	惠州市罗浮山水泥集团有限公司	广东名冠集团有限公司
47	东莞市盛和化工有限公司	深圳信隆实业股份有限公司	广东风华高新科技股份有限公司
48	广东鹰唛食品有限公司	广东省韶铸集团有限公司	深圳市芭田生态工程股份有限公司
49	广州白云电器设备股份有限公司	广东俊富实业有限公司	广东潮宏基实业股份有限公司
50	广州珠江化工集团有限公司	深圳市京华电子股份有限公司	广州造纸集团有限公司
51	广东南方碱业股份有限公司	广东华兴玻璃股份有限公司	广东萨米特陶瓷有限公司
52	广东德冠包装材料有限公司	台澳铝业（台山）有限公司	广州市中新塑料有限公司
53	东莞晶苑毛织制衣有限公司	深圳市联创科技集团有限公司	广东德联集团股份有限公司
54	广东众生药业股份有限公司	广东江粉磁材股份有限公司	深圳市海普瑞药业股份有限公司
55	中材天山（云浮）水泥有限公司	广州大运摩托车有限公司	广州酒家集团股份有限公司
56	广东伊之密精密机械股份有限公司	广东鹰唛食品有限公司	广东江粉磁材股份有限公司
57	深圳市索菱实业股份有限公司	广州汽车集团客车有限公司	广东易事特电源股份有限公司
58	广东大华农动物保健品股份有限公司	东莞市盛和化工有限公司	深圳致君制药有限公司
59	深圳振鹏达实业集团有限公司	广东大华农动物保健品股份有限公司	深圳市沃尔核材股份有限公司
60	广州市半径电力铜材有限公司	深圳市索菱实业股份有限公司	广东康宝电器股份有限公司
61	锦胜集团有限公司	广州白云山中一药业有限公司	广东鹰唛食品有限公司
62	美晨集团股份有限公司	锦胜集团有限公司	佛山市国星光电股份有限公司
63	广东省佛山水泵厂有限公司	中华制漆（深圳）有限公司	东莞勤上光电股份有限公司
64	深圳市宇阳科技发展有限公司	深圳振鹏达实业集团有限公司	深圳市景旺电子股份有限公司

（续上表）

	2012 年	2013 年	2014 年
排名	公司名称		
65	广东宏基管桩有限公司	广东鸿特精密技术股份有限公司	广东大华农动物保健品股份有限公司
66	博创机械股份有限公司	佛山市南方包装有限公司	惠州亿纬锂能股份有限公司
67	深圳市凯中精密技术股份有限公司	广东超华科技股份有限公司	广东冠豪高新技术股份有限公司
68	深圳中集天达空港设备有限公司	广州御银科技股份有限公司	巨轮股份有限公司
69	深圳市新亚电子制程股份有限公司	深圳市申朗讯电气设备有限公司	广州达意隆包装机械股份有限公司
70	广州信联智通实业股份有限公司	深圳市凯中精密技术股份有限公司	深圳振鹏达实业集团有限公司
71	广州市鸿利光电股份有限公司	广新海事重工股份有限公司	广州市京龙工程机械有限公司
72	广东天地壹号饮料有限公司	深圳怡丰自动化科技有限公司	广东东箭汽车用品制造有限公司
73	广东省化州市海利集团有限公司	广州市半径电力铜材有限公司	锦胜集团有限公司
74	广东鸿特精密技术股份有限公司	珠海罗西尼表业有限公司	深圳市索菱实业股份有限公司
75	深圳市申朗讯电气设备有限公司	惠州市裕元华阳精密部件有限公司	深圳市凯中精密技术股份有限公司
76	骅威科技股份有限公司	广州白云山明兴制药有限公司	珠海罗西尼表业有限公司
77	惠州亿纬锂能股份有限公司	深圳王子新材料股份有限公司	广东尚品服饰实业有限公司
78	深圳市科彩印务有限公司	珠海市乐通化工股份有限公司	广东天龙油墨集团股份有限公司
79	深圳市比克电池有限公司	广东文灿压铸有限公司	深圳南顺油脂有限公司
80	珠海罗西尼表业有限公司	广州白云山奇星药业有限公司	广州市半径电力铜材有限公司
81	广州市欧林家具有限公司	深圳雷柏科技股份有限公司	珠海市乐通化工股份有限公司
82	广州秀珀化工股份有限公司	茂名重力石化机械制造有限公司	广东金莱特电器股份有限公司
83	广州市锐丰音响科技股份有限公司	骅威科技股份有限公司	广州双鱼体育用品集团有限公司
84	广州迪彩化妆品有限公司	珠海优特电力科技股份有限公司	中山达华智能科技股份有限公司
85	惠州市裕元华阳精密部件有限公司	惠州中京电子科技股份有限公司	广州皇上皇集团有限公司
86	广州英格发电机股份有限公司	国民技术股份有限公司	广东鸿源机电股份有限公司
87	深圳雅昌彩色印刷有限公司	深圳市永丰源瓷业有限公司	骅威科技股份有限公司
88	深圳市通宝莱科技有限公司	广东雪莱特光电科技股份有限公司	惠州中京电子科技股份有限公司
89	广东星徽精密制造股份有限公司	深圳市尚荣医疗股份有限公司	惠州市创仕实业有限公司
90	广东名臣有限公司	普宁市丽达纺织有限公司	深圳市好家庭实业有限公司
91	广东鸿泰科技股份有限公司	深圳市深赛尔股份有限公司	深圳市申朗讯电气电缆有限公司
92	中山市邦太电器有限公司	中山市邦太电器有限公司	广州市白云泵业集团有限公司
93	广东惠伦晶体科技股份有限公司	广东鸿源机电股份有限公司	广东壮丽彩印股份有限公司
94	深圳市捷甬达实业有限公司	广州市至盛美家具有限公司	广东长城集团股份有限公司
95	广州白云山陈李济药厂有限公司	广东惠伦晶体科技股份有限公司	中山市邦太电器有限公司
96	广东中钰科技有限公司	广东精创机械制造有限公司	广东精创机械制造有限公司
97	广东精创机械制造有限公司	深圳方正微电子有限公司	广东惠伦晶体科技股份有限公司
98	广州南方电力集团科技发展有限公司	广东罗浮山国药股份有限公司	普宁市丽达纺织有限公司
99	东莞市乐吉诚品皮具有限公司	广州南方电力集团科技发展有限公司	广州南方电力集团科技发展有限公司
100	广州同欣康体设备有限公司	广东中钰科技有限公司	深圳博孚机电有限公司

广东服务业百强企业排名

2012-2014 年广东服务业百强企业排名

排序	2012 年	2013 年	2014 年
	公司名称		
1	中国平安保险（集团）股份有限公司	中国平安保险（集团）股份有限公司	招商银行股份有限公司
2	招商银行股份有限公司	招商银行股份有限公司	广东物资集团公司
3	中国南方航空股份有限公司	广东物资集团公司	广东振戎能源有限公司
4	华润万家有限公司	广东省广新控股集团有限公司	恒大地产集团有限公司
5	广东省广新控股集团有限公司	广东振戎能源有限公司	广州铁路（集团）公司
6	广发银行股份有限公司	华侨城集团公司	广东省广新控股集团有限公司
7	华侨城集团公司	深圳江铜营销有限公司	南方石化集团有限公司
8	腾讯控股有限公司	天音通信有限公司	华侨城集团公司
9	广州越秀集团有限公司	广发银行股份有限公司	广州市建筑集团有限公司
10	广州轻工工贸集团有限公司	广州轻工工贸集团有限公司	广东省丝绸纺织集团有限公司
11	中国联合网络通信有限公司广东省分公司	广州钢铁企业集团有限公司	广州钢铁企业集团有限公司
12	中铝佛山国际贸易有限公司	深圳市神州通投资集团有限公司	腾邦投资控股有限公司
13	深圳能源集团股份有限公司	深圳中电投资股份有限公司	广州轻工工贸集团有限公司
14	广州发展集团有限公司	广州发展集团股份有限公司	深圳中电投资股份有限公司
15	广东蓝粤能源发展有限公司	中铝佛山国际贸易有限公司	广州金博物流贸易集团有限公司
16	深圳市中汽南方投资集团有限公司	深圳市东风南方实业集团有限公司	广州农村商业银行股份有限公司
17	广州百货企业集团有限公司	人人乐连锁商业集团股份有限公司	广州越秀集团有限公司
18	广州岭南国际企业集团有限公司	深圳能源集团股份有限公司	深圳市东风南方实业集团有限公司
19	广州纺织工贸企业集团有限公司	广州纺织工贸企业集团有限公司	中铝佛山国际贸易有限公司
20	深圳市年富实业发展有限公司	广州岭南国际企业集团有限公司	广州纺织工贸企业集团有限公司
21	广州汽车集团商贸有限公司	广州百货企业集团有限公司	人人乐连锁商业集团股份有限公司
22	东莞农村商业银行股份有限公司	广州金博物流贸易集团有限公司	深圳能源集团股份有限公司
23	珠海秦发物流有限公司	深圳市燃气集团股份有限公司	广州岭南国际企业集团有限公司
24	广州珠江实业集团有限公司	东莞农村商业银行股份有限公司	广州百货企业集团有限公司
25	广州大优煤炭销售有限公司	珠海秦发物流有限公司	广州珠江实业集团有限公司
26	东莞市宏川化工供应链有限公司	利泰集团有限公司	华润广东医药有限公司
27	广州港集团有限公司	广州大优煤炭销售有限公司	广东珠江投资股份有限公司
28	广州轻出集团股份有限公司	广东天禾农资股份有限公司	深圳市燃气集团股份有限公司
29	广州友谊集团股份有限公司	中国对外贸易中心（集团）	广发证券股份有限公司
30	广州佳都集团有限公司	广州银行股份有限公司	利泰集团有限公司

（续上表）

	2012 年	2013 年	2014 年
排序	公司名称		
31	安科智慧城市技术（中国）有限公司	华润万家有限公司	广州轻出集团股份有限公司
32	广东苏宁电器有限公司	广州唯品会信息科技有限公司	广州市水务投资集团有限公司
33	广东省外贸开发公司	广州中大控股有限公司	广州市塑料工业集团有限公司
34	泰康人寿保险股份有限公司深圳分公司	广州佳都集团有限公司	中国对外贸易中心（集团）
35	潮州华丰集团股份有限公司	深圳市海王星辰医药有限公司	广东粤合投资控股有限公司
36	广东省肇庆土产进出口有限公司	广东天河城百货有限公司	潮州华丰集团股份有限公司
37	广州南菱汽车股份有限公司	茂业国际控股有限公司	佛山市燃气集团股份有限公司
38	广州市第二公共汽车公司	深圳市酷动数码有限公司	广州市第二公共汽车公司
39	广东省轻工进出口股份有限公司	广东省航运集团有限公司	广州红海人力资源集团股份有限公司
40	中国深圳对外贸易（集团）有限公司	潮州华丰集团股份有限公司	广州市自来水公司
41	佛山嘉益实业有限公司	广州市塑料工业股份有限公司	广东省外贸开发公司
42	广东省汽车运输集团有限公司	广东苏宁云商销售有限公司	广东长隆集团有限公司
43	广州市宏佳伟业发展有限公司	广州市第二公共汽车公司	汕头市创美药业有限公司
44	广州市自来水公司	广州机施建设集团有限公司	深圳市恒波商业连锁股份有限公司
45	广东蓝海海运有限公司	广东省外贸开发公司	广州江河幕墙系统工程有限公司
46	深圳市恒波商业连锁股份有限公司	广东省肇庆土产进出口有限公司	中国深圳对外贸易（集团）有限公司
47	深圳市大众建设集团有限公司	广州红海人力资源集团股份有限公司	广州市宏佳伟业发展有限公司
48	深圳市奇信建设集团股份有限公司	广州市自来水公司	深圳市酷动数码有限公司
49	广东盐业集团有限公司	湛江港（集团）股份有限公司	深圳市大众建设集团有限公司
50	佛山市三水健力宝贸易有限公司	广州市宏佳伟业发展有限公司	广东省产权交易集团有限公司
51	太平人寿保险有限公司深圳分公司	广东南湖国际旅行社有限责任公司	广州市建材发展有限公司
52	广州新星实业公司	珠海华润银行股份有限公司	吴川市建筑安装工程公司
53	吴川市建筑安装工程公司	深圳市恒波商业连锁股份有限公司	茂名市明湖百货有限公司
54	深圳市中装设计装饰工程有限公司	茂名市明湖百货有限公司	深圳一德集团有限公司
55	深圳市百佳华百货有限公司	吴川市建筑安装工程公司	广州市润通华经贸发展有限公司
56	广东潮宏基实业股份有限公司	佛山市顺德区乐从供销集团顺客隆商场有限公司	佛山市顺德区乐从供销集团顺客隆商场有限公司
57	广州市一汽巴士有限公司	太平人寿保险有限公司深圳分公司	佛山市汽车运输集团有限公司
58	百灵时代传媒集团有限公司	百灵时代传媒集团有限公司	百灵时代传媒集团有限公司
59	深圳市俊旭实业发展有限公司	广州市建材发展有限公司	深圳市建筑设计研究总院有限公司
60	珠海华润银行股份有限公司	中经汇通有限责任公司	广州包装印刷集团有限责任公司
61	深圳市香缤投资集团有限公司	广州市润通华经贸发展有限公司	深圳市俊旭实业发展有限公司

（续上表）

	2012 年	2013 年	2014 年
排序	公司名称		
62	佛山市奥园置业投资有限公司	深圳市俊旭实业发展有限公司	广州金鹏集团有限公司
63	珠海水务集团有限公司	广州包装印刷集团有限责任公司	广州证券有限责任公司
64	华夏银行股份有限公司广州分行	广州市一汽巴士有限公司	广州银联网络支付有限公司
65	广州保科力医药保健品进出口有限公司	广东长实通信股份有限公司	深圳市旅游（集团）股份有限公司
66	深圳市中惠福实业有限公司	深圳市德邦物流有限公司	中智广州经济技术合作公司
67	佳都新太科技股份有限公司	广州润盈贸易有限公司	深圳市明喆物业管理有限公司
68	广东长实通信股份有限公司	深圳市大众建设集团有限公司	华视传媒集团有限公司
69	广州市广利船舶人力资源服务有限公司	中山市医药有限公司	筑博设计股份有限公司
70	广州包装印刷集团有限责任公司	深圳市中保国安实业有限公司	中化广东有限公司
71	深圳市中安保实业有限公司	广州市电车公司	深圳市中保国安实业有限公司
72	深圳市中小企业信用融资担保集团有限公司	清远市汽车运输集团公司	广东银达融资担保投资集团有限公司
73	广州市天河城万博百货有限公司	广州金域医学检验中心有限公司	广州金域医学检验中心有限公司
74	广州市卓越里程企业有限公司	广东省茂名市交通运输集团有限公司	广州市广融投资管理集团有限公司
75	清远市汽车运输集团公司	蓝盾信息安全技术股份有限公司	茂名市交通建设投资集团有限公司
76	广州城市之星运输有限公司	广东金凯悦酒店集团有限公司	广州城市之星运输有限公司
77	广州科腾信息技术有限公司	佛山市顺德罗浮宫投资有限公司	广州市和兴隆食品科技有限公司
78	广州市白云出租汽车集团有限公司	广东华路交通科技有限公司	深圳华森建筑与工程设计顾问有限公司
79	广东省茂名市交通运输集团有限公司	惠州大亚湾中润达物流服务有限公司	清远市汽车运输集团公司
80	广东双泰运输集团有限责任公司	广州科腾信息技术有限公司	广州南方电力集团科技发展有限公司
81	广东罗浮宫国际家具博览中心有限公司	广州市和兴隆食品科技有限公司	广州市设计院
82	深圳市联合利丰供应链管理有限公司	深圳市腾邦国际商业服务股份有限公司	广东省华侨物业发展有限公司
83	深圳圣廷苑酒店有限公司	广州元亨燃气有限公司	广东金凯悦酒店集团有限公司
84	广州市宏峰物流有限公司	南储仓储管理有限公司	广东华路交通科技有限公司
85	广州广电物业管理有限公司	广州广电物业管理有限公司	深圳市新东升物业管理有限公司
86	深圳市风火创意管理股份有限公司	广州龙媒计算机科技有限公司	广东国大投资集团有限公司
87	深圳市洁亚清洁服务有限公司	珠海市博元投资股份有限公司	深圳市海能通信股份有限公司
88	广州长建物业管理有限公司	广州长建物业管理有限公司	广州广电物业管理有限公司
89	惠州金华悦国际酒店有限公司	深圳市洁亚清洁服务有限公司	深圳市宝鼎威物流有限公司
90	广州珠江工程建设监理有限公司	深圳市新东升物业管理有限公司	深圳市洁亚清洁服务有限公司
91	潮州市千禧贸易有限公司	清远百姓大药房医药连锁有限公司	广州珠江建筑装饰有限公司
92	广州蕉叶饮食服务有限公司	广州市泰丰源实业有限公司	广州长建物业管理有限公司
93	广东南方数码科技有限公司	广东国大投资集团有限公司	广州古丽池信息科技有限公司
94	广东鑫程电子科技有限公司	广州广电计量检测股份有限公司	广州市泰丰源实业有限公司

（续上表）

	2012 年	2013 年	2014 年
排序	公司名称		
95	粤海国际酒店管理（中国）有限公司	深圳市雁联计算系统有限公司	广东华信物业管理有限公司
96	深圳市彩梦科技有限公司	深圳市方迪科技股份有限公司	广州市玄武无线科技有限公司
97	深圳市方益物业发展有限公司	广东核力工程勘察院	深圳市深劳人力资源开发有限公司
98	韶关市莱斯大酒店有限公司	深圳市野生动物园有限公司	深圳市方益物业发展有限公司
99	广州红海人力资源集团股份有限公司	深圳市东方银座美爵酒店有限公司	深圳市昊源建设监理有限公司
100	南方联合产权交易中心有限责任公司	广东观音山国家森林公园	深圳市华洁环保设备有限公司

广东纳税百强企业排行榜

2012 年广东纳税百强企业排行榜

单位：万元

排名	企业名称	所属地市	国地税合计
1	中海石油炼化有限责任公司惠州炼化分公司	惠州	1381325.14
2	中国石油化工股份有限公司茂名分公司	茂名	1241235.18
3	广东中烟工业有限责任公司	广州	1137061.32
4	招商银行股份有限公司	深圳	1050940.54
5	东风汽车有限公司东风日产乘用车公司	广州	1022932.7
6	中国石油化工股份有限公司广州分公司	广州	937080.28
7	广汽丰田汽车有限公司	广州	848003.03
8	广汽本田汽车有限公司	广州	803994.05
9	中国移动通信集团广东有限公司	广州	580675.91
10	广州宝洁有限公司	广州	521803.55
11	中国石化湛江东兴石油化工有限公司	湛江	475941.06
12	安利（中国）日用品有限公司	广州	449531.41
13	平安银行股份有限公司	深圳	440838.34
14	广发银行股份有限公司	广州	428340.69
15	广东电网公司	广州	420484.52
16	广东中烟工业有限责任公司梅州卷烟厂	梅州	389142.54
17	深圳烟草工业有限责任公司	深圳	360217.67
18	广东中烟工业有限责任公司韶关卷烟厂	韶关	299061.5
19	美的控股有限公司	佛山	288859.38
20	中海石油（中国）有限公司深圳分公司	广州	274680.84
21	深圳供电局有限公司	深圳	264563.19
22	珠海格力电器股份有限公司	珠海	260730.79
23	华为技术有限公司	深圳	256546.68
24	广州农村商业银行股份有限公司	广州	219076.19
25	中海石油（中国）有限公司湛江分公司	湛江	212852.84
26	腾讯科技（深圳）有限公司	深圳	204490.93
27	深圳华侨城房地产有限公司	深圳	187901.62
28	中国平安财产保险股份有限公司	深圳	182735.52
29	广州供电局有限公司	广州	176371.94
30	箭牌糖果（中国）有限公司	广州	174433.73
31	广东电网公司东莞供电局	东莞	141311.65
32	深圳招商房地产有限公司	深圳	140889.5
33	中信证券股份有限公司（含营业部）	深圳	136581.13
34	无限极（中国）有限公司	江门	136439.92
35	中国建设银行股份有限公司深圳市分行	深圳	136008.04
36	广东烟草广州市有限公司	广州	131526.95
37	岭澳核电有限公司	深圳	127302.14
38	保利房地产（集团）股份有限公司	广州	126205.13
39	惠州三星电子有限公司	惠州	118860.95

（续上表）　　单位：万元

排名	企业名称	所属地市	国地税合计
40	东莞农村商业银行股份有限公司	东莞	113268.19
41	深圳市腾讯计算机系统有限公司	深圳	105447.38
42	深圳中信红树湾房地产有限公司	深圳	103448.99
43	中海地产（佛山）有限公司	佛山	99460.72
44	深圳航空有限责任公司	深圳	93823.52
45	广东大唐国际潮州发电有限责任公司	潮州	92917.36
46	中国石化销售有限公司华南分公司	广州	92137.63
47	鸿富锦精密工业（深圳）有限公司	深圳	91917
48	广州侨鑫房地产开发有限公司	广州	89937.7
49	中国移动通信集团广东有限公司深圳分公司	深圳	89596.04
50	广东中烟工业有限责任公司湛江卷烟厂	湛江	88968.87
51	完美（中国）有限公司	中山	88611.02
52	广深铁路股份有限公司	深圳	86377.5
53	中国平安人寿保险股份有限公司	深圳	85104.8
54	广州尚岑服饰有限公司	广州	85026.28
55	中国银行股份有限公司深圳市分行	深圳	84105.38
56	增城市碧桂园物业发展有限公司	广州	83243.27
57	广东烟草东莞市有限公司	东莞	82455.49
58	广州市光大花园房地产开发有限公司	广州	82396.43
59	广州市广百股份有限公司	广州	82015.45
60	广东烟草佛山市有限责任公司	佛山	80233.39
61	广东大顶矿业股份有限公司	河源	79823.6
62	南方航空（股份）公司	广州	78551.39
63	广东欧珀移动通信有限公司	东莞	77483.17
64	广州新翊房地产发展有限公司	广州	76491.07
65	东莞银行股份有限公司	东莞	76159.61
66	广州市番禺向信房地产有限公司	广州	75605.91
67	广州富力地产股份有限公司	广州	75121.82
68	广东国华粤电台山发电有限公司	江门	74271.38
69	广州银行股份有限公司	广州	72304.86
70	中国工商银行股份有限公司深圳市分行	深圳	71878.08
71	深圳招商华侨城投资有限公司	深圳	71509.63
72	深圳农村商业银行股份有限公司	深圳	71439.18
73	佛山高富中石油燃料沥青有限责任公司	佛山	71425.58
74	中国对外贸易中心（集团）	广州	70566.8
75	东风本田发动机有限公司	广州	70103.54
76	东莞徐记食品有限公司	东莞	68402.47
77	中国烟草总公司深圳市公司	深圳	67751.29
78	岭东核电有限公司	深圳	67656.64
79	广深珠高速公路有限公司	广州	65403.67
80	平安信托有限责任公司	深圳	65108.75
81	广东粤港供水有限公司	深圳	63202.81
82	深圳市优地房地产开发有限公司	深圳	63175.85
83	深圳市海思半导体有限公司	深圳	62320.58
84	广州市合生元生物制品有限公司	广州	61550.41
85	比亚迪汽车有限公司深圳分公司	深圳	60898.87
86	佛山市南海新中建房地产发展有限公司	佛山	60048.49
87	周大福珠宝金行（深圳）有限公司	深圳	59441.17

（续上表）

单位：万元

排名	企业名称	所属地市	国地税合计
88	中海石油湛江燃料油有限公司	湛江	59123.56
89	美赞臣营养品（中国）有限公司	广州	58360.53
90	中国农业银行股份有限公司深圳市分行	深圳	57324.85
91	中国南方航空股份有限公司	广州	56952.71
92	中兴通讯股份有限公司	深圳	56696.58
93	保利广州房地产开发有限公司	广州	56502.56
94	广州亮宇投资有限公司	广州	56136.55
95	康美药业股份有限公司	揭阳	55565.08
96	国家开发银行股份有限公司深圳市分行	深圳	55321.07
97	广东南海农村商业银行股份有限公司	佛山	55077.61
98	深圳妈湾电力有限公司	深圳	54746.73
99	广东韶钢松山股份有限公司	韶关	53453.19
100	广东顺德农村商业银行股份有限公司	佛山	53432.51

2013 年广东纳税百强企业排行榜

单位：万元

排名	企业名称	所属地市	国地税合计
1	中国石油化工股份有限公司茂名分公司	茂名	1418580.82
2	中海石油炼化有限责任公司惠州炼化分公司	惠州	1252196.83
3	广东中烟工业有限责任公司	广州	1174108.54
4	招商银行股份有限公司	深圳	995597.44
5	广汽丰田汽车有限公司	广州	932632.51
6	中国石油化工股份有限公司广州分公司	广州	868792.42
7	广汽本田汽车有限公司	广州	656711.43
8	中国移动通信集团广东有限公司	广州	616900.23
9	中国石化湛江东兴石油化工有限公司	湛江	513539.69
10	珠海格力电器股份有限公司	珠海	502109.45
11	广东电网公司	广州	489892.71
12	安利（中国）日用品有限公司	广州	434684.22
13	广东中烟工业有限责任公司梅州卷烟厂	梅州	399637.49
14	深圳烟草工业有限责任公司	深圳	378841.58
15	平安银行股份有限公司	深圳	378690.68
16	广州宝洁有限公司	广州	350742.36
17	中海石油（中国）有限公司深圳分公司	广州	333376.04
18	华为技术有限公司	深圳	317238.95
19	广东中烟工业有限责任公司韶关卷烟厂	韶关	312338.61
20	广州风神汽车有限公司	广州	255942.88
21	广发银行股份有限公司	广州	236505.71
22	广州农村商业银行股份有限公司	广州	232064.13
23	中海石油（中国）有限公司湛江分公司	湛江	227227.89
24	广州供电局有限公司	广州	224415.93
25	惠州三星电子有限公司	惠州	221936.91
26	东风汽车有限公司东风日产乘用车公司	广州	207972.5
27	腾讯科技（深圳）有限公司	深圳	195505.52
28	东风日产汽车销售有限公司	广州	188665.48
29	中国平安财产保险股份有限公司	深圳	173915.5
30	箭牌糖果（中国）有限公司	广州	170305.58
31	深圳华侨城房地产有限公司	深圳	161281.73

（续上表）　　单位：万元

排名	企业名称	所属地市	国地税合计
32	保利房地产（集团）股份有限公司	广州	159504.12
33	广东国华粤电台山发电有限公司	江门	152418.1
34	深圳供电局有限公司	深圳	148230.88
35	完美（中国）有限公司	中山	146317.4
36	中国银行股份有限公司广东省分行	广州	144974.97
37	广东电网公司东莞供电局	东莞	144490.2
38	广东烟草广州市有限公司	广州	137817.09
39	无限极（中国）有限公司	江门	135500.13
40	东莞农村商业银行股份有限公司	东莞	130098.81
41	深圳市腾讯计算机系统有限公司	深圳	122577.11
42	中国平安人寿保险股份有限公司	深圳	121302.78
43	广州银行股份有限公司	广州	117171.73
44	广东大唐国际潮州发电有限责任公司	潮州	112223.89
45	国家开发银行股份有限公司广东省分行	广州	111517.15
46	招商银行股份有限公司深圳分行	深圳	109850.48
47	广州番禺雅居乐房地产开发有限公司	广州	109687.25
48	东风本田发动机有限公司	广州	106768.14
49	岭澳核电有限公司	深圳	103435.11
50	中国银行股份有限公司深圳市分行	深圳	100243.33
51	中国建设银行股份有限公司深圳市分行	深圳	99413.01
52	中国对外贸易中心（集团）	广州	99249.18
53	交通银行股份有限公司广东省分行	广州	99006.92
54	招商局蛇口工业区有限公司	深圳	97468.7
55	岭东核电有限公司	深圳	97142.99
56	中海石油开氏石化有限责任公司	惠州	97138.1
57	广东中烟工业有限责任公司湛江卷烟厂	湛江	94760.4
58	中国电信股份有限公司广东分公司	广州	92776.75
59	中国移动通信集团广东有限公司深圳分公司	深圳	88952.59
60	广东烟草佛山市有限责任公司	佛山	87510.82
61	深圳招商房地产有限公司	深圳	86433.41
62	广东美的制冷设备有限公司	佛山	83400.46
63	广东烟草东莞市有限公司	东莞	82391.76
64	广东大顶矿业股份有限公司	河源	81235.87
65	比亚迪汽车工业有限公司	深圳	81035.89
66	深圳农村商业银行股份有限公司 （深圳农村商业银行）	深圳	80540.98
67	富泰华工业（深圳）有限公司	深圳	78557.73
68	风神汽车有限公司	深圳	77839.64
69	广州市城市建设开发有限公司	广州	77148.09
70	鸿富锦精密工业（深圳）有限公司	深圳	76912.2
71	增城市碧桂园物业发展有限公司	广州	75901.74
72	中国工商银行股份有限公司深圳市分行	深圳	75695.18
73	广州汽车集团乘用车有限公司	广州	75522.24
74	广深铁路股份有限公司	深圳	74213.1
75	中国烟草总公司深圳市公司	深圳	73505.07
76	广州尚岑服饰有限公司	广州	73415.1
77	广州市富景房地产开发有限公司	广州	73017.75
78	国信证券股份有限公司	深圳	72319.21

（续上表）

单位：万元

排名	企业名称	所属地市	国地税合计
79	华为终端有限公司	深圳	72051.09
80	广州新翊房地产发展有限公司	广州	71564.97
81	平安信托有限责任公司	深圳	71356.13
82	东莞徐记食品有限公司	东莞	70526.28
83	中国农业银行股份有限公司深圳市分行	深圳	70346.29
84	广东省粤电集团有限公司	广州	69813.68
85	深圳市海思半导体有限公司	深圳	69632.06
86	中海壳牌石油化工有限公司	惠州	69500.2
87	佛山市海天（高明）调味食品有限公司	佛山	68761.26
88	佛山鑫城房地产有限公司	佛山	68668.35
89	广州市合生元生物制品有限公司	广州	68434.85
90	乐百氏（广东）食品饮料有限公司	中山	68165.19
91	中信银行股份有限公司信用卡中心	深圳	67891.77
92	广东南海农村商业银行股份有限公司	佛山	67440.81
93	深圳招商华侨城投资有限公司	深圳	66390.58
94	中国石油化工股份有限公司广东石油分公司	广州	65797.66
95	广发证券股份有限公司	广州	63843.8
96	广东惠州平海发电厂有限公司	惠州	63568.95
97	交通银行股份有限公司深圳分行	深圳	62628.43
98	广东宝丽华电力有限公司	梅州	62317.05
99	中国石化销售有限公司华南分公司	广州	62187.69
100	康美药业股份有限公司	揭阳	61845.22

广东省重点支持大型骨干企业名录

2014-2015 年度省重点支持大型骨干企业名录

序号	企业	所在市
1	中国南方电网有限责任公司	广州
2	广东电网有限责任公司	广州
3	广州汽车工业集团有限公司	广州
4	招商银行股份有限公司	深圳
5	富泰华工业（深圳）有限公司	深圳
6	美的集团股份有限公司	佛山
7	珠海格力电器股份有限公司	珠海
8	中国石化销售有限公司广东石油分公司	广州
9	华润万家有限公司	深圳
10	中国南方航空集团公司	广州
11	惠州三星电子有限公司	惠州
12	中国石油化工股份有限公司茂名分公司	茂名
13	广东物资集团公司	广州
14	广东振戎能源有限公司	广州
15	东风汽车有限公司东风日产乘用车公司	广州
16	TCL 集团股份有限公司	惠州
17	广发银行股份有限公司	广州
18	中兴通讯股份有限公司	深圳
19	广州铁路（集团）公司	广州
20	中国长城计算机深圳股份有限公司	深圳
21	中国国际海运集装箱（集团）股份有限公司	深圳
22	中国石油化工股份有限公司广州分公司	广州
23	中国石化化工销售有限公司华南分公司	广州
24	中国石油天然气股份有限公司广东销售分公司	广州
25	广州医药集团有限公司	广州
26	碧桂园控股有限公司	佛山
27	广东省广新控股集团有限公司	广州
28	中国电信股份有限公司广东分公司	广州
29	广东省广晟资产经营有限公司	广州
30	广东省粤电集团有限公司	广州
31	深圳供电局有限公司	深圳
32	生命人寿保险股份有限公司	深圳
33	广州市建筑集团有限公司	广州
34	鸿富锦精密工业（深圳）有限公司	深圳
35	天音通信有限公司	深圳
36	广州供电局有限公司	广州
37	中国银行股份有限公司广东省分行	广州
38	广州钢铁企业集团有限公司	广州
39	深圳江铜营销有限公司	深圳

（续上表）

序号	企业	所在市
40	中海石油（中国）有限公司深圳分公司	深圳
41	顺丰速运有限公司	深圳
42	中国农业银行股份有限公司广东省分行	广州
43	创维集团有限公司	深圳
44	广东省丝绸纺织集团有限公司	广州
45	南方石化集团有限公司	广州
46	宇龙计算机通信科技（深圳）有限公司	深圳
47	广州轻工工贸集团有限公司	广州
48	中国建设银行股份有限公司广东省分行	广州
49	广东温氏食品集团股份有限公司	云浮
50	广东格兰仕集团有限公司	佛山
51	广州金创利经贸有限公司	广州
52	乐金显示（广州）有限公司	广州
53	广州市番禺南星有限公司	广州
54	中国石化湛江东兴石油化工有限公司	湛江
55	深圳市信利康供应链管理有限公司	深圳
56	东莞宇龙通信科技有限公司	东莞
57	广东省交通集团有限公司	广州
58	安利（中国）日用品有限公司	广州
59	中铁二局瑞隆物流有限公司	深圳
60	中海壳牌石油化工有限公司	惠州
61	深圳市飞马国际供应链股份有限公司	深圳
62	广州越秀集团有限公司	广州
63	伟创力制造（珠海）有限公司	珠海
64	纬创资通（中山）有限公司	中山
65	广东省广业资产经营有限公司	广州
66	一汽一大众汽车有限公司佛山分公司	佛山
67	深圳中电投资股份有限公司	深圳
68	佛山群志光电有限公司	佛山
69	海信科龙电器股份有限公司	佛山
70	中艺华海进出口有限公司	珠海
71	广州元亨能源有限公司	广州
72	周大福珠宝金行（深圳）有限公司	深圳
73	广州万宝集团有限公司	广州
74	广州农村商业银行股份有限公司	广州
75	广东海大集团股份有限公司	广州
76	中国石油天然气股份有限公司华南化工销售分公司	广州
77	宝钢集团广东韶关钢铁有限公司	韶关
78	广东省通信产业服务有限公司	广州
79	康佳集团股份有限公司	深圳
80	广东粤合资产经营有限公司	广州
81	金发科技股份有限公司	广州
82	广东步步高电子工业有限公司	东莞
83	广东省农垦集团公司	广州
84	深圳市怡亚通供应链股份有限公司	深圳
85	广州立白企业集团有限公司	广州
86	日立电梯（中国）有限公司	广州
87	东凌集团有限公司	广州

（续上表）

序号	企业	所在市
88	广州发展集团有限公司	广州
89	中经汇通有限责任公司	广州
90	中铝佛山国际贸易有限公司	佛山
91	深业集团有限公司	深圳
92	联众（广州）不锈钢有限公司	广州
93	深圳市华星光电技术有限公司	深圳
94	交通银行股份有限公司广东省分行	广州
95	宜华企业（集团）有限公司	汕头
96	广州纺织工贸企业有限公司	广州
97	广州海印实业集团有限公司	广州
98	广州晶东贸易有限公司	广州
99	深圳长城开发科技股份有限公司	深圳
100	清远华清再生资源投资开发有限公司	清远
101	珠海华发集团有限公司	珠海
102	唯品会（中国）有限公司	广州
103	业成光电（深圳）有限公司	深圳
104	华润五丰（中国）投资有限公司	深圳
105	广东粤海控股有限公司	广州
106	广东省商贸控股集团有限公司	广州
107	深圳华强集团有限公司	深圳
108	国药控股广州有限公司	广州
109	明阳新能源投资控股集团有限公司	中山
110	康美药业股份有限公司	揭阳
111	东莞玖龙纸业有限公司	东莞
112	中国人民财产保险股份有限公司广东省分公司	广州
113	广州电气装备集团有限公司	广州
114	广州岭南国际企业集团有限公司	广州
115	昆山润华商业有限公司广州黄埔分公司	广州
116	中海石油气电集团有限责任公司广东贸易分公司	中山
117	惠州市德赛集团有限公司	惠州
118	完美（中国）有限公司	中山
119	伯恩光学（惠州）有限公司	惠州
120	腾邦投资控股有限公司	深圳
121	惠州比亚迪电子有限公司	惠州
122	广州珠江实业集团有限公司	广州
123	佛山市南海正圣金属贸易有限公司	佛山
124	华润广东医药有限公司	广州
125	广州百货企业集团有限公司	广州
126	广州无线电集团有限公司	广州
127	无限极（中国）有限公司	江门
128	箭牌糖果（中国）有限公司	广州
129	广东广青金属科技有限公司	阳江
130	惠科电子（深圳）有限公司	深圳
131	广东国华粤电台山发电有限公司	江门
132	惠州市华阳集团股份有限公司	惠州
133	江门市大长江集团有限公司	江门
134	东莞农村商业银行股份有限公司	东莞
135	广东顺德农村商业银行股份有限公司	佛山

（续上表）

序号	企业	所在市
136	金宝电子（中国）有限公司	东莞
137	富士施乐高科技（深圳）有限公司	深圳
138	阳春新钢铁有限责任公司	阳江
139	太平财产保险有限公司	深圳
140	东莞市以纯集团有限公司	东莞
141	广东联塑科技实业有限公司	佛山
142	中石化中海船舶燃料供应有限公司	广州
143	佛山市顺德区乐从供销集团有限公司	佛山
144	深圳市年富实业发展有限公司	深圳
145	高先电子（深圳）有限公司	深圳
146	京信通信系统（中国）有限公司	广州
147	广东志高空调有限公司	佛山
148	富葵精密组件（深圳）有限公司	深圳
149	东莞华贝电子科技有限公司	东莞
150	湛江晨鸣浆纸有限公司	湛江
151	广东世纪青山镍业有限公司	阳江
152	天虹商场股份有限公司	深圳
153	珠海碧辟化工有限公司	珠海
154	益海（广州）粮油工业有限公司	广州
155	沃尔玛（中国）投资有限公司	深圳
156	比亚迪股份有限公司	深圳
157	深圳市爱施德股份有限公司	深圳
158	中海石油（中国）有限公司湛江分公司	湛江
159	佛山市海天调味食品股份有限公司	佛山

2014“广东年度经济风云榜”

致敬企业：
美的集团

风云园区：
广东金融高新技术服务区
中德金属生态城

风云企业：
广州赛莱拉干细胞科技股份有限公司
正威国际集团
广州立白企业集团有限公司
广东新邦物流有限公司
广州奥飞文化传播有限公司
铂涛集团
广东省产权交易集团有限公司
广州金交会投资管理有限公司
广东纽恩泰新能源科技发展有限公司
广州唯品会信息科技有限公司

广东年度经济风云人物：
侯若洪（深圳光韵达光电科技股份有限公司董事长）
黄舜（深圳市邦德文化发展有限公司执行董事）
刘若鹏（深圳光启创新技术有限公司董事长）
彭国远（广东心里程电子集团有限公司董事长）
李远峰（广州市万绿达集团有限公司董事长）
郑耀南（广东都市丽人实业有限公司董事长）
陈雁升（星辉互动娱乐股份有限公司董事长）
马超（广州南方测绘仪器有限公司总经理）
何新明（广东东鹏控股股份有限公司董事长）
黄平（广州市创势翔投资有限公司董事长）

广东省地区生产总值

2012 ~ 2014 年广东省地区生产总值

单位：亿元

	2012 年	2013 年	2014 年	2014 年比 2013 年同比增长 (%)
地区生产总值	57067.92	62474.79	67792.24	7.8
农林牧渔业	2848.91	3047.51	3242.42	3.3
农、林、牧、渔服务业		70.38	75.75	5.1
工业	25937.2	26894.54	29087.55	7.8
开采辅助活动		14.6	15.57	7.8
金属制品、机械和设备修理业		46.82	49.93	7.8
建筑业	1888.1	2161.1	2323.72	5.4
批发和零售业	6328.53	7323.55	8047.47	8.4
批发业		4195.74	4682.52	10.1
零售业		3127.81	3364.95	6.1
交通运输、仓储和邮政业	2365.46	2450.51	2663.11	9.7
住宿和餐饮业	1296.72	1257.44	1342.24	3.2
住宿业		273.06	287	4
餐饮业		984.38	1055.24	3
金融业	3236.48	4122.81	4724.48	12.5
房地产业	3578.62	4207.46	4415.95	4.6
房地产业（K 门类）		2540.46	2630.59	4.3
自有房地产经营活动		1667	1785.36	5
其他服务业	9587.9	11009.87	11945.3	8.3
营利性服务业	4923.5	5308.43	5741.98	10.2
非营利性服务业	4664.4	5701.44	6203.32	6.3
第一产业	2848.91	2977.13	3166.67	3.3
第二产业	27825.3	28994.22	31345.77	7.7
第三产业	26393.71	30503.44	33279.8	8.2

广东省主要经济统计指标

2012 ~ 2014 年广东省主要经济统计指标

单位：亿元

指标	2012 年	2013 年	2014 年	2014 年比 2013 年同比增长（%）
地区生产总值	57067.92	62474.79	67792.24	7.8
第一产业	2848.91	2977.13	3166.67	3.3
第二产业	27825.3	28994.22	31345.77	7.7
第三产业	26393.71	30503.44	33279.8	8.2
按行业分：				
农林牧渔业	2848.91	3047.51	3242.42	3.3
工业	25937.2	26894.54	29087.55	7.8
建筑业	1888.1	2161.1	2323.72	5.4
批发和零售业	6328.53	7323.55	8047.47	8.4
交通运输、仓储和邮政业	2365.46	2450.51	2663.11	9.7
住宿和餐饮业	1296.72	1257.44	1342.24	3.2
金融业	3236.48	4122.81	4724.48	12.5
房地产业	3578.62	4207.46	4415.95	4.6
其他服务业	9587.9	11009.87	11945.3	8.3
规模以上工业增加值（亿元）	21988.06	25647.24	29327.61	8.4
固定资产投资额（亿元）	19307.53	22858.53	25928.09	15.9
社会消费品零售总额（亿元）	22677.11	25453.93	28471.15	11.9
进出口总额（亿美元）	9838.2	10915.7	10767.3	-1.4
出口总额	5741.4	6364	6462.2	1.5
居民消费价格指数（上年同期＝100）	102.8	102.5	102.3	2.3
工业生产者购进价格指数（上年同期＝100）	99.5	98.2	98.8	-1.2
工业生产者出厂价格指数（上年同期＝100）	99.5	98.8	98.9	-1.1
全社会用电量（亿千瓦时）	4619.41	4830.13	5235.23	8.4
工业用电量（亿千瓦时）	3045.68	3206.62	3454.68	7.8
制造业用电量（亿千瓦时）	2483.47	2644.9	2820.59	6.7
金融机构（含外资）本外币存款余额（亿元）	105099.55	119685.15	127881.47	6.9
居民储蓄存款余额（亿元）	47263.03	50638.64	53215.87	5.1
金融机构（含外资）本外币贷款余额（亿元）	67077.08	75665.16	84921.79	12.2
来源于广东的财政总收入（亿元）	14724.47	16964.4	19080.13	12.5
地方公共财政预算收入（亿元）	6228.2	7075.54	8060.06	13.9
地方公共财政预算支出 （亿元）	7267.7	8265.78	9134.33	10.5

注：

1. 地区生产总值（GDP）为季度数。
2. 自 2012 年 1 月起，“地方一般预算收入”和“地方一般预算支出”分别更名为“地方公共财政预算收入”和“地方公共财政预算支出”。

广东省各地级市地区生产总值

2012 ~ 2014 年广东省各地级市地区生产总值

各市	2012 年				2013 年		
	生产总值	第一产业	第二产业	第三产业	生产总值	第一产业	第二产业
广州市	135512072	2207222	47131598	86173252	154201434	2288680	52273770
深圳市	129500775	55626	57376373	72068776	145002302	52451	62968455
珠海市	15038111	388367	7962769	6686975	16623757	431110	8490502
汕头市	14150103	821816	7287836	6040451	15659049	871766	8177891
佛山市	67090223	1293092	41910088	23887043	70101725	1390525	43403598
# 顺德区	23387901	413368	13021741	9952792	25567787	436011	13565089
韶关市	8884828	1251370	3732973	3900485	10100737	1313045	4282598
河源市	6152596	784841	3190693	2177062	6803296	830752	3371093
梅州市	7459813	1590909	2712636	3156268	8000148	1647144	2895700
惠州市	23680339	1275654	13754044	8650641	26783541	1366733	15505911
汕尾市	6104133	1009706	2903752	2190675	6717548	1082603	3156873
东莞市	50101377	191895	23517799	26391683	54900207	200855	25188763
中山市	24410432	621068	13536982	10252381	26389329	668732	14637079
江门市	19100789	1481925	10220858	7398006	20001764	1588078	10130315
阳江市	8770092	1754508	4006464	3009120	10398362	1929175	5137817
湛江市	18701942	3853460	7726259	7122223	20600069	4214374	8143250
茂名市	19511785	3489881	7995516	8026388	21601686	3731516	8933536
肇庆市	14538378	2426908	6572966	5538504	16600720	2623820	7910981
清远市	10290198	1518468	4205899	4565831	10930403	1676720	4307222
潮州市	7064664	503857	3849917	2710890	7803423	549381	4359223
揭阳市	13801518	1412581	8423950	3964987	16053517	1543934	10137813
云浮市	5404494	1291651	2387552	1725291	6022990	1352498	2596324

单位：万元

	2014 年				2014 年比 2013 年同比增长（%）			
	生产总值	第一产业	第二产业	第三产业	生产总值	第一产业	第二产业	第三产业
34	167068719	2375219	56064062	108629438	8.6	1.8	7.4	9.4
96	160019811	52880	68230454	91736477	8.8	-19.4	7.7	9.8
45	18573225	487872	9390429	8694924	10.3	3.9	11.9	8.7
92	17160048	934112	8975814	7250122	9	3.9	9.7	8.6
02	76032828	1424674	46870177	27737977	8.6	2.6	9.4	7.6
87	27649821	439175	14534421	12676225	8.6	1.2	9.5	7.7
94	11115404	1429461	4514143	5171800	9.5	4.3	10.7	9.6
51	7589511	899784	3849180	2840547	10.9	4.3	15.2	6.8
04	8858325	1794662	3229089	3834574	8.5	4.3	10.3	8.3
97	30007342	1429079	16976315	11601948	10	4.3	11.9	7.3
72	7169931	1141350	3396900	2631681	8.9	4.1	11.3	7
89	58811801	208388	26979041	31624372	7.8	2.5	9.2	6.3
18	28230069	709107	15599433	11921530	8	1.7	8.4	7.8
71	20827636	1681431	10244692	8901513	7.8	2.9	9.5	6
70	11685508	2045513	5890616	3749379	10.5	4.2	14.3	7.8
45	22587230	4479586	8959457	9148187	10	4.3	11.3	11.2
34	23490313	3789633	9751121	9949559	10.4	4.3	14.3	8.5
19	18450647	2720345	9227936	6502366	10	4.3	14	7
61	11877408	1775043	4839458	5262907	7.9	4.2	12.5	4.5
19	8502181	585016	4799017	3118148	8.2	3.9	9.5	7.1
70	17804406	1623714	11328274	4852418	10.7	4.3	12.1	9.5
68	6640000	1447310	2955943	2236747	10.3	4.1	14.6	7.5

广东省工业增加值

2012 ~ 2014 年广东省工业增加值

单位：亿元

指标名称	2012 年	2013 年	2014 年	2014 年比 2013 年同比增长 (%)
全省总计	21988.06	25647.24	29327.61	8.4
在总计中：				
轻工业	8383.36	9702.9	11156.21	7.4
重工业	13604.7	15944.33	18171.4	9.1
在总计中：				
国有控股企业	3930.63	4635.38	4976.49	6.3
民营企业	8606.28	10282.11	12793.98	13.2
在总计中：				
集体企业	140.72	138.49	119.92	2.8
股份合作企业	19.35	47.87	27.82	19.3
股份制企业	8715.62	10743.56	14415.04	12.1
外商及港澳台商投资企业	10604.24	12330.81	13563.86	5
在总计中：				
大型企业	9966.49	12056.93	13800.32	8.3
中型企业	6489.89	6796.75	7566.55	7.4
小型企业	5417.49	6675.03	7834.57	12.4
微型企业	114.18	118.52	126.18	-48.1
在总计中：				
广州市	3806.02	4430.31	4859.49	8.1
深圳市	5091.42	5695	6501.06	8.4
珠海市	644.84	744.99	897.88	11.2
汕头市	460.82	568.28	676.42	11
佛山市	3009.49	3652.82	4249.23	9.9
# 顺德区	1027.96	1171.53	1317.6	10
韶关市	261.46	306.77	347.95	13
河源市	229.92	294.21	389.48	18
梅州市	151.94	172.62	206.93	10.7
惠州市	1159.59	1374.57	1543.34	13
汕尾市	183.57	234.98	261.91	14.4
东莞市	1733.12	2112.65	2593.54	8.8
中山市	1232.09	1257.02	1312.16	10
江门市	605.51	714.44	849.81	11
阳江市	283.02	380.21	467.57	18.7
湛江市	581.41	659.51	734.91	12.1
茂名市	432.89	529.14	712.17	16.8
肇庆市	674.63	813.45	932.42	14.3
清远市	287.84	315.52	387.13	14.2
潮州市	228.41	277.51	332.46	11.1
揭阳市	660.4	860.79	1047.18	15.8

（续上表） 单位：亿元

指标名称	2012 年	2013 年	2014 年	2014 年比 2013 年同比增长（%）
云浮市	138.76	192.06	260.28	15.7
按经济区域分				
珠三角九市	17956.71	20795.25	23738.92	8.3
东翼四市	1533.2	1941.56	2317.97	13.2
西翼三市	1297.32	1568.87	1914.65	15.2
山区五市	1069.93	1281.19	1591.76	14.4

注：1. 本资料统计范围为全部年销售收入 2000 万元及以上工业企业。
2. 工业增长速度采用价格缩减法计算。
3. 大中型企业按新标准划分。
4. 按经济类型分组中各经济类型统计范围有重叠。

广东省分行业工业增加值

2012 ~ 2014 年广东省分行业工业增加值

单位：万元

主要行业	2012 年	2013 年	2014 年	2014 年比 2013 年同比增长 (%)
全省总计	219880594	256472365	293276086	8.4
采矿业	8199912	8461715	8238946	2.4
煤炭开采和洗选业	4513.03	15764	21612	47.4
石油和天然气开采业	6545290	6485249	5936028	-1.1
黑色金属矿采选业	537293	550508	637655	20.6
有色金属矿采选业	424887	553672	554178	3.6
非金属矿采选业	604261	739115	933704	12.6
开采辅助活动	83176	115584	154764	11.7
其他采矿业	5005	1822	1005	-35.3
制造业	193264065	228411053	263747611	8.8
农副食品加工业	4223764	4914893	4961427	8.3
食品制造业	4642192	5802419	7032331	6.7
酒、饮料和精制茶制造业	1907378	2354116	3078159	5.4
烟草制品业	3146083	3398431	3415978	6.3
纺织业	4683801	5606911	6287889	4.1
纺织服装、服饰业	8094259	9460109	10625144	5.4
皮革、毛皮、羽毛及其制品和制鞋业	4930007	5687695	6434098	6.2
木材加工和木、竹、藤、棕、草制品业	1353414	1640010	1913943	15.4
家具制造业	3041641	3624269	4278399	8.2
造纸和纸制品业	3248163	3724985	4472385	10.2
印刷和记录媒介复制业	2180484	2683000	2948892	6.6
文教、工美、体育和娱乐用品制造业	5354431	6360385	7836279	11.2
石油加工、炼焦和核燃料加工业	6125539	6796085	7676439	0.3
化学原料和化学制品制造业	12304170	13453610	13706113	8.8
医药制造业	3268734	3917706	4363855	8.6
化学纤维制造业	204010	238242	309680	0.2
橡胶和塑料制品业	7991802	9369172	10828218	6.2
非金属矿物制品业	8038971	9952218	12074576	11.3
黑色金属冶炼和压延加工业	3893474	4482295	4386556	5
有色金属冶炼和压延加工业	4484121	5874095	6250498	11
金属制品业	9038028	10733844	12770875	11.9
通用设备制造业	5887831	6959564	8340887	8.2
专用设备制造业	3799739	4676350	5947269	9.2
汽车制造业	10816263	13788232	15250239	9.2
铁路、船舶、航空航天和其他运输设备制造业	2649489	2599017	2539398	10.2
电气机械和器材制造业	18580246	21059360	24622640	7.3
计算机、通信和其他电子设备制造业	45311435	54239777	65613030	11.7
仪器仪表制造业	1717411	2166339	2494266	5

（续上表） 单位：万元

主要行业	2012年	2013年	2014年	2014年比2013年同比增长（%）
其他制造业	483810	680903	962121	-5.8
废弃资源综合利用业	1634816	1842793	2015403	13.3
金属制品、机械和设备修理业	228560	324227	310621	-2.6
电力、热力、燃气及水生产和供应业	18416617	19599597	21289529	7
电力、热力生产和供应业	16284962	17137143	18336847	6.2
燃气生产和供应业	1118782	1352278	1636464	18.5
水的生产和供应业	1012874	1110176	1316219	5.3

广东省主要工业产品产量

2012 ~ 2014 年广东省主要工业产品产量

产品名称	计量单位	2012 年	2013 年	2014 年	2014 年比 2013 年同比增长 (%)
一、家电、电子工业产品：					
家用电冰箱	万台	1654.97	1946.02	2293.95	16.7
房间空气调节器	万台	5342.08	5168.63	5923.74	8.5
家用电风扇	万台	13352.95	12489.89	13592.75	2.3
家用吸排油烟机	万台	1451.74	1767.95	2032.65	11.5
微波炉	万台	5501.58	5731.37	6573.8	14.1
家用洗衣机	万台	606.96	665.24	690.88	3.7
家用吸尘器	万台	2858.67	2438.44	2546.87	3.1
家用燃气灶具	万台	1749.96	1858.88	1959.37	5.5
家用燃气热水器	万台	744.32	814.14	1071.61	2.4
电饭锅	万个	15848.25	18578.24	24243.47	22.5
程控交换机	万线	1313.41	1821.94	1605.8	5.3
其中：数字程控交换机	万线	1035.8	1179.13	595.4	-31.2
电话单机	万部	11175.68	10854.89	10438.56	-11.5
传真机	万部	245.49	157.24	169.37	7.7
移动通信手持机（手机）	万台	57599.27	77818.03	92435.64	5.2
电子计算机整机	万台	6886.05	3756.53	5027.69	3.8
微型计算机设备	万台	5382.47	3613.96	2830.58	0.5
其中：笔记本计算机	万台	921.05	954.9	816.19	-17
集成电路	亿块	172.07	181.8	190.5	-2.3
光电子器件	万只（片、套）	10432396.5	16941412.73	25902958.32	32.1
其中：发光二极管（LED）	万只	5535359	11324560.72	18740651.2	55.6
液晶显示屏	万片	123279	78307.26	173713.38	43.8
液晶显示模组	万套	76248.9	78450.15	89962.27	-3.2
电子元件	亿只	14459.97	13592.17	15304.53	9.2
彩色电视机	万台	5810.12	6691.07	7039.89	0.1
其中：显像管彩色（CRT）电视机	万台	542.89	309.54	161.01	-37.7
液晶（LCD）电视机	万台	4012.23	4512.49	6611.26	18.2
等离子（PDP）电视机	万台	8.82	17.66	8.15	-53.8
数字激光音、视盘机	万台	19737.02	17020.14	19035.91	-1.3
组合音响	万台	11265	10386.22	11755.41	-4.4
半导体存储器播放器（含 MP3、MP4）	万个	3676.72	2209.56	1081.55	-45.3
二、轻工业产品：					
钟	万只	5935.87	4687.62	5246.42	5.2
表	万只	12182.03	11545.06	14333.52	5.6
照相机	万台	3125.57	2667.49	1210.14	-56.7

（续上表）

产品名称	计量单位	2012 年	2013 年	2014 年	2014 年比 2013 年同比增长（%）
精制食用植物油	万吨	583.87	648.33	589.64	5.6
成品糖	万吨	147.6	140.21	137.99	-1.7
啤酒	千升	4742403.5	4807863.45	4332894.41	-5.9
软饮料	万吨	2103.5	2369.19	2646.69	8.5
卷烟	亿支	1370.87	1391.91	1408.41	1.2
纱	万吨	40.86	36.86	41.08	1.9
布	万米	235432.3	275317.95	377181.13	-3.7
服装	万件	537184	559840.25	636308.1	5.5
皮革鞋靴	万双	79184.2	75857.82	73955.92	-2.7
人造板	万立方米	990.33	980.48	1136.81	6.2
实木木地板	万立方米	1645.73	1715.83	1734.33	1
复合木地板	万立方米	948.44	1168.26	1628.34	24.6
家具	万件	12925.49	12330.75	17259.68	4.9
机制纸及纸板（外购原纸加工除外）	万吨	1636.84	1911.14	2070.74	19.4
合成洗涤剂	万吨	274.78	359.18	429.78	15.8
塑料制品	万吨	919.31	858.06	979.33	4.4
日用玻璃制品	万吨	61.37	38.46	62.17	21.5
不锈钢日用制品	万吨	93.6	120.11	156.39	18.3
三、石油化学工业产品：					
乙烯	万吨	234.74	238.26	239.74	0.6
农用氮、磷、钾化学肥料总计（折纯）	吨	486436.1	546099.65	575018.3	27.3
涂料	万吨	245.93	301.67	333.99	6.9
初级形态的塑料	万吨	536.14	585.55	594.16	5.3
合成橡胶	吨	336927.8	451457.82	796174.66	17.2
合成纤维聚合物	吨	576836.6	1082529.07	1032168.68	-4.5
化学药品原药	吨	56244.2	78713.48	134455.65	-5.9
中成药	吨	191315.5	218204.67	242235.59	7.6
化学纤维	吨	571122	559528.1	591252.72	1.2
子午线轮胎外胎	万条	1282.59	1324.95	1337.7	1
四、建材工业产品：					
水泥	万吨	11384.25	13394.93	14737.37	12.8
平板玻璃	万重量箱	7982.16	8586.64	8189.19	-4.6
卫生陶瓷制品	万件	2463.2	4722.13	5265.82	-3.2
五、钢铁工业产品：					
钢材	万吨	2992.96	3384.52	3447.15	2.8
其中：钢筋	万吨	1000.15	1271.26	1122.89	0.6
线材	万吨	527.34	567.32	572.52	1.9
冷轧薄板	万吨	276.78	282.18	364.77	3.9
六、有色工业产品：					
十种有色金属	吨	260385	447599.44	395095.44	-11.4
精炼铜（电解铜）	吨	96780.5	125409.12	128912.96	2.8
铝材	吨	3765942.8	5107196.95	5816767.51	10.3
铅	吨	38415.4	57150.03	53077	-4.7
锌	吨	122116.9	263439.29	211537.48	-19.7
七、机械工业产品：					
金属集装箱	万立方米	3440.55	3611.26	4461.07	23.4
气体压缩机	万台	5473.56	6191.26	5882.6	7.2

（续上表）

产品名称	计量单位	2012 年	2013 年	2014 年	2014 年比 2013 年同比增长 (%)
发动机	万千瓦	15859.37	18289.55	17627.86	-3.6
风机	万台	735.35	780.41	919.35	11.5
环境污染防治专用设备	台（套）	4575	2662	4921	6.8
八、汽车和新能源汽车产品：					
汽车	辆	1596612	2542606	2195934	7.9
其中：基本型乘用车（轿车）	辆	1205644	2061723	1608328	3.5
新能源乘用车	辆	4011	6656	10790	65.7
新能源客车	辆	875	855	2719	218
九、其他产品：					
锂离子电池	万只	148280.76	169107.69	201712.19	2.4
摩托车整车	万辆	790.12	859.43	888.3	-0.5
民用钢质船舶	万载重吨	350.04	283.89	202.17	8

注：1. 本资料统计范围为全部年销售收入 2000 万元以上工业企业。

广东工业企业主要经济指标

2014 年广东工业企业主要经济指标（一）

指标名称	计量单位	统计数据	同比增长（%）	大型企业	
				统计数据	同比增长（%）
企业单位数	个	39837		1469	
其中：亏损企业	个	5626	15.7	139	26.4
流动资产合计	亿元	50629.02	9.4	23555.63	11.6
其中：应收账款	亿元	15118.83	10	6838.59	7.1
存货	亿元	11765.8	6.2	5041.33	8.2
其中：产成品	亿元	4348.78	20.8	2015.68	29.3
资产总计	亿元	86745.54	10.1	40344.49	10.1
负债总计	亿元	50131.72	10.2	23759.99	11.8
主营业务收入	亿元	113827.77	8.1	50767.65	6.9
主营业务成本	亿元	96949.14	7.7	42105.42	5.9
主营业务税金及附加	亿元	1199.26	4.1	755.99	
销售费用	亿元	3899.33	9.7	2347.9	8.9
管理费用	亿元	4935.48	12.2	2290.09	16.5
财务费用	亿元	724.82	5.9	224.94	-5
利润总额	亿元	6611.86	12.4	3326.26	11.9
亏损企业亏损额	亿元	449.79	15.9	120.49	13.5
税金总额	亿元	3991.18	7.6	2191.83	6.1
应交增值税	亿元	2791.91	9.1	1435.84	8.2
从事工业生产活动的从业人员平均人数	万人	1397.71	-2.8	491.63	-1.9

2014年广东工业企业主要经济指标（二）

指标名称	计量单位	中型企业		小型和微型企业	
		统计数据	同比增长（%）	统计数据	同比增长（%）
企业单位数	个	9246		29122	
其中：亏损企业	个	1390	10.5	4097	17.2
流动资产合计	亿元	14481.69	8.6	12591.7	6.5
其中：应收账款	亿元	4258.39	13.2	4021.85	11.7
存货	亿元	3685.87	5.6	3038.6	3.9
其中：产成品	亿元	1199.44	13.2	1133.66	15.6
资产总计	亿元	24884.87	9.1	21516.19	11.1
负债总计	亿元	13835.95	7.8	12535.78	9.9
主营业务收入	亿元	30643.2	8.1	32416.92	10
主营业务成本	亿元	26331.92	8.3	28511.8	9.9
主营业务税金及附加	亿元	270.14	4.3	173.13	12.7
销售费用	亿元	788.39	8.6	763.04	13.7
管理费用	亿元	1402.08	8.5	1243.31	8.9
财务费用	亿元	267.26	5.8	232.62	19.3
利润总额	亿元	1733.49	8.8	1552.11	17.9
亏损企业亏损额	亿元	151.54	21.9	177.75	12.9
税金总额	亿元	977	7.9	822.34	11.3
应交增值税	亿元	706.86	9.4	649.21	10.9
从事工业生产活动的从业人员平均人数	万人	533.38	-4.6	372.7	-1.2

2014 年广东工业企业主要经济指标（三）

指标名称	计量单位	国有控股企业		外商及港澳台商投资企业	
		本月止累计	累计比上年同期增长（%）	本月止累计	累计比上年同期增长（%）
企业单位数	个	1032		13985	
其中：亏损企业	个	243	10	2846	8.7
流动资产合计	亿元	7133.69	3.4	24607.01	5.5
其中：应收账款	亿元	1307.89	13.8	8284.69	4.1
存货	亿元	1623.34	4.4	5739.97	1.9
其中：产成品	亿元	466.05	26.9	1984.87	17.3
资产总计	亿元	19138.92	5.7	38863.64	6.5
负债总计	亿元	11221.97	5	21765.86	6.2
主营业务收入	亿元	17705.15	5.4	52530.34	3.2
主营业务成本	亿元	14767.03	4.9	45258.19	3.2
主营业务税金及附加	亿元	698.97	3.4	403.65	-3.3
销售费用	亿元	674.39	13.9	1781.75	3.9
管理费用	亿元	461.92	1.3	2263.91	5.6
财务费用	亿元	209.25	8.8	199.67	15.6
利润总额	亿元	1093.26	2.8	2995.94	8.3
# 亏损企业亏损额	亿元	90.43	51.5	268.88	7.9
税金总额	亿元	1422.9	5.4	1476.42	0.5
应交增值税	亿元	723.93	7.4	1072.77	2
从事工业生产活动的从业人员平均人数	万人	77.73	2.3	755.3	-5.9

广东固定资产投资完成情况

2012 ~ 2014 年广东固定资产投资完成情况

	2012 年		
	固定资产投资	项目投资	房地产开发
计划总投资	776774031	464951787	311822244
其中：本年新开工项目	473500898	161678654	311822244
自开始建设至本年底累计完成投资	477789802	275257202	202532600
本年完成投资	193075251	139547398	53527853
其中：住宅	40118811	3068979	37049832
按登记注册类型分组	193075251	139547398	53527853
内源性经济投资	163718364	120660882	43057482
外源性经济投资	29356887	18886516	10470371
内资	163718364	120660882	43057482
民间投资	101772821	65573970	36198851
国有经济	47120992	44417415	2703577
集体经济	10033036	9300675	732361
私营个体经济	37509678	22954273	14555405
港澳台商投资	17151536	9868750	7282786
外商投资	12205351	9017766	3187585
按建设性质分：新建	144521475	90993622	53527853
扩建	18866974	18866974	
改建	20317568	20317568	
建筑工程	113165212	78804468	34360744
安装工程	14790298	10940025	3850273
设备工器具购置	33641759	33158931	482828
其他费用	31477982	16643974	14834008
按国民经济行业分	193075251	139547398	53527853
第一产业	2739022	2739022	
第二产业	65482133	65482133	
第三产业	124854096	71326243	53527853
基础产业	56229651	56229651	
基础设施	46678970	46678970	
# 城市建设	18138424	18138424	
原材料	10917889	10917889	
能源	10295078	10295078	
工业合计	65095075	65095075	
其中：技术改造			
先进制造业			
装备制造业			
钢铁冶炼及加工			
石油及化学	4398929	4398929	
高技术产业（制造业）			

单位：万元、平方米、个

2013 年			2014 年		
资产投资	项目投资	房地产开发	固定资产投资	项目投资	房地产开发
2432241	528348080	384084161	1009916620	568957945	440958675
1221555	167137394	384084161	615931611	174972936	440958675
5711949	316813148	248898801	659373456	353100699	306272757
3585297	163390591	65194706	259280925	182896395	76384530
8585275	3175481	45409794	54898626	3025442	51873184
8585297	163390591	65194706	259280925	182896395	76384530
8924639	144876745	54047894	227828823	163570474	64258349
9660658	18513846	11146812	31452102	19325921	12126181
3924639	144876745	54047894	227828823	163570474	64258349
7803180	80689101	47114079	150650218	93815485	56834733
3941892	51592647	2349245	58165229	56553407	1611822
2815687	12042485	773202	12334345	11544379	789966
0574927	32174068	18400859	60362728	38412540	21950188
6407265	8879265	7528000	18193634	10135458	8058176
3253393	9634581	3618812	13258468	9190463	4068005
3937613	108742907	65194706	197199301	120814771	76384530
2770337	22770337		27586801	27586801	
1308851	21308851		24086539	24086539	
4361682	91489177	42872505	155276262	107451908	47824354
3405997	13037290	5368707	19586275	13138864	6447411
9827895	39172838	655057	42656469	41876177	780292
5989723	19691286	16298437	41761919	20429446	21332473
3585297	163390591	65194706	259280925	182896395	76384530
3541436	3541436		3401181	3401181	
4460621	74460621		84520826	84520826	
0583240	85388534	65194706	171358918	94974388	76384530
6182646	66182646		73872002	73872002	
4985477	54985477		59846513	59846513	
2046235	22046235		22948983	22948983	
2521977	12521977		14914864	14914864	
2102644	12102644		13151077	13151077	
3656615	73656615		84000426	84000426	
			18675873	18675873	
			31381931	31381931	
			21805722	21805722	
			1839669	1839669	
5961398	5961398		7736540	7736540	
			10063554	10063554	

（续上表）

	2012 年		
	固定资产投资	项目投资	房地产开发
医药制造业			
航空航天及设备制造业			
电子及通信设备制造			
电子计算机及办公设备制造业			
医疗设备及仪器仪表制造业			
信息化学品制造			
优势传统工业（*注 3）			
纺织服装	4353349	4353349	
食品饮料	2771817	2771817	
家具制造业			
建筑材料	6526610	6526610	
金属制品业			
家用电力器具制造业			
文化产业	7905117	7905117	
新闻出版发行服务	735225	735225	
广播电视电影服务	183558	183558	
文化艺术服务	631911	631911	
文化信息传输服务	234717	234717	
文化创意和设计服务	530124	530124	
文化休闲娱乐服务	2075491	2075491	
工艺美术品的生产			
文化产品生产的辅助生产			
文化用品的生产			
文化专用设备的生产			
六大高载能工业			
信息产业	10913231	10913231	
电子信息设备制造	6753614	6753614	
电子信息设备销售和租赁	135499	135499	
电子信息传输服务	2978660	2978660	
计算机服务和软件业	806046	806046	
其他信息相关服务	239412	239412	
（一）农、林、牧、渔业	2739022	2739022	
（二）采矿业	898597	898597	
（三）制造业	53601767	53601767	
（四）电力、燃气及水的生产和供应业	10594711	10594711	
（五）建筑业	387058	387058	
（六）交通运输、仓储和邮政业	18189887	18189887	
（七）信息传输、软件和信息技术服务业	3783438	3783438	
（八）批发和零售业	5263147	5263147	
（九）住宿和餐饮业	4138374	4138374	
（十）金融业	840843	840843	
（十一）房地产业	65318774	11790921	53527853
（十二）租赁和商务服务业	1752515	1752515	
（十三）科学研究和技术服务业	1242604	1242604	
（十四）水利、环境和公共设施管理业	16058452	16058452	
（十五）居民服务、修理和其他服务业	268342	268342	
（十六）教育	3427869	3427869	

单位：万元、平方米、个

2013 年			2014 年		
定资产投资	项目投资	房地产开发	固定资产投资	项目投资	房地产开发
			1349360	1349360	
			108458	108458	
			7430699	7430699	
			468389	468389	
			691582	691582	
			15066	15066	
			26692867	26692867	
5238517	5238517		5791570	5791570	
3669008	3669008		5561681	5561681	
			1876204	1876204	
7854025	7854025		8169758	8169758	
			4428814	4428814	
			1391223	1391223	
10880786	10880786		12339305	12339305	
40151	40151		61855	61855	
106836	106836		78146	78146	
1026615	1026615		1148523	1148523	
388465	388465		338617	338617	
656793	656793		982002	982002	
2436288	2436288		3266565	3266565	
1152954	1152954		1165930	1165930	
1692432	1692432		1830279	1830279	
2738651	2738651		3158041	3158041	
641601	641601		309347	309347	
22619844	22619844		25142384	25142384	
11109250	11109250		11917561	11917561	
7317652	7317652		7259539	7259539	
75490	75490		125711	125711	
2680368	2680368		3308208	3308208	
744660	744660		1012647	1012647	
291080	291080		211456	211456	
3541436	3541436		3401181	3401181	
1722339	1722339		2487482	2487482	
60591230	60591230		70518752	70518752	
11343046	11343046		10994192	10994192	
804006	804006		520400	520400	
25233934	25233934		26681151	26681151	
3424692	3424692		4307918	4307918	
6532453	6532453		8439407	8439407	
4639239	4639239		4693899	4693899	
776222	776222		962287	962287	
79130065	13935359	65194706	91119962	14735432	76384530
2428649	2428649		2501488	2501488	
1615850	1615850		1680832	1680832	
17412670	17412670		20303068	20303068	
439249	439249		490349	490349	
3546998	3546998		4085206	4085206	

（续上表）

	2012年		
	固定资产投资	项目投资	房地产开发
（十七）卫生和社会工作	1597583	1597583	
（十八）文化、体育和娱乐业	1664616	1664616	
（十九）公共管理、社会保障和社会组织	1307652	1307652	
（二十）国际组织			
本年新增固定资产	121285714	94318941	26966773
本年施工房屋面积	625349634	232386965	392962669
其中：住宅	312762037	20229674	292532363
本年竣工房屋面积	140507669	76946468	63561201
其中：住宅	56390780	7209161	49181619
资金来源情况			
一、本年资金来源合计	260169786	156741761	103428025
1. 上年末结余资金	33690443	9445121	24245322
2. 本年资金来源小计	226479343	147296640	79182703
(1) 国家预算资金	9997379	9997379	
(2) 国内贷款	32543612	17468315	15075297
(3) 债券	24545	24545	
(4) 利用外资	5984861	5694228	290633
其中：外商直接投资	3830955	3565092	265863
(5) 自筹资金	129237245	105090884	24146361
(6) 其他资金来源	48691701	9021289	39670412
二、各项应付款合计	21380193	9750553	11629640
施工项目个数	27446	27446	
其中：本年新开工	18840	18840	
本年投产项目个数	16478	16478	

注：1. 从2014年固定资产投资定报开始，取消城镇、农村分组和“本年竣工房屋价值”；
2. “施工项目个数、本年投产项目个数”不含房地产开发；
3. 优势传统工业合计数为六类行业相加后扣除建筑材料“建筑、安全用金属制品制造业”的数据。

单位：万元、平方米、个

2013 年			2014 年		
定资产投资	项目投资	房地产开发	固定资产投资	项目投资	房地产开发
1845106	1845106		2318036	2318036	
2406657	2406657		2603363	2603363	
1151456	1151456		1171952	1171952	
47665380	119472062	28193318	175523693	141685124	33838569
43293768	278489109	464804659	815683309	275908628	539774681
63213141	26306399	336906742	405641448	22740822	382900626
60499971	97766987	62732984	170552129	97272268	73279861
56298188	8815717	47482471	62928431	8503556	54424875
18299585	182596666	135702919	356683146	203898289	139883063
42657396	11683920	30973476	55259860	15741025	38770482
75642189	170912746	104729443	301423286	188157264	101112581
11730737	11730737		14191566	14191566	
41487238	20051327	21435911	43701321	19375180	22020113
41506	41506		1109768	1109768	
6833475	6470544	362931	4050111	3413620	630538
3122517	2803770	318747	2247504	1676852	564699
50219199	122235846	27983353	176802138	139746441	33227104
65330034	10382786	54947248	61568382	10320689	45234826
24995296	9115748	15879548	33850531	11681270	20054684
31082	31082		33417	33417	
21200	21200		22357	22357	
19430	19430		22514	22514	

广东分市固定资产投资完成情况

2012 ~ 2014 年广东省分市固定资产投资完成情况

单位：万元

指标名称	2012 年			2013 年			2014 年		
	固定资产投资	项目投资	房地产开发	固定资产投资	项目投资	房地产开发	固定资产投资	项目投资	房地产开发
广东省	193075251	139547398	53527853	228585297	163390591	65194706	259280925	182896395	76384530
广州市	37583868	23879357	13704511	44545508	28748710	15796798	48895026	30733497	18161529
深圳市	23144319	15775898	7368421	25010091	16132968	8877123	27174226	16479371	10694855
珠海市	7876184	5455408	2420776	9608944	6883162	2725782	11350492	7467493	3882999
汕头市	6119167	5285709	833458	7846679	6338712	1507967	10027279	8006770	2020509
佛山市	21283257	14898619	6384638	23836462	16382759	7453703	26124462	17797452	8327010
顺德区	4498829	2681360	1817469	4992388	3274010	1718378	5503818	3545494	1958324
韶关市	5484754	4571790	912964	6645175	5408779	1236396	7467416	6273214	1194202
河源市	2785868	2114604	671264	3427305	2535504	891801	4532859	3524542	1008317
梅州市	2301442	1860918	440524	2805022	2034846	770176	4075124	2792189	1282935
惠州市	12086803	7265120	4821683	14013040	8078334	5934706	16067089	9394114	6672975
汕尾市	3915588	3754925	160663	4620909	4454300	166609	5009699	4893610	116089
东莞市	11803493	8030283	3773210	13839352	8862759	4976593	14271099	8390469	5880630
中山市	8934346	5470284	3464062	9629280	5638124	3991156	9036570	4740013	4296557
江门市	8504108	7059218	1444890	10008418	7590544	2417874	11116497	7986438	3130059
阳江市	4836735	4064938	771797	5986644	5097085	889559	6620110	5673530	946580
湛江市	5722768	4573137	1149631	7955763	6407917	1547846	10207624	8434174	1773450
茂名市	4273674	3534084	739590	6605279	5831704	773575	8505521	7554873	950648
肇庆市	8526039	7071531	1454508	10077778	8362962	1714816	11387298	9498430	1888868
清远市	4379526	2572284	1807242	5059662	3181345	1878317	5963469	3772823	2190646
潮州市	2241572	1955907	285665	2536278	2117195	419083	3130138	2663126	467012
揭阳市	6635126	6070755	564371	8293908	7723462	570446	10938001	10261044	676957
云浮市	4636614	4282629	353985	6233800	5579420	654380	7380926	6559223	821703
按地区分									
珠三角	139742417	94905718	44836699	160568873	106680322	53888551	175422759	112487277	62935482
东翼	18911453	17067296	1844157	23297774	20633669	2664105	29105117	25824550	3280567
西翼	14833177	12172159	2661018	20547686	17336706	3210980	25333255	21662577	3670678
山区	19588204	15402225	4185979	24170964	18739894	5431070	29419794	22921991	6497803

广东房地产开发投资情况

2012 ~ 2014 年广东省房地产开发投资情况

单位：万元、平方米

指标	2012 年	2013 年	2014 年	2014 年比 2013 年同比增长（%）
本年完成投资	53527853	65194706	76384530	17.7
其中：住宅	37049832	45409794	51873184	14.5
按登记注册类型分组	53527853	65194706	76384530	17.7
内源性经济投资	43057482	54047894	64258349	19.5
外源性经济投资	10470371	11146812	12126181	9.2
内资	43057482	54047894	64258349	19.5
民间投资	36198851	47114079	56834733	21.4
国有经济	2703577	2349245	1611822	-31.4
集体经济	732361	773202	789966	2.2
私营个体经济	14555405	18400859	21950188	20.8
港澳台商投资	7282786	7528000	8058176	7.6
外商投资	3187585	3618812	4068005	12.4
按建设性质分：新建	53527853	65194706	76384530	17.7
扩建				
改建				
建筑工程	34360744	42872505	47824354	11.9
安装工程	3850273	5368707	6447411	20.1
设备工器具购置	482828	655057	780292	19.2
其他费用	14834008	16298437	21332473	32.1
本年新增固定资产	26966773	28193318	33838569	20
本年施工房屋面积	392962669	464804659	539774681	16.1
其中：住宅	292532363	336906742	382900626	13.7
本年竣工房屋面积	63561201	62732984	73279861	16.8
其中：住宅	49181619	47482471	54424875	14.6
资金来源情况				
一、本年资金来源合计	103428025	135702919	139883063	12.6
1. 上年末结余资金	24245322	30973476	38770482	27.6
2. 本年资金来源小计	79182703	104729443	101112581	8.2
(1) 国家预算内资金				
(2) 国内贷款	15075297	21435911	22020113	13.5
(3) 债券				
(4) 利用外资	290633	362931	630538	75.4
其中：外商直接投资	265863	318747	564699	79
(5) 自筹资金	24146361	27983353	33227104	32.4
(6) 其他资金来源	39670412	54947248	45234826	-6.7
二、各项应付款合计	11629640	15879548	20054684	39.6

广东分市房地产开发投资情况

2012 ~ 2014 年广东省分市房地产开发投资情况

单位：万元

	2012 年	2013 年	2014 年	2014 年比 2013 年同比增长（%）
广东省	53527853	65194706	76384530	17.7
广州市	13704511	15796798	18161529	15.5
深圳市	7368421	8877123	10694855	22
珠海市	2420776	2725782	3882999	42.5
汕头市	833458	1507967	2020509	37.4
佛山市	6384638	7453703	8327010	12.9
顺德区	1817469	1718378	1958324	14
韶关市	912964	1236396	1194202	-3.4
河源市	671264	891801	1008317	13.1
梅州市	440524	770176	1282935	66.6
惠州市	4821683	5934706	6672975	12.4
汕尾市	160663	166609	116089	-30.3
东莞市	3773210	4976593	5880630	18.2
中山市	3464062	3991156	4296557	7.7
江门市	1444890	2417874	3130059	29.5
阳江市	771797	889559	946580	6.4
湛江市	1149631	1547846	1773450	14.6
茂名市	739590	773575	950648	22.9
肇庆市	1454508	1714816	1888868	10.1
清远市	1807242	1878317	2190646	16.6
潮州市	285665	419083	467012	11.4
揭阳市	564371	570446	676957	18.7
云浮市	353985	654380	821703	25.6
按地区分				
珠三角	44836699	53888551	62935482	17.4
东翼	1844157	2664105	3280567	24.9
西翼	2661018	3210980	3670678	14.3
粤北山区	4185979	5431070	6497803	19.6

广东建筑业企业生产情况

2012 ~ 2014 年广东省建筑业企业生产情况

项目	计量单位	2012 年		2013 年		2014 年	
		合计	国有及国有控股企业	合计	国有及国有控股企业	合计	国有及国有控股企业
一、企业个数	个	4584	534	4803	526	4765	466
其中：有工作量的个数	个	4399	524	4395	498	4387	437
二、建筑业签订的合同额	亿元	16179.11	8970.51	17886.1	9409.12	19151.97	9112.94
1. 上年结转合同额	亿元	7510.14	4576.17	7876.3	4574.81	9303.87	4865.78
2. 本年新签合同额	亿元	8668.97	4394.35	10009.8	4834.31	9848.1	4247.16
三、1. 直接从建设单位承揽工程完成的产值	亿元	6872.21	3061.19	8103.34	3590.01	8988.76	3606.95
①自行完成施工产值	亿元	6102.97	2589.96	7417.07	3102.2	7986.95	2978.26
②分包出去工程的产值	亿元	769.25	471.23	686.27	487.81	1001.81	628.69
2. 从建设单位以外承揽工程完成的产值	亿元	240.47	102.21	312.17	105	369.55	206.81
四、建筑业总产值	亿元	6343.44	2692.17	7729.24	3207.2	8356.5	3185.07
其中：装饰装修产值	亿元	974.08	155.72	1177.55	209.05	1276.98	182.86
在外省完成的产值	亿元	1575.7	813.23	2023.98	1125.84	2081.52	1039.63
1. 建筑工程产值	亿元	5516.74	2477.17	6721.48	2914.54	7247.81	2889.8
2. 安装工程产值	亿元	649.62	170.16	791.76	226.57	856.7	243.91
3. 其他产值	亿元	177.08	44.84	215.99	66.09	251.99	51.36
五、竣工产值	亿元	3243.39	1181.14	3719.1	1332.9	3995.21	1266.65
六、房屋建筑施工面积	万平方米	42038.37	18129.97	53506.11	25624.62	53443.21	22493.08
其中：新开工面积	万平方米	15696.03	6488.89	21777.3	9086.25	21257.33	6618.75
其中：实行投标承包面积	万平方米	25585.45	13849.5	31032.78	17987.49	32794.54	15968.84
其中：新开工面积	万平方米	10409.61	5061.69	13230.54	7174.29	13788.61	4913.5
七、计算劳动生产率的平均人数	万人	186.37	58.26	204.41	67.81	223.12	62.85
建筑业劳动生产率	万元／人					37.45	50.68
八、期末从业人数	万人	176.01	51.02	201.06	60.88	227.19	67.59
其中：工程技术人员	万人	26.77	7.63	29.13	7.68	42.85	13.76
其中：一级建造师	万人			2.41	0.73	2.48	0.75

广东运输邮电主要统计指标完成情况

2012 ~ 2014 年广东省运输邮电主要统计指标完成情况

指　　标	单　位	2012 年	2013 年	2014 年	2014 年比 2013 年同比增长（%）
货 运 量	万吨	270051.36	305830	357448	8.9
铁路	万吨	12035.88	12048	11159	-7.3
公路	万吨	192804.19	217643	260882	8.9
水路	万吨	57594.48	68340	77175	12.1
民航	万吨	127.67	131	144	9.9
管道	万吨	7489.14	7668	8087	5.7
货物周转量	亿吨公里	9872.82	12407.08	14994.06	22.7
铁路	亿吨公里	304.67	301.59	274.77	-8.9
公路	亿吨公里	2576.02	2872.31	3129.37	17
水路	亿吨公里	6772.92	9019.14	11365.6	25.9
民航	亿吨公里	42.29	44.14	50.96	15.3
管道	亿吨公里	176.92	169.91	173.36	2
客 运 量	万人	584986.91	636110	192587	10
铁路	万人	18509.7	20049	23020	12.5
公路	万人	555217.58	604938	157235	9.6
水路	万人	2723.93	2423	2562	18.8
民航	万人	8535.7	8699	9771	8.6
旅客周转量	亿人公里	4366.74	4847.75	3969.58	12.2
铁路	亿人公里	514.53	562.07	673.31	19
公路	亿人公里	2465.29	2775.29	1629.79	11.4
水路	亿人公里	10	10.22	10.47	25
民航	亿人公里	1376.91	1500.17	1656.01	10.4
规模以上港口货物吞吐量	万吨	135626	149351	156370	4.7
规模以上港口集装箱吞吐量	万 TEU	4742.87	4932.57	5292.43	7.3
邮电业务总量（2010年不变价）	亿元	2172.58	2469.72	3387.25	20.1
通信	亿元	1780.7	1889.59	2529.58	13.5
邮政	亿元	391.87	580.13	857.67	44.9

广东社会消费品零售总额

2012 ~ 2014 年广东省社会消费品零售总额

单位：万元

项目	2012 年统计数据	2013 年统计数据	2014 年统计数据	2014 年比 2013 年同比增长 (%)
社会消费品零售额	226769727.7	254539342.3	284711451.1	11.9
一、按销售所在地				
1. 城镇	198181117.2	222824264.3	249253137.9	11.9
其中：城区	173279754.7	195012073.8	218143615.3	11.9
2. 乡村	28588610.5	31715078	35458313.3	11.8
二、按行业分组				
1. 批发业	21497295.1	25329302	28472549.5	12.4
限额以上企业	11009554.4	13628219.5	16090505.6	15.2
限上个体户	4457427.1	5019587.2	2814437.9	11.8
限额以下	6030313.6	6681495.3	9567606	8.2
2. 零售业	180815435.4	202867689.4	227706508.8	12.2
限额以上企业	69341769.5	79150822.3	93389064.3	15.4
限上个体户	6577955.4	7723099.7	7494629.4	17.7
限额以下	104895710.5	115993767.4	126822815.1	9.7
3. 住宿业	2410599.3	2350601.7	2356663.7	0.3
限额以上企业	1953524.4	1844394.4	1767104.6	-1.9
限上个体户	121151.2	127051.7	190253.1	9.8
限额以下	335923.7	379155.6	399306	6.4
4. 餐饮业	22046397.9	23991749.2	26175729.2	9.1
限额以上企业	5606856.8	5568165.7	5797462.9	4.7
限上个体户	3143418.5	3709344	3356715.4	14.5
限额以下	13296122.6	14714239.5	17021550.9	9.7
三、按消费形态				
1. 餐饮收入	24272670.2	26127893.3	28365564.8	8.3
2. 商品零售	202497057.5	228411449	256345886.3	12.3

广东居民消费价格指数

2012 ~ 2014 年广东居民消费价格指数

单位：上年 =100

指　标	2012 年	2013 年	2014 年	2014 年比 2013 年同比增长（%）
居民消费价格	102.8	102.5	102.3	2.3
城市	102.8	102.4	102.3	2.3
农村	102.9	102.7	102.1	2.1
食品	105.6	103.6	104.4	4.4
其中：粮食	105.0	101.9	102.7	2.7
油脂	106.0	101.0	95.8	-4.2
肉禽及其制品	104.4	102.0	103.3	3.3
蛋类	98.2	105.3	107.5	7.5
水产品	107.3	104.4	107.5	7.5
鲜菜	117.5	111.4	101.0	1.0
烟酒及用品	102.6	100.6	99.6	-0.4
衣着	104.0	101.6	103.0	3.0
家庭设备用品及维修服务	101.9	101.8	100.8	0.8
医疗保健和个人用品	101.9	101.3	100.9	0.9
交通和通信	99.2	99.5	99.6	-0.4
娱乐教育文化用品及服务	100.7	101.9	101.1	1.1
居住	101.8	103.7	101.9	1.9
服务项目	101.6	103.6	102.2	2.2

广东外商投资情况

2013～2014 年广东省外商投资情况

单位：万美元

	签订企业项目（个）			合同外资金额			实际使用外资		
	2014 年	2013 年	同比增长 %	2014 年	2013 年	增长 %	2014 年	2013 年	同比增长 %
总　　计	6175	5740	7.58	4339446	3666273	18.36	2727751	2532719	7.7
一、外商直接投资	6016	5520	8.99	4305905	3631343	18.58	2687144	2495210	7.69
中外合资企业	616	481	28.07	660240	480678	37.36	544437	497253	9.49
中外合作企业	10	22	-54.55	68508	41605	64.66	42236	48370	-12.68
外资企业	5388	5014	7.46	3529607	3086787	14.35	2055986	1910803	7.6
外商投资股份制	2	3	-33.33	47550	22273	113.49	44485	38784	14.7
合作开发	0	0	0	0	0	0	0	0	0
其它	0	0	0	0	0	0	0	0	0
二、外商其它投资	159	220	-27.73	33541	34930	-3.98	40607	37509	8.26
对外发行股票	0	0	0	0	0	0	0	0	0
国际租赁	0	0	0	0	0	0	0	0	0
加工装配	0	0	0	0	0	0	0	0	0
加工装配	159	220	-27.73	33541	34930	-3.98	40607	37509	8.26

广东进出口总额及占全国比重

2012 ~ 2014 年广东省进出口总额及占全国比重

单位：亿美元

指　　标	2012 年	2013 年	2014 年	2014 年比 2013 年同比增长（%）
进出口总额	9838.2	10915.7	10767.3	-1.4
进出差额	1644.6	1812.4	2157.1	
出口总额	5741.4	6364	6462.2	1.5
按贸易方式分：				
一般贸易	1903.4	2145.8	2499.6	16.5
加工贸易	3249.5	3234.4	3206.2	-0.9
来料加工	417.8	358.7	349.9	-2.5
进料加工	2831.7	2875.7	2856.3	-0.7
按经济类型分：				
国有企业	518.7	504.8	497.7	-1.4
三资企业	3405.9	3573.3	3561.1	-0.3
集体企业	151	150.9	173.1	14.7
私营企业	1660.8	2131	2223.7	4.4
进口总额	4096.8	4551.7	4305.1	-5.5
按贸易方式分：				
一般贸易	1385.2	1541.9	1658	7.5
加工贸易	2049.1	2033.2	1996.8	-1.8
来料加工	262.1	237.8	255.9	7.6
进料加工	1786.9	1795.4	1740.9	-3
按经济类型分：				
国有企业	414.8	398.7	380.6	-5.2
三资企业	2305.8	2347.8	2327.9	-0.8
集体企业	47.7	44.9	50.8	13.1
私营企业	1007.6	1419.6	1284.7	-9.5
全国进出口总额	38667.7	41603.3	43030.5	3.4
出口总额	20489.4	22100.4	23427.6	6
进口总额	18178.3	19502.9	19602.9	0.4
进出差额	2311.1	2597.5	3824.7	
广东占全国比重 %				
进出口	25.4	26.2	25	
出口	28	28.8	27.6	
进口	22.5	23.3	22	

2014 年广东省主要商品出口统计表

2014 年广东省主要商品出口统计表

（数据来源：海关统计）

商品名称	累计	
	金额	同比 ±%
全省出口总值	39693.4	0.5
机电产品	26325.2	-3.6
高新技术（与机电产品有交叉）	14190.0	-10.9
农产品	517.9	2.7
纺织服装	2971.5	6.7
服装及衣着附件	2233.2	8.8
纺织纱线织物及制品	738.3	0.8
电话机	3112.3	19.0
自动数据处理设备及其部件	2864.3	-6.7
贵金属或包贵金属的首饰	2126.9	32.6
家具及其零件	1207.0	11.5
鞋类	945.1	5.3
自动数据处理设备的零件	778.2	-8.9
液晶显示板	748.1	-18.6
静止式变流器	713.1	-0.4
灯具、照明装置及零件	688.7	35.9
塑料制品	639.6	16.6
集成电路	596.0	-75.3
玩具	585.4	11.6
箱包及类似容器	551.3	13.6
打印机（包括多功能一体机）	546.8	-6.5
印刷电路	529.8	4.9
电线和电缆	482.4	4.4
通断保护电路装置及零件	468.1	5.2
二极管及类似半导体器件	365.2	-19.5

金额单位：亿元（人民币）

2014 年广东省主要商品进口统计表

2014 年广东省主要商品进口统计表

（数据来源：海关统计）

商品名称	累 计	
	金额	同比 ±%
全省进口总值	26443.9	-6.5
机电产品	15620.6	-11.4
高新技术（与机电产品有交叉）	11870.6	-12.6
农产品	1033.1	11.8
集成电路	4871.1	-22.2
液晶显示板	1144.0	-19.7
初级形状的塑料	1010.7	0.3
原油	814.0	19.8
自动数据处理设备及其部件	805.8	-2.4
二极管及类似半导体器件	732.5	-5.6
自动数据处理设备的零件	535.4	-0.5
通断保护电路装置及零件	490.6	2.9
纺织纱线、织物及制品	421.7	-10.9
变压、整流、电感器及零件	390.7	-30.5
印刷电路	380.7	-5.0
未锻轧铜及铜材	372.1	-16.4
钻石	356.8	42.5
电容器	354.3	-19.6
废金属	349.2	-11.7
印刷、装订机械及零件	295.9	-5.2
钢材	291.7	-4.8
计量检测分析自控仪器及器具	279.6	16.7
煤及褐煤	181.2	-30.6
成品油	139.6	-51.2

金额单位：亿元（人民币）

2014 年广东省分市对外贸易情况

2014 年广东省分市对外贸易情况

（数据来源：海关统计）

地市	累计					
	进出口		出口		进口	
	金额	同比 ±%	金额	同比 ±%	金额	同比 ±%
全省合计	66137.3	-2.5	39693.4	0.5	26443.9	-6.5
珠三角九市	63221.8	-2.8	37706.5	0.0	25515.3	-6.7
粤东西北地区	2915.5	5.9	1986.9	9.4	928.6	-1.0
广东（除深圳）	36176.6	5.2	22224.5	8.3	13952.1	0.6
广州	8023.4	8.76	4467.8	14.6	3555.7	2.2
深圳	29960.7	-10.3	17468.9	-8.1	12491.8	-13.3
珠海	3377.9	0.4	1784.5	8.3	1593.4	-7.2
汕头	587.2	2.5	427.9	4.5	159.3	-2.4
佛山	4226.6	6.6	2869.4	8.8	1357.2	2.3
其中：顺德	1628.1	7.8	1267.7	9.3	360.4	2.7
韶关	144.5	0.5	74.9	31.3	69.6	-19.8
河源	243.1	21.3	162.7	16.8	80.4	31.5
梅州	134.1	22.7	116.0	21.1	18.1	33.5
惠州	3648.7	2.5	2231.1	7.9	1417.6	-5.1
汕尾	242.4	-6.3	112.5	-7.0	130.0	-5.7
东莞	9981.1	5.1	5962.2	5.8	4019.0	4.1
中山	2270.0	2.7	1712.2	4.2	557.8	-1.8
江门	1251.5	2.2	926.7	6.7	324.8	-8.8
阳江	165.1	11.8	142.6	9.8	22.5	26.1
湛江	388.0	13.4	180.7	11.1	207.3	15.5
茂名	84.9	12.0	60.4	20.9	24.4	-5.2
肇庆	481.8	10.7	283.7	-5.1	198.1	45.5
清远	270.2	-0.1	146.8	5.2	123.4	-5.7
潮州	210.2	-13.6	175.1	1.4	35.1	-50.3
揭阳	335.6	15.2	312.1	14.8	23.4	20.9
云浮	110.5	12.8	75.2	13.3	35.3	11.7

金额单位：亿元（人民币）

2014 年广东省分贸易方式及分企业性质对外贸易综合表

2014 年广东省分贸易方式及分企业性质对外贸易综合表

（数据来源：海关统计）

项目	累计					
	进出口		出口		进口	
	金额	同比 ±%	金额	同比 ±%	金额	同比 ±%
全省总值	66137.3	-2.5	39693.4	0.5	26443.9	-6.5
按贸易方式分						
一般贸易	25539.8	11.6	15354.7	15.4	10185.1	6.5
加工贸易	31956.2	-2.3	19691.6	-1.9	12264.6	-2.8
其它贸易	8641.3	-29.3	4647.1	-24.2	3994.2	-34.5
按企业性质分						
国有企业	5394.5	-4.0	3057.1	-2.4	2337.3	-6.1
外商投资企业	36170.2	-1.6	21871.5	-1.4	14298.7	-1.9
集体企业	1375.2	13.3	1063.0	13.6	312.1	12.1
私营企业	21553.1	-2.4	13661.2	3.1	7891.9	-10.7
其它企业	1644.3	-23.4	40.5	57.8	1603.8	-24.4

金额单位：亿元（人民币）

2014 年广东与主要国家（地区）贸易情况

2014 年广东与主要国家（地区）贸易情况

（数据来源：海关统计）

国别	累计					
	进出口		出口		进口	
	金额	同比 ±%	金额	同比 ±%	金额	同比 ±%
全省合计	66137.3	-2.5	39693.4	0.5	26443.9	-6.5
亚洲	43836.5	-5.4	23878.5	-4.6	19958.0	-6.2
非洲	3034.1	9.0	1338.4	37.6	1695.7	-6.3
欧洲	7681.7	7.0	5551.0	10.0	2130.7	-0.1
拉丁美洲	2396.2	3.1	1760.8	4.1	635.4	0.4
北美洲	8077.1	1.2	6563.5	5.4	1513.6	-13.6
大洋洲	1098.5	6.1	601.2	11.0	497.3	0.7
中国香港	14449.4	-13.5	14089.6	-13.5	359.7	-12.1
美国	7479.8	1.4	6135.2	5.5	1344.5	-14.0
东盟	6897.4	8.7	3150.6	11.3	3746.8	6.6
欧盟	6491.7	8.3	4939.2	11.9	1552.5	-1.7
韩国	4440.1	1.8	1580.5	6.8	2859.5	-0.7
日本	4174.1	-1.0	1593.7	-2.7	2580.4	0.1
中国台湾	3921.5	-16.2	480.8	-3.9	3440.7	-17.7
南非	1627.5	-11.8	219.5	13.4	1408.0	-14.7
伊朗	962.2	29.5	309.4	144.1	652.8	6.0
澳大利亚	930.6	3.9	520.2	10.1	410.4	-3.1

金额单位：亿元（人民币）

2014年广东工业企业主要经济效益指标

2014年广东省工业企业主要经济效益指标（一）

指标名称	计量单位	全省总计	在总计中			
			国有控股企业	民营企业	股份制企业	外商及港澳台投资经济
经济效益综合指数	%	238.47	536.57	231.55	272.65	211.78
比上年同期增（减）	百分点	18.5	54.0	17.7	21.5	13.4
资产贡献率（年）	%	13.87	15.13	18.42	15.35	12.62
比上年同期增（减）	百分点	0.1	-0.2	0.9	-0.1	-0.2
资本保值增值率	%	109.91	106.62	115.78	112.74	106.90
比上年同期增（减）	百分点	-3.3	-2.3	-3.2	-2.8	-4.5
资产负债率	%	57.79	58.63	59.75	59.95	56.01
比上年同期增（减）	百分点	0.1	-0.4	0.2	0.4	-0.2
流动资产周转次数	次	2.39	2.56	3.50	2.43	2.23
比上年同期增（减）	次	-0.1	0.0	0.0	0.0	-0.1
成本费用利润率	%	6.21	6.79	6.36	6.58	6.05
比上年同期增（减）	百分点	0.3	-0.2	0.3	0.2	0.3
增加值全员劳动生产率	万元/人年	20.75	68.97	16.16	25.57	17.16
比上年同期增长	%	17.3	15.3	18.0	16.4	15.7
产品销售率	%	97.13	97.52	97.20	96.98	97.01
比上年同期增（减）	百分点	-0.3	-1.4	0.1	-0.1	-0.5

2014年广东省工业企业主要经济效益指标（二）

指标名称	计量单位	在总计中				
		大型企业	中型企业	小型和微型企业	轻工业	重工业
经济效益综合指数	%	281.38	198.61	236.41	213.09	265.84
比上年同期增（减）	百分点	22.3	15.2	18.0	15.1	22.1
资产贡献率（年）	%	15.38	12.49	12.66	15.33	13.10
比上年同期增（减）	百分点	0.0	0.0	0.3	0.3	-0.1
资本保值增值率	%	107.84	110.86	112.72	109.98	109.87
比上年同期增（减）	百分点	-4.8	0.5	-5.6	-2.6	-3.7
资产负债率	%	58.89	55.60	58.26	56.12	58.69
比上年同期增（减）	百分点	0.9	-0.7	-0.6	0.0	0.1
流动资产周转次数	次	2.32	2.24	2.67	2.37	2.40
比上年同期增（减）	次	-0.1	0.0	0.0	0.0	-0.1
成本费用利润率	%	7.08	6.02	5.05	6.29	6.16
比上年同期增（减）	百分点	0.4	0.0	0.3	0.3	0.2
增加值全员劳动生产率	万元/人年	26.98	14.93	20.96	16.10	25.52
比上年同期增长	%	16.0	20.5	15.7	16.8	17.2
产品销售率	%	96.92	96.96	97.62	96.78	97.34
比上年同期增（减）	百分点	-0.6	0.1	-0.2	-0.2	-0.4

2014 年广东各市 GDP 和人均 GDP 排名

2014 年广东各市 GDP 和人均 GDP 排名

2014 年 GDP 排名	地级市	2014 年 GDP（亿元）	2013 年常住人口（万）	人均 GDP（元）	人均 GDP（美元）	人均 GDP 排名
2	深圳	16001.98	1062.89	150551.61	24508.63	1
1	广州	16706.87	1292.68	129242.12	21039.61	2
10	珠海	1857.3	159.03	116789.29	19012.39	3
3	佛山	7603.28	729.57	104215.91	16965.54	4
6	中山	2823.3	317.39	88953.65	14480.96	5
4	东莞	5881.18	831.66	70716.16	11512.04	6
5	惠州	3000.7	470.01	63843.32	10393.20	7
15	阳江	1168.55	248.5	47024.14	7655.16	8
9	江门	2082.76	449.76	46308.25	7538.62	9
11	肇庆	1845.06	402.21	45873.05	7467.78	10
7	茂名	2349	601.3	39065.36	6359.54	11
16	韶关	1111.5	289.27	38424.31	6255.18	12
8	湛江	2258.7	716.71	31514.84	5130.37	13
18	潮州	850.2	270.54	31426.04	5115.91	14
13	汕头	1716	548.01	31313.30	5097.56	15
14	清远	1187.7	379.5	31296.44	5094.82	16
12	揭阳	1780.44	599.47	29700.24	4834.97	17
21	云浮	664	242.84	27343.11	4451.24	18
19	河源	765.3	303.76	25194.23	4101.42	19
20	汕尾	716.99	298.62	24010.11	3908.66	20
17	梅州	885.83	430.7	20567.22	3348.18	21
	全省	67792.24	10644.42	63688.05	10367.92	

2014 年粤、鲁、苏、浙、沪主要经济指标

2014 年粤、鲁、苏、浙、沪主要经济指标

指标	统计数据	增长%
一、地区生产总值（亿元）		
全国	636463.0	7.4
广东	67792.2	7.8
山东	59426.6	8.7
江苏	65088.0	8.7
浙江	40153.5	7.6
上海	23560.9	7.0
二、规模以上工业增加值（亿元）		
全国	-	8.3
广东	29327.61	8.4
山东	-	9.6
江苏	31507.87	9.9
浙江	12543.29	6.9
上海	-	4.5
三、固定资产投资（亿元）		
全国	502004.90	15.7
广东	25843.06	15.9
山东	41599.13	15.8
江苏	41552.75	15.5
浙江	23554.76	16.6
上海	6012.97	6.5
四、房地产开发投资 （亿元）		
全国	95035.61	10.5
广东	7638.45	17.7
山东	5817.95	6.9
江苏	8240.22	13.8
浙江	7262.38	16.8
上海	3206.48	13.7
五、社会消费品零售总额（亿元）		
全国	262394.10	12.0
广东	28471.15	11.9
山东	24492.00	12.6
江苏	23209.01	12.4
浙江	16905.31	11.7
上海	8718.65	8.7
六、进出口总额（亿美元）		
全国	43030.4	3.4
广东	10767.3	-1.4
山东	2771.2	4.0

（续上表）

指标	统计数据	增长%
江苏	5637.6	2.3
浙江	3115.5	5.8
上海	4666.2	5.6
七、出口总额（亿美元）		
全国	23427.5	6.1
广东	6462.2	1.5
山东	1447.5	7.9
江苏	3418.7	4.0
浙江	2733.5	9.9
上海	2102.8	3.0
八、进口总额（亿美元）		
全国	19602.9	0.4
广东	4305.1	-5.5
山东	1323.7	0.0
江苏	2218.9	0.0
浙江	817.9	-6.0
上海	2563.5	7.9
九、居民消费价格指数 （上年同期＝100）		
全国	102.0	2.0
广东	102.3	2.3
山东	101.9	1.9
江苏	102.2	2.2
浙江	102.1	2.1
上海	102.7	2.7
十、实际利用外商直接投资（亿美元，上月数）		
全国	1062.41	0.7
广东	247.03	4.9
山东	136.96	9.6
江苏	255.43	-9.2
浙江	133.47	8.2
上海	173.61	9.3
十一、地方公共财政预算收入（亿元）		
全国	-	
广东	8060.06	13.9
山东	5026.70	10.2
江苏	7233.14	10.1
浙江	4121.17	8.5
上海	4585.55	11.6
十二、地方公共财政预算支出（亿元）		
全国	-	
广东	9134.33	10.5
山东	7175.90	7.3
江苏	8466.48	8.6
浙江	5159.19	9.1
上海	4923.44	8.7
十三、中外资金融机构本外币存款余额（亿元）		
全国	1173734.59	9.6
广东	127881.47	6.8